Politische Vierteljahresschrift Sonderheft 28/1997

Deutsche Vereinigung für Politische Wissenschaft

Geschlechterverhältnisse im Kontext politischer Transformation

Herausgegeben von
Eva Kreisky und Birgit Sauer

Westdeutscher Verlag

Der Westdeutsche Verlag ist ein Unternehmen der Bertelsmann Fachinformation GmbH.

http://www.westdeutschervlg.de

Höchste inhaltliche und technische Qualität unserer Produkte ist unser Ziel. Bei der Produktion und Verbreitung unserer Bücher wollen wir die Umwelt schonen: Dieses Buch ist auf säurefreiem und chlorfrei gebleichtem Papier geduckt. Die Einschweißfolie besteht aus Polyäthylen und damit aus organischen Grundstoffen, die weder bei der Herstellung noch bei der Verbrennung Schadstoffe freisetzen.

Satz: ITS Text und Satz GmbH, Herford
Druck und buchbinderische Verarbeitung: Lengericher Handelsdruckerei, Lengerich
Gedruckt auf säurefreiem Papier
Printed in Germany

ISSN 0032-3470

ISBN 3-531-13094-3

Inhaltsverzeichnis

III. Der (National)Staat an seinen Grenzen?

IV. Jenseits der Grenzen: Geschlechterforschung und internationale Politik

Geschlechterverhältnisse im Kontext politischer Transformation

Eva Kreisky / Birgit Sauer

1. Politik der Geschlechterverhältnisse. Zur Absicht des Bandes

Dieses Sonderheft der Politischen Vierteljahresschrift möchte aktuelle Entwicklungen von Politik, Ökonomie, Gesellschaft und Kultur thematisieren: Sich entgrenzende Nationalstaatlichkeit, grenzüberschreitende kapitalistische Produktion und Konsumtion, „Entbettung" kapitalistischer Finanzströme (vgl. Altvater/Mahnkopf 1996: 122ff.), sich verändernde Formen und Institutionen sozialer Interaktion und Kommunikation sind *grundlegende Veränderungen des Politischen,* aber auch *bedeutsame Modifikationen der Regulationsdynamik patriarchaler Geschlechterverhältnisse.*

Davon untrennbar gilt es, rezente politikwissenschaftliche Theoretisierungen dieser Phänomene, aber auch die neuere politikwissenschaftliche Frauen- und Geschlechterforschung kritisch zu prüfen. Beide sind nämlich über ihre Begriffe, Kategorien und Konzepte an Konstruktionen und Transformationen des Politischen sowie an Perzeptionen von Geschlechterverhältnissen beteiligt. Das spannende Abenteuer des vorliegenden Bandes liegt wohl darin, die Bilanzierung eines Forschungszweiges, der in geschlechterkritischer Auseinandersetzung mit Ansätzen und Ergebnissen politikwissenschaftlichen Arbeitens steht, mit aktuellen Debatten und Kontroversen des landläufig als „Malestream" bezeichneten Kerns des Faches zu verknüpfen.[1]

Idee des vorliegenden Bandes ist es, Frauen- und Geschlechterforschung als *differente,* aber mindestens ebenso *relevante* Variante politikwissenschaftlichen Fragens und Forschens zu vermitteln. Alle Beiträge streben daher danach, die besonderen Ver- und Entgeschlechtlichungen politikwissenschaftlichen Arbeitens dingfest zu machen. Unsere editorische Absicht war es, an einer derzeit virulenten, wenngleich weitgefächerten und diffusen Problemstellung der Disziplin den theoretischen *Zugewinn* zu verdeutlichen, wenn die analytische Perspektive der Politik der Geschlechterverhältnisse sowie der politischen Organisation des Geschlechterverhältnisses (vgl. Becker-Schmidt/Knapp 1995: 16ff.) einbezogen werden. Generelles Ziel politikwissenschaftlicher Geschlechterforschung ist eine *Transformation der Politikwissenschaft,* eine andere Politikwissenschaft also, in der praktische und theoretische Relevanz der Geschlechterverhältnisse sowie an ihnen orientierte wissenschaftliche Vernunft Geltung besitzen.

1 Mary O'Brien führte 1981 in Analogie zum „Hauptstrom" (Mainstream) diesen geschlechtsakzentuierenden Begriff in die feministische Geschlechterforschung ein (vgl. Hartsock 1990: 151). Der Terminus spielt darauf an, daß Begriffe und Theorien in der Regel *geschlechtsblind* argumentieren, ihre vermeintliche Geschlechtsneutralität aber nur die Männerträchtigkeit der gängigen Konzepte verschleiert. Selbstverständlich impliziert der Begriff auch, daß sich der Mainstream der Politikwissenschaft nach wie vor hochprozentig aus Männern zusammensetzt.

Feministisches Engagement in der Disziplin zielt auf *Heilung* allfälliger Geschlechtsblindheiten der Politikwissenschaft.
Desgleichen gilt es selbstverständlich auch, eventuelle *Grenzen* eines geschlechterbezogenen Zugangs auszuleuchten, diese als solche zu respektieren, aber systematisch an ihrer Überwindung zu arbeiten. Nach mehr als zwanzig Jahren geschlechterkritischer sozial- und politikwissenschaftlicher Forschung braucht nicht mehr gerechtfertigt zu werden, daß Frauenforschung *nicht* zu einer Revolutionierung des Faches geführt hat (vgl. in diesem Sinne Fach 1994: 90). Wohl aber möchte der Band vorführen, daß gezielte Vergeschlechtlichung politikwissenschaftlicher Erkenntnisfelder dunkle Stellen und blinde Flecken auszuleuchten, politikwissenschaftliche Forschungsfelder in oftmals auch unbequemer Weise zu erweitern vermag, kurzum Konzepte, Begriffe, Fragen und Antworten nicht vereinfacht, sondern verkompliziert und vermeintlich sichere Denkwege und Ergebnisse in Frage stellt und herausfordert.
Diesen in der Tat recht umfassenden programmatischen Anspruch einer „Verkettung" aktueller Tendenzen von Politik, Politikwissenschaft, Geschlechterverhältnissen und Geschlechterforschung umzusetzen, erfordert ein kompliziertes Zusammenspiel aus verschiedenartigen inhaltlichen, theoretischen wie methodischen Analyseressourcen. Wir hoffen, daß aus der vielfältigen Konzeption des Buches theoretisch-methodische Webarten und inhaltliche Grundmuster eines solchen Patchworks geschlechterkritischer Arbeit an Aufgabenstellungen und Themen der Politikwissenschaft Kontur gewinnen.

1.1 Die Themen und die Anlage des Bandes

Die Beiträge dieses Bandes spiegeln ein inhaltliches, theoretisches und methodisches Grundverständnis politikwissenschaftlicher Frauen- und Geschlechterforschung wider. Dieser faktische Konsens einer feministischen Transformation der Politikwissenschaft lebt geradezu von differenten Erfahrungsbereichen und verschiedenen Zugriffsweisen. Der jeweilige Ausgangspunkt der AutorInnen mag also sehr weit auseinanderliegen, alle fokussieren jedoch auf dasselbe: auf die Bedeutung der Geschlechterverhältnisse, ihre politischen Regulationsweisen sowie die Notwendigkeit, das alles im Rahmen der Politikwissenschaft zu thematisieren und zu theoretisieren.
Weil also angestrebt war, die „unübersichtliche" Vielfalt und komplexe Verquickung des Problemfelds mit geschlechterkritischen Ambitionen zu verknüpfen, hätte die Reichweite, Vielschichtigkeit und Komplexität der sich vor unseren Augen abspielenden Transformationen des Politischen ein noch wesentlich breiteres Themenspektrum der Beiträge nahegelegt. Das wäre jedoch mit einem Band nicht abzudecken. Wissenschaftliches Arbeiten impliziert im konkreten immer planvolle Selektion aus der Fülle realer Phänomene. Etliche, keineswegs unwichtige Dimensionen dieses umfassenden Prozesses können nur in der Einleitung angedeutet werden (wie etwa „Re-Nationalisierung" oder „Fundamentalisierung" des Politischen), ohne daß ein elaborierter Beitrag dazu im Hauptteil des Bandes folgen kann.
Ein weiteres Credo des vorliegenden Sonderheftes läßt sich mit Begriffen wie „Transdisziplinarität", „Transgenderismus" und „Transnationalität" markieren: Die Konzeption des Bandes sowie die Auswahl der AutorInnen sind so angelegt, daß sowohl über

den Tellerrand der Disziplin, jenen des Geschlechts sowohl der Politikwissenschaft wie auch der Frauen- und Geschlechterforschung und zudem auch über jenen der deutschen Politikwissenschaft hinaus gesehen werden kann. Die Herausforderungen feministischer Politikwissenschaft könnten es sein, Politikwissenschaft nicht länger nur innerhalb der hermetischen Grenzen von Nationalstaatlichkeit, dem beengenden Korsett wissenschaftlicher Disziplinen oder auch der eingeschränkten Sicht nur eines Geschlechts, einer Kultur oder einer Region wahrzunehmen. Gilt es doch, zahlreiche innere wie äußere Grenzen und traditionelle Einengungen des Blickfelds zu überwinden, in diesem Sinne also flexibler zu werden und sich für Anderes, für Neues und Ungewohntes zu öffnen.
Die AutorInnen dieses Bandes argumentieren vor der Folie politischer und politikwissenschaftlicher Transformationen in der zweiten Hälfte des 20. Jahrhunderts. Wir wollen daher in dieser Einleitung politikrelevante krisenhafte *Gegenwartsprobleme* auffächern, um dem Wert der These von der *Transformation* des Politischen nachgehen zu können. Die geschlechterkritische Perspektive auf diese Thematisierungsaspekte soll dabei die Relevanz eines „Engenderings" von Politikwissenschaft sinnfällig machen.

1.2 Frauen- und Geschlechterforschung im deutschsprachigen Raum. Die Geschichte einer disziplinären Verspätung

Frauenforschung im Sinne konventionellen „Damenbeinezählens" in der exklusiven Welt der Politik hat in der Vergangenheit auch in der Politikwissenschaft immer wieder institutionelle und publizistische Nischen finden können, so etwa in der auf bipolare Geschlechtermerkmale konditionierten Wahl- oder Partizipationsforschung. Sie verstand sich im großen und ganzen als *komplementär* sowie *additiv* und stand daher auch nicht in inhaltlichem, theoretischem, methodischem oder politischem Widerspruch zu den „Hauptströmungen" des Fachs.
Anders sollte dies mit der im politisch-praktischen Kontext der Neuen Frauenbewegung der sechziger und siebziger Jahre aufkommenden, sich „autonom" verstehenden, daher: sich außerhalb akademischer Institutionen organisierenden *feministischen* Frauen- und Geschlechterforschung werden. *Transformative* Politik war in jeder Hinsicht ihr grundlegendes Credo. Solange sie jedoch „außen vor" blieb, sich also dem akademischen Männerhaus *politisch* verweigerte, kam es auch kaum zu Interaktionen oder gar zu Konkurrenzen um Einfluß und Ressourcen. Alles ging seinen patriarchalen Weg wie zuvor. Die Universitäten verharrten in vertrauter Tradition der Vermeidung von Begegnung oder gar Herausforderung, und die autonomen Forschungsansätze von Frauen hegten eine neue Variante der Nichtbegegnung als feministisch „korrekt". Der androzentrische Wissenschaftszug setzte unbehindert seine patriarchale Fahrt fort, und die feministische Infragestellung lief nicht einmal neben-, sondern hinterher. Mit zunehmender Politisierung dieser im sachlichen, politischen und institutionellen Kontext der Universitäten entstandenen und weiter anwachsenden Geschlechterdisparitäten kam es zu einer gewandelten Strategie: Männlicher Wissenschaft wurde das „Privileg auf bezahltes Denken" (Thürmer-Rohr 1987: 123) streitig gemacht. Sukzessive

wurde daher der feministische Weg auch durch die akademischen Institutionen genommen.
Es bildeten sich – zunächst auf studentischer Seite – „Filialen" der Frauenbewegung an den Universitäten. Die Thematisierung von Frauen„problemen" und feministische Lehrangebote wurden politisch eingefordert (vgl. Kreisky/Sauer 1995: 10). Nur: Die Universitäten standen mit „leeren" Händen da, sie hatten buchstäblich nichts vorzuweisen. Das behäbige staatsbürokratische Universitätsmodell im deutschsprachigen Raum war nicht flexibel genug, um auf studentische Nachfrage rasch mit konkreten Angeboten zu reagieren. Das macht vermutlich die zentrale Differenz zum überwiegend privatwirtschaftlich geregelten Universitätssystem der USA aus: Wo es (zahlende) Nachfrage gibt – selbst nach Frauen- und Geschlechterstudien – werden auch Angebote organisiert. Deshalb konnte sich in den USA ein „akademischer" Feminismus bereits früher etablieren. Auch wenn es erheblich länger dauerte, bis im staatsbürokratischen Allokationsmodell Frauen- und Geschlechterforschung Tritt fassen konnten, war bis vor kurzem noch anzunehmen, daß universitäre wie außeruniversitäre Frauen- und Geschlechterforschungsinstitutionalisierungen, ist der zähe bürokratische Widerstand erst einmal überwunden, die Kurzatmigkeit des US-amerikanischen „Marktmodells" überdauern würden: Einmal wenigstens bescheiden eingenistet im weit verzweigten staatlichen Netzwerk von Institutionalisierungen und Förderungen, ist Frauen- und Geschlechterforschung nicht zuletzt wegen ihrer notorischen „Anspruchslosigkeit" (prekäre und niedrig dotierte Stellen, fehlende Ausstattungen usw.) nicht so einfach wieder zu beseitigen. Selbst diese armselige Aussicht, die aus der bürokratischen Not eine feministische „Tugend" zu machen trachtete, erwies sich jedoch als Täuschung, wurde sie doch alsbald durch neoliberale Staatsabschlankung und ökonomische Aushungerung des Bildungssektors gewaltig „entzaubert".
Neben diesen überaus schwierigen politischen und ökonomischen Rahmenbedingungen universitärer Entwicklung erwies sich aber die Politikwissenschaft im Vergleich zu anderen Disziplinen wie Soziologie oder Geschichte im langwierigen Durchsetzungsprozeß von Frauen- und Geschlechterforschung als in besonderem Maße resistente Disziplin (vgl. dazu Kreisky/Sauer 1995: 9; Kreisky 1995a: 27f.). Sehr verspätet und nur sehr zögerlich begannen inhaltliche Auseinandersetzungen um Kompatibilität/Inkompatibilität der Sichtweisen und Methoden der Disziplin – sowohl in ihren affirmativen wie auch in ihren herrschaftskritischen Ausprägungen – mit zentralen Einsichten feministischen Wissenschaftsverständnisses.
Gewiß rieb sich feministische Wissenschaftlichkeit zunächst aus ganz verständlichen Gründen eher an den gesellschafts- und herrschaftskritischen Positionen im Fach, nämlich an den historisch-dialektischen Strängen der in den siebziger Jahren dekretierten Theorien-„Trias". Feministische Theoriearbeit und dementsprechend angeleitete empirische Forschung waren zunächst im marxistischen Denk- und Diskursfeld angesiedelt. Im auf Herrschaftsabbau ausgerichteten (westlichen) Marxismus wurden gleichlaufende Erkenntnis- und Erklärungschancen erblickt, würde nur die „Klassenfrage" um die „Frauenfrage" erweitert. Mitte der achtziger Jahre wurde diese Hoffnung aber endgültig beiseite gelegt, und es artikulierte sich grundsätzliche Kritik an der Geschlechtsblindheit auch der marxistischen Ansätze (vgl. Neusüß 1985). Die marxistischen und polit-ökonomischen Ansätze in der Disziplin waren damals längst schon in ihrer Bedeutung geschwächt und in ihrer Akzeptanz rückläufig. Die postmoderne

Kritik an der universalisierenden Tendenz des Marxismus bot eine theoretische und wissenschaftskritische Plattform für eine zumindest partielle Allianz mit feministischen Kritikrichtungen. Das methodische Programm der Dekonstruktion bot wichtige Anschlußstellen für die Kritik am Androzentrismus der Kategorien und Theoretisierungen der Politikwissenschaft. Auch die schrittweise Auflösung des „Trias"-Korsetts erleichterte feministische Gegentöne zu den autorisierten Stimmen der etablierten Schulen der Disziplin.

Erst das Erstarken eines öffentlichen feministischen Diskurses im deutschsprachigen Raum stimulierte feministische Gehversuche in der Politikwissenschaft. Die Politikwissenschaft reproduzierte das gängige Ideologem von der Spaltung zwischen öffentlicher und privater Welt in besonders fataler Weise, indem sie ihren Gegenstand drastisch auf das Konstrukt des Öffentlichen einengte. Anfangs bescheidete man sich damit, Frauen und ihre (in der Disziplin üblicherweise als „privat" abqualifizierten) Lebenszusammenhänge in die Fragestellungen der Disziplin zumindest einzubringen. „Frauen und ..." lautete daher das theoretisch und methodisch noch recht einfach gewirkte Wissenschaftsprogramm. So dominierten denn auch policy-orientierte Forschungsinteressen vorrangig in den Sphären der Familien-, Arbeitsmarkt- und Frauenpolitik, und das harmonierte durchaus mit der wissenschaftlich-methodischen Orientierung der Gesamtdisziplin (vgl. Kreisky 1995a: 41f.).

Dann verfing sich aber allmählich der feministisch prüfende Blick auch in den strukturierenden Mechanismen dieser Politikfelder: Die Analyse politischer Strukturen und Prozesse geriet also zunehmend ins geschlechterkritische Gesichtsfeld. Und mittlerweile sind nun auch schon die „harten" Politikwelten (wie Internationale Politik oder Militärpolitik) kritischem feministischem Nachfragen ausgesetzt. Keine Sphäre bleibt länger ausgeblendet.

Aus dem bloßen „Hinzufügen" weiblicher Lebenswelten entwickelte sich ein umfassender Ansatz einer gesellschaftstheoretisch motivierten Dekonstruktion männlich generierter und maskulin aufgeladener Politik sowie all ihrer Konzeptualisierungen und Theoretisierungen. Das Persönliche und das Private werden als durchaus politikwissenschaftsfähig erachtet, und es wird danach getrachtet, den in der Politikwissenschaft eingeschlossenen Maskulinismus sowie konservativen Familialismus aufzudecken. Aus bloßer Frauenforschung war zusehends feministische Geschlechterforschung geworden, der es um Kritik, Analyse und Überwindung patriarchaler Herrschafts- und Unterdrückungs*verhältnisse* geht. Zentrale Kategorien bildeten sich heraus (wie Geschlechterverhältnis, Patriarchalismus, Androzentrismus, Weiblichkeit und Männlichkeit als soziale Konstrukte und maskuline Hegemonie), die für komplexe feministische Gesellschaftsanalysen genauso unverzichtbar sind, wie sie auch beachtliche Perspektiverweiterung für politikwissenschaftliche Analysen bedeuten könnten. Dieser komplizierte und aufwendige theoretische und methodische Lernprozeß in der geschlechterkritischen Auseinandersetzung mit der Politikwissenschaft wäre jedoch ohne die wichtigen Inspirationen aus den USA undenkbar gewesen (deshalb auch der Artikel von *Seyla Benhabib* in diesem Band).

Die in diesem Sonderheft der Politischen Vierteljahresschrift versammelten Beiträge verkörpern einen kollektiven, feministischen Lern- und Suchprozeß im weiten Feld der Politikwissenschaft. *Die* feministische Politikwissenschaft gibt es nicht, davon auszugehen wäre eine Verkennung und Reduktion des inzwischen theoretisch und methodisch weitgefächerten Spektrums politikwissenschaftlicher Frauen- und Geschlechterforschung. Unter dem Dach Frauen- und Geschlechterforschung koexistieren sehr unterschiedliche Perspektiven mit durchaus unterschiedlichen Schwerpunktsetzungen sowie überaus unterschiedlichen konzeptuellen und methodischen Herangehensweisen. Diese beeindruckende Vielfalt ist es auch, die das kreative und innovative Potential feministischer Frauen- und Geschlechterforschung ausmacht. Ein solcher feministischer Pluralismus darf und soll nicht eingeebnet werden zugunsten eines vermeintlich einheitlichen Ansatzes. Jede Entpluralisierung, Zentralisierung und Kanonisierung würde das reiche Potential des feministisch-kritischen Blicks vernutzen.

1.3 Politikwissenschaftliche Haupt- und Nebenströme. Geschlechterforschung in der Politikwissenschaft

In diesem Sinne muß es im vorliegenden Band sowohl um Aspekte der inhaltlichen, theoretischen und methodischen Differenz wie auch um solche der Gleichheit feministischer Politikwissenschaft im Rahmen der politikwissenschaftlichen Scientific Community gehen. Es gibt keine wissenschaftlichen Gründe, feministische Frauen- und Geschlechterforschung vom Hauptstrom der Politikwissenschaft abzuhalten und in Nebenkanäle und Rinnsale der Disziplin abzudrängen.
So ist es nach wie vor ein Desiderat, daß feministische Wissens- und Forschungsstände gekannt wie auch anerkannt werden, daß also eine wissenschaftliche – und nicht eine politische oder gar affektuelle – Auseinandersetzung geführt wird. Innerhalb der deutschsprachigen Politikwissenschaft mangelt es allerdings noch an strukturellen Voraussetzungen, aber auch an individueller Bereitschaft zu einer solchen gemeinsamen Debatte.[2] Zur Kenntnis genommen zu werden – ob positiv akzeptierend oder kritisch ablehnend – ist in der Wissenschaft das im Grunde entscheidendste Sozialkapital. Und genau das wird feministisch-politikwissenschaftlichen Arbeiten von der männlich gewirkten Zunft der Disziplin – mehr oder weniger bewußt – vorenthalten. Eine nachhaltige, vermutlich außerwissenschaftliche Fundierung des politikwissenschaftlichen Malestreams ist die intellektuelle Ausgrenzung feministischer und geschlechterkritischer Perspektiven. Hegemoniale Männlichkeit ist es, die sich selbst im herrschaftskritischen Mainstream der Politikwissenschaft als „reguläre" Macht eingebunkert hat. Aus dem Monopol männlicher Regularität werden feministische Politikwissenschaftlerinnen – nicht unbedingt auch Frauen in der Politikwissenschaft – als „irreguläre" intellektuelle Kräfte ausgegrenzt. Der Peripherisierung und Marginalisierung feministischer Frauen- und Geschlechterforschung konnte im Rahmen des harten Kerns der Disziplin nur unmerklich entgegengearbeitet werden.
Sinnfällig wird dies an den Publikationsforen und den Tagungstätigkeiten des Faches. Zentrale politikwissenschaftliche Zeitschriften wie die *Politische Vierteljahresschrift*, der *Leviathan* oder die *Zeitschrift für Politik* haben mehrheitlich männliche Autoren, und die Jubiläumsbände des Leviathan (vgl. von Greiff et al. 1997) und der PVS (vgl. Seibel

2 Die Gründung des AKs „Politik und Geschlecht" in der Deutschen Vereinigung für Politische Wissenschaft und der gleichnamigen Sektion in der Österreichischen Gesellschaft für Politikwissenschaft sowie die Etablierung der Buchreihe „Politik der Geschlechterverhältnisse" sind Initiativen, um die Geschlechterforschung in der Disziplin zu vertreten.

et al. 1997) dokumentieren die *eingeschlechtliche* Geschichte und Gegenwart des Faches. Als *geschlechtsblind* sind freilich alle diese Publikationsorgane zu bezeichnen, denn kaum ein Artikel befaßt sich mit der Geschlechterfrage (vgl. Ebbecke-Nohlen/Nohlen 1994). Eine Ausnahme bildet allerdings die *Österreichische Zeitschrift für Politikwissenschaft*. Auch das *Schweizerische Jahrbuch für Politische Wissenschaft* widmete sich 1995 (vgl. Frauen und Politik 1995) dem Geschlechterthema. Um so deutlicher ist der vorliegende Band möglicherweise ein Wetterleuchten für die Transformation der Politikwissenschaft in Deutschland – zumindest in dem Sinne, daß Geschlechterforschung in der politikwissenschaftlichen Community öffentlich wird. Mit der Entscheidung für das vorliegende Sonderheft beschäftigt sich zum erstenmal seit dem Bestehen der Deutschen Vereinigung für politische Wissenschaft (DVPW) ein offizielles Publikationsorgan mit Inhalten, Theorien und Methoden politikwissenschaftlicher Frauen- und Geschlechterforschung. Die Abtretung dieser Publikationsressource eröffnet also erstmals eine in gewisser Hinsicht auch „offizielle" Arena der Disziplin zur Präsentation einschlägigen patriarchatskritischen und feministischen Wissensstands sowie zur Ventilierung weiterer Forschungsperspektiven, die die Politikwissenschaft insgesamt etwas geschlechtersensibler werden lassen könnten.
Die unumgänglich notwendige flankierende Praxis zu den professionellen Feiertagsreden und zu der zeremoniellen Einlassung einer winzigen Handvoll Frauen in das an sich hermetisch verbleibende akademische Männerhaus ist das geschlechtersensible Teilen aller materiellen wie immateriellen Arbeitsressourcen im politikwissenschaftlichen Alltag, also eine geschlechtergerechtere Beteiligung an Entscheidungs- und Verfügungsmacht über politikwissenschaftliche Positionen und Institutionen sowie selbstverständliche Teilhabe an den zur Verfügung stehenden Forschungskapazitäten, Darstellungs- und Veröffentlichungschancen. Zur Zeit fristet aber feministische Frauen- und Geschlechterforschung im Rahmen der Politikwissenschaft noch ein Aschenputteldasein, in ihrem wissenschaftlichen Output wird sie jedoch sehr wohl an jenen gemessen, die aus dem Vollen der Disziplin schöpfen können. Geschlechter-Fairneß sollte in Zukunft zum professionellen Ethos der Politikwissenschaft zählen.

2. Die Politikwissenschaft und ihr Gegenstand. Dissens und Differenzen um das Politische

Die Politikwissenschaft ist zwar *die* „Wissenschaft von der Politik", sie bleibt aber dennoch eine Wissenschaft mit *diffusem* Gegenstand, der sich erfahrungsgemäß nur schwer fassen läßt. Politikwissenschaft als akademisches Fach verfügt daher nicht über ein (im großen und ganzen) konsensuales Verständnis ihres elementaren Gegenstands: des Politischen. In einem „Minimalkonsens" wird Politik zumeist als jenes menschliche Handeln fixiert, das mit verbindlichen Regelungen und Entscheidungen für eine ganze Gesellschaft befaßt ist (vgl. Easton, zit. n. Thiery 1994: 206; vgl. auch Patzelt 1993: 14). Diese Art von Minimalpolitik weist jedoch beträchtliche konzeptuelle Engführungen auf, die wegen ihrer systematischen Tendenz zur Exklusion immer wieder Anlaß zu fachlichen Differenzen geben.
Die Spannweite erdenklicher Begrifflichkeiten läßt sich anhand folgender Zusammenstellung von Konzeptualisierungen und Theoretisierungen illustrieren (vgl. dazu auch von Alemann 1994: 140ff.):

- Politik wird als Ausdruck normativer Zielsetzungen und Wertvorstellungen bestimmt (*normatives* Politikverständnis). Dabei geht es vornehmlich um den „ethischen Ordnungsanspruch" (Rohe/Dörner 1995: 454) politischen Handelns, d.h. die Absicht, eine gute, gerechte oder auch nur angemessene Ordnung menschlichen Zusammenlebens zu schaffen (z.B. Platon, Aristoteles, Hannah Arendt, Otto Heinrich von der Gablentz, Otto Suhr, Franz Neumann, Dolf Sternberger, Alexander Schwan).
- Politik gilt als zentrales Medium des Machterwerbs und vor allem Machterhalts (*machtzentrierter* Politikbegriff): Politik wird in einem solchen Verständnis in erster Linie in seiner instrumentellen Machtbedeutung, dem „Überlebensinteresse eines Fürsten und seiner Herrschaft" (ebd.) oder der „politischen Klasse" aktueller Gesellschaften, wahrgenommen (z.B. Niccoló Machiavelli, Max Weber, Arnold Bergstraesser, Kurt Sontheimer, Klaus von Beyme).
- Seit dem Ende des 17. Jahrhunderts setzten sich – im Unterschied zu den früher ausgeprägt pädagogischen Intentionen in der Konzeptualisierung von Politik – *technische* Politikbegriffe durch, die auf der Annahme beruhen, daß nicht Charakter, Moral oder Klugheit politischer Akteure ausschlaggebend seien, sondern daß letztlich die *richtige Konstruktion* politisch-staatlicher Systeme entscheidend sei (z.B. Thomas Hobbes, Wilhelm Hennis, Niklas Luhmann, David Easton, Gerhard Lehmbruch).
- Spätestens im Übergang vom 18. zum 19. Jahrhundert wurde Politik – insbesondere im deutschsprachigen Raum – auf das Konstrukt des neuzeitlichen Staates bezogen und mit ihm in geradezu kurzschlüssiger Weise identifiziert (*staatszentrierter* Politikbegriff): Hiermit wurde also ein überaus enges, zumal institutionell verkürztes Politikverständnis auch wissenschaftlich etabliert (z.B. Gottlieb Fichte, Heinrich von Treitschke, Alexander Schwan, Manfred G. Schmidt).
- Politik besteht mit Gewißheit nicht nur aus Harmonie und Konsens, sie ist vielmehr als Konfliktfeld eigener Art strukturiert (*konfliktorientierter* Politikbegriff): Soziale und ökonomische Konflikte halten die Sphäre des Politischen in Bewegung, sie stimulieren also notwendigen politischen Wandel. Jede politische und administrative Regelung und Entscheidung hat in ihrem Vorfeld eine spezifische Geschichte sozialer Konflikte aufzuweisen und stellt demnach letztlich einen institutionalisierten Kompromiß zwischen unterschiedlichen gesellschaftlichen Kräften und Interessen dar. Eine ausschließlich konsensbezogene und harmoniebetonte Betrachtung würde das Spezifische der Politik grundlegend verkennen (z.B. Ralf Dahrendorf, Klaus von Beyme, marxistischer Politikbegriff).
- Eine rezentere Fassung des Politischen rückt stärker die Idee des Emanzipatorischen in das Blickfeld (*emanzipatorischer* Politikbegriff): Machtbeschränkung, Partizipation, Demokratisierung gelten im Zuge der Theoretisierung des Politischen als dominierende Konzepte (z.B. Wolf-Dieter Narr, Johannes Agnoli, Ekkehart Krippendorff, Ulrich Albrecht, Michael Th. Greven, Ulrich Beck, feministischer Politikbegriff).

Konstitutiv für aktuelle Debatten um den Begriff des Politischen – auch, aber nicht nur unter Geschlechterperspektive – ist die Differenzierung zwischen einem *engen* und einem *weiten* Politikverständnis. Diese Unterscheidung fokussiert auf Beibehaltung oder Überwindung institutioneller, sprich: staatlicher Einfassung des Politischen. *Ausweitungen* der Konzeptualisierung des Politischen zielen auf eine Anwendbarkeit des Politikbegriffs *auch* auf als privat konstruierte Lebenssphären oder auf „staatsfernere" soziale Bewegungen, d.h. auf alternative bzw. informellere Politikformen (vgl. Dahl 1984: 9f.; Beck 1986 und 1993). In der Theoretisierung des Politischen sind sich alle feministischen Theorien – trotz aller Vielfalt und Komplexität der Sichtweisen – einig: Der „weibliche Lebenszusammenhang" wird in seiner Gesamtheit erfaßt, er gibt den politikkritischen Gesichtspunkt feministischer Theoretisierungen ab (vgl. dazu die Beiträge von *Gesine Schwan* und *Barbara Holland-Cunz* in diesem Band).

Die feministische Entgrenzung des Politischen im Sinne des Persönlichen/Privaten, das durchaus als Politisches zu begreifen ist, bedeutet analytisch die Revolutionierung des politikwissenschaftlichen Blicks: Die vermeintliche Trennbarkeit von öffentlich und privat wird in Frage gestellt und als patriarchaler Herrschaftsmodus dekonstruiert. Ein enger, auf staatlich-politische Institutionen reduzierter Politikbegriff perpetuiert nämlich den Ausschluß von Frauen aus der Sphäre des Politischen und negiert die politischen Handlungspotentiale jener Personengruppe, die historisch auf die Privatsphäre festgeschrieben wurde.

In den feministischen Konzeptualisierungen des Politischen haben emanzipatorische Aspekte individueller und/oder kollektiver Selbstbestimmung und politischer Selbstvertretung von Frauen Priorität. Die Reichweite des feministischen Politikverständnisses umfaßt in erster Linie die Transformation patriarchaler Herrschaftsverhältnisse: „Der feministische Politikbegriff ist ein gegen Dominanz und Herrschaft gerichteter Begriff, der in mehrfacher Hinsicht auf Transformation hin orientiert ist; politiktheoriegeschichtlich, realpolitisch und gesamtgesellschaftlich-perspektivisch" (Holland-Cunz 1996: 369).

Dem steht jedoch der massive Vorwurf „einer 'imperialistischen' Auffassung von Politikwissenschaft" gegenüber, „die Politik irrtümlicherweise überall und jederzeit wittert". Politik sollte vielmehr *„relativ eng"* angesetzt werden und sich demnach „auf den Bereich des 'öffentlichen Lebens'" beschränken (Schmidt 1989: 99; Hervorhebung E.K./B.S.).

Am Beginn der neunziger Jahre ist eine „nachholende" Entgrenzung und Transformation des Politikbegriffs in Politikwissenschaft und Soziologie erkennbar, nachholend deshalb, weil die Verengtheit eines traditionellen Politikbegriffs, auf die Frauenbewegung und feministische Forschung schon lange hinwiesen, nun auch Eingang in sozialwissenschaftliches Denken jenseits der Geschlechterforschung fand.[3] Michael Th. Greven bietet als einer der wenigen Politologen gleichsam eine *Kompromißformel* an, indem er als Kriterium des Politischen „nicht die Beteiligung des Staates oder seiner Agenturen und Institutionen" nennt, sondern auf den „Bezug des Handelns auf eine gesamtgesellschaftliche Herrschaftsstruktur" abstellt (Greven 1994: 288 und 1990). Diesem heuristischen Postulat stellt Greven nun sein Konzept der „politischen" – nicht zivilen – Gesellschaft an die Seite. Gerade durch die Ausbreitung staatlicher Regelungsmöglichkeiten könne in der modernen Gesellschaft „virtuell" alles politisch werden, das mache „ihren potentiell totalitären Charakter, die permanente Gefährdung der individuellen und kollektiven Freiheit aus" (Greven 1994: 290). Weil Frauen gleichsam die ersten „Opfer" dieses staatlich-totalitären Übergriffs waren und sind, bietet

3 Für die Soziologie sind hier Ulrich Becks „Subpolitik" (Beck 1986 und 1993) sowie Anthony Giddens' „lifepolitics" (Giddens 1994: 30f.) zu nennen.

eine geschlechterkritische Analyse einen Ansatzpunkt für die Kritik moderner Herrschaftsverhältnisse.
Das „Jahrhundertereignis" 1989 stimulierte insgesamt eher in anderen wissenschaftlichen Disziplinen und nur zögerlich in der Politikwissenschaft neue Reflexionen über das Phänomen des Politischen. Die zivilgesellschaftliche Erschütterung des traditionellen formalen Politikgefüges ging am Mainstream der Politikwissenschaft im großen und ganzen vorbei. Lediglich marginalen Bereichen der Disziplin (wie etwa die soziale Bewegungsforschung, die Frauenforschung, die erodierende DDR- und Osteuropaforschung) war die Aushöhlung sowie der Umbau des Politischen Beachtung wert. Die Disziplin befand sich also nicht bloß in einem „Prognosedesaster", sie verharrt zudem auch in einem Begriffsdesaster. Alles in allem ist also ein gewisser reflexiver Notstand in der Politikwissenschaft zu konstatieren. Anleihen aus „anderen" Diskursen – eben dem geschlechterkritischen – könnten aber der Disziplin auf die Sprünge verhelfen, um die „großen Themen" der Zeit wie Globalisierung, Ökonomisierung und Ent-Demokratisierung in begriffsadäquater Weise zu bearbeiten und der Theoriebildung rund um das Politische neue Impulse zu verleihen.

3. Die Kontexte des Politischen in Turbulenzen. Eine Skizze

Das Diskursfeld „Transformation des Politischen" ist verflochten, unübersichtlich und umstritten. Unser Anliegen ist es im folgenden, die Grundlinien politischer Transformationen zu skizzieren, sie mit Fragen nach den Geschlechterverhältnissen zu verbinden und sie aus der Perspektive der Geschlechterforschung zu ordnen. Daß dieses Vorhaben hier nur in groben Linien angedeutet werden kann, ergibt sich aus der Vielschichtigkeit des Diskursfeldes. Uns kann und soll es deshalb im folgenden nicht um Vollständigkeit, schon gar nicht um eine gleichsam „organische" Systematik der Debatten um die Transformation des Politischen gehen, sondern vielmehr darum, die Steinchen eines Mosaiks so zu gruppieren, daß sie mit den Argumentationen der in diesem Band versammelten Aufsätze das Bild des Wandels von Politik und von Geschlechterverhältnissen am Ende des 20. Jahrhunderts entstehen lassen. Ein geschlechtersensibler Zugang macht die „großen", aber auch die „kleinen Erzählungen" politischer Transformationen widersprüchlich und ambivalent, steigert also Komplexität, anstatt sie zu reduzieren. Dies begreifen wir als einen Vorzug geschlechterkritischer Herangehensweisen. Diese Ambivalenzsteigerung auf dem Feld der Erklärung und Interpretation von Transformationen ist indes mit Valenzen in (geschlechter)politischer Perspektive verbunden – mit der Anerkennung von Differenz und der Herstellung sozialer Gleichheit.

3.1 Das Zeitalter der Übergänge. Transformation am Ende des 20. Jahrhunderts

Das Jahr 1989 bildet eine diskursive Zäsur: In der Folge des Zusammenbruchs des „Realsozialismus" setzte eine obstinate Debatte über Transformationen ein. Seitdem ist die Welt nicht mehr so, wie sie nach dem Ende des Zweiten Weltkrieges eingerichtet worden war, ja sie konnte nicht mehr so bleiben. Die ordnende bipolare Struktur, die der kalte Krieg geschaffen und die kalte Entspannungs- und Annäherungspolitik fortgesetzt hatte, mußte einer neuen Weltordnung weichen, deren Konturen allerdings nicht einfach durch existierende hegemoniale Ordnungen gestanzt werden konnten. Transformation wurde in dieser Phase des ausgehenden 20. Jahrhunderts zum Symbol für die vage Sicherheit, daß etwas Neues entstehen werde und müsse. Diskussionen um den Wandel in Ostmitteleuropa transportierten am Beginn der neunziger Jahre noch die prekäre Vorstellung, es seien allein oder in erster Linie diese Länder, die ihr Gesellschaftssystem, die Organisation von politischer Öffentlichkeit, ihre ökonomischen Grundlegungen und politisch-kulturellen Musterungen grundsätzlich zu verändern hätten, nicht aber die Staaten der westlichen Hemisphäre. Wie sehr der Wunsch der Vater dieser Vorstellung war, zeigt die inflationäre Thematisierung von „Globalisierung" – Ausdruck des Unbehagens über, aber auch der Einsicht in weltweite Veränderungen nach dem Zusammenbruch des „Realsozialismus".

In der Politikwissenschaft nun wurde nach 1989 der Forschungszweig „Transformationsforschung" wiederbelebt. Die Veränderungen in den einst „realsozialistischen" Staaten auf den Begriff zu bringen, bedeutet bereits, theoretische Vorentscheidungen zu treffen. Wir haben es mit einem ganzen semantischen Feld transformatorischen Vokabulars zu tun: Neben den eher beschreibend-neutral daherkommenden Begriffen wie *Transformation*[4] und *Systemwechsel*[5], *Regimewechsel*[6] und *Transition*[7] dominieren wertende Kategorien wie *nachholende Revolution* (Habermas 1990), *weitergehende* (Zapf 1994a und 1994b) bzw. *einfache* und *reflexive Modernisierung* (Beck 1993) oder *doppelte Modernisierung* (Klein 1991)[8] einerseits, *Kolonisierung* und *Inkorporierung* (Mayer 1991: 88) andererseits.

4 Transformation wurde zum Sammelbegriff für Umbruchs- und Wandlungsprozesse; er bezeichnet einen „spezifische(n) Typ sozialen Wandels", der durch „Intentionalität von gesellschaftlichen Akteuren, durch einen Prozeß mehr oder minder bewußter Änderung wesentlicher Ordnungsstrukturen und -muster sowie durch einen über verschiedene Medien gesteuerten Umwandlungsprozeß" gekennzeichnet ist (Reißig 1994: 7).

5 Der Begriff „Systemwechsel" wurde von Klaus von Beyme und Dieter Nohlen in die Transformationsdebatte eingeführt, um die neue Forschungssituation in den ostmitteleuropäischen Staaten im Unterschied zu den vorhergegangenen Transformationsprozessen zu kennzeichnen (vgl. von Beyme/Nohlen 1995). Der Systembegriff bezieht sich auf alle gesellschaftlichen Systeme – Ökonomie, Ideologie, Politik und politische Kultur – und ist umfassender als die Begriffe Staat, Regierung und selbst als der Regimebegriff (vgl. Merkel 1994: 12). Systemwechsel nimmt begrifflich am besten jene Tatsache in den Blick, die Claus Offe als das „Dilemma der Gleichzeitigkeit" im Bruch und im Umbau von ökonomischen Strukturen, politischen Institutionen, Verfahren parlamentarischer Demokratie und demokratischer Öffentlichkeit sowie in der Territorialfrage bezeichnet hat (vgl. Offe 1991).

6 Regimewechsel bezieht sich auf den Wandel „formale(r) oder informelle(r) Organisation im Zentrum der politischen Macht und ihre Beziehung zur Gesellschaft" (Glaeßner 1994: 89). Nach Robert Fishman definieren Regime die Zugänge zur politischen Macht; sie sind dauerhafte Formen politischer Herrschaftsorganisation (vgl. Fishman 1990: 428).

7 Unter Transition wird in der Regel der politische Übergang von autoritären zu demokratischen Herrschaftsformen gefaßt (vgl. Reißig 1994: 7). Transition zur Demokratie umfasse die Stadien „Liberalisierung, Demokratisierung und Konsolidierung" (vgl. Schmidt 1995: 963).

8 Mit dem Begriff der „doppelten Modernisierung" will der ostdeutsche Sozialwissenschaftler Dieter Klein darauf verweisen, daß auch die alte Bundesrepublik unter Modernisierungsdruck gerät.

So different die Werthorizonte der begrifflich-konzeptuellen Fassung sozialer, ökonomischer und politischer Wandlungsprozesse nach dem Ende des „Realsozialismus" auch sein mögen, eines ist ihnen gemein: Die Sprache enthüllt eine technizistische und mechanistische Sicht auf Transformationsprozesse. Da ist von der „Operation Transformation" (Kaminski 1993), von „massiven Abstoßungsreaktionen" (Dubiel 1993: 171) gegenüber dem importierten Institutionengefüge – um im Bild zu bleiben, müßte man „implantierten" sagen – die Rede. Der Begriff „Operation" öffnet neben der medizinischen Konnotation freilich auch ein militärisches Bedeutungsfeld. Transformationsforschung ist soziale Vivisektion. Gesellschaft erscheint als Maschine, die einst „realsozialistischen" Gesellschaften als schrottreif. Transformation ist Sozialtechnologie und der (westliche) Sozialwissenschaftler der Ingenieur des „gigantische(n) soziale(n) Experiment(s)" (Giesen/Leggewie 1991: 7). Seine adäquate Diagnose macht die defekte Maschine reparabel, alles wird zu einer Frage des exakten „Managements" (Kaminski 1993: 175).

Nahezu alle an diese Begrifflichkeiten geknüpften Konzepte gehen davon aus, daß es sich beim Transformationsprozeß in Ostmitteleuropa um eine Modernisierung von Gesellschaft, Ökonomie und Politik handle. „Realsozialistische" Länder erhalten in dieser Perspektive die einzigartige Chance, einen Modernisierungsfortschritt zu tun. Ihre Rückschrittlichkeit wird vielfältig ausgedrückt: Sie gelten als traditional oder als partiell vormodern (vgl. Offe 1994: 14; von Beyme 1994d: 48),[9] als „perverse Moderne" im Anschluß an Hannah Ahrendt[10] oder als „Ständegesellschaft" (Meier 1990). Der *politikwissenschaftliche* Klarname von Transformation der einst „realsozialistischen" Staaten ist „Transition zur Demokratie" (vgl. Merkel 1994 und 1996; kritisch: Sauer 1997). Grob lassen sich folgende Tendenzen von Transformationstheorien ausmachen: erstens die Renaissance von (soziologischen) Modernisierungs- und Differenzierungstheorien, zweitens ein Modell der „transition to democracy" mit einem Bias zu politischen Institutionen, einem formalistischen Demokratieverständnis und einem funktionalistisch verkürzten Begriff von Politischer Kultur sowie schließlich drittens die Prominenz von Akteurstheorien des Rational Choice (vgl. Merkel 1996; Sauer 1997). Alle drei Perspektiven arbeiten mit „Verlusten" – dem Verlust gesellschaftlicher Subjekte, eines Herrschaftsbegriffs, eines gesellschaftlichen Strukturbegriffs sowie eines prozessualen Politik- und Institutionenbegriffs (vgl. Sauer 1997).

Diese Verluste gehen auch auf Kosten der Erkenntnis von Geschlechterungleichheit. Wie eng diese konzeptuelle Ausblendung von Geschlecht mit realen Vergeschlechtlichungs- und Entgeschlechtlichungsprozessen korrespondiert, zeigt beispielsweise die Verdrängung von Frauen aus der öffentlich-politischen Sphäre in den Transitionsstaaten: „Transition to democracy" birgt die Gefahr der Remaskulinisierung von Politik und Öffentlichkeit. Institutionen der partiellen Egalisierung weiblicher und männlicher

9 In mancher Hinsicht (Bildungsstand, Säkularisierung, Entideologisierung von Ersatzreligionen, Überwindung parochialer Einstellungen zugunsten landesweiter Orientierungen) hatte die DDR die klassischen Modernisierungsleistungen erbracht (vgl. von Beyme 1994d: 48).

10 In einer Vielzahl von Transitionskonzepten wird die russische Oktoberrevolution zum „Abweg" vom Modernisierungspfad erklärt und Transition als Rückkehr auf den rechten Weg der Demokratie begriffen. Klaus von Beyme entwickelt in einem Vergleich des Systemwechsels nach 1989 und in der Zeit der Oktoberrevolution eine weniger wertende Sicht (vgl. von Beyme 1994a: 146ff.).

Lebenszusammenhänge wurden entwertet, ohne neue Institutionen wie beispielsweise Quotenregelungen oder die Neustrukturierung von Erwerbs- und Reproduktionsarbeit zu schaffen (vgl. dazu den Beitrag von *Vlasta Jalušič in* diesem Band). Selbst zivilgesellschaftliche Hoffnungen entpuppten sich als androzentrische Konstrukte. Demokratisierung zu Lasten von Frauen kann der männliche politikwissenschaftliche Blick aber nicht wahrnehmen.

Alle Übergangssituationen „zerklüften" Gesellschaften in besonderem Maße, weil im Zuge der Transformation „Interessen, Identitäten, insbesondere Gerechtigkeitsvorstellungen und 'Wahrheiten' sich vervielfältigen" (Senghaas 1997: 4). Gruppenegoismen und Gruppenrivalitäten füllen dann öffentliche wie private Räume des Politischen. Transition, Übergang, hat also in bezug auf die ostmitteleuropäischen Länder den fatalen Beigeschmack des „Übergehens" – in der demokratischen Konstruktionsphase wurden Interessen von Frauen übergangen (vgl. Kreisky 1996: 9).

Freilich zielt nun die Rede von der „Transformation des Politischen" auf umfassendere Zusammenhänge als der regional begrenzte Übergang zur Demokratie in Ostmitteleuropa (vgl. dazu auch von Beyme/Offe 1996). Dieser weitere Rahmen von Transformation soll im folgenden skizziert werden; allerdings bündeln die ostmitteleuropäischen Transformationen wie in einem Brennglas transformationswissenschaftliche Problemstellungen: Phasen gesellschaftlichen, ökonomischen und politischen Wandels bieten sowohl die Chance der Veränderung hegemonialer Geschlechterarrangements wie auch die Gefahr der Festigung tradierter Geschlechterungleichheiten. Aufgabe politikwissenschaftlicher Geschlechterforschung ist es nun, die Grundlagen der Geschlechterregime im Zusammenspiel mit weiteren hegemonialen Diskursen – beispielsweise (Wohlfahrts-)Staatsdiskursen (vgl. dazu die Beiträge von *Alex Demirovic/Katharina Pühl, Teresa Kulawik* und *Silvia Kontos* in diesem Band) – herauszuschälen und transformative Potenzen zu evaluieren.

3.2 Politik im Angesicht des Endes? Organisierte Verantwortungslosigkeit

In den Industriestaaten der westlichen Hemisphäre wird ein gravierender *Kompetenzverlust* von Politik allenthalben augenfällig. Man liegt „im Trend", wenn man „erschöpfte" Gestaltungskraft der Politik und „entleerte" politische Ideologien diagnostiziert (vgl. Giddens 1991: 9). Ein *Ende der Politik* scheint vielen angezeigt, und Ulrich Beck markiert die Übergangsperiode von den achtziger zu den neunziger Jahren als Zeit der „Abschiedsfeste des Politischen" (Beck 1997: 13). Francis Fukuyama gab mit seiner These vom „Ende der Geschichte" (1989) den Startschuß für die aufdringliche Rede von zahllosen „Endzuständen". Mittlerweile vernehmen sich derartige endzeitliche Festivitäten „kleinlauter" (Beck 1997: 13). Der nun allseits gebrauchte Katastrophenslogan von der *Globalisierung* scheint das bis dato modisch anmutende Wort vom Ende des Politischen wirkungsvoll zu Ende gebracht zu haben. Dennoch lassen sich die Veränderungen des Politischen an beiden *trendsetzenden Begriffen* erörtern, so weit liegen sie nicht auseinander. Beck steigert dies sogar zur These, daß Globalisierung in ihrem Kern eigentlich „Politisierung" sei, „weil die Inszenierung der Globalisierung es den Unternehmern und ihren Verbänden erlaubt, die politisch und sozialstaatlich gezähmte Handlungsmacht (...) zurückzuerobern" (ebd.: 14). Vor allem global tätige

Unternehmen nehmen nun immer deutlicher eine „Schlüsselrolle" nicht nur in der Gestaltung der Wirtschaft, sondern der Gesellschaft insgesamt ein, indem sie sich „zusätzliche Handlungs- und Machtchancen *jenseits* des politischen Systems" erschließen (ebd.: 14 und 17). Das, was als Steuerungs*verlust* des Nationalstaates bezeichnet wird, ist also vielfach als Steuerungs*verzicht* zu verstehen.

Die ökonomische Rekonstruktionsperiode in den Jahrzehnten nach dem Zweiten Weltkrieg war zugleich eine Hochzeit des Fordismus. Mitte der siebziger Jahre geriet dieses System des Fordismus allerdings in bedenkliches Trudeln. Erhebliche Verschiebungen und Verlagerungen im Weltgefüge großindustrieller Produktion, Veränderungen von Wertorientierungen in Arbeitsverhältnissen und rapide zunehmende Erwerbslosigkeit unterhöhlten und delegitimierten das fordistische Regime sowohl in den USA wie auch in Westeuropa. Der sich daraufhin formierende *post-fordistische* Staat stößt nach Möglichkeit korporatistisches und sozialstaatliches „Übergewicht" ab, um sich dem neoliberalen Ideal des „schlanken Staates" anzunähern. Politik als formale Arena büßt ihre traditionelle Bedeutung bis zu einem gewissen Grade ein. (Nationalstaatliche) Politik wird sukzessive „entmächtigt" (vgl. ebd.: 16). Beck vermerkt einen *„Ausbruch des Politischen* aus dem kategorialen Rahmen des Nationalstaates" (ebd.: 13, Hervorhebung im Original).

Allein *Geld* führt – nunmehr auch weltweit – Regie. Monetäre Kalküle und individuelle Egozentrismen (de-)regulieren – in zunehmend unabgefederter Weise – soziale Verfaßtheiten westlicher Industriegesellschaften. Sogenannte *angebotsorientierte* Wirtschaftspolitik, die Massenarbeitslosigkeit und Umschichtung der Einkommen zu Lasten ärmerer Bevölkerungsschichten und -gruppen (wie etwa auch der Frauen) bewußt „in Kauf" nimmt, substituiert bisherige tendenziell doch eher nachfrage- und sozialorientierte Politiktraditionen. *Politische* Fragen scheinen nun nur noch in *monetären* Kalkülen beantwortbar. Das macht die *neoliberale* Quintessenz gegenwärtiger *Anti-Politik* aus (vgl. Miliband 1994: 3), sei sie nun praktisch allgegenwärtig oder auch nur wissenschaftlich vorgetragen.[11]

War es in den siebziger und achtziger Jahren auch um Emanzipation sozial und ökonomisch schwacher sozialer Gruppen gegangen, erschließt sich in den Neunzigern eine vermeintliche „Emanzipations"logik neuer Zielgruppen und Anwendungsfelder: *Befreiung* der Marktkräfte „aus den Klammern von Arbeit und Staat" (Beck 1997: 15) lautet nun das politische Credo. Staatliche Interventionen in ökonomische Prozesse werden nur noch toleriert, wenn sie der Verbesserung internationaler Wettbewerbsfähigkeit nützlich sind. Mit dem Argument der „Standortsicherung" degenerieren politische Deregulierung und „minimaler Staat" zu Begriffen, die auf neue soziale Umverteilungsmodi zielen. Deregulierung ist nämlich mitnichten als gesamtpolitisches Programm angelegt, vielmehr wird *selektiv* nach der relativen Stärke von Interessen-

11 Nicht zufällig wurden 1997 gerade jene Ökonomen mit dem Nobelpreis bedacht, die mit ihrer wissenschaftlichen Arbeit die Grundlage für das in den letzten Jahren rapide Wachstum des Handels mit Derivaten gelegt haben. Unzähligen Händlern und Investoren hat die prämierte „Black-Scholes-Formel" beträchtliche Profite eingebracht (vgl. auch die ganz unverhohlene Preisbegründung durch die Schwedische Akademie der Wissenschaften, zit. n. Lepenies 1997: 43). Ökonomen, die mit ihrer Arbeit Problemen wie Armut, soziale und ökonomische Ungleichheiten oder globale Entwicklungsdisparitäten zu begegnen trachten, bleibt solche Anerkennung zumeist versagt.

gruppen und der ökonomischen Bedeutung von Problemfeldern dereguliert oder auch neu reguliert – und die Neuregulierung ist nicht weniger bemerkenswert als die Deregulierung: Staatliche Neuregulation umfaßt einerseits eine komplette Restrukturierung im Sozial- und Bildungsbereich, andererseits ist sie als Industrie-, technologische Forschungs- und Exportpolitik exklusiv auf Standortsicherung in der globalen Marktkonstellation ausgerichtet.[12] Auch der „Sicherheitsstaat" wird – trotz behaupteter staatlicher Sparpolitik – selten als „schlanker Staat" gedacht. Nach außen und nach innen wird das staatliche Gewaltarsenal vergrößert, gilt es doch die „Festung Europa" zu bauen und „angemessen", sprich: quantitativ und qualitativ aufgerüstet gegen allfällige, politisch konstruierte „Kriminalitäten" zu verteidigen. Wir haben also eine paradoxe Ungleichzeitigkeit staatlicher Einfluß- und Regelungsstärke zu registrieren, die in Hinkunft freilich bestehende soziale, ökonomische und ökologische Widersprüche nur noch weiter verschärfen wird.

Die Alltagserfahrung zeigt: Politisches Handeln hat immer weniger mit aktivem *Eingreifen* in und *Gestalten* von gesellschaftlichen Verhältnissen zu tun. Infolgedessen beschreibt Anthony Giddens die Geschäftsgrundlage aktueller Politik als wechselseitiges Täuschungsverhalten: „Die Politiker tun so, als könnten sie für uns eine entscheidende Wende zum besseren herbeiführen, und wir tun so, als glaubten wir ihnen dies" (Giddens 1997: 15). *Populistische* Politikinszenierungen mutieren daher angesichts der nur zu offensichtlichen Rat- und Konzeptlosigkeit herrschender Politik und „innerlich gespaltener" Gesellschaften (vgl. Walzer 1997: 31) zu gewinnversprechenden Spielmarken in der – zu alldem noch durchmedialisierten und kommerzialisierten – Welt der Politik (vgl. dazu den Beitrag von *Gregor Matjan* in diesem Band).

Einigen wenigen ProfiteurInnen einer sehr kurzlebigen „Politik der Gleichheit" steht die große Masse jener gegenüber, die davon „nur minimal oder überhaupt nicht profitiert haben" (Walzer 1997: 31). Symbolischer Politikgebrauch – massensuggestiv wirksam positioniert – soll vom allzu abrupten *Ende der Politik der Gleichheit* ablenken. Selbst der flüchtige politische Augenblick sachter Umverteilung war schon zuviel der Egalisierung. Die siebziger Jahre als das *äußerst kurze* (zunächst vor allem *sozialdemokratische*) Reformjahrzehnt sollen daher insbesondere sozial und ökonomisch Schwachen, beispielsweise Frauen, als politische Ausnahme von der kapitalistisch-ökonomischen Regel in Erinnerung bleiben.

Reform-Neuauflagen werden nun politisch und ökonomisch in großem Maßstab hin-

12 Deregulation fungiert vor allem als Instrument zur Destruierung von Rechten und Ansprüchen im Sozial- und Bildungsbereich. Wo hingegen Kapital- und Finanzmärkte zur Minimierung ihres Risikos staatlicher Regulierung bedürfen, ist Eingreifen des Staates keineswegs verpönt. So hat erst vor kurzem die Bank für internationalen Zahlungsausgleich in Basel mit Zustimmung der nationalen Notenbanken eine „Regulierungsoffensive" gestartet, wonach die Staaten „weltweit" nach identen Grundsätzen die Akteure auf den Finanzmärkten kontrollieren sollen (vgl. Noé 1997: 5). Der neue Vizepräsident und Chefvolkswirt der Weltbank, Joseph Stiglitz (zuvor Professor für Ökonomie an der Stanford University und Leiter des ökonomischen Beraterstabes von Präsident Clinton), spricht von einem „Wechsel im ökonomischen Denken" und fordert – weltweit – wieder mehr Aufmerksamkeit für regulierende Aufgaben des Staates. „Es geht nicht um Deregulierung, sondern darum, die richtige Regulierung zu finden." Sicherheit im Sinne eines funktionierenden Rechtssystems, Investitionen in Ausbildung, Infrastruktur und soziale Dienste, der Schutz der schwächsten Bevölkerungsgruppen und der Umwelt scheinen also – weil „sinnvoll und rentabel" – (erneut) gefragt (vgl. Stiglitz 1997: 32).

tertrieben. Unfaßbaren privaten Gewinnexplosionen (vgl. Beck 1991: 20f.) steht dramatische öffentlich-politische Geldknappheit gegenüber. Sozialreform ist „scheinbar unfinanzierbar geworden" (ebd.: 20), ja der Reform-Nachgeschmack wird schlecht zu halten gesucht. Das Politik-Desaster des Neoliberalismus in der Reagan-, Thatcher- und Kohl-Ära – wie Industriebrachen, drastische Massenarbeitslosigkeit, die Zunahme rechtlich und sozial ungeschützter Beschäftigungsverhältnisse („McJobs"), reale Einkommensverluste und neue Massenarmut, die wegen angeblicher „Standortsicherung" in die Höhe getriebene Staatsverschuldung – wird als „bittere" Folge des – angeblich so schwelgenden – Reform-Festes „der Siebziger" präsentiert. Die Denunzierung als „Anspruchsinflation" soll Sozial- und Bildungsabbau legitimieren.
Mit dieser Politik der neuen Ungleichheit ist auch die Produktion neuer Geschlechterdisparitäten verknüpft. Die Koordinaten neoliberaler Restrukturierung des Staates haben einen deutlichen Geschlechterbias: Subsidiarität in Form von Privatisierung sozialer Risiken zielt auf eine Entvergesellschaftung von Reproduktionsarbeiten. Die „Kommodifizierung" staatlicher Leistungen bedeutet also vielfach nichts anderes als ihre „Dekommodifizierung" als unbezahlte Frauenarbeit in der dafür gleichsam natürlich zuständigen Gemeinschaft – der Familie. Der „neue" Gesellschaftsvertrag – der „new deal", der in Aussicht gestellt wird – greift auf den „uralten" Geschlechtervertrag unbezahlter Arbeit von Frauen zurück.
Sind Frauen also die „doppelten Verliererinnen" neoliberaler Politik, weil sie nicht nur ungesicherten Arbeitsverhältnissen ungleich stärker ausgesetzt sind als Männer, sondern weil sie vom sozialstaatlichen Spar- bzw. Umstrukturierungsdiktat aufgrund des Geschlechts besonders hart betroffen sind?[13] Bedeutet der „lean state", die Verschlankung staatlicher Administration, neben einem Verlust an weiblichen Arbeitsplätzen im Staat nicht vor allem Obstruktion von Gleichstellungspolitik in und durch staatliche Administration? Die Debatte um den Um-, korrekter ausgedrückt den Abbau des Wohlfahrtsstaats besitzt zudem einen vergeschlechtlichten, ja antifeministischen Subtext: Das „Wir haben über unsere finanziellen Möglichkeiten gelebt" heißt ja eigentlich: „Wir wollen uns den Luxus von Kinderbetreuungseinrichtungen, von Karenztagen oder von Gleichstellungspolitik und Frauenförderung nicht mehr leisten". Forderungen nach demokratischer Teilhabe oder gar Gleichheit der Geschlechter wirken da gewissermaßen antiquiert, weil bürokratisch „aufgebläht" (vgl. kritisch Holland-Cunz 1995).
Nicht bloß das staatssozialistische Trümmerfeld *Osteuropas* also, auch das *westliche* Politikprojekt kapituliert angesichts der „Offensive des Marktradikalismus" (Nida-Rümelin 1997: 15), angesichts der globalen Wucht des neu belebten „Marktimperialismus" (Walzer 1997: 31). Und der neoliberale Krieg um Politik und Märkte der sogenannten *Dritten Welt* setzte – im großen und ganzen lautlos, was bedeutet: ohne besonderen Widerstand und noch weniger unter Protesten der übrigen Welt – schon lange zuvor ein. Weltbank und Weltwährungsfonds ebneten früh den Weg für Monetarisierer und Deregulierer, indem sie die Regierungen dieser Länder unter dem Euphemismus „Strukturanpassung" tüchtig an ihre ökonomische Kandare nahmen. Die Ge-

13 Neue Rentenalterregelung, Betrug beim gesetzlichen Anspruch auf einen Kindergartenplatz, Kürzung von Arbeitsbeschaffungsmaßnahmen mit geschlechtsspezifischen Konsequenzen sind Belege für diese These.

neralprobe vom *Ende der Politik* und damit der *Hegemonie der Ökonomie* wurde in der südlichen Hemisphäre der Welt abgehalten (vgl. dazu den Beitrag von *Claudia von Braunmühl* in diesem Band).

3.3 Das Ende der androzentrischen Arbeitsgesellschaft

Die postmoderne These vom Ende der Politik – die in vielem Übereinstimmung zur neoliberalen Sicht schwindender Bedeutung des Politischen zeigt und deren Implementation nun die ökonomische Globalisierung[14] zu sein scheint – war zunächst ohne empirische Grundlage: Jürgen Habermas hat ihr bereits vor mehr als einem Jahrzehnt zu Recht differenzierend entgegengehalten, daß sich „nicht die Struktur des Zeitgeistes, nicht der Modus des Streites über künftige Lebensmöglichkeiten ändert", daß sich „nicht die utopischen Energien überhaupt (...) vom Geschichtsbewußtsein zurück(ziehen). An ein Ende gelangt ist vielmehr eine bestimmte Utopie, die sich in der Vergangenheit um das Potential der Arbeitsgesellschaft kristallisiert hat" (Habermas 1985: 154).

Zu Ende gekommen scheint vor allem das „historische Bündnis" zwischen Marktwirtschaft, Sozialstaat und Demokratie (vgl. Beck 1997: 24): Das *fordistische* Regime industrieller Produktionsweise hatte idealiter den relativen Gleichklang von Massenproduktion und Massenkonsum im Sinne, eine Synchronisation *maschinen*mäßiger Intensivierung und Ausbeutung menschlicher Arbeitskraft mit aus der *Massen*produktion herrührenden Unternehmensgewinnen sowie der Absicherung der *Kaufkraft* der ArbeiterInnen. Die Idee gesicherter Massennachfrage, was selbstverständlich auch Vollbeschäftigung heißen mußte, bildete den Kern fordistischer Logik. Der vollzeitbeschäftigte männliche Lohnempfänger wurde demnach zur (zumindest impliziten) ökonomischen und politischen Norm (vgl. Habermas 1985: 147).

Daher hatte auch das politische Komplementärstück zum Fordismus, der *Wohlfahrtsstaat*, zu allererst dieses prekäre Gleichgewichtssystem aus Massenproduktion und Massenkonsum zu wahren: Er hatte Vollbeschäftigung zu *sichern* oder dort *zu simulieren*, wo sie nicht (mehr) gegeben war. Er tat dies, indem er selbst in krisenhaften Perioden Nachfrage über Transferzahlungen aufrechterhielt oder einkommensschwache soziale Gruppen mit Kaufkraft entschädigte (vgl. ebd.). Dem massenindustriellen Prinzip ökonomischer Organisation korrespondierte in vielen Ländern ein *korporatistisch* geschnittenes Politikmuster. Der Prototyp entwickelter westlicher Industriegesellschaft beinhaltet also – mehr oder minder – auf nationalstaatlicher Handlungs- und Entscheidungsebene einen institutionellen Mix aus fordistisch konzipierter industrieller Produktionsweise, mäßigender Wohlfahrtsstaatlichkeit, korporatistischer Kompromißstruktur des Politischen, staatlichen Interventionen in die Sphäre der Ökonomie bei gleichzeitiger Legitimation durch demokratische Wahlen, aber auch durch Relikte „arbeitsgesellschaftlicher Utopie" (ebd.: 148).

Seit Mitte der siebziger Jahre kamen im Gefolge der Krise des Fordismus auch „die

14 Auch Ulrich Beck weist auf diese seltsame Theorie-Praxis-Verbindung hin: „Wirtschaftliche Globalisierung vollendet (...) nur, was durch die Postmoderne intellektuell und die Individualisierung politisch vorangetrieben wird – den Zerfall der Moderne" (Beck 1997: 24).

Grenzen des sozialstaatlichen Projektes zu Bewußtsein", damals verlor die „von der arbeitsgesellschaftlichen Utopie zehrende Sozialstaatsprogrammatik" wesentlich an Kraft (ebd.: 147). Im Wohlfahrtsstaat war offensichtlich Widersprüchliches geeint gewesen, zum einen Sicherung politischer und sozialer Loyalität zum ökonomischen Profitsystem fordistischer Massenproduktion (vgl. Hirsch/Roth 1986; Hirsch 1995), zum anderen aber auch der politische Wunsch nach menschenwürdigen und emanzipierten Lebensverhältnissen, die durch kompensatorische Reform und nicht durch Revolutionierung der Arbeitsverhältnisse realisiert werden sollten (vgl. Habermas 1985: 147). Wohlfahrtsstaatlichkeit war – so Habermas – trotz aller rezenter krisenhafter Episoden keine „Fehlspezialisierung", sondern wegen ihrer besonderen Kompromißstruktur ein enormer „Entwicklungsschub" für nationalstaatliche Politik (ebd.: 152). Dieser „Gesellschaftsvertrag" westlicher Wohlfahrtsstaaten scheint nun aber nicht mehr erneuerbar. „Eine der großen Paradoxien dieser Staatsform" besteht nämlich darin, „daß ihre eigene Verteilungslogik ihre normative Basis unterminiert" (Benhabib 1997: 53f.): Weil der Wohlfahrtsstaat in vielerlei Hinsicht Verteilungsmechanismen des Marktes stützt und sogar ersetzt, erzeugt er soziale Gruppen, die von ihm nicht bloß als Klienten abhängig werden, sondern unter der Bedingung knapper Mittel miteinander um Geld und Leistungen hart konkurrieren müssen. Alte Solidaritäten erodieren und neue entstehen kaum. Die vergangenen beiden Jahrzehnte bilden ohne Zweifel eine solche Ära offensichtlicher Brüche sowie zunehmender Orientierungs- und Konzeptlosigkeiten.

Anti-Neoliberale wie beispielsweise Wolfgang Engler werden Mitte der neunziger Jahre zu Fürsprechern eines „bürokratischen Sozialstaat(s)". Immerhin habe dieser, so Engler, „die beiden großen Antipoden, Freiheit und Gleichheit, für Jahrzehnte zum Tandem" zusammengespannt (Engler 1996). Auch frauenpolitische Positionen beharren im Angesicht wohlfahrtsstaatlichen Abbaus auf „Besitzstandswahrung": Geschlechtergerechtere Maßnahmen, wie sie in den siebziger und achtziger Jahren mählich institutionalisiert wurden, sollen wenigstens konserviert werden.

Der feministische Diskurs „verwirrt" nun eine konservierende Sicht auf die Transformation des Wohlfahrtsstaates, er ver-uneindeutigt die schlüssige Interpretation seines derzeitigen Umbaus, ohne allerdings in das neoliberale Wolfsgeheul einzustimmen. Konturschärfer als in den Jahren zuvor zeigen sich unter dem Signum der vermeintlichen Nicht-Finanzierbarkeit in den neunziger Jahren nämlich die Einseitigkeiten und Ungerechtigkeiten des (deutschen) Sozialsystems, die nach einem Ausgleich verlangen: zunehmende Verzerrungen im Generationenvertrag, Ungleichheiten zwischen Arbeitsplatzbesitzern und Nicht-Arbeitsplatzbesitzern sowie zwischen Personen mit einer erwerbszentrierten Biographie – in aller Regel Männer – und jenen, die für die gesellschaftliche Reproduktion verantwortlich zeichnen – in der Regel Frauen (vgl. Althaler/Matjan 1996: 9).

Angesichts jahrzehntelanger feministischer Kritik am Wohlfahrtsstaat erscheint das „Ende der (Wohlfahrts-)Politik" möglicherweise sogar angebracht, weil es das Ende des geschlechterungerechten, Männer bevorzugenden Wohlfahrtskompromisses bedeutet. Die arbeitsgesellschaftlichen Grundlagen des Wohlfahrtsstaats werden porös, weil sich Normalarbeitsverhältnisse zunehmend verunstetigen. Damit erodiert aber eine Conditio sine qua non des Wohlfahrtsstaates, nämlich das Modell lebenslanger, kontinuierlicher (männlicher) Erwerbsarbeit bei institutioneller Entbindung von reproduktiven Arbeiten. Bietet also der Transformationsbedarf westlicher Wohlfahrtsstaaten eine Chance für neue Arrangements von Erwerbs- und Reproduktionsarbeit, von bezahlter und nicht-bezahlter Arbeit, für die Neuverteilung von Arbeit zwischen den Geschlechtern und für mehr Geschlechtergerechtigkeit? Sind die „starken Männer" die Verlierer gegenwärtiger Transformationen, und bekommen Frauen in den neuen Arbeitsbeziehungen möglicherweise sogar die besseren Chancen?

Nie in der (neuzeitlichen) Geschichte waren Staat und Politik geschlechtsneutrale Instanzen, sie schufen und stützten vielmehr auch unter kapitalistischen Voraussetzungen und keynesianischen Politikmustern patriarchalen Frauenausschluß und eine hierarchisierte Geschlechterordnung. Modi dieser Herrschaftsverhältnisse sind die Aufspaltung in einen produktiven Bereich bezahlter und einen un- bzw. reproduktiven Bereich unbezahlter Arbeit sowie die zweigeschlechtliche Aufladung einer privaten und einer öffentlich-staatlichen Sphäre. Auch in moderne sozialstaatliche Regulierungsmuster wurde in ihrer Konstituierungsphase in der zweiten Hälfte des 19. Jahrhunderts eine hierarchisierte Zweigeschlechtlichkeit eingraviert: Geschlechterpolitik gehört „zur inneren Logik aller modernen Sozialstaaten" (Lemke 1992: 38). Alle Wohlfahrtsstaatstypen besitzen eine maskulinistische Grundstruktur, die Frauen diskriminiert und Männer privilegiert.

Ohne Zweifel ist die Rede von „dem" Wohlfahrtsstaat eine grobe Verallgemeinerung, und inzwischen gibt es umfangreiche feministische Studien, die gerade die für Geschlechterverhältnisse relevanten Unterschiede herausarbeiten. Wohlfahrtsstaaten sind länderspezifische institutionelle Konfigurationen des Verhältnisses von Staat, Markt/Ökonomie und Familie (vgl. Langan/Ostner 1991: 303). Das „ständisch-korporative" Sozialstaatsregime Bismarckschen Ursprungs koppelte Ansprüche auf soziale Sicherung an einen sozialen Status und sicherte in der Folge einen spezifischen Status, sei es als Beamter, als Angestellter oder als Arbeiter ab (vgl. ebd.: 310). Auch Männer und Frauen wurden als Geschlechterstände begriffen und sozialstaatlich „behandelt": Männer als Berufstätige, Familienversorger und Ehegatten, Frauen hingegen als Mütter, Familienarbeiterinnen und Ehefrauen. Sozialpolitik zementierte das Familienernährermodell durch einen Familienlohn und verfestigte auf diese Weise die traditionelle hierarchische Arbeitsteilung innerhalb der Familien ebenso wie im Erwerbsbereich. Staatlich institutionalisiert und gefördert wurde die Nicht-Erwerbstätigkeit der Ehefrau und die Freistellung des Ehemanns von Familienarbeit.

Der Wohlfahrtsstaat deutscher Provenienz eröffnet also kurz gesagt zwei Möglichkeiten des Zugangs zu wohlfahrtsstaatlichen Leistungen, entweder über den Erwerbsbereich oder über Heirat, nicht allerdings über Reproduktionsarbeit. Frauen, historisch als Reproduktionsarbeiterinnen konstruiert, werden vermittelt bzw. abgeleitet abgesichert durch Heirat mit einer von Reproduktionsarbeit freigestellten Person. Heirat allerdings garantiert nur suboptimale Versicherungs- bzw. Versorgungsleistungen (vgl. ebd.: 311). Dekommodifizierung männlicher Arbeitskraft und eine abgeleitete und abhängige Position von Ehefrauen ist das Format des deutschen Wohlfahrtsstaates, dessen Grundierung eine starke Familienideologie bildet.

Der westdeutsche keynesianische Wohlfahrtsstaat nach dem Zweiten Weltkrieg war die modifizierte Variante des Bismarckschen androzentrischen Wohlfahrtsmodells. Er stellte sich nicht nur allein den Ausgleich von Erwerbsarbeitsrisiken zur Aufgabe, sondern Umverteilung wurde zur expliziten Aufgabe der sozialen Marktwirtschaft sozialdemokratischen Typs. Sozialdemokratische Wohlfahrtspolitik wirkte gestaltend, indem sie mehr Unabhängigkeit vom Familienernährer zu garantieren suchte. Für nahezu alle Wohlfahrtsstaaten westlicher Industriegesellschaften läßt sich in den vergangenen Dekaden eine Tendenz festhalten: Sie ersetzten sukzessive das männliche Familienernährermodell durch das Modell am Individuum orientierter Sozialpolitik. In der Regel erfolgte diese „Individualisierung" allerdings über Erwerbsarbeit; indem Frauen erwerbstätig werden und sozialstaatliche Politiken es ihnen ermöglichen, Familien- und Berufsarbeit zu vereinbaren, können sie selbständig soziale Ansprüche erwerben (vgl. Sainsbury 1996).

Deshalb läßt sich nicht von einer Universalisierung des Wohlfahrtsstaates durch sozialdemokratische Reformen sprechen, sondern lediglich von einer Reform des dualen Systems. Auch der keynesianische Sozialstaat regelt Fürsorgearbeit nicht, schon gar nicht gerecht. An den Grundkonstruktionen sozialstaatlicher Sicherung als „männlicher" Kompromiß hat sich auch durch sukzessive Anerkennung von Haus- und Kinderarbeit (z.B. durch entsprechende Karenzregelungen oder durch Anrechnung von Kindererziehungszeiten bei der Rente) nichts Wesentliches geändert. Es kam zwar zu „pfadabhängigen", von historischen Konstellationen geprägten neuen Arrangements zwischen Staat, Familie und Markt (vgl. Ostner 1995: 8ff.), doch das ursprüngliche Bauprinzip wurde lediglich abgeschwächt, und die Umverteilungskapazität erwies sich insgesamt als niedrig. Immerhin gilt auch für den Wohlfahrts- und Rechtsstaat westdeutscher Provenienz, daß er Rechtsnormen und Institutionen so transformierte, daß das persönliche Patriarchat von einem staatlichen abgelöst werden konnte.

Diese Geschlechterkritik am androzentrischen Wohlfahrtsstaat wird derzeit optisch an den Rand gedrängt; der hegemoniale Diskurs plädiert dafür, die (androzentrische) Grundstruktur des Wohlfahrtsstaates und der Arbeitsgesellschaft vor neoliberalen Deregulierern zu retten und eine Reformulierung von Geschlechterverhältnissen auf ein „Danach" zu verschieben. Auch frauenpolitische Strategien der Transformation des Wohlfahrtsstaates sind trotz gemeinsamer Kritik an der männerprivilegierenden Essenz von Wohlfahrtsstaatsregelungen keineswegs eindeutig. Die Debatte um den patriarchalen und androzentrischen Gehalt „des" Wohlfahrtsstaates und um die frauenpolitischen Konsequenzen, die es daraus zu ziehen gilt, ist so alt wie die feministische Geschlechterforschung (vgl. dazu den Beitrag von *Teresa Kulawik* in diesem Band). Trotz aller Kritik am Wohlfahrtspatriarchat lassen sich im Übergang von der Abhängigkeit der Frauen von Männern zu ihrer Abhängigkeit vom Sozialstaat durchaus positive Möglichkeiten erkennen. Diese Sichtweise geht von der grundsätzlichen Ambivalenz des Staates aus, der nicht allein als Herrschaftsinstrument, sondern auch als Institution zur Verhinderung von Gewalt und mithin als „Sprungbrett zu Autonomie" (Gerhard 1988: 25) genutzt werden könne. In Skandinavien werden mit dem Begriff *Staatsfeminismus* Strategien bezeichnet und positiv besetzt, die zur Beseitigung weiblicher Unterdrückung, als deren Ursache noch immer vorrangig der Kapitalismus diagnostiziert wird, eine politische Allianz mit dem Wohlfahrtsstaat eingehen. Frauenforscherinnen wie Drude Dahlerup (1990), Anette Borchorst und Birte Siim (1987) gehen davon aus, daß die (wohlfahrts)staatliche Einbindung von Frauen diese auch zu politischen Subjekten und nicht nur zu verwalteten und regulierten Staatssubjekten, zu Untertanen also, mache: Frauen, so die These, brauchen den Staat, weil ihnen die Gesellschaft, d.h. kapitalistische Wirtschaft, bürgerliche Privatheit der Kleinfamilie, aber auch Zivilgesellschaft, weder Freiheit noch Gleichheit bieten könne. Die Arbeit der sogenannten „Femokraten" in der staatlichen Bürokratie zeige zudem, daß Veränderungen hin zu mehr Demokratie zwischen den Geschlechtern und zu frauenfreundlicheren Politiken zumindest ab einer „kritischen Masse" von Frauen in staatlichen Institutionen durchaus möglich sind (vgl. Dahlerup 1990: 71). Die Fragilität dieser Strategie, darauf weist Teresa Kulawik (1994) hin, enthüllt sich freilich in ökonomischen Krisenzeiten. Auch in Skandinavien blieben Frauen Objekte männlicher Herrschaft, untergeordnet in einer hierarchisierten Geschlechterordnung.

3.4 Mythos Globalisierung

Das aktuelle, schillernde Codewort für politische „Unübersichtlichkeit" heißt *Globalisierung*, und die neue „große Erzählung" von der Überlegenheit des Ökonomischen lautet: Politik sei historisch überholt, erledigt, überflüssig geworden, der globale Markt könne und werde Politik ersetzen. Dem ist freilich aus demokratisch motivierter Sicht der Dinge entgegenzuhalten, daß „der Traum vom Ende der Politik (...) totalitäre Züge (trägt). Es ist der Traum einer (Welt-)Gesellschaft ohne organisierte kollektive Vernunft, ohne öffentlichen Diskurs und Kontrolle, ohne bürgerschaftliches Engagement" (Nida-Rümelin 1997: 18). Globalisierung, Ökonomisierung und (Ent-)Demokratisierung bilden also unübersehbare Eckpfeiler aktueller Politikmodernisierung. Jede dieser drei Dimensionen enthält und produziert freilich auch spezifische Konfigurationen traditioneller oder neuer Ver- bzw. Entgeschlechtlichung (vgl. die Beiträge von *Brigitte Young* und *Bob Jessop* in diesem Band).

Es sind vor allem zwei Entwicklungen, die im Kontext der Politikwissenschaft gewöhnlich unter dem Stichwort „Globalisierung" erörtert werden: die ökonomischen Zwänge auf den Nationalstaat[15] von außen sowie die Erosion – besser: Transformation – nationalstaatlicher Institutionen von innen – ein Prozeß, der sich – wie am Beispiel des sozialstaatlichen Umbaus unter neoliberalen Vorzeichen ausgeführt – bereits seit den siebziger Jahren andeutet.[16]

Wie läßt sich nun die Neudimensionierung des Politischen unter der Maßgabe ökonomischer Globalisierung beschreiben? Globalisierung zielt auf Durchkapitalisierung der Welt, auf die „weltweite Durchsetzung kapitalistischer Zwänge" (Burchardt 1996: 741). Der Kapitalismus in seiner imperialistischen Ausformung „dachte" zwar immer schon in großen (Wirtschafts-)Räumen und weltweiten (Handels- und Finanz-)Zusammenhängen, doch waren Ausgangs- und Zielpunkte „imperialistisch-kapitalistischer"

15 Unter „Nationalstaat" ist der ab der frühen Neuzeit vor allem in Westeuropa sich herausbildende moderne Verfassungsstaat zu verstehen, für den die territoriale Zentralisierung aller gesellschaftlichen Gewalt hin zu einer „öffentlichen", also „staatlichen" und auch rechtlich „gezähmten" Gewalt strukturtypisch ist. Herausbildung „moderner Staaten" bezeichnet demnach den „Vorgang einer ständigen Hinzufügung einzelner 'moderner' Elemente zu vormodernen Staaten" (vgl. Gerstenberger 1990: 11).

16 Ein dritter Aspekt von Globalisierung, den Elmar Altvater und Birgit Mahnkopf ansprechen, ist die Erschließung neuer Räume nicht nur im globalen Maßstab, sondern die Ausdehnung nach innen, in den Menschen hinein: die Eroberung des Lebens durch Gentechnologie (vgl. Altvater/Mahnkopf 1996: 42). Hier entsteht im Labor eine neue Form männlicher „Kreativität".

Eroberungsfeldzüge im 19. und 20. Jahrhundert immer *nationale* Märkte und *nationale* Staaten. Der Nationalstaat galt gleichsam als „Basiseinheit" der (National-)Ökonomie (vgl. ebd.: 742). Im Unterschied dazu sind primäre Funktionseinheiten von Wirtschaft und Politik heute nicht länger „Nationalstaaten" und auf sie zugeschnittene „Nationalökonomien", sondern „Europa" und „die Welt" (vgl. Hobsbawm 1995: 30) als Chiffren für eine beschleunigt voranschreitende Ort- und Zeitlosigkeit (zur neuen Bedeutung von Raum siehe den Beitrag von *Susanne Frank* in diesem Band). Die neuen „global players" oder ökonomischen „Systemführer", wie Wolf-Dieter Narr und Alexander Schubert global agierende Unternehmen bezeichnen (Narr/Schubert 1994: 148), werden von Nationalstaaten zunehmend unabhängig. Tendenzen zur *Ent-Räumlichung* der Politik sowie zur *Ent-Stofflichung* der Ökonomie bilden mithin Knotenpunkte gegenwärtiger Strategien der Globalisierung: Finanztransaktionen laufen im „Kasinokapitalismus" ohne Bezug auf den Nationalstaat, d.h. gleichsam exterritorialisiert ab (vgl. Burchardt 1996: 741). Nicht mehr Unternehmen konkurrieren um Staaten, sondern Staaten müssen um internationale Unternehmen konkurrieren (vgl. Narr/Schubert 1994: 148).

Selbst wenn dem Ohnmachtsszenario „ökonomischer Gleichschaltung, wenn nicht gar (...) Ausschaltung aller Politik" (ebd.) als Folge ökonomischer Globalisierung nicht in allen Aspekten zuzustimmen ist, sind seit den achtziger Jahren dennoch beachtliche Transformationen nationalstaatlicher Politikformen zutage getreten, die auf Veränderungen des Arrangements zwischen nationaler Politik und nationaler Ökonomie rückführbar sind. Infolge der „Entgrenzung" des nach dem Zweiten Weltkrieg tendenziell national gebundenen Kapitalismus muß auch der Nationalstaat – notgedrungen – sein Antlitz ändern. Eine „Infragestellung des Nationalstaats" (Burchardt 1996: 742), d.h. eine Anpassung nationalstaatlicher Institutionen und Politiken an die Notwendigkeiten des globalen Kapitals, ist eine zunehmend sichtbar werdende Tendenz. Seit langem selbstverständlich anmutende Basisinstitutionen westlich-demokratischen Politikzuschnitts, herkömmlich gebündelt im institutionellen Syndrom aus National-, Rechts- und Sozialstaatlichkeit, werden in ihrer integratorischen und legitimatorischen Bedeutung unterhöhlt (vgl. den Beitrag von *Irmgard Schultz* in diesem Band).

Der (National-)Staat wird also offenbar „denationalisiert", „entstaatlicht" und gleichzeitig „internationalisiert" (vgl. Camilleri 1995: 214). Entstaatlichung politischer Institutionen heißt nun keinesfalls ihr „Verschwinden": Einige traditionelle nationalstaatliche Institutionen werden zwar „ausgehöhlt", wie die oben beschriebene Erosion sozialer Sicherungssysteme, andere Institutionen hingegen bekommen neue Funktionen bzw. werden aufgewertet, so z.B. die traditionelle Ordnungs- und Repressionszuständigkeit des (National-)Staats. Entstaatlichung heißt aber auch, daß staatliche Institutionen und Apparate nicht mehr länger das Zentrum politischer Steuerung ausmachen. Der hierarchische Modus politischer Entscheidung im Nationalstaat wird durch Internationalisierung und Globalisierung, durch Dezentralisierung und Lokalisierung sowie durch die Anerkennung anderer politischer Akteure als relevante Entscheidungsträger auf tendenziell horizontale Modi umgestellt. Globalisierung und Internationalisierung sind somit keine monokausalen und monolinearen Wandlungsprozesse von Zentralisierung und Bürokratisierung, sondern sind von widersprüchlichen Effekten der Fragmentierung, Dezentralisierung und Dezentrierung begleitet (zur Internationalen Politik vgl. die Beiträge von *Roland Bleiker/Christine Sylvester* und *Birgit Locher-Dodge*).

Widersprechenden Tendenzen in der Realität wird in der Politikwissenschaft, wenn schon nicht durch angemessene Analysen, so doch durch zumindest (ein)ordnende Wortneuschöpfungen entsprochen: „*Glokalisierung*" (vgl. Robertson 1992; Baumann 1996) soll bezeichnen, was in der „neuen Welt(un)ordnung" weder faßbar noch erklärbar scheint, daß nämlich lokale und regionale Austauschprozesse, Politikmuster und Kulturen entgegen aller globaler Einebnung an Bedeutung durchaus gewinnen (können) (vgl. Hunold 1996: 563; Keil 1997: 3). Das mit Vorliebe bemühte „monolithische" Globalisierungsverständnis wird in einer solchen Sicht angesichts *vielfältiger* Globalisierungsphänomene als „falsch und irreführend" zurückgewiesen (Hunold 1996: 559). Vielmehr ist von der Gleichzeitigkeit von Prozessen der Individualisierung und der Globalisierung, der Verlagerung der Politik nach oben (supra- und transnational) und nach unten (regional und lokal) auszugehen (vgl. Beck 1996: 21; Giddens 1997: 16). Hoffnung wird deshalb auf eine Stärkung zivilgesellschaftlicher Netzwerke sowohl auf globaler wie auf nationaler Ebene gelegt (vgl. Hunold 1996: 566). Verhandlungsstaat und globale Zivilgesellschaft (vgl. Demirovic 1997: 218ff.) sind Konzepte, die die Entgrenzung nationalstaatlicher Politikmuster indizieren. Beide Konzepte bezeichnen neue hegemoniale Diskussions- und Entscheidungsprozesse im Kontext dezentrierter Staatlichkeit und neuer politischer Akteure (vgl. ebd.).

Politische, aber auch wissenschaftliche Globalisierungsdiskurse geben sich vornehmlich geschlechtsneutral, sei es in der Erklärung der Ursachen, sei es in der Darstellung des Verlaufs ökonomischer, politischer und kultureller Globalisierungsprozesse, sei es in der Kritik kapitalistischer Entgrenzung. Allenfalls die „Folgen" ökonomischer Globalisierung „für Frauen" werden, obgleich auch nur spärlich, untersucht. Verdrängt bleibt in diesen Thematisierungen zumeist, daß nationalstaatliche Regulierung der kapitalistischen Ökonomie eine ganz spezifische Form der Einhegung und Privilegierung von Männlichkeit – im staatlichen Gewaltmonopol, im Gesellschaftsvertrag, im Arbeitsvertrag und im Geschlechtervertrag – war und ist. Die Tatsache aber, daß die Globalisierung des Kapitalismus am Ende des 20. Jahrhunderts, ebenso wie seine Globalisierung in Zeiten des Imperialismus oder seine „Nationalisierung" nach dem Zweiten Weltkrieg, ein immanent vergeschlechtlichter Prozeß ist, also auf einem spezifischen Geschlechterarrangement beruht und dieses Geschlechterarrangement reproduziert, gerät aus dem Blick. Es bedarf also einer Reformulierung eines vergleichsweise funktionalistischen Globalisierungskonzepts unter Geschlechterperspektive (vgl. den Beitrag von *Bob Jessop* in diesem Band). Globalisierung wird dann nicht als Ursache-Wirkungskette gefaßt, sondern als hegemonialer Diskurs, in dem derzeit das Arrangement zwischen Staat/Politik, Ökonomie und auch Geschlechterverhältnis in einen neuen Regulationszustand überführt wird.

Auf die Frage, ob und welche Transformationen männlich-geschlechtlicher Einschreibungen festzumachen sind, wenn augenblicklich Staatlichkeit einen epochalen Bedeutungs- und Formwandel durchmacht, und wie dies Geschlechterverhältnisse transformiert, gibt es noch keine schlüssigen Antworten. Die Dimensionen der neuen „Demarkationslinie" von Geschlecht sind also noch unscharf konturiert, und wir wollen kurz gängige Vermutungen skizzieren:

- Eine erste Hypothese über die Geschlechterdimension von Globalisierung ist die, daß Frauen die weltweiten Verliererinnen der Globalisierung sind. Diese Hypothese birgt aber die Gefahr, die vielfach kritisierte Viktimisierung von Frauen fortzuschreiben und gleichsam zu globalisieren.
- Eine weitere Lesart von Globalisierung geht davon aus, daß Geschlecht als sozialer Ordnungsfaktor immer weniger bedeutsam wird, daß andere soziale Kategorien wie Ethnie, Religion, Region, Zugang zu informationellen Ressourcen und schließlich soziale Lage bzw. Klasse an lebens- und politikbestimmender Wichtigkeit zunehmen.
- Eine dritte Vermutung ist, daß die Differenzen innerhalb der Genusgruppen zunehmen, daß also die Rede von „den" Frauen und „den" Männern, wenn damit soziale Gruppen und Identitäten gemeint sind, zunehmend unscharf werden. Das askriptive Geschlechtermerkmal mischt sich mit den oben genannten Kategorien, und Herrschaftsverhältnisse zwischen weißen und schwarzen Frauen treten ebenso deutlich hervor wie jene zwischen erfolgreichen Business-Frauen und jenen marginalisierten Frauen am Ende des globalen Fließbands. Gut ausgebildete Frauen werden also von Entgrenzungsprozessen profitieren. Diese Sicht entspricht durchaus der postmodernen Infragestellung eines Subjekts „Frau", ohne daß allerdings bislang ein Schlüssel für die Bedeutung des Mischungsverhältnisses dieser Differenzen und unterschiedlichen Identitäten gefunden wäre (zum Verhältnis von Feminismus und Postmoderne vgl. den Beitrag von *Cornelia Klinger* in diesem Band).
- Die beobachtbare *Vereinheitlichung* des Kapitalismus im Weltmaßstab ist auch mit *Fragmentierung* und Auflösung der tradierten Geschlechterordnung verbunden. Globalisierung ist unter einer Geschlechterperspektive möglicherweise nicht nur als „monströse" Entwicklung zu fürchten, sondern vielleicht auch als Chance zu sehen, weil in ihrem Verlaufe mit dem Nationalstaat auch Formen institutionalisierter Männlichkeit erodieren könnten.
- Verhandlungsnetzwerke und globale Zivilgesellschaft(en) eröffnen auch nationalstaatlich bislang marginalisierten Gruppen wie Frauenbewegungen neue Artikulationsmöglichkeiten. Globale Zivilgesellschaft könnte deshalb die Chance einer „feminisierten" Öffentlichkeit bieten.
- Die von uns selbst formulierte Überlegung zum „Maskulinismus der Globalisierung" (vgl. Kreisky/Sauer 1997) zielt schließlich auf den Nachweis, daß Globalisierung als hegemonialer Diskurs viel weniger Neues „erfindet" als vielmehr (zunächst) altbekannte Strukturen und Ressourcen nutzt und reformuliert. Maskulinismus als eine Struktur, die geschlechtsspezifische Arbeitsteilung reproduziert und Herrschaft als Bedingung politischer Prozesse institutionalisiert, bedarf angesichts globaler Entgrenzung keiner Revision – er erscheint auch funktional für neue hegemoniale Bedingungen.

3.5 Entgrenzung des Politischen: Herausforderungen der Frauenbewegung

Zum zentralen Leitbegriff der Entgrenzung des Politischen wurde seit den endsechziger Jahren die Forderung „Das Private ist politisch" (siehe hierzu den Beitrag von *Sieglinde Rosenberger* in diesem Band). Die Frauenbewegung machte dieses Motto zum

Erkenntnisinstrument, aber auch zur politischen Strategie. Die Infragestellung gängigen Politikverstehens der Moderne, das eine scharfe Grenze zwischen dem Öffentlich-Politischen und dem Privat-Persönlichen zog und noch immer glaubt ziehen zu können, bedeutete Kritik sowohl an exklusiver, androzentrischer Öffentlichkeit (vgl. Lang 1995) wie auch an der Individualisierung und Privatisierung, ja Intimisierung von Herrschafts- und Gewaltverhältnissen im privaten Raum. Der Mythos einer vordiskursiven, natürlichen Geschlechtlichkeit wurde als soziales, aber auch politisches Konstrukt entlarvt. Grenzüberschreitung, ja bewußte Grenzverletzung ließ die herrschaftliche Konstruktion des Schutzes der Privatsphäre sichtbar werden: Der rechtsstaatlich gesicherte Raum erwies sich für Frauen als ein „rechtsfreier" Raum, in dem Gewalt staatlich gestattet wurde; andererseits war die Privatheit staatlich überreguliert, denn Frauen können über so intime Fragen wie Empfängnis und Abtreibung, aber auch über die Gestaltung häuslicher Arbeitsteilung nicht selbstbestimmt entscheiden. Das Programm der Frauenbewegung war transformative Politik – nämlich die Veränderung von Herrschaft im Geschlechterverhältnis. Diese Strategie der Frauenbewegung implizierte eine Politisierung tabuisierter Themen: Sexualität, Körperlichkeit und Gewalt gegen Frauen wurden auf die politische Agenda gesetzt. Neben der Politisierung neuer Themen beinhaltete die feministische Transformation des Politischen auch die Entgrenzung traditioneller politischer Institutionen, die als Einhegung einer androzentrischen Weltsicht und patriarchaler Politikmuster kritisiert wurden: Feministinnen sprachen Parteien, Verbänden, Parlamenten und Gerichten wegen ihrer Männerlastigkeit demokratisches Potential ab. Die Frauenbewegung verstand sich demgegenüber als eine neue Form politischer und demokratischer Praxis mit dem Ziel, männliche Politikmonopole zu brechen. „Autonomie versus Institution" war das Schlagwort politischer Kritik der Frauenbewegung, die sich schließlich neue Institutionen und Öffentlichkeiten jenseits staatlicher oder parteilicher Verfaßtheiten schuf. Neue „autonome" Institutionen wie Häuser für geschlagene Frauen, Frauengesundheitszentren oder Bildungseinrichtungen bildeten feministische Gegenöffentlichkeiten mit gesellschaftstransformierendem Anspruch (vgl. den Beitrag von *Regina Dackweiler*).

Freilich unterlag und unterliegt auch das Politikverständnis der Frauenbewegung Transformationen: Die Frontstellung gegen staatliche Institutionen wandelte sich in eine durchaus ambivalente Kooperation. Zahlreiche Frauenprojekte wurden beispielsweise durch staatliche Finanzmittel auf Dauer gestellt, und die Eroberung männlicher Institutionen in Wissenschaft und Politik wurde zur Parallelaktion autonomer feministischer Aktivitäten. Trotz des Anti-Institutionalismus der Frauenbewegung gelang ihr darüber hinaus in Zusammenarbeit mit traditionellen politischen Organisationen eine der erfolgreichsten politisch-institutionellen Innovationen, die Gleichstellungsinstitutionen (vgl. Rudolph 1994; Roth 1994: 234).

Entgrenzung des Politischen als feministische Strategie setzte schließlich auch innerhalb tradierter politischer Institutionen an (vgl. den Beitrag von *Gabriele Abels* et al. in diesem Band): Die Forderung nach Integration war mit dem Anspruch der Transformation, der Feminisierung dieser Institutionen verknüpft. Die Ergebnisse dieser Strategie sind aber düster zu beurteilen: Das *patriarchale* Moment überdauerte im großen und ganzen unangefochten im Politischen, denn wenige Jahre geschlechtlicher Gleichstellung können eine gefestigte patriarchale und maskuline Fundierung des Politischen nicht einfach abstreifen und ungeschehen machen.

3.6 Das Zeitalter der Demokratisierung?

Auch in bezug auf Demokratiefragen bildet das Jahr 1989 einen wichtigen diskursiven Einschnitt. Die Befunde über „die" Demokratie am Ende des 20. Jahrhunderts sind so konträr wie in kaum einem anderen politikwissenschaftlichen Feld. Auf der einen Seite ist ein sprunghafter Anstieg der Anzahl demokratischer Staaten weltweit zu verzeichnen, und das Modell westlich-liberaler Demokratie wird gleichsam als Gewinner der Geschichte und als einzig akzeptables Modell von Herrschaftsorganisation begriffen (so z.B. Carothers 1997; vgl. kritisch den Beitrag von *Uta Ruppert* in diesem Band). Mit dieser Sicht ist auch ein Wiederaufleben der Idee liberaler Demokratie verbunden. Auf der anderen Seite sehen sich westlich-liberale Demokratien aber gerade wegen des Zusammenbruchs des „Realsozialismus" vor neue Herausforderungen gestellt; sie bedürfen mit dem Verschwinden der Kontrastfolie „Realsozialismus" neuer Legitimation (vgl. Dubiel 1994: 56f.). Westliche Demokratie hat sich nunmehr „ohne Gegenbild aus sich selbst heraus positiv (zu) begründen" (Benhabib 1997: 52).[17]
Die Schwachstellen, die legitimatorischen, aber auch partizipatorischen Lücken westlich-liberaler Demokratien geraten nun um so deutlicher in den Blick. Für die letzten Jahre des Jahrhunderts wird ein Prozeß demokratischen Verfalls, ein gravierender „Verlust an demokratischer Substanz" in den Staaten Europas und Nordamerikas konstatiert (vgl. Grande 1996: 339). Privatisierung und Intimisierung des Politischen (Stephan 1994; Sennett 1977), ihre Mediatisierung durch Medialisierung, die Sklerotisierung politischer Öffentlichkeit (vgl. den Beitrag von *Sabine Lang* in diesem Band), Politik- und Parteienverdrossenheit sind Variationen des zentralen Themas westlich-liberaler Demokratien am Ende des 20. Jahrhunderts – die Entfremdung zwischen BürgerInnen und politischer Klasse bzw. politischer Elite (vgl. von Beyme 1994c), ja die zunehmende Distanz der BürgerInnen von der Sphäre politischer Entscheidung, die bloß (durch Medien) *vermittelte* Erfahrung von Politik und schließlich die wachsende Unzufriedenheit der BürgerInnen mit der Performanz demokratischer Institutionen. Politik verkomme zum puren Ritual, zum politischen Spektakel (vgl. Edelman 1988 und 1990): „Sprache statt Politik?" lautet der Titel eines Bandes, der die gewandelte Bedeutung von Sprache und Symbolik im Politischen thematisiert (Opp de Hipt/Latniak 1991; zur geschlechtlichen Kodierung von Politik vgl. den Beitrag von *Dietmar Schirmer*).
Globalisierung der Ökonomie und Internationalisierung der Politik lassen den politischen Gestaltungsspielraum von Nationalstaaten sinken und mithin demokratische Basisinstitutionen im nationalstaatlichen Rahmen erodieren (vgl. Narr/Schubert 1994; Hirsch 1995; Mahnkopf 1997: 1). Der Voraussetzung demokratischer Partizipation, nämlich ein Mindestmaß an sozialer Umverteilung, scheint der Boden entzogen: „In den entwickelten Demokratien besteht die Gefahr einer Rückentwicklung von der sozialen und partizipativen zur bloß formalen Demokratie" (Mahnkopf 1997: 15). Politik werde „re-feudalisiert" (Grande 1996: 339) und Demokratie auf ein „System geregelter Elitenkonkurrenz" reduziert (Dubiel 1994: 58). Benjamin Barber malt sogar das Szenario einer „Beendigung der Demokratie" (Barber 1997: 6). In allen Demokratien

---

17 U.E. ist diese „Feindlosigkeit" nicht ganz zutreffend, gerät doch „der" Fundamentalismus zunehmend in die Position eines neuen Feindmusters.

westlichen Typs wird eine Kluft zwischen den formalen Beteiligungsrechten und den effektiven Einflußchancen der BürgerInnen (vgl. Grande 1996: 339) sowie Abschottungstendenzen des etablierten (Parteien-)Politikbetriebs gegenüber Ansprüchen einer außerparlamentarischen Öffentlichkeit immer deutlicher. Narr und Schubert weisen darauf hin, daß das Grundkonstrukt westlicher Demokratien – trotz aller Unterschiede in den Formen der Repräsentation – erhebliche Mängel aufweist. Sie kritisieren die „Reduktion bürgerlicher Beteiligung auf ein punktuelles und individuelles Wahlrecht" (Narr/Schubert 1994: 179); diese Individualisierung der Wähler mache sie „hilflos und abhängig von ausreichender Information", während die gewählten Repräsentanten ihrerseits in Abhängigkeit von der staatlichen Exekutive geraten (ebd.: 180f.). Aus den Parteien als „Behelfsorganisationen bürgerlicher Interessen" wurden „bürokratische(n) Organisationen" (ebd.: 185), und durch das „faktische(s) Politikmonopol" der Parteien (Evers 1991: 8) wurde der Souverän in seiner Handlungs- und Entscheidungsfähigkeit auf den ritualisierten Wahlakt beschränkt. Das demokratische „Funktionsdefizit" der Parteien bestehe darin, daß sie, anstatt die Lücke zwischen den BürgerInnen und dem zentralistisch-bürokratischen Staat zu schließen, sich dieser bürokratischen Struktur anpaßten (vgl. Narr/Schubert 1994: 185). Die Folge dieses „Parteienabsolutismus" ist, daß die BürgerInnen distanzlos der staatlichen Bürokratie „unvermittelt ausgesetzt" sind (ebd.: 188). Der moderne „Sozial- und Sicherheitsstaat" ließ also das Potential an bürokratischer Übermacht im Namen von Daseinsfürsorge wachsen und demokratische Handlungsfreiräume schrumpfen (vgl. Roth 1997a: 38). Durchstaatung, d.h. die zunehmende Deutungs- und Entscheidungsmacht staatlicher Verwaltung, die undemokratisch, nämlich nach Recht und Gesetz, nicht aber nach Mehrheitsentscheidung handelt (vgl. Klein/Schmalz-Bruns 1997: 34), ist eine Tendenz westlicher Demokratien, die bereits Max Weber thematisierte (vgl. Weber 1980). Die mit der Bezeichnung Konsens- oder Verhandlungsdemokratie beschriebene Entwicklung in westeuropäischen Demokratien ist demokratiepolitisch ebenfalls bedenklich, gibt es doch eine „Tendenz zur Schwächung der Repräsentationsorgane im inter-institutionellen Verhandlungsgeflecht" (Welzel 1997: 58), und Netzwerke und Verhandlungssysteme bieten nicht unbedingt eine Garantie für die Repräsentation marginalisierter Interessen.

Die populistische Klage über die Politikverdrossenheit übersieht nun die gesteigerte Partizipationsbereitschaft der BürgerInnen, die mit einem gewandelten Politikverständnis einhergeht. Die „partizipatorische Revolution" und die „kognitive Mobilisierung" unterminieren seit den siebziger Jahren das blinde Vertrauen in die politischen Repräsentationsorgane und signalisieren ein gestiegenes Partizipationsbedürfnis der BürgerInnen (vgl. ebd.: 60f.). Dieser Wandel führte aber zu keiner angemessenen Transformation politischer Entscheidungsprozesse und politischer Institutionen. Politikverdrossenheit ist deshalb nicht allein als Verfall politischer Öffentlichkeit, sondern auch als Folge aktiver politischer Neuorientierung der BürgerInnen zu begreifen, die im traditionellen Institutionengefüge indes kaum Widerhall findet. Eine große Zahl von BürgerInnen engagiert sich deshalb jenseits tradierter politischer Organisationen in sozialen Bewegungen, und eine große Mehrheit befürwortet ein Mehr an direktdemokratischer Beteiligung (vgl. Niclauß 1997: 3). Diese „demokratische Lücke" erfordert zukünftig „institutionelle Innovationen" (Roth 1997a: 48). Auf kommunaler Ebene ist in der Bundesrepublik Deutschland seit Beginn der neunziger Jahre in der Tat ein Trend zu mehr direktdemokratischen politischen Formen zu beobachten: Bürgerbegehren und Bürgerentscheid, Bürgergutachten, Mediationsverfahren und Runde Tische, nicht zuletzt durch nicht-institutionalisierte Formen der Bürgerbeteiligung angestoßen, brachten einen gewissen Demokratisierungssprung (vgl. Roth 1997b: 430ff.). Die Transformation in den ostmitteleuropäischen Staaten hatte nun nicht allein den Effekt, daß westliche Demokratien meinten, sich vor Veränderungen abschotten zu können, auch transformationsorientierte Politikwissenschaft dichtet sich gegen demokratietheoretisches Neuformulieren ab. Das Zentralproblem politikwissenschaftlicher Transitionsforschung ist – wie auch Wolfgang Merkel konzediert – die Scheu vor einer demokratietheoretischen Debatte. Demokratie wird in der Mehrzahl der Konzepte auf Schumpeters „realistische" Demokratietheorie bzw. auf Dahls „Minima" zurechtgestutzt (vgl. Merkel 1996: 33).[18] Als Bedingung „stabiler Demokratieentwicklung" gilt das „institutionelle Design" (Glaeßner 1993: 24), die Implementation der „institutionelle(n) Grundausstattung westlicher Demokratien" (kritisch: Offe 1994: 19). Dieser Institutionenfokus wird damit begründet, daß Demokratie und Marktwirtschaft auf „guten Institutionen" basieren, da sie berechtigte Angst vor „guten Menschen" haben (vgl. von Beyme 1994d: 151). Demokratie wird zum bloßen formalen Regelsystem, zu einem Set von feststehenden Institutionen und Verfahren, die es in den Ländern Ostmitteleuropas in technizistischer Manier zu implementieren gelte. Demokratisierung ist „political engineering" (Linz 1990: 143). Ein solch minimalistisches, nur prozedural-formales Demokratieverständnis erschöpft sich im Streben nach Legitimation (durch Verfahren) und nach politischer Stabilität, die auf Loyalität der zu Massen reduzierten Bevölkerung hofft.[19]

Diesem transformationswissenschaftlichen Diskussionstabu stehen intensive und anregende demokratietheoretische Debatten gegenüber, die mit unterschiedlichen Bezeichnungen geführt wurden: Zivilgesellschaft, Assoziation, Deliberation oder Kommunitarismus. Mit feministischer Kritik an der Realdemokratie und neuen geschlechtersensiblen Demokratiemodellen eint sie die Kritik an der Verfaßtheit liberaler Demokratien sowie an deren grundlegenden Ideen des autonomen, seine Interessen verfolgenden Individuums, an einem Repräsentationsprinzip, das bestimmte Gruppen exkludiert, und an einer fehlenden Orientierung am Gemeinwohl, an Zivilität und Menschenrechten. Sowohl das Konzept der „Zivilgesellschaft", das osteuropäische Intellektuelle und Bürgerrechtler prominent machten, als auch das Konzept US-amerikanischer Provenienz, der „Kommunitarismus", beziehen sich mit je unterschiedlicher Zielperspektive auf „kontrafaktische Normbestände" (Dubiel 1994: 58). Die öffentliche Sphäre soll als kommunikativer Bereich jenseits staatlicher Entscheidungs-

18 Wolfgang Merkel bezeichnet es als „Akt des Pragmatismus der Transformationsforschung", daß sich der Mainstream nicht in das verminte Gebiet der Demokratietheorie hineinbegibt, sondern ein „elitär-minimalistisches" Demokratiekonzept präferiert (vgl. Merkel 1996: 35). Auch er begnügt sich in seinem Modell „analytischer Sequenzierung der Konsolidierungsebenen" mit diesem beschnittenen Konzept. Herstellung von Demokratie braucht in seinem Modell vier Dimensionen, die gleichzeitig beginnen, aber unterschiedliche Dauer haben: die institutionelle Konsolidierung („polity first"), die repräsentative Konsolidierung (der territorialen Parteien und funktionalen Interessen), die Verhaltenskonsolidierung der politischen Eliten bzw. Akteure sowie die Konsolidierung der civic culture und die „Stabilisierung des sozio-politischen Unterbaus der Demokratie" (vgl. ebd.: 39).

19 Bevölkerung taucht in solchen Konzepten dichotomisiert als „Masse" oder „Elite" auf (vgl. z.B. von Beyme 1994d: 15; von Beyme/Nohlen 1995: 774).

zwänge und -muster institutionalisiert werden; beide Konzepte entwerfen ein Gegenbild zum bloß seine Interessen verfolgenden Individuum mit dem Ziel, ein kommunizierbares Gemeinwohl, seien es Menschen- und Bürgerrechte oder gemeinsame Werte, herzustellen. Beide Konzepte fungieren eher als „regulative Idee" und „Korrektiv" zu realexistierenden Demokratien, denn als politische Gegenentwürfe. Die „reflexive Wendung" der Demokratietheorie streicht den Zusammenhang von zivilgesellschaftlicher und staatlicher Willensbildung heraus. Formen der „assoziativen Demokratie" oder Fragen der institutionellen Gestaltung eines intermediären politischen Raumes bilden einen Kern demokratiepolitischer Überlegungen (vgl. Klein/ Schmalz-Bruns 1997: 35). All diese Modelle implizieren *Informalität* politischer Organisation,[20] die in ethnischer wie geschlechtlicher Hinsicht *Chancen* eröffnet wie auch *Blockaden* aufrichtet, um herrschende Politikstrukturen nachhaltig zu egalisieren. Zivilgesellschaft ist nicht per se ein herrschaftsfreier Raum. Nicht nur Demokratisierung, ebenso auch Re-Maskulinisierung und Re-Nationalisierung sind als *Nachkommen* zivilgesellschaftlicher *Informalisierung* herkömmlicher Politik oder des Rückbezugs auf *gemeinschaftliche* Politikformen zu identifizieren. Insbesondere letztere wollen sich vornehmlich traditioneller und nicht gerade egalitärer Gemeinschaftsformen wie Familien, Nationen, Klassen, religiöse Gemeinschaften erinnern. Und auch die „Welt der zivilen Gesellschaften" ist, wie selbst Michael Walzer zu Recht bemerkt „eine ungleiche Welt, eine Welt von geradezu radikalen Ungleichheiten der unterschiedlichen Gruppen" (Walzer 1997: 45). Kritik an der Verfaßtheit liberaler Demokratien trifft sich in vielen Punkten mit der feministischen und frauenbewegten Kritik an der Exklusivität demokratischer Institutionen und ihrer Unfähigkeit, Geschlechtergleichheit oder gar Geschlechterdemokratie herzustellen. Auch aus feministischer Perspektive mangelt es liberalen Demokratien an Responsivität, und das Repräsentationsprinzip instituiert Herrschaft und Dominanz tradierter maskulinistischer Politikmuster, die Frauen lediglich marginale Chancen gibt, ihre Interessen zu realisieren. Politikwissenschaftliche Geschlechterforschung setzt sich nicht allein mit dem (partiellen) Ausschluß von Frauen aus dem Raum des Politischen, sondern vielmehr mit ihrem ambivalenten Einschluß in Organe, Strukturen und Instrumente repräsentativer Demokratie auseinander. Frauen wurden historisch auf die Privatsphäre festgeschrieben, so daß sie trotz formal gleicher Rechte tendenziell aus der politischen Öffentlichkeit exkludiert bleiben und ihnen ein untergeordneter Status zugewiesen wird. Als Mütter wird ihnen sehr wohl eine politische Aufgabe zugeschrieben; als Gefühlswesen sind sie in subalternen Positionen als Schmiermittel in das politische Geschäft inkludiert, kurz: Frauen müssen mit einer kontrollierten politischen Inklusion leben.

Das Wissen um diese prekäre Inklusion entfachte in der Geschlechterforschung eine fruchtbare Debatte um Gleichheit und/oder Differenz als feministische Politikstrategie (vgl. dazu den Beitrag von *Andrea Maihofer* in diesem Band). Iris Marion Youngs Vorschlag einer „Gruppenrepräsentation" (Young 1993) oder Anne Phillips Konzept einer „Politik der Präsenz" (Phillips 1996) mit dem Ziel der Entschleunigung des

20 Vgl. die äußerst kurz andauernde *zivilgesellschaftliche* Woge in den Transformationsdynamiken Ostmitteleuropas nach dem Ruin der staatssozialistischen Hegemonie. Der zivilgesellschaftliche Aufbruch reichte zwar aus zur Erschütterung des morschen Staatssozialismus, konnte jedoch kaum als kontinuierliche demokratische Basisbewegung in den sich nach westlichem Demokratiemuster institutionalisierenden Systemen überdauern.

Politischen und der Demokratie (vgl. den Beitrag von *Sabine Lang* in diesem Band) sind sich der Ambivalenz einer gerechten Repräsentation und Interessenrealisierung und einem Wunsch nach Visibilisierung des „anderen" und nach Feminisierung von Politik bewußt.
Frauen können unter demokratiepolitischer Perspektive gleichsam als paradigmatische gesellschaftliche Gruppe verstanden werden. Bis heute greift das dominante Muster der apolitischen oder politisch desinteressierten Frau (vgl. Köcher 1994). Feministische Wissenschaftlerinnen haben zum einen die androzentrischen Inhalte von Partizipationskonzepten enthüllt, die diesen Mythos reproduzieren (vgl. Meyer 1992; Hoecker 1995; Sauer 1994), sie haben außerdem hervorgehoben, daß das Politikverständnis von Frauen jenseits tradierter Institutionen und Politikvermittlungsmedien angesiedelt ist (vgl. Hagemann-White 1987; Meyer 1992). Nicht Frauen sind apolitisch, sondern das Institutionengefüge ist exklusiv männlich (vgl. Schöler-Macher 1994; Connell 1990: 532). Politische Institutionen sind nämlich nicht geschlechtsneutral, sondern sie reproduzieren auf der einen Seite Frauenausschluß und auf der anderen Seite exklusive Männlichkeit (vgl. Kreisky 1995). In die politischen Institutionen moderner Gesellschaften ist also das Geschlechterverhältnis als Herrschaftsverhältnis eingeschrieben. Ein unter dem Geschlechteraspekt „unaufgeklärter Institutionalismus" (Fritz W. Scharpf) besitzt aber keine Methoden, um die exklusive Männlichkeit politischer Institutionen westlichen Typs herauszuarbeiten. Feministische demokratietheoretische Perspektiven zielen gerade nicht nur auf den partizipativen Aspekt, sondern sie verknüpfen den Input-Aspekt mit der „institutionelle(n) Rahmung und organisatorische(n) Gestaltung von Prozessen politischer Willensbildung und Entscheidungsfindung" – eine seit langem geforderte Verlagerung der politikwissenschaftlichen Perspektive (vgl. Klein/Schmalz-Bruns 1997: 35).

3.7 Altes Denken – neue Identitäten: Europäisierung oder Eurozentrismus?

Die vermeintliche kulturelle und technische Überlegenheit der *eurozentrierten* Welt des Politischen scheint gegenwärtig nicht mehr unangefochten, „Europa und der Westen (sind) für den Rest der Welt nicht länger der unangefochtene Maßstab. Infolge des Zerfalls der großen Kolonialreiche nach dem Zweiten Weltkrieg verringerte sich Europas Fähigkeit, die sogenannten dunklen Erdteile intellektuell und politisch zu 'erleuchten'" (Said 1997: 31). Auch die Europäisierung der Welt scheint also „an ihr Ende gekommen": Verstanden sich die Industriegesellschaften Europas lange als „Belehrungsgesellschaften", sollten sie nun wieder zu „Lerngesellschaften" werden (Lepenies 1997: 43). Der westlich-europäische Universalismus und Monopolanspruch auf das Politische schlechthin, der Mythos von Europa als der *Wiege* der Demokratie (vgl. Habermas 1996: 277ff.) ist eine jener *großen Erzählungen*, die berechtigterweise ihrem Ende zugehen (sollten). „Mit dem Beginn des Kalten Krieges, dem Entstehen der Dritten Welt und der durch die Existenz der Vereinten Nationen in Aussicht gestellten, wenn auch nicht verwirklichten universalen Emanzipation schienen die außereuropäischen Nationen und Traditionen nunmehr ernsthafter Beachtung wert" (Said 1997: 31f.). Was schon mit der Ent-Kolonialisierung Afrikas und Asiens in den fünfziger und sechziger Jahren begonnen hatte, erfährt nunmehr über ökonomische und kulturelle Globalisierung weitere Zuspitzung: Mit ökonomischen und gesellschaftlichen Entgrenzungsprozessen und tendenzieller Ent-Territorialisierung des Politischen geht selbstverständlich auch eine politisch-kulturelle Ent-Wertung der *Ideologie* des Europäischen einher.

Ob aber die Europäisierung der Welt tatsächlich in Agonie liegt, vermag man nicht wirklich auszumachen. Denn auch die gegenteilige Bewegung, die Nachhaltigkeit und Erneuerung der traditionellen Dominanz des Europäischen (und damit auch des Westlichen), hat einige Plausibilität für sich. Es spricht nämlich so manches dafür, daß diese Hegemonie des Westlich-Europäischen im globalen Prozeß der Modernisierung bloß eine zeitgemäße Mutation des bereits dagewesenen *Imperialen* erfährt und solchermaßen gestärkt in der neuen globalen Dynamik mitmischen wird. Diese sanierte Version des westlich-europäischen Imperialismus spiegelt sich nicht nur im virtuellen Raum der Finanzströme, sondern bedient sich zudem verstärkt auch kultureller und medialer Kanäle: So läßt sich die Welt wirksam idyllisieren und romantisieren zum eigentlich „globalen Dorf".

Globaler Konformität wird immer häufiger durch *fundamentalistisches* Ausklinken begegnet. Abgebrochene oder verzerrte Kommunikation soll – wohlgemerkt aus tendenziöser westlicher/eurozentrischer politikwissenschaftlicher Sicht – „selbsterkorene absolute Gewißheiten der Infragestellung entziehen" (Meyer 1995: 126). Als politisch besonders relevantes Beispiel „organisierter Praxis" von Gegen-Modernisierung erscheint aus westlich hegemonialer Perspektive seit Mitte/Ende der siebziger Jahre der sogenannte *islamische Fundamentalismus*[21] (vgl. ebd.: 125f.). Reformulierung der Tradition kann als „Defensivideologie" traditioneller Milieus, aber auch als „Offensivideologie" von Gruppen auftreten, die bloß eine „andere" Moderne wünschen (vgl. Schiffauer 1997: 176).[22]

Wider besseres Wissen werden aber kulturelle oder religiöse Gegen-Bewegungen zum Hegemonialprojekt „(westliches) Europa" unentwegt herabgesetzt und als *fundamentalistisch,* was eben zugleich meint: gegen-modernistisch, anti-aufklärerisch, anti-zivilgesellschaftlich, anti-europäisch sowie anti-westlich, in die Schranken verwiesen. Das Schreckgespenst eines „Zusammenstoßes der Zivilisationen" (Huntington 1993) wird in besonders schrillen Farben an mediale Wände projiziert, um „Abwehr" *westlich-europäischer Identität* gegenüber *anderen* Identitäten anzufachen sowie zu legitimieren und damit die in der *eigenen* Kultur hervorgebrachten Fundamentalismen – wie etwa die durchaus fundamentalistische Spielart westlichen Neoliberalismus oder andere Varianten religiöser Fanatismen christlicher oder jüdischer Provenienz – tendenziell unentdeckt zu belassen oder zumindest zu entschärfen. Westliche Fundamentalismuskritik ist freilich offensichtlich ein Geschlechterdiskurs, der allerdings selten als solcher thematisiert wird. Westliche Fundamentalismuskritik bedient sich des Vorwurfs der Frauenunterdrückung, um die Inhumanität religiöser oder ethnisch motivierter Fun-

---

21 Es darf auf keinen Fall unerwähnt bleiben, daß Fundamentalismus eigentlich als Phänomen westlicher Gesellschaften des 19. Jahrhunderts entstanden ist (vgl. Meyer 1995: 125ff.). Auch in den USA gab es zwischen 1910 und 1928 eine Bewegung klassisch protestantischer Fundamentalisierung (vgl. Schiffauer 1997: 174).

22 Mit einer solchen Differenzierung des Spektrums politischen Islams sollen freilich keinesfalls Demokratiefeindlichkeit, Menschenrechtsverletzungen oder gar Terror und Mord gerechtfertigt werden.

damentalismen anzuklagen: Das Kopftuch wird zum Symbol weiblicher Unfreiheit stilisiert, Vergewaltigungen im Krieg in Jugoslawien werden im Feinddiskurs instrumentalisiert. Frauen werden dadurch zu Objekten degradiert, um das Feindbild des „fundamentalistischen Mannes" scharfkantig zu zeichnen. Diese geschlechtliche Aufladung entlastet darüber hinaus von der Anerkenntnis von Diskriminierungsstrukturen in den je eigenen Gesellschaften.
Vor diesem Hintergrund erscheinen all die Anstrengungen zur Schaffung einer *supranationalen* Europäischen *Gemeinschaft* (auch) mit der Absicht einer Wiederherstellung angeschlagener *europäischer Identität* in einem anderen Licht. Die Intention des Konstrukts Europa ist recht simpel: Ist Europa nicht mehr real das ökonomische und politische Zentrum der Welt, so sollte es dies zumindest in *ideologischer* Hinsicht bleiben, *kulturelle* Hegemonie lautet daher das unverzichtbare europäische Überlebensprogramm. Globale Verdrängung provoziert also eine Wiederkehr des vielleicht nur noch Unbewußten, der vermeintlich überlegenen politischen *Idee Europa*, die auch über ein gerüttelt Maß an tieferliegender, irrationaler, ja geradezu religiöser Fundierung zu verfügen scheint. Wie ehedem Nation, Nationalstaat und nationale Herrscher geraten Europäisierung, Europäische Union und europäischer Souverän zusehends in die Position *ziviler Religion*.[23]

3.8 Religion und Politik im sinnstiftenden Wechselverhältnis

Mit der Entstehung des Politischen nützte Religion immer auch der Legitimierung / Delegitimierung politischer Herrschaft. Insofern ist es zu einer ausgeprägten symbiotischen Beziehung zwischen beiden Sphären gekommen. Religion und Politik scheinen in *funktioneller* Hinsicht oftmals ununterscheidbar: Religion erscheint demnach politisch und Politik bedarf religiöser Momente (vgl. Forndran 1991: 22).
Die simultanen Transformationen des Politischen und Religiösen greifen in spezifischer Weise ineinander, die eine schlägt jeweils auf die andere durch. Es hat den Anschein, als ob wir es zur Zeit mit einer weiteren Phase tendenzieller Aufhebung der Differenz zwischen profanen und sakralen Sphären des Gesellschaftlichen sowie eingewurzelter Mechanismen und Rituale zu tun hätten. Die gebräuchliche sozialwissenschaftliche These voranschreitender *Säkularisierung* moderner Gesellschaften erweist sich offenbar als Schimäre. Das Religiöse findet nämlich trotz aller politischen Versuche der Regulierung und Eindämmung andere Wege in die Gesellschaft, es „vagabundiert", wie Thomas Luckmann behauptet, im anonymen Raum (vgl. Luckmann 1991). Sinn- und Identitätsstiftung sowie Wertorientierung der Menschen erfolgen nicht mehr vornehmlich durch Religion, auch nicht mehr durch sich ausbreitende Politik und politische Ideologien, sondern vermehrt durch Medien, kommerzialisierte „Freizeit" oder verschiedene Instanzen der „Lebensberatung". Man ist daher geneigt zu sagen: Gesellschaft und Politik *re-transformieren* sich in gewisser Weise zu *auch* religiösen Phänomenen.

---

23 Dieses sich beharrliche Verbeißen eines doch in irgendeiner Weise religiösen Faktors in säkularen Politiksphären ist um so bemerkenswerter, als ja aktuell mit Sicherheit nicht nur traditionell-politische, sondern eben auch (christlich-)religiöse Bindungen unbeschreiblich erodieren. Dennoch befindet sich *das Religiöse* keinesfalls in Auflösung.

Moderne Gesellschaften leiden offensichtlich an „Solidaritätsermattung" und einem Dahinschwinden „moralischen" Kapitals. Dieser sich abzeichnende ethische Bankrott ist auch aktueller Bezugspunkt praktischer und politisch-theoretischer Bestrebungen zu einer *Re-Moralisierung* des Politischen.[24] Denn Transformation gesellschaftlicher und politischer Phänomene evoziert (zumindest individuellen) Widerstand, der schließlich durch aufgefrischte Moralisierung aufgefangen wird.

Max Weber formulierte unter Bezug auf Überlegungen Wilhelm Diltheys seine *Säkularisierungsthese*, die im Gleichklang mit dem Gesellschaftsgefüge der „Moderne" auch das Ende einer religiös bestimmten Ära sah.[25] Weber differenzierte zwischen der Funktion von Politik und der Aufgabe der Religion: „Wer das Heil seiner Seele und die Rettung anderer Seelen sucht, der sucht das nicht auf dem Wege der Politik, die ganz andere Aufgaben hat: solche, die nur mit Gewalt zu lösen sind. Der Genius, oder Dämon der Politik lebt mit dem Gott der Liebe, auch mit dem Christengott in seiner kirchlichen Ausprägung, in einer inneren Spannung, die jederzeit in unaustragbarem Konflikt ausbrechen kann" (Weber 1958: 557). Diese grundsätzliche funktionale Differenz impliziert freilich nicht, daß nicht eine Strukturanalogie besteht bzw. das eine nicht auch funktionales Äquivalent des anderen sein könnte. Max Webers Untersuchungen zum Verhältnis von religiöser und ökonomischer Entwicklung sowie zur Bedeutung des religiösen Rationalismus für die Organisation des Staates (vgl. Weber 1978) bieten überaus wichtige Hinweise für diese Problemstellung.

Radikalisiert findet sich diese Vorstellung im staatsrechtlichen Denken Carl Schmitts. Er konstatiert, daß „alle prägnanten Begriffe der modernen Staatslehre" – er bezog sich in erster Linie auf den *juristischen* Begriffskanon – „säkularisierte theologische Begriffe" seien. So fand sich die Allmacht Gottes in der säkularen Welt des Politischen in das Konzept absoluter Souveränität transformiert (vgl. Schmitt 1922: 37f. und 49).[26]

24 Zu erwähnen wären beispielsweise Umwelt-, Frauen- und Dritte-Welt-Bewegungen oder andere NGOs, aber auch politisch-theoretische Programme wie jenes des Kommunitarismus oder auch des Feminismus. Selbst in der alltäglichen Politik hat sich das Programm einer revitalisierten politischen Ethik niedergeschlagen: Immerhin gelang es sowohl Bill Clinton als auch Tony Blair, im Sog einer solchen neuen „Moralisierung" von Politik ihre Wahl- und Arbeitsprogramme gegenüber bisherigen neokonservativen politischen und neoliberalen ökonomischen Programmatiken zumindest mehrheitsfähig zu machen. Inwieweit dies mehr als nur Wahltaktik ist und diese moralischen Innovationen des Politischen auch effektiv werden, wird sich erweisen. Die Hoffnungen sollten allerdings nicht allzu hoch gesteckt werden. Hier gilt es nicht Prognosen zu tätigen, sondern strukturelle Momente des Politischen herauszustellen.

25 Mit dem Begriff der politischen oder säkularen Religion werden moderne ideologisch-politische Massenbewegungen als „in ihrem Kern religiös-politische Phänomene" benannt (vgl. Gebhardt 1995: 440). Eingeführt wurde der Begriff „politische Religion" von Eric Voegelin und als „säkulare Religion" von Raymond Aron auch nach der Ära des Nationalsozialismus weiter verbreitet. Der Begriff der „Zivilreligion" bezieht sich dagegen „auf die einem jeden, auch einem modernen Gemeinwesen inhärente religiöse Dimension" (vgl. ebd.: 441). Robert N. Bellah hat 1967, anknüpfend an Jean-Jacques Rousseau, den Begriff der zivilen Religion aktualisiert, um die *sakralen Komponenten* der sinnstiftenden gesellschaftlichen Symbolwelt zu konzeptualisieren: „Jede Gesellschaft gründet in einem Sinn für das Sakrale und bedarf eines übergeordneten Sinnzusammenhangs", und deswegen hat auch „jede politische Gesellschaft eine Art Zivilreligion" (Bellah zit. n. Gebhardt 1995: 441).

26 Schmitt schließt mit seinem Gedanken geradlinig an verschiedene von Max Webers religionssoziologischen Überlegungen aus der Zeit zwischen 1904 und 1920 an. Schmitt scheint auch in dieser Hinsicht ein „legitimer Schüler" und „natürlicher" intellektueller Sohn Max

Religion läßt sich weiterhin für affirmative Politik im Sinne überkommener Macht- und Wertekonservierung – z.B. Erhalt der „Liebe zum Vaterland", Bewahren maskuliner Ehr- und Wertesysteme sowie Aufrechterhalten des Systems der patriarchalen Familie – einfach *gebrauchen*. Dieser strukturelle Zusammenhang wurde bereits im Übergang zur Neuzeit erahnt und auch schon damals dementsprechend theoretisiert. So hat Jean Bodin einerseits den neuzeitlichen Begriff staatlicher Souveränität erfunden wie er gleichzeitig auch die patriarchale Familie als von Gott gewollten Keim dieses Staates eingrub. Der Souverän nimmt den Platz der Gottesgewalt auf Erden ein, er fungiert als stellvertretende symbolische Gewaltinstanz Gottes im Säkularisierungsprozeß neuzeitlich-mitteleuropäischen Denkens (vgl. Schrader 1996: 18ff.). Auch politische Theoretiker bürgerlicher Herrschaft wie Fichte, List und Hegel hielten trotz aller „aufklärerischer" Ambitionen eigentlich an diesem traditionellen Bezugspunkt fest.

Säkularisierung umschreibt also die „Entlassung des Menschen in der Moderne in eine nicht mehr religiös bestimmte Welt- und Seinsordnung" (Frankenberg 1997: 59). In diesem Prozeß wurden Menschen – zunächst aber Männer – (idealiter) zu individuellen, autonomen und handlungsfähigen Subjekten,[27] und die Sphäre des Politischen verlor ihre „sakrale Rückendeckung" (ebd.: 60). Gott zog sich aus der Geschichte zurück (vgl. Münkler 1987: 80), und Selbsttätigkeit der (männlichen) Menschen entwickelte sich zum eigentlichen Motor der Geschichte.

Religion und Religiosität verloren in dieser Ära eigentlich ihre soziale und politische Hegemonialbedeutung. Sie galten auch fortan eher als „weibliche" Sphären. Frauen können und müssen daher als Säkularisierungsverliererinnen benannt werden. Die christlichen Kirchen wurden in sozialer Hinsicht zu „Frauenkirchen", in (macht)politischer Hinsicht aber hielten sie sich als „Männerkirchen". Religion und Säkularisierung im Sinne zivilgesellschaftlicher Formierung haben also einen elementaren Beitrag zur Durchsetzung und Verfestigung der geschlechtlich fundierten „getrennten Räume" geleistet (vgl. Editorial 1990: 5).

Das Konstatieren eines gegenwärtigen Stopps oder gar einer Umkehrung säkularer Tendenzen hat mit Gewißheit auch geschlechtserhebliche Implikationen. Immerhin wird ja damit auch weitergehende gesellschaftliche Entzauberung, so auch die Rationalisierung der sozialen und politischen Organisation des Geschlechterverhältnisses gehemmt oder gar aufgekündigt. Im historischen „Rücklauf" könnten etwaig verlorengegangene Traditionalismen neuerlich eingeholt und re-etabliert werden. Im Zweifel werden angeschlagene Männlichkeit und maskuline Hegemonie rehabilitiert. Das Evidentwerden „religiöser", metaphysischer Momente im – gleichzeitig – sklerotisierten Politischen (vgl. etwa die neue Aufmerksamkeit für überhöhte, aber immer männlich konnotierte „Leadership"-Qualitäten oder „Charisma"-Eigenschaften, die Aufwertung und Verselbständigung traditionalistischer Rituale, die vorrangig aus dem Wertefundus einer hierarchisierten Geschlechterordnung schöpfen) indiziert eine solche paradoxe Gleichzeitigkeit im Ungleichzeitigen, wobei die Dimension des Utopischen, eine etwa androgyne Zukunft, überhaupt ausgeschlossen bleibt. Maskuline Zukunft schöpft nicht einmal mehr aus der Gegenwart, sondern aus ihrem ausschließlichen

---

Webers zu sein (so Jürgen Habermas in seinen Ausführungen auf dem 15. Deutschen Soziologentag, in: Stammer 1965: 81).

27 Daß dieser Prozeß im Falle der Frauen erheblich länger dauern sollte, ist historisch evident.

Rekurs auf Vergangenes. Damit werden Tendenzen einer Remaskulinisierung des gesamten Politikgefüges befördert, in deren Gefolge sich Männlichkeit für neue Hegemonialkämpfe „rüsten" kann. Die religiösen Einschlüsse im Politischen leisten hierbei Assistenz.

Auch wenn also im historischen Verlauf Politik das Religiöse tendenziell substituiert hat, scheint das Politische nicht ohne das Religiöse sein Auslangen finden zu können. Politik und Religion wirken wie Siamesische Zwillinge, sie verharren in gewisser Hinsicht – trotz aller Trennungsversuche oder auch nur Trennungsrhetorik seit der Ära der Aufklärung – de facto in einer vexierbildartigen Relation zueinander. Ihre auffällige Strukturanalogie ist daher auch in modernen Gesellschaften durchaus präsent geblieben. Substituierungszusammenhänge sind selbst im Zeitalter der Europäisierung nicht obsolet geworden. Auch die moderne Politik des 20. Jahrhunderts birgt „ein wie auch immer zu definierendes religiöses Moment" in sich (Gebhardt 1995: 439).

4. *Transformation des Politischen*

Wir sind Zeugen einer zugegebenermaßen markanten sozialen, ökonomischen und politischen Veränderungskonstellation. Epochen können aber immer erst ex post als solche fixiert und wahrgenommen werden. Mithin sind auch historische Übergänge von einer überkommenen in eine andere, neue Konfiguration gesellschaftlicher und politischer Verhältnisse im Moment der Transformation nur schwer konstatierbar. Der Prozeß der Geschichte vermittelt sich uns als mittel- bis längerfristige, umfassende Bewegung von dialektischer Qualität, die bestimmt wird durch einen zeitlich, örtlich und kulturell variablen Spannungsbogen aus Elementen der Bewahrung und Veränderung von Verhältnissen. Welche Kraft in diesem sich unaufhörlich verschiebenden Parallelogramm als die einflußreichere, nachhaltigere und letztlich auch „signierende" wirken wird, darüber können wir im nur flüchtig faßbaren Augenblick des historischen Geschehens lediglich vage Vorahnungen äußern und zunächst auch bloß Vermutungen ohne besonderen Tiefgang anstellen.

Insofern erstaunt die Gewißheit mancher wissenschaftlicher und/oder medialer ZeitkritikerInnen – ob ihre, oftmals pauschalisierende, Gesellschafts- und Kulturkritik nun postmodern beliebig oder globalisierend entmutigend angelegt sein mag. Aber: Geht wirklich etwas zu Ende? Kann Geschichte, kann Politik überhaupt *zu Ende gehen*? Ist der aktuelle Über-Gang tatsächlich historisch so *singulär* und so *signifikant*, wie man zeitgeistig gerne vorschützt? Ein *Ende der Politik* zu deklarieren, erscheint uns ideologisch. Politik *verändert* – wie zuvor in der Geschichte schon öfter – Formen, *wechselt* Ebenen, *verschiebt* Relevanz- sowie Wertvorstellungen und *schließt* soziale Akteure und Gruppen *ein* oder *grenzt* sie *aus*. Neue Konfigurationen des Politischen sind im Entstehen, deren Strukturen und Konturen allerdings noch unbestimmt und unscharf scheinen. Der Historiker Eric Hobsbawm hat uns emphatisch darauf hingewiesen, „mit welcher Geschwindigkeit und in welchem Ausmaß sich die sozialen Strukturen im dritten Viertel des gegenwärtigen Jahrhunderts verändert haben" (Hobsbawm 1995: 8). Diese außergewöhnliche *Intensität* und *Beschleunigung* der Veränderungen ist es auch, die ihn das 20. Jahrhundert – im Kontrast zum „langen" 19. Jahrhundert – als

„das Kurze" hervorkehren läßt (ebd.: 17). Dieses ohnehin schon überaus rasante soziale und ökonomische Tempo wird aber aufgrund modischer *Kurzatmigkeit* von Wissenschaft und Politik noch unerträglicher: Es hat nämlich den Anschein, als ob (Politik-) Wissenschaft ihrer Fähigkeit zum Denken „auf lange Sicht" und Politik ihres Willens zur „Langzeitorientierung" verlustig gegangen wären (vgl. Lepenies 1997: 43). Das ist jene gesellschaftliche und politische Erscheinung, auf die Jürgen Habermas schon eine Dekade früher im Sinne der „Erschöpfung der utopischen Energien" angespielt hat (Habermas 1985: 144ff.).

Postmoderne wie globalisierende Thematisierungen beinhalten nun eine zumeist verborgen bleibende *antipolitische* Quintessenz (vgl. Miliband 1994: 3); sie unterstützen – ob sie es intendieren oder nicht – eine zunehmend expandierende gesellschaftliche Tendenz, politisches Handeln von Individuen und sozialen Gruppen letztendlich *ziel-* und *sinnlos* erscheinen zu lassen. Geschichte bleibt damit von neuem und ungebremst uneinsehbaren (Markt- oder anderen sozial starken) Kräften überlassen. Die Akzentuierung von sozialen oder Geschlechter-Differenzen enthält beispielsweise nicht nur eine befreiende Komponente, sondern kann immer auch zur bequemen Legitimierung sozialer, ökonomischer und politischer Ungleichheiten und Ungerechtigkeiten benutzt werden.

Weder politische Beliebigkeit und gesellschaftliche Gleichgültigkeit postmoderner Schnittart noch Minimalisierung menschlicher Handlungsmöglichkeiten im Rahmen globalisierter Bedrohungs- und Entmachtungsszenarien werden ermutigen oder gar zum politischen Tätigwerden im Sinne sozialgruppen- und geschlechtergerechterer Modelle enthierarchisierten, sinn- und würdevollen Arbeitens und Lebens mobilisieren. Die Bedeutung der „großen Erzählungen" der Vergangenheit soll weder festgeschrieben noch überbewertet werden; soziale und politische Utopien und Ideen erweisen sich aber auch – wie wir zur Zeit erleben können – in ihrer Funktion als nicht ganz unverzichtbar. Freilich müssen sie neu gedacht und auch ganz neu geschrieben werden. Wenn nämlich in der realen Welt und der politischen Theorie alles in Auflösung ist oder gar bewußt noch weiter aufgelöst werden soll, bleibt dennoch die Frage relevant, welche normativen Eckpfeiler es neuerdings einzuschlagen gilt, um weltweiten, neoliberal genutzten Backlash bei der nachhaltigen demokratischen Umgestaltung kapitalistischer und patriarchaler Organisation der Gesellschaftsverhältnisse wirksam Einhalt gebieten zu können.

Literaturverzeichnis

Alemann, Ulrich von, 1994: Grundlagen der Politikwissenschaft. Ein Wegweiser. Opladen.

Althaler, Karl S./Matjan, Gregor, 1996: Gedanken über den Wohlfahrtsstaat hinaus, in: *dies.* (Hrsg.), Vom Wohlfahrtsstaat zum Leistungsstaat? Wien, 5-16.

Altvater Elmar/Mahnkopf, Birgit, 1996: Grenzen der Globalisierung. Ökonomie, Ökologie und Politik in der Weltgesellschaft. Münster.

Barber, Benjamin, 1997: Dschihad versus McWorld. Globalisierung, Zivilgesellschaft und die Grenzen des Marktes, in: Lettre International 4, 4-9.

Baumann, Zygmunt, 1996: Glokalisierung oder Was für die einen Globalisierung, ist für die anderen Lokalisierung, in: Das Argument 217, 653-664.

Beck, Ulrich, 1986: Risikogesellschaft. Auf dem Weg in eine andere Moderne. Frankfurt a.M.

Beck, Ulrich, 1993: Die Erfindung des Politischen. Zu einer Theorie reflexiver Modernisierung. Frankfurt a.M.

Beck, Ulrich, 1996: Das Zeitalter der Nebenfolgen und die Politisierung der Moderne, in: *Ulrich Beck/Anthony Giddens/Scott Lash,* Reflexive Modernisierung. Eine Kontroverse. Frankfurt a.M., 19-112.

Beck, Ulrich, 1997: Was ist Globalisierung? Irrtümer des Globalismus – Antworten auf Globalisierung. Frankfurt a.M.

Becker-Schmidt, Regina/Knapp, Gudrun-Axeli (Hrsg.), 1995: Das Geschlechterverhältnis als Gegenstand der Sozialwissenschaften. Frankfurt a.M./New York.

Benhabib, Seyla, 1997: Das demokratische Projekt im Zeitalter der Globalisierung, in: *Julian Nida-Rümelin/Wolfgang Thierse* (Hrsg.), Philosophie und Politik. Essen, 48-67.

Beyme, Klaus von, 1994a: Ansätze zu einer Theorie der Transformation der ex-sozialistischen Länder Osteuropas, in: *Wolfgang Merkel* (Hrsg.), Systemwechsel I. Theorien, Ansätze und Konzeptionen. Opladen, 141-171.

Beyme, Klaus von, 1994b: Der Zusammenbruch des Sozialismus und die Folgen für sozialwissenschaftliche Theoriebildung, in: WZB-Mitteilungen, März, 9-19.

Beyme, Klaus von, 1994c: Politikverdrossenheit und Politikwissenschaft, in: *Claus Leggewie* (Hrsg.), Wozu Politikwissenschaft? Über das Neue in der Politik. Darmstadt, 21-33.

Beyme, Klaus von, 1994d: Systemwechsel in Osteuropa. Frankfurt a.M.

Beyme, Klaus von/Dieter Nohlen, 1995: Systemwechsel, in: *Dieter Nohlen* (Hrsg.), Wörterbuch Staat und Politik. 3. Aufl., München/Zürich, 765-776.

Beyme, Klaus von/Offe, Claus, (Hrsg.) 1996: Politische Theorie in der Ära der Transformation (PVS-Sonderheft 26/1995). Opladen.

Borchorst, Anette/Siim, Birte, 1987: Women and the advanced welfare state – a new kind of patriarchal power?, in: *Ann Showstack Sassoon* (Hrsg.), Women and the State. The shifting boundaries of public and private. London, 128-157.

Burchardt, Hans-Jürgen, 1996: Die Globalisierungsthese – von der kritischen Analyse zum politischen Opportunismus, in: Das Argument 217, 741-755.

Camilleri, Joseph A., 1995: State, Civil Society, and Economy, in: *ders./Anthony P. Jarvis/Alben J. Paolini* (Hrsg.), The State in Transition. Reimagining Political Space. Boulder/London, 209-228.

Carothers, Thomas, 1997: Democracy, in: Foreign Policy, Summer, 11-18.

Connell, Robert W., 1990: The State, Gender, and Sexual Politics. Theory and Appraisal, in: Theory and Society 5, 507-544.

Demirovic, Alex, 1997: Demokratie und Herrschaft. Aspekte kritischer Gesellschaftstheorie. Münster.

Dahl, Robert A., 1984: Modern Political Analysis. 4. Aufl., London u.a.

Dahlerup, Drude, 1990: Strategien auf dem Weg von einer kleinen zu einer großen Minderheit – Frauen in der skandinavischen Politik, in: *Barbara Schaeffer-Hegel/Heidi Kopp-Degethoff* (Hrsg.), Vater Staat und seine Töchter. Studien zur politischen Kultur. Pfaffenweiler, 71-88.

Dubiel, Helmut, 1993: Reflexive Modernisierung, Zivilgesellschaft und die Transformation Mitteleuropas, in: *Bernhard Schäfers* (Hrsg.), Lebensverhältnisse und soziale Konflikte im neuen Europa (26. Soziologentag). Frankfurt a.M./New York, 166-173.

Dubiel, Helmut, 1994; Der entfesselte Riese? Die „zivile Gesellschaft" und die liberale Demokratie nach 1989, in: *Claus Leggewie* (Hrsg.), Wozu Politikwissenschaft? Über das Neue in der Politik. Darmstadt, 51-60.

Ebbecke-Nohlen, Andrea/Nohlen, Dieter, 1994: Feministische Ansätze, in: *Dieter Nohlen* (Hrsg.), Lexikon der Politik. Band 2: Politikwissenschaftliche Methoden, hrsg. von *Jürgen Kriz/Dieter Nohlen/Rainer-Olaf Schultze.* München, 130-137.

Edelman, Murray, 1988: Constructing the Political Spectacle. Chicago/London.

Edelman, Murray, 1990: Politik als Ritual. Die symbolische Funktion staatlicher Institutionen und politischen Handelns. Frankfurt a.M./New York.

Editorial, 1990: L'Homme. Zeitschrift für Feministische Geschichtswissenschaft 1(1), 3-5.

Engler, Wolfgang, 1996: Demokraten in kurzen Hosen, in: Die tageszeitung, 20.12.

Evers, Tilmann, 1991: Volkssouveränität im Verfahren. Zur Verfassungsdiskussion über direkte Demokratie, in: Aus Politik und Zeitgeschichte B 23, 3-15.

Fach, Wolfgang, 1994: Not der Tugend – Tugend der Not. Frauenalltag und feministische Theorie. Opladen.

Fishman, Robert, 1990: Rethinking State and Regime. Southern Europe's Transition to Democracy, in: World Politics 3, 422-440.

Forndran, Erhard, 1991: Religion und Politik – Eine einführende Problemanzeige, in: *ders.* (Hrsg.), Religion und Politik in einer säkularisierten Welt. Baden-Baden, 9-63.

Frankenberg, Günter, 1997: Die Verfassung der Republik. Autorität und Solidarität in der Zivilgesellschaft. Frankfurt a.M.

Frauen und Politik, 1995. Schweizerisches Jahrbuch für Politische Wissenschaft. Bern.

Fukuyama, Francis, 1989: The End of History, in: The National Interest 16, Summer, 3-18.

Gebhardt, Jürgen, 1995: Politik und Religion, in: Lexikon der Politik, hrsg. v. *Dieter Nohlen,* Bd. 1, Politische Theorien, hrsg. von *Dieter Nohlen/Rainer-Olaf Schultze.* München, 435-442.

Gerhard, Ute, 1988: Sozialstaat auf Kosten der Frauen, in: *Ute Gerhard/Alice Schwarzer/Vera Slupik* (Hrsg.), Auf Kosten der Frauen. Frauenrechte im Sozialstaat. Weinheim/Basel, 11-37.

Gerstenberger, Heide, 1990: Die subjektlose Gewalt. Theorie der Entstehung bürgerlicher Staatsgewalt. Münster.

Giddens, Anthony, 1994: Brave New World: The New Context of Politics, in: *David Miliband* (Hrsg.), Reinventing the Left. Cambridge, 21-38.

Giddens, Anthony, 1997: Jenseits von Links und Rechts. Die Zukunft radikaler Demokratie. Frankfurt a.M.

Giesen, Bernd/Leggewie, Claus, 1991: Sozialwissenschaften vis-à-vis. Die deutsche Vereinigung als sozialer Großversuch, in: *dies.* (Hrsg.), Experiment Vereinigung. Ein sozialer Großversuch. Berlin, 7-18.

Glaeßner, Gert-Joachim, 1994: Demokratie nach dem Ende des Kommunismus. Regimewechsel, Transition und Demokratisierung im Postkommunismus. Opladen.

Grande, Edgar, 1996: Demokratische Legitimation und europäische Integration, in: Leviathan 3, 339-360.

Greiff, Bodo von/Koch, Claus/König, Helmut (Hrsg.), 1997: Der Leviathan in unserer Zeit. Opladen.

Greven, Michael Th., 1990: Die politische Gesellschaft als Gegenstand der Politikwissenschaft, in: Ethik und Sozialwissenschaften 2, 223-228 und 255-261.

Greven, Michael Th., 1994: Die Allgegenwart des Politischen und die Randständigkeit der Politikwissenschaft, in: *Claus Leggewie* (Hrsg.), Wozu Politikwissenschaft? Über das Neue in der Politik. Darmstadt, 285-296.

Habermas, Jürgen, 1985: Die Krise des Wohlfahrtsstaates und die Erschöpfung utopischer Energien, in: *ders.,* Die neue Unübersichtlichkeit. Kleine Politische Schriften V. Frankfurt a.M., 141-163.

Habermas, Jürgen, 1990: Die nachholende Revolution, in: *ders.,* Die nachholende Revolution. Kleine politische Schriften VII. Frankfurt a.M., 177-224.

Habermas, Jürgen, 1996: Die Einbeziehung des Anderen. Studien zur politischen Theorie. Frankfurt a.M.

Hagemann-White, Carol, 1987: Können Frauen die Politik verändern?, in: Aus Politik und Zeitgeschichte B 9-10, 29-37.

Hartsock, Nancy, 1990: Political Science as Malestream Discourse: Can this Discipline be Saved?, in: Österreichische Zeitschrift für Politikwissenschaft 2, 151-161.

Hirsch, Joachim, 1995: Der nationale Wettbewerbsstaat. Staat, Demokratie und Politik im globalen Kapitalismus. Berlin/Amsterdam.

Hirsch, Joachim/Roth, Roland, 1986: Das neue Gesicht des Kapitalismus. Vom Fordismus zum Post-Fordismus. Hamburg.

Hobsbawm, Eric, 1995: Das Zeitalter der Extreme. Weltgeschichte des 20. Jahrhunderts. München/Wien.

Hoecker, Beate, 1995: Politische Partizipation von Frauen. Ein einführendes Studienbuch. Opladen.

Holland-Cunz, Barbara, 1995: Frauenpolitik im schlanken Staat. Die „Poetik" der lean administration und ihre Realität, in: Zeitschrift für Frauenforschung 1 und 2, 15-27.

Holland-Cunz, Barbara, 1996: Feminismus: Politische Kritik patriarchaler Herrschaft, in: *Franz Neumann* (Hrsg.), Handbuch Politische Theorien und Ideologien Bd. 2. Opladen, S. 357-388.

Hunold, Christian, 1996: Lokal denken, global handeln: Globalisierung und lokale Demokratie, in: Leviathan 4, 557-572.

Huntington, Samuel F., 1993: The Clash of Civilizations? in: Foreign Affairs (72) 3, 22-49.

Kaminski, Antoni Z., 1993: The Operation Transformation: Managing and Mismanaging. Institutional Changes in East-Central and Eastern Europe, in: *Bernhard Schäfers* (Hrsg.), Lebensverhältnisse und soziale Konflikte im neuen Europa (26. Soziologentag). Frankfurt a.M./ New York, 174-184.

Keil, Roger, 1997: Globalisierung – Macht – Staat: Perspektiven lokalen Handelns im Zeitalter der World City, Vortragsmanuskript, 20. wissenschaftlicher Kongreß der Deutschen Vereinigung für Politische Wissenschaft (DVPW), 13. bis 17. Oktober 1997. Bamberg.

Klein, Ansgar/Schmalz-Bruns, Rainer, 1997: Herausforderungen der Demokratie. Möglichkeiten und Grenzen der Demokratisierung, in: *dies.* (Hrsg.), Politische Beteiligung und Bürgerengagement in Deutschland. Möglichkeiten und Grenzen. Bonn, 7-38.

Klein, Dieter, 1991: Doppelte Modernisierung im Osten. Illusion oder Option der Geschichte, in: *Michael Brie/Dieter Klein* (Hrsg.), Umbruch zur Moderne. Hamburg, 9-34.

Köcher, Renate, 1994: Politische Partizipation und Wahlverhalten von Frauen und Männern, in: Aus Politik und Zeitgeschichte B 11, 24-31.

Kreisky, Eva, 1995a: Gegen „geschlechtshalbierte Wahrheiten". Feministische Kritik an der Politikwissenschaft im deutschsprachigen Raum, in: *dies./Birgit Sauer* (Hrsg.), Feministische Standpunkte in der Politikwissenschaft. Eine Einführung. Frankfurt a.M./New York, 27-62.

Kreisky, Eva, 1995b: Der Stoff, aus dem die Staaten sind. Zur männerbündischen Fundierung politischer Ordnung, in: *Regina Becker-Schmidt/Gudrun-Axeli Knapp* (Hrsg.), Das Geschlechterverhältnis als Gegenstand der Sozialwissenschaften. Frankfurt a.M./New York, 85-124.

Kreisky, Eva, 1996: Vom patriarchalen Staatssozialismus zur patriarchalen Demokratie. Der politische Systemwechsel in Osteuropa aus der Gender-Perspektive, in: *dies.* (Hrsg.), Vom patriarchalen Staatssozialismus zur neuen patriarchalen Demokratie. Wien, 7-22.

Kreisky, Eva/Sauer, Birgit, 1995: Der Politik der Männer – die Wissenschaft der Männer? Hoffnung auf ein Ende des Schulterschlusses, in: *dies.* (Hrsg.), Feministische Standpunkte in der Politikwissenschaft. Eine Einführung. Frankfurt a.M./New York, 9-24.

Kreisky, Eva/Sauer, Birgit, 1997: Maskulinismus und Staat. Zwei Institutionen unter Globalisierungsdruck, in: Neue Impulse 5, 4-11.

Kulawik, Teresa, 1994: Wie solidarisch ist der sozialdemokratische Universalismus? Wohlfahrtsstaatstheorie und soziale Staatsbürgerschaft in Schweden, in: *Elke Biester* et al. (Hrsg.), Das unsichtbare Geschlecht der Europa. Frankfurt a.M./New York, 62-84.

Lang, Sabine, 1995: Öffentlichkeit und Geschlechterverhältnis. Überlegungen zu einer Politologie der öffentlichen Sphäre, in: *Eva Kreisky/Birgit Sauer* (Hrsg.), Feministische Standpunkte in der Politikwissenschaft. Eine Einführung. Frankfurt a.M./New York, 83-121.

Langan, Mary/Ostner, Ilona, 1991: Geschlechterpolitik im Wohlfahrtsstaat. Aspekte im Internationalen Vergleich, in: Kritische Justiz 3, 302-317.

Lemke, Christiane, 1992: Neue Ansätze der Sozialstaatskritik in den USA, in: *Elke Biester* u.a. (Hrsg.), Staat aus feministischer Sicht. Berlin, 37-52.

Lepenies, Wolf, 1997: Außenpolitik der Ideen. Von der Westbindung zur Weltbildung, in: Frankfurter Allgemeine Zeitung 258, 6. November, 43.

Linz, Juan J., 1990: Transitions to Democracy, in: The Washington Quarterly, Summer, 143-164.

Luckmann, Thomas, 1991: Die unsichtbare Religion. Frankfurt a.M.

Mahnkopf, Birgit, 1997: Probleme der Demokratie unter den Bedingungen ökonomischer Globalisierung und ökologischer Restriktionen. Vortrag auf dem 20. Kongreß der Deutschen Vereinigung für Politische Wissenschaft, 13.-17. Oktober. Bamberg.

Mayer, Karl Ulrich, 1991: Soziale Ungleichheit und Lebensverläufe. Notizen zur Inkorporation der DDR in die Bundesrepublik und ihre Folgen, in: *Bernd Giesen/Claus Leggewie* (Hrsg.), Experiment Vereinigung. Ein sozialer Großversuch. Berlin, 87-99.

Meier, Arthur, 1990: Abschied von der sozialistischen Ständegesellschaft, in: Aus Politik und Zeitgeschichte B 40, 16. November, 3-14.

Merkel, Wolfgang, 1994; Einleitung, in: *ders.* (Hrsg.), Systemwechsel 1. Theorien, Ansätze und Konzeptionen. Opladen, 9-20.

Merkel, Wolfgang, 1996: Theorien der Transformation: Die demokratische Konsolidierung postautoritärer Gesellschaften, in: *Klaus von Beyme/Claus Offe* (Hrsg.), Politische Theorien in der Ära der Transformation (PVS Sonderheft 26), 30-58.

Meyer, Birgit, 1992: Die „unpolitische" Frau. Politische Partizipation von Frauen oder: Haben Frauen ein anderes Verständnis von Politik?, in: Aus Politik und Zeitgeschichte B 25-26, 3-13.

Meyer, Thomas, 1995: Fundamentalismus, in: Lexikon der Politik, hrsg. v. *Dieter Nohlen,* Bd. 1, Politische Theorien, hrsg. von *Dieter Nohlen/Rainer-Olaf Schultze.* München, 125-129.

Miliband, David (Hrsg.), 1994: Reinventing the Left. Cambridge.

Münkler, Herfried, 1987: Im Namen des Staates: Die Begründung der Staatsraison in der Frühen Neuzeit. Frankfurt a.M.

Narr, Wolf-Dieter/Schubert, Alexander, 1994: Weltökonomie. Die Misere der Politik. Frankfurt a.M.

Neusüß, Christel, 1985: Die Kopfgeburten der Arbeiterbewegung oder Die Genossin Luxemburg bringt alles durcheinander. Hamburg.

Niclauß, Karlheinz, 1997: Vier Wege zur unmittelbaren Bürgerbeteiligung, in: Aus Politik und Zeitgeschichte B 14 vom 28.3., 3-12.

Nida-Rümelin, Julian, 1997: Philosophie und Politik, in: *ders./Wolfgang Thierse* (Hrsg.), Philosophie und Politik. Essen, 15-23.

Noé, Claus, 1997: Der Kasino-Kapitalismus. Ein Crash an den Börsen der Welt – und schon rufen die ewigen Deregulierer nach mehr Staat. Zu Recht, in: Die Zeit 46, 7.11., 4f.

Offe, Claus, 1991: Das Dilemma der Gleichzeitigkeit. Demokratisierung und Marktwirtschaft in Osteuropa, in: Merkur 4, 279-292.

Offe, Claus, 1994; Systemvergleichende Einleitung: Reziprozitäten, Schüttelreime, in: *ders.,* Der Tunnel am Ende des Lichts. Erkundungen der politischen Transformation im Neuen Osten. Frankfurt a.M./New York, 11-20.

Opp de Hipt, Manfred/Latniak, Erich (Hrsg.), 1991: Sprache statt Politik? Politikwissenschaftliche Semantik- und Rhetorikforschung. Opladen.

Ostner, Ilona, 1995: Arm ohne Ehemann? Sozialpolitische Regulierung von Lebenschancen für Frauen im internationalen Vergleich, in: Aus Politik und Zeitgeschichte B 36-37, 3-12.

Patzelt, Werner J., 1993: Einführung in die Politikwissenschaft. Grundriß des Faches und studiumbegleitende Orientierung. 2. Aufl. Passau.

Phillips, Anne, 1996: Dealing with Difference. A Politics of Ideas, or a Politics of Presence?, in: *Seyla Benhabib* (Hrsg.), Democracy and Difference. Contesting the Boundaries of the Political. Princeton, 139-152.

Reißig, Rolf, 1994: Transformation – Theoretisch-konzeptionelle Ansätze, Erklärungen und Interpretationen, in: Biss Public 15, 5-43.

Robertson, Roland, 1992: Globalization. London.

Rohe, Karl/Dörner, Andreas, 1995: Politikbegriffe, in: Lexikon der Politik, hrsg. v. *Dieter Nohlen,* Bd. 1, Politische Theorien, hrsg. von *Dieter Nohlen/Rainer-Olaf Schultze.* München, 453-458.

Roth, Roland, 1994: Demokratie von unten. Neue soziale Bewegungen auf dem Weg zur politischen Institution. Köln.

Roth, Roland, 1997a: Kapitalismus und Demokratie. Demokratietheoretische Fragen und Perspektiven nach dem Ende des „realexistierenden Sozialismus", in: *Rainer Schneider-Wilkes* (Hrsg.), Demokratie in Gefahr? Zum Zustand der deutschen Republik. Münster, 35-53.

Roth, Roland, 1997b: Die Kommune als Ort der Bürgerbeteiligung, in: *Ansgar Klein/Rainer Schmalz-Bruns* (Hrsg.), Politische Beteiligung und Bürgerengagement in Deutschland. Möglichkeiten und Grenzen. Bonn, 404-447.

Rudolph, Clarissa, 1994: Die Institutionalisierung von Frauenpolitik im Parteienstaat, in: *Elke Biester/Barbara Holland-Cunz/Eva Maleck-Lewy/Anja Ruf/Birgit Sauer* (Hrsg.), Gleichstellungspolitik – Totem und Tabus. Eine feministische Revision. Frankfurt a.M./New York, 62-81.

Said, Edward W., 1997: Götter, die keine sind. Der Ort des Intellektuellen. Berlin.

Sainsbury, Diane, 1996: Gender, equality, and welfare states. Cambridge.

Sauer, Birgit, 1994: Was heißt und zu welchem Zwecke partizipieren wir? Kritische Anmerkungen zur Partizipationsforschung, in: *Elke Biester/Barbara Holland-Cunz/Birgit Sauer* (Hrsg.), Demokratie oder Androkratie? Theorie und Praxis demokratischer Herrschaft in der feministischen Diskussion. Frankfurt a.M./New York, 99-130.

Sauer, Birgit, 1997: „Normale" Männlichkeit. Der Beitrag der Transformationsforschung zum Erhalt geschlechtsblinder Paradigmata in der Politikwissenschaft, in: *Eva Kreisky/Birgit Sauer* (Hrsg.), Das geheime Glossar der Politikwissenschaft. Geschlechtskritische Inspektion der Kategorien einer Disziplin. Frankfurt a.M./New York, 215-253.

Schiffauer, Werner, 1997: Islamischer Fundamentalismus. Zur Konstruktion des radikal Anderen, in: *ders.*, Fremde in der Stadt. Frankfurt a.M., 172-189.

Schmidt, Manfred G., 1989: Politikwissenschaftliche Analyse der Ökonomik, in: *Ulrich Albrecht/ Elmar Altvater/Ekkehart Krippendorff* (Hrsg.), Was heißt und zu welchem Ende betreiben wir Politikwissenschaft? Kritik und Selbstkritik aus dem Otto-Suhr-Institut. Opladen, 98-111.

Schmidt, Manfred G., 1995: Wörterbuch zur Politik. Stuttgart.

Schöler-Macher, Bärbel, 1994: Die Fremdheit der Politik. Erfahrungen von Frauen in Parteien und Parlamenten. Weinheim.

Schmitt, Carl, 1922: Politische Theologie. Vier Kapitel zur Lehre von der Souveränität. München/Leipzig.

Schrader, Fred E., 1996: Die Formierung der bürgerlichen Gesellschaft 1550-1850. Frankfurt a.M.

Seibel, Wolfgang et al., (Hrsg.): Demokratische Politik. Analyse und Theorie. Politikwissenschaft in der Bundesrepublik Deutschland. Opladen (PVS zum 50jährigen Jubiläum des Westdeutschen Verlages).

Senghaas, Dieter, 1997: Interkulturelle Philosophie in der Welt von heute. Vortragsmanuskript. 20. wissenschaftlicher Kongreß der Deutschen Vereinigung für Politische Wissenschaft (DVPW), 13. bis 17. Oktober. Bamberg.

Sennett, Richard, 1997: The Fall of Public Man. On the Social Psychology of Capitalism. New York.

Stephan, Cora, 1994: Der Betroffenheitskult. Eine politische Sittengeschichte. Frankfurt a.M.

Stiglitz, Joseph, 1997: Heilsame Krise (Interview), in: Die Zeit 43, 17. Oktober, 32.

Thiery, Peter, 1994: Moderne politische Theorie, in: *Manfred Mols/Hans-Joachim Lauth/Christian Wagner* (Hrsg.), Politikwissenschaft: Eine Einführung. Paderborn/München/Wien/Zürich, 203-243.

Thürmer-Rohr, Christina, 1987: Vagabundinnen. Feministische Essays. Berlin.

Walzer, Michael, 1997: Pluralismus und Demokratie, in: *Julian Nida-Rümelin/Wolfgang Thierse* (Hrsg.), Philosophie und Politik. Essen, 24-47.

Weber, Max, 1958: Politik als Beruf, in: *ders.*, Gesammelte politische Schriften, 3. Aufl. Tübingen, 505-560.

Weber, Max, 1978: Gesammelte Aufsätze zur Religionssoziologie, Bd. 1. Tübingen.

Weber, Max, 1980: Wirtschaft und Gesellschaft. Grundriß der verstehenden Soziologie. Tübingen.

Welzel, Christian, 1997: Repräsentation alleine reicht nicht mehr. Sachabstimmungen in einer Theorie der interaktiven Demokratie, in: *Rainer Schneider-Wilkes* (Hrsg.), Demokratie in Gefahr? Zum Zustand der deutschen Republik. Münster, 54-79.

Young, Iris Marion, 1993: Das politische Gemeinwesen und die Gruppendifferenz. Eine Kritik am Ideal des universalen Staatsbürgerstatus, in: *Herta Nagl-Docekal/Herlinde Pauer-Studer* (Hrsg.), Jenseits der Geschlechtermoral. Beiträge zur feministischen Ethik. Frankfurt a.M., 267-304.

Zapf, Wolfgang, 1994a: Die Transformation in der ehemaligen DDR und die soziologische Theorie der Modernisierung, in: Berliner Journal für Soziologie 3, 295-305.

Zapf, Wolfgang, 1994b: Zur Theorie der Transformationen, in: Biss Public 13, 5-9.

Von der Politik der Identität zum sozialen Feminismus. Ein Plädoyer für die neunziger Jahre*

Seyla Benhabib

1. *Der Paradigmenstreit in der feministischen Theorie*

Vor zehn Jahren fand an der juridischen Fakultät der State University of New York in Buffalo als Teil der James McCormick Mitchell-Vortragsreihe ein Symposium statt. Die Teilnehmerinnen waren unter anderem Carol J. Gilligan, Catharine A. McKinnon, Ellen C. Dubois und Carrie J. Menkel-Meadow (vgl. Buffalo Law Review 1985). Dieses Symposium war ein Signal für den Zusammenstoß der Paradigmen in der feministischen Theorie, der sich in den folgenden Jahren abzeichnen sollte. Ich verwende hier den Ausdruck „Paradigma" in einer „untechnischen" Weise, um eine Reihe von zusammenhängenden expliziten wie impliziten Annahmen zu bezeichnen, die eine Vorstellung von Theorie und Politik lenken, beeinflussen, strukturieren oder sie zu „for-

---

* Als David Trend mich zur Mitwirkung am Band „Radical Democracy. Identity Citizenship and the State" (New York 1996) einlud, der aus einem Symposium über radikale Demokratie hervorging, das in der *Socialist Review* (Jg. 23. Nr. 3) veröffentlicht worden war, hatte ich eine Fassung dieses Essays schon für andere Gelegenheiten vorbereitet. Beim Durchlesen der *Socialist Review* war ich jedoch über das Ausmaß überrascht, in dem die Anliegen, die ich in meinem Artikel äußerte, denen glichen, die von anderen TeilnehmerInnen an der Diskussion formuliert wurden. Da es für eine zukünftige Rekonstruktion jeglicher Form von radikaler Demokratie wesentlich ist, sich darüber klarzuwerden, wo wir heute, nach zwei Jahrzehnten des Paradigmenstreites in der US-amerikanischen Linken stehen, ist mein Beitrag eine solche Bestandsaufnahme der theoretischen und politischen Entwicklungen der nordamerikanischen Frauenbewegung in den letzten beiden Jahrzehnten.
Zum ersten Mal wurde dieser Text bei einem Symposium über „Wissenschaft, Vernunft und moderne Demokratie" vorgetragen, das im November 1993 von der Michigan State University veranstaltet wurde. Er liegt hier in einer gekürzten und überarbeiteten Fassung vor. Eine längere Version wird in einem Band der Cornell University Press über das Symposium „Wissenschaft, Vernunft und moderne Demokratie" erscheinen. Ich bedanke mich bei der *Philosophy of Education Society* für ihre Einladung, eine Version dieses Artikels als Eröffnungsrednerin bei ihrer Tagung im April 1994 vorzutragen. Insbesondere bin ich Michael Katz und Nicholas C. Burbules für ihre Kooperation dankbar, die diese Einladung und die Veröffentlichung ermöglicht haben. Einige Personen haben frühere Entwürfe des Artikels gelesen: Ich möchte mich bei Theda Skocpol, Winnie Breines und Michael Ferber für ihre Kommentare und Kritik bedanken. Ich habe auch sehr von den Reaktionen von Nicholas C. Burbules und Barbara Houston profitiert.
Anmerkung der Herausgeberinnen: Der vorliegende Text, der eine für die Übersetzung bearbeitete Version des Textes aus dem von David Trend edierten Band ist, wurde von Seyla Benhabib als politische Intervention in den US-amerikanischen feministischen Diskurs verfaßt. Er enthält aber überaus bedeutsame inhaltliche Positionen, die wir als Herausgeberinnen einem deutschsprachigen Publikum nicht vorenthalten wollten.

matieren" helfen. In der Debatte mit Carol Gilligan sagt Catharine McKinnon unter Bezugnahme auf Gilligans Studie „Die andere Stimme" (Gilligan 1984):

„Ich habe – und es wird Sie schockieren, das zu hören – der Studie gegenüber ambivalente Gefühle. Einerseits finde ich ihre starke und elegante Sensibilität aufregend. Es findet sich darin etwas zutiefst Feministisches: der Impuls, Frauen zuzuhören. ... Andererseits macht mich die Vernachlässigung der Ebene der Erklärung zornig (und es ist sehr grob, so etwas über ein Buch zu sagen, das so kühl, so anmutig und so sanft in seiner emotionalen Anrührung ist) – ich spreche hier von einem politischen Zorn. Warum werden Frauen zu Menschen, die, mehr als Männer, *diese* Werte repräsentieren?. ... Für mich ist die Antwort klar: Es liegt in der Unterordnung von Frauen begründet. ... Die Studie hat auch die Stimme des Opfers gefunden ... ja, Frauen sind zu Opfern gemacht worden. ... Was mich stört, ist, daß Frauen damit identifiziert werden. Ich sage nicht, daß Carol das in ihrem Buch ausdrücklich tut. Aber mich beunruhigt die Möglichkeit, daß Frauen sich mit einem positiv bewerteten feministischen Stereotyp identifizieren: dem 'Weiblichen'" (Buffalo Law Review 1985: 74).

McKinnon reduziert Gilligans Version einer „Ethik der Fürsorge und Verantwortung", die angeblich die moralischen Stimmen von Frauen charakterisiert, nicht gänzlich auf eine Ethik des Opfers, auch wenn spätere KommentatorInnen das getan haben (vgl. Card 1988). Dennoch stellt sie eindeutig fest, daß angesichts der existierenden Muster männlicher Dominanz und weiblicher Unterordnung – jene Werte, die Gilligan eher Frauen als Männern zuschreibt – also Fürsorge, Eingehen auf die Bedürfnisse anderer, die Fähigkeit, den Standpunkt der konkreten Anderen einzunehmen, und Empathie –, Frauen mehr schaden als nützen. McKinnons Zurückweisung von Gilligans Ethik der Fürsorge ist instrumentalistisch; wie viele andere Macht-TheoretikerInnen auch tritt sie dafür ein, daß der Zweck die Mittel rechtfertige. Um etwa der Unterwerfung von Frauen ein Ende zu setzen, sollten Frauen sich die Moral des Stärkeren anstelle einer Ethik der Fürsorge und Verantwortung zunutze machen. Gilligan kommentiert dies folgendermaßen:

„Ihre Definition von Macht ist eine männliche[1] Definition.
McKinnon: Das ist deshalb so, weil die Gesellschaft eben so *ist*, sie funktioniert nach männlichen Definitionen, und ich versuche, das zu ändern.
Gilligan: Um eine *weibliche* Definition einzubringen?
McKinnon: Das wäre ein Teil davon, aber eher, um eine Definition zu bekommen, die Frauen jetzt nicht artikulieren können, weil *sein* Fuß auf *ihrer* Kehle steht.
Gilligan: Sie spricht sie doch aus.
McKinnon: Ich weiß, aber die Definition artikuliert das Weibliche. Und Sie sagen, es sei das ihre. Und das ist es, was mich zornig macht.
Gilligan: Nein. Ich sage, daß sie eine ganze Reihe von Werten artikuliert, die sehr positiv sind.
McKinnon: Richtig, und ich sage, sie drücken das Weibliche aus. Und sie die Werte von Frauen zu nennen, macht mich zornig, weil wir nie die Macht gehabt haben, das zu entwickeln, was wirklich unseres sein würden" (Card 1988: 74f.).

Dieser dramatische Wortwechsel bringt eine Form des Zusammenstoßes der Paradigmen innerhalb der gegenwärtigen feministischen Theorie zum Vorschein.[2] Sind Frauen

1 Der Verständlichkeit wegen muß hier auf das im Englischen mögliche Wortspiel his/her verzichtet werden (Anm. d. Ü.). Im Original lautet der Satz: „Your definition of power is his definition."

2 Es ist schwieriger, die Unterschiede zwischen den theoretischen Paradigmen zu charakterisieren, die den Feminismen von Gilligan und McKinnon zugrunde liegen, als die Unter-

als sozial und politisch Handelnde Trägerinnen von eindeutig differenten Werten (ohne zunächst davon zu sprechen, wie diese erworben, geformt oder entwickelt werden), für die sie in der öffentlichen Sphäre kämpfen sollen, oder sollen Frauen Macht und Gleichheit anstreben, indem sie die insgesamt in der Gesellschaft vorhandenen Ressourcen und Institutionen mobilisieren? Wir können das den Zusammenstoß zwischen den Paradigmen der „Differenz" und der „Gleichheit" nennen oder einen Zusammenstoß von „Moralismus" und „Realismus" oder auch zwischen „Utopie" und „Realpolitik".[3]

Dieser Wortwechsel, der vor mehr als einem Jahrzehnt stattgefunden hat, war ein Vorbote der kommenden Entwicklungen. In den folgenden Jahren sollten nicht nur utopische Feminismen mit einem militanten Radikalfeminismus der Macht zusammenstoßen, sondern auch verschiedene, an Michel Foucaults Modell von „Macht und Wissen" angelehnte Theorien über „Macht und Geschlecht" wechselnde Allianzen und Konfrontationen mit einem von der Psychoanalyse beeinflußten Feminismus eingehen. Ellen Dubois, die an der Diskussion zwischen Gilligan und McKinnon teilnahm, bemerkt: „Mittlerweile gibt es viele Feminismen. Frauen werden in der Politik nicht länger ignoriert. ... Die Themen, die von der Frauenbewegung aufgebracht wurden, machen diesen historischen Augenblick aus" (Dubois in: SUNY Buffalo 1985: 69). Dubois bezog sich dabei auf die Abtreibungsfrage und die Wahl einer weiblichen Vizepräsidentin – Themen, die die Frauenbewegung auf die Agenda gesetzt hatte. Auch heute existieren noch viele Feminismen, Frauen werden im politischen Raum nicht mehr ignoriert wie am Beginn der achtziger Jahre, aber es ist überhaupt nicht klar, wie, wo, wann und weshalb jene „Themen, die von der Frauenbewegung aufgebracht wurden, im Zentrum gerade dieses historischen Augenblicks stehen". Nach einem Jahrzehnt von Kämpfen zwischen Paradigmen sind wir nicht mehr sicher, daß es eine Bewegung gibt; tatsächlich wissen wir, daß es keine einzige Organisation gibt, mit deren Programm eine Mehrheit der Frauen in diesem Land übereinstimmen würde. Noch wichtiger ist, daß wir überhaupt nicht mehr wissen, was diesen historischen Augenblick ausmacht. Wir sind, als Folge postmodernistischer Warnungen vor großen Erzählungen, sehr skeptisch gegenüber Ansichten über diese oder jene historische Abfolge, diese oder jene Logik bzw. Entwicklung der Geschichte geworden. Tatsächlich wissen wir nicht länger, wer „wir" sind. Postmoderne TheoretikerInnen sagen uns, daß dieses „wir", selbst wenn es nur in einer rhetorischen Geste öffentlicher Rede

---

schiede in ihren politischen Anliegen zu definieren. Auf einer bestimmten Ebene steht McKinnons Sichtweise der Konstruktion von Geschlecht in poststrukturalistischen Ansätzen nahe, die „Geschlecht" als eine sozial und kulturell konstruierte Identität begreifen, bei deren Formation Macht eine entscheidende Rolle spielt. Sie faßt zusammen: „Der Standpunkt, daß 'Geschlecht' zuerst eine politische Machthierarchie ist, ist meiner Meinung nach ein feministischer Standpunkt" (Buffalo Law Review 1985: 22).

Gilligan widerspricht: „Der Versuch, 'Geschlecht' in das Modell der Ungleichheit einzupassen, ist die traditionelle Art des Umgangs mit 'Geschlecht', und er wird nicht gelingen. 'Geschlecht' ist etwas anderes als soziale Klasse. Geschlecht ist nicht einfach eine Frage von Dominanz und Unterordnung. Es gibt keinen Weg, 'Geschlecht' verschwinden zu lassen, so wie in Gesellschaftsutopien keine Klassen mehr vorhanden sind oder 'Rasse' zu einem Unterschied wird, der keinen Unterschied macht" (ebd.: 76). Während Gilligans Position zur Konstruktion von „Geschlecht" zu vage ist, tappt McKinnon mit ihrer Ansicht in die gleiche Falle bezüglich Identität wie die postmodernistischen KonstruktivistInnen.

3 Im Original auf deutsch.

oder Schrift angerufen wird, politisch suspekt ist, weil es versucht, dort eine scheinbare Gemeinschaft von Meinungen und Ansichten zu schaffen, wo es gewöhnlich keine gibt. Das Schwelgen in Vielfalt und Fragmentierung, das Genießen des Spiels der Differenzen und das Zelebrieren von Opazität, von Brechungen und von Heteronomität ist kennzeichnend für die vorherrschende Stimmung in der gegenwärtigen feministischen Theorie und Praxis.

Ich teile diese Begeisterung für Differenz und Fragmentierung nicht; ich trauere aber auch nicht einem Gefühl der verlorenen Einheit in der Frauenbewegung – die ohnehin selten vorhanden war – nach. Eine gesunde Vielfalt von Visionen und Strategien hinsichtlich der Bedeutung von Frauenemanzipation war immer schon Teil der verschiedenen Frauenbewegungen (vgl. Hirsch/Fox Keller 1990). Von ihren Anfängen im 18. Jahrhundert und besonders in ihren Ausformungen von der Mitte des 19. bis ins frühe 20. Jahrhundert mußten Feminismus und Frauenbewegung immer mit den Dilemmata von Gleichheit und Differenz kämpfen: Die Gleichstellung mit Männern stand im Konflikt mit der Bewahrung weiblicher Unterschiede, die Erhaltung der getrennten Sphäre der Frauen stand im Widerspruch zum Wunsch nach vollwertiger Mitgliedschaft in der bestehenden Gesellschaft durch die Aufgabe traditioneller Räume von Frauen. Diese Spannungen umfassen alles, worum es in den Kämpfen der Frauen überhaupt geht; im Laufe der Geschichte änderte sich lediglich die Art der Konstruktion und der Infragestellung dieser Gegensätze, aber nicht die Tatsache, daß Frauen solchen Gegensätzen, Dichotomien und Konflikten immer begegnen werden (vgl. Snitow 1990). Dessen ungeachtet ist nicht alles in der heutigen Szene von Pluralität, Heterogenität und Vielfalt in Ordnung. Es gibt insbesondere zwei große Probleme: zum einen die rasche Verschiebung der gegenwärtigen feministischen Forschungsparadigmen von dem, was gewöhnlich als „Standpunktfeminismus" bezeichnet wird, hin zu verschiedenen postmodernistischen Feminismen. Weder die gedanklichen Voraussetzungen, noch die Folgen dieser Verschiebung sind angemessen analysiert worden. Mikroerzählungen von Klasse, „Rasse"[4] und Geschlecht sind an die Stelle von Makroerzählungen über die Unterdrückung von Frauen in verschiedenen Kulturen, Gesellschaften und historischen Zeiträumen getreten. Durch diesen Wandel in den Forschungsparadigmen wird viel gewonnen, viel geht aber auch verloren: Während die feministischen Forschungsparadigmen komplexer und aufmerksamer für die verschiedenartigen, ineinandergreifenden Formen von Unterdrückung geworden sind, sind das Konzept des Subjekts und die Vorstellung von Handlungsfähigkeit, die solchen Untersuchungen zugrunde liegen, immer simplizistischer und normativ leerer geworden. Die feministische Theorie läuft Gefahr, den Wald vor lauter Bäumen nicht mehr zu sehen und keine Stimme mehr entwickeln zu können, die den schwierigen Fragen rund um widerstreitende Identitätsansprüche gerecht wird. Das zweite Problem, mit dem die gegenwärtige Szene konfrontiert ist, betrifft die Politik der Identität und der Differenz, die in den achtziger Jahren dominierte und in den neunziger Jahren unschöne Entwicklungen mit sich brachte. Der Konflikt zwischen vielfältigen Identitäten sowie zwischen den mit ihnen verbundenen Loyalitäten wirkte sich auch auf die politische

4 Anmerkung der Übersetzerin: Ich setze „Rasse", wie es von britischen und deutschen Autorinnen oft gemacht wird, in Anführungszeichen, um klarzumachen, daß es kein reales Korrelat zum Begriff „Rasse" gibt, sondern daß es sich um eine Metapher biologisch-kultureller Andersheit handelt.

Sphäre aus; die dauernde und unvermeidliche Fragmentierung von Identitäten machte es beinahe unmöglich, eine gemeinsame Vision von radikaler Transformation zu entwickeln. Diese Tendenzen in Theorie und Praxis hängen nun zusammen: Der theoretische Paradigmenwechsel vom Standpunkt- hin zu einem postmodernistischen Feminismus ist mit dem politischen Trend der Identitäts- und Differenzpolitik insofern verbunden, als die Ausformung einer bestimmten Form von Identitäts- und Differenzpolitik von postmodernen Kritiken am Standpunktfeminismus Hilfe erfahren und auf diese ihrerseits Einfluß genommen hat.

2. *Vom Standpunktfeminismus zum postmodernen Feminismus*

Der Ausdruck „Standpunktfeminismus" bezeichnet einen Typ feministischer Theorie und Forschungsparadigmen, der folgende Kennzeichen aufweist:[5] Erstens wird behauptet, daß philosophische und empirisch-sozialwissenschaftliche Theorien der Vergangenheit auf der kognitiven Ebene unangemessen waren, weil sie geschlechtsblind waren, d.h. sie bezogen den Standpunkt, die Tätigkeiten und die Erfahrungen von Frauen nicht ein. Diese Blindheit für Geschlecht, so wird behauptet, ist nicht etwa eine bloß zufällige Auslassung oder ein Übersehen, sondern beeinträchtigt die kognitive Plausibilität von Theorien in ihrer Gesamtheit. Zweitens sei es für eine Korrektur dieser Blindheit gegenüber „Geschlecht" notwendig, eine Reihe von Erfahrungen, Tätigkeiten sowie Denk-, Gefühls- und Handlungsmuster zu identifizieren, die als „weiblich" charakterisiert werden können. Drittens seien solche Erfahrungen und Tätigkeiten eine Folge der gesellschaftlichen Position von Frauen, insbesondere ihrer Position innerhalb der geschlechtsspezifischen Arbeitsteilung. Während der männliche Teil der Spezies sich in der öffentlichen Sphäre von Produktion, Politik, Krieg und Naturwissenschaft betätigte, waren die Aktivitäten von Frauen zumeist auf die häuslich-reproduktive und private Sphäre beschränkt. Viertens bestehe die Aufgabe feministischer Theorie darin, diese Sphäre und ihre Folgen für das menschliche Leben sichtbar, hörbar und auf theoretischer Ebene präsent zu machen. Feministische Theorie formuliert die impliziten, stillen, alltäglichen und nicht-theoretisierten Erfahrungen und Tätigkeiten von Frauen und erlaubt deren Bewußtwerdung. Fünftens nimmt feministische Theorie, wenn sie weiblicher Erfahrung zum Ausdruck verhilft, nicht nur Anteil an Wissenschafts- und Theoriekritik, sondern trägt auch zum Prozeß der Transformation des Bewußtseins von Frauen bei, indem sie weiblichen Tätigkeiten und Erfahrungen öffentliche Präsenz und Legitimität verleiht. Daher trägt eine Reihe von bahnbrechenden Werken vor allem der siebziger Jahre so bezeichnende Titel wie „Becoming Visible. Women in European History" (Bridenthal/Koonz/Stuard 1987), „In a Different Voice" (Gilligan 1981) und „Public Man, Private Woman" (Elshtain 1981). Freilich war der Paradigmenwechsel zu postmodernistischen Feminismen der achtziger Jahre von französischen PhilosophInnen wie Michel Foucault, Jacques Derrida, Jean-François Lyotard, Luce Irigaray und Hélène Cixous beeinflußt. Als die

5 Dieser Ausdruck wurde, soweit ich mich erinnern kann, von Nancy Hartsock in die feministische Theorie eingeführt. Er kennzeichnet ihren Versuch, eine feministische Theorie entlang der von Georg Lukács entwickelten marxistischen Theorie zu entwerfen (vgl. Hartsock 1984).

Auswirkungen ihrer Theorien, so vielfältig und oft widersprüchlich sie auch sein mögen, in den US-amerikanischen Geisteswissenschaften spürbar wurden, entdeckten auch feministische Theoretikerinnen in diesen Positionen attraktive Verbündete für ihre Anliegen. Ob nun zu Recht oder zu Unrecht, einzigartig an der US-amerikanischen feministischen Rezeption der französischen PostmodernistInnen ist jedenfalls das Zusammentreffen des Interesses für französische Theorie mit einer Reihe intensiver politischer und kultureller Kämpfe innerhalb der US-amerikanischen Frauenbewegung. Linda Nicholson und Nancy Fraser haben das in ihrem Artikel „Social Criticism without Philosophy. An Encounter Between Feminism and Postmodernism" gut erfaßt:

„Die Praxis der feministischen Theorie in den achtziger Jahren hat einen neuartigen Druck auf Metaerzählungen hervorgebracht. In den letzten Jahren wurde den Einwänden von armen Frauen, von Arbeiterinnen, von farbigen Frauen und Lesben gegen feministische Theorien, die das Leben dieser Frauen nicht erhellen und ihre Probleme nicht ansprechen, endlich breiteres Gehör verschafft. Sie haben frühere Quasi-Metaerzählungen mit ihrer Annahme der universellen Abhängigkeit und häuslichen Beschränkung von Frauen als falsche Extrapolationen der Erfahrung weißer heterosexueller Frauen der Mittelschicht, die die Anfänge der Neuen Frauenbewegung beherrscht haben, bloßgestellt ... Daher wird mit der Veränderung des Bewußtseins von Klasse, 'Rasse' und Ethnie in der Bewegung auch eine andere Theoriekonzeption bevorzugt. Es ist deutlich geworden, daß Quasi-Metaerzählungen die Solidarität zwischen Frauen eher behindern als fördern, da sie die Unterschiede zwischen Frauen und die verschiedenen Ausformungen von Unterdrückung, denen unterschiedliche Frauen auf unterschiedliche Weise ausgesetzt sind, auslöschen" (Fraser/Nicholson 1990: 33).

Fraser und Nicholson bringen die grundlegenden Veränderungen in der theoretischen Landschaft des US-amerikanischen Feminismus, das Zusammenfallen postmoderner Sensibilität mit einer Politik der Identität und Differenz, auf den Punkt. Aber dieses Zusammenfallen ist weder offensichtlich, noch erklärt es sich von selbst, und es ist auch nicht uneingeschränkt von Vorteil. In den achtziger Jahren stand die theoretische Botschaft der „MeisterInnen des Verdachts" im Mittelpunkt einer *politischen* Kritik von Lesben, farbigen Frauen und Frauen aus der Dritten Welt an der Vormachtstellung der weißen, westlichen, europäischen oder US-amerikanischen heterosexuellen Frauen in der Bewegung.[6] Dieser *politischen* Kritik entsprach auf der *philosophischen* Ebene die Verlagerung von marxistischen und psychoanalytischen Paradigmen hin zu einer Diskursanalyse im Stile Foucaults und einer Derridaschen Praxis textueller Dekonstruktion. In der feministischen *Sozialforschung* wurde die Analyse der Position von Frauen in der geschlechtsspezifischen Arbeitsteilung und in der Arbeitswelt von der Analyse von Identitäten abgelöst: Die Konstitution und Konstruktion von Identitäten, die Probleme kollektiver Darstellungen des Selbst und der anderen sowie Fragen kultureller Kämpfe und Hegemonie stehen im Mittelpunkt dieser Analyse.

Kein Konzept enthüllt die Natur dieses Paradigmenwechsels expliziter als das zentrale Konzept feministischer Theorie, nämlich „Geschlecht". Die widerstreitenden theoretischen Versuche, „Geschlecht" zu definieren, zeigen auch die Gewinne und Verluste

6 Ich danke Barbara Houston und Marilyn Frye für Gespräche, die mir geholfen haben zu erkennen, daß auch viele andere Frauen diesen politischen Einwand innerhalb der Frauenbewegung erheben, deren theoretisches Engagement aber dem Postmodernismus fernliegt. Nichtsdestotrotz gibt es die hier beschriebenen Tendenzen, auch wenn sie nicht so dominant sein mögen, wie ich anfangs gedacht habe.

dieser theoretischen Verlagerung hin zu „Geschlecht" auf. Die Historikerin Joan Kelly Gadol verdeutlicht die Annahmen des frühen Standpunktfeminismus in ihrem Artikel über „The Social Relations of the Sexes. Methodological Implications of Women's History":

„Kurz gesagt, Frauen müssen als Frauen definiert werden. Wir sind der gesellschaftliche Gegensatz, nicht einer Klasse, einer Kaste oder einer Mehrheit, da wir in der Mehrheit sind, sondern eines Geschlechtes (sex): der Männer. Wir sind ein Geschlecht (sex), und die Kategorisierung nach Geschlecht (gender) schließt nicht länger eine Mutterrolle und die Unterordnung unter Männer ein, außer in einer gesellschaftlich konstruierten und oktroyierten Rolle und Beziehung, die als solche erkannt werden muß" (Gadol 1986: 6).

Kelly Gadol unterscheidet klar zwischen sozial konstruiertem und biologischem Geschlecht: Während das biologische Geschlecht vorgegeben ist, „wir als Frauen sind das Geschlecht, das einem gleichermaßen unproblematischen Geschlecht, dem der Männer, entgegengesetzt ist", ist Geschlechtsidentität *(gender)* laut Gadol gesellschaftlich konstruiert und in Frage gestellt. *Mothering* wäre beispielsweise eine sozial konstruierte Geschlechterrolle für die meisten Frauen, zu den meisten Zeiten der Geschichte und in der Mehrheit der bekannten menschlichen Gesellschaften.
Postmodernistische und/oder poststrukturalistische feministische Theorie stellt die Dichotomie zwischen biologischem und sozial konstruiertem Geschlecht sowie die dadurch geschaffene binäre Opposition in Frage. Judith Butlers „Unbehagen der Geschlechter" ist eine prägnante Kritik der erkenntnistheoretischen Annahmen solcher früheren Formen feministischer Theorien. Butler schreibt: „Demnach gehört die Geschlechtsidentität *(gender)* nicht zur Kultur wie das Geschlecht *(sex)* zur Natur. Die Geschlechtsidentität umfaßt auch jene diskursiven/kulturellen Mittel, durch die eine 'geschlechtliche Natur' oder ein 'natürliches Geschlecht' als 'vordiskursiv', d.h. als der Kultur vorgelagert oder als politisch neutrale Oberfläche, auf der sich die Kultur einschreibt, hergestellt und etabliert wird" (Butler 1991: 24). Für Butler ist der Mythos des bereits sexuell bestimmten Körpers *(sexed body)* das epistemologische Äquivalent zum Mythos des bereits vorgegebenen Geschlechts: Genau wie das Vorgegebene nur innerhalb der gleichen diskursiven Rahmenbedingungen identifiziert werden kann, die uns seine Benennung erst ermöglichen, sind es auch die kulturell verfügbaren Codes der Geschlechtsidentität *(gender)*, die einen Körper vergeschlechtlichen und die Ausrichtung seines sexuellen Begehrens bestimmen. Butlers scharfe Kritik an der Unterscheidung zwischen biologischem und sozial konstruiertem Geschlecht entspringt den lesbischen Erfahrungen in der Frauenbewegung und zeigt auf, wie unterdrückend und schwächend die Logik der Zwangsheterosexualität für manche Frauen und Männer war. Die Ansicht, daß nicht nur Geschlechtsidentität, sondern auch Sexualität gesellschaftlich konstruiert ist, erlaubt es, das Terrain politischer Kämpfe rund um Fragen wie Sexualität und sexuelle Identität zu betreten, die bisher nur außerhalb des Politischen gedacht wurden. Um also diesen Wandel in Sichtweise und Sensibilität auf eine Formel zu bringen: Während der Standpunktfeminismus von der Mutter und der Mutterrolle *(mothering)* besessen war, ist der poststrukturalistische Feminismus besessen von Sexualität und von der *drag queen*. Gemeinsam mit dieser Verschiebung entstehen jedoch die theoretischen wie politischen Probleme einer Politik der Identität und Differenz.

3. Die Dilemmata von Identität und Differenz in Theorie und Politik

Die wichtigste Auswirkung einer Sicht, die Geschlecht und Sexualität als gesellschaftliche Konstrukte begreift, ist der fließende Charakter, der dadurch in Identitätskategorien eingebracht wird (Butler 1991: 209ff.). Sowohl persönliche wie kollektive Identitäten werden als „soziale Konstruktionen" angesehen, die weder in der Natur, in der Anatomie noch einer anderen anthropologischen Wesenskomponente vorgegeben sind. Eine solche soziale Konstruktion, fügen die meisten TheoretikerInnen der Identität und Differenz hinzu, muß als Prozeß eines sozialen, kulturellen und politischen Kampfes um Hegemonie zwischen sozialen Gruppen, die um die Herrschaft bestimmter Definitionen von Identität über andere streiten, verstanden werden. Was beispielsweise bedeutet „Wir, das Volk" in der berühmten Eröffnung der US-amerikanischen Verfassung? Zu der Zeit, als sie entworfen wurde, zählten die besitzenden, weißen, männlichen Haushaltsvorstände in den Kolonien zum „Volk". Frauen ohne Rechte, afro-amerikanische SklavInnen, in den Augen der Verfassung lediglich drei Fünftel einer Person, und amerikanische UreinwohnerInnen waren gleich Gespenstern außerhalb der Anrufung eines kollektiven „Wir" anwesend. So hängt die Identität jedes „Wir" von einer Machtstruktur ab; Kollektive konstituieren sich nicht nur durch den Ausschluß, sondern auch durch die Unterdrückung anderer, über die und im Gegensatz zu denen sie sich selbst definieren. In diesem Sinne enthält die Identität eines jeden „Wir" das Ergebnis kollektiver Machtkämpfe zwischen Gruppen, Kulturen, Geschlechtern und sozialen Klassen. Ein „Wir", ein kollektives Subjekt, formt sich im Laufe der Sedimentierung solch vergangener Kämpfe um Vorherrschaft.[7]

Während die Perspektive, die durch diese These einer sozialen Konstruktion von kollektiven Identitäten eröffnet wird, ungemein fruchtbar und bedeutsam für gesellschaftliche und historische Studien ist,[8] leiten sich die Schwierigkeiten der Identitäts- und Differenzpolitik sowie der von einer solchen Politik bevorzugten theoretischen Forschungsparadigmen letztlich von der „Fungibilität von Identität" ab.[9] In der gegenwärtigen theoretischen Literatur über Identität herrscht ein Begriff vor, und dieser Begriff ist „Konstruktion". Identitäten werden durch die Kollision von und die Konflikte zwischen Gruppen konstruiert. „Konstruktion", manchmal auch als „Konstitution" bezeichnet, ist jedoch ein sonderbarer Ausdruck für einen Prozeß, der angeblich ohne willentliche Beteiligung und Handlungsfähigkeit des Subjektes abläuft. In der Sprache Foucaults werden wir durch Matrizen von Wissen und Macht „konstituiert" oder „konstruiert". Anders als das Subjekt des traditionell-humanistischen Diskurses ist das Subjekt in diesem Modell nicht locus der Handlungsfähigkeit:

„Für gewöhnlich wird die Frage der Lokalisierung der 'Handlungsmöglichkeit' *(agency)* mit der Lebensfähigkeit des 'Subjekts' verbunden, wobei dem 'Subjekt' eine feste Existenz vor dem kulturellen Feld, auf das es aktiv einwirkt, zugesprochen wird. Denn selbst wenn das Subjekt

7 Zu den politischen und theoretischen Implikationen der Hinterfragung von Identität siehe Benhabib (1994).

8 Für die Anwendung im Kontext postkolonialer Studien vgl. Prakash (1992) und Mohante (1992).

9 Laut *Oxford English Dictionary* bedeutet *„fungible"* soviel wie „die Stelle einnehmen" und „die Aufgabe erfüllen" (1982: 606). Identitätskategorien sind also im Prinzip austauschbar, ersetzbar durch andere.

eine kulturelle Konstruktion ist, verfügt es nichtsdestoweniger über eine Handlungsmöglichkeit, die gewöhnlich das Vermögen zur reflexiven Vermittlung vorgestellt wird, das trotz seiner kulturellen Einbettung intakt bleibt. Nach diesem Modell kreisen 'Kultur' und 'Diskurs' das Subjekt ein, doch sie konstituieren es nicht" (Butler 1991: 209f.).

Gegen die Ansicht, daß das Subjekt lediglich diskursiv „eingekreist" wird, verteidigt Butler die stärkere Position, daß das Subjekt „vom Diskurs konstituiert, jedoch nicht determiniert ist". Hinter dieser Unterscheidung liegt viel verborgen. Die gegenwärtige feministische Theorie grenzt an Inkohärenz, solange es ihr nicht gelingt, eine konsistente und intelligible Sicht von Handlungsfähigkeit und Subjektivität zu formulieren (vgl. Benhabib 1992 und 1993). Unterscheidungen zwischen „konstituieren" und „determinieren" oder „konstituieren" und „einkreisen" klären nicht die Frage, welche Sichtweise von Handlungsfähigkeit und Subjektivität innerhalb einer radikal konstruktivistischen Theorie möglich ist. Wenn HandlungsträgerInnen die Fähigkeit zu Widerstand, Umdeutung oder zur Subversion von Codes der Geschlechtsidentität bewahren können, woraus leiten sich diese Fähigkeiten ab? Was sind die Quellen für Spontaneität, Kreativität und Widerstand im handelnden Subjekt? Im Übergang vom Standpunktfeminismus zum poststrukturalistischen Feminismus haben wir das weibliche Subjekt verloren. Wie ein Drehbuch auf der Suche nach seiner Autorin hat die zeitgenössische feministische Theorie beinahe ihr eigenes Sein ausgelöscht (vgl. Alcoff 1988). Entweder ist die These von der radikalen Konstruktion von Identitäten zu übertrieben und verbirgt mehr, als sie enthüllt, oder wir benötigen eine andere Theorie der Subjektivität, die sowohl die Quellen menschlicher Kreativität als auch von Viktimisierung, von Handlungsfähigkeit sowie von Passivität erklären kann.
Dieser problematische Status der Subjektkategorie wird auch in der Art und Weise offensichtlich, in der „Rasse", Geschlecht und Klasse als die für Identität bestimmenden Faktoren in empirischen Forschungsparadigmen verknüpft werden. Die Frage nach dem Verständnis des Selbst, das vorausgesetzt werden muß, um das Zusammenspiel dieser Identitäten zu konzeptualisieren, wird, wenn überhaupt, selten gestellt. Sind diese Identitäten kumulativ? Sind sie wie mehrere Lagen Kleidung, die soziale AkteurInnen tragen und wieder abstreifen können? Wie werden sie von Individuen erfahren, die selbst als konkrete Einheiten all diese Identitäten in einer einzigen Lebensgeschichte vereinen? Die Kategorien „Rasse", Geschlecht, Klasse sind analytische Unterscheidungen, die auf der theoretischen Ebene gemacht werden. In jeder soziohistorisch-kulturellen Untersuchung müssen wir zeigen, wie sie als Aspekte von Identitäten einzelner Individuen wieder zusammenkommen. Welche Modelle für Lebensgeschichten und Erzählungen müssen wir in solchen Untersuchungen entwickeln? Derzeit wird in der theoretischen Szene, die fragmentiert und vielfältig ist, die Frage nach der Einheit des Subjektes kaum gestellt. Das Thema ist aber nicht nur von theoretischem Interesse, weil Identitäten sehr oft miteinander in Konflikt stehen. Die normativen Anforderungen an das Individuum, dessen Identität sich aus „Rasse", Geschlecht und Klasse sowie anderen selbst-konstitutiven Dimensionen zusammensetzt, können konfliktreich, sie können aber auch unvereinbar sein. Solange die feministische Theorie nicht fähig ist, ein Konzept normativer Handlungsfähigkeit zu entwickeln, das stark genug ist, Aussagen über eine solche Kollision von Identitäten und über die Prinzipien zu treffen, nach denen Individuen zwischen den Identitäten wählen sollen, verliert sie ihren politischen Biß und wird zu einer gedankenlosen Zelebrierung

jeglicher Pluralität. Die Frage nach dem Subjekt ist für die gegenwärtige feministische Theorie und Praxis zentral, zeigt sie doch die Beschränkungen, die der Einfluß der französischen Theorie auf Identitäts- und Differenzpolitik mit sich bringt.

4. Die Politik der Identitäts- und Differenzpolitik im US-amerikanischen Wohlfahrtsstaat

Um die spezifisch US-amerikanische Form der Identitäts- und Differenzpolitik der achtziger Jahre zu verstehen, ist es wichtig, einige der Besonderheiten der komplexen Beziehung zwischen den neuen sozialen Bewegungen und dem in diesem Land schwach ausgeprägten Wohlfahrtsstaat festzuhalten.[10] Der amerikanische Wohlfahrtsstaat mußte, anders als sein europäisches Gegenstück, eine multinationale, multiethnische und „rassisch" gespaltene politische Gemeinschaft umfassen. In den siebziger Jahren war die amerikanische politische Gemeinschaft mit einer zweifachen Herausforderung konfrontiert: einer Umverteilung öffentlicher Güter wie Gesundheit, Erziehung, Wohlfahrt, Wohnraum und öffentlicher Transport einerseits und andererseits mit der Realisierung bürgerrechtlicher Forderungen, nämlich Diskriminierung aufgrund von „Rasse", Geschlecht, ethnischer und sprachlicher Zugehörigkeiten zu beseitigen. Die umstrittensten Themen der Siebziger wie *busing*,[11] die Desegregierung von Schulen, sozialer Wohnungsbau und die Beendigung diskriminierender Anstellungspraktiken verbanden Umverteilungsfragen mit der Verwirklichung der Bürgerrechtsanliegen.

Während die neue Politik der „postmaterialistischen Werte" (Ronald Inglehart) ein Phänomen war, das in den meisten kapitalistischen Wohlfahrtsstaaten zu beobachten war, ist das Zusammentreffen von Umverteilungskämpfen mit Bürgerrechtsthemen eine einzigartig US-amerikanische Erfahrung (vgl. Katzenstein/Mueller 1987). Die gegenwärtige Frauenbewegung in den USA ist Erbin dieses doppelten Vermächtnisses; sie ist vielleicht sogar die einzige soziale Bewegung in diesem Land, die diese Anliegen in einer mehr oder weniger zusammenhängenden Plattform erfolgreich verbinden konnte. Um ihren Zielen näherzukommen, nutzen nordamerikanische Frauen, vielleicht sogar stärker als Frauen in der restlichen Welt, rechtliche, wirtschaftliche und soziale Mittel und Kanäle der Argumentation und des Kampfes, die durch die Kombination von Umverteilungsstaat und Bürgerrechtsbewegung geschaffen wurden (vgl. Gelb 1989).[12] Vom Kampf für „gleichen Lohn für gleiche Arbeit" bis hin zum Kampf

10 In „*The Cultural Contradictions of Capitalism*" (1977) spricht Daniel Bell von der Revolution der „Ansprüche" und der Kollision wetteifernder Gruppen als unvermeidliches Produkt des wohlfahrtsstaatlichen Kapitalismus. Indem er diese Entwicklungen darstellt, als ob sie die Folge falscher kultureller und moralischer Ideen seien, verabsäumt er jedoch, Fragen verteilender und ausgleichender Gerechtigkeit anzusprechen, die der Wohlfahrtsstaat ebenfalls lösen muß, wenn er mit den Forderungen bis dahin unterdrückter und sozial benachteiligter Gruppen konfrontiert wird. E.J. Dionne (1991) beschäftigt sich beispielsweise mit den Auswirkungen dieser Probleme auf die Demokratische Partei in den letzten zwanzig Jahren.

11 *Busing* ist der öffentlich organisierte Transport von Schulkindern, um eine Durchmischung von Schulen sowohl nach Einkommen als auch nach „rassischer" Zusammensetzung zu erreichen.

12 Ich möchte Theda Skocpol für den Hinweis auf das Buch von Joyce Gelb sowie Mary Feinsod Katzenstein und Carol McClurg Mueller danken.

gegen sexuelle Belästigung und Diskriminierung am Arbeitsplatz verwenden nordamerikanische Frauen zur Durchsetzung ihrer Anliegen sowohl egalitäre Argumente, die für die Bürgerrechtsbewegung charakteristisch sind, als auch wohlfahrtsstaatliche Konzeptionen der Umverteilung (für eine kritische Auseinandersetzung vgl. Fraser 1994a und 1994b). Dadurch betritt die Frauenbewegung die politische Arena als wohlfahrtsstaatliche Klientin, die vom Staat und seinen Organen die gerechte und faire Verteilung bestimmter öffentlicher Güter an Frauen als Gruppe fordert. Die Logik solcher Forderungen und Kämpfe spielt Frauen gegen andere Gruppen aus: Afro-AmerikanerInnen, MexikanerInnen und andere spanischsprachige AmerikanerInnen, Schwule und Lesben, die separatistische Strategien und Ansprüche verfolgen, amerikanische UreinwohnerInnen, anders befähigte AmerikanerInnen, ältere AmerikanerInnen – sie alle stellen ähnliche Forderungen nach spezieller Kompensation durch den Staat wie Arbeit, Ausbildung, Wohnraum und Gesundheitsfürsorge.

Die gegenwärtige Politik der Identität und Differenz entsteht aus dieser Vielfalt von Trends, Bewegungen, Organisationen und Anliegen. Vielleicht werden die historischen und politischen Schwierigkeiten der momentanen Situation durch kein anderes Ereignis treffender erfaßt als durch die Kontroverse um Clarence Thomas und Anita Hill. In der Debatte um die Bestellung von Richter Thomas zum *Supreme Court* wurde „Rasse" gegen „Geschlecht", wurden schwarze Männer gegen schwarze Frauen, weiße FeministInnen gegen schwarze AktivistInnen in einer endlosen Vielfalt von Identitäten und Positionierungen ausgespielt. Zum ersten Mal kamen die traumatischen Aspekte der unendlichen Vervielfältigung von Identitäten und ihren wetteifernden Loyalitäten zum Vorschein. Ihr Jahrzehnt des Kampfes gegen Diskriminierung am Arbeitsplatz und gegen sexuelle Belästigung verleugnend, beeilten sich manche FeministInnen, darunter auch Catharine McKinnon, „Rasse" als die für Identität zentralere Kategorie zu verteidigen, und sie schienen sich Richter Thomas' Warnung zu Herzen zu nehmen, daß es sich hier um das *high-tech lynching* eines schwarzen Mannes durch die „weißen Medien" handle (vgl. Tikkun 1992).

Zweifellos bleibt das ein komplexer, facettenreicher und schwieriger Fall in der jüngeren politischen Geschichte. Dennoch ist er aufschlußreich, da um ihn herum so viele Aspekte von Identitäts- und Differenzpolitik in so auffallender Weise zusammenprallen (vgl. Fraser 1994c; Morrison 1992). Daß sexistische und frauenfeindliche Praktiken weder „rassen"- noch klassenspezifisch sind, war für viele Frauen in der Bewegung nichts Neues; aber mit der Tatsache konfrontiert, als Gegnerinnen der Bestellung eines schwarzen Richters zum *Supreme Court* angesehen zu werden, gaben viele Frauen klein bei. Anstatt auf die durch den Fall Anita Hill aufgeworfene Frage nach sexueller Belästigung am Arbeitsplatz einzugehen, fragten sie, „ob es für Hill wichtiger sei, eine erfolgreiche berufstätige schwarze Feministin, eine schwarze Diva oder eine *soul sister* zu sein". Die Konfrontation zwischen Clarence Thomas und Anita Hill war beispielhaft für die Fungibilität von Identitätskategorien: Was bist du – eine schwarze berufstätige Feministin oder solidarisch mit schwarzen Frauen?

Es ist diese eigenartige Konstellation von Ereignissen in der jüngeren US-amerikanischen Geschichte, die Umverteilungspolitik mit Identitäts- und Differenzpolitik verbindet. Diese Kombination prägt die gegenwärtigen Kämpfe um Schwule im Militär, um die Anerkennung von gleichgeschlechtlichen Ehen und von homosexuellen Lebensgemeinschaften sowie um die Einbeziehung von Aidskranken in die Krankenversicherung und in andere Sozialleistungen. Die Anliegen von Identitäts- und Differenzpolitik, von wohlfahrtsstaatlicher Umverteilungspolitik und *affirmative action* treffen im Kontext unserer jetzigen politischen Theorie und Praxis in konfliktreicher und schwieriger Weise aufeinander.

Ich habe bereits darauf hingewiesen, daß die Dilemmata, mit denen die Identitäts- und Differenzpolitik zu kämpfen hat, von der Fungibilität der Identitätskategorien herrühren. Jüngere Kontroversen wie die Thomas-Hill-Debatte zeigen sehr gut, was auf dem Spiel steht, wenn die Grenzen zwischen Identität und Differenz gezogen werden. Auf dem Spiel stehen nicht nur kulturelle Fragen des Selbst und anderer Identifikationsmöglichkeiten, sondern auch sehr komplexe Fragen der Umverteilung und staatlicher Politik.[13] Natürlich versuchten manche gerade wegen einer normativen Definition der schwarzen Frau als „der, die zu ihrem Mann steht", Anita Hill als schwarze Feministin nach dem Motto zu diskreditieren „Nur die, die so wie wir sind, verdienen unsere Solidarität". Andere zogen den Schluß, daß die Bush-Administration für geraume Zeit keine weiteren Schwarzen mehr nominieren müßte, mit der Begründung, sie habe es ja mit Clarence Thomas versucht und sei trotz besten Willens gescheitert. Bevor gar kein schwarzer Richter im *Supreme Court* vertreten war, zogen sie jemanden vor, der sich möglicherweise sexueller Belästigung schuldig gemacht hat. Die Annahme, daß per Gesetz definierte Minderheiten sich um knappe Ressourcen streiten müssen, wurde als leitendes Prinzip öffentlichen und politischen Handelns nicht in Frage gestellt.

Das Beispiel zeigt, wie theoretische Trends mit etablierten politischen Optionen des US-amerikanischen Wohlfahrtsstaats konvergieren: Die gegenwärtige feministische Theorie geht von einer Sicht des Subjekts als austauschbares Konstrukt aus, das durch den Zusammenprall und Konflikt wetteifernder Identitäten konstituiert wird, während die gegenwärtige Politik des umverteilenden Wohlfahrtsstaats den Wettlauf um knappe Ressourcen zwischen Gruppen mit konfligierenden Interessen und teilweise überlappender Mitgliedschaft fördert. So wie die Sicht des Subjekts in der feministischen Theorie an Inkohärenz grenzt, so führt auch dieses Modell der Umverteilung, gepaart mit Identitäts- und Differenzpolitik, zur Bildung partikularistischer, oft antagonistischer Gruppen. In den meisten größeren US-amerikanischen Städten, von New York

13 Der Art und Weise, wie der Wohlfahrtsstaat zwar nicht die Identitäten sozialer Gruppen schafft, aber eindeutig deren Formation entlang bestimmter identitätsbezogender Benachteiligungen ermutigt und entlang anderer Linien von vornherein ausschließt, muß in der feministischen Theorie und Praxis viel mehr Aufmerksamkeit gezollt werden. Ein kurzer Blick auf den nördlichen Nachbar der Vereinigten Staaten, Kanada, zeigt beispielsweise, daß die kanadischen Regierungen eine sozialdemokratische Verteilung wirtschaftlicher und sozialer Leistungen vorgenommen haben; dort nehmen Fragen der kulturellen und insbesondere der sprachlichen Identität eine herausragende Position gegenüber anderen Formen der Identitätspolitik ein. Im Gegensatz dazu wurden Initiativen, Spanisch zur weiteren Amtssprache der Vereinigten Staaten zu machen, rasch zu Fall gebracht und erfuhren keine sonderliche Unterstützung oder auch nur Beachtung seitens nicht direkt beteiligter sozialer Bewegungen. Stellen wir uns eine hypothetische Frage: Ist sprachliche Identität irgendwie weniger grundsätzlich als Geschlechtsidentität, „Rasse" oder sexuelle Orientierung? Warum sind manche Identitäten öffentlich anerkannt und gelten so als legitime Kriterien für die Mitgliedschaft in einer unterdrückten Gruppe oder, um im offiziellen Vokabular des Wohlfahrtsstaats zu sprechen, als „benachteiligte Minderheit"? Welche Rolle spielt der Staat bei der Ermutigung zur Identitätspolitik, und welche anderen Optionen sozialen Kampfes und von Gruppensolidarität werden durch diesen Prozeß ausgeschlossen?

bis Los Angeles, werden Schwarze gegen chassidische Juden, NordkoreanerInnen gegen Schwarze und spanischsprachige BewohnerInnen ausgespielt. Die Balkanisierung der urbanen USA hat vor einiger Zeit begonnen und geht ungehindert weiter. Wir brauchen dringendst eine neue Politik der Zivilität und der Solidarität, deren Vorstellungskraft stark genug ist, um die gesellschaftlichen Kräfte, die jetzt durch Fragmentierung und Aufspaltungen zerrissen sind, zu vereinen. Bei dieser Aufgabe sollten manche der angeblich diskreditierten altmodischen Ideale eines ethischen und utopischen Feminismus eine große Rolle spielen.

Partizipation in der öffentlichen und politischen Sphäre setzt eine gemeinsame Basis voraus, ein Gefühl geteilter Zukunftsvorstellungen, in deren Namen wir handeln können. Gruppen, die einer Identitäts- und Differenzpolitik verbunden sind, verdächtigen hinter Appellen an ein Gemeinschaftsgefühl lauernde Unterdrückung und Verneinung von „Differenz". Demgegenüber gilt es zu fragen: „wessen Differenz" im Verhältnis zu „wem" und „wofür"? Kreatives politisches Handeln bedeutet nicht, die Ungerechtigkeiten und Spaltungen der Vergangenheit zu wiederholen. Kreative Politik erweitert das Feld des politisch Umstrittenen, indem sie zugleich die Prinzipien und Werte reaktiviert, in deren Namen solche Auseinandersetzungen stattfinden. Die jüngste Debatte um Schwule im Militär verdeutlicht dies: Auch wenn die Clinton-Administration in diesem Fall zu einem unglücklichen und wirren Kompromiß gelangt ist, waren es dennoch die Logik und Kraft der Forderungen nach Entdiskriminierung in der US-amerikanischen politischen Öffentlichkeit, die die Personalchefs dazu brachten, den Kompromiß zu akzeptieren. Das Militär, eine der letzten Bastionen einer von Gruppensolidarität getragenen geschlossenen Gemeinschaft, macht dauernd Unterscheidungen zwischen „ihnen" und „uns" – zwischen denen, die wie wir sind, und denen, die anders sind. So wie schwarze GIs im zweiten Weltkrieg die Logik der Ausschließung herausfordern konnten und durchsetzten, daß ihre „Rasse" nicht länger als ein hervorstechendes Kriterium der Eignung für den Militärdienst angesehen wurde, so wird auch die sexuelle Orientierung einer Person als irrelevant für die öffentliche Erfüllung ihrer Aufgabe betrachtet werden. Nun ist dieser Kompromiß nicht stabil, gerade weil er auf eine Unterscheidung zwischen „privater sexueller Orientierung" und „öffentlichem Verhalten" abstellt, die in bestimmten Kontexten sehr schwer aufrechtzuerhalten sein wird. Das Motto „Was ich nicht weiß, macht mich nicht heiß", das auf schwule und lesbische SoldatInnen angewandt wird, heißt grundsätzlich „Lösch deine Identität aus, verleugne, wer du bist, und ich werde deine Anwesenheit dulden". Der wirklich schwierige politische und moralische Schritt wäre es, von einer Logik der Umverteilung zu einer Ethik der Solidarität mit denen, die anders sind, zu gelangen. Es gilt, nicht nur gegen die Diskriminierung von schwulen und lesbischen Personen im Militär anzugehen, ist doch das Militär bereits eine der wichtigsten umverteilenden Kräfte in dieser Gesellschaft, das Chancen, Einkommen und Aufstieg für bestimmte soziale Klassen bereithält, sondern vielmehr die Definition in Frage zu stellen, was „uns" im Gegensatz zu „ihnen" konstituiert. Warum ist das Militär eigentlich homophob? Gibt es einen Zusammenhang zwischen einer bestimmten Form von Sexualität und den Tugenden, die als wesentlich für das Militär gelten? Muß militärische Disziplin auf der Unterdrückung erotischen Verhaltens beruhen? Sind Eros und Militär miteinander unvereinbar? Diese Fragen sind schwierig und subtil, aber sie können nur vor dem Hintergrund gegenseitigen Respekts und solidarischen

Verhaltens zwischen Menschen, deren fragile Identitäten ständige Unterstützung benötigen, diskutiert werden. Das wäre die Idee hinter einem sozialen Feminismus, der akzeptiert, daß die Erweiterung des eigenen autonomen Handlungsspielraums nur innerhalb einer solidarischen Gemeinschaft, deren eigene Identität durch gegenseitige Anerkennung aufrechterhalten wird, möglich ist. Der postmodernen Vorstellung eines fragmentierten Subjekts ist die Annahme entgegenzusetzen, daß das menschliche Subjekt ein fragiles, bedürftiges und abhängiges Geschöpf ist, dessen Fähigkeit, aus den divergierenden Ansprüchen an seine Identität eine zusammenhängende Lebensgeschichte zu entwickeln, gehegt und beschützt werden muß. Im Gegensatz zu einer Sprache ewigen Streits, Konflikts und Zanks um knappe Ressourcen besteht die erste politische Tugend in der Schaffung eines erweiterten Denkhorizonts. Um Hannah Arendt zu zitieren:

> „Die Stärke eines Urteils beruht auf seinem Potential für eine Einigung mit anderen, und der Denkprozeß, der aktiv ist, wenn wir über etwas urteilen, ist anders als der Denkprozeß der reinen Vernunft. Er ist kein Dialog, den ich mit mir selbst führe, sondern er befindet sich immer und vorrangig, selbst wenn ich mir mein Urteil ganz allein bilde, in einer vorweggenommenen Kommunikation mit anderen, von denen ich weiß, daß ich mit ihnen schließlich zu einer Einigung kommen muß. Und diese erweiterte Form des Denkens, das als Urteil weiß, wie seine individuellen Grenzen überschritten werden können, kann nicht in strikter Isolation oder Einsamkeit gelingen; es braucht die Anwesenheit anderer, 'an deren Stelle' es denken muß, deren Perspektive es in Betracht ziehen muß und ohne die es nie die Gelegenheit hätte, in Gang zu kommen" (Arendt 1961: 220f.).

Während wir uns den globalen ökonomischen und politischen Unsicherheiten der Neunziger nähern, ist es notwendig, eine solche erweiterte Mentalität einzuüben, sowohl innerhalb der USA als auch auf internationaler Ebene. Wir müssen bereit sein, einige fundamentale Fragen aufs Neue zu stellen: Ist es selbstverständlich, einem System sozialer und ökonomischer Umverteilung, das auf Gruppenzugehörigkeit basiert, den Vorzug vor einem Modell universaler sozialer Gerechtigkeit zu geben, das eher bestimmte Einkommenshöhen denn „rassische", ethnische und geschlechtliche Identität als relevante Kriterien für den Erhalt bestimmter Sozialleistungen heranzieht? Hätte nicht ein garantiertes Mindesteinkommen für Arme vielen Sozialhilfemüttern die erniedrigende staatliche Inspizierung ihres Sexuallebens und ihrer Arbeitsgewohnheiten erspart? Wäre es nicht einleuchtender gewesen, Stadtteile als fiktive kollektive Einheiten zu betrachten, an die bestimmte Leistungen wie Gesundheitsfürsorge, Ausbildung und Wohnraum kollektiv verteilt werden, als die verschiedenen Gruppierungen in den Städten einzeln herauszuheben und so unbeabsichtigt zum Antagonismus und zur Konkurrenz zwischen den Gruppen beizutragen? Identitäts- und Differenzpolitik, ob in der essentialistischen Version, wie sie McKinnon verteidigt, oder in der konstruktivistischen Version, wie sie Butler vertritt, läßt keinen Raum für diese Art von Fragen. Das erste Paradigma verfehlt unsere Aufgabe, indem es die Identität von Frauen als Opfer einfriert, das zweite Paradigma verfehlt unsere Aufgabe, indem es die normativen Prinzipien untergräbt, auf denen eine identitätsüberschreitende Gruppensolidarität aufbauen muß. Die Zeit ist gekommen, um über Identitätspolitik im Hegelschen Sinne des „Aufhebens"[14] hinauszugehen, das heißt, indem wir ihre Lek-

14 Im Original auf deutsch, Anm. d. Ü.

tionen lernen, ihre Auswüchse zurückweisen und so zu einer neuen Synthese zwischen kollektiver Solidarität und vielfältig konstituierten Identitäten gelangen.

Übersetzung von Bettina Scholdan

Literaturverzeichnis

Alcoff, Linda, 1988: Cultural Feminism Versus Post-Structuralism. The Identity Crisis in Feminist Theory, in: Signs. A Journal of Women in Culture and Society 13, 405-436.

Arendt, Hannah, 1961: The Crisis in Culture, in: Between Past and Future. Six Exercises in Political Thought. New York.

Bell, Daniel, 1977: The Cultural Contradictions of Capitalism. New York; dt. 1991: Die kulturellen Widersprüche des Kapitalismus. Frankfurt a.M./New York.

Benhabib, Seyla, 1992: Situating the Self. Gender, Community, and Postmodernism in Contemporary Ethics. New York (dt. 1995: Selbst im Kontext. Kommunikative Ethik im Spannungsfeld von Feminismus, Kommunitarismus und Postmoderne. Frankfurt a.M.).

Benhabib, Seyla, 1993: Subjektivität, Geschichtsschreibung und Politik. Eine Replik, in: *Seyla Benhabib/Judith Butler/Drucilla Cornell/Nancy Fraser,* Der Streit um Differenz. Feminismus und Postmoderne in der Gegenwart. Frankfurt a.M., 105-121.

Benhabib, Seyla, 1994: Democracy and Difference. The Metapolitics of Lyotard and Derrida, in: The Journal of Political Philosophy 2(1), 1-23.

Benhabib, Seyla/Butler, Judith/Cornell, Drucilla/Fraser, Nancy, 1993: Der Streit um Differenz. Feminismus und Postmoderne in der Gegenwart. Frankfurt a.M.

Bridenthal, Renate/Koonz, Claudia/Stuard, Susan (Hrsg.), 1987: Becoming Visible. Women in European History. Boston.

Buffalo Law Review, 1985: Feminist Discourse, Moral Values, and the Law – A Conversation 34(1), 11-87.

Butler, Judith, 1991: Das Unbehagen der Geschlechter. Frankfurt a.M.

Card, Claudia, 1988: Women's Voices and Ethical Ideals. Must We Mean What We Say?, in: Ethics 99(1), 125-136.

Dionne, E. J., 1991: Why Americans Hate Politics. New York.

Elshtain, Jean Bethke, 1981: Public Man, Private Woman. Princeton.

Fraser, Nancy, 1994a: Die Frauen, die Wohlfahrt und die Politik der Bedürfnisinterpretation, in: *Dies.,* Widerspenstige Praktiken. Macht, Diskurs, Geschlecht. Frankfurt a.M., 222-248.

Fraser, Nancy, 1994b: Der Kampf um die Bedürfnisse. Entwurf für eine sozialistisch-feministische kritische Theorie der politischen Kultur im Spätkapitalismus, in: *Dies.,* Widerspenstige Praktiken. Macht, Diskurs, Geschlecht. Frankfurt a.M., 249-291.

Fraser, Nancy, 1994c: Sex, Lügen und die Öffentlichkeit. Überlegungen zur Bestätigung des Bundesrichters Clarence Thomas, in: *Institut für Sozialforschung* (Hrsg.), Geschlechterverhältnisse und Politik. Frankfurt a.M., 19-42.

Fraser, Nancy/Nicholson, Linda J., 1990: Social Criticism without Philosophy. An Encounter Between Feminism and Postmodernism, in: *Linda J. Nicholson* (Hrsg.), Feminism and Postmodernism. New York, 19-38.

Gadol, Joan Kelly, 1986: The Social Relations of the Sexes. Methodological Implications of Women's History, in: Women, History, and Theory. Chicago.

Gelb, Joyce, 1989: Feminism and Politics. A Comparative Perspective. Berkeley.

Gilligan, Carol, 1981: In a Different Voice. Cambridge, Mass. (dt. 1984: Die andere Stimme. Lebenskonflikte und Moral der Frau. München/Zürich).

Hartsock, Nancy, 1984: Money, Sex, and Power. Toward a Feminist Historical Materialism. Boston.

Hirsch, Marianne/Fox Keller, Evelyn (Hrsg.), 1990: Conflicts in Feminism. New York.

Katzenstein, Feinsod Mary/McClurg Mueller, Carol, 1987: The Women's Movement in the United States and Western Europe. Consciousness, Political Opportunity, and Public Policy. Philadelphia.

Mohante, Chandra Talpede, 1992: Feminist Encounters. Locating the Politics of Experience, in: *Michelle Barret/Anne Phillips* (Hrsg.), Destabilizing Theory. Cambridge/UK, 74-92.
Morrison, Toni (Hrsg.), 1992: Race-ing, Engender-ing, Power. New York.
Oxford English Dictionary, 1982: Compact edition. Oxford.
Prakash, Gyan, 1992: Postcolonial Criticism and Indian Historiography, in: Social Text 10(2/3), 8-18.
Snitow, Ann, 1990: A Gender Diary, in: *Marianne Hirsch/Evelyn Fox Keller* (Hrsg.), Conflicts in Feminism. New York, 9-44.
SUNY Buffalo (Hrsg.), 1985: James McCormick-Symposium. Feminist Discourse, Moral Values, and the Law.
Tikkun 1992: Roundtable: Doubting Thomas 6, 23-27.

I. Grundlegungen. Politikwissenschaftliche Begriffe und Konzepte in der Geschlechterforschung

Entgrenzungen des Politischen? Die liberale Demokratietheorie und -praxis muß feministisch erweitert werden

Gesine Schwan

1. Ausgangslage

Die westlichen Demokratien sind nicht gut dran – allenthalben geht nichts mehr: Die großen sozialen Gruppen blockieren sich, die Parteien wissen nicht weiter, die Regierungen schieben Probleme vor sich her, hangeln sich von Vorschlag zu Vorschlag ohne befreiende Entscheidung. Immer mehr Menschen gehören – vor allem infolge von Arbeitslosigkeit – nicht mehr *dazu*, Konflikte und Anomien verschärfen sich, Marginalisierung und Resignation wachsen. Eingefleischte Liberale wie Lord Dahrendorf sorgen sich um die Zukunft der Freiheit in einer Gesellschaft, in der der soziale Zusammenhalt erkennbar erodiert. Hat diese Krise der Demokratie nur ökonomische Gründe? Sind wir aufgrund der viel beschworenen Globalisierung der Wirtschaft einfach wieder in die soziale Problematik des 19. Jahrhunderts zurückgekehrt? Oder ist die Krise anders, komplexer, verfahrener?

Kommen zum klassischen Wettlauf zwischen wirtschaftskapitalistischer Polarisierung und politisch-sozialstaatlicher Hegung neue Probleme hinzu: durch globale Interaktionen und Entgrenzungen, durch Migrationen, durch eine generelle Multikulturalisierung nationaler und weltweiter Gesellschaften, durch die Unübersichtlichkeit von Zugehörigkeiten und Konfliktlinien? Kann demokratische Politik in diesem Wirrwarr noch handeln? Oder sind die traditionellen liberalen Institutionen, ihre Verfahren und ihre Legitimation obsolet? Müssen wir sie zugunsten von improvisierten Verhandlungssystemen und -strategien verlassen und Unübersichtlichkeit wie den Verlust demokratischer Legitimation in Kauf nehmen?

Ich setze meinem Versuch, einige Antworten auf diese Fragen zu finden, eine doppelte These voraus:

a) Die sich verschärfenden Blockierungen gegenwärtiger Politik in westlichen Demokratien bergen die Gefahr einer Zerstörung freiheitlicher Gesellschaften. Die traditionellen Institutionen demokratischer Politik können aber nicht einfach zugunsten diffuser Verhandlungssysteme oder des Rückzugs in die Privatsphäre aufgegeben werden. Sie bleiben allerdings nur funktional, wenn uns auf allen Ebenen *eine radikale Veränderung der politischen Kommunikation* im Sinne empathischer Gegenseitigkeit und der Stärkung vertrauenswürdiger Beziehungen zur Bekräftigung sozialer Integration gelingt. Eine neue politische Kommunikation bietet die beste Chance, die genannten Blockierungen freiheitlich zu überwinden.

b) Sie kann auf Erfahrungs- und Kompetenzpotentiale zurückgreifen, die vornehmlich aus weiblicher Sozialisation erwachsen. Erforderlich ist daher die *Integration traditioneller, eher männlich geprägter liberaler Freiheits- und Autonomieverständnisse und -praktiken mit weiblichen, die empathischem Ausgleich und persönlichen Beziehungen einen höheren Stellenwert einräumen.* Sie erheischt eine Modifizierung der Theorie liberaler Demokratie und des Bürgerethos, die die Elemente der Unabhängigkeit und der Rationalität mit denen der Beziehungsfähigkeit und der Empathie verbindet. Diese müßten sich u.a. in einem veränderten Machtbegriff kristallisieren, der antagonistische und konsensuelle Aspekte vereint, um den aktuellen Herausforderungen der liberalen Demokratie und ineins damit der Verbesserung des Verhältnisses zwischen den Geschlechtern gerecht zu werden.

2. *Aktuelle Gefährdungen der liberalen Demokratie*

„If there ever was a simple coincidence of growth, employment, wealth creation and social cohesion it has certainly broken down in the new economic era." Dies ist einer der Kernsätze in der Zusammenfassung des „Report on Wealth Creation and Social Cohesion in a Free Society", den eine Kommission des britischen Oberhauses unter Leitung von Lord Dahrendorf im Juli 1995 veröffentlicht hat (vgl. Dahrendorf u.a. 1995: IV). Ein Aufsatz Dahrendorfs, der sich der Analyse dieses Befundes und möglichen Therapievorschlägen im Näheren widmet, trägt den Titel „Die Quadratur des Kreises" (vgl. Dahrendorf 1996a, auch 1996b). Die vorrangige Aufgabe der westlichen Demokratien in den nächsten zehn Jahren liegt Dahrendorf zufolge darin, Wohlstand, sozialen Zusammenhalt und Freiheit gemeinsam zu erhalten und voranzubringen und angesichts der zunehmenden gesellschaftlichen Anomien nicht der Versuchung des Autoritarismus zu verfallen. Diese Versuchung besteht, weil, anders als im 19. Jahrhundert, die Benachteiligten sich nicht zu einer gemeinsamen politischen Kraft und Rebellion zusammenzuschließen vermögen, sondern ihr Herausfallen aus der Gesellschaft als individualisiertes Schicksal erleben, auf das sie auf längere Sicht mit der Mißachtung der Moral – der unabdingbaren Grundlage eines freiheitlichen gesellschaftlichen Zusammenhalts – reagieren werden. Denn die Beachtung moralischer Gebote bringt ihnen nichts mehr.

Das Problem sozialer Erosion ist zwar prinzipiell nicht neu. Es gab immer desintegrierende Ungleichheiten in den modernen Demokratien. Aber sie waren auszuhalten, weil jeweils durch Zusammenschlüsse und gemeinsame Aktionen beheb- oder jedenfalls linderbar. Eine solche systemkonforme gemeinsame Gegenaktion zugunsten eines sozialen Ausgleichs kommt heute nicht mehr zustande, weil die moderne Individualisierung auch die Art und die Ursachen der Konflikte ergriffen hat. Überdies können die Opponenten keine Sanktionsmacht mehr in die Waagschale werfen. „Alle Räder stehen still, wenn dein starker Arm es will", gilt nicht mehr. Die Benachteiligten, die aus der Zivilgesellschaft durch Armut, Rasse, Nationalität, Religion, Geschlecht oder Alter herausfallen, stellen keine unverzichtbare produktive Macht mehr dar. Ein rein ökonomisch bestimmtes Bruttosozialprodukt braucht sie jedenfalls nicht (vgl. Dahrendorf 1996a: 19).

Mit diesem Befund steht Dahrendorf nicht allein. Aktuelle soziologische und demokratietheoretische Analysen der gegenwärtigen freiheitlichen Gesellschaften kommen darin überein, daß unsere Demokratien vor einer brisanten dreifachen Herausforderung stehen: Die normativen, sozialen und politischen *Konflikte* nehmen zu, die *Unsicherheiten* in der Analyse und praktischen Einschätzung anstehender Probleme und Entscheidungen wachsen an, die demokratische Politik demonstriert eine immer auffälligere und peinlichere *Hilflosigkeit* und sieht sich zugleich immer höheren Erwartungen und Anforderungen ausgesetzt.

Die stete Vergrößerung politischer Räume – von regionalen Zusammenschlüssen (Europäische Union) bis zur Globalisierung der Wirtschaft –, die immer mehr Interessenkomplexe, soziale Gruppen, kulturelle Traditionen, ökonomische Verflechtungen umgreift, steigert das *Konfliktpotential* und die Komplexität der wechselseitigen Zusammenhänge. Unterschiedliche Kulturen, ethnische oder nationale Traditionen und Unabhängigkeitspostulate treffen inmitten der großen Migrationsbewegungen aufeinander, die nationalen Gesellschaften werden uneinheitlicher in ihren Leitbildern, ihren Erfahrungen und Zugehörigkeitsgefühlen, in ihren Träumen und Ängsten. Die überall grassierende Massenarbeitslosigkeit, für die bisher keine Lösungsstrategie in Sicht ist, verschärft dieses Konfliktpotential ebenso wie allseits vollzogene oder anstehende Rücknahmen wohlfahrtsstaatlicher Absicherung (vgl. Beiner 1995: 3; Walzer 1995: 155; Dahl 1992: 49ff.; Kymlicka/Norman 1994: 352; Stewart 1995: 75ff.). Der politische Liberalismus – so sehen es jedenfalls seine Kritiker – sanktioniert den Egoismus und die ungenierte Verfolgung partikularer Interessen und befördert auf diese Weise eine Gesellschaft von Eigensüchtigen. Wenn das Zeichen des modernen Menschen seine Leere ist, dann ist der Liberalismus deren eigentümliche politische Form, weil er den Reichtum menschlicher Gemeinsamkeit nicht vorsieht, sondern konterkariert (vgl. Barber 1994: 93ff.). Ein ideologischer Laissez-faire-Liberalismus droht, die Gesellschaft zu zerstören – so warnt ein „Erzkapitalist" wie George Soros (vgl. Soros 1997: 25ff.). Die Großräumigkeit hat als Reaktion eine Rückwendung auf begrenzte Lokalitäten, auf ethnische Wurzeln, auf Partikularitäten im Gefolge, die zuweilen in Ghettoisierungen und Selbstghettoisierungen münden und einer Zusammenführung unterschiedlicher Interessen durch deren gruppenorientierte Verfestigung zusätzliche Hindernisse in den Weg legen (vgl. Beiner 1995: 4, 6 und 9).

Mit der so stichwortartig skizzierten Zunahme von Konfliktpotentialen und Konflikten geht eine wachsende *Unsicherheit* einher: der psychischen Befindlichkeit der Bürger, die sich nicht mehr eingebettet, sondern entwurzelt fühlen, die Ängste und Aggressionen entwickeln; der normativen Orientierungen, die angesichts der kulturellen Vielfalt und der theoretischen Position der Postmoderne (die gegen einheitliche Maßstäbe steht) schwer in Einklang zu bringen sind – zumindest eine erhebliche Verständigungs- und *Übersetzungs*-Bereitschaft verlangen; eine Unsicherheit aber auch über die Informationen, die für einigermaßen solide politische Entscheidungen vonnöten sind, denn die Großräumigkeit und Komplexität der Entscheidungsgegenstände erlaubt uns nicht mehr, in unserem Urteil auf eigene Erfahrungen zurückzugreifen. Die Experten sind oft noch viel schlimmer (dran), weil sie immer nur Ausschnitte in den Blick nehmen, sie nicht mehr in größere Zusammenhänge einordnen (können) und damit de facto die Wirklichkeit als Entscheidungsgrundlage verzerren (vgl. Dahl 1992: 50f.; Beiner 1995: 4).

Die Unsicherheiten werden durch immer größer werdende Distanz zwischen Abge-

ordneten und Bürgern verschärft. Das befördert deren Zynismus (vgl. Offe/Preuss 1991: 165), entfremdet sie von der Politik und erklärt zum Teil, daß die Bürger sich immer weniger dazu angehalten fühlen, sich ihrerseits politisch zu engagieren (vgl. Buchstein/Schmalz-Bruns 1994: 301), daß sie auch immer weniger zur Wahl gehen (vgl. Kymlicka/Norman 1994: 352).
Während so Konflikte und Unsicherheiten – sich gegenseitig verstärkend – zunehmen, *wachsen die Anforderungen* an den demokratischen Staat, Lösungen duchzusetzen. Und der ist – im Gegenteil – dazu immer weniger in der Lage. Die Handlungsspielräume demokratischer Politik werden wegen der Komplexität der Regelungen (auch derer, auf denen sie aufbauen müßten) und wegen der gegenseitigen Abschottung und Uneinsichtigkeit organisierter Interessen und gesellschaftlicher Teilsysteme immer enger. Demokratische Politik erleidet einen *Souveränitätsverlust* und kann sich immer weniger durchsetzen (vgl. Buchstein/Schmalz-Bruns 1994: 300f.). Die politischen Institutionen werden schwächer (vgl. Offe/Preuss 1991: 166) und verlieren dadurch an Vertrauen, die Menschen werden einerseits immer abhängiger von wohlfahrtsstaatlichen Maßnahmen (vgl. Kymlicka/Norman 1994: 352) und andererseits vom Staat immer mehr – und aus einsichtigen Gründen – enttäuscht.

3. Grenzen institutioneller Therapien

Die Hoffnung, als Gegenmittel gegen diese Frustration die demokratische Teilhabe auszuweiten, immer mehr Bürger an politischen Entscheidungen mitwirken zu lassen, sie dadurch zu mobilisieren und ihre Kompetenz – das Bestehende analytisch richtig zu erkennen und das zu Tuende moralisch richtig einzuschätzen – zu steigern, hat, so scheint es, getrogen. Die Erfahrungen der letzten zwanzig Jahre haben dies gezeigt (vgl. Offe/Preuss 1991: 161f., 166ff.; vgl. auch Walzer 1995: 155f.). Engagierte Demokratisierer wie Claus Offe und Ulrich Preuss beeindrucken an diesem Punkt in ihrer couragierten Kritik und impliziten Selbstkritik, gehen darin aber vielleicht inzwischen auch ein wenig zu weit. Immerhin: Diese Strategie, durch die Veränderung von Strukturen und Institutionen die Demokratie lebendiger zu gestalten, zu stärken und zu stabilisieren, scheint gegenwärtig gleichsam *ausgereizt*.
Auch Ralf Dahrendorf glaubt nicht an *totale Lösungen*, sondern nur an bescheidene Einzelschritte. In institutioneller Hinsicht bleiben sie sehr zurückhaltend und eher traditionell: Er befürwortet eine Gesellschaft von *politischen* Teilhabern (nicht nur von *Aktien*-Teilhabern) und knüpft dabei an traditionelle Vorstellungen der Mitbestimmung am Arbeitsplatz, in der Unternehmensführung, im Bildungsbereich etc. an, denen gegenüber Offe und Preuss eher skeptisch geworden sind. In die institutionelle Richtung geht auch seine letztlich nur punktuelle Forderung, angesichts der zu erwartenden radikalen Änderung der Erwerbsarbeit im Lebensrhythmus junger Menschen doch jedenfalls nach ihrer Schulausbildung eine Berufsausbildung und Erfahrung im Erwerbsleben als Grundlage sozialer Vielfach-Beschäftigungen und notwendiger lebenslanger Umorientierungen zu sichern.
Denn – und hier werden Dahrendorfs analytisch-praktische Hinweise interessanter –: In Zukunft wird das Muster einer lebenslangen Berufskarriere eher die Ausnahme sein: „In mancherlei Hinsicht werden Erfahrungen, wie Frauen sie heute machen, die

Norm werden, zum Mißfallen vieler junger Männer" (Dahrendorf 1996a: 25). Wir werden alle – Männer und Frauen – immer mehr verschiedene Fähigkeiten und immer mehr davon zugleich ausüben, also auch die Logiken unterschiedlicher gesellschaftlicher Teilbereiche einüben und begreifen müssen – wie dies Frauen ohnehin schon wegen ihrer überwiegenden Doppelrollen als Mütter und als Berufstätige abgefordert wird.

Darin liegen – sofern dies für beide Geschlechter zur Gewohnheit würde – aber auch erhebliche Chancen. Die Aufhebung, d.h. Entgrenzung traditioneller Rollen und Lebenssphären fordert und stärkt das Verständnis und damit die gegenseitige Verständigungsfähigkeit, die eine entscheidende Ressource für die Vitalisierung unserer Demokratie darstellen könnte. Denn die anfangs genannte Blockierung ist ein Zeichen intellektueller und emotionaler Barrikaden zwischen Menschen, sozialen Gruppen, gesellschaftlichen Teilbereichen und Geschlechtern. *Überkreuzloyalitäten* stärken – so schon Lewis Coser – den Zusammenhalt des Gesellschaftsgewebes. Weibliche Erfahrungen des intellektuellen und emotionalen Transfers können sich erweitern und auszahlen. Die krisenhafte Entwicklung der liberalen Demokratie fordert mithin, wenn wir ihr Einhalt gebieten wollen, den Einbezug weiblicher Lebens- und Politikerfahrung geradezu heraus. Und sie weist in die Richtung, aus der Therapien kommen können: aus kulturellen, mentalen Veränderungen der Bürger.

Dies gilt auch für einen weiteren Dahrendorfschen Vorschlag, der auf den ersten Anschein institutionell wirkt, aber eigentlich auf die Entwicklung und Abstützung psychischer Befindlichkeiten zielt: die Stärkung lokaler (nicht nationaler, nicht regionaler!) Macht. Sie soll – im Geiste Tocquevilles – der Individualisierung wie der Zentralisierung entgegenwirken und zu politischer Identität verhelfen ohne die Nachteile, die nationale oder regionale Zugehörigkeiten mit sich bringen. Diese befriedigen zwar das Zugehörigkeitsbedürfnis, aber sie provozieren zugleich immer Spaltungen und Rigiditäten (vgl. ebd.: 26f.). Dennoch: Wir brauchen Identifizierungen, Zugehörigkeiten (belongings), überschaubare Verantwortlich- und Verbindlichkeiten, die sich Dahrendorf auch von seinen Mitbestimmungsideen in erster Linie verspricht: „Verläßlichkeit und Berechenbarkeit haben in Geschäftsbeziehungen auf der ganzen Welt ihren Wert. Die Anerkennung und Einbindung von Teilhabern ist die praktische Antwort darauf" (ebd.: 27). Es geht dabei im Kern darum, die Angewiesenheit des idealtypisch als ganz unabhängig (und damit verengt) konzipierten liberalen Bürgers auf verläßliche überschaubare und persönliche Beziehungen und auf Teilhabe anzuerkennen und in die politische Theorie und Praxis zu integrieren, wenn wir mit unserer modernen liberalen Demokratie nicht in der Sackgasse und damit in einer dem Kommunismus analogen Implosion enden wollen.

4. Vertrauen durch Beziehungsfähigkeit und Empathie

Menschen einbeziehen, Gegenseitigkeit, Verläßlichkeit und Vertrauen praktizieren – hier liegt auch in der Sicht der beiden US-amerikanischen Politologen Elinor Ostrom und Robert Putnam die entscheidende Ressource für ökonomischen Wohlstand und demokratische Stabilität. Sie plädieren daher für den beharrlichen Aufbau und die Pflege von sogenanntem Sozialkapital.

Elinor Ostrom hat die Entstehung einer Reihe von kommunalen Einrichtungen auf der ganzen Welt – in der Schweiz, in Spanien, auf den Phillipinen, in Sri Lanka, in Kalifornien, auf Nova Scotia – untersucht: vornehmlich Bewässerungsanlagen und Fischereien (vgl. Ostrom 1990). Es handelt sich um kleine Einheiten, bei denen sich zeigte, wie konstruktiv für das Funktionieren die eigenen Erfahrungen der Beteiligten, ihre persönlichen Beiträge zur Lösung von Problemen und die dabei eigenständig und *horizontal* entwickelten, also nicht von oben vorgegebenen gemeinsamen Normen waren (vgl. Ostrom 1990: 183f.). Durch andauernde Kooperation, das heißt durch sicheres, gegenseitig vorteilhaftes, glaubwürdiges Engagement entstand ein *Sozialkapital* (vgl. ebd.: 184), dessen Rendite man gar nicht überschätzen kann.
Robert D. Putnam hat sich Italien als *Laboratorium* gewählt und die regional so unterschiedlichen politischen, sozialen und ökonomischen Entwicklungen im Zusammenhang mit allen möglichen Einflußfaktoren untersucht. Auch er ist – inspiriert von Elinor Ostrom – zu dem Schluß gekommen, daß die jeweiligen Traditionen politischer Kultur, und hier insbesondere Ostroms *Sozialkapital*, einen besonderen Ausschlag geben. Im wesentlichen geht es um den Unterschied zwischen einer Kultur des Vertrauens oder des Mißtrauens (vgl. Putnam 1993: 12). Die Leistungen der politischen, sozialen und ökonomischen Institutionen hängen ganz wesentlich davon ab (vgl. ebd.: 15). Warum lernen die Italiener – und überhaupt die Gesellschaften – nicht aus der Einsicht, daß vertrauensvolle Kooperation zum Vorteil aller ist? Weil es in einer Mißtrauenskultur durchaus rational ist, den eigenen kurzfristigen Vorteil zu verfolgen und den langen Atem einer sich erst langfristig *auszahlenden* Vertrauensvorgabe eben nicht zu haben (vgl. ebd.: 164). Wie kann man also zu Ostroms *Sozialkapital*, zu vertrauensvoller Kooperation, zu kleinen, aber überaus produktiven Netzwerken trotzdem gelangen, um die liberale Demokratie wieder zu stärken?
Ehrlichkeits- und Verläßlichkeitsreputationen der Akteure, der Teilhaber an den Kooperationen, sind das entscheidende Unterpfand, weil man zum Start kooperativer Politik Vertrauen in das Vertrauen, also in die Vertrauenswürdigkeit der Partner, aber auch der eigenen Person aufbringen muß (vgl. ebd.: 168). Wer sich selbst als unzuverlässig kennt und auch akzeptiert, ja seine Unzuverlässigkeit als Unabhängigkeit fehlinterpretiert, der kann letztlich anderen kein Vertrauen schenken und auch seinerseits keines bekommen. Und obwohl man in Kooperationen nicht alle Teilnehmer kennt oder kennen kann, ist es doch möglich, zu einer vertrauensvollen Zusammenarbeit zu gelangen, und zwar über *Dritte*, d.h. über Personen, denen man von verschiedenen Seiten her vertraut (vgl. ebd.: 169).
Vertrauen gewinnt allerdings nicht, wer nur seine eigenen Interessen verfolgt und andere in einem antagonistischen Machtspiel dafür dienstbar machen will, auch wenn die Person dabei noch so clever verfährt. Ich vertraue einer Person nämlich nur, wenn ich sicher sein kann, daß sie mich nicht *reinlegt*, sondern im Gegenteil aus eigener Überzeugung meinen legitimen Ansprüchen gerecht werden will, wenn ich mich in ihrem Gerechtigkeitssinn *aufgehoben* weiß. Dazu gehört u.a. die Einsicht in den hohen Wert zwischenmenschlicher Beziehungen, mehr: deren emotional verankerte Pflege.
Zugleich hat es sein doppeltes Geheimnis mit dem Vertrauen: Man kann es nicht mit Macht erzwingen, erpressen oder manipulieren. Man kann es auch nicht kaufen. Es muß entstehen und geschenkt werden. Und es wirkt verstärkend und vermehrend, wenn es klug – nicht blauäugig – praktiziert wird. Vertrauen stärkt Vertrauen, und

das „Sozialkapital“, dessen Kern es bildet und das so produktiv wirkt, ist das einzige Kapital, das sich durch seinen Gebrauch nicht vermindert, sondern vermehrt und ganz allgemein die Solidarität stärkt (vgl. ebd.). Vertrauen *ölt* die Kooperation, vermehrt die Ressourcen, weil man die Informationen offener auf den Tisch legt. Technisch gesprochen: Soziales Vertrauen senkt die *Transaktionskosten* (vgl. ebd.: 171f.). Man geht dann auch mutiger neue Herausforderungen an und erprobt Innovationen (vgl. ebd.: 174).

Aber die Kehrseite dieses positiven Zirkels ist der negative Zirkel, der durch Vertrauensbruch und erst recht durch Dispositionen und Traditionen des Mißtrauens entsteht. Solche negativen Traditionen in einer machtantagonistischen Kultur haben oft langfristige Konsequenzen, denn gerade, wenn man sich Neuem, Unbekanntem, Unsicherem stellen muß, greift man unwillkürlich auf vergangene Erfahrungen zurück, und es ist wichtig, was in die eingegangen ist. Putnam nennt das mit Douglass North die „path dependence“ politischen Handelns. Sie zeigt, wie abhängig Institutionen von den Einstellungen derer sind, die sie *handhaben* bzw. in ihnen wirken. Douglass North: „Die Abhängigkeit vom vorangegangenen Weg heißt, daß Geschichte wichtig ist ... Wir müssen viel mehr über kulturell entstandene Verhaltensnormen in Erfahrung bringen und darüber, wie sie mit formellen Regeln interagieren, um zu besseren Antworten zu gelangen. Wir beginnen gerade erst, Institutionen ernsthaft zu studieren“ (zit. n. ebd.: 181).

Zu den kulturell entstandenen Verhaltensnormen, die die so dringlich erforderliche Vertrauenswürdigkeit und -bereitschaft stärken, gehören neben der Beziehungsfähigkeit der Wert und die Fähigkeit zur Empathie. Sie sind in der Gegenwart, in der eben nicht mehr klare Gewohnheiten oder soziale Gegensätze unsere Orientierung erleichtern, in der die Gesellschaft vielmehr von einander vielfach überkreuzenden Erfahrungen und Interessenkonflikten geprägt ist, besonders wichtig, um eine gemeinsame Verständigungs- und Verläßlichkeitsbasis zu finden. Der US-amerikanische Soziologe und Politologe Daniel Lerner hat dies schon vor Jahrzehnten in seiner klassischen Pionierstudie über das Ende der *traditionellen Gesellschaften* am Beispiel des Nahen Ostens erkannt und aufgewiesen. Empathie heißt für ihn weder vorab Sympathie noch Antipathie, sondern die Fähigkeit, sich unter nicht vertrauten und gewohnten Bedingungen an die Stelle anderer Menschen setzen und einen Konsens herstellen zu können (vgl. Lerner 1958: 49f.). Gelernt und beobachtet hat Lerner diese Fähigkeit übrigens bei seiner Mutter, der er sein Buch gewidmet hat (vgl. auch Okin 1990: 29).

Wenn mithin unsere demokratischen Institutionen, die von freiheitlicher Kooperation leben und Kontrolle ermöglichen sollen, zu ihrem Funktionieren in unserer gegenwärtigen hochkomplexen konfliktreichen und interdependenten Welt auf Sozialkapital, auf Reputationsträger, auf eine Kultur der Empathie, der Beziehungsfähigkeit, insgesamt des Vertrauens angewiesen sind, dann erscheint es dringlich geboten, die Quellen und Bereiche zu erkunden und zu pflegen, in denen diese Kultur entstehen kann, und die psychischen Dispositionen aufzuwerten sowie in der politischen Kommunikation zum Tragen zu bringen, die sie nähren.

5. Psychische Sicherheit als Voraussetzung politischer Freiheit

Bei einem der theoretischen Väter der liberalen Demokratie (zunächst nur des Rechtsstaats), Charles de Montesquieu, finden wir für diesen Imperativ eine doppelte Bekräftigung: Zum einen unterstreicht er, daß politische Freiheit auf materielle und psychische Sicherheit angewiesen ist: „Politische Freiheit für jeden Bürger ist jene geistige Beruhigung, die aus der Überzeugung hervorgeht, die jedermann von seiner Sicherheit hat" (Montesquieu 1965: 212). Ihr dient das Konzept der Machtteilung zur Verhinderung der Bedrohung durch Willkür.

Zum anderen betont Montesquieu in seiner Darstellung des Naturzustands, daß die Menschen zwar zunächst voreinander Furcht haben (also auf Gegnerschaft eingestellt sind), daß sie diese aber schnell verlieren, wenn sie deren Gegenseitigkeit bemerken. Infolgedessen nähern sie sich einander an, wozu sie auch die „Freude" treibt, „die jedes Lebewesen beim Nahen eines Wesens seiner Gattung empfindet" (ebd.: 99f.). Liberale Politik baut also sowohl auf Vorsicht als auch auf gegenseitige Freundlichkeit, ja Anziehung. Ohne dieses Zusammenspiel ist auf die Dauer nicht plausibel, warum das System der Gewaltenteilung, in dem „die Macht die Macht bremst" (ebd.: 211), nicht zur gegenseitigen Blockade und zu jenem Stillstand der Politik führt, den wir in unseren gegenwärtigen Demokratien hinter der leeren Geschäftigkeit zu Hauf beobachten. Montesquieu stellt sich die Frage nach solchen möglichen Blockaden selbst, wenn er vom wechselseitigen Verhinderungsrecht der politischen Befugnisse spricht. „Eigentlich müßten diese drei Befugnisse einen Stillstand oder eine Bewegungslosigkeit herbeiführen. Doch durch den notwendigen Fortgang der Dinge müssen sie notgedrungen fortschreiten und sind daher gezwungen, in gleichem Schritt zu marschieren" (ebd.: 223).

Aber so *notwendig*, wie Montesquieu dies annahm, ist der *Fortgang der Dinge* zumindest heute offenbar nicht, vor allem kann er – dies ist ja Dahrendorfs Problem – so über die Sicherheit eines gewichtigen Teils der Bevölkerung hinweggehen, daß die politische Freiheit dabei zuschanden geht.

Zu fragen ist also, wie die Dialektik von Vorsicht bzw. Kontrolle oder Gegnerschaft zum einen und Freundlichkeit, ja gegenseitiger Anziehung zum anderen, die anthropologisch der liberalen Demokratie zugrundeliegt, wiederbelebt und inganggehalten werden kann, damit die Sicherheit nicht verloren geht. Denn de facto hat sich – aus Gründen der kapitalistischen Wirtschaftsweise, die auf Konkurrenz, Gegnerschaft und Partikularinteresse zielt (auch wenn sie auf die Grundlage von Vertrauen, Gegenseitigkeit und Verläßlichkeit angewiesen ist) und aus einem eher männlich gelebten und geprägten Freiheits- und Autonomieverständnis, das Unabhängigkeit, Wettbewerb und Gegnerschaft betont und den rationalen Argumentenaustausch auf Kosten *irrationaler* Gefühle und Beziehungspflege in den Vordergrund rückte, der Antagonismus in den zwischenmenschlichen Beziehungen der modernen Demokratie so durchgesetzt, daß von Montesquieus gegenseitiger Anziehungskraft nicht viel übrig geblieben ist. Allenthalben wird deshalb heute nach dem Gemeinsamen, Verbindenden, Kommunitären gesucht. Denn ohne dieses Gemeinsame geht die Sicherheit verloren, auf die unsere politische Freiheit angewiesen ist.

Wie stärken wir also trotz der Globalisierung der Wirtschaft, trotz der Notwendigkeit, uns dem Wettbewerb auszusetzen, trotz der sich verschärfenden und nicht mehr auf einen einfachen Nenner zu bringenden Konflikte und Unsicherheiten die gemeinsamen, d.h. die Sicherheit stiftenden Kräfte in unserer Gesellschaft, so daß unsere liberalen Institutionen funktionstüchtig bleiben und wir weiter freiheitlich zusammenleben können?

Interessanterweise setzt Ralf Dahrendorf an den Anfang seiner bescheidenen Lösungsvorschläge die Forderung nach der Änderung der Sprache bzw. der Begrifflichkeit, die in der Wirtschaft verwendet wird: von einem rein quantitativ ökonomisch reduzierten zu einem breiteren Verständnis von Wohlstand, zu dem nicht nur materieller Reichtum, sondern auch Chancengleichheit, Menschenrechte, Freiheiten gehören (vgl. Dahrendorf 1996a: 16). Unter diesem Aspekt wagt er sogar, die heilige Kuh der ökonomisch begründeten Mobilitätsforderung zu schlachten, indem er die einfache Tatsache beim Namen nennt, daß Mobilität und Flexibilität von Arbeitskräften zugunsten von ökonomischer Effizienz umgekehrt schon rein örtlich dazu beiträgt, Familien, überhaupt menschliche Bindungen zu zerreißen und damit Unsicherheit zu schüren: „Flexibilität mag vielleicht das Gegenteil von Rigidität sein, sie ist aber auch das Gegenteil von Stabilität und Sicherheit" (vgl. ebd.: 17).

Die gegenwärtig oft ganz unbedacht als ökonomisches Allheilmittel postulierte Mobilität, d.h. de facto die Entwurzelung der Menschen, steht heute ihrer psychischen Sicherheit als Grundlage der politischen Freiheit genauso entgegen wie vormals die Angst vor feudaler und später die vor totalitärer Willkür. Der Kern der Aufgabe, die liberale Demokratie angesichts der aktuellen Herausforderungen zu erhalten und zu kräftigen, liegt heute daher darin, die materielle und die psychische Sicherheit der Bürger in all den komplexen Herausforderungen doch zu bekräftigen, sowohl für sich selbst als auch im Umgang mit den anderen, in der Handhabung der Institutionen wie in der Vorbereitung politischer Entscheidungen. Dazu gehört, daß die hohe Bedeutung verläßlicher persönlicher Beziehungen wiedererkannt wird und daß die Bürger sich nicht nur als Rollenträger, sondern als Menschen verstanden, d.h. bei aller politischer Gegnerschaft grundsätzlich in der Solidarität der anderen und in ihrem Mitempfinden *aufgehoben*, gewürdigt, fair einbezogen fühlen. Nicht der harte aggressive Schlagabtausch, sondern die ruhige Empathie, nicht die rücksichtslose Unabhängigkeitssuche, sondern die Pflege vorhandener und der Aufbau neuer tragender Beziehungen sind das Gebot der Stunde, wenn wir die politische Freiheit erhalten wollen. Diese *Tugenden* sind nun – nicht notwendig, aber doch überwiegend faktisch – der biographische Erfahrungsschatz von Frauen. Empathie, emotionale Geborgenheit, Sicherheit des persönlichen Beziehungsnetzes: Sie wurden idealtypisch in der Familie erlernt und gepflegt unter der Obhut von Frauen, und sie haben für Frauen, dies zeigen viele empirische Untersuchungen, auch einen höheren Stellenwert als für Männer (für viele: vgl. Gilligan 1996). Die oft in der Tat illusorische Idylle des traditionellen Familienbildes ist heute zwar zerstört, aber die Aktualität des Problems ist brisanter denn je. Denn zur alten Familie mit den festgefügten Rollen können und wollen wir nicht zurück. Eine prinzipielle Alternative zu ihr, d.h. zu einer funktionalen, personal stabilen Grundeinheit der Gesellschaft, in der Empathie und Beziehungsfähigkeit in der Generationenweitergabe geübt und gepflegt werden können, haben wir aber bisher auch nicht gefunden.

Die moderne *Familie* müßte sich gegenüber der alten strukturell radikal verändern: Denn nur wenn die traditionell weiblichen und männlichen Rollenmuster von *beiden*

erlernt und weitergegeben, nur wenn Männer und Frauen die rational-unabhängig-antagonistische mit der emotional-beziehungsorientiert-integrativen Komponente des Verhaltens bzw. der psychischen Dispositionen komplementär miteinander verbinden und diesen neuen komplexen Geist auch in den öffentlichen Raum tragen, haben wir eine Chance, zu jenem radikalen Wandel politischer Kommunikation zu gelangen, der die Blockierungen der aktuellen demokratischen Politik innerhalb der liberalen Institutionen zu überwinden vermag. Was helfen alle Mitbestimmungsregelungen, wenn wir aneinander vorbeireden, was helfen *checks* und *balances*, wenn sie Entscheidungen nur noch blockieren, was helfen gesetzliche oder tarifvertragliche Regelungen, wenn sie den Menschen nicht wirklich eine tragende Grundsicherheit vermitteln?
Zwei Aspekte feministischer Theorie erscheinen mir für die Fortentwicklung demokratischer Praxis wie Theorie daher besonders fruchtbar: Solche, die es wagen, die verständliche, aber letztlich destruktive Familienphobie mancher *Emanzipations*-Ansätze zugunsten einer nüchternen neuen Familientheorie und -praxis zu überwinden; und solche, die theoretisch Macht nicht mehr selbstverständlich und ausschließlich antagonistisch, sondern ebenfalls konsensuell konzipieren. Am Beispiel der Überlegungen von Cornelia Klinger und von Nancy M. Hartsock möchte ich diese Gedanken kurz erläutern.

6. Die liberale Demokratietheorie und -praxis muß feministisch erweitert werden

Cornelia Klinger geht über die notwendige, verständliche, aber zugunsten neuer, praxisrelevanter Vorstöße zu überwindende Stufe einer feministischen Theorie, die sich auf die Aspekte der Benachteiligung von Frauen konzentriert, dankenswert und befreiend hinaus. Statt dessen hebt sie die praktischen und wissenssoziologischen *Schätze* weiblicher Sozialisation und weist in die Richtung, in der sie fruchtbar gemacht werden können. Es geht ihr nicht mehr nur darum, daß der öffentliche, politische, von Männern dominierte Raum bisher de facto von der Substanz der unbeachteten und unbezahlten materiellen und psychischen Leistungen von Frauen gelebt hat. Vielmehr verweist sie auf die Kettenreaktion notwendiger struktureller Veränderungen in der Familie wie in allen Bereichen der Gesellschaft, wenn man das demokratische Prinzip der Universalität von Freiheit und Gleichheit wirklich ernst nimmt (vgl. Klinger 1994: 124f.).
Zugleich stellt sie – zu Recht – die Wünschbarkeit eines „autonomen, souveränen, allen sozialen Bindungen und Zwängen vorgängigen Subjekts" als liberales Menschenbild in Frage (ebd.: 125; vgl. auch Benjamin 1990), verliert sich aber auch nicht in der radikal utopischen Alternative einer marxistischen Überwindung des Liberalismus, sondern denkt das kommunitaristische Gemeinschaftspostulat feministisch weiter: Den Wert von gewachsenen Beziehungen, insbesondere auch von gelungener Familiensozialisation anerkennen und betonen darf demnach nicht heißen, im Bestehenden die oft unerträglichen und ungerechten Zwänge zu übersehen, sich unreflektiert konservativ, ja reaktionär ins Bestehende oder Vergangene zu flüchten (vgl. auch Okin 1990: 24). Was nottut ist eine Theorie der Gesellschaft, die ernsthaft unter der universalistischen Freiheits- und Gleichheitsprämisse Liebe, Verwandtschaft, Familie als Grundressourcen menschlicher Bindung, Verantwortlichkeit, Gegenseitigkeit und Verläßlichkeit würdigt und die Strukturen, in denen sie geübt und praktiziert werden

können, dementsprechend neu konzipiert. So wie sie gegenwärtig überwiegend bestehen, „kann die Sphäre der bürgerlichen Privatheit genauso wenig ein Ort der reinen Liebe und wahren Gefühle sein, wie die bürgerliche Öffentlichkeit die Verwirklichung der reinen Vernunft und der wahren Moral erreicht. Beide Sphären sind durch *einen* Antagonismus gespalten" (Klinger 1994: 137).

Was Cornelia Klinger zumindest klar als Aufgabe formuliert, ist eine integrale Umgestaltung der Familien- wie der Gesellschaftstheorie, in der es nicht nur darum gehen kann, den Frauen einen Platz an der gesellschaftlichen oder politischen Sonne zu erobern, sondern darum, die Trennung zwischen privaten Beziehungs-, Empathie- und Integrationsdispositionen bzw. -fähigkeiten zum einen (die in der Familie nach der *reinen Lehre* von Frauen *besorgt* werden) und öffentlichen macht-, antagonismus- und rationalitätsorientierten Verhaltensweisen zum anderen (als dem Signum männlicher Öffentlichkeit und Politik) zu überwinden. „Diese Frage ist längst nicht mehr nur als 'Frauenfrage', als Frage der Gerechtigkeit gegenüber Frauen zu marginalisieren und ghettoisieren –, sondern es geht um das Problem einer adäquaten, umfassenden und realitätstüchtigen Theorie der Gesellschaft" (ebd.: 140).

Ich meine, es geht um noch mehr: Wenn die Theorie und die Praxis liberaler Demokratie – sowohl hinsichtlich ihrer objektiv-institutionellen als auch hinsichtlich ihrer subjektiv-kulturellen Seite – nicht feministische Anstöße und Erfahrungen in sich aufnimmt und sich in der Folge, zu ihren eigenen Gunsten, also sich bereichernd, modifiziert, sieht ihre Zukunft düster aus. Denn die politische Demokratie bedarf der Veränderung durch weibliche *private* Sozialisationserfahrungen mindestens ebenso wie die Frauen der Verbesserung ihrer öffentlichen Positionen in der Demokratie.

Komplementär zu Gesellschafts- und Demokratietheorien und -praktiken, die männliche und weibliche Sozialisationserfahrungen und Dispositionen integrieren, gehören meines Erachtens theoretische Ansätze, die Macht nicht nur antagonistisch als Gegenmacht, sondern auch konsensuell als individuelle und gemeinsame *Ermächtigung* (das englische Wort *empowerment* ist treffender) zur gemeinsamen Lebensgestaltung zu begreifen. Max Webers berühmte Definition: „Macht bedeutet jede Chance, innerhalb einer sozialen Beziehung den eigenen Willen auch gegen Widerstreben durchzusetzen, gleichviel worauf diese Chance beruht" (Weber 1972: 28), geht im Machtverhältnis selbstverständlich von einer grundlegenden Gegnerschaft zwischen den Menschen aus. Wer auf die illusorische Utopie einer anarchistischen herrschaftsfreien Gesellschaft verzichtet, wird auch anerkennen, daß liberale Politik mit Gegnerschaft und Konflikt aller Wahrscheinlichkeit nach auf Dauer zu rechnen hat, und vielleicht nicht nur zu ihrem Nachteil.

Was allerdings zur Debatte steht, ist die Ausschließlichkeit der antagonistischen Perspektive im Machtbegriff. Sie verstellt nämlich in ihrer Vorannahme gerade jene Ressourcen, auf die demokratische Politik heute angewiesen ist, um aus ihrer Blockierung herauszufinden. Nancy C. M. Hartsock hat in einer profunden ideengeschichtlichen Analyse viele kontingente, allein aus männlichen Erfahrungen erklärbare Bedingungen herausgearbeitet, die zu der bis heute vorherrschenden Einseitigkeit des Machtbegriffs geführt haben. Zugleich hat sie luzide den Zusammenhang zwischen einem eher männlichen auf Beherrschung und Unterwerfung gerichteten Sexualverständnis bzw. -erleben und einem dementsprechenden politischen Machtbegriff einerseits und einem eher weiblichen integrativ-erotischen Sexualverständnis bzw. -erleben sowie einem

dementsprechenden Machtbegriff hingewiesen, das stärker auf Momente der Kraft, der Kompetenz und der Energie verweist (vgl. Hartsock 1983: 145ff. und 210ff.).
Es ist kein Zufall, so schreibt sie, daß Hannah Arendt, die sich wahrhaftig nicht als Feministin verstand, Macht im Gegensatz zu Gewalt gerade als gemeinschaftsgestiftet und -orientiert definiert hat (vgl. ebd.: 211ff.; vgl. Arendt 1970), ein Grundsatz, den sie mit anderen Theoretikerinnen teilt: Es ist eine interessante Tatsache, „that theories of power put forward by women rather than men differ systematically from the understanding of power as domination. While few woman have theorized about power, their theories bear a striking similarity both to one another and to theories recently characterized as feminist understandings of power" (Hartsock 1983: 210; vgl. kritisch zu Arendts Machtbegriff: Sifft/Zwingel 1996: 71ff.; insgesamt zum feministischen Machtverständnis: Penrose/Rudolph 1996).
Hier ist nicht der Ort, die Gründe für eine derartige nicht zufällige Unterscheidung herauszuarbeiten oder zu belegen. Aber die Spekulation liegt doch nahe, daß die Gewohnheit, werdendes Leben zu schützen und Kinder zu Erwachsenen zu erziehen, die Aufgabe, ihnen dabei zu ihrer eigenen *Macht* zu verhelfen, sie also in diesem Sinne zu *ermächtigen*, eine derartige Machtdefinition zum Erfahrungshintergrund hat. Frauen sind in der Regel in ihrer Lebenswelt viel näher *dran* an Schwäche, Hilfsbedürftigkeit, Angst und Sorge. Sie können sich den daraus an sie erwachsenden Ansprüchen viel schwerer entziehen als Männer. Und sie erfahren umgekehrt auch eher die Freude oder die Befriedigung, die ihnen nicht aus dem Sieg über andere, sondern aus deren Stärkung widerfährt. „Was den Institutionen und Gesetzen eines Landes Macht verleiht", schreibt Hannah Arendt, „ist die Unterstützung des Volkes, die wiederum nur die Fortsetzung jenes ursprünglichen Konsenses ist, welcher Institutionen und Gesetze ins Leben gerufen hat" (Arendt 1970: 42). „Macht entspricht der menschlichen Fähigkeit, nicht nur zu handeln oder etwas zu tun, sondern sich mit anderen zusammenzuschließen, und im Einvernehmen mit ihnen zu handeln. Über Macht verfügt niemals ein Einzelner, sie ist im Besitz einer Gruppe und bleibt nur solange existent, als die Gruppe zusammenhält" (ebd.: 45).
In diesem Sinne gibt es in unseren Demokratien heute wenig Macht. Wenn wir sie stärken wollen, dann brauchen wir all jene Fähigkeiten, Erfahrungen, Energien und Konzepte, die in der Lage sind – auf welcher sozialen und politischen Ebene auch immer –, aus dem Wirrwarr unübersehbarer Interessen und Konflikte empathisch und beziehungsorientiert das Gemeinsame herauszufinden. Nur in diesem Geiste können wir die demokratischen Institutionen am Leben erhalten, weil sie dann wieder ihre Funktionalität und ineins damit ihre Legitimität demonstrieren können. Wir sind dann nicht mehr versucht, mit allen möglichen Verfahrenstricks die Gegner schachmatt zu setzen und auf diese Weise den sozialen Zusammenhalt zu zerstören. Wir können die Freiheit erhalten, weil wir zur Sicherheit, zur *geistigen Beruhigung* in der Gemeinsamkeit zurückfinden.
Die *Ressourcen*, auf die wir dabei zurückgreifen können, sind zwar solche traditionell weiblicher Sozialisation, aber das heißt nicht, daß nur Frauen über sie verfügen oder daß Frauen dies eo ipso täten (vgl. Flanagan/Jackson 1990: 42ff.). Es gibt abschreckende weibliche und ermutigende männliche Gegenbeispiele. Wenn zur Zeit etwa die Niederlande – selbst in einer so nüchtern ökonomisch analysierenden Zeitung wie der *International Herald Tribune* – als Dialog-Modell gepriesen werden, denen es anders als

den übrigen europäischen Staaten gelingt, die notwendige Modernisierung im gesellschaftlichen Konsens und unter Wahrung von gegenseitigem Vertrauen und sozialer Sicherheit voranzubringen, dann sehen wir, daß konsensuelle Politik von Männern wie von Frauen praktiziert werden kann.

Die großen sozialen Gruppen schlagen sich dort nicht ihre gegensätzlichen *Analysen* wie im gegenwärtigen Deutschland um die Ohren, sondern untersuchen die Lage gemeinsam, hören einander zu, und so gelang in den Niederlanden eine *mentale Revolution,* in der die harten Fakten der Wirtschaft anerkannt werden, aber statt einer leichtfertigen Rhetorik des *hire and fire* die Sicherheit und der Schutz der Arbeitnehmer als allen gemeinsames und selbstverständliches Gut zugleich konstatiert und bekräftigt ist. So kann z.B. *Arbeitssicherheit* anstelle von *Arbeitsplatzsicherheit* treten, weil Sicherheit als Grundvoraussetzung von politischer Freiheit – ganz im Geiste Montesquieus – von allen für alle anerkannt wird (vgl. International Herald Tribune 1997: 1, 6; Die Zeit 1997: 15f.; Der Tagesspiegel 1997: 2; die tageszeitung 1997: 6).

Vielleicht können Frauen Männern auch in anderen europäischen Ländern in diesem Sinne auf die Sprünge helfen.

Literaturverzeichnis

Arendt, Hannah, 1970: Macht und Gewalt. München.

Barber, Benjamin, 1994: Starke Demokratie. Über die Teilhabe am Politischen. Hamburg.

Beiner, Ronald (Hrsg.), 1995: Theorizing Citizenship. New York.

Benjamin, Jessica, 1990: Die Fesseln der Liebe. Psychoanalyse, Feminismus und das Problem der Macht. Basel, Frankfurt/M.

Buchstein, Hubertus/Schmalz-Bruns, Rainer, 1994: Nachwort. Republikanische Demokratie, in: *Barber, Benjamin,* Starke Demokratie. Über die Teilnahme am Politischen. Hamburg, 297-323.

Dahl, Robert A., 1992: The problem of civic competence, in: Journal of Democracy 3(4), 45-59.

Dahrendorf, Ralf, 1996a: Die Quadratur des Kreises. Freiheit, Solidarität und Wohlstand, in: Transit 12, 5-28.

Dahrendorf, Ralf, 1996b: „Die Quadratur des Kreises. Ökonomie, sozialer Zusammenhalt und Demokratie in einem Zeitalter der Globalisierung". Ein „Blätter"-Gespräch mit Ralf Dahrendorf, in: Blätter für deutsche und internationale Politik 9, 1060-1071.

Dahrendorf, Ralf u.a., 1995: Report on Wealth Creation and Social Cohesion in a Free Society. London.

Der Tagesspiegel, 1997: vom 27.1., Thomas Roser: Wirtschaftswunder à la hollandaise: die Konsens-Ökonomie.

Die tageszeitung, 1997: vom 1.4., Falk Madeja: Teilzeitarbeiten, rausekeln im Konsens.

DIE ZEIT, 1997: Nr. 3, vom 10.1., Petra Pinzler: Genesung auf holländisch.

Flanagan, Owan/Jackson, Kathryn, 1990: Justice, Care and Gender: The Kohlberg-Gilligan Debate Revisited, in: *Sunstein, Cass R.* (Hrsg.), Feminism & Political Theory. Chicago/London, 37-52.

Gilligan, Carol, 1996: Die andere Stimme. Lebenskonflikte und Moral einer Frau. München.

Hartsock, Nancy C. M., 1983: Money, Sex and Power. Toward a Feminist Historical Materialism. New York/London.

International Herald Tribune, 1997: International Herald Tribune, vom 21.1., Charles Thrueheart: Dutch rise from the economic ashes.

Klinger, Cornelia, 1994: Zwischen allen Stühlen. Die politische Theoriediskussion der Gegenwart in einer feministischen Perspektive, in: *Appelt, Erna/Neyer, Gerda* (Hrsg.), Feministische Politikwissenschaft. Wien, 119-143.

Kymlicka, Will/Norman, Wayne, 1994: Return of the Citizen: A Survey of Recent Work on Citizenship Theory, in: Ethics 104, 352-381.

Lerner, Daniel, 1958: The Passing of Traditional Society. Modernizing the Middle East. Glencoe, London.

Montesquieu, Charles de, 1965: Vom Geist der Gesetze. Eingeleitet, ausgewählt und übersetzt von Kurt Weigand. Stuttgart.

Offe, Claus/Preuss, Ulrich K., 1991: Democratic Institutions and Moral Resources, in: *Held, David* (Hrsg.), Political Theory Today. Stanford, California.

Okin, Susan Moller, 1990: Reason and Thinking about Justice, in: *Sunstein, Cass R.* (Hrsg.), Feminism & Political Theory. Chicago, London, 15-35.

Ostrom, Elinor, 1990: Governing the Commons. The evolution of institutions for collective action. Cambridge.

Penrose, Virginia/Rudolph, Clarissa (Hrsg.), 1996: Zwischen Machtkritik und Machtgewinn. Feministische Konzepte und politische Realität. Frankfurt/M., New York.

Putnam, Robert D., u.a. 1993: Making democracy work. Civil traditions in modern Italy. Princeton, New Jersey.

Sifft, Stefanie/Zwingel, Susanne, 1996: Die greifbaren Sterne der Macht. Kollektives Handeln, Gemeinsinn und individuelles Selbstbewußtsein im politischen Denken Hannah Arendts, in: *Penrose, Virginia/Rudolph, Clarissa* (Hrsg.), Zwischen Machtkritik und Machtgewinn. Feministische Konzepte und politische Realität. Frankfurt/M., New York, 71-88.

Soros, George, 1997: Die kapitalistische Bedrohung. Übertriebener Individualismus, zuviel Konkurrenz und zuwenig Kooperation sind die Feinde der offenen Gesellschaft, in: DIE ZEIT, Nr. 4 vom 17.1., 25-27.

Stewart, Angus, 1995: Two conceptions of citizenship, in the British Journal of Sociology 46(1), 63-78.

Walzer, Michael, 1995: The Civil Society Argument, in: *Beiner, Ronald* (Hrsg.), Theorizing Citizenship. New York, 153-174.

Weber, Max, 1972: Wirtschaft und Gesellschaft. Grundriß der verstehenden Soziologie. 5. Aufl., Tübingen.

Die Wiederentdeckung der Herrschaft. Begriffe des Politischen in Zeiten der Transformation*

Barbara Holland-Cunz

1. Neue Herausforderungen an das Politische

Wir sind nicht die ersten, die in einer Zeit tiefgreifender Transformation leben, auch wenn die heutigen großen Herausforderungen wie die Globalisierung der Ökonomie oder die weltumspannende Informationsgesellschaft derzeit als einzigartige welt-bürgerliche Erfahrungen erlebt und erlitten, diskutiert und theoretisiert werden. Immer wieder hat es vergleichbar schwerwiegende und weitreichende Transformationsbewegungen gegeben, und die zeitgenössische Theoriebildung unterschiedlichster Provenienz liefert umfangreiche Materialien der Illustration. Idealtypische Beispiele stellen all jene Texte dar, die sich des fundamentalen Umbruchs vom Mittelalter zur Neuzeit oder der Entstehung der bürgerlichen Moderne widmen – von Carolyn Merchants „Der Tod der Natur" (1987) bis Jürgen Habermas' „Strukturwandel der Öffentlichkeit" (1987).

Auch Michel Foucault hat sich im dritten Band von „Sexualität und Wahrheit" (Foucault 1995: 110ff.) einer Zeit des „globalen" Umbruchs in der damals europäisch bekannten Welt gewidmet. Er skizziert den Niedergang der antiken Stadtstaaten und die Zentralisierung der politischen Strukturen in einem der heutigen Doppelbewegung von Globalisierung und Regionalisierung durchaus vergleichbaren Entwicklungsprozeß:

„Man muß ... unterstreichen, daß die Errichtung und Verstärkung dieser umfassenden Großstrukturen die lokale politische Aktivität nicht erstickt hat. ... Anstelle einer Verödung oder Vernichtung der politischen Aktivitäten durch die Auswirkungen eines zentralisierten Imperialismus muß man sich die Organisation eines komplexen Raumes denken: viel ausgedehnter, viel weniger zusammenhängend, viel weniger abgeschlossen, als es der Raum der kleinen Stadtstaaten sein konnte, zugleich viel geschmeidiger, viel differenzierter, weniger streng hierarchisiert, als es später das autoritäre und bürokratische Imperium sein wird ... Es ist ein Raum, in dem die Machtzentren vielfältig, die Aktivitäten, die Spannungen, die Konflikte zahlreich sind, in dem sie sich nach mehreren Dimensionen hin entwickeln" (ebd.: 111f.).

---

* Ich danke Josef Esser, Universität Frankfurt/Main, der sich bereits seit vielen Jahren kritisch mit dem Prozeß der Globalisierung befaßt, für zahlreiche Anregungen. Lange bevor dieses Thema zu einem breit diskutierten wurde, habe ich von seiner Interpretation der Triadisierung viel gelernt. Essers neueste Publikation (Esser u.a. 1997) in diesem Themenfeld befaßt sich mit der Telekommunikationspolitik und -ökonomie auf europäischer Ebene. Im Unterschied zu den oft katastrophenszenarisch argumentierenden Texten, die ich hier untersucht habe, ist die Diktion nüchtern analytisch, wenn auch das Thema nicht weniger brisant ist.

In diesem gleichsam geschichtlichen Realbild des Foucaultschen Begriffs der Macht (vgl. Foucault 1991: 113ff.) ließe sich – allerdings ohne den historischen Vergleich hier überstrapazieren zu wollen – die aktuelle Lage in ihrer ganzen akuten Unübersichtlichkeit und Unabgeschlossenheit spiegeln. Die Dimensionen und Möglichkeiten der zukünftigen globalen Entwicklungen lassen sich derzeit nicht sicher prognostizieren, schwanken zwischen „civil society" und dem „clash of civilizations", zwischen „cyber democracy" und „Jihad vs. McWorld", zwischen der Internationalisierung und der Partikularisierung politischer Konflikte und ihrer Lösungsmöglichkeiten. Im Unterschied zum alten modernen Nationalstaat scheint der sich transformierende neue globale politische „Raum" in der Tat komplex, unzusammenhängend, geschmeidig, aktiv, konfliktreich, spannungsgeladen, vieldimensional, unabgeschlossen, disparat in seinen Entwicklungschancen, vielfältig in seinen Machtzentren. Das Foucaultsche Bild des antiken Transformationsprozesses ist zumindest politiktheoretisch sehr inspirierend.

In seinem Zusammenhang legt Foucault dezidiert dar, daß die „bedeutenden politischen Transformationen" keineswegs zu einem starken Rückzugsverhalten, vielmehr zu einer „Problematisierung der politischen Tätigkeit" (Foucault 1995: 117) und zur Ausarbeitung einer neuen Ethik des Selbst (vgl. ebd.: 129) führten. Nicht die Apathie, sondern der Entwurf „als Moralsubjekt im Gesamtgefüge der gesellschaftlichen, bürgerlichen und politischen Tätigkeiten" (ebd.: 127) stellte, Foucault zufolge, damals die Antwort auf die Transformationen des Politischen dar. Eingedenk der sehr deutlichen Zunahme repressiver wie libertärer Identitätspolitiken, angesichts des steten Anwachsens von Personalisierungen des Öffentlichen und Moralisierungen des Politischen scheinen auch heute die Antworten in selbstbezüglichen Ethisierungen und Problematisierungen des politischen Handelns zu liegen.

Was wir derzeit erleben, ist demnach weder „history as usual" noch geschichtliche Einmaligkeit. Der Geschichtswissenschaft mag die Kluft zwischen dem dritten vorchristlichen Jahrhundert und dem Weg ins dritte nachchristliche Jahrtausend als unüberbrückbar gelten, der politischen Theorie ist dieser vermessene Sprung gewissermaßen banales Alltagsgeschäft. Zwischen den Antworten der großen antiken Philosophen und den uns heute bedrängenden Fragen liegt oft nur ein kurzer Satz.

Hannah Arendts politische Theorie ist nicht nur das klassische, sondern auch das seit einigen Jahren sowohl im Malestream als auch in der feministischen Community meistrezipierte Beispiel dafür. Arendt reagierte bekanntermaßen auf die modernen Transformationen des Politischen mit dem Rekurs auf das antike, emphatische Verständnis des würdevollen Öffentlich-Politischen und hat im vergangenen Jahrzehnt republikanischen politischen Theorien neue Inspirationen gegeben. Die aktuellen globalen Veränderungen des Politischen brauchen – weit mehr noch als der von Arendt kritisch diagnostizierte Aufstieg des Sozialen – politiktheoretische Inspiration und Innovation, um in einem demokratischen Sinne bewältigt werden zu können. Auf dem Spiel stehen soziale Gerechtigkeit, auch Geschlechtergerechtigkeit, der Einfluß nationalstaatlicher Politiken auf die Ökonomie in Gestalt transnationaler Konzerne, bürgersinnige und zivilgesellschaftliche Partizipationsmöglichkeiten insbesondere für Frauen als in der institutionellen Politik noch immer und gerade wieder in Transformationsprozessen neu Marginalisierte. Das demokratische Ideal selbst ist gefährdet und bedarf einer Erneuerung.

Ich werde hier jedoch nicht die „zahllosen bedruckten Seiten" des „neuen rasanten Gegenstands" Transformationsforschung aus geschlechterherrschaftskritischer Perspektive diskutieren: Dies hat Birgit Sauer mit solch treffend ironischen Worten in einem ausgezeichneten, sehr kritischen Überblick über die auf Ostmitteleuropa bezogene „modernisierungseuphorische" Forschungslandschaft bereits ausführlich getan (vgl. Sauer 1996). Vielmehr geht es im folgenden um die Stabilität, Tragfähigkeit oder Brüchigkeit zentraler Kategorien der Frauen- und Geschlechterforschung – es geht um die Frage, ob das hart erarbeitete begriffliche Instrumentarium feministischer politischer Theorie den fundamentalen politischen und gesellschaftlichen Veränderungen nach 1989, den Modernisierungen, Transformationen und Globalisierungsbewegungen noch angemessen ist. Im Unterschied zu den von Sauer analysierten Arbeiten des Malestreams, dem die osteuropäischen Entwicklungen in erster Linie zur Stabilisierung der eigenen Großtheorien, der personalen Struktur der Scientific community und des westlichen Demokratiemodells herhalten müssen (vgl. ebd.: 155ff.), soll hier die Frage nach der Angemessenheit der Instrumente angesichts der Herausforderungen ergebnisoffen diskutiert werden. In diesem Sinne verstehe ich meine Überlegungen als selbstreflexive und selbstkritische Betrachtungen zur feministischen politischen Theorie heute.

Aus Sauers Arbeit läßt sich für diese Unternehmung ein schwerwiegendes Problem herauskristallisieren. Die Geschlechtsblindheit des transformationsforschenden Malestreams und die Viktimisierungstendenz bei den wenigen gender-orientierten Arbeiten (vgl. ebd.: 132ff.) haben dazu geführt, daß bislang wenig Konkretes über die Geschlechterverhältnisse in Transformationsprozessen bekannt ist. „Die These, daß Frauen *die* Verliererinnen der Transformation seien, ist so richtig wie die theoretischen Zugriffe oft einseitig und die daraus gezogenen Schlüsse und Alternativen falsch sind", resümiert Sauer (1996: 133) den nicht gerade ermutigenden Forschungsstand aus den wenigen Untersuchungen, die die Kategorie Geschlecht nicht einfach ignorieren. Die These von den Frauen als Opfer der postsozialistischen Transformationsprozesse hat demnach den Status einer medialen Binsenweisheit. Politische Theorie ist mit ihr nur bedingt zu schreiben, auch wenn zu bedenken ist, daß die Geschichte des letzten halben Jahrtausends eine Fülle von Beispielen ähnlich exklusiver Art bereithält.

Bei der Untersuchung globaler Transformationsprozesse fällt die forschungsbezogene Diagnose nicht positiver aus. Als symptomatisch darf hier Benjamin Barbers innovative, anregende, hochgelobte Arbeit „Coca Cola und Heiliger Krieg" (Barber 1996) gelten, zumal Barber in keiner Weise zu den Anachronisten des Faches, sondern im Gegenteil zu seinen unverzichtbaren Neuerern und Querdenkern zählt (vgl. insbes. Barber 1994a). Barbers scharfe Analyse der die Demokratie bedrohenden Kräfte Jihad und McWorld, die er bereits 1994 auf dem XV. IPSA-Weltkongreß in Berlin unter großer Beachtung konturierte (vgl. Barber 1994b), berücksichtigt die in die Transformationsprozesse eingeschriebenen Geschlechterverhältnisse nahezu gar nicht. Der extreme Sexismus aller Fundamentalismen wird kaum je auch nur erwähnt, der zunehmende Sexismus der dominanten Bildsprache McWorlds wird fast nie thematisiert, die monopolistische Herrschaft über Information und Kommunikation erscheint als verführerische Überredung, die weltweite geschlechtsspezifische Arbeitsteilung wird bestenfalls en passant zum Bild (vgl. Barber 1996: 88), die ökonomische Ausbeutung durch die globalisierten Märkte erscheint geschlechtsneutral (vgl. ebd. z.B.: 33ff.), die z.T. offene und direkte Gewaltförmigkeit der „Videologie" wird zu sanfter Gewalt umdefiniert (vgl. ebd. z.B.: 22). Die „krasse(n) Ungerechtigkeiten" von McWorld, der „kommerzielle(r) Totalitarismus", die ökonomische „Herrschaft über den Planeten" in dieser „darwinistischen Welt räuberischer Konzerne", die „Raubtiermentalität der neuen Medienmonopole", die neue „ökonomische Gewalt" und der „neue(n) Kommerzimperialismus" erscheinen bei Barber (1996: 50, 150, 90, 96, 157, 242, 247) als geschlechtslose „Katastrophe" (vgl. ebd.: 252). Die Überlebensprobleme der Demokratie, die er im Anschluß an seine ökonomischen Überlegungen so treffend und engagiert darlegt, scheinen ebenfalls keinerlei vergeschlechtlichte Dimensionen aufzuweisen: eine Sichtweise, die den institutionellen und/oder kulturellen Sexismus nahezu aller Nationalstaaten dieser Erde schlicht ignoriert.

Auch Wolf-Dieter Narr und Alexander Schubert schildern in ihrer 1994 publizierten Arbeit „Weltökonomie. Die Misere der Politik" die aktuelle politische und ökonomische Weltlage mit großem Engagement und ebensolcher Besorgnis (vgl. von Beymes (1996: 18) Kritik). Sie prognostizieren steigende soziale Ungleichheit, Armut, Verelendung, Zunahme an gewaltsamen Aggressionen in der globalisierten Ökonomie/Politik und kritisieren den Mangel an gestaltender Politik, ohne daß das Geschlechterverhältnis thematisiert wird (einzig Carole Patemans Vertragskritik wird kurz referiert, vgl. Narr/Schubert 1994: 160). Auch Narr/Schubert (1994: 199, 13, 37, 43, 46, 74, 122) sprechen mit Verve von „Darwinismus" und „Raubbau", sie sehen „systemische(n) Brutalisierung", das „(E)rleiden" der Weltökonomie, ihre „dramatische(n) Folgen", „zunehmende Verelendung von (Hunderten von) Millionen Menschen", „absolute Armut", die „Peripherisierung" eines „Großteils der Menschen" und sprechen die seelischen Kosten der Globalisierungsprozesse an (vgl. ebd.: 134f.). Der „ökonomische(n) Gleichschaltung", der „Ausschaltung aller Politik", der institutionellen Stärkung der „exekutivistischen Teile des Staates" und dem „Einflußverlust der Legislative", dem Fehlen von „Zwischengewalten" zwischen BürgerInnen und staatlicher Herrschaft (vgl. ebd.: 148, 169, 205, 188) gilt die politiktheoretische Sorge um die Aushöhlung der nationalstaatlich verfaßten Demokratie. Die emphatische Frage lautet: „Gibt es eine Rettung des Politischen?" (ebd.: 226) Doch weder in der ökonomischen noch in der politischen Analyse spielt das Geschlechterverhältnis eine analytische Rolle. Die neuen Strukturen der alten Herrschaftsverhältnisse haben offenbar kein Geschlecht. „Herrschaft infolge von Ungleichheit und Ungleichheit infolge von Herrschaft" (ebd.: 196) waren aber historisch noch niemals geschlechtsneutral (vgl. dagegen Altvater/Mahnkopf 1996: 294ff., die sich immerhin zur Frauenarbeit äußern).

Uta Ruppert hat in einem internen Forschungspapier (vgl. Ruppert 1996) deshalb den dringend notwendigen Versuch unternommen, die wichtigsten geschlechtsrelevanten Entwicklungsdaten und -tendenzen der internationalen Modernisierungsprozesse regional aufzuschlüsseln und zu systematisieren. Ruppert kommt für die zentralen Parameter Gesundheit, Bildung, reproduktive Rechte, Lebensformen, Erwerb, Einkommen und politische Partizipationschancen in allen außereuropäischen Regionen zwar zu einigen disparaten Tendenzen, doch stellt sie zugleich den konstanten „gender-gap in der Erwerbsbeteiligung ... in der Zeit von 1960-1980", die „persistente geschlechtsspezifische Arbeitsteilung" und den steigenden „Anteil von Frauen an den in Armut lebenden Menschen" (ebd.: 2) als internationale Trends fest. Christa Wichterich (1996:

17) kommt für die Globalisierungsprozesse zu ganz ähnlichen Ergebnissen: „Die Armut ist gewachsen und erst recht die weibliche Armut." Und: „Die Frauen sind und bleiben Objekte und Opfer kapitalistischer Verwertung, aber sie handeln auch als Subjekte. Es gibt viele gegenläufige und ambivalente Prozesse durch die rasanten Veränderungen." Sie fügt jedoch hinzu: „(D)ie Ungleichheit wird modernisiert ... Aber es bleibt bei der alten Arbeitsteilung zwischen den Geschlechtern" (ebd.).
Rupperts höchst gelungene, schwierige Extrapolation aus den nur verstreut vorhandenen Daten macht das an Sauers Thesen angesprochene Problem noch einmal deutlich: Mein Versuch einer grundlegenden Kategorienprüfung steht unter dem Verdikt einer bislang unzureichenden empirischen Materiallage und beansprucht folglich nur die Skizzierung politiktheoretischer Tendenzen. Aus dem wenigen allerdings, das über die Geschlechterverhältnisse in Modernisierungs-, Transformations- und Globalisierungsprozessen gesichert bekannt ist, wird eine eher dramatische Situation für die Frauen der Welt (und nicht nur für sie) ersichtlich. Die globale Realität wird derzeit herrschaftlich neu strukturiert. Das Neue an der globalisierten Lage ist allerdings nicht die Globalisierungsbewegung des Kapitals als solche, sondern deren politikrelevante Ausmaße – und das damit möglich gewordene Ausmaß des Elends, dem auf demokratischem Wege nur noch schwer begegnet werden kann (zur Frage der Neuheit vgl. insbesondere Altvater/Mahnkopf 1996). Die aktuellen Debatten legen nahe, von einer „Rückkehr" ausbeuterischer, verelendender, gar psychisch versklavender Herrschaftsverhältnisse in einem Maße zu sprechen, das wir bereits demokratisch überwunden glaubten. Nach den Euphorien der Demokratisierung – durch neue soziale Bewegungen in der Ersten Welt, dem Zusammenbruch der autoritären Regime in der Zweiten Welt, demokratischen Staatsgründungen in der Dritten Welt (vgl. Schmidt 1996; Tetzlaff 1996) und den Theoriedebatten zur Zivilgesellschaft (vgl. exemplarisch Cohen/Arato 1992; Rödel/Frankenberg/Dubiel 1989) – scheint die politische Theorie den Begriff der Herrschaft wiederzuentdecken bzw. wiederentdecken zu müssen. Die Schärfe und Emphase analytischer Begrifflichkeiten in kritischen Teilen des Malestreams nimmt deutlich zu. Die textuellen Bilder sind mit katastrophischen Erwartungen und weltrettenden Hoffnungen gefüllt: fast so wie zu den Hochzeiten der Friedens-, Ökologie- und Frauenbewegung. Angesichts des vorliegenden Datenmaterials scheint die normalwissenschaftliche Distanz zum Gegenstand schwieriger zu werden.

2. Alte Begriffe für das Politische

Der feministische Begriff des Politischen, der im Unterschied zu allen traditionellen Politikbegriffen das Private nicht als a- oder gar antipolitische Dimension definiert, gilt als die zentrale Innovation feministischer Theorie/Praxis (zu seiner genauen Konturierung vgl. Holland-Cunz 1996: 368ff.). Dennoch beinhaltete von Anfang an gerade dieser neue Begriff – zunächst ohne Wissen derer, die ihn gleichsam auf der Straße formulierten – höchst aufschlußreiche klassische politiktheoretische Elemente. Der Polarisierung von feministischem Engagement als Politisierung des Privaten einerseits und aller herrschenden Politiken des patriarchalen Öffentlichen andererseits lag ein Verständnis des letzteren zugrunde, das seine meist ungenannten Wurzeln sowohl im Weberschen als auch im Frankfurter Verständnis von Macht, Herrschaft und Gewalt hatte. Die anfangs noch nicht professionell ausformulierte Vorstellung des patriarchalen Politischen glich dem Bild eines monolithischen, ubiquitären, feindlichen Leviathans, dessen Herrschaft weltumspannend, dessen Macht kaum bezähmbar und dessen Gewalttätigkeit täglich neu erfahrbar schien. Die Diktion der ersten politiktheoretischen Texte des Feminismus ist entsprechend dramatisch. Shulamith Firestone (1975: 9, 17, 178, 157, 93, 85, 43, 23) beispielsweise spricht von einem „Massaker", von Tyrannei, Schizophrenie, Korruption, Repression, Unterdrückung, Herrschaft, Unterordnung, Macht und Gewalttätigkeit, wo sie die vielfältigen androzentrischen gesellschaftlichen Strukturen beschreibt. Worte wie „sadistische Feindseligkeit" (Atkinson 1978: 21) oder der Vergleich patriarchaler Politiken mit Kriegsgeschehen waren keine Seltenheit. Kate Millett (1985: 39, 212), die wissenschaftlich versierteste der frühen Theoretikerinnen, deren Analyse kaum minder dramatisch klingt, verweist als einzige an jeweils einer Stelle ihrer Analyse auf Analogien zum Weberschen Herrschaftsbegriff und zu Horkheimers Faschismusanalysen.

Der neue Politikbegriff der Neuen Frauenbewegung, der von Beginn an das Politikum Privatheit an zentraler Stelle einschloß, hatte demnach anfangs zugleich eine theoriegeschichtlich höchst traditionelle Dimension: Die Begriffe Macht, Herrschaft und Gewalt wurden unentwirrbar in einer Weise miteinander verwoben, wie Hannah Arendt (vgl. 1985: 36ff.) sie für die gesamte Ideengeschichte kritisch konstatiert hat. Diese zweite, äußerst scharf patriarchatskritische Dimension des feministischen Verständnisses des Politischen als gewalttätige Macht über Frauen wird heute wenig diskutiert; sie ist offensichtlich in den Prozessen der Professionalisierung feministischer politischer Theorie sukzessive verlorengegangen oder vielleicht gar zunehmend schamvoll verschwiegen worden. Mit radikaler Herrschaftskritik, wie sie die frühe Theorie, freilich noch sehr undifferenziert, betrieb, bestehen heute weitreichende Berührungsängste im akademischen Feminismus. Es erscheint mir um so bemerkenswerter, daß ausgerechnet Carole Pateman (1988) fast zwei Jahrzehnte nach Firestone und Millett zu einer ähnlich scharfen politiktheoretischen Diktion zurückkehrt.

Die frühen Theoretikerinnen nahmen fast keine Differenzierungen vor, sie schienen der Radikalität der Analyse abträglich und der Komplexität des Gegenstandes Patriarchat nicht angemessen. Die notwendige Arbeit begrifflicher Ausdifferenzierung erfolgte erst ab etwa Ende der siebziger/Anfang der achtziger Jahre. Wichtige politiktheoretische Publikationen dieser Zeit wie beispielsweise Susan Moller Okins (1979) „Women in Western Political Thought", Jean Bethke Elshtains (1981) „Public Man, Private Woman" oder Alison Jaggars (1983) „Feminist Politics and Human Nature" sind bis heute nicht ins Deutsche übertragen worden. Sie stehen für den Beginn der professionellen politischen Theorie der Neuen Frauenbewegung und bilden gleichsam die Schnittstelle zwischen der undifferenzierten Schärfe der frühen Herrschaftskritik und der ausdifferenzierten harmlosen Unschärfe der aktuellen Theoriebildung. Die zum Teil eklatanten Begriffsverschiebungen sind nicht zu übersehen.

Am deutlichsten hat sich der Machtbegriff in den vergangenen knapp dreißig Jahren feministischer Theoriebildung verändert. Während er lange Zeit nahezu ausschließlich zur kritischen Charakterisierung institutioneller patriarchaler Politiken reserviert blieb, hat sich seit etwa Mitte/Ende der achtziger Jahre seine explizit Arendtsche an Stelle seiner implizit Weberschen Fassung durchgesetzt. Nicht einer Kritik der Macht als „Chance, innerhalb einer sozialen Beziehung den eigenen Willen auch gegen Widerstreben durchzusetzen" (Weber 1976: 28) gilt heute die politiktheoretische Aufmerksamkeit, sondern der positiven Setzung der Macht als „Fähigkeit, nicht nur zu handeln oder etwas zu tun, sondern sich mit anderen zusammenzuschließen und im Einvernehmen mit ihnen zu handeln" (Arendt 1985: 45). Dem steht derzeit allenfalls dasjenige Verständnis von Macht gegenüber, das sich an Foucaults Vorstellung der Macht als „Vielfältigkeit von Kräfteverhältnissen, die ein Gebiet bevölkern und organisieren" (Foucault 1991: 113), orientiert. Doch das aufregende Foucaultsche (1991: 114) Bild des „bebenden Sockel(s) der Kräfteverhältnisse, die durch ihre Ungleichheit unablässig Machtzustände erzeugen", hat gegen das friedliche Arendtsche Bild des einvernehmlichen Handelns zumindest hierzulande kaum eine Chance. Es ließe sich begründet spekulieren, daß Arendts politiktheoriegeschichtlich ungewöhnlich positiv konnotierter Machtbegriff dem sozial weiblichen Bindungs- und feministisch politischen Solidaritätsbedürfnis inhaltlich entgegenkommt. Selbst die Prominenz des dekonstruktiven Ansatzes von Judith Butler (1991), die sich ausführlich auf Foucault bezieht, hat an dieser Orientierung des akademischen feministischen Mainstreams wenig verändern können. Auch im Kontext professioneller institutionalisierter Gleichstellungspolitiken ist es geradezu verpönt, Macht im Weberschen Sinne in enger Verbindung zum Herrschaftsbegriff zu sehen.

Der Gewaltbegriff hat eine feministische Theoriegeschichte, die nicht minder aufschlußreich und beunruhigend ist. Während die undifferenzierten Ansätze der frühen Theoretikerinnen immerhin Rudimente einer Analyse personaler und struktureller Gewalt deutlich erkennen ließen, ist der Gewaltbegriff heute in zwei Spezialdiskurse marginalisiert, ja geradezu gebannt: zum einen in die innerfeministisch und gesellschaftlich anerkannte Analyse von privaten, meist sexualisierten, direkten Gewaltformen, zum anderen in die innerwissenschaftlich noch immer um Anerkennung ringende Community der Friedens- und KonfliktforscherInnen einschließlich ihrer feministischen Repräsentantinnen (vgl. exemplarisch Clemens/Wasmuht 1991). Für die politiktheoretische Struktur des feministischen Gewaltbegriffs bedeutet dies die analytische Dominanz direkter über strukturelle Gewaltverhältnisse. Johan Galtungs (1971 und 1990) international rezipiertes Begriffsinstrumentarium wird in feministischer politischer Theorie jenseits der Friedensforschung weder beachtet noch bearbeitet. Die analytische Dominanz der direkten Gewalt produziert und reproduziert die mikroanalytische Orientierung feministischer Gewaltforschung, die wiederum diese analytische Dominanz mit hervorbrachte. Sie fördert eine unangemessene Konzentration auf individualisierte und personalisierte Kritiken an Gewalt, eine analytische Zentrierung, die den Gewaltbegriff gesellschaftstheoretisch entschärft. Selbst in einem klassisch zu nennenden Kontext wie der Analyse von Ungleichheiten (geschlechtshierarchische Arbeitsteilung und Machtchancen), für Galtung (1971: 71) das wichtigste Synonym für strukturelle Gewalt, wird der Begriff der Gewalt nicht mehr verwendet. Einst breit rezipierte Ansätze zur Frauenarbeit wie der Bielefelder Ansatz, in dessen Zentrum die Analyse von Arbeitsteilungen als Gewaltverhältnissen stand, gelten als akademisch nicht mehr brauchbar oder gar anrüchig.

Die Theoriehistorie des Herrschaftsbegriffs ist ambivalent und schwierig zu bewerten. Seine Absonderung von den Begriffen Macht und Gewalt hat ihn zwar einerseits als allgemeinste begriffliche Restkategorie für patriarchale gesellschaftliche Strukturen erhalten, andererseits jedoch verlor er damit seinen auf Ausbeutung, Unterdrückung und Ungleichheit bezogenen patriarchatskritischen Kern. Der Begriff Herrschaft ist gleichsam zu einer Chiffre geworden, die nur noch selten im ursprünglich trennscharfen und inhaltsreichen Sinne verwendet wird.

Erst die Kritik des Schwarzen Feminismus am Rassismus der weißen westlichen Frauenbewegung (vgl. exemplarisch hooks 1990 und 1994) hat in den letzten Jahren im feministischen Mainstream zu einem zunächst zögerlichen Umdenken geführt, das längerfristig allerdings eine Theorierevision und -innovation auslösen könnte. Die unter dem Primat Gender marginalisierte Analyse zahlreicher differenter politischer Herrschaftsverhältnisse und ihrer Relationen zum Sexismus hat nicht nur zur systematischen Nichtbeachtung rassistischer, klassenspezifischer, antisemitischer, ethnozentrischer, nationalistischer, heterosexistischer etc. Herrschaftsformen geführt. Die seit etwa Mitte der siebziger Jahre bestehende fast ausschließliche Gender-Zentriertheit feministischer Theorie/Praxis hat auch die Klarheit der Sexismuskritik selbst wesentlich beeinträchtigt. Unter einer solchermaßen homogenen und um substantielle Macht- und Gewaltkritik reduzierten Perspektive verliert sich nicht zufällig die begriffliche Genauigkeit, da Herrschaft nicht in ihrem ganzen Ausmaß und ihrer ganzen Komplexität in den politikkritischen Blick gerät. Herrschaft erscheint dann allzu leicht als ein gesellschaftliches Phänomen unter anderen und politisch-praktische Integrationsversuche avancieren zu naheliegenden Lösungen. Die im patriarchalen Politischen durch Hierarchisierungen und Exklusionen eingeschlossene weitreichende Herrschaftlichkeit wird diffus oder sogar unsichtbar.

Drei miteinander verwobene theoriegeschichtliche Bewegungen sind resümierend festzuhalten: Der Begriff der Macht als Kern des Politischen hat sich von seinem kritischen zu einem positiven Bedeutungsgehalt verschoben; der Begriff der Gewalt als Kennzeichnung struktureller politischer Dominanzverhältnisse hat sich personalisiert und individualisiert; der Begriff der Herrschaft als umfassendste Beschreibung patriarchaler gesellschaftlicher Realität hat sich, zumindest zeitweise, zu einer diffusen Chiffre aufgelöst. Theoriegeschichtskritisch gesprochen ließe sich deshalb konstatieren, daß es den feministischen politiktheoretischen Grundbegriffen derzeit an Kontur, Schärfe und Politisiertheit mangelt und daß sie im Sinne einer kritischen Gesellschaftstheorie neu geschärft und repolitisiert werden müssen. Wenigstens wäre der vorherrschenden Positivierung des Machtbegriffs und der dominanten Personalisierung des Gewaltbegriffs eine jeweils spezifische kritische Öffnung der Kategorien entgegenzuhalten. Während der kritische Malestream angesichts der aktuellen Herausforderungen an den demokratischen Nationalstaat gerade wieder beginnt, die alten Begriffe Macht, Herrschaft und Gewalt als Konkretionen des Politischen neu zu entdecken und zu besetzen, ja vielleicht gar neu zu erfinden, hat sich die wissenschaftliche Struktur des Feminismus so stark normalwissenschaftlich verwandelt, daß scharf konturierte Patriarchatskritiken selten geworden sind. Feministische politische Theorie sollte jedoch gerade jetzt nicht ausschließlich auf die Anerkennung durch den gesetzten Mainstream setzen, will sie die dramatisch sich zuspitzenden geschlechterherrschaftlichen Dimensionen der globalen Transformationen des Politischen begrifflich erfassen. Denn dieser Malestream hat zu den aktuellen Fragen, selbst wo sie thematisch gegeben sind, erstaunlich wenig zu sagen (vgl. Beyme 1996).

Eine angemessene politiktheoretische Wiederentdeckung des Herrschaftsbegriffs und seiner systematischen Relationen zu strukturellen Gewaltverhältnissen im Galtungschen und Machtzumutungen im Weberschen Sinne wäre demnach auch feministisch unumgänglich. Analytische Schärfe und Klarheit sollten nicht durchaus verständlichen normalwissenschaftlichen Anerkennungswünschen geopfert werden. Die keineswegs unehrenvolle Aufgabe normativ orientierter politischer Theorie besteht seit jeher in herrschaftskritischen und innovationsbezogenen Überlegungen, die angesichts der theoretischen und politischen Herausforderungen gerade jetzt unverzichtbar erscheinen. Die globalen Transformationen des Politischen sind ohne Rekurs auf eine geschärfte Fassung der Begriffe Macht, Herrschaft und Gewalt nicht adäquat zu erfassen. So mag katastrophenszenarischer Begriffspathos verzichtbar sein, wenn er auch angesichts globaler Lebensbedrohungen von steigender Armut bis zu Klimaveränderungen naheliegt. Analytische Schärfe aber ist für eine kritische Theorie des Politischen nicht verzichtbar; und als eine solche versteht sich selbst die normalwissenschaftlich verwandelte feministische politische Theorie noch immer.

3. Begriffliche und institutionelle Innovationen des Politischen

Michel Foucaults eingangs angeführte historisch-philosophische Beobachtung, daß weitreichende politische Transformationen nicht in erster Linie zu Apathie, sondern vielmehr zu einer „Problematisierung der politischen Tätigkeit" führen, könnte als Motto über vielen aktuellen Debatten stehen. Nach Foucault impliziert diese Problematisierung dreierlei: eine Relativierung der Machtausübung und eine moralische Reflexion der politisch Handelnden auf sich selbst und im komplexen Netz von Mächten und Einflüssen (vgl. Foucault 1995: 118ff.). In diesem Sinne ist politische Theorie heute herausgefordert, ihre normalwissenschaftlichen Routinen zu verlassen und im Dialog mit politisch Handelnden transformative Phantasie zu entfalten. Wie schwierig diese notwendige Unternehmung tatsächlich ist, dokumentieren die folgenden, höchst unzulänglichen Antworten einschließlich meiner eigenen. Die institutionellen Innovationen des Politischen scheinen dabei noch schwieriger „ausphantasierbar" als die begrifflichen.

Daß die herrschaftskritische politiktheoretische Fundierung (nicht nur) im Feminismus erneuert werden muß, impliziert kein schlichtes back to the roots einer undifferenzierten Kritik von Macht, Herrschaft und Gewalt; die erneuerten Begriffe müssen den heutigen Anforderungen an das sich transformierende Politische entsprechen. Die Wiederentdeckung des Herrschaftsbegriffs sollte seine geographische und kategoriale Erweiterung beinhalten. Die Inklusion der zahlreichen Herrschaftsverhältnisse jenseits des Geschlechts in feministische Theoriebildung ist die erste und möglicherweise die am breitesten geteilte notwendige politiktheoretische „Modernisierung". Ohne die systematische Verknüpfung der Analyse von Sexismus, Rassismus, Ethnozentrismus, Nationalismus, Antisemitismus, Klassenherrschaft und Naturbeherrschung ist die Dynamik und Komplexität von Transformations-, Modernisierungs- und Globalisierungsbewegungen nicht adäquat zu konturieren. Auch der Blick auf die Dialektik von Globalisierung und Partikularisierungen ließe sich auf diesem analytischen Wege schärfen.

Das Politische läßt sich heute nicht mehr unter einer homogenen, singulären Unterdrückungsperspektive theoretisch strukturieren und politisch organisieren, und es ist zu bezweifeln, ob dies jemals der Fall war. Das Politische läßt sich heute aber auch nicht ohne ausführlichen Bezug auf den Herrschaftsbegriff als solchen angemessen fassen. Seine Diversifizierung darf ihn nicht zersplittern und marginalisieren, sondern sollte ihn im Gegenteil politiktheoretisch neu zentrieren. Diese Anforderung scheint mir innerfeministisch sehr viel weniger breit geteilt und setzt sich voraussichtlich dem Vorwurf des theoretischen Anachronismus aus. Das gleiche ließe sich für die nötige Entpersonalisierung des Gewaltbegriffs und die Entpositivierung des Machtbegriffs prognostizieren, obgleich diese Dimensionen den jeweils vorhandenen nur als Ergänzungen bzw. Erweiterungen zur Seite gestellt werden sollten. Personale Gewaltverhältnisse werden weiterhin wichtiger Gegenstand der Analyse sein, sie wären jedoch in Analysen struktureller und kultureller Gewalt einzubetten. Das Arendtsche Verständnis des Politischen sollte nicht ersetzt, aber um ein politikkritisches Element jenseits von Arendts Gewaltbegriff erweitert werden. Arendts Gegenbegriff zu Macht, die Gewalt, kann den Herrschaftsbegriff nicht ersetzen, denn ihr Gewaltbegriff ist zu eng und instrumental gefaßt.

Die Repolitisierung aller drei Begriffe hätte schließlich eine genaue Bestimmung ihrer heutigen Relationen zueinander einzuschließen: Sie sind weder gegeneinander austauschbar noch untereinander vollkommen disparat und abgeschlossen. Herrschaft und Macht überschneiden sich in ihrer politikkritischen Dimension, widersprechen sich im Ideal des gemeinsamen machtvollen Handelns. Herrschaft und Gewalt überschneiden sich in der strukturell gewaltvollen Fundierung von Herrschaft, widersprechen sich aber im Grad ihrer begrifflichen Allgemeinheit. Macht und Gewalt überschneiden sich in einer Weberschen, widersprechen sich in einer Arendtschen Theorieperspektive. Die jeweils spezifischen Bedeutungsgehalte und die wechselseitigen Relationen der drei Begriffe könnten als sich teilüberschneidende Kreise visualisiert werden. Der Herrschaftsbegriff kann als der allgemeinste und umfassendste Begriff erhalten werden, wenn seine Absonderung von struktureller Gewalt und Machtzumutung revidiert wird. Der Begriff der strukturellen Gewalt sollte im Sinne Galtungs den fast nicht mehr erkennbaren Tiefenstrukturen der Geschlechterherrschaft vorbehalten bleiben. Der Machtbegriff wäre in eine erneuerte politikkritische und eine weiterhin politikgestaltende Dimension zu diversifizieren, worin die Inhalte der Politikkritik in die politische Gestaltungsagenda unmittelbar Eingang finden und die Gestaltungsideen die Politikkritik argumentativ nähren können. Auf all diesen begrifflichen Wegen, so der Vorschlag, ließen sich neue, aktualisierte, schärfere Konturen in die politiktheoretischen Fundamente feministischer Theoriebildung einschreiben.

Mit der begrifflichen Innovation ist die institutionelle lose verbunden, die in einem doppelten Sinne, als allgemeine Innovation der Normen und als spezifische Innovation der politischen Strukturen und Verfahren, zu verstehen wäre. Hier ist der Rekurs auf den Malestream höchst instruktiv. Wenn beispielsweise Ulrich Beck (1993: 189, 207) für eine Neu-Erfindung des Politischen plädiert und „zwischensystemische Vermittlungsinstitutionen" sowie regelverändernde reflexive Politiken betrachtet, wenn Benjamin Barber (1996: 163, vgl. auch 160, 261, 285, 286) nach neuen Institutionen für die vom Überleben bedrohte Demokratie fragt und „politische Kühnheit, Phantasie und selbstbewußten politischen Gestaltungswillen" (Barber 1996: 240) fordert, wenn Wolf-Dieter Narr und Alexander Schubert (1994: 202ff., 227, 230) angesichts der „institutionellen Lücke" notwendige „Vorschläge zu anderer Institutionalisierung" erwarten und die „praktische Phantasie" emanzipieren wollen, wenn David Held (1993) kontinentale Parlamente in seinem kosmopolitischen Modell der Demokratie vorsieht, dann öffnen diese Autoren die alten, klassischen demokratietheoretischen Grundfragen neu und stellen sich den aktuellen transformatorischen Herausforderungen. Ein neuer Wille zu institutioneller Phantasie und politischer Gestaltung vis à vis der „Katastrophenwahrscheinlichkeit" (Beck 1993: 42) durchzieht die Texte des kritischen Malestreams. Feministische politische Theorie stand in diesen Diskussionen bislang weitgehend im Abseits. Das ist um so erstaunlicher, als die Innovationskraft feministischer Theorie/Praxis für ein heute angemessenes Konzept des Politischen selbst im Malestream kaum mehr ernsthaft bestritten wird.

Allerdings ist auch die Innovationskraft des Malestreams angesichts der globalen Herausforderungen eher begrenzt. Pointiert ausgedrückt: Selbst der starke Demokratietheoretiker Benjamin Barber (1996: 298) vermag nicht, mehr als eine magere internationalisierte schweizerische Eidgenossenschaft gegen die zerstörerischen Kräfte von McWorld und Jihad zu setzen. Barber (1996: 285ff.) gelingt es nicht, die in seiner Arbeit mehrfach angekündigten „neuen Institutionen" zu „erfinden" (ebd.: 286). Statt dessen entsteht das Bild einer langsam wachsenden, mit Geduld aufzubauenden, auf Altbekanntes sich rückbesinnenden, lokal und regional verankerten, weltweiten Civil society. Barber (1996: 293) plädiert schlicht für den „Wiederaufbau der bürgerlichen Gesellschaft" als „erste Priorität". Eine demokratische Weltöffentlichkeit wird, Barber (1996: 297) zufolge, schließlich auch einen demokratischen Staatenbund schaffen können, denn die Demokratie ist „unsere erste und einzige Hoffnung" (ebd.: 300) für die Rettung des Planeten (vgl. ebd.). Mit der Neuerschaffung des Bürgers und des Bürgersinns wäre zu beginnen (vgl. ebd.: 288).

Während Barber (1996: 285) sogar eine demokratische Weltregierung als „ferne Hoffnung" nicht ausschließen möchte, wenden sich Narr/Schubert (1994: 16) heftig gegen die Option der „weltstaatliche(n) Krücke", da sie das „Ungetüm" Weltstaat für demokratisch nicht legitimierbar halten (vgl. ebd.: 17; vgl. auch 233-243). Statt dessen plädieren sie für menschenrechtliche Radikaldemokratie als „dauernde(n) Anstrengung", die Stärkung der lokalen Ebene in einem weltweiten, NGO-starken, verfassungsprinzipiellen Föderalismus, die Erneuerung der Gewaltenteilung und die „Relativierung der nationalstaatlichen Souveränität" (ebd.: 248, 252ff., 255ff.). Wie Barber setzen sie auf Lokalismus und Weltbürgerlichkeit, doch fordern sie zur gleichsam vorsorglichen Verankerung von Demokratie und Menschenrechten radikale Dezentralisierung und Verfassungsreform und halten am Ideal direkter Demokratie, zumindest in den lokalen Räumen, fest (vgl. ebd.: 260ff.). Das fast schon anachronistische Reizwort „direkte Demokratie" inspiriert: Direktdemokratische lokale Praxis fundiert erst die Möglichkeit einer „Phantasie für die Ferne" (ebd.: 264).

Kühl argumentierende Untersuchungen zur schwerwiegenden globalen Problemlage, die zudem nicht sämtliche Hoffnungen auf eine diffus bestimmte weltweite Civil society setzen, finden sich zur Zeit eher selten, bedingt beispielsweise bei Elmar Altvater/Birgit Mahnkopf (1996), deutlich bei Michael Zürn (1996), Fritz W. Scharpf (1996) und der Forschungsgruppe Weltgesellschaft (1996). Letztere interpretiert den widersprüchlichen Prozeß der „Verweltgesellschaftung" als einen Prozeß mit offenem Ausgang, in dem sowohl Chancen der Zivilisierung und Gewaltminimierung als auch Gefahren regressiven Verhaltens und gewaltförmiger Rückbildungen liegen (vgl. Forschungsgruppe Weltgesellschaft 1996: 7, 21ff.). Zürn (1996: 120ff.) sieht einen deutlichen Rückgang globaler Konfliktlinien bei gleichfalls enormem Gewaltpotential voraus. Altvater/Mahnkopf bewerten den Globalisierungsprozeß im Einklang mit dem kritischen Malestream auch als „Katastrophe" und „Unterwerfung von Politik und Gesellschaft", doch skizzieren sie ein höchst komplexes, differenziertes Bild der Entwicklungslogiken, in dem ausnahmsweise sogar die durch die Globalisierung verschärften Geschlechterhierarchien Berücksichtigung finden. Die sozialen und ökologischen Grenzen der rastlosen Durchkapitalisierung der Welt, die Altvater/Mahnkopf ins Zentrum ihrer Überlegungen stellen, machen sie skeptisch gegenüber schnellen Ratschlägen und Utopien von Weltgesellschaft und globaler Zivilgesellschaft. Obgleich sie „kitschige Vorstellung" ist, wird sie jedoch schlußendlich, neben Steuervorschlägen und der „solare(n) Revolution", auf den letzten Seiten doch noch als Ausweg eingeführt (vgl. Altvater/Mahnkopf 1996: 17, 578, 589, 503, 294-335, 48f., 53, 52, 26, 590, 581, 549-556, 583ff., 587).

Die feministische Institutioneninnovationskraft ist ebenfalls zurückhaltend zu bewerten. Das legitime Eigeninteresse an politischer, ökonomischer, sozialer und kultureller Gleichheit für Frauen hat in der politischen Praxis der Frauenbewegungen immerhin einige Innovationen hervorgebracht: Formen der Affirmative action wie Quotenregelungen, Verwaltungsmodernisierungen wie die Frauenbeauftragung, juristische Kodifizierungsversuche wie das gescheiterte Equal Rights Amendment oder der aufgrund massiven öffentlichen Drucks erweiterte Artikel 3 des Grundgesetzes. Ausgearbeitete Ideen institutioneller Innovation jenseits eigeninteressierter, nationalstaatlich organisierter Partizipationsinteressen fehlen aber fast vollständig: In der deutschsprachigen Theoriediskussion etwa haben sich bisher nur wenige dezidiert geäußert. Anja Ruf (1996) schlägt in einem dem kritischen Malestream vollkommen vergleichbaren Bild die Stärkung der globalen Zivilgesellschaft vor, in der allerdings dem internationalen Netzwerk der feministischen Netzwerke/Bewegungen/NGOs die Rolle einer zentralen Akteurin der Transformation des Politischen zugewiesen wird. Elisabeth Bongert (1995) diskutiert die genderspezifischen Implikationen von Held, Hirst und Giddens und plädiert u.a. für eine weitreichende Institutionalisierung der Eingriffsrechte sozialer Bewegungen auf nationaler wie transnationaler Ebene. Zwischen denjenigen also, die sich den Herausforderungen stellen, besteht jenseits grundlegend unterschiedlicher Theorieperspektiven Einigkeit in der Privilegierung globaler zivilgesellschaftlicher Handlungszusammenhänge für eine Transformation des Politischen am Ende des 20. Jahrhunderts. Die institutionellen Arrangements, in denen dies zu sichern wäre, bleiben allerdings fast immer ebenso diffus wie ihr Verhältnis zu den bereits bestehenden politischen Institutionen. So außerordentlich sympathisch die Vorstellung einer zivilgesellschaftlichen Rettung der Welt vor den „Katastrophen" der Globalisierung aus der Sicht der feministischen politischen Theoretikerin ist, so deutlich regen sich doch Zweifel angesichts der sich gegenüberstehenden GegnerInnen. Die Anstrengungen des Begriffs und die der Praxis befinden sich noch im Anfangsstadium.

Ein abschließendes Argument möchte ich noch zu bedenken geben. Der einst unmittelbar aus der politischen Bewegung generierte feministische Begriff des Politischen, der um das Politikum Privatheit kreist, eignet sich für die Analyse der aktuellen Herausforderungen gleichzeitig gut und gar nicht. Barbers Globalisierungskritik zufolge (1996: 82-148) organisiert sich derzeit der direkte Zugriff transnationaler Konzerne auf das tägliche Leben des einzelnen in Gestalt nie endender Konsumversprechen und nie endender einförmiger, schneller, gesichtsloser, suggestiver Bilder, die die „Seele" (Barber 1996: 86, 88, 93) nun endgültig zum willfährigen Objekt von Herrschaftsprozessen degradieren. Die unmittelbare Einbeziehung des Raums des Privaten, ja des Intimen, in die globale Analyse kann aber nur (um im Bild zu bleiben) Tiefe gewinnen, wenn sie sich eines Begriffs des Politischen annimmt, der Privatheit und Intimität systematisch integriert. In diesem Sinne ist der feministische Begriff des Politischen zur Erfassung der Transformationsprozesse in hohem Maße analytisch tragfähig und brauchbar. Der globalisierungskritische Malestream hat dies jedoch noch nicht erkannt. Andererseits aber ist dieses analytische Kapital feministischer politischer Theorie zugleich ein Problem. Innerfeministisch betrachtet verstärkt es seit Jahren die Tendenz, sich von den „großen Fragen" abzuwenden und sich zu leichtfertig auf die Ebene des Privaten und Intimen und die mikroanalytischen Dimensionen des Politischen zu beschränken (vgl. ganz in dieser Tendenz Rössler 1996). In diesem Sinne ist der feministische Begriff des Politischen heute nicht unmittelbar brauchbar, er ist der Reichweite und Komplexität der Transformationsprozesse nicht angemessen und wäre im hier entwickelten Sinne zu erweitern und herrschafts- und politikkritisch neu zu schärfen. Zwei Theoriebewegungen sind notwendig, um die Innovationskraft der politischen Theorie zu stärken und jenseits ihrer Spaltung in Male- und Feministstream zu verankern: die deutlichere Einbeziehung der Globalisierungsproblematik und ihrer heraufziehenden Möglichkeiten von Herrschaft im feministischen Kontext und die Anerkennung des analytischen Potentials des feministischen Politikbegriffs durch den sich der Globalisierungsproblematik widmenden kritischen Malestream. Wenn die weltbürgerliche Neuerfindung des Citoyen gelingen soll, so muß dies gleichzeitig die Citoyenne integrieren. Wenn die Innovation der Institutionen gelingen soll, so müssen diese wirklich gleiche Zugangschancen garantieren. Wenn die Anpassung der Begriffe des Politischen an die aktuellen Herausforderungen gelingen soll, dann brauchen sie einen systematischen Blick auf das Politikum Privatheit. Die politiktheoretische Wiederentdeckung der Herrschaft bleibt ohne die Perspektive auf patriarchale Herrschaft ohne begriffliche Schärfe und innovative Kraft. Dies wäre in Zeiten der Transformation für das weltweit noch immer höchst unabgeschlossene Projekt Demokratie nicht nur theoretisch fatal. Ob der „Phantasiemangel im Hinblick auf eine andere Politik" (Narr/Schubert 1994: 234) wirklich überwunden werden kann, wird die Praxis des Politischen unmißverständlich zeigen. Politik als Gestaltungs- und Veränderungschance sollte heute nicht verspielt werden, wenn die dramatisch formulierten Warnungen angesichts der wiederentdeckten Herrschaft nicht morgen Realität werden sollen. Kooperationen und Bündnisse in Theorie und Praxis sind nötig, um die politische Phantasie zu beflügeln.

Literaturverzeichnis

Altvater, Elmar/Mahnkopf, Birgit, 1996: Grenzen der Globalisierung. Ökonomie, Ökologie und Politik in der Weltgesellschaft. Münster.

Arendt, Hannah, 1985: Macht und Gewalt. 5. Aufl., München/Zürich.

Atkinson, Ti-Grace, 1978: Amazonen Odyssee. München.

Barber, Benjamin R., 1994a: Starke Demokratie. Über die Teilhabe am Politischen. Hamburg.

Barber, Benjamin R., 1994b: Zwischen Dschihad und McWorld, in: DIE ZEIT v. 14.10., 64.
Barber, Benjamin R., 1996: Coca Cola und Heiliger Krieg. Wie Kapitalismus und Fundamentalismus Demokratie und Freiheit abschaffen. Bern/München/Wien.
Beck, Ulrich, 1993: Die Erfindung des Politischen. Zu einer Theorie reflexiver Modernisierung. Frankfurt a.M.
Beyme, Klaus von, 1996: Theorie der Politik im Zeitalter der Transformation, in: *ders./Claus Offe* (Hrsg.), Politische Theorien in der Ära der Transformation, PVS Sonderheft 26. Opladen, 9-29.
Bongert, Elisabeth, 1995: Transnationale Demokratie aus feministischer Sicht, in: *Roland Erne* u.a. (Hrsg.), Transnationale Demokratie. Impulse für ein demokratisch verfasstes Europa. Zürich, 60-92.
Butler, Judith, 1991: Das Unbehagen der Geschlechter. Frankfurt a.M.
Clemens, Bärbel/Wasmuht, Ulrike C., 1991: Friedensforschung und feministische Wissenschaft, in: *Ulrike C. Wasmuht* (Hrsg.), Friedensforschung. Eine Handlungsorientierung zwischen Politik und Wissenschaft. Darmstadt, 102-125.
Cohen, Jean L./Arato, Andrew, 1992: Civil Society and Political Theory. Cambridge Mass.
Elshtain, Jean Bethke, 1981: Public Man, Private Woman. Women in Social and Political Thought. Princeton.
Esser, Josef/Lüthje, Boj/Noppe, Roland (Hrsg.), 1997: Europäische Telekommunikation im Zeitalter der Deregulierung. Infrastruktur im Umbruch. Münster.
Firestone, Shulamith, 1975: Frauenbefreiung und sexuelle Revolution. Frankfurt a.M.
Forschungsgruppe Weltgesellschaft (Mathias Albert/Lothar Brock/Hilmar Schmidt/Christoph Weller/Klaus Dieter Wolf), 1996: Weltgesellschaft: Identifizierung eines „Phantoms", in: Politische Vierteljahresschrift 37(1), 5-26.
Foucault, Michel, 1991: Der Wille zum Wissen, Sexualität und Wahrheit, Band 1. 4. Aufl., Frankfurt a.M.
Foucault, Michel, 1995: Die Sorge um sich, Sexualität und Wahrheit, Band 3. 4. Aufl., Frankfurt a.M.
Galtung, Johan, 1971: Gewalt, Frieden und Friedensforschung, in: *Dieter Senghaas* (Hrsg.), Kritische Friedensforschung. Frankfurt a.M., 55-104.
Galtung, Johan, 1990: Cultural Violence, in: Journal of Peace Research 27(3), 291-305.
Habermas, Jürgen, 1987: Strukturwandel der Öffentlichkeit. Untersuchungen zu einer Kategorie der bürgerlichen Gesellschaft. 17. Aufl., Darmstadt/Neuwied.
Held, David, 1993: Democracy: From City-States to a Cosmopolitan Order?, in: *ders.* (Hrsg.), Prospects for Democracy. North, South, East, West. Cambridge U.K., 13-52.
Holland-Cunz, Barbara, 1996: Feminismus: Politische Kritik patriarchaler Herrschaft, in: *Franz Neumann* (Hrsg.), Handbuch Politische Theorien und Ideologien, Band II. Opladen, 357-388.
hooks, bell, 1990: Schwesterlichkeit: Politische Solidarität unter Frauen, in: beiträge zur feministischen theorie und praxis 27, 77-92.
hooks, bell, 1994: Feminismus – eine transformative Politik, in: *Nancy Kaiser* (Hrsg.), SELBST BEWUSST. Frauen in den USA. Leipzig, 323-337.
Jaggar, Alison M., 1983: Feminist Politics and Human Nature. Totowa.
Merchant, Carolyn, 1987: Der Tod der Natur. Ökologie, Frauen und neuzeitliche Naturwissenschaft. München.
Millett, Kate, 1985: Sexus und Herrschaft. Die Tyrannei des Mannes in unserer Gesellschaft. Reinbek bei Hamburg.
Narr, Wolf-Dieter/Schubert, Alexander, 1994: Weltökonomie. Die Misere der Politik. Frankfurt a.M.
Okin, Susan Moller, 1979: Women in Western Political Thought. Princeton.
Pateman, Carole, 1988: The Sexual Contract. Cambridge U.K.
Rödel, Ulrich/Frankenberg, Günter/Dubiel, Helmut, 1989: Die demokratische Frage. Frankfurt a.M.
Rössler, Beate, 1996: Feministische Theorien der Politik, in: *Klaus von Beyme/Claus Offe* (Hrsg.), Politische Theorien in der Ära der Transformation, PVS Sonderheft 26. Opladen, 267-291.
Ruf, Anja, 1996: Transformation statt Global Governance. Frauennetzwerke fordern das Konzept „Global Governance" heraus, in: epd-Entwicklungspolitik 23/24, 38-42.
Ruppert, Uta, 1996: Geschlechterverhältnisse international: regionale, kontinentale und internationale Trends zwischen 1970 und 1990 im Überblick. Gießen (unveröffentlichtes Manuskript).

Sauer, Birgit, 1996: Transition zur Demokratie? Die Kategorie „Geschlecht" als Prüfstein für die Zuverlässigkeit von sozialwissenschaftlichen Transformationstheorien, in: *Eva Kreisky* (Hrsg.), Vom patriarchalen Staatssozialismus zur patriarchalen Demokratie. Wien, 131-167.

Scharpf, Fritz W., 1996: Föderalismus und Demokratie in der transnationalen Ökonomie, in: *Klaus von Beyme/Claus Offe* (Hrsg.), Politische Theorien in der Ära der Transformation, PVS Sonderheft 26. Opladen, 211-235.

Schmidt, Manfred G., 1996: Der Januskopf der Transformationsperiode. Kontinuität und Wandel der Demokratietheorien, in: *Klaus von Beyme/Claus Offe* (Hrsg.), Politische Theorien in der Ära der Transformation, PVS Sonderheft 26. Opladen, 182-210.

Tetzlaff, Rainer, 1996: Theorien der Entwicklung der Dritten Welt nach dem Ende der Zweiten (sozialistischen) Welt, in: *Klaus von Beyme/Claus Offe* (Hrsg.), Politische Theorien in der Ära der Transformation, PVS Sonderheft 26. Opladen, 59-93.

Weber, Max, 1976: Wirtschaft und Gesellschaft. Grundriß der verstehenden Soziologie, hrsg. von Johannes Winckelmann. 5. rev. Aufl., Tübingen.

Wichterich, Christa, 1996: Die Armut wird weiblicher (Interview von Karin Gabbert), in: die tageszeitung v. 6.11., 17.

Zürn, Michael, 1996: Konfliktlinien nach dem Ende des Ost-West-Gegensatzes – global handeln, lokal kämpfen, in: *Klaus von Beyme/Claus Offe* (Hrsg.), Politische Theorien in der Ära der Transformation, PVS Sonderheft 26. Opladen, 94-128.

Mediale politische Kommunikation und Demokratie. Überlegungen zu Selektivität und Maskulinität der elektronischen Mediendemokratie*

Sabine Lang

„Mediendemokratie", „Telekratie", „Mediokratie" – die Verflechtung von medialer Kommunikation und Demokratie ist spätestens mit diesen sprachlichen Neuschöpfungen auf den Begriff gebracht worden. Zwar waren die Medien historisch nie, was der Wortstamm suggeriert: neutrale, instrumentelle Mittler oder nur funktionale Transmissionsriemen im Kommunikationsprozeß zwischen Bürgern und politischem System. Längst haben die Kommunikationswissenschaften die Bedeutung von Medien als öffentliche Kontrollinstanzen, als Machtfaktoren im Zuge von Themenselektion (agenda setter) und Inklusion von Akteuren in spezifische Diskurse (gate keeper) analysiert. Doch in jüngster Zeit wird die Prägekraft der Medien noch mehr exponiert: Das Schlagwort von der Mediendemokratie erkärt die Medien zum wichtigsten konstituierenden Element demokratischer Systeme (vgl. Donsbach 1995: 17). Medien konditionieren Wirklichkeit (vgl. Schuster 1995), mehr noch: Das mediale Bild von Politik wird zur „Wirklichkeit der Politik" (Sarcinelli 1987: 88). Politik betreibt nicht nur, sondern *ist* mediale Inszenierung.

Diese Vorstellung einer medialen Durchdringung von Politik und Demokratie hat zur Folge, daß auch politische Öffentlichkeit häufig mit einer mehr oder weniger präzisen Vorstellung von Medienöffentlichkeit gleichgesetzt wird. Vor allem die elektronischen Medien sind die Ikonen dieses medial ausgeleuchteten (post)modernen öffentlichen Raumes: Sie suggerieren, daß im Zuge der Globalisierung von Informationswegen die Potentiale von weltumspannender und demokratiebefördernder Kommunikation ins Unermeßliche wachsen können. Öffentlichkeit, so scheint es, ist medial gleichsam immer, überall und schnell produzierbar. Weil die Medien dies ermöglichen, sind sie zum Pars pro toto für eine demokratische Öffentlichkeit avanciert.[1]

Wo zunehmend mehr Informationen potentiell zugänglich sind, mutet es fast absurd an, vom Schwinden von Öffentlichkeit zu sprechen. Doch während einerseits Angebote und Inanspruchnahme medialer Öffentlichkeitsforen weltweit zunehmen, mehren sich

---

* Für ihre präzise und einfallsreiche Kommentierung des Manuskripts danke ich Birgit Sauer / Wien.

1 Als Bedingungen demokratischer Öffentlichkeit gelten in der hier unterstellten Definition nicht nur prinzipiell gleiche Zugangschancen, das Grundrecht auf Meinungsfreiheit sowie die Existenz von pluralen öffentlichen Institutionen, sondern auch einerseits die Schaffung von gesellschaftlichen Voraussetzungen dafür, daß Zugang und Freiheitsrechte in der Tat wahrgenommen werden können, sowie andererseits die Chance von Öffentlichkeit, ein „Ventil in wirksamem Handeln" (Mills 1956: 302f.) auch in etablierten politischen Institutionen zu finden.

andererseits die Indizien für eine tiefgreifende Sklerose demokratischer Öffentlichkeitsstrukturen (vgl. Schuster 1995; Benhabib 1992: 112ff.). In demokratietheoretischer Betrachtung – und durch empirische Studien unterstützt – wird eine dreifache Aushöhlung politischer Öffentlichkeit konstatiert: zum einen ihre Ausdünnung durch die Hegemonie von eng staatlich-medial bzw. korporatistisch initiierten politischen Kommunikationsformen mit nur wenigen und in der Regel finanziell potenten Akteuren (vgl. Schuster 1995), zum zweiten die unter anderem darin angelegte Entpolitisierung politischer Subjekte als Publika und Konsumenten (vgl. Habermas 1992; Benhabib 1992) und zum dritten die nach wie vor virulente strukturelle Exklusion von Frauen und Minoritäten aus den Formen und Praxen politischer Öffentlichkeit (vgl. Dackweiler/Holland-Cunz 1991; Hausen 1990; Lang 1996). Die überall greifbare Pluralisierung von Kommunikationsmöglichkeiten qua medialer Vervielfältigung hat die in sie gesetzten Erwartungen nach einer Stärkung demokratischer Öffentlichkeit bislang nicht erfüllt. Kommunikation im politischen Raum ist in weiten Teilen eine Einbahnstraße; Sender und Empfänger sind nicht austauschbar, sondern haben strukturell ungleiche Positionen inne. Der autonome Bürger, „whose reasoned judgement and participation was the sine qua non of the public sphere has been transformed into the 'citizen consumer' of packaged images and messages, or the 'electronic mail target' of large lobbying groups and organizations" (Benhabib 1992: 112). Gleichwohl erscheinen normative Ansätze, die vor der demokratischen Entkernung des öffentlichen Raumes warnen, im Horizont globaler Medienöffentlichkeit eigenartig antiquiert und realitätsfremd. Deliberative Modelle von Öffentlichkeit (vgl. Habermas 1962; Benhabib 1992) oder die von C. Wright Mills geforderte demokratische Öffentlichkeit (vgl. Mills 1956) wirken, in telekratischer Perspektive betrachtet, „in vielerlei Hinsicht anachronistisch" (Baringhorst 1995: 9), illusionär im Angesicht der Realität massenmedialer politischer Interventionspraxen.

Diese faktizistische Entzauberung der aufklärerischen Idee von Öffentlichkeit spiegelt sich im Forschungsgegenstand der politischen Kommunikationsforschung: Sie konzentriert sich seit geraumer Zeit auf die mediale Öffentlichkeit, spezifischer: auf die Interaktionen zwischen Staat, Medien und Publikum via medialer Kanäle. Wenngleich die allgegenwärtige Präsenz medialer Kommunikationsformen eine solche Konzentration nahelegt, so droht sie doch – zur Exklusivität geronnen – die Frage nach den Grundbedingungen, Formen und Institutionen demokratischer politischer Kommunikation zu vernachlässigen. Denn es werden in dieser eingeschränkten Gegenstandsdefinition eine Reihe von Fragen marginalisiert, die insbesondere die Möglichkeiten und Grenzen politischer Kommunikation in demokratischen Systemen sowie die spezifischen Interessen und Optionen von Akteuren und Institutionen betreffen. Darüber hinaus transportiert die definitorische und dadurch auch analytische Einengung politischer Kommunikation auf ihre hegemoniale mediale Form bereits im Ansatz einen Geschlechterbias. Einerseits universalisiert sie einen spezifischen Bereich politischer Öffentlichkeit – die mediale Kommunikation –, ohne in aller Regel die in sie eingelassenen Segregationspraktiken und das deutliche Macht-, Ressourcen- und Teilhabegefälle zu reflektieren. Andererseits tendiert sie unausgesprochen dazu, weniger männlich dominierte Orte und Kontexte politischer Kommunikation als marginal zu vernachlässigen und damit politische Öffentlichkeit als männliche zu identifizieren.

Die nachfolgenden Überlegungen zielen darauf ab, einige Fragestellungen politischer

Kommunikationswissenschaft demokratie- und geschlechterkritisch zu reformulieren. Ich werde zunächst aufzeigen, daß eine Reduktion des Verständnisses von politischer Kommunikation auf die mediale Herstellung von Öffentlichkeit die Gefahr birgt, ihren demokratischen Kern auszublenden und statt dessen, Max Weber abwandelnd, nur das Gehäuse medialer Inszenierung reifiziert. Zweitens wird argumentiert, daß ein „Engendering", d.h. eine Vergeschlechtlichung existierender Begriffe von politischer Kommunikation und Öffentlichkeit, jene Engführung aufbrechen und die Frage nach den demokratischen Grundbedingungen politischer Kommunikationskultur sichtbar machen kann. Abschließend wird skizziert, auf welche Weise politische Kommunikationsforschung im Kontext einer normativen und geschlechterkritischen Analyse von politischer Öffentlichkeit angesiedelt werden könnte, um insbesondere auch für die Diskussion um die Cyberspace-Demokratie ein adäquates analytisches Instrumentarium zu entwickeln.

1. Medienöffentlichkeit als zentrales Forum politischer Kommunikation

Die politische Kommunikationsforschung definiert ihren Gegenstand als Kommunikation in und zwischen den etablierten Institutionen des politischen Systems, also Parteien, Verbänden, Interessenvertretungen, den Medien und dem jeweiligen Publikum. Im Zentrum steht das „Management sowohl von organisationsinternen als auch von externen Informations- und Kommunikationsbeziehungen zwischen Organisationen und wechselnden Publika" (Jarren 1994: 7). Die Forschung hat sich in den vergangenen Jahren vor allem auf die externen Kommunikationen konzentriert, deren Träger wiederum im Regelfall die ÖffentlichkeitsarbeiterInnen jeweiliger Institutionen und die Medien sind.

Politische Kommunikation erscheint in dieser Rahmensetzung als professionalisierte und funktional betriebene Tätigkeit, die auf medialen Transport angewiesen ist und hochgradig selektiv kommunikative Prozesse organisiert. Sie ist immer auch strategische Kommunikation, mit Hilfe derer Problemdefinitionen verhandelt, Ansprüche auf Problemlösungen diskutiert und um Zuständigkeiten bzw. Verantwortlichkeiten gestritten wird (vgl. Neidhardt 1994: 19). Die von den Medien bereitgestellten Kommunikationsprozesse teilt die Forschung grob in drei Bereiche auf: Untersucht werden erstens die Auswahl von politischen Medieninhalten durch Journalisten, zweitens die Nutzung dieser Inhalte durch das Publikum und drittens ihre Wirkung auf die politischen Kenntnisse des Publikums (vgl. Donsbach 1993/94: 391). Der demokratietheoretische Horizont, in dem solche Definitionen siedeln, bezieht sich primär auf die Erzeugung von transparenten Entscheidungen im kommunikativen Interaktionsprozeß der genannten Institutionen und Organisationen (vgl. Neidhardt 1994: 23). Es wird also gefragt, ob und inwieweit politische Institutionen und Publikum über die Medien die Chance haben, so zu kommunizieren, daß die institutionell gefällten politischen Entscheidungen in ihrem Zustandekommen und im Ergebnis nachvollziehbar sind.

Mit diesem Zuschnitt ihres Forschungsgegenstandes reduziert die politische Kommunikationsforschung die Komplexität und demokratietheoretische Bedeutung ihres Gegenstandes. Auffällig ist zuvörderst die Tendenz, das Politische auf staatlich-institutionelle Politik einerseits und auf ihre medial vermittelte Form andererseits zu verengen. Dadurch, daß Kommunikationsprozesse zwischen etablierten Institutionen des politischen Systems und den Medien primärer Forschungsgegenstand sind, werden Chancen und Widrigkeiten eines Agenda-settings jenseits dessen, was sich historisch als das Feld des Politischen etabliert hat, nur unzureichend ausgelotet. Die Wirkungsforschung vergrößert diese demokratietheoretische Schwäche, indem sie überwiegend „top-down-Modelle" und nur wenige „bottom-up-Modelle" als Forschungshypothesen unterlegt. Es scheint von Belang, welche Wirkung bestimmte mediale Repräsentationsformen haben; in vielen Forschungsansätzen hingegen bleibt belanglos, welche Wirkung Akte politischer Kommunikation jenseits medialer Verbreitungsformen überhaupt entfalten können – oder wie die Voraussetzungen dafür zu gestalten wären, damit die primäre Ressource des politischen Subjekts, seine Kommunikationsfähigkeit, sich mit einer reellen Chance auf Einfluß gesellschaftlich artikulieren kann.

Diese Engführung politischer Akteurs- und Themenselektion steht in einem eigentümlichen Spannungsverhältnis zur Sprache, in der sich politische Kommunikationsforschung artikuliert. Der Begriff der Kommunikation selbst meint ja im etymologischen Sinne Austausch, Reziprozität und Verständigung. Was jedoch unter politischer Kommunikation in der Regel gefaßt wird, erschöpft sich im öffentlich und medial inszenierten Schlagabtausch zwischen denjenigen, denen der Beruf des Politikers eigen ist, und im weiteren Sinne Verbänden und anderen organisierten Interessen. Ebenso fragwürdig ist die vermeintliche Vervielfältigung politischer Diskussions- und Handlungsebenen, wie sie im Begriff der Massenkommunikation suggeriert wird. Massenkommunikation signalisiert nicht, daß die Chancen zur aktiven Kommunikation in komplexen und bevölkerungsreichen Gesellschaften steigen; der Begriff indiziert nicht mehr und nicht weniger, als daß es über die elektronischen und Printmedien gelingen kann, eine Vielzahl von heterogenen Publika zu erreichen und an das politische System anzuschließen. Der „shift from technical means to abstracted social relationships", der sich in die Semantik des Begriffs der Massenkommunikation eingeschlichen hat (Williams 1980: 51), suggeriert Aktivität und Teilhabe größerer Publika und meint doch nur die technische Möglichkeit, sie zu informieren. Der von Günter Anders überspitzt skizzierte, „in Millionen von Exemplaren reglos zu Hause in seinem Fauteuil hingegossene Radio- und Fernseh-Konsument, der die Welt in effigie von dort aus regiert: sie anschaltet, vor sich auffahren läßt und wieder ausschaltet" (Anders 1956: 115) hat mit der Idee demokratischer Zivilgesellschaft wenig gemein. Deshalb „bedarf die Vorstellung, daß sich das aufklärerische Idealbild eines gutinformierten, zu Selbst- und Mitbestimmung befähigten Staatsbürgers gerade durch die Ausweitung des Mediensystems und des Medienangebots verwirklichen lasse, einer Korrektur" (Sarcinelli 1995: 247). Es wird deutlich, daß politische Kommunikation in ihrer medialen Form nicht notwendig mehr Chancengleichheit, Zugang zu Ressourcen und Teilhabeoptionen produziert (vgl. ebd.) – mehr noch: Die Fixierung politischer Kommunikation auf das Mediensystem verkürzt das Politische und vernachlässigt die Frage, welche Kommunikationsformen und Öffentlichkeitsforen es zur Substantiierung und Festigung von Demokratie überhaupt bedarf.

Bislang jedoch werden partizipative Öffentlichkeitskonzepte in der Disziplin qua definitionem marginalisiert und den Nachbardisziplinen der philosophischen und politischen Demokratietheorie überlassen. Analytisch speist sich die politische Kommunikationsforschung hauptsächlich aus den Ressourcen der Systemtheorie (vgl. Jarren/Grothe/Rybarczyk 1993: 13; vgl. auch Kepplinger 1986; Weischenberg 1990) und damit aus einer partizipationstheoretisch wenig fruchtbaren Theorierichtung. Öffentlichkeit ist nach Luhmann „ein Kommunikationsnetz ohne Anschlußzwang" (Luhmann 1990: 170). „Man kann kommen und gehen, hinhören und abschalten, aufnehmen und abweisen" (ebd.). Politische Kommunikation reduziert sich in der systemtheoretischen Analyse auf den Austausch unter politisch legitimierten Funktionsträgern innerhalb eines Teilsystems. Ansprüche zur kommunikativen Teilhabe von nicht innerhalb des Systems organisierter Seite erscheinen dysfunktional und analytisch unbedeutsam. Öffentlichkeit wird auch hier abgegolten mit der Massenkommunikation, deren gesellschaftliche Primärfunktion „in der Beteiligung aller an einer gemeinsamen Realität liegt oder, genauer gesagt, in der Erzeugung einer solchen Unterstellung, die dann als operative Fiktion sich aufzwingt und zur Realität wird" (Luhmann 1981: 320). Das Teilsystem Öffentlichkeit garantiert in der systemtheoretischen Analyse spezifische Produzenten- und Publikumsrollen; es gibt Abnehmer und Lieferanten publizistischer Leistungen (vgl. ebd.: 79), Konsumenten und Produzenten von Publizität. Neidhardt unterscheidet drei „Akteursklassen" im Rahmen politischer Kommunikation, „nämlich Sprecher, die etwas sagen, ein Publikum, das zuhört, und Vermittler, die Sprecher und Publikum miteinander verbinden" (Neidhardt 1994: 20). Systemtheoretisch ist politische Kommunikation also ein funktionaler Bestandteil gesellschaftlicher Selbststeuerung, in dem sich Produzenten und Publika in einem für das System stabilen Verhältnis wiederfinden. Die unsichtbaren Verteilungs-, Status-, Exklusions- und Inklusionskämpfe, die z.B. die Zugehörigkeit zur „Akteursklasse" Publikum erst bestimmen, bleiben systemtheoretisch unbenannt. Politische Kommunikation wird als funktionaler Beitrag zur gesellschaftlichen Integration interpretiert. Das Problem, ob und inwieweit politische Kommunikation „ein Verfahren zur Herstellung eines anderen Wissens und einer anderen Wahrnehmung von nur medialen Erfahrungen werden kann und inwieweit sie Verständigung befördert, gerät so aus dem Blick" (Raskob 1995: 22).

2. Entpolitisierung des Subjekts – Personalisierung des Politischen

Durch die systemtheoretisch legitimierte Fixierung auf die medial vermittelte Politik verliert im Rahmen politischer Kommunikationsforschung an Bedeutung, daß und auf welche Weise in der gegenwärtigen Öffentlichkeit den Subjekten Erfahrungsgrundlagen für das Politische und damit auch für die politische Kommunikation entzogen werden. Der Hinweis, daß die moderne Gesellschaft einerseits eine Vielfalt neuer Wissens- und Erkenntnisdimensionen produziert, andererseits aber verarbeiten muß, daß dieses Wissen zunehmend indirekter und erfahrungsloser wird (vgl. Lippmann 1927: 3; Kaase 1986: 156), ist mehr als ein flüchtiges Aperçu bezüglich der Schattenseiten der Medienöffentlichkeit. Lippmann benennt schon in den zwanziger Jahren die Fallhöhe zwischen dem Schein politischer Omnipräsenz und Unmittelbarkeit, den die mediale Informationswelt erzeugt, und der realen Distanz zwischen Konsumenten und Politik, und er verweist auf die Selektivität des erzeugten Wissens (vgl. Lippmann 1927: 4).

Es ist inzwischen vielfach belegt, daß mit der Menge an verfügbarer Information keineswegs das politische Wissen zunimmt. So konnte hinsichtlich der politischen Berichterstattung der Bildmedien nachgewiesen werden, daß mit zunehmendem Konsum keineswegs die politische Informiertheit steigt, sondern eine Art Mainstreaming-Effekt (vgl. Hart 1996: 117) einsetzt: Aus im Regelfall einmaligen Reportagen zu bestimmten Themen und aus den Standard-Soundbites politischer Nachrichten kann kaum noch generalisiert werden; statt dessen werden Probleme individualisiert und von eigener Interventionsfähigkeit entkoppelt (vgl. ebd.). Was Hart „Cameo-Politik"[2] nennt (ebd.), wird von einer Reihe von Untersuchungen bestätigt (vgl. Campbell/Reeves 1990; Crigler/Fink 1994).[3] Statt Macht- und Politikstrukturen werden individuell Verantwortliche gesucht; statt struktureller Verbindungen stellt die mediale Fernsehkultur „Köpfe" vor. Günter Anders hat dies als „Verbiederung der Welt" bezeichnet (Anders 1956: 117). Fremde Menschen und Ereignisse werden so dargestellt, „als wären sie Vertrautes" (ebd.). „Cameo politics", resümmiert Hart, „therefore has a curious effect. Rather than drawing people into the public sphere, it tells them that another sentry is already on duty" (Hart 1996: 117).

In dieser Sicht läuft die mediale Logik Gefahr, die Distanz zwischen Politik und politischen Subjekten, die eigentlich verringert werden sollte, faktisch zu verdoppeln: Politik, für die meisten Menschen „ein erfahrungsferner Sektor des gesellschaftlichen Handelns" (Schmitt-Beck 1994: 159), wird medial in einer Weise verdichtet, die sie zum „Spielfeld der anderen" erklärt. Das erworbene Wissen kann kaum je mit Anwendungsmöglichkeiten in Zusammenhang gebracht werden; doch die Handlungsabstinenz wird durch scheinbares Informiertsein überdeckt. Die Überflutung mit elektronischem Medienkonsum, dies kann jenseits aller pauschalen Medienschelte inzwischen als gesichert gelten, gibt wenig Anreiz zu eigenständigem politischem Handeln (vgl. Graber 1996: 94; Hart 1996: 109f.). Das hervorstechendste Kennzeichen heutiger Konsumenten in der politischen Öffentlichkeit ist denn auch eine bewußt unengagierte Informiertheit: „The premium attitude is a sort of knowing appraisal. Speaking up is less important – certainly less fun – than sizing up. Politics, real politics, is for 'players' – fascinating term, for it implies that everyone else is a spectator" (Gitlin 1991: 125). Die medial induzierte politische Kommunikationskultur produziert also symptomatische Verhaltensweisen, die weniger politisches Engagement und Teilhabe als vielmehr Distanzierung vom Geschehen bewirken.

Besonderes Kennzeichen jener entpolitisierten politischen Informiertheit ist die zunehmende Personalisierung des Politischen (vgl. Kaase 1986). Politik wird reduziert auf wenige zentrale Akteure; sie gibt sich intimisiert und an Personen in Gestalt bekannter Konterfeis gebunden. Selten wird beispielsweise ein Gesetzgebungsprozeß in den Medien so dargestellt, daß die mühevollen Verhandlungen von Ausschüssen, Anhörungen, Fraktionsabstimmungen, daß ein abwägendes Pro und Contra, daß Zugeständnisse und Tauschgeschäfte der politischen Öffentlichkeit transparent werden. Statt dessen inszenieren Politik und Medien Gladiatorenkämpfe, in denen Helmut

2 Cameo-Politik meint die figürliche Darstellung bzw. im übertragenen Sinn die Personalisierung von Politik.

3 Campbell und Reeves (1990) haben z.B. gezeigt, daß die Berichterstattung über Drogen in den USA sich so stark auf individuelle Fälle konzentriert, daß Drogenpolitik und die sozialen Bedingungen, in denen Drogenmißbrauch stattfindet, völlig unterbelichtet sind.

Kohl gegen Oskar Lafontaine oder Ingrid Matthäus-Maier gegen Theo Waigel antritt. Als politische Kommunikationsleistung gelten weniger die Fähigkeiten zur Vermittlung komplexer politischer Vorgänge als die „persönlichen und stilistischen Darstellungskompetenzen" (Plasser 1993/94: 415). Der „mediengewandte Politikdarsteller, ausgestattet mit einem medientauglichen Charisma" (Sarcinelli 1992: 45) ist damit das ideale Subjekt politischer Kommunikationskultur.

In der Sicht des Publikums werden Spitzenpolitiker damit zu „prominente(n) Fernseh-Persönlichkeiten", sie sind „vertraute Akteure und Darsteller des politischen Dramas" (Plasser 1993/94: 414). Interesse an politischer Öffentlichkeit als Möglichkeit zur Teilhabe transformiert sich in eine Wahrnehmung des politischen Raums als Theaterbühne oder Sportplatz: „To be 'interested in politics' is to know how to rate the players – do they have good hands? how do they do in the clutch? how are they positioning themselves for the next play?" (Gitlin 1991: 125) Diese Attitüde politischer Informiertheit weist in der Tat Ähnlichkeiten zum Sport und besonders zu männlichen Kommunikationsritualen in der Sportarena auf. Sport/Politik ist in solcher Wahrnehmung ein Spiel, bei dem es entscheidend auf Einzelspieler und ihr strategisches Verständnis ankommt. Die Tatsache, daß Bürgerinnen und Bürger die Spieler/Politiker nur von der Zuschauertribüne bzw. vom Politikrand aus beobachten, wird als normal begriffen, denn das Spiel/die Politik hat eine vordefinierte Anzahl von Spielern/Akteuren. In der medialen Öffentlichkeit hat sich das Verlangen nach Partizipation transformiert in ein Verlangen nach Spektakel – man partizipiert, indem man zusieht. Interaktive, im eigentlichen Sinne kommunikative Qualitäten dieser Sphäre nehmen ab, wohingegen visuelle, durch Bildmaterial und durch symbolische Handlungen identifizierbarer „Persönlichkeiten" gekennzeichnete Präsentationen des Politischen zunehmen.

Frauen, von politischen „Sportplätzen" lange ausgeschlossen, können innerhalb dieser medialen Rahmensetzung nur begrenzt agieren: Sie können sich die medialen Spielregeln und damit auch spezifische politische Kommunikationsformen zu eigen machen; sie können zweitens auf weiblicher Differenz beharren, laufen hierbei aber Gefahr, strukturelle in selbstgewählte Marginalisierung zu verkehren. Oder sie können drittens versuchen, in kommunikativen Transgressionsakten mit den männlichen Grenzziehungen des Politischen bewußt zu spielen, und darauf hoffen, daß sich die Konturen des „Sportplatzes" langsam wandeln. Die immer noch viel zu spärlich dokumentierten Realitätserfahrungen von Journalistinnen und Politikerinnen zeugen jedoch davon, daß keine dieser Optionen befriedigend ist. Als Folge eines nicht auflösbaren Adaptionsproblems haben Frauen mehr als Männer Selbstzweifel in bezug auf ihre Kommunikationsfähigkeiten in der politischen Öffentlichkeit (vgl. Schöler-Macher 1994: 81f.; Penrose 1994). Darüber kann auch die Tatsache nicht hinwegtäuschen, daß exakt jene „weibliche Kommunikationsfähigkeit" zunehmend medial nachgefragt wird und auch die Präsentationsformen des Politischen sich scheinbar „feminisiert" haben.

Vor allem die kursierende Personalisierung und Intimisierung von Politik wird gerne als eine Art „Konzession" an die feministische Losung „Das Private ist politisch" interpretiert. Denn wo Politik in unterhaltendem Gestus präsentiert wird, wo sie den sprichwörtlichen „human touch" gewinnt (vgl. Kaase 1989: 110), da ist die Assoziation zum Bereich des Emotionalen und damit in vorherrschender Lesart „Weiblichen" nicht weit. Damit scheint vordergründig auch das Argument außer Kraft gesetzt, daß die über die Medien kommunizierte Politik die gesellschaftlichen Belange von Frauen weniger träfe als die von Männern (vgl. kritisch van Zoonen 1991: 215). Doch einerseits wird durch die angeblich frauenfreundliche Intimisierung von Politik die Kluft zwischen einer vielleicht weniger abstrakten Präsentationsform und ihrer patriarchalen Substanz unterschlagen. Andererseits wird eine klassische Dichotomie reproduziert, nach der Frauen nur am Privaten und Intimen, Männer hingegen an abstrakten Zusammenhängen öffentlicher Politik interessiert seien. Die mediale Intimisierung des Politischen, die auch gleichzeitig seine Profanisierung bedeutet, hat weder mit dem partizipatorischen Anliegen von Frauen, noch mit der Infragestellung traditioneller Politikbegriffe etwas gemein.

Können, so lautet die demokratietheoretisch relevante Frage, Anliegen einzelner Gruppen in einer fast ausschließlich von Medien „gemachten" und fortlaufend hergestellten Öffentlichkeit adäquat artikuliert, repräsentiert und erfolgreich kommuniziert werden? Nicht ohne Grund basierte die Politisierungsbewegung der Neuen Frauenbewegung auf der Idee einer „feministischen Gegenöffentlichkeit", die den Energieverlust in den Auseinandersetzungen um Macht und insbesondere auch um eine Stimme innerhalb etablierter Öffentlichkeit kompensieren und Frauen andere Zugänge zu politischer Kommunikation und damit zur Politik selbst eröffnen sollte. Als traditionell von der öffentlichen Sphäre Ausgeschlossene bzw. in ihr Marginalisierte kann Frauen eine politische Kommunikationsstrategie, mit Hilfe derer „den Bürgern mit mehr oder weniger großer Intensität und Regelmäßigkeit politische Botschaften zufließen" (Schmitt-Beck 1994: 159; s. a. Sarcinelli 1992: 43), nicht ausreichen. Denn weder sind Frauen stimmführend an den Orten, von denen aus die Botschaften gesendet werden, noch dort, wo sie im Übermittlungsprozeß an das Publikum verdichtet, teils umcodiert, prominent gesetzt oder marginalisiert werden. Auch wenn die Strategie dieser Gegenkultur nur bedingt erfolgreich war, hat sie die Frage nach den Bedingungen politischer Kommunikation sowohl in den Medien wie auch in anderen Praxen von Öffentlichkeit neu gestellt.

Inwieweit kann also im engeren Sinne die mediale Kommunikation vergeschlechtlicht und generell die politische Öffentlichkeit dem Ziel „partizipationsorientierter Inklusion" (Greven 1995: 81) nähergebracht werden? Die Geschlechterforschung bearbeitet diese Fragestellung in zwei unterschiedlichen analytischen Kontexten, die beide für sich genommen interessante Antworten produzieren, wenngleich sie bislang zu wenig miteinander kommunizieren. Es gibt zum einen feministische Ansätze innerhalb der Kommunikationswissenschaft, die versuchen, in geschlechterkritischer Perspektive sowohl die Potentiale von Medien als auch ihre Begrenzungen auszuloten. Die zweite, demokratietheoretisch orientierte Richtung der Geschlechterforschung, die in diesem Zusammenhang relevant ist, arbeitet an einer Theorie politischer Kommunikation und Öffentlichkeit, die den existierenden Geschlechterbias sowohl aufdecken als auch alternative Entwürfe demokratischer politischer Öffentlichkeit produzieren will. Ich werde im folgenden beide Richtungen mit dem Ziel verknüpfen, sie erstens füreinander und zweitens zusammengenommen für die Revision einiger Forschungshypothesen politischer Kommunikationswissenschaft fruchtbar zu machen.

3. *Ansätze eines „Engendering" politischer Kommunikation*

Auch in den meisten feministischen Ansätzen innerhalb der Kommunikationswissenschaft wird der Fokus auf die mediale Kommunikation übernommen: „Die feministische Kommunikationswissenschaft fragt ... danach, wie Frauen aus der Medienrealität (insbesondere aus der politischen, wirtschaftlichen Berichterstattung) ausgeklammert werden, welche geschlechtsspezifischen Stereotypisierungen durch Medien transportiert werden und wie patriarchale bzw. paternalistische Strukturen in Medienorganisationen und Medieninhalten wirksam werden" (Angerer/Dorer 1994: 9). Diese Konzentration auf die mediale Unterrepräsentanz von Frauen beherrschte die Forschung der achtziger und frühen neunziger Jahre, und in der Zwischenzeit liegen zahlreiche Arbeiten vor, die die Exklusionspraxen medialer Institutionen sowie die Unterbelichtung von frauenrelevanten Fragestellungen in den Medien beweiskräftig dokumentieren (vgl. IG Medien 1994; Gebel 1995; Holtz-Bacha 1995; Velte 1995). Die naheliegende frauenpolitische Konsequenz, weibliche Medienschaffende zum „Gang durch die Institutionen" zu ermutigen und eine stärkere quantitative und programmbestimmende Präsenz von Frauen innerhalb der Medien zu erreichen, schlägt sich inzwischen in einer langsam steigenden Partizipation von Frauen bei Zeitungen, Funk und Fernsehen nieder (vgl. IG Medien 1994; Lont 1995; Lünenborg 1996).

Gleichwohl signalisieren neuere Untersuchungen, daß die Hoffnungen auf eine geschlechtersensiblere und partizipationsorientiertere politische Kommunikationskultur durch die quantitative Erhöhung des Frauenanteils in den Medien sich nicht erfüllen werden (vgl. für die USA Norris 1997). Es mehren sich hingegen die Belege dafür, daß auch eine mediale Kommunikationsarbeit, bei der Frauen mitwirken, im großen und ganzen die Exklusivität politischer Öffentlichkeit nicht aufbricht und dominante patriarchale Paradigmen eher stabilisiert als modifiziert (vgl. ebd.: 2). Die Art und Weise, wie die mediale Berichterstattung über Frauen erfolgt, das heißt das Raster, in das die politische Kommunikation über Frauen eingelassen wird, bleibt auch da, wo Frauen arbeiten, geschlechtersegregiert: Zwar werden zum Beispiel die politischen Nachrichtensendungen insbesondere der privaten Fernsehanbieter inzwischen häufiger von Frauen moderiert als noch vor zehn Jahren, doch Rationalität und Motivation hinter dieser Entwicklung tragen „sexistische Züge" (Cornelissen/Küsters 1990: 109). Denn Frauen werden zur Nachrichtenpräsentation vor allem „in ihrer expressiven Funktion" herangezogen, „das heißt, sie dienen der Auflockerung (von Politik; S.L.) mit verbalen und nonverbalen Mitteln (Zuschaueransprache, Äußeres)" (Holtz-Bacha 1994a: 38). Liesbet van Zoonen hat diese Entwicklung für das niederländische Fernsehen detailliert untersucht: Frauen machen bei den niederländischen Fernsehanstalten zwar inzwischen rund 50% aller Neueinstellungen aus und werden auch verstärkt in politischen Nachrichtensendungen eingesetzt. Gleichzeitig jedoch findet in exakt jenem Genre eine redaktionelle Weichenstellung statt: Es wird an der Konstruktion von informellen und intimen Beziehungen zum Publikum gearbeitet (vgl. van Zoonen 1991: 218), und dies wird durch weibliche Präsenz und eine feminine Note in der Präsentation von Nachrichten zu unterstreichen versucht. Die quantitative Erhöhung des Frauenanteils in politischen Mediensegmenten sagt deshalb für sich genommen noch wenig über die Qualität ihrer Inklusion, über den Wandel medialer Arbeitsbereiche oder stereotypisierender Darstellungen aus. Zu häufig werden Frauen in der medialen politischen

Kommunikation in traditionell feminine Rollenmuster gepreßt, und andererseits gibt es zu wenige Gegenbeispiele, in denen Frauen, die nicht solchen Stereotypisierungen entsprechen (wollen), innerhalb der institutionalisierten Diskursebenen politischer Kommunikation sichtbar bleiben.

Wenn man unterstellt, daß Männer „die Welt von ihrem Standpunkt aus" (MacKinnon 1989: 105) erzeugen, dann sind die Massenmedien potente Transmissionsriemen patriarchaler Realitätskonstruktionen. Einen Einblick in die Subtilität und Effektivität geschlechtsspezifischer medialer Kommunikationsarbeit liefern Susan Carroll und Ronnee Schreiber in ihrer Analyse der Medienberichterstattung über die weiblichen Mitglieder des 103. US-amerikanischen Kongresses (Carroll/Schreiber 1997: 131ff.).[4] Carroll und Schreiber haben die 27 größten Tageszeitungen der Vereinigten Staaten hinsichtlich ihrer Berichterstattung über Frauen im Kongreß von Anfang 1993 bis Ende 1994 ausgewertet. Sie kommen unter anderem zu dem Schluß, daß ein signifikanter Anteil, nämlich 14%, der Artikel über Kongreßfrauen sich nicht im Politikteil von Medien, sondern in den „style sections" der Zeitungen wiederfindet (vgl. ebd.: 137). Darüber hinaus hat eine Inhaltsanalyse ergeben, daß die untersuchten Medien die weiblichen Kongreßabgeordneten zwar mit klassischen Frauenthemen wie Frauengesundheit, Abtreibung und sexuelle Belästigung identifizierten, die vorhandene Beteiligung von Frauen an anderen Gesetzgebungsprojekten im Bereich Außenpolitik, Handel, Finanzen oder Verwaltung jedoch fast durchgängig unerwähnt blieb (vgl. ebd.: 145). Wenn über Frauen berichtet wird, steht im Vordergrund, was Frauen gemeinsam anstreben oder welches Problem sie gemeinsam haben; daß sie im politischen Prozeß jenseits traditioneller Frauenthemen und dabei meist als einzige Frau unter Männern aktiv sind, wird kaum registriert. Es ist hierbei auch nicht grundsätzlich relevant, ob ein Bericht aus der Feder einer Journalistin stammt oder von einem Mann verfaßt wurde.[5] Viel entscheidender sind die Macht- und Entscheidungsstrukturen innerhalb von Medienbetrieben und -konzernen einerseits, tiefsitzende Annahmen über Rezipientenerwartungen andererseits, die sich sedimentiert im institutionellen Setting und in der Profilbildung meinungsbildender Medien wiederfinden.

Die paritätsorientierte Inklusion von Frauen in das bestehende System massenmedialer politischer Kommunikation muß demnach zwar unter formalen Gleichheitsprämissen als Fortschritt gewertet werden, doch als singuläre Strategie zur Demokratisierung politischer Kommunikation ist sie untauglich. Denn es bleiben strukturelle Barrieren, die aus der Binnenperspektive der Medien nur schwer zu entziffern sind, aber gleichwohl ihre Maskulinität zementieren. Helga Nowotny (1992) identifiziert drei dieser Ausschlußmotive aus der Massenkommunikation, die alle ihre Effektivität dadurch anreichern, daß sie sich im Gewand von „Nicht-Kommunikation" (ebd.: 18) präsentieren. Sie unterliegen dem doppelten Vorbehalt, einerseits selbst öffentlich Anathema zu sein, andererseits aber auch bestimmte Anliegen zu diskriminieren bzw. für nicht öffentlich zu erklären. Erstens finden Zensur und Ausschluß infolge gesellschaftlicher

4 Die Wahlen im Jahr 1992 brachten einen unerwartet deutlichen Anstieg von Frauen im US-Kongreß: 24 Frauen wurden neu ins Repräsentantenhaus gewählt; damit stieg die Zahl der Frauen von 29 auf 47 an. Im Senat wurden vier Frauen neu gewählt, und in der Folge arbeiteten im 103. Kongreß insgesamt sechs Senatorinnen – doppelt so viele wie jemals zuvor in der Geschichte des Senats.

5 46% der hier untersuchten Artikel wurden von Frauen, 33% von Männern verfaßt; die übrigen Artikel konnten nicht zugeordnet werden (vgl. Carroll/Schreiber 1997: 137).

Ressourcen- und Machtverteilung statt. Zweitens organisieren die Medien strukturell die Nicht-Kommunikation all dessen, was „nicht codierfähig ist" (ebd.), also entweder qua Inhalt oder qua spezifischer Form sich nicht zur medialen Verbreitung eignet. Und drittens findet ein fortlaufender Ausschluß infolge von Unangepaßtheit an die Eigenzeit des Medialen statt: Die Beschleunigungsfähigkeit medialer Kommunikation privilegiert schnelle Soundbite-Kommunikationen und kann die Eigenzeit langsamer diskursiver Politikprozesse in aller Regel nicht adäquat abbilden.

Alle drei Ausschlußmotive erweisen sich in bezug auf die Geschlechtersegmentierung als besonders wirkungsmächtig: Nach wie vor sind gesellschaftliche Ressourcen, insbesondere Geld, Bildung, Einfluß und die Möglichkeit, auf Seilschaften zu bauen, in der Mehrzahl Ressourcen, auf die wesentlich mehr Männer als Frauen zurückgreifen können. Zweitens sind Frauen häufiger mit Anliegen befaßt, die medial schlechter „codierfähig" sind als die institutionalisierten politischen Aushandlungsprozesse, in denen Männer nach wie vor die Hauptrolle spielen. Damit jedoch bewegen sich Frauen auch häufiger als Männer in Teilräumen politischer Öffentlichkeit, die sich nicht in Schaukämpfen und nicht als „öffentlicher Skandal" darstellen und damit schlecht medial vermarkten lassen. Und schließlich widerspricht die Eigenzeit der Medien dem Postulat der kommunikativen Entschleunigung, das sowohl in der Neuen Frauenbewegung als auch in feministischen Theorien deliberativer Demokratie eine entscheidende Rolle spielt. In der Gleichsetzung von politischer Kommunikation mit Medienkommunikation im institutionalisierten politischen Raum ist deshalb ein impliziter Bias zugunsten herrschaftlich verfestigter, machtbezogener sowie an Schnelligkeit und Komplexitätsreduktion interessierter Kommunikationsformen angelegt. Die feministische Kommunikationsforschung muß ihre Medienkritik darum nicht nur unter der Perspektive schärfen, unter welchen Bedingungen mehr Frauen im Mediensystem partizipieren können, sondern sie muß auch die demokratische Tauglichkeit medialer Kommunikationsformen als hegemoniale Instrumente politischer Inklusion prüfen und nach realen Möglichkeiten suchen, um den geschlechtersegmentierten „Publikums-" bzw. „Konsumenten"-Status kommunikativer Machtverteilung aufzubrechen.

Nun soll keineswegs bestritten werden, daß „politische Konsensfindung" in großräumigen Demokratien „überwiegend in den und über die Massenmedien" geschehen muß (Donsbach 1995: 17; vgl. auch Jarren 1988: 620) und daß damit Politik sich für die Bürger notwendig auch als „medienvermittelte(s) Geschehen" darstellt (Sarcinelli 1989: 166). Doch das Argument, daß „politische Öffentlichkeit ... in modernen Gesellschaften nur durch Massenmedien hergestellt werden" kann (Ronneburger 1974: 199), darf nicht in die Aussage münden, daß mediale Kommunikationsformen in ihrer gegenwärtigen Gestalt zur Herstellung von demokratischer politischer Öffentlichkeit ausreichen. Zwar wäre es in der Tat „angesichts der Ubiquität der Massenmedien ... sinnlos, Überlegungen in eine Richtung anzustellen, die auf deren Beseitigung oder Reduzierung hinausliefe" (Kaase 1986: 169). Doch Massenkommunikationsmittel stellen heute eine notwendige, aber noch keine hinreichende Bedingung für eine demokratische und solidarische politische Gesellschaft dar (vgl. Offe 1989: 761). Wenngleich sie für die Verdichtung von Informationsprozessen und damit für die Funktionsfähigkeit großräumiger Demokratien notwendig sind, so können sie der oben genannten dreifachen Ausdünnung politischer Öffentlichkeit für sich genommen nicht angemessen begegnen. Mediale Kommunikation operiert in einer Gewinnlogik, in der Auflagen,

Zuschauerquoten und Ausschüttungen weit mehr Gewicht haben als Vorstellungen, wie politische Bürgerlichkeit konturiert, Ausgrenzungen und Diskriminierung beseitigt sowie Partizipation organisiert werden könnte.[6] Wenn wir unterstellen, daß die Inklusion von Frauen in die etablierten Medien der Massenkommunikation nur begrenzt erfolgreich war – und zwar sowohl was das Aufbrechen medialer Stereotypisierungen als auch was die inhaltliche Programmgestaltung sowie die Beseitigung der oben genannten strukturellen Barrieren anlangt –, dann müssen gleichsam die „Vorannahmen" oder „Voreinstellungen" neu geprüft, müssen Objektiv und Brennweite der Analyse von politischer Kommunikation angepaßt werden. Dies kann, so wird nachfolgend argumentiert, dann gelingen, wenn die feministische Medientheorie mit demokratietheoretischen Überlegungen unterfüttert wird, um die Frage nach den Bedingungen demokratischer politischer Kommunikation stärker zu kontextualisieren. In der feministischen Demokratietheorie wird das „Engendering" politischer Kommunikation direkt an partizipationstheoretische Überlegungen angeschlossen. Es geht nicht allein darum, „die Konstruktionsprinzipien des 'doing gender' in der politischen Kommunikation (zu) entschlüssel(n)" (Huhnke 1996: 23), sondern auch darum, gesellschaftliche Kommunikation in einer Weise zu demokratisieren, die substantielle Teilhabe bislang marginalisierter Gruppen und insbesondere auch von Frauen garantiert. Die Herstellung nicht nur formal gleicher Zugangschancen, sondern erweiterter Partizipationsmöglichkeiten beinhaltet zunächst die Verbesserung von Bildungs- und Aufstiegsoptionen sowie Möglichkeiten zur Entwicklung kommunikativer Fähigkeiten im politischen Dialog. Darüber hinaus ist die Verfügung über materielle Ressourcen bzw. eine institutionalisierte Kompensation bei stark ungleichgewichtigen Ressourcen zentral – idealiter bis hin zur Herstellung sozialer Gleichheit als Voraussetzung dafür, politische Interessen unabhängig artikulieren und vertreten zu können (vgl. Fraser 1992). Mit gleichen Zugangsmöglichkeiten sind jedoch die bereits formulierten Probleme struktureller Selektivität des öffentlichen Raumes, in dem politische Kommunikation stattfindet, noch nicht beseitigt. Deshalb werden von der feministischen Demokratietheorie zusätzlich vor allem drei Faktoren als grundlegend für die Zunahme und Intensivierung demokratischer Beteiligung identifiziert. Es handelt sich hierbei

- erstens um einen Begriff von Präsenz als Grundlage für die politische Sozialisation und Repräsentation des Zoon politikon (vgl. Phillips 1995);
- zweitens um die Institutionalisierung von diskursiven Praktiken von Kommunikation, die mit einer entschleunigten und radikalen Verfahrenstechnik (vgl. Benhabib 1992: 113f.), in der nicht nur rationale, sondern auch affektive Äußerungen ihren Platz haben (vgl. Young 1990: 116f.), die einseitigen Kommunikationspraktiken der Macht und ihre implizite Agenda aufdecken und nicht allein dem Sprechen, sondern auch dem Zuhören zu mehr öffentlicher Anerkennung verhelfen sollen (vgl. Bickford 1996);
- drittens um die Verknüpfung diskursiver Kommunikation mit Handlung, die unter anderem auch die materiellen Chancen auf Transformation von Kommunikation in politische Entscheidungsprozesse beinhaltet (vgl. Honig 1993; Lang 1996).

---

6 Gleichwohl gibt es historisch Beispiele dafür, daß im Zuge der Entstehung politischer Massenmedien partizipationsorientierte Vorstellungen sowohl die Form als auch den Inhalt eines Teils der politischen Presse sehr viel deutlicher prägten, als es heute den Anschein hat (vgl. Lang 1996: 267ff.).

Alle drei Maßgaben stellen Bedingungen politischer Kommunikation dar, die – wenngleich nicht ausschließlich innerhalb feministischer Demokratieforschung entwickelt – doch deren Insistieren auf einer aktiven und partizipatorischen Demokratie (vgl. Phillips 1991: 162) in besonderer Weise entsprechen. Die Relevanz jener drei Faktoren für die politische Kommunikationsforschung wird hier zum Abschluß, wenn auch nur schematisch, skizziert werden:[7]

Präsenz

Die Ausweitung repräsentativer Beteiligungsformen kann zunächst in Anlehnung an den von Anne Phillips vertretenen Ansatz einer „Politics of Presence" mit der Forderung umschrieben werden, ausgegrenzten Gruppen in den etablierten Institutionen repräsentativer Demokratien mehr garantierte Beteiligung für das Einbringen spezifischer Gruppeninteressen zu garantieren (vgl. Phillips 1993 und 1995; s. a. Pitkin 1972; kritisch Kenngott 1995). Damit wird Inklusion, z.B. über Quoten, in die vorhandenen Räume politischer Kommunikation angestrebt und der Maßgabe Rechnung getragen, daß die quantitative Zunahme von Frauen die vorhandenen Kommunikationsstrukturen zwar nicht grundsätzlich sprengen, gleichwohl langsam demokratisieren könnte.

Zweitens zielt eine Politik der Präsenz aber auch auf die Schaffung von Möglichkeiten für politisches Kommunizieren jenseits der maskulin dominierten und selektiv interessengebundenen Räume vorhandener Öffentlichkeit. Die Laswellsche Frage nach dem, „wer kommuniziert" kann bezüglich der medialen politische Kommunikation klar beantwortet werden: Es kommunizieren vor allem Regierung, Parteien und Verbände, also gut organisierte und große politische Akteure (vgl. Gerhards 1995: 165). Dieser Sachverhalt wird in der Regel mit der Korrelation zwischen Größe einer Institution, ihrem Organisationsgrad und professioneller Öffentlichkeitsarbeit erklärt. Eine Politik der Präsenz fußt hingegen auf der Prämisse, daß Kommunikation mehr als in liberalen Demokratien vorgesehene institutionalisierte Orte jenseits dieser etablierten Institutionen und auch jenseits medialer Vermittlung braucht, die Kontexte für die direkte Auseinandersetzung zwischen gesellschaftlichen Interessen und Bedürfnissen bereitstellen und verstetigen. Es werden Korrektive gegen die Entwicklung formuliert, daß Öffentlichkeit „als soziale Größe vor allem Publikum" (Gerhards/Neidhardt 1990: 34) ist.

Primäre Kennzeichen nichtmedialer Kommunikationsforen sind die Direktheit der Bezugnahme auf reale andere Personen und damit die Chance verbesserter interaktiver Informationsgewinnung und größerer Authentizität von öffentlicher Meinung, der sozialisierende und politische Effekt der Selbstvertretung von Interessen, der Ausbruch aus kommunikativer Isolation sowie die von C. Wright Mills geforderte Durchlässigkeit zwischen temporärem Produzenten- und Konsumentenstatus in der politischen Öffentlichkeit (vgl. Mills 1956: 304). Präsenz als eine zentrale Bedingung demokratischer

7 Um Gemeinsamkeiten in der Begriffsbildung vorzustellen, müssen die innerhalb feministischer Theorie geführten Debatten um Gewichtungen einzelner Begriffe hier weitgehend ausgeklammert werden.

Öffentlichkeit und ihrer Kommunikationsstrukturen anzunehmen, kann nicht den Weg zurück in die griechische agora weisen. Im Zeitalter repräsentativer Demokratie ist eine Politik der Präsenz jedoch Teil demokratischer „minima moralia" und meint einerseits stärkere Berücksichtigung von marginalisierten Interessen in den Foren repräsentativer Beteiligung und die Institutionalisierung von mehr Öffentlichkeitsforen, die entweder in Teilgebieten des Politischen oder lokal bzw. regional Kommunikation organisieren.[8] Andererseits zielt sie auf die Stärkung von direkten, nicht über Medien vermittelten Kommunikationsformen.

Diskursivität und Reziprozität

Politische Kommunikation ist in der feministischen Demokratietheorie nicht nur mit der Frage verknüpft, in welchen Formen gesellschaftliche Diskurse organisiert und institutionalisiert werden sollen, sondern auch damit, welche kommunikativen Fähigkeiten und inneren Rahmenbedingungen nötig sind, damit demokratische Verfahren und Entscheidungsprozesse auch tatsächlich von Bürgerinnen und Bürgern getragen werden können. Gegen interessegeleitete Konzeptionen von Demokratie, in denen Kommunikation vorrangig funktional-strategische Qualitäten hat, macht die deliberative Demokratietheorie einen Kommunikationsbegriff stark, der sowohl die zeitweilige Einnahme der Position des Gegenübers wie auch die Fähigkeit des Zuhörens zu zentralen Praktiken erklärt (vgl. Bickford 1996: 141f.). Jene Praktiken wiederum können am besten in Räumen eingeübt werden, in denen reale Personen aufeinandertreffen und in denen die politische Lösung von Problemen nicht nur medial von innen („der Politik") nach außen („an das Publikum") kommuniziert wird. Deliberative Demokratie erscheint deshalb eng mit der Stärkung erfahrbarer Demokratieprozesse verknüpft; sie ist ein „process that creates a public, citizens coming together to talk about collective problems, goals, ideals, and actions" (Young 1997: 121).
Das Moment der Entschleunigung des Politischen ist hier insofern angelegt, als die einzelne Staatsbürgerin im Schnitt mehr Zeit als bislang auf die Beteiligung an politischen Foren verwendet und darüber hinaus auch die politischen Prozesse selbst mit prozeduralen Bremsvorgängen versehen werden. Die angestrebte Radikalisierung von Verfahren meint, daß Diskussions- und Beteiligungsformen so organisiert werden, daß Formaspekte diskursiver Auseinandersetzung deutlicher ins Licht der Öffentlichkeit gerückt werden, zur verhandelnden Disposition stehen und dadurch die in spezifische Formen gekleideten Machtdiskurse und versteckten Interessen veröffentlicht werden können (vgl. Benhabib 1992: 113f.)
Diskursivität und Reziprozität als demokratische Grundlagen politischer Kommunikation zu unterstellen, muß jedoch auch die konkrete Frage beinhalten, auf welche Weise solche Kommunikation im politischen Raum sozialisiert, eingeübt und verstetigt werden kann. Auch hier ist die politische Kommunikationsforschung mit ihrem di-

8 Mehr Volksbegehren und Volksentscheide oder Volksabstimmungen, mehr Elemente direkter Demokratie also, haben für sich genommen keineswegs den hier angesprochenen kommunikativen Effekt. Die Medien spielen auch hier bislang bei der Meinungsbildung eine herausragende Rolle (vgl. Kriesi 1995: 150ff.).

rekteren Blick auf reale Kommunikationsverhältnisse gefragt: Sie müßte beschreiben können, wie „institutionelle Arrangements“ aussehen könnten, „welche die Diskursivität öffentlicher Auseinandersetzung fördern“ (Peters 1994: 70), und sie müßte deren Rahmenbedingungen thematisieren. Denn zurecht wird an Ansätzen deliberativer Demokratie kritisiert, daß zum Beispiel die ungleichen Voraussetzungen, mit denen sich einzelne und Gruppen an Argumentations- und Aushandlungsprozessen beteiligen, allzu oft ausgeblendet werden. Diese „Machtvergessenheit“ (Greven 1995: 83) diskursiver Demokratieansätze stellt gerade die feministische Demokratietheorie vor die Frage: „Warum sollten vor allem einflußreiche Gruppen sich darauf einlassen“ (Kenngott 1995: 369), wenn ihnen einerseits Zugänge zu potenten medialen Kommunikationsprozessen offenstehen, sie andererseits durchaus auch an Nicht-Kommunikation bestimmter Themen interessiert sind? Das normative Postulat deliberativer Kommunikation könnte deshalb für die politische Kommunikationsforschung Anreiz sein, das Problem von Machtressourcen, Machtpotentialen und Machtkontrolle (vgl. Greven 1995: 83) stärker in ihren analytischen Horizont einzubeziehen. Andererseits müssen Ansätze deliberativer Demokratie sich der Anforderung stellen, daß auch primär „konzeptionell-normativ angelegte Argumentationen über das Verhältnis von Öffentlichkeit-Macht-Demokratie an *tatsächlich vorhandene Bestände* an konkret bestimmbare Potentiale anschließen müßten“ (ebd.: 75, Hervorhebung S.L.). Greven erscheinen „medienspezifische Trends ... wenig geeignet, die in sie gesetzten konzeptionell-normativen Hoffnungen einer diskursiven Demokratiekonzeption zu unterstützen“ (ebd.: 84).

Handlung

In Anlehnung an Hannah Arendt stellt die feministische Demokratietheorie eine enge Verbindung von Sprechen und Handeln ins Zentrum dessen, was Öffentlichkeit ausmacht (vgl. Arendt 1967: 167f.; Honig 1993: 76f.; Holland-Cunz 1994: 230f.; Dietz 1995: 30f.). Die „Überzeugung, daß diese beiden menschlichen Fähigkeiten aufs engste zusammengehören und daß sie die höchsten Gaben des Menschen darstellen“ (Arendt 1967: 29), mündet bei Arendt einerseits in den Anspruch, politische Sprache nicht als pures „Mittel des Überredens und des Überzeugens“ (ebd.: 30) zu begreifen, andererseits in eine Emphase des handelnden Subjekts, das von Kommunikation abhängt, denn „es gibt keine menschliche Verrichtung, welche des Wortes in dem gleichen Maße bedarf wie das Handeln“ (ebd.: 168). Wenngleich der spezifische Zuschnitt des Politischen, in dem Hannah Arendt das tätige Subjekt verortet, für eine feministische Theorie der Politik zu eng ist (vgl. Lang 1995: 97), so kommt das Gewicht, das Arendt auf öffentliche Assoziation und Aktivität legt, den politischen Entwürfen der Neuen Frauenbewegung entgegen.

Gegen die Gefahr einer kommunikativen Verkürzung sozialer Interaktion, in der politische Kommunikation nicht mehr die Aufgabe verfolgt, politisches Handeln darzustellen, vorzubereiten und zu befördern, sondern das Sprechen zur Ersatzhandlung mutiert (vgl. Raskob 1995: 10), wird in der feministischen Demokratietheorie betont, daß neue Assoziationsverhältnisse für das politische Subjekt und für den Wandel politischer Öffentlichkeit notwendig sind, Assoziationen, in denen jenseits staatlicher

Institutionen und medialer Kommunikationsformen politische Entscheidungsprozesse vorbereitet werden mit der Chance, diese auch substantiell mitzugestalten.
Präsenz, Diskursivität und Handlungsbezug sind normative Orientierungspunkte feministischer Öffentlichkeit. Sie bezeichnen Qualitäten politischer Kommunikation, an denen sich politische Öffentlichkeit messen lassen muß. Durch die Forderung nach einer verstärkten Politik der Präsenz werden die realen Orte politischer Kommunikation in den Blick gerückt, durch die Norm der Diskursivität können die heutigen Bedingungen politischer Diskussion ausgeleuchtet und durch die Maßgabe einer stärkeren Verschränkung von politischer Kommunikation und Handlung kann die Gefahr einer Öffentlichkeit von symbolischen Ersatzhandlungen problematisiert werden. Politische Kommunikationsforschung wird, wenn sie mit diesen demokratietheoretischen Überlegungen verknüpft wird, wieder mehr zu Fragen der „problemlösende(n) Politikproduktion" (Greven 1993: 411) und zu deren „Engendering" beitragen.

4. Schlußbemerkung: politische Kommunikation via Cyberspace – Chancengleichheit oder alter Wein im Glasfaserkabel?

Das Internet wird von den einen als neue globale Öffentlichkeit gepriesen, von den anderen als Elitemodell selektiver Informationsautobahnen gegeißelt. Legt man die drei genannten Maßgaben für die Qualität politischer Kommunikation zugrunde, dann sind sie auch in Relation zum potentiellen Nutzen neuer Kommunikationstechnologien für die Partizipation von Frauen von Bedeutung: Präsenz, Diskursivität und Handlungsbezug scheinen auf den ersten Blick via Internet und E-mail eine deutliche Intensivierung zu erfahren. Die virtuelle Präsenz und Verfügbarkeit vieler Stimmen läßt sich global mühelos organisieren, sofern die Infrastruktur bereitsteht. Ebenso sind diskursive Kontexte über alle Grenzen hinweg leicht herzustellen. Und die Beispiele, in denen via Internet politische Aktionen initiiert und organisiert werden, nehmen zu.[9] Doch diese ersten Vermutungen können nicht darüber hinwegtäuschen, daß der Cyberspace für die Inklusion von Frauen zwar einerseits neue Chancen, andererseits aber in seiner Setzung herrschaftlicher Rahmenbedingungen auch neue Exklusionspotentiale birgt. Zunächst geht in der positiven Sicht auf die mögliche Vervielfältigung von „Präsenz" des politischen Subjekts in der virtuellen Öffentlichkeit die Tatsache unter, daß diese Art der Präsenz sich deutlich von den oben genannten Anforderungen unterscheidet. Der öffentliche Raum des Cyberspace intensiviert die durch mediale Öffentlichkeit bereits eingeleitete Wende hin zu entkörperlichten Kommunikationen. Die Öffentlichkeit, die hier entsteht, „ist weder durch physische (geographische) noch durch symbolische Aspekte bestimmt, beispielsweise ein engmaschiges Netz aus Vertrautheit, Solidarität und Sicherheit" (Altvater/Mahnkopf 1997: 286). Kommunikationsfähigkeit wird gesteigert, indem sie von körperlicher Anwesenheit noch weiter abgekoppelt wird (ebd.).
Auch im Lichte von Diskursivität und Reziprozität betrachtet sind zwar vielfältige Interaktionen und Diskursformen möglich; gleichzeitig übermittelt der Computer je-

9 Wir erinnern uns zum Beispiel an das Verbot des Belgrader Radiosenders, der daraufhin erfolgreich per Internet zu Protestdemonstrationen und Boykott der staatlichen Medien aufrief.

doch eine andere Qualität von Diskursivität und Reziprozität, als sie in der feministischen Demokratietheorie konzipiert wird. Weder können Kommunikationen im Internet die Verbindlichkeit direkter diskursiver Interaktion ersetzen, noch wird den Postulaten der Entschleunigung und des Zuhörens mit den Mitteln der Telekommunikation Genüge getan. Oft findet in politischen Debatten im Internet eine Polarisierung durch TeilnehmerInnen statt, die extreme Positionen vertreten (vgl. Buchstein 1996: 601) – wie authentisch und ernsthaft sie dieses tun, ist für die einzelnen TeilnehmerInnen nicht nachzuvollziehen. Es sind, so Altvater und Mahnkopf, zum Beispiel ohne unmittelbar räumliche und körperliche Präsenz im Diskurs bestimmte Signale nicht mehr sendbar, die „Ernsthaftigkeit und Verbindlichkeit" zum Ausdruck bringen: „Gerade auch der nichtverbale Ausdruck von Anerkennung oder Mißachtung, Respekt oder Gleichgültigkeit gegenüber dem Kommunikationspartner bildet die Voraussetzung dafür, daß Menschen einander als Subjekte wahrnehmen und als politische Wesen wechselseitig in die Pflicht nehmen können" (ebd.). Die virtuelle Welt universaler Diskussionen und kommunikativen Austauschs besteht – in politischer Absicht betrachtet – zum großen Teil aus schneller Informationsgewinnung und unverbindlichen „chat" oder „discussion groups". Das Politische wird nicht entschleunigt, sondern gewinnt an Geschwindigkeit und damit auch an Unübersichtlichkeit. Hubertus Buchstein verwendet das Bild der „geöffnete(n) Knoten" (Buchstein 1996: 595), um die Auflösung der von traditionellen Medien bereitgestellten „Informationsknoten" zu bezeichnen. Diese Knoten, die die „permanentem Flimmern und Rauschen von Informationen ausgesetzten Aktoren" (ebd.: 596) in die Lage versetzen, in gewisser Weise vorsortierte Informationsbündel zu abonnieren, werden im Cyberspace aufgelöst und an unzähligen Weggabelungen aufgefächert. Der oder die potentielle TeilnehmerIn an einer Kommunikation verfügt nun über exponentiell vergrößertes virtuell abfragbares Wissen und kann sich in einem scheinbar völlig offenen Kommunikationsraum orientieren. Doch Entscheidungen darüber, wie offen dieser Raum ist bzw. bleiben wird, finden unter Ausschluß von Öffentlichkeit und zunehmend auch unter Ausschluß zentraler politischer Institutionen statt. Öffentliche Information über die Zukunft dieser Kommunikations„industrie" erhält man kaum in den Politik-, sondern in den Wirtschaftsteilen der Medien. Als 1996 in den USA die extensive Deregulierung des Marktes mit dem Telecommunications Act beschlossen wurde, notierte ein Washingtoner Lobbyist erstaunt: „I have never seen anything like the Telecommunications Bill ... The silence of public debate is deafening. A bill with such astonishing impact on all of us is not even being discussed" (zit. n. McChesney 1996: 13).

Die Beschleunigung von Informationstransfers führt einerseits dazu, daß an Orten und in Situationen nun unmittelbar und spontan politisch gehandelt werden kann, an denen ohne eine elektronische Kommunikationsmöglichkeit keine politischen Netze geknüpft oder nur mit ungleich höherem menschlichem Aufwand hergestellt werden könnten. Gleichwohl steht jener Effektivierung die Gefahr einer größeren Individualisierung und politischen Entwurzelung gegenüber (vgl. Altvater/Mahnkopf 1997: 287). Es kommt zu „entterritorialisierte(n), 'entbettete(n)' Beziehungen, die im medialen Bewegungsraum der Beliebigkeit geknüpft und nahezu folgenlos auch wieder aufgekündigt werden" (ebd.). Demokratie zu privatisieren, wie es im Extremfall die Wahlhandlung mit dem Mausklick vom häuslichen Schreibtisch aus imaginiert, ist

deshalb von feministischer Warte aus betrachtet ein Szenario für die Privatisierung des Politischen (vgl. Phillips 1991: 143).
Politische Kommunikation via Cyberspace könnte sich in bezug auf die Demokratisierung des öffentlichen Raumes als alter Wein in neuen Schläuchen erweisen, sollten die angedachten Entwicklungen sich bestätigen. Die Zahl der wissenschaftlichen Cyberspace-Skeptiker, die nachweisen, daß „zwischen dem verheißenden Land der demokratischen Infrastruktur und der derzeitigen Netzrealität ein breiter Abgrund klafft" (Buchstein 1996: 586), nimmt deshalb zu. Eine feministische Kommunikationswissenschaft muß von der Möglichkeit ausgehen, daß sich mit der Verbreitung von Multimedia-Angeboten eine Entwicklung vollzieht, die erstens soziale und kulturelle Differenzen befördert, zweitens eine Zunahme sozialer Stratifizierung unter den Benutzern bewirkt und drittens die kommunikativen Codes zwischen Unterhaltung und Politik verwischt (vgl. Castells 1996: 370f.) und damit die Pseudo-Feminisierung des Politischen vorantreibt. Am Ende dieses Beitrags soll jedoch nicht Trauer über ein vergangenes „prämediales und präcomputerisiertes" Zeitalter stehen – ein Zeitalter, in dem Frauen aus der öffentlichen Sphäre in aller Regel wesentlich systematischer und rigider ausgeschlossen worden sind. Statt dessen sollten Forschungsperspektiven für eine normativ-kritische und feministisch geschulte politische Kommunikationsforschung entworfen werden, die die derzeitigen Entwicklungen an den Grundbedingungen demokratischer politischer Öffentlichkeit messen muß.

Literaturverzeichnis

Altvater, Elmar/Mahnkopf, Birgit, 1997: Grenzen der Globalisierung. Ökonomie, Ökologie und Politik in der Weltgesellschaft. Münster.

Anders, Günther, 1956: Die Antiquiertheit des Menschen. Bd. 1: Über die Seele im Zeitalter der zweiten industriellen Revolution. München.

Angerer, Marie-Luise/Dorer, Johanna, 1994: Gender und Medien. Theoretische Ansätze, empirische Befunde und Praxis der Massenkommunikation. Wien.

Arendt, Hannah, 1967: Vita Activa oder Vom tätigen Leben. München.

Armingeon, Klaus/Blum, Roger, 1995: Das öffentliche Theater. Politik und Medien in der Demokratie. Bern/Stuttgart.

Baerns, Barbara, 1987: Macht der Öffentlichkeitsarbeit und Macht der Medien, in: *Ulrich Sarcinelli* (Hrsg.), Politikvermittlung. Bonn, 147-160.

Baringhorst, Sigrid, 1994: Protest und Mitleid – Politik als Kampagne, in: *Claus Leggewie* (Hrsg.), Wozu Politikwissenschaft? Über das Neue in der Politik. Darmstadt, 179-190.

Baringhorst, Sigrid, 1995: Die Macht der Zeichen – Zur Aufwertung des Symbolischen in der Politik des Medienzeitalters, in: *Sigrid Baringhorst/B. Müller/Holger Schmied*, Macht der Zeichen – Zeichen der Macht. Neue Strategien politischer Kommunikation. Frankfurt a.M./Berlin, 9-22.

Benhabib, Seyla, 1992: Situating the Self. Gender, Community and Postmodernism in Contemporary Ethics. New York.

Benhabib, Seyla, 1997: The Democratic Moment and the Problem of Difference, in: *Dies.* (Hrsg.), Democracy and Difference. Contesting the Boundaries of the Political. Princeton, 3-18.

Bickford, Susan, 1996: The Dissonance of Democracy. Listening, Conflict, and Citizenship. Ithaca.

Buchstein, Hubertus, 1996: Bittere Bytes: Cyberbürger und Demokratietheorie, in: Deutsche Zeitschrift für Philosophie (44)4, 583-607.

Campbell, Richard/Reeves, Jimmie L., 1990: Cracked coverage: television news, the anti-cocaine crusade, and the Reagan legacy. Durham.

Carroll, Susan J./Schreiber, Ronnee, 1997: Media Coverage of Women in the 103rd Congress, in: *Pippa Norris* (Hrsg.), Women, Media, and Politics. Oxford, 131-148.
Castells, Manuel, 1996: The Rise of the Network Society. Oxford.
Cornelissen, Waltraud, 1994: Die geschlechtsspezifische Rezeption von Männer- und Frauenbildern im deutschen Fernsehen, in: *Marie-Luise Angerer/Johanna Dorer* (Hrsg.), Gender und Medien. Theoretische Ansätze, empirische Befunde und Praxis der Massenkommunikation. Wien, 181-185.
Cornelissen, Waltraud/Küsters, Kerstin, 1990: Zur Rolle der Frau in Nachrichtensendungen, in: Zeitschrift für Frauenforschung 4, 108-119.
Crigler, Ann N./Fink, Nicole A., 1994: The Political Culture of TV News: Public Discourse and Political Issues, Paper presented at the APSA conference New York 1994; unveröff. Manuskript.
Dackweiler, Regina/Holland-Cunz, Barbara, 1991: Strukturwandel feministischer Öffentlichkeit, in: beiträge zur feministischen theorie und praxis 30/31. Köln, 105-122.
Dahlgren, Peter/Sparks, Colin (Hrsg.), 1991: Communication and citizenship: journalism and the public sphere in the new media age. London.
Dietz, Mary G., 1995: Feminist Receptions of Hannah Arendt, in: *Bonnie Honig* (Hrsg.), Feminist Interpretations of Hannah Arendt. University Park, 17-50.
Donsbach, Wolfgang, 1993: Inhalte, Nutzung und Wirkung politischer Kommunikation, in: Österreichische Zeitschrift für Politikwissenschaft (22)4, 389-408.
Donsbach, Wolfgang, 1995: Medien und Politik. Ein internationaler Vergleich, in: *Klaus Armingeon/Roger Blum* (Hrsg.), Das öffentliche Theater. Politik und Medien in der Demokratie. Bern/Stuttgart, 17-40.
Donsbach, Wolfgang/Jarren, Otfried/Kepplinger, Hans Mathias/Pfetsch, Barbara, 1993: Beziehungsspiele – Medien und Politik in der öffentlichen Diskussion. Fallstudien und Analysen. Gütersloh.
Edelman, Murray, 1988: Constructing the Political Spectacle. Chicago.
Eppler, Erhard, 1992: Kavalleriepferde beim Hornsignal. Die Krise der Politik im Spiegel der Sprache. Frankfurt a.M.
Fraser, Nancy, 1992: Rethinking the Public Sphere: A Contribution to the Critique of Actually Existing Democracy, in: *Craig Calhoun* (Hrsg.), Habermas and the Public Sphere. Cambridge, 109-142.
Frissen, Valerie, 1994: Trapped in Electronic Cages? Gender and new information technologies in the public and private domain: an overview of research, in: *Marie-Luise Angerer/Johanna Dorer* (Hrsg.), Gender und Medien. Theoretische Ansätze, empirische Befunde und Praxis der Massenkommunikation. Wien, 198-213.
Fröhlich, Romy/Holtz-Bacha, Christina, 1995: Frauen und Medien. Eine Synopse der deutschen Forschung. Opladen.
Gebel, Christa, 1995: Subtile Degradierung von Frauen im Fernsehen. Eine Untersuchung der Programme von ARD, ZDF, RTL und SAT 1 auf der Basis eines repräsentativen time-samplings über sechs Monate, in: Zeitschrift für Frauenforschung 13(4), 51-59.
Gerhards, Jürgen, 1995: Welchen Einfluß haben die Massenmedien auf die Demokratie in der Bundesrepublik Deutschland?, in: *Gerhard Göhler* (Hrsg.), Macht der Öffentlichkeit – Öffentlichkeit der Macht. Baden-Baden, 149-180.
Gerhards, Jürgen/Neidhardt, Friedhelm, 1990: Strukturen und Funktionen moderner Öffentlichkeit. Fragestellungen und Ansätze. WZB: FS III, Berlin.
Gitlin, Todd, 1994: Bites and blibs: chunk news, savvy talk and the bifurcation of American politics, in: *Peter Dahlgren/Colin Sparks* (Hrsg.), Communication and Citizenship. London, 119-136.
Göhler, Gerhard (Hrsg.), 1995: Macht der Öffentlichkeit – Öffentlichkeit der Macht. Baden-Baden.
Graber, Doris A., 1996: Say it with pictures, in: *Kathleen Hall Jamieson* (Hrsg.), The Media and Politics. London, 85-96.
Greven, Michael Th., 1993: Ist die Demokratie modern? Zur Rationalitätskrise der politischen Gesellschaft, in: Politische Vierteljahresschrift (34)3, 399-413.
Greven, Michael Th., 1995: Macht in der Öffentlichkeit der Demokratie, in: *Gerhard Göhler* (Hrsg.), Macht der Öffentlichkeit – Öffentlichkeit der Macht. Baden-Baden, 75-84.
Habermas, Jürgen, 1962: Strukturwandel der Öffentlichkeit. Untersuchungen zu einer Kategorie der bürgerlichen Gesellschaft. Darmstadt.

Habermas, Jürgen, 1992: Faktizität und Geltung. Beiträge zur Diskurstheorie des Rechts und des demokratischen Rechtsstaats. Frankfurt a.M.

Hall Jamieson, Kathleen (Hrsg.), 1996: The Media and Politics. London.

Hart, Roderick P., 1996: Easy Citizenship: Television's Curious Legacy, in: *Kathleen Hall Jamieson* (Hrsg.), The Media and Politics. London, 109-119.

Hausen, Karin, 1990: Überlegungen zum geschlechtsspezifischen Strukturwandel der Öffentlichkeit, in: *Ute Gerhard* et al. (Hrsg.), Differenz und Gleichheit. Menschenrechte haben (k)ein Geschlecht. Frankfurt a.M., 268-282.

Holland-Cunz, Barbara, 1994: Öffentlichkeit und Intimität – demokratietheoretische Überlegungen, in: *Elke Biester/Barbara Holland-Cunz/Birgit Sauer* (Hrsg.), Demokratie oder Androkratie? Theorie und Praxis demokratischer Herrschaft in der feministischen Diskussion. Frankfurt a.M., 227-246.

Holtz-Bacha, Christina, 1994a: Am Rande der Disziplin: Weibliche Perspektiven in der deutschsprachigen Kommunikationswissenschaft, in: *Marie-Luise Angerer/Johanna Dorer* (Hrsg.), Gender und Medien. Theoretische Ansätze, empirische Befunde und Praxis der Massenkommunikation. Wien, 35-46.

Holtz-Bacha, Christina, 1994b: Wenn Frauen den Journalismus erobern oder: Was bringt die Quotierung?, in: *Marie-Luise Angerer/Johanna Dorer* (Hrsg.), Gender und Medien. Theoretische Ansätze, empirische Befunde und Praxis der Massenkommunikation. Wien, 102-110.

Holtz-Bacha, Christina, 1995: Maßnahmen zur Gleichstellung von Frauen und Männern in den Medien, in: *Romy Fröhlich/Christina Holtz-Bacha* (Hrsg.), Frauen und Medien: eine Synopse der deutschen Forschung. Opladen, 43-91.

Honig, Bonnie, 1993: Political Theory and the Displacement of Politics. Ithaca/London.

Huhnke, Brigitta, 1996: Politik und Medien – zur Androzentrik politischer Öffentlichkeit, in: Rundbrief des Netzwerks politikwissenschaftlich und politisch arbeitender Frauen (5)10, 23-28.

IG Medien (Hrsg.), 1994: Frauen im Journalismus. Gutachten über die Geschlechterverhältnisse bei den Medien in Deutschland. Erarbeitet von *Siegfried Weischenberg* u.a. Münster.

Jäckel, Michael/Winterhoff-Spurk, Peter (Hrsg.), 1994: Politik und Medien. Analysen zur Entwicklung der politischen Kommunikation. Berlin.

Jarren, Otfried, 1988: Politik und Medien im Wandel. Autonomie, Interdependenz oder Symbiose? Anmerkungen zur Theoriedebatte in der politischen Kommunikation, in: Publizistik (33)4, 619-632.

Jarren, Otfried, 1994: Politik und politische Kommunikation in der modernen Gesellschaft, in: Aus Politik und Zeitgeschichte. Beilage zur Wochenzeitung Das Parlament B 39, 3-10.

Jarren, Otfried/Grothe, Thorsten/Rybarczyk, Christoph, 1993: Medien und Politik – eine Problemskizze, in: *Wolfgang Donsbach/Otfried Jarren/Hans Mathias Kepplinger/Barbara Pfetsch,* Beziehungsspiele – Medien und Politik in der öffentlichen Diskussion. Gütersloh, 9-44.

Kaase, Max, 1986: Massenkommunikation und politischer Prozeß, in: *Wolfgang R. Langenbucher* (Hrsg.), Politische Kommunikation. Grundlagen, Strukturen, Prozesse. Wien, 156-171.

Kaase, Max, 1989: Fernsehen, gesellschaftlicher Wandel und politischer Prozeß, in: *Max Kaase/Winfried Schulz* (Hrsg.), Massenkommunikation. Theorien, Methoden, Befunde. Opladen, 97-117 (Sonderheft Nr. 30 der Kölner Zeitschrift für Soziologie und Sozialpsychologie).

Kenngott, Eva-Maria, 1995: Feminismus und Demokratie, in: Leviathan (23)3, 351-375.

Kepplinger, Hans Mathias, 1986: Systemtheoretische Aspekte politischer Kommunikation, in: *Wolfgang R. Langenbucher* (Hrsg.), Politische Kommunikation. Grundlagen, Strukturen, Prozesse. Wien, 172-189.

Kriesi, Hanspeter, 1995: Die Herausforderungen der Stimmbürger und Stimmbürgerinnen durch die Transformation der Öffentlichkeit, in: *Klaus Armingeon/Roger Blum* (Hrsg.), Das öffentliche Theater. Politik und Medien in der Demokratie. Bern/Stuttgart, 151-170.

Lang, Sabine, 1995: Öffentlichkeit und Geschlechterverhältnis. Überlegungen zu einer Politologie der öffentlichen Sphäre, in: *Eva Kreisky/Birgit Sauer* (Hrsg.), Feministische Standpunkte in der Politikwissenschaft. Frankfurt a.M./New York, 83-121.

Lang, Sabine, 1996: Politische Öffentlichkeit und Staat. Eine historische Politologie der öffentlichen Sphäre zwischen Demokratie und Disziplinierung. Berlin, Phil. Diss.

Langenbucher, Wolfgang R. (Hrsg.), 1979: Politik und Kommunikation. Über die öffentliche Meinungsbildung. München/Zürich.

Langenbucher, Wolfgang R. (Hrsg.), 1986: Politische Kommunikation. Grundlagen, Strukturen, Prozesse. Wien.
Lippmann, Walter, 1927: The Phantom Public. New Brunswick.
Lont, Cynthia M. (Hrsg.), 1995: Women and Media: Content/Careers/Criticism. Belmont.
Lünenborg, Margret, 1996: Direkte und indirekte Benachteiligung, in: Rundbrief des Netzwerks politikwissenschaftlich und politisch arbeitender Frauen 5(10), 23-28.
Luhmann, Niklas, 1981: Veränderungen im System gesellschaftlicher Kommunikation und die Massenmedien, in: *Ders.*, Soziologische Aufklärung 3. Soziales System, Gesellschaft, Organisation. Opladen, 309-320.
Luhmann, Niklas, 1990: Gesellschaftliche Komplexität und öffentliche Meinung, in: *Ders.*, Soziologische Aufklärung 5. Konstruktivistische Perspektiven. Opladen, 170-182.
MacKinnon, Catharine, 1989: Feminismus, Marxismus, Methode und der Staat. Ein Theorieprogramm, in: *Elisabeth List/Herlinde Studer* (Hrsg.), Denkverhältnisse. Feminismus und Kritik. Frankfurt a.M., 86-132.
McChesney, Robert W., 1996: The global struggle for democratic communication, in: Monthly Review (48)3, 1-20.
Mettler-Maibom, Barbara, 1987: Soziale Kosten in der Informationsgesellschaft. Frankfurt a.M.
Mills, C. Wright, 1956: The Power Elite. New York.
Neidhardt, Friedhelm, 1994: Jenseits des Palavers – Funktionen politischer Öffentlichkeit, in: *Wolfgang Wunden* (Hrsg.), Öffentlichkeit und Kommunikationskultur. Beiträge zur Medienethik. Hamburg, 19-30.
Norris, Pippa (Hrsg.), 1997: Women, Media, and Politics. New York.
Nowotny, Helga, 1992: Kommunikation, Zeit, Öffentlichkeit, in: *Walter Hömberg/Michael Schmolke* (Hrsg.), Zeit, Raum, Kommunikation, Schriftenreihe der Deutschen Gesellschaft für Publizistik- und Kommunikationswissenschaft Bd. 8. München, 17-29.
Offe, Claus, 1989: Bindung, Fessel, Bremse. Die Unübersichtlichkeit von Selbstbeschränkungsformeln, in: *Axel Honneth* et al. (Hrsg.), Zwischenbetrachtungen im Prozeß der Aufklärung. Frankfurt a.M., 739-774.
Penrose, Virginia, 1994: Orientierungsmuster des Karriereverhaltens deutscher Politikerinnen. Ein Ost-West-Vergleich. Bielefeld.
Peters, Bernhard, 1994: Der Sinn von Öffentlichkeit, in: *Friedhelm Neidhardt* (Hrsg.), Öffentlichkeit, öffentliche Meinung, soziale Bewegungen. Opladen, 42-76 (Sonderheft der Kölner Zeitschrift für Soziologie und Sozialpsychologie).
Pfetsch, Barbara, 1995: Chancen und Risiken der medialen Politikvermittlung: Strategien der Öffentlichkeitsarbeit bei politischen Sachfragen, in: *Klaus Armingeon/Roger Blum* (Hrsg.), Das öffentliche Theater. Politik und Medien in der Demokratie. Bern/Stuttgart, 65-94.
Phillips, Anne, 1991: Engendering Democracy. University Park.
Phillips, Anne, 1993: Democracy and Difference. University Park.
Phillips, Anne, 1995: The Politics of Presence. New York.
Phillips, Anne, 1997: Dealing with Difference: A Politics of Ideas, or a Politics of Presence?, in: *Seyla Benhabib* (Hrsg.), Democracy and Difference. Contesting the Boundaries of the Political. Princeton, 139-152 .
Pitkin, Hannah, 1972: The Contept of Representation. Berkeley.
Plasser, Fritz, 1993/94: Tele-Politik, Tele-Image und die Transformation demokratischer Führung, in: Österreichische Zeitschrift für Politikwissenschaft 22, 409-426.
Prenner, Andrea, 1994: Die Nachricht ist 'männlich'. Zur Konstruktion von Männerrealität in den Nachrichtenmedien, in: *Marie-Luise Angerer/Johanna Dorer* (Hrsg.), Gender und Medien. Theoretische Ansätze, empirische Befunde und Praxis der Massenkommunikation. Wien, 152-160.
Raskob, Christian, 1995: Grenzen und Möglichkeiten der Verständigung. Politische Kommunikation zwischen Inszenierung und Aufklärung. Frankfurt a.M./Bern.
Ronneburger, Franz, 1974: Die politischen Funktionen der Massenkommunikation, in: *Wolfgang R. Langenbucher* (Hrsg.), Zur Theorie der politischen Kommunikation. München, 198ff.
Sarcinelli, Ulrich, 1986: Politikvermittlung in der Demokratie. Zwischen kommunikativer Sozialtechnik und Bildungsauftrag, in: *Wolfgang R. Langenbucher* (Hrsg.), Politische Kommunikation. Grundlagen, Strukturen, Prozesse. Wien, 92-105.
Sarcinelli, Ulrich, 1987: Symbolische Politik. Zur Bedeutung symbolischen Handelns in der Wahlkampfkommunikation der Bundesrepublik Deutschland. Opladen.

Sarcinelli, Ulrich, 1989: Mediatisierung und Wertewandel: Politik zwischen Entscheidungsprozeß und politischer Regiekunst, in: *Frank E. Böckelmann* (Hrsg.), Medienmacht und Politik. Mediatisierte Politik und politischer Wertewandel. Berlin, 129-144.
Sarcinelli, Ulrich, 1992: Massenmedien und Politikvermittlung – eine Problem- und Forschungsskizze, in: *Gerhard W. Wittkämper* (Hrsg.), Medien und Politik. Darmstadt, 37-62.
Sarcinelli, Ulrich, 1994: Mediale Politikdarstellung und politisches Handeln: analytische Anmerkungen zu einer notwendigerweise spannungsreichen Beziehung, in: *Otfried Jarren* (Hrsg.), Politische Kommunikation in Hörfunk und Fernsehen. Opladen, 35-50.
Sarcinelli, Ulrich, 1995: Kommunikationstheorien der Politik, in: *Dieter Nohlen/Rainer-Olaf Schultze* (Hrsg.), Lexikon der Politik, Bd. 1: Politische Theorien. München, 241-248.
Sauer, Birgit, 1994: Was heißt und zu welchem Zwecke partizipieren wir? Kritische Anmerkungen zur Partizipationsforschung, in: *Elke Biester/Barbara Holland-Cunz/Birgit Sauer* (Hrsg.), Demokratie oder Androkratie? Theorie und Praxis demokratischer Herrschaft in der feministischen Diskussion. Frankfurt a.M./New York, 99-130.
Schmitt-Beck, Rüdiger, 1994: Politikvermittlung durch Massenkommunikation und interpersonale Kommunikation. Anmerkungen zur Theorieentwicklung und ein empirischer Vergleich, in: *Michael Jäckel/Peter Winterhoff-Spurk* (Hrsg.), Politik und Medien. Analysen zur Entwicklung der politischen Kommunikation. Berlin, 159-180.
Schöler-Macher, Bärbel, 1994: Die Fremdheit in der Politik. Zur Konstruktion von Möglichkeiten, Frau in der Politik zu sein. Weinheim.
Schuster, Thomas, 1995: Staat und Medien. Über die elektronische Konditionierung der Wirklichkeit. Frankfurt a.M.
Van Zoonen, Liesbet, 1991: A tyranny of intimacy? Women, femininity and television news, in: *Peter Dahlgren/Colin Sparks* (Hrsg.), Communication and citizenship: journalism and the public sphere in the new media age. London, 217-325.
Velte, Jutta, 1995: Die Darstellung von Frauen in den Medien, in: *Romy Fröhlich/Christina Holtz-Bacha* (Hrsg.), Frauen und Medien: eine Synopse der deutschen Forschung. Opladen, 181-253.
Weischenberg, Siegfried, 1990: Gladiatoren und Propagandisten? Die Akteure politischer Kommunikation in einer medialen Streitkultur, in: *Ulrich Sarcinelli* (Hrsg.), Demokratische Streitkultur. Theoretische Grundpositionen und Handlungsalternativen in Politikfeldern. Bonn, 101-120.
Williams, Raymond, 1980: Problems in Materialism and Culture. London.
Wittkämper, Gerard W. (Hrsg.), 1992: Medien und Politik. Darmstadt.
Young, Iris Marion, 1990: Justice and the Politics of Difference. Princeton.
Young, Iris Marion, 1997: Communication and the Other: Beyond Deliberative Democracy, in: *Seyla Benhabib* (Hrsg.), Democracy and Difference. Contesting the Boundaries of the Political. Princeton, 120-136.

Privatheit und Politik

Sieglinde Katharina Rosenberger

> *„Für die Antike war entscheidend, daß alles Private ein nur Privates ist, daß man in ihm ... in einem Zustand der Beraubung lebte, und zwar beraubt der höchsten Möglichkeiten und der menschlichsten Fähigkeiten" (Arendt 1996: 48).*

1. *Privatheit, ein politischer Begriff?*

Die wissenschaftlichen wie politischen Debatten zur Privatheit bewegen sich in einem Spannungsverhältnis definitorischer Abhandlungen, die entweder das Unpolitische oder das Politische betonen. Begleitet sind die jeweiligen inhaltlichen Politikkonzeptionen von Forderungen nach einem Mehr bzw. einem Weniger an Politik.

Alleine die Existenz dieser Pluralität an Meinungen und Positionen demonstriert bereits, daß das Private der Politik weder vorausgesetzt noch entzogen ist; daß es keine raum- und zeitlosen Konturen trägt, sondern daß Form und Bedeutung im Kontext von politischen und gesellschaftlichen Verhältnissen entstehen und daß Aufgaben ebenso wie interne Machtverhältnisse (auch) als Ergebnis politischen Handelns zu verstehen sind. Die Privatheit ist ein eindeutig politisch umkämpftes Phänomen. Sie ist dynamisches Konfliktfeld, das durch politische Interessen entweder erstarrt bleiben oder in Bewegung gebracht werden soll. Das politische Interesse liegt darin, daß durch die je spezifische Situierung der Privatheit eine spezifische Verteilung von Macht und eine Allokation von Ressourcen erfolgt. Mit anderen Worten, die Diskussionen entlang des Gegensatzes „politisch/nicht-politisch" unterstreichen die faktische politische Relevanz sowohl im Innenverhältnis als auch im Außenverhältnis, d.h. zur Öffentlichkeit (vgl. Ackelsberg/Shanley 1996: 217ff.).

Zentral für die Diskussion „politisch/nicht-politisch" ist die vorgelagerte Interpretation des Gegenstandsbereiches der Privatheit. Genau hier ist eine beachtliche Divergenz zwischen europäischen Ansätzen und US-amerikanischem Verständnis festzustellen. Die europäische Variante, und zwar sowohl die historische als auch die aktuelle, nimmt fast durchweg eine physische Gleichsetzung von Privatheit mit Familie, Haushalt, Reproduktion und Erziehung von Kindern vor (z.B. von Aristoteles über die Vertragsdenker der politischen Aufklärung bis zu Habermas).[1] Gefühle und Befindlichkeiten werden mit dem „ganz privaten" Leben assoziiert, aber höchstens das Ausleben von Affekten, um im Öffentlichen vernünftig agieren zu können, dringt in den Bereich des

1 Habermas (1990: 238) entwickelt geschichtlich den Begriff der Privatheit aus der liberalen Ära. Die bürgerliche Privatsphäre umfaßt den Bereich des Warenverkehrs und der gesellschaftlich notwendigen Arbeit im Haus.

erklärt Politischen vor (vgl. Lang 1995: 83). Die US-amerikanische Debatte hingegen verknüpft mit Privatheit nicht nur den familiären Konnex, sondern hier wird viel stärker auch das Recht auf individuellen Rückzug vom Gemeinschaftlichen, das Alleinsein, das Zuhause ebenso wie das intime, persönliche Zusammensein mit anderen zum Thema gemacht (vgl. Allen 1996: 196). Der Unterschied zwischen den beiden Positionen ist gravierend. Auf der einen Seite ist das Recht auf Privatheit ein explizit individuelles Freiheitsrecht – ein Recht auf Freisein von anderen (vgl. Eisenstein 1996). Auf der anderen Seite wird das Recht auf Privatheit in ein Recht auf Familie transformiert und als eine ganz bestimmte verwandtschaftlich-relationale Angelegenheit aufgefaßt. Folglich ist nicht primär das Individuum *vor* staatlichen Eingriffen zu schützen, sondern Familie und Ehe werden als Institutionen gebildet, die *vom* Staat durch protektive Gesetze und Subventionierungen geschützt werden.
Die kleinfamiliäre Privatheit ist eine zentrale Institution der bürgerlichen Gesellschaft mit hohem Prestige und Stellenwert. Sie genießt Grundrechtsgarantie. Die Menschenrechtsdeklaration der UNO, ebenso die Europäische Menschenrechtskonvention und zusätzlich noch einzelne nationale Verfassungen betonen explizit, daß Familie und Ehe vom Staat besonders zu schützen sind (vgl. Ulrich 1990: 182).[2] Familienpolitik, die nicht nur Umverteilung von kinderlosen Menschen zu Haushalten mit Kind(ern) realisiert, sondern auch eine Umverteilung von Frauen zu Männern, findet in diesen verfassungsrechtlichen Grundlagen ihre argumentative Basis. Der feministischen Wissenschaft hingegen fehlt die Euphorie über die familiäre Privatheit, sie formuliert aus der Perspektive der Geschlechterverhältnisse vielmehr heftige Kritik (vgl. Elshtain 1981; Pateman 1988; Schaeffer-Hegel 1990; List 1993; Klinger 1994; Kerchner/Wilde 1997):

1) Die familiäre Privatheit wird als vergeschlechtlichte Sphäre, als „a man's castle and a women's place" (Allen 1996: 199) kritisiert. Privatheit gilt als Instrument zur Herstellung der geschlechtsspezifischen Arbeitsteilung und zur Regelung von Machtverhältnissen zwischen den Geschlechtern. Historisch gesehen ist die Privatheit der Ort, wo die sogenannten politisch-freien und ökonomisch-autonomen Männer die Entscheidungen treffen und die Ehefrauen in rechtlicher Hinsicht untergeordnet und in ökonomischer Hinsicht abhängig sind.

2) Kritisiert wird die Konstruktion einer eindeutig geschlechtlich kodierten Dichotomie von Öffentlichkeit und Privatheit, die im bürgerlich-liberalen Projekt der Aufklärung das Prinzip der Inklusion bzw. der Exklusion beinhaltet: Frauen werden mit dem Argument der weiblichen Natur und Unterlegenheit in die Privatheit verwiesen und (deshalb) gleichzeitig von der Öffentlichkeit ausgeschlossen; Männer werden durch die protektive Existenz der bürgerlichen Privatheit für die politische Öffentlichkeit ausgestattet.
Privatheit, die sich vom Öffentlichen durch weibliche Kodierung, durch patriarchale Herrschaftsbeziehungen und durch nicht marktgerechte, nicht bezahlte Tätigkeiten abhebt, wird in feministischen Theorien als *eine* Erklärung für die Diskriminierung von Frauen im öffentlichen Bereich erkannt. Obwohl während der letzten Jahrzehnte

2 Menschenrechtsdeklaration der UNO, Art. 16 Abs. 3: „Die Familie ist die natürliche und grundlegende Einheit der Gesellschaft und hat Anspruch auf Schutz durch Gesellschaft und Staat."

hinsichtlich der strukturellen Trennung zwischen öffentlich und privat faktische Verschiebungen und Umschichtungen zu beobachten sind, ist die idealtypische Lokation der Geschlechter aufrecht. Eine Verschränkung der beiden Sphären erfolgt vor allem individuell durch „Grenzgängerinnen" und „doppelte Vergesellschaftung" (Becker-Schmidt 1987: 20). Meist bleibt es eine einseitige Entgeschlechtlichung der Trennung über die Kategorie der weiblichen Arbeitsleistung – Frauen sind in beide Sphären eingebunden (Stichwort: Vereinbarkeit von Beruf und Familie), Männer trennen die Domänen in Arbeitsplatz und Regenerationsstätte (Stichwort: männliche Erwerbsbiographie).

3) Nira Yuval-Davis (1997: 80) betont, daß ihrer Meinung nach der wichtigste Beitrag des Feminismus zur Gesellschaftstheorie die Analyse der Machtbeziehungen im Privaten darstellt. Da, wie Röhrich (1986: 66) kritisch ausführt, das allgemeine wissenschaftliche Verständnis von Politik auf Öffentlichkeit und Staat konzentriert und beschränkt ist, wird nicht-politisch mit privat gleichgesetzt. Vor diesem Hintergrund bedeutet die Politisierung der hierarchischen Geschlechterbeziehungen und der Machtverhältnisse im privat-familiären Umfeld eine definitorische Erweiterung des politischen Raumes. Dies erfolgt auf Basis der Prämisse, daß die privaten Machtbeziehungen nicht mit Natur und Moral zu argumentieren sind, sondern daß sie eine strukturelle, interessenbedingte Verankerung besitzen.

Die Erweiterungsbestrebungen des Politischen um Machtbeziehungen in der Privatheit erfahren in der politischen wie wissenschaftlichen Debatte keineswegs nur Unterstützung. Vielmehr wird vor ungerechtfertigten Eingriffen der Politik in die Privatheit gewarnt. Somit ist zu konstatieren, daß sowohl Depolitisierungsparolen und -strategien („Schutz der Privatheit vor dem Staat") ebenso wie Repolitisierungsparolen und -strategien („Das Private ist politisch") für den Bereich des Privaten charakteristisch sind. Nicht zuletzt durch das politische Engagement von Frauenbewegungen hat sich Privatheit gewandelt. Als ehemaliger Ort der „Beraubung" hat sie, so Arendt (1996: 48), vom Prozeß der Individualisierung profitiert. Durch die Novellierung repressiver Ehe- und Familiengesetze ist sie in mancher Hinsicht partnerschaftlicher geworden (vgl. Schaeffer-Hegel/Leist 1996: 34). Auch wird durch die Vergesellschaftung von Tätigkeiten eine „Einschrumpfung der privaten Sphäre auf die inneren Bezirke einer weitgehend funktionsentlasteten und autoritätsgeschwächten Kleinfamilie" (Habermas 1990: 247) konstatiert. Daß Familie als Desiderat zurückbleibt, ist weiters ein Ergebnis der Interventionen des Sozialstaates, der Schutzfunktionen für Individuen übernimmt, die früher die (bürgerlichen) Privatleute als Eigentümer erbrachten (vgl. ebd.: 247) Eine „Umschichtung zwischen den Bereichen" (Schaeffer-Hegel/Leist 1996: 34), gemeint ist öffentlich und privat, sowie „eine 'Neufassung' des Begriffes der Privatheit" (Cohen 1994: 303) werden in der Literatur angekündigt.
Die Einschätzung der familiär-dominierten Privatheit in der patriarchatskritischen Forschung divergiert in den einzelnen politischen Systemen nicht unerheblich. Entscheidendes Kriterium für die Beurteilung sind die Impulse, die von sozial- und familienpolitischen Maßnahmen zur Unterstützung von „breadwinner/caretaker"-Familien einerseits und partnerschaftlichen Lebensformen andererseits ausgehen. In Ländern, in denen die Idee des männlichen Familienernährers noch dominiert (in deutschsprechenden Ländern), werden Familie und Privatheit weitaus kritischer be-

urteilt als in Ländern, in denen eher das Individuum zum primären Anknüpfungspunkt für sozialstaatliche und familienpolitische Leistungen herangezogen wird (vgl. Kofman/Sales 1996). Insbesondere skandinavische Sozialwissenschaftlerinnen erkennen in der zunehmenden Vergesellschaftung von Haus- und Betreuungsarbeit, aber auch in der sukzessiven Einbindung von Männern in Versorgungstätigkeiten die Chance auf Entpatriarchalisierung der Geschlechterverhältnisse und der Privatheit (vgl. Siim 1991: 57; Fölster 1996: 103).
Die folgenden Ausführungen konzentrieren sich auf das nicht unproblematische, angespannte Verhältnis von Privatheit und Öffentlichem in politischen wie politikwissenschaftlichen Debatten. Die Privatheit selbst ebenso wie die Demarkationslinie zum Öffentlichen werden als politisches Gelände vermessen. Vor historischen und aktuellen Hintergründen wird die Bedeutung einer Politisierung/Depolitisierung für Geschlechterverhältnisse untersucht.

2. *Feministische Kritik familiärer Privatheit*

Die feministische Kritik an der Privatheit ist in den einleitenden Bemerkungen bereits punktuell angedeutet worden. Im Kontext von Fragen des Politischen der Privatheit sind zwei Stränge besonders relevant: die Kritik an Annahmen der Vorstaatlichkeit und die Kritik an der Dichotomie und Sexualisierung von öffentlich und privat.

2.1 Vorstaatlichkeit

Die Vorstaatlichkeit der Privatheit im Sinne einer funktionalen Einbindung der Frauen in die politische Ordnung durchzieht das politische Denken von der Antike, zur Aufklärung bis in die Moderne. Bei den Vätern der Politikwissenschaft, den griechischen Denkern, spielt die Privatheit (Oikos) eine große Rolle – allerdings außerhalb des Politischen. Es wird angenommen, daß die Gleichheit in der Polisgemeinschaft die Ungleichheit im Oikos, wo die Arbeit für die Herstellung des Lebensnotwendigen erfolgt, bedinge und voraussetze. Der Rückgriff auf Arbeit und die Herrschaft im Haus (über Frauen und Sklaven) waren die Voraussetzungen zum Erwerb des Staatsbürgerstatus und damit für die Möglichkeit politischen Handelns. Oikos war für die ausschließlich männlichen Staatsbürger nicht Arbeitsstätte, sondern Schonraum (vgl. Benhabib/Nicholson 1987; Arendt 1996).
Eine zentrale Prämisse im aufgeklärten Vertragsdenken (Locke, Rousseau, Fichte, Hegel) und in konservativen Politikansätzen ist, daß neben dem politischen Bereich auch ein politik- bzw. staatsfreier Raum existiert. Die Privatheit erfüllt diesen Zweck, sie wird als Sphäre, vermeintlich frei von staatlichen Interferenzen konzipiert, gleichzeitig aber doch in eine Herrschaftsbeziehung zum Staat eingebettet. Diese nicht-politische, weil „natürliche" Grundlage von Staat und Gesellschaft erbringt für das gesellschaftliche und politische Leben Leistungen, sie erfüllt vorstaatliche und vorgesellschaftliche Aufgaben. Das Private, wie bei Georg Wilhelm Friedrich Hegel häufig mit dem Weiblichen gleichgesetzt, leistet die notwendige Zuarbeit für die Aufrechterhaltung der lebensnotwendigen Grundlagen der Gesellschaft (vgl. List 1993).

Schaeffer-Hegel (1990: 159) kritisiert an diesen Ideen, daß das Innenverhältnis von Frau und Mann als eine Voraussetzung für die Konstitution des Mannes zum Bürger und in der Folge des Bürgers zum Staat gedacht sei. Die Familie sichere Eigentum und Namen, die Hausfrau übernehme eine entscheidende Rolle bei der aufwendigen Seelenökonomie des Mannes, um ihn als vernünftiges, von Emotionen und Affekten unbehelligtes, rationales Individuum zu produzieren. Klinger (1994: 123) weist darauf hin, daß Privatheit und Öffentlichkeit sich in funktionaler Hinsicht nicht als getrennte, sondern als komplementäre, dialektisch aufeinander bezogene Sphären politischen Handelns und sozialen Lebens herausstellen. Insbesondere ist das Öffentliche strukturell und individuell auf das Private angewiesen.

Die Bedeutung der vorstaatlichen Aufgabenerfüllung ist heute deutlich reduziert. Die Leistungsansprüche des Öffentlichen an die Familie und somit an die unbezahlte weibliche Arbeit sind im Vergleich mit dem 19. Jahrhundert viel bescheidener, Staat und Markt haben zahlreiche Funktionen übernommen. Trotzdem gilt, daß das, was in der Familie geleistet wird bzw. was von der Familie beansprucht wird, überwiegend von Frauen erbracht wird.

Die These der Freiheit staatlicher Einwirkung bei gleichzeitiger Instrumentalisierung des Privaten für das Öffentliche belegt, wie de facto Politisches ignoriert bzw. negiert wird – nämlich die Tatsache, daß die Privatheit durch politische Entscheidungen und Bestimmungen geregelt ist sowie die internen Machtstrukturen (vgl. Benhabib / Nicholson 1987; Hansen 1994). Hier wird der Widerspruch zwischen der Exklusion von Frauen aus staatlichen Einrichtungen und der Reglementierung des weiblichen Lebens durch staatliche Normen eklatant.

2.2 Dichotomie und Vergeschlechtlichung

Georg Wilhelm Friedrich Hegel entwarf zwei fundamentale Gesetze, die die Zuordnung der Geschlechter zu getrennten Sphären definieren: das menschliche Gesetz, das seinen Ausdruck im Gemeinwesen findet und dessen Wesensträger der Mann ist, und das göttliche Gesetz, das seinen Ausdruck in der Familie findet und dessen Wesensträgerin die Frau ist. Männlich und weiblich werden in Analogie mit Herrschen und Gebären gesetzt – Frauen gebären und können nicht herrschen, Männer herrschen und können nicht gebären. Nach Hegel basiert diese Dualität auf Natur und ist daher nicht flexibel, sondern starr (Hegel, zit. n. Woesler de Panafieu 1990: 167).

Es sind insbesondere die Studien von Jean Bethke Elshtain (1981) und Carole Pateman (1988), die den geschlechtsspezifischen, frauendiskriminierenden Inhalt der Trennung des Privaten vom Öffentlichen im westlichen Denken kritisch beleuchten. Pateman analysiert die naturrechtlichen Kontrakttheorien (Hobbes, Locke), die ihrer Meinung nach großen Einfluß auf das moderne politische Denken besitzen. Die Vertragstheorien würden durch die Konzentration auf den „Gesellschaftsvertrag" lediglich die halbe Geschichte erzählen und ihre Grundlage, den „Sexualvertrag", nämlich die Herrschaft des Mannes über die Frau im privaten Bereich, verschweigen.[3] Hauptkritikpunkt ist weiters die Plazierung und Konstruktion des Individuums. Die Kontrakttheorien stel-

3 Für eine Auseinandersetzung mit Patemans Kritik am Vertragsdenken vgl. Wilde (1997).

len das freie, autonome Individuum in den Mittelpunkt von Gesellschaft und Politik, schließen Frauen aber vom Status „Individuum" aus (vgl. Pateman 1988: 82).
Feministische Arbeiten analysieren die familiär-bürgerliche Privatheit als Institution, die Frauen familialisiert und die die Partizipationschancen von Frauen und Männern in Politik und Berufsarbeit ungleich regelt. Geneviève Fraisse (1995: 100) führt aus, daß die Demokratie den Ausschluß der Frauen von den öffentlichen Einrichtungen nicht als Struktur-, sondern als Ausgangsprinzip enthalten habe. Dies erkläre, weshalb trotz formalrechtlicher Gleichheit in politischen Angelegenheiten (aktives und passives Wahlrecht) Frauen nach wie vor unterrepräsentiert sind.
Die Exklusion betrifft aber nicht nur die staatliche Ebene, sondern auch Ausbildung und Berufsarbeit.[4] Die explizite Nicht-Zulassung zu bestimmten Tätigkeiten und Branchen alleine aufgrund des weiblichen Geschlechts hielt sich sogar viel hartnäckiger als der formale Ausschluß aus den politischen Gremien. So wurde beispielsweise in Irland das Verbot der Beschäftigung von verheirateten Frauen im Öffentlichen Dienst erst im Jahre 1973 aufgehoben. In Österreich wurde das Frauen-Nachtarbeitsgesetz, das, wenn auch von zahlreichen Ausnahmeregelungen durchlöchert, ein allgemeines Beschäftigungsverbot von Frauen in den Nachtstunden vorsah, im Zuge der Anpassung an EU-Normen im Jahre 1997 aufgehoben; die Zulassung von Frauen zu den Wiener Philharmonikern, die letztlich erst durch Frauenproteste in den USA möglich wurde, besteht ebenfalls erst seit 1997.
Entlang welcher Kategorien wird Privatheit von Öffentlichkeit abgespalten? Carol Gould (1989: 71) spricht von einer älteren Distinktion und führt auf der Seite des Öffentlichen das Recht und die Politik an, auf der Seite des Privaten Ökonomie, Kultur, persönliche Beziehungen und das familiäre Leben. Einer jüngeren Unterscheidung zufolge spricht Gould davon, daß das Private individuelle Handlungen und zwischenmenschliche Beziehungen, die institutionell nicht vorgeschrieben sind, kennzeichne. Genau dieser Charakterisierung widerspricht Angelika Ebrecht (1997: 150) und weist darauf hin, daß der häusliche bzw. familiäre Bereich von staatlichen Normen durchdrungen sei. Diese Positionsverschiedenheit zwischen Gould und Ebrecht mag vielleicht ein Ergebnis der eingangs erwähnten unterschiedlichen Auffassung von Privatheit in einem europäischen oder US-amerikanischen Kontext sein.
Eindeutig stellen sich aber unterschiedliche Formen der Machtbeziehungen als besonders relevant für die Trennung von öffentlich und privat heraus. Historisch betrachtet hängt die Konstruktion von zwei Sphären mit dem Interesse zusammen, in Politik und Privatheit unterschiedliche Herrschaftsformen zu etablieren und insbesondere die Legitimation der hierarchischen Beziehungen zwischen den Geschlechtern zu argumentieren. Im liberalen Denken des 19. Jahrhunderts konnte sich, mittels einer systematischen Trennung der Sphären, die Herrschaft im Privaten den aufgeklärten Grundsätzen der Freiheit und Gleichheit der Menschen, die für die politische Sphäre zunehmend bestimmend wurden, entziehen. Für die Herrschaftsbeziehungen im Privaten wurde eine natürliche Legitimation – das vermeintliche Wesen und die Natur

4 Wenn in der feministischen Forschung die Exklusion von Frauen aus Gesetzgebung und Staat durchwegs als diskriminierend kritisiert wird, dann wird umgekehrt aber die Inklusion von Frauen in die Einrichtungen des Staates keineswegs einheitlich als emanzipatorische Zielvorstellung geteilt. Gegenüber der Beteiligung von Frauen am Staat besteht neben Zustimmung auch Skepsis und grundsätzliche Ablehnung (vgl. Cohen 1994).

der Frau – beansprucht, um die Willkür beibehalten zu können. Der egalitären Herrschaft der Brüder im Öffentlichen stand die paternalistische und patriarchale Herrschaft der Väter im Privaten gegenüber (vgl. Pateman 1988; Gould 1989; Klinger 1994). Elisabeth List erkennt in der Trennung der Sphären die Möglichkeit, das Öffentliche als politisch und das Private als nicht-politisch zu rezipieren und Geschlechterverhältnisse als unpolitisch, d.h. jenseits der politischen Willensbildung zu definieren. Öffentlichkeit und Privatheit sei eine kategoriale Dichotomie, die implizit jene Ausschließungsmechanismen trage, „die die Realitäten und die Erfahrungen des weiblichen Lebenszusammenhangs und der Beziehungen zwischen den Geschlechtern nachhaltig einer wissenschaftlichen und politischen Thematisierung entzog" (List 1993: 155).

2.3 Defizit an Privatheit

Privatheit wird zwar als ureigenste Sphäre der Frauen definiert, trotzdem fehlt Frauen die Privatheit im Sinne von „restricted access in the senses of seclusion, solitude, and anonymity" (Allen 1996: 207). Da Frauen in der Privatheit ihren (zweiten) Arbeitsplatz haben, Privatheit für Männer aber unter den gegebenen Verhältnissen Schonraum darstellt, sind die „privaten" Annehmlichkeiten und Ressourcen recht einseitig verteilt. Pateman (1996) kritisiert in diesem Zusammenhang den Ehevertrag, der Frauen zu Dienerinnen des Mannes und zu Arbeiterinnen im Haus mache. Durch diesen Kontrakt werde die Privatheit zur Regeneration und Ressource für Männer. Krasse Worte zur Charakterisierung der Privatheit findet auch MacKinnon: „Für Frauen ist die Privatsphäre weder frei noch besonders privat oder persönlich. Der Ort männlicher Freiheit im Recht, privater Freiheit von Männern, ist gesellschaftlich der Ort der kollektiven Unterdrückung von Frauen" (MacKinnon 1990: 207). Ein attraktiver Privatbereich mit der Möglichkeit auf Eigensein, Alleinsein und Freisein fehle für Frauen.

3. *Wahlfreiheit zwischen den Sphären?*

In feministischen Theorien gilt die geschlechtlich konfigurierte Trennung von öffentlich und privat als Erklärung für geschlechtsspezifische Arbeitsteilungen sowie für den Sekundarstatus von Frauen in Berufsarbeit und Politik (vgl. Beer 1991: 29). Denn obwohl der de jure Ausschluß von Frauen aus Politik und Erwerbsarbeit aufgehoben ist, sind Konsequenzen und Effekte der „Verspätung" (Fraisse 1995: 98) wirksam. Aber nicht nur die Nachwirkungen der de jure Exklusion bedingen den prekären Status von Frauen in der öffentlichen Sphäre, sondern die fast ungebrochene Zuständigkeit der Frauen für die Tätigkeiten im privaten Bereich erweist sich als strukturelle Barriere auf dem Weg in die Berufsarbeit und in die Politik. Die Privatheit ist, wenn auch meist zusätzlich, weibliche Arbeitsstätte, wie europaweit die Zahlen zur Verteilung der Versorgungsarbeit illustrieren.[5] Die überwiegend von Frauen geleistete Hausarbeit

5 In Österreich leisten laut Frauenbericht aus dem Jahr 1995 Frauen mehr als drei Viertel der gesamten Betreuungs- und Versorgungsarbeit (vgl. Faßmann 1995).

befähigt Männer Akteure der Politik zu sein, d.h. Politik nach „männlichen" Interessen zu gestalten. Die politisch hergestellten Regelungen und Rahmenbedingungen schließlich schreiben die geschlechtsspezifischen Arbeitsteilungen im Privaten, in der Berufsarbeit und in der Politik weiter fort.

Erodiert ist die ausschließliche Einschreibung von Frauen in die Privatheit. Frauen sind in beiden Sphären zu finden, sie sind in Familie und Beruf tätig und doppelt vergesellschaftet. Die Demarkationslinie ist längst aufgeweicht, ein Springen um den Preis der Mehrfachbelastungen zwischen den Sphären ist geradezu normal geworden.[6] Individuell vereinbaren Frauen das ideologisch Unvereinbare, sie entwickeln Strategien und passen sich an die Erwerbswirtschaft durch familienfreundliche Berufs- und Karriereentscheidungen an. Die staatliche Vereinbarkeitspolitik in Gestalt von Mutterschaftsregelungen und Pflegeurlaub entschärft die organisatorischen Probleme. Der Strukturwandel der Familie, die Technisierung der Haushalte, die Einrichtungen zur öffentlichen Erziehung der Kinder sowie die Expansion der öffentlichen Krankenversorgung haben, nach Schaeffer-Hegel/Leist, dazu geführt, daß den Familien ein großer Teil ihrer reproduktiven Arbeiten abgenommen wurde. „Die verbleibenden Aufgaben reichen nicht mehr aus, um einen erwachsenen Menschen lebenslang sinnvoll zu beschäftigen. Hausfrau und Mutter zu sein kann nur noch in seltenen Fällen als eine vollwertige Lebensperspektive gelten" (Schaeffer-Hegel/Leist 1996: 34).

Aber auch wenn die Dichotomie praktisch überholt und im politischen Denken aufgeweicht ist, ist die idealtypische Zuordnung der Frauen zur Privatheit und folglich die Trennung, wenn auch als Fiktion, präsent (vgl. Sauer 1997: 47). Ein Indikator für eine weitere geschlechtsspezifische Kodierung des Privaten und des Öffentlichen ist die sozial- und familienpolitische Behandlung der Ernährer- und Hausfrauenfamilie. Politische Maßnahmen, die den Mann als Ernährer einer Familie und die Frau als versorgende, nicht berufstätige Ehegattin unterstellen, folgen weiterhin dieser Logik der primär geschlechtsspezifischen Trennung der Sphären. Einen weiteren Beleg für die Familialisierung der berufstätigen wie nicht berufstätigen Frauen liefert die konservative Politik der Wahlfreiheit.

Wahlfreiheit signalisiert Entscheidungsoptionen – Frauen sollen sich zwischen Beruf und Familie entscheiden können. Wahlfreiheit ist primär ein ideologischer Ansatz, der die idealtypische Trennung der öffentlichen Sphäre von der privaten weniger dramatisch, sprich prinzipiell durchlässig erscheinen läßt. Ihre Idee und Praxis entsprechen einer geschlechtsabhängigen Vorstellung von Selbstverwirklichung – in Beruf *oder* in Familie. Es wird unterstellt, daß Frauen sich zwischen Beruf und Familie entscheiden würden oder können oder sollen. Diese Intentionalität ignoriert, daß der Staat die beiden Optionen nicht gleich behandelt, sondern sie ungleich unterstützt oder ungleich reizt. Sie übergeht, daß das Zuhausebleiben der Ehefrauen und Mütter durch sozial- und ehepolitische Maßnahmen (z.B. durch die Mitversicherung von Ehegattinnen, durch steuerliche Begünstigungen der Alleinverdiener, durch Witwenpensionen und Erziehungsgeld für nicht berufstätige Mütter) eindeutig favorisiert wird. Wahlfreiheit

6 Allein der alltagssprachliche Begriff der „Nur-Hausfrau" legt nahe, daß Frauen, die nur in der Privatsphäre tätig sind, etwas fehlt, daß Männer jedoch, die nur in der Berufsarbeit engagiert sind, nicht als nur-berufstätig bezeichnet werden. „Nur" verweist aber nicht unbedingt ausschließlich auf eine Minderwertigkeit, es verweist vor allem darauf, daß Frauen üblicherweise in zwei Sphären aktiv sind (vgl. Beck-Gernsheim 1985).

trägt so zur Fort- und Festschreibung der sozialen Ungleichheit der Geschlechter bei. Die einen müssen sich (noch) für oder gegen den Beruf entscheiden, die anderen haben sich bereits für den Beruf entschieden. Die sich entscheiden müssen, sind in der Berufsarbeit mit einem Makel behaftet; sie sind familialisiert, ihnen wird sowohl die Notwendigkeit zur Doppelbelastung als auch das finanzielle Rückgrat durch einen potentiellen „Erhalter" oder „Ernährer" unterstellt (vgl. Rosenberger 1996).
Es bleibt abschließend festzuhalten, daß, wenn nicht die Trennung, sondern die Vereinbarkeit der Sphären Thema der Analyse ist, die gesellschaftlichen Lebensbedingungen, einschließlich der Geschlechterverhältnisse in den Blickpunkt rücken. Das Paradigma Exklusion aus der öffentlichen Sphäre wird vom Paradigma Diskriminierung und Benachteiligung in der öffentlichen Sphäre abgelöst.

4. Repolitisierung des Privaten

In der *Mainstream-Politikwissenschaft* sind im Hinblick auf die potentielle Rezeption des Privaten zwei Richtungen von besonderer Relevanz. Zum einen wird das Politische auf den Staat bezogen, ja auf ihn eingeschränkt. Zum anderen wird der Politik-Begriff durch die Gleichsetzung mit Machtbeziehungen und Handeln gebildet.
Röhrich (1986: 67ff.) beobachtet kritisch, daß allgemein das Verständnis einer Gleichung zwischen Politik und Staat vorherrsche. Damit werden das Privatleben und die Wirtschaft definitionsgemäß zur Sphäre des Nicht-Politischen erklärt, der Staat hingegen zum konstitutiven Element des Politischen. Dieser gouvernementale Politik-Begriff ignoriert das Beziehungsgefüge, das dem Staatlichen bzw. Gesellschaftlichen strukturell und funktional vorgelagert ist. Er interessiert sich also weder für die existierenden Austauschverhältnisse zwischen den Sphären noch für eine Reihe von Feldern, denen die Politik die Vorgaben und Normen gibt. Die Leistungsmöglichkeiten dieses Politik-Begriffes sind hinsichtlich der Erklärung des Privaten und seiner Bedeutung für das Öffentliche stark minimiert.
Der auf die Machtproblematik konzentrierte Politik-Begriff begrenzt sich nicht a priori auf den öffentlichen, staatlichen Bereich. Die Machtbeziehungen in der Privatheit ebenso wie das Herrschaftsverhältnis zwischen der Öffentlichkeit und der Privatheit sind in diesem politikwissenschaftlichen Ansatz zumindest potentiell rezipierbar (vgl. Pelinka 1976: 126). Berg-Schlosser/Stammen hegen in einem einführenden politikwissenschaftlichen Lehrbuch jedoch methodische Zweifel am machtbezogenen Verständnis des Politischen, denn „das hat zur Folge, daß der Politik-Begriff ... auf nahezu alle sozialen Beziehungen ausgeweitet wird; denn in nahezu allen sozialen Beziehungen wird sich Macht beobachten lassen: nicht nur in öffentlichen, sondern auch in privaten Verhältnissen" (1992: 27).
Faktum ist, daß, abgesehen von der feministischen Politikwissenschaft, der private Raum und die Organisation des Alltags der persönlichen Beziehungen in der Politikwissenschaft kaum Niederschlag finden und die strukturelle Trennung der geschlechtlich kodierten Sphären als konstitutive Grundlage von Gesellschaft und Staat überhaupt nicht in den Blick gerät. Viel eher werden in Nachbardisziplinen, vor allem in der Soziologie (vgl. z.B. Beck 1987; Schwengel 1988; Ritter 1997), Dimensionen des Politischen außerhalb der Kollektive und Institutionen des politischen Systems behan-

delt.[7] Von Beyme weiß um dieses Defizit in der Politikwissenschaft und liefert eine epistemologische Erklärung: In den dominanten Systemtheorien sei für Akteure und Personen mit lebensweltlichen Erfahrungen kein Raum (von Beyme 1991: 253). Dies ist aber nicht die einzige Erklärung für die Ausblendung des Privaten aus dem politikwissenschaftlichen Tätigkeitsfeld. Anton Pelinka erkennt in der inhaltlichen Ausweitung des Politik-Begriffes eine „Unbequemlichkeit": „Die Ausweitung ist inhaltlich unbequem, weil der erweiterte Politikbegriff Problemfelder als politisch erfaßt, die bisher als 'unpolitisch' und damit einer zentralen Lenkung unzugänglich eingestuft waren" (Pelinka 1976: 8).

Die Einbindung der Geschlechterverhältnisse und der Privatheit in das Politische ist für jene „unbequem", die Interesse an der Beibehaltung des Status quo haben. Dabei spielt die Frage der tatsächlichen staatlichen Intervention eine sekundäre Bedeutung, es geht primär um die Vermittlung des unpolitischen, natürlichen Charakters. Hingegen ist die Einbeziehung der Geschlechterverhältnisse und der Privatheit in den Politik-Begriff für jene erstrebenswert, die Interesse an der Veränderung derselben haben. Das Anliegen der Politisierung der kleinfamiliären Privatheit und seiner gesellschaftlichen Instrumentalisierung orientiert sich dabei an demokratischen Vorstellungen, d.h. an einer Analogie der Annahmen über Individuum und Herrschaftsformen sowohl im Öffentlichen als auch im Privaten.

Mit der traditionellen Prämisse der unpolitischen Privatheit hat die Neue Frauenbewegung radikal gebrochen. In den siebziger Jahren wurde mit der Forderung „Das Persönliche ist politisch" ein erweiterter Politik-Begriff moniert und die Politisierung des privaten Lebens eingeleitet. „Das Persönliche ist politisch" ist als Herrschaftskritik und Gesellschaftsveränderung zu lesen. Thematisiert werden die Abhängigkeitsverhältnisse im privaten Bereich, die unbezahlten Reproduktionsleistungen (Hausarbeit), die Gewalt an Frauen sowie die weibliche Selbstbestimmung über Sexualität und Körper (vgl. Gould 1989; Meyer 1992).

„Das Persönliche ist politisch" beinhaltet mindestens eine doppelte Kampfansage. Der Slogan ist eine Veröffentlichungskampagne der Herrschaftsverhältnisse in ihren alltäglichen und für Frauen spezifischen Ausprägungen. Die Privatheit als Ort des Geheimen läßt die Willkür nicht publik werden. Eine Veröffentlichung bzw. Politisierung des Privaten bedeutet eine Verschiebung der Vorstellung dessen, was gezeigt wird und was versteckt bleiben soll. Privatheit öffentlich machen, ist ein Angriff auf die „Heimlichkeit der häuslichen Ungerechtigkeit" (Pateman 1996: 177). Die Forderung impliziert folglich keineswegs, daß Intimes, Persönliches per se öffentlich werden soll, sondern daß Gewalt, Vergewaltigung und Mißbrauch in Ehe und Familie enttabuisiert werden.

Der Slogan richtet sich zweitens auf die Beziehung zwischen Privatheit und Politik. Im Gegensatz zu autoritären Regimen besteht in demokratischen Systemen Konsens über grundsätzliche Distanz des Staates zur Privatheit. Das Recht auf Privatheit gilt als Schutz vor staatlichen Eingriffen in die Entscheidungsfreiheit bei persönlichen Dingen. Gleichzeitig besteht einhellig die Meinung, daß, so Klaus von Beyme, „die

7 Claudia Ritter (1997) schreibt als Politologin am Rand zur Soziologie über die Politisierung der sozialen Räume und thematisiert die Veränderung des Politischen am Beispiel der Lebensstile, die zunehmend frei gewählt werden und nicht mehr vorab gegeben sind.

Privatsphäre immer stark vermachtet (war), auch wenn man nicht allen Übertreibungen der Institutionenkritik von Foucault ... oder der Feministinnen ... folgen will" (von Beyme 1991: 269).

Worin liegt nun die „Übertreibung"? Wissenschaftlerinnen benennen explizit die staatlichen Regelungen und Normen in der Privatheit, die politischen Vorgaben auch für jene Bereiche, für die die Frauenbewegung das Recht auf Selbstbestimmung reklamiert (z.B. über den eigenen Körper), und die Kontrollen der Politik über die Privatheit (z.B. Kriminalisierung der Privatheit; vgl. Duden 1991; Baer/Berghahn 1996; Berghahn 1997). Gerade die Institutionalisierung von Ehe und Familie illustriert, daß die politische Herrschaft ursprünglich den Mann als Familienoberhaupt nicht nur anerkannte, sondern ihn als Repräsentanten von Eigentums- und politischen Rechten auch einsetzte. Wissenschaftlerinnen kritisieren weiters, daß staatliche Regelungen einerseits den persönlichen Freiraum einschränken (z.B. Namensrecht, Privilegierung ehelicher Lebensformen und Subventionierung der Versorgungsehe), andererseits daß Gesetze die Freiheit des männlichen Individuums auf Kosten von Frauen schaffen (Gewalt, Vergewaltigung in der Ehe; vgl. Allen 1996: 194).

Die Politisierung des Privaten durch die Frauenbewegung ist vor diesen Hintergründen meist keine Politisierung, sondern vielmehr eine Repolitisierung. Denn die familiäre Privatheit ist vom Staat normiert, auch wenn diese Regelungen und Konventionen mittlerweile als „zweite Natur" wahrgenommen werden und die familiären Bedingungen als normal, natürlich und nicht als Ausdruck von Interessen erscheinen.

In bezug auf Geschlechterverhältnisse ist festzuhalten, daß eine Politisierung nicht notwendigerweise Verrechtlichung und Veröffentlichung oder Verschmelzung der Sphären bedeutet. In der feministischen Debatte geht es nicht darum, daß die positiven Zuschreibungen an das Private, nämlich Hort der Gefühle und der intimen Beziehungen zu sein, auch für die Öffentlichkeit/Politik gelten müßten. Es geht vielmehr darum, daß mit Hilfe von Politik die patriarchalen Machtstrukturen durch demokratische abgelöst werden und daß in der Privatheit die Prinzipien der Selbstbestimmung und Freiheit auch für Frauen gelten.

Von der Forderung nach Politisierung des Privaten zur emanzipatorischen Gestaltung der Privatheit sind jene Positionen zu unterscheiden, die vor der Politisierung warnen bzw. die Präsenz des Staates in der Privatheit kritisieren. Habermas (1990: 225ff.) verlangt nicht nach der Politisierung der Lebenswelt, er warnt vor deren Kolonialisierung, d.h. vor der wachsenden Verrechtlichung der Privatheit. Er tut dies ohne Sensibilität gegenüber der Geschlechterdifferenz in der Privatheit (vgl. dazu Baer/Berghahn 1996: 249ff.). Konservative, die patriarchalen Vorstellungen von Ehe und Familie anhängen, wehren sich ebenfalls gegen eine Politisierung der Privatheit, weil damit potentiell auch eine Demokratisierung der Machtverhältnisse in Aussicht gestellt ist. Aus ganz anderen Gründen kritisiert hingegen Michel Foucault obrigkeitliche Machtverhältnisse im Privaten, nämlich jene, die selbst den Körper durchziehen und ihn „zum Gegenstand so gebieterischer und eindringlicher Besetzungen" machen (Foucault 1989: 175). Aber auch Kritikerinnen des Wohlfahrtsstaates monieren, daß bei Leistungsempfängerinnen der Staat durch Kontrollen das Recht der Unantastbarkeit der Privatheit verletzt werde (vgl. Nelson 1990).[8]

8 Die Kritik am Wohlfahrtsstaat als Eingriff in die Privatheit bzw. als weitere Form der

Diese Beispiele verbindet, daß die Forderungen sowohl nach Politisierung und Verrechtlichung einerseits ebenso wie die Forderungen nach Politikfreiheit andererseits auf der Basis von Interessen an bestimmten Lebensformen formuliert werden.

5. Frauenpolitische Interventionen

Staatliche Frauenpolitik macht neben Maßnahmen zur Gleichbehandlung in Politik und Berufsarbeit die familiäre Privatheit als primäre Organisationsform der Geschlechterverhältnisse zum Thema. In bezug auf Reformen der Privatheit liegt die Herausforderung darin, normative Vorstellungen und Positionen über das Nicht-Politische und Nicht-Öffentliche zu entkräften. Frauenpolitik muß „unpolitisch betrachtete Dinge in das helle Licht der Öffentlichkeit ... bringen" (vgl. Horn 1992: 10).
Staatliche Frauenpolitik greift mittels Regelungen und Maßnahmen in die Privatheit ein. Für die Realisierung dieses Unternehmens ist ein Spagat zu proben: Einerseits ist die Entinstitutionalisierung der Privatheit, d.h. der Rückzug des Staates aus Ehe und Familie zu verlangen, andererseits ist ein Mehr an Staat erforderlich, um diskriminierende Normen aufzuheben und partnerschaftliches, egalitäres Recht durchzusetzen. Frauenpolitik braucht den Staat, um die Privilegierung der Männer im Privaten, die jedoch in der Unterstützung des Staates ihre Grundlage und Geschichte hat, zumindest abzuschwächen (vgl. Kreisky 1996; Cordes 1996).
Für die Reform der Privatheit werden unterschiedliche Richtungen und Maßnahmen verfolgt. Eine Forderung in den siebziger Jahren war, um den Arbeitscharakter der Reproduktionsleistungen zu verdeutlichen, die Entlohnung der Hausarbeit – dieses Anliegen ist unter dem Namen „Erziehungsgeld" inzwischen zum Repertoir konservativer Familienpolitik geworden (vgl. Braun/Kremer/Leddin 1986). Spürbare Entlastung für Frauen hat die Vergesellschaftung vormals familiär erbrachter Aufgaben gebracht. Öffentliche Einrichtungen zur Betreuung von Kindern und Alten machen Frauen außerhäusliche Erwerbsarbeit möglich und Männern eine Revision ihrer Lebensperspektiven nicht wirklich notwendig. Ein dritter Ansatzpunkt schließlich ist die Politik, die im Hinblick auf Rechte und Betreuungspflichten Umverteilung und partnerschaftliche Organisation von Familie forciert. Die österreichische Aktion „Ganze Männer machen halbe halbe", die zur positiven Sensibilisierung für die Novellierung des Familienrechtes hinsichtlich einer explizit partnerschaftlichen Aufteilung von Haus- und Betreuungsarbeit konzipiert war, gibt Impulse für diese Richtung. Die zahlreichen Diskussionen, die im Kontext der Aktion stattgefunden haben, sind Beispiel für die Repolitisierung der familiären/ehelichen Privatheit zur Egalisierung der Belastungen durch Privatheit; sie sind aber auch Ausdruck der strukturkonservativ motivierten Einwände gegen Eingriffe der Politik in die Privatheit.[9]

Abhängigkeit hängt davon ab, wie der jeweilige Staat analysiert wird – in anglo-amerikanischen, aber auch in deutschsprachigen Arbeiten dominiert häufig die Skepsis gegenüber dem Staat als Instrument zur Herstellung egalitärer Geschlechterverhältnisse (vgl. Elshtain 1983); in skandinavischen hingegen wird der Staat viel eher als eine Sphäre betrachtet, die sich Frauen zunutze machen sollten (vgl. Siim 1991).

9 Für eine ausführliche Diskussion über die vorwiegend konservativen Einwände gegen die Verrechtlichung des Privaten vgl. Berghahn (1997).

Einem Vorschlag der österreichischen Frauenministerin aus dem Jahre 1995 zufolge sollte die bestehende familienrechtliche Regelung betreffend Teilung der Haushaltsführung im wesentlichen in zwei Punkten geändert werden.[10] Erstens sollte eine Verpflichtung der Ehegatten nicht nur zur umfassenden ehelichen Lebensgemeinschaft, zum gemeinsamen Wohnen und zur Treue, sondern auch zum partnerschaftlichen Beitrag an der Erfüllung gemeinsamer Bedürfnisse normiert werden. Zweitens sollte geregelt werden, daß, falls die Ehepartner nichts anderes individuell vereinbaren, die Gestaltung der Ehe nach den Grundsätzen der Partnerschaft erfolgt. Die Unterschiede zwischen der derzeit geltenden familienrechtlichen Situation und dem Novellierungsvorschlag der Frauenministerin lassen sich zusammenfassen: Es sollte quantitativ nicht mehr geregelt werden als bisher, jedoch qualitativ etwas anderes. Die partnerschaftliche Ehe sollte anstelle der Versorgungsehe die Norm und somit normal sein. Alleine diese Punkte aber haben zu heftigen Abwehrdiskussionen veranlaßt. Zwei Immunisierungsstrategien gegen die Veränderungen der Arbeitsteilung im Privaten wurden praktiziert – der argumentative Hinweis auf den Schutz der Privatheit vor staatlichen Eingriffen sowie der Verweis des Anliegens in die Privatheit zweier Menschen. Diese Individualisierung und Privatisierung des Problems blendet die gesellschaftlichen Rahmenbedingungen aus. Nicht Einkommensdifferenzen oder die Marginalisierung von Frauen im Topmanagement der Wirtschaft oder an den Universitäten sowie die Doppelbelastung sind Thema der Diskussion, sondern die Liebe zweier Menschen, die Partnerschaft und Beziehung selbst am besten zu regeln wissen (vgl. Rosenberger 1997). Bestehendes wird gegenüber Reformbestrebungen verteidigt, indem gegen die Präsenz von Politik protestiert wird. Denn mit Politikvermeidung lassen sich Veränderungen abblocken (vgl. Rohe 1994). Für Frauenpolitik heißt dies, daß sie ihren politischen Raum gegen Entpolitisierungsargumente teilweise erst erringen und teilweise schon wieder verteidigen muß. Frauenpolitik hat gegen die Renaturalisierung der Privatheit und gegen die Dekolonialisierung der Lebenswelt zu kämpfen.

---

10 Die derzeitige Gesetzeslage sieht in § 90 ABGB vor: „Die Ehegatten sind einander zur umfassenden ehelichen Lebensgemeinschaft, besonders zum gemeinsamen Wohnen, sowie zur Treue, zur anständigen Begegnung und zum Beistand verpflichtet. Im Erwerb des anderen hat ein Ehegatte mitzuwirken, soweit ihm dies zumutbar und es nach den Lebensverhältnissen der Ehegatten üblich ist."
Der Vorschlag der Frauenministerin zur Abänderung des § 90 ABGB lautet: „Die Ehegatten sind einander zur umfassenden ehelichen Lebensgemeinschaft, insbesondere zum Beistand, zum partnerschaftlichen Beitrag an der Erfüllung gemeinsamer Bedürfnisse (vor allem beim Unterhalt, der Haushaltsführung und der Erziehungs- und Pflegearbeit), zur Treue, zur anständigen Begegnung und zum gemeinsamen Wohnen verpflichtet."
Dem § 91 Abs. 2 ABGB soll neu hinzugefügt werden: „Haben Ehegatten keine ausdrückliche schriftliche Übereinkunft über die Gestaltung der ehelichen Lebensgemeinschaft getroffen, wird vermutet, daß die Gestaltung nach den Grundsätzen der partnerschaftlichen Ehe erfolgt ist."
§ 95 ABGB lautet derzeit: „Die Ehegatten haben an der Führung des gemeinsamen Haushalts nach ihren persönlichen Verhältnissen, besonders unter Berücksichtigung ihrer beruflichen Belastung, mitzuwirken; ist jedoch ein Ehegatte nicht erwerbstätig, so obliegt diesem die Haushaltsführung."
§ 95 ABGB soll nach Vorschlag der Frauenministerin wie folgt geändert werden:
„Die Ehegatten haben an der Führung des gemeinsamen Haushalts und der Erziehungs- und Pflegearbeit nach ihren persönlichen Verhältnissen, insbesondere unter Berücksichtigung ihrer beruflichen Belastung, partnerschaftlich mitzuwirken. Ist jedoch ein Ehegatte vereinbarungsgemäß nicht erwerbstätig, so obliegt diesem die Haushaltsführung."

6. Fazit

Die feministischen Debatten zur Privatheit betreffen die Definition des Politischen und somit direkt den Gegenstand der Politikwissenschaft. Frauenforschung und Frauenbewegung dynamisieren und erweitern den Begriff des Politischen sowohl in der Wissenschaft als auch auf der tagespolitischen Agenda.
Feministische Wissenschaft kritisiert an der *Mainstream-Politikwissenschaft* u.a., das Private zu naturalisieren und durch die einseitige Orientierung an Systemen und Kollektiven persönliche und intime Beziehungsstrukturen eher an Nachbardisziplinen zu delegieren, als sie selbst zu beleuchten (vgl. Kreisky/Sauer 1997: 38). Durch die Naturalisierung von Geschlechterverhältnissen werden Themen und Strukturen nicht im Bereich der politischen Willensbildung erfaßt, und folglich fehlen sozio-strukturelle Erklärungen über Geschlechterungleichheiten und Frauendiskriminierung. So wird beispielsweise in der politischen Philosophie der Aufklärung nicht oder nur verzerrt bekannt, wie und wodurch ein Subjekt autonom und frei wird, nämlich durch Sozialisations- und Reproduktionsarbeit von Frauen. Denn Familie kam und kommt zwar als „natürliche Zelle" von Gesellschaft und Staat vor, nicht aber als gesellschaftliche Institution, in der vorwiegend weibliche Arbeit geleistet wird und die (dadurch) Frauen den Zugang zum Öffentlichen lange Zeit überhaupt verhinderte und nach wie vor erschwert. Das Faktum, daß heute selbst bei gleichen rechtlichen Zugangsregelungen zur Öffentlichkeit Frauen in der Öffentlichkeit deutlich unterrepräsentiert sind, entzieht sich durch in der Geschichte des politischen Denkens weiterhin verhafteten Prämissen der politischen Analyse (vgl. Klinger 1994: 122). Ein Politikverständnis, das nur berücksichtigt, was in der (staatlichen) Öffentlichkeit einen Platz hat, reproduziere – so die Kritik – die Trennung und die unterschiedliche Bewertung der Bereiche Öffentlichkeit und Privatheit. Deshalb wird von Frauenforscherinnen ein umfassendes Politikverständnis reklamiert, in dem die angeblich nur private Reproduktionsarbeit nicht von der Politik abgekoppelt, sondern die Bedeutung der Interdependenz Öffentlichkeit und Privatheit reflektiert wird (vgl. Meyer 1992: 4). Die Politisierung des Privaten transformiert moralische Prinzipien, Willkür und die Annahme eines natürlichen Unterschiedes, der in natürliche Benachteiligung mündet, in die Problematisierung gesellschaftlich-politischer Strukturen und Prozesse. Sie erlaubt Erkenntnisse über neue Themen und Strukturen – über Lebensbedingungen und Arbeitsformen von Frauen sowie über die grundlegende Strukturierung von Gesellschaft durch die Trennung von öffentlich und privat (vgl. Cordes 1996: 25).
Feministische Wissenschaft kritisiert (familiäre) Privatheit, sie konzipiert aber auch Alternativen. Die Trennlinie zwischen öffentlich und privat wird verschoben und entlang geänderter Aufgabenstellungen und gewünschter Entwürfe neu gezogen. Zentral für die geänderte Grenzziehung sowie für die Neufassung einer enthierarchisierten Privatheit ist anstelle der Orientierung an vorstaatlichen Familienkonzeptionen die Bezugnahme auf die individuelle Privatheit („privates Leben") im Sinne von „restricted access" (Allen 1996: 207). Hervorzuheben ist auch die ebenfalls primär US-amerikanische Debatte zu „decisional privacy" (ebd.: 194). Die wissenschaftliche wie politische Beschäftigung mit Privatheit erfolgt hier unter den bekannten Prämissen Freiheit und Selbstbestimmung. Durch rechtliche Reformen soll Privatheit ein erstrebenswerter Bereich werden, jenseits von Unterordnung und Unterdrückung, wo Frauen freie

Entscheidungen hinsichtlich der Lebensform, der Sexualität, Verhütung und Abtreibung treffen. „Privacy as a concept connotes a preoccupation with the individual's right to be free: to be free from others' invasions, to be free from an interventionist state" (Eisenstein 1996: 182).

Literaturverzeichnis

Ackelsberg, Martha A./Shanley, Mary Lyndon, 1996: Privacy, Publicity, and Power. A Feminist Rethinking of the Public-Private Distinction, in: *Nancy J. Hirschmann/Christine Di Stefano* (Hrsg.), Revisioning the Political. Feminist Reconstructions of Traditional Concepts in Western Political Theory. Boulder, 213-234.

Allen, Anita L., 1996: Privacy at Home: The Twofold Problem, in: *Nancy J. Hirschmann/Christine Di Stefano* (Hrsg.), Revisioning the Political. Feminist Reconstructions of Traditional Concepts in Western Political Theory. Boulder, 193-212.

Arendt, Hannah, 1996: Vita activa oder Vom tätigen Leben, 8. Auflage. München/Zürich.

Baer, Susanne/Berghahn, Sabine, 1996: Auf dem Weg zu einer feministischen Rechtskultur? Deutsche und US-amerikanische Ansätze, in: *Teresa Kulawik/Birgit Sauer* (Hrsg.), Der halbierte Staat. Grundlagen feministischer Politikwissenschaft. Frankfurt a.M./New York, 223-280.

Beck, Ulrich, 1986: Risikogesellschaft. Frankfurt a.M.

Beck-Gernsheim, Elisabeth, 1985: Das halbierte Leben. Männerwelt Beruf, Frauenwelt Familie. Frankfurt a.M.

Becker-Schmidt, Regina, 1987: Die doppelte Vergesellschaftung – die doppelte Unterdrückung: Besonderheiten der Frauenforschung in den Sozialwissenschaften, in: *Lilo Unterkircher/Ina Wagner* (Hrsg.), Die andere Hälfte der Gesellschaft. Österreichischer Soziologentag 1985. Wien, 10-25.

Beer, Ursula, 1991: Geschlecht, Struktur, Geschichte. Soziale Konstituierung des Geschlechterverhältnisses. Frankfurt a.M./New York.

Benhabib, Seyla/Nicholson, Linda, 1987: Politische Philosophie und Frauenfrage, in: *Iring Fetscher/Herfried Münkler* (Hrsg.), Pipers Handbuch der politischen Ideen. München/Zürich, 513-562.

Berg-Schlosser, Dirk/Stammen, Theo, 1992: Einführung in die Politikwissenschaft. München.

Berghahn, Sabine, 1997: Die Verrechtlichung des Privaten – allgemeines Verhängnis oder Chance für bessere Geschlechterverhältnisse?, in: *Brigitte Kerchner/Gabriele Wilde* (Hrsg.), Staat und Privatheit. Aktuelle Studien zu einem schwierigen Verhältnis. Opladen, 189-222.

Beyme, Klaus von, 1991: Theorie der Politik im 20. Jahrhundert. Von der Moderne zur Postmoderne. Frankfurt a.M.

Braun, Ebbherhard/Heine, Felix/Opolka, Uwe. 1984: Politische Philosophie. Reinbek bei Hamburg.

Braun, Kathrin/Kremer, Elisabeth C./Leddin, Beate, 1986: Erziehungsgeld – Lohn für Hausarbeit als Strategie konservativer Politik?, in: beiträge zur feministischen theorie und praxis 18, 95-102.

Cordes, Mechthild, 1996: Frauenpolitik. Gleichstellung oder Gesellschaftsveränderung? Opladen.

Cohen, Jean L., 1994: Das Öffentliche und das Private neu denken, in: *Margrit Brückner/Birgit Meyer* (Hrsg.), Die sichtbare Frau. Die Aneignung der gesellschaftlichen Räume. Freiburg, 300-326.

Duden, Barbara, 1991: Der Frauenleib als öffentlicher Ort. Heidelberg/Zürich.

Ebrecht, Angelika, 1997: Moralität und Leidenschaft. Geschlechterpolitik und Triebstrukturierung in anthropologischen Texten der deutschen Aufklärung, in: *Brigitte Kerchner/Gabriele Wilde* (Hrsg.), Staat und Privatheit. Aktuelle Studien zu einem schwierigen Verhältnis. Opladen, 135-157.

Eisenstein, Zillah, 1996: Equalizing Privacy and Specifying Equality, in: *Nancy J. Hirschmann/Christine Di Stefano* (Hrsg.), Revisioning the Political. Feminist Reconstructions of Traditional Concepts in Western Political Theory. Boulder, 181-192.

Elshtain, Jean Bethke, 1981: Public Man, Private Women. Women in Social and Political Thought. Oxford.
Elshtain, Jean Bethke, 1983: Antigone's Daughters: Reflections on Female Identity and the State, in: *Irene Diamond* (Hrsg.), Families, Politics, and Public Policy. A Feminist Dialogue on Women and the State. New York/London, 300-311.
Faßmann, Heinz, 1995: Zeitbudget und familiäre Arbeitsteilung, in: Bericht über die Situation der Frauen in Österreich, hrsg. von der Bundesministerin für Frauenangelegenheiten. Wien, 36-50.
Fölster, Kaj, 1996: Vorbild für die Europäische Union? Frauenpolitik in Schweden, in: *Melanie Piepenschneider* (Hrsg.), Frauenpolitik in der Europäischen Union. Baden-Baden, 101-105.
Foucault, Michel, 1989: Überwachen und Strafen. Die Geburt des Gefängnisses. 8. Aufl., Frankfurt a.M.
Fraisse, Geneviève, 1995: Geschlecht und Moderne. Archäologien der Gleichberechtigung. München.
Gould, Carol D., 1989: Private Rechte und öffentliche Tugenden: Frauen, Familie und Demokratie, in: *Elisabeth List/Herlinde Studer* (Hrsg.), Denkverhältnisse. Feminismus und Kritik. Frankfurt a.M., 66-85.
Habermas, Jürgen, 1990: Strukturwandel der Öffentlichkeit. Frankfurt a.M.
Hansen, Brigitte, 1994: Egalität und Androzentrismus. Zur Kritik der politischen Anthropologie von Hobbes und Locke, in: *Elke Biester/Barbara Holland-Cunz/Birgit Sauer* (Hrsg.), Demokratie oder Androkratie? Theorie und Praxis demokratischer Herrschaft in der feministischen Diskussion. Frankfurt a.M./New York, 131-156.
Horn, Ina, 1992: Ist das Private politisch?, in: Aufrisse 4, 10-11.
Kerchner, Brigitte/Wilde, Gabriele, 1997: Einleitung, in: *Brigitte Kerchner/Gabriele Wilde* (Hrsg.), Staat und Privatheit. Aktuelle Studien zu einem schwierigen Verhältnis. Opladen, 9-28.
Klinger, Cornelia, 1994: Zwischen allen Stühlen. Die politische Theoriediskussion der Gegenwart in einer feministischen Perspektive, in: *Erna Appelt/Gerda Neyer* (Hrsg.), Feministische Politikwissenschaft. Wien, 119-144.
Kofman, Eleonore/Sales, Rosemary, 1996: The Geography of Gender and Welfare in Europe, in: *Maria Dolors Garcia-Ramon/Janice Monk* (Hrsg.), Women of the European Union. The Politics of Work and Daily Life. London/New York, 31-60.
Kreisky, Eva, 1996: Der Stoff, aus dem die Staaten sind. Zur männerbündischen Fundierung politischer Ordnung, in: *Regina Becker-Schmidt/Gudrun-Axeli Knapp* (Hrsg.), Das Geschlechterverhältnis als Gegenstand der Sozialwissenschaft. Frankfurt a.M./New York, 85-124.
Kreisky, Eva/Sauer, Birgit, 1997: Heimlichkeit und Kanonisierung. Einführende Bemerkungen zur Begriffsbildung in der Politikwissenschaft, in: *Eva Kreisky/Birgit Sauer* (Hrsg.), Das geheime Glossar der Politikwissenschaft. Geschlechtskritische Inspektion der Kategorien einer Disziplin. Frankfurt a.M./New York, 7-45.
Lang, Sabine, 1995: Öffentlichkeit und Geschlechterverhältnis. Überlegungen zu einer Politologie der öffentlichen Sphäre, in: *Eva Kreisky/Birgit Sauer* (Hrsg.), Feministische Standpunkte in der Politikwissenschaft. Frankfurt a.M./New York, 83-121.
Lang, Sabine, 1997: „Öffentlichkeit" in der Systemtheorie und in Rational Choice-Ansätzen. Überlegungen zu einer theoretischen Privatisierung des Politischen, in: *Brigitte Kerchner/Gabriele Wilde* (Hrsg.), Staat und Privatheit. Aktuelle Studien zu einem schwierigen Verhältnis. Opladen, 107-134.
List, Elisabeth, 1993: Die Präsenz des Anderen. Frankfurt a.M.
MacKinnon, Catherine A., 1990: Feministische Rechtspolitik heute, in: *Ute Gerhard* u.a. (Hrsg.): Differenz und Gleichheit. Menschenrechte haben (k)ein Geschlecht. Frankfurt a.M., 205-209.
Meyer, Birgit, 1992: Die „unpolitische" Frau. Politische Partizipation von Frauen oder: Haben Frauen ein anderes Verständnis von Politik?, in: Aus Politik und Zeitgeschichte, B 25-26, 3-13.
Nelson, Barbara J., 1990: The Origins of the Two-Channel Welfare State: Workmen's Compensation and Mothers'Aid, in: *Linda Gordon* (Hrsg.), Women, the State, and Welfare. London, 123-151.
Pateman, Carole, 1988: The Sexual Contract, Cambridge.
Pateman, Carole, 1996: Feminismus und Ehevertrag, in: *Herta Nagl-Docekal/Herlinde Pauer-Studer* (Hrsg.), Politische Theorie. Differenz und Lebensqualität. Frankfurt a.M., 174-222.

Pelinka, Anton, 1976: Politik und moderne Demokratie. Kronberg/Ts.
Phillips, Anne, 1991: Engendering Democracy. University Park.
Ritter, Claudia, 1997: Lebensstile und Politik. Zivilisierung. Politisierung. Vergleichgültigung. Opladen.
Rohe, Karl, 1994: Politik. Begriffe und Wirklichkeiten. 2. Aufl., Stuttgart/Berlin/Köln.
Röhrich, Wilfried, 1986: Politik als Wissenschaft. Opladen.
Rosenberger, Sieglinde, 1996: Die Freiheit der Gleichen, in: *Max Preglau/Heinz-Jürgen Niedenzu/Tamás Meleghy* (Hrsg.), Ordnung und Freiheit – ein interdisziplinäres Gespräch. Innsbruck, 21-44.
Rosenberger, Sieglinde, 1997: Halbe-Halbe. Gegen die Privatisierung des Glücks durch Betreuungsarbeit, in: AEP 2, 19-21.
Sauer, Birgit, 1997: „Die Magd der Industriegesellschaft". Anmerkungen zur Geschlechtsblindheit von Staats- und Institutionentheorien, in: *Brigitte Kerchner/Gabriele Wilde* (Hrsg.), Staat und Privatheit. Aktuelle Studien zu einem schwierigen Verhältnis. Opladen, 29-54.
Schaeffer-Hegel, Barbara, 1990: Eigentum, Vernunft und Liebe. Paradigmen des Ausschlusses der Frauen aus der Politik, in: *Barbara Schaeffer-Hegel* (Hrsg.), Vater Staat und seine Frauen. Beiträge zur politischen Theorie. Pfaffenweiler, 149-165.
Schaeffer-Hegel, Barbara/Leist, Andrea, 1996: Sozialer Wandel und Geschlecht: Für eine Neubestimmung des Privaten, in: Aus Politik und Zeitgeschichte B 42, 31-40.
Schwengel, Hermann, 1988: Der kleine Leviathan. Politische Zivilisation um 1900 und die amerikanische Dialektik von Modernisierung und Moderne. Frankfurt a.M.
Siim, Birte, 1991: Öffentlich oder Privat? Partizipation und Interessen der Frau in den skandinavischen Wohlfahrtsstaaten, in: *Barbara Schaeffer-Hegel/Heidi Kopp-Degethoff* (Hrsg.), Vater Staat und seine Frauen. Studien zur politischen Kultur. Pfaffenweiler, 53-70.
Ulrich, Silvia, 1990: Zur aktuellen Diskussion um die Verankerung von Ehe und Familie in der Österreichischen Bundesverfassung, in: *Gertrud Simon/Ingrid Spörk/Brigitte Verliè* (Hrsg.), Die heilige Familie – Vom Sinn und Ansinnen einer Institution. Wien, 181-196.
Yuval-Davis, Nira, 1997: Gender & Nation. London/Thousand Oaks/New Dehli.
Wilde, Gabriele, 1997: Staatsbürgerstatus und die Privatheit der Frauen. Zum partizipatorischen Demokratiemodell von Carole Pateman, in: *Brigitte Kerchner/Gabriele Wilde* (Hrsg.), Staat und Privatheit. Aktuelle Studien zu einem schwierigen Verhältnis. Opladen, 69-106.
Woesler de Panafieu, Christine, 1990: Patriarchale Ideologien in der bürgerlichen Gesellschaft, in: *Barbara Schaeffer-Hegel* (Hrsg.), Vater Staat und seine Frauen. Beiträge zur politischen Theorie. Pfaffenweiler, 166-174.

Politik und Ökonomie im Kontext von Globalisierung. Eine Geschlechterkritik

Brigitte Young

1. Einleitung

Globalisierung[1] heißt das neue Schlagwort am Ende des zweiten Milleniums. Statt der vielversprochenen „neuen Weltordnung" mit weniger Krieg, mehr Demokratie und allgemeinem Wohlstand herrschen am Ende des Ost-West-Konflikts mehr Krieg, zunehmende Armut auch in den reichen Industrieländern, Schrecken, Flüchtlingselend und existentielle Angst. Das „kurze goldene Zeitalter des Kapitalismus" mit dem weltweit „ungleich verteilten Wohlstand" (Narr/Schubert 1994: 11) wird am Ende des „kurzen 20. Jahrhunderts" (Hobsbawm 1995) zu Grabe getragen.

Angesagt ist die weltweite ökonomische Konkurrenz mit dem Anspruch auf „maximal market" und „minimal state" (Altvater/Mahnkopf 1996: 62). Globalisierung heißt nicht nur die Eroberung der letzten „weißen Flecken" auf dem Globus (Bauman 1996: 655). Signalisiert wird mit dem Begriff vor allem die Alternativlosigkeit der zunehmenden Integration von Regionen und Nationen in den Weltmarkt und die Unterwerfung unter eine spezifische Produktions- und Lebensweise. Mit dem Verschwinden der „roten Flecken" nach 1989 wird der Markt-Fundamentalismus zum ungekrönten König, der sich jeglicher konkurrierender Weltideologie und -utopie entledigt hat. Die soziale Leistungsfähigkeit und Überlegenheit der kapitalistischen Marktwirtschaft, die immer wieder aufs Neue durch die Konkurrenz des sozialistischen Staatensystems herausgefordert und erst dadurch überlebensfähig wurde (vgl. Hobsbawm 1995), ist sich nach dem Scheitern des Real-Sozialismus keinen Beweis mehr schuldig (vgl. Altvater/Mahnkopf 1996; Mahnkopf 1997b).

Der Sieg des Neo-Liberalismus, der mit Margaret Thatcher in Großbritannien und

1 Die Anzahl der wissenschaftlichen Bücher, die im Titel den Begriff Globalisierung aufweisen, ist in den neunziger Jahren exponentiell in die Höhe gestiegen. Allein im deutschen Sprachraum kann nur mehr ein Hinweis auf einige der in der Zwischenzeit zahlreich erschienenen Texte gegeben werden, wie z.B. Elmar Altvater, Birgit Mahnkopf, 1996: Grenzen der Globalisierung, Münster; Wolf-Dieter Narr, Alexander Schubert, 1994: Weltökonomie. Die Misere der Politik, Frankfurt a.M.; Reinhold von Biskup (Hrsg.), 1996: Globalisierung und Wettbewerb, Stuttgart; Helmut Buchholdt, 1996: Modernität zwischen Differenzierung und Globalisierung, Münster; Noam Chomsky, Dietrich Heinz, 1996: Globalisierung im Cyberspace, Unkel; Erwin Lanc, 1996: Zwischen ökonomischer Globalisierung und gesellschaftlicher Atomisierung, Wien; Pamela von Meil (Hrsg.), 1996: Globalisierung industrieller Produktion, Frankfurt a.M.; Ulrich Menzel, 1997: Globalisierung versus Fragmentierung, Frankfurt a.M.; Robert Misik, 1997: Mythos Weltmacht, Berlin; Emanuel Richter, 1992: Der Zerfall der Welteinheit, Frankfurt a.M.; Ralph Rotte, 1996: Das internationale System zwischen Globalisierung und Regionalisierung, Baden-Baden.

Ronald Reagan in den USA Ende der siebziger Jahre politischen Einzug hielt, wird keineswegs nur negativ gedeutet. Martin Wolf, Mitglied der Chefredaktion und der Wirtschaftsredaktion der *Financial Times,* sieht wie auch sein Kollege Peter Martin in der „Globalisierung das ökonomische Großereignis unserer Zeit" (Wolf 1997: 12). Die negativen Effekte der Globalisierung seien weitgehend „mythischer Natur". Geradezu schwärmerisch spricht Wolf von der „erfolgreichen weltweiten Ausbreitung der wirtschaftlichen Liberalisierung, die vor fast fünfzig Jahren in Europa mit dem Marshallplan begann" (ebd.) Der Globalisierungsprozeß hat nicht nur „das sowjetische 'Reich des Bösen' untergraben", wie Martin unterstreicht, sondern „die beschleunigte Integration vormals marginalisierter Gesellschaften ist das Beste, was uns die Entwicklung in der gesamten Nachkriegszeit beschert hat". Eine Verhinderung des Globalisierungsprozesses, der durch die Technologie erst möglich und durch die Liberalisierung erst Realität geworden sei, führe „unvermeidlich zur Ausdehnung der Macht des Staates und zu Abstrichen an der politischen Freiheit" (Martin 1997: 14). Wie auch Baroness Thatcher nicht müde wird, über die Vorteile der Entfesselung des natürlichen Strebens der Individuen zu predigen, so warnen diese Ökonomen, daß eine Unterdrückung der „natürlichen ökonomischen Impulse" uns zurückversetzen würde in all das, „was wir in den letzten zwanzig, dreißig Jahren in vielen europäischen Ländern erlebt haben" (ebd).

Überraschend in der Globalisierungsdiskussion ist nicht das Ausmaß an wissenschaftlicher und politischer Uneinigkeit über einerseits den Globalisierungsbegriff und andererseits den Diskurs über die Auswirkungen der Globalisierung, erstaunlich ist vielmehr der „geschlechtsblinde" Ablauf dieser Diskussion.[2] Strittig ist nicht – obwohl normativ unterschiedlich bewertet – die Tertiarisierung von Ökonomie und Beschäftigung, die Ausdehnung des „informellen Sektors", die Zunahme von flexibler Produktion, die Beschleunigung der internationalen Migration, die „Feminisierung der Beschäftigung", der Abbau von Sozialleistungen, die allesamt immanente Aspekte dieser Globalisierung sind. Ausgeblendet und unsichtbar bleibt in diesen Argumentationen die geschlechtsspezifische Entwicklung der globalen Transformationsprozesse. Aus steht die Antwort, ob Frauen durch die Tertiarisierung der Wirtschaftsstrukturen zu „Gewinnerinnen" des ökonomisch-technologischen Strukturwandels werden können oder ob nicht „neue" Formen der Geschlechterdiskriminierung durch die Verbreitung von „flexiblen" Arbeitsstrukturen entstehen, die Frauen (und auch zunehmend Männer) in die Gruppe der „working poor" ohne soziale Absicherung oder mit einer kaum nennenswerten verdrängen. Gleichzeitig ist die These zu überprüfen, ob mehr Gleichheit zwischen Männern und Frauen der Mittelschicht zu mehr Ungleichheit zwischen Frauen, besonders Frauen unterschiedlicher Rasse und sozialer Schicht, führt (vgl. Friese 1995; Mahnkopf 1997a).

Es wird hier vorweggenommen, daß der Globalisierungsprozeß „zwei Geschlechter" hat, sich aber nach Klassen- und Rassenzugehörigkeit stark ausdifferenziert. Nicht alle Frauen sind Verliererinnen, und gleichzeitig zählen nicht alle Männer zu den Globalisierungsgewinnern. Anders ausgedrückt, der strukturelle Wandel von Ökono-

2 Die Ausnahme in der Vielzahl der in der Zwischenzeit publizierten Globalisierungsargumente findet sich bei Altvater/Mahnkopf (1996), die im Kapitel 8 die Tertiarisierung der Ökonomie in bezug auf Chancen für Frauen analysieren.

mie und Beschäftigung hat einer Anzahl qualifizierter Frauen in westlichen Industriegesellschaften den Einstieg in die „männliche" Berufswelt eröffnet. Andererseits ist dieser Einstieg sozial privilegierter Frauen, wie noch im einzelnen geschildert werden wird, gleichzeitig auch immer verbunden mit einer internationalen Herausbildung eines weiblichen Dienstbotenpersonals (vgl. Friese 1995). Solange Frauen, unabhängig von ihrer sozialen Klassenzugehörigkeit, für die Reproduktion im Privatbereich weiterhin verantwortlich bleiben, entwickelt sich auf der Ebene des Einzelhaushalts eine neue – und gleichzeitig alte – Arbeitsteilung zwischen „Magd" und „Herrin" (Mahnkopf 1997a), in der die Geschlechteridentität in einem komplexen und auch widersprüchlichen Verhältnis zu Klasse und Rasse (class and race) steht.
Der folgende Beitrag skizziert im ersten Schritt das Neue an der Globalisierung am Ende des 20. Jahrhunderts. Im zweiten Schritt werden die auszumachenden Tendenzen der Globalisierung und Tertiarisierung der Ökonomie und die damit verbundene „Feminisierung der Beschäftigung" auf ihre geschlechts- und klassenspezifischen Aspekte untersucht. Mit der analytischen Trennung zwischen einerseits der Globalisierungsdefinition und andererseits der geschlechtsspezifischen Effekte dieses Prozesses beabsichtige ich, eine theoretische Präzisierung des Globalisierungsbegriffs vorzustellen. Es ist m.E. weder theoretisch hilfreich, noch macht es handlungsfähig, wenn Frauen in den Zustand eines erstarrten Kaninchens geraten, sobald sie mit der Schlange Globalisierung konfrontiert werden. Es ist nicht zu leugnen, daß die voranschreitende Globalisierung den Spielraum nationaler Staaten und politischer AkteurInnen verengt hat. Es muß aber auch daran erinnert werden, daß der Neoliberalismus ein politisches und ideologisches Projekt der politischen und ökonomischen Klassen ist. Dasselbe gilt auch für den „Sachzwang Weltmarkt", den es als steuerungsfähiges Subjekt überhaupt nicht gibt. Die Sachzwänge werden von politischen Akteuren als Regulationsmechanismen eingesetzt, um den Weltmarkt erst zu schaffen. Francis Fox Piven drückte diese Tatsache sehr pointiert aus: „A hegemonic ideology supporting the necessity and inevitability of the free movement of capital and goods helped to create the institutional conditions which then contributed to making the free movement of capital and goods a reality" (Piven 1995: 112).

2. Globalisierung – „Hyperrealität"[3] oder nichts Neues?

Es wird im folgenden der Versuch unternommen, zwischen zwei polarisierenden Strömungen der Globalisierungsdebatte eine dritte Diskussionslinie zu verfolgen.[4] Auf der einen Seite findet man die Verfechter eines unausweichlichen „Sachzwangs" des Weltmarktes, die eine „Weltökonomie" sowie „Weltgesellschaft" bereits als Faktum heraufbeschwören (vgl. Ohmae 1990; Luhmann 1997). Es gibt – folgt frau diesen

3 Dieser Begriff stammt von Jean Baudrillard, der damit zum Ausdruck bringt, daß das Virtuelle und das Reale nicht mehr zu trennen sind.
4 Die Aufteilung der Globalisierungsdebatte in zwei polarisierende Ströme – der Skeptiker einerseits und der Anhänger andererseits – ist eine Vereinfachung der existierenden polyvalenten Argumentationslinien. Diese Gegenüberstellung hat aber den analytischen Vorteil, die Extrempositionen dieser Diskussion herauszuarbeiten, um den äußersten Rahmen der Globalisierungsdebatte abzustecken.

Globalisierungspropheten – weder politische Handlungsmöglichkeiten noch -bedarf. Nur zwei ökonomische Kräfte sind noch von Bedeutung in der globalen Weltwirtschaft: die globalen Marktzwänge und die transnationalen Unternehmen (vgl. Ohmae 1990). Diesen Pfad des globalen Weltmarktes zu beschreiten, verspricht nicht nur den „Wohlstand der Nationen", wie noch Adam Smith konstatierte, sondern den „Wohlstand für alle" (vgl. Altvater/Mahnkopf 1996: 54).

Umgekehrt verstehen die Skeptiker unter dem Begriff der Globalisierung nichts weiter als einen „Mythos" (Misik 1997), ein „Phantom", eine „Ideologie" oder ein „Totschlagargument", die nur als Ersatz und Ablenkungsmanöver von der Ideenlosigkeit der Politik zu deuten sind (so der stellvertretende SPD-Vorsitzende Wolfgang Thierse). Wissenschaftliche Vertreter dieser Argumentation versuchen mit einer Fülle von Datenmaterial zu beweisen, daß trotz der ansteigenden Internationalisierung der Finanzmärkte und zunehmender internationaler Wirtschaftsverflechtung die neuen Entwicklungen in bezug auf Warenaustausch und Direktinvestitionen nichts Neues seien. Statt als globales System charakterisieren Hirst und Thompson (1995: 408) die Weltökonomie weiterhin als ein *„inter-national system"* mit konkurriendem Konzernen national-territorialer Prägung. Die These von der „Globalisierung als nichts Neuem" beachtet aber nicht, wie Elmar Altvater und Birgit Mahnkopf zeigen, die neue Qualität der globalen Wirtschaftsprozesse, die sich nicht von quantitativen Daten über Warenaustausch, Direktinvestionen oder Migrationsströmen ableiten läßt.

Globalisierung ist eben nicht monokausal reduzierbar auf die Internationalisierung von ökonomischen Austauschprozessen. Vielmehr muß Globalisierung in seiner Vieldimensionalität als ökologisches, politisches, kulturelles, soziales, rechtliches und auch geschlechtsspezifisches Phänomen wahrgenommen und empirisch an einem bestimmten Ort und zu einem gewissen Zeitpunkt, mit einer bestimmten Dichte der transkulturellen und transnationalen Beziehungen untersucht werden (vgl. Beck 1997). Globalisierung bedeutet einerseits die Befolgung von Zwängen des globalen Wettbewerbs mit dem Ziel der Erzeugung von wettbewerbsfähigen Produktionsbedingungen, andererseits muß „zwischen ökonomischer Globalisierung, nationalstaatlicher Verfaßtheit von Politik, territorialer Gebundenheit von Gesellschaft und der ökologischen Tragfähigkeit der 'Sphähren' des Planeten, des globalen 'Umweltraums'" (Altvater/Mahnkopf 1996: 15) und der in sich sehr widersprüchlichen Anpassungen von sozialen „Funktionsräumen" an die vorgegebenen globalen Konkurrenzbedingungen unterschieden werden.

3. *Was ist das Neue an der Globalisierung?*

Globalisierung als Prozeß muß vorerst von Globalität als Ziel unterschieden werden. Globalität wäre, wie die Modernität, ein Zustand. Sie würde bedeuten, daß wir bereits in einer Weltgesellschaft leben, „und zwar in dem Sinne, daß die Vorstellung abschließbarer Räume fiktiv wird" (Beck 1997: 12). Es gäbe keine Möglichkeit der Abgrenzung oder Schließung zwischen Staaten, ethnischen Gruppen, Kulturen und Lebensmodellen. Dieser Zustand der Weltgesellschaft würde eine globale Homogenisierung von Standards, Normen, Werten, Regulationsmustern, Arbeits- und Lebensbedingungen, die keine lokalen, regionalen oder nationalen Gesellschaften oder Gemeinschaften mehr kennt, bedeuten.

Globalisierung meint demgegenüber den Prozeß von grenzenloser ökonomischer und finanzieller Globalisierung. Daraus ergibt sich auch der Widerspruch, wie Altvater/ Mahnkopf zeigen, „daß sich mit der Wirtschaft auch alles andere globalisiert, und auch das, was gar nicht in der kapitalistischen Form globalisierbar ist" (Altvater/Mahnkopf 1996: 13). Der Widerspruch zwischen der grenzenlosen ökonomischen und finanziellen Globalisierung und den begrenzten gesellschaftlichen und natürlichen Ressourcen von Individuen und Gesellschaften setzt ganze staatliche und gesellschaftliche Systeme unter Druck. Somit sind dem Globalisierungsprozeß auch immer wieder Schranken gesetzt. Nicht alles, was den Globalisierungstendenzen ausgesetzt ist, kann globalisiert werden. Globalisierung beschränkt sich daher nicht nur auf die Dehnungen und Durchbrechungen von sozialen, ökologischen, politischen, kulturellen und ökonomischen Grenzen, es geht auch um die Gegentendenzen, jene der Begrenzung der Globalisierung. Globalisierung ist einerseits grenzenlos, aber stößt andererseits auch an Grenzen, wie der Titel des Buches „Grenzen der Globalisierung" von Altvater/ Mahnkopf (1996) deutlich macht.

Globalisierung wird im folgenden als Zusammenspiel von drei äußerst widersprüchlichen Prozessen analysiert. Erstens ist Globalisierung ein Prozeß der Beschleunigung in der Zeit und der Eroberung von neuen transkulturellen, sozialen, physischen, planetarischen und transgallaktischen Räumen bis hin zu den Mikro- und Nanostrukturen des Lebens, die bisher dem menschlichen Zugriff entzogen blieben. Globalisierung ist somit nicht nur Expansion. Es handelt sich, wie Altvater/Mahnkopf es ausdrücken, um einen Prozeß der „Beschleunigung und Usurpation" (Altvater/Mahnkopf 1996: 42).

Zweitens heißt Globalisierung die Herauslösung ökonomischer Prozesse aus sozialen und politischen Bindungen, ein Prozeß des „disembedding" (der Entbettung), den Karl Polanyi (1944) als zentralen Aspekt der Entwicklung der Marktökonomie beschrieben hat.[5] Globalisierung ist drittens auch mehr als die Gesellschaftsgestaltung durch den „stummen Zwang der ökonomischen Verhältnisse". Es ist auch eine Gesellschaftsspaltung zwischen Arbeitsgesellschaft und Geldgesellschaft (Altvater/ Mahnkopf 1996: 58).

3.1 Die Zeit- und Raumdimensionen der Globalisierung

Während die Raum-Zeit-Verhältnisse in der Moderne geprägt waren durch die Trennung der Zeit vom Raum – es war die Erfindung der mechanischen Uhr, die eine einheitliche Dimension „leerer" Zeit zum Ausdruck brachte und die erst eine präzise Einteilung in Raum- und Zeitzonen ermöglichte –, beziehen sich die Raum-Zeit-Verhältnisse in der Globalisierung auf einen „Dehnungsvorgang", und zwar insoweit, „als die Verbindungsweisen zwischen verschiedenen gesellschaftlichen Kontexten oder

5 Im Vergleich zu Polanyi bezieht sich Anthony Giddens auf zwei „Entbettungsmechanismen", die bei der Entwicklung von modernen Gesellschaftsinstitutionen wichtig waren: auf die Schaffung symbolischer Zeichen (darunter versteht er Medien des Austauschs, z.B. das „Zeichen Geld") und die Installierung von Expertensystemen (vgl. Giddens 1995: 33-43).

Regionen über die Erdoberfläche als Ganze hinweg vernetzt werden" (Giddens 1995: 85). Die vielen Zeiten in unterschiedlichen Kontinenten werden zu „einer einzigen normierten und normierenden Weltzeit zusammengezogen" (Altvater/Mahnkopf 1996: 40). Dieser Prozeß der Herstellung einer zeitlichen Einheit trotz ungleichzeitiger Ereignisse erzeugt einen artifiziellen „Weltrhythmus", der das Virtuelle und das Reale nicht mehr trennbar macht. In dieser virtuellen Realität, die Jean Baudrillard als „Hyperrealität" bezeichnet, leben die Bewohner der ersten Welt in der „Zeit". Andererseits sind diese Bewohner, die durch Telekommunikation und Computertechnik den Globus nur mehr als Dorf wahrnehmen, der räumlichen Dimension enthoben. Bewohner der dritten Welt erfahren die Raum-Zeit- Dimension im umgekehrten Verhältnis zu den Bewohnern der ersten Welt. Sie leben in einem „Raum" – der „schwer, unverwüstlich, unberührbar (ist) und der die Zeit festbindet und sich der Kontrolle der Bewohner entzieht" (Bauman 1996: 661).

In dieser „Hyperrealität", in der die raumzeitlichen Abstandsvergrößerungen zwischen örtlichen und entfernten Ereignissen „gedehnt" werden, entsteht eine komplexe Beziehung zwischen „lokalen Beteiligungsweisen" (Situation gleichzeitiger Anwesenheit) und der „Interaktion über Entfernung" (den Verbindungen zwischen Abwesenheit und Anwesenheit) (Giddens 1995: 85). Mit der Globalisierung tritt demnach eine Intensivierung weltweiter sozialer Beziehungen zwischen lokalen, örtlichen und entfernten sozialen Ereignissen in Kraft, die vor allem zwei zentrale Auswirkungen mit sich bringt.

Erstens findet ein Prozeß globaler „Neu-Stratifizierung" statt. Das Ineinandergreifen von globalisierenden und lokalisierenden Tendenzen bedeutet nicht, wie von den Verfechtern der Globalisierung verlautet, politische, ökonomische, kulturelle, soziale, ökologische Vereinheitlichung (vgl. Baumann 1996). Ganz im Gegenteil, Globalisierung bedeutet Integration und Fragmentierung, „ökonomische Globalisierung und politische Tribalisierung", beherrscht von den Kulturen des „Dschihad versus McWorld" (Barber 1995).[6] Das Aufeineinanderprallen einer Lokalkultur mit einer McWorld-Weltkultur ist mitunter im gleichen Land zum gleichen Zeitpunkt sichtbar. Globalisierung ist daher auch immer ein Prozeß der Lokalisierung.

WissenschaftlerInnen haben daher vorgeschlagen, von „Glokalisierung" statt von „Globalisierung" zu sprechen (Robertson 1992; Altvater/Mahnkopf 1996; Baumann 1996). Ökonomische Globalisierung erfordert immer auch mikroökonomische Anpassungsstrategien der lokalen Einheiten: der Unternehmen, Banken, Gewerkschaften, der politischen Institutionen der Nationalstaaten, der Verbände und Netze der Zivilgesellschaft. Deshalb heißt „globale Konkurrenz" auch immer „lokale Konkurrenzfähigkeit" vor Ort (Altvater/Mahnkopf 1996: 26). „Glokalisierung" ist ein Prozeß „innerhalb dessen die Gleichzeitigkeit und das Ineinander von Synthesis und Auflösung,

6 Benjamin Barbers These lautet, daß der Dschihad und McWorld sich gegenseitig bedingen, aber sie „wirken mit gleicher Kraft in entgegengesetzte Richtungen – das eine getrieben von engstirnigem Haß, das andere von expandierenden Märkten, das eine durch Neuerschaffung alter subnationaler und ethnischer Grenzen von innen, das andere, indem es die nationalen Grenzen von außen aufweicht. Gemeinsam ist ihnen die Anarchie: Das Fehlen eines gemeinsamen Willens unter der Herrschaft des Rechts, die wir als Demokratie bezeichnen. Beide verabscheuen die bürgerliche Gesellschaft und verachten demokratisches Bürgertum, beide sind nicht interessiert an alternativen demokratischen Institutionen" (Barber 1997: 4).

Integration und Dekomposition alles andere als zufällig und erst recht nicht korrigierbar sind" (Baumann 1996: 658). Dieser Neu-Stratifikation auf dem Globus liegt eine Neuverteilung von Macht, Handlungsstrategien, Souveränität und eine weltweite Umverteilung von Reichtum und Armut, Chancen und Chancenlosigkeit, Integration und Marginalisierung zugrunde.
Zweitens bedeutet die Entwicklung lokalisierter und globalisierter sozialer Beziehungen auch geringere Handlungsmöglichkeit und Steuerungsfähigkeit für die Nationalstaaten. Daniel Bell brachte dies auf den Punkt, als er bereits vor zehn Jahren die These vertrat, daß „der Nationalstaat zu klein geworden ist für die großen Probleme des Lebens und zu groß für die kleinen Probleme des Lebens" (zitiert in Giddens 1995: 86). Um die globale Wettbewerbsfähigkeit am lokalen Standort zu sichern, müssen die Nationalstaaten einerseits die ökonomischen (industriepolitische Planung) und zivilgesellschaftlichen Rahmenbedingungen (neue Ordnungspolitik) schaffen, andererseits muß sich der Staat selbst der Logik des Marktes anpassen (vgl. Altvater/Mahnkopf 1996: 66). Somit unterliegt der Staat dem gleichen Effizienz- und Rationalitätskalkül wie ökonomische Akteure.
Dieser Strukturwandel des globalen Kapitalismus führt zu einer Gestalt- und Funktionsveränderung des Staates. Joachim Hirsch sieht eine Entwicklung vom „fordistischen Sicherheits-" zum nationalen „Wettbewerbsstaat" (Hirsch 1995). Jessop wiederum – der sich auf neo-schumpetersche Theorien stützt – deutet auf die Verschiebung von einem „Keynesianischen Wohlfahrtsstaat" zu einem „Schumpeterschen Workfare State" (Jessop 1994) hin. Diese Gestalt- und Funktionsveränderungen bedeuten jedoch nicht den „Rückzug des Staates", der von den Neoliberalen propagiert wird. Vielmehr impliziert der Übergang von einem „Welfare State" zu einem „Workfare State" eine Absage an die Gewährleistung von Vollbeschäftigung und Sicherung von Bedingungen, die den fordistischen Kreislauf von Massenproduktion und Massenkonsum begünstigen. Angesagt ist ein neues Staatsprojekt, das abzielt auf Förderung internationaler Konkurrenzfähigkeit und wirtschaftlicher Flexibilität und von einer nachfrageorientierten Politik übergeht zu einer angebotsorientierten (vgl. Jessop 1994).[7] Dieser strukturelle Wandel heißt aber auch, daß der Wohlfahrtsstaat unter immer stärkeren Druck gerät, seinen Verpflichtung zu steigender Wohlfahrt für alle BürgerInnen in Anbetracht des internationalen Kostendrucks und der zunehmenden regionalen Ungleichheiten nachzukommen. Somit wird der Staat in erster Linie zum Diener der Geoökonomie und verabschiedet sich zunehmend als Akteur und Garant der national-territorialen „Schicksals- und Solidaritätsgemeinschaft" (Altvater/Mahnkopf 1996: 559).

---

7 Jessop argumentiert, daß die Staatsstrategien im Übergang zum Schumpeterschen „Workfare State" keine Kohärenz voraussetzen. Er unterscheidet zwischen drei idealtypischen Strategierichtungen: neoliberal, neo-korporatistisch und neo-etatistisch. Der Neo-Liberalismus betont einen marktorientierten Übergang, der zu einer staatlichen Förderung von „hire-and-fire", „flexi-wage-Arbeitsmärkten" und zu einer Umorientierung der Staatstätigkeit auf die Bedürfnisse des privaten Sektors beruht. Die neo-korporatistische Strategie beruht auf der Konzertierung wirtschaftlicher Entscheidungen und Aktivitäten über die Organisationen von Kapital und Arbeit mit einschließlich funktionalen Systemen (z.B. Wissenschaft, Gesundheit, Bildung, Polizei). Die neo-etatistische Strategie betont einen staatlich geleiteten Ansatz insbesondere verbunden mit einer aktiven Strukturpolitik, bei der der Staat strategische Ziele für eine flexible Akkumulation vorgibt (vgl. Jessop 1994: 66-68).

3.2 Global „Disembedding"

Ein zweites Novum der Globalisierung ist die Entstehung von Entbettungsmechanismen. Polanyi (1944) verwies bereits auf die „erste Stufe des Disembedding", die er als Herauslösung des Markts aus der Gesellschaft beschrieb:

„Instead of economy being embedded in social relations, social relations are embedded in the economic system. The vital importance of the economic factor to the existence of society precludes any other result. For once the economic system is organized in separate institutions, based on specific motives and conferring a special status. Society must be shaped in such a manner as to allow that system to function according to its own laws. This is the meaning of the familiar assertion that a market economy can function only in a market society" (Polanyi 1944: 57).

Die Entbettung der Wirtschaft aus der Gesellschaft ist nur ein Aspekt des „disembedding". Giddens verweist auf eine weitere Stufe: die „Entbettung sozialer Systeme". Damit ist die Heraushebung sozialer Beziehungen aus ortsgebundenen Interaktionszusammenhängen gemeint. Die Entbettungsmechanismen stellen die Mittel für die „Dehnung" der Raum-Zeit-Verhältnisse bereit, wie im einzelnen bereits gezeigt wurde, „indem sie die sozialen Beziehungen aus ihrer 'Situiertheit' an spezifischen Orten herausheben" (Giddens 1996: 73).

Die Revolutionierung der Energiesysteme von stationären, bodenständigen Quellen (Wind- und Wasserkraft) zu fossilen Energien ist die dritte Dimension der Entbettungsmechanismen (Altvater/Mahnkopf 1996: 69-76). Erst die Einführung der „industriell-fossilistischen Revolution" hat die Unterordnung von Arbeit unter das Regime des Kapitals ermöglicht. Die Voraussetzung für die Steigerung der Produktivität der Arbeit, die den Übergang von der absoluten zur relativen Mehrwertproduktion signalisierte, wurde erst durch die Entbettungsmechanismen mit fossilen Energieträgern möglich. Damit hat die gesellschaftliche Form des Profits sich aus den engen Schranken der traditionalen biotischen Energiequellen und der damit verbundenen Raum- und Zeitregime befreit. Gleichzeitig zeigt dieser „Entbettungsmechanismus", daß die Globalisierung auch immer wieder an ihre Grenzen stößt. Weder die Akkumulation der Zeit noch die Eroberung von Raum, d.h. die Durchkapitalisierung der Welt, kann die Grenzen der Natur überwinden.

Die vierte Dimension des Disembedding ist die Entkoppelung der monetären von der realen Akkumulation, d.h. das Geld entbindet sich aus der Gesellschaft. In der kapitalistischen Marktökonomie sind alle Beziehungen einerseits durch die wertmäßig-monetäre sowie andererseits durch die stoffliche soziale Dimension bestimmt. Erst durch die entkoppelte monetäre Sphäre des Finanzsystems wird die Globalisierung zum Faktum. Polanyis These von der Herauslösung der Ökonomie aus der Gesellschaft beschränkte sich, wie Altvater/Mahnkopf (1996: 72) attestieren, auf die Regulation von marktwirtschaftlichen national-staatlichen Einheiten. Die Eigenbewegungen des „Geldes als Geld" erklären die Entstehung der globalisierten Geldgesellschaft. Es ist die Geldwirtschaft, die ihre Logik als „Sachzwang" der Wirtschaft aufzwingt. Das Geld wird zum Instrument, um die geldvermittelte Distanzierung von Personen möglich zu machen und nicht nur entfernte Zeiten und Räume zu verbinden, sondern durch seine Logik, vor allem „im Sinne von Kredit und Schuld definiert" (Giddens

1996: 36), die Zeit- und Raumdimension neu zu organisieren (Altvater/Mahnkopf 1996: 153).

3.3 Arbeitsgesellschaft und Geldgesellschaft

Warenproduzierende Gesellschaften sind „zugleich Arbeitsgesellschaften und Geldgesellschaften".

> „Ohne Geld käme Vergesellschaftung in kapitalistisch-marktwirtschaftlicher Form nicht zustande. Daher Geldgesellschaft. Aber ohne Produktion des Surplus in Form des Mehrwerts (oder Profits) durch Arbeit hätte der Geldüberschuß keine Substanz und bestünde lediglich in inflationistischer Aufblähung. Daher Arbeitsgesellschaft" (Altvater/Mahnkopf 1996: 151-152).

Durch die Entbettung der monetären Sphäre aus realen ökonomischen Prozessen und ihre „great transformation" auf die globale Ebene entsteht der Gegensatz zwischen Geldgesellschaft und Arbeitsgesellschaft. Die Arbeitsgesellschaft ist unauflösbar an den Nationalstaat geknüpft. Mit der Einrichtung des Sozialstaats, der die arbeitenden Klassen als politische StaatsbürgerInnen in den Staat integrierte, steckte der Nationalstaat den Horizont der Arbeitsgesellschaft ab. Diese bürgerlichen Rechte sind, wie Carole Pateman darauf hinweist, politische Rechte, die wiederum eine spezifisch moderne Form von Patriarchat etabliert haben (vgl. Pateman 1994: 73) Innerhalb der Grenzen des national-territorialen Raumes wurde somit die keynesianische, geschlechtsspezifische Vollbeschäftigungsgarantie zum ökonomischen Stabilitätsfaktor und zum Vehikel der Identitätsbildung der BürgerInnen. Insofern sind, wie Narr/Schubert verdeutlichen, nationalstaatliche Souveränität und Volkssouveränität eng miteinander verbunden. „Moderne Demokratie ist an den modernen Nationalstaat gebunden" (Narr/ Schubert 1994: 31).

Mit der Globalisierung hat sich die Geldgesellschaft entterritorialisiert. Die entkoppelte monetäre Sphäre des globalen Finanzsystems ist nicht mehr an die territorialen Grenzen des Nationalstaats gebunden. Diese Transformation auf die globale Ebene spaltet BürgerInnen in Subjekte der Geldgesellschaft und Subjekte der Arbeitsgesellschaft. Geldvermögensbesitzer, als Subjekte der Geldgesellschaft, gehören zwar pro forma einer Nationalität an, sie sind aber nicht mehr gebunden an die national-begrenzte „Schicksals- und Solidaritätsgemeinschaft". Die Subjekte der Geldgesellschaft, so Altvater/Mahnkopf, sind „entterritorialisierte Geldvermögensbesitzer". Sie sind Mitglieder einer globalen „Clubgesellschaft", wo nur die Codes des Mediums Geld verstanden werden. Sie haben die Wahl der „exit-option" und sind nicht auf den Wahlzettel der Stimmbürger angewiesen. „Die Nation hat für die Geldgesellschaft also keine territoriale Dimension" (Altvater/Mahnkopf 1996: 559-560).

Der durch die Globalisierung eingeleitete Gegensatz von Geldgesellschaft und Arbeitsgesellschaft erweist sich als einer der wichtigsten Gründe für die Krise des Wohlfahrtsstaats. Die „Sachzwänge" der Wettbewerbsfähigkeit, die sich an der Logik der Konkurrenz orientieren, kollidieren mit der Logik des sozialen Konsenses, verankert im Sozialstaat. Die Gestalt der freien StaatsbürgerInnen bleibt zwar formal erhalten, aber die sozialen Rechte und die ökonomische Basis für die politische Gleichheit werden mit der Globalisierung tendenziell zurückgenommen. Die Ansprüche der

Arbeitsgesellschaft auf gesellschaftliche Umverteilung werden unter den Bedingungen des weltweiten „single price" ausgehöhlt. Der „männliche Gesellschaftsvertrag" (Pateman 1994) wird aufgekündigt.[8]

4. Globalisierung und Gender

Was bedeutet nun Globalisierung für die Rekonfiguration der Geschlechterverhältnisse? Unbeantwortet ist die Frage, auf welche unterschiedliche Weise sich die globale Restrukturierung der politischen, ökonomischen, sozio-kulturellen Räume auf männlich und weiblich segregierte Arbeitsmärke und -kulturen, auf männlich und weiblich zentrierte Formen der Macht und „empowerment" in einzelnen Ländern und Regionen auswirkt. Wir wissen einerseits um die Wucht der ökonomischen und politischen Veränderungen aus den Debatten der WissenschaftlerInnen und der Medien. Die unterschiedlichen Effekte der Globalisierung für Frauen und für die Geschlechterverhältnisse werden andererseits in der Öffentlichkeit kaum diskutiert. Isabella Bakker hat dies mit dem Begriff der „conceptional silence" gefaßt und meint damit die Verschleierung der Tatsache, daß die globale Restrukturierung auf einem „gendered terrain" basiert (Bakker 1994).

Feministische Wissenschaftlerinnen stehen nun vor einer neuen Hürde im catching-up. Gerade zu dem Zeitpunkt, als es der feministischen Wissenschaft gelungen ist, das Tor der traditionellen Wissenschaft ein klein wenig aufzustoßen und Frauen- und Geschlechterthemen in Studien über Sozial-, Entwicklungs-, Industriepolitik und sogar in der Makroökonomie einzuführen, wird die Öffentlichkeit mit dem neuen Problem der Globalisierung konfrontiert. Es ist geradezu ironisch, daß just in dem Moment, in dem ein Bewußtsein für die geschlechtsspezifischen Auswirkungen des Sozialstaates entsteht, der neo-liberale Angriff auf eben diesen Sozialstaat einsetzt. Oder anders ausgedrückt: Just in dem Moment, in dem die Diskriminierung im segmentierten Arbeitsmarkt wissenschaftlich erwiesen ist und Chancengleichheit für Frauen gefordert wird, steigt der Anteil der informellen ökonomischen Aktivitäten, „frei" von gewerkschaftlichen Bindungen und ungeschützt durch sozialstaatliche Maßnahmen (vgl. Mahnkopf 1997a). Und just zu dem Zeitpunkt, an dem Experten die geschlechtsspezifischen Erfahrungen der ökonomischen Entwicklung akzeptieren und dem Beitrag der Frauen in den Berichten der World Bank und der Vereinten Nationen immer mehr Aufmerksamkeit schenken, propagiert der neo-liberale Marktdiskurs die Reduzierung von Entwicklungshilfe (vgl. Jenson 1996).

Die Herausforderung für WissenschaftlerInnen ist nun eine doppelte: Einerseits ist zu analysieren, wie die Globalisierung ökonomische Strategien und politische Praktiken verändert, und andererseits sind die Konsequenzen dieser neuen Phänomene für Frauen und Geschlechterverhältnisse einzuschätzen. Es gilt nicht, nach VerliererInnen

8 Carole Pateman geht von der Lockeschen These aus, daß die bürgerliche Gesellschaft durch einen Grundvertrag geschaffen wurde. Dieser Urpakt ist nach Pateman sowohl ein Gesellschaftsvertrag als auch ein Geschlechtervertrag, denn der Vertrag legt die politische Herrschaft der Männer über Frauen fest. Der Grundvertrag regelt die Freiheit der Männer und die Unterwerfung der Frauen. Für Pateman ist der Gesellschaftsvertrag eine Geschichte der Freiheit; der Geschlechtervertrag eine Geschichte der Unterwerfung (vgl. Pateman 1994).

und GewinnerInnen zu suchen, sondern Analysen der Veränderung von Geschlechterverhältnissen zu erarbeiten. Ziel einer feministischen Analyse muß es sein, die grundlegenden Merkmale der heutigen globalen Ökonomie neu zu deuten und zu rekonzeptualisieren, die strategischen geschlechtsspezifischen Transformationsprozesse zu erfassen, Frauen sichtbar zu machen und formelle und informelle Institutionen und Netzwerke so zu gestalten, daß dies zu einer größeren politischen und ökonomischen Partizipation and Repräsentation von Bürgerinnen und Bürgern führt. Somit ist ein erweitertes analytisches Terrain zu erforschen, das über die gegenwärtige Forschung der ökonomischen Lage von Frauen und Männern in den einzelnen Nationalstaaten hinausgeht. Bisherige feministische Studien über Frauen und Ökonomie haben den Nationalstaat als begrenzte Einheit oder als Kontext für ökonomische Aktivitäten akzeptiert. In Anbetracht der bereits deutlich werdenden systematischen Auswirkungen der Globalisierung auf die bisherige Form und Funktion des Nationalstaates, z.B. seine exklusive Territorialität und Souveränität, ist es unabdingbar, die staatlichen Veränderungen und ihre Auswirkungen auf die Genderbeziehungen einer kritischen Analyse zu unterwerfen (vgl. Sassen 1996).

Was kann nun als vorläufige Bilanz über die Veränderungen von Geschlechterverhältnissen im Globalisierungsprozeß ausgesagt werden?[9] Die Transformation der Industriegesellschaften in eine globale Dienstleistungsgesellschaft geht vor allem einher mit einer Spaltung zwischen hochqualifizierten, „entterritorialisierten" Arbeitskräften – meist weiß und männlich – und den geringqualifizierten, „territorialisierten" Arbeitskräften – Frauen aller Hautfarbe sowie auch junger und unqualifizierter Männer. Die Kehrseite der „wissensgestützten Dienstleistungsgesellschaft", die sich vor allem auf informationsintensive und komplexe „Dienstleistungen wie Finanzierung, Versicherung, Immobilien-, Wirtschafts-, Rechts- und Steuerberatung, Wirtschaftsprüfung, Design, Marktforschung, Medienproduktion oder Werbung" (Altvater/Mahnkopf 1996: 282) spezialisiert, ist die Ausdehnung des „informellen Sektors" mit einer starken Zunahme von „flexiblen", „prekären", „ungeschützten", „risikoreichen" Beschäftigungsformen (vgl. Mahnkopf 1997a; Connelly 1996; Sassen 1996). In diesem informellen Sektor wird die Arbeit vorwiegend von Frauen (und auch Kindern) ausgeführt. Die Verschiebung von einer existenzsichernden Vollbeschäftigung im formellen Bereich zu niedrigbezahlten informellen ökonomischen Tätigkeiten ist – wie Mahnkopf attestiert – nicht als ein Übergangsphänomen zu betrachten (Mahnkopf 1997a). Sie ist das Resultat einerseits der Dezentralisierung transnationaler Produktion, verbunden mit dem „globalen outsourcing", und andererseits der Verdrängung der Frauen aus der formellen Ökonomie.

Diese entstehenden „Enklaven der Informalität" produzieren „Niedriglohnzonen" inmitten der formellen Ökonomie. Das Phänomen eines expandierenden informellen Sektors tritt nicht nur in Entwicklungsländern gehäuft in Erscheinung. Auch in Mittel-

9 Die Aussagen über den Zusammenhang zwischen wirtschaftlicher Globalisierung, dem sektoralen Strukturwandel, den quantitativen und qualitativen Veränderungsmustern der Erwerbstätigkeit von Frauen und Männern und der veränderten Familienkonstellationen sind aufgrund der nur spärlich vorliegenden empirischen Arbeiten mit Vorsicht zu behandeln. Trotz der gravierenden ökonomischen Einbrüche in das Alltagsleben von vielen Frauen in der Dritten Welt bis zu den reichen Industrieländern Europas und Nordamerikas hat diese Tatsache zu keinem meßbaren Anstieg von empirischen Studien geführt.

und Osteuropa sowie in den westlichen Industrieländern hat das „Zusammenwirken von Globalisierung, Tertiarisierung und Informalisierung" zu zunehmender Flexibilisierung der Beschäftigungsformen und zu einer geschlechtsspezifischen Verfestigung von Niedriglohnarbeit geführt (vgl. Mahnkopf 1997a). In diesen „Hinterland-, Hinterhof- und Straßenrandökonomien" konzentrieren sich die niedrigbezahlten und arbeitsintensiven Dienstleistungstätigkeiten und „home based activities", die für die „Weltmarktfabriken" frei von gewerkschaftlichen Bindungen als billige „unsichtbare Arbeiterinnen" ohne sozialstaatlichen Schutz produzieren (ebd.).
Aber auch in den Vereinigten Staaten von Amerika ist bereits ein zweiteiliger Arbeitsmarkt von „good jobs" und „bad jobs" zur Realität geworden. In den „bad jobs" finden sich nicht nur Frauen jeglichen Alters; zunehmend sind auch junge Männer gezwungen, in diesen sozialstaatlich nicht geschützten und gewerkschaftlich nicht organisierten Sektoren ihren Lebensunterhalt zu bestreiten. Diese niedrigbezahlte Teilzeitbeschäftigung geht einher mit einer zunehmenden Einkommensdiskrepanz und der Marginalisierung ganzer Bevölkerungsgruppen. Ein Sechstel der US-amerikanischen TeilzeitarbeiterInnen – und ein Fünftel von „unfreiwilligen" TeilzeitarbeiterInnen – hat ein Einkommen unter der offiziellen Armutsgrenze, während, im Vergleich dazu, nur jeder 37. Vollzeitbeschäftigte mit seinem Einkommen unter der Armutsgrenze liegt (vgl. Tilly 1990).
Diese Verbreitung von „flexiblen" Arbeitsstrukturen trägt also offenbar zur Konstruktion von neuen Strukturen der Geschlechterungleichheit bei. Diese Teilzeitbeschäftigungen sind ungeeignet, ökonomische Unabhängigkeit zu gewährleisten. Zudem werden Frauen – die zunehmend zu den „working poor" gehören – zusätzlich durch die öffentlichen Sparmaßnahmen in zweifacher Weise betroffen: Es verringern sich nicht nur die staatlich unterstützten Betreuungsangebote für Kinder; auch im Alten-, Pflege-, Gesundheits- und Bildungsbereich zu kürzen heißt, diese Arbeiten wieder unbezahlt von Frauen haushalts- und familienintern bewältigen zu lassen. Diese sich gegenwärtig vollziehende Privatisierung von öffentlichen Dienstleistungsfunktionen zerstört notwendige Voraussetzungen für die Berufstätigkeit von Frauen. Gleichzeitig entfallen die staatlichen „Frauen"-Arbeitsplätze, die im Keynesianischen Wohlfahrtsstaat eine wichtige Integrationsrolle für die Erwerbsbeteiligung der Frauen hatten (vgl. Mahnkopf 1997a; Jensen/Hagen/Reddy 1988). Es ist zwar unumstritten, daß die Tertiarisierung der Ökonomie mit einer „Feminisierung der Beschäftigung" einhergeht,

> „doch meint dieses Schlagwort (4. Weltfrauenkonferenz 1995 in Peking) neben einer Ausweitung von Frauenerwerbstätigkeit im Allgemeinen zugleich die Verbreitung flexibler Arbeitsstrukturen im Besonderen, die lebenslange, existenzsichernde Vollbeschäftigung zunehmend verdrängen. Aus der Perspektive vieler männlicher Arbeitnehmer erscheint diese Entwicklung als Abschied vom 'Normalarbeitsverhältnis'" (Altvater/Mahnkopf 1996: 297).

Diese Arbeitsmarktsegmentierung in einerseits eine hochbezahlte „postmoderne Dienstleistungsökonomie" und andererseits den expandierenden informellen Sektor der „laboring poor" führt auch zunehmend zu mehr Ungleichheiten zwischen Frauen (vgl. Mahnkopf 1997a; Friese 1995; Connelly 1996). Obwohl die Mitglieder der reichen „Clubgesellschaft" meistens die „New Boys" sind, wie Wendy Larner (1996) die neuen „Macher" des neo-liberalen Neu-Seeland Modells bezeichnet, sind gut ausgebildete Mittelschichtsfrauen in den wissens- und informationsintensiven Wirtschaftssektoren keine Seltenheit mehr (vgl. Connelly 1996). Frauen erleben somit die Auswirkungen der Globalisierung nicht nur als eine Erscheinung der Marginalisierung und Verdrängung aus der formalen Ökonomie. Ob sie zu Gewinnerinnen oder Verliererinnen der strukturellen ökonomischen Transformation zählen, ist vor allem von ihren ethnischen, nationalen und schichtspezifischen Zugehörigkeiten abhängig.

Diese zunehmende Ausdifferenzierung zwischen Frauen und das Aufeinanderprallen unterschiedlicher nationaler und ethnischer Biographien tritt besonders in den neuen „global cities" in Erscheinung (vgl. Sassen 1996). „Global cities" sind die Hauptzentren für die Wertschöpfung wichtiger Teile der Kapitalakkumulation und Koordinationspunkte der globalen ökonomischen Prozesse. „Global cities" sind aber auch Stätten der Inkorporation einer großen Anzahl von geringqualifizierten Frauen und ImmigrantInnen. Diese „unsichtbaren" ArbeiterInnen sind die „Träger" des ortsgebundenen materiellen Produktionsprozesses, die die datentechnisch vernetzte, ortsunabhängige Informationsindustrie erst möglich machen. Sie sind tätig als Reinigungspersonal, Sekretärinnen, Dienstboten, Kindermädchen, Haushälterinnen, Taxifahrerinnen, Lieferantinnen, Zustellpersonal, Hundespazierführerinnen und sie sind vorwiegend weiblich und Immigrantinnen.[10] Diese niedrigqualifizierten Dienstleistungstätigkeiten sind nicht nur ein wichtiger Bestandteil der Infrastruktur der formalen Ökonomie. Sie ermöglichen vor allem sozial privilegierten Frauen in Europa und Nordamerika den Einstieg in eine berufliche Karriere. Ohne dieses „Zurückgreifen" auf zugewanderte Frauen aus den Entwicklungs- und Transformationsländern ist den hoch-qualifizierten Frauen mit Kindern der Einstieg in Positionen verwehrt, die große Mobilität erfordern und unsoziale Arbeitszeiten haben (vgl. Mahnkopf 1997a; Friese 1995). Die Delegation von Teilen der Reproduktionsarbeit an „ungeschützte ImmigrantInnen und WanderarbeiterInnen verweist auf eine neue internationale Arbeitsteilung zwischen Frauen verschiedener Herkunft, Ethnien und Generationen – und damit zugleich auf einen zwieschlächtigen Modernisierungsprozeß" (Friese 1995: 158). Ob diese Tätigkeiten von (meist überqualifizierten) Polinnen in Deutschland ausgeführt werden oder von schwarzen Frauen oder Mexikanerinnen in den Vereinigten Staaten, ihnen allen ist gemeinsam, daß sie eine neue Arbeitsteilung zwischen der „Herrin" einerseits und der „Dienstbotin" andererseits erfahren (vgl. Mahnkopf 1997a). Somit ist eine Frauenkarriere der europäischen und nordamerikanischen Mittel- und Oberschichten auch immer nur in den Grenzen von Ethnizität, Klasse und Geschlecht zu realisieren (vgl. Friese 1995).

---

10 Sassen beschreibt die andere unsichtbare Auswirkung der Aktienmarktkrise von 1987. Während sich die Presseberichte auf die plötzliche und massive Arbeitslosigkeit unter den hochbezahlten Wall Street Finanzexperten konzentrierte, wurde die „unsichtbare" Arbeitslosenkrise unter Sekretärinnen und Reinigungspersonal weder bemerkt, noch wurde über sie berichtet. Besonders unter den dominikanischen ImmigrantInnen im nördlichen Manhattan, die den Großteil der Wall Street Putzkolonnen ausmachen, schlug die Aktienmarktkrise mit großer, aber von den Medien nicht gesehener Härte zu (vgl. Sassen 1996: 19, Fußnote 26).

5. Schlußfolgerung

Die national-territoriale Eingliederung in die globale Ökonomie zeigt vor allem eine geschlechtsspezifische Neu-Stratifizierung von sozialen Ungleichheiten, die sich durch die ethnische und nationale Zugehörigkeit noch einmal ausdifferenziert. Die Globalisierungsdebatte vernachlässigt diesen wichtigen Aspekt einer neuen, differenzierten geschlechtsspezifischen internationalen Arbeitsteilung. In der Bewertung des Arbeitskräfteinputs werden die spezialisierten Dienstleistungen und professionellen Tätigkeiten überbewertet, wogegen die ortsgebundenen Arbeitskulturen von unqualifizierten Frauen und Männern kaum berücksichtigt werden. Die Arbeiten im prekären, sozialstaatlich und gewerkschaftlich unabgesicherten „informellen Sektor" sind aber nur die Kehrseite der in der formalen Ökonomie hochbezahlten „Wissensträger" der neuen ortsunabhängigen wissensintensiven Forschungs-, Informations- und Serviceabteilungen. Gleichzeitig betont die traditionelle Globalisierungsdiskussion die Herausbildung internationaler Professionals und eines globalen „business environments" als Teil transnationaler Konzerne. Was in dieser Kalkulation aber fehlt, ist der Blick auf die zunehmende Herausbildung eines internationalen Arbeitsmarktes von niedrigqualifizierten und billigen DienstleistungsarbeiterInnen in städtischen ImmigrantInnenvierteln. Diese „working poor" von unqualifizierten Frauen und Männern aus den Entwicklungsländern und aus Osteuropa sind kein Übergangsphänomen, sondern ein fundamentaler Teil der globalen politischen und ökonomischen Neustrukturierung (vgl. Sassen 1996).
Angesagt ist ein neuer Gesellschaftsvertrag, der weder Herrschaft noch Geschlechterhierarchisierung festschreibt und einen neuen Konsens der inklusiven Gesellschaftsgestaltung aushandelt zwischen den hochqualifizierten ortsunabhängigen Mitgliedern der „Geldgesellschaft" und den niedrigqualifizierten ortsabhängigen Mitgliedern (Frauen und Männer) der „Arbeitsgesellschaft". Daß der globale „freie Markt" nicht zu einer Solidarität führt, sondern zunächst eine „globale Trümmerwüste" (vgl. Altvater/Mahnkopf 1996: 50) produziert, beinhaltet auch Hoffnung auf die Entstehung einer Bewegung gegen das moralische Defizit der neoliberalen geschlechtsspezifischen und ethnischen Gesellschaftsspaltung.

Literaturverzeichnis

Altvater, Elmar/Mahnkopf, Birgit, 1996: Grenzen der Globalisierung. Münster.
Bakker, Isabella (Hrsg.), 1994: The Strategic Silence: Gender and Economic Policy. London.
Bauman, Zygmunt, 1996: Glokalisierung oder: Was für die einen Globalisierung, ist für die anderen Lokalisierung, in: Das Argument, 653-664.
Barber, Benjamin R., 1995: Jihad vs. McWorld. New York.
Barber, Benjamin, R., 1997: Dschihad versus McWorlds, in: Lettre International, Frühjahr 1997.
Beck, Ulrich, 1997: Heraus aus dem nationalen Politikbiotop, in: Die Tageszeitung. 13. Juni.
Biskup, Reinhold von (Hrsg.), 1996: Globalisierung und Wettbewerb. Stuttgart.
Buchholdt, Helmut, 1996: Modernität zwischen Differenzierung und Globalisierung. Münster.
Chomsky, Noam/Heinz, Dietrich, 1996: Globalisierung im Cyberspace. Unkel.
Connelly, Patricia M., 1996: Gender Matters: Global Restructuring and Adjustment, in: Social Politics, 12-31.
Friese, Marianne, 1995: Modernisierungsfallen im historischen Prozeß. Zur Entwicklung der Frauenarbeit im gewandelten Europa, in: Berliner Journal für Soziologie, 149-162.

Giddens, Anthony, 1995: Konsequenzen der Moderne. Frankfurt a.M.
Hirsch, Joachim, 1995: Der nationale Wettbewerbsstaat. Staat, Demokratie und Politik im globalen Kapitalismus. Berlin/Amsterdam.
Hirst, Paul/Thompson, Grahame, 1995: Globalization and the future of the nation state, in: Economy and Society 24, 408-442.
Hobsbawm, Eric, 1995: Das Zeitalter der Extreme. Weltgeschichte des 20. Jahrhunderts. Wien/Münster.
Jenson, Jane, 1996: Introduction: Some Consequences of Economic and Political Restructuring and Readjustment, in: Social Politics, 1-11.
Jenson, Jane/Hagen, Elisabeth/Reddy, Ceallaigh (Hrsg.), 1988: Feminization of the Labor Force. New York.
Jessop, Bob, 1994: Veränderte Staatlichkeit. Veränderungen von Staatlichkeit und Staatsprojekten, in: *Dieter Grimm/Elisabeth Grimm* (Hrsg.), Staatsaufgaben. Baden-Baden, 43-73.
Lanc, Erwin, 1996: Zwischen ökonomischer Globalisierung und gesellschaftlicher Atomisierung. Wien.
Larner, Wendy, 1996: The „New Boys": Restructuring in New Zealand, 1984-94, in: Social Politics, 32-56.
Luhman, Niklas, 1997: Die Gesellschaft der Gesellschaft. Frankfurt a.M.
Mahnkopf, Birgit, 1997a: Die „Feminisierung der Beschäftigung" im Zeichen von Globalisierung und Tertiarisierung, in: Arbeitspapiere der Sozialwissenschaftlichen Arbeitsmarktforschung (SAMF), Heft 1 (im Erscheinen).
Mahnkopf, Birgit, 1997b: Globalisierung versus Globalität – warum aus der marktorientierten Globalisierung keine Weltgesellschaft hervorgeht, Vortrag auf dem Kurzseminar „Globalisierung: Zur Klärung eines Schlagwortes", Bonn, vom 19.-21. Februar 1997.
Martin, Peter, 1997: Liberale Marktwirtschaft als höchstes Stadium der Menschheit, in: Le Monde Diplomatique, Juni.
Meil, Pamela von (Hrsg.), 1996: Globalisierung industrieller Produktion. Frankfurt a.M.
Menzel, Ulrich, 1997: Globalisierung versus Fragmentierung. Frankfurt a.M.
Misik, Robert, 1997: Mythos Weltmacht. Berlin.
Narr, Wolf-Dieter/Schubert, Alexander, 1994: Weltökonomie. Die Misere der Politik. Frankfurt a.M.
Ohmae, Keinichi, 1990: The Borderless World: Power and Strategy in the Interlinked Economy. London.
Pateman, Carole, 1994: Der Geschlechtervertrag, in: *Erna Appelt/Gerda Neyer* (Hrsg.), Feministische Politikwissenschaft. Wien, 73-95.
Piven, Frances Fox, 1995: Is it Global Economics or Neo-Laissez-Faire?, in: New Left Review, 107-114.
Polanyi, Karl, 1944, The Great Transformation. Boston.
Richter, Emanuel, 1992: Der Zerfall der Welteinheit. Frankfurt a.M.
Robertson, Ronald, 1992, Globalization – Social Theory and Global Culture. London.
Rotte, Ralph, 1996: Das internationale System zwischen Globalisierung und Regionalisierung. Baden-Baden.
Sassen, Saskia, 1996: Toward a Feminist Analytics of the Global Economy, in: Indiana Journal of Global Legal Studies, 7-41.
Tilly, Chris, 1990: Short Hours, Short Shrift: Causes and Consequences of Part-time Work. Washington, D.C.
Wolf, Martin, 1997: Markt für die Armen, in: Le Monde Diplomatique, Juni.

II. Politische Theorie in der Ära der „Postmoderne“. Geschlechtskritische Lesarten

Gleichheit und/oder Differenz? Zum Verlauf einer Debatte*

Andrea Maihofer

Eine Welt. Eine Stimme?
Viele Welten, aber eine Stimme?
Viele Stimmen, aber eine Welt?
Viele Welten. Viele Stimmen?

1. *Einleitung*

In der Debatte um Gleichheit und/oder Differenz scheint derzeit eine gewisse Erschöpfung, ja eine gewisse Ratlosigkeit eingetreten zu sein. Die einzelnen Überlegungen werden zwar immer wieder aufs neue präzisiert und differenziert. Aber insgesamt geht es irgendwie nicht weiter. Es scheint, als ob nun alle Argumente gesagt seien. Interessanterweise trifft dies jedoch nicht nur für die feministische Diskussion zu, sondern auch für andere Kontroversen, in denen es ebenfalls um die Frage Gleichheit und/oder Differenz geht (wenn auch nur selten ausdrücklich unter diesen Stichworten) wie zum Beispiel die Kontroversen um den Kommunitarismus, um die Menschenrechte oder ganz allgemein um die Frage Universalismus/Relativismus. Auch hier entsteht der Eindruck, als ob die Auseinandersetzungen auf der Stelle träten.
Und doch vermag keine der entwickelten Konzeptionen die angesichts der gegenwärtigen gesellschaftlichen Entwicklungen[1] an Brisanz ja eher zunehmenden Probleme wirklich befriedigend zu lösen. Denn keine ist in der Lage, die Ausgrenzung, Unterdrückung und Stigmatisierung bestimmter Gruppen oder einzelner Individuen zumindest schon einmal auf der *normativen* Ebene zu verhindern oder gar die faktische

* Der folgende Text ist ein gekürzter und überarbeiteter Teil einer sehr viel umfangreicheren Vorlesung zu diesem Thema, die ich im Sommersemester 1997 an der Universität Wien am Institut für Politikwissenschaft gehalten habe. In der Vorlesung habe ich nicht nur die feministische Debatte ausführlicher dargestellt, sondern diese auch im Zusammenhang mit anderen Auseinandersetzungen zu diesem Thema erörtert (wie die Kontroverse zwischen Taylor (1993) und Habermas (1993)). Darüber hinaus habe ich dort zu zeigen versucht, daß sowohl die Spannbreite der derzeitigen Argumente als auch die aktuellen Schwierigkeiten in der normativen Argumentation ganz wesentlich geprägt sind von der diskursiven Logik des Gleichheits- und Differenzdiskurses, wie er im 18. Jahrhundert entstanden ist. Betrachtet man nun die Debatte „um die Anerkennung von Differenz" aus der Perspektive einer diskursiven Formation, wird sichtbar, daß sie derzeit an die Grenzen des mit dieser Formation gesetzten normativ Denkbaren stößt. Dieser Gesamtzusammenhang meiner Überlegungen ist für das Verständnis des Folgenden zentral, ohne daß hier der Ort wäre, dies weiter auszuführen. Ich komme darauf abschließend jedoch nochmals kurz zurück.

1 Ich verweise nur auf das Erstarken des Neoliberalismus, den Abbau des Sozialstaates, die zunehmende Entwicklung der Gesellschaften zu „multikulturellen Gesellschaften" sowie die wachsende ökonomische und politische Globalisierung bzw. Weltvergesellschaftung.

Gleichberechtigung sowie die positive nicht-hierarchische Anerkennung „aller" auch in ihrer Verschiedenheit zu garantieren.[2]

Eine Bestandsaufnahme könnte neben einem besseren Verständnis der zu beobachtenden Blockierung der Diskussion einige Hinweise erbringen, in welche Richtung weiter zu denken wäre. Allemal könnte sie einen Überblick über das erreichte Problemniveau ermöglichen.

Mein Interesse an dieser Debatte ist dabei sowohl *normativer* als auch *normtheoretischer* Art. Das heißt, Ziel ist sowohl eine Weiterentwicklung der normativen Überlegungen als auch ein präziseres Verständnis davon, wie die Ideen der Gleichheit und der Differenz in ihrer inneren diskursiven Logik funktionieren. Die kombinierte Betrachtung beider Aspekte ist insbesondere deshalb angebracht, weil die Debatte um Gleichheit und/oder Differenz meines Erachtens an einem Punkt angelangt ist, an dem das normative Problem nicht mehr weiterentwickelt werden kann, wenn nicht bestimmte normtheoretische Einsichten in die Formulierung des normativen Problems integriert werden.

Ich meine damit, daß wir – ähnlich wie im 18. Jahrhundert – an einem Punkt sind, an dem sich die diskursive Logik normativer Diskurse grundlegend verändern muß. Während es jedoch damals um die Einsicht ging, daß Normen nicht von Gott stammen, sondern in der menschlichen Vernunft begründet sind (der „Kategorische Imperativ" Kants ist ein gutes Beispiel für die Entwicklung eines Normenverständnisses auf diesem neuen Niveau), gilt es heute noch einen Schritt weiter zu gehen und Normen aufgrund der Einsicht in ihre grundlegende Historizität und Gesellschaftlichkeit zu formulieren.

Darüber hinaus wird jedoch sehr schnell deutlich, daß die Art, wie jeweils das normative Problem gesehen wird und ob eher aus einer Gleichheits- oder einer Differenzperspektive heraus argumentiert wird, eng mit dem jeweiligen Verständnis von Geschlecht und Geschlechterdifferenz zusammenhängt sowie mit den unterschiedlichen politischen Optionen hinsichtlich der Veränderung der patriarchalen Geschlechterverhältnisse. Auch hierauf muß folglich bei der Rekonstruktion der Debatte geachtet werden. So stehen im weiteren folgende Fragen im Vordergrund. Erstens: Wie wird das gesellschaftliche Problem gesehen, das es zu lösen gilt? Zweitens: Wie wird Geschlechterdifferenz verstanden? Wird sie eher als unterschiedliche gesellschaftliche Lage von Frauen gefaßt oder (zudem) im Sinne von unterschiedlichen Geschlechtsidentitäten?[3] Drittens: Wie wird das normtheoretische Problem formuliert? Damit verbunden ist viertens die Frage, in welcher Tradition die jeweiligen Begriffe verortet werden. Dies hat für die Einschätzung ihrer Tauglichkeit zur Lösung, wie sich zeigen wird, erhebliche Konsequenzen. Wird z.B. die Differenzperspektive eher in der Tradition linker Gleichheitskritik verortet oder in der Tradition konservativer Rechtfertigungsstrategien für gesellschaftliche Hierarchien und Ausgrenzungen? Und nicht zu-

---

2 Ich möchte jetzt offen lassen, ob dies die „richtige" Problembeschreibung ist. Auch möchte ich nicht behaupten, dies sei gegenwärtig das vordringlichste Problem; doch ist es sicherlich ein zentrales.

3 Zu dieser Unterscheidung siehe auch Pauer-Studer (1996: 65): „Die Differenz-Theorien begnügten sich aber manchmal nicht mit dem Hinweis auf die unterschiedliche gesellschaftliche Situierung von Frauen, sondern begründeten deren 'Differenz' in einer anders verlaufenden Identitätsbildung."

letzt gilt es fünftens zu klären, wie die jeweilige Lösung aussieht und welche gesellschaftlichen Veränderungen damit verbunden sind.

2. Die Debatte um Gleichheit und/oder Differenz[4]

a) In der feministischen Debatte um Gleichheit und/oder Differenz, wie sie seit Beginn der neuen Frauenbewegung in den USA und der Bundesrepublik Deutschland geführt wurde – und ich werde mich im folgenden hierauf konzentrieren[5] –, lassen sich bis heute fünf Phasen unterscheiden: 1. „Gleichheit"; 2. „Differenz"; 3. „Gleichheit *oder* Differenz"; 4. Gleichheit und/oder Differenz; 5. „Gleichheit *und* Differenz" – Feststellung eines „Dilemmas".

Diese fünf Phasen sind von mir zum einen als chronologische Abfolge gemeint (ab 1945). Damit soll jedoch nicht gesagt werden, daß zum Beispiel in der ersten Phase nur Gleichheitsforderungen formuliert worden wären. Natürlich gab es auch in dieser Zeit Frauen, die aus einer Differenzperspektive heraus argumentiert haben. So stellt der Art. 3 Abs. 2 des GG der Bundesrepublik Deutschland („Männer und Frauen sind gleichberechtigt."), wie er von Elisabeth Selbert in den Parlamentarischen Rat eingebracht wurde, ihrem eigenen Verständnis nach eine Kombination von Gleichheit und Differenz dar (vgl. Feuersenger 1980: 41). Doch der Schwerpunkt der Argumentation lag in dieser Zeit auf der Idee der Gleichheit.

Auch hat die Diskussion um Gleichheit und Differenz natürlich nicht erst nach 1945 begonnen. Schon zuvor gab es immer wieder Phasen, in denen über diese Fragen debattiert wurde. Joan Scott behauptet sogar, daß Frauen eigentlich immer mit diesen beiden Begriffen arbeiten und zwischen diesen Optionen wählen müssen (vgl. Scott 1988: 172). – Davon unbenommen steht die neuere Debatte in einer langen Tradition, einer Tradition, die sowohl von Kontinuitäten und unmittelbaren Verweisungszusammenhängen als auch von Brüchen und bizarren Amnesien gekennzeichnet ist.

Und der Verlauf der Debatte hat – auch wenn dies im folgenden nur gelegentlich angedeutet werden kann – in erster Linie mit der Verarbeitung von politischen Erfahrungen und gesellschaftlichen Veränderungen zu tun. Normen sind nicht das Andere der Macht, das Gegenüber und unschuldige Außerhalb, von dem her Gesellschaft kritisiert werden kann; Normen sind stets Teil der gesellschaftlichen Machtverhältnisse und der Auseinandersetzungen um diese. Sie sind eine zentrale Form, in der, jedenfalls

---

4 Mir sind bislang erst zwei Versuche bekannt, in denen ebenfalls ein Überblick über den Verlauf der Debatte gegeben wird; siehe Rosenberger (1996) und Fraser (1997). Leider bin ich zu spät auf diese Texte aufmerksam geworden, um sie noch in diesen Artikel einarbeiten zu können.

5 Ich werde mich auf Konzeptionen aus anderen Zusammenhängen nur insoweit beziehen, wie sie für die US-amerikanische und die bundesdeutsche Debatte bedeutsam waren. Dieses Vorgehen hat seinen Grund allein darin, daß mir der *Verlauf* dieser Debatten am vertrautesten ist. Denn meine eigenen Überlegungen haben sich bislang in erster Linie in diesem Argumentationskontext bewegt. Die folgende Rekonstruktion ist daher für mich auch so etwas wie eine kritische Selbstreflexion meiner eigenen bisherigen Position und ihrer Entwicklung. Auf Parallelen zwischen der feministischen und den anderen oben angesprochenen Debatten werde ich nicht eingehen können, das würde den Rahmen dieses Aufsatzes sprengen.

in den westlichen bürgerlich-kapitalistischen Gesellschaften, gesellschaftliche Widersprüche ausgetragen werden. Die Entwicklung normativer Lösungen, wie dies im Verlauf der Debatte um Gleichheit und / oder Differenz geschieht, ist daher nicht einfach als argumentativer Fortschritt zu verstehen, auch wenn es für „uns" aus guten Gründen so aussehen mag. Wahrheit ist immer eine Frage von Wahrheitspolitiken und damit Gegenstand wie Effekt von gesellschaftlichen Auseinandersetzungen.[6]
Ebenso unangemessen wäre die Vorstellung, die eine Phase löse die andere vollständig ab. Es ist, wie gesagt, vor allem der *Schwerpunkt* in der Argumentation, der sich verschiebt. Frühere und spätere Phasen existieren durchaus gleichzeitig. Viele Überlegungen tauchen bereits zu Beginn auf (nicht zuletzt, weil sie schon in früheren Zeiten formuliert wurden), werden aber erst später allgemeiner relevant und vice versa. Manchmal werden sogar Argumente, die hier verschiedenen Phasen zugeordnet werden, in einem Text gleichzeitig vertreten, allerdings mit unterschiedlichem Gewicht. Diese fünf Phasen sind daher zum anderen ein Versuch, die komplexe Diskussionslage zu systematisieren.[7]

b) Die Debatten um Gleichheit und/oder Differenz in den USA und in der Bundesrepublik unterscheiden sich vor allem in drei Punkten.

Erstens: In den USA muß der Beginn der neuen Frauenbewegung in engem Zusammenhang mit der schwarzen Bürgerrechtsbewegung gesehen werden. Es ging von vornherein um Rechtsforderungen an den Staat, genauer, um die Einforderung nicht nur formal gleicher Rechte, sondern um deren materiale Umsetzung; um staatliche und gesellschaftliche Hilfen also, um beispielsweise das Recht auf Chancengleichheit auch wahrnehmen zu können (vgl. Sacksofsky 1996: 207ff.). Während in den USA dementsprechend zunächst an den Staat gerichtete Gleichheitsforderungen im Vordergrund standen, ist dies in Deutschland nicht so eindeutig. Die bundesdeutsche Frauenbewegung entsteht vielmehr im engen Zusammenhang mit der Studentenbewegung und deren Verarbeitung des Faschismus. Hier ging es daher erst einmal darum, separate Räume für Frauen zu schaffen und um autonome Frauenpolitik (vgl. Marx Ferree 1990: 283ff.; Gümen 1996: 79f.). Rechtsforderungen an den Staat wurden in der Tradition linker Staatskritik eher kritisch betrachtet (vgl. Gerhard/Limbach 1988: 7f.). So gesehen ist die erste Phase in der Bundesrepublik weniger eindeutig durch die Priorität der Gleichheitsperspektive gekennzeichnet. Andererseits gab es aber im Zusammenhang mit dem bereits angesprochenen Vorschlag von Elisabeth Selbert (den Artikel 3 des Grundgesetzes um die Formulierung „Männer und Frauen sind gleichberechtigt" zu ergänzen) eine breite Frauenkampagne, ohne die diese Formulierung nicht in die Verfassung aufgenommen worden wäre (vgl. Böttger 1990:

6 Siehe die Auseinandersetzung zwischen Seyla Benhabib und Judith Butler (Benhabib u.a. 1993); vgl. auch meine Ausführungen zu Normen und Macht im Anschluß an Foucault (Maihofer 1995: insbes. 126ff.).

7 Jede Systematisierung ist natürlich auch mit Schematisierungen verbunden. So stehen die einzelnen Konzeptionen im folgenden exemplarisch für bestimmte Schwerpunkte und Tendenzen in der Diskussion und werden dementsprechend auf bestimmte Argumentationsmuster reduziert; sie stehen nicht für sich. Außerdem erhebt der folgende Überblick keinen Anspruch auf Vollständigkeit; dazu ist diese Debatte inzwischen viel zu umfangreich.

160ff.). Wurden im Zuge der neuen Frauenbewegung Rechtsforderungen gestellt, wurden sie daher zunächst ganz in dieser rechtlichen Tradition formuliert.

Zweitens: Sowohl die US-amerikanische als auch die bundesdeutsche Frauenbewegung konzentrierten sich zu Beginn ausschließlich auf die Frage der Geschlechterdifferenz (vgl. Spelman 1988: IXff.; Gümen 1996: 77ff.) Anders als hier umfaßte in den USA der Begriff der „Differenz" jedoch von Anfang an aufgrund der schwarzen Bürgerrechtsbewegung Fragen der „Rasse", der Klasse etc. Während daher – letztlich allerdings auch nur wegen der zunehmenden Kritik vor allem von schwarzen und farbigen Frauen („women of color") am weißen bürgerlichen Mainstream-Feminismus – in den USA schon seit einiger Zeit auch die Differenzen zwischen Frauen zentrales Thema geworden sind, ist dies in Deutschland erst in allerletzter Zeit und noch immer erst sehr zögerlich der Fall. Die schon seit vielen Jahren insbesondere von feministischen Migrantinnen geforderte Einbeziehung dieser Probleme wurde hierzulande bislang in der herrschenden feministischen Theorie wenig zur Kenntnis genommen. Die sich allmählich vollziehende Wahrnehmung der Unterschiede zwischen Frauen ist aber gerade das besondere Kennzeichen der aktuellen feministischen Debatte um Gleichheit und/oder Differenz. Sie hat, wie sich noch zeigen wird, zu grundlegenden Veränderungen der Problembeschreibung geführt.[8] Daß die feministische Theorie in der Bundesrepublik dieser Entwicklung nur mit Mühe folgt, wird gerne mit der anderen gesellschaftlichen Brisanz dieser Fragen erklärt. Das ist sicher nicht ganz von der Hand zu weisen. Angesichts des auch hier existierenden Rassismus und angesichtes der deutschen Geschichte grenzt diese „Erklärung" aber an Zynismus.

Drittens: Mit diesem Punkt eng zusammenhängend besteht noch ein weiterer Unterschied zwischen den beiden Debatten. Beide gehen zwar von einem vorhandenen Staatsbürgerschaftsstatus aus. Nicht diesen selbst gilt es einzufordern, sondern dessen faktische, materiale Realisierung. Während dies jedoch in der US-amerikanischen Diskussion mit einer Kritik an der herkömmlichen Idee der Staatsbürgerschaft verbunden ist (vgl. Young 1993), ist das für die bundesdeutsche Debatte bislang kaum ein Thema gewesen. In der Bundesrepublik wäre aber eine Beschäftigung mit der Frage der Staatsbürgerschaft nicht weniger angebracht. Aufgrund der Regelung der Staatsbürgerschaft nach Abstammung (und nicht wie in den USA nach Geburtsort und Abstammung[9]) gibt es nämlich inzwischen viele Frauen, die, obwohl sie hier geboren sind oder bereits viele Jahre hier leben, keine Staatsbürgerschaft und damit keine Staatsbürgerrechte besitzen. Die geringe Rolle, die dies in der herrschenden feministischen Diskussion spielt, kann wohl kaum mit einer mangelnden Brisanz erklärt werden.[10] Ein Grund mag die bereits angesprochene, für den Beginn der bundesdeutschen Frauenbewegung kennzeichnende rechts- und staatskritische Tradition sein.

8 So liegt hierin auch ihre inzwischen große Nähe zu den oben bereits angesprochenen Diskussionen um Kommunitarismus und Multikulturalismus begründet.

9 Zu betonen, daß es sich in den USA um eine kombinierte Staatsbürgerschaftsregelung handelt, hat mich Ute Sacksofsky aufmerksam gemacht. Mit Recht verweist sie darauf, daß dies in der hiesigen Diskussion gerne übersehen wird.

10 Siehe auch Gümen (1996: 79); allerdings übersieht Gümen in ihrer Kritik, daß es sehr wohl in der feministischen Diskussion Ansätze zu einer Veränderung des Staatsbürgerschaftsrechts gegeben hat: so beispielsweise im „Entwurf eines Frankfurter Frauenmanifests": „Frauen für eine neue Verfassung" (1991), in dem genau aus diesem Grund der Begriff des

3. Der Verlauf der Debatte im einzelnen

Erste Phase: „Gleichheit"

In dieser ersten Phase steht die Forderung nach Verwirklichung der Gleichheit von Frauen und Männern im Vordergrund. Über die politische Gleichberechtigung hinaus geht es dabei um die Gleichberechtigung in *allen* gesellschaftlichen Bereichen (auf dem Arbeitsmarkt, in der Familie etc.).[11] In diesem Sinne bedeutet Gleichheit zunächst vor allem Gleichbehandlung: Frauen sollen *genauso* behandelt werden wie Männer (vgl. auch Fraser 1996: 473).

Rechtlich folgt daraus die Forderung nach einem geschlechtsblinden Recht (vgl. auch Jaggar 1993: 194). Im Recht soll nicht zwischen Männern und Frauen unterschieden werden. Sie sollen vielmehr rechtlich völlig gleich behandelt werden. Das Diskriminierungsverbot des Grundgesetzes, wonach niemand aufgrund seines Geschlechts bevorzugt oder benachteiligt werden darf, ist ein gutes Beispiel für dieses Gleichheitsverständnis (vgl. Sacksofsky 1996: 338ff.), oder für die USA ist das die ablehnende Haltung gegenüber besonderen Regelungen für Schwangerschafts- oder Mutterschaftsurlaub (vgl. Jaggar 1993: 197).

Mit dieser Frauen- und Rechtspolitik ist die Auffassung verbunden, die Ungleichheit zwischen den Geschlechtern könne vor allem durch die materielle Unabhängigkeit der Frauen überwunden werden. So wird zwar auf der Gleichberechtigung in allen gesellschaftlichen Bereichen insistiert, der Schwerpunkt liegt aber auf der Herstellung finanzieller Unabhängigkeit der Frauen und ihrer Gleichberechtigung im Erwerbsleben.

Letztlich ist also in diesem Gleichheitskonzept das zentrale Ziel, die Lage der Frauen, ihre gesellschaftlichen wie individuellen Möglichkeiten an die der Männer anzugleichen. Neben dem Begriff der (rechtlichen) Gleichbehandlung ist daher der Begriff der gesellschaftlichen Gleichstellung signifikant. Maßstab ist dabei – noch ganz unhinterfragt – der Mann, seine gesellschaftliche Lage, seine Möglichkeiten, seine Vorstellungen von Arbeit, Leben und Politik, seine Werte und seine Normen.

Bei genauerer Betrachtung wird deutlich, daß in diesem Gleichheitsverständnis die Verschiedenheit zwischen Männern und Frauen vor allem als ökonomische und soziale Ungleichheit verstanden wird und nicht als eine Frage unterschiedlicher Identitäten oder Eigenschaften. Oder noch genauer gesagt, sogenannte typisch weibliche Eigenschaften, wie Passivität, Immanenz, Körperlichkeit etc., werden als Mittel bzw. Ergebnis der patriarchalen Unterdrückung der Frauen wahrgenommen, als männlich hegemoniale Zuschreibungen bzw. Folge der depravierenden und einengenden Lebensverhältnisse der Frauen.

Dementsprechend wird vorrangig Kritik an traditionellen weiblichen Rollen geübt. Diese Phase des Feminismus ist, wie es Iris Young bezeichnet, „eine Revolte gegen Weiblichkeit" (Young 1989: 38). Die männlichen Standards, Werte oder Lebensweisen

„Volkes" oder der „Deutschen" in der Verfassung durchgängig duch den Begriff der „Bürgerinnen" und „Bürger" ersetzt wurde. Zuzustimmen ist aber der Feststellung, daß diese Forderungen weder theoretisch noch politisch eine nennenswerte Rolle gespielt haben.

11 Genau um diesen Unterschied drehte sich im übrigen die Auseinandersetzung um die Formulierung von Selbert.

werden demgegenüber unproblematisiert übernommen. Frauen sollen vielmehr endlich in die Lage versetzt werden, so sein zu können, wie Männer es schon immer sind. Eine exemplarische Exponentin dieser Position, sowohl für die USA (vgl. ebd.: 40ff.) wie für die Bundesrepublik Deutschland, ist Simone de Beauvoir. So akzeptiert ihr zufolge „die moderne Frau ... die männlichen Werte, sie ist darauf aus, analog wie der Mann zu denken, zu handeln, zu arbeiten, schöpferisch tätig zu sein. Statt daß sie die Männer herunterzuziehen sucht, betont sie, daß sie ihnen gleich kommt" (Beauvoir 1968: 669f.).
Diese Übernahme der patriarchalen Abwertung des Weiblichen in der herkömmlichen Gleichstellungspolitik ist denn auch der Ausgangspunkt für die nun einsetzende Kritik.

Zweite Phase: „Differenz"

Die Differenzperspektive zielt im Gegensatz zur Gleichheitsposition darauf, daß Frauen *anders* behandelt werden sollen als Männer (vgl. auch Fraser 1996: 473), allerdings in einem positiven nicht-hierarchischen Sinne. Zudem ist diese Perspektive – und das macht zunächst einen entscheidenden Unterschied aus – keine Position, die sich primär in Rechtsforderungen formuliert.
Im Gegenteil, aus dieser Perspektive wird das Recht als Mittel feministischer Politik eher skeptisch betrachtet. Da es als „männlich" wahrgenommen wird, ist große Vorsicht bei seinem Gebrauch geboten. Die Skepsis richtet sich jedoch nicht allein gegen Recht und Staat, sondern überhaupt gegen herrschende „männliche" Denkweisen, Lebenskonzepte, Arbeitsvorstellungen und Politikformen.
Exemplarische Vertreterin ist wiederum eine Französin, nämlich Luce Irigaray und ihre grundlegende Kritik am Phallologozentrismus.[12] In ihrer Analyse der herkömmlichen Struktur von Vernunft und Rationalität zeigt sie einen Zusammenhang auf zwischen der für das „männliche" Denken konstitutiven Logik des *Einen* und der Morphologie des „männlichen" Phallus/Penis (vgl. Irigaray 1980). Problematisch ist diese Identitätslogik nicht zuletzt aufgrund der ihr inhärenten Struktur, Differenz und Vielheit nur als das Andere des Einen und damit die Zweiheit nur über die Einheit und nie ohne hierarchische Abwertung denken zu können.[13]
Mit der Kritik herrschender Denk- und Lebensweisen ist andererseits aber zugleich der Versuch der „Rekonstruktion" eines eigenständig Weiblichen verbunden. Anders als in der Gleichheitsperspektive und im Gegensatz zu dieser wird nun ausdrücklich auf der Besonderheit des Weiblichen insistiert und der Blick auf Frauen als defizitär zurückgewiesen.
Es gilt daher, Bedingungen zu schaffen, in denen sich Frauen überhaupt erst einmal frei entfalten und ihre eigene Identität entwickeln können, in denen sie also nicht nur ihre Differenz(en)[14] selber bestimmen, sondern endlich herausfinden können, worin

12 Für die US-amerikanische Diskussion sind aber desweiteren zu nennen Mary Daly (1978/1991) oder Carol Gilligan (1984); siehe auch Young (1989: 51ff.).

13 „Das, was trennt, teilt, spaltet, muß vor dem anderen, dem 'Weiblichen' bewahrt werden. Sonst wüßten weder die Mathematik noch die Dialektik, woran sie sind. Sie würden sich in Unterschieden verlieren, die sie nicht in zwei auflösen, analysieren könnten, weil diese keine Beziehung zum SELBEN hätten" (Irigaray 1980: 459).

14 Was sehr häufig vergessen wird: Zumindest in der italienischen Variante des Differenzdenkens werden immer schon zugleich auch die Differenzen unter Frauen thematisiert (vgl.

ihre Besonderheit als Frauen – jenseits patriarchaler Zuschreibungen – eigentlich besteht. Die inhaltliche Bestimmung der Geschlechterdifferenz ist nämlich keineswegs evident; sie muß sowohl (im Rekurs auf die sexuelle Differenz der Frau) erst noch entdeckt als auch (im anerkennenden Bezug unter Frauen) erst noch produziert werden (vgl. Fischer u.a. 1989: 31ff.).
Nicht zuletzt deshalb hat in dieser Perspektive auch die Idee der Freiheit, oder genauer, die Frage: „Wie weibliche Freiheit entsteht" (Libreria delle donne di Milano 1988) Vorrang vor rechtlichen Forderungen nach der Gleichheit der Geschlechter.
Doch die Zurückweisung herkömmlicher Gleichheitsforderungen wird darüber hinaus auch mit der Gefahr begründet, dies habe letztlich die Anpassung der Frau an den Mann zur Folge (vgl. ebd.: 73ff.).[15] Demgegenüber wird betont, daß nur auf der Basis einer gesellschaftlichen Anerkennung der Frauen in ihrer Verschiedenheit auch die Forderung nach einer rechtlichen Anerkennung von Frauen erfolgreich sein kann.[16]
In der Gleichheitsperspektive wird also die Geschlechterdifferenz vor allem als eine Ungleichheit in der Lebenssituation und den Möglichkeiten von Frauen und Männern gesehen – bei eigentlich „grundsätzlicher Gleichheit der Geschlechter" (Slupik 1988: 32). Die gesellschaftliche Gleichstellung der Frau zielt folglich nicht nur darauf, daß die Frauen genauso behandelt werden sollen wie die Männer, sondern auch sein können wie sie. Demgegenüber geht die Differenzposition von einer sexuellen Geschlechterdifferenz von Frauen und Männern aus, die aufgrund der gesellschaftlichen Abwertung der Frauen zu einer gesellschaftlichen Ungleichheit führt. Das heißt, während in der Differenzposition die gesellschaftliche Ungleichheit Ausdruck der Abwertung ist und daher die Priorität auf die Forderung nach einer gesellschaftlichen Anerkennung der sexuellen Differenz gelegt wird, wird in der Gleichheitsposition die gesellschaftliche Ungleichheit eher als Ursache der Geschlechterdifferenz angesehen und daher der Schwerpunkt auf Rechtsforderungen zur Herstellung der Gleichheit der Geschlechter gelegt.

Dritte Phase: „Gleichheit *oder* Differenz"

Eine zeitlang scheinen sich Gleichheit und Differenz als Optionen auszuschließen. Die Polarisierung wird noch dadurch verschärft, daß keine der beiden Seiten in dieser Zeit auf die Argumente der anderen Seite eingeht: Weder wird in Gleichheitspositionen der Einwand wirklich ernst genommen, die herkömmlichen Gleichheitsforderungen

---

Libreria delle donne di Milano 1988: 157ff.) Doch spielte dieser Aspekt in der damaligen Diskussion keine wirklich bedeutsame Rolle.

15 Mit dieser Kritik am herkömmlichen Gleichheitsprinzip als Zwang zur Angleichung (wobei diese im übrigen sowohl als Anpassung an die Männer als auch als Homogenisierung der Frauen verstanden wird) steht diese feministische Perspektive im Kontext linker Gleichheitskritik. Ein Umstand, der gerne übersehen wird, wenn die Differenzperspektive, wie von Pinl (1993), als konservative Wende kritisiert wird.

16 „Wie die Erfahrung und die Politik der Frauen zeigen, kommt vor den Rechten, vor Gerechtigkeit und Justiz die gesellschaftliche Anerkennung der Differenz. Ihr Wert kommt nicht über Gerechtigkeit oder Justiz zustande; er kommt vorher oder er kommt nicht, aber dann kommt vielleicht auch die Gerechtigkeit nicht. Wenn die Gesellschaft der Differenz keinen Wert zuschreibt, macht die Justiz nämlich alle gleich, und dadurch geschieht es häufiger, daß die einzelnen von ihrem Ursprung entfernt werden, als daß Gerechtigkeit hergestellt wird" (Libreria delle donne di Milano 1988: 158).

zwängen Frauen zur Anpassung an männliche Standards, noch in Differenzpositionen die Gefahr, sie könnten zur Verfestigung traditioneller Geschlechterrollen beitragen. Leicht übersehen wird, daß die Polarisierung asymmetrisch ist. Schließlich ist der herkömmliche Gleichheitsdiskurs in den westlichen Gesellschaften hegemonial, während die Differenzperspektive (zumindest zu Beginn) ausgesprochen marginal ist. Abgesehen von der eher unproduktiven Zuspitzung der Polarisierung zeichnet sich diese Phase aber durch eine gründliche Ausarbeitung der jeweiligen rechtspolitischen Konsequenzen aus. Wobei dieses Vorgehen, wie schon betont, zur Gleichheitsperspektive ja gleichsam genuin gehört und daher nicht weiter verwunderlich ist; für Differenzpositionen bedeutet dies jedoch ein erstes „Zugeständnis" an die Bedeutsamkeit von Recht als Mittel zur gesellschaftlichen Veränderung.[17]

Allerdings unterscheiden sich die jeweiligen rechtspolitischen Strategien grundlegend. Am pointiertesten läßt sich der Unterschied festmachen an der Forderung einerseits nach einem „egalitären" (Berghahn/Lucke 1990: 43), andererseits nach einem „geschlechtsdifferenzierten Recht" (Irigaray 1990: 338).

So wird von Vetreterinnen der Gleichheitsperspektive eine umfassende Durchsicht des Rechts vorgenommen, um zu zeigen, wie Frauen beispielsweise durch eine nicht geschlechtsneutrale Rechtssprache oder durch einzelne Gesetze direkt oder indirekt diskriminiert werden (vgl. zum folgenden Lucke/Berghahn 1990). Eines der Ergebnisse ist die Forderung, vornehmlich männliche Bezugnahmen im Recht durch neutrale Begriffe zu ersetzen; das heißt, statt wie bisher beispielsweise von dem Lehrer soll zukünftig von der Lehrkraft gesprochen werden. Ebenso wird die Änderung oder Abschaffung von Gesetzen verlangt, in denen Frauen direkt diskriminiert werden, wie zum Beispiel in dem noch bis vor kurzem gültigen Gesetz, wonach bei einer Eheschließung ausschließlich der Name des Mannes der gemeinsame Familienname werden konnte. Hierzu zählt auch die noch immer bestehende Regelung, wonach ein erzwungener Beischlaf in der Ehe nicht als Vergewaltigung gilt, weil Willigkeit letztlich zu den ehelichen Pflichten der Frau gehört.[18] Auch indirekte Formen der Diskriminierung durch Recht werden kritisiert wie das herkömmliche Rentenrecht, das zwar geschlechtsneutral formuliert ist, aber aufgrund seiner ausschließlichen Orientierung an der männlichen Erwerbsarbeiterbiographie für Frauen eine schlechtere Absicherung zur Folge hat.

Schon die Kritik an der indirekten rechtlichen Diskriminierung geht über ein ausschließlich formales Gleichheitsverständnis hinaus. Zur Erreichung materialer Gleichheit wird in dieser Phase jedoch sogar ein Schritt hin auf ein geschlechtsdifferenziertes

---

17 So betont Luce Irigaray (1990: 346f.) einerseits die Kontinuität ihrer Beschäftigung mit Recht (allerdings handelte es sich dabei ausschließlich um Rechtskritik), zugleich weist sie aber auch auf die ganz andere Dringlichkeit hin, die für sie konkrete Rechtsforderungen durch die Erfahrungen der Frauenbewegung seit den siebziger Jahren gewonnen haben.

18 In einer Entscheidung des Bundesgerichtshofes noch aus dem Jahre 1966 (!) wird deutlich, daß zu dieser Pflicht der Ehefrau sogar die Vorspiegelung von Genuß gehört. So heißt es da: Die Ehefrau genügt „ihren ehelichen Pflichten nicht schon dadurch, daß sie die Beiwohnung teilnahmslos geschehen läßt. Wenn es ihr infolge ihrer Veranlagung oder aus anderen Gründen, zu denen die Unwissenheit der Eheleute gehören kann, versagt bleibt, im ehelichen Verkehr Befriedigung zu finden, so fordert die Ehe von ihr doch eine Gewährung in ehelicher Zuneigung und Opferbereitschaft und verbietet es, Gleichgültigkeit oder Widerwillen zur Schau zu tragen".

Recht unternommen. Zunehmend wird nämlich die Notwendigkeit gesehen, neben reinen Gleichheitsforderungen ergänzend auch sogenannte kompensatorische Rechtsforderungen zu erheben wie Frauenfördermaßnahmen und Quoten oder Rechte nur für Frauen wie der Mutterschutz. Allerdings geschieht dies, wie von der anderen Seite kritisiert wird, vornehmlich aus einer Perspektive heraus, in der Frauen als defizitär wahrgenommen werden und ihnen daher geholfen werden muß (vgl. Maihofer 1990: 363f.).

Die Entwicklung hin zu einem wirklich „egalitären" Recht umfaßt in dieser Zeit als rechtspolitische Strategie also sowohl ein „gleiches" als auch ein „anderes" Recht (Berghahn/Lucke 1990: 45). (Wobei an der Wahl des Begriffs eines „anderen" Rechts das Bewußtsein deutlich wird, daß es sich hierbei um eine tendenziell andere rechtliche Logik handelt; vgl. Slupik 1988: 90.) Keine der beiden Rechtsoptionen kann, so wird betont, für sich alleine als Lösung genommen werden; sie müssen vielmehr je nach spezifischer Problemlage eingesetzt werden. Nur zusammen tragen sie zur Herstellung der Gleichheit der Geschlechter bei (vgl. Berghahn/Lucke 1990: 47).

Neben der materiellen Unabhängigkeit von Frauen ist das erklärte Ziel dieser Rechtspolitik die Ermöglichung des „Rollentauschs" und damit die Überwindung der bisherigen geschlechtsspezifischen Arbeitsteilung, was insbesondere, wie hervorgehoben wird, die „Abkehr von der männlichen Berufs- und Lebensgestaltung" bedeutet (ebd.: 48).[19]

In der Gleichheitsperspektive besteht folglich, genau besehen, zwar einerseits die Neigung, die Männer zum Maßstab zu machen (vgl. auch Slupik 1988: 86); andererseits aber kann die Überwindung der geschlechtsspezifischen Arbeitsteilung nur gelingen, wenn zugleich auch das Umgekehrte der Fall ist und sich die Männer, was ihre Konzepte von Erwerbs- wie Hausarbeit betrifft (an Frauen orientiert) individuell verändern (vgl. auch Pinl 1993: 178ff.). Aus diesem Grund besteht in dieser Perspektive immer eine leicht „erziehungsdiktatorische" Tendenz. Dies wird insbesondere an solchen Forderungen explizit wie der nach einer gesetzlichen Regelung des Erziehungsurlaubs, wonach dieser zur Hälfte geteilt werden muß, soll er nicht verfallen (vgl. Berghahn/ Lucke 1990: 49).

Demgegenüber geht es, wie bereits angesprochen, in der Differenzperspektive darum, daß Frauen endlich die Möglichkeit erhalten sollen, gemeinsam und in Orientierung aneinander einen eigenen Maßstab, ein eigenständiges „Modell weiblicher Freiheit" zu entwickeln (Cavarero 1990: 96).

Die Anerkennung der Geschlechterdifferenz impliziert demnach die Anerkennung der Gleichwertigkeit zweier unterschiedlicher Lebensperspektiven (und zwar bezogen auf alle gesellschaftlichen Bereiche), so daß beide Optionen gleichermaßen zu leben möglich sind.

Die Anstrengungen richten sich hier nicht auf die Ermöglichung eines „Rollentauschs" (bis hin auf die dafür nötige Veränderung insbesondere der Männer); die Priorität liegt hier vielmehr auf der Herstellung von institutionellen und rechtlichen Bedingungen, die es den Frauen erlauben, Leben, Kinder und Beruf auf eine ihnen entsprechende

19 Letztendlich geht es allerdings um „eine wirklich individuelle Lebensgestaltung jenseits polarisierter Geschlechterrollen" (Berghahn/Lucke 1990: 49); zum Ziel eines „potentiellen Rollentauschs" siehe auch Slupik (1988: 85).

Weise und unabhängig davon, was Männer individuell dafür tun, miteinander verbinden zu können.

Diese andere gesellschaftliche Utopie drückt sich auch in einer anderen Rechtspolitik aus. Entsprechend der tiefgehenden Skepsis gegenüber dem Recht stehen zunächst einmal weniger einzelne Rechtsänderungen im Vordergrund als vielmehr eine Änderung der Struktur des Rechts. So kann Adriana Cavarero zufolge „das moderne Recht nicht hier und dort modifiziert und ausgebessert werden ..., um eine markantere Präsenz des weiblichen Subjekts aufnehmen zu können. Denn es ist das männliche Prinzip des Eins-alles-keins, das das Fundament des Rechts darstellt, das durchbrochen werden muß." Wird diese Logik nicht überwunden, „kann kein weibliches Subjekt zu dem männlich/neutralen hinzukommen oder sich an seine Seite stellen. Denn kein anderes und differentes Subjekt ist von dem Rechtssystem vorgesehen, andernfalls würde dieses System selbst in seinen Grundlagen zerbrechen" (Cavarero 1990: 108). Mit anderen Worten: Das herkömmliche Recht erlaubt aufgrund seiner inneren Logik des Einen, in der Differentes nur als das Andere des Einen und damit in einer hierarchischen Unterordnung gedacht werden kann, kein gleichberechtigtes Nebeneinander zweier gleichwertiger Maßstäbe bzw. zweier eigenständiger Subjekte. Die Anerkennung der Geschlechterdifferenz erfordert jedoch genau ein solch gleichberechtigtes Nebeneinander. Ihre Verwirklichung bedarf daher einer grundlegenden Weiterentwicklung der Rechtsstruktur, und zwar, wie es Cavarero formuliert, in Richtung auf eine „Neu-Konzeption von Gleichheit, die die gleiche Würde zweier autonomer Subjekte vorsieht" (ebd.: 109).

Wie an Cavareros Formulierung deutlich wird, reicht auch für die Differenzperspektive eine bloße Zurückweisung von Gleichheit inzwischen nicht mehr aus. Allerdings ist eine Neu-Formulierung der Gleichheitsidee nötig.

Neben diesen allgemeinen rechtspolitischen Überlegungen finden sich in dieser Zeit auch Vorschläge auf der Ebene einzelner Gesetze. Es handelt sich dabei zum einen um die Formulierung „eigener Rechte" für Frauen wie das Verbot des Gebrauchs des Körpers der Frau oder ihres Bildes zu kommerziellen Zwecken oder das Verbot der „Ausbeutung eines funktionalen Teils ihrer selbst, der Mutterschaft, durch die staatlichen und die religiösen Institutionen" (Irigaray 1990: 341). Zudem gibt es Ansätze, das Recht aus der Perspektive der Frauen zu reformulieren. Ein bedeutsamer Versuch ist (zumindest in Teilen) der „Entwurf eines Antidiskriminierungsgesetzes" der GRÜNEN (DIE GRÜNEN 1986). Hier wird beispielsweise eine weitreichende Änderung des Vergewaltigungsgesetzes vorgenommen. Das Recht der Frau auf „sexuelle Selbstbestimmung" (ebd.: 45) spielt dabei eine zentrale Rolle. Danach wird jeder erzwungene Beischlaf (auch ein ehelicher) als Vergewaltigung angesehen. Außerdem ist der Tatbestand der Vergewaltigung neu definiert. Anders als in der geltenden Regelung reicht es aus, „wenn die Tathandlung gegen den Willen der Frau erfolgt", um sie als Vergewaltigung zu bezeichnen (vgl. ebd.: 47). Damit soll der Tatsache Rechnung getragen werden, daß der bisher nötige Nachweis, sich dem Mann nachdrücklich, sprich körperlich, widersetzt zu haben, der realen Situation, in der sich die Frauen befinden, unangemessen ist. Frauen verfügen (bislang) meistens weder über die körperlichen noch die psychischen Fähigkeiten, sich in einer solchen Situation erfolgreich zu wehren. Zudem ist bekanntermaßen das Risiko, sich durch Gegenwehr einer Todesgefahr auszusetzen sehr hoch (vgl. ebd.). Darüber hinaus wird „jedes Eindringen in den Körper"

(ob vaginal, anal oder oral) als Vergewaltigung eingestuft und nicht, wie bisher, lediglich ersteres. Nach dem Entwurf ist das „Recht der Frau auf sexuelle Selbstbestimmung ... in allen Fällen gleichermaßen verletzt", nicht nur dann, wenn die Gefahr einer Schwangerschaft besteht (ebd.).
Diese Vorschläge sind vor allem deshalb bedeutsam, weil sie ein plastisches Beispiel dafür sind, wie anders rechtliche Tatbestände aussehen, wenn sie aus Frauensicht definiert werden und deren Vorstellungen von persönlicher Integrität und eigener Würde entsprechen.
Eine genauere Betrachtung dieser Phase macht sichtbar, daß in ihr zwei unterschiedliche Tendenzen wirksam sind: Einerseits findet trotz Polarisierung eine erste Annäherung statt, gleichzeitig wird andererseits die wechselseitige Kritik weiter ausgebaut. Beide Tendenzen verstärken sich nun in der nächsten Phase.

Vierte Phase: „Gleichheit *und/oder* Differenz"

Gegen Ende der achtziger Jahre werden immer mehr Versuche unternommen, die Einwände der anderen Seite in die eigene Konzeption aufzunehmen. Nicht zuletzt verschiedene rechtliche und politische Erfolge wie auch Niederlagen sind der Grund für diese zunehmende Annäherung. Gleichzeitig bleibt jedoch die Polarisierung bestehen. Die Ausgangsperspektive (Gleichheit *oder* Differenz) bleibt nach wie vor für die jeweilige argumentative Logik dominant; die Einwände werden lediglich in diese integriert. Zudem wird die wechselseitige Kritik vertieft. Die in dieser Phase existierenden Konzeptionen lassen sich gleichsam auf einer Achse gradueller Unterschiede zwischen den beiden Polen situieren. Und obwohl weiterhin eine Asymmetrie besteht, haben sich doch die Gewichtungen leicht verschoben. Die Differenzperspektive ist keineswegs mehr so marginal.
In Gleichheitspositionen wird nun noch nachdrücklicher auf die Gefahr verwiesen, durch Forderungen nach Anerkennung der Geschlechterdifferenz traditionelle Geschlechterrollen und -stereotypen zu verfestigen, statt sie zu überwinden. Zunehmend wird jetzt darüber hinaus der strukturelle Zusammenhang von Differenz und Hierarchie bzw. von Differenz und Herrschaft problematisiert.
So zeigt Carole Pateman, daß der Rekurs auf die Reproduktionsfähigkeiten von Frauen in der Diskussion um die Staatsbürgerschaft zweischneidig ist. Gerade im Namen dieser Tätigkeiten werde den Frauen selbst heute noch die Verwirklichung ihrer staatsbürgerlichen Rechte verweigert und ihre gesellschaftliche Ungleichheit begründet (vgl. Pateman 1992: 56ff.). Als aktuelles Beispiel für die Problematik von Differenzargumenten selbst im Kontext kompensatorischer Rechtsforderungen führt sie die vieldiskutierte Entscheidung im Fall Sears an (vgl. ebd.: 54). Hier wurde die Behauptung der „Equal Employment Opportunities Commission", das Übergewicht von Männern in besser bezahlten Stellen des Warenhauses sei Resultat der Diskriminierung von Frauen, mit dem Argument zurückgewiesen, die geringe Zahl sei, im Gegenteil, Ausdruck des offensichtlich geringeren Interesses von Frauen an diesen Arbeitsplätzen. Für Pateman indiziert diese Entscheidung die strukturelle Neigung in patriarchalen Gesellschaften, die Verschiedenheit von Frauen eher als Legitimation für ihre Diskriminierung als zu ihrer Unterstützung einzusetzen (vgl. auch MacKinnon 1996: 151). Diese fast zwangsläufige Kopplung von Differenz und Hierarchie legt ihr zufolge ein

Festhalten am Gleichheitsprinzip nahe. Denn Gleichheit ist zwar „wie andere zentrale politische Begriffe ein umstrittener Begriff, aber während 'Gleichheit' in einigen möglichen Bedeutungen 'Differenz' einschließen mag, kann 'Gleichheit' in keinem Sinn, der sich mit einem echt demokratischen Staatsbürgerrecht verbinden läßt, Unterordnung umfassen" (Pateman 1992: 67).

Jedoch muß, wie Pateman betont, der Gleichheitsbegriff zukünftig die Anerkennung von Differenz „einschließen". Es kann nicht darum gehen, „daß alle Bürgerinnen wie Männer werden oder daß Frauen gleich behandelt werden müssen. Im Gegenteil, damit das Bürgerrecht gleichwertig sein kann, muß sich die Substanz der Gleichheit entsprechend der verschiedenen Umstände und Fähigkeiten der Staatsbürger und -bürgerinnen unterscheiden" (ebd.).

Für Catharine MacKinnon ist dieser Zusammenhang von Differenz und Hierarchie noch grundsätzlicher. Ihr zufolge ist das gesellschaftliche Machtgefälle zwischen Männern und Frauen gar die Ursache der Geschlechterdifferenz (gemeint ist das soziale Geschlecht/gender): „Ungleichheit kommt zuerst; danach kommt Differenz" (MacKinnon 1996: 145). Die Benennung von Differenzen ist genaugenommen die nachträgliche Legitimation patriarchaler Herrschaft, „die post hoc-Entschuldigung der Ungleichheit", wobei zum Ursprung, zur Ursache erklärt wird, was eigentlich ein „Kunstprodukt" ist (ebd.).[20] Das heißt, wie sie es an anderer Stelle etwas drastisch formuliert: „Differenz ist der Samthandschuh auf der eisernen Faust der Herrschaft" (ebd.: 146).

An diesem Punkt scheint es mir sinnvoll, einige begriffliche Präzisierungen einzuschieben, die für das weitere Verständis der Kontroverse wichtig sind, die aber selten ausdrücklich diskutiert werden. Beim Gebrauch des Differenzbegriffes muß zwischen einem deskriptiven und einem normativen Begriff von Differenz unterschieden werden. Um einen deskriptiven Begriff handelt es sich bei der Benennung von Geschlechterdifferenzen, wobei damit sowohl unterschiedliche/ungleiche Lebenslagen gemeint sein können als auch geschlechtsspezifisch unterschiedliche Rollen, Eigenschaften oder Identitäten (vgl. auch Nagl-Docekal 1996: 16) und die Geschlechterdifferenzen können sowohl primär als Ausdruck von Herrschaft bzw. Unterdrückung angesehen werden als auch *zugleich* als Ergebnis der Selbststilisierung und -affirmierung der Individuen. Um einen normativen Begriff handelt es sich dagegen bei der Forderung nach positiver Anerkennung der Differenz.[21]

Mit ihrer Argumentation setzt MacKinnon die in Gleichheitspositionen bestehende Neigung fort, die Geschlechterdifferenz von Frauen mit traditionellen Geschlechterstereotypen gleichzusetzen und deren patriarchale Abwertung zu übernehmen. Darüber hinaus wird die Geschlechterdifferenz von ihr vor allem als Resultat patriarchaler Unterdrückung sowie deren ideologischer Legitimation verstanden. Der Zusammenhang von Differenz und Herrschaft/Unterdrückung ist für MacKinnon also in einem ganz umfassenden Sinne *ein konstitutiver* Zusammenhang.

---

20 So wäre MacKinnon zufolge das „kulturelle Geschlecht ... vielleicht nicht einmal als Differenz kodiert, bedeutete vielleicht nicht einmal einen epistemologischen Unterschied, wenn es nicht um die Konsequenzen für gesellschaftliche Macht ginge" (MacKinnon 1996: 145).

21 Diese Unterscheidung ist im übrigen ebenso nötig zum Verständnis des unterschiedlichen Gebrauchs des Gleichheitsbegriffs: Gleichheit im Sinne von Gleichheit/Identität von Lebenslagen, Eigenschaften etc. und Gleichheit als normative Idee; im Englischen läßt sich dieser Unterschied mit den Begriffen „sameness" und „equality" ausdrücken.

Die Forderung nach Anerkennung der Geschlechterdifferenz führt ihr zufolge daher nicht allein deshalb meist zwangsläufig zu Herrschaft und Unterdrückung, weil die Geschlechterdifferenz häufig „zur Rechtfertigung von Ungleichbehandlung herangezogen" wird, wie es Nagl-Docekal formuliert (ebd.) und wie auch Pateman diesen Zusammenhang sieht (s. oben). Für MacKinnon ist dieser Zusammenhang so zwangsläufig, weil die Geschlechterdifferenz ja gerade zur Legitimation patriarchaler Herrschaft „erfunden" worden ist. Dies ist auch der Grund, weshalb für MacKinnon der Begriff der Differenz als normative Idee nicht nur gefährlich, sondern genaugenommen logisch unmöglich ist. Differenz und Herrschaft sind nicht voneinander zu lösen (siehe auch Wetterer 1992: 206f.).

Andererseits ist aber für MacKinnon auch der Gleichheitsbegriff inzwischen problematisch geworden. So gibt es ihr zufolge aufgrund seiner inneren Logik (wonach Gleiches gleich, Ungleiches aber ungleich behandelt wird) im herkömmlichen Rechtssystem nur zwei Wege, die Frauen bei der Forderung nach Gleichheit einschlagen können. Beide Wege entsprechen dem, was schon ihm vorigen Abschnitt angesprochen wurde: Der „übliche Weg" ist, strikte Geschlechtsblindheit zu fordern; das aber zwingt die Frauen letztlich dazu, sich dem Mann anzugleichen. Der „alternative Weg", den Frauen wählen können, wenn sie „Gleichheit wollen, sich aber als 'different' empfinden", dieser Weg („sei anders als der Mann") führt beispielsweise zu kompensatorischen Rechtsforderungen (MacKinnon 1996: 146); er ist jedoch prekär, weil es, wie gesagt, kein rechtliches Mittel gibt, um zu verhindern, daß diese Argumentation letztlich gegen Frauen eingesetzt wird (vgl. ebd.: 147).

Beide Wege sind MacKinnon zufolge aber zudem problematisch, weil in beiden der Mann das allgemeine Maß ist (vgl. ebd.: 148). Ob nun in herkömmlichen Gleichheitsforderungen mit ihrer Logik der Identität (sameness) Frauen „gemäß ihrer Übereinstimmung mit dem Mann" gemessen werden oder in kompensatorischen mit ihrer Logik der Differenz nach ihrem „Mangel an Übereinstimmung mit dem Mann" (ebd.), in beiden Fällen „heißt Mensch sein, der Substanz nach ein Mann sein" (ebd.: 160).

Dies berührt auch die Idee der Geschlechtsneutralität. Solange diese auf eine Realität trifft, in der Frauen meist in einer ungleichen gesellschaftlichen Lage sind, ungleiche Fähigkeiten entwickeln etc., reproduziert Geschlechtsneutralität die gesellschaftliche Ungleichheit der Frauen, statt sie zu überwinden (vgl. ebd.: 165f.). Wird vom Geschlecht abstrahiert, dabei aber zugleich der Mann als allgemeines Maß gesetzt, werden Frauen entweder gar nicht als gleiche behandelt (z.B. Ausschluß aus bestimmten Arbeitsbereichen) oder es nutzt ihnen wenig, lediglich als gleiche behandelt zu werden (z.B. Rentenrecht).

MacKinnons Kritik geht jedoch über die zuvor in Gleichheitspositionen entwickelte hinaus. Es geht nicht mehr um einzelne Fälle direkter oder indirekter Diskriminierung durch Recht; diese erweisen sich nun vielmehr als Ausdruck eines strukturellen Problems. Ähnlich wie in Differenzpositionen richtet sich die Kritik gegen die Rechtsstruktur als solche.

Aus diesem Grund ließe sich erwarten, daß MacKinnon sowohl die Idee der Gleichheit als auch die der Differenz zurückweist. Dies ist aber nicht der Fall. „Geschlechtergleichheit" (ebd.: 140) ist weiterhin das Ziel, das es zu erreichen gilt. Gleichheit ist für sie, ähnlich wie für viele andere, trotz aller Probleme, die normative Idee, die es stark zu machen und weiterzuentwickeln gilt; Differenz hingegen ist für sie so strukturell mit Herrschaft und Unterdrückung verbunden, daß sie hierin keinen normativen Ansatz sieht.[22]

Rechtspolitisch hat das Forderungen zur Konsequenz, die – wie ihr Vorschlag zum Verbot der Pornographie (vgl. MacKinnon 1994: 46) – auf die Überwindung der „Unterordnung" von Frauen abzielen. Mit dem Topos der „Unterordnung" (subordination) hofft MacKinnon die festgestellten kontraproduktiven Effekte der Geschlechtsneutralität wie der Geschlechtsspezifik des Rechts umgehen und rechtliche Regelungen entwickeln zu können, die *direkt* zur Herstellung der Geschlechtergleichheit beitragen.[23] Genaugenommen weicht sie den genannten Problemen jedoch lediglich aus. Zudem reflektiert sie nicht, inwieweit sie auf diese Weise die Hegemonie des bestehenden Gleichheitsdiskurses reproduziert.

Wie schon angesprochen, entspricht MacKinnons Kritik am Gleichheitsbegriff in sehr großen Teilen dem, was in dieser Phase auch in Differenzpositionen formuliert wird. Auch hier rückt die Frage nach dem Maßstab von Gleichheit in den Vordergrund: Wie funktioniert seine innere Logik? Was ist sein Inhalt? Wer legt ihn fest? Diese Fragen werden schon deshalb wichtig, um die These, herkömmliche Gleichheitsforderungen zwängen Frauen zur Anpassung an männliche Standards, zu präzisieren.

So betont Ute Gerhard die Notwendigkeit, für Gleichbehandlung einen Maßstab zu finden: „Der Gleichheitsbegriff drückt ... eine Beziehung zwischen Gegenständen, Personen oder Sachverhalten aus und bestimmt, in welcher Hinsicht sie als gleich zu betrachten sind. D.h. Gleichheit muß immer erst gesucht, gefordert und hergestellt werden und sie setzt voraus, daß das zu Vergleichende an sich verschieden ist. Denn völlige Gleichheit bedeutete Identität" (Gerhard 1990b: 192).

Die Bestimmung des Maßstabs ist folglich immer ein politischer Akt.

Bei genauerer Betrachtung erweist sich denn auch, daß die inhaltliche Bestimmung des Maßstabs aufgrund des fast ausschließlich männlichen Definitionsmonopols vor allem die Vorstellungen von Männern, ihre Lebenskonzepte, Wertvorstellungen und Lebensverhältnisse repräsentiert.

Für Gerhard impliziert jedoch der moderne Gleichheitsbegriff selbst, daß Gleichbehandlung nicht zur Angleichung an den Mann führen darf. Das Gleichheitspostulat geht, im Gegenteil, davon aus, daß die Menschen verschieden sind und „auch infolge der Gleichbehandlung nicht identisch werden, vielmehr ihre Verschiedenheit bewahren" (ebd.: 192). Das „tertium comparationis" muß daher „notwendig ein dritter, übergeordneter Gesichtspunkt sein" (ebd.: 193). Er darf keinesfalls die Verallgemeinerung allein der männlichen Sicht auf die Welt sein.

Dies impliziert aber zudem, daß der Zwang zur Anpassung dem modernen Gleichheitsbegriff widerspricht, genaugenommen muß Gleichheit Verschiedenheit bewahren, d.i. eine Anerkennung der Differenz gewährleisten.

Nimmt man Gerhard zufolge die normative Intention wirklich ernst, ist die Forderung

---

22 Da MacKinnon die Historizität dieses Zusammenhanges aus dem Blick gerät, sieht sie nicht, daß es vielleicht gerade diese Logik ist, die es zu durchbrechen gilt. Ich komme hierauf nochmals zurück.

23 „Die zentrale Frage wäre: Trägt ein Verhalten zur Unterordnung von Frauen gegenüber Männern bei oder ist es daran nicht beteiligt? Es wäre nicht so wichtig, ob Gesetze geschlechtsneutral oder geschlechtsspezifisch sind, sondern ob sie dazu beitragen, männliche Vorherrschaft zu beenden oder zu verstärken, ob sie konkret in den Erfahrungen der Unterordnung von Frauen verwurzelt sind oder nicht" (MacKinnon 1993: 12).

nach Anerkennung der Geschlechterdifferenz also genuiner Bestandteil des modernen Gleichheitsbegriffs. Die für Frauen problematischen Effekte sind für sie nicht strukturell mit dem Gleichheitsbegriff als solchem verbunden. Sie sind vielmehr Folgen einer derzeit vorherrschenden spezifischen Interpretation. Mit anderen Worten: Eine Verbindung von Gleichheit und Differenz ist nach Gerhard nicht nur möglich, sie ist genaugenommen normativ geboten. Beides gehört konstitutiv zusammen.

Neben der (rechts-)politischen Forderung nach der gleichberechtigten Teilnahme von Frauen an der Bestimmung des Maßstabs (inzwischen vgl. auch Habermas 1992: 514f.), folgt aus diesen Überlegungen der Versuch, ein Verständnis von Gleichheit zu etablieren, das „Gleichheit ohne Angleichung oder Gleichheit auch in der Differenz" garantiert (Gerhard 1990a: 209).

Konkret führt dies beispielsweise zu einem Entwurf der Reformulierung des Grundgesetzes aus Frauensicht, an dem neben vielen anderen Ute Gerhard und auch ich selbst beteiligt sind. Dieser Entwurf steht im Zusammenhang mit der Verfassungsdebatte, wie sie nach der deutschen „Wiedervereinigung" einsetzte (vgl. zur Debatte um Frauenrechte Limbach/Eckertz-Höfer 1993).

In diesem Entwurf wird das gegenwärtige Grundgesetz, insbesondere der Grundrechtsteil, aus Frauensicht neu formuliert. So wird in Artikel 1 GG die Definition der Menschenwürde um die Anerkennung auch der spezifischen Würde von Frau, Mann und Kind erweitert (vgl. Entwurf 1991: 109), und in Artikel 2 GG wird das bisherige Verständnis der Freiheit der Person zu einem Freiheitsverständnis weiterentwickelt, das die Verantwortung für andere einschließt. Desweiteren finden sich verschiedene Formulierungen spezifischer Frauenrechte, wie das Recht auf Abtreibung (vgl. ebd.: 110) sowie partizipatorische Rechte, wie das Recht zu spezifischen Fragen Volksentscheide nur von Frauen durchzuführen (vgl. ebd.: 113).

Ein zentraler Punkt in diesem Entwurf ist jedoch die Reformulierung des Art. 3 Abs. 2 GG, wonach neben der Verpflichtung des Staates, „die gleichberechtigte Teilhabe der Geschlechter in allen gesellschaftlichen Bereichen" zu garantieren[24], Gleichheit nun ausdrücklich auch die „Anerkennung von Verschiedenheit" einschließt (ebd.: 110). Nicht zuletzt diese Forderung macht deutlich, daß in den Differenzpositionen in dieser Phase zum einen die vorherigen Ansätze, die spezifische Sichtweise von Frauen im Recht präsent zu machen, weiter ausgebaut werden, zum anderen aber auch eine Verbindung von Gleichheit und Differenz zu finden versucht wird. Das ist zwar einerseits ein „Zugeständnis", daß die normative Idee der Differenz kein Ersatz für die Idee der Gleichheit sein kann, zugleich aber bedeutet es ein Beharren auf der Notwendigkeit nach einer Explizierung oder gar Ergänzung der Gleichheit durch die Idee der Differenz.

Ob nun von Explizierung oder von Ergänzung gesprochen wird, markiert allerdings einen tiefergehenden Unterschied, nämlich den zwischen einer immanenten und einer transzendierenden Kritik.[25]

---

24 Diese Vorschlag zur Ergänzung ist im übrigen inzwischen in das Grundgesetz aufgenommen worden, – allerdings in modifizierter Form: „Der Staat fördert die tatsächliche Durchsetzung der Gleichberechtigung von Frauen und Männern und wirkt auf die Beseitigung bestehender Nachteile hin" (Limbach/Eckertz-Höfer 1993: 299; zu deren Bedeutung vgl. auch ebd.: 299ff.).

25 Eine immanente Kritik zielt auf die inneren Widersprüche in einem Normenverständnis und

So geht, wie gezeigt, Gerhard davon aus, daß die Forderung, Gleichheit müsse ausdrücklich auch die „Anerkennung von Verschiedenheit" einschließen, genaugenommen nichts weiter ist als eine ausdrückliche Explizierung des eigentlichen normativen Gehalts der modernen Gleichheitsidee. Demgegenüber versuche ich in dieser Phase (insbesondere anhand des Gleichheitsverständnisses im Grundgesetz) die Grenzen dieses normativen Diskurses aufzuzeigen. Dabei wird deutlich, daß aufgrund seiner inneren Logik (Gleiches als gleich, Ungleiches als ungleich zu behandeln), auf die auch MacKinnon verwiesen hat, im herkömmlichen Gleichheitsverständnis letztlich nur die Anerkennung als Gleiche eine Gleichbehandlung garantiert (Maihofer 1990: 358).

Damit wird nicht behauptet, die Idee der Gleichheit gehe nicht von der Verschiedenheit der Menschen aus oder leugne sie. Doch um gleich behandelt zu werden, müssen die Menschen, wie Gerhard zu Recht betont, hinsichtlich eines Dritten vergleichbar sein (vgl. auch Flax 1996: 225). Nicht zuletzt deshalb werden Frauen, wird diese Logik nicht durchbrochen, immer wieder zur Anpassung/Angleichung gezwungen sein (vgl. Jaggar 1993: 194ff.; kritisch siehe auch Fraser 1996: 496).

Zweifellos wäre es schon ein großer Fortschritt, wenn Frauen in Zukunft an der Bestimmung dieses Maßstabes gleichberechtigt beteiligt wären und in ihm auch die Lebensvorstellungen und Wertsetzungen von Frauen präsent wären.

Damit wäre aber das Problem keineswegs gelöst. Es haben sich nicht nur die inhaltlichen Bestimmungen des Maßstabes als bürgerlich-patriarchale Verallgemeinerungen westlicher männlicher Lebensweisen erwiesen. „Es hat sich auch gezeigt, daß es berechtigte Gründe gibt, dieser Logik des Einen selbst zu mißtrauen" (ebd.: 359).

Denn die monistische Logik des *einen* Maßstabs impliziert die Unfähigkeit, verschiedene Maßstäbe gleichberechtigt nebeneinander bestehen zu lassen, sowie einen (zwanghaften) Zwang zur Hierarchisierung (vgl. auch Flax 1996: 223). Es muß folglich hinsichtlich des Dritten nicht nur eine Gleichheit zwischen den Menschen bestehen, soll ihnen gleiches Recht gewährt werden[26], sondern diese Logik selbst zwingt zur Hierarchisierung menschlicher Verschiedenheiten.

In einer späteren Weiterentwicklung dieser Thesen versuche ich, diese Logik der Hierarchisierung „als dialektischen Zusammenhang zwischen Diskriminieren/Unterscheiden und Diskriminierung/Unterdrückung" (Maihofer 1995: 162) zu fassen. Bei genauerer Betrachtung erweist sich diese Dialektik als feudales Erbe im modernen Gleichheitsdiskurs. Zur Überwindung der feudalen Legitimierung der Ungleichheit mit der Verschiedenheit der Menschen hätte es – zumindest potentiell – auch eine

hebt demgegenüber den *eigentlichen* Gehalt einer Norm hervor; in einer transzendierenden Kritik werden dagegen die Grenzen eines normativen Diskurses aufgezeigt und die Notwendigkeit seiner grundlegenden Weiterentwicklung betont (das Kriterium dafür kommt zwar nicht von außen, aber es gehört auch nicht zum Kern der problematisierten normativen Kategorie).

26 So hat bei Rawls das Recht auf Anerkennung einer anderen Lebensweise seine Grenze, wenn die Bürger nicht von einem gemeinsamen intuitiven Grundkonsens über das Konzept politischer Gerechtigkeit ausgehen können (Rawls 1994: 312ff.); oder es können nach Habermas nur die Ausländer die bundesdeutsche Staatsbürgerschaft erhalten, die bereit zur politischen Integration sind und den Prinzipien unserer Verfassung im Rahmen des hier gegebenen Interpretationsspielraumes zustimmen (Habermas 1993: 183f.). Bei beiden bedarf also die Gleichbehandlung der Gleichheit der Individuen hinsichtlich der von ihnen geteilten normativen Grundintuitionen.

andere als die gewählte Argumentationstrategie gegegeben. Dem hätte auch entgegengehalten werden können, daß zukünftig die Verschiedenheit der Menschen nicht mehr zur Rechtfertigung der gesellschaftlichen Ungleichheit der Menschen dienen dürfe. So aber wurde genau nicht argumentiert. Der moderne bürgerliche Gleichheitsdiskurs setzt dem vielmehr die Behauptung entgegen, daß die Menschen (bei aller individuellen Verschiedenheit) als Menschen an sich alle gleich sind und deshalb den Anspruch auf gleiche Rechte besitzen. In diesem Diskurs gibt es nun zwei Möglichkeiten, mit der Verschiedenheit von Menschen umzugehen: Entweder wird die Verschiedenheit als etwas gesehen, wovon gerade abgesehen werden soll (beispielsweise bei religiösen Glaubensdifferenzen wie denen zwischen Protestanten, Katholiken etc., die nach dem Diskriminierungsverbot des Grundgesetzes kein Anlaß zur Ungleichbehandlung sein dürfen) oder die Differenz wird am jeweils etablierten Maßstab gemessen als das angesehen, was gerade Ausgrenzung und Diskriminierung legitimiert (so dient beispielsweise in der aktuellen Diskussion der islamische Fundamentalismus häufig zur Rechtfertigung der Verweigerung gleicher staatsbürgerlicher Rechte; vgl. Habermas 1993: 183 f.).

Statt also den legitimatorischen Zusammenhang von Differenz und Herrschaft zurückzuweisen, wird mit der Gleichheit aller Menschen als Menschen an sich ihr Anspruch auf gleiche Rechte legitimiert und damit die feudale Dialektik von Diskriminieren und Diskriminierung reproduziert. Der Zusammenhang von Differenz und Herrschaft/Unterdrückung ist folglich kein ausschließliches Problem von Differenzkonzeptionen; er ist dem Gleichheitsdiskurs vielmehr ebenso immanent. Genaugenommen müßte man sogar sagen, daß der moderne Begriff von Gleichheit sowohl dieses Verständnis von Differenz als auch diese Dialektik selbst (re)produziert.

„Daher ist es entscheidend, der Logik des *einen* Maßstabes eine *plurale* Logik entgegenzusetzen, die es ermöglicht, verschiedene Maßstäbe und damit verschiedene menschliche Lebensweisen in ihrer jeweiligen 'Wahrheit' gleichberechtigt nebeneinander bestehen zu lassen" (Maihofer 1995: 167).

Mit anderen Worten: Es liegt am herrschenden Gleichheitsverständnis selbst, daß Frauen kein eigenständiges Subjekt des Rechts sein können (Maihofer 1990: 363). Um eine positive nicht-hierarchische Anerkennung der (Geschlechter-)Differenz zu garantieren, bedarf das hegemoniale Gleichheitsverständnis daher einer Ergänzung (beispielsweise durch obige Formulierung) bzw. es muß in diesem Sinne *weiter*entwickelt werden.

Fünfte Phase: „Gleichheit *und* Differenz" – Feststellung eines „Dilemmas"

Die fünfte und bislang noch anhaltende Phase ist vor allem durch die wachsende Einsicht gekennzeichnet, daß keine der beiden Positionen für sich genommen ausreicht. Allerdings gehen bei genauerer Betrachtung die meisten Ansätze nach wie vor schwerpunktmäßig von einem der beiden Pole aus, in den die andere Sichtweise integriert werden muß. Doch balanciert sich das Kräfteverhältnis zwischen den beiden Optionen immer mehr aus.

Gleichzeitig wird das Problem (von Gleichheit und Differenz) zunehmend als ein *Dilemma* beschrieben, für das keine optimale Lösung in Sicht zu sein scheint, das vielmehr von Fall zu Fall jeweils flexibel gehandhabt werden muß.

Zudem hat sich inzwischen die Problembeschreibung selbst um einige neue Aspekte erweitert. Das hat nicht zuletzt damit zu tun, daß sich die Kritik, und zwar an beiden Optionen, nochmals verschärft hat.
Dies trifft jedoch zunächst vor allem auf die Differenzperspektive zu. Während der Schwerpunkt der Kritik, wie gezeigt, zuvor auf der Reproduktion und Verfestigung von traditionellen Geschlechterrollen und -stereotypen lag, wird nun vor allem auf die Gefahr der Ontologisierung, Essentialisierung und Homogenisierung von Differenzen durch deren „Benennung" verwiesen. Mit Ontologisierung ist beispielsweise die Neigung gemeint, Geschlechterdifferenzen zu anthropologischen Konstanten menschlichen Seins zu machen; während mit Essentialisierung die Gefahr angesprochen wird, bestimmte gesellschaftlich bedingte Geschlechterdifferenzen zu ahistorischen menschlichen Wesenheiten bzw. substantiellen Eigenschaften zu stilisieren. Mit Homogenisierung hinwiederum wird beispielsweise der Effekt der Vereinheitlichung von Frauen benannt, der durch die Behauptung entsteht, Frauen teilten *als* Frauen eine allen Frauen gemeinsame Erfahrung der Unterdrückung. Die Kritik an Differenzpositionen verschärft sich außerdem noch dadurch, daß inzwischen die Benennung von Verschiedenheiten selbst als Teil des sozialen Konstruktionsprozesses von (Geschlechter-)Differenzen verstanden wird.
Gerade an dem letzten Beispiel wird überdies deutlich, daß diese Schwierigkeiten nicht nur die Differenz-, sondern auch die Gleichheitsperspektive betreffen. Basieren doch Gleichheitsforderungen häufig auf der Unterstellung von Frauen als *Frauen* gemeinsam geteilter Diskriminierungen.
Mit der Kritik an den ontologisierenden, essentialisierenden und homogenisierenden Effekten von Gleichheit und Differenz ist jedoch noch eine weitere bedeutende Erweiterung der Problembeschreibung in der aktuellen feministischen Debatte um Gleichheit und/oder Differenz verbunden. Neben der Geschlechterdifferenz rücken nun zunehmend auch die Differenzen unter/zwischen Frauen in den Blick, also klassenspezifische oder ethnische Differenzen sowie unterschiedliche sexuelle Orientierungen etc.
Exemplarisch für diese Entwicklung ist Elisabeth Spelmans Kritik an der bisherigen feministischen Theorie und Politik. So weist Spelman nach, daß die Rede von *der* Frau, wie sie sowohl in Differenzpositionen als auch in Gleichheitsforderungen zu finden ist, nicht nur zu einer hegemonialen Verallgemeinerung der Lebensweise der westlichen bürgerlichen weißen heterosexuellen Mittelschichtsfrau geführt hat und damit zu einer Ausgrenzung von Frauen anderer Klassen- oder ethnischer Zugehörigkeit, sondern überhaupt zu einer Ausblendung der Differenzen zwischen Frauen.
Mit dieser Vorgehensweise hat, wie Spelman zeigt, die feministische Theorie und Politik in ihrem Versuch, die patriarchale Verallgemeinerung des männlichen Maßstabes – beispielsweise durch einen Rekurs auf eine andere Problemlage von Frauen – zurückzuweisen, ironischerweise selbst wiederum diese Logik eines allgemeinen Maßstabes reproduziert.

Mit anderen Worten: Aktuell passiert zweierlei.
Erstens: Während es vorher vor allem um die Frage der Gleichberechtigung zwischen den Geschlechtern oder um die positive nicht-hierarchische Anerkennung der Frau in ihrer Verschiedenheit ging, gewinnt jetzt zunehmend die Frage kultureller Differenzen (also „Rasse", Ethnizität, Klasse etc.) an Gewicht, und zwar sowohl der kulturellen

Differenzen zwischen Frauen als auch überhaupt zwischen den Individuen. Allerdings ist diese Entwicklung einer komplexeren Problembeschreibung in den USA, wie bereits erwähnt, wesentlich weiter fortgeschritten. Dies ist im übrigen auch der Grund für die eingangs angesprochene inzwischen bestehende große Nähe der feministischen Debatte mit anderen Diskussionen wie der um den Multikulturalismus oder der Menschenrechtsdebatte.

Zweitens: Die Vorstellung, daß es sich bei der Frage von Gleichheit und/oder Differenz um ein Dilemma handelt, verstärkt sich zunehmend. Auffallend ist dabei, daß nun nicht mehr nur von einem Dilemma der Differenz, sondern auch von einem Dilemma der Gleichheit gesprochen wird. So beschreibt beispielsweise Martha Minow im Zusammenhang mit der Frage, wie in Schulen mit der Tatsache umgegangen werden soll, daß inzwischen viele Schüler nicht mehr vorrangig Amerikanisch sprechen, die Situation als dilemmatisch. Wird auf die unterschiedlichen Sprachpräferenzen mit Sonder- oder mit Gleichbehandlung reagiert, führt das eine zur Zementierung kultureller Differenzen, das andere zu deren Stigmatisierung. Beide Optionen haben jeweils Diskriminierungen zur Folge (vgl. Minow 1990: 20). Ähnlich dilemmatisch beschreibt Iris Young die Situation, in die beispielsweise Homosexuelle geraten, wenn sie einerseits die Legitimität unterschiedlicher Behandlung bestreiten, andererseits aber auf der Anerkennung ihrer Andersartigkeit beharren (vgl. Young 1993: 292).

In diesen Dilemmaformulierungen deutet sich zunehmend die Einsicht an, daß es sich bei der Frage um Gleichheit und/oder Differenz um ein strukturelles Problem handelt, das konstitutiv mit „unserem" normativen Diskurs verbunden ist und beide normativen Ideen berührt. Ja, meiner Meinung nach zeigt sich hieran sogar, daß die aktuelle Diskussion inzwischen an die Grenzen des normativ Denkbaren stößt, zumindest des Denkbaren innerhalb „unseres" westlichen normativen Diskurses, wie er mit der bürgerlichen Moderne entstanden ist. Das heißt, „wir" sind an einem aporetischen Punkt angelangt, an dem „wir" entweder eingestehen müßten, daß das Problem nicht zu lösen ist und die einzige Möglichkeit darin besteht, eine ständige kritische Reflexion auf dieses Problem zu institutionalisieren. Oder es müssen Wege gesucht werden, die die Grenzen dieses normativen Diskurses überwinden bzw. überschreiten, indem also entweder die jetzigen Grenzen neu gesteckt werden oder eine neue normative Formation eröffnet wird.

Literaturverzeichnis

Beauvoir, Simone de, 1968: Das andere Geschlecht. Sitte und Sexus der Frau. Hamburg.

Benhabib, Seyla u.a., 1993: Der Streit um Differenz. Feminismus und Postmoderne in der Gegenwart. Frankfurt a.M.

Berghahn, Sabine/Lucke, Doris, 1990: „Was Männern billig ist, muß Frauen noch nicht recht sein". Der lange Weg zur Gleichberechtigung – Eine Einleitung, in: *Doris Lucke/Sabine Berghahn* (Hrsg.), Rechtsratgeber Frauen. Hamburg, 27-52.

Böttger, Barbara, 1990: Das Recht auf Gleichheit und Differenz. Elisabeth Selbert und der Kampf der Frauen um Art. 3 II Grundgesetz. Münster.

Cavarero, Adriana, 1990: Die Perspektive der Geschlechterdifferenz, in: *Ute Gerhard* u.a. (Hrsg.), Differenz und Gleichheit. Menschenrechte haben (k)ein Geschlecht. Frankfurt a.M., 95-111.

Daly, Mary, 1978/1991: Gyn/Ökologie. Eine Metaethik des Radikalen Feminismus. München.

DIE GRÜNEN, 1986: Entwurf eines Antidiskriminierungsgesetzes. Bonn.
Entwurf eines Frankfurter Frauenmanifests, 1991: „Frauen für eine neue Verfassung", in: Feministische Studien extra, 108-114.
Feuersenger, Marianne, 1980: Die garantierte Gleichberechtigung. Ein umstrittener Sieg der Frauen. Freiburg/Br.
Fischer, Cristina u.a., 1989: Die Differenz der Geschlechter – eine zu entdeckende und zu produzierende Differenz, in: *Diotima* (Hrsg.), Der Mensch ist zwei. Das Denken der Geschlechterdifferenz. Wien, 31-64.
Flax, Jane, 1996: Jenseits von Gleichheit: Geschlecht, Gerechtigkeit und Differenz, in: *Herta Nagl-Docekal/Herlinde Pauer-Studer* (Hrsg.), Politische Theorie. Differenz und Lebensqualität. Frankfurt a.M., 223-250.
Fraser, Nancy, 1996: Die Gleichheit der Geschlechter und das Wohlfahrtssystem: Ein postindustrielles Gedankenexperiment, in: *Herta Nagl-Docekal/Herlinde Pauer-Studer* (Hrsg.), Politische Theorie. Differenz und Lebensqualität. Frankfurt a.M., 469-498.
Fraser, Nancy, 1997: Multiculturalism, Antiessentialism, and Radical Democracy: A Genealogy of the Current Impasse in Feminist Theory, in: *Dies.*, Justice Interruptus. Critical Reflections on the „Postsocialist" Condition. New York, 173-189.
Gerhard, Ute/Limbach, Jutta, 1988: Einleitung, in: *Dies.* (Hrsg.), Rechtsalltag von Frauen. Frankfurt a.M., 7-17.
Gerhard, Ute, 1990a: Gleichheit ohne Angleichung. Frauen im Recht. München.
Gerhard, Ute, 1990b: Die historische Entwicklung und die gegenwärtige Rechtsstellung der Frau in der bürgerlichen Gesellschaft, in: *Dies.* u.a. (Hrsg.), Differenz und Gleichheit. Menschenrechte haben (k)ein Geschlecht. Frankfurt a.M., 187-204.
Gilligan, Carol, 1984: Die andere Stimme. Lebenskonflikte und Moral der Frau. München/Zürich.
Gümen, Sedef, 1996: Die sozialpolitische Konstruktion „kultureller" Differenzen in der bundesdeutschen Frauen- und Migrationsforschung, in: beiträge zur feministischen theorie und praxis 42, 77-89.
Habermas, Jürgen, 1992: Faktizität und Geltung. Beiträge zur Diskurstheorie des Rechts und des demokratischen Rechtsstaats. Frankfurt a.M.
Habermas, Jürgen, 1993: Anerkennungskämpfe im demokratischen Rechtsstaat, in: *Gutman, Amy* (Hrsg.), Charles Taylor, Multikulturalismus und die Politik der Anerkennung. Frankfurt a.M., 147-196.
Irigaray, Luce, 1980: Speculum. Frankfurt a.M.
Irigaray, Luce, 1990: Über die Notwendigkeit geschlechtsdifferenzierter Rechte, in: *Ute Gerhard* u.a. (Hrsg.), Differenz und Gleichheit. Menschenrechte haben (k)ein Geschlecht. Frankfurt a.M., 338-350.
Jaggar, Alison M., 1993: Differenz und Gleichheit der Geschlechter, in: *Beate Rössler* (Hrsg.), Quotierung und Gerechtigkeit. Eine moralphilosophische Kontroverse. Frankfurt a.M./New York, 193-215.
Libreria delle donne di Milano, 1988: Wie weibliche Freiheit entsteht. Eine politische Praxis. Berlin.
Limbach, Jutta/Gerhard, Ute, 1988: Einleitung, in: *Ute Gerhard/Jutta Limbach* (Hrsg.), Rechtsalltag von Frauen. Frankfurt a.M., 7-17.
Limbach, Jutta/Eckertz-Höfer (Hrsg.), 1993: Frauenrechte im Grundgesetz des geeinten Deutschland. Diskussion in der Gemeinsamen Verfassungskommission von Bundestag und Bundesrat und der Bundersratskommission Verfassungsreform – Dokumentation. Baden-Baden.
Lucke, Doris/Berghahn, Sabine, 1990: „Was Männern billig ist, muß Frauen noch nicht recht sein". Der lange Weg zur Gleichberechtigung – Eine Einleitung, in: *Doris Lucke/Sabine Berghahn* (Hrsg.), Rechtsratgeber Frauen. Hamburg, 27-52.
MacKinnon, Catharine A., 1993: Auf dem Weg zu einer feministischen Jurisprudenz, in: Streit 1-2, 4-13.
MacKinnon, Catharine A., 1994: Nur Worte. Frankfurt a.M.
MacKinnon, Catharine A., 1996: Geschlechtergleichheit: Differenz und Herrschaft, in: *Herta Nagl-Docekal/Herlinde Pauer-Studer* (Hrsg.), Politische Theorie. Differenz und Lebensqualität. Frankfurt a.M., 140-173.
Maihofer, Andrea, 1990: Gleichheit nur für Gleiche?, in: *Ute Gerhard* u.a. (Hrsg.), Differenz und Gleichheit. Menschenrechte haben (k)ein Geschlecht. Frankfurt a.M., 351-367.

Maihofer, Andrea, 1995: Geschlecht als Existenzweise. Macht, Moral, Recht und Geschlechterdifferenz. Frankfurt a.M.

Marx Ferree, Myra, 1990: Gleichheit und Autonomie: Probleme feministischer Politik, in: *Ute Gerhard* u.a. (Hrsg.), Differenz und Gleichheit. Menschenrechte haben (k)ein Geschlecht. Frankfurt a.M., 283-298.

Minow, Martha, 1990: Making All the Difference. Inclusion, Exclusion, And American Law. Boston.

Nagl-Docekal, Herta, 1996: Gleichbehandlung und Anerkennung von Differenz: Kontroversielle Themen feministischer politischer Philosophie, in: *Herta Nagl-Docekal/Herlinde Pauer-Studer* (Hrsg.), Politische Theorie. Differenz und Lebensqualität. Frankfurt a.M., 9-53.

Pateman, Carole, 1992: Gleichheit, Differenz, Unterordnung. Die Mutterschaftspolitik und die Frauen in ihrer Rolle als Staatsbürgerinnen, in: Feministische Studien 10/1, 54-69.

Pauer-Studer, Herlinde, 1996: Geschlechtergerechtigkeit: Gleichheit und Lebensqualität, in: *Herta Nagl-Docekal/Herlinde Pauer-Studer* (Hrsg.), Politische Theorie. Differenz und Lebensqualität. Frankfurt a.M., 54-95.

Pinl, Claudia, 1993: Vom kleinen zum großen Unterschied. „Geschlechterdifferenz" und konservative Wende im Feminismus. Hamburg.

Rawls, John, 1994: Der Gedanke eines übergreifenden Konsenses, in: *Ders.*, Die Idee des politischen Liberalismus. Frankfurt a.M., 293-332.

Rosenberger, Sieglinde, 1996: Geschlechter – Gleichheiten – Differenzen: Eine Denk- und Politikbeziehung. Wien.

Sacksofsky, Ute, 1996: Das Grundrecht auf Gleichberechtigung. Eine rechtsdogmatische Untersuchung zu Artikel 3 Absatz 2 des Grundgesetzes. Baden-Baden.

Scott, Joan W., 1988: Gender and the Politics of History. New York.

Slupik, Vera, 1988: Die Entscheidung des Grundgesetzes für Parität im Geschlechterverhältnis. Zur Bedeutung von Art. 3 Abs. 2 und 3 GG in Recht und Wirklichkeit. Berlin.

Spelman, Elisabeth, 1988: Inessential Woman. Problems of Exclusion in Feminist Thought. Boston.

Taylor, Charles, 1993: Die Politik der Anerkennung, in: *Amy Gutman* (Hrsg.), Charles Taylor, Multikulturalismus und die Politik der Anerkennung. Frankfurt a.M., 13-78.

Wetterer, Angelika, 1992: Enthierarchisierung oder Dekonstruktion der Differenz. Kritische Überlegungen zur Struktur von Frauenförderung, in: *Johanna Kootz* u.a. (Hrsg.), Studentinnen im Blick der Hochschulforschung. Berlin, 195-213.

Young, Iris Marion, 1989: Humanismus, Gynozentrismus und feministische Politik, in: *Elisabeth List/Herlinde Studer* (Hrsg.), Denkverhältnisse. Feminismus und Kritik. Frankfurt a.M., 37-65.

Young, Iris Marion, 1993: Das politische Gemeinwesen und die Gruppendifferenz. Eine Kritk am Ideal des universalen Staatsbürgerstatus, in: *Herta Nagl-Docekal/Herlinde Pauer-Studer* (Hrsg.), Jenseits der Geschlechtermoral. Frankfurt a.M., 264-301.

Liberalismus – Marxismus – Postmoderne. Der Feminismus und seine glücklichen oder unglücklichen „Ehen" mit verschiedenen Theorieströmungen im 20. Jahrhundert*

Cornelia Klinger

Ungefähr so lange, wie es ihn gibt, hat der Feminismus in lebhafter Auseinandersetzung mit allen wichtigen politischen und gesellschaftstheoretischen Strömungen gestanden, die seine Lebenszeit begleitet haben – sei es nacheinander oder zuweilen auch konkurrierend gleichzeitig. Historisch gesehen dürfen Liberalismus und Marxismus als die wichtigsten Diskussionspartner des Feminismus gelten. Darüber hinaus gibt es noch eine ganze Reihe weiterer Kandidaten – von der Kritischen Theorie bis zum Kommunitarismus. Daß sich die feministische Theorie und Kritik derzeit so häufig und heftig mit dem befaßt, was unter dem Titel „Postmoderne" firmiert, ist also kein grundsätzlich neues Phänomen, sondern steht in einer langen Tradition: Die Kandidaten haben gewechselt, aber die Auseinandersetzungen als solche und offenbar auch der Eifer, mit dem sie hinsichtlich *pro* und *contra* geführt werden, bleiben erhalten. Ich bin auch keineswegs die erste, der auffällt, daß die derzeitige Debatte um das Verhältnis von Feminismus und Postmoderne – nicht in ihren Inhalten, wohl aber in der Form – an die Stelle der vor etwa zwanzig Jahren in Westeuropa und den USA mit ungefähr derselben Intensität geführten Debatte um das Verhältnis von Feminismus und Marxismus getreten ist (vgl. Benhabib 1993: 9).

Da es in diesen verschiedenen Diskussionen in erster Linie um die Frage nach der Möglichkeit einer Verbindung, einem Bündnis, einer Allianz zwischen dem Feminismus und dem jeweiligen anderen Theorie-Kandidaten gegangen ist und noch geht, scheint sich das Bild der „Ehe" aufzudrängen. So hat z.B. Lydia Sargent dem von ihr Anfang der achtziger Jahre herausgegebenen Sammelband „Women and Revolution" den Untertitel „A Discussion of the Unhappy Marriage of Marxism and Feminism" gegeben (Sargent 1981). Zwölf Jahre später steht die unglückliche Ehe fast kurz vor der Scheidung, wenn Beth Anne Shelton und Ben Agger ihren Aufsatz zum Thema „Rethinking the Feminism-Marxism Relationship" unter die Überschrift „Shotgun Wedding, Unhappy Marriage, No-Fault Divorce?" stellen (Shelton/Agger 1993). – Und inzwischen ist die sogenannte „Postmoderne" gemeint, wenn von der „jüngsten akademischen Ehe" des Feminismus die Rede ist (Bordo 1990: 135; Singer 1992).[1]

* Für eine intensive und inspirierende Diskussion dieses Textes möchte ich Gudrun-Axeli Knapp sehr herzlich danken.

1 Linda Singer diskutiert drei Beziehungsmuster, um das Verhältnis von Feminismus und Postmoderne zu beschreiben. Neben dem Modell der Ehe („there is evidence of a certain kind of marital conjunction of postmodernism and feminism", 467) diskutiert sie das Kon-

Es soll im folgenden nicht um die inhaltlichen Argumente für oder gegen die verschiedenen „Ehen" gehen, die der Feminismus mit Liberalismus, Marxismus, Postmoderne und anderen Theorieströmungen eingehen sollte oder eben nicht sollte. Das ist nicht nur hinlänglich, sondern bis an die Grenzen des Überdrusses diskutiert worden (vgl. Klinger 1994). Was mich hier interessiert, sind in erster Linie strukturelle Probleme hinsichtlich des Status feministischer Theorie bzw. von Feminismus als Theorie. Diese werden uns allerdings bald, d.h. im zweiten Teil des Textes, auf einige aktuelle inhaltliche Aspekte der Ehe „Feminismus und Postmoderne" zurückführen.

1. ~~Die~~ Frau und ~~Der~~ Feminismus

Die Vorstellung der bürgerlich-patriarchalen Ehe prägt die Art und Weise, wie das Verhältnis der beiden Partner – Feminismus/Marxismus, Feminismus/Kritische Theorie, Feminismus/Liberalismus usw. – jeweils gedacht wird. Der Feminismus wird, unbeschadet des grammatikalisch gesehen gleichermaßen männlichen Artikels aller Ismen, als der weibliche Teil imaginiert, der den Namen des jeweiligen Gatten, den männlichen Signifikanten als das identitätsbestimmende Merkmal annimmt. Feminismus gab und gibt es weniger als einheitliche politische Theorie, als vielmehr (bildlich gesprochen) als „Ehefrau mit Doppelnamen", in verschiedenen Konstellationen und Allianzen als sozialistischen, liberalen, kommunitaristischen und neuerdings also auch postmodernen Feminismus; Frauenbewegung dividiert sich historisch in eine bürgerliche und eine proletarische Richtung und folgt damit ebenfalls anderen als aus ihr selbst hervorgegangenen Bestimmungs- und Unterscheidungslinien.
Etwas polemisch zugespitzt und kurz zusammengefaßt lautet meine Arbeitshypothese: Feminismus als Theorie in ihrem Verhältnis zu anderen Theorien verhält sich symbolisch wie weiblich zu männlich. So wie es laut Lacan *Die Frau* nicht gibt, so ist es auch nicht möglich, *Der Feminismus* zu sagen. Der groß geschriebene bestimmte Artikel ist beidemale durchgestrichen.
Wie und woran zeigt sich das? Zuerst und in erster Linie daran, daß der Frauenbewegung und dem Feminismus so häufig und beharrlich in ihrer Geschichte und bis in die Gegenwart hinein der Grund und die Berechtigung ihrer Existenz bestritten worden sind. Immer wieder (und oft auch von Frauen selbst) ist geleugnet worden und wird geleugnet, daß das Verhältnis der Geschlechter ein gesellschaftliches Problemfeld darstellt – vorwiegend deshalb, weil das Verhältnis der Geschlechter als naturgegebenes und natürliches, also vor- und außerpolitisches Verhältnis gilt. Ich würde behaupten, daß es kein anderes politisches, soziales und kulturelles Problemfeld vergleichbarer Größenordnung gibt, dessen *Existenz als solche* so gründlich in Frage gestellt wird, wie das der Benachteiligung von Frauen. Es versteht sich von selbst,

---

zept der Verwandtschaft oder Familienähnlichkeit („The relationship is thus like that of siblings who share common genetic origins", 469) und der strategischen Verbindung einer Korporation („postmodernism and feminism operate ... like the names given those fictive entities known as corporations, under whose auspices a wide range of enterprises are organized and collected in ways that consolidate and maximize their profitability ... At this historical moment, feminism and postmodernism seems to be a relatively 'hot' marketable duo", 472). Merkwürdigerweise stellt Singer nicht die Frage nach Machtverhältnissen bzw. Hierarchien, die in den verschiedenen Beziehungsmustern bestehen können.

daß politische, soziale und kulturelle Problemfelder *umstritten* sind. Der Streit um gesellschaftliche Verhältnisse und ihre Legitimität betrifft jedoch in der Regel die durchaus zahlreichen und vielschichtigen Fragen nach den Ursachen und Lösungen, seltener jedoch die Frage des Vorhandenseins des betreffenden Problems als solche. Andere soziale Bewegungen mögen umstritten sein bis hin zum offenen Kampf, ja zum bewaffneten Konflikt. Die Frauenbewegung dagegen erscheint weniger ernsthaft, als vielmehr der Lächerlichkeit und Peinlichkeit preisgegeben, die aus dem Verdacht der Nicht-Existenz bzw. aus der Intention der Leugnung und Verdrängung resultiert. Da, wo Feminismus und Frauenbewegung nicht abgesprochen wird, eine gerechte Sache, ein wichtiges Problem, ein unterstützenswertes Anliegen zu vertreten, wird doch sehr oft und sehr oft mit auffallender Vehemenz bestritten, daß dem Problem ein eigenes *Prinzip* zugrundeliegt, d.h. es wird in Abrede gestellt, daß es notwendig ist, Feminismus als eigenständige, eben dieses Prinzip betreffende Theorie zu betrachten.

Ich erinnere an die unter Feministinnen berühmt-berüchtigte „Nebenwiderspruchsthese" marxistisch/sozialistischer Provenienz. Es wurde zwar von den Gründervätern Marx und Engels an und eigentlich durch die gesamte kanonische und nicht-kanonische Literatur des Sozialismus hindurch anerkannt, daß das Verhältnis der Geschlechter von nicht bloß zufälliger, sondern systematischer, d.h. systembedingter Ungerechtigkeit und Asymmetrie geprägt ist. Zuweilen wurde die Frage des Geschlechterverhältnisses sogar zu paradigmatisch-symbolischem Rang erhoben, wenn z.B. Marx oder Fourier behauptet haben, daß die Stellung der Frau in der Gesellschaft als Gradmesser der allgemeinen Emanzipation anzusehen sei. Aber das System, in dem die Ursachen und Bedingungen begründet liegen sollen, wird *außerhalb* des Geschlechterverhältnisses angesiedelt: Es ist das System des Privateigentums an Produktionsmitteln, der Widerspruch zwischen Kapital und Arbeit, die Ausbeutung des Proletariats. Durch die revolutionäre Veränderung dieses in der Ökonomie gegründeten Systems bzw. durch die Beendigung der Ausbeutung des Proletariats in einer sozialistischen Gesellschaft sollte dann in der Folge auch die Problematik des Geschlechterverhältnisses gelöst werden – sekundär, als Ableitungs- und Anwendungsfall, eben im Sinne eines Nebenwiderspruchs zum Hauptwiderspruch oder im Klartext: einer Nebensache zur Hauptsache.

Als partikularer Anwendungsfall eines anderen, allgemeineren Prinzips erscheint die Geschlechterproblematik auch im Kontext der liberalen Gesellschaftstheorie. Noch nach mehr als einem ganzen Jahrhundert Frauenbewegung und feministischer Theorie kann der führende Theorie-Vertreter des amerikanischen Liberalismus, John Rawls, behaupten: „The same equality of the Declaration of Independence which Lincoln invoked to condemn slavery can be invoked to condemn the inequality and oppression of women" (Rawls 1993: XXIX). Genau, vielleicht ein wenig übergenau genommen handelt es sich hier sogar um einen Anwendungsfall zweiten (und somit noch weiter nachgeordneten) Grades: Zuerst wird das universale Gleichheits- und Gerechtigkeitsprinzip auf das Problem der Sklaverei appliziert, und dann dürfen Frauen sich ihrerseits auf eben dieses Prinzip berufen, das sich überdies keineswegs als durchschlagendes Mittel zur völligen Beseitigung von Rassenherrschaft erwiesen hat. Lassen wir diese kleine, durch den Wortlaut von Rawls' Aussage nahegelegte Spitzfindigkeit, das Verhältnis zwischen Rassen- und Geschlechtergerechtigkeit betreffend, beiseite, so läßt sich jedenfalls behaupten, daß Rawls diese Feststellung trifft, um zu begründen, warum er sich in seinem von ihm doch als grundlegend und umfassend gedachten Werk nicht mit Fragen der Gerechtigkeit in der Familie, also mit einem der zentralen Schauplätze des Geschlechterverhältnisses, befaßt und seines Erachtens auch nicht zu befassen braucht. Es handelt sich ja nur um einen bestimmten Anwendungsfall eines allgemeinen Prinzips, ein Anwendungsfall, der von (größerer oder kleinerer) *praktischer* Bedeutung sein mag, aber jedenfalls ohne eigene *theoretische* Relevanz und daher ohne Interesse für den Meisterdenker.

Ich muß an dieser Stelle darauf verzichten, weitere Beispiele aus anderen Theoriedebatten anzuführen. Es ließe sich sehr schön an einigen Auseinandersetzungen, die beispielsweise – übrigens selten genug – männliche Vertreter der Kritischen Theorie (Christoph Türcke) oder der analytischen Philosophie (Joseph Margolis) in den letzten Jahren mit dem Feminismus geführt haben, zeigen, daß es dabei im Kern um denselben Punkt geht: den Feminismus als politische und soziale Bewegung anzuerkennen, ihm jedoch den Status einer eigenen und eigenständigen Theorie oder etwa gar Philosophie abzusprechen, um ihm statt dessen die Anwendung der jeweils eigenen Theorie/Philosophie auf die „Sonderprobleme" von Frauen zu empfehlen.

Es ist nicht schwer zu sehen, daß der Kampf um den Status einer Philosophie gegenüber einer Theorie, um den Status einer Theorie gegenüber einer Praxis, um den Status des Allgemeinen/Universalen gegenüber einem Besonderen/Partikularen, um den Status des „Reinen" gegenüber einer Anwendung/einem Angewandten – daß das Auseinandersetzungen um die Plazierung in einer Hierarchie sind, ein Kampf um die Macht. Dabei geht die Bewegung in zwei Richtungen: Die Positionierung als allgemein bzw. partikular konstituiert und legitimiert Machtverhältnisse, d.h. sie ist eine Grundlage von Macht; umgekehrt sind gegebene Machtverhältnisse die Ursache der Positionierung von Allgemeinheit und Besonderheit, d.h. die Zuordnung von Universalität und Partikularität ist ein Effekt der Macht.

Es ist auch nicht schwer zu sehen, daß es sich beim „Ehekrieg" des Feminismus mit seinen verschiedenen Theorie-Partnern um eine solche Art von Machtkampf um Über- und Unterordnung handelt. Es reflektiert sich darin das Machtverhältnis zwischen den Geschlechtern, insofern als das männliche Geschlecht für sich den Status des universalen Menschseins beansprucht, wohingegen sich das weibliche Geschlecht auf den sekundären Rang eines Sonderfalls des Menschseins verwiesen sieht. Der Verweis in die Randstellung eines Partikularen impliziert aber nicht nur eine Hierarchie, sondern rückt diese darüber hinaus auch aus dem Blickfeld, läßt sie unsichtbar werden. Der Partikularität der Frau entspricht die Unsichtbarkeit ihrer Unterdrückung. Der Unsichtbarkeit und Partikularität der Problematik des Geschlechterverhältnisses entspricht die Randständigkeit, die Marginalität des Feminismus als Theorie in Konkurrenz mit anderen Theorien. Diese Entsprechung wird getragen bzw. verstärkt durch die geschlechtsspezifisch verteilte Beschäftigung mit den konkurrierenden Theorie-Ansätzen: Während die „führenden Köpfe" der jeweiligen Großtheorie in der Regel Männer waren und sind, ist die feministische Theoriebildung mit ungefähr gleicher Regelmäßigkeit „Frauensache".

Die Frage nach Universalität und Partikularität im Status einer Theorie ist so wenig „unschuldig", so wenig nur Angelegenheit eines abgehobenen herrschaftsfreien Diskurses im luftigen Reich der reinen Theorie, wie die Frage nach irgendeiner anderen

binären, dichotomen Struktur des Denkens: „if we are to take seriously feminist critiques of binary, oppositional structures, we have to extend this critique to the very opposition between particularity and universality" (Dean 1996: 141).
Ich glaube, nicht ausführlich darstellen zu müssen, daß es zu den großen Leistungen der feministischen Theorie der letzten Jahrzehnte gehört hat, die anmaßende Gleichsetzung von Mannsein mit Menschsein zurückgewiesen und die in der Distribution von Universalität bzw. Partikularität wirksamen Mechanismen der Marginalisierung des weiblichen Geschlechts durchschaubar gemacht zu haben. Im gleichen Zuge haben Feministinnen der verschiedensten theoretischen Orientierungen allmählich begonnen, sich aus dem Schatten ihrer jeweiligen „Gatten- (oder Vater-)theorien" zu lösen. Viel Energie, Einfallsreichtum und Intelligenz ist für die Rekonstruktionsversuche verschiedener Theorieansätze aus feministischer Perspektive aufgewendet worden; viel Zeit hat auch der Streit gekostet, welches Theoriegebäude für feministische Interessen nutzbar gemacht werden kann und welches nicht – bis sich schließlich (vielfach mit schmerzlicher persönlicher Enttäuschung) die Einsicht durchgesetzt hat, daß die „Anwendungen" liberaler, sozialistischer usw. Prinzipien von Gerechtigkeit und Befreiung auf die Problemstellung des Geschlechterverhältnisses *allesamt* merkwürdig unzulänglich bleiben. Bei ihren Versuchen, das jeweilige Theoriegebäude so zu erweitern und zu modifizieren, daß es feministischen Anforderungen genügt, haben viele Theoretikerinnen bemerkt, daß solche Vorhaben sehr bald über die bloße Rekonstruktion des Gebäudes hinausgehen und zu einem radikalen Umbau oder Neubau von Gesellschaftstheorie führen.
Kurzum: Nach mehreren Jahrzehnten Neuer Frauenbewegung und feministischer Theorie läßt sich ohne Übertreibung feststellen, daß alle Versuche, mit den verschiedenen zeitgenössischen Gesellschaftstheorien eine dauerhafte Ehe zu führen, gescheitert sind. Damit ist nicht gesagt, daß es in der Beziehung mit diesen wechselnden Partnern nicht „glückliche Momente" gegeben hat; weniger bildlich gesagt, daß die Auseinandersetzung mit Liberalismus, Marxismus, Kommunitarismus, Kritischer Theorie usw. völlig sinnlos und fruchtlos geblieben wäre. Aber zwischen allen möglichen Partnern steht am Ende doch eine gläserne Wand. Auf ihr und durch sie hindurch reflektiert sich die Kategorie Geschlecht als eigengesetzliche und eigenständige gesellschaftstheoretische Größe.

2. Bedingungen, Möglichkeiten und Grenzen eines postmodernen Feminismus oder: „die häßliche Braut"

An dieser Stelle komme ich nun also auf die Frage nach der möglichen neuen Theorie-Ehe Feminismus und Postmoderne respektive auf die Frage nach einem postmodernen Feminismus zurück. Vorab jeder weiteren inhaltlichen Erörterung sei angemerkt, daß diese Frage beinahe mit derselben Ausschließlichkeit in *weiblich* besetzten Theorie-Zirkeln diskutiert wird wie die entsprechenden Fragen in anderen Theoriekontexten auch (vgl. Flax 1990: 209f.; Braidotti 1991: 274-277). Während sich die Aufmerksamkeit hauptsächlich darauf richtet, welchen Nutzen oder Schaden die jeweilige Großtheorie für feministische Anliegen haben kann bzw. wie sie aus einer feministischen Perspektive als „better-liberalism", „better-socialism" oder „better-postmodernism" brauchbar gemacht werden könnte, wird die umgekehrte Frage nach den Auswirkungen und dem Einfluß feministischer Theoriebildung auf die Entwicklung des jeweiligen männlich dominierten Theoriegebäudes kaum gestellt. Die Beteiligung männlicher Vertreter der jeweiligen Theorien an diesen Diskussionen beschränkt sich auch im postmodernen Kontext auf einige marginale Stellungnahmen, wenn nicht gar Höflichkeitsfloskeln.

Dessen ungeachtet springen gerade im Licht des Vergleichs mit den vorangegangenen Verbindungen einige positive Eigenschaften des neuen Theorie-Kandidaten sofort ins Auge. Ohne hier eine umfassende Definition postmoderner Theorie anbieten oder auch nur eine vollständige Liste von Gemeinsamkeiten zwischen Postmoderne und Feminismus zusammenstellen zu wollen und auch ohne die Frage zu stellen, ob sich gleiche oder ähnliche Affinitäten nicht auch zwischen Feminismus und anderen modernitäts- und subjektkritischen Theorien finden lassen, will ich auf drei allgemeine Übereinstimmungen hinweisen, die im vorliegenden Zusammenhang von besonderem Interesse sind:

- Postmoderne und Feminismus stehen beide in der Tradition eines postmetaphysischen und namentlich eines subjektkritischen nachhegelianischen Denkens. Sie stimmen daher überein in ihrer Kritik am Konzept des universalen Subjekts, des Humanen, des vermeintlich allgemein Menschlichen. Beide Ansätze haben erkennbar werden lassen, daß dieses Subjekt partikulare Züge trägt, nämlich spezifisch männliche, bürgerliche, weiße und abendländische Züge, und sich so also als durch Geschlecht, Klasse, Rasse, Kultur und Geschichte bestimmt und spezifiziert erweist. Das Subjekt wurzelt in keiner universalen Seins- oder Naturordnung, ist kein unhintergehbar Erstes und Essentielles, sondern Konstrukt und Produkt spezifischer Verhältnisse. Anti-Essentialismus und Anti-Universalismus postmoderner und feministischer Theorie sind eng miteinander verbunden.
- Die Behauptung eines essentiellen und universellen Subjekts ist nicht nur eine theoretische, epistemologische Verkennung der Wahrheit, sondern eine interessengeleitete, machtorientierte Setzung, durch die Wirklichkeit geschaffen wird. Postmoderne und Feminismus haben beide erheblich dazu beigetragen, die Konstituierung von Macht und Ohnmacht mittels der Mechanismen von Setzung und Ausgrenzung, von Zentrierung und Marginalisierung, d.h. durch die Zuordnung von Universalität bzw. Partikularität zu durchschauen. Insofern verdankt sich mein hier unternommener Versuch, das Verhältnis von Feminismus und Postmoderne auf die darin implizierten und impliziten Machtstrukturen hin zu beleuchten, selbst dem Durchgang durch diese Schulung des kritischen Blicks.
- Feminismus und Postmoderne stimmen schließlich in ihrer Kritik an jenen Theorien überein, die mit essentialistischen und universalistischen Konzepten operieren und zwar selbst dann, wenn das in der Nachfolge der Aufklärung im Namen und umwillen universaler Gerechtigkeit und Befreiung geschieht. Sie erkennen den Machtanspruch – auch in dem, was sich als Gegenentwurf gegen die etablierten Machtverhältnisse richtet und als Befreiung intendiert ist. Sie erkennen die Unzulänglichkeit in der Strategie der bloßen Umkehrung von Position und Opposition als binärer und dichotomer Struktur: „wenn es eine zentrale These gibt ..., die ich ... dem Poststrukturalismus zuordnen würde, dann besagt diese These, daß die Macht sogar den Begriffsapparat, der versucht, über die Macht zu verhandeln,

durchdringt, ebenso wie die Subjekt-Position des Kritikers. ... einen Normenkomplex aufzustellen, der sich jenseits der Macht oder Stärke ansiedelt, stellt selbst eine machtvolle, starke begriffliche Praxis dar, die ihr eigenes Machtspiel durch den Rückgriff auf Tropen der normativen Universalität sublimiert, verschleiert und zugleich ausdehnt" (Butler 1993: 36).

In diesen drei wesentlichen Aspekten erweist sich der postmoderne Theorieansatz als sehr attraktiver Ehe-Kandidat.

Und jetzt kommt eine unerwartete Pointe: Es hat sich nun in den letzten Jahren herausgestellt, daß der Feminismus aus einer postmodernen Perspektive gar keine akzeptable „Braut" ist. Die oben aufgezählten Übereinstimmungen werden zwar einerseits als günstige Voraussetzungen für eine Allianz zwischen Feminismus und Postmoderne genutzt, andererseits sind gerade sie es, die eine äußerst kritische bzw. selbstkritische Perspektive auf den Feminismus eröffnen. Susan Hekman z.B. konstatiert zwar die Übereinstimmung feministischer und postmoderner Kritik, wendet sich dann aber sofort kritisch an den Feminismus: „the postmodern critique converges with some aspects of the feminist critique and reveals the limitations of those elements of the feminist critique that fail to challenge radically masculinist science" (Hekman 1990: 135).

Wenn wir probehalber diese von Hekman und anderen als überlegen angesehene postmoderne Kritikperspektive einnehmen wollen, dann können wir dieselben drei Aspekte von Übereinstimmung zwischen Feminismus und Postmoderne jetzt noch einmal in feminismus-kritischer Sicht Revue passieren lassen:

- Einem nun häufig mit dem schmückenden Beiwort *Mainstream* versehenen Feminismus werden Essentialismus und Universalismus vorgeworfen: Feministische Theorien „tacitly presuppose some commonly held but unwarranted and *essentialist* assumptions about the nature of human beings and the conditions for social life. In addition, they assume methods and concepts which are uninflected by temporality or historicity and which therefore function de facto as permanent, neutral matrices of inquiry. ... they falsely *universalize* features of the theorist's own era, society, culture, class, sexual orientation, and ethnic, or racial group" (Fraser/Nicholson 1990: 27).
- Da jeder Versuch einer essentialistischen und universalistischen Identitätsfixierung auf seiner Rückseite zwangsläufig Ausschlüsse produziert (so jedenfalls laut Judith Butler) und da von dieser Regel die Versuche der Bestimmung weiblicher Identität, die Konstituierung des Subjekts „Frau", keine Ausnahme darstellen, wird dem *Mainstream*-Feminismus vorgeworfen, auf der Rückseite seiner Selbstkonstituierung sein „verworfenes Anderes" zu produzieren. Je genauer „die Frau" bzw. Weiblichkeit konzipiert und definiert wird, desto mehr werden wirkliche Frauen, die diesem Bild nicht entsprechen, ausgegrenzt, werden ihre Erfahrungen ausgeblendet und unsichtbar gemacht.
- Die Konfliktlinie zwischen den Geschlechtern zum einzig und alles entscheidenden politisch-gesellschaftlichen Unterschied zu erheben, bedeutet schließlich, einer falschen dualisierenden, polarisierenden Weltsicht zu folgen, in der andere Konfliktlinien ausgeblendet oder marginalisiert werden (vgl. de Lauretis 1990: 131). Die große neue, inzwischen unzählige Male wiederholte Einsicht dieser Zeit lautet zusammengefaßt: Der feministische Blick auf das Geschlechterverhältnis als die zen-

trale, als binäre, dichotom konstruierte Konfliktlinie übersieht oder vernachlässigt andere wichtige gesellschaftliche Konfliktlinien und damit auch in diesen begründete wesentliche Differenzen zwischen Frauen: „Geschlecht ... ist nur eine Achse im Kontext eines komplexen heterogenen Konstrukts, (eine Achse) die sich ständig auf historisch spezifische Weise mit Rasse, Klasse, Alter, Ethnizität, sexueller Orientierung usw. kreuzt" (Bordo 1992: 156; vgl. Grimshaw 1986: 84f.).

Ich fasse zusammen: Es wird eingeräumt, daß der Feminismus zwar *praktisch* die leidvollen historischen Erfahrungen von Ausgrenzung und Marginalisierung von Frauen – auch und gerade in den in der Aufklärung gründenden Emanzipationsbewegungen – artikuliert hat, daß er aber selbst nicht in der Lage ist, die theoretischen Konsequenzen daraus zu ziehen, jedenfalls nicht mit der gebotenen Strenge. Dies getan zu haben, erscheint demgegenüber als das beinahe ausschließliche Verdienst männlich dominierter Großtheorien in der Entwicklungslinie von Nietzsche bis zu Foucault oder Derrida. Die Konturen der alten Konstellierung von Feminismus als „kleiner Praxis" und einem „großen Theoriepartner" zeichnen sich ab. Neu ist dagegen die Unterstellung, daß der Feminismus aus Gründen eigener gesellschaftspolitischer Ambitionen vom Pfad machtkritischer und -dekonstruierender Tugend abweicht; d.h. indem er eigene Machtansprüche stellt, kann er nicht zu einer radikalen Kritik der „philosophical metanarratives" gelangen, sondern übernimmt vielmehr deren Ausrichtung. Während der Feminismus bislang in der Position eines „weichen" Anwendungsfalls einer Großtheorie erschien, wird ihm nun selbst der „harte" Dogmatismus einer solchen unterstellt. Während sich der Feminismus über weite Strecken als aufklärungs- und subjektkritisch verstanden hat, erscheint er aus einem postmodernen Blickwinkel als in der Erbfolge der Aufklärung und ihres kritikwürdigen Subjektbegriffs zu stehen (vgl. Flax 1990: 230). In manchen postmodern-feministischen Formulierungen erscheint der *Mainstream*-Feminismus nun geradezu als Inkarnation der falschen Ideen der Aufklärung, zu denen er tatsächlich nur in einem sehr ambivalenten und prekären Verhältnis gestanden hat, als Inbegriff der Arroganz einer Macht, an der er kaum je partizipiert hat. Nachdem der Feminismus mehr als ein Jahrhundert lang gegen verschiedene universalisierende Gesellschaftskonzepte um die Anerkennung gerungen hat, daß Geschlecht *auch* eine Achse im Konstruktionsplan gesellschaftlicher Macht ist, zieht er sich nun in freiwilliger Selbstbescheidung darauf zurück, *nur* eine Achse unter vielen anderen zu sein – allerdings ohne sein erstes Ziel jemals zweifelsfrei erreicht zu haben.

Daß hieraus neben durchaus anerkennenswerten Impulsen zu Selbstreflexion und -kritik auch Probleme und Gefahren für die Anliegen und Ziele feministischer Politik entstehen können, wird von vielen Feministinnen gesehen und als Grund dafür betrachtet, das Bündnis Feminismus – Postmoderne abzulehnen oder mindestens zu beargwöhnen. Fragen werden gestellt – Befürchtungen werden geäußert:

„Somehow it seems highly suspicious that it is at the precise moment when so many groups have been engaged in ... redefinition of the marginalized Others that suspicions emerge about the nature of the 'subject', about the possibilities for a general theory which can describe the world, about historical 'progress'. Why is it that just at the moment when so many of us who have been silenced begin to demand the right to name ourselves, to act as subjects rather than objects of history, that just then the concept of subjecthood becomes problematic? Just when we are forming our own theories about the world, uncertainty emerges about whether the world

can be theorized. Just when we are talking about the changes we want, ideas of progress and the possibility of systematically and rationally organizing human society become dubious and suspect" (Hartsock 1990: 163).
„If we are not justified in taking women as a category, then what political grounding does feminism have? Feminism is placed in an unenviable position: either it clings to feminist principles, which entail its avoidance of essentialist and universalist categories, in which case its rationale as a political struggle centered around women is problematized; or else it accepts the limitations patriarchy imposes on its conceptual schemas and models, and abandons the attempt to provide autonomous, self-defined terms in which to describe women and femininity. Are these the only choices available to feminist theory – an adherence to essentialist doctrines, or the dissolution of feminist struggles into localized, regional, specific struggles ...?" (Grosz 1990: 342)

In vielen unterschiedlichen Formulierungen sind es letzten Endes immer wieder diese beiden Fragen, die sich herauskristallisieren: Was ist Feminismus ohne ein Subjekt Frau – also ohne eine *essentialistische* Identitätskategorie? Was bleibt vom Feminismus in den vielen kleinen lokalen Kämpfen – also nach dem Abschied von jeder Form von *Universalismus*?
Die Antworten, die aus einer postmodern-feministischen Position auf diese nachdenklichen Fragen gegeben worden sind, fallen eigentlich ziemlich dürftig aus. Bis jetzt kann ich ungefähr zwei bis zweieinhalb Lösungsvorschläge erkennen:

- Anstelle der als essentialistisch inkriminierten Identitätspolitik, die von allen Frauen gemeinsamen Eigenschaften ausgeht, wird eine Koalitionspolitik zwischen verschiedenen Gruppen von Frauen vorgeschlagen.
  Dieses Argumentationsmanöver verschiebt indessen das Problem nur. Denn die Frage, wie und wodurch solche Allianzen motiviert sein sollen, bleibt offen. Es wird nach wie vor davon ausgegangen, daß Frauen trotz und jenseits ihrer Zugehörigkeit zu unterschiedlichen ethnischen, nationalen, sozialen usw. Gruppierungen sich doch *„irgendwie"* als Frauen und Feministinnen identifizieren können. Jedoch wird durch den allgegenwärtigen Essentialismusverdacht bzw. die ausschließliche Betonung der Differenzen zwischen Frauen unerklärbar oder mindestens unaussprechbar, wodurch diese Gemeinsamkeit konstituiert ist, worin sie besteht, wie weit sie reicht usw. Daß es da etwas gibt, das Bedeutung hat, worüber aber nicht gesprochen werden darf – genau das erfüllt die Definition eines Tabus.
- Eine Variante des ersten Vorschlags (und daher nur als halb zu rechnen in dieser Aufzählung) ist Sandra Hardings Idee einer Allianz nicht nur zwischen verschiedenen Gruppen von Frauen, sondern zwischen Feminismus und „anderen Anderen".[2] Zu diesen rechnet sie AfroamerikanerInnen, andere Farbige, AktivistInnen für schwule und lesbische Rechte, PazifistInnen, Ökologiebewegte, Angehörige der neuen Linken und „usw.". Sie schlägt vor: „Die grundlegenderen jeder dieser Ge-

---

2 Nicht in bezug auf Geschlecht, sondern in Hinblick auf eine andere altmodisch universalistische Theorie, nämlich Klasse, macht sich derzeit ein ähnlicher Rückzug auf „solidaristic alliances" bemerkbar: „Having retreated from class, political action has been reduced to the terms in which we ... know it today: single-issue based, localized, easily mobilized and/or recuperated" (Lazarus/Evans/Arnove/Menke 1995: 82). Die negativen Erfahrungen damit sollten auch Feministinnen ernst nehmen: „Solidaristic alliances have been much discussed but rarely realized and still more rarely sustained. Political resistance has become severely attenuated, its focus restricted to particularistic, corporatist, and reformist identity-political formations" (ebd.).

genkulturen (übrigens, welche sind mehr oder weniger grundlegend?) müssen jede der anderen durchdringen, wenn jede einzelne dieser Bewegungen erfolgreich sein will. Der Feminismus sollte sich auf die Interessen der anderen konzentrieren, und jede der anderen muß feministische Interessen ins Zentrum rücken" (Harding 1994: 172).

Das ist fast so nützlich wie die Höflichkeitsregel, beim gleichzeitigen Erreichen einer Tür der oder dem anderen den Vortritt zu überlassen, und bewegt sich etwa auf dem Niveau von Schüleraustausch als Mittel der Völkerverständigung. Mit naivem Idealismus wird dem gerade in den letzten Jahren und Jahrzehnten erweiterten und verfeinerten Wissen um die Situiertheit jedes menschlichen Erkennens und Handelns geradewegs ins Gesicht geschlagen. Abgesehen davon müßte trotzdem am Ende noch immer identifizierbar sein, was denn eigentlich „feministische Interessen" sind und worauf sie sich gründen, wenn verlangt wird, daß die anderen Anderen sie zu berücksichtigen hätten.

– Viele postmodern orientierte Feministinnen definieren das Problem so: „the dilemma facing feminists involves a conflict between the goals of intellectual rigour (avoidance of the conceptual errors of essentialism and universalism) and feminist political struggles (struggles that are directed towards the liberation of women as women)" (Grosz 1990: 342). Angesichts der Patt-Situation zwischen avancierter theoretischer Einsicht in die Unhaltbarkeit essentialistischer und universalistischer Positionen und der gleichzeitigen Anerkennung ihrer politischen Unverzichtbarkeit[3] empfehlen manche Theoretikerinnen recht unbekümmert eine Art von Bewußtseinsspaltung: „I'd argue that it is compatible to suggest that women don't exist – while maintaining a politics 'as if they existed'" (Riley 1988: 112). Auch Judith Butler ist schließlich bereit, gewissen politischen Notwendigkeiten nachzugeben:

> „Anscheinend gibt es innerhalb des Feminismus eine gewisse politische Notwendigkeit als und für Frauen zu sprechen – eine Notwendigkeit, die ich nicht in Frage stellen möchte. Zweifellos funktioniert die Repräsentationspolitik auf diesem Wege, und in diesem Land sind Bemühungen um eine Lobby ohne Rückgriff auf eine Identitätskategorie ... unmöglich. Ich bin also damit einverstanden, daß Demonstrationen, legislative Bemühungen und radikale Bewegungen Forderungen im Namen der Frauen stellen müssen" (Butler 1993: 48).

In Umkehrung des berühmten, von Kant kritisierten Gemeinspruchs „Das mag in der Theorie richtig sein – taugt aber nicht für die Praxis" könnte der neue postmodern-feministische Leitspruch heißen „Das mag zwar theoretisch falsch sein, ist aber für die politische Praxis unabdingbar". Diese merkwürdige Verlegenheitslösung

3 Die Kalamität zwischen Subjektkritik und -differenzierung auf der einen Seite und den Erfordernissen der Vorstellung eines Kollektivsubjekts Frau hat Denise Riley besonders treffend ausgedrückt: „(W)omen is a volatile collective in which female persons can be very differently positioned, so that the apparent continuity of the subject 'women' isn't to be relied on; 'women' is both synchronically and diachronically erratic as collectivity, while for the individual 'being a woman' is also inconstant, and can't provide an ontological foundation. *Yet is must be emphasized that these instabilities of the category are the sine qua non of feminism, which would otherwise be lost for an object, despoiled of a fight, and, in short without much life*" (Riley 1988: 2; Hervorhebungen C.K.). „The question then becomes: how to reconcile the recognition of the problematic nature of the construction of subjectivity with the political necessity of asserting women as the subjects of another story?" (Braidotti 1991: 281)

empfiehlt eine Art „PriesterInnenbetrug“ als politische Weisheit: Uns, den mit theoretischem Wissen Privilegierten, ist klar, daß es keinen Gott gibt (in diesem Fall heißt das: kein Subjekt Frau), aber um den Glauben an die gute Sache und die Moral der Bewegung nicht zu unterminieren, müssen wir so tun als ob.

Die Verlegenheit, die hier zum Vorschein kommt, betrifft m.E. nicht eigentlich – wie behauptet – das Verhältnis zwischen Theorie und Praxis, sondern ist Indiz und Indikator eines gravierenden *theoretischen* Irrtums. Dieser liegt in der Verwechslung und Vermischung von Universalismus mit Essentialismus. Obwohl beide Begriffe so oft in einem Atemzug genannt werden, daß sie zwar nicht als identisch, aber doch als untrennbar miteinander verbunden erscheinen, möchte ich die These vertreten, daß zwischen ihnen eine Spannung und ein tiefer Widerspruch bestehen. Die unreflektierte und ungerechtfertigte Gleichsetzung von Essentialismus und Universalismus ist die Ursache für einige der schwerwiegendsten Dilemmata in der derzeitigen Feminismusdebatte.

3. Essentialismus und Universalismus – vom Zusammenhang zum Gegensatz

Essentialismus ist der Schatten der Vergangenheit über der feministischen Theorie. Eine essentialistische Identitätspolitik ist genau das, was eine patriarchale Haltung gegenüber Frauen über weite Strecken charakterisiert hat.

Ich erinnere an den Ärger, dem Simone de Beauvoir in der Einleitung zu „Das andere Geschlecht“ Luft macht. Sie erzählt, daß ihr von männlichen Diskussionspartnern im Falle einer Meinungsverschiedenheit nicht selten entgegengehalten worden sei: „Sie denken so, weil sie eine Frau sind“. Sie berichtet weiter, daß es ihr zwar in den Sinn gekommen, aber in der Sprechsituation nicht möglich gewesen sei, darauf mit der Umkehrung derselben Unterstellung zu antworten: „Und Sie denken das Gegenteil, weil Sie ein Mann sind“ (Beauvoir 1968: 11). Hieran wird deutlich, daß die Zuordnung einer bestimmten essentiellen Identität (in diesem Fall „Frau-Sein“) als Determinante von Haltungen und Handlungen, Auffassungen und Überzeugungen als Fremdbestimmung erfolgt und aufgrund der Verteilung von Macht und Ohnmacht zwischen den Geschlechtern als nicht reversibel erscheint. Es wird außerdem deutlich, daß dieser Vorgang eng mit der Distribution von Universalität und Partikularität verbunden ist: Als an ein bestimmtes Sein, eine bestimmte Identität gebunden erscheint nur die partikulare Position der Frau. Nur sie denkt oder handelt, weil sie etwas *ist*, weil sie *Frau* ist, d.h. aufgrund einer essentialisierenden Identitätsbestimmung. Der für seine Position mit Selbstverständlichkeit Allgemeingültigkeit beanspruchende Mann sieht sein Denken nicht in vergleichbarer Weise durch seine Geschlechtsidentität geprägt und schon gar nicht determiniert.

Die feministische Theoriebildung nach Beauvoir war wesentlich damit beschäftigt, diese Asymmetrie zwischen den Geschlechtern, der Beauvoir sich in kränkender Weise ausgesetzt gesehen hatte, zurückzuweisen. Das ist auf zwei Wegen geschehen:

- Zum einen ist in vielen verschiedenen Hinsichten und an zahllosen Beispielen die geschlechtsspezifische Partikularität des männlichen Denkens und Handelns demonstriert und die Prätention der Allgemeingültigkeit als Irrtum und Ideologie dekuvriert worden. Im Zuge dieser Kritik an einem angemaßten Universalismus ist eine allgemeine Skepsis gegen jeden Universalitätsanspruch, gegen den Gedanken von Allgemeingültigkeit als solchen entstanden. Das ist einer der Punkte, den die feministische Theorie mit der postmodernen Position teilt.

- Zum anderen hat der Feminismus begonnen, Weiblichkeit aus der Umklammerung männlicher *Fremd*definition zu befreien, indem er dieser das Recht auf *Selbst*definition entgegensetzte. Nancy Hartsock hatte an der oben zitierten Stelle von dem Moment gesprochen, „when so many of us who have been silenced begin to demand the right to name ourselves". Obwohl dieser Schritt naheliegend, nützlich und sogar wohl unumgänglich ist, bleibt er doch begrenzt. Denn der eigentliche Unterschied in der Rangordnung von Partikularität und Universalität ist nicht der zwischen Fremdbenennung und Selbstbenennung, sondern der zwischen Benennung und *Nicht*-Benennung. Nur in der Option auf Nicht-Benennung bleibt die Möglichkeit der Selbstbestimmung, d.h. das Recht auf Veränderbarkeit von Benennung offen. Diese Option muß gegeben sein, um der prinzipiellen Unabschließbarkeit von Bestimmungen, dem Riß zwischen Identität und Repräsentation und dem Recht auf Dissidenz und Differenz wirklich Rechnung tragen zu können.[4] Dagegen ist in dem, was als Selbstbenennung angesehen wird, immer noch eine totalisierende und normierende Festlegung enthalten. Mit dem Anspruch, anstelle der männlichen Zuschreibung selbst das Wesen der Frau aus einer weiblichen Perspektive bestimmen zu wollen, folgt feministische Theorie noch immer der Logik männlicher Macht, zu der es gehört, permanent das Wesen von Weiblichkeit beschreiben und normierend festschreiben zu wollen, während die Partikularität von Männlichkeit unreflektiert bleibt, wodurch die eigene Position von Wesensbestimmungen und -festlegungen unbeschränkt gehalten werden soll. Die Logik der Macht manifestiert sich in der Dualität von Universalem und Partikularem und identifiziert in der Folge das Partikulare als essentialistisch, während das Universale als „unmarkiert" in Erscheinung tritt.

Ohne deswegen zu einer aus anderen Gründen unhaltbaren egalitätsfeministischen Position zurückkehren zu wollen,[5] darf ich beiläufig daran erinnern, daß weite Teile von Feminismus und Frauenbewegung ohne das Konzept einer wesenhaften, essentiellen weiblichen Identität ausgekommen sind, daß diese Annahme vielmehr Grundlage einer in der Geschichte des Feminismus vergleichsweise minoritären Position gewesen ist – bis sie dann aus der postmodernen Perspektive dem Feminismus in seiner Gesamtheit unterstellt worden ist.

Schon lange vor dem jetzt so viel diskutierten Einspruch eines schwarzen oder lesbischen Feminismus haben nicht wenige Feministinnen opponiert gegen die Normierung einer bestimmten weiblichen Identität, in welcher sie lediglich die Kehrseite und positive Umbewertung traditionell männlicher Weiblichkeitsbilder erkannt haben. Darüber hinaus war und ist die von Teilen der feministischen Bewegung propagierte Selbstfixierung von Weiblichkeit für nicht wenige Frauen ein Grund für ihre hartnäckige und auf den ersten Blick (einer Feministin) schwer verständliche Distanz zu Feminismus und Frauenbewegung. Zum Beispiel wehren sich viele Künstlerinnen,

4 „Du sollst dir kein Bild von mir machen" – so lautet das bekannte Gebot eines Mächtigen.
5 Zu egalitätsfeministischem Triumphalismus besteht kein Anlaß, insofern als dieser Ansatz der Hierarchie zwischen Universalismus und Partikularismus auf andere Weise aufsitzt: Der falsche männliche Universalitätsanspruch bleibt unreflektiert.

Schriftstellerinnen, Wissenschaftlerinnen usw. gegen ihre Subsumierung unter das Etikett Frauen-Kunst, Frauen-Literatur, Frauen-Wissenschaft, Frauen-dies-und-das. Sie wollen sich nicht mit der Anerkennung ihrer partikularen Geschlechtsidentität unter neuem, positivem Vorzeichen begnügen, sondern streben nach Anerkennung ihrer Leistungen als solcher, d.h. sie beanspruchen, an einem allgemein gültigen, nicht frauen-spezifischen Maßstab gemessen zu werden. Auch der gar nicht seltene Widerstand von Frauen gegen verschiedene kompensatorische Maßnahmen (z.B. Quotierung) muß in diesem Licht gesehen werden.

Ich bin außerdem überzeugt davon, daß hinter dem Angriff der „anderen" Frauen gegen den *Mainstream*-Feminismus weniger das Bestreben steht, in der jeweiligen Differenz und Besonderheit Bestätigung zu finden. Das liefe letztlich wiederum nur auf die positive Anerkennung einer Abweichung von der Norm hinaus, die das Gefüge von Norm und Abweichung als solches, die Rangordnung von Universalität und Partikularität gerade unangetastet ließe und somit in gewisser Weise nur der Respektierung eines Handicaps, einer besonderen Art von Behinderung gleichkäme. Es geht vielmehr gerade darum, der Differenz den Anschein von Partikularität, den Handicap-Charakter zu nehmen. Das kann nicht durch die Affirmation, die positive Umwertung und immer weitere Verstärkung von Differenz geschehen, sondern nur auf dem Wege der Umkehrung dieser Dynamik der Fragmentierung, nämlich indem der Anspruch auf Teilhabe an Allgemeinheit/Allgemeingültigkeit der verschiedenen Besonderungen erhoben und durchgesetzt wird; im Fall des Einspruchs eines lesbischen, schwarzen Feminismus geht es darum, die Teilhabe an der Definition dessen zu reklamieren, was überhaupt Feminismus ist. Dagegen erreicht die rein additive, gebetsmühlenartige Aufzählung von Differenzen und Besonderheiten dieses Ziel gerade nicht, sondern erschöpft sich in der hilflosen Geste einer Litanei.

Im Konfliktfeld zwischen Universalismus und Partikularismus bleibt der Feminismus befangen in der Doppelstrategie der Zurückweisung eines angemaßten Universalismus und der Umbewertung der eigenen Partikularität durch Selbstbenennung. Das Zusammentreffen mit der postmodernen Universalismuskritik unterstützt zwar die feministische Entlarvung von einseitigen und daher ungerechtfertigten männlichen Universalitätspostulaten als Herrschaftsansprüche, zugleich aber verstärkt es essentialistische Tendenzen durch die Festlegung auf das Gegenteil, auf die Position der Differenz. Der entscheidende dritte Schritt über Universalität und Partikularität als duale, dichotome Struktur hinaus, ist noch nicht erfolgt. In gewissem Sinn besteht dieser dritte Schritt darin, zur Position von Beauvoirs Replik auf die Unterstellung, sie denke in einer bestimmten Weise, weil sie eine Frau sei, zurückzukehren. Sie hatte geantwortet: „Ich denke so, weil es *wahr* ist". Nicht trotz der Kritik an einem universalistischen und imperialistischen Wahrheitsbegriff, sondern durch sie hindurch und in ihrem Bewußtsein muß die Rückwendung auf einen eigenen Anspruch auf Allgemeingültigkeit (also auf Wahrheit – *horribile dictu*) feministischer Positionen erfolgen. Die aus der postmodernen Universalismuskritik resultierende Betonung von Fragmentarität und Differenz blendet bislang die unvermeidliche Frage nach den Relationen zwischen den differenten Fragmenten, nach Gemeinsamkeit und Intersubjektivität lediglich aus, statt neue Antworten zu suchen.

Feministische Theorie und Praxis braucht tatsächlich kein Subjekt Frau mit in Natur oder Wesen begründeten „ewig weiblichen" Eigenschaften, keine invariante weibliche

Identität als Grundlage politischer Aktion. Dagegen braucht Feminismus den Ausgriff und Anspruch auf Allgemeinheit und Allgemeingültigkeit, gerade um nicht am Essentialismus zu ersticken und zu scheitern. Gegen die übliche Engführung von Essentialismus und Universalismus, von Subjektsetzung und Theoriebildung würde ich behaupten, daß nur die Artikulation eines gewissen Universalitätsanspruchs die Kalamitäten der essentialistischen Identitätspolitik überwinden bzw. vermeiden kann.

4. Feminismus als politische Theorie

Schließlich braucht Feminismus die Anerkennung eines eigenen universalen Prinzips auch, um als Theorie zu sich selbst zu kommen und um sich im Beziehungs- und Spannungsfeld mit anderen Theorien als eigenständig verorten und behaupten zu können. – Damit komme ich am Ende noch einmal auf den zentralen Punkt meines Themas zurück:

- Konkret gesagt, Feminismus braucht als politische Theorie die Anerkennung der Tatsache, daß Geschlecht bzw. Geschlechtszugehörigkeit eine – in der bisherigen Geschichte der Menschheit – für so gut wie jede Gesellschaftsformation relevante, mit anderen Worten: universale Kategorie gewesen ist. Eine Kategorie, die (1) als Kriterium der Teilung gesellschaftlicher Arbeit, (2) als Kriterium des Aus- bzw. Einschlusses aus oder in bestimmte Funktionen, Rollen und Bereiche und schließlich (3) als Kritierium der Verteilung von Potentialen und Ressourcen aller Art (Einfluß, Macht und Reichtum) fungiert.
- Feminismus und Frauenbewegung brauchen darüber hinaus die Anerkennung der Tatsache, daß dieses Kriterium Geschlecht in den meisten Gesellschaftsformen, die wir kennen, zu einer Privilegierung des männlichen vor dem weiblichen Geschlecht geführt hat. Die *Gestalt*, die Asymmetrie und Hierarchie zwischen den Geschlechtern konkret annehmen, ist von Epoche zu Epoche, Kultur zu Kultur und innerhalb einer Gesellschaft von Klasse zu Klasse, Position zu Position und letztendlich sogar von Individuum zu Individuum unterschiedlich, nicht jedoch die *Existenz* der Hierarchie.
- Feminismus braucht neben der analytischen Orientierung an der Kategorie Geschlecht als universaler gesellschaftlicher Kategorie auch noch eine universale politische Dimension, nämlich die Zielorientierung auf Umgestaltung des hierarchischen und asymmetrischen Geschlechterverhältnisses, auf Beendigung der Vorherrschaft des männlichen Geschlechts. Diese Perspektive auf Veränderung ist unabdingbarer Bestandteil jeder Definition von Feminismus: „Throughout its plurality, feminism has one obvious, simple and overarching goal – to end men's systematic domination of women. Feminist theory also has one overarching goal – to understand, explain and challenge that domination, in order to help end it" (Mansbridge/Okin 1993: 269). Mit Recht bezeichnen Jane Mansbridge und Susan Okin diese Definition von Feminismus als universal (vgl. ebd.: 284). Der dezidierte Anti-Universalismus und die Konzentration der Aufmerksamkeit auf die Differenzen zwischen Frauen, die die postmodern beeinflußte feministische Debatte der letzten Jahre stark geprägt haben, mögen viel Positives erbracht haben. Aber von diesen eigentlichen Fragestellungen und Zielsetzungen haben sie abgelenkt.

– Feminismus und Frauenbewegung brauchen schließlich die Einsicht, daß die Tendenzen zunehmender Globalisierung unter den gegebenen Bedingungen sowohl die Bedeutung der Geschlechtszugehörigkeit als gesellschaftliches Distributionskriterium als auch die damit verbundene Hierarchiebildung eher noch verstärken – was die Situationen von Frauen in der Zukunft bedauerlicherweise tendenziell eher ähnlicher als unähnlicher machen wird. So heißt es beispielsweise in einem Bericht über die Weltfrauenkonferenz in Beijing: „Despite the considerable differences in articulation and strategy, women all over are indeed struggling ... against patriarchal control, discrimination and subordination. Globalization will almost certainly shrink the public spaces available for women to exercise their democratic rights as voters, citizens and workers; this, in turn, will reinforce patriarchal attitudes, privileges – and practice" (Menon 1996: 16). Während sich der westliche Feminismus in vornehmen Distinktionen ergeht und vor lauter Rücksicht auf Differenzen zwischen Frauen kaum noch wagt, so ordinäre Ausdrücke wie Feminismus, Frauenbewegung oder Frau überhaupt noch zu benutzen (und etwa gar noch im Singular!), verschlechtern sich die realen Lebensbedingungen und Zukunftsaussichten von Frauen (und zwar im Plural) weltweit und auf dramatische Weise. Zu behaupten, daß die Situationen und Kämpfe von Frauen je nach historischen, kulturellen, sozialen, regionalen, lokalen und sonstigen Kontexten voneinander völlig verschieden und unvergleichbar seien, ist angesichts solcher Entwicklungstendenzen für die Zukunft geradezu sträflich fahrlässig und grundsätzlich mindestens ebenso aberwitzig, wie die umgekehrte Behauptung eines zu allen Zeiten und unter allen Umständen gleichen geschlechtsbezogenen Herrschaftsverhältnisses.

Was Frauen gemeinsam ist und was die Grundlage feministischer Theorie und Praxis darstellt, kommt nicht aus einer weiblichen Identität heraus, aus einem Wesen oder einer Natur der Frau schlechthin, sondern es resultiert aus bestimmten Konstruktionsregeln von Gesellschaften bis *dato*. An Joan Scotts Doppelthese ist zu erinnern: „politics constructs gender and gender constructs politics" (Scott 1989: 96). Solange das der Fall ist, ist Feminismus die Theorie, die diese Konstruktionsregel zu studieren, und Frauenbewegung die Praxis, die sie zu verändern sich zur Aufgabe gemacht haben. Dabei kann Geschlecht als eine universale Kategorie gelten – unbeschadet der Variabilität der Konstruktionsregel.

Abschließend sei darauf hingewiesen, daß es sich um einen Universalismus *with a difference* handelt. Die Differenz zum überkommenen Konzept von Universalismus ist sogar so groß, daß es weniger mißverständlich und daher vielleicht empfehlenswert wäre, auf diesen Terminus zu verzichten. Die Differenz betrifft zwei zentrale Punkte:

– Zum einen die Anerkennung von universalen Kategorien im Plural. In der Aussage „Geschlecht ist eine für jede Gesellschaftsformation relevante und daher universale Kategorie" liegt die Betonung auf *eine* universale Kategorie. Es gibt eine ganze Anzahl weiterer Kategorien, die für die Konstruktion von Gesellschaft relevant sind; einige davon mögen ebenso universal sein wie Geschlecht, andere vielleicht nicht. Weder läßt sich die Kategorie Geschlecht auf eine andere Kategorie reduzieren (Geschlecht unter Klasse, Rasse usw. subsumieren), noch umgekehrt andere Kategorien auf Geschlecht. Eine Theorie von Gesellschaft bedarf keines Universalismus im Sinne der Gültigkeit einer einzigen universalen Kategorie, aus der alle weiteren abzuleiten wären und ihr nachgeordnet blieben. Wohl aber hat sie es mit bestimmten universalen Kategorien zu tun, die einen Zusammenhang bilden. Deren Anzahl und ihr Verhältnis zueinander zu bestimmen, ist dann eine zweifellos schwierige, letztlich vielleicht nie außer Streit zu stellende, aber dennoch notwendige Aufgabe einer umfassenden Theorie von Gesellschaft.

- Die zweite Modifikation betrifft den Gesichtspunkt der Zeitlichkeit bzw. Historizität und damit die Modalität der Aussage. Die These besagt nur, daß Geschlecht bis heute und bis in eine von heute aus absehbare Zukunft hinein eine wesentliche Größe im Konstruktionsplan von Gesellschaften darstellt. Die These hat assertorischen, nicht apodiktischen Charakter, sie beschreibt und prognostiziert eine Wirklichkeit, aber keine Notwendigkeit, d.h. sie enthält keinen Anspruch auf eine unbedingte Geltung dieser gesellschaftlichen Konstruktionsregel von Ewigkeit zu Ewigkeit. Vielmehr rechnet sie mit ihrer Abschaffung oder mindestens Abschaffbarkeit in der Zukunft. Damit verzichtet sie auf einen zweiten wesentlichen Bestandteil von Universalismus im herkömmlichen Sinne, für den der Modus der Notwendigkeit konstitutiv war. Dieser Verzicht trägt keinesfalls resignative Züge; ganz im Gegenteil, gehen Feminismus und Frauenbewegung doch seit jeher von der Prämisse aus, daß Geschlecht und Geschlechtszugehörigkeit in einer gerechteren und glücklicheren Gesellschaftsordnung als Kriterium von Funktion, Rolle und Stellung einer Person eine sehr viel geringere, eine ganz andere oder vielleicht sogar überhaupt keine Bedeutung haben kann. Feminismus und Frauenbewegung zielen, wenn schon nicht auf die vollständige Abschaffung, so doch auf eine grundlegende Umgestaltung der Konstruktionsregel Geschlecht im Bauplan der Gesellschaft.

Spätestens seit sie sich aus der Vormundschaft anderer Gesellschaftstheorien zu emanzipieren begonnen hat, befindet sich feministische Theoriebildung auf dem Wege zur Analyse und Kritik der Kategorie Geschlecht als einer eigengesetzlichen und eigenständigen gesellschaftstheoretischen Größe. Die Begegnung mit postmodernen Denkansätzen kann zu diesem Prozeß ebensoviel beitragen wie davon ablenken. Einen wichtigen Beitrag leistet der postmoderne Ansatz in der Unterstützung und Verstärkung der feministischen Kritik an einem angemaßten Universalismus bzw. darüber hinaus in der kritischen Beleuchtung der hierarchiestiftenden Strategien der Polarisierung von Einem und Anderem, Zentrum und Rändern, Universalität und Partikularität. Dagegen geht von der radikalen Skepsis gegenüber der Möglichkeit von Allgemeingültigkeitsansprüchen und der einseitigen Akzentuierung von Fragmentierung und Differenz die Gefahr einer Selbstmarginalisierung des Feminismus aus, die fatale Ähnlichkeit mit überkommenen und kaum überwundenen Mustern von Weiblichkeit als dem „Ewig-Partikularen" aufweist. Darüber hinaus leistet die Akzentuierung von Fragmentarität und Differenz einem Essentialismus gerade Vorschub, zu dessen Kritik das postmoderne Denken eigentlich angetreten ist.

Eine „Ehe" im traditionellen Sinne wird der Feminismus mit der Postmoderne auf Dauer ebensowenig eingehen können wie mit irgendeiner anderen der großen gesellschaftstheoretischen Strömungen des 20. Jahrhunderts. Die Frage nach den Beziehungen zwischen Feminismus und Postmoderne zu stellen, ist im gleichen Maße, obzwar auf andere Weise, nützlich und sinnvoll wie im Hinblick auf alle anderen Gesellschaftstheorien auch.

Literaturverzeichnis

Beauvoir, Simone de, 1968: Das andere Geschlecht. Sitte und Sexus der Frau. Reinbek.

Benhabib, Seyla, 1993: Feminismus und Postmoderne. Ein prekäres Bündnis, in: *Seyla Benhabib/Judith Butler/Drucilla Cornell/Nancy Fraser*, Der Streit um Differenz. Feminismus und Postmoderne in der Gegenwart. Frankfurt a.M., 9-30.

Bordo, Susan, 1990: Feminism, Postmodernism, and Gender-Skepticism, in: *Linda J. Nicholson/Nancy Fraser* (Hrsg.), Feminism/Postmodernism. London/New York, 133-156.

Bordo, Susan, 1992: Feminist Skepticism and the 'Maleness' of Philosophy, in: *Elizabeth D. Harvey/Kathleen Okrulik* (Hrsg.), Women and Reason. Ann Arbor, 143-162.

Braidotti, Rosi, 1991: Patterns of Dissonance. A Study of Women in Contemporary Philosophy. Cambridge.

Butler, Judith, 1993: Kontingente Grundlagen. Der Feminismus und die Frage der Postmoderne, in: *Seyla Benhabib/Judith Butler/Drucilla Cornell/Nancy Fraser*, Der Streit um Differenz. Feminismus und Postmoderne in der Gegenwart. Frankfurt a.M., 31-58.

Dean, Jodi, 1996: Solidarity of Strangers. Feminism After Identity Politics. Berkeley.

Flax, Jane, 1990: Thinking Fragments. Psychoanalysis, Feminism, and Postmodernism in the Contemporary West. Berkeley/Los Angeles/Oxford.

Fraser, Nancy/Nicholson, Linda, 1990: Social Criticism without Philosophy: An Encounter between Feminism and Postmodernism, in: *Linda J. Nicholson/Nancy Fraser* (Hrsg.), Feminism/Postmodernism. London/New York, 19-38.

Grimshaw, Jean, 1986: Philosophy and Feminist Thinking. Minneapolis.

Grosz, Elizabeth, 1990: A Note on Essentialism and Difference, in: Feminist Knowledge: Critique and Construct, hrsg. von *Sneja Gunew*. London/New York, 332-344.

Harding, Sandra, 1994: Das Geschlecht des Wissens. Frauen denken Wissenschaft neu. Frankfurt a.M./New York.

Hartsock, Nancy, 1990: Foucault on Power. A Theory for Women?, in: *Linda J. Nicholson/Nancy Fraser* (Hrsg.), Feminism/Postmodernism. London/New York, 157-175.

Hekman, Susan, 1990: Gender and Knowledge. Elements of a Postmodern Feminism. London.

Klinger, Cornelia, 1994: Die politische Theoriediskussion der Gegenwart in einer feministischen Perspektive, in: Schweizerisches Jahrbuch für politische Wissenschaft. Genf, 33-50.

Lauretis, Teresa de, 1990: Eccentric Subjects. Feminist Theory and Historical Consciousness, in: Feminist Studies 16(1), 115-150.

Lazarus, Neil/Evans, Steven/Arnove, Anthony/Menke, Anne, 1995: The Necessity of Universalism, in: differences 7(1), 75-145.

Mansbridge, Jane/Okin, Susan 1993: Feminism, in: *Robert Goodin/Philip Pettit* (Hrsg.), A Companion to Contemporary Political Philosophy. Oxford/Cambridge, 269-290.

Menon, Ritu, 1996: Beijing's Lessons. Rezension zu *Amrita Basu* (Hrsg.), The Challenge of Local Feminisms. Women's Movements in Global Perspective, in: The Women's Review of Books XIII(12), 15-16.

Rawls, John, 1993: Political Liberalism. New York.

Riley, Denise, 1988: Am I That Name? Feminism and the Category of 'Women' in History. Minneapolis.

Sargent, Lydia (Hrsg.), 1981: Women and Revolution. A Discussion of the Unhappy Marriage of Marxism and Feminism. Boston.

Schor, Naomi, 1995: French Feminism is a Universalism, in: differences 7(1), 15-47.

Scott, Joan, 1989: Gender. A Useful Category of Historical Analysis, in: *Elizabeth Weed* (Hrsg.), Coming to Terms. Feminism, Theory, Politics. London/New York, 81-100.

Shelton, Beth Anne/Agger, Ben, 1993: Shotgun Wedding, Unhappy Marriage, No-Fault Divorce? Rethinking the Feminism-Marxism Relationship, in: *Paula England* (Hrsg.), Theory on Gender/Feminism on Theory. New York, 25-41.

Singer, Linda, 1992: Feminism and Postmodernism, in: *Judith Butler/Joan Scott* (Hrsg.), Feminists Theorize the Political. London/New York, 467-475.

Die Kategorie Geschlecht als kultureller Code. Über Exklusion, Inklusion und Demokratisierung

Dietmar Schirmer

Alle großen Emanzipationsdiskurse der Moderne – Sozialismus, Abolitionismus und Bürgerrechtsdiskurs, Feminismus – entfalten sich als Kritik an der partikularistischen Realisierung des eben nur theoretisch universalistischen Gleichheitspostulats, auf dem die Moderne legitimatorisch aufruht.

„We hold these Truths to be self-evident, that all Men are created equal, that they are endowed by their Creator with certain unalienable Rights, that among these are Life, Liberty, and the Pursuit of Happiness",

heißt es am Beginn der Declaration of Independence, und so muß ausgerechnet dem Sklavenhalter Thomas Jefferson, der maßgeblich den Text abgefaßt hat, das Verdienst zugerechnet werden, jenen normativen Rahmen formuliert zu haben, gegen den die Sklaverei viel zu lange, aber eben nicht dauerhaft Bestand haben konnte. Allgemeiner: Mit dem Eintritt in die politische Moderne haben die bürgerlichen Umwälzungen eine dem Selbstverständnis nach universalistische Normativität geschaffen und eine partikularistische Praxis durchgesetzt, und an diesem Widerspruch setzen heterodoxe Diskurse den Hebel ihrer Kritik an, entweder um die Notwendigkeit des Umsturzes der bürgerlichen Welt wegen erwiesenen Versagens zu begründen oder um sie in kleinen, mühsamen Rucken ein bißchen näher an ihre eigenen Versprechungen heranzuzwingen.[1] Die Geschichte der Extensivierung des Wahlrechts als Geschichte seiner Entkoppelung von den Kategorien des Besitzes, der Abstammung und des Geschlechts könnte als Beleg für die optimistische Interpretation angeführt werden, daß die Lücke zwischen Norm der Gleichheit und Praxis der Ungleichheit sich mählich schließe. Umgekehrt könnte die hartnäckige Reproduktion sozialer Ungleichheit auch nach eineinhalb Jahrhunderten des Kampfes um sozialen Ausgleich zwischen Besitzenden und Arbeitskraftverkäufern, Mehrheit und ethnischen Minderheiten, Männern und Frauen den Verdacht nähren, daß die Effekte emanzipatorischer Errungenschaften spätestens auf der Ebene der sozialen Machtverhältnisse verpuffen. Dabei liegt es in der Logik der Sache, daß die optimistische Geschichtsinterpretation von der langsamen,

1 Für die überragende Bedeutung des – liberal wie sozial interpretierten – Gleichheitsversprechens als Ansatzpunkt von Emanzipationsdiskursen siehe beispielsweise die Definition des Feminismus, wie sie auf dem 2. Internationalen und Interdisziplinären Frauenkongreß in Groningen 1984 formuliert wurde. Feminismus wird darin auf zwei Ziele hin orientiert: „(1) Gleichheit, Würde und Entscheidungsfreiheit für Frauen ... (2) Beseitigung aller Formen von Ungleichheit, Herrschaft und Unterdrückung durch die Schaffung einer gerechteren sozialen und ökonomischen Ordnung" (Bunch/Carillo/Guinée 1985: 244).

aber unaufhaltsamen Durchsetzung der Gleichheitsnorm den Angehörigen der bereits saturierten Gruppen näher liegt als den jeweiligen Aspiranten.
Daß in den korrespondierenden akademischen Diskursen ein ähnliches Spannungsverhältnis zwischen den Perzeptionen von Saturierten und Aspiranten existiert, liegt auf der Hand. Deswegen handelt es sich bei den wissenschaftlichen Korrelaten der Emanzipationsdiskurse zunächst um eine Art Schandfleckenbegehung, bei der die widerstrebende amtsinhabende Orthodoxie vor ihre eigenen Bornierungen und Verstellungen gezerrt werden muß.[2] Die zentrale Kategorie, mit der Emanzipationsdiskurse die je herrschenden Lehren kritisieren, ist nicht zufällig die des Zentrismus: In den Begriffen vom Euro- und Androzentrismus ist präzise das falsche Partikulare im richtigen Universalen gefaßt, an dem die Emanzipationsdiskurse ansetzen[3] – wenngleich die Tendenz unverkennbar ist, das zentristische Muster durch die Elaborierung von Gegenpartikularismen des Typs Afrozentrismus (siehe z.B. Asante 1990; Diop 1974) oder Gynozentrismus (so etwa Daly 1985; vgl. dazu Young 1989) zu reproduzieren.
Nach dem Modus der Zentrismuskritik verfährt auch der politikwissenschaftliche Feminismus-Diskurs: Es geht um den Nachweis, wie und zu welchem Ende eine männlich halbierte Sicht der Dinge für das Ganze ausgegeben wird – und zwar sowohl im politischen Feld als auch in der Epistemologie der Politikwissenschaft. Letzteres begründet den hohen Stellenwert der Ideengeschichte, die als Beobachtung zweiter Ordnung das Instrumentarium für die Rekonstruktion der Genese und der impliziten und expliziten Begründungslogiken für die Geschlechtercodierung des Politischen zur Verfügung stellt (vgl. Benhabib 1989; Benhabib/Nicholson 1987; Kerber 1980; Klinger 1986; Lloyd 1983; Okin 1979; Pateman 1988). Neben der politikwissenschaftlichen Selbstreflexion auf dem Wege einer feministischen Interpretation politischer Ideengeschichte – die in eigenartiger Weise sowohl selbstreferentiell als auch fremdreferentiell ist, weil ihre Akteure sich gleichzeitig als Mitglieder und Nicht-Mitglieder des Systems Politikwissenschaft erfahren (müssen) – findet sich eine besondere Massierung feministisch-politikwissenschaftlicher Arbeit zu erstens der Problematik des Staates (vgl. Kreisky 1995a; MacKinnon 1982 und 1989), insbesondere in seiner Ausprägung als Wohlfahrtsstaat (vgl. Gordon 1990; Orloff 1993), sowie zweitens zur Trennung von Öffentlichem und Privatem (vgl. Conradi 1989; Elshtain 1981; Kerchner/Wilde 1997; Lang 1995; Pateman 1983). Daß die feministische Kritik, gleich ob ideologiekritisch oder dekonstruktivistisch vorgetragen, hier bevorzugte Ansatzpunkte finden konnte, ist nicht überraschend, wirkt doch die Kategorie des Geschlechts, vermittelt durch die dichotomischen Syntagmen *männlich – öffentlich – Staat* vs. *weiblich – privat – Familie*, unmittelbar strukturbildend.

2 Was hier etwas salopp eine „Schandfleckenbegehung" genannt wird, bildet, ähnlich wie die „Selbstbilanzierung", fast schon ein eigenes Genre innerhalb der Literatur der Emanzipationsdiskurse (vgl. Carroll/Zerilli 1993: 56ff.).

3 Der Begriff des Eurozentrismus gelangte durch die gleichnamige Skala in den Studien zur „Authoritarian Personality" zu einiger Prominenz (Adorno et al. 1950). Im Rahmen der gegenwärtigen US-amerikanischen Debatte um die sogenannten „Western Civilization"-Grundkurse wird von Reformern das Zusammenspiel der verschiedenen Zentrismen ironisch auf die Formel von den „dead white males" gebracht, die gemäß dem herrschenden Kanon allein das lehrens- und lernenswerte kulturelle Erbe repräsentieren (siehe zu diesem Streit aus konservativer Perspektive D'Souza 1992: 60-93).

Dagegen ist, worauf Birgit Sauer (1995) kürzlich hinwies, dem Forschungsfeld der politischen Kultur von feministischer Seite bislang nur wenig Aufmerksamkeit geschenkt worden. Am Gegenstandsbereich der politischen Kulturforschung kann das nicht liegen. Politische Kultur handelt von den gesellschaftlich verfügbaren Vorstellungs- und Deutungsweisen für das Politische, und es ist ganz unbezweifelbar, daß darin dem Code *männlich-weiblich* eine hervorragende Bedeutung für die symbolische Produktion politischen Sinns zukommt. Schon eher liegt es am behavioralistisch geprägten Mainstream der politischen Kulturforschung, dessen Forschungspraxis Geschlecht nicht als strukturierende Kategorie der politischen Vorstellungswelt, sondern lediglich als eine neben anderen Variablen in der Auswahl und Beschreibung von Untersuchungssamples sowie in der Analyse von Einstellungsdaten berücksichtigt (vgl. Sauer 1995: 168-171).[4]

Um politische Kultur erstens als kritisches Konzept zurückzugewinnen und es zweitens für die Geschlechterfrage zu öffnen, plädiert Sauer für einen symboltheoretischen Ansatz, der Geschlecht, also den Code *männlich-weiblich*, als „generatives Grundmuster der politischen Kultur begreift" (ebd.: 182). Diesem Vorschlag zu folgen, fällt mir leicht, weil ich selbst seit Jahren dafür plädiere, politische Kultur als symbolische Institution zu verstehen (vgl. Schirmer 1992).

Im folgenden soll dieser Gedanke fortgesponnen und elaboriert werden. Dazu werden zunächst einige Vorbemerkungen zu einer Theorie der kulturellen Grundlagen der Politik erforderlich sein. Diese Prolegomena skizzieren politische Kultur als eine Art politischen Habitus im Bourdieuschen Sinne (vgl. Bourdieu 1979: 139-202; 1985 und 1987: 97-121). Im Anschluß daran will ich, nicht mit Anspruch auf Vollständigkeit, wohl aber auf eine gewisse Systematik, einige der Bedingungen und Effekte des Codes *männlich-weiblich* sowie einige Schnittstellen zwischen dem Geschlechtercode und anderen Kategorien der sozialen und politischen Disktinktion ausweisen. Zum Schluß werden die Demokratisierungspotentiale des feministischen Diskurses als eines Inklusionsdiskures diskutiert werden.

1. Umrisse einer kulturalistischen Theorie der kulturellen Grundlagen der Politik

Schon seit zwei Jahrzehnten hat sich neben der theoretisch auf Parsons und methodisch auf die Umfrageforschung kaprizierten politischen Kulturforschung ein zweiter Strang ausgebildet, der gegen den Psychologismus der Almond/Verba-Tradition eine kulturalistische Konzeption von politischer Kultur zu etablieren versucht (vgl. Dittmer 1977;

---

4 Es verhält sich nun nicht so, daß feministische Forschung keine relevanten Aussagen zu politisch-kulturellen Tatbeständen getroffen hätte, sie hat es lediglich nicht systematisch im Rahmen einer expliziten politischen Kulturforschung getan. Was für die politische Kulturforschung im Allgemeinen gilt – daß sie, wie die Beispiele von Marx' „18. Brumaire des Louis Bonaparte" oder von Toquevilles „Über die Demokratie in Amerika" zeigen, gelegentlich „aus Versehen" und ohne Beruf auf die Kategorie der politischen Kultur selber praktiziert werden kann – gilt auch für die politische Kulturforschung unter Geschlechteraspekten. In der Tat finden sich v.a. in der feministischen politischen Ideengeschichte wie auch im Gesamt der ethnologisch und ethnomethodologisch inspirierten Beiträge zur *sex/gender*-Problematik reichlich Befunde, die hinsichtlich einer Analyse der Geschlechterordnung unter dem Aspekt der politischen Kultur hochrelevant sind.

Elkins/Simeon 1979; Rohe 1987 u.v.a.; paradigmatisch für diese Richtung Geertz 1973 und 1987). Der Kulturalismus als distinktives Merkmal mag, im Zusammenhang einer Debatte um politische Kultur, etwas kurios anmuten, ist es aber durchaus nicht. Tatsächlich hat sich der von Almond und Verba begründete Strang der Debatte bewußt auf die psychologische Frage nach den subjektiven politischen Orientierungen der Mitglieder eines politischen Systems beschränkt und politische Kultur in recht unbefangenem Nominalismus als das Aggregat dieser individuellen Merkmale definiert.[5] Die Vorzüge dieser Konzeption sollen nicht bestritten werden: Sie vermochte, Begriff, systematischen Bezugsrahmen und Methode politischer Kulturforschung einigermaßen klar zu definieren und die Vergleichbarkeit der Ergebnisse einzelner unter ihrem Regime entstehender Studien zu gewährleisten.[6] Gleichwohl rief sie fast notwendig ihre eigene innerwissenschaftliche Opposition auf den Plan, weil die ihr zugrunde gelegte Definition von Kultur sowohl dem intuitiven als auch dem begriffsgeschichtlich aufgeklärten Verständnis von Kultur widersprach und insbesondere einflußreiche Kulturtheorien, wie sie in der Ethnologie oder den einschlägigen Teildisziplinen der Anthropologie und der Soziologie entwickelt worden waren, ignorierte.

Insofern ist es ganz folgerichtig, daß sich Stimmen erhoben, die gegen die theoretisch auf Behavioralismus und methodisch getreu dem Motto „It ain't culture unless you can count it" auf Survey Research abonnierte politische Kulturforschung das Kulturelle der politischen Kultur zu betonen suchten. Was in dem aus diesem Bemühen gespeisten Strang des Diskurses um politische Kultur verhandelt wird, ist heterogen. Es hat seine Quellen in der strukturalistischen Ethnologie, Anthropologie und Semiotik, es nimmt Anregungen aus der amerikanischen Kultur- und der französischen Mentalitätsgeschichte ebenso auf wie kulturorientierte politikwissenschaftliche Konzepte wie das der Zivilreligion (vgl. Gebhardt 1987), und es bezieht sich theoretisch auf die Marxschen Frühschriften ebenso wie auf die von Max Weber gestiftete Tradition einer historisch-typologischen Kulturwissenschaft (vgl. Berg-Schlosser 1972; Lepsius 1990), auf Antonio Gramscis Konzept der kulturellen Hegemonie oder auf Pierre Bourdieus kulturalistische Reformulierung der Klassentheorie (vgl. Eder 1989b). Gemeinsam ist all diesen Bemühungen, daß erstens politische Kultur als Eigenschaft eines Kollektivs interpretiert, daß sie zweitens als ein Modus der Produktion und Reproduktion von politischem Sinn verstanden wird und daß ihr drittens die Frage nach ihrer Macht- und Herrschaftsdimension, um die sie in ihrer psychologistischen Fassung gebracht worden war, zurückgegeben wird. Für die meisten dieser Ansätze gilt außerdem, daß sie auf

5 Die psychologistische Engführung des Kulturbegriffs wird von Almond und Verba offensiv vertreten: „We appreciate the fact that anthropologists use the term culture in a variety of ways, and that by bringing it into the conceptual vocabulary of political science we are in danger of importing its ambiguities as well as its advantages. Here we can only stress that we employ the concept of culture in only one of its many meanings: that of *psychological orientation towards social objects*. When we speak of the political culture of a society, we refer to the political system as internalized in the cognitions, feelings, and evaluations of its population" (Almond/Verba 1963: 13; Hervorhebung im Original).

6 Trotzdem blieben wesentliche Dimensionen der Operationalisierung unscharf, weswegen die Kritik an der Beliebigkeit sowohl der Inhaltskataloge als auch der Aggregatsebenen politischer Kultur nie verstummt ist (vgl. beispielsweise Gebhardt 1987: 49f.; Henning 1987: 96). David L. Latin rechnet die politische Kulturforschung ihrer konzeptionellen Unschärfe wegen den „degenerate research programs" zu und befindet: „In the civic culture tradition, conceptual clarity was not achieved" (1996: 168).

eine empirisch-analytische Modellbildung verzichten und sich mit den weicheren Kategorien historisch-deutenden Verstehens bescheiden.

Wie hier bereits angedeutet und an anderer Stelle ausführlicher dargestellt (Schirmer 1992), gehen meine eigenen Überlegungen zu einer symboltheoretischen Reformulierung des Begriffs der politischen Kultur dahin, Aspekte der Bourdieuschen Kultursoziologie für ein solches Vorhaben fruchtbar zu machen. Neben der kulturalistischen Erweiterung des Klassenbegriffs in eine Kategorie, die nicht einfach aus der Verfügungsgewalt über ökonomisches Kapital abgeleitet ist, sondern auf der Grundlage von ökonomischem, sozialem, kulturellem und symbolischem Kapital eine genaue Positionsbestimmung von Individuen und Gruppen von Individuen im sozialen Raum erlaubt, nimmt das Konzept des Habitus (vgl. Bourdieu 1979: 139-202 und 1987: 97-121) als eines Systems dauerhafter und kollektiver Dispositionen eine zentrale Stellung in der Bourdieuschen Kultursoziologie ein. Beim Habitus handelt es sich um die dialektisch funktionierende Vermittlungsinstanz zwischen Individuum und Gesellschaft, die als „strukturierte Struktur" die zu Sedimenten verfestigten vergangenen Erfahrungen einer Gesellschaft in sich trägt und als „strukturierende Struktur" die Wahrnehmungs-, Denk- und Handlungsschemata bereithält, vermöge derer die Mitglieder einer Gesellschaft das, was ihnen mittelbar oder unmittelbar widerfährt, in eine Sinn-, Affekt- und Wertstruktur integrieren. Als *opus operatum* von Geschichte „gewährleistet (der Habitus, D.S.) die aktive Präsenz früherer Erfahrungen" (Bourdieu 1987: 101), als *modus operandi* bringt er „individuelle und kollektive Praktiken, also Geschichte" (ebd.) hervor. In dem Umstand, daß auf diese Weise die vergangenen Erfahrungen die künftigen Handlungen strukturieren, sind die Veränderungsträgheit und der Strukturkonservatismus des Habitus begründet: Er tendiert zur Reproduktion derjenigen Verhältnisse, die ohnehin schon existieren, sich selbst eingeschlossen.

Welchen Nutzen könnte nun das Unterfangen einer symboltheoretischen Reformulierung der Theorie politischer Kultur aus dem Habituskonzept ziehen? Erstens kann damit politische Kultur dialektisch als Resultat und Erzeugungsprinzip politischer Geschichte gleichermaßen verstanden und darin der alte Streit, ob es sich um eine abhängige oder eine unabhängige Variable handle, aufgehoben werden. Zweitens kann politische Kultur, gedacht in den Linien eines politischen Habitus, als Umschlagplatz von gesellschaftlichen Erfahrungen in individuelle und kollektive Praktiken und *vice versa* verstanden und damit das alte Versprechen eingelöst werden, mit der politischen Kulturforschung die Lücke zwischen Mikro- und Makroanalyse des Politischen zu schließen. Drittens ist ein angemessen weiter Symbolbegriff im Konzept des Habitus bereits angelegt: Symbolisch ist jede Erfahrungsverarbeitung zu nennen, die einer praktischen – im Gegensatz zu einer begrifflich-szientistischen – Logik folgt.[7] Viertens wird die politische Kulturforschung dadurch gegenüber jenen Fragen der Macht und

7 Der Gegensatz von praktischer und begrifflich-szientistischer Logik deckt sich im Prinzip mit der von Hans Blumenberg getroffenen Unterscheidung von metaphorischer und begrifflicher Sprache (vgl. Blumenberg 1960). Weil ich Blumenbergs Petitum teile, daß die metaphorische Sprache nicht bloß als defiziente, noch nicht zu sich selbst gekommene Begriffssprache abgewertet, sondern als eigenständiger und eigensinniger Modus der Erkenntnis anerkannt werden müsse (vgl. Blumenberg 1971: 163f. und passim), halte ich den Begriff des Vorlogischen, mit dem Bourdieu gelegentlich die praktische oder „wilde" Logik bezeichnet (vgl. z.B. Bourdieu 1987: 42), für unangemessen.

des politischen Konflikts geöffnet, die in der psychologistisch-systemtheoretischen Fassung aus der Debatte gezogen wurden. Denn *in terms of* Habitus kann politische Kultur – zumal jene Ebene, die Rohe in Entgegensetzung zur „Sozialkultur" die „Deutungskultur" nennt (Rohe 1987: 41-44) – als ein Kampf um Deutungsmacht interpretiert werden. Und fünftens eröffnen sich der politischen Kulturforschung nun ganz neue Möglichkeiten hinsichtlich ihrer Materialien und Methoden, denn prinzipiell ist in diesem Sinne verstandene politische Kultur in alle politische Praxis eingeschrieben und kann folglich in allen Hervorbringungen politischer Praxis aufgefunden werden. Darin liegt keine Absage an das Instrumentarium der Umfrageforschung, wohl aber eine zweifache Relativierung: Erstens kann diese nun nicht mehr beanspruchen, als Königsweg der politischen Kulturforschung zu gelten, sondern ist nur mehr eine unter einer prinzipiell unbestimmten Anzahl denkbarer Zugangsweisen; und zweitens fördern ihre Resultate, auch im Aggregat, nicht politische Kultur unmittelbar zutage, sondern bilden lediglich einen neben anderen Daten- und Quellenbeständen, auf deren Grundlage die Rekonstruktion der in ihnen objektivierten Schemata symbolischer Sinnstiftung versucht werden kann.

Politische Kultur wäre demnach als die Summe der gesellschaftlich oder in subgesellschaftlichen Segmenten verfügbaren Modi der Deutung des Politischen zu verstehen.[8] Dieses Deuten vollzieht sich als symbolisches Verweisen, das durch Ähnlichkeits- und Anschließungsoperationen eine begehbare Brücke zwischen den Irritationspotentialen des Unbekannten oder Unverstandenen und dem bereits etablierten Wissen und Werten herstellt. So werden, um gleich ein durch den Code *männlich-weiblich* strukturiertes Beispiel einzuführen, die Abstrakta des Staates und der Gesellschaft in den Konkreta des Vaters und der Familie nicht nur verstehbar, sondern gleich noch mit einer bestimmten hierarchischen Struktur ausgestattet. Der legitimierende Effekt dieser symbolischen Operation ist ganz unübersehbar: Die Legitimität der Autoritätsbeziehungen innerhalb des einen hierarchischen Verhältnisses geht gleichsam auf das andere über. In dieser Perspektive hat politische Kultur keineswegs, wie in der traditionellen politischen Kulturforschung vorgesehen, nur den Charakter eines subjektiven politischen Vorstellungshorizontes, der ganz unabhängig vom politischen System, seinen Institutionen und den darin vorherrschenden Machtverhältnissen zu untersuchen wäre. Politische Kultur als System subjektiver politischer Deutung und Sinnstiftung ist vielmehr nur die eine Seite einer komplexeren Relation, die eben nicht nur die Subjekte aufs politische System, sondern auch umgekehrt das politische System auf die darin agierenden Subjekte bezieht. Auf der anderen, gewissermaßen dem politischen System zugewandten Seite hat politische Kultur den Charakter einer politischen Symbolisierungs-Institution (vgl. Schirmer 1992: 35-58), die die Modalitäten der Generierung politischen Sinns kollektiv verbindlich und zeitlich relativ stabil regelt und damit die individuellen politischen Deutungsakte sowohl limitiert als auch entlastet. Damit aber steht politische Kultur in einem doppelten Verhältnis zu politischer Herrschaft. Als symbolische Institution des politischen Systems trägt sie einerseits die Struktur der darin bestehenden Herrschaftsverhältnisse und Konfliktlagerungen in sich und ist

8 Hier freilich wird die Begriffsbestimmung selbstreferentiell, weil die Kategorie des Politischen selber politisch-kulturell determiniert ist. Methodisch gibt es aus diesem Zirkel keinen ontologischen oder essentialistischen Ausweg; es bleibt einzig die Selbstbeobachtung: Politisch ist, was dem Politischen diskursiv zugerechnet wird.

gleichzeitig selber unmittelbar herrschaftsrelevant. Denn schließlich konditionalisieren die Kategorien politischen Deutens die Bandbreite der möglichen Ergebnisse: Legitimation oder Entzug der Legitimation der politischen Ordnung insgesamt oder einzelner Institutionen und Akteure, Zustimmung zu oder Ablehnung von politischen Maßnahmen und Programmen, Anerkennung oder Nicht-Anerkennung der Rechte von Individuen, Vorrangigkeit oder Nachrangigkeit konfligierender Zielsetzungen. Dies heißt: Wer die Kategorien der Deutung des Politischen bestimmt, bestimmt zwar nicht über das Deuten, wohl aber über die Bandbreite der realisierbaren Deutungsalternativen.[9]

Zugespitzt läßt sich daher sagen: Politischer Kampf ist Kampf um die Durchsetzung der legitimen Sicht der politischen Welt.[10] Insofern steht politische Kultur nicht prinzipiell außerhalb der politischen Auseinandersetzung, sondern wird, im Moment der politisch-kulturellen Krise, selbst Gegenstand dieser Auseinandersetzung. Eine Krise im politisch-kulturellen Sinne ist dadurch gekennzeichnet, daß die politischen Erfahrungszumutungen sich so verändern, daß sie mit den tradierten und eingeschliffenen Modi der Politikdeutung nicht mehr angemessen bearbeitet werden können und infolgedessen ihre Integration in bestehende Sinnhorizonte nicht mehr gelingt. Das Resultat besteht darin, daß eine bis dahin selbstverständliche Deutungsoperation durch Mißlingen unselbstverständlich und damit zum Gegenstand einer Auseinandersetzung um einen angemessenen Deutungsmodus wird. Diese durch das Eintreten der Krise markierte Differenz zwischen dem Selbstverständlichen und dem Unselbstverständlichen versucht Karl Rohe mit der Unterscheidung von politischer Sozialkultur und politischer Deutungskultur zu erfassen (1987: 41-44). In prinzipiell ähnlicher Weise unterscheidet Bourdieu zwischen Doxa, Orthodoxie und Heterodoxie, wobei die Doxa das Feld dessen, „was stillschweigend als selbstverständlich hingenommen wird" (1979: 327), meint, und Orthodoxie und Heterodoxie, herrschende Meinung und abweichende Meinung, gemeinsam das Universum des Diskurses, also des legitimerweise Umstrittenen konstituieren.

Politisch-kultureller Wandel ist also unauflöslich an eine Krise der je bestehenden Deutungsgewohnheiten gebunden, die ein Selbstverständliches zum Problem macht und damit die Voraussetzung schafft, um es in das Feld des Diskurses zu heben. Nun ist die Krise als Voraussetzung zwar notwendig, aber nicht hinreichend für die Entstehung einer Heterodoxie. Hinzutretend muß es jemanden geben, der oder die die symbolischen Mittel an der Hand hat, das Problem als Problem erfolgreich – und das heißt so, daß die herrschende Meinung es nicht einfach beschweigen kann – zu benennen. Drittens schließlich ist für den Erfolg der Heterodoxie – also für ihre Fähigkeit, für die von ihr formulierten Forderungen nicht nur symbolische Anerkennung, sondern substantielle Satisfaktion zu erkämpfen – entscheidend, ob ihr Anliegen einen der

9 Jene Strategie des politischen Wettbewerbs, die „Begriffe besetzen" heißt, beruht auf dem intuitiven Wissen um diesen Sachverhalt: Es geht um die Assoziation der eigenen Position mit einer legitimierenden und die Assoziation der gegnerischen Position mit einer delegitimierenden Kategorie – „Freiheit statt Sozialismus" mag als Beispiel dienen. Allerdings handelt es sich bei diesen Kategorien nicht um Begriffe im Sinne einer wohldefinierten Relation zwischen Signifikant und Signifika, sondern um Symbole, die ihre politische Wirkung aus dem sie umgebenden Feld positiver und negativer Konnotationen beziehen.

10 In diesem Sinne ist Krieg nicht die Fortsetzung der Politik mit anderen Mittlen, sondern ihr Ende: die Ersetzung der politischen Form des Konfliktaustrags durch die militärische.

Imperative der Selbsterhaltung des politischen Systems, also etwa seine Legitimität berührt. Denn nur dann muß es sich veranlaßt fühlen, auf die heterodoxe Forderung in effizienter Weise einzugehen, anstatt ihr bloß durch symbolische Kooptation, durch „Umarmung" also, den Stachel zu ziehen (vgl. Dryzek 1996: 479f.). Die soziale Frage des 19. Jahrhunderts beispielsweise ist insofern nicht allein ein Resultat der sozialen Brutalität des Industriekapitalismus, sondern auch der Fähigkeit, diese theoretisch als Unrechtstatbestand durchschauen und dieses Normativwissen in die soziale Praxis einer politischen Bewegung und Partei so übersetzen zu können, daß die Orthodoxie sie als Frage anerkennen mußte. Der Umstand, daß die Arbeiterbewegung mit der Einrichtung des Wohlfahrtsstaates eine bemerkenswert substantielle Antwort erzwingen konnte, erklärt sich daraus, daß ihr Anliegen, zunächst also die Linderung des sozialen Elends, später die angemessene Beteiligung der Arbeiterschaft am gesellschaftlichen Wohlstand, unmittelbar auf den Staatsimperativ des Erhalts und der Sicherung seiner Legitimität zielte.

Wichtig dabei ist, daß das Verhältnis von Orthodoxie und Heterodoxie nicht einfach antagonistisch ist. Denn noch im Versuch ihrer Unterdrückung oder ihrer Eindämmung anerkennt die herrschende Meinung die abweichende, wie umgekehrt die Formulierung der heterodoxen Meinung stets an die Möglichkeiten der je schon etablierten diskursiven Formation gebunden ist. Die Abweichung vom Herrschenden ist also an die Kategorien des Herrschenden gebunden; oder anders formuliert: Die Möglichkeit der Grenzüberschreitung ist in der Grenze schon enthalten.[11] Dieser Zusammenhang von Orthodoxie und Heterodoxie zeigt sich deutlich in dem Umstand, daß die Emanzipationsdiskurse der Moderne, wie oben beschrieben, jeweils in den normativen Kategorien der Realität, gegen die sie opponieren, geführt werden. Um das Eingangsbeispiel noch einmal aufzugreifen: Der Abolitionismus konnte den Skandal der Sklaverei deshalb als Skandal ausrufen, weil die Sklavenhaltergesellschaft selbst ihre politische Unabhängigkeit unter den Bannern jener Freiheits- und Gleichheitsansprüche erkämpft hatte, die sie anderen mit Hartnäckigkeit und Brutalität bestritt.

Vermittelt durch diesen Zusammenhang von Deutungskrise und Kulturwandel sollte sich ein symboltheoretisch angeleitetes Konzept politischer Kulturforschung zwanglos in eine breiter angelegte Theorie politischer Transformation integrieren lassen. Zumal Ansätze, die sich nicht mit dem „minimalistischen" Blick auf die institutionelle Transformation und den Grad der Anpassung des Elitenverhaltens an deren Erfordernisse begnügen, sondern „maximalistisch" die Ebene der politischen Vorstellungs- und Orientierungsmuster als integralen Bestandteil von Transformationsprozessen begreifen, sind auf eine Theorie politischer Kultur angewiesen (siehe dazu Merkel 1996), die eine angemessene dynamische Analyse der Verstopfung und Öffnung der Legitimitätsquellen der politischen Ordnung erlaubt. Die systemfunktionalistische politische Kulturforschung traditionellen Zuschnitts kann diese Aufgabe in zweierlei Hinsichten nur bedingt erfüllen. Erstens ist sie ansatzlogisch wie forschungspraktisch darauf gerichtet, die Angemessenheit der politischen Einstellungs- und Orientierungsmuster der Bevölkerung an die Erfordernisse eines demokratischen politischen Systems zu überprüfen. Weil aber Einstellungen als traditionsverhaftet und relativ stabil konzipiert

11 Hier ließen sich – was nicht geschehen wird – Überlegungen zur Anschlußfähigkeit der Foucaultschen Diskurs- und Machttheorie anstellen.

sind, kann sie die „Konsolidierung der *civic culture*“ nicht anders denn als nachhinkendes Element im Transformationsprozeß begreifen: Sie „schließt die Stabilisierung des sozio-politischen Unterbaus der Demokratie ab“ (ebd.: 39). Der umgekehrte Fall, in dem nämlich die politischen Vorstellungen der Bevölkerung als Ungerechtigkeitssensorium funktionieren, das dem Prozeß der institutionellen Demokratisierung vorausgeht, kann so gar nicht auf dem Radarschirm der Transformationsforschung aufscheinen. Diese Beschränkung blieb zu den Hochzeiten der politischen Kulturforschung in den sechziger und siebziger Jahren, die ja nicht zufällig mit den Hochzeiten des „democracy building“ im postfaschistischen Europa und des „nation building“ der großen Dekolonisierungsphase zusammenfiel, eher unauffällig, trat allerdings klar zutage im Zusammenhang der zivilgesellschaftlich induzierten Transformationen am Ausgang des mittel- und osteuropäischen Staatssozialismus. Zweitens muß die systemfunktionalistische politische Kulturanalyse, weil sie theoretisch und praktisch darauf beruht, politische Einstellungen unabhängig vom politischen System und dessen Institutionen und Akteuren zu messen, um sie dann auf ihre Systemkompatibilität hin zu überprüfen, die Dynamik der Reziprozitäts- und Austauschbeziehungen ignorieren, wie sie sowohl zwischen Bevölkerung und Akteuren des politischen Systems als – aktuellen oder potentiellen – Diskursteilnehmern als auch zwischen politischer Kultur als symbolischer Institution und den anderen Teilen der institutionellen Struktur des politischen Systems bestehen. Eine symbol- und diskurstheoretisch angeleitete Konzeption politischer Kultur hingegen ist von vorneherein auf die Rekonstruktion der Geschichte, also der Reproduktion *und* der Veränderung politischer Vorstellungswelten angelegt. Diese Geschichte entfaltet sich weder unabhängig von Strukturen, Leistungen und Versagungen des politischen Systems, noch kann sie sinnvollerweise ohne Rücksicht auf die Rollen der Akteure in den politischen und intermediären Institutionen sowie der Experten des öffentlichen Diskurses geschrieben werden. Bezogen auf das von Wolfgang Merkel vorgeschlagene Vier-Ebenen-Modell für die Analyse demokratischer Konsolidierung (ebd.) zielte also eine symboltheoretisch geschulte und diskursanalytisch dynamisierte politische Kulturforschung nicht nur auf den Konsolidierungsstand der *civic culture*, sondern darauf, die kulturellen Voraussetzungen der gesamten Konsolidierungssequenz zu erfassen.

Wenn wir politische Kulturforschung allgemein also erstens unter der Frage nach den politischen Deutungsmustern einer Gesellschaft oder ihrer subgesellschaftlichen Segmente und zweitens unter der Frage nach den Bedingungen und Möglichkeiten ihres Wandels innerhalb machtförmig strukturierter Diskurse betreiben, hätte eine für die Kategorie Geschlecht sensibilisierte politische Kulturforschung folgende Fragelinien zu verfolgen: Sie hätte erstens die – symbolischen und politischen – Effekte des Codes *männlich-weiblich* innerhalb der herrschenden politischen Kultur zu rekonstruieren; und sie müßte zweitens die – wiederum symbolischen und politischen – Voraussetzungen der Transgression bestehender Grenzen, also die Überwindung der herrschenden Ordnungskategorien des politischen Raumes herausarbeiten.

2. Männlichkeit und Weiblichkeit als kultureller Code

In den sozialwissenschaftlichen Diskursen ist es mittlerweile fast schon ein Gemeinplatz, Geschlecht – wie auch die anderen großen Menschensortiermaschinen: Klasse, Rasse,[12] Ethnie, Nation – als das Resultat sozialer Konstruktionen, also als etwas Gemachtes, nicht etwas Gegebenes zu interpretieren (vgl. Adelson 1993; Dölling/Krais 1997; Hagemann-White 1988 und 1993; Kessler/McKenna 1978; Nicholson 1994). Durch diese konstruktivistische Perspektive werden die allfälligen Mystifikationen des Primordialen durchbrochen und die Geschlechterbeziehungen, die allzu lange als Ausdruck einer, je nach Gusto, natürlichen oder göttlichen Ordnung des menschlichen Daseins galten, als naturalisierte Sozialbeziehungen durchschaubar. Eine solche Perspektive sollte allerdings nicht dahingehend radikalisiert werden, daß die Differenzkategorie des Geschlechts vollständig im Diskursiven aufgelöst und ihr lebenspraktischer, nicht-diskursiver Rückhalt – die unterschiedlichen Beiträge der Individuen zur Generativität – geleugnet wird (vgl. Landweer 1993: 36f.; Pateman 1992: 55). Dieses Petitum darf nicht als ein Versuch der Reontologisierung der konkreten historischen Ausgestaltung der Geschlechterkategorien mißverstanden werden,[13] sondern soll lediglich daran erinnern, daß, entgegen manch effektvoll-luftiger diskurstheoretischer Beiträge, eine soziale Welt diesseits der Diskurse existiert und beide, die Welt der sozialen Beziehungen und die des Diskurses über soziale Beziehungen, unaufhebbar in einer Dialektik der Eröffnung und Begrenzung von Möglichkeiten zusammengespannt sind.

Das aber heißt: Jede konkrete Geschlechterkonzeption ist eine historisch charakteristische symbolische Repräsentation eines soziokulturellen Verhältnisses. Dieser kulturelle Code funktioniert seit der Entwicklung der modernen naturwissenschaftlichen Taxonomien biologistisch und führt also die soziale, politische und kulturelle Differenz zwischen den Lebenslagen und Möglichkeitshorizonten von Männern und Frauen letztlich auf die Differenz prokreativer Funktionen zurück. Ausgehend von dieser Differenz entfaltet sich ein ganzes Universum symbolischer Distinktionen, das den sozialen als auch den politischen Raum ordnet und dabei, vermittelt über komplexe

12 Anders als im US-amerikanischen, ist im deutschen Sprachraum mit guten Gründen Rasse keine legitime Kollektivierungskategorie mehr. Um die aus politisch-ethischen Gründen gebotene Distanz sichtbar zu markieren, hat sich der Brauch etabliert, von Rasse nur in Gänsefüßchen zu sprechen, und diesem Brauch zu folgen haben mir die Herausgeberinnen dieses Bandes nahegelegt. Ich bin diesem Vorschlag nicht nachgekommen, weil dadurch der Rasse im Horizont der hier verhandelten Kategorien von Inklusion und Exklusion ein Sonderstatus zugewiesen würde, der ihr nicht gebührt. Bei Rasse handelt es sich genauso wie bei Geschlecht, Ethnie, Nation etc. um kulturelle Artefakte, um historische Dispositive, und insofern sind sie von ähnlichem epistemologischem Status. Rasse durch Gänsefüßchen abzugrenzen, hätte implizit bedeutet, die anderen Kategorien des Menschensortierens aufzuwerten, indem stillschweigend die ganz unangemessenen Codes wahr/unwahr oder gut/schlecht appliziert worden wären.

13 In der Tat sind ja sehr unterschiedliche Weisen der Konstituierung von Geschlechterdifferenz sowohl denkbar als auch empirisch vorfindlich: als eine primär soziale oder primär biologische Differenz, als eine Differenz, die beim Gebären oder beim Zeugen ansetzt, eine Differenz, die in einem Zweierschema restlos aufgeht (und dann die noch nicht oder nicht mehr Gebärenden oder Zeugenden aufgrund künftiger oder vergangener Beiträge zur Generativität typisieren muß) oder der unterschiedlich konzipierbare Residualkategorien zur Verfügung stehen.

Serien von Similaritäts- und Kontiguitätsoperationen, keineswegs auf jene biologische Differenz beschränkt bleibt, die epistemologisch den Ort seines „Urknalls" markiert.[14] Diesem Ort am nächsten sind ohne Zweifel die Symbolisierungen männlicher und weiblicher Körper. Und schon hier zeigt sich, daß der Code *männlich-weiblich* nicht nur über seinen biologistisch auf Fortpflanzung und Gattungserhalt bezogenen Kern, sondern sogar über die Differenz von Männern und Frauen selbst hinausgreift. Exemplarisch sei hier auf den anatomischen Diskurs des 19. Jahrhunderts verwiesen, der die Gebärfunktion von Frauen mit dem breiteren Becken in Zusammenhang bringt und aus der daraus resultierenden Stellung der Beine eine im Vergleich zu Männern geringere Mobilität, insonderheit die Unfähigkeit schnell zu laufen oder ausdauernd zu marschieren, ableitet (vgl. dazu und zum folgenden Vertinsky 1998). Interessanterweise wird hier also eine spezifisch weibliche körperliche Fähigkeit – zu gebären – in eine spezifisch weibliche Unfähigkeit – sich behende fortzubewegen – umgemünzt, wodurch im sozialen und politischen Feld die traditionelle Bindung der Frauen an den häuslichen, also privaten Raum ebenso wie ihre Exklusion von sportlichen und militärischen Betätigungen rationalisiert wird. Die demselben anatomischen Diskurs zuzurechnende Kraniometrie etabliert ferner das Wissen, daß männliche Schädel von größerem Umfang als weibliche seien, woraus nicht nur die überlegene männliche Verstandesfähigkeit deduziert wird, sondern auch, daß die Breite des weiblichen Beckens allererst dazu diene, große Knabenschädel zu akkommodieren. In anderen Worten: Der Körper der Frau ist eine Funktion seiner Aufgabe, männliche Kinder zu gebären. Der gleichen symbolischen Logik folgend wird umgekehrt die Einsicht, daß die Becken schwarzer Frauen schmaler seien als die weißer, zum Bestandteil des rassistischen Diskurses, der von der verstandesmäßigen Unterlegenheit afrikanischer Wilder handelt. Das Beispiel zeigt, wie die auf Generativität bezogene Differenz von Männlichem und Weiblichem in wenigen Zügen in ein weitreichendes System von zunächst sozial wirksamen hierarchisierenden Distinktionen verwandelt wird. Dabei handelt es sich um ein recht beliebig gewähltes Beispiel. Ähnlich folgenreiche Serien symbolischer Körper-Distinktionen lassen sich etwa anhand des Zusammenhangs von Menstruation, Schmutz, Hysterie und der Festlegung des weiblichen Lebens auf Domestizität beschreiben (vgl. Fuenmayor/Haug/Ward 1992).

Freilich und bekanntermaßen bleibt die Symboltätigkeit bei der Wendung der biologischen Distinktion ins Soziale nicht stehen; es übersetzt sich vielmehr das System der sozialen Differenz von gebärenden, immobilen, inhäusigen und emotionalen Frauen auf der einen und zeugenden, mobilen, aushäusigen und rationalen Männern auf der anderen Seite der Dichotomie recht zwanglos in ein System politischer Differenz. Carole Pateman (1992: 57) hat, wenn auch mit Blick auf die politische Theorie- und

14 Zur Begrifflichkeit von Similarität und Kontiguität und deren Zusammenhang mit Metaphorik und Metonymik siehe Jakobson (1956). Zur allgemeinen Begriffsverwirrung hinsichtlich der Zweiachsigkeit der Sprache hat der Umstand einiges beigetragen, daß Linguistik, Sprachpsychologie und Rhetorikforschung für die beiden Dimensionen der Sprache eine Vielfalt von Terminologien eingeführt haben. Cum grano salis können die rhetorischen Begriffe Metapher und Metonymie, die Jakobsonsche Diktion von Similarität und Kontiguität, die in der Saussureschen Tradition stehende Unterscheidung von Paradigma und Syntagma (Saussure 1922: 170) bzw. System und Syntagma (Barthes 1983: 49-73), sowie die von Jürgen Link eingeführte Terminologie von metaphorischen und repräsentativen Symbolen (Link 1976: 30ff.) als äquivalent gelten.

nicht auf die politische Symbolproduktion, auf das „Paradox von Einschluß und Ausschluß" hingewiesen, das darin bestehe, daß der Diskurs des 18. Jahrhunderts über die republikanische Staatsform die Frauen zwar mit einer politischen Aufgabe versah, nämlich der, republikanische Mütter zu sein, sie aber gleichzeitig von der Teilhabe an den staatsbürgerlichen Rechten ausschloß.[15] Diese Exklusion von den Staatsbürgerrechten begründet sich – theoretisch wie symbolisch-praktisch – aus der in langer sozialer und diskursiver Praxis konstituierten Unfähigkeit von Frauen, die für die Mitgliedschaft im politischen Verband erforderlichen staatsbürgerlichen Tugenden – Verantwortlichkeit fürs öffentliche, im Unterschied zum häuslichen Wohl und Fähigkeit zum Militärdienst – unter Beweis zu stellen.

Damit ist jene Sphärentrennung von Öffentlichem und Privatem, Staat und Haus, Gesellschaft und Familie praktisch vollzogen und symbolisch abgesichert, deren Kritik den zentralen Gegenstand des feministischen Politikdiskurses bildet. Es hat aber diese Sphärentrennung noch eine Reihe weiterer, für die dauerhafte Exklusion von Frauen aus dem politischen Feld ebenso wie für die Grenzen ihrer Inklusion relevante Implikationen. So bleibt das seit der Aufklärung sich durchsetzende linear-prozessuale Geschichtsbild mit dem Menschen als geschichtsmächtigem Subjekt auf die öffentliche und männlich okkupierte Sphäre beschränkt, während die auf Reproduktion ausgerichtete familiale Existenz der Frau ungebrochen im Modus der vormodernen, ahistorischen Zirkularität von Geburt und Tod gedeutet wird. Das wiederum hat Folgen für den Subjektstatus der männlichen und weiblichen Individuen, die die beiden Sphären bevölkern, denn sie werden durch ihre Stellung zum geschichtlichen Prozeß ein weiteres Mal nach Autonomie und Heteronomie sortiert. Und daran schließt sich wiederum ein ganzer Wust von Kontiguitäten, die, wie feministische Ideengeschichte und (Wohlfahrts-)Staatstheorie herauspräpariert haben, zu den Gegensatzpaaren von (männlichen) Rechten vs. (weiblichen) Bedürfnissen gegenüber dem Staat und der (männlichen) Zuständigkeit für Gerechtigkeit vs. der (weiblichen) fürs gute Leben verdichtet werden können.[16]

Es kann hier nur angedeutet, nicht wirklich ausgeführt werden, auf welch totalisierende Weise das generative Muster *männlich-weiblich* sämtliche Dimensionen des sozialen Raumes strukturiert. In einer freilich ganz unvollständigen Tafel zusammengefaßt, läßt sich der Code *männlich-weiblich* als eine Struktur darstellen, in der die symbolischen Repräsentationen des Männlichen und des Weiblichen ausgedehnte Syntagmen bilden,

15 Zur Geschichte von Mütterlichkeit und Nation in Deutschland aus symboltheoretischer Perspektive siehe Sandkühler/Schmidt (1991).

16 Die Wirksamkeit der syntagmatischen Beziehung zwischen den Dichotomien von *männlich-weiblich, öffentlich-privat* und *Gerechtigkeit-gutes Leben/Glück* erweist sich u.a. daran, daß die Jefferson-Exegetik auf sie zurückgegriffen hat, um der Bedeutung der Formulierung „the pursuit of happiness" in der Declaration of Independence nachzuspüren. Der einschlägige Passus über die unveräußerlichen Rechte lautet: „We hold these truths to be self-evident, that all men are created equal, that they are endowed by their Creator with certain unalienable Rights, that among these are Life, Liberty and the pursuit of Happiness." Es wurde gefragt, ob Jefferson damit ein häusliches Glück im Gegensatz zum öffentlich-politischen Gut der Freiheit habe ansprechen wollen (vgl. Lewis 1991 und 1993: 110f.). Die Fruchtbarkeit dieser interpretativen Bemühungen kann als eher gering angesehen werden; bemerkenswert ist daran nur, daß allein die Reihung von Liberty und Happiness genügt, um in den Köpfen der Exegeten die gesamte Syntagmatik von Öffentlichkeit vs. Privatheit zu evozieren.

die, ausgehend von den kulturellen Repräsentationen männlicher und weiblicher Körper, durch die Systeme der physischen Grunderfahrungen, der Konstitution des Selbst, der Gesellschaft, der Ökonomie, des Rechts und des Politischen hindurchreichen:

Tafel 1: Symbolstruktur des Codes männlich-weiblich

	männlich	*weiblich*
Körper	mobil belastbar geschlossen kraftvoll	immobil wenig belastbar offen anmutig
physische Grunderfahrung	draußen hell fest oben hart	drinnen dunkel flüssig unten weich
Selbst und Gesellschaft	autonom öffentlich prinzipiengeleitet linear geschichtlich aggressiv autoritär	heteronom privat kontextgeleitet zirkulär ahistorisch duldend fürsorglich
Ökonomie	produktiv besitzend bezahlt	reproduktiv abhängig unbezahlt
Staat, Politik, Recht	Vollmitgliedschaft Rechte Träger des Staates „Vaterland" Soldat	Exklusion/Teilmitgliedschaft Bedürfnisse Getragene „Muttererde" Mutter

Der heuristische Zweck dieser Tafel besteht darin, zwei unter politisch-kulturellen Gesichtspunkten relevante Tatbestände zu verdeutlichen, nämlich erstens die innere Logik der durch den Geschlechtercode konstituierten Syntagmen, die als Konditionalisierungsketten wirken, (a) und zweitens seinen totalisierenden Effekt (b).

a. Zwar bilden die Syntagmen des Männlichen und des Weiblichen keine strikt geordneten Serien, innerhalb derer die Positionen der einzelnen Elemente feststünden und jeweils das n-te Element das (n+1)-te Element determinierte, wohl aber läßt sich eine gewisse innere Ordnung erkennen, die ihren Ausgang beim Konkretum der organischen Differenz der Geschlechter und ihrer Stellung zur Prokreativität nimmt. Diese Differenz wird dann metonymisch in den physischen und psychischen Differenzen männlicher und weiblicher Körper und Seelen (stark-schwach, rational-emotional etc.) wiedererkannt, dann in ein Dispositiv für die sozialen und ökonomischen Beziehungen transformiert (öffentlich-privat, besitzend-abhängig etc.) und schließlich zur Grundlage für Zuteilung oder Vorenthaltung politischer Teilhabechancen gemacht – entweder in einem rechtlich-positiven Sinne im Medium von Staatsbürger- oder Wahlrechten oder habituell durch die Modi der Vergabe von Listenplätzen oder der

Rekrutierung für Ämter. Diese als praktische Begründungen auftretenden syntagmatischen Reihen sind also nicht ohne weiteres reversibel: Es kann zwar das anatomische Dispositiv die Zulassung oder Nicht-Zulassung zum Militärdienst begründen oder die ökonomisch abhängige Stellung der Frauen als Rational für ihre Exklusion vom Wahlrecht herhalten, aber nicht umgekehrt.

b. Einer Beobachtung des Systembeobachters Niklas Luhmann zufolge ist eine „funktional differenzierte Gesellschaft in der Lage, extreme Ungleichheiten in der Verteilung öffentlicher und privater Güter zu erzeugen und zu tolerieren" (1994: 29). Als semantische Bedingung für diese Toleranz führt er an, daß Verteilungsungleichheiten erstens als temporär und veränderlich perzipiert werden und daß sie zweitens auf die einzelnen Funktionsbereiche begrenzt, daß also zwischen diesen wirksame „Interdependenzunterbrechungen" (ebd.) eingelassen sein müßten. Luhmann ist der Ansicht, daß beides, Riskanz und Separierung, sich in modernen Gesellschaften „in erstaunlichem Umfange" habe einrichten lassen, obgleich er durchaus „querziehende Tendenzen, Unterschiede zu stabilisieren und zu funktionsübergreifenden gesellschaftlichen Statuspositionen auszubauen" (ebd.: 30) konzediert und diese empirisch in Resten vormoderner Organisationsformen wie „Reziprozitätsketten, Nutzfreundschaften als Netzfreundschaften, Patron/Klientelverhältnisse(n) und ähnliche(m)" (ebd.: 31) findet. Die empirische Stichhaltigkeit dieser Beobachtung soll hier im Generellen nicht diskutiert werden; allerdings bin ich der Ansicht, daß in dieser Hinsicht die empirisch vorfindlichen modernen Gesellschaften entscheidend vormoderner oder in anderen Worten, daß Autonomie und Eigendynamik der Funktionssysteme sehr viel schwächer ausgeprägt sind, als die Systemtheorie es vorsieht.[17] Jedenfalls aber existieren Inklusions- und Exklusionscodes, die an Funktionssysteme oder -felder nicht gebunden sind, hinsichtlich derer Riskanz und Separation als die Bedingungen dafür, daß Ungleichheit sich nicht in Ungerechtigkeit verwandelt und die Legitimation der gesellschaftlichen Ordnung bedroht, also nicht gewährleistet sind. Neben den Kategorien der Ethnie und – zumindest gelegentlich – der Nationalität gehört zu diesen das Geschlecht, wobei die Reproduktion der Geschlechterungleichheit durch nicht formalisierte old boys-Netzwerke ebenso wie durch semi-institutionelle und institutionelle männerbündische Formen gewährleistet wird. Und genau darin, daß im Falle des Geschlechtercodes weder die Temporalität von Ungleichheitstatbeständen gewährleistet ist, noch wirksame Interdependenzunterbrechungen zwischen den Teilsystemen existieren, liegt sein totalisierender Effekt: Er entfaltet seine Wirksamkeit quer zu den Funktionssystemen, was bedeutet, daß Geschlecht ein Verhängnis ist, das den Individuen in sämtlichen Teilsystemen widerfährt.

17 Bezeichnenderweise wählt Luhmann seine Beispiele für die gegenläufigen Tendenzen ausnahmslos aus dem Fundus historisch gescheiterter oder noch sehr junger Modernisierungen – Süditalien, Thailand, Taiwan, Südkorea. Eine im Bourdieuschen Sinne Ethnologie westlicher Gegenwartsgesellschaften könnte die Augen öffnen für die Persistenz ähnlicher funktionssystemübergreifender Muster der Statusreproduktion auch in den weniger „defizienten" Fällen gesellschaftlicher Modernisierung.

3. *Übertragungen*

Die biologische Kategorie des Geschlechts im Sinne von *sex* und die soziale Kategorie des Geschlechts im Sinne von *gender* stehen in einem Verhältnis der Kontiguität. D.h. das System der – sozialen – Geschlechterdifferenzen bezieht seine Sinnhaftigkeit aus einer Serie von Kontiguitäts- oder Anschließungsoperationen, die ihren essentialistischen Rückhalt in den unterschiedlichen Stellungen der – biologischen – Geschlechter zur Prokreativität haben. Es ist aber dieses Verfahren der Kontiguität, das die biologische Differenz der Geschlechter metonymisch in ein umfassendes System sozialer Inklusion und Exklusion verwandelt – und das übrigens nur deswegen funktioniert, weil es seine Kontingenz hinter der schier unhintergehbaren „Vernunft" der Natur verbirgt – nur ein Modus der Symbolproduktion qua Geschlecht. Ein grundlegend anderer Modus funktioniert metaphorisch und vergibt Attribute der Männlichkeit und der Weiblichkeit auf der Grundlage der als männlich oder weiblich identifizierten individuellen Eigenschaften oder sozialen Positionen von Individuen unter Absehung von oder im Gegensatz zu ihrem biologischen Geschlecht. Auf diese Weise gilt der Mann, dem es an den habituellen Merkmalen des Männlichen, etwa Härte und Aggressivität, gebricht, eben nicht als „ganzer Kerl," wie die Frau, die aus dem symbolischen Schema des Femininen ausbricht und männliche Merkmale – ökonomische Unabhängigkeit, Durchsetzungsvermögen, beruflichen Aufstieg – adaptiert, Gefahr läuft, ihre Anerkennung „als Frau" einzubüßen. Dabei handelt es sich um individuelle Kanonverletzungen, die mit je geschlechterspezifischen sozialen Sanktionen belegt sind: Entsprechend den Zuordnungen von Männlichkeit und Öffentlichkeit vs. Weiblichkeit und Privatheit wird „unmännlichen" Männern die Anerkennung als Subjekt des öffentlichen Lebens, „unfraulichen" Frauen die Anerkennung als gute Mutter oder attraktive Sexualpartnerin aberkannt.[18]

Männlichkeit und Weiblichkeit als Metaphern kommen aber nicht nur in diesen alltäglichen Urteilen über individuelles rollenkongruentes oder -inkongruentes Verhalten zum Tragen, sondern erfüllen auch eine eminente Funktion für die symbolische Absicherung der Inklusions- und Exklusionsverhältnisse zwischen sozialen Gruppen, die durch andere hierarchisierende Klassifikationsprinzipien konstituiert sind. Diese Übertragungseffekte beruhen auf Interferenzen zwischen dem Geschlechtercode und den Codes von beispielsweise „Rasse", Klasse oder Nation.[19] Denn bestimmte Elemente

---

18 In diesem Zusammenhang ist Marlis Hellingers Beobachtung interessant, daß im Deutschen die wenigen dem Genus nach femininen Substantive, die ausschließlich männliche Referenten haben – etwa *die Tucke, die Tunte, die Memme* – allesamt derogativen Charakter haben und auf Verletzungen des Kanons der Männlichkeit – hier: durch Homosexualität und Feigheit – bezogen sind (vgl. Hellinger 1989: 275).

19 Wie Gerhard/Link 1991 nachweisen, sind in der Nationalstereotypie des 19. Jahrhunderts die Nationen recht stringent als entweder weiblich oder männlich codiert: „Während Frankreich durchgängig als weibliches Subjekt, meistens als verführerische Frau oder Hure symbolisiert wird, werden Deutschland und England am Ende des 19. Jahrhunderts größtenteils als männlich imaginiert. (In den seltenen Fällen, in denen Deutschland weiblich kodiert ist, ist es das Bild der Mutter im Gegensatz zur Hure Frankreich, das realisiert wird.) Rathenau beschreibt so die politischen und militärischen Beziehungen zwischen den drei Nationen als sexuell motivierte Interaktion: 'Frankreich spielt mit der Hoffnung, uns in den Halbschatten einer mitteleuropäischen Mittelmacht zurücksinken zu sehen. Zu schwach, um diesen Rückschritt zu erzwingen, begeht unsere schöne Nachbarin frauenzimmerliche

der Syntagmen des Männlichen und des Weiblichen sind eben gleichzeitig distinguierende Bestandteile von „Rasse"-, Klasse- oder Nationsdiskursen und können deshalb als Schnittstellen zwischen den unterschiedlichen Klassifikationssystemen fungieren. Beispielsweise demaskulinisieren rassistische Diskurse und Praktiken ihre männlichen Objekte, indem sie ihnen soziale Positionen zuweisen, in denen ihnen die Attribute des Männlichen – die Fähigkeit, ihre Familien zu ernähren, ihre Frauen und Kinder zu schützen, Verantwortung für die öffentlichen Belange wahrzunehmen, Dienst an den Waffen zu versehen etc. – vorenthalten werden. Historisch kann das an den Beispielen schwarzer Männer im amerikanischen Süden, und zwar sowohl im Zustand der Versklavung in der Antebellum-Ära (vgl. Carnes/Griffen 1990; Horton 1998) als auch als Manufakturarbeiter und landlose Pächter in der Ära von Jim Crow (vgl. Brundage 1998), ausgeführt werden. Ähnlich widerfährt es männlichen Juden im Deutschland des 18. und 19. Jahrhunderts, denen der rassistische Diskurs von Anatomen und Anthropologen körperliche und charakterliche Defizienzen attestiert, aufgrund derer ihnen die Eignung zum Militärdienst abgesprochen und „weibliche" Charakteristika – Mangel an Selbstdisziplin, Weichheit, Feigheit, Schwächlichkeit und Neigung zu nervösen Störungen – zugeschrieben werden (vgl. Vertinsky 1998). Gleichzeitig wird den weiblichen Objekten rassistischer Diskurse und Praktiken die Ehre und Anerkennung als Frauen und Mütter nicht nur durch sexuelle Gewalt, sondern auch durch Mißachtung geschlechtsspezifischer Arbeitsteilungen und ihrer Schonbedürftigkeit während der Schwangerschaft entzogen. Symbolisch zielt diese Entgeschlechtlichung – Defeminisierung der Frauen und Demaskulinisierung der Männer – auf Dehumanisierung. Denn indem jene allgemeinen kulturellen Grundsätze der Geschlechterordnung, die in der essentialistischen Lesart ja ein Bestandteil der *conditio humana* sind, auf die Objekte der rassistischen Praxis keine Anwendung finden, bestätigt sie deren subhumanen Status.

In prinzipiell ähnlicher Weise, wenn auch mit weniger radikalen Effekten funktioniert die Interferenz der Kategorien von Klasse und Geschlecht. Seit Beginn der Industrialisierung machen abhängige Lohnarbeit und niedrige Löhne den Zuverdienst der Frauen zur Ernährung der Familien erforderlich, und sie unterminieren dadurch die maskuline Identität der Männer. Zwar funktioniert die männliche Solidarität über die Klassengrenzen hinweg insofern, als die Arbeitgeber sowohl in der Rekrutierung ihres Personals wie in der Zuordnung von Tätigkeiten als auch in der Entlohnung Männer privilegieren und so der von Frauen erwirtschaftete Anteil des Familieneinkommens normalerweise eben nur ein Zuverdienst – im Gegensatz zum männlich erwirtschafteten Hauptverdienst – darstellen kann. Gleichwohl wird die Bewahrung der männlichen Identität durch den Verlust der Alleinernährerschaft tendenziell unterlaufen.

Während die Sytagmen des Männlichen und des Weiblichen die Geschlechter nach dem Muster ihrer prokreativen Funktionen als komplementär konstruieren, zeigt sich in der metaphorischen Zuordnung weiblicher oder unmännlicher Eigenschaften zu inferioren Männern, daß der Geschlechtercode tatsächlich ein hierarchisches Verhältnis von Vor- und Nachordnung, von Hoch- und Geringschätzung errichtet. Denn mit den Metaphern des Weiblichen werden diejenigen Männer versehen, denen kraft Herkunft

Wege und gibt sich jedem männlichen Beschützer hin, wenn er verspricht, den Räuber ihrer Ehre zu züchtigen.'" (Gerhard/Link 1991: 29; das im Zitat eingeschlossene Rathenau-Zitat stammt aus „England und wir", in: Gesammelte Schriften, Bd. 1, Berlin 1918: 211).

oder sozialer und ökonomischer Stellung symbolisch wie praktisch das Mann-Sein verwehrt wird. Der Effekt besteht in einer Klassifikation, die symbolisch zwischen eigenständigen Individuen – das sind, in Zusammenfassung der Klassifikationssysteme Geschlecht, „Rasse“ und Klasse, weiße, ökonomisch unabhängige Männer – und unselbständigen Nicht-Individuen – Frauen und Kinder, Nicht-Weiße, ökonomisch Abhängige – trennt. In einer wiederum ganz unvollständigen Übersicht können die auf diese Weise konstruierten Universen des Männlichen und des Unmännlichen etwa folgendermaßen dargestellt werden:

Tafel 2: Metaphorische Übertragungen des Codes männlich-weiblich/unmännlich

männlich		*weiblich/unmännlich*	
Charakteristikum	*Träger*	*Träger*	*Charakteristikum*
paternale Fürsorge	Familienväter, Fabrik- oder Grundbesitzer	Frauen, Kinder, Sklaven, Leibeigene, Lohnarbeiter, Kleinpächter	auf paternale Fürsorge angewiesen
Disziplin, Askese	Soldaten, Diener des Staates	Frauen, Schwarze, Juden, Pöbel	Disziplinlosigkeit, keine Triebkontrolle
Verantwortlichkeit Loyalität	Staatsbürger	Frauen, Kinder, Besitzlose, Nichtstaatsbürger, „vaterlandslose Gesellen“	unverantwortlich, illoyal

Die Asymmetrie im Kopf der Tafel beruht übrigens keineswegs auf einem Versehen. Es handelt sich in der Tat um eine Dichotomie von Männlichem vs. Weiblichem und Unmännlichem; ihre Symmetrierung – etwa in der Form *männlich/unweiblich vs. weiblich/unmännlich* führte zu einem ganz falschen Ergebnis. Denn während das System sozialer Einschließungen und Ausschließungen zwar unmännlichen Männern eine inferiore soziale Position ähnlich der von Frauen zuweist, ist es umgekehrt keineswegs der Fall, daß Frauen sich durch Unweiblichkeit Zugang zu den Privilegien des Mann-Seins sichern könnten. Die Grenze ist also nur in einer Richtung durchlässig: Männern kann wegen Nichtbewährung oder wegen disqualifizierender Herkunft zwar ihr privilegierter Männerstatus aberkannt werden, Frauen aber können die Privilegien der männlichen sozialen Position nicht, oder zumindest nicht zuverlässig, durch Leistung oder Verdienste erwerben. Insofern handelt es sich bei der Identifikation von Menschen als Männer oder Frauen tatsächlich um ein Beispiel für jene „asymmetrischen Gegenbegriffe“, wie sie Reinhart Koselleck an den ebenfalls universalen Gegensätzen von Hellenen und Barbaren, Christen und Heiden sowie Menschen und Unmenschen begriffsgeschichtlich analysiert hat (Koselleck 1989).[20]

20 Koselleck führt die Unterscheidung von Männern und Frauen als ein Beispiel für nicht asymmetrische Gegenbegriffe an: „Freilich läßt sich die Gesamtheit der Menschen auch durch Klassifikationspaare restlos erfassen, die eine gegenseitige Anerkennung der jeweils Bezeichneten implizieren: etwa wenn von Männern und Frauen die Rede ist, von Eltern und Kindern, von Jugendlichen und Erwachsenen, von Kranken und Gesunden“ (1989: 213). Das Kriterium dafür, daß diese Gegensatzpaare nicht ungleich konträr seien, findet Koselleck in dem Gliederungsprinzip, auf dessen Grundlage sie gewonnen werden: „Solche Bezeich-

4. Inklusion und Demokratisierung

Die soziale Praxis der Geschlechterungleichheit wird, wie ich darzustellen versuchte, auf der kulturellen Ebene abgesichert und legitimiert durch ein komplexes System symbolischer Distinktionen, das Männlichkeit und Weiblichkeit mit verschiedenen und voneinander geschiedenen Sphären des Sozialen verkoppelt und Frauen effektiv den Zugang zu den nicht-privaten Sphären von Politik, Wirtschaft und Zivilgesellschaft versagt. Um dem totalisierenden Charakter der Kategorie Geschlecht und dem deduktiven Stil der Distinktions-„Züge", die von der Differenz der prokreativen Funktionen zu den Differenzen körperlicher, charakterlicher, sozialer, ökonomischer und politischer Art führen, gerecht werden zu können, wurde in der Rekonstruktion dieses Systems auf eine Fokussierung auf die im engeren Sinne politischen Effekte des Geschlechtercodes verzichtet.

Zum Schluß soll nun die Fragerichtung von Geschichte auf Zukunft umgedreht und von Genese, Logik und Wirkungen des Geschlechtercodes zu den politischen und kulturellen Bedingungen seiner Veränderung übergegangen werden. Dazu sind folgende Schritte erforderlich: Ich will zunächst die Frage nach dem Wandel des Geschlechterverhältnisses evolutionstheoretisch als eine Frage von Demokratisierung durch Inklusion reformulieren (a). Zweitens soll gefragt werden, was das politische System im engeren Sinne und die darin etablierten Akteure dazu motivieren könnte, der Inklusionsforderung bislang ausgeschlossener Gruppen stattzugeben (b).[21] Drittens schließlich soll die These formuliert und begründet werden, daß die Bedingungen für die Durchsetzung von Inklusionsforderungen zumindest zunächst im Bereich der politisch debattierenden Zivilgesellschaft günstiger sind, weil hier die Eintrittsschwellen generell niedriger sind als im politischen System. Außerdem können hier, weil Demokratisierung durch Inklusion eine Schnittstelle zwischen dem feministischen und anderen Emanzipationsdiskursen bildet, Synergieeffekte erzeugt und genutzt werden, die die Diskursposition der Demokratisierungs-Thematik insgesamt stärken (c).

Dem ist vorauszuschicken, daß wir es mit einem Prozeß zu tun haben, der keineswegs am Anfang steht. Vielmehr ist er, zumindest in einem formal-rechtlichen Sinne, schon mit der Durchsetzung des universalen, nur noch durch Mindestaltersbestimmungen eingeschränkten Wahlrechts zu einem gewissen Abschluß gekommen.[22] Darüber hinaus konnten dem politischen System erfolgreich exekutive und legislative Maßnahmen

---

nungen erfassen die Menschheit zur Gänze, indem sie auf ihre naturgemäße Gliederung rekurrieren" (ebd.). Wir haben aber bereits etabliert, daß der Gegensatz der Geschlechter sich in der Benennung einer natürlichen Differenz keineswegs erschöpft, sondern eine soziale und geschichtliche Differenz konstituiert.

21 Diese Frage ist an John S. Dryzeks These angelehnt, daß die Forderung nach Inklusion ins politische System nur dann erfolgreich sein könne, wenn sich das die Gruppe definierende Interesse auf einen der Imperative des politischen Systems beziehen lasse (1996: 479).

22 Freilich ist die Allgemeinheit des Wahlrechts begrenzt auf den Kreis der Staatsbürger. Diese Einschränkung ist insofern relevant – und wird unter den Bedingungen steigender räumlicher Mobilität zusehends relevanter – als auf diese Weise der Kreis derer, für die die im staatlichen Rahmen getroffenen Entscheidungen bindend sind, also alle, die innerhalb des Staatsterritoriums ihr Leben führen, und der Kreis derer, die als Staatsbürger an der Formulierung dieser Entscheidungen mitwirken können, nicht identisch sind. Das daraus resultierende Legitimitätsproblem ist offensichtlich und kann nur durch die Erweiterung des Inklusionsbereichs durch die Erleichterung des Erwerbs der Staatsbürgerschaft bearbeitet werden.

nahegelegt werden, die den Exklusionseffekten des Geschlechtercodes gegensteuern und in die Sphärentrennung von Privatem und Öffentlichem intervenieren[23] – als Stichworte seien *affirmative action* in den USA oder die schließliche Anerkennung der Vergewaltigung in der Ehe als Straftatbestand genannt. Wenn dennoch, was unübersehbar ist, Gleichheit weder hinsichtlich der wirklichen politischen Beteiligung noch hinsichtlich der Beteiligungschancen gewährleistet ist, so verweist das auf die Hartnäckigkeit, mit der ein kulturelles Artefakt wie der Geschlechtercode über den Zeitpunkt seiner Abschaffung als rechtsverbindliches Distinktionskriterium hinaus in informellen querstehenden Tendenzen weiter wirken und die alten Privilegierungs- und Benachteiligungsstrukturen in effektiver Weise schützen kann.[24]

a. Gemeinsamer Nenner der unterschiedlichen Spielarten und Schulen des feministischen Diskurses ist das Anliegen, die durch den Geschlechtercode gesteuerte Reproduktion der ungleichen Verteilung von Lebenschancen zwischen Männern und Frauen zu durchbrechen und die gesellschaftliche Stellung von Frauen zu verbessern. Dies dürfte als kleinstes Gemeinsames allen Feminismen akzeptabel sein, sowohl denen, die auf Gleichheit, als auch denen, die auf Differenz abgestellt sind.[25] Politisch läßt sich dieses Programm als ein Programm der Inklusion interpretieren: Es geht darum, die Zugänge zum Politischen, und zwar sowohl zur politisch debattierenden Zivilgesellschaft als auch zum politischen System, zu öffnen. Inklusion ist, neben Intensivierung oder Vertiefung des demokratischen Prozesses und Extensivierung, also Ausweitung der dem demokratischen Prozeß zu unterwerfenden Gegenstände, eine Dimension von Demokratisierung im Sinne der Fortführung des demokratischen Projekts innerhalb einer sich als demokratisch interpretierenden Gesellschaft (vgl. Dryzek 1996: 475f.).[26] Insofern handelt es sich beim feministischen Diskurs um einen spezifischen, nämlich den Geschlechteraspekt betonenden Demokratisierungsdiskurs, der zwar die Dimensionen Intensivierung und Extensivierung mitthematisiert, seinen Kern aber in der Inklusionsforderung hat.

b. Das politische System läßt Demokratisierung durch Inklusion nur unter der Bedingung zu, daß es selber daraus Gewinn ziehen oder einen drohenden Verlust vermeiden kann. Dryzek (1996) argumentiert in diesem Sinne, wenn er die Erfolgschancen von Inklusionsforderungen an die Bedingung knüpft, daß die konstituierenden Anliegen der um Einlaß nachsuchenden Gruppe sich mit einem oder mehreren Imperativen der staatlichen Existenz versöhnen lassen.[27] Es stellt sich also die Frage, in welchen Hin-

23 Für eine Diskussion der Effekte verrechtlichender Eingriffe ins Private auf die Geschlechterverhältnisse siehe Berghahn (1997).

24 Das gilt nicht nur für das politische System, sondern in analoger Weise auch für die anderen Teilsysteme. Dafür trägt der totalisierende Charakter der primordialen Kategorien von Geschlecht und Abstammung Sorge.

25 Zu Gleichheit und Differenz siehe exemplarisch die sogenannte Gilligan-Kontroverse um ein spezifisch weibliches Moralverständnis (Gilligan 1996; Auerbach et al. 1985; Flanagan/Jackson 1987; Maihofer 1988 u.v.a.m.).

26 Eine weitere Dimension von Demokratisierung ist freilich die Ersetzung nicht-demokratischer durch demokratisch verfaßte politische Systeme, wie sie genuiner Gegenstand der Transformationsforschung ist.

27 Dryzek spricht in Anlehnung an Skocpol (1979) von „state imperatives". Skocpol nennt als „state imperatives" das Überleben in einer feindlichen Welt, die Aufrechterhaltung der

sichten die feministische Forderung nach Inklusion an die Bedürfnisse des politischen Systems anschließen könnte. Soweit ich sehen kann, gibt es zwei Aspekte, unter denen das geschehen kann.

Der eine Aspekt ist der von Wirtschaft und Arbeit. Unter den Bedingungen der Flexibilisierung von Lebensläufen und der Fragmentierung von Erwerbsbiographien durch Phasen von Teilzeitarbeit, Arbeitslosigkeit, Fortbildung und Umschulung ist das traditionelle Schema der Teilung von männlicher bezahlter Erwerbs- und weiblicher unbezahlter Reproduktionsarbeit zusehends vom Regel- zum Ausnahmefall geworden. Das ist zunächst freilich ein Problem des wirtschaftlichen, nicht des politischen Systems. Letzteres ist aber mitbetroffen, erstens in seiner Zuständigkeit für den sozialen Frieden und seine Abhängigkeit von dessen Erhalt, zweitens in seiner Verantwortlichkeit für die Systeme sozialer Sicherung. Insofern liegt die Öffnung der Arbeitsmärkte für Frauen ebenso wie die Förderung der wenigstens zeitweisen Hinwendung von Männern zur häuslichen Reproduktionsarbeit im Stabilitätsinteresse des politischen Systems und wird folgerichtig – vorsichtig, zögernd und wenig effektiv zwar, aber immerhin – durch Maßnahmen wie etwa Diskriminierungsverbote oder die Einbeziehung des männlichen Elternteils in das Angebot des Erziehungsurlaubs unterstützt.

Der andere Aspekt ist der der Legitimitätssicherung. Weil die Legitimation eines demokratischen politischen Systems von der Aufrechterhaltung des Glaubens abhängt, daß für alle, die von seinen Entscheidungen und Maßnahmen betroffen sind, die gleichen politischen Beteiligungs- und Repräsentationschancen bestehen, kann hier der Hebel für die Durchsetzung der Inklusionsforderungen marginalisierter oder benachteiligter Gruppen angesetzt werden. Das gilt sowohl für die Gruppen, die zunächst ihre formale Inklusion erkämpfen müssen, also etwa für die bislang von der Staatsbürgerschaft ausgeschlossenen Immigranten, als auch für die Substantialisierung der Teilhaberechte von Frauen, wo es darum geht, über die formale Inklusion hinaus die praktische Durchsetzung gleicher Mitwirkungs- und Repräsentationschancen zu erstreiten.

Bei näherer Betrachtung zeigt sich freilich, daß erst beide Aspekte zusammengenommen das Inklusionsbegehren einer Gruppe wirksam unterstützen können. Denn die Drohung mit Legitimationsentzug bleibt vergleichsweise schwach, wenn der spezifische Beitrag, den ihre Trägergruppe zur Reproduktion des Gesellschaftssystems insgesamt leistet, für gering erachtet wird. Das historische Beispiel der beiden großen Inklusionen – der des Bürgertums und der der Arbeiterschaft – in den Staat jedenfalls zeigt, daß sie erst gelingen konnten, als ohne sie im Wortsinne kein Staat mehr zu machen war. Damit freilich ist die Latte denkbar hoch gelegt, zumal die Möglichkeiten für eine wirksame Vertretung von Fraueninteressen durch die im Vergleich zur bürgerlichen und zur Arbeiterbewegung erheblich größere Heterogenität der Lebenslagen und -aspirationen begrenzt werden.

c. Wie das Beispiel *issue*-orientierter sozialer Bewegungen zeigt, sind die Zulassungsschranken zur Zivilgesellschaft niedriger als die zum politischen System. Sie könnte demnach der geeignete Ort sein, um Forderungen nach Demokratisierung durch Inklu-

---

inneren Ordnung und die Beschaffung der finanziellen Ressourcen zur Wahrnehmung der Staatsaufgaben.

sion mit einer starken oppositionellen Position auszustatten und sie im politischen Diskurs zu etablieren. Von hier aus stehen dann verschiedene, sich nicht ausschließende Strategien zur Verfügung. Erstens ist der zivilgesellschaftliche Politikdiskurs ein Medium, in dem deutungskulturelle Kämpfe ausgetragen und damit die Transformation politisch-kultureller Vorstellungswelten angestoßen werden kann. Zweitens können von hier aus durch diskursives wie praktisches politisches Handeln im Rahmen sozialer Bewegungen und zivilgesellschaftlicher Assoziationen die Begriffe und Inhalte der Politik im Sinne von public policy verändert und dem politischen System auf der policy-Ebene zwar selektive, gleichwohl effektive Antworten auf Demokratisierungsforderungen abverlangt werden.[28] Und drittens kann die zivilgesellschaftliche Position als Plattform für die Inklusion ins politische System und die Repräsentation im politischen System im Sinne des berühmten Gangs durch die Institutionen dienen, etwa auf dem Wege der Parteigründung wie im Falle der Grünen oder durch den Einzug ins System der etablierten Parteien, was im Falle des Feminismus als die wahrscheinlichere Alternative erscheint.[29]

Es wurde eingangs darauf hingewiesen, daß der feministische Diskurs mit anderen, beispielsweise durch die Kategorie der Ethnie definierten Emanzipationsdiskursen den Modus der Zentrismuskritik als einer Kritik der partikularistischen Realisierung universaler Gleichheitsprinzipien gemeinsam hat. Diese Gemeinsamkeit ist den Inklusion begehrenden Gruppen durchaus bewußt, gleichwohl scheint es schwierig zu sein, die darin gelegene Chance für die Bildung von heterodoxen Koalitionen wahrzunehmen. Dem steht vor allem das idiosynkratische Bestreben der jeweiligen Trägergruppen entgegen, die eigene Inklusionsforderung als vorrangig zu behaupten. Diese Erfahrung mußte im späten 19. und frühen 20. Jahrhundert die Frauenrechtsbewegung mit der Arbeiterbewegung ebenso machen wie der Feminismus der fünfziger bis siebziger Jahre im Kontext der US-amerikanischen Bürgerrechtsbewegung, wie umgekehrt schwarze Aktivistinnen in den USA nach wie vor geltend machen, daß sie sich durch die weiße und mittelschichtsdominierte Frauenbewegung nicht angemessen repräsentiert fühlen. Unter den Bedingungen der *issue*-Konkurrenz gelingen Bündnisse in der Regel nur punktuell und *issue*-bezogen und bleiben, wie das Beispiel der Regenbogenkoalitionen zeigte, labil, weil sie primär pragmatisch begründet werden und ihre Stabilität in verhängnisvoller Weise erfolgsabhängig ist.

Die Erzeugung von Synergieeffekten ist deswegen weniger im Rahmen taktisch-strategischer und gegenstandsbezogener Bündnisse zu erhoffen, als im weiteren und nicht unmittelbar output-orientierten Rahmen zivilgesellschaftlicher Diskurs- und Handlungsräume. Denn was erforderlich ist, ist die Umstellung der Perzeptionsmuster von

---

28 Dryzek verweist in diesem Zusammenhang auf „the rhetorical achievement of Martin Luther King ... King drew upon and reshaped the discourse of American constitutional liberalism in order to advance an agenda of civil rights for African-Americans" (1996: 481).

29 Diese drei Aspekte zivilgesellschaftlicher Demokratisierung, also die kulturelle Transformation, die Erzwingung von policy-responses durch die Redefinition des politischen Diskurses und das Sich-Hineinbegeben ins politische System selber – möglichst ohne die zivilgesellschaftlichen Verbindungen abreißen zu lassen –, decken sich in etwa mit dem, was Cohen und Arato in ihrer Habermasianisch orientierten Zivilgesellschaftstheorie als „politics of identity", „politics of influence" und „politics of inclusion" beschreiben (1992: 526).

Interessenkonkurrenz auf Interessenkonkordanz. Diese Umstellung erfordert zuerst die Entdichotomisierung und Enttotalisierung der im Spiel befindlichen Kategorien, und zwar sowohl in der Eigen- wie in der Fremdbeschreibung. Damit ist erstens die durch kommunikative und soziale Erfahrung herbeizunötigende Anerkenntnis des Umstandes gemeint, daß kategorial definierte Gruppen – und zwar die eigene sowohl wie die anderen – in sich heterogen sind, daß jedes einzelne Individuum sich in multiplen Gruppenbezügen verorten kann und daß Unterscheidungen wie männlich-weiblich oder schwarz-weiß keine Binäroppositionen, sondern Pole von Kontinua sind. Zweitens muß in gleicher Weise gelernt und erfahren werden, daß jene Syntagmen, vermöge derer Kategorien wie männlich oder weiblich, deutsch oder nicht-deutsch, schwarz oder weiß etc. den darunter Gefaßten über den Nennwert der Kategorie hinaus gleich noch bestimmte charakterliche, soziale, religiöse oder kulturelle Merkmale und Positionen zuweisen, der Beobachtung nicht standhalten. Wenn auf diese Weise im zivilgesellschaftlichen Diskurs multikategoriale Gruppenbezüge an die Stelle von Binäroppositionen treten und die Konditionalisierungsketten, die von körperlichen und Abstammungsmerkmalen zu sozialen und politischen Merkmalen führen, unterbrochen werden, würden die politischen Gleichheitsansprüche der multiplen Minoritäten sowohl als gleichwertig erkennbar als auch von Fragen der ethnisch-kulturellen, Lebensstil- oder Geschlechterdifferenz entkoppelt. In anderen Worten: Die bislang Ausgeschlossenen könnten ihren Anspruch auf politische Inklusion und angemessene Repräsentation gemeinsam formulieren und vortragen, ohne dabei das schwere Gepäck der Differenz- und Authentizitätsdiskurse mitschleppen zu müssen. Der Versuch, den Demokratisierungsdruck durch Koppelung der verschiedenen Inklusionsforderungen zu erhöhen, kann sich übrigens auf Historisches berufen. Denn allen eifersüchtig konkurrierenden Primatsbehauptungen zum Trotz bewegten sich in den USA schwarze und Frauenemanzipation augenfällig in einem Zusammenspiel, das vom abolitionistischen Engagement früher Frauenrechtlerinnen in der ersten Hälfte des 19. Jahrhunderts über die Einbeziehung von Frauen in die zunächst nur für Afro-Amerikaner vorgesehenen *affirmative action*-Programme und weiter bis zu den Multikulturalismus- und Diversity-Debatten der Gegenwart reicht.

Darüber hinaus führen Entdichotomisierung und Enttotalisierung der Gruppierungskategorien von Geschlecht, Ethnie usw. zu einer Vervielfachung des Minoritäten-Patchworks, in der sich die Dezentrierung der Gesellschaft im Sinne der Aufzehrung eines hegemonialen Zentrums ankündigt (vgl. Leggewie 1994: 62). Insofern ist es nicht bloß ein Witz, sondern ein ironischer Ausdruck dieser Dezentrierung, wenn in den USA Männer der weißen Mittelschicht – das hegemoniale Zentrum also – sich anschicken, sich als eine weitere Minorität zu konstituieren und entsprechenden Minoritätenschutz zu reklamieren. Diese Entleerung des Zentrums kann unter Aspekten der Demokratisierung übrigens durchaus einen Gewinn bedeuten. Gewiß, wenn nach dem Verlust einer hegemonialen Mitte diese einfach verwaist, kann das politische Fragmentierung bedeuten und, in der Folge, die Paralyse des demokratischen Prozesses.[30] Das muß aber nicht sein. Denn in dem Maße, wie alle zu Minderheiten werden, gleichen sich

30 Dies ist die Sorge, die sich gegenwärtig v.a. im Hinblick auf die Multikulturalisierung von Gesellschaften in den allfälligen Fragmentierungs-, Balkanisierungs- und Tribalisierungsdiskursen objektiviert. Prominente Beiträge sind Schlesinger (1993), Hunter (1991), Enzensberger (1993), Kühnhardt (1994).

die Positionen, die sie relativ zum Zentrum einnehmen, einander an. Dieses von Hegemonie entleerte Zentrum steht dann bereit, als symbolischer öffentlicher Ort begriffen und mit denjenigen Ordnungsvorstellungen gefüllt zu werden, auf die die deliberierende Zivilgesellschaft sich je verständigen kann (vgl. Rödel/Frankenberg/Dubiel 1989: 43f.).[31]

Literaturverzeichnis

Adelson, Leslie A., 1993: Making Bodies, Making History. Feminism and German Identity. Lincoln.

Adorno, Theodor W. et al., 1950: The Authoritarian Personality (The American Jewish Committee Social Studies Series, No. 3). New York.

Almond, Gabriel A./Verba, Sidney, 1963: The Civic Culture. Political Attitudes and Democracy in Five Nations. Newbury Park/London/New Delhi, Neuausgabe 1989.

Asante, Molefi Kete, 1990: Kemet, Afrocentricity, and Knowledge. Trenton, NJ.

Auerbach, Judy et al., 1985: Commentary on Gilligan's In a Different Voice, in: Feminist Studies 11, 149-162.

Barthes, Roland, 1983: Elemente der Semiologie. Frankfurt a.M.

Benhabib, Seyla, 1989: Der verallgemeinerte und der konkrete Andere. Ansätze zu einer feministischen Moraltheorie, in: *Elisabeth List/Herlinde Studer* (Hrsg.), Denkverhältnisse. Feminismus und Kritik. Frankfurt a.M., 454-487.

Benhabib, Seyla/Nicholson, Linda, 1987: Politische Philosophie und die Frauenfrage, in: *Iring Fetscher/Herfried Münkler* (Hrsg.), Pipers Handbuch der politischen Ideen, Band 5, Neuzeit: Vom Zeitalter des Imperialismus bis zu den neuen sozialen Bewegungen. München/Zürich, 513-562.

Berding, Helmut (Hrsg.), 1994: Nationales Bewußtsein und kollektive Identität. Studien zur Entwicklung des kollektiven Bewußtseins in der Neuzeit 2. Frankfurt a.M.

Berg-Schlosser, Dirk, 1972: Politische Kultur. München.

Berg-Schlosser, Dirk/Schissler, Jakob (Hrsg.), 1987: Politische Kultur in Deutschland. Bilanz und Perspektiven der Forschung (PVS-Sonderheft 18). Opladen.

Berghahn, Sabine, 1997: Die Verrechtlichung des Privaten – allgemeines Verhängnis oder Chance für bessere Geschlechterverhältnisse?, in: *Brigitte Kerchner/Gabriele Wilde* (Hrsg.), Staat und Privatheit. Aktuelle Studien zu einem schwierigen Verhältnis. Opladen, 189-222.

Blumenberg, Hans, 1960: Paradigmen zu einer Metaphorologie, in: *Anselm Haverkamp* (Hrsg.), 1983: Theorie der Metapher. Darmstadt, 285-315.

Blumenberg, Hans, 1971: Beobachtungen an Metaphern, in: Archiv für Begriffsgeschichte, Bd. XV, 161-214.

Bourdieu, Pierre, 1979: Entwurf einer Theorie der Praxis auf der ethnologischen Grundlage der kabylischen Gesellschaft. Frankfurt a.M.

Bourdieu, Pierre, 1985: Sozialer Raum und „Klassen". Leçon sur la leçon. Zwei Vorlesungen. Frankfurt a.M.

Bourdieu, Pierre, 1987: Sozialer Sinn. Kritik der theoretischen Vernunft. Frankfurt a.M.

Brundage, W. Fitzhugh, 1998: Race, Class, and Southern Racial Violence, in: *Norbert Finzsch/Dietmar Schirmer* (Hrsg.), Identity and Intolerance. Nationalism, Racism, and Xenophobia in Germany and the United States. New York (im Erscheinen).

Bunch, Charlotte/Carillo, Roxana/Guinée, Ied, 1985: Feminist Perspectives. Report on the Feminist Perspectives Working Group to the Closing Plenary, in: Women's Studies International Forum 8, 243-247.

Carnes, Mark C./Griffen, Clyde, 1990: Meanings of Manhood. Constructions of Masculinity in Victorian America. Chicago.

31 Die Runden Tische der frühen Transformationsphase vom Staatssozialismus zur Demokratie geben eine geeignete Metapher für das leere Zentrum und die darum zur demokratischen Selbstkonstituierung versammelte Zivilgesellschaft ab.

Carroll, Susan J./Zerilli, Linda M. G., 1993: Feminist Challenges to Political Science, in: *Ada W. Finifter* (Hrsg.), Political Science. The State of the Discipline II. Washington, 55-76.
Cohen, Jean L./Arato, Andrew, 1992: Civil Society and Political Theory. Cambridge, Mass./London.
Conradi, Elisabeth, 1989: Ist der Ausschluß von Frauen für die traditionellen Demokratietheorien grundlegend und wie wird er gerechtfertigt?, in: Feministische Studien 2, 85-93.
Dittmer, Lowell, 1977: Political Culture and Political Symbolism. Toward a Theoretical Synthesis, in: World Politics XXIX, 552-583.
Dölling, Irene/Krais, Beate (Hrsg.), 1997: Ein alltägliches Spiel. Geschlechterkonstruktion in der sozialen Praxis. Frankfurt a.M.
Dryzek, John S., 1996: Political Inclusion and the Dynamics of Democratization, in: American Political Science Review 90, 475-487.
D'Souza, Dinesh, 1992: Illiberal Education. The Politics of Race and Sex on Campus. New York.
Eder, Klaus (Hrsg.), 1989a: Klassenlage, Lebensstil und kulturelle Praxis. Theoretische und empirische Beiträge zur Auseinandersetzung mit Pierre Bourdieus Klassentheorie. Frankfurt a.M.
Eder, Klaus, 1989b: Klassentheorie als Gesellschaftstheorie. Bourdieus dreifache kulturtheoretische *Brechung* des traditionellen Klassenbegriffs, in: *Klaus Eder* (Hrsg.), Klassenlage, Lebensstil und kulturelle Praxis. Theoretische und empirische Beiträge zur Auseinandersetzung mit Pierre Bourdieus Klassentheorie. Frankfurt a.M., 15-43.
Elkins, David J./Simeon, Richard, 1979: A Cause in Search of its Effect, or What Does Political Culture Explain?, in: Comparative Politics 11/2, 127-145.
Elshtain, Jean Bethke, 1981: Public Men, Private Women. Women in Social and Political Thought. Princeton, NJ.
Enzensberger, Hans Magnus, 1993: Ausblicke auf den Bürgerkrieg, in: Der Spiegel 47/25, 170-175.
Finzsch, Norbert/Schirmer, Dietmar (Hrsg.), 1998: Identity and Intolerance. Nationalism, Racism, and Xenophobia in Germany and the United States. New York (im Erscheinen).
Flanagan, Owen/Jackson, Kathryn, 1987: Justice, Care, and Gender: The Kohlberg-Gilligan Debate Revisited, in: Ethics 97, 622-637.
Fuenmayor, Jesús/Haug, Kate/Ward, Frazer, 1992: Dirt and Domesticity. Constructions of the Feminine (Whitney Independent Study Program Papers, No. 5). New York.
Gebhardt, Jürgen, 1987: Politische Kultur und Zivilreligion, in: *Dirk Berg-Schlosser/Jakob Schissler* (Hrsg.), Politische Kultur in Deutschland. Bilanz und Perspektiven der Forschung (PVS-Sonderheft 18). Opladen, 49-60.
Geertz, Clifford, 1973: The Interpretation of Cultures. Selected Essays. New York.
Geertz, Clifford, 1987: Dichte Beschreibung. Beiträge zum Verstehen kultureller Systeme. Frankfurt a.M.
Gerhardt, Ute/Link, Jürgen, 1991: Zum Anteil der Kollektivsymbolik an den Nationalstereotypen, in: *Jürgen Link/Wulf Wülfing* (Hrsg.), Nationale Mythen und Symbole in der zweiten Hälfte des 19. Jahrhunderts. Strukturen und Funktionen von Konzeptionen nationaler Identität. Stuttgart, 16-52.
Gilligan, Carol, 1996: Die andere Stimme. Lebenskonflikte und Moral der Frau. Frankfurt a.M.
Gordon, Linda (Hrsg.), 1990: Women, the State, and Welfare. Madison, Wisc.
Hagemann-White, Carol, 1988: Weiblichkeit, Leiblichkeit und die soziale Konstruktion der Geschlechterpolarität, in: Werkblatt. Zeitschrift für Psychoanalyse und Gesellschaftskritik 5 (Heft 3/4), 33-48.
Hagemann-White, Carol, 1993: Die Konstrukteure des Geschlechts auf frischer Tat ertappen? Methodische Konsequenzen einer theoretischen Einsicht, in: Feministische Studien 11/2, 68-78.
Hellinger, Marlis, 1989: Revising the patriarchal paradigm. Language change and feminist language politics, in: *Ruth Wodak* (Hrsg.), Language, Power and Ideology. Studies in Political Discourse. Amsterdam/Philadelphia, 273-288.
Hennig, Eike, 1987: Politischer Wandel und parochial-partizipative Politische Kultur-Formen. Bemerkungen zum mikro-makro-politischen Kontinuum des Landkreises Kassel in der Endphase der Weimarer Republik, in: *Dirk Berg-Schlosser/Jakob Schissler* (Hrsg.), Politische Kultur in Deutschland. Bilanz und Perspektiven der Forschung (PVS-Sonderheft 18). Opladen, 96-111.

Horton, Lois E., 1998: Ambiguous Roles. The Racial Factor in American Womanhood, in: *Norbert Finzsch/Dietmar Schirmer* (Hrsg.), Identity and Tolerance. Nationalism, Racism, and Xenophobia in Germany and the United States (im Erscheinen).

Hunter, James D., 1991: Culture Wars. The Struggle to Define America. New York.

Jakobson, Roman, 1956: Der Doppelcharakter der Sprache und die Polarität zwischen Metaphorik und Metonymik, in: *Anselm Haverkamp* (Hrsg.), 1983: Theorie der Metapher. Darmstadt, 163-174.

Kerber, Linda, 1980: Women of the Republic. Intellect and Ideology in Revolutionary America. Chapel Hill, NC.

Kerchner, Brigitte/Wilde, Gabriele (Hrsg.), 1997: Staat und Privatheit. Aktuelle Studien zu einem schwierigen Verhältnis. Opladen.

Kessler, Suzanne J./McKenna, Wendy, 1978: Gender. An Ethnomethodological Approach. Chicago/London.

Klinger, Cornelia, 1986: Das Bild der Frau in der Philosophie und die Reflexion von Frauen auf die Philosophie, in: *Karin Hausen/Helga Nowotny* (Hrsg.), Wie männlich ist die Wissenschaft? Frankfurt a.M., 62-84.

Koselleck, Reinhart, 1989: Zur historisch-politischen Semantik asymmetrischer Gegenbegriffe, in: *Ders.*, Vergangene Zukunft. Zur Semantik geschichtlicher Zeiten. Frankfurt a.M., 211-259.

Kreisky, Eva, 1995a: Der Staat ohne Geschlecht? Ansätze feministischer Staatskritik und feministischer Staatserklärung, in: *Eva Kreisky/Birgit Sauer* (Hrsg.), Feministische Standpunkte in der Politikwissenschaft. Eine Einführung. Frankfurt a.M./New York, 203-222.

Kreisky, Eva, 1995b: Gegen „geschlechtshalbierte Wahrheiten". Feministische Kritik an der Politikwissenschaft im deutschsprachigen Raum, in: *Eva Kreisky/Birgit Sauer* (Hrsg.), Feministische Standpunkte in der Politikwissenschaft. Eine Einführung. Frankfurt a.M./New York, 27-62.

Kreisky, Eva/Sauer, Birgit (Hrsg.), 1995: Feministische Standpunkte in der Politikwissenschaft. Eine Einführung. Frankfurt a.M./New York.

Kühnhardt, Ludger, 1994: Jeder für sich und alle gegen alle. Zustand und Zukunft des Gemeinsinns. Freiburg.

Laitin, David D., 1995: The Civic Culture at 30 (Review Essay), in: American Political Science Review 89, 168-173.

Landweer, Hilge, 1993: Kritik und Verteidigung der Kategorie Geschlecht. Wahrnehmungs- und symboltheoretische Überlegungen zur sex/gender-Unterscheidung, in: Feministische Studien 11/2, 34-43.

Lang, Sabine, 1995: Öffentlichkeit und Geschlechterverhältnis. Überlegungen zu einer Politologie der öffentlichen Sphäre, in: *Eva Kreisky/Birgit Sauer* (Hrsg.), Feministische Standpunkte in der Politikwissenschaft. Eine Einführung. Frankfurt a.M./New York, 83-121.

Leggewie, Claus, 1994: Etnizität, Nationalismus und multikulturelle Gesellschaft, in: *Helmut Berding* (Hrsg.), Nationales Bewußtsein und kollektive Identität. Studien zur Entwicklung des kollektiven Bewußtseins in der Neuzeit 2. Frankfurt a.M., 46-65.

Lepsius, M. Rainer, 1990: Die Prägung der politischen Kultur der Bundesrepublik durch institutionelle Ordnungen, in: *Ders.*, Interessen, Ideen und Institutionen. Opladen, 63-84.

Lewis, Jan, 1991: „Happiness", in: *Jack P. Greene/J.R. Pole* (Hrsg.), The Blackwell Encyclopedia of the American Revolution. Cambridge, 641-647.

Lewis, Jan, 1993: „The Blessings of Domestic Society". Thomas Jefferson's Family and the Transformation of American Politics, in: *Peter S. Onuf* (Hrsg.), Jeffersonian Legacies. Charlottesville, 109-146.

Link, Jürgen, 1976: Die Struktur des Symbols in der Sprache des Journalismus. Zum Verhältnis literarischer und pragmatischer Symbole. München.

Link, Jürgen/Wülfing Wulf (Hrsg.), 1991: Nationale Mythen und Symbole in der zweiten Hälfte des 19. Jahrhunderts. Strukturen und Funktionen von Konzeptionen nationaler Identität. Stuttgart.

Lloyd, Genevieve, 1983: Reason, Gender, and Morality in the History of Philosophy, in: Social Research 50, 490-513.

Luhmann, Niklas, 1994: Inklusion und Exklusion, in: *Helmut Berding* (Hrsg), Nationales Bewußtsein und kollektive Identität. Studien zur Entwicklung des kollektiven Bewußtseins in der Neuzeit 2. Frankfurt a.M., 15-45.

Maihofer, Andrea, 1988: Ansätz zur Kritik des moralischen Universalismus. Zur moraltheoretischen Diskussion um Gilligans Thesen zu einer „weiblichen" Moralauffassung, in: Feministische Studien 1, 32-52.

MacKinnon, Catharine A., 1982: Feminism, Marxism, Method, and the State, in: Signs. Journal of Women in Culture and Society 7, 514-544.

MacKinnon, Catharine A., 1989: Toward a Feminist Theory of the State. Cambridge, Mass.

Merkel, Wolfgang, 1996: Theorien der Transformation. Die demokratische Konsolidierung postautoritärer Gesellschaften, in: *Klaus von Beyme/Claus Offe* (Hrsg.), Politische Theorien in der Ära der Transformation (PVS-Sonderheft 27). Opladen, 30-58.

Nicholson, Linda, 1994: Interpreting Gender, in: Signs. A Journal of Women in Culture and Society 20, 79-105.

Okin, Susan Moller, 1979: Women in Western Political Thought. London.

Orloff, Ann S., 1993: The Politics of Pension. A Comparative Analysis of Britain, Canada, and the United States, 1880-1940. Madison, Wisc.

Pateman, Carole, 1983: Feminist Critiques of the Public/Private Dichotomy, in: *Stanley Benn/Gerald Gaus* (Hrsg.), The Public and the Private. London, 281-306.

Pateman, Carole, 1988: The Sexual Contract. Stanford, Cal.

Pateman, Carole, 1992: Gleichheit, Differenz, Unterordnung. Die Mutterschaftspolitik und die Frauen in ihrer Rolle als Staatsbürgerinnen, in: Feministische Studien 10/1, 54-69.

Rödel, Ulrich/Frankenberg, Günter/Dubiel, Helmut, 1989: Die demokratische Frage. Ein Essay. Frankfurt a.M.

Rohe, Karl, 1987: Politische Kultur und der kulturelle Aspekt von politischer Wirklichkeit. Konzeptionelle und typologische Überlegungen zu Gegenstand und Fragestellung Politischer Kultur-Forschung, in: *Dirk Berg-Schlosser/Jakob Schissler* (Hrsg.), Politische Kultur in Deutschland. Bilanz und Perspektiven der Forschung (PVS-Sonderheft 18). Opladen, 39-48.

Sandkühler, Thomas/Schmidt, Hans-Günther, 1991: „Geistige Mütterlichkeit" als nationaler Mythos im Deutschen Kaiserreich, in: *Jürgen Link/Wulf Wülfing* (Hrsg.), Nationale Mythen und Symbole in der zweiten Hälfte des 19. Jahrhunderts. Strukturen und Funktionen von Konzeptionen nationaler Identität. Stuttgart, 237-255.

Sauer, Birgit, 1995: Geschlecht als Variable oder Strukturkategorie? „Political Culture Revisited", in: *Eva Kreisky/Birgit Sauer* (Hrsg.), Feministische Standpunkte in der Politikwissenschaft. Eine Einführung. Frankfurt a.M./New York, 161-199.

Saussure, Ferdinand de, 1922: Cours de linguistique générale. Paris.

Schirmer, Dietmar, 1992: Mythos – Heilshoffnung – Modernität. Politisch-kulturelle Deutungsmuster in der Weimarer Republik. Opladen.

Schlesinger, Arthur M. Jr., 1993: The Disuniting of America. Reflections on a Multicultural Society. New York.

Skocpol, Theda, 1979: States and Social Revolutions. Cambridge.

Vertinsky, Patricia, 1998: Body Matters. Race, Gender, and Perceptions of Physical Ability, in: *Norbert Finzsch/Dietmar Schirmer* (Hrsg.), Identity and Intolerance. Nationalism, Racism, and Xenophobia in Germany and the United States. New York (im Erscheinen).

Identitätspolitik und die Transformation von Staatlichkeit: Geschlechterverhältnisse und Staat als komplexe materielle Relation

Alex Demirovic / Katharina Pühl

1. Feministische Staatskritik – aber wie?

1.1 Der Staat: geschlechtsblind?

Charles Fourier zufolge ist die Emanzipation der Frau der Maßstab für die Emanzipation der Menschheit und ihrer Zivilisation:

> „Der soziale Fortschritt und der Übergang von einer Periode zur anderen erfolgt auf Grund der Fortschritte in der Befreiung der Frau, und der Niedergang der Gesellschaftsordnung wird durch die Abnahme der Freiheit für die Frau bewirkt. Andere Einflüsse wirken auf die politischen Wechselfälle, aber es gibt keine Ursache, die so rasch zu sozialem Fortschritt oder Niedergang führt, wie der Wechsel im Los der Frauen. ... Die Erweiterung der Privilegien der Frauen ist die allgemeine Grundlage allen sozialen Fortschritts" (Fourier 1966: 190).

Trifft diese Überlegung zu, dann ist damit ein politischer Konflikt programmiert. Denn es gibt Männer – solche, die die feministische Theorie nicht kennen, und neuerdings auch solche, die sich mit ihr beschäftigt haben – die entproblematisierend zu wissen meinen, daß die Frauen entweder nicht emanzipiert sein müßten oder aber objektiv schon emanzipiert sind, weil alle Kriterien zu ihrer Emanzipation in unserer politischen und rechtlichen Kultur virtuell schon längst etabliert sind. In diesem Fall bleibt wenig mehr zu tun als eine Verwirklichung dessen, was immer schon ist. Nicht zuletzt diese Denkfigur ermöglicht aber auch eine paternalistische Haltung, nämlich Frauen Empfehlungen zu geben, wie sie sich am besten emanzipieren sollten. Bleiben wir aber dabei, daß der Maßstab der Emanzipation der Frauen ein im historischen Sinn strenger Maßstab und noch keineswegs eingelöst ist, dann eröffnet er, mehr noch als die Emanzipationsziele anderer Bewegungen, ein völlig neues und aufregendes erkenntnistheoretisches Terrain, denn mit der allmählichen Ausarbeitung der neuen Perspektive auf soziale Macht und Herrschaft erscheinen viele sozialen und politischen Verhältnisse in einem neuen Licht, und es werden bis dahin nicht sichtbare Aspekte erkennbar.

Dies gilt auch für Politik und Staat. „Staatstheorien 'entgeschlechtlichen' zumeist den Staat. Demgegenüber beabsichtigt ein feministischer Zugang, den Staat zu 'vergeschlechtlichen', indem das in ihm seit Generationen 'eingelassene' (männliche) Geschlecht (im Sinne der strukturellen und kulturellen Dominanz) sichtbar gemacht werden soll. Erst wenn das verborgen gehaltene (männliche) Geschlecht des Staates enthüllt werden kann, präsentieren sich konkrete Ansatzpunkte für Veränderung" (Kreisky 1995: 204).

Nun muß das Geschlecht des Staates nicht wirklich enthüllt werden, weil es in einer trivialen Weise offenkundig ist. Im formal-rationalen Anstaltsstaat wurden und werden staatliche Aufgaben von Männern wahrgenommen. Die Führer und Regierenden sind Männer; das staatliche Gewaltmonopol wird von ihnen ausgeübt. Frauen zugerechnete Muster des Gefühls, der Empathie, der Fürsorge, der kontextuellen Orientierung sowie konkrete Praktiken der Reproduktion werden durch die abstrakte und generalisierte Routine von Verwaltungsvorgängen ausgegrenzt. Auch im weiteren Bereich der Politikbildung, also in den Parteien und in den Parlamenten, sind mehrheitlich Männer aktiv. Da dies sehr viel häufiger der Fall ist als es ihrem Bevölkerungsanteil entspräche, liegt es auf der Hand, eine systematische geschlechtsspezifische Verzerrung der Willensbildung, der politischen Entscheidungen und der Implementation zu vermuten. Zu enthüllen ist also nur das Offenkundige; auf dieses als dem vermeintlich Allerverborgensten richtet sich der Blick.

Wir wollen im folgenden zwei Diskussionsstränge zusammenführen, die bisher nicht genügend aufeinander bezogen wurden, unseres Erachtens nach aber die strukturale Wirksamkeit von Staat auf die Formierung von Vergeschlechtlichungsprozessen wie umgekehrt die Vergeschlechtlichung der Formierung von Staat zu erklären helfen können. Die in der feministischen Diskussion ausgebaute und weiterführende Hinterfragung der Konstruktion und normativen Reproduktion sozialer und damit auch geschlechtlicher Identitäten fügt sich an ein neogramscianisches Staatsverständnis, das Staat als Verdichtung sozialer Kräfteverhältnisse und damit als nicht-essentialistisch begreift. In Frage steht demnach nicht allein die empirisch sich aufdrängende Präsenz und Dominanz von Männern in Politik, politischer Öffentlichkeit und staatlichen Institutionen, sondern auch und vor allem, aus welcher alltagsverständlichen oder theoretisch-wissenschaftlichen Perspektive diese Tatsache ihre Evidenz und gar ihre Plausibilität gewinnt. In neueren feministischen Überlegungen zu Identität wie in neueren Ansätzen der materialistischen Staatstheorie setzen sich nun Bemühungen durch, Staat und Geschlecht weder empiristisch noch essentialistisch zu begreifen.

Über historisch sehr weit zurückreichende Zeiträume wurden die zentralen Staatsfunktionen der militärischen und polizeilichen Sicherheit, der Rechtsprechung und der Regierung von Männern wahrgenommen. Diese Historizität der dominanten Präsenz von Männern legt die Frage nahe, ob es die Herrschaft der Männer im Sinn eines Patriarchats ist, dem die substantielle Identität einer Männlichkeit zugrundeliegt, die ein für allemal die Institutionen bestimmt hat. Angemessener erscheint dagegen ein Verständnis, das die Ausübung von politischer Herrschaft durch Männer als Teil einer historischen, allerdings verhältnismäßig stabilen sozialen Relation faßt.[1] Diese Überlegung ist die eigentliche Provokation der durch den Feminismus angestoßenen Fragen

---

1 Diese Formulierung nimmt indirekt Bezug auf ein Modell des hegemonialen Geschlechterdiskurses (vgl. Maihofer 1995: 80). Gegen universalhistorische Deutungen des Patriarchats unterstellt es zwar historisch zusammenhängende, auch gesellschaftsübergreifende Geschlechterdiskurse, die aber je spezifisch in ihrem historisch konkreten Kontext zu beschreiben und zu analysieren sind. Diese Perspektive versucht, die Rede über Geschlechterverhältnisse in ihrem Zusammenhang mit gesellschaftlich konkreten Situationen und institutionellen Arrangements zu sehen.

nach der Bedeutung des Geschlechts. Denn aus dieser Sicht ist nicht den Männern als Männern ein für allemal eine bestimmte Identität und Herrschaft zugeordnet, ebensowenig sind die Frauen immer nur die Opfer dieser Herrschaft. Diese Herrschaft muß ebenso ständig erneuert werden wie die „Männlichkeit" der Männer – und im Verhältnis dazu die „Weiblichkeit" der Frauen. Bis in die Konstruktion von Männlichkeit, in die Organisation und Arbeitsteilung des gesellschaftlichen Lebens und in die zentralen Begriffe hinein, mit denen sich die modernen Gesellschaften über ihre politische Selbstgestaltung verständigen, wird die Ausübung von Herrschaft durch Männer bestimmend. Männliche Identität, Politik und Staat sowie diese Begriffe bilden einen Konstitutionszusammenhang.

1.2 Männerfreundschaften

In der antiken politischen Theorie sind es die Männer, die die Polis verlassen und Heldentaten begehen, die auf der Agora besungen werden. In den Sagen und Liedern konstituiert sich die Sphäre der Öffentlichkeit. Sie institutionalisiert die Hegung des Krieges durchs Gespräch und gibt dem Ruhm und der Legende Ort und Dauer (vgl. Arendt 1993). Diese begriffliche „Grundlegung" politischer Kategorien weist eine konstitutive Trennlinie auf: Die Sphäre des Politischen grenzt das Private aus. In diesem Sinne bilden dann Frauen, das Private und Familie einen weiteren Konstitutionszusammenhang. Die Frauen bleiben zu Hause und weinen über die Toten. Sie werden durch ihre Männer dazu erzogen, das Haus zu hüten, das Gesinde zu führen, die Kinder zu gebären und zu erziehen.

Es gibt eine relevante Einschränkung. Die Erziehung der Männer, die einmal die Führungsaufgaben in der Gesellschaft übernehmen sollen, werden dem Einfluß der Mütter entzogen, denn die Söhne könnten durch sie verwöhnt und verweichlicht werden – also unfähig sein, die Kälte und Härte aufzubieten, die notwendig ist, Macht zu gewinnen und sie virtuos zu gebrauchen, Entscheidungen über andere zu treffen und gar Gewalt anzuwenden. Haben die Griechen die Ausbildung der jungen Männer zu Herrschenden in der Form homosexueller Sexualpraktiken organisiert, so wurde die Rekrutierung in der Neuzeit zum Gegenstand pädagogischer Aufmerksamkeit und besonderer Erziehungseinrichtungen – zu denken ist an die Gymnasien, Internate, militärischen Kadettenanstalten oder Eliteuniversitäten.

Der Staat kann in seinen zentralen Institutionen, in seinem apparativen Gerüst traditionell als eine Organisation betrachtet werden, die im wesentlichen durch Männer bestimmt und durch das Männliche charakterisiert ist. Doch bedeutsamer ist, daß der politische Prozeß selbst konstitutiv geschlechtlich ist. Auch wenn – der bekannten Definition von Carl Schmitt zufolge – der Staat die maßgebende politische Einheit darstellt, hat er seine Grundlage im Politischen. Dieses wird von Schmitt als ein autonomes Feld begriffen, dessen Logik dadurch bestimmt ist, daß es alle gesellschaftlichen Gegensätze überdeterminieren und recodieren kann. Die jeweiligen ökonomischen, kulturellen, moralischen, religiösen oder technischen Gegensätze werden durch die spezifische politische Unterscheidung von Freund und Feind ergriffen und zu äußerster Entfaltung gebracht. Das Politische bezeichnet also auf den ersten Blick keine substantielle Sphäre, sondern die besondere Intensität der konkreten Gegensätzlichkeiten (vgl. Schmitt 1963: 30). Doch bei Schmitt verknüpft sich diese Überlegung mit einer weiteren. Denn die äußersten Grade der Intensität sind durch Freund hier und Feind dort bestimmt. Diese Relation ist allerdings durch eine leichte Asymmetrie gekennzeichnet, denn während der Freund zunächst unspezifiziert bleibt, ist der Feind als Fremder bestimmt. Den Freunden stehen also die Fremden als die Feinde gegenüber, fremd sind die, die existentiell anders sind. Trotz eines gewissen formalistischen Dezisionismus erhält Schmitts Bestimmung des Politischen damit doch etwas Substantielles. Denn es erscheint nun so, daß es der Fremde ist, der als Feind bestimmbar ist und nicht der Feind, der in der politischen Entscheidung über den Ausnahmezustand erst zum Fremden und damit zum Feind wird.

Bedeutsamer aber an der Bemerkung von Schmitt ist der Hinweis darauf, daß das Politische auch die Freundschaft kennt. Sich am Ernstfall zu orientieren und in der Lage sein, den Feind genau definieren zu können, impliziert zu wissen, wer der Freund ist:

> „Nach deutschem Sprachsinn ... ist 'Freund' ursprünglich nur der Sippengenosse. Freund ist also ursprünglich nur der Blutsfreund, der Blutsverwandte, oder der durch Heirat, Schwurbrüderschaft, Annahme an Kindes Statt oder durch entsprechende Einrichtungen 'verwandt Gemachte'. Vermutlich ist erst durch den Pietismus und ähnliche Bewegungen ... die für das 19. Jahrhundert typische, aber auch heute noch verbreitete Privatisierung und Psychologisierung des Freundbegriffs eingetreten. Freundschaft wurde dadurch eine Angelegenheit privater Sympathiegefühle, schließlich gar mit erotischer Färbung in einer Maupassant-Atmosphäre" (Schmitt 1963: 104).

Freunde kennen sich nicht nur, sie teilen biologisches Erbe und Gefühle miteinander. Die aus rassisch-biologischer Gemeinsamkeit abgeleitete Vertrautheit der Freunde ermöglicht die intensive Wahrnehmung des Fremden als des Feindes. Die Argumentation Carl Schmitts verknüpft die rassistische Konnotation mit einem semantischen Feld von Freundschaft, das – wie Nicolaus Sombart ausführt – sich in Deutschland während des 19. Jahrhunderts ausbildete: Freundschaftsmetaphysik und -ideal, also uneingeschränktes Vertrauen, rückhaltlose Offenheit, Solidarität und Treue, tragen zur Herausbildung von Männerbünden bei und geben damit „Freundschaft" die Bedeutung eines politischen Begriffs (vgl. Sombart 1991: 203). Freundschaft ist dieser historischen Semantik nach eine besonders intensive Form der Bruderschaft. Unter dem Zeichen der menschheitlichen Versöhnung der Brüder, der Fraternité, steht die moderne Demokratie, ihre Gleichheit und ihre Freiheit. Es ist die Freiheit der einzelnen, die ihre egoistischen Nutzenkalküle verfolgen, so als seien sie unabhängig und außerhalb jedes konkreten Lebenszusammenhangs (vgl. Benhabib/Nicholson 1987). Wenn als Folge ihres Tuns sich Konkurrenz und Feindschaft einstellen, so bildet die Freundschaft das Korrektiv und soll – vermittelt durch Clubs, Diskussionszirkel und Männerrituale – eine Kohäsion wiederherstellen. Deswegen die überhöhende Stilisierung und das Pathos der Freundschaft.

Für Carl Schmitt entfaltet sich Freundschaft in äußerster Intensität im Ernstfall; sie ist eine Kategorie des gesellschaftlichen und politischen Zusammenhalts. Der Staat sowohl wie das Politische haben zur Grundlage den Freundschaftsbund unter Männern, in dem die Feindschaft allmählich und aus vielseitigen Quellen ihre Anreicherung erfährt. Die Freunde stehen gegen den Fremden, der der Feind ist. Die politische Logik ist

androzentrisch und männerbündisch. Sie orientiert sich an der Entscheidung über den Ernstfall, also am Übergang in den Krieg, die Sphäre der männlichen Bewährung – Männlichkeit ist die Bewährung im Ernstfall. Die Entscheidung über den Ernstfall selbst, die eigentliche Handlung der souveränen Macht, ist – wie Nicolaus Sombart ausführt – eine Entscheidung für den Phallus und gegen die Sehnsucht nach dem weiblichen Geschlecht und der Mutter (vgl. Sombart 1991: 174ff.).
Männerfreundschaften vernetzen den Entscheidungsprozeß durch die Vielzahl informeller Gespräche und geteilter Erfahrungen; Frauen sind an diesen Freundschaften nur marginal beteiligt.[2] Die Semantik von Freundschaft und Bruder ist nicht nur bei Friedrich Schiller eng miteinander verknüpft, der für einen besonderen Anlaß der Freude hält, wenn es den Brüdern, an die er appelliert, gelingt, eines Freundes Freund zu sein. Es sind die männerbündischen Netzwerke der Brüder, in denen der neuzeitlichen Staatstheorie zufolge der Friedensvertrag geschlossen wird. „Die moderne Gesellschaft ist nicht nach Sippen und dem Recht der Väter strukturiert; in der modernen Welt sind Frauen Männern als Männer unterworfen, oder Männern als einer Bruderschaft. Der Grundvertrag tritt in Kraft, nachdem die politische Niederlage des Vaters ein modernes brüderliches Patriarchat geschaffen hat" (Pateman 1994: 76). Die Freundschaft der Männer konstituiert sich über den Ausschluß der Frauen, die zu einem Gegenstand des Tausches zwischen den Brüdern werden und damit zur Kohäsion von deren sozialen Beziehungen beitragen. Die Frauen bleiben in der Sphäre des Privaten. Aus Angst, dort könnte sich politischer Einfluß geltend machen, der der Kontrolle des Männerbundes entzogen ist, gilt aus der Perspektive des Politischen und der souveränen Entscheidung die Privatsphäre als politisch. Dem Privaten Reservatsrechte einzuräumen – bei Hobbes die Entscheidung über den Glauben –, impliziert in dieser Logik zwangsläufig eine Schwächung des Staates durch indirekte Politik:

> „Wenn aber wirklich die öffentliche Macht nur noch öffentlich sein will, wenn Staat und Bekenntnis den innerlichen Glauben ins Private abdrängen, dann begibt sich die Seele eines Volkes auf den 'geheimnisvollen Weg', der nach innen führt. Dann wächst die Gegenkraft des Schweigens und der Stille. In dem Augenblick, in dem die Unterscheidung von Innen und Außen anerkannt wird, ist die Überlegenheit des Innerlichen über das Äußerliche und damit die des Privaten über das Öffentliche im Kern bereits entschiedene Sache. Eine öffentliche Macht und Gewalt mag noch so restlos und nachdrücklich anerkannt und noch so loyal respektiert werden, als eine nur öffentliche und nur äußerliche Macht ist sie hohl und von innen her bereits entseelt" (Schmitt 1982: 94).

1.3 Das Politische des Privaten

Die Familie muß dieser Überlegung zufolge selbst kontrolliert und geführt werden, damit sich nicht aus ihrem Innenraum negative Auswirkungen auf den Männerbund ergeben, der sich weiterhin durch Diskussionszirkel und Clubs seiner Solidarität ver-

---

2 Die explizit als Gegendiskurs entfaltete feministische Diskussion um „Freundinnenschaft", die als politisches und ethisches Modell sozialer Beziehungen unter Frauen genau die männerbündischen Kriterien sozialen Zusammenhangs in „Freundschaften" kritisiert und eine empathische, erweiterte, weniger aneignende Bezugnahme als Alternative zu entwerfen versucht, findet keine angemessene Berücksichtigung (vgl. Conradi 1994; Friedman 1993).

sichert. Das ist keine bloß autoritär-staatliche Obsession. Familie ist auch in der Sicht der heutigen konservativen Theoriebildung ein genuin politischer Begriff. Denn von ihrem Bestand soll die Stabilität der Werteorientierungen und der Bestand des staatlichen Gemeinwesens selbst abhängen. Das Private ist also politisch; und da es dies ist, ist es mit innerer Konsequenz ein Terrain politischer Auseinandersetzung, auf dem sich die Frauenbewegung in besonderem Maße entfaltet, indem sie auch ihrerseits das Politische des Privaten thematisierte, um die Emanzipation von einer politisch herbeigeführten und strukturierten Privatheit mit all ihren Facetten von illusorischem Glück, Isolation, Demütigung und Gewalt zu ermöglichen.

Es ist ein auf der Hand liegendes Argument, daß der Wohlfahrtsstaat, wie er sich in vielen der führenden industriekapitalistischen Gesellschaften entwickelt hat, sich kaum allein als Männerbund bestimmen läßt – weder seinen politischen und theoretischen Begründungen noch seiner empirischen Verfaßtheit nach (vgl. den Überblick bei Kulawik 1996). Er nimmt zahlreiche ökonomische, politische und kulturelle Aufgaben für die Gesellschaft wahr; sowohl am politischen Prozeß wie an der Ausführung dieser wohlfahrtsstaatlichen Aufgaben sind Frauen gleichfalls beteiligt. Der Hinweis auf eine geschlechtsspezifische Verzerrung hinsichtlich Umfang und materiellen Voraussetzungen besagt wenig. Systematisch gehört es nicht zur Idee von Repräsentation, daß alle Bevölkerungsgruppen entsprechend ihrem Anteil an der Gesamtpopulation am politischen Willensbildungsprozeß teilnehmen oder daß soziale Gruppen ihre unterschiedlichen Positionen in der Gesellschaft ihrer Situation angemessen etwa selbst vertreten können (vgl. Young 1993). Aufgrund eines spezifischen Repräsentationsbegriffs, der in ganz unterschiedlichen demokratietheoretischen Richtungen vorausgesetzt wird, dominiert die Vorstellung politischer Repräsentation sozialer Klassen und Gruppen in der Form eines allgemeinen Mandats; und entsprechend den politischen Ordnungsvorstellungen von Wohlfahrtsstaaten und ihren spezifischen Staatsbürgerschaftsregimen gelten auch kompensatorische Politiken und Arrangements, die soziale Ungleichheiten und Differenzen abfangen sollen, als Repräsentation (vgl. Jenson/Phillips 1996).[3]

In diesem Sinne unterstellt Repräsentation einen idealtypisch generalisierten geschlechtslosen, ethnisch einheitlichen Staatsbürger und ignoriert die faktische Lage von Frauen, die im Einschluß ausgeschlossen sind, der regulierenden paternalistischen Praxis sozialstaatlicher Fürsorge anheimfallen und von ihr gesellschaftlich plaziert werden.

Die staatliche Entwicklung selbst hat dazu geführt, daß Frauen in den Kernbereich staatlicher Apparate, also Militär und Polizei, integriert sind. Vor allem aber wohlfahrtsstaatliche Funktionen werden in hohem Maße von Frauen wahrgenommen. So waren in den USA 1980 von 17,3 Millionen mit wohlfahrtsstaatlichen Funktionen befaßte Berufspositionen 70 Prozent von Frauen besetzt. Dabei handelt es sich um etwa ein Drittel aller bezahlten Beschäftigungen von Frauen (vgl. Fraser 1994a: 227). In der Bundesrepublik Deutschland waren 1994 96 Prozent aller in Kindertagesein-

3 Diese generalisierende Bemerkung nimmt nicht Bezug auf die Diskussion um Gruppenrechte, die sich vor allem im angloamerikanischen Raum als Antwort auf die Kritik an einem derart exklusiven Konzept politischer Repräsentation entwickelt hat. Auch hier, und das muß hier als Behauptung im Raum stehen bleiben, kann man aber letztlich u.E. eine ähnliche politische Rationalität ausmachen, die auch die Vielfalt von Gruppendifferenzen letztlich über ein inklusives, verallgemeinerndes Repräsentationsmodell denkt

richtungen Beschäftigten Frauen; Frauen stellen auch einen höheren Anteil am schulischen Lehrpersonal als Männer. Staatliche Kürzungen oder Privatisierungen haben also in allen diesen Bereichen unmittelbare Auswirkungen auf die Lebensperspektive von Frauen. So sind von voll ausgebildeten Lehrern in der Bundesrepublik Deutschland die Frauen weit häufiger von Arbeitslosigkeit betroffen als die Männer (vgl. BMBF 1996: 101).
Diese empirische Entwicklung wird vom Theorem des Staates als Männerbund nur unzureichend berücksichtigt. Sie wird aber auch in einer anderen Hinsicht nicht angemessen berücksichtigt, wenn auf die impliziten Geschlechternormen wohlfahrtsstaatlichen Handelns abgezielt wird.

1.4 Nancy Frasers Kritik des postindustriellen Wohlfahrtsstaats

Nancy Fraser spricht von einem juristisch-administrativ-therapeutischen Staatsapparat, der im wesentlichen die Aufgabe der Sozialverwaltung nach einem zugrundeliegenden geschlechtlichen Subtext wahrnimmt, der die männliche Klientel begünstigt und die weibliche benachteiligt. Juristisch geschieht dies, indem die Männer als die Haushaltsvorstände betrachtet werden, denen Sozialleistungen als wohlerworbene Rechte zustehen, während Frauen, die häufig vaterlosen Familien vorstehen und keiner Arbeit nachgehen können, als nur bedürftig gelten. Aufgrund dieser Unterscheidung gelten die männlichen Erwerbsarbeiter als Konsumenten, die Anspruch auf einen festen Geldbetrag haben, während die Frauen nach von der Verwaltung definierten Bedürfnissen Sozialleistung erhalten. Beide Male handelt es sich allerdings um administrative Situations- und Bedürfnisdefinitionen (vgl. Fraser 1994a: 239). Damit wird unterstellt, daß Bedürfnisse bestimmten Normalitätserwartungen entsprechen. Kommt es jedoch zu Abweichungen, werden therapeutische Maßnahmen der Beratung, der Prüfung bis hin zur sozialstaatlichen Kontrolle und Überwachung vorgenommen. Die Bedürfnisse der sozialstaatlichen Adressaten können sich nicht offen und diskursiv entfalten, sondern sind Gegenstand eines monologisch-administrativen Verfahrens; sie werden durch das juristisch-administrativ-therapeutische Management der Bedürfnisbefriedigung entpolitisiert (vgl. ebd.: 240). In ihrer kritischen Überlegung zu diesem wohlfahrtsstaatlichen Dispositiv mit seinen normalisierenden und patriarchalen Formierungsprozeduren läßt Fraser nicht nur die Kindererziehung in Kindergärten und Schulen weitgehend unberücksichtigt. Konzentriert auf die negativen Auswirkungen der Klientelisierung der Adressaten sozialstaatlicher Leistungen, läßt sie inkonsequenterweise auch außer acht, daß die staatlichen Normalisierungspraktiken vor allem von Frauen in der sozialstaatlichen Verwaltung, in den Kindergärten und Schulen selbst ausgeübt werden. Frauen als Adressatinnen stoßen hier nicht auf den Sozialstaat schlechthin, sondern wiederum auf weibliches Personal, das ihre Situation und ihre Bedürfnisse beurteilt, Maßnahmen ergreift, Bewertungen vornimmt und über Unterstützung entscheidet. Ist diese Feststellung zutreffend, dann hat dies zur Konsequenz, daß die Konfliktlinie zwischen den Geschlechtern innerhalb des Staates selbst verläuft. Die theoretischen Überlegungen, die auf die geschlechtsspezifische Strukturiertheit der Staatsapparate zielen, müssen präzisiert und mit Blick auf neuere Entwicklungen des Staates aktualisiert werden (vgl. auch Seemann 1996). Wenn geschlechtsspezifische

Konflikte gleich mehrfach auf dem Feld und in den Arenen des Staates ausgetragen werden, dann kann der Staat nicht allein nach dem Modell einer vorgängigen patriarchalen Matrix und androzentrischer Strukturprinzipien verstanden werden – „Vater Staat" –, dem die Frauen als Kollektiv äußerlich gegenüberstehen. Umgekehrt bedeutet dies in demokratietheoretischer Hinsicht aber nicht (vgl. Sauer 1997b: 123), daß von einer Inklusion der Frauen notwendig eine Auflösung der konstitutiv in die politischen Institutionen eingeschriebenen Geschlechterasymmetrie erwartet werden kann (vgl. ebd.: 136). Die Perspektive der Politisierung von bisher in die Privatheit gezwungenen Bedürfnissen unterstellt letztlich die Möglichkeit, durch ihre Plazierung in der politischen Öffentlichkeit die betroffenen Subjekte zu emanzipieren und aus bestimmten Zwängen und Marginalisierungsformen zu befreien. Auch Frauen erhielten damit nach und nach die Möglichkeit, sich gegenüber staatlichen Diskursen und männerbündischen Strukturen zu behaupten. Doch sind diese Überlegungen noch an ein modernisierungstheoretisches Verständnis politischer Institutionen und Öffentlichkeit gebunden, das politischen Öffentlichkeiten sozial gespaltener Gesellschaften die Selbsteinholung anomischer bzw. desintegrativer Effekte auf der Basis der Initiative sozialer Bewegungen zuerkennt. Die Modernisierung des Sozialstaats bestünde gemäß der in diesen Öffentlichkeiten wirksamen politischen Rationalität darin, die aus sozialen Spaltungsprozessen resultierenden Marginalisierungseffekte nach und nach abzubauen bzw., wie bei Fraser, konstruktiv zur Kritik und zum Umbau staatlicher Politiken zu nutzen, indem der geschlechtsspezifische Subtext der Institutionen durch öffentliche Diskussion zur Geltung und unterliegende geschlechtsspezifische Differenzen zur Repräsentation gebracht werden.

1.5 Öffentlichkeit und Identität, Staat und Subjektivität

Frasers theoretischem Rahmen liegt die Annahme zu Grunde, daß letztlich eine Verständigungsmöglichkeit über die „Linien sozialer Differenzen hinweg" (Fraser 1992: 127) besteht und die beteiligten Akteure auch den festen Willen hierzu in sich tragen, einen letztlich verallgemeinerbaren Standpunkt einzunehmen, wenn auch das konkrete Ergebnis dieses politischen Bargainings unvorhersehbar ist. Den Rahmen bilden die Institutionen politischer Öffentlichkeit, die garantieren sollen, daß Bedürfnisse letztlich in soziale Rechte übertragen werden können. Dem politischen und theoretischen Selbstverständnis nach läuft Frasers Vorschlag auf ein Konzept post-bürgerlicher Öffentlichkeit hinaus. Während ein bürgerliches Konzept von Öffentlichkeit rationale, unparteiliche, entkörperlichte, emotions- und begehrensfreie (Männer-)Bürger zur Entscheidungsfindung aufgrund universalistisch normativ abgesicherter Kriterien versammelt (vgl. Young 1995), zieht ein „post-bürgerliches" Konzept nach Fraser alle diese Aspekte in Rechnung: Klassenstatus und körperlichen Habitus, Ausschluß von Frauen, Ausschluß bestimmter ethnischer Gruppen, soziale Differenzen aufgrund unterschiedlicher sexueller Orientierungen und ästhetisch-expressiver Codes. Nun legt die Formulierung „post-bürgerlich" noch immer die konstitutiv abgrenzende Bezogenheit auf den Normenkatalog der Vertretungs- und Aushandlungsprozesse einer bürgerlichen Öffentlichkeit nahe, wenn sie auch erweiternd die bisher ausgeschlossenen Aspekte und Personengruppen, geschlechtliche und ethnische „Subtexte", einbezogen wissen will (vgl. Fraser 1994b: 42). Einbezogen heißt auf der Ebene der Sozialtheorie, die hier ausgebreitet wird, daß soziale Gruppen und Akteure ihre Themen, Interessen und Belange in Form diskursiver Kämpfe in einer öffentlichen Arena vortragen, neue Vokabulare etablieren und damit auch andere, eigene moralische und kulturelle Standards und Bedürfnisse durchsetzen können. Privatheit und Öffentlichkeit sollen dabei nach Frasers Vorstellung als Kategorien zwar durchaus hinterfragt werden – „Manche haben mehr Macht als andere, die Grenze zu ziehen und zu verteidigen" (ebd.) –, aber eben weiterhin im Modus des politischen Aushandlungsprozesses, der allererst auf der Grundlage dieser Kategorien entstanden und durch sie strukturiert ist.

Die hier in Anspruch genommene Vorstellung politischer Öffentlichkeit als Ort und Transmissionsriemen politischer Kämpfe um die Definition von Wohlfahrt und Wohlfahrtsstaat hat also im Blick, wie Akteure von unterschiedlichen sozialen Positionen aus Auskunft über die eigene Situation geben können. Unterstellt wird ein fortschreitender Prozeß zunehmender öffentlicher Anerkennung dieser sozialen Differenzen und der mit ihnen verbundenen Perspektiven. Doch reicht nicht simpel schon der Akt der Veröffentlichung eines Themas aus. Breite Anerkennungs- und Aufmerksamkeitspotentiale erst sollen die Möglichkeit sichern, ein Thema zu etablieren (vgl. ebd.: 40). Letztlich, so unterstellt diese Perspektive, können Bedürfnisse in einer über Kämpfe zunehmend thematisch und personell ausgeweiteten Öffentlichkeit repräsentiert und mehr und mehr Formen sozialer Differenzen artikuliert werden. Betont Fraser auch den Konstruktionscharakter dieser Kämpfe beispielsweise für geschlechtliche und ethnische Identität, so verfestigt dieses Konzept doch im Rahmen der politischen Rationalität dieses Öffentlichkeitsmodells identitätspolitische Praktiken. Denn es wird ein Maßstab für die Repräsentierbarkeit sozialer Differenzen unterstellt, der zur Grundlage der Bewertung sozialer Prozesse und Kämpfe gemacht werden kann, in denen diese unterschiedlichen Perspektiven sich gegeneinander geltend machen. Die für diese Maßstabssetzung als notwendig erachtete moralische Voraussetzung, es müsse zum Gelingen dieser Prozesse ein Mindestmaß wechselseitiger Anerkennung garantiert werden, damit die Gesellschaft sich nicht auflöst, blendet letztlich jedoch den komplexen Formationsprozeß aus, in dem staatliche Praktiken ihrerseits mittels Macht soziale Differenzen hervorbringen. Keineswegs ist gewährleistet, daß allein schon die kritische öffentliche Thematisierung die kathartische Wirkung hervorbringt, asymmetrische Ver-Differenzierung zu rationalisieren. Im Gegenteil ist diese Form der Rationalisierung ein reduktionistischer Umgang mit sozialen Differenzen entlang der Linie von Privatheit und Öffentlichkeit. Versteht man beide als „ordnende Konzepte, die soziale Beziehungen regulieren, die erlauben, verbieten, gestatten" (Sauer 1997a: 37), dann sind sie nicht als Sphären, sondern als Relation zu verstehen. „Grenzziehungen zwischen Privatheit und Öffentlichkeit sind arbiträr und mithin verschiebbar, die Trennlinie wird stets neu und je nach gesellschaftlichem Kräfteverhältnis ausgehandelt" (ebd.).

Judith Butler weist darauf hin, daß genau die alltäglichen Aushandlungsprozesse entlang der Grenzen von Privatheit und Öffentlichkeit Teil des permanenten Rearrangements hegemonialer sozialer Strukturen sind, die in der wechselseitigen Artikulation von ethnischen und sexuellen Be- und Zuschreibungen vielfältige Subjektpositionen hervorbringen. Der Zugriff auf diese Positionen unter der Maßgabe ihre rationalisierbaren Repräsentationsmöglichkeiten einer kritischen Öffentlichkeit nimmt letztlich noch über die Vorstellung der Vielfalt sozialer Differenzen ein kohärentes Subjektkonzept in Anspruch:

„Wenn die Artikulation kohärenter Identität zu ihrem eigenen Politikgehalt wird, dann nimmt die Überwachung von Identitäten die Stelle einer Politik ein, in der die Identität dynamisch im Dienst eines größeren kulturellen Kampfs für die Neuartikulation und Ermächtigung von Gruppen steht, eines Kampfes, der versucht, die Dynamik der Verwerfung und des Ausschlusses zu überwinden, mit der 'kohärente Subjekte' geschaffen werden" (Butler 1995: 161).

Subjekte behaupten sich in unterschiedlichen sozialen Kontexten und sich überschneidenden Öffentlichkeiten. Diese Öffentlichkeiten und damit auch der wohlfahrtsstaatliche Rahmen werden bei Fraser als zwar umstrittenes Terrain, aber nicht selbst als flexible institutionelle Arrangements im Feld staatlicher Politiken aufgefaßt, die im Widerspruch zur normativen Vorgabe stehen, die anomischen Effekte sozialer Ungleichheitsprozesse einholen können zu sollen:

„People who are ultimately disadvantaged by the social construction of consent nonetheless manage to find in the discourses of the public sphere representations of their interests, aspirations, life problems, and anxieties that are close enough to resonate with their own lived selfrepresentations, identities, and feelings. Their consent to hegemonic rule is secured when their culturally constructed perspectives are taken up and articulated with other culturally constructed perspectives in hegemonic sociopolitical projects" (Fraser 1992: 139).

Fraser weist also zwar einerseits auf die Herrschaftsförmigkeit wohlfahrtsstaatlicher Diskurse hin, setzt aber gleichzeitig auch in deren Rahmen die emanzipatorischen Möglichkeiten an, die diese sozialen Ausschluß produzierenden Strukturen aufbrechen lassen und das Potential bereitstellen können sollen, diese Strukturen, die allererst für die „Platzanweisung" der betroffenen Subjekte sorgten, hinter sich zu lassen.
Anders als Jürgen Habermas geht Fraser zwar sehr viel genauer auf die widersprüchlichen und sich überlappenden Diskurse ein, die sie im größeren komplexen strategischen Rahmen eines sie organisierenden Interessenkonflikts konzipiert. Gleichwohl bleibt ihr indirekter Rückgriff auf Gramscis Hegemoniebegriff (vgl. ebd.: 125) unausgelotet und damit letztlich unkritisch, weil sie ihn mit dem Rahmen eines Öffentlichkeitsmodells verknüpft, in dem zwar widersprüchliche Interessen artikuliert werden und soziale Bedeutungen umkämpft sind. Letztlich soll es aber normativ auch die positiven Bedingungen ausweisen, die zur Konstitution sozialer Positionen beitragen. Ethnizität, Klassenverhältnisse, Alter und unterschiedliche „symbolische" und „narrative Ressourcen" sind Kriterien, die Fraser für die Aushandlungsprozesse, getragen von sozialen Bewegungen, NGOs, informellen sozialen Gruppen, im Rahmen eines Geflechts diskursiver Arenen für relevant hält – und die kein pluralistisches, multikulturelles Demokratiekonzept (vgl. Fraser 1997: 187) einfach einholen kann. Körperliche, also somatische und gestische expressive Äußerungsformen spielen dabei eine Rolle und werden durch den Kontext bzw. subalterne Öffentlichkeiten, in denen sie sich entfalten, konstituiert – wie die Identitätsformationen, die auf ihrer Grundlage ausgebildet werden.
Fraser setzt bereits mit einem komplexen Verständnis sozialer Identität an. Formiert in den Meinungsbildungsprozessen und Kämpfen sozialer Bewegungen bilden „mul-

tiple intersecting differences" (ebd.: 180) den Ausgangspunkt politischer Artikulation sowie theoretischer Überlegungen zur Frage, was radikale Demokratie sein kann. Sie bezeichnet diese Entwicklung als Schritt feministischer Theorie, nicht nur das Verhältnis zwischen Frauen und Männern, sondern auch die Verhältnisse von Frauen untereinander als Ausdruck sich überschneidender unterschiedlicher Linien von Differenz und Unterordnung zu erfassen,[4] um auf dieser Basis eine gerechte Sozialpolitik entwerfen zu können. Darunter faßt sie als Aufgabe die Notwendigkeit, Fragen ökonomischer Umverteilung sowie kultureller Anerkennung in ihrem wechselseitigen Zusammenhang zu thematisieren – ein Projekt, das die feministische Theorie bisher nicht zufriedenstellend angegangen sei (vgl. ebd.). Weder stellen ihrer Meinung nach dekonstruktiver Antiessentialismus noch eine einfache, pluralistisch orientierte multikulturelle Politik der Anerkennung Mittel zur Verfügung, die eine kulturalistische Politik hinsichtlich Identität und Differenz mit einer Sozialpolitik verbinden könnten, die Gerechtigkeit und Gleichheit zur Grundlage ihrer normativen Werte hat: „Neither appreciates the crux of the connection: cultural differences can be freely elaborated and democratically mediated only on the basis of social equality" (ebd.: 186).

Genau dieser Konnex ökonomischer Umverteilung und kultureller Anerkennung – und darunter ist auch die Anerkennung geschlechtlicher Unterschiede gefaßt – stellt aber noch nicht an sich eine Garantie gegen deren diskursive Vereinnahmung im Namen einer neoliberalen Deregulierungspolitik, dem Abbau sozialstaatlicher Leistungen und verstärkter Individualisierung dar. Im Gegenteil können sie, so Gerda Neyer, zu einer „Re/Formierung" führen, „die partiell in scheinbarem Konsens mit feministischen und frauenspezifischen Forderungen" geschieht (Neyer 1997: 137). Auf den Differenzbegriff wird demnach in jüngeren sozialpolitischen Entwicklungen gerade dann zurückgegriffen, wenn „durch die getroffenen Maßnahmen die gesellschaftlichen Geschlechterdifferenzen selbst abgesichert werden können" (ebd.).

Die normative Festschreibung der komplexen zu erreichenden Gleichheit der Geschlechter kann aus dieser Perspektive funktionalisiert werden, und Frasers Vorschlag, nämlich die ökonomische und soziale Lage von Frauen zur normativen Grundlage von Sozialpolitik zu machen (vgl. Fraser 1996: 492), könnte in die Gefahr geraten, unwillentlich Verschiebungen geschlechtsspezifischer Arbeitsmarktstrukturen zu legitimieren.[5] „Die weiblichen Arbeitsverhältnisse werden dagegen immer häufiger als 'richtungsweisend' für zukünftige Arbeitsverhältnisse proklamiert, verspricht dies doch die Möglichkeit zur Präkarisierung, Deregulierung, Flexibilisierung von Arbeitsverhältnissen, zur Entrechtung und Verbilligung der Arbeitskraft" (Neyer 1997: 153; vgl. Bakker 1997: 69f.).

Die insgesamt undifferenziert bleibenden Begriffe der Repräsentation und Selbstrepräsentation verdecken hier die Prozesse, Praktiken, Erfahrungen und Wissensformen

4 Dies bedeutet auch, daß es widersprüchliche Formen der Auseinandersetzung um Geschlechterverhältnisse gibt: „So wird der gegenwärtige Wandel in den Geschlechterverhältnissen sehr wahrscheinlich – zumindest für eine Zeitlang – zu einer Rivalität verschiedener Geschlechterdiskurse führen" (Maihofer 1995: 82).

5 Vgl. ausführlicher in diesem Sinne Ruddick (1994). Sie verweist auf ein ähnliches Problem und zeigt für den neoliberalen Familien-Diskurs, daß die Anerkennung alternativer Familienformen die Norm der Kernfamilie sowie eine bestimmte regulatorische Familienpolitik bewahrt.

der sozialstaatlichen Ansprache der Subjekte und damit auch ihrer politischen Handlungsmöglichkeiten. Judith Butler geht dieser Frage genauer nach, indem sie untersucht, wie beispielsweise die Frage der Homosexualität im US-amerikanischen Militär gehandhabt wird. Das Zusammenspiel staatlicher wie allgemeiner politisch-öffentlicher Thematisierung dieser Frage ist komplex und produktiv für die Möglichkeiten, Selbst- und Fremdwahrnehmungen überhaupt artikulieren zu können:

„*the state produces hate speech*, and by this I do not mean that the state is accountable for the various slurs, epithets, and forms of invective that currently circulate throughout the population. I mean only that the category cannot exist without the state's ratification, and this power of the state's judicial language to establish and maintain the domain of what will be publicly speakable suggests that the state plays much more than a limiting function in such decisions; in fact, the state actively produces the domain of publically acceptable speech, demarcating the line between the domains of the speakable and the unspeakable, and retaining the power to make and sustain that consequential line of demarcation" (Butler 1997: 77, Hervorhebungen im Orig.).

Begreift man „Geschlecht" (wie auch Klasse, Ethnie) als relationales Verhältnis (vgl. Lauretis 1987: 5; Haraway 1987), dann rücken die mit bestimmten Repräsentationspolitiken verbundenen materiellen Effekte in den Blick, die Subjektivität konstituieren. Die über unterschiedliche kulturelle und politische Kontexte vermittelten Formen von Selbstverhältnissen, die Effekt widersprüchlicher oder jedenfalls komplexer Anrufungsformen und Fremdbeschreibungen sind, produzieren noch näher zu beschreibende Arten der Selbstwahrnehmung und der gewähnten politischen Eingriffsmöglichkeiten. „Dies bedeutet, sich mit dem Problem zu konfrontieren, daß feministische Theorie und Politik nicht nur gegen die Unterdrückung und Benachteiligung von Frauen arbeiten, sondern selbst neue Diskriminierungen von Frauen hervorrufen und die, die sie beseitigen wollen, reproduzieren können" (Lorey 1996: 81). In diesem Sinne warnt auch Wendy Brown vor einem feministischen Staats- und Kritikverständnis, das die (Macht-) Effekte, die die sich verändernden und sich ausweitenden sozialstaatlichen Anspracheformen zeitigen, außer acht läßt: „Do these expanding relationships produce only active political subjects, or do they also produce regulated, subordinated, and disciplined state subjects?" (Brown 1995: 173)

1.6 Staat und Geschlecht: ein vorläufiges Resümee

Die bisherigen Überlegungen zeigen, daß die staatstheoretische Sicht gleichsam eine Umkehrung verlangt. Soziale Differenzen sind nicht ein repräsentierbares oder nicht-repräsentierbares Objekt, so als gäbe es – entsprechend einem liberalen Vertragsmodell – Politik und Staat gleichsam erst nachträglich. Die geschlechtlichen Differenzen wie die, die als ethnische gelten, sind das Ergebnis eines Konstitutionsprozesses der Subjekte wie des Staates selbst (vgl. Pringle/Watson 1992). Dieser ist konstitutiv von den Differenzen durchzogen, die er selbst beiträgt zu erzeugen. Allein so läßt sich ein gewisser Empirismus vermeiden, der – indem er von einem Individuum außerhalb der staatlich konstituierten Gesellschaft ausgeht – Identitäten wie die des Geschlechts, der Nation, der Rasse, einer sexuellen Orientierung oder der Klasse als wesentlich gegeben unterstellt. Damit rückt aber auch in den Blick, daß der Wohlfahrtsstaat sich nicht allein mit einem Staatsvolk konstituiert, sondern mit komplex angereicherten Gruppenidentitäten von Männern oder Frauen, Klassen, sexuellen Orientierungen, Ethnien. Insofern dieser Identitätsprozeß aber in die Staatsapparate und in die politisch-staatlich konstituierte Trennung von öffentlich und privat hineinreicht, erweisen sich sowohl diese Identitätsbildungsprozesse ebenso wie die staatlichen Institutionen als Ergebnis von Konflikten und Kompromissen (vgl. Fraser 1994: 242). Vermittels der Gleichheitsnorm werden die pluriidentitär angereicherten sozialen Gruppen ständig neu zusammengesetzt oder desartikuliert.

2. *Materialistische Staatstheorie und Veränderung von Staatlichkeit*

2.1 Der Vorlauf

Die feministische Analyse des Staates als Männerbund und des Politischen als Männerfreundschaft forciert die paradigmatischen Veränderungen innerhalb der materialistischen Staatstheorie, wie sie sich in den vergangenen Jahren im Anschuß an die Arbeiten von Nicos Poulantzas, die Regulationstheorie, die Diskursanalyse und eine Neulektüre von Gramscis „Gefängnisheften", aber auch aufgrund neuer sozialer Entwicklungen wie Rassismus, Migration, Umweltzerstörung, globalisierender Finanzmärkte und kommunikationstechnologischer Netze, nicht zuletzt aber auch neuer Protestpraktiken demokratischer Akteure abzeichnet. Kennzeichnend für diese Veränderungen ist eine Kritik an substantialistischen oder essentialistischen Vorstellungen von dem, was der „Staat" ist. Lange Zeit galt der Staat in der materialistischen Tradition als ein Ausschuß der herrschenden bürgerlichen Klasse oder als eine Maschine zur Durchsetzung von deren Interessen, m.a.W. entweder in der Tradition des Naturrechts und Hegels als Subjekt der Gesellschaft oder neutrales Instrument. In der Diskussion der siebziger Jahre wurde dagegen versucht, staatliche Aktivitäten als autonome zu bestimmen. Danach sollte der Staat im wesentlichen die Aufgabe haben, durch Verfahren soziale Interessen zwar aufzunehmen, aber sie letztlich nur kleinzuarbeiten, so daß Interessen von Arbeitern und Arbeiterinnen sich nicht wirklich entfalten können sollten und Protest unterbleiben würde (vgl. Agnoli 1990; Müller/Neusüß 1970). Als erklärenswert galt, warum der Staat dennoch keineswegs ultrastabil war und seine Steuerungsprogramme nicht erfolgreich sein konnten. Mehrere Antwortstrategien wurden verfolgt.

Einer eher kultur- und moraltheoretischen Erklärung zufolge war staatliches Handeln per se paradox. Die politisch-normative Neutralisierung der Produktionsverhältnisse durch die Trennung der Gesellschaft von den willensvermittelten Steuerungsmechanismen, die im Staat konzentriert sind, könne nicht wirklich gelingen, weil Märkte politisch institutionalisiert sind und die Arbeitskraft von lebendigen Personen, den freien Lohnarbeitern, angeboten wird. Damit kommt es zum Konflikt zwischen moralisch entlasteten, systemischen und normativen Regeln des Handelns. Kapitalistische Gesellschaften galten als „allemal 'unregierbar'" (Offe 1979: 316).

Sofern staatliche Funktionen eher ableitungstheoretisch bestimmt waren durch den Beitrag der Staatsapparate zur Sicherung der Verwertungsbedingungen einzelner Kapitale und Kapitalgruppen durch Umverteilung von Revenuen, Infrastrukturmaßnahmen oder Wissenschaftsförderung, waren sie auch in die krisenhafte Entwicklung der Kapitalakkumulation selbst einbezogen. Aufgrund einer stetigen Intervention in den Kapitalkreislauf und eines damit zusammenhängenden Steuerungsversagens oder einer zu starken bürokratischen Durchdringung und Formierung der Gesellschaft mußte der Staat selbst zwangsläufig zu einem Ziel sozialen Protests sehr unterschiedlicher sozialer Gruppen werden. In diesem Fall rücken Frauenerwerbsarbeit, Familie und reproduktive Aufgaben der Frauen durchaus in den Blick der Analyse – jedoch vor allem unter dem Gesichtspunkt der Reproduktion der Arbeitskraft: „Es bedarf und bedurfte dazu immer schon eines relativ außerhalb der Warenverhältnisse angesiedelten 'Reproduktionsbereichs' (mit 'Familie' als Kern und einer spezifischen Form von Nicht-Lohnarbeit: Haus- und 'Beziehungsarbeit'), um die Verfügbarkeit von Arbeitskraft (quantitativ und qualitativ) für das Kapital sicherzustellen" (Hirsch 1980: 74). Aufgrund eines beschleunigten Wandels und einer zunehmenden Erosion traditioneller Milieus und Wertmuster nehme die reproduktive Funktion der Familie sogar noch zu, um sozialisatorische Bedingungen der Reproduktion zu gewährleisten. Da aber gleichzeitig die Familie selbst immer stärker in den Warenkonsumzusammenhang und die formelle Lohnarbeit einbezogen sei, sei auch ihr Bestand gefährdet (vgl. ebd.: 91). Darauf werde in der Familienpolitik staatsinterventionistisch reagiert. Doch die administrative Organisation und Steuerung des generativen Verhaltens wie der Sozialisationsprozesse würde den Individualisierungsprozeß nur noch verschärfen (vgl. ebd.). Diese Krisendiagnose ist nicht so weit entfernt von anderen modernisierungstheoretisch motivierten Thesen zu Individualisierung und Auflösung von Familie und Veränderung des Geschlechterverhältnisses. Auf die damit zusammenhängenden Probleme soll hier nicht eingegangen werden. Es erscheint uns auch die Tatsache nicht an sich problematisch, daß das Geschlechterverhältnis vor allem unter dem Gesichtspunkt der Arbeitsteilung betrachtet wird. Problematisch ist vielmehr die Einseitigkeit dieser Betrachtungsweise. Auf diese Einseitigkeit reagieren andere Ansätze unfruchtbar, indem sie wiederum nur Anerkennung und Identitätspolitik thematisieren. Allein der Versuch, Fragen der Verteilung und der Anerkennung auszubalancieren, reicht jedoch auch nicht hin (vgl. Fraser 1997), da das Verhältnis dieser Begriffe erst in einer Theorie der gesellschaftlichen Regulation ihre metatheoretische Begründung fände.

Die materialistische Staatstheorie erweckt manchmal den Eindruck, als sei der Staat gleichsam eine Agentur der Agenturen, die alle mit der Reproduktion eines bestimmten sozialen Verhältnisses befaßt sind, nämlich dem der Organisation der Lohnarbeit und der Abpressung von Mehrarbeit. Staatsanalyse der beiden Traditionslinien weist demzufolge darauf hin, daß der Staat Probleme des Produktionsverhältnisses zu lösen hat, die er ständig nicht löst, sondern gar noch verschärft. Diese Sicht wirft mehrere Probleme auf: Politik und Staat werden nicht ausreichend als eine autonome Handlungssphäre begriffen; staatliches Handeln erscheint als mächtiges und lineares Handeln von oben und von außerhalb der gesellschaftlichen Sphäre; unterschiedliche Widersprüche der Gesellschaft erscheinen gleichsam äußerlich, so als sei der Staat einmal eine Funktion der Kapitalakkumulation, ein anderes Mal der des Patriarchats.

2.2 Der nicht-essentialistische Staat

Auf diese Probleme läßt sich mit einem neogramscianischen Ansatz reagieren, der die Perspektive umkehrt. Danach wird der Staat selbst nicht essentialistisch verstanden. Staat wird vielmehr als Verdichtung eines sozialen Kräfteverhältnisses und als ein sich ständig änderndes gesellschaftliches Kompromißgleichgewicht zwischen den gesellschaftlichen Kräften begriffen. Er stellt also ein Kompromißfeld dar, auf dem sich Interessen verallgemeinern und Koalitionen und Allianzen eingegangen werden. Dabei ist Staat keine substantiell vorausgesetzte und einheitliche Instanz, sondern selbst erst Ergebnis dieser Kompromisse, eben eine Verdichtung zahlreicher Widersprüche. Dies aber bedeutet, daß es in dem Bereich, den Gramsci „Zivilgesellschaft" nennt, Kräfte geben muß, die regieren wollen, für die Staat einen handlungsorientierenden Sinn hat und die entsprechend Staat als ein besonderes politisches Verhältnis herstellen. Dies geschieht durch bestimmte Praktiken sowohl ökonomischer, politischer wie auch kultureller Art. Staat ist also das Ergebnis von Diskursen und politischen Aktivitäten. Erst durch diese gewinnt er als die unwahrscheinliche Institutionalisierung von asymmetrischen Kompromissen seine Dauer und schafft Erwartungen und Erwartungserwartungen bei sozialen Akteuren (vgl. Demirovic 1992 und 1997). Der Staat übt aus dieser Sicht nicht allein Hegemonie aus, sondern muß als ein Feld der Hegemonie und als eine Tatsache der Hegemonie – also von kulturellen und diskursiven Praktiken – begriffen werden (vgl. Sauer 1997b: 133ff.). Aus dieser Überlegung folgt, daß der Staat keineswegs als eine vertikal gegliederte, einheitliche Institution mit einem hierarchisch an der Spitze stehenden Handlungszentrum gedacht werden kann, das kontinuierlich und gleichmäßig seine Ziele verfolgt und linear durchsetzt. Vielmehr besteht der Staat aus einer Vielzahl von unterschiedlichen Apparaten, die intra- wie interinstitutionell von zahlreichen Widersprüchen und Konflikten durchzogen sind.
Soweit ein solcher Begriff des Staates vorgeschlagen wurde (vgl. insbesondere Poulantzas 1978), läßt sich kritisieren, daß er das Kräfte- und Kompromißverhältnis immer noch sehr eingeengt auffaßt, nämlich allein als das von Klassen und Klassenfraktionen (vgl. ebd.: 119), während andere Identitäten nicht thematisiert werden. Damit gerät aus dem Blick, daß es keine beiläufige Wirkung ist, daß der Klassenkompromiß vor allem zwischen männlichen Unternehmern und „autochthonen" männlichen Facharbeitern und Familienvorständen geschlossen wurde, „sondern Geschlecht als eine männerbündische Interessenkonstellation eine der zentralen Grundlagen des Kompromisses selbst" ist (Kulawik 1996: 70). Erst wenn dieser Gesichtspunkt berücksichtigt und noch ausgeweitet wird, wird dem Begriff des Staates als materielle Verdichtung eines Kräfteverhältnisses und eines Kompromißfeldes Rechnung getragen, in das zahlreiche Praktiken und Identitäten eingeschrieben sind: die des Nationalen und der Rasse, Praktiken also, die immer die anderen als ethnische Minorität und kulturell fremd auszeichnet; ebenso die des Geschlechterverhältnisses und der sexuellen Orientierung, die das Männliche und eine bestimmte Form der Heterosexualität als staatlich-öffentlich konstituieren. Wird auf diese Weise argumentiert, dann stellt der Staat ein spezifisches Kompromißfeld dar, in dem sich komplexe Identitäten der Regierenden einerseits und der Regierten andererseits herausbilden. Diese Identitäten können nur als eine spezifische Verknüpfung von Merkmalen wie Geschlecht, Klasse und Ethnos sowie einem bestimmten gesellschaftlichen Naturverhältnis begriffen werden: nicht

vorgängig, sondern sie sind das Ergebnis einer Bewegung der Regierenden durch ein komplexes und zerklüftetes Gelände von gesellschaftlich-staatlichen Widersprüchen und Kompromissen. Ein solcher Begriff von Staat, wie er hier nur sehr knapp angedeutet werden kann, um unterschiedliche Identitäten nicht-reduktiv zu berücksichtigen, ermöglicht es auch, auf ein Problem der aktuellen staatstheoretischen Diskussion einzugehen.

Noch einmal auf die feministische staatstheoretische Diskussion zurückblickend, läßt sich erkennen, daß sie noch Fragen verhaftet ist, die den klassischen National- und Wohlfahrtsstaat betreffen (vgl. auch Ruddick 1994; Kulawik/Sauer 1996; Sauer 1997b). Sowohl die Frage nach dem Männerbündischen des Staates wie der Wohlfahrtspolitiken mit ihrem geschlechtlichen Subtext zielen auf eine nationalstaatlich umrissene Institutionalisierung. Auch Forderungen nach Demokratisierung, Partizipation und Öffentlichkeit bewegen sich weitgehend noch in diesem Rahmen. Doch nicht nur aufgrund des europäischen Integrations- und des Globalisierungsprozesses – um bei dieser etwas fragwürdigen Bezeichnung zu bleiben – steht die Grundannahme in Frage, nämlich ob es überhaupt noch einen Staat gibt. Schon Carl Schmitt hatte aufgrund der Entfaltung zahlreicher indirekter politischer Gewalten, die das staatliche Monopol auf das Politische untergrüben, davon gesprochen, daß die Epoche der Staatlichkeit zu Ende gehe (vgl. Schmitt 1963: 10). Etwas weniger epochal, aber dramatisch genug, prognostiziert Carl Böhret für das nächste Jahrhundert, daß der traditionelle Staat als „Gebilde eigener Souveränität und als hierarchischer Koordinator" absterbe (Böhret 1993: 14f.). Der Prozeß sozialer Differenzierung von subsystemischen Handlungslogiken, die Dezentralisierung und Pluralisierung, die Zersplitterung des Rechts, die interne Komplexität von staatlich-administrativen Institutionen wie auch die Komplexität von einander abhängigen Entscheidungskonstellationen und die zeitlich und räumlich weitausgreifenden Folgen gesellschaftlichen und politischen Handelns lassen den Eindruck entstehen, daß der Staat, der ohnehin eine semantische „Selbstmystifikation" des politischen Systems ist, gegenwärtig erodiert und sich von einem souveränen Akteur innerhalb des internationalen Systems zu einer regionalen Adresse der Weltgesellschaft gewandelt hat (vgl. Luhmann 1995: 117).

2.3 Ist kein Staat mehr zu machen?

Diese Entwicklung zieht den Staat immer mehr in gesellschaftliche Prozesse der Verhandlung mit zahlreichen Akteuren auf unterschiedlichen Ebenen hinein. Damit verliert der Staat sein Monopol auf die Definition von Problemen und auf die letzte und kollektiv bindende Entscheidung. Er verändert sich in einen verhandelnden, einen funktionalen oder kooperativen Staat, de facto wird Regierung (governance) aus der Regierung (government) ausgelagert und flottiert in den durch horizontale Selbstkoordination der autonomen Akteure geschaffenen Vernetzungen. In diesen Netzwerken ist der Staat mit seinen Ressourcen und seinen Kompetenzen gleichrangig mit anderen Akteuren nur noch einer der Verhandlungspartner. Demokratietheoretisch sind diese Mehrebenenverhandlungsnetze insbesondere dann schwer zu bilanzieren, wenn sie weit über die nationalstaatlichen Grenzen hinausgreifen. Denn werden politische Entscheidungsprozesse bei einem gleichzeitig hohen Beteiligungsniveau unterschiedlicher

Akteure entformalisiert, so geht die demokratische Legitimation in einem stärkeren Maße verloren, wenn in multilateralen Netzwerken Entscheidungen gefällt werden, die den nationalen Willensbildungsprozeß binden und einengen (vgl. Scharpf 1992 und 1993).

In der Diskussion wird allerdings häufig bezweifelt, daß es wirklich zu einer linearen Erosion des Nationalstaats kommt. Für viel wahrscheinlicher wird gehalten, daß sich ein Transformationsprozeß in der Architektur des Staates abspielt (vgl. Grande 1992). Es relativieren sich die Funktionen des Wohlfahrtsstaats – wenn sie nicht gar regelrecht verloren gehen. Es kommt zu einer Entstaatlichung, zu einer Denationalisierung und Internationalisierung des Staates (vgl. Jessop 1994 und 1995). Als vierte Veränderung gehen damit zahlreiche Wandlungen der Identitätsmuster von Individuen und sozialen Gruppen einher. Diese Vorgänge stellen aber trotz Funktionsverlusten nicht notwendigerweise eine Erosion von Staatlichkeit selbst dar. Denn die grundsätzliche Fähigkeit zur Verdichtung sozialer Widersprüche in einem durch den Staat selbst konstituierten Kräfte- und Kompromißfeld bleibt erhalten (vgl. Jessop 1997), erneuert sich oder artikuliert sich neu, insofern diese Verdichtungs- und Kohäsionsfunktion selbst entlang einer Kette von Mehrebenen-Entscheidungsmechanismen ausgeübt wird. Anders formuliert, der Staat, dem Subsidiaritätsprinzip folgend, vergesellschaftet zahlreiche Problemlagen und bringt in den Verhandlungen selbst seine Arena-Qualität zur Geltung, also seine Möglichkeit, das institutionelle, symbolische, finanzielle und rechtliche Feld festzulegen, auf dem sich die verhandelnden Akteure bewegen müssen, um die Anschlußfähigkeit, die Entscheidbarkeit und Verbindbarkeit zu erreichen (vgl. Böhret 1993: 15).

Trotz der Beschreibungen und Erwartungen, denen zufolge nicht allein die Handlungsfähigkeit des Staates, sondern grundlegender noch seine Bestandsbedingungen in Frage gestellt sind, wird also eine „zivilgesellschaftliche" Auseinandersetzung um seine Fortexistenz geführt. Möglicherweise ist die Diagnose selbst performativer Natur, um die Wirkung einer Stärkung des Nationalstaats herbeizuführen. So schlägt Helmut Willke eine Erneuerung des Verhältnisses von Schutz und Gehorsam vor, das nach den Bedrohungen durch Gewalt und Armut und den evolutionären Schüben von deren Bewältigung durch Recht und Geld gegenwärtig durch großtechnologische Gefährdungslagen und Risiken erneut bedroht wird. Die Lösung besteht in einer neuen Wissensbasis des Staates und einer innovativen und lernfähigen Verwaltung und durch diese hindurch, also durch ein wissensbasiertes Risikomanagement, in einer Erneuerung der Handlungsfähigkeit des Staates (vgl. Willke 1992; vgl. auch Luhmann 1995: 117).

Aufgrund eines Begriffs von Staat als der materiellen Verdichtung eines Kräfteverhältnisses ist aber nicht so sehr entscheidend, ob die Arena-Qualität sich auf den Nationalstaat beschränkt. Vielmehr ist entscheidend, daß die Verdichtung auch in der Gestalt von neuartigen, international ausgreifenden Policy-Netzwerken und politischen Formen stattfindet, die gleichsam die politische Energie durch die multilateralen Verhandlungssysteme weiterreichen, bis sie sich in einigen Knotenpunkten kristallisiert, die zu einem politischen Macht- und Herrschaftsdispositiv werden.

Wie immer es sich empirisch verhält: eine Auflösung in multilaterale Netzwerke, eine Wiedergewinnung staatlicher Souveränität im nationalstaatlichen Rahmen oder die Herausbildung einer neuen quasi-staatlichen Form der Verdichtung auf multi- und transnationalem Niveau, in allen drei Fällen ist die feministische Staats- und Demokratiediskussion mit ihren zentralen Themen des Männerbundes, des geschlechtsspezifischen Subtexts der politischen Institutionen und des Verhältnisses zwischen privat und öffentlich berührt. Denn während Frauen mit ihren Forderungen nach Gleichberechtigung, der Veröffentlichung und Politisierung sogenannter privater Verhältnisse und einer Umstellung der Wohlfahrtsparameter noch gewisse Erfolge haben könnten, entformalisiert sich der Politikprozeß, indem er sich in die horizontale Kooperation verschiedener Akteure verlagert. Offensichtlich begünstigt die Tendenz der Internationalisierung des Staates erneut Fachbruderschaften der zahlreichen intergouvernementalen Organisationen (Trilaterale Kommission, G-7, Weltbank, Internationaler Währungsfonds, NATO, EU) (vgl. Picciotto 1993). Die Netzwerke, die sich ausbilden, konstituieren sich möglicherweise in hohem Maße über die Formierung neuer Männlichkeitsmuster einer globalisierten Elite, in der Frauen allenfalls einen marginalen Platz haben. Diese Marginalität ist ihrerseits noch überdeterminiert durch die Konflikte der Frauen der unterschiedlichen Regionen und verschiedener Identitätsmuster (vgl. dazu Aithal 1996).

Gleichwohl ist damit keineswegs apriori entschieden, daß Frauen zwangsläufig ausgegrenzt sein müssen, denn auch sie können sich durch die Bildung eigener Netzwerke in den Verhandlungsprozeß einschalten. Doch wird festgestellt, daß innerhalb des formellen Staatsapparats sich Entscheidungen immer mehr in die Verwaltung, einem Teil dieser Netzwerke, hinein verlagern und diese ihrerseits durch Fachbruderschaften gekennzeichnet sind (vgl. Böhret 1993: 263f.). In den Policy-Netzwerken interagieren staatliche und private Akteure. Bislang wird aber selbst dann, wenn die Frage nach einer Demokratisierung der internationalisierten Mehrebenensysteme gestellt wird, die geschlechtsspezifische Bedeutung nicht hinreichend berücksichtigt. So stellt der Bericht der Commission on Global Governance zwar ein besonderes Defizit für die „Erringung von Gestaltungsmacht" für Frauen fest (Kommission 1995: 43). Doch bei den entsprechenden Überlegungen eines Übergangs von „geo-governance" zu „global-governance" und einer entsprechenden Transformation politischer Institutionen mit Blick auf eine systematische Berücksichtigung des Geschlechterverhältnisses im allgemeinen oder gar der unterschiedlichen Geschlechterverhältnisse in den verschiedenen Regionen der Erde spielt diese Feststellung kaum noch eine Rolle. Entsprechend wird dieser Aspekt in der offiziellen Diskussion des Berichts von Frauen kritisiert:

> „In other words, it's not just a question of transferring power to women who would keep doing the same things that men have been doing all this time. It's got to be a transformation that comes from seeing things differently. It is so important that we don't just fall into that trap of saying, 'Let's give more power to women', without changing the whole way that society operates. I think the Commission has done some of this, because they've said that security is not just a question of national security. It's individual security. If you can't feed your family, you're not secure. So they have, in a sense, brought it down to the micro level, and that's really important. But they haven't really talked about the women's revolution that is already taking place today in the world at the grassroots level, or how to give political attention to it" (People's Response 1995: 141f.).

Selbst sehr avancierte Versuche, den Prozeß der Weltvergesellschaftung auch politisch, demokratisch und zivilgesellschaftlich zu regulieren, erweisen sich also nach dem gegenwärtigen Stand der Diskussion als unterkomplex und entsprechen nicht dem realen zivilisatorischen Niveau, das von Fourier noch utopisch ins Auge gefaßt worden war und sich gegenwärtig aufgrund der realen Emanzipationsbewegung durchaus abzuzeichnen beginnt.

Literaturverzeichnis

Agnoli, Johannes, 1990: Die Transformation der Demokratie, in: *Johannes Agnoli/Peter Brückner*: Die Transformation der Demokratie. Frankfurt a.M.

Aithal, Vathsala (Hrsg.), 1996: Vielfalt als Stärke: Beijing '95. epd-Entwicklungspolitik. Materialien II.

Altvater, Elmar/Mahnkopf, Birgit, 1996: Grenzen der Globalisierung. Ökonomie, Ökologie und Politik in der Weltgesellschaft. Münster.

Arendt, Hannah, 1993: Was ist Politik? München.

Bakker, Isabella, 1997: Geschlechterverhältnis im Prozeß der globalen Umstrukturierung, in: *Helga Braun/Dörte Jung* (Hrsg.), Globale Gerechtigkeit? Feministische Debatte zur Krise des Sozialstaats. Hamburg, 66-73.

Benhabib, Seyla/Nicholson, Linda, 1987: Politische Philosophie und die Frauenfrage, in: *Iring Fetscher/Herfried Münkler* (Hrsg.), Pipers Handbuch der politischen Ideen. Bd. 5. Zürich, 513ff.

BMBF (Bundesministerium für Bildung, Wissenschaft, Forschung und Technologie), 1996: Grund- und Strukturdaten 1996/97. Bonn.

Böhret, Carl, 1993: Funktionaler Staat. Frankfurt a.M.

Braun, Helga/Jung, Dörte (Hrsg.), 1997: Globale Gerechtigkeit? Feministische Debatte zur Krise des Sozialstaats. Hamburg.

Brown, Wendy, 1995: Finding the Man in the State, in: *Wendy Brown*, States of Injury. Power and Freedom in Late Modernity. Princeton/New Jersey, 166-196.

Butler, Judith, 1995: Körper von Gewicht. Die diskursiven Grenzen des Geschlechts. Berlin.

Butler, Judith, 1997: excitable speech. A Politics of the Performative. New York/London.

Conradi, Elisabeth, 1994: Freundinnenschaft als Modell feministischer Moraltheorie?, in: *Nicole Kramer u.a.* (Hrsg.), Sei wie das Veilchen im Moose ... Aspekte feministischer Ethik. Frankfurt a.M., 67-95.

Demirovic, Alex, 1992: Regulation und Hegemonie. Intellektuelle, Wissenspraktiken und Akkumulation, in: *Alex Demirovic/Hans-Peter Krebs/Thomas Sablowski* (Hrsg.), Hegemonie und Staat. Münster, 128-157.

Demirovic, Alex, 1997: Demokratie und Herrschaft. Aspekte kritischer Gesellschaftstheorie. Münster.

Fourier, Charles, 1966: Theorie der vier Bewegungen und der allgemeinen Bestimmungen. Frankfurt a.M.

Fraser, Nancy, 1992: Rethinking the Public Sphere: A Contribution to the Critique of Actually Existing Democracy, in: *Craig Calhoun* (Hrsg.), Habermas and the Public Sphere. Cambridge, 109-142.

Fraser, Nancy, 1994a: Widerspenstige Praktiken. Macht, Diskurs, Geschlecht. Frankfurt a.M.

Fraser, Nancy, 1994b: Sex, Lügen und die Öffentlichkeit. Überlegungen zur Bestätigung des Bundesrichters Clarence Thomas, in: *Institut für Sozialforschung* (Hrsg.), Geschlechterverhältnisse und Politik. Frankfurt a.M., 19-42.

Fraser, Nancy, 1996: Die Gleichheit der Geschlechter und das Wohlfahrtssystem. Ein postindustrielles Gedankenexperiment, in: *Herta Nagl-Docekal/Herlinde Pauer-Studer* (Hrsg.), Politische Theorie. Differenz und Lebensqualität. Frankfurt a.M., 469-493.

Fraser, Nancy, 1997: Justice interruptus. Critical Reflections on the „Postsocialist Condition". New York/London.

Friedman, Marilyn, 1993: What are Friends for? Feminist Perspectives on Personal Relationships and Moral Theory. Ithaca/New York.

Grande, Edgar, 1992: Die neue Architektur des Staates, in: *Roland Czada/Manfred G. Schmidt* (Hrsg.), Verhandlungsdemokratie, Interessenvermittlung, Regierbarkeit. Opladen, 51-71.

Haraway, Donna, 1987: Geschlecht, Gender, Genre. Sexualpolitik eines Wortes, in: *Kornelia Hauser* (Hrsg.), Viele Orte überall? Feminismus in Bewegung. Festschrift für Frigga Haug. Berlin, 22-41.
Hirsch, Joachim, 1980: Der Sicherheitsstaat. Frankfurt a.M.
Jenson, Jane/Phillips, Susan, 1996: Staatsbürgerschaftsregime im Wandel – oder: Die Gleichberechtigung wird zu Markte getragen, in: Prokla 105, 515-542.
Jessop, Bob, 1994: Veränderte Staatlichkeit. Veränderungen von Staatlichkeit und Staatsprojekten, in: *Dieter Grimm* (Hrsg.), Staatsaufgaben. Baden-Baden, 43-73.
Jessop, Bob, 1995: Die Zukunft des Nationalstaats: Erosion oder Reorganisation? – Grundsätzliche Überlegungen zu Westeuropa, in: *Forschungsgruppe Europäische Gemeinschaften*, Europäische Integration und politische Regulierung – Aspekte, Dimensionen, Perspektiven. Marburg, 9-48.
Jessop, Bob, 1997: Globalization and the National State: Reflections on a Theme of Poulantzas. Paper prepared for presentation to the Colloquium „Miliband and Poulantzas in Retrospect and Prospect". New York.
Kommission für Weltordnungspolitik, 1995: Nachbarn in einer Welt. Bonn.
Kreisky, Eva, 1995: Der Staat ohne Geschlecht? Ansätze feministischer Staatskritik und feministischer Staatserklärung, in: *Eva Kreisky/Birgit Sauer* (Hrsg.), Feministische Standpunkte in der Politikwissenschaft. Frankfurt a.M./New York, 203-222.
Kreisky, Eva/Sauer, Birgit, 1996: Wohlfahrtsstaat und Patriarchalismus, in: Transit 12, Die Zukunft des Wohlfahrtsstaats, 127-139.
Kulawik, Teresa, 1996: Modern bis maternalistisch: Theorien des Wohlfahrtsstaats, in: *Teresa Kulawik/Birgit Sauer* (Hrsg.), Der halbierte Staat. Grundlagen feministischer Politikwissenschaft. Frankfurt a.M./New York, 47-81.
Kulawik, Teresa/Sauer, Birgit, 1996: Staatstätigkeit und Geschlechterverhältnisse, in: *Teresa Kulawik/Birgit Sauer* (Hrsg.), Der halbierte Staat. Grundlagen feministischer Politikwissenschaft. Frankfurt a.M./New York, 9-46.
Lauretis, Teresa, 1987: Technologies of Gender. Essays on Theory, Film, and Fiction. Bloomington/Indianapolis.
Lorey, Isabell, 1996: Immer Ärger mit dem Subjekt. Theoretische und politische Konsequenzen eines juridischen Machtmodells: Judith Butler. Tübingen.
Luhmann, Niklas, 1995: Gesellschaftsstruktur und Semantik. Studien zur Wissenssoziologie der modernen Gesellschaft, Bd. 4. Frankfurt a.M.
Maihofer, Andrea, 1995: Geschlecht als Existenzweise. Macht, Moral, Recht und Geschlechterdifferenz. Frankfurt a.M.
Müller, Wolfgang/Neusüß, Christel, 1970: Die Sozialstaatsillusion und der Widerspruch von Lohnarbeit und Kapital, in: Sozialistische Politik 6/7, 4-68.
Neyer, Gerda, 1997: FeMale. Geschlechterkonstruktionen in der Sozialpolitik. Das Beispiel der Lohnarbeitsmarkt- und Sozialpolitikformierung in Österreich im 18. und 19. Jahrhundert, in: *Eva Kreisky/Birgit Sauer* (Hrsg.), Das geheime Glossar der Politikwissenschaft. Geschlechtskritische Inspektion der Kategorien einer Disziplin. Frankfurt a.M./New York, 137-160.
Offe, Claus, 1979: „Unregierbarkeit". Zur Renaissance konservativer Krisentheorien, in: *Jürgen Habermas* (Hrsg.), Stichworte zur „Geistigen Situation der Zeit". Frankfurt a.M., 294-318.
Pateman, Carol, 1994: Der Geschlechtervertrag, in: *Erna Appelt/Gerda Neyer* (Hrsg.), Feministische Politikwissenschaft. Wien, 73-96.
A People's Response to „Our Global Neighborhood". Dialogues on the Report of The Commission on Global Governance. Boston.
Picciotto, Sol, 1993: Die Krise des internationalen Staats, in: Prokla 90.
Poulantzas, Nicos, 1978: Staatstheorie. Hamburg.
Pringle, Rosemary/Watson, Sophie, 1992: „Women's Interests" and the Post-Structuralist State, in: *Michèle Barrett/Anne Phillips* (Hrsg.), Destabilizing Theory. Contemporary Feminist Debates. Stanford, 53-73.
Ruddick, Susan, 1994: Die Flintstones aufknacken. Zur Neuordnung der modernen Familie, in: *Cornelia Eichhhorn/Sabine Grimm* (Hrsg.), Gender Killer. Texte zu Feminismus und Politik. Berlin/Amsterdam, 129-137.

Sauer, Birgit, 1997a: „Die Magd der Industriegesellschaft". Anmerkungen zur Geschlechtsblindheit von Staatstheorien, in: *Brigitte Kerchner/Gabriele Wilde* (Hrsg.), Staat und Privatheit. Opladen, 29-53.

Sauer, Birgit, 1997b: Krise des Wohlfahrtsstaats. Eine Männerinstitution unter Globalisierungsdruck, in: *Helga Braun/Dörte Jung* (Hrsg.), Globale Gerechtigkeit? Feministische Debatte zur Krise des Sozialstaats. Hamburg, 113-147.

Scharpf, Fritz W., 1992: Versuch über Demokratie im verhandelnden Staat, in: *Roland Czada/Manfred G. Schmidt* (Hrsg.), Verhandlungsdemokratie, Interessenvermittlung, Regierbarkeit. Opladen, 25-50.

Scharpf, Fritz W., 1993: Legitimationsprobleme der Globalisierung. Regieren in Verhandlungssystemen, in: *Carl Böhret/Göttrik Wewer* (Hrsg.), Regieren im 21. Jahrhundert – zwischen Globalisierung und Regionalisierung. Opladen, 165-186.

Schmitt, Carl, 1963: Der Begriff des Politischen. Berlin.

Schmitt, Carl, 1982: Der Leviathan. Köln-Lövenich.

Seemann, Birgit, 1996: Feministische Staatstheorie. Der Staat in der deutschen Frauen- und Patriarchatsforschung. Opladen.

Sombart, Nicolaus, 1991: Die Deutschen Männer und ihre Feinde. München.

Willke, Helmut, 1992: Ironie des Staates. Frankfurt a.M.

Young, Iris, 1993: Das politische Gemeinwesen und die Gruppendifferenz. Eine Kritik am Ideal des universalen Staatsbürgerstatus, in: *Herta Nagl-Docekal/Herlinde Pauer-Studer* (Hrsg.), Jenseits der Geschlechtermoral. Frankfurt a.M., 267-304.

Young, Iris, 1995: Unparteilichkeit und bürgerliche Öffentlichkeit. Implikationen feministischer Kritik an Theorien der Moral und der Politik, in: *Bert van den Brink/Willem van Reijen* (Hrsg.), Bürgergesellschaft, Recht und Demokratie. Frankfurt a.M., 245-280.

III. Der (National)Staat an seinen Grenzen?

Politische Repräsentation und Symbolisierung der Geschlechter in der medialen Vermittlung von Politik

Gregor Matjan

1. Geschlechterbilder in der politischen Kommunikation

Von der Presse über Radio und Fernsehen bis zum Internet präsentiert uns heute eine immer breitere Palette an Medienangeboten bunte Bilder des „Politischen",[1] doch wie auf der Farbenpalette erscheint diese Vielfalt an Tönen letztlich nur mehr grau, wenn sich die Schattierungen und Farben zu sehr zu überlagern beginnen. Im Bildlichen findet jene strukturelle Symbiose oder gar Verschmelzung von Politik und Medien ihren Ausdruck, die als wesentliches Merkmal der aktuellen Transformationen des Politischen gelten kann. Gerade weil das Fernsehen immer noch das „Leitmedium" des ausgehenden 20. Jahrhunderts abgibt, wirkt die politische Bedeutung des Bildes weit über das Bild selbst hinaus in die politische Sprache, die sich inflationär suggestiver Symboliken, verzerrender Stereotypen und billiger Schlagworte bedient. Was als Politik im engeren Sinne gelten kann und darf, erweist sich bereits mehrfach gefiltert durch Presseabteilungen, die redaktionelle „Schere im Kopf" und schließlich durch die Codierung der politischen Sprache in Form von Bildern, Schlagworten und Charts selbst.

In den feministischen Debatten um Fragen von Öffentlichkeit und Privatheit bleibt dieses Faktum der Vermitteltheit und medialen „Überdeterminierung" des Politischen eher ausgeblendet (so z.B. bei Lang 1995). Öffentlichkeit wird hier als klassisch bürgerliche Öffentlichkeit der Straße und der Presse verstanden, während als Privatheit der geschlossene Bereich von Heim und Haus gilt. In der postmodernen Medienwelt findet diese unmittelbare dichotome Reproduktion von ziviler Öffentlichkeit und privater „Lebenswelt" als männlicher und weiblicher Sphäre so einfach heute nicht mehr statt. In Talkshows und Schicksals-„Reportagen" wird gerade das Private, von sexuellen Vorlieben über geschlechtsspezifische Rollenteilung, Ehe- und Scheidungsszenarien bis hin zur gewalttätigen Mißhandlung demonstrativ öffentlich gemacht (vgl. Cornelißen 1996: 50-52; Valdivia 1995: 15). Ebenso kann sich die „hohe" Politik der medialen „Tyrannei der Intimität" (Sennett 1983) kaum entziehen. Öffentlichkeit und Privatheit müssen daher ebenso wie Politik selbst notwendigerweise als symbolisch reproduzierte mediale Konstrukte begriffen werden, als Ansprüche subjektiv „gebastelter", partikularer Identitäten. So stellen etwa Meyrowitz und Maguire (1993: 48) fest, daß „for many Americans, an issue or a subculture that does not appear on television hardly

1 Der in diesem Beitrag verwendete Politikbegriff basiert auf einer epistemologischen, pluralistischen und soziokulturellen Bestimmung des Politischen als konfliktuelle Prozesse subjektiver Identitätskonstruktion, -vergewisserung und -verteidigung (vgl. Matjan 1996).

has social reality. Subcultures that once manifested their identities locally, therefore, now look television for verification of their existence."
Nicht zufällig finden sich im Rahmen der feministischen Kommunikationswissenschaft bzw. der „Cultural Studies" mittlerweile eine Fülle an Untersuchungen, die sich mit der politisch-symbolischen Repräsentation, Rezeption und Reproduktion der Gender-Dimension vor allem in der Populärkultur (soap operas, sitcoms, Musikvideos) und Werbung befassen (etwa Ang 1982; Seiter et al. 1989; Bechdolf 1994; aktuell Corneließen/Engbers 1996). Demgegenüber erscheinen etwa feministische Studien zur Darstellung des Geschlechterverhältnisses in der politischen Berichterstattung der Nachrichtensendungen und politischen Reportagen eher marginalen Status zu besitzen (als Beispiele Corneließen/Küsters 1992; Weiderer 1993; Byerly 1995).

„These studies demonstrated that any concern with the influence of the media in the construction of political culture needed to operate with a wider and more inclusive definition of the kind of media texts considered to be relevant. In this context, the study of new and explicitly 'political' media products was then seen to be but a small part of the overall field" (Morley 1992: 8).

Morley (1980) selbst hat sich in seiner wegweisenden „'Nationwide' Audience"-Studie der (u.a. auch geschlechtsspezifischen) Rezeption einer typischen Infotainment-Sendung gewidmet, die überall in Großbritannien ausgestrahlt wurde und sich andererseits zur Aufgabe gemacht hatte, „to translate the exotic world of politics into everyday terms ... and thus construct for their audience a quite particular perspective on, and relation to, the world of politics" (Morley 1992: 9).
Wo in der Klassen- und Milieugesellschaft die politische Kommunikation in einem „two step-flow of communication" über „opinion leader" (so die Termini von Lazarsfeld, vgl. Renckstorf 1987) ablief, die die Medieninhalte bereits aufbereitet, vorstrukturiert und -interpretiert face-to-face weitervermittelten und gleichzeitig auch AnsprechpartnerInnen (etwa für Patronage) waren, steht heute die unmittelbare Konfrontation der Individuen mit einer Fülle an Medien und Medieninhalten (vgl. Meyer 1994: 152). Diese zwangsläufige Abhängigkeit von einer medialen Konstruktion der politischen Wirklichkeit wird darüber hinaus normativ verstärkt in einer Lebensstil- und Informationsgesellschaft, wo demonstrativer Medienkonsum (vgl. den Begriff der „conspicuous consumption" in Veblens „Theorie der feinen Leute", 1986/1899) als Statussymbol schlechthin gilt.[2] „ModernisierungsgewinnerInnen" bestimmen „ModernisierungsverliererInnen" in erster Linie über deren mangelnde Kompetenz, mit den neuen Medien zu operieren und komplexe Symbolsysteme decodieren zu können. Mit der Auflösung der politischen Milieus ist die Übersetzung politischer Inhalte den MedienmacherInnen selbst zugefallen. Medienkritiker sehen in der „Illustration" von Politik durch die Medien keine Übersetzungsleistung, sondern eine gefährliche Pro-

2 Dies zeigt sich z.B. in der demonstrativen Anbringung von Satellitenempfängern an Fassaden gerade in urbanen Gebieten mit schlechter Bausubstanz und niedrigem Durchschnittseinkommen. Hier zählt nicht nur der rein praktische Informationswert (vor allem für MigrantInnen, die so heimische Programme zu empfangen in der Lage sind), sondern auch die Ambition, Teil der Informationsgesellschaft sein zu wollen. Gleiches gilt für den gegenwärtigen Kult ums Internet.

jektion und Objektivierung, die die Entfremdungsdynamik zwischen politischer Elite und Bevölkerung reproduziert und verstärkt:

„Gefährlich deshalb, weil die 'Objektivität' der technischen Bilder eine Täuschung ist. Denn sie sind nicht nur – wie alle Bilder – symbolisch, sondern stellen noch weit abstraktere Symbolkomplexe dar als die traditionellen Bilder. Sie sind Metacodes von Texten, die ... nicht die Welt dort draußen bedeuten, sondern Texte" (Flusser 1991: 14).

Den Medien in ihrem Objektivitätsanspruch kommt demnach unsere defizitäre Sozialisation in Sachen Bildrezeption zugute. Wir seien eher mißtrauisch gegenüber als „wahr" verkauften Texten und Aussagen, da wir diese nicht zuletzt aufgrund ihrer gedruckten Materialität entschlüsseln und reflexiv hinterfragen zu können glauben. Bilder implizierten dagegen zunächst Authentizität und entzögen sich – als „bewegtes" (und „bewegendes") Fernsehbild mehr noch denn als statisches Foto – tendenziell einer reflexiven Überprüfung:

„Texte scheitern am Gesetz der kognitiven Dissonanz, wenn sie dem fixierten Vorwissen widersprechen. Fotos unterlaufen das Gesetz der kognitiven Dissonanz. Sie werden nicht als kritisierbare Geltungsansprüche wahrgenommen, sondern als nicht-kritisierbare Elemente der Realität selbst" (Meyer 1994: 136).

Eine ähnlich überwältigende und verdinglichende Eigendynamik schreibt auch Vilém Flusser den Bildern als solchen zu:

„Er (der Mensch, G.M.) hört auf, die Bilder zu entziffern und projiziert sie statt dessen unentziffert in die Welt 'dort draußen', womit diese selbst ihm bildartig – zu einem Kontext von Szenen, von Sachverhalten – wird" (Flusser 1991: 9f.).

Daraus abzuleiten, daß alle bildlichen Medienformen die politische Wahrnehmungsfähigkeit und Urteilskraft „austreiben" (Meyer 1994), ja gar die Sprache selbst und damit die Demokratie vernichten würden, wie Paul Virilio (1996) argumentiert, wäre ein fataler Trugschluß. Die naive Projektion von Bildern auf die Wirklichkeit kann – nach entlarvenden Medieninszenierungen wie der rumänischen „Telerevolution" (Amelunxen/Ujica 1990; Weibel 1990) und dem überdimensionalen „Videospiel" Golfkrieg – heute nicht mehr so einfach gelingen.[3] Darüber hinaus treten Bilder praktisch nie ohne Text auf, der bereits eine Interpretation nahelegt und den Ereigniskontext definiert. Bilder können manipulieren, aber nicht mehr und nicht weniger als gedruckte Texte, die die Wirkung bildlicher Manipulation durch ihre ideologische Aufbereitung des Bodens – etwa von sexistischen Stereotypen – überhaupt erst ermöglichen.

2. Medien konstruieren Gender

In diesem Beitrag sollen die Wechselwirkungen zwischen diesen Bedeutungen im Zusammenhang mit der medialen Vermittlung von Politik thematisiert werden, wobei die unterliegende Geschlechts- bzw. Gender-Dimension das Analyseraster bildet. Aus-

3 Ähnliches zeigte sich auch kürzlich beim Prozeß gegen einen deutschen „Journalisten", der diversen Privatsendern gefälschte „Reportagen" verkaufte.

gangspunkte bilden dabei die Theorie der ideologischen Anrufung von Louis Althusser (1977) und verschiedene Fassungen des Begriffs der Repräsentation. Diese Elemente werden schließlich zu einer Kritik der in der Politikwissenschaft gängigen Unterscheidung zwischen symbolischer Politik und politischer Symbolik herangezogen. Anhand zweier Beispiele wird die Konstruktion von Gender via Medien als notwendig symbolischer Akt der Repräsentation dargestellt.

Denn Fernsehbilder und -texte konstituieren eigene (Geschlechts-)Realitäten entlang impliziter oder expliziter Botschaften, die jedoch erst in ihrer Wahrnehmung als Normen und Idealbilder politische Qualitäten erhalten. Zwar konstruieren einerseits die Medien durch Auslassung und Verzerrung weiblicher Lebenszusammenhänge zum Teil die gesellschaftlichen Realitäten des Machtungleichgewichts zwischen den Geschlechtern mit, verstärken Stereotypen und formulieren ideologische Positionen, die auf eine Kommodifikation von Frauen als Sexobjekte hinauslaufen (vgl. Cornelißen 1996).[4] Andererseits aber existieren innerhalb der Medien starke Gegenwelten hierzu: Talkshows, die Frauenthemen aufgreifen, gehören ebenso dazu wie engagierte Sendungen, die explizit weibliche Lebenszusammenhänge thematisieren (z.B. Mona Lisa im ZDF), aber auch soap operas und Serien mit unkonventionell definierten Geschlechtsrollen. Darüber hinaus sagt die Form und Quantität der Darstellung noch überhaupt nichts über die Qualität der Rezeption aus.

Die Rolle der Medien – und hier insbesondere der elektronischen und sogenannten „Neuen" Medien – sollte weder in ihrer totalisierenden, noch in ihrer demokratisierenden Wirkung überschätzt werden. Obwohl in der radikalen, konstruktivistisch angelegten Gender-Theorie (wie etwa bei Haraway 1985) der „Cyberspace" einen bevorzugten Ort für die Begegnung beliebig konstruierter, virtueller „Cyborgs" abgibt, bleibt dieser Raum in seinen Möglichkeiten faktisch noch weitgehend begrenzt und unterentwickelt (was aber das Vordenken über derartige Utopien nicht ausschließen soll). Daß damit aber die politischen Aspekte der Identitätsbildung eine gänzlich neue Dimension erfahren sollten, bleibt eher anzuzweifeln. De facto fallen relevante Entscheidungen immer noch im Rahmen politischer Institutionen, die sich seit dem 19. Jahrhundert nicht wesentlich verändert haben (vgl. Greven 1993: 57f.). Auch sieht die (materielle) Lebensrealität einer überwiegenden Mehrzahl der BewohnerInnen außerhalb der „Global Cities" (Sassen 1996) immer noch sehr viel konventioneller und unspektakulärer aus, als die CybernautInnen sie sehen wollen.

Wird der Analyse der Transformation des Politischen jedoch nicht nur eine konstruktivistische Medien- bzw. Gender-Theorie zugrundegelegt, sondern eine sozialkonstruktivistische Sichtweise der Gesellschaft als solcher (wie dies immerhin schon Berger und Luckmann (1969) in den sechziger Jahren taten), und diese um die neuesten Einsichten des radikalen Konstruktivismus aus der Neurophysiologie ergänzt (vgl. etwa Varela 1990), dann kann man sich durchaus folgender Sichtweise anschließen:

4 Insbesondere in Programmen von Privatsendern werden häufig offen sexistische Darstellungen unter der Bezeichnung „Reportage" verbrämt. Hierbei unterscheidet sich das Fernsehen nicht von einschlägigen Illustrierten. Auch werden zusehends Männer in diese Verwertungslogik des Sexuellen miteinbezogen.

„Was sich in der *virtual reality* ... einstellt, ist die Manifestation dessen, was immer schon ist, jedoch nicht als virtuell wahrgenommen wird, unsere Realität ist immer schon Virtualität gewesen" (Angerer 1995: 23).

Die Medienwirklichkeit verkörpert zwar in jedem Fall Ideologie, aber nicht aufgrund des Faktums ihrer medialen bzw. bildlich-symbolischen Vermittlung, sondern weil sie wie Politik, Religion, Recht etc. einen strukturellen Bestandteil des ideologischen Überbaus der Gesellschaft darstellt. Gerade private elektronische Medien mit ihren oligopolisierten Besitzstrukturen (vgl. Bourdieu 1996: 17) und der Abhängigkeit von Werbeeinschaltungen spiegeln Produktionsverhältnisse und Konsumkultur unmittelbar wieder, reproduzieren damit aber auch die „kulturellen Widersprüche des Kapitalismus" (Bell 1991).[5]

3. Medien als Agenten ideologischer Anrufung

Massenmedien gehören als hegemoniale Institutionen, die nicht unmittelbar repressiv angelegt sind und durchaus auch private Eigentümerschaft aufweisen können, zur Kategorie der ideologischen Staatsapparate, wie sie Althusser (1977: 119f.) definiert.[6] Doch nicht nur die Produktionsverhältnisse werden über die Massenmedien reproduziert (vgl. Althusser 1977: 123), auch die Geschlechterverhältnisse sind Gegenstand medial transportierter Ideologien (Connell 1987: 45). Obwohl wir es mit diversesten Mediengattungen und widersprüchlichen Inhalten zu tun haben, induzieren Medien dennoch eine weitgehend hegemoniale Sicht der Welt. „Manufacturing consent" (Herman/Chomsky 1988) wird gerade dort am ehesten zur ideologischen Funktion, wo wir den höchsten Grad an Pluralität in der Gesellschaft wie auch in der Medienlandschaft überhaupt vorfinden, nämlich in den USA:

„Current media, then, continue a trend toward greater homogenization in one way and greater fragmentation in another: traditional groups are bypassed in both directions: Individuals experience more diversity and choice, but traditional group cultures are overlapping, losing identity, and blurring into each other" (Meyrowitz/Maguire 1993: 45).

Was einerseits die Diversität der Gesellschaft trägt, nämlich die Symbolisierung der Differenz, bringt auf der anderen Seite gleichermaßen eine weitgehende Standardisierung mit sich. Die Erscheinungsform des Postmodernen liegt nicht so sehr in ihrer bloßen Beliebigkeit, sondern in der „Gleichzeitigkeit des Ungleichzeitigen", also im synchronen Auftreten von traditionalen, massenkulturellen und fragmentierten Kul-

5 Als wesentlichen Teil dieser kulturellen Widersprüche des Kapitalismus nennt der konservative Kulturkritiker Daniel Bell (der sich aber auch gut „gegen den Strich" lesen läßt) u.a. sexuelle Freiheit, offene Homosexualität, vertauschte Geschlechtsrollen wie Körperlichkeit und Sensitivität im allgemeinen. Dieser der protestantischen Ethik des Kapitalismus diametral entgegenstehende Pop-Hedonismus werde wesentlich durch die Medien, d.h. Film und Fernsehen geprägt (vgl. Bell 1991: 90f.). Judith Butler nimmt in „Körper von Gewicht" (1996) eine alternative Perspektive auf diese Geschlechterphänomene ein.

6 Althusser begründet dies als Folge der an sich schon ideologischen Trennung des Öffentlichen vom Privaten durch das bürgerliche Recht. Der Staat selbst verkörpert nicht die öffentliche Sphäre, sondern gibt vielmehr die Bedingung jeder Unterscheidung zwischen öffentlich und privat vor.

turformen. Ob ein Medium bzw. ein Medieninhalt nun die eine oder andere Tendenz bestärkt (also Regression in den Traditionalismus, Standardisierung oder posttraditionale Identitätskonstruktion) liegt augenscheinlich nicht in ihm selbst begründet. Gerade deshalb hat sich die aus den Cultural Studies hervorgegangene feministische Medienforschung weniger auf die Produktionsseite der Massenmedien, also auf Besitzverhältnisse, ProgrammacherInnen und -gestaltung konzentriert, sondern sich vielmehr mit der RezipientInnenseite beschäftigt. Dort wird versucht, kontextuelle Lesarten der Medieninhalte und -formen (Polysemie) zu finden. Als Schlüssel hierzu gilt der Aufsatz von Stuart Hall „Encoding, Decoding" (1993), in dessen Mittelpunkt die Asymmetrie der „meaning structures" zwischen Sender- und Empfängerseite stehen. Neben der dominant-hegemonialen Position, wo sich Codierung auf Senderseite und Decodierung in ihren Bedeutungen decken, vermitteln der „negotiated code" und der „oppositional code" alternative Lesarten. Während bei ersterem die Botschaft bloß verzerrt aufgenommen oder mißinterpretiert wird, tritt bei letzterem die widerständige Position in den Mittelpunkt. Diese kann wiederum bewußt-reflexiv eingenommen werden oder aber distanziert-zynisch.

Zugespitzt auf die Problematik medialer Vermittlung von Politik bedeutet dies, daß Issues nur dann überhaupt als kommuniziert (decodiert) erachtet werden können, wenn sie persönliche Betroffenheit induzieren, wenn sie also Aspekte der eigenen Identitätskonstruktion anschneiden oder in Frage stellen. Nicht zufällig hat die feministische Medienforschung weniger Nachrichtensendungen und politische Reportagen als Analyseobjekte auserkoren, sondern vielmehr Werbung, sitcoms und soap operas, also vorgeblich unpolitische Formen, die die lebensweltliche Ebene in direkter oder idealisierter Form ansprechen. Darin werden nicht einfach nur Geschlechtsrollen dargestellt, sondern als Lebensstile politisch-kulturell aufgewertet, insofern sie Handlungsnormen und -spielräume definieren. Hierbei wird das Publikum viel unmittelbarer „subjektiviert" als über die vorgeblich „objektivierende" Darstellungsform der Nachrichten:

> „Wir haben es hier mit einen (sic) der Effekte der Ideologie zu tun, dem der praktischen *Verneinung* des ideologischen Charakters der Ideologie durch die Ideologie. Die Ideologie sagt nie: 'Ich bin ideologisch'" (Althusser 1977: 143).

Heutzutage verschwimmen jedoch die Grenzen zwischen Nachrichten und Unterhaltung. Politische Berichterstattung bewegt sich zusehends in Richtung Infotainment, während auf der anderen Seite Familienserien (wie etwa „Lindenstraße") und Werbung (z.B. die umstrittene „United Colours of Benetton"-Kampagne) mehr oder weniger explizit politische Botschaften kommunizieren. Die allgegenwärtige Medienpräsenz, der wir uns nur um den Preis sozialer Exklusion entziehen können, erfordert eine Reduktion der Komplexität von symbolischen Angeboten und forciert damit die Notwendigkeit zur partikularen Identifikation:

> „Since people living in (post) modern societies are surrounded by an ever-present and ever-evolving media-environment, they are always-already audiences of an abundance of media provisions, by choice or by force. Thus media consumption should be conceptualized as an ever proliferating set of heterogeneous and dispersed, intersecting and contradicting cultural practices, involving an indefinite number of multiply-positioned subjects" (Ang/Hermes 1994: 127).

Damit stellt sich die Frage, wann und wie es nun zu einer Übertragung eines symbolischen Identifikationsmusters kommt? Althusser (1977: 140) hat darauf hingewiesen, *„daß die Kategorie des Subjekts nur insofern konstitutiv für jede Ideologie ist, als jede Ideologie die (sie definierende) Funktion hat, konkrete Individuen zu Subjekten zu 'konstituieren'"* (diese und folgende Hervorhebungen im Orig.). Diese Konstitution der Subjekte erfolgt über den Prozeß der „ideologischen Anrufung". „Durch die Funktionsweise der Kategorie des Subjekts *ruft jede Ideologie die konkreten Individuen als Subjekte an*". Durch diesen Prozeß werden aus der Masse der Individuen Subjekte „rekrutiert" bzw. Individuen in Subjekte „transformiert", d.h. den ideologischen Staatsapparaten unterworfen. Doch erfolgt der Prozeß der ideologischen Anrufung nicht zeitlich vor der Konstituierung des Subjekts, sondern das Individuum wird im gleichen Moment „subjektiviert", in dem es sich angesprochen fühlt.

Althusser hat diese theoretische Figur eingängig anhand einer Person auf der Straße geschildert, die von einem Polizisten mit den Worten „He, Sie da!" von hinten angerufen wird. Die Person wird sich umwenden in dem Gefühl, sie sei gemeint, obwohl dies nicht notwendigerweise der Fall sein muß. Frauen kennen dieses Gefühl aus anderen Situationen, wenn sie spüren, männlichen Blicken ausgesetzt zu sein, oder wenn ihnen nachgepfiffen wird. Hier findet die Konstituierung des weiblichen Subjekts und damit die Wirksamwerdung der Ideologie sexueller Verfügbarkeit in dem Moment statt, wenn die Frau sich umwendet und damit die ideologische Anrufung als solche annimmt. Judith Butler (1995: 165) rekurriert auf diese Passage bei Althusser, wenn sie die Formierung des Subjekts als einen Prozeß der Unterwerfung des Individuums unter ein „Gesetz" (im Lacanschen Sinne) beschreibt. Im Moment der ideologischen Anrufung findet die Identitätskonstruktion als performative Wiederholung der Norm statt. Geschlecht wird durch wiederholten Zwang, sich zu einem solchen zu bekennen, performativ konstruiert. „Diese Wiederholung wird nicht *von* einem Subjekt performativ ausgeführt; diese Wiederholung ist das, was ein Subjekt ermöglicht und was die zeitliche Bedingtheit für das Subjekt konstituiert" (ebd.: 133, Hervorhebung im Orig.). Aber Butler sieht in der Subjektivierung auch eine Bedingung der Möglichkeit, das „Gesetz" aufzubrechen:

> „Wo die Einheitlichkeit des Subjekts erwartet wird, wo die Verhaltenskonformität des Subjekts befohlen wird, könnte die Ablehnung des Gesetzes in Form einer parodistischen Ausfüllung der Konformität erzeugt werden, die die Legitimität des Befehls subtil fragwürdig macht, eine Wiederholung, die das Gesetz in die Übertreibung hineinzieht, eine Neuformulierung des Gesetzes gegen die Autorität desjenigen, der es vorbringt" (ebd.: 166).

Butler zeigt diese „parodistische Ausfüllung" anhand der verschiedensten Spielarten homosexueller Identitäten und Stilisierungen (queer, drag), wo Ambivalenzen ausgelebt werden, die subversiv die heterosexuelle Geschlechtsdualität imitieren. Es sind Sprachspiele im Sinne Wittgensteins, die hier ablaufen: Spiele, deren Universum sich nicht bloß auf die Sprache beschränkt, sondern die darüber hinaus symbolische Ausdrucksformen als „Sprache" kultivieren und damit eine eigene Lebensform konstituieren. Die Regelstruktur oder Grammatik dieser Lebensform folgt jedoch nicht dem dominanten Gesetz der rationalen Nutzenmaximierung. Hier wird die eigene Identitätskonstruktion in der Hoffnung zelebriert, daß mit der Radikalität der Ästhetik auch die Unterdrückung aufbrechen würde. Vorbild sind dabei nicht selten mediale Images

(wie z.B. aus dem Musical „Rocky Horror Picture Show"), die überhaupt erst solche identitären Gegenwelten zur herkömmlichen heterosexuellen Geschlechterdualität populär und zugänglich machen.
Mit dem Medienkonsum ist also in jedem Fall eine ideologische Anrufung verbunden und damit immer schon eine Subjekt-Position, welche aber nicht einzig und allein durch diese eine Anrufung konstituiert wird. *„Die Individuen sind immer-schon Subjekte"* (Hervorhebungen im Orig.), zuallererst aufgrund ihrer Integration in eine patriarchal strukturierte Geschlechtsdualität (sex), innerhalb derer sie ihren Platz einnehmen, um Anerkennung zu finden (Althusser 1977: 144). Dazu treten eine Fülle weiterer Formen ökonomischer, sozialer und kultureller Determinanten, wie sie im Laufe einer Biographie dieselbe strukturieren und wie sie sich schließlich in den Denk-, Gefühls- und Körperpraxen (vgl. Maihofer 1994: 183) bzw. im „Habitus" (Bourdieu 1987) einer Person niederschlagen. Um in der Althusserschen Diktion zu bleiben: Wir müssen mit der Überdeterminierung der Subjekte rechnen:

„Media representations and narratives *construct* a multiplicity of sometimes contradicting cultural definitions of femininity and masculinity, which serve as subject positions that spectators might take up in order to enter into a meaningful relationship with the texts concerned" (Ang/Hermes 1994: 116).

Es wäre allerdings verfehlt, die massenmediale Zuweisung der Subjekte zu einem aktiv-rezeptiven Publikum als Eingeständnis politischen Scheiterns und bloße Flucht in die Welt der Lebensstile und Moden zu sehen:

„Media consumption can even be considered empowering (although never unproblematically), in so far as it offers audiences an opportunity for symbolic resistance to dominant meanings and discourses and for implicit acknowledgement of their own social subordination" (ebd.: 118).

Um aber über die subjektive, soziokulturelle Ebene der Identitätskonstruktion hinaus auch politische Wirksamkeit im Sinne materieller Effekte zu erzielen, muß erst jene (weitere) Referenzgruppe symbolisch definiert und angesprochen werden, deren strategische Unterstützung im Rahmen repräsentativ-demokratischer Prozesse benötigt wird. Will man hier nicht wieder auf essentialistische Identitätsbestimmungen rekurrieren, muß die Frage nach den veränderten Bedingungen und Formen politischer Symbolisierung und Repräsentation neu aufgeworfen werden.

4. Von der formalen zur symbolischen Repräsentation

Marie-Luise Angerer (1995: 29) verbindet mit dem Begriff der Repräsentation drei Bedeutungen: Im deutschen Sprachgebrauch werde Repräsentation – in Beschränkung der Mehrdeutigkeit des Begriffes – zumeist auf den Aspekt der *Darstellung* reduziert. Darüber hinaus meint Repräsentation aber auch *Vertretung* (im politischen Kontext) sowie *Vorstellung*. Hanna Fenichel Pitkin (1967) hat die Aspekte des Repräsentationsbegriffs folgendermaßen aufgefächert:

1. *„Authorization"* bezieht sich – ausgehend von Hobbes' Vorstellung der Konstituierung des „Leviathan" – auf die einmalige Übertragung der Gewalt von einer vorher

existierenden „Organschaft" auf einen sie repräsentierenden Souverän oder auf Einzelpersonen (Pitkin 1967: 38-59). Dies entspricht dem frühbürgerlichen Verständnis einer männlich definierten politischen Öffentlichkeit, die dem Staat quasi als „abstraktem Mann" (vgl. die bildliche Darstellung des Leviathan bei Hobbes) ihre Gewalt überträgt.

2. *Deskriptive Repräsentation* („standing for") bezieht sich auf die Zusammensetzung repräsentativer Organe gemäß der quantitativen Struktur der Bevölkerung (Proportionalismus, vgl. Pitkin 1967: 60-91). Das betrifft Frauenquoten ebenso wie andere formale „Bildungsvorschriften", gemäß denen sich repräsentative Körperschaften zu organisieren haben.
3. Repräsentation als „acting for" meint schließlich die delegative *Vertretung* der Interessen einer Gruppe nach außen durch (eine) bestimmte Person(en) aus dieser Gruppe. Im Gegensatz zur statischen „Authorization" steht hier der Aspekt der Ausübung einer Funktion im Mittelpunkt (Pitkin 1967: 112-143).
4. *Symbolische Repräsentation* („standing for") meint die *Darstellung* bzw. Symbolisierung der Gruppenidentität durch Benennungen, Zeichen oder ritualisierte Handlungen, wobei Signifikat und Signifikant wenig oder keine Gemeinsamkeiten aufweisen („conventional symbols"). Es handelt sich um Verweise von einem latenten oder konkreten Kollektiv auf etwas singulär Verdinglichtes, eine Person, ein Schlagwort, ein Symbol[7] (Pitkin 1967: 92-111). Der § 218 (Abtreibungsparagraph des deutschen Strafgesetzes) kann etwa als zentrales (negatives) Identifikationssymbol der Frauenbewegung und ihrer Forderung nach Selbstbestimmung über den weiblichen Körper gesehen werden (ähnlich wie das Schlagwort der „Fristenlösung" in Österreich).
5. Von Pitkin nicht erfaßt wurde der erkenntnistheoretische Aspekt von Repräsentation als *Vorstellung* bzw. Konstruktion einer Gruppenidentität als „Merkmalsklasse" oder „Syndrom" sozialer und kultureller Muster bzw. sexuierter Subjekt-Positionen mittels performativer Akte (De Lauretis 1987; Butler 1991 und 1995):

> „Entscheidend für die Weiterentwicklung der Repräsentationsansätze war die Überlegung, daß nicht einfach davon auszugehen ist, daß Medienrealität die Komplexität der Realität wiedergibt, sondern daß es sich hier um eine ritualisierte Form von Kommunikation handelt, die auch Imaginationen, Phantasie und Mythen einer Gesellschaft transportiert" (Angerer/Dorer 1994: 20).

Betrachtet man diese Aspekte des Repräsentationsbegriffs als Kontinuum, so kann ein historischer Prozeß rekonstruiert werden, der die politiktheoretischen Diskurse über Repräsentation von und durch Frauen wiederspiegelt. Vom Ausschluß der Frauen aus den Strukturen bürgerlicher Öffentlichkeit und politischer Repräsentation führt die Entwicklung zur Forderung nach Inklusion (universal suffrage) und entsprechender quantitativer Berücksichtigung in Form von Quoten. Darüber hinaus weist die Forderung nach Repräsentation im Zuge der „neuen" Frauenbewegung nicht nur auf quantitative, sondern auch auf qualitative Aspekte: Frauen sollen bewußt Frauenpolitik betreiben, d.h. die Interessen einer sie delegierenden Bewegung vertreten. Hierdurch

7 Pitkin (1967: 94) verweist illustrativ auf die Etymologie des Begriffes „Symbol" von griechisch „sym" (zusammen) und „ballein" (werfen).

tritt der Differenzaspekt gegenüber dem Gleichheitsaspekt in den Vordergrund, obwohl letzterer nach wie vor virulent bleibt. Damit aber verliert auch die formale Repräsentation gegenüber der symbolischen Repräsentation an Bedeutung. Die dominante Position des Fernsehens macht es notwendig, jenseits der faktischen, personellen Repräsentation auch eine gemeinsame Sprache zu finden, einen identitären Diskurs, der um öffentlich kommunizierte und medial vermittelbare Symbole kreist. Eine plurale, widersprüchliche, vielfältige Menge (an Personen, Aussagen, Bedeutungen) muß reduziert werden auf einen gemeinsamen Nenner, einen Signifikanten, auf etwas, „das dafür steht". Dieser Signifikant fokussiert das strategische Potential dieser Gruppe und verleiht ihr damit quasi-magische „Benennungsmacht" (Bourdieu 1985: 19):

> „Symbolic forms ... exert force over social and political actors by commanding their attention and capturing their imagination. They govern the mental capacities with which actors delimit possibilities embodied in their extant situation and envision those that lie beyond it. So understood, the force of symbolic forms grounds the intimate relation between symbol and strategy in politics" (Johnson 1994: 7).

Gleichzeitig geht damit ein Prozeß der Identitätsformation einher. Sobald eine Position symbolisch zu repräsentieren beansprucht wird, und sei sie noch so uneinheitlich, wird eine Einheit unterstellt, die weit über jenen Punkt hinausreicht, an dem tatsächliche Einheit (bzw. Einigung) erzielt wurde. Das kann soweit gehen, daß eine Repräsentationsfunktion einer Gruppe von außen zugeschrieben wird, die vorher überhaupt nicht als Gruppe, sondern höchstens als latentes Phänomen existierte (der Vorstellungsaspekt).[8] Repräsentation verweist also nicht nur von einem Kollektiv auf etwas Singuläres (Aggregation von Interessen, Sinn etc.), sondern kann auch umgekehrt als Vorstellung oder „Image" realitätsstiftend wirken, indem zuerst ein Bild geschaffen wird, nach dem sich schließlich soziokulturelle Strukturen formieren. Dieser sozialkonstruktivistische Aspekt der Repräsentation soll an dieser Stelle weiter verfolgt werden.

Die Frage lautet, welche Repräsentationen von Geschlecht in der politischen Kommunikation produziert werden und wie sie auf die Identitäten und Subjekt-Positionen derjenigen wirken, die sich davon angerufen fühlen. Dazu muß sich jedoch zwangsläufig die Frage gesellen, was mit jenen geschieht, die sich in solch präformierten Repräsentationen nicht wiedererkennen (können oder wollen). Was hat dieser Umstand, daß Repräsentation wie jeder Diskurs (im Foucaultschen, nicht aber im Habermasschen Sinne) nie lückenlos greift und stets auf etwas außerhalb Befindliches verweist (vgl. Angerer 1995: 30), schließlich für Auswirkungen auf die Transformation des Politischen?

8 Vgl. hierzu etwa die Zielgruppenkonstrukte der Medien- und Marktforschung wie etwa den „Yuppie", der erst durch die entsprechende Benennung ein soziokulturelles Milieu einer jungen neoliberalen Aufstiegsgeneration etablierte und zu repräsentieren beanspruchte (vgl. Horx 1991: 273-285).

5. Verweisung und Verdichtung als Elemente einer Politik der Symbole

Edward Sapir hat in seinem frühen Aufsatz über Symbolismus (1930) zwischen dem Verweisungs- und Verdichtungsaspekt von Symbolen unterschieden. Der *Verweisungsaspekt* bezeichnet einen Konnex zwischen einem Sachverhalt und einem damit eindeutig assoziierten Symbol. Buchstaben der Schrift und ihre Kombination zu Worten bilden Beispiele für Verweisungssymbole. Der zweite Aspekt von Symbolen ist ihr *Verdichtungscharakter*, der sie komplexe Zusammenhänge auf den Punkt bringen läßt, sie also affektiv bündelt. Normalerweise treten diese beiden Aspekte von Symbolen bzw. ihre Konnotationen stets vermischt auf.
Die begriffliche Unterscheidung dient hier lediglich dem Auseinanderhalten zweier Aspekte des Symbolismus: einmal die kognitive Seite der bewußten Herstellung eines Bezugs auf einen bestimmten Sachverhalt, ein andermal die affektive Verdichtung zu einer gleichsam mythischen Kraft (vgl. Elder/Cobb 1983: 38f.). Genau dieser Doppelcharakter macht aber symbolische Politik so verführerisch, weil dadurch möglich wird, affektiv-relationale Bezüge in objektiv-rationale umzudeuten, d.h. ihnen den Anschein objektiver Gültigkeit, sprich: Wahrheit zu geben. Was unterscheidet nun den herkömmlichen Umgang mit Symbolen (politische Symbolik) in alltäglichen Kommunikationsbeziehungen von symbolischer Politik?

> „Symbolische Politik ist symbolisches Handeln zu politischen Zwecken. Aber nicht das Handeln mit Symbolen, sondern als Symbol. ...
> Die Tat als Symbol, als das andere ihrer selbst. Nicht um zu bewirken, worauf sie in ihrem Vollzug gerichtet zu sein scheint, sondern allein, um Wahrnehmung und Kommunikation in Dienst zu nehmen.
>
> Symbolische Politik von unten teilt zwar die Natur des Scheins. Sie weist aber wesentlich darüber hinaus. Sie gibt nicht vor, ihr Symbolhandeln sei real, sondern offenbart dessen Scheinhaftigkeit, um es offen als Dramatisierungsritual einer gestörten Verständigung einzusetzen. Sie macht sich nicht der Täuschung schuldig, denn sie macht den Schein in der Weise seiner Produktion durchsichtig. Ihre Folgen werden gerade dadurch höchst real" (Meyer 1992: 62).

Damit wird deutlich, was oben bereits angedeutet wurde. Symbole werden nur dann richtig verstanden, wenn ein sinnhafter Kontext vorhanden ist, in den sie passen. Außerhalb dessen wirken sie bloß lächerlich oder rufen unintendierte, ja gegenteilige Effekte hervor (vgl. Jamieson 1992: 4).[9] Im Falle symbolischer Politik wird dieser Kontext erst nachträglich induziert, indem diffuse Gefühle mittels Verdichtungssymbolen auf den Punkt gebracht und schließlich in „objektive" Verweisungszusammenhänge umgedeutet werden. Damit entfällt die Überprüfung an der intersubjektiven Wirklichkeit, da innerhalb des so konstruierten sozialen Kontexts ohnehin jede/r zu wissen glaubt, was gemeint ist:

---

9 Vgl. dazu Jamiesons (1992) Analyse des Einsatzes symbolischer Politik während des amerikanischen Präsidentschaftswahlkampfes 1988. Dukakis versuchte damals, die militärische Kompetenz und Stärke vermittelnde Panzerfahrt von Bush zu imitieren und scheiterte damit kläglich. Auf der Basis seiner Aussagen entbehrte diese symbolische Demonstration jeder Glaubwürdigkeit.

„Politische Überzeugungen und Situationsdeutungen gründen sich weitgehend nicht auf *empirische* Beobachtungen oder überprüfbare 'Informationen'. Mehr noch: diese nicht-empirisch begründeten Anschauungen sind weitgehend immun gegenüber Korrekturen durch ihnen widersprechende Wahrnehmungen. Sie bestimmen vielmehr ihrerseits zum wesentlichen Teil, welche Tatsachen wahrgenommen werden, welche ignoriert werden und welche gesellschaftlichen Deutungsangebote übernommen werden" (Edelman 1990: 92, Hervorhebung im Orig.).

Die Strategie symbolischer Politik ist es, abstrakte und mehrdeutige Sachverhalte symbolisch so zu kondensieren, daß eine Überprüfung nur unter hohem Informationsaufwand möglich wäre, man/frau also gezwungen wird, entweder auf die Glaubwürdigkeit der Quelle zu vertrauen, oder aber alles innerhalb eines komplexen Zusammenhangs und damit auch das, was eigentlich wahr ist, zu verwerfen. Wenn ein symbolisch vermittelter und im soziokulturellen Zusammenhang bestätigter „justified true belief" von „knowledge" nicht mehr zu unterscheiden ist, wie Edmund L. Gettier (1967) es formuliert, dann wandelt sich der *Glaube* an eine symbolisch verdichtete Ideologie in objektiviertes *Wissen*. Durch die Umdeutung von Verdichtungs- in Verweisungssymbole wird aus dem „Subjekt, dem unterstellt wird zu glauben" ein „Subjekt, dem unterstellt wird zu wissen" (vgl. Mocnik 1994: 259f.).[10]

Die Frage der Entscheidung für einen politischen Standpunkt wird somit zu einer Entscheidung für oder gegen eine Gemeinschaft. Es geht also um die Frage der Glaubwürdigkeit der Symbolik und damit um ihre Überzeugungskraft und Wirksamkeit in bezug auf Menschen, die sich (noch) außerhalb des Kontexts der bereits solcherart Integrierten befinden, die aber für eine Idee, eine Partei, einen Führer gewonnen werden sollen.

Hier beginnen sich integrative Symbolik und die Herstellung und Vermittlung von Stereotypen zu decken. Bedeutsam in diesem Zusammenhang ist das „Prinzip der Interpretation": die Rechtfertigung einer bestimmten Interpretation bezieht sich sowohl auf die jeweilige Aussage als auch auf die intersubjektive Situation, in deren Kontext sie geäußert wurde (vgl. Mocnik 1994: 227). Dies gilt in besonderem Maße für medial transportierte symbolische Konstruktionen, da diese sich durch ihre spezielle Form vorerst der direkt sprachlichen und damit reflexiven Kommunikation entziehen. Als Verweisungssymbole bilden sie unterkomplexe Markierungen des Gegebenen, als Verdichtungssymbole Bündelungen von diffusen Affekten. Vor allem symbolisch vermittelte Stereotypen benötigen als Bedingung ihrer Wirkung die integrative Funktion irrationalen „Glaubens":

„Genau das, was in ihm (im Glauben, G.M.) irrational sein kann, bewirkt seine ideologische Anziehungskraft. Stereotype ganz allgemein, und *a fortiori* Allgemeinplätze dieser Art, die sich auf soziale Segregation beziehen, können nur *im Modus des reinen Glaubens* akzeptiert werden. ... Stereotype stellen für einen Interpreten bzw. eine Interpretin ein radikales Dilemma auf: Ist dies Unsinn, oder muß es geglaubt werden? Stereotypische oder 'irrationale' Elemente *kondensieren* das grundlegende Dilemma, das sich für Interpreten bei jeder Aussage stellt, die sie 'verstehen' möchten" (Mocnik 1994: 231, Hervorhebungen im Orig.).

Auf diesem Prinzip der rationalen Unhinterfragbarkeit beruht die integrative Wirkung der symbolischen Reduktion von Komplexität (vgl. Meyer 1992: 63f. und 149f.). Wie

10 Den Begriff des „Subjekts, dem unterstellt wird zu glauben" hat Mocnik in Referenz zu dem Lacanschen „sujet supposé savoir" entwickelt.

dieses Wechselspiel von Verweisung und Verdichtung in der aktuellen medialen Repräsentation von „Geschlecht" wirksam wird, soll anhand zweier Beispiele aus der österreichischen Politiklandschaft verdeutlicht werden.

5.1 Politik im Zeichen der FRAU: wenn das Frauenvolk begehrt

Initiiert vom „Unabhängigen Frauenforum" (UFF) und repräsentiert von einer öffentlich bekannten „feministischen Elite" aus Kultur, Medien und Politik – darunter die ehemalige Frauenministerin Dohnal – wurde 1996 ein österreichisches Frauenvolksbegehren eingereicht.[11] Ziel ist, die faktische und – angesichts der aktuellen Budgetkürzungen – befürchtete weitere Marginalisierung vor allem berufstätiger Frauen zu überwinden und in eine aktive Frauenpolitik überzuführen. Das Frauenvolksbegehren soll als Beispiel dienen, weil hier exemplarisch die klassischen Forderungen nach gleicher Repräsentation und einer Politik von Frauen für Frauen verfolgt werden, und zwar mittels einer der wenigen plebiszitären Repräsentationsformen, die in einer parlamentarischen Demokratie zur Verfügung stehen. Das bedeutet, daß diese Initiative dahingehend ausgelegt ist, eine maximale Zahl von UnterstützerInnen hinter diesem Volksbegehren zu vereinigen, was wiederum eine starke mediale Präsenz und symbolische Einheit voraussetzt. Eine der Proponentinnen, die Journalistin Eva Rossmann (1996: 5), schreibt dazu appellativ: „Wir können Politik machen, indem wir alte HERRschaften in Frage stellen und öffentlich fordern, was uns Frauen zusteht. ... Wir Frauen sind es, die Gerechtigkeit einfordern und durchsetzen müssen."
Jenseits der neuen Frauenbewegung, die längst in diverse Kleinorganisationen zersplittert ist, versucht das Frauenvolksbegehren eine symbolische Klammer zu setzen und damit eine Frauenbewegung wachzurufen, deren möglicher Minimalkonsens in ihrem Forderungskatalog festgeschrieben ist. Das Volksbegehren fungiert also als repräsentatives Symbol, das über die kleine Gruppe der Initiatorinnen hinaus Frauen als politische Subjekte ideologisch anzurufen und damit als politische Bewegung zu konstituieren sucht. Dies wäre jedoch wegen der unzureichenden Differenzierung des Frauenbegriffs (Zielgruppe waren im wesentlichen berufstätige, urbane Frauen) und der Gängigkeit der aufgestellten Forderungen beinahe gescheitert – das Volksbegehren lief Gefahr, medial nicht präsent zu sein:

> „Kein Signifikant kann radikal repräsentativ sein, denn jeder Signifikant ist der Ort einer andauernden *méconnaissance* (Verkennung, G.M.). Er produziert Erwartungen einer Einheit, eines vollständigen und letzten Wiedererkennens, das niemals zustande gebracht werden kann. Paradoxerweise ist das Versagen solcher Signifikanten, denjenigen konstitutiven Personenkreis vollständig zu beschreiben, den sie benennen – 'Frauen' fällt einem hierbei ein –, genau das, was diese Signifikanten zu Orten phantasmatischer Investition (man könnte auch sagen: Utopien, G.M.) und diskursiver Neuartikulation macht" (Butler 1995: 254, Hervorhebung im Orig.).

11 Der Antrag des Frauenvolksbegehrens wurde von 23 Abgeordneten von SPÖ und Grünen, darunter neun Männern, unterschrieben. Um eine parlamentarische Behandlung zu erreichen, sind 100.000 Unterschriften notwenig. Das Frauenvolksbegehren ging – zusammen mit einem Volksbegehren gegen Gentechnik – im April 1997 über die Bühne und erreichte rund 650.000 Stimmen (etwa die Hälfte des Gentechnik-Volksbegehrens). Es war damit das sechststärkste Volksbegehren in der Geschichte Österreichs.

Die diskursive Neuartikulation der strukturellen Benachteiligung von Frauen in Form eines Volksbegehrens gelang zunächst nur unzureichend, da diesem ein diffuser Begriff von „Frauen" zugrundegelegt war, der keine weiterreichenden Identifikationen ermöglichte. Auch die inhaltlichen Forderungen waren keineswegs neu. Die ersten Reaktionen selbst von seiten einer freundlich gesinnten Presse (vgl. Hamann 1996) fielen eher kritisch-distanziert aus und betonten das historische Scheitern von Frauenparteien und Quotenregelungen, frei nach Butler (1995: 275f.): „Auf phantasmatische Investition folgt ausnahmslos Enttäuschung oder Desidentifizierung".
Seine öffentliche Beachtung erlangte das Frauenvolksbegehren weniger durch die eigene mediale Strahlkraft oder suggestive Symbolik, sondern eher zufällig aufgrund einer gleichzeitig von der (nunmehrigen ex-)Frauenministerin Konrad lancierten PR-Kampagne zur Aufteilung der Hausarbeit unter dem Titel „Ganze Männer machen halbe/halbe". Dieser griffige Slogan, der von der Boulevardpresse sofort als Symbol radikalfeministischen Emanzentums ausgeschlachtet wurde und die Ministerin vermutlich das Amt kostete, wurde eher zufällig denn gewollt auch zum medialen Signifikanten des Volksbegehrens, da er neben dem kognitiven Verweisungsaspekt auf „die Frauen" auch die affektive Komponente des Verdichtungssymbols ins Spiel brachte. Nunmehr wurde klar, wer die „Frauen" sein sollten: Jene, die privat ihre Partner zur Hälfte für die Hausarbeit verantwortlich machen, beanspruchen darüber hinaus eigene soziale Absicherung und gleiche Repräsentation im öffentlichen Bereich. Sie werden zu einer politischen Größe, die vorher als solche nicht existierte:

> „Die Macht der Begriffe 'Frauen' oder 'Demokratie' verdankt sich *nicht* ihrer Fähigkeit, eine politische Realität, die *bereits* existiert, angemessen oder umfassend zu beschreiben; im Gegenteil, der politische Signifikant wird politisch wirksam, indem er eine Reihe von Verbindungen als eine politische Realität errichtet und aufrechterhält. ... Paradoxerweise besteht die politische Wirksamkeit des Signifikanten nicht in seiner repräsentationalen Fähigkeit; der Begriff repräsentiert weder irgendwelche schon existierenden Subjekte oder deren Interessen, noch drückt er sie aus. Die Wirksamkeit des Signifikanten wird hingegen bestätigt durch seine Fähigkeit, das politische Feld zu strukturieren und zu konstituieren, neue Subjektpositionen und neue Interessen zu schaffen" (Butler 1995: 276, Hervorhebungen im Orig.).

„Frausein allein ist kein Programm" formulierte schon in den siebziger Jahren die Feministin Ingrid Strobl (1989). Politische Repräsentation von Frauen kann so weit gelingen, als sie nicht nur die Vielfalt weiblicher Existenzweisen im Bewußtsein behält, sondern auch jene konstitutiven Ausschlüsse, die den diskursiven Bereich des Politischen stabilisieren und die als eine Reihe zukünftiger Möglichkeiten zur Inklusion als Teil des „Horizonts der Gemeinschaft" erscheinen (Laclau/Mouffe, zit. nach Butler 1995: 256). Im Fall des Frauenvolksbegehrens sind dies etwa Migrantinnen. Frauen müssen sich jedoch dieser Formen bedienen, um sich selbst als medial wahrnehmbare Subjekte zu konstituieren und ihre Forderungen repräsentativ werden zu lassen, oder wie De Lauretis (1987: 7) schreibt: „The construction of gender is the product and the process of both representation and self-representation." Dies wird nicht ohne Wissen um die symbolische Wirkung ideologischer Anrufung via Medien möglich sein.

5.2 Politik im Zeichen des HERRN: der „kleine Mann auf der Straße"

Der „kleine Mann" bzw. der „kleine Mann auf der Straße" ist – neben dem „fleißigen Österreicher" – fixer Bestandteil jenes Repertoires an Stereotypen, das der Obmann der FPÖ, Jörg Haider, in medial aufbereiteten Kontexten wie etwa Pressekonferenzen häufig verwendet. Diese Formel repräsentiert eindeutig eine ideologische Anrufung, die auf den ersten Blick einfach als Symbol für den „common sense" steht. Diese sich aufdrängende Interpretation erweist sich jedoch als zu kurz gegriffen. Denn woraus bezieht diese medial multiplizierte Formel ihre unzweifelhaft vorhandene Kraft, die Politik der FPÖ und damit die Position Haiders zu stärken? An ihrer metaphorischen Prägnanz kann es wohl nicht liegen, denn wer möchte sich schon selbst als „kleiner Mann auf der Straße" sehen? Visualisiert man/frau sich diese Figur, so besitzt sie weder sonderlich sympathische Züge, noch suggeriert sie Durchsetzungsfähigkeit, einen klaren politischen Willen oder gar Intelligenz. Sie weist vielmehr Ähnlichkeit mit einer Kultfigur des österreichischen Kabaretts, mit dem „Herrn Karl", auf.[12] Der Mann auf der Straße ist „klein", d.h. unterdrückt und machtlos (oder psychologisch gesehen: impotent[13]). Warum er auf der Straße ist, wissen wir nicht so genau: vermutlich nicht als dekadenter Flaneur oder gehetzer Geschäftsmann, eher noch in Gestalt eines Arbeitslosen oder Rentners, der nicht weiß, was er mit seiner Zeit anfangen soll. Alles in allem kann das metaphorische Bild seine ideologische Wirksamkeit nicht erklären.

Erst wenn der unterlegte Geschlechtsaspekt in die Interpretation mit einbezogen wird, macht die Metapher Sinn: Das Individuum fühlt sich von einem Politiker konkret als Geschlechtswesen „Mann" angerufen, nicht als Bürger/in oder Wähler/in (oder noch diffuser als Teil der „Leute da draußen"). Noch explizitere phallokratische Metaphern, wie sie in rechtspopulistischen Diskursen selten gescheut werden, finden sich in der Diktion des Lega Nord-Führers Umberto Bossi, der gern behauptet, die Lega hätte „einen stehen" (vgl. Schmidtke/Ruzza 1993: 23). Der Mann wird deshalb als „kleiner" Mann ideologisch angerufen, weil in ihm ein Potential schlummert, welches sich dann endlich entfalten kann, wenn er Haider kräftig genug unterstützt und dieser dank seiner Hilfe an die Macht kommt. Erst wenn dem Subjekt Mann suggeriert wird, er sei klein, beginnt er sich politisch einzusetzen gegen jene, die ihn vermeintlich klein halten bzw. klein gemacht haben: die „Linken", die „Emanzen", die „verweiblichten Männer". Schließlich, so wird ihm gezeigt, kann er so werden wie Haider selbst: ewig jung, sonnengebräunt, erfolgreich, mächtig.

---

12 „Als Herr Karl präsentiert sich unserer Verachtung ein dicker, ungepflegter, älterer Mann, der von seinen Erfolgen bei den 'Weibern' daherredet; ein ungebildeter Mensch, der mit Kunst und Lesen nichts anfangen kann, auch nichts mit dem Fernsehen ..., der sich aber immer wieder zu einem Hochdeutsch aufschwingt, in dem er uns die letzten Banalitäten als Lebensweisheiten und Klischeesprüche aus den verlogensten Bereichen von Politik und Fremdenverkehrswerbung als Beschreibungen der Wirklichkeit vorsetzt; ein arbeitsscheuer, ausgehaltener Witwentröster, der uns etwas von seinen 'Leistungen' zu erzählen versucht, ein brutaler rücksichtsloser und bindungsunfähiger Leutebenutzer, der vor Selbstmitleid vergeht und sich selbst als Opfer sieht" (Steinert/Steinert 1995: 236).

13 Diese Interpretation findet sich in Wilhelm Reichs „Rede an den kleinen Mann" (1984: 41), wo er in bezug auf diesen konstatiert: „Du fühlst dich elend und klein, und stinkig und seelisch zerfetzt, und impotent, hart, steif, leblos und leer. ... Dein Leben lang hast du dich mit deiner Impotenz abgequält."

Die Beifügung der „Straße" verdichtet, was der erste Teil der Metapher bereits andeutet: Die Straße war und ist der Aufmarschplatz der Massen, der politischen Bewegung, und wenn der kleine Mann einmal auf der Straße ist, so die implizite Drohung, dann wird er sich mit anderen, die sich gleichermaßen angesprochen fühlen, zusammentun, also eine „Umkehrungsmasse" im Sinne Elias Canettis (1980: 60-65) bilden. Der einzelne „kleine Mann" als Subjekt zählt noch wenig, seine Macht erlangt er durch das Aufgehen in der Masse und Gemeinschaft. Nicht zufällig spricht Haider von der FPÖ zeitweise als „Bewegung", obwohl er mit dem Versuch, die Partei offiziell in eine „F-Bewegung" umzubenennen und umzustrukturieren, am Widerstand der FunktionärInnen gescheitert ist. Dieser Bewegungsbegriff bildet die notwendige komplementäre Symbolik zum vereinzelten „kleinen Mann auf der Straße". Genausowenig, wie dieser als solcher existiert, gibt es die ominöse „F-Bewegung" (wie sie sich z.B. im Falle der Lega Nord tatsächlich formiert hat). Sie suggeriert jedoch eine Gemeinschaft von Männern, die – in ihrer freien Entfaltung gehindert – zusammen ein Potential bilden, das irgendwann einmal aufbrechen soll, um eine neue Ordnung, eine III. Republik, zu etablieren. Durch die Einführung einer hierarchischen Situationsdeutung wird schließlich aus der fatalistischen Symbolik des „kleinen Mannes auf der Straße" eine dominante patriarchale Ideologie:

> „Symbolisierung trägt einem Repertoire von kognitiven Elementen eine gewisse Struktur ein. Sie bringt die Elemente in eine Form, die die Überlegenheit des kognitiv Geläufigen über das empirisch Wahrnehmbare möglich macht. ... Typisch ist hier eine *hierarchische* Anordnung: die Fähigkeit bestimmter Muster, über andere zu dominieren. Diese Hierarchisierung von politischen Deutungsmustern läßt sich rekonstruieren, und zwar anhand der Festlegung von Menschen auf bestimmte Überzeugungen, ihrer Abwehr anderer Überzeugungen und der Vorherbestimmtheit einer politischen Überzeugung durch andere" (Edelman 1990: 102, Hervorhebung im Orig.).

Daß diese ideologische Anrufung des „kleinen Mannes auf der Straße" als symbolische Repräsentation von Gender zu interpretieren ist und nicht als geschlechtsübergreifender „common sense", wird empirisch durch Daten bestätigt, wonach die Wählerschaft der FPÖ den höchsten Männeranteil aller österreichischen Parteien aufweist.[14]

6. Politik der Symbole – ein geschlossener Kreislauf von Produktion und Konsumption

„Production! Not Just Consumption" lautet ein Aufruf zur Intervention von Frauen im Prozeß der medialen Repräsentation von Politik (Valdivia 1995: 20). Wie die beiden Beispiele zeigen, erschöpft sich die Formierung von Subjektpositionen nicht nur in der bloßen Darstellung von Sachverhalten wie etwa Ungleichheit oder Unterdrückung. Notwendig ist darüber hinaus die Produktion von kommunizierbaren Symboliken, die Verweisungs- als auch Verdichtungsaspekte beinhalten. Nicht nur das kognitive Wiedererkennen in der ideologischen Anrufung bringt die Einsicht in die eigene Sub-

14 Nach gewichteten Rohdaten des Österreichischen Sozialen Survey von 1993 ist die FPÖ die einzige österreichische Partei mit einem Männerüberhang unter den deklarierten Anhängern. Demnach finden sich unter den FPÖ-AnhängerInnen 65% Männer und nur 35% Frauen.

jektposition, sondern die affektive und damit motivierende Entrüstung, die schließlich zu politischem Handeln und damit zu einer Befreiung führen kann. In diesem Zusammenhang wird es bedeutsam sein zu erkennen, daß die populistische Rechte immer schon massenmedial verbreitete politische Symbolik als Mittel einzusetzen wußte, um in ihrer ideologischen Anrufung der Gemeinschaft (in Form der Volksgemeinschaft, der Nation oder der „Tüchtigen und Fleißigen") den Affekt gegen Andere und damit Gefolgschaft für ihre Sache herzustellen. So ist diese symbolisch auszufüllende Leerstelle des Subjekts in keiner Weise feministisch oder emanzipatorisch angelegt. Sie muß erst durch entsprechende mediale Repräsentationen gefüllt werden, und diese müssen wiederum dort ihren ideologischen Ursprung haben, wo bereits eine manifeste Formierung einer Gemeinschaft, einer Identität, sei sie feministisch, homosexuell oder männerbewegt, stattgefunden hat:

„Social outgroups seeking to identify themselves against dominant representations ... need clearly articulated, recognisable and self-respecting self-images. To adopt a political position is of necessity to assume, for the moment, a consistent and answerable identity" (Gledhill, zit. nach Morley 1992: 28).

Ein so verstandener „strategischer Essentialismus" im Symbolischen, das „so tun als ob ich ein Mann bin, weil ich einer bin" (Heath, zit. nach Angerer 1995: 30), mündet jedoch leicht in geschlossene identitäre Diskurse, die sich der politischen Auseinandersetzung verweigern. So lassen die Auswüchse der „political correctness" häufig jene (sprach)spielerische Ironie vermissen, die dem Symbolischen seine politische Effizienz verleiht. Für marginalisierte Gruppen, gegenüber denen sich die „Nutznießersolidargemeinschaft" (Bukow 1993: insbes. 177) sukzessive schließt und zu denen auch der überwiegende Anteil aller Frauen zählt, bedeutet das Bewußtsein über die Funktionsweise symbolischer Repräsentation nicht nur eine Chance auf (mehr) Öffentlichkeit. Darüber hinaus vermittelt sie auch eine strategische Option, um unter Anerkennung einer Pluralität der Lebensformen breitere Koalitionen des Augenblicks zur Durchsetzung gemeinsamer Interessen zu formieren.

Literaturverzeichnis

Althusser, Louis, 1977: Ideologie und ideologische Staatsapparate. Aufsätze zur marxistischen Theorie. Hamburg/Westberlin.

Amelunxen, Hubertus von/Ujica, Andrei (Hrsg.), 1990: Television/Revolution. Das Ultimatum des Bildes. Rumänien im Dezember 1989. Marburg.

Ang, Ien, 1982: Watching Dallas. Soap Opera and the Melodramatic Imagination. London/New York.

Ang, Ien/Hermes, Joke, 1994: Gender and/in Media Consumption, in: *Marie-Luise Angerer/Johanna Dorer* (Hrsg.), Gender und Medien. Theoretische Ansätze, empirische Befunde und Praxis der Massenkommunikation. Ein Textbuch zur Einführung. Wien, 114-133.

Angerer, Marie-Luise, 1995: The Body of Gender. Körper, Geschlechter, Identitäten, in: *Marie-Luise Angerer* (Hrsg.), The body of gender: Körper/Geschlecht/Identitäten. Wien, 17-34.

Angerer, Marie-Luise/Dorer Johanna (Hrsg.), 1994: Gender und Medien. Theoretische Ansätze, empirische Befunde und Praxis der Massenkommunikation. Ein Textbuch zur Einführung. Wien.

Bechdolf, Ute, 1994: Musikvideos im Alltag: geschlechtsspezifische Rezeptionsweisen, in: *Marie-Luise Angerer/Johanna Dorer* (Hrsg.), Gender und Medien. Theoretische Ansätze, empirische Befunde und Praxis der Massenkommunikation. Ein Textbuch zur Einführung. Wien, 186-193.
Bell, Daniel, 1991: Die kulturellen Widersprüche des Kapitalismus. Frankfurt a.M./New York.
Berger, Peter L./Luckmann, Thomas, 1969: Die gesellschaftliche Konstruktion der Wirklichkeit. Frankfurt a.M.
Bourdieu, Pierre, 1985: Sozialer Raum und „Klassen". Leçon sur la leçon. 2 Vorlesungen. Frankfurt a.M.
Bourdieu, Pierre, 1987: Die feinen Unterschiede. Kritik der gesellschaftlichen Urteilskraft. Frankfurt a.M.
Bourdieu, Pierre, 1996: Sur la télévision. Suivi de l'emprise du journalisme. Paris.
Bukow, Wolf-Dietrich, 1993: Leben in der multikulturellen Gesellschaft. Die Entstehung kleiner Unternehmer und der Umgang mit ethnischen Minderheiten. Opladen.
Butler, Judith, 1991: Das Unbehagen der Geschlechter. Frankfurt a.M.
Butler, Judith, 1995: Körper von Gewicht. Die diskursiven Grenzen des Geschlechts. Berlin.
Byerly, Carolyn M., 1995: News, Consciousness, and Social Participation. The Role of Women's Feature Service in World News, in: *Angharad N. Valdivia* (Hrsg.), Feminism, multiculturalism, and the media. Global diversities. Thousand Oaks/London/New Delhi, 105-122.
Canetti, Elias, 1980: Masse und Macht. Frankfurt a.M.
Connell, R. W., 1987: Gender and Power. Society, the Person and Sexual Politics. Cambridge.
Cornelißen, Waltraud, 1996: Die Präsentation der Geschlechter im Fernsehen – (K)ein Beitrag zur Verwirklichung der Gleichstellung von Frau und Mann. Zielvorstellungen an die Sendeanstalten und deren mögliche wissenschaftliche Überprüfung, in: Zeitschrift für Frauenforschung 1+2, 31-63.
Cornelißen, Waltraud/Engbers, Renate, 1996: „Anna Maria – eine Frau geht ihren Weg". Eine Fallstudie zur Präsentation der Geschlechter in Fernsehserien, in: Zeitschrift für Frauenforschung 1+2, 64-104.
Cornelißen, Waltraud/Küsters, Kirsten, 1992: Frauen und Nachrichten. Zum Frauenbild in Nachrichtensendungen, in: *Romy Fröhlich* (Hrsg.), Der andere Blick – Aktuelles zur Massenkommunikation aus weiblicher Sicht. Bochum, 123-138.
De Lauretis, Teresa, 1987: Technologies of Gender. Bloomington/Indianapolis.
Edelman, Murray, 1990: Politik als Ritual. Die symbolische Funktion staatlicher Institutionen und politischen Handelns. Frankfurt a.M.
Elder, Charles D./Cobb, Roger W., 1983: The Political Uses of Symbols. New York/London.
Flusser, Vilém, 1991: Für eine Philosophie der Fotografie. Göttingen.
Gettier, Edmund L., 1967: Is justified true belief knowledge?, in: *Phillips A. Griffith* (Hrsg.), Knowledge and Belief. Oxford.
Greven, Michael Th., 1993: Die politische Gesellschaft als Zwang zur Entscheidung, in: Vorgänge. Zeitschrift für Bürgerrechte und Gesellschaftspolitik 3, 54-61.
Hall, Stuart, 1993: Encoding, decoding, in: *Simon During* (Hrsg.), The Cultural Studies Reader. London, 90-103.
Hamann, Sybille, 1996: Wenn Frauen begehren, in: profil 48, 88-90.
Haraway, Donna, 1985: A manifesto for cyborgs. Science, technology, and feminist socialism in the 1980s, in: Socialist Review 80, 65-108.
Herman, Edward/Chomsky, Noam, 1988: Manufacturing consent. The political economy of the mass media. New York.
Horx, Matthias, 1991: Das Wörterbuch der 90er Jahre. Ein Gesellschaftspanorama. Hamburg.
Jamieson, Kathleen Hall, 1992: Dirty Politics. Deception, Distraction, and Democracy. New York/Oxford.
Johnson, James, 1994: The Politics of Possibility. Symbol, Strategy and Power, IHS-Forschungsbericht, Reihe Politikwissenschaft Nr. 15.
Lang, Sabine, 1995: Öffentlichkeit und Geschlechterverhältnis. Überlegungen zu einer Politologie der öffentlichen Sphäre, in: *Eva Kreisky/Birgit Sauer* (Hrsg.), Feministische Standpunkte in der Politikwissenschaft. Eine Einführung. Frankfurt a.M./New York, 83-121.

Maihofer, Andrea, 1994: Geschlecht als Existenzweise. Einige kritische Anmerkungen zu aktuellen Versuchen zu einem neuen Verständnis von „Geschlecht", in: *Institut für Sozialforschung Frankfurt* (Hrsg.), Geschlechterverhältnisse und Politik, Redaktion Katharina Pühl. Frankfurt a.M., 168-187.
Matjan, Gregor, 1996: Lebensstile als strukturierende Elemente politischer Kultur in pluralistischen Gesellschaften. Ein kulturdynamisches Mehrebenen-Modell für die Politikwissenschaft, Dissertation am Institut für Politikwissenschaft der Universität Wien.
Meyer, Thomas, 1992: Die Inszenierung des Scheins. Voraussetzungen und Folgen symbolischer Politik. Frankfurt a.M.
Meyer, Thomas, 1994: Die Transformation des Politischen. Frankfurt a.M.
Meyrowitz, Joshua/Maguire, John, 1993: Media, Place, and Multiculturalism, in: Social Science and Modern Society 30, 41-48.
Mocnik, Rastko, 1994: Das „Subjekt, dem unterstellt wird zu glauben" und die Nation als eine Null-Institution, in: *Henning Böke/Jens-Christian Müller/Sebastian Reinfeldt* (Hrsg.), Denk-Prozesse nach Althusser. Hamburg, 225-273.
Morley, David, 1980: The „Nationwide" Audience. London.
Morley, David, 1992: Television, Audiences and Cultural Studies. London.
Pitkin, Hanna Fenichel, 1967: The Concept of Representation. Berkeley/Los Angeles.
Reich, Wilhelm, 1984: Rede an den kleinen Mann. Frankfurt a.M.
Rossmann, Eva, 1996: Von „denen da oben" und uns Frauen, in: Politix. Zeitschrift des Instituts für Politikwissenschaft der Universität Wien 1, 5.
Renckstorf, Karsten, 1987: Zur Hypothese des „Two-Step-Flow" der Massenkommunikation, in: *Roland Burkart* (Hrsg.), Wirkungen der Massenkommunikation. Wien, 40-56.
Sapir, Edward, 1930: „Symbolism", in: Encyclopedia of the Social Sciences. New York, 492-495.
Sassen, Saskia, 1996: Metropolen des Weltmarkts. Die neue Rolle der Global Cities. Frankfurt a.M./New York.
Schmidtke, Oliver/Ruzza, Carlo E., 1993: Regionalistischer Protest als „Life Politics". Die Formierung einer sozialen Bewegung. Die Lega Lombarda, in: Soziale Welt 1, 5-29.
Seiter, Ellen/Borchers, Hans/Kreutzner, Gabriele/Warth, Eva-Maria, 1989: „Don't treat us like we're stupid and naive". Towards an Ethnography of Soap Opera Viewers, in: *Ellen Seiter/Hans Borchers/Gabriele Kreutzner/Eva-Maria Warth,* Remote Control. Television, Audiences, and Cultural Power. London/New York, 223-247.
Sennett, Richard, 1983: Verfall und Ende des öffentlichen Lebens. Die Tyrannei der Intimität. Frankfurt a.M.
Steinert, Fiona/Steinert, Heinz, 1995: Reflexive Menschenverachtung. Die Wienerische Variante von Herrschaftskritik. Der Herr Karl – ein echter Wiener geht nicht unter, in: *Reinhard Sieder* (Hrsg.), Österreich 1945 – 1995. Gesellschaft, Politik, Kultur. Wien, 236-249.
Strobl, Ingrid, 1989: Frausein allein ist kein Programm. Freiburg i. Br.
Valdivia, Angharad N., 1995: Feminist Media Studies in a Global Setting. Beyond Binary Contradictions and Into Multicultural Spectrums, in: *Angharad N. Valdivia* (Hrsg.), Feminism, multiculturalism, and the media: Global diversities. Thousand Oaks/London/New Delhi, 7-29.
Varela, Francisco J., 1990: Kognitionswissenschaft – Kognitionstechnik. Eine Skizze aktueller Perspektiven. Frankfurt a.M.
Veblen, Thorstein, 1986: Theorie der feinen Leute. Eine ökonomische Untersuchung der Institutionen. Frankfurt a.M.
Virilio, Paul, 1996: Top-Models reden nicht, in: Der Standard 6. 12., Album, 4.
Weibel, Peter (Hrsg.), 1990: Von der Bürokratie zur Telekratie. Rumänien im Fernsehen. Ein Symposion aus Budapest. Berlin.
Weiderer, Monika, 1993: Das Frauen- und Männerbild im Deutschen Fernsehen. Eine inhaltsanalytische Untersuchung der Programme von ARD, ZDF und RTL plus. Regensburg.

Nationalstaat, Globalisierung, Gender*

Bob Jessop

Aus dreierlei Gründen war es schwierig, diesen Beitrag zu verfassen. Erstens ist das Thema nicht nur empirisch gesehen weitläufig und komplex, sondern auch theoretisch vielfach verzweigt. Zweitens gibt es nur wenige Beiträge, die sich mit dem Zusammenhang zwischen den drei vorgegebenen Aspekten beschäftigen, obwohl sehr viele Arbeiten durchaus einem oder zweien dieser Aspekte gewidmet sind. In Anbetracht dieses Mangels an veröffentlichten Arbeiten ist es drittens wahrscheinlich töricht, wenn nicht anmaßend, für einen männlichen Staatstheoretiker, der noch dazu ein Neuling auf dem Gebiet der Geschlechterstudien ist, eine Forschungsagenda für andere TheoretikerInnen oder AktivistInnen vorzuschlagen. Dennoch hat es mich gereizt, die Einladung der beiden feministischen Herausgeberinnen dieses Sonderheftes anzunehmen, zumal die Zusammenhänge zwischen diesen drei Dimensionen sehr oft vernachlässigt werden. Wenn ich mich einiger dieser Fragen annehme, beanspruche ich jedoch keineswegs, einen direkten Beitrag zu einer feministischen Analyse der Weltwirtschaft und/oder des Nationalstaates zu leisten. Meine Anmerkungen werden sich vielmehr mit einigen theoretischen Fragen beschäftigen, die in bezug auf *die geschlechtsspezifische Natur der Transformation des Nationalstaates im Zeitalter der Globalisierung* aufgeworfen werden. Aus den drei angegebenen Gründen sollten meine Bemerkungen als vorläufige Vorschläge für eine im Entstehen begriffene Forschungsagenda aufgefaßt werden, keineswegs jedoch als endgültige Schlußfolgerungen eines wohlfundierten Forschungsprogrammes.

Der Beitrag ist in drei Abschnitte gegliedert. Zunächst werde ich auf die wesentlichen Merkmale des Staates in fortgeschrittenen kapitalistischen Gesellschaften nach dem Zweiten Weltkrieg sowie seine Zukunft eingehen. Diese Verengung des Themas ist notwendig, weil es unmöglich wäre, in einem einzigen Beitrag die komplexe und interaktive Koevolution aller gegenwärtigen Staatstypen und vielfältigen Globalisierungsprozesse adäquat darzustellen. Die fortgeschrittenen bürgerlich-demokratischen Staaten, die postsozialistischen Staaten im Übergang zum Kapitalismus, die nachholenden ostasiatischen Staaten, die autoritär-bürokratischen Staaten in Lateinamerika oder die sogenannten „Quasi-Staaten" in Afrika haben ganz unterschiedliche Politik-

* Dieser Beitrag wurde verfaßt, während ich mich als Hallsworth Fellow für Political Economy an der University of Manchester aufhielt. Ich möchte mich bei Eleonor Kofman, Lorna Weir und Ngai-Ling Sum für ihre Hinweise und Anregungen bedanken. Ebenso bin ich Markus Perkmann für die Übersetzung des Beitrags ins Deutsche dankbar, die darüber hinaus wesentlich zur Verbesserung der Klarheit meiner Argumente beigetragen hat. In diesem Rahmen hat mir auch Monika Büscher geholfen. Zum Teil stützt sich die Übersetzung auf einen früheren deutschsprachigen Beitrag zum Thema Nationalstaat (Jessop 1995), der von Markus Schröder übersetzt wurde.

bzw. Geschlechterregime (wenn auch immer kapitalistische bzw. patriarchale Regime), die notwendigerweise ganz unterschiedlich von der Dialektik der Globalisierung/Regionalisierung betroffen werden. Einige Wirtschaften bzw. Staaten werden marginalisiert, andere dagegen werden stärker integriert. Um die folgende Darstellung einfach zu halten, werde ich deshalb nur auf die atlantisch-fordistischen Nationalstaaten in Nordamerika, Europa und Australasien eingehen.

Im ersten Abschnitt soll aufgezeigt werden, daß die für den Atlantischen Fordismus typische Staatsform eine historisch spezifische ist. Daraus soll ein Bezugspunkt gewonnen werden, von dem aus die Auswirkungen der Globalisierung auf diesen Staatstyp bzw. der Einfluß der Staaten auf den Globalisierungsprozeß beurteilt werden sollen. Insbesondere werde ich die geschlechtsspezifische Natur dieser Staatsform sowie der Wirtschafts- und Sozialpolitik im Atlantischen Fordismus unterstreichen. In einem zweiten Schritt werde ich auf drei wesentliche Veränderungen des Staates und sein Verhältnis zum weiteren politischen System eingehen: erstens auf den Trend zur Entnationalisierung der Staatlichkeit (obwohl der Nationalstaat weiterhin eine wichtige politische Rolle spielt); zweitens auf den Wandel von *government* zu *governance* (mit einem Gegentrend von *government* zu *meta-governance*); drittens auf den Trend zur Internationalisierung von Politikregimen (mit den Gegentrends der Internalisierung von internationalen Sachzwängen sowie intensivierter Anstrengungen des Staates, auf die internationalen Politikregime Einfluß auszuüben). Alle diese Veränderungen haben Auswirkungen auf die Geschlechterverhältnisse. Darüber hinaus werde ich auf die Veränderungen der Funktion von Wirtschafts- und Sozialpolitik in einem wirtschaftlichen und politischen Raum eingehen, der bisher vom Atlantischen Fordismus geprägt wurde. Insbesondere möchte ich aufzeigen, wie die Transformation des Keynesianischen Wohlfahrtsstaates sowie einige parallele Entwicklungen in der „Zivilgesellschaft" sich auf die Geschlechterverhältnisse auswirken.

Im zweiten Abschnitt möchte ich den „chaotischen Begriff" der Globalisierung einer Kritik unterziehen. Mein Vorschlag ist, daß Globalisierung am besten als *Rekonfiguration der räumlichen Maßstäbe sozialer Verhältnisse* zu verstehen ist. In dieser Hinsicht ist Globalisierung nur einer von mehreren Trends in der gegenwärtigen Gesellschaft. Globalisierung ist die Folge vieler verschiedener Prozesse auf mehreren räumlichen Ebenen und koexistiert mit anderen Trends wie der Wiederbelebung der kommunalen und regionalen Ebene sowie der Bildung der triadischen supranationalen Blöcke. Der Trend zur Globalisierung äußert sich in einer wachsenden Integration der einzelnen funktionalen Systeme (Wirtschaft, Recht, Politik, Bildung, Medizin, Wissenschaft, Sport, Kunst) auf einer globalen Ebene. Ähnliche Entwicklungen sind auch in der Lebenswelt festzustellen, in der soziale Verhältnisse, Identitäten, Interessen und Werte angesiedelt sind, die keinem der funktionalen Systeme zugeordnet werden können; es sei nur auf die Entstehung einer „globalen Zivilgesellschaft" verwiesen.[1] Im Rahmen dieses Beitrages werde ich insbesondere auf die Politische Ökonomie der Globalisierung eingehen und die Interaktion dieser Prozesse mit dem Staat und den Geschlechterverhältnissen analysieren.

---

1 In dieser Hinsicht umfaßt die „Systemwelt" neben Habermas' Systemen der Wirtschaft und Politik auch die übrigen funktionalen Systeme mit eigenständigen instrumentellen Logiken. Analog umfaßt die „Lebenswelt" etwa Bereiche wie die „Identitätspolitik", unabhängig davon, ob sie in „idealen" Sprechsituationen bestehen oder nicht.

Im dritten Abschnitt soll eine Forschungsagenda vorgestellt werden, die sich mit der geschlechtsspezifischen Natur der Transformation des Nationalstaates im Zeitalter der Globalisierung befaßt. Diese Anmerkungen sind den Umständen entsprechend etwas spekulativ. Alle meine Überlegungen sind von Robert W. Connells Arbeiten beeinflußt, in denen „gender" definiert wird als „die Weise, in der die reproduktiven Fähigkeiten und die sexuellen Unterschiede in soziale Praktiken umgesetzt werden und zu einem Teil der historischen Entwicklung gemacht werden" (Connell 1996: 56, Übersetzung B. J.; vgl. Carver 1996: 1). Darüber hinaus unterscheidet Connell zwischen „Geschlechterregimen" [*gender regimes*], die in bestimmten Institutionen verankert sind, und „Geschlechterordnung" [*gender order*], die mit der geschlechtsspezifischen Dimension jeder sozialen Erfahrung zu tun hat (Connell 1987).[2] Diese Definition umfaßt eine Reihe von Geschlechterpraktiken und Formen der geschlechtsbezogenen bzw. sexuellen Unterdrückung, und impliziert weder die Existenz einer einzigen „Männlichkeit" noch eine Homogenität weiblicher Rollen, Interessen oder Normen. Diese Anerkennung der Vielfältigkeit und Vieldeutigkeit der geschlechtsbezogenen Identitäten und Verhältnisse ist entscheidend für ein Verständnis der komplexen Zusammenhänge zwischen dem Nationalstaat, Globalisierung und Geschlechterregime. Ich werde diese Regime aus einer allgemeineren, „strategisch-relationalen" Perspektive betrachten, die insbesondere am dialektischen Verhältnis zwischen (strukturell eingeschriebener) strategischer Selektivität und (strukturell-reflexivem) strategischem Handeln interessiert ist.

1. Entwicklungstendenzen des Nationalstaates

Dieser Abschnitt beschäftigt sich mit den Behauptungen über den Niedergang des Nationalstaates angesichts der Globalisierung und mit den Auswirkungen auf das Geschlechterverhältnis. Spike Peterson hat postuliert, daß wir, zusätzlich zur Globalisierung der Wirtschaft, einer „Globalisierung der Staaten" gegenüberstehen.[3] Ich denke, daß solche Behauptungen über den Tod des souveränen Nationalstaates übertrieben sind. Was wir beobachten, ist keine Erosion, sondern eine Reorganisierung des Staates. Um solchen Behauptungen entgegenzutreten, werde ich einige Trends und Gegentrends in der gegenwärtigen Umstrukturierung des Staates identifizieren und die Auswirkungen betrachten. Vorher werde ich aber auf die geschlechtsspezifische Natur der Staatsform der Nachkriegszeit eingehen, die für den Atlantischen Fordismus charakteristisch war.

---

2 Terrell Carver bietet eine ähnliche Definition des Geschlechts (gender) und unterscheidet daher „gender studies" und „feminism". Letzteren betrachtet er als das Studium der Frauenunterdrückung (vgl. Carver 1996: 1).

3 Dies impliziert „einen Wandel von staatlichen Regierungen, die ihre Wirtschaften steuern und Wohlfahrtsleistungen erbringen, hin zu Staaten, die sich wie Gewerkschaften verhalten, die gezwungen sind, mit den mächtigen Konzernen des [transnationalen] Kapitals zu verhandeln" (Drache/Gertler 1991: 8f.). Das heißt, daß die Weltwirtschaft, insbesondere die Macht der globalen Finanzwelt, „die Staaten zwingt zu reagieren statt zu regieren und eine neue internationale Weise des 'Regierens' zu 'erfinden'" (Peterson 1996: 12).

1.1 Der Keynesianische Wohlfahrts-Nationalstaat

Man kann die Staaten und die politischen Regime auf unterschiedlichen Abstraktionsebenen und innerhalb unterschiedlicher analytischer Dimensionen vergleichen. In diesem Rahmen möchte ich die allgemeinsten Strukturmerkmale des kapitalistischen Staates innerhalb des zwischenstaatlichen Systems voraussetzen, um mich vor allem auf die konkreten, historisch-spezifischen Eigenschaften des atlantisch-fordistischen politischen Regimes zu konzentrieren. Dieses Regime ist bekanntlich der Keynesianische Wohlfahrts-Nationalstaat (KWNS). Er weist mehrere Merkmale auf, die ihn von anderen Staatsformen in Hinblick auf die spezielle Ausgestaltung der zwischenstaatlichen, kapitalistischen und patriarchalen Verhältnisse unterscheiden.[4] Diese Merkmale können wie folgt zusammengefaßt werden:

- Unter den verschiedenen räumlichen Ebenen formaler politischer Organisation kam dem souveränen Staat primäre Bedeutung zu. Die Regionen und Kommunen fungierten lediglich als Transmissionsriemen für die nationale Wirtschafts- und Sozialpolitik. Die wichtigsten supranationalen Institutionen umfaßten eine Reihe internationaler und intergouvernementaler Organisationen, die üblicherweise unter dem Mantel der US-Hegemonie operierten und einen Rahmen für die internationale Zusammenarbeit zur Absicherung der wesentlichen Bedingungen für den wirtschaftlichen und politischen Wiederaufbau in Europa (vgl. Milward u.a. 1993)[5] sowie einer dauerhaften wirtschaftlichen Prosperität in Nordamerika schufen. Dieses System der internationalen Zusammenarbeit zur Aufrechterhaltung der autonomen Nationalstaaten ist als „eingebetteter Liberalismus" bezeichnet worden (vgl. Ruggie 1982). Bekanntlich ist der „eingebettete Liberalismus" ein Produkt der Nachkriegszeit. Dies heißt jedoch keineswegs, daß die ihn konstituierenden Nationalstaaten etwa vorher „geschlechtsneutral" gewesen wären. Die Form des Nationalstaates selbst beinhaltet nämlich ein „institutionalisiertes Patriarchat, in dem 'androkratische' Politik floriert" (Ling 1996: 27). Das daraus resultierende zwischenstaatliche System stützt sich auf männliche Rationalität, organisiert Gewalt und Handel und betrachtet Frauen üblicherweise als „Gebärmaschinen" [Mütter] der Nation sowie als Schlüsselfiguren für deren symbolische Identität (vgl. Anthias/Yuval-Davis 1989; Yuval-Davis 1996). Überhaupt ist die Bevölkerungspolitik, Reproduktion, Staatsbürgerschaft, Migration und die Verteidigung der nationalen Grenzen eine der primären Funktionen des Nationalstaates. Alle diese funktionalen Elemente weisen geschlechtsspezifische Aspekte auf. Es ist darüber hinaus wahrscheinlich, daß es zwischen den Geschlechtern wie auch zwischen den verschiedenen Klassen, Rassen oder Stadt-Land-Identitäten Unterschiede gibt bezüglich des Engagements, das dem nationalen Projekt des Staates entgegengebracht wird (vgl. Walby 1992). Aus diesen

---

4 Bekanntlich gab es verschiedene Typen der Wohlfahrtsregime (*welfare regimes*) (vgl. Esping-Andersen 1985). Die folgende Diskussion stellt nur die allgemeinen Merkmale des KWNS dar.

5 Allgemein möchte ich bemerken, daß ich nicht behaupten will, daß alle wirtschaftlichen und politischen Prozesse innerhalb der Grenzen der „Machtbehälter" (*power container*) der Nationalstaaten stattfinden. Statt dessen argumentiere ich, daß viele auf einer internationalen Basis organisierten Prozesse dazu dienten, den Nationalstaat in der frühen Phase des Wiederaufbaus nach dem Kriege zu festigen.

Überlegungen wird klar, daß der KWNS zusammen mit dem Primat des Nationalstaates und des internationalen Staatensystems eine spezifische *öffentliche*[6] Form patriarchaler Herrschaft reproduziert, die sich auf die Institutionen des Arbeitsmarktes und des Staates stützt, anstatt der *privaten* Form innerhalb des patriarchalischen Haushaltes (vgl. Walby 1990 und 1992).

- Staatliche wirtschaftliche Strategien und wirtschaftliche Regulation fußten auf einer relativ geschlossenen nationalen Wirtschaft. Unter der „Weltwirtschaft" wurden im wesentlichen die Finanz- und Handelsströme zwischen den einzelnen nationalen Wirtschaften verstanden. Als Objekt der nationalen und internationalen Koordinierung der Wirtschaft galt die formale Marktwirtschaft, die nach dem Modell des kapitalistischen *homo oeconomicus* operiert, bzw. – insbesondere im nationalen Kontext – die „gemischte Wirtschaft" als Artikulation von Staat und Wirtschaft, in der dem Staat die Aufgabe zukommt, die Bereitstellung unprofitabler Bedingungen des Markts zu sozialisieren sowie seine Logik vermittels einer Politik der sozialen Umverteilung im Kontext der konzertierten (fordistischen) Klassenbeziehungen und regionalen Ungleichheiten innerhalb der Nation zu modifizieren. In anderen Worten, das Objekt der wirtschaftlichen Koordinierung war im wesentlichen eine patriarchalische und kapitalistische Wirtschaft. Gleichzeitig wurden kaum Anstrengungen unternommen, weder auf der Bewußtseinsebene noch in Form aktiver Politik, um diese patriarchalen und kapitalistischen Merkmale der Wirtschaftspolitik zu beseitigen.
- Unter den verschiedenen Ebenen wirtschaftlicher Organisation war die nationale Wirtschaft der primäre Bezugspunkt für staatliche Maßnahmen. Nationale Aggregate bildeten die Basis für die Definition und Konzeption von Wirtschaftspolitik und dienten als Maßgabe für eine gezielte Bewirtschaftung (vgl. Barnes/Ledubur 1991: 130). Bekanntlich tragen solche Aggregate nur der Marktwirtschaft Rechnung; dabei wird der wichtige Beitrag der informellen oder unbezahlten Arbeit (insbesondere der Frauen) vernachlässigt. Lokale und regionale Ökonomien wurden hingegen als Untereinheiten der nationalen Wirtschaft eingestuft und interregionale Unterschiede als unerheblich betrachtet.
- Das primäre Objekt der Politiken zur sozialen Reproduktion waren die ansässige nationale Bevölkerung bzw. die Haushalte und individuellen Staatsbürger. Viele dieser Politiken setzten die Vorherrschaft von stabilen patriarchalen Familien mit zwei Elternteilen voraus, in denen die Männer einen „Familienlohn" bezogen und lebenslange Beschäftigung annehmen konnten.[7] Der KWNS nahm nicht nur eine Stabilität dieser patriarchalen Familienform an, sondern marginalisierte andere Formen von Familien, Haushalten sowie alternative sexuelle Orientierungen (vgl. Carabine 1996). Diese Situation spiegelt sich in einem zweigeteilten Wohlfahrtssystem. Zum einen gab es ein steuer- oder beitragsfinanziertes und auf individueller Staatsbürgerschaft und Wohlfahrtsansprüchen gestütztes System, zum anderen ein auf Abhängigkeit gegründetes System, in dem Ansprüche auf Bedürfnissen statt auf Anrechten basieren, vom Einkommen abhängig gemacht werden, und die Empfän-

6 Walby unterscheidet zwischen Markt- und Staatsformen des öffentlichen Patriarchats und bemerkt, daß wir in Europa einer gemischten Form gegenüberstehen (vgl. Walby 1990).
7 Lebenslange Beschäftigung heißt nicht, eine einzige lebenslange Stelle innezuhaben.

ger einer „disziplinierenden Normalisierung" unterliegen (Fraser 1987; Rose 1993). Das erste System kam in erster Linie den beschäftigten Männern und deren Normalfamilien zugute, das zweite hingegen den Frauen und alleinerziehenden Elternteilen.

- Die primären Einheiten der sozialen Basis des Staates waren individuelle politische Subjekte (Staatsbürger), ausgestattet mit verschiedenen individuellen, politischen und sozialen Rechten und organisiert als Mitglieder von wirtschafts-korporatistischen Organisationen (Gewerkschaften, Arbeitgeberverbände) und/oder als Wähler von großen „regierungsfähigen" Parteien. Das Modell der Staatsbürgerschaft war von Beginn an seiner Form nach patriarchalisch, d.h. es war für Männer reserviert, verbunden mit der Wehrpflicht sowie zivilen und politischen Rechten. Als die Staatsbürgerschaft auf Frauen ausgedehnt wurde, blieb die Trennung der öffentlichen und privaten Sphäre aufrecht; bekanntlich arbeitet diese Trennung sehr effektiv gegen die politische Mitbestimmung und den Einfluß von Frauen (vgl. Lloyd 1984; Pateman 1989; Sauer 1997).
- Die Auseinandersetzung um die politische Hegemonie drehte sich um die „national-populare" Achse (Gramsci) und resultierte im wesentlichen in der Entwicklung, Ausdehnung und dem Schutz der staatsbürgerlichen Rechte in einem korporatistischen politischen Aushandlungsprozeß. In diesen Auseinandersetzungen spielen die Frauen üblicherweise eine lediglich unterstützende Rolle: Sie sind meist von der Mitbestimmung beim Zustandekommen nationaler Staatsprojekte ausgeschlossen, auf den segmentierten Arbeitsmärkten marginalisiert und/oder auf die private Sphäre verwiesen und angesichts der Dominanz der weißen, heterosexuellen, gesunden Männer („WHAMs", *white heterosexual able-bodied men*) ohne wesentlichen Einfluß in der „großen" Politik.

Zusammenfassend kann festgestellt werden, daß zwischen der Form des Nationalstaates und keynesianischer Wohlfahrtspolitik ein enger Zusammenhang bestand. Dies könnte zur gewagten Hypothese verführen, daß der KWNS den „Höhepunkt" des Nationalstaates verkörpert, zumal die meisten sozialen Verhältnisse so organisiert waren, als befänden sie sich ausschließlich innerhalb des „Machtbehälters" (*power container*) des Nationalstaates. Obwohl die Staatsform selbst schon vor der geschichtlichen Periode existierte, die von der Entstehung, Konsolidierung, Krise und dem Zerfall des KWNS geprägt war, kann letzterer als höchster Ausdruck der organisatorischen und vergesellschaftenden Möglichkeiten des Nationalstaates angesehen werden. Dies ist wohlgemerkt nicht die Folge einer teleologischen Entfaltung seiner Möglichkeiten, sondern kann mit Hinblick auf die spezifischen wirtschaftlichen und politischen Kontextbedingungen des Atlantischen Fordismus unter US-Hegemonie historisch nachvollzogen werden. Der Sieg der Alliierten über die Achsenmächte produzierte die essentiellen Bedingungen für eine Ausweitung des New Deal nach Europa, die mit einer paradoxen Wiedereinsetzung der organisatorischen Prinzipien des Nationalstaates einherging. Durch den Nationalstaat konnte die nationale Wirtschaft als abgegrenzter „imaginärer" wirtschaftlicher Raum reguliert werden. Dies war eine wesentliche Voraussetzung zur Sicherung der komplementären Expansion von Produktion und Konsumtion als Basis einer Politik wirtschaftlicher Prosperität, die rechts- oder linksextreme Alternativen erfolgreich vermied (vgl. Meier 1978; van der Pijl 1984; Milward u.a. 1993).

1.2 Herausforderungen an den Keynesianischen Wohlfahrts-Nationalstaat

Alle diese Merkmale des KWNS sind in der Zwischenzeit in Frage gestellt worden. Dies ist teilweise auf den Prozeß der Globalisierung zurückzuführen; jedoch sind durchaus andere Faktoren im Spiel:

- Aus verschiedenen Gründen begann der Primat des souveränen Staates zu zerbröckeln. Zum einen litt angeblich die Maschine des *big government* zunehmend unter Überlastung, zum anderen unter einer Legitimitätskrise angesichts der offensichtlichen Unfähigkeit, Vollbeschäftigung und Wirtschaftswachstum zu garantieren. Zudem drohte eine Haushaltskrise, den Wohlfahrtsstaat zu untergraben. Diese Krisentendenzen wurden von wachsenden Spannungen zwischen den Zentralregierungen und Lokalregierungen überschattet. Im Zuge der verfallenden US-Hegemonie verloren darüber hinaus die internationalen Institutionen ihre Wirkungskraft bei der Sicherung der wirtschaftlichen und politischen Stabilität der Nationalstaaten. Allgemein kann festgestellt werden, daß alle drei Formen des Nationalstaates (jeweils gestützt auf die Volksnation, Kulturnation oder Staatsnation) vom Prozeß der Globalisierung betroffen sind. Dies kann jeweils an der Abnahme der *ethnischen Homogenität* im Zuge vermehrter Migration, der Abnahme der *kulturellen Homogenität* durch die Anwesenheit verschiedener ethnischer und kultureller Gruppen und der Entwicklung multikultureller Kontexte insbesondere in großen Städten sowie der sinkenden *Legitimität* des Nationalstaates angesichts der enttäuschten Erwartungen atlantisch-fordistischen Zuschnitts abgelesen werden.
- Es wurde zunehmend schwieriger, die offiziellen wirtschaftspolitischen Zielsetzungen, also etwa Vollbeschäftigung, Preisstabilität, Wirtschaftswachstum und ausgeglichene Zahlungsbilanzen, einzulösen. Deshalb konnte die nationale Wirtschaft nicht länger als der selbstverständliche Bezugsrahmen der Wirtschaftspolitik gelten. Dies führte einerseits zu Forderungen nach einem verstärkten Protektionismus, insbesondere von seiten der „niedergehenden" Branchen und deren Arbeitskräfte, und andererseits zu den meist vom Neoliberalismus inspirierten Versuchen, größere Wirtschaftsräume abzustecken, innerhalb derer die institutionelle Regulationsweise restrukturiert werden sollte (etwa die „Triaden"). Die geschützten Sektoren waren oft diejenigen mit hauptsächlich männlichen Vollzeitbeschäftigten, während andere Sektoren dereguliert und nach dem neoliberalen Modell flexibilisiert wurden mit der Folge zunehmender Arbeitsmarktsegmentierung und vermehrter Teilzeitbeschäftigung.
- Gleichzeitig wurde zunehmend eingesehen, daß über nationale makroökonomische Maßnahmen die Probleme regionaler und lokaler Wirtschaftsräume oft nicht zu lösen waren, und daß von oben auferlegte, standardisierte Mikro- und Mesopolitiken häufig nicht ansprachen. Die Forderung lautete, daß Stadt- und Regionalpolitik von unten kommen müsse und spezifisch auf die jeweilig wahrgenommenen Bedürfnisse zugeschnitten sein müsse. Das Ausmaß, in dem die Restrukturierung von subnationalen Wirtschaften die Position von Frauen stärkte oder schwächte, hängt von der spezifischen Form lokaler Entwicklungsstrategien und städtischer Regenerationsprojekte ab. Eindeutig negativ sind die Auswirkungen neoliberaler Reformen, die sich auf Deregulierung beschränken, anstatt die Entwicklung lokaler Gemeinschaften zu fördern.

- Im Zuge der Internationalisierung wurden zunehmende Widersprüche im Bereich der sozialen Reproduktion sichtbar. Obwohl aus wirtschaftlichen Gründen Anreize für temporäre Zuwanderung bestanden, meist über regional organisierte und zwischenstaatlich ausgehandelte GastarbeiterInnen-Regelungen, wuchs das Interesse an einer verschärften Kontrolle der nationalen Grenzen und der mit der Staatsbürgerschaft verbundenen Rechte. Gleichzeitig wurde angesichts des internationalen Wettbewerbes und des resultierenden Drucks auf die direkten und indirekten Löhne der fordistische Kompromiß zwischen Kapital und Arbeit in Frage gestellt. Viele der europäischen Nationalstaaten hatten lange als *Auswanderungsländer* gegolten bzw. als Heimatländer, in die die unter dem Kolonialismus ausgewanderten Staatsbürger *heimkehren* konnten. Im Zuge der Herausbildung des atlantisch-fordistischen Akkumulationsregimes begannen die fortgeschrittenen europäischen Wirtschaften Arbeitskräfte aus ihren Kolonien, Südeuropa oder Nordafrika zu „importieren" (vgl. Kofman 1995; Kofman/Sales 1992).[8] Zu Beginn trug dies dazu bei, den Bedarf an billiger Arbeitskraft mit der Aufrechterhaltung des fordistischen Klassenkompromisses für die Einheimischen zu vereinbaren. Später jedoch wurde die Zuwanderung zu einer Ursache sozialer Spannungen. Dies wurde insofern zum akuten Problem, als „die Abgrenzung zwischen dem geschlossenen Wohlfahrtsstaat und der freien Bewegung ausländischer Arbeitskräfte über nationale Grenzen hinweg zunehmend untergraben wurde, weil viele Gastarbeiter, legaler oder illegalerweise, mit ihren Familien in ihren Gastländern blieben" (Klein-Beekman 1996: 451). Darüber hinaus sorgte der Niedergang der stabilen Normalfamilie, der zunehmende weibliche Anteil an der beschäftigten Bevölkerung und zunehmende Langzeitarbeitslosigkeit für eine weitere Destabilisierung des auf staatsbürgerlichen Rechten aufgebauten Wohlfahrtsstaates (Pringle 1995: 208).
- Das System politischer Repräsentation, das von Regierungsparteien, gemäßigten Gewerkschaften und Arbeitgeberverbänden konstituiert wurde, geriet ebenfalls in eine Krise. Dies äußerte sich in einer zunehmenden Wählerstimmenfluktuation, der „Politikverdrossenheit" und einer manchmal militanten Zurückweisung des fordistischen Kompromisses zwischen Kapital und Arbeit. Die „neuen sozialen Bewegungen" begannen, das industrielle Paradigma des Atlantischen Fordismus sowie das staatliche Prinzip keynesianischer Wohlfahrt in Frage zu stellen und kämpften statt dessen für alternative Formen politischer und wirtschaftlicher Organisation und eine antibürokratische, autonome und politisierte Zivilgesellschaft (vgl. Offe 1985; Hirsch/Roth 1985). Frauen- und *gay*-Bewegungen bildeten zusammen mit den Umwelt-, Anti-Atom- und Friedensbewegungen sowie den Studenten-, Einwanderer- und Mieterorganisationen den Kern dieser Kräfte.
- Schließlich verschob sich der Brennpunkt der hegemonialen Auseinandersetzung von der auf Prosperität und Wohlfahrtsrechten gerichteten Logik hin zu nationalistischen, populistischen und autoritären Diskursen oder/und zur kosmopolitischen, neoliberalen Forderung nach „mehr Markt, weniger Staat" in einer freien, offenen Wirtschaft. Die erstgenannten Diskurse zielen auf die Verteidigung nationaler Identitäten sowie der traditionellen Familie und der überkommenen Geschlechterver-

8 Ähnlich hängt die US-amerikanische Wirtschaft von mexikanischen und anderen ausländischen Arbeitskräften ab.

hältnisse. Obwohl der Neoliberalismus in ökonomischer Hinsicht kosmopolitisch sein mag, hatte der Angriff auf den Staat Folgen für die meist mehrheitlich weiblich Beschäftigten des öffentlichen Sektors sowie die öffentliche Wohlfahrt und vergrößerte den Druck auf die Frauen in ihrer Eigenschaft als „Pflegerinnen".

Diese Herausforderungen trugen zu einer Krise und tendenziellen Erosion des Keynesianischen Wohlfahrts-Nationalstaates in der Mitte der siebziger Jahre bei. Sie führten jedoch nicht zu seiner unmittelbaren Auflösung. Vielmehr beinhaltete die erste Antwort auf die Krise Anstrengungen, seine Merkmale zu verstärken und zu ergänzen. Zum Teil drückte sich dies darin aus, daß trotz zunehmender stagflationärer Tendenzen die Vollbeschäftigung gefördert und trotz der zugespitzten Finanzkrise wohlfahrtsstaatliche Verpflichtungen aufrechterhalten wurden. In anderen Fällen schlug sich die Krise hingegen in einer wachsenden Betonung von ökonomischer Austerität und sozialen Einschränkungen nieder, um die Inflation zu bremsen, die öffentlichen Ausgaben und die Haushaltsdefizite zu reduzieren. Welche dieser Tendenzen sich durchsetzten, hing von der staatlichen Gestaltungsfähigkeit und den gegebenen politischen Kräfteverhältnissen ab (vgl. Scharpf 1987; Keman u.a. 1987). Diese kontrastierenden Strategien betrafen Frauen unterschiedlich. Insbesondere die Austeritätsstrategien fügten ihnen schweren Schaden zu, weil sie nicht nur den Wohlfahrtsstaat unterminierten, sondern auch die zweifache Bürde der Frauen als Pflegerinnen und Arbeiterinnen intensivierten.

Sofern solche Maßnahmen die Bedingungen des Nachkriegswachstums nicht wiederherstellen konnten und die Krise nicht nur *innerhalb*, sondern *des* fordistischen KWNS in seiner Gesamtheit beschleunigten, verstärkten ökonomische und politische Kräfte gleichermaßen die Suche nach einer neuen Staatsform (oder Staatsformen), von der (denen) sie eine Lösung der vertieften Widersprüche und der Krise der atlantisch-fordistischen Akkumulation erwarteten, um das Staatssystem zu restabilisieren. Dieser Suchprozeß ist bis heute mit vielen Trial-and-Error-Experimenten sowie diversen Übergangsformen und politischen Maßnahmen verbunden. Dennoch, so die folgende Argumentation, zeichnet sich allmählich eine strukturelle Transformation und eine fundamentale strategische Reorientierung des kapitalistischen Staates ab, die eng mit der Reartikulation von räumlichen und funktionalen Grundlagen des Nationalstaates und der Ausrichtung von Staatsfunktionen an Schumpeterschen „Workfare"-Maßnahmen zusammenhängt.

1.3 Entwicklungstrends der Nationalstaaten

Diese Reorientierung und Reartikulation des KWNS spiegeln sich in drei Haupttrends wider: in der Entnationalisierung der Staatlichkeit, in der Entstaatlichung der politischen Regime und in der Internationalisierung der Politikregime. Es gibt auch wichtige Veränderungen im wirtschafts- und sozialpolitischen Bereich, die eng mit dem Schumpeterschen „Workfare"-Staat verbunden sind (siehe nächsten Abschnitt).

Erstens kann eine allgemeine Tendenz zur *Entnationalisierung der Staatlichkeit* festgestellt werden. Empirisch zeigt sich dies in einer „Aushöhlung" der staatlichen Apparate, im Zuge derer ihre Entscheidungsgewalt unter Einfluß verschiedener territorialer und funktionaler Institutionen auf den subnationalen, nationalen, supranationalen oder translokalen Ebenen reorganisiert wird. Zum einen führt dies zu einem teilweisen Verlust der formalrechtlichen Souveränität der Nationalstaaten, insbesondere wo Kompetenzen an supranationale Autoritäten abgegeben werden und deren Entscheidungen für die Staaten von verbindlichem Charakter sind. Dies ist insbesondere klar innerhalb der Europäischen Union (EU), kann jedoch auch im Falle der nordamerikanischen Freihandelszone (NAFTA) und anderer intergouvernementaler Blöcke beobachtet werden. Zum anderen kann eine Tendenz zur Dezentralisierung staatlicher Entscheidungsbefugnisse zugunsten untergeordneter Ebenen territorialer Organisation sowie zur Entwicklung grenzüberschreitender Zusammenarbeit zwischen lokalen/regionalen Behörden konstatiert werden. Entgegen diesen Trends ist der Nationalstaat jedoch nach wie vor der primäre Faktor sozialer Kohäsion in diesen Gesellschaften und spielt eine wichtige Rolle bei der sozialen Umverteilung.

In mehrfacher Hinsicht ist dieser strukturelle Trend mit einer Umgestaltung der geschlechtsspezifischen Verfaßtheit des Staates verknüpft. Dies hat zu tun mit neuen Formen von „Staatsfeminismus" (beispielsweise der Europäischen Union oder der Vereinten Nationen) und der vermehrten Beteiligung von Frauen auf der lokalen und regionalen Ebene. Nachdem Frauen normalerweise dazu tendieren, in kleinerem räumlichen Maßstab aktiv zu sein (vgl. Walby 1992), könnte die zunehmende Wichtigkeit von Stadt- und Regionalpolitik ihren politischen Einfluß erhöhen. Gleichzeitig verbessert dies ihre Zutrittschancen auf der nationalen Ebene und führt auch zur Schaffung einer institutionellen Basis für die Entwicklung internationaler sowie translokaler und grenzüberschreitender Feminismen. Dies impliziert jedoch weder eine allgemeine Transformation der Arbeitsteilung der Geschlechter innerhalb des Staates, noch wird die Unterscheidung zwischen öffentlich und privat nennenswert in Frage gestellt, die die Frauen und Frauenbewegungen an den Rand drängt. Politischer Erfolg ist immer noch sehr von stereotypen männlichen Qualitäten abhängig, die in Sitzungen ausgespielt werden und die räumlich und zeitlich Männern entgegenkommen (vgl. Peterson/Runyan 1993: 68). Mehrere Studien zeigen, daß die entstehende europäische Politik von starker geschlechtlicher Ungleichheit geprägt ist. Dies äußert sich in der Hierarchie der Staatsapparate auf EU-Ebene, der relativen Priorität, die „Frauenfragen" zugedacht wird, der Ungleichheiten im Zutritt zur europäischen Entscheidungsfindung sowie den Schwierigkeiten von Frauengruppen, europäische Netzwerke zu betreten (vgl. Hoskyns 1992; Sperling/Brotherton 1996). Auf der anderen Seite argumentiert Walby, daß gewisse EU-Maßnahmen, die „equal opportunities" zugunsten Frauen fordern, der neo-liberalen Regierung in Großbritannien aufgedrängt wurden (vgl. Walby 1996).

Die ab-, auf- und seitwärtsgerichteten Veränderungen der Organisation des Staates werfen einige interessante Fragen für eine Forschungsagenda zur Transformation der politischen Geschlechterregime auf. Marianne H. Marchand schreibt: „Beispielsweise ermöglicht eine kritische Analyse der Internationalisierung des Staates, Machtverschiebungen zwischen und innerhalb der bürokratischen Apparate sowie von den nationalen zu den regionalen Institutionen zu identifizieren sowie die (geschlechtsspezifischen) Auswirkungen der Abgabe von Macht an die lokale Ebene zu analysieren. Gleichzeitig wird uns ermöglicht, die (neuen) *loci* und Quellen der Macht auf dem Markt sowie in der Zivilgesellschaft, wie etwa in informellen Unternehmensnetzwerken, auszumachen. Auf der Basis einer solchen Analyse können wir darüber hinaus die Frage ansprechen, wie geschlechtsspezifisch die Ausübung von Macht ist, und in welchem Ausmaße Institutionen Träger von Geschlechtsunterschieden [*gender bearers*] sind" (vgl. Marchand 1996: 603, Übersetzung B. J.).

Der Nationalstaat bleibt ein wichtiges Verbindungsglied zwischen den verschiedenen Ebenen politischer Organisation. Selbst wenn auf anderen Ebenen vermehrte Gelegenheiten für die Beteiligung von Frauen und zur Verfolgung entsprechender Ziele bestehen, müssen diese immer noch vom Staat koordiniert werden.

Zweitens kann eine allgemeine strukturelle Tendenz zur *Entstaatlichung politischer Regime* festgestellt werden. Empirisch gesehen zeigt sich dies als der Wandel von *government* zu *governance*, was auf verschiedenen territorialen Ebenen ebenso wie in verschiedenen funktionalen Bereichen beobachtet werden kann. Regierungen (als Organisationen) haben sich natürlich immer anderer Apparate bedient, sei es um bei der Verwirklichung von Staatszielen unterstützt zu werden oder zur Projektion staatlicher Macht über die eigentliche Staatsbürokratie hinaus. Jedoch besteht die gegenwärtige Entwicklung in einer Neuordnung des Verhältnisses zwischen *government* („Regierung" als Steuerungsprinzip) und *governance* innerhalb des politischen Systems. Gleichzeitig kann die Entstehung von umfangreichen transterritorialen und internationalen Steuerungsmechanismen beobachtet werden, die auf den regionalen und lokalen Ebenen verankert sind.

Dieser zweite Trend kann nicht nur auf der internationalen und nationalen Ebene festgestellt werden, sondern liegt gleichzeitig der Restrukturierung von regionaler, lokaler und grenzüberschreitender politischer Steuerung zugrunde. Dies bedeutet, daß die Staaten selbst nicht mehr die *prime movers* sind, sondern eher als Partner, Vermittler und Schiedsrichter in öffentlich-private Konsortien oder Wachstumskoalitionen einbezogen werden. Deshalb kann sehr wohl behauptet werden, daß in Staaten tendenziell weniger „regiert" (*government*) und mehr „meta-gesteuert" (*meta-governance*) wird und daß gleichzeitig sich die Staaten zusammen mit anderen Akteuren an verschiedenen nicht-hierarchischen Steuerungsformen (*governance*) beteiligen.

Der Trend zum „Regieren als *meta-governance*" kann in diesem Zusammenhang als Gegentrend zum zweiten Trend, zum „Regieren als *governance*" begriffen werden. Meta- governance bedeutet, daß die Behörden auf der nationalen oder anderen Ebenen direkt und/oder indirekt die Selbstorganisation von interorganisatorischen Partnerschaften und Netzwerken organisieren. Dies kann mit Hilfe von *constitutional design* und anderen Maßnahmen bewerkstelligt werden, die eine relative Kompatibilität von verschiedenen Steuerungsmechanismen garantieren. Darüber hinaus verbleibt dem Staat die Rolle der letzten Instanz beim Auffangen der politischen Konsequenzen der Steuerung oder etwa von Marktversagen.

Diese Dynamik hat widersprüchliche Auswirkungen auf die Geschlechterverhältnisse. In der Wirtschaftspolitik wird vermutlich der männliche Einfluß noch verstärkt, nachdem die meisten Politiknetzwerke von Männern dominiert werden. In der Sozialpolitik könnten jedoch die Fraueninteressen einen besseren Stand bekommen, obwohl Sozialpolitik mehr und mehr dem wirtschaftlichen Imperativ untergeordnet wird. Sperling und Brotherton haben beim Studium der wachsenden Bedeutung von Netzwerken in der EU-Politik festgestellt, daß dieser Wandel von *government* zu *governance* Frauen vermehrt Gelegenheit bietet, politisch aktiv zu sein und feministische Politikziele zu formulieren. Sie argumentieren (zugegebenermaßen aus einer liberalen Perspektive), daß, obwohl die Frauen im EU-Politikregime relativ schwach vertreten sind, „es wahrscheinlich ist, daß auf die EU-Arena gerichtetes *networking* der Schlüssel zu einer vermehrten Ausnützung der Vorteile ist, die die EU für Frauen bietet" (Sperling/Brotherton 1996: 312).

Der dritte allgemeine Trend kann schließlich als *Internationalisierung der Politikregime* bezeichnet werden. Damit wird ausgedrückt, daß einerseits bei innenpolitischen Entscheidungen zunehmend der internationale Kontext von strategischer Bedeutung ist, und daß andererseits sich staatliche Politik zunehmend mit einer Reihe von extra-territorialen und transnationalen Prozessen befaßt. Dies führt dazu, daß die Grenze zwischen Innen- und Außenpolitik mehr und mehr verwischt wird und daß die territoriale Basis der Akteure, die entweder in die Entscheidungsfindung einbezogen sind oder deren Reaktionen als wichtig erachtet werden, sich räumlich ausdehnt. Beispielsweise ist Wirtschafts- und Sozialpolitik zunehmend an der „internationalen Wettbewerbsfähigkeit" in einem weiteren Sinne orientiert anstatt wie früher an der ausgewogenen Entwicklung der nationalen Binnenwirtschaft. Dies kann an der Entwicklung des Wohlfahrtsstaates abgelesen werden, dessen Ausrichtung sich von der „Keynesianischen" Wohlfahrt der Nachkriegsjahrzehnte abgewandt hat und sich im Kontext „postnationaler" und „multidimensionaler" Politikregime dem weniger staatszentrierten Konzept einer „Schumpeterschen" Leistungsorientierung (*workfare*) zuwendet. Diese Reorientierung kann an der Bedeutung abgelesen werden, die nun politischen Maßnahmen zur Innovationsförderung, der Entwicklung einer „Unternehmenskultur" und der Flexibilität des Arbeitsmarktes beigemessen wird. Gleichzeitig wird die Sozialpolitik zunehmend dem Imperativ des internationalen Wettbewerbs untergeordnet. Ein anderes Beispiel ist die Durchsetzung wirtschaftlicher Reformen in Lateinamerika, Afrika und Teilen Asiens unter der Aufsicht der Weltbank, des Internationalen Währungsfonds und anderer internationaler Organisationen, die eine neoliberale Weltanschauung vertreten. Es muß hinzugefügt werden, daß solche Restrukturierungspolitiken weniger „schumpeterianisch" als „ricardianisch" sind in ihrer Ausrichtung, denn sie legen das Hauptaugenmerk auf Lohnkosten, Wettbewerb, verschiedene Formen der Flexibilität und fiskalische Zurückhaltung zur Sicherung statischer Wettbewerbsfähigkeit. Gleichzeitig untergraben diese Politiken jedoch die Position der Frauen auf dem Arbeitsmarkt und in der Sozialpolitik und verstärken ihre Doppelbelastung als Arbeiterinnen und Pflegerinnen.

Diese Tendenz ist auf der nationalen Ebene sehr klar sichtbar, ist jedoch auch auf der lokalen Ebene bedeutsam. Die lokalen Behörden müssen nämlich in gleicher Weise auf den veränderten internationalen Kontext ihrer wirtschaftlichen Aktivitäten reagieren. Dies manifestiert sich etwa in Versuchen, Strategien „endogenen Wachstums" mit der Bemühung um Direktinvestitionen zu kombinieren oder Maßnahmen zur Exportförderung oder Importsubstitution. Natürlich führt der verschärfte Wettbewerb um Direktinvestitionen oder Ressourcen (*reskilling*) zu einer wachsenden intra- und internationalen Rivalität zwischen den einzelnen lokalen Ökonomien.

Ähnlich wie im Falle der beiden vorher besprochenen Trends, kann jedoch auch hier ein Gegentrend identifiziert werden. Er besteht in zwei Tendenzen: Einerseits sieht man eine zunehmende Internalisierung der internationalen Sachzwänge, und zwar vermittels ihrer Einbindung in die Paradigmata der Staatsintervention und kognitiven Denkformen der *policy-maker* (zur Internalisierung siehe Poulantzas 1975). Andererseits gibt es ein intensiveres Bestreben, insbesondere unter den mächtigeren Staaten, die Form sowie den Inhalt der internationalen Regime zu beeinflussen. Außerdem bleibt – ungeachtet einer globalisierten Weltwirtschaft und der Entstehung eines internationalen politischen Systems – der Nationalstaat weiterhin verantwortlich für die Bevölkerung sowie deren Bewegungen und Reproduktion. Beispielsweise gibt es noch keine europäische Staatsbürgerschaft, und die Nationalstaaten kontrollieren immer noch die Einwanderungspolitik, Staatsbürgerschaftsrechte und Asylrecht. In dieser Hinsicht ist der Rückzug des Staates weniger evident für die Frauen in ihrer Rolle bei der Reproduktion der Nation (und, nicht zu vergessen, als Arbeitskraft) als für die Männer. Dies verweist auf die geschlechtsspezifische Natur des Prozesses der Globalisierung.

1.4 Die Transformation des Wohlfahrtsstaates

Die Restrukturierung and Reorientierung der wirtschaftlichen und sozialen Funktionen des KWNS-Systems produziert ein neues Wohlfahrtsregime, das sich tendenziell in Richtung „Schumpetersches Workfare Regime" (SWR) hin verändert. Allgemein gesehen kann der Unterschied zwischen diesen beiden Politikregimen am besten anhand der entscheidenden ökonomischen und sozialen Funktionen erklärt werden, die sie in der Reproduktion der Bedingungen für die Kapitalakkumulation erfüllen. In diesem Sinne, abstrakt formuliert, erfüllt der KWNS über die allgemeinen Funktionen eines kapitalistischen Staates hinaus zwei weitere charakteristische Aufgaben. Erstens verfolgt er hinsichtlich des Kapitalkreislaufs eine makroökonomische Regulierungspolitik mit flankierenden Maßnahmen innerhalb einer relativ abgeschlossenen Volkswirtschaft in der Absicht, die Nachfrage an die Erfordernisse fordistischer Massenproduktion anzupassen, die von der vollen Ausnutzung ihrer relativ inflexiblen Produktionsanlagen und ihrer Skalenerträge abhängt. In dieser Weise stützt der KWNS nicht nur Arbeitsplätze (speziell für Männer), sondern auch die Rentabilität der fordistischen Konzerne. Zweitens versucht der KWNS bezüglich der Reproduktion der Arbeitskraft, die kollektive Aushandlung zu regulieren, die Normen des Massenkonsums über die im fordistischen Sektor Beschäftigten hinaus auf andere Arbeiter und Nichtbeschäftigte zu verallgemeinern, die Infrastruktur für die Massenproduktion bereitzustellen und Formen kollektiven Konsums zu fördern, die die fordistische Wachstumsdynamik unterstützen. Diese Staatsform tauchte in liberaler, dirigistischer oder korporatistischer Gestalt in vielen Nachkriegsökonomien auf (speziell in denen, die vom Fordismus dominiert wurden).

In gleichermaßen abstrakten Begriffen können die wirtschaftlichen and sozialen Funktionen des SWR folgendermaßen definiert werden: Die charakteristischen ökonomischen Funktionen des „Schumpeterschen Workfare-Regimes" bestehen darin, in offenen Ökonomien Produkt-, Prozeß-, Organisations- und Marktinnovationen zu fördern. Das Ziel ist dabei, die strukturelle Wettbewerbsfähigkeit der Volkswirtschaft durch Interventionen auf der Angebotsseite so weit wie möglich zu stärken und die Sozialpolitik den Bedürfnissen einer Arbeitsmarktflexibilität bzw. den Zwängen des internationalen Wettbewerbes unterzuordnen (vgl. Jessop 1993; Deacon/Hulse 1997). Insbesondere markiert das „Schumpetersche Workfare-Regime" einen deutlichen Bruch mit dem KWNS: (a) Die Priorität der Vollbeschäftigung trat hinter das Streben nach

internationaler Wettbewerbsfähigkeit zurück; (b) umverteilende wohlfahrtsstaatliche Rechte nehmen den zweiten Platz hinter einer produktivistischen Neuordnung der Sozialpolitik ein; und (c) die Hauptrolle des Nationalstaates relativierte sich angesichts der zunehmenden Bedeutung anderer Governance-Mechanismen. Auch diese Staatsform zeigt sich in unterschiedlichen Gestalten (neoliberal, neodirigistisch, neokorporatistisch) und scheint mit dem Entstehen des postfordistischen ökonomischen Regimes verbunden zu sein, das auf ständiger Innovation und flexibler Akkumulation basiert. Sie stellt eine Antwort auf die duale Krise des atlantisch-fordistischen Nachkriegsregimes dar, das dreißig „goldene Jahre" wirtschaftlicher Expansion hervorbrachte, sowie des damit eng verbundenen Keynesianischen Wohlfahrts-Nationalstaates. Nichtsdestoweniger bedeutet diese tendenzielle Entstehung des SWR einen stärkeren Einfluß der wirtschaftlichen Faktoren auf die Sozialpolitik.
Die geschlechtsspezifischen Aspekte dieser Transformation können nur erörtert werden, wenn das komplexe Ineinandergreifen zwischen dem vergeschlechtlichten KWNS, der allgemeinen Struktur nationaler politischer Regime bzw. integraler Staaten, der besonderen Position der Frauen in ihnen, der relativen Kraft der Frauenbewegung(en), der Konstruktion ihrer Interessen und ihre Koalitionsfähigkeit sowie den sich durchsetzenden Mustern der Globalisierung/Regionalisierung erfaßt wird. Es ist evident, daß Wohlfahrtsregime in unterschiedlicher Weise vergeschlechtlicht sind (vgl. Schunter-Kleeman 1992; Sainsbury 1994). Neuere Studien belegen auch, daß die unterschiedlichen Wohlfahrtsregime in Europa jeweils anders geschlechtlich restrukturiert werden (vgl. Borchorst 1994a). Selbst die angeblich so ähnlichen sozialdemokratischen Regime Skandinaviens weisen unterschiedliche Formen geschlechtlicher Restrukturierung auf (vgl. Sainsbury 1996).[9]

1.5 Die drei Tendenzen in der Zivilgesellschaft

Im folgenden möchte ich drei weitere Tendenzen kurz kommentieren, denen die gegenwärtige „Zivilgesellschaft" unterliegt. Erstens – ähnlich wie im Falle der Entnationalisierung von Staatlichkeit – können wir von einer Entnationalisierung der Zivilgesellschaft sprechen. Dies kann anhand von mindestens drei Reorganisationsprozessen nachvollzogen werden, die in folgender Form auftreten: als „Kosmopolitismus", als „tribalistische" (stammesähnliche) Gemeinschaftsformen, in denen primordiale Identitäten wiederentdeckt oder erfunden werden, die sich sowohl gegen den liberalen Individualismus als auch gegen „vorgestellte" nationale Gemeinschaften wenden, oder als (neue) soziale Bewegungen, die über nationale Grenzen hinweg operieren. Zusammengenommen rücken diese drei Trends alle Behauptungen über die Entstehung einer „globalen Zivilgesellschaft" ins rechte Licht, die meiner Meinung nach nicht mehr ist als der *am weitesten ausgedehnte Handlungshorizont*. Das im Zusammenhang mit der Entstehung der europäischen Staaten verwendete bürgerliche Konzept der „Zivilgesellschaft" ist nämlich wenig hilfreich bei der Analyse der Auswirkungen der Globalisierung auf die „Lebenswelt". Darüber hinaus ist es schwer vorstellbar, wie angesichts

9 Zu den unterschiedlichen Aspekten geschlechtlicher Restrukturierung des Wohlfahrtsstaates vgl. Sainsbury (1996), Lewis (1992) und Duncan (1996).

einer fehlenden (kosmopolitischen oder „postnationalen") globalen demokratischen Ordnung die globale Zivilgesellschaft als institutionalisierte Gegenbewegung zu einem „Staat" (insbesondere einem „Weltstaat") gedacht werden könnte (vgl. Held 1995). Ungeachtet der Tatsache, daß der Kosmopolitismus durchaus als Basis universeller Menschenrechte und eines internationalen Feminismus dienen kann, können die übrigen Bewegungen („Tribalismus" in Form ethnischer Nationalismen, Rassismus, religiöser Fundamentalismus) die Absicht verfolgen, die Frauen in die Familie zurückzubringen und ihre Rolle als Mütter wiederzubestätigen. Sowohl der Kosmopolitismus als auch der „Tribalismus" können als unterschiedliche Reaktionen auf die Globalisierung betrachtet werden.
Dennoch gibt es einige Anzeichen für eine Mobilisierung von Feministinnen auf einer globalen Ebene und der Entwicklung von internationalen Feminismen. Eines der beeindruckendsten Beispiele war die

„beispiellose Mobilisierung bei der Vorbereitung der Peking-Konferenz. Zum ersten Mal, zumindest in einem solchen Maßstab, waren neben den städtischen Aktivistinnen und Intellektuellen Zehntausende von Frauen, die bisher kaum über ihre eigenen Gemeinschaften hinaus tätig geworden waren, in die Vorbereitungen einbezogen worden. Die Stimmen dieser Frauen 'vom Rande' formten sowohl die unabhängigen offiziellen nationalen Aktionsprogramme als auch die alternative Agenda der Nicht-Regierungsorganisationen (*NGOs*) und der neuen sozialen Bewegungen in Peking. In vielen Ländern wurden die offiziellen Regierungsbeiträge für Peking von den Frauen kritisiert. In den allermeisten Fällen hatte dies nicht nur Auswirkungen auf den Inhalt und die Absicht der offiziellen Papiere; darüber hinaus führte diese Mobilisierung zu einer wachsenden Kritik und der Entwicklung von Alternativen gegenüber den herrschenden wirtschaftlichen, religiösen, kulturellen und politischen Institutionen und Prozessen sowie deren Konsequenzen für die Familien, Gemeinschaften, Gebiete, Länder und Regionen, in denen diese Frauen lebten" (Kothari 1996: 12f., Übersetzung B. J.).

Zweitens kann eine Wandlung der Prinzipien und Praktiken einer als (residuale) gesellschaftliche Sphäre aufgefaßten Zivilgesellschaft beobachtet werden. Zum Teil ist dies eine Folge der Krise des KWNS, der marktgetriebenen und/oder staatlich unterstützten Kommodifizierung der Zivilgesellschaft als auch der neuen öffentlich-privaten Steuerungsformen.[10] Unter den angedeuteten Veränderungen sind zu nennen: die Ablehnung eines Klassenegalitarismus und Umverteilungspolitiken; eine erhöhte Sensibilität für individuelle Ermächtigung (*empowerment* – im Sinne eines lebenslangen Zugangs zu verschiedenen institutionellen Systemen, also etwa in Form von Beschäftigungssicherheit, Zugang zu rechtlichen Dienstleistungen, lebenslanger Ausbildung in einer „lernenden" Gesellschaft, Subsidiarität im politischen System, freier Zugang zur wissenschaftlichen Abschätzung von Risiken usw.); die wachsende Bedeutung von „Identitätspolitik" (mit Unterstreichung von Respekt, Authentizität und Autonomie); die Ausdehnung des „Dritten Sektors" außerhalb von Markt und staatlicher Bürokratie. Obwohl nationale Staatsbürgerschaft in vielen etablierten Nationalstaaten immer noch als überaus wichtig betrachtet wird, kann drittens festgestellt werden, daß (transnationalen) Menschenrechten zunehmende Bedeutung zukommt. Diese Rechte betreffen Nicht-Staatsbürger wie Staatsbürger und können auch gegen den Widerstand betrof-

10 Es sei angemerkt, daß diese drei Tendenzen lediglich die mir am wichtigsten erscheinenden, jedoch nicht die einzigen Kausalkräfte hinter der Transformation der genannten Prinzipien und Praktiken sind.

fener Staaten angerufen werden. Die Entwicklung der Menschenrechte ist zum einen mit der Globalisierung der rechtlichen, wirtschaftlichen und politischen Systeme verknüpft, zum anderen jedoch reflektiert dies die Entstehung einer kosmopolitischen „öffentlichen Sphäre", in der liberale Prinzipien über nationale Grenzen hinweg gelten und die deshalb die Basis der nationalen Staatsbürgerschaft untergraben. Es gibt auch einige Anzeichen, daß die Staatsbürgerschaft eine „postnationale" Form annimmt: „(E)ine postnationale Staatsbürgerschaft gibt jeder Person das Recht und die Pflicht, an den Autoritätsstrukturen und dem öffentlichen Leben eines politischen Systems teilzunehmen, und zwar unabhängig von den historischen oder kulturellen Bindungen dieser Gemeinschaft" (Soysal 1994: 3). Göran Therborn zeigt im übrigen, daß in Westeuropa eine Abnahme des Nationalismus zu verzeichnen ist (vgl. Therborn 1995: 282).
Die Entnationalisierung der Zivilgesellschaft sollte nicht überschätzt werden, hieße dies doch, die verbleibende Bedeutung des Nationalstaates als Brennpunkt politischer Loyalitäten zu verkennen, insbesondere hinsichtlich der unveränderten Erwartung, daß er weiterhin für die Sicherung der sozialen Kohäsion innerhalb seiner territorialen Grenzen zuständig ist. Das Weiterbestehen nationaler Identitäten ist zum Teil dafür verantwortlich, daß sich bisher kein dem Nationalstaat vergleichbarer supranationaler Staat herausbilden konnte. Nicht umsonst versucht man sich in Europa an der Entwicklung einer europäischen Identität, einhergehend mit einer Europäisierung auch nicht-ökonomischer institutioneller Systeme wie z.B. die Ausbildung, die Wissenschaft, das Gesundheitswesen und das Recht. Dies ist freilich ein schwieriges Unterfangen, da dem sowohl die überlebenden Nationalgefühle als auch der Trend zur Globalisierung und kosmopolitische Überzeugungen entgegenwirken.
Ebenso kann die wachsende Bedeutung von „Identitätspolitik" nicht darüber hinwegtäuschen, daß Klassenunterschiede weiterhin bestehen und daß durch den Weiterbestand des Kapitalverhältnisses diese Unterschiede immer wieder reproduziert werden. Die Dynamik der Kapitalakkumulation hängt von den Gelegenheiten zur Erzielung von Profit im weiteren gesellschaftlichen Umfeld ab: In diesem Sinne ist „Identitätspolitik" nichts anderes als eine Gelegenheit für das Kapital, neue Verbrauchermärkte zu schaffen, auch wenn die wirtschaftliche Polarisierung global gesehen weiter zunimmt. Sogar die Ermächtigung von Individuen (*empowerment*) kann im Interesse einer verbesserten Aneignung von Arbeit von der Kapitalseite instrumentalisiert werden. Darüber hinaus konterkariert eine Tendenz zur Re-Kommodifizierung die Versuche, alle Bürger vollständig in die entsprechenden institutionellen Systeme einzubeziehen.
Es ist vermutlich schwieriger, die Bedeutung der Menschenrechte auf Kosten der nationalen Staatsbürgerrechte und -pflichten zu überschätzen. Abgesehen von der Tatsache, daß die Menschenrechte in vielen Staaten verletzt werden (wie vor allem von Amnesty International berichtet wird), sind die Menschenrechte immer noch sehr politisiert und werden von einzelnen Staaten ge- und mißbraucht zur Erzielung wirtschaftlicher und politischer Vorteile. In diesem Sinne ist die Verbreitung der Menschenrechte von seiten der transnationalen sozialen Bewegungen und einigen Rechtsexperten in ihrer Auswirkung als eher sekundär einzustufen und noch keineswegs ein unumstrittenes Merkmal der politischen und gesellschaftlichen Ordnung.

2. Globalisierung

„Globalisierung" ist ein Modewort zur Interpretation einer Reihe von Vorgängen in der modernen Welt. Leider ist diese *catch all*-Qualität dafür verantwortlich, daß eher mehr Verwirrung als Klarheit geschaffen wird. Trotz (oder vielleicht wegen) dieses irreführenden oder gar mystischen Einschlages, können Globalisierungsdiskurse sehr effektiv dafür eingesetzt werden, um wirtschaftliche, politische und soziale Umwälzungen zu naturalisieren oder zu legitimieren. Nicht umsonst, wie Poulantzas argumentierte, verdeckt die Ideologie der Globalisierung die Existenz der imperialistischen Kette sowie die Rolle der ungleichen Entwicklung im Akkumulationsprozeß (vgl. Poulantzas 1975: 49, 78). Das Geschlechterverhältnis ist hier von Bedeutung, weil es sowohl die Formen und die Dynamik globaler Veränderungen als auch die Reaktionen darauf mitformt und dabei hilft, diese ungleiche Entwicklung zu (trans)formieren. In diesem Abschnitt wird primär die Globalisierung der Wirtschaft diskutiert.

Eine brauchbare Definition von „Globalisierung" kann sich entweder auf die strukturelle oder die strategische Dimension beziehen. Strukturell gesehen bezieht sich „Globalisierung" auf die Prozesse, durch die eine wachsende Interdependenz zwischen Handlungen, Organisationen und Institutionen innerhalb der (und nicht notwendigerweise zwischen ihnen) funktionalen Subsysteme (Wirtschaft, Recht, Politik, Bildung, Wissenschaft, Sport usw.) hergestellt wird. In diesem Sinne beschleunigt Globalisierung die räumliche Ausdehnung von einander zugeordneten Aktivitäten und vergrößert ihren zeitlichen Ablauf. Globalisierung resultiert deshalb sowohl in einer „Raum-Zeit-Ausdehnung" (mit der Folge einer raum-zeitlichen Expansion sozialer Verhältnisse) als auch in einer „Raum-Zeit-Kompression", die als Intensivierung von „diskreten" Ereignissen in Echtzeit erlebt wird und die Geschwindigkeit von materiellen und immateriellen Strömen über gegebene Distanzen erhöht. Globale Interdependenz ist die Konsequenz des Zusammenwirkens verschiedener Prozesse auf verschiedenen räumlichen Ebenen und operiert unterschiedlich in den einzelnen Subsystemen. Statt von einer einfachen linearen Abwärts- oder Aufwärtsbewegung ist diese Interdependenz von komplexen und verschachtelten Hierarchien (*tangled hierarchies*) gekennzeichnet und weist oft eine exzentrische (*nested*) Verschachtelung verschiedener Ebenen der gesellschaftlichen Ordnung auf. In einem solchen Prozeß ist das Auftreten von räumlichen und zeitlichen Ungleichheiten sehr wahrscheinlich.

Von einer strategischen Perspektive bezieht sich Globalisierung auf die Versuche von Akteuren, ihre Aktivitäten innerhalb (und nicht notwendigerweise zwischen ihnen) funktionaler Subsysteme auf einer globalen Ebene zu koordinieren. Die auftretenden Koordinationsformen bzw. die *governance*-Formen im weiteren Sinne können sehr unterschiedlich sein. Dieses wird deutlich aus einem Vergleich zwischen der marktorientierten Globalisierung der Weltbank, der horizontalen *global governance* der Verfechter internationaler Regime (insbesondere der NGOs) und der Pläne für eine mehr hierarchische zwischenstaatliche globale Regierung. Es ist überflüssig zu bemerken, daß keinem der Globalisierungprojekte und -strategien der Erfolg garantiert ist.

Aus dieser Perspektive wird deutlich, daß alles, was normalerweise unter dem Begriff „wirtschaftliche Globalisierung" zusammengefaßt wird, keineswegs zur Gänze strukturell integriert ist und strategisch koordiniert wird. Unter den verschiedenen Prozessen, die üblicherweise unter dieser Rubrik zusammengeworfen werden, seien nur einige genannt: (a) die Internationalisierung von wirtschaftlichen Räumen durch die zunehmenden Volumina der ein- und auswärts gerichteten Ströme; (b) die Tendenz der „lokalen Internationalisierung" durch wirtschaftliche Kooperation von lokalen und regionalen Behörden in verschiedenen Ländern; (c) die verstärkte Multinationalisierung der multinationalen Firmen und Banken, im Zuge derer sich beschränkte Auslandstransaktionen zu umfassenden, weltweiten Strategien intensivieren; im Zuge dieser sogenannten „globalen Lokalisierung" perfektionieren diese Firmen die Strategien zur effizienten Ausnutzung lokaler Unterschiede; (d) eine effektive Globalisierung durch die Einführung und Anerkennung globaler Standards und Normen sowie die Entstehung global integrierter Märkte und entsprechender Strategien und „entwurzelter" Firmen ohne jede offensichtliche nationale Operationsbasis. Alle diese Prozesse tragen vermittelt und indirekt zur strukturellen Integration und strategischen Koordinierung des wirtschaftlichen Systems auf einer globalen Ebene bei.

Auf jeden Fall jedoch realisiert sich dies lediglich als fragmentierte und uneinheitliche Tendenz, und es kann keineswegs von der Herausbildung einer homogenen und gleichgewichtigen globalisierten Weltwirtschaft gesprochen werden. Statt dessen passiert das Gegenteil: Globalisierung bedeutet nicht Entstehung eines homogenen wirtschaftlichen Raumes, sondern Neuordnung der Unterschiede und Komplementaritäten auf verschiedenen wirtschafts-räumlichen Ebenen auf der Grundlage von dynamischen Wettbewerbsvorteilen. Der Gebrauch dieses Begriffs impliziert natürlich nicht, daß jeder Raum wirtschaftlicher Aktivität strukturelle oder „systemische" Wettbewerbsfähigkeit erlangen kann.

Wirtschaftliche Globalisierung ist paradoxerweise verknüpft mit einer Neubewertung der Rolle des „Regionalen" und des „Städtischen" in der Wirtschaft und staatlicher Intervention (vgl. Hübner 1996). Dies ist zurückzuführen auf die Relativierung der räumlichen Maßstäbe („relativization of scale")[11] in der Folge der Entwicklung der Weltwirtschaft. Dies wird aus der folgenden Überlegung klar: In den sogenannten „Goldenen Dreißigern", der Jahre der Nachkriegsprosperität insbesondere im Bereich des Atlantischen Fordismus, dominierte die nationale Ebene wirtschaftlicher Organisation. Nationale Ökonomien waren das privilegierte Objekt wirtschaftspolitischer Intervention. Die internationalen Organisationen wurden geschaffen, um die europäischen Nationalstaaten wiederzubeleben und nationales Wirtschaftswachstum zu sichern, während die subnationalen (regionalen und lokalen) Einheiten im wesentlichen nationale Politiken umzusetzen hatten. In der Folge der Internationalisierung und Globalisierung[12] wurde diese unhinterfragte Dominanz der krisenhaften und als immer weniger steuerbar betrachteten nationalen Wirtschaftsräume in Frage gestellt. Dies führte einerseits zur Forderung nach supranationaler wirtschaftlicher Koordinierung und Regulierung und anderseits zu einer potentiellen Profilierung der regionalen und städtischen Wirtschaftsräume innerhalb der nationalen Ökonomien. Die Krise der nationalen Ökonomien hat deshalb nicht zur Entstehung einer neuen (globalen oder nicht-globalen) dominierenden wirtschaftlichen Ebene geführt, um die herum die

---

11 Ich beziehe mich hier auf den von Chris Collinge vorgeschlagenen Begriff der „relativization of scale" (vgl. Collinge 1996).

12 Ich beziehe mich hier auf die zwar etwas künstliche, jedoch nützliche idealtypische Unterscheidung von Hirst und Thompson zwischen der internationalen und der globalen Wirtschaft (vgl. Hirst/Thompson 1996).

restlichen Ebenen organisiert sind zur Erzielung eines gewissen Maßes von „struktureller Kohärenz". Statt dessen ist die neue Konfiguration in größerem Ausmaß von unstrukturierter Komplexität geprägt, da sich die vielen strukturell konsolidierten und/oder strategisch gesteuerten wirtschaftlichen Ebenen in einem Wettbewerb wirtschaftspolitischer Intervention sowie wirtschaftlicher Steuerung und Regulierung befinden.

Nachdem Globalisierung eine Resultante verschiedenster Ursachen und nicht ein eigenständiger kausaler Prozeß ist, ist es irreführend, Ereignisse und Phänomene als Folge der „Globalisierung" zu erklären. Trotzdem kann das Konzept helfen, die aktuellen Veränderungen in der räumlichen Ausdehnung von wirtschaftlichen (und anderen) Institutionen, Organisationen und Strategien zu positionieren und zu interpretieren. Wie gesehen, wird die Globalisierung von strukturellen Trends und expliziten Strategien befördert, die auf anderen als der globalen räumlichen Ebene angesiedelt sind. Diese letzteren sind jedoch auch die Räume, in denen Gegentendenzen und Widerstände gegen die Auswirkungen der Globalisierung angesiedelt sind. Dies kann anhand der mannigfaltigen Entwicklungen in Form von „Lokalismus", „Tribalismus", grenzüberschreitendem Regionalismus, „virtuellen Regionen", Makro-Regionalismus, „Glokalisierung" und internationaler Lokalisierung augenfällig illustriert werden.

Die Relativierung bzw. Rekonfiguration der räumlichen Maßstäbe hat mehrere Folgen für die Behauptungen zur Entstehung einer „globalen Wirtschaft". Wie fortgeschritten die Globalisierung im strukturellen oder strategischen Sinne auch sein mag (eine übrigens immer noch umstrittene Tatsache), kaum jemand würde darauf bestehen, daß die globale Wirtschaft nun der vorherrschende Wirtschaftsraum sei (Es sind im wesentlichen Neoliberale, die davon überzeugt sind, daß es so sein *soll*). Auf jeden Fall wäre es ein Fehler, eine einzige Weltwirtschaft wahrzunehmen, statt einer Menge von widersprüchlichen Tendenzen und Projekten, die wirtschaftliches Handeln in einem solchen System bestimmen. In diesem Sinne ist es vorteilhafter, „Globalisierung" als inklusiven *strukturellen Kontext* zu interpretieren, in dem Prozesse auf anderen räumlichen Ebenen identifiziert und zueinander in Beziehung gesetzt werden können, bzw. als größtmöglichen und am weitesten ausgedehnten *Handlungshorizont*, gegen den Akkumulationsstrategien und wirtschaftliche Projekte projiziert werden können. Normalerweise ist es jedoch nicht angebracht, sich auf eine undifferenzierte globale Wirtschaft zu konzentrieren als vielmehr auf die sich verändernde globale wirtschaftliche Hierarchie. In der Tat ist diese zur Zeit in einer Veränderung begriffen, die zur Bildung dreier supranationaler Wachstumspole führt und bedeutende Teile des Globus ausschließt. Diese Pole sind auf die jeweilige regionale Hegemonie der USA, Japans und Deutschlands sowie den damit zusammenhängenden Strategien supranationaler wirtschaftlicher Integration (NAFTA, EU, diverse Formen der Asien-Pazifik-Zusammenarbeit) gegründet. Die materielle Basis für diese Entwicklung existiert bereits und zwar in Form wachsender Handelsvolumina (sichtbar insbesondere innerhalb der EU) und/oder einer weiteren Vertiefung der Arbeitsteilung innerhalb der einzelnen Blöcke.

Die Dialektik der Globalisierung/Regionalisierung hat auch eine zweite Seite, nämlich die objektiven Schranken und der subjektive Widerstand, die die Durchkommodifizierung und Durchkapitalisierung aller sozialen Verhältnisse in der Welt bremsen bzw. blocken. Wie Altvater und Mahnkopf schreiben: „Globalität wäre, wie die Modernität, ein Zustand, der in der dynamischen Weltgesellschaft schwer vorstellbar ist. Und daraus ergibt sich das Problem, daß sich mit der Wirtschaft auch alles andere globalisiert, und auch das, was gar nicht in der kapitalistischen Form globalisierbar ist. ... Die endlose und unbegrenzte Globalisierung ist also gar nicht schrankenlos. Von der Globalisierung ist daher der Zustand der Globalität zu unterscheiden. Dieser ist nicht zu erreichen, da die Globalisierung des Kapitals unvermeidlich über die Stränge schlägt und dabei alle sozialen, historisch gewachsenen Maße von Zeiten und Räumen durch Beschleunigung und Expansion mißachtet" (Altvater/Mahnkopf 1996: 13, 15).

3. Globalisierung und Geschlechterverhältnisse

Globalisierung vollzieht sich auf einem geschlechtsspezifischen Terrain und hat unterschiedliche geschlechtsspezifische Konsequenzen innerhalb der einzelnen sozialen Räume der globalen Ordnung. Globalisierung erzeugt sowohl Konvergenzen wie auch neue Ungleichheiten. Dabei ist das Terrain der entwickelten kapitalistischen Wirtschaften des „Nordens" ein anderes als das der Wirtschaften im „Süden", und beide erleben die Globalisierung unterschiedlich. Wie Jenson bemerkt, ist die Globalisierung im Norden von struktureller Anpassung im Süden begleitet (vgl. Jenson 1996: 4). Gleichzeitig läßt sich eine klare gegenseitige Abhängigkeit zwischen den Globalisierungsprozessen in beiden wirtschaftlichen Hemisphären feststellen, die in einer Transformation der internationalen Arbeitsteilung reflektiert wird. Wie Chang und Ling feststellen, herrscht in diesem Zusammenhang ein starker Kontrast zwischen der westlichen, industrialisierten, „kosmopolitischen" und der nicht-westlichen, nicht-industrialisierten und „parochialen" Globalisierung. Während sich erstere auf die vermännlichte globale Welt in Finanz, Produktion und Hochtechnologie bezieht, ist die letztere die „verweiblichte" Welt der von sexistischer und rassistischer Diskriminierung gekennzeichneten Dienstleistungen (vgl. Chang/Ling 1996). Dies schließt nicht aus, daß bestimmte Formen von geschlechtsspezifischer patriarchaler Globalisierung auch die Frauen im Norden betreffen können. Mies etwa zeigt, wie Frauen im Norden von der Konsumindustrie zunehmend als Hausfrauen angesprochen werden, um Produkte abzusetzen, die von unsichtbaren Arbeiterinnen im Süden hergestellt werden (vgl. Mies 1986: 142; Mies u.a. 1988; Connelly 1996).
Die spezifisch männlichen Formen der westlichen wirtschaftlichen Globalisierung wurden auch von männlichen Theoretikern wie Connell (1995) und Hearn (1996) vermerkt. Connell schreibt, daß „angesichts der Tatsache, daß die Akteure der globalen Herrschaft hauptsächlich Männer sind ... die historische Analyse der Männlichkeit eines der Leitthemen in unserem Verständnis der gegenwärtigen Weltordnung sein muß" (Connell 1993: 606). Wie Jeff Hearn anmerkt, „kann Globalisierung die Entstehung neuer Machtzentren, neuer Herrschaftsformen und neuer sozialer Kategorien von Männern fördern, wie etwa beispielsweise derjenigen Männer, die die internationale Finanzwelt kontrollieren" (Hearn 1996: 618). Genauere Analysen könnten auch erläutern, wie sich diese allgemeinen patriarchalen Tendenzen der westlichen Globalisierung mit spezifischen lokalen traditionellen Formen des Patriarchats verbinden (vgl. Adler/Ling 1997). Dessen ungeachtet befassen sich die meisten Beiträge zum Thema Globalisierung und Geschlechterverhältnisse, die mir vertraut sind, mit den

Auswirkungen der wirtschaftlichen Globalisierung auf Frauen in der sogenannten „Dritten Welt".

Diese Beiträge beschäftigen sich mit unterschiedlichen Aspekten. Manche Studien analysieren die geschlechtsspezifische Verfaßtheit der strukturellen Trends, die mit der Globalisierung einhergehen (also etwa Prozesse sozialer Inklusion oder Exklusion, Ausbeutung und Marginalisierung). Andere beschäftigen sich mit der geschlechtlichen Ungleichheit innerhalb der neuen institutionellen Formen (wie etwa des institutionalisierten Patriarchats in den wirtschaftlichen und politischen Makro-Strukturen ebenso wie der Veränderung der Mikro-Strukturen der Familie) oder dem Ausmaß, in dem Frauen unsichtbar in einen geschlechtsblinden Prozeß eingebunden sind oder absichtlich als Opfer stilisiert werden (oder weniger oft auch als führende oder beigeordnete Kräfte in lokalen Entwicklungsprojekten). Schließlich widmen sich einige andere Arbeiten den geschlechterbezogenen Reaktionen auf die Globalisierung. Während die ersten beiden Aspekte mehr darum bemüht sind, Frauen *sichtbar* zu machen und gelegentlich bzw. zusätzlich auf die hegemonialen und untergeordneten Formen der Männlichkeit im Zuge des Globalisierungsprozesses eingehen, ist mit dem dritten Aspekt mehr die Absicht verbunden, Möglichkeiten aufzuzeigen, wie diese strukturellen und strategischen Ungleichheiten angegangen werden können. In diesem letzten Aspekt verbirgt sich die Idee, „global zu denken und lokal zu handeln" als eine Denkweise des internationalen Feminismus bzw. des feministischen Internationalismus.

Konsens herrscht darüber, daß die Auswirkungen der globalen Restrukturierung im allgemeinen sowohl für Frauen im Norden als auch im Süden negativ sind. Dies kann etwa an den Konsequenzen für die Arbeitsmarktsituation von Frauen nachvollzogen werden, die sich in längeren Arbeitszeiten, schlechteren Arbeitsbedingungen, dem wachsenden Anteil der privaten und informellen Sektoren, einem sich verschlechternden Lebensstandard im Norden und einem Lohndruck im Süden bis unter die Armutsgrenze niederschlagen. Ähnliche Folgen ergeben sich in der Ausbildung, im Gesundheitswesen und bezüglich der Wohlfahrtsleistungen, die Frauen als Anspruchsberechtigte, Arbeiterinnen und informelle Pflegerinnen betreffen. Nicht unerwähnt bleiben soll außerdem die tendenzielle Feminisierung von Armut, die sich in schlechter Ernährung und Gesundheit sowie in wirtschaftlicher Unsicherheit niederschlägt. Insbesondere im Süden haben sich strukturelle Reformpolitiken als fatal erwiesen. So wird beispielsweise die Produktion nicht-kommerzieller Güter, etwa in Form von Nahrungsmitteln für den Eigengebrauch, häufig vom Anbau exportfähiger landwirtschaftlicher Produkte (*cash-crops*) verdrängt. Zudem wurden in vielen Fällen die öffentlichen Ausgaben für Gesundheit und Bildung, soziale Dienstleistungen sowie den öffentlichen Verkehr und die Versorgung mit Hauptnahrungsmitteln gekürzt.

Gleichzeitig wird zunehmend darauf verwiesen, daß nicht alle Frauen in gleicher Weise von diesen Prozessen betroffen sind. Dies ist deshalb der Fall, weil „mehrfache Verhältnisse von Herrschaft und Unterordnung – aufgrund von Alter, Rasse, ethnischer Zugehörigkeit, Nationalität, sexueller Orientierung – dialektisch mit den Klassen- und Geschlechterverhältnisse interagieren" (Beneria/Roldan 1987: 10).

4. Abschließende Bemerkungen

Es gibt bereits eine Reihe von Vorschlägen zur Entwicklung einer feministischen Forschungsagenda zur Analyse des Staates, der internationalen Beziehungen und der Globalisierung. Sie befassen sich typischerweise mit der Unterdrückung und Ausbeutung von Frauen und unterstreichen insbesondere aus einer feministischen Perspektive die entscheidende Bedeutung dieser Themen zur *Sichtbarmachung* von Frauen. Angesichts der Menge an existierenden Ratschlägen für TheoretikerInnen und AktivistInnen ist es nicht meine Absicht, diese Liste zu ergänzen, bloß um etwas Neues sagen zu können. Trotzdem bleibt ein Problem: Es ist bisher noch nicht gelungen, die komplexe Natur der drei in Frage stehenden theoretischen Objekte (Staat, Globalisierung, Geschlecht) in einer Weise zu erklären, die ihre eigentliche Interdependenz in Rechnung stellt. Üblicherweise wird lediglich jeweils eines dieser Themen mit der nötigen Sorgfalt angegangen, während die beiden übrigen in relativ einfachen Begriffen abgehandelt werden. Wie die LeserInnen bemerkt haben werden, ist mein eigener Abriß der Transformation des KWNS im Zeitalter der Globalisierung und der Implikationen für die Geschlechterverhältnisse davon nicht ausgenommen: Die Analyse des KWNS und des SWR ist zugegebenermaßen präziser als die Untersuchung ihrer geschlechtsspezifischen Auswirkungen; und darüber hinaus bin ich kaum auf den Zusammenhang zwischen den komplexen Vorgängen der Globalisierung und dem Übergang zu den Schumpeterschen Workfare-Regimen eingegangen. Ähnliche Vorgangsweisen finden sich jedoch nicht bloß in anderen Beiträgen zu Staat und Globalisierung, sondern auch auf dem Gebiet der Geschlechterstudien. Vor diesem Hintergrund sollen meine abschließenden Bemerkungen einige *best practice*-Kriterien formulieren und deren Implikationen für zukünftige Forschungsarbeiten ansprechen.

Zum ersten hat die feministische Forschung schon lange die anfängliche Haltung aufgegeben, Frauen unabhängig von Klasse, ethnischer Zugehörigkeit, Kinderanzahl (*reproductive status*), Rasse, sexueller Orientierung, Alter oder Lebensraum (Stadt/ Land) als homogene Gruppe zu betrachten. Sowohl in Politik als auch in der Theorie ist man zunehmend bemüht, eine Universalisierung der Interessen, Bedürfnisse und Perspektiven von Frauen zu vermeiden. Angesichts der (postmodernen?) Zelebrierung der Unterschiede wird auch die Frage aufgeworfen, ob es überhaupt eine Basis für die Einheit der Frauenbewegung geben kann bzw. ob „Geschlecht" als primäre Grundlage zur Mobilisierung spezifischer Interessen und Forderungen dient oder dienen kann (vgl. Ebert 1996). Es wird weitgehend anerkannt, daß Unterschiede bestehen und daß Unterschiede einen Unterschied innerhalb der Geschlechterregime und Geschlechterordnungen machen. Dies sollte jedoch in dem Sinne weitergedacht werden, daß auch zwischen Männern bedeutsame Unterschiede bestehen. Deshalb sollte sich die Analyse sowohl mit den Unterschieden zwischen Frauen als auch zwischen Männern befassen, ebenso wie mit der Komplexität biologischer Männlichkeit (*maleness*) und Weiblichkeit (*femaleness*) sowie den verschiedenen Formen von sozial konstituierter „Männlichkeit" (*masculinity*) und „Weiblichkeit" (*femininity*) und nicht zuletzt mit der Vielfalt existierender sexueller Orientierungen. In diesem Sinn sollte die Geschlechterforschung nicht bei feministischen Themen stehenbleiben, sondern die Analyse von Männlichkeiten sowie manche Ergebnisse der *queer theory* mit einbeziehen. Dies würde dazu beitragen, daß die in die institutionalisierte Materialität des Staates eingeschriebenen strukturellen Ungleichheiten klarer wahrgenommen werden können, ebenso wie die Konsequenzen für die Formulierung geschlechterorientierter Strategien. Darüber hinaus würde eine solche erweiterte Sichtweise dazu beitragen, die unterschiedlichen Einflüsse und Auswirkungen der Globalisierung auf Geschlechterregime und Geschlechterordnungen aufzudecken.

Zum zweiten: Sobald die Wichtigkeit der Unterschiede innerhalb der Geschlechterverhältnisse (für Frauen und Männer) anerkannt werden, muß dies in gleicher Weise für die Unterschiede innerhalb der Organisation des Staates, der politischen Regime und Entscheidungsprozesse gelten. Nur vor dem Hintergrund dieser Einsicht kann daran gegangen werden, die komplexen und vielfältigen Artikulationen von Politik und Geschlechterverhältnissen zu erforschen. Leider neigen Untersuchungen des Staates dazu – und dies betrifft bei weitem nicht nur feministische TheoretikerInnen und AktivistInnen – den Charakter des Staates als *soziales Verhältnis* zu verkennen.[13] Ausführliche und ernstzunehmende feministische Beiträge haben den Begriff des Patriarchats bereits dekonstruiert und unterstreichen die vielfältigen Dimensionen, Bereiche und Effekte unterschiedlich gestalteter Geschlechterverhältnisse. Jedoch ist der Staat keineswegs bloß ein zusätzlicher sozialer Bereich, in dem das Patriarchat eingebettet ist und laufend reproduziert wird.

Eine solche Sichtweise ist etwa in den Argumenten von Judith Allen verkörpert. Die Feministinnen hätten keine Staatstheorie entwickelt und benötigten auch keine solche. Statt dessen hätten sie eine „Theorie 'des Staates' importiert, deren Definitionen, Parameter und Untersuchungsaufgaben für andere, nicht-feministische politische Positionen konzipiert worden sind" (Allen 1990: 21). Der Begriff „des Staates" sei ein „viel zu grobes Instrument, um abgesehen von Verallgemeinerungen für Erklärungen, Untersuchungen und die Ausarbeitung funktionierender Strategien von Nutzen zu sein" (ebd.: 22). Obwohl bezüglich der Komplexität der Materie zustimmend, kommt Wendy Brown zu einem anderen Schluß. Weil der Staat sich den Frauen nicht als einheitliches Wesen oder Einheit präsentiert, sondern auf unterschiedliche Weise Macht ausübt, folgert Brown: „(E)ine feministische Theorie des Staates muß die vielfältigen Machtstränge von Männlichkeit und Staat artikulieren, dekonstruieren und zueinander in Beziehung setzen. Da weder die Macht des Staates noch männliche Herrschaft vereinheitlicht oder systematisch sind, soll feministische Theorie weniger einer linearen Argumentation folgen als vielmehr eine Darstellung eines verschlungenen Gitters meist widersprüchlicher Strategien, Technologien und Machtdiskurse" (Brown 1992: 14; vgl. Watson 1990: 7).

Akzeptiert man (wie ich) eine solche Schlußfolgerung, bleibt ein bestimmtes Problem: Wie ist es möglich, über eine bloße Kontextanalyse hinauszugehen und die *black box* des Staates aufzuhellen? Die feministische Kritik hat überzeugend auf die zentralen Merkmale des geschlechtsspezifischen Kontexts hingewiesen, innerhalb dessen der Staat operiert. In gleichem Maße wurden die geschlechtsspezifischen Konsequenzen des Staatshandelns identifiziert – wenn es auch nicht immer gelungen ist, die spezi-

13 Dies heißt nicht, daß die machtvolle Kritik feministischer politischer Theorie (im Gegensatz zur Staatstheorie) oder der männlichen Hegemonie in der Theorie der internationalen Beziehungen verharmlost werden sollen. Ebensowenig sollen die vielen wichtigen feministischen Untersuchungen von spezifischen, geschlechtsbezogenen Aspekten der Staatstätigkeit und deren Auswirkungen verkannt werden.

fischen Auswirkungen staatlicher (Nicht-)Entscheidungsfindung auf die Geschlechterverhältnisse von den sonstigen vielfältigen Mechanismen zu isolieren, die direkt oder indirekt patriarchalische Effekte (re)produzieren. Ähnliche Probleme lassen sich in kritischen Arbeiten über den Einfluß des Staates bei der (Re)Produktion der vorherrschenden hegemonialen Männlichkeit sowie der Unterdrückung untergeordneter und/oder gegenläufiger Männlichkeiten erkennen. Auf der anderen Seite ist es jedoch viel schwieriger, ein präzises Bild des *gender bias* des Staates zu zeichnen, d.h. der institutionellen Mechanismen und Diskurse, die das Staatshandeln geschlechtsspezifisch formen und für geschlechtsspezifische Effekte außerhalb des Staates verantwortlich sind. Natürlich ist es evident, daß Männer die zentralen Apparate des Staates dominieren. Jedoch ist die geschlechtsspezifische Verfaßtheit des Staates keineswegs bloß aus dieser zahlenmäßigen Überlegenheit heraus erklärbar. Ebensowichtig ist die Tatsache, daß der Staat strategisch selektiv konstituiert ist, weshalb die jeweiligen Konstellationen bestimmter Identitäten, Interessen und Strategien wie auch die spezifischen strukturellen Merkmale der institutionellen Materialität des Staates in Betracht gezogen werden müssen.

Eine derartige Analyse kann mit Hilfe einer angemessenen theoretischen Konzeptualisierung des Staates realisiert werden. Meiner Meinung nach kann man eine solche Theorie am besten mit Gramsci und Poulantzas konstruieren. Eine (neo)gramscianische Perspektive betrachtet den Staat in seinem integralen Sinn als Zusammenhang von „politischer Gesellschaft" und Zivilgesellschaft und begreift die Ausübung der staatlichen Macht als „Hegemonie, mit Zwang gepanzert" (Gramsci 1975: 763). Poulantzas begriff den Staat als soziales Verhältnis. Insbesondere wies er auf die strukturell eingeschriebene strategische Selektivität des Staates hin. Damit ist gemeint, daß der Staat als institutionelles Ensemble ungleich auf die Fähigkeit einzelner sozialer Kräfte einwirkt, bestimmte Interessen und Strategien innerhalb des Staates bzw. vermittels der Nutzung staatlicher Handlungsfähigkeit zu verfolgen (wobei diese Handlungsfähigkeit jedoch immer auch von außerstaatlichen Kräften mitgetragen werden muß) (vgl. Poulantzas 1978; Offe 1972). In anderen Worten: Der Staat bietet bestimmten Gruppen mehr Chancen, ihre Interessen zu organisieren und zu verfolgen als anderen. Aus dieser Perspektive muß dem relationalen Charakter staatlicher Macht sowie der unsteten staatlichen Fähigkeit zur Projektion staatlicher Macht auf gesellschaftliche Bereiche außerhalb der institutionellen Grenzen des Staates mehr Aufmerksamkeit gewidmet werden. Eine solche Sichtweise ermöglicht es, die institutionelle Materialität des Staates auf seinen verschiedenen Ebenen und Bereichen zu begreifen und zu erkunden, wie diese Materialität laufend transformiert und reorganisiert wird.

Vor diesem theoretischen Hintergrund muß in Betracht gezogen werden, daß der Staat (unter anderem) in bezug auf die Geschlechterverhältnisse „strategisch selektiv" konstituiert ist und daß er mittels „struktureller Koppelung" mit den anderen institutionellen Ordnungen der Gesellschaft verzahnt ist. Es sei hinzugefügt, daß der Staat in Hinsicht auf die Geschlechterverhältnisse – abgesehen von der strategischen Selektivität – ohnehin immer schon *strukturell* selektiv konstituiert ist, d.h. daß Institutionen und Ressourcen für bestimmte politische Kräfte besser zugänglich und verwertbar sind als für andere. Praktisch führt eine solche Perspektive zur Forderung nach einer vermehrten Aufmerksamkeit gegenüber den Problemen, mit denen Frauen konfrontiert sind, die innerhalb des Staates gegen ihn ankämpfen (vgl. Franzway u.a. 1990; Connell

1990; Watson 1990). Dies erfordert, daß nicht nur die Machtstrukturen, sondern auch die „Politik der Macht" näher betrachtet wird, in der über Konflikte, Allianzen und Kompromisse zwischen den realen Kräften innerhalb und außerhalb des Staates diese Strukturen transformiert und vermittelt werden (vgl. Masson 1995: 117).
Eine Forschungsagenda sollte vor diesem Hintergrund insbesondere auf die folgenden Themenfelder eingehen:[14]

(a) die geschlechtsspezifische Verfaßtheit der formalen Basis politischer Repräsentation (also etwa die formale Definition individueller Staatsbürgerschaft, die Trennung der privaten und öffentlichen Sphäre, die Organisation politischer Mitbestimmung in Form territorialer oder funktionaler bzw. individueller oder kollektiver Mechanismen und die herrschenden Regeln bei Wahlen in Form von Mehrheitswahlrecht, Verhältniswahlrecht oder einfacher Mitbestimmung) wie auch der organisatorischen und ideologischen Grundlagen politischer Repräsentation (Parteiensystem, Interessengruppen, soziale Bewegungen sowie deren ungleiche Zugangsbedingungen zur öffentlichen Sphäre und den Massenmedien und deren Fähigkeit, auf den Staat zuzugreifen bzw. einzuwirken);

(b) die formale rechtlich-politische Abgrenzung des Staatsapparates und die daraus resultierenden geschlechtsspezifischen Auswirkungen auf die formale und materielle Machtverteilung innerhalb und zwischen den einzelnen Teilen des Staatsapparates wie auch die Rolle dieser Abgrenzung bei Mystifizierung der wahren Natur staatlicher Macht. Dies umfaßt die Analyse von „parallelen Machtnetzwerken", die oft dazu beitragen, staatliche Aktivitäten unter Umgehung formaler Hierarchien zu vereinheitlichen. Ebenso von Bedeutung sind die formellen und informellen Beziehungen zwischen dem Staatsapparat und dem weiteren Umfeld patriarchaler Machtverhältnisse in Wirtschaft und Zivilgesellschaft. Darüber hinaus sollte genauer betrachtet werden, wie die Grenzen des Staates gezogen und verändert werden, um bestimmte Identitäten, Interessen und Problembereiche zu politisieren bzw. zu entpolitisieren. Alle diese Aspekte sind entscheidend für die Beantwortung der Frage, wie anhand der verstreuten staatlichen Praktiken und Projekte mit Hilfe bestimmter Prozeduren, Koordinationsformen und Handlungsprioritäten die (immer prekäre) Einheit des Staates erzeugt wird (die wiederum in einer bestimmten geschlechtsspezifischen Selektivität resultiert);

(c) die geschlechtsspezifische Natur der primären „Medien" der Staatsintervention und die konkreten Formen dieser Interventionen. Zu nennen sind hier etwa die geschlechtsspezifische Selektivität organisierter (typischerweise „vermännlichter") staatlicher Gewalt, des Rechts (dessen formale Natur dazu tendiert, von den Unterschieden zwischen Männern und Frauen zu abstrahieren bzw., wenn der Unterschied anerkannt wird, die Formen des öffentlichen und privaten Patriarchats zu reproduzieren), des Geldes (das als Grundlage formaler Kalkulation auf den kapitalistischen Märkten

14 Die Forschungsagenda umfaßt sechs Untersuchungsfelder. In einem früheren Beitrag (Jessop 1994) habe ich eine ähnliche Liste vorgeschlagen. Im Unterschied dazu kombiniert die aktuelle Liste zwei dieser Felder (interne Organisation des Staates und Staatsprojekte) und nimmt ein neues Feld (staatliche Akkumulationsstrategien) dazu, das mir für eine Analyse von Staat, Globalisierung und Frauen essentiell erscheint.

fungiert sowie in Form des nationalen Geldes und internationaler Währung von den für Souveränitäts- und Sicherheitsüberlegungen eingesetzt wird) und Wissen (das in seiner formalen, systematischen, rationalen und verwissenschaftlichten Form männliche Sichtweisen verkörpert sowie in seiner Eigenschaft als „Staatskunst" intrinsisch mit den Begriffen der Souveränität, Realpolitik und hegemonialer Männlichkeit befaßt ist). In diesem Zusammenhang sollte untersucht werden, wie diese Medien in ihrer Kombination dafür eingesetzt werden, um bestimmte Formen staatlicher Intervention zu entwerfen und deren mögliche Effekte zu kontrollieren. Beispielsweise verhindert etwa der Einsatz makroökonomischer Interventionsinstrumente eine Beseitigung mikroökonomisch verwurzelter Ungleichheiten zwischen den Geschlechtern; andererseits mag angebotsorientierte Standortpolitik Formen mikroökonomischer Flexibilität induzieren, die zur Marginalisierung von Frauen führt. Die geschlechtsspezifischen Folgen struktureller Anpassungspolitiken sind deshalb ein besonders gutes Beispiel für die Anwendung eines solchen Ansatzes. Es wird gleichzeitig klar, daß staatliche Intervention in ihrem Zusammenspiel mit außerstaatlichen Machtstrukturen analysiert werden muß; man betrachte etwa beispielsweise die Rolle der Sozialpolitik bei der Reproduktion der patriarchalen Familie oder der geschlechtsspezifischen Unterschiede auf dem Arbeitsmarkt;

(d) die geschlechtsspezifischen Ungleichheiten innerhalb der sozialen Basis staatlicher Macht. Auf einer allgemeinen Ebene würde dies insbesondere die Analyse hegemonialer Männlichkeit/Weiblichkeit und die materiellen Grundlagen der Macht einschließen. Beide prägen die Rahmenbedingungen politischer Auseinandersetzung zur Bildung eines relativ stabilen gesellschaftlichen Kompromisses sowie des Kernbereichs sozialer Loyalität und vereinbaren die Anforderungen politischer Legitimität (Wahlerfolg) mit denen der Realpolitik (bezüglich der Akkumulation wie auch der Geopolitik). Diese Charakteristiken müssen für die einzelnen Staatsformen und staatlichen Regime im Einzelfall präzise herausgearbeitet werden. Von besonderem Interesse ist diesbezüglich die Frage, ob die jeweilige soziale Basis auch der materielle und ideologische/symbolische Hauptnutznießer der staatlichen Aktivitäten ist;[15]

(e) die geschlechtsspezifischen Ungleichheiten innerhalb der allgemeinen Akkumulationsstrategie und der konkreten wirtschaftlichen Projekte des Staates. Akkumulationsstrategien und wirtschaftliche Projekte sollen in diesem Zusammenhang in einem weiteren Sinne verstanden werden und umfassen neben den technologisch-ökonomischen Bedingungen für wirtschaftliches Wachstum auch dessen vielfältige außerökonomische Bedingungen. Sobald die Analyse wirtschaftlicher Strategien auf deren gesellschaftliche Existenzbedingungen ausgedehnt wird, eröffnet sich ein weites Feld zur Analyse geschlechtsbedingter Ungleichheiten (siehe insbesondere Gibson-Graham 1995);

(f) die geschlechtsspezifischen Ungleichheiten innerhalb der auf den Staat bezogenen hegemonialen Projekte. Diese Projekte sind meist mit der dominanten bzw. hegemonialen Akkumulationsstrategie diskursiv artikuliert und bilden die Grundlage zur Definition der Regierung als „offizieller Repräsentant der Gesellschaft" (Marx).

---

15 Zur Rolle von Frauen bei der symbolischen Definition von Nation vgl. Anthias/Yuval-Davis (1989) und Yuval-Davis (1996).

Drittens möchte ich argumentieren, daß der Begriff der Globalisierung analytisch dekonstruiert werden muß. In der Praxis hat sich die feministische Forschung bisher auf die internationale Arbeitsteilung, strukturelle Anpassungspolitiken, Kriegsführung und Militarismus, Sextourismus und -handel sowie die Menschenrechte konzentriert. Jedoch tendieren diese Beiträge dazu, die Prozesse der Globalisierung in ihrer Komplexität zu unterschätzen und ihre dialektische Natur zu verkennen. Obgleich deren zunehmende Relevanz nicht verleugnet werden soll, kann Peterson in ihrer Schlußfolgerung nur teilweise recht gegeben werden:

„Die Kontextualisierung auf der spezifisch globalen Ebene ist unabdingbar für jeden zeitgenössischen Versuch, politische Identitätsbildung und deren strategische Konsequenzen zu verstehen. In der heutigen Welt ist die globale Restrukturierung eine der machtvollsten Dynamiken, die die alltägliche Realität der Staaten, der transnationalen Akteure, Unternehmen, Haushalte und Individuen formt. Dies führt zu einer Erosion der Macht des Staates gegenüber seinen Aufgaben der Wirtschaftssteuerung, des Schutzes der persönlichen Rechte sowie der Wohlfahrtsleistungen" (Peterson 1996: 13).

Obwohl die Kontextualisierung der globalen Ebene durchaus wichtig ist, stellt sie jedoch nur eine der vielen unterschiedlichen Ebenen sozialer Organisation dar. Gleichzeitig ist alles, wie oben bemerkt, was auf der globalen Ebene passiert, ein Ergebnis von Prozessen auf mehreren Ebenen. Wenn angenommen wird, daß die globale Restrukturierung ein von irgendeiner Weltsystemlogik von oben her gesteuerter Prozeß ist, dann sind sowohl Petersons Analyse als auch ihre Diagnose über die Zukunft des Nationalstaates falsch. Wenn versucht wird, die Globalisierung analytisch als einen emergierenden Effekt einer Reihe konstitutiver und interagierender Prozesse zu verstehen, dann ist es kaum mehr angebracht zu behaupten, sie sei (etwa im Gegensatz beispielsweise zur regionalen Restrukturierung) die „machtvollste Dynamik", die den Alltag aller genannten Bereiche und Akteure formt. Die Globalisierung ist lediglich der weiteste und am meisten ausgedehnte Handlungshorizont, und für vielerlei Zwecke muß angenommen werden, daß andere Handlungsebenen einen wichtigeren und unmittelbareren Einfluß haben. In diesem Sinne müssen wir uns der Gefahr bewußt sein, die Globalisierung zum neuesten totalisierenden Meta-Diskurs hochzustilisieren, mit dem alles erklärt werden kann. Wie auch Peterson einzuräumen scheint, sollte die Globalisierung statt dessen als wichtiger kontextueller Faktor betrachtet werden. Wie Marianne H. Marchand anmerkt, ist

„eine holistischere Analyse der globalen Restrukturierung vonnöten, die ihre komplexe Natur, ihre Kontingenzen und Widersprüche unterstreicht. Nur dann können die kritischen Interventionshebel identifiziert werden, von denen aus es möglich ist, verschiedene Grenzen neu zu definieren und die vielfältigen Dimensionen des *empowerment* in Rechnung zu ziehen" (Marchand 1996: 603).

Wie weiter oben ausgeführt, sollte Globalisierung als ein Aspekt einer laufenden Rekonfiguration der räumlichen Maßstäbe wirtschaftlichen, politischen und sozialen Handelns betrachtet werden. Diese Feststellung hat mindestens drei Konsequenzen für eine gemeinsame Forschungsagenda zum Thema Staat, Globalisierung und *gender*. Erstens ist es theoretisch unangebracht, ideologisch mystifizierend und politisch irreführend, bestimmte Tendenzen, Trends oder Ereignisse als Folge der Globalisierung

zu erklären, als handle es sich um einen spezifischen Kausalmechanismus. Zweitens sollte man sich angesichts einer tatsächlich existierenden, jedoch widersprüchlichen und unvollständigen Tendenz der Globalisierung gerade auch der strukturellen Grenzen und der strategischen und taktischen Widerstände bewußt sein; diese Grenzen und Widerstände tragen zur Konstitution des Prozesses bei, verhindern aber gleichzeitig, daß das Endstadium der „Globalität" erreicht wird (vgl. Altvater/Mahnkopf 1996). Drittens kann aus diesen Gründen nicht von eindeutigen Auswirkungen der Globalisierung auf die staatliche Macht oder die Staatsapparate, bestimmte Geschlechterregime oder die Geschlechterordnung ausgegangen werden.
In allen drei Forschungsfeldern (Staat, Globalisierung, *gender*) ist es notwendig, im Interesse einer genaueren Analyse die theoretischen und praktischen Fragen und Begriffe zu disaggregieren. Dadurch lassen sich Strategien entwickeln, um Handlungsbedingungen auf die Differenzen der Akteure hin zu unterscheiden. Eine gemeinsame Analyse dieser Thematiken würde insbesondere mit Hinblick auf drei zusammenhängende Problemstellungen Sinn machen: (a) der geschlechtsspezifische Kontext, in dem die oben genannte Rekonfiguration der räumlichen Maßstäbe wirtschaftlichen, politischen und sozialen Handelns stattfindet (wobei Globalisierungsstrategien oder entsprechende strukturelle Tendenzen wohlgemerkt nur eine Spielart dieses re-scalings darstellen); (b) die geschlechtsspezifische Natur dieser Rekonfigurationsprozesse und deren Interaktion an der Nahtstelle zwischen dem System der Nationalstaaten und der entstehenden Weltwirtschaft – zurückzuführen sowohl auf die Identitäten, Diskurse, Interessen und Strategien der dominanten Akteure als auch auf die Selektivität des Staatensystems und des wirtschaftlichen Systems in einem integralen Sinne (also ökonomische und außerökonomische Bedingungen umfassend); (c) die Auswirkungen auf spezifische Geschlechterregime und auf die Geschlechterordnung als ganze. Diese einzelnen Aspekte müssen jeweils in Hinsicht auf das Zusammenspiel zwischen der interpersonellen *(micro-gendering),* der interorganisatorischen *(meso-gendering)* und interinstitutionellen *(macro-gendering)* Ebenen wirtschaftlichen, politischen und sozialen Handelns betrachtet werden. Es ist insbesondere entscheidend, daß diese Aspekte nicht auf die interpersonelle Ebene zwischen Männern und Frauen reduziert werden, obwohl die Auswirkungen des Patriarchats und hegemonialer Männlichkeiten gerade auf dieser Ebene unmittelbar erfahren werden. Für eine angemessene Analyse der komplexen Interaktion zwischen Nationalstaaten, Globalisierung und *gender* ist es wichtiger, die Meso- und Makro-ebenen sozialen Handelns zu berücksichtigen.

Literaturverzeichnis

Allen, Judith, 1990: Does Feminism need a Theory of the State?, in: *Watson, Sophie* (Hrsg.), Playing the State: Australian Feminist Interventions. London, 21-38.

Adler, L./Ling, Lily, 1997: Beyond Centres and Peripheries: Re-examining Subjectivity and Power in International Relations, in: Review of International Studies (im Erscheinen).

Altvater, Elmar/Mahnkopf, Birgit, 1996: Grenzen der Globalisierung. Ökonomie, Ökologie und Politik in der Weltgesellschaft. Münster.

Anthias, Floya/Yuval-Davis, Nira, 1989: Introduction, in: *Yuval-Davis, Nira/Anthias, Floya* (Hrsg.), Woman-Nation-State. Basingstoke, 1-15.

Barnes, W.R./Ledubur, J.C., 1991: Towards a New Political Economy of Regions, in: Environment and Planning C: Government and Policy 9(2), 127-141.

Beneria, Lourdes/Roldan, M., 1987: The Crossroads of Class and Gender. Chicago.
Borchorst, Anette, 1994a: The Scandinavian Welfare States – Patriarchal, Gender-neutral, or Woman-friendly?, in: International Journal of Contemporary Sociology 31(1), 45-68.
Borchorst, Anette, 1994b: Welfare State Regimes and Women's Interests in Western Europe and the EC, in: *Sainsbury, Diane* (Hrsg.), Gendering Welfare States. London, 26-44.
Brown, Wendy, 1992: Finding the Man in the State, in: Feminist Studies 18(1), 7-34.
Carabine, Jean, 1996: A straight Playing Field or queering the Pitch?, in: Feminist Review 54, 31-64.
Carver, Terrell, 1996: Gender is not a Synonym for Women. London.
Chang, Kimberly/Ling, Lily, 1996: Globalization and its Intimate Other: Filipina domestic Workers in Hong Kong, Presented at the International Studies Association. San Diego, CA, 16-21 April. Im Erscheinen in: *Marchand, Marianne H./Runyan, Anne S.* (Hrsg.), Gender and Global Restructuring.
Chesnais, François, 1986: Science, Technology and Competitiveness, in: Science Technology Innovation Review 1, 85-129.
Collinge, Chris, 1996: Spatial Articulation of the State: reworking social Relations and Social Regulation Theory. Birmingham: Centre for Urban and Regional Studies.
Connell, Robert W., 1987: Gender and Power: Society, the Person and Sexual Politics. Cambridge.
Connell, Robert W., 1990: The State, Gender, and Sexual Politics, in: Theory and Society, 507-544.
Connell, Robert W., 1993: The Big Picture: Masculinities in Recent World History, in: Theory and Society 22(5), 597-623.
Connell, Robert W., 1995: Masculinities. Cambridge.
Connell, Robert W., 1996: Politics of Changing Men, in: ARENA Journal 6, 53-73.
Connelly, M. Patricia, 1996: Gender Matters: Global Restructuring and Adjustment, in: Social Politics 3(1), 12-31.
Deacon, Bob/Hulse, Michelle, 1997: The Making of Post-Communist Social Policy: the Role of International Agencies, in: Journal of Social Policy 26(1), 43-62.
Drache, Daniel/Gertler, Meric S. (Hrsg.), 1991: The New Era of Global Competition: State Policy and Market Power. Montreal.
Duncan, Simon, 1996: Theorising Differences in Patriarchy, in: Environment and Planning A, 26, 1177-1194.
Ebert, Theresa, 1996: Ludic Feminism and After: Post-Modernism, Desire, and Labor in Late Capitalism. Detroit.
Franzway, Suzanne/Court, Dianne/Connell, Robert W., 1989: Staking a Claim: Feminism, Bureaucracy, and the State. Cambridge.
Fraser, Nancy, 1987: Women, Welfare, and the Politics of Need Interpretation, in: *Dies.*, Unruly Practices: Power, Discourse and Gender in Contemporary Social Theory. Minneapolis, 144-160.
Gabriel, Christina/MacDonald, Laura, 1994: NAFTA, Women and Organizing in Canada and Mexico: Forging a „Feminist Internationality“, in: Millennium: Journal of International Studies 23(3), 535-562.
Gibson-Graham, Julie-Katherine, 1995: The End of the World (As We Knew It): Feminist Political Economy. Oxford.
Gramsci, Antonio, 1975: Gefängnishefte. Hamburg.
Hearn, Jeff, 1996: Deconstructing the Dominant: making the One(s) the Other(s), in: Organization 3(4), 611-626.
Held, David, 1995: Democracy and the Global Order: From the Modern State to Cosmopolitan Governance. Cambridge.
Hirsch, Joachim/Roth, Roland, 1985: Das Neue Gesicht des Kapitalismus. Frankfurt/M.
Hirst, Paul Q./Thompson, Grahame, 1996: Globalization in Question. Cambridge.
Hoskyns, Catherine, 1992: The European Community's policy on women in the context of 1992, in: Women's Studies International Forum 15(1), 21-28
Hübner, Kurt, 1996: Globalisierung, Hegemonie und die Aufwertung des Regionalen, in: *Bruch, Michael/Krebs, Hans-Peter* (Hrsg.), Unternehmen Globus: Facetten nachfordistischer Regulation. Münster, 40-58.
Jenson, Jane, 1996: Introduction: Some Consequences of Economic and Political Restructuring and Readjustment, in: Social Politics 3(1), 1-11.

Jessop, Bob, 1994: Veränderte Staatlichkeit, in: *Grimm, Dieter* (Hrsg.), Staatsaufgaben. Baden-Baden, 43-73.
Jessop, Bob, 1995: Die Zukunft des Nationalstaats: Erosion oder Reorganisation?, in: *Deppe, Frank/Burkhardt, Wolfram* (Hrsg.), Europäische Integration und politische Regulierung – Aspekte, Dimensionen, Perspektiven. Marburg an der Lahn, 9-48.
Keman, Hans/Paloheimo, Heikki/Whitely, Paul F. (Hrsg.), 1987: Coping with the Economic Crisis: Alternative Responses to Economic Recession in Advanced Industrial Societies. London.
Klein-Beekman, Chris, 1996: International Migration and Spatiality in the World Economy: Remapping Economic Space in an era of Expanding transnational Flows, in: Alternatives 21(4), 439-472.
Kofman, Eleonore, 1995: Citizenship for Some but not for Others: Spaces of Citizenship in contemporary Europe, in: Political Geography 14(2), 121-138.
Kofman, Eleonore/Sales, Rosemary, 1992: Towards Fortress Europe, in: Women's Studies International Forum 15(1), 29-39.
Kothari, Smitu, 1996: Rising from the Margins: the Awakening of Civil Society in the Third World, in: Development: Journal of SID 3, 11-19.
Lewis, Jane, 1992: Gender and the Development of Welfare Regimes, in: Journal of European Social Policy 2(3), 159-173.
Ling, Lily, 1996: Feminist International Relations: from Critique to Reconstruction, in: Journal of International Communication 3(1), 27-41.
Lloyd, Genevieve, 1984: The Man of Reason: „Male" and „Female" in Western Philosophy. Minneapolis.
Marchand, Marianne H., 1996: Reconceptualising „Gender and Development" in an era of „Globalisation", in: Millennium: Journal of International Studies 25(3), 577-603.
Masson, Dominique, 1995: Reintroducing Politics: Recent Developments in Feminist Theories of the State, in: Alternate Routes 12, 115-124.
Meier, Charles S., 1978: The Politics of Productivity: Foundations of American Economic Policy after World War II, in: *Katzenstein, Peter J.* (Hrsg.), Between Power and Plenty. Madison.
Messner, Dirk, 1996: Die Netzwerkgesellschaft: wirtschaftliche Entwicklung und internationale Wettbewerbsfähigkeit als Probleme gesellschaftlicher Steuerung. Köln.
Mies, Maria, 1986: Patriarchy and Accumulation on a World Scale: Women in the International Division of Labour. London.
Mies, Maria/Bennholdt-Thomsen, Veronika/von Werlhof, Claudia, 1988: Women: the Last Colony. London.
Milward, Alan S./Brennan, George/Romero, Federico, 1993: The European Rescue of the Nation-State. London.
Offe, Claus, 1972: Strukturprobleme des kapitalistischen Staates. Frankfurt/M.
Offe, Claus, 1985: New Social Movements: Challenging the Boundaries of Institutional Politics, in: Social Research 52(4), 817-868.
Pateman, Carol, 1989: The Patriarchal Welfare State, in: *Dies.*, The Disorder of Women. Cambridge, 179-209.
Peterson, V. Spike, 1996: The Politics of Identification in the Context of Globalization, in: Women's Studies International Forum 19(1-2), 5-15.
Peterson, V. Spike/Runyan, Anne Sisson, 1993: Global Gender Issues. Boulder.
Pettman, Jan, 1996: Worlding Women. London.
Pijl, Kees van der, 1984: The Making of the Atlantic Ruling Class. London.
Poulantzas, Nicos, 1975: Classes in Contemporary Capitalism. London.
Poulantzas, Nicos, 1978: State, Power, Socialism. London.
Pringle, Rosemary, 1995: Destabilising Patriarchy, in: *Caine, Barbara/Pringle, Rosemary* (Hrsg.), Transitions: New Australian Feminisms. St. Leonards, NSW.
Pringle, Rosemary/Watson, Sophie, 1992: „Women's Interests" and the Post-Structuralist State, in: *Barrett, Michèle/Phillips, Anne* (Hrsg.), Destabilizing Theory: Contemporary Feminist Debates. Cambridge.
Rose, Nikolas, 1993: Government, Authority and Expertise in Advanced Liberalism, in: Economy and Society 22(3), 283-299.
Ruggie, John G., 1982: International Regimes, Transactions, and Change: Embedded Liberalism in the Postwar Economic Order, in: International Organization 36(2), 379-415.
Sainsbury, Diane (Hrsg.), 1994: Gendering Welfare States, London.

Sainsbury, Diane, 1996: Gender Inequality and the Social Democratic Welfare State Regime, Annual Meeting of the American Political Science Association. San Francisco, August 29-September 1.

Sauer, Birgit, 1997: „Die Magd der Industriegesellschaft". Anmerkungen zur Geschlechtsblindheit von Staats- und Institutionentheorien, in: *Kerchner, Brigitte/Wilde, Gabriele* (Hrsg.), Staat und Privatheit. Aktuelle Studien zu einem schwierigen Verhältnis. Opladen, 29-54.

Scharpf, Fritz W. 1987: Sozialdemokratische Krisenpolitik in Europa. Das „Modell Deutschland" im Vergleich. Frankfurt/M.

Schunter-Kleeman, Susanne, 1992: Wohlfahrtsstaat und Patriarchat – Ein Vergleich europäischer Länder, in: *Dies.* (Hrsg.), Herrenhaus Europa – Geschlechterverhältnisse im Wohlfahrtsstaat. Berlin.

Soysal, Yasemin N., 1994: Limits of Citizenship: Migrants and Postnational Membership in Europe. Chicago.

Sperling, Liz/Brotherton, Charlotte, 1996: Women's Policy Networks and the European Union, in: Women's Studies International Forum 19(3), 303-314.

Therborn, Göran, 1995: European Modernity and Beyond. London.

Walby, Sylvia, 1990: Theorizing Patriarchy. Cambridge.

Walby, Sylvia, 1992: Women and the Nation, in: International Journal of Contemporary Sociology 33(1-2), 81-100.

Walby, Sylvia, 1996: Reconstructing Gender. London.

Watson, Sophie, 1990: The State of Play: an Introduction, in: *dies.* (Hrsg.), Playing the State. London, 3-20.

Yuval-Davis, Nira, 1996: Gender and Nation. London.

Jenseits des – androzentrischen – Wohlfahrtsstaates? Theorien und Entwicklungen im internationalen Vergleich

Teresa Kulawik

1. Sozialpolitik als Geschlechterpolitik: die Leerstelle des Politischen

Der Wohlfahrtsstaat erlebt zur Zeit eine unerwartete Konjunktur.[1] Nachdem er in den achtziger Jahren – krisengeschüttelt, „bürokratisiert" und „verrechtlicht" – seine realpolitische und akademische Attraktivität einbüßte und höchstens noch als Angelegenheit „Marginalisierter", d.h. Armer und Frauen, verhandelt wurde, rückt er nun wieder im auslaufenden zwanzigsten Jahrhundert ins Zentrum des akademischen Interesses. Dabei stehen nicht mehr Wachstum, Grenzen oder Krisen zur Debatte. Wissenschaftlich wird gerade das finale Stadium des Wohlfahrtsstaates eingeläutet. Neue Wortschöpfungen künden vom „Danach", in denen entweder die „Wohlfahrt" eliminiert, so in den pessimistischen Szenarien eines künftigen Konkurrenz-, Arbeits- und Wettbewerbsstaates, oder der „Staat" ausgemustert wurde, wie in den optimistischeren Optionen hin zur Wohlfahrtsgesellschaft und zum Wohlfahrtspluralismus (vgl. Jessop 1992: 716ff.; Hirsch 1995; Schmitthenner 1995: 5; Evers/Olk 1996).
Hier scheint, wie so oft in der Geschichte der Geschlechterverhältnisse, eine Ungleichzeitigkeit am Werk. Während der Malestream Abschied nimmt von dem zu „verschlankenden", „verfetteten" Sozialstaat, „bekennt" sich feministische Forschung nach Jahren herrschaftskritischer Reserviertheit inzwischen zum Wohlfahrtsstaat und seinen tückischen Möglichkeiten weiblicher Subjektwerdung. Neue analytische Konzepte wie soziale Staatsbürgerschaft und Geschlechter-Regime beflügeln dabei die utopischen und wissenschaftlichen Phantasien. Innerhalb weniger Jahre ist die vergleichend geschlechtersensible Analyse historischer und sozialwissenschaftlicher Provenienz zu einem schnell expandierenden Forschungsfeld avanciert (vgl. u.a. Bock/Thane 1991; Koven/Michel 1993a; Sainsbury 1994; Lewis/Ostner 1994; Bock 1995).
Auffällig ist, daß dabei genuin politikwissenschaftliche Fragestellungen nach Machtbildungsprozessen, beteiligten Akteuren sowie politischen Institutionen tendenziell ausgespart wurden (dazu Kulawik 1996). Dies gilt allerdings in der Bundesrepublik Deutschland stärker als in anderen Ländern. Diese Abstinenz resultiert zweifellos auch aus der verspätet einsetzenden feministischen Fundierung von Politikwissenschaft und Staatsanalyse in der Bundesrepublik (inzwischen jedoch: Kreisky/Sauer 1995 und 1997; Kulawik/Sauer 1996a; Kerchner/Wilde 1997).
Die Fokussierung auf das „Soziale" unter Mißachtung des „Politischen" in den Ana-

1 Die Fertigstellung dieses Artikels erfolgte während eines vom „Förderprogramm Frauenforschung" des Berliner Senats gewährten Forschungsstipendiums, dem ich zu großem Dank verpflichtet bin. Birgit Sauer gilt mein besonderer Dank für ihre editorische Hilfe.

lysen von Sozialpolitik als Geschlechterpolitik verweist jedoch auf eine bislang wenig reflektierte materialistische Engführung und instrumentelle Verkürzung des Politischen. Die Zentrierung der bundesdeutschen Frauenforschung auf die Kategorie „Arbeit" hat, bei aller kritischen Distanz, zur impliziten Übernahme eines neo-marxistischen Staatsbegriffs geführt (vgl. dazu Kulawik/Sauer 1996b: 17ff.). In diesen kritisch motivierten „Rückführungen" des Staates auf sozio-ökonomische Interessen oder „Systemprobleme" – unabhängig davon, ob diese zwischen Kapital und Arbeit oder zwischen unbezahlter Haus- und Erwerbsarbeit verortet werden – droht die Eigenständigkeit des Politischen zu entgleiten. Politik wird einseitig auf herrschaftlich instrumentelle Steuerungsleistungen reduziert.

Dies führt entweder dazu, daß der Staat als „Hauptquartier des Patriarchats" (so Connell 1990: 517 in der Rezeption von Maria Mies) totalisierend überhöht oder als Erkenntnisgegenstand gar nicht zur Kenntnis genommen wird. Letzteres zeigt sich neuerdings auch in den bundesdeutschen Bemühungen, das „Geschlechter-Verhältnis" theoretisch zu konzeptualisieren (z.B. bei Beer 1990). Hierbei gelte es, so die ansonsten scharfsinnig um kategoriale Präzision bemühte Gudrun-Axeli Knapp, das Geschlechterverhältnis in seiner Einbindung in „soziale Prozesse materieller, generativer und symbolisch-kultureller Reproduktion" zu entschlüsseln (Knapp 1994: 262). Die von ihr im weiteren genannten *Segregations-* und *Stratifikationsphänomene* zwischen den Geschlechtern sind aber, so muß eingewendet werden, nicht einfach Resulat sich selbst steuernder Prozesse ökonomisch und kulturell bestimmter Arbeitsteilung. Sie sind in hohem Maße *politisch* und *staatlich vermittelt.* Dies gilt sowohl für die von Knapp gegenüber einem konstruktivistischen Voluntarismus angemahnte Berücksichtigung der historischen Konstituierung von Genus-Gruppen wie für Prozesse ihrer aktuellen Restrukturierung. Dem Wohlfahrtsstaat als Arena politischer Kämpfe (*politics*), als institutionelles Ensemble (*polity*) und Regulierungs- und Verteilungsinstanz (*policy*) kommt hierbei ein zentraler Stellenwert zu.

Dieser Artikel beansprucht nicht, die diagnostizierte *Leerstelle des Politischen* auch nur annähernd füllen zu können. Er zielt darauf, die Relevanz von Geschlecht als *machtpolitische Kategorie* der Wohlfahrtsstaatsbildung plausibel zu machen. Im Zentrum der Betrachtung stehen geschlechterkritische Ansätze (vgl. zu geschlechtsblinden Ansätzen Kulawik 1996: 50ff.). Dabei sollen allerdings die sich bereits andeutenden „heimlichen" epistemologischen Kontinuitäten zwischen „herkömmlicher" und feministischer Analyse rekonstruiert werden.[2] Abschließend gilt es, die Debatte über das „finale Stadium" des Wohlfahrtsstaates in ihrem androzentrischen Gehalt auszuleuchten. Hat die vergleichende Forschung gerade die Bedeutung politischer Konfigurationen für die Entstehung und Entwicklung des Wohlfahrtsstaates deutlich gemacht, so erleben wir derzeit eine epistemologische Renaissance des Ökonomismus. Dies gilt unabhängig davon, ob er nun, wie im Diskurs über Globalisierung, strukturalistisch oder, so in der Rational-Choice Theorie, individualistisch daherkommt. Ich sehe im Ökonomismus einen *epistemologischen Schwellenhüter*, mit dessen Hilfe die Konflikthaftigkeit von Interessen innerhalb des stattfindenden gesellschaftlichen und (sozial)staatlichen Transformationsprozesses zugunsten *hegemonialer Männlichkeit* politisch und wissenschaftlich wegrationalisiert wird.

2 Vgl. zum „geheimen Glossar" in der Politikwissenschaft den von Kreisky/Sauer (1997) herausgegebenen Band.

2. *Feministische Wohlfahrtsstaatstheorie: auf der Suche nach der Kategorie „Geschlecht"*

2.1 Patriarchaler versus frauenfreundlicher Wohlfahrtsstaat

Ein zentrales Anliegen feministischer Forschung ist es, die Asymmetrie im Geschlechterverhältnis nicht als individuelle Benachteiligung, sondern als Ergebnis eines institutionalisierten Machtverhältnisses und somit als Phänomen von *Herrschaft* zu begreifen. Kategorialer Bezugspunkt feministischer Sozialstaatstheorie seit Anfang der achtziger Jahre ist die Reformulierung der Kritik der Politischen Ökonomie, unter Berücksichtigung generativer Reproduktion, unbezahlter Hausarbeit und geschlechtshierarchischer Arbeitsteilung (zusammenfassend Wolf-Graaf 1981; Young 1995). Dabei haben sich zunächst zwei gegensätzliche Standpunkte entwickelt.
Im Theorem vom „patriarchalen Wohlfahrtsstaat" wird behauptet, daß sozialpolitische Intervention die geschlechtsspezifische Ungleichheit nicht nur nicht kompensiere, sondern geradezu herstelle. Der Wohlfahrtsstaat sei „zweigeteilt" – im US-Amerikanischen als „the dual-channel-welfare state" bezeichnet – in einen „männlichen" Teil marktbezogener Sozialversicherungsleistungen und einen „weiblichen" Teil abgeleiteter und/oder bedarfgeprüfter, d.h. in ihrem Rechtsstatus zweitrangiger Maßnahmen, die sich an Frauen und Mütter richten. Damit werde die geschlechtsspezifische Arbeitsteilung gestärkt und ein Abhängigkeitskreislauf reproduziert, indem sich die Zuständigkeit der Frauen für die unbezahlte Hausarbeit und ihre Benachteiligung auf dem Arbeitsmarkt gegenseitig bedingen (vgl. u.a. Kickbusch 1984; Riedmüller 1984 und 1985; Boris/Bardaglio 1983; Patemen 1989: 179ff.; Kulawik 1989; Nelson 1990).
Waren es vor allem britische, US-amerikanische sowie deutsche Wissenschaftlerinnen, die dieses düstere Bild zeichneten, so entwarfen Skandinavierinnen eine erheblich freundlichere Version. In den skandinavischen Ländern, so Helga Hernes (1987) und Birte Siim (1988), richte sich die Politik des Wohlfahrtsstaates inzwischen weder auf die Aufrechterhaltung der Abhängigkeit der Frauen von der Familie, noch auf die Beschränkung des Zugangs zum Arbeitsmarkt. Im Gegenteil, der Ausbau des Wohlfahrtsstaates habe die Erwerbstätigkeit von Frauen durch Schaffung von Arbeitsplätzen und Bereitstellung von Dienstleistungen möglich gemacht und so ihre Freisetzung aus der für die erste Phase wohlfahrtsstaatlicher Entwicklung typischen familiären Abhängigkeit erreicht. Weder Hernes noch Siim leugnen allerdings den Fortbestand geschlechtsspezifischer Ungleichheit. Diese sei aber in erster Linie Resultat politischer Strukturen und der ungleichen Teilhabe von Frauen an politischer Macht. Frauen seien zu *policy-takers*, zu Empfängerinnen sozialer Leistungen geworden, ohne daß sie an deren Ausgestaltung beteiligt gewesen seien (vgl. Hernes 1987: 31ff.; Siim 1988: 180). Hernes sieht hier jedoch gewissermaßen eine dialektische List der Geschichte am Werk: Der Einbezug der Reproduktion in den Radius wohlfahrtsstaatlicher Intervention ermögliche, daß Frauen von Objekten zu Subjekten wohlfahrtsstaatlicher Politik werden und somit den Weg zur „post-patriarchalen" oder, wie sie es nennt, „frauenfreundlichen Gesellschaft".
Trotz so unterschiedlicher substantieller Interpretationen, haben die Ansätze des „patriarchalen" wie des „frauenfreundlichen" Wohlfahrtsstaates eines gemeinsam: Geschlecht wird ausschließlich auf der Ebene von *Politikinhalten* und ihren Auswirkungen auf Frauen angesiedelt. Für Helga Hernes wird „Geschlecht" als machtpolitische Ka-

tegorie erst bedeutsam, nachdem Frauen den wohlfahrtsstaatlichen Modernisierungsprozeß durchlaufen haben. Die Entwicklung des Wohlfahrtsstaates wird klassenmäßigen und d.h. „geschlechtslosen" Konstellationen zugeschrieben. Geschlecht fungiert hier als Synonym für Frau.
Ähnlich fragwürdig ist der analytische Status von Geschlecht in der Konzeption des „patriarchalen Wohlfahrtsstaates". Ebenso wie im marxistischen Pendant des „kapitalistischen Staates" (vgl. dazu Kulawik 1996: 54ff.), wird das Politische auf den Vollzug – nun allerdings geschlechtsspezifisch erweiterter – sozioökonomischer Erfordernisse funktional verengt. In der Konzeption zwischen „Systemerfordernissen" und sozialpolitisch zugerichteten „Geschlechtscharakteren" werden Frauen nicht nur zur „Knetmasse der Geschichte" (Becker-Schmidt 1992: 76) degradiert. Die Dynamik der geschlechtsspezifischen Arbeitsteilung wird vielmehr ihrerseits aus Entwicklungen, wie dem Wandel der Produktionsverhältnisse, erklärt, die selbst (scheinbar) außerhalb von „Geschlecht" situiert sind. Geschlecht wird so auf eine Funktion geschlechtslos wirkender gesellschaftlicher Kräfte reduziert (vgl. dazu Scott 1988: 33ff.). Das Oszillieren zwischen extremen Interpretationen – patriarchal versus frauenfreundlich, Opfer versus Subjekt – sowie Analysebenen – System versus individueller Geschlechtscharakter – verweist auf die Notwendigkeit, *differenzierende und vermittelnde* analytische Kategorien zu entwickeln. Drei unterschiedliche Zugangsweisen – ein geschlechterkritischer Institutionalismus, eine diskurstheoretische Reformulierung des Politischen sowie das Konzept der Geschlechterregime – sollen im folgenden vorgestellt werden.

2.2 Geschlechterkritischer Institutionalismus

Den Zusammenhang zwischen der politischen Handlungsfähigkeit von Frauen und der Formierung von Wohlfahrtsstaaten haben vor allem US-amerikanische Wissenschaftlerinnen betont (vgl. Gordon 1988; Koven/Michel 1990; Skocpol/Ritter 1991; für Europa auch: Bock/Thane 1991). Durch ihren Einsatz für maternalistische Politik hätten Frauenbewegungen, wenn auch in einzelnen Ländern in unterschiedlichem Maße, eine wichtige Rolle bei der Entstehung von Wohlfahrtsstaaten gepielt. „Maternalismus" verweist sowohl auf *sozialpolitische Maßnahmen*, die sich insbesondere an Frauen und Mütter richten, wie auf eine *politische Identität*, in der Frauen unter Rekurs auf Mütterlichkeit einen eigenständigen Einfluß auf die Gestaltung von Gesellschaft und Politik beanspruch(t)en.
In einem ersten Versuch, die Handlungs- und Einflußmöglichkeiten der Frauenbewegungen vergleichend zu bestimmen, stützen sich Seth Koven und Sonya Michel (1990 und 1993b) auf eine institutionalistische Argumentation. In „starken" Staaten mit entwickelten Bürokratien und langer interventionistischer Tradition – wie Deutschland, Frankreich und Schweden – seien die Frauenbewegungen schwach gewesen und vermochten erheblich weniger Einfluß auszuüben als in den „schwachen" Staaten – Großbritannien und USA –, wo erheblich mehr Raum für ihre eigenständige Mobilisierung bestand. Ein Paradox besteht darin, wie Koven und Michel konstatieren, daß gerade „starke" Staaten mit (angeblich) geringem Einfluß der Frauenbewegung inzwischen über besonders umfangreiche sozialpolitische Programme für Mütter verfügen.

Skocpol, die zu den Vordenkerinnen des staatszentrierten Paradigmas im herkömmlichen Diskurs zählt, kritisiert diese Argumentation als zu schematisch.[3] Sie betont die institutionellen und geschlechterpolitischen Unterschiede zwischen den als „schwach" klassifizierten Wohlfahrtsstaaten Großbritanniens und der Vereinigten Staaten und weist die vorherrschenden Interpretationen, die den amerikanischen Wohlfahrtsstaat als „Nachzügler" einer evolutionistischen Entwicklung verorten, zurück (Skocpol 1992: 37ff.; Skocpol/Ritter 1991). Sie vertritt die Hypothese, daß die USA zwischen 1900 und 1920 nahe dran war, einen maternalistischen Wohlfahrtsstaat hervorzubringen, mit umfangreichen sozialpolitischen Leistungen für Frauen als Mütter – Mütterrenten, Arbeiterinnenschutzgesetzen –, die von Frauen erkämpft und implementiert wurden. Im Gegensatz dazu klassifiziert sie die europäischen Wohlfahrtsstaaten als „paternalistisch". Hier waren die Leistungen von männlichen Ansprüchen abgeleitet und wurden in männlich dominierten Bürokratien implementiert.
Skocpols Erkenntnisinteresse richtet sich darauf zu erklären, warum in den USA die Arbeiterversicherungspolitik so wenig erfolgreich war und wie es gelang, die maternalistischen Politiken durchzusetzen. Sie vermag zu zeigen, daß innerhalb der fragmentierten amerikanischen Staatsstruktur nur solche sozialpolitischen Initiativen Aussicht auf Erfolg hatten, die sich Einfluß auf die dezentralisierten Gesetzgebungsinstanzen verschaffen konnten. Das mißlang den Protagonisten der Arbeiterversicherungspolitik. Der – so muß hinzugefügt werden: kurzfristige – Erfolg der maternalistischen Politik beruhte auf einer optimalen Mobilisierung der politischen Ressourcen der Frauenbewegung und einer historischen Situation, in der die verfolgten Strategien in die gerade bestehende Chancenstruktur der politischen Institutionen „hineinpaßten".[4]
Eine eminent wichtige Erkenntnis der Analyse Skocpols ist, daß die *Struktur* des Staates, d.h. hier der institutionellen Bedingungen des politischen Entscheidungsprozesses, eine zentrale Rolle für die Formierung kollektiver Akteure und ihre Einflußnahme auf die Politikgestaltung spielt. In der schematischen Unterscheidung zwischen „maternalistischem" und „paternalistischem" Wohlfahrtsstaat wird dieses analytische Potential jedoch nicht hinreichend genutzt. Die großen Divergenzen europäischer Sozialpolitik lassen sich kaum auf einen so schlichten Nenner bringen.
Zu fragen wäre also, welche Bedeutung die jeweils unterschiedliche institutionelle Struktur europäischer Staaten für die Rolle der Frauenbewegung und anderer Akteure im Prozeß der Wohlfahrtsstaatsbildung hat(te). Neben der Organisationsstruktur des Staates, lassen sich eine Reihe weiterer institutioneller Unterschiede ausmachen (dazu Schmidt 1993: 385ff.; Rothstein 1996: 135). An dieser Stelle müssen jedoch die knappen Hinweise genügen, um deutlich zu machen, daß eine institutionalistische Betrachtung durchaus einen Erkenntnisgewinn für eine geschlechterkritische Analyse des Wohl-

---

3 Dieses analytische Konzept war bereits in einem programmatischen Aufsatz von 1985 in groben Zügen enthalten, Skocpol hat es in zahlreichen Schriften mit diversen KoautorInnen ausgearbeitet und schließlich mit dem Buch „Protecting Soldiers and Mothers" (1992) zu einem vorläufigen Höhepunkt geführt.

4 Diese Situation war nach Skocpol (1992: 57 und 311ff.) durch geschwächte männliche politische Parteien sowie eine größere Offenheit der gesetzgebenden Institutionen für moralische Politikstrategien als für die Interessenpolitik politischer Parteien gekennzeichnet.

fahrtsstaates birgt (aus der Perspektive der Frauenbewegung vgl. auch Kulawik 1991/92).

Wie weit aber reicht die Erklärungskraft des Institutionalismus? Mit ihrer Kritik am Theorem des „patriarchalen Wohlfahrtsstaates" verwirft Skocpol (1992: 31ff.) nämlich auch die darin angelegte feministische Reformulierung der politischen Ökonomie sowie die Diagnose sozialer Konflikte. Sie verfügt damit über keinen herrschaftskritischen Maßstab zur Beurteilung einzelner Strategien und Policies. Diese von Rothstein diagnostizierte „theoretische Leere" (Rothstein 1996: 154) des Institutionalismus wird bei Skocpol durch eine *normative* Festlegung auf das realpolitisch „Errungene" ersetzt. Dazu zählen z.B. auch die in der damaligen Frauenbewegung wie heutigen Frauenforschung heftig umstrittenen Arbeitsschutzgesetze für Frauen. Warum Frauenbewegungen sie in einzelnen Ländern mehrheitlich ablehnten – wie in Schweden – und in anderen wiederum einmütig unterstützten – wie in Deutschland – kann Skocpol nicht erklären (vgl. Kulawik 1997). Sie kann dies nur normativ als „falsch" verstandener *equal-rights*-Feminismus oder „richtiger" Maternalismus verorten und folgt damit einem lang tradierten Dualismus in der Frauenforschung. Wie fragwürdig er ist, macht gerade ihre Untersuchung deutlich, galten die USA doch gemeinhin als das prototypische Land des „Gleichheits-Feminismus" (vgl. Offen 1993; kritisch Pateman 1992). Aus dem formalen Vergesellschaftungsbegriff des Institutionalismus resultiert schließlich, daß „Geschlecht" sich auf die Handlungsfähigkeit der Frauenbewegung reduziert. So haben weder die klassenmäßig verankerten Akteure im Kampf um die Arbeiterversicherung (kritisch: Gordon 1993) noch die Institutionen ein „Geschlecht". Auch wenn die feministische „Institutionenarchäologie" (Kreisky 1997: 176) noch in den Kinderschuhen steckt, ist die Geschlechtlichkeit von Staatsbildung und Staatsapparaten schwerlich zu bezweifeln (vgl. Kreisky 1995). Bei Skocpol wird die analytische Kategorie Geschlecht ironischerweise „gesellschaftszentriert", nämlich konflikttheoretisch auf die Durchsetzung von Gruppeninteressen verengt (dazu Kulawik 1996: 67). Die Frage nach der Strukturierung von Gesellschaft qua Geschlecht kann nicht gestellt werden.

Wie wichtig sie ist, macht gerade die Entwicklung des US-amerikanischen Wohlfahrtsstaates deutlich. Das Scheitern der maternalistischen Politik in den zwanziger Jahren, hat eine rigide Zweiteilung sozialpolitischer Institutionen hervorgebracht, in der Erziehungsarbeit ausschließlich als Armenpolitik (Aid to Families with Dependent Children) verortet blieb (vgl. Nelson 1990). Mit den „Wohlfahrtsreformen" der neunziger Jahren ist diese Familien-Sozialhilfe, inzwischen rassistisch codiert, endgültig aus dem Bereich nationalstaatlicher Regulierung und damit *sozialer Staatsbürgerschaft* eliminiert worden (vgl. James 1997).

2.3 Ein diskursives Modell des Politischen oder: die politische Konstruktion von „Geschlecht"

Die bisherige Erörterung feministischer Ansätze macht „heimliche" Kontinuitäten zu „herkömmlichen" Theorien deutlich (beispielhaft Flora u.a. 1977; Esping-Andersen 1990; kritisch Kulawik 1996: 50ff.) Die Konstitution politischer Subjekte und damit eng verknüpft die Inhalte von Politik werden entweder *rationalistisch* oder *normativ* verkürzt. Dies mag verwundern, hat doch feministische Theorie wie kaum eine Forschungstradition in den Sozialwissenschaften auf der Subjektperspektive beharrt. „Subjekttheorie" meint hier allerdings in erster Linie *intrapsychische* und nicht *politische* Identitäten (vgl. Beer 1990: 288ff.; Beiträge in Knapp/Wetterer 1992). So sind dann auch sprachtheoretische Reformulierungen zur „Konstruktion von Geschlecht" in der Bundesrepublik Deutschland fast ausschließlich entlang der Schnittstelle von „Individuum" und „Gesellschaft" diskutiert worden (vgl. die Beiträge in: Institut für Sozialforschung 1994). Die Auseinandersetzung, die da zwischen „Voluntarismus" und „Determinismus" gefochten wird, ist von den Aporien feministischer Wohlfahrtsstaatsanalyse gar nicht so weit entfernt, wie es den Anschein hat. Sie ließe sich m.E. unter Einbezug eines *diskursiven Modells des Politischen* fruchtbar weiter denken.

Politikwissenschaftlich relevante diskurstheoretische Reformulierungen des Politischen haben inzwischen vor allem in die Demokratietheorie Eingang gefunden (vgl. Habermas 1992; Benhabib 1996). Ein zentraler Erkenntnisgewinn der Versprachlichung ist die *Entgrenzung* des Politischen: Politik läßt sich demnach nicht nur als strategischer Kampf zwischen interessengeleiteten Akteuren im Rahmen eines institutionalisierten Entscheidungsprozesses begreifen, sondern auch als „Interpretationskampf", in dem darum gerungen wird, wer/was/wie „politi*siert*" (Fraser 1994: 257).

Die kanadische Politikwissenschaftlerin Jane Jenson gehört zu den wenigen, die ein analytisches Modell entwickelt haben, in dem sie sprachtheoretisch reformulierte Kategorien auf den Gegenstandsbereich wohlfahrtsstaatlicher Politik bezieht und dies zugleich mit feministischen Fragestellungen verbindet. Politik ist demnach nicht nur ein strategischer Kampf darum, *wer was* bekommt, sondern auch ein Kampf um *Repräsentation*. Zentral für ihr Verständnis des Politischen ist die Auffassung, daß politisch handlungsfähige Subjekte sich konstituieren, indem sie innerhalb von Bedeutungssystemen eine *kollektive Identität* herausbilden. Die Arena, in der der diskursive Kampf um Repräsentation ausgetragen wird und wo kollektive Identitäten formiert werden, ist das sogenannte *„Universum des Politischen Diskurses"* (Jenson 1986: 25ff.). Hier wetteifern zahlreiche politische Akteure um Legitimität und Zustimmung. Politisch handlungsfähig werden kollektive Subjekte nicht qua sozialer Lage oder ethnischer, religiöser oder geschlechtlicher Zugehörigkeit, sondern indem sie eine *politische* Identität etablieren und als *politische Akteure* anerkannt werden. Dies ist keineswegs banal und gelang auch klassenmäßig verankerten Akteuren in der Blüte industrieller Klassenpolitik, wie das US-amerikanische Beispiel zeigt, nicht immer. Geschlecht gilt allenfalls als „kulturelle", selten wird es als politische Kategorie anerkannt.

Das Universum des Politischen Diskurses konstituiert sich sowohl über eine Pluralität von Akteuren und Diskursen als auch über Mechanismen von Inklusion und Exklusion. Mit anderen Worten: Nicht alles ist möglich. Diskursivität wird von Jenson also, anders als in der Konzeption von Habermas, mit Macht verknüpft.[5] Politische Macht besteht in diesem diskursiven Konzept des Politischen nicht nur in strategischer Stärke, die sich im Organisationsgrad oder in Parlamentssitzen ausdrückt, sondern auch in der Fähigkeit, die eigene Interpretation gesellschaftlicher Beziehungen und Probleme auf der politischen Agenda zu etablieren und damit die eigenen Lösungen durchsetzungs-

5 Vgl. für eine feministische Kritik und Rezeption Habermasscher Kategorien Fraser (1994: 173ff.).

fähig zu machen. Als Ergebnis solcher Deutungskämpfe kommt es, so Jenson, im Universum des politischen Diskurses nach Phasen relativer Offenheit und Pluralität zu Sedimentierungen, so daß bestimmte Akteure und (sozial)politische Lösungen mehr Chancen haben sich durchzusetzen als andere. Sie nennt dies das Gesellschaftliche Paradigma, das aus hegemonischen Praktiken wie (Be)Deutungen besteht (vgl. Jenson 1989: 238, dazu auch Kulawik 1996: 68ff.).

In einem Vergleich maternalistischer Politiken in Frankreich und in den USA zeigt Jenson (1989), wie im jeweiligen Land aus dem dort spezifischen Gesellschaftlichen Paradigma eine Selektivität resultiert, sowohl hinsichtlich politischer Strategien und Identitäten der Frauenbewegung wie der sozialpolitischen Regulierungen und der in sie eingelassenen Annahmen über die gesellschaftliche Plazierung von Frauen.

Im Bemühen, die Verschränkungen zwischen sozio-ökonomischen Verhältnissen, institutioneller Verfaßtheit, der Formierung kollektiver Akteure und diskursiven Deutungsmustern zu inkludieren, erachte ich Jensons Instrumentarium als wegweisend für ein *reflexives Modell des Politischen*, das deterministische Aporien und essentialistische Fixierungen vermeidet. Sie kann, z.B. im Gegensatz zu den anderen feministischen Ansätzen, die Unterschiedlichkeit der Strategien und Ziele der nationalen Frauenbewegungen *erklären*. Zugleich lenkt Jenson die Perspektive auf die *Grenzziehungen* zwischen öffentlich und privat, politisch und familiär, moralisch und rechtlich als Resultat politischer Verhandlungs- und Definitionsprozesse. Jensons luzide empirische Analysen machen allerdings einige Unzulänglichkeiten deutlich. Auch bei ihr bleibt der analytische Status von Geschlecht unklar. So wird das Gesellschaftliche Paradigma in erster Linie als Resultat „klassischer" ökonomischer Entwicklungen und als Kompromiß zwischen ökonomischen Akteuren verstanden.[6] Ähnlich wie bei Theda Skocpol scheinen die klassenmäßig verankerten Akteure kein Geschlecht zu haben, und ähnlich wie Skocpols Institutionen ist das aus dem Kompromiß dieser „geschlechtslosen" Akteure hervorgegangene „strukturierende" Gesellschaftliche Paradigma bei Jenson ebenfalls geschlechtslos (eingehender Kulawik 1996: 68ff.).

Diese Defizite sind m.E. durchaus korrigierbar. Stichwortartig möchte ich hier drei *gendering*-Projekte nennen, die an das diskursive Modell des Politischen anschlußfähig sind und es konzeptuell fortentwickeln können:

- In der US-amerikanischen Geschlechtergeschichte nach dem „lingustic turn" gibt es verstärkt Bemühungen, *Klassenbildungsprozesse* in ihrer Geschlechtlichkeit, d.h. in ihrer maskulinen Dominanz sichtbar zu machen (vgl. Canning 1993; Scott 1994). Bezogen auf die Wohlfahrtsstaatsanalyse ist zu fragen, ob *maskuline* Identitäten und Allianzen als grundlegend für die Etablierung von Wohlfahrtsstaaten angesehen werden müssen.
- Überlegungen zu einer „Politologie der öffentlichen Sphäre" (Lang 1995) können Jensons Konzept des „Universums des Politischen Diskurses" hinsichtlich geschlechtlicher Schließungsprozesse und Konstruktionen maskuliner Repräsentation präzisieren.

6 Mit „klassisch" meine ich einen Theorierahmen, der die Privilegierung der Kategorie Arbeit als einer auf die Bearbeitung von Gegenständen und in kapitalistischen Gesellschaften als Erwerbsarbeit organisierten Tätigkeit nicht grundsätzlich infragestellt. Jane Jenson siedelt sich explizit im Rahmen der sogenannten Regulationsschule an.

- Feministische Reinterpretationen *politischer Kulturforschung*, in denen Geschlechtlichkeit als Konstitutionsprinzip symbolischer Ordnungen begriffen wird, ermöglichen es, die Schnittstelle zwischen der Sinnhaftigkeit individueller Subjektwerdung und politischen Identitäten zu thematisieren (vgl. Sauer 1995: 182ff.). Die Stabilität (sozial)politischer Arrangements kann so jenseits etatistisch und rationalistisch verengter Politikbegriffe als Resultat diskursiver Hegemonie und sinnhafter Vergemeinschaftung erklärt werden (in Ansätzen bei Nullmeier/Rüb 1994).

2.4 Der steinige Weg von Policies zu Politics: das Beispiel der Geschlechterregime in Schweden und Deutschland

Das Konzept der Geschlechterregime knüpft an das Verfahren an, Wohlfahrtsstaatstypen vergleichend nach ihnen immanenten Verteilungslogiken zu klassifizieren. Dieses *gendering*-Projekt bezieht sich kritisch auf androzentrische Ansätze und verfolgt einerseits das Ziel, Kategorien zu entwickeln, mit denen die Geschlechtsspezifik der jeweiligen Wohlfahrtsstaaten empirisch untersucht werden kann, andererseits geht es aber auch darum, eine Vision sozialer Staatsbürgerschaft zu entwerfen, die auf der Teilhabe und nicht auf Diskriminierung von Frauen beruht (vgl. Langan/Ostner 1991; Orloff 1993; O'Connor 1993; Sainsbury 1994; Daly 1994; Kulawik 1994).
Jane Lewis und Ilona Ostner haben eine allgemeine Ländertypologie in Abhängigkeit von der Ausprägung des Ernäherermodells vorgeschlagen, in der sie nach starkem, modifiziertem und schwachem Typus unterscheiden (vgl. Lewis 1992; Lewis/Ostner 1994; Ostner 1995a und 1995b). Als Indikatoren dienen Ausmaß der Müttererwerbstätigkeit, öffentlicher Betreuungsleistungen und eigenständiger oder abgeleiteter sozialer Sicherung (vgl. Ostner 1995a: 8ff. und 1995b: 60ff.). Deutschland, zusammen mit Irland, Großbritannien und Niederlande, entspricht demnach einem starken, die skandinavischen Länder gelten als Prototypen des schwachen, Frankreich und Belgien als modifiziertes Ernährermodell. Hier deutet sich bereits an, daß geschlechterkritische Typologien querlaufen zu herkömmlichen Klassifikationen: So haben Großbritannien und Deutschland hinsichtlich der Geschlechterregime große Gemeinsamkeiten, während sie bei Esping-Andersen (1990) jeweils dem liberalen und konservativen Regime zugeordnet werden. Auch Frankreich und die Niederlande „stören" das geschlechtslose Muster (vgl. Bussemaker/Kersbergen 1994; Daly 1996; Gornick u.a. 1997).
Der Ansatz der Geschlechterregime war bislang vor allem auf die Erfassung von Unterschieden in den Policy-Mustern gerichtet. Eine nähere Betrachtung der Typologie des Ernährermodells deutet an, daß die Verknüpfung von Policies und Politics – wie sie das Regime-Konzept von Esping-Andersen für sich beansprucht – aus einer geschlechterkritischen Perspektive kein leichtes Unterfangen werden dürfte. Ein Problem liegt in der Unklarheit kausaler Beziehungen. Mit anderen Worten: Was ist Ursache, was Wirkung unterschiedlicher Ernährermodelle? Nach Lewis und Ostner (1994: 23) zeichnet sich ein starkes Ernährermodell durch relativ niedrige Frauenerwerbsquoten aus. Betrachtet man die beiden Länder Deutschland und Schweden, die jeweils „konsistent", d.h. als konservativ und sozialdemokratisch sowie starkes respektive schwaches Ernährermodell klassifiziert werden, in historischer Perspektive, zeigt sich, daß Deutschland durchgängig bis in die späten sechziger Jahre *höhere* Frauenerwerbsquoten

aufzuweisen hat als Schweden (vgl. Bakker 1988).[7] Bis dahin verfügte Schweden auch nur über ein minimales Angebot an Kinderbetreuungseinrichtungen (vgl. Kyle 1979: 150ff.). Bedeutet dies nun, daß Schweden vorher ein starkes und Deutschland ein „schwächeres" Ernährermodell war? Kaum – es macht jedoch die Notwendigkeit deutlich, Periodisierungen vorzunehmen, Indikatoren zu historisieren sowie kausale Zusammenhänge systematisch zu erörtern.

In der Analyse geschlechterbezogener Politiken gibt es eine große Neigung, die Bedeutung „kultureller" Faktoren hervorzuheben (vgl. Schmidt 1993: 389). Dies gilt nicht zuletzt für die Einstellungen, die die Frauen selbst zur Müttererwerbstätigkeit oder öffentlichen Kinderbetreuung – angeblich – haben (vgl. Ostner 1995a: 8). Wird aus deutscher Perspektive vor allem nach Erklärungen für den „Traditionalismus" gesucht, so gibt es für Schweden parallele Bemühungen, die „egalitären Traditionen" aufzuspüren. Dabei wird insbesondere auf die agrarische Wirtschaftsweise und die egalitären Leitbilder bäuerlicher Familienformen verwiesen (vgl. Ostner 1995b: 64; Sommestad 1995). Die fortdauernde kleinbäuerliche Produktionsform war jedoch keineswegs eine skandinavische Besonderheit, und gerade Deutschland hat hier, wie ein schwedischer Historiker kritisch einwendet, ausgeprägte Traditionen (vgl. Jonsson 1995).[8]

Für die Erklärung der disparaten Entwicklungen in Schweden und Deutschland seit den sechziger Jahren scheint mir die Analyse des – genau zu bestimmenden – historisch-institutionellen Erbes, der jeweiligen korporatistischen Arrangements sowie der politischen Institutionen von größerer Bedeutung als „Einstellungen" zu sein. Um nur zwei Beipiele zu nennen:

- Sowohl Schweden als auch Deutschland sind Länder mit korporatistischen Arrangements der Interessenvermittlung und Politikentwicklung. Sie weisen jedoch erhebliche Unterschiede in den jeweiligen Strukturierungen und Politikstrategien auf. In Deutschland handelt es sich um einen staatlich sanktionierten berufsständischen Korporatismus mit stark exklusiven Strategien zugunsten ausgebildeter Kern-Mannschaften. In Schweden könnte man von einem „politisierten" Korporatismus sprechen: Eine korporatistische Struktur der staatlichen Verwaltung ist seine institutionelle Grundlage (vgl. Rothstein 1991). Die nicht status-, sondern produktivitätsorientierte Lohnpolitik beinhaltet(e) eine inklusive Lohn- und Organisationsstrategie (komparativ: Swenson 1991; geschlechterkritisch zum Korporatismus: Neyer 1996).
- Der schwedische und der deutsche Wohlfahrtsstaat unterscheiden sich nicht nur in ihrer jeweiligen Verteilungslogik, sondern auch in ihrer institutionellen Offenheit für Innovationen. So sind die als Quasi-Eigentumsrechte installierten kausalen Sozialversicherungsleistungen einer politischen Umverteilung weitgehend entzogen. Die Fragmentierung der sozialpolitischen Institutionen einerseits und die starken institutionellen Barrieren gegenüber (partei)politischer Regierungsführung andererseits erschweren eine Reformpolitik in der Bundesrepublik erheblich (vgl. Schmidt 1989 und 1993: 385ff.). Nicht zuletzt daran ist die stärker chancenorientierte und

---

7 So betrug die Frauenewerbsquote in den Jahren 1950 und 1970 in Deutschland 44,3% respektive 48,1%, in Schweden lauten die entsprechenden Ziffern 35,1% und 59,4%, vgl. (Bakker 1988: 19).

8 Zahlen können mitunter erhellend sein: Bereits 1940 waren nur noch 19% der erwerbstätigen Frauen in Schweden in der Landwirtschaft beschäftigt, während es in Deutschland noch 38% waren (vgl. Willms 1983: 35 und Carlsson 1966: 278ff.).

weniger statussichernde Politik der sozialliberalen Koalition gescheitert. Im Gegensatz dazu erleichtert das stärker finalisierte und einheitliche institutionelle Design der schwedischen Sozialpolitik sowie die zentralistische Struktur des politischen Entscheidungsprozesses die Umsetzung politischer Ziele.

Diese hier genannten Selektivitäten strukturieren das jeweilige sozialpolitische Feld hinsichtlich der Durchsetzbarkeit bestimmter Forderungen und der Einflußnahme politischer Akteure. Sie sollten bei der Analyse der Handlungsfähigkeit und der Strategien der Frauenbewegungen mitgedacht werden. Nur so gelingt es, den analytisch unergiebigen Dualismus zu vermeiden, in dem die nationalen Frauenbewegungen entlang von „Gleichheit" und „Differenz" klassifiziert werden (in Ansätzen bei: Lewis/ Ostner 1994; Ostner 1995a und 1995b). So hat die, von Ostner hervorgehobene, Zustimmung der deutschen Frauenbewegung nach der Jahrhundertwende zu Frauenschutzgesetzen weniger mit „Differenz" als mit dem völligen politischen Ausschluß von Frauen zu tun. Umgekehrt verdankt sich die klassenübergreifende Ablehnung solcher Gesetze auf seiten der schwedischen Frauenbewegung der Tatsache, daß die Partikularisierung der Schutzgesetze zu einem Zeitpunkt verhandelt wurde, als die schwedische Frauenbewegung sich auf dem Höhepunkt ihrer Mobilisierung und Politisierung vor dem Ersten Weltkrieg befand (vergleichend: Kulawik 1997).[9] Auch die unterschiedlichen Strategien der deutschen und schwedischen Frauenbewegung in den siebziger Jahren – in Schweden ein stark sozialpolitisch ausgerichteter Staatsfeminismus, in Deutschland ein radikaler, autonomer Feminismus – müssen im Horizont solcher Selektivitäten kontextualisiert werden.

Diese politisch-institutionellen Bedingungen könnten als quasi-geschlechtlos wirkende Erklärungsfaktoren (miß)verstanden werden.

Aber genau das sind sie nicht: Sie selbst sind, wenn man sie als zu Erklärendes betrachtet, Resulat vergeschlechtlichter sozialer und politischer Prozesse. Die beiden Länder differier(t)en nicht nur in ihrer jeweiligen Offenheit für frauenspezifische Policy-Forderungen, sondern in der in ihren (sozial)politischen Institutionen geronnenen Männlichkeit. „Geschlecht" als machtpolitische Kategorie der Wohlfahrtsstaatsbildung ist nicht erst relevant nach erfolgter wohlfahrtsstaatlicher „Modernisierung der Frauen". Die Bedeutung von Geschlecht erschöpft sich auch nicht in der Handlungsfähigkeit von Frauenbewegungen. Geschlecht als *maskuline Interessenkonstellation* stellt einen konstitutiven Bestandteil der Formierung und Entwicklung von Wohlfahrtsstaaten dar (vgl. Kulawik 1997).

---

9 Die inzwischen weithin kolportierte Klassifizierung der schwedischen Frauenbewegung als „schwach" (bei Koven/Michel 1993b: 15 und 23; Lewis 1992: 170) ist unzutreffend. Sie basiert auf der Hegemonie einer sozialdemokratischen Interpretation und einem eklatanten Mangel an Forschungen über die schwedische Frauenbewegung wie die schwedische Wohlfahrtsstaatsbildung vor 1930. Auch Hobson (1996) vertritt diese Auffassung, hebt dann aber ihre „Stärke" für die dreißiger Jahre hervor. Im Gegensatz dazu scheint mir die Auffassung Hirdmans (1989) plausibler, daß die Frauenbewegung gerade in den zwanziger und dreißiger Jahren mit der Insitutionalisierung des Klassenkompromisses an Einfluß eingebüßt hat.

3. *Das finale Stadium des – androzentrischen – Wohlfahrtsstaates?*

Die Debatte über die „Krise" des Wohlfahrtsstaates seit den siebziger Jahren war von der Diagnose periodischer Störungen eines an sich politisch gezähmten Kapitalismus ausgegangen. Nicht zuletzt deshalb büßte der Wohlfahrtsstaat als theoretischer Erkenntnisgegenstand in den achtziger Jahren seine Attraktivität ein. Die „alte" soziale Frage galt als mehr oder minder gelöst, das Interesse richtete sich auf die „neuen" Fragen und sozialen Bewegungen, unabhängig davon ob sie als „immaterieller Wertewandel", „ökologische Gattungsfrage" oder „Kolonisierung der Lebenswelt" aufgefaßt wurden.

Zur Zeit erleben wir unvermutet die Wiederkehr des „Alten". Ökologie und kulturelle Lebenswelten sind als politische und wissenschaftliche Top-Themen zurückgestuft. Die „alten" Verteilungsfragen rücken wieder auf die vordersten Plätze. Aber auch hier wird „Neues" proklamiert, besser gesagt zunächst vor allem das Ende des Alten, das mit unterschiedlichen Zukunfts-, mitunter Horrorszenarien ausgestattet wird. Unwiederbringlich verloren sei das „goldene Zeitalter" des sozialen Kompromisses und wachsender Sozialausgaben (vgl. u.a. Rhodes 1995; Leborgne/Lipietz 1996). Der Wohlfahrtsstaat werde zwar nicht abgeschafft, aber er werde unvermeidlich „leaner" und „meaner" (Rhodes 1996: 318). Die Funktion eines solchen „neuen", wie Jessop (1992: 716) ihn nennt, „Schumpeterschen Arbeitsstaates" liege in einer angebotsorientierten Interventionsstrategie zur Förderung struktureller Wettbewerbsfähigkeit (vgl. auch Hirsch 1995: 156ff.).

Nun sind die strukturellen Probleme wohlfahrtsstaatlicher Politik schlechterdings nicht zu bestreiten, ebensowenig die sich abzeichnenden qualitativen Veränderungen der Produktionsweise in ihrer Arbeitsorganisation und makroökonomischen Struktur. Die „Globalisierung", d.h. Entgrenzung der Kapital- und Warenströme, hat die Gestaltungsfähigkeit nationalstaatlicher Politiken untergraben. Mit der Entkoppelung von wirtschaftlichem Wachstum und Beschäftigung wird an den Grundpfeilern bisheriger Sozialstaatlichkeit gesägt. Hinzu kommen demographische Verschiebungen sowie Veränderungen der Lebensmuster, die familiäre Bindungen als weitere Ressource sozialer Sicherung immer poröser werden lassen.

Gerade die sentimentale Verklärung der alten Zeiten macht jedoch deutlich: Die wissenschaftliche Debatte wird von einem partikularen maskulinen Standpunkt geführt. Verschwiegen wird die Ungleichheit der Teilhabe der Geschlechter an den „goldenen" Jahren. Viele „linke" Wissenschaftler unterschlagen, daß diejenigen Strategien, die ihnen jetzt so monströs erscheinen, zum Standard der Frauenerwerbsarbeit gehören und von den Gewerkschaften, wenn nicht gar aktiv betrieben, so doch gleichgültig hingenommen wurden (vgl. z.B. die Beiträge in: Schmitthenner 1995). Dazu gehört die „Globalisierung" typischer industrieller Frauenarbeitsplätze – z.B. in der Textilindustrie – bereits in den siebziger Jahren, ebenso die „Deregulierung" von (Frauen)Teilzeitarbeitsplätzen zu „geringfügigen Beschäftigungsverhältnissen" ohne Arbeitsrechts- und Sozialversicherungsschutz durch die langjährige Weigerung, sie zum Gegenstand von Tarifvereinbarungen zu machen. Dazu zählt schließlich auch die erzwungene „Flexibilisierung" von Frauenleben zwischen bezahlter und unbezahlter Arbeit aufgrund eines eklatanten Mangels an sozialen Dienstleistungen.

Was derzeit so heftig beklagt wird, sind also nicht Deregulierung, Flexibilisierung und

Globalisierung per se, sondern daß davon zunehmend die Kern-Mannschaften betroffen sind. Mit anderen Worten: Dem männlichen, weißen „Normalarbeiter" droht die *Verweiblichung*, die „Hausfrauisierung", wie Claudia von Werlhof (1983) es schon Anfang der achtziger Jahre nannte. Die Dramatik der Situation in der Bundesrepublik Deutschland resultiert *auch* aus der „Gründerkrise" und der zum zweiten Mal in der deutschen Geschichte zu bewältigenden Gleichzeitigkeit von Nationalstaatsgründung und tiefgreifender gesellschaftlicher Umstrukturierung. Dies geschieht jedoch vor einem Hintergrund, wo die befürchteten männlichen Verluste größer sind als anderswo: Der „Normalarbeiter" hat sich hier länger gehalten als in anderen hochindustrialisierten Ländern, und *Er* war besser gesichert. In den achtziger Jahren betrug der Durchschnittslohn eines deutschen Metallarbeiters 143% des Durchschnittsverdienstes in der Bekleidungsdustrie, in Schweden waren es nur 118% (nach Swensen 1991: 394). Im internationalen Vergleich beispiellos ist die Überversicherung der Kern-Mannschaften in der Rentenversicherung erkauft durch eine fehlende Mindestsicherung und residuale soziale Dienste (vgl. Daly 1996).

Die schonungslose Revision vergangener Politiken sowie die Inspektion möglicher Umbaustrategien scheint mir Voraussetzung zu sein, um zu verhindern, daß sich Frauen politisch und wissenschaftlich in einem „Boot" wiederfinden, in dem die Konflikthaftigkeit geschlechtsspezifischer Interessen wieder einmal über Bord eines „Gesamtinteresses" geworfen wird. Dazu gehören auch solche heiligen Kühe „progressiver" Politik wie die Verkürzung der Erwerbsarbeitszeit oder das Mindesteinkommen. Feministische Politik und Forschung haben sich bisher zu wenig Rechenschaft über die unterschiedlichen Interessenlagen dieser Forderungen abgelegt. Erhofften sie sich z.B. aus der Verkürzung der Erwerbsarbeitszeit einen gesamtgesellschaftlichen Einstieg in die geschlechtsspezifische Umverteilung zwischen bezahlter und unbezahlter Arbeit, so betrieben Gewerkschaften, insbesondere die IG-Metall, damit vorrangig die Absicherung ihrer partikularen Interessen als Hochlohnsektor (vgl. Swenson 1991: 387ff.). Ähnlich zwiespältig fällt die Bilanz bei der immer wieder propagierten Entkoppelung von Arbeiten und Essen durch die Einführung eines Bürgergeldes aus (vgl. Meyer 1997).

Das Ende der „Arbeitsgesellschaft" kündet vom Ende des rundumversicherten und von Frauen versorgten männlichen Prototyps des industriellen Paradigmas. Seine Überversicherung sowie die fortgesetzte Subventionierung unproduktiver „männlicher" Produktionsbereiche – jüngstes Beipiel: Bergarbeiter – geht auf Kosten möglicher produktiver Investitionen und arbeitsschaffender Ausgaben, nicht zuletzt in bezahlten personenbezogenen Dienstleistungen. Solche *politisch* induzierten Umverteilungen auf unterschiedlichen Ebenen, d.h. innerhalb einzelner Versicherungszweige sowie in einer sozialpolitischen Gesamtrechnung deutlich zu machen und medienwirksam zu skandalisieren, scheint mir eine zentrale Aufgabe feministischer Politik und Forschung zu sein. Dies ist bislang weitgehendst unterblieben.

Hier rächt sich die Zentrierung sozialpolitischer Analysen um den soziologischen Arbeitsbegriff und die Aussparung machtpolitischer Arrangements. Diese Enthaltsamkeit resultiert auch aus den Traditionen feministischer Politik in der Bundesrepublik Deutschland. In der autonomen Frauenbewegung spielten Forderungen nach Reformen staatlicher Sozialpolitik keine Rolle. Im Gegenteil, auf dem Hintergrund der institutionellen und diskursiven Hermetik deutscher Sozialstaatlichkeit wandte sie sich dem Aufbau von Gegeninstitutionen zu, ob dies nun Kinderläden oder Frauenhäuser waren. Die Wiederanbindung an staatliche Politik erfolgte über die Rechtspolitik als Antidiskriminierungspolitik, nicht über Sozialpolitik. Frauenpolitisch blieb Sozialpolitik in Deutschland dem „Ausstieg" nicht der „Stimme" – um mit Albert Hirschman zu sprechen – verpflichtet. Die deutsche Frauenbewegung hat den Sozialstaat ironischerweise vor allem als obrigkeitlichen Verteiler und nicht als politisches „Konfliktregelungssystem" (Hartwich 1990: 21) gesehen. Darin und weniger in der „Sprengkraft" feministischer Entwürfe, wie Mechthild Veil (1996: 62) vermutet, sehe ich einen wichtigen Grund dafür, daß diese in den Debatten über die Weiterentwicklung des bundesdeutschen Sozialstaats keine Rolle spielen.

Mit der Wiederkehr der „alten Fragen" im Kontext der Globalisierung scheint ein ähnlicher Duktus der Analyse aufzuleben, die – in seltsamer Einmütigkeit von Protagonisten und KritikerInnen – ökonomistisch daherkommt (kritisch Sauer 1997a). Epistemologisch wird diese Entwicklung von zwei scheinbar gegensätzlichen, in ihren „heimlichen Verbindungen" jedoch durchaus komplementären Ansätzen sekundiert. Die *Rational-Choice Theorie* ontologisiert das individuelle, egoistische Nutzenkalkül zu einer alle gesellschaftlichen Bereiche umspannenden Rationalität (Überblick bei Rothstein 1996: 156ff.). Das autonome Indiviuum feiert darin seine politikwissenschaftliche Auferstehung. Gegen die drohende Feminisierung wird hier ein vom sozialen Ballast befreites, maskulines Subjekt proklamiert. Dieser handlungsfähige „Akteur" soll nicht nur wissenschaftliches Terrain zurückgewinnen, er fungiert gleichsam als Eroberer globalisierter Welten (kritisch aus der Perspektive der Transformationstheorie Sauer 1997b).

An der Seite dieses maskulinen Individualismus steht nun auch wieder sein alter ego, der *Strukturalismus*. Dabei wird ein Szenario völliger Zerstörung gezeichnet, das Heraufziehen eines neuen „Totalitarismus" und des „eindimensionalen Menschen" (Hirsch 1995: 161) angedroht. Frauen werden zu Opfern erklärt, um dann völlig unvermutet auf „Verständigung" über einen neuen Geschlechtervertrag zu setzen (Haug 1996: 694) oder zumindest die Uneindeutigkeit der Entwicklung einzuräumen (Hirsch 1995: 185). Der ökonomische Determinismus reproduziert, was er zu kritisieren vorgibt, die angebliche „Schicksalshaftigkeit" der derzeitigen Entwicklung. Gleichsam parallel zum maskulinen Subjekt wird so von den Protagonisten wie KritikerInnen der stattfindenden Transformationen eine (Schicksals)Gemeinschaft konstruiert, die die reale Vielfältigkeit der Konfliktlinien depolitisiert. Die vergleichende Wohlfahrtsstaatsanalyse zeigt, daß dieser Theorietypus in Deutschland verbreiteter ist als anderswo. In ihm drücken sich konkrete historische Erfahrungen der obrigkeitsstaatlichen Sozialstaatsgründung und seines Pendants, des revolutionären Attentismus, aus. Es ist an der Zeit, dieses manisch-depressive Gerüst zu verlassen und sich auf den Weg der Interpretations- und Repräsentationskämpfe um eine soziale und geschlechterdemokratische Staatsbürgerschaft zu machen.

Literaturverzeichnis

Bakker, Isabella, 1988: Womens' Employment in Comparative Perspective, in: *Jane Jenson* u.a. (Hrsg.), Feminization of the Labor Force. Paradoxes and Promises. New York, 17-44.

Becker-Schmidt, Regina, 1992: Gesellschaft, Geschlechterverhältnisse und Staat. Kommentar zu den Beiträgen, in: *Elke Biester* u.a. (Hrsg.), Staat aus feministischer Sicht. Berlin, 75-85.

Beer, Ursula, 1990: Geschlecht, Struktur, Geschichte. Soziale Konstituierung des Geschlechterverhältnisses. Frankfurt a.M./New York.

Benhabib, Seyla (Hrsg.), 1996: Democracy and Difference. Contesting the Boundaries of the Political. Princeton/New Jersey.

Bock, Gisela, 1995: Weibliche Armut. Mutterschaft und Rechte von Müttern in der Entstehung des Wohlfahrtsstaates 1890-1950, in: *George Duby/Michelle Perrot* (Hrsg.), Geschichte der Frauen, 20. Jahrhundert, Bd. 5. Frankfurt a.M./New York, 427-461.

Bock, Gisela/Thane, Pat (Hrsg.), 1991: Maternity and Gender Policies. Women and the Rise of European Welfare States 1880-1950. London.

Boris, Eileen/Bardaglio, Peter, 1983: The Transformation of Patriarchy: The Historic Role of the State, in: *Irene Diamond* (Hrsg.), Families, Politics and Public Policy. New York, 70-94.

Bussemaker, Jet/Kersbergen, Kees van, 1994: Gender and Welfare States. Some Theoretical Reflections, in: *Diane Sainsbury* (Hrsg.), Gendering Welfare States. London, 8-25.

Canning, Kathleen, 1993: Geschlecht als Unordnungsprinzip: Überlegungen zur Historiographie der deutschen Arbeiterbewegung, in: *Hanna Schissler* (Hrsg.), Geschlechterverhältnisse im historischen Wandel. Frankfurt a.M./New York, 139-163.

Carlsson, Sten, 1966: Den sociala omgrupperingen i Sverige efter 1866, in: Samhälle och Riskdag, Bd. 1. Stockholm.

Connell, Robert W., 1990: The State, Gender and Sexual Politics. Theory and Appraisal, in: Theory and Society 4, 507-544.

Daly, Mary, 1994: Comparing Welfare States, in: *Diane Sainsbury* (Hrsg.), Gendering Welfare States. London, 101-117.

Daly, Mary, 1996: Social Security, Gender and Equality in the European Union, Bericht für: European Commission V/D/5 Equal Opportunities for Women and Men.

Esping-Andersen, Gösta, 1990: The Three Worlds of Welfare Capitalism. Cambridge.

Evers, Adalbert/Olk, Thomas (Hrsg.), 1996: Wohlfahrtspluralismus. Vom Wohlfahrtsstaat zur Wohlfahrtsgesellschaft. Opladen.

Flora, Peter u.a., 1977: Zur Entwicklung der westeuropäischen Wohlfahrtsstaaten, in: Politische Vierteljahresschrift 4, 707-772.

Fraser, Nancy, 1994: Widerspenstige Praktiken. Macht, Diskurs, Geschlecht. Frankfurt a.M.

Gordon, Linda, 1988: What does Welfare Regulate?, in: Social Research 4, 609-630.

Gordon, Linda, 1993: Gender, State and Society. A Debate with Theda Skocpol, in: Contention 3, 139-156.

Gornick, Janet C./Meyers, Marcia K./Ross, Kathrin E., 1997: Supporting the Employment of Mothers: Policy Variation across Fourteen Welfare States, in: Journal of European Social Policy 1, 45-70.

Habermas, Jürgen, 1992: Faktizität und Geltung. Beiträge zur Diskurstheorie des Rechts und des demokratischen Rechtsstaats. Frankfurt a.M./New York.

Hartwich, Hans-Hermann, 1990: Gefährdungen des demokratischen Sozialstaates in historischer Perspektive, in: *Udo Bermbach* u.a. (Hrsg.), Spaltungen der Gesellschaft und die Zukunft des Sozialstaats. Opladen, 11-24.

Haug, Frigga, 1996: Das neoliberale Projekt, der männliche Arbeitsbegriff und die fällige Erneuerung des Geschlechtervertrags, in: Das Argument 217, 683-695.

Hernes, Helga Maria, 1987: Welfare State and Women Power. Essays in State Feminism. Oslo.

Hirdman, Yvonne, 1989: Att lägga livet till rätta. Stockholm.

Hirsch, Joachim, 1995: Der nationale Wettwerberbsstaat. Staat, Demokratie und Politik im globalen Kapitalismus. Berlin.

Hobson, Barbara, 1996: Frauenbewegung für Staatsbürgerrechte. Das Beispiel Schweden, in: Feministische Studien 2, 18-33.

Institut für Sozialforschung Frankfurt (Hrsg.), 1994: Geschlechterverhältnisse und Politik. Frankfurt a.M./New York.

James, Stanlie M., 1997: Für eine schwarze, feministische Vision des Sozialstaats, in: *Helga Braun/Dörthe Jung* (Hrsg.), Globale Gerechtigkeit? Feministische Debatte zur Krise des Sozialstaats. Hamburg, 49-65.

Jenson, Jane, 1986: Gender and Reproduction: Or, Babies and the State, in: Studies in Political Economy 20, 9-45.

Jenson, Jane, 1989: Paradigms and Political Discourse: Protective Legislation in France and the United States Before 1914, in: Canadian Journal of Political Science 2, 234-257.

Jessop, Bob, 1992: Thatcherismus und die Neustrukturierung der Sozialpolitik – Neoliberalismus und die Zukunft des Wohlfahrtsstaates, in: Zeitschrift für Sozialreform 11/12, 709-734.

Jonsson, Ulf, 1995: Kommentar till Lena Sommestad: Jordbrukets kvinnor i den svenska modellen, in: Historisk Tidskrift 3, 528-535.

Kerchner, Brigitte/Wilde, Gabriele (Hrsg.), 1997: Staat und Privatheit. Aktuelle Studien zu einem schwierigen Verhältnis. Opladen.

Kickbusch, Ilona, 1984: Familie als Beruf – Beruf als Familie: Der segregierte Arbeitsmarkt und die Familialisierung der weiblichen Arbeit, in: *Ilona Kickbusch/Barbara Riedmüller* (Hrsg.), Die armen Frauen, Frauen und Sozialpolitik. Frankfurt a.M., 163-173.

Knapp, Gudrun-Axeli, 1994: Politik der Unterscheidung, in: *Institut für Sozialforschung Frankfurt* (Hrsg.), Geschlechterverhältnisse und Politik. Frankfurt a.M., 262-287.

Knapp, Gudrun-Axeli/Wetterer, Angelika (Hrsg.), 1992: Traditionen Brüche. Entwicklungen feministischer Theorie. Freiburg.

Koven, Seth/Michel, Sonya, 1990: Womanly Duties: Maternalist Politics and the Origins of Welfare States in France, Germany, Great Britain, and the United States, in: American Historical Review 4, 1076-1108.

Koven, Seth/Michel, Sonya (Hrsg.), 1993a: Mothers of a New World. Maternalist Politics and the Origins of the Welfare States. New York.

Koven, Seth/Michel, Sonja, 1993b: Introduction: „Mother Worlds", in: *Diess.* (Hrsg.), Mothers of the New World. Maternalist Politics and the Origins of Welfare States. New York/London, 1-42.

Kreisky, Eva, 1995: Der Staat ohne Geschlecht? Ansätze feministischer Staatskritik und feministischer Staatserklärung, in: *Dies./Birgit Sauer* (Hrsg.), Feministische Standpunkte in der Politikwissenschaft. Eine Einführung. Frankfurt a.M./New York, 203-222.

Kreisky, Eva, 1997: Diskreter Maskulinismus. Über geschlechtsneutralen Schein, politische Idole, politische Ideale und politische Institutionen, in: *Dies./Birgit Sauer* (Hrsg.), Das geheime Glossar der Politikwissenschaft. Geschlechtskritische Inspektion der Kategorien einer Disziplin. Frankfurt a.M./New York, 161-213.

Kreisky, Eva/Sauer, Birgit (Hrsg.), 1995: Feministische Standpunkte in der Politikwissenschaft. Eine Einführung. Frankfurt a.M./New York.

Kreisky, Eva/Sauer, Birgit (Hrsg.), 1997: Das geheime Glossar der Politikwissenschaft. Geschlechtskritische Inspektion der Kategorien einer Disziplin. Frankfurt a.M./New York.

Kulawik, Teresa, 1989: Auf unsicheren Wegen. Perspektiven der sozialen Sicherung von Frauen, in: *Barbara Riedmüller/Marianne Rodenstein* (Hrsg.), Wie sicher ist die soziale Sicherung? Frankfurt a.M., 241-265.

Kulawik, Teresa, 1991/92: Autonomous Mothers? West German Feminism Reconsidered, in: German Politics and Society 24 u. 25, 67-86.

Kulawik, Teresa, 1994: Wie solidarisch ist der sozialdemokratische Universalismus? Wohlfahrtsstaatstheorie und soziale Staatsbürgerschaft in Schweden, in: *Elke Biester* u.a. (Hrsg.), Das unsichtbare Geschlecht der Europa. Frankfurt a.M./New York, 62-84.

Kulawik, Teresa, 1996: Modern bis maternalistisch: Theorien des Wohlfahrtsstaates, in: *Dies./Birigt Sauer* (Hrsg.): Der halbierte Staat. Grundlagen feministischer Politikwissenschaft. Frankfurt a.M./New York, 47-81.

Kulawik, Teresa, 1997: Mutterschaft und Sozialpolitik. Eine Studie zur Entstehung des Wohlfahrtsstaates in Schweden und Deutschland (1870-1912), Dissertation, FB Politische Wissenschaft, FU Berlin.

Kulawik, Teresa/Sauer, Birgit (Hrsg.), 1996a: Der halbierte Staat. Grundlagen feministischer Politikwissenschaft. Frankfurt a.M./New York

Kulawik, Teresa/Sauer, Birgit 1996b: Staatstätigkeit und Geschlechterverhältnisse. Eine Einführung, in: *Diess.* (Hrsg.), Der halbierte Staat. Grundlagen feministischer Politikwissenschaft. Frankfurt a.M./New York, 9-46.

Kyle, Gunhild, 1979: Gästarbeterska i manssamhället. Studier om industriarbetande kvinnors villkor i Sverige. Lund.

Lang, Sabine, 1995: Öffentlichkeit und Geschlechterverhältnis. Überlegungen zu einer Politologie der öffentlichen Sphäre, in: *Eva Kreisky/Birgit Sauer* (Hrsg.), Feministische Standpunkte in der Politikwissenschaft. Eine Einführung. Frankfurt a.M./New York, 83-121.

Langan, Mary/Ostner, Ilona, 1991: Geschlechterpolitik im Wohlfahrtsstaat: Aspekte im internationalen Vergleich, in: Kritische Justiz 3, 302-317.

Leborgne, Daniele/Lipietz, Alain, 1996: Postfordistische Politikmuster im globalen Vergleich, in: Das Argument 217, 697-712.

Lehnhardt, Gero, Claus, Offe, 1977: Staatstheorie und Sozialpolitik, in: Kölner Zeitschrift für Soziologie und Sozialpsychologie, Sonderheft 19. Opladen, 98-127.

Lewis, Jane, 1992: Gender and the Development of Welfare Regimes, in: Journal of European Social Policy 3, 73-91.

Lewis, Jane/Ostner, Ilona, 1994: Gender and the Evolution of European Social Policies, Zentrum für Sozialpolitik der Universität Bremen, Arbeitspapier Nr. 4.

Meyer, Traute, 1997: Im Schatten der Krise. Über das Ende der „Arbeitsgesellschaft" und die Dienstleistung der Frauen, in: *Brigitte Kerchner/Gabriele Wilde* (Hrsg.), Staat und Privatheit. Aktuelle Studien zu einem schwierigen Verhältnis. Opladen, 239-257.

Nelson, Barbara, 1990: The Origins of the Two-Channel Welfare-State: Workmen's Compensation and the Mothers' Aid, in: *Linda Gordon* (Hrsg.), Women, the State and Welfare. Madison, Wisconsin, 123-151.

Neyer, Gerda, 1996: Korporativismus und Verbände. Garanten für die Stabilität eines sexistischen Systems?, in: *Teresa Kulawik/Birgit Sauer* (Hrsg.), Der halbierte Staat. Grundlagen feministischer Politikwissenschaft. Frankfurt a.M./New York, 82-104.

Nullmeier, Frank/Rüb, Friedbert W., 1994: Erschöpfung des Sozialversicherungsprinzips? Gesetzliche Rentenversicherung und der sozialstaatliche Republikanismus, in: *Barbara Riedmüller/Thomas Olk* (Hrsg.), Grenzen des Sozialversicherungsstaates, Leviathan Sonderheft 14. Opladen, 59-80.

O'Connor, Julia, 1993: Gender, Class and Citizenship in the Comparative Analysis of Welfare State Regimes: Theoretical and Methodological Issues, in: British Journal of Sociology 3, 501-518.

Offen, Karen, 1993: Feminismus in den Vereinigten Staaten und in Europa. Ein historischer Vergleich, in: *Hanna Schissler* (Hrsg.), Geschlechterverhältnisse im historischen Wandel. Frankfurt a.M./New York, 97-138.

Orloff, Ann Shola, 1993: Gender and the Social Rights of Citizenship: State Policies and Gender Relations in Comparative Research, in: American Sociological Review 3, 303-32.

Ostner, Ilona, 1995a: Arm ohne Ehemann? Sozialpolitische Regulierung von Lebenschancen für Frauen im internationalen Vergleich, in: Aus Politik und Zeitgeschichte B 36/37, 3-12.

Ostner, Ilona, 1995b: Sozialstaatsmodelle und die Situation der Frauen, in: *Werner Fricke* (Hrsg.), Zukunft des Sozialstaats. Jahrbuch für Arbeit + Technik. Bonn, 57-68.

Pateman, Carole, 1989: The Disorder of Women. Cambridge.

Pateman, Carole, 1992: Gleichheit, Differenz, Unterordnung. Die Mutterschaftspolitik und die Frauen in ihrer Rolle als Staatsbürgerinnen, in: Feministische Studien 1, 54-69.

Rhodes, Martin, 1995: 'Subversive liberalism': market integration, globalization and the European welfare state, in: Journal of European Public Policy 3, 384-406

Rhodes, Martin, 1996: Globalization and West European Welfare States: A Critical Review of Recent Debates, in: Journal of European Social Policy 4 , 305-327.

Riedmüller, Barbara, 1984: Frauen haben keine Rechte. Zur Stellung der Frau im System Sozialer Sicherheit, in: *Ilona Kickbusch/Barbara Riedmüller* (Hrsg.), Die armen Frauen, Frauen und Sozialpolitik. Frankfurt a.M., 46-72.

Riedmüller, Barbara, 1985: Armutspolitik und Familienpolitik. Die Armut der Familie ist die Armut der Frau, in: *Stephan Leibfried/Florian Tennstedt* (Hrsg.), Politik der Armut und Die Spaltung des Sozialstaates. Frankfurt a.M., 311-335.

Rothstein, Bo, 1991: State Structure and Variations in Corporatism: The Swedish Case, in: Scandinavian Political Studies 2, 149-171.

Rothstein, Bo, 1996: Political Institutions: An Overview, in: *Robert E. Goodin/Hans-Dieter Klingemann* (Hrsg.), A New Handbook of Political Science. Oxford/New York, 133-166.

Sainsbury, Diane (Hrsg.), 1994: Gendering Welfare States. London.

Sauer, Birgit, 1995: Geschlecht als Variable oder Strukturkategorie? „Political Culture revisited", in: *Eva Kreisky/Dies.* (Hrsg.), Feministische Standpunkte in der Politikwissenschaft. Eine Einführung. Frankfurt a.M./New York, 161-202.

Sauer, Birgit, 1997a: Krise des Wohlfahrtsstaates. Eine Männerinstitution unter Globalisierungsdruck?, in: *Helga Braun/Dörthe Jung* (Hrsg.), Globale Gerechtigkeit? Feministische Debatte zur Krise des Wohlfahrtsstaates. Hamburg, 113-147.

Sauer, Birgit, 1997b: „Normale" Männlichkeit. Der Beitrag der Transformationsforschung zum Erhalt geschlechtsblinder Paradigmata in der Politikwissenschaft, in: *Eva Kreisky/Dies.* (Hrsg.), Das geheime Glossar der Politikwissenschaft. Geschlechtskritische Inspektion der Kategorien einer Disziplin. Frankfurt a.M./New York, 214-253.

Schmidt, Manfred G., 1989: Learning from Catastrophes. West Germanys' Public Policy, in: *Francis G. Castles* (Hrsg.), The Comparative History of Public Policy. Cambridge, 56-99.

Schmidt, Manfred G., 1993: Theorien in der international vergleichenden Staatstätigkeitsforschung, in: *Adrienne Héritier* (Hrsg.), Policy-Analyse. Kritik und Neuorientierung. Opladen, 371-393.

Schmitthenner, Horst (Hrsg.), 1995: Der „schlanke" Staat. Zukunft des Sozialstaates – Sozialstaat der Zukunft. Hamburg.

Scott, Joan Wallach, 1988: Gender and the Politics of History. New York.

Scott, Joan Wallach, 1994: Über Sprache, Geschlecht und die Geschichte der Arbeiterklasse, in: *Christoph Conrad/Martina Kessel* (Hrsg.), Geschichte schreiben in der Postmoderne. Beiträge zur aktuellen Diskussion. Stuttgart, 283-309.

Siim, Birte, 1988: Towards a Feminist Rethinking of the Welfare State, in: *Kathleen Jones/Anna Jonasdottir* (Hrsg.), The Political Interests of Gender. London, 161-186.

Skocpol, Theda, 1985: Bringing the State Back In: Strategies of Analysis in Current Research, in: *Peter Evans* u.a. (Hrsg.), Bringing the State back in. Cambridge, 3-43.

Skocpol, Theda, 1992: Protecting Soldiers and Mothers. The Political Origins of Social Policy in the United States. Cambridge, Mass.

Skocpol, Theda/Ritter, Gretchen, 1991: Gender and the Origins of Modern Social Policies in Britain and the United States, in: Studies in American Political Developement, Spring, 36-93.

Sommestad, Lena, 1995: Jordbrukets kvinnor i den svenska modellen, in: Historisk Tidskrift 3, 508-527.

Swenson, Peter, 1991: Labor and the Limits of the Welfare State. The Politics of Intraclass Conflict and Cross-Class Alliances in Sweden and Germany, in: Comparative Politics 4, 377-399.

Veil, Mechthild, 1996: Debatten zur Zukunft des bundesdeutschen Sozialstaats – Feministische Einwände, in: Feministische Studien 2, 61-73.

Werlhof, Claudia von, 1983: Der Proletarier ist tot. Es lebe die Hausfrau?, in: *Dies.u.a.* (Hrsg.), Frauen, die letzte Kolonie. Reinbek, 113-136.

Willms, Angelika, 1983: Grundzüge der Entwicklung der Frauenarbeit von 1880-1980, in: *Walter Müller* u.a. (Hrsg.), Strukturwandel der Frauenarbeit 1880-1980. Frankfurt a.M./New York, 25-54.

Wolf-Graaf, Anke, 1981: Frauenarbeit im Abseits, München.

Young, Brigitte, 1995: Staat, Ökonomie, Geschlecht, in: *Eva Kreisky/Birgit Sauer* (Hrsg.), Feministische Standpunkte in der Politikwissenschaft. Eine Einführung. Frankfurt a.M./New York, 255-280.

Globalökologische Krise und die Erosion der staatlichen Versorgungsordnung: zur Neustrukturierung der Verbindung von Zeit, Geld und Geschlecht

Irmgard Schultz

1. *Plädoyer für einen sozial-ökologischen Untersuchungsrahmen der globalökologischen Krise: Versorgungsordnung und gesellschaftliche Naturverhältnisse als zentrale Analysekategorien*

Ausgangspunkt meiner Überlegungen ist die Feststellung, daß die globalökologische Krise eine *Krise der gesellschaftlichen Naturverhältnisse* ist.[1] Sie läßt sich nicht auf Subpolitiken des Naturumgangs, der Sozialbeziehungen oder der Wirtschaftsstrukturen eingrenzen, sondern erhält ihre Dynamik aus den krisenhaft gewordenen Verhältnissen, in denen die Handlungsfolgen von Menschen und gesellschaftliche Reproduktionsprozesse unentwirrbar in naturale Strukturen und naturale Reproduktionsprozesse verwoben sind. Ein Indikator für das Krisenhafte der gesellschaftlichen Naturverhältnisse ist die immer weniger gesicherte *Versorgung* von vielen Menschen. Die *Versorgung* kann im Sinne einer politischen Anthropologie, welche sowohl die Pluralität der Menschen als auch ihr Eingebundensein in naturale Reproduktionsprozesse erfaßt, als eine basale Ordnungsstruktur der Vermittlung von naturalen und gesellschaftlichen Strukturen begriffen werden. Zu diesen grundlegenden Vermittlungsformen zwischen Natur und Gesellschaft sind die Nahrungsgewinnung und die Ernährung, die Möglichkeit des Seßhaft- oder Behaustseins und das Wohnen, die Fortbewegung und die Mobilität zuzurechnen, aber auch die Formen der sexuellen Praktiken und die Fortpflanzung sowie die Formen der intellektuellen und materiellen Naturaneignung durch Arbeit und die damit verbundenen Sozialbindungen. *Diese für die Aufrechterhaltung einer jeden menschlichen Versorgungsordnung notwendigen Vermittlungsformen von Natur und Gesellschaft sind zunehmend dadurch zu kennzeichnen, daß sie für einen großen Teil der Menschen auf diesem Globus prekär, krisenhaft und ohne existenzsichernde Zukunftsperspektiven geworden sind.*

Als symbolische Träger der Dichotomisierung der Gesellschafts-Natur-Differenz im

1 Der Begriff „gesellschaftliche Naturverhältnisse" ist von Egon Becker und Thomas Jahn als programmatischer Begriff für das Ineinanderverschränktsein von gesellschaftlichen und naturalen Wirklichkeitsdimensionen geprägt worden, die im modernen Gesellschaftsbegriff wie auch im modernen, evolutionsbiologischen Naturbegriff ausgeblendet werden (vgl. Jahn 1991). Er reflektiert jene Dimension naturaler Bedingtheit und Gestaltungen, die Latour mit dem Begriff der Hybride und Donna Haraway provokativ mit dem Begriff der Cyborgs zu erfassen versuchten. Für die feministische Diskussion haben Elvira Scheich und ich die Kategorie der gesellschaftlichen Naturverhältnisse im Rahmen der Begründung einer Programmatik Soziale Ökologie aus feministischer Sicht aufgenommen (vgl. Scheich/Schultz 1986).

modernen Denken ist *das Geschlechterverhältnis* mit seiner Politisierung der Mann-Frau-Beziehungen analog zur hierarchisch vorgestellten Kultur-Natur-Differenz im Zentrum dieser Krisendynamik verortet. Aber auch faktisch erleben viele Frauen diese Krise als Krise von latent bis offen gewaltförmigen Geschlechterbeziehungen. Als Versorgungsarbeiterinnen, die vom Zusammenbruch der symbolischen und materiellen Versorgungsordnungen häufig unmittelbar und existentiell betroffen sind, wehren sich insbesondere Frauen aus den Ländern des Südens gegen die Zerstörung der noch existenzsichernden Versorgungsordnungen in ihren Regionen und artikulieren diese Krisenerfahrung in einer anderen Stimme als die meisten Männer (vgl. Rocheleau/Thomas-Slayter/Wangari 1996). Die Rede von der *Weltrisikogesellschaft* (Beck 1996) stellt sich aus dieser Position einer nicht allein auf Umwelt zu reduzierenden Krisenerfahrung jedenfalls als verkürzte Theoretisierung dar. Die Dimension des krisenhaft gewordenen Normalen, die Alltäglichkeit der Verkehrstoten in den Ländern des Nordens und das Banalisiert-Redundante der Hungertoten in den Ländern des Südens wird mit dem Risikobegriff zugunsten einer kurzschlüssig technik- und medizinsoziologischen Extrapolierung von nur einer einzigen Erfahrungsdimension der gegenwärtigen Krise ausgeblendet.

Den Begriff der *Weltgesellschaft*, den Ulrich Beck als positive Zukunftsvision in Anspielung an Kant für die Theoretisierung der Umweltkrise in die Debatte eingebracht hat, möchte ich dennoch in meinem Beitrag aufnehmen (Beck 1996). Im folgenden möchte ich die Frage nach den positiven oder negativen Potentialen einer *Weltgesellschaft*, die nicht nur eine Gesellschaft von Männern und Brüdern wäre, in Form eines Szenarios zu beantworten versuchen, das sich (frei) an Elias' Rekonstruktion des Prozesses der Zivilisation anlehnt und in eine globale Zukunft hinein verlängert. Dabei geht es mir nicht um Tendenzaussagen, sondern darum, den Blick freizumachen für strukturelle Zusammenhänge des gegenwärtigen Transformationsprozesses, der mit dem Stichwort der *Globalisierung* nur eine einzige, wenn auch wichtige neue Dimension des Politischen erfaßt.

Das *Zukunftsszenario von der Globalisierung* kann nun einmal optimistisch als positive Vision einer globalen Zivilisierung und Sicherung der unterschiedlichen Versorgungsordnungen auf dem Globus ausgemalt werden oder aber pessimistisch als Szenario einer weltweiten Re-Feudalisierung, die mit einer Zerstörung der Versorgungsordnungen wie der sie garantierenden Gesellschafts- und Naturstrukturen einhergeht. Die beiden Szenarien sollen nicht bewertet werden, sondern die als *Transformation* treffend bezeichneten Veränderungsprozesse gegenwärtiger Erfahrungen, Handlungsmöglichkeiten und Strukturen verdeutlichen. Dafür reichen jedoch die gängigen Kategorien der politischen Analyse nicht aus. Um die Erweiterung und die mit der Überwindung des Nationalstaats verbundene *neue Reichweite des Politischen* sowohl in zeitlicher als auch in räumlicher Hinsicht zu verdeutlichen, sollen im folgenden auch die vorpolitischen Strukturveränderungen in den *gesellschaftlichen Naturverhältnissen* miterfaßt und als Bestandteil dieses politischen Transformationsprozesses mitanalysiert werden.

Zwei dem Politischen vorausgesetzte Strukturebenen ermöglichen einen solchen Tiefenblick. Das ist zum einen der Blick auf die dem Politischen vorangestellten ökonomischen Strukturen, die in historischer Perspektive anhand von einigen Verschiebungen im gesellschaftlichen *Zeitbewußtsein* (Zeit = Geld) rekonstruiert werden können.

Ein zweiter Zugang zu den dem Politischen vorausgesetzten Tiefenstrukturen eröffnet eine Auseinandersetzung mit der noch einmal hinter der Identifizierung von Politik und Ökonomie liegenden Ebene eines spezifisch mitteleuropäischen *Naturverständnisses*, das für die modernen Gesellschaften den legitimatorischen Spiegel abgab, anhand dessen sie sich der Grundlinien ihres Ordnungsverständnisses versicherten. Beide Strukturebenen: die des Politik-Ökonomischen und die des gesellschaftlichen Naturverständnisses lassen sich – das sollen einige kurze historische Rückblicke verdeutlichen – nicht voneinander trennen.

2. Historischer Rückblick auf die Bedingungen für ein Positivszenario der Weltgesellschaft: Politik ist nicht religiös, sondern ausschließlich politisch legitimiert und von allen Spielarten einer moralisierten Natur entkoppelt

Als Adelard von Barth, ein englischer Ritter und Benediktinermönch, im Jahre 1130 nach einem längeren Aufenthalt bei arabischen und jüdischen Gelehrten in Spanien und Süditalien nach (dem heutigen) England zurückgekehrt war, schrieb er eine Abhandlung mit dem Titel *Questions Naturalis*. Die dort behandelten *Naturfragen* waren für ihn selbstverständlich von der Existenz Gottes nicht zu trennen. Dennoch brachte Adelard eine neue Perspektive ins Fragen nach der (göttlichen) Welt. Die Vorstellungen über Natur folgten im mittelalterlichen Bewußtsein nicht den Beobachtungen der Menschen, sondern Einhörner und Drachen bevölkerten die Welt genauso wie die verschiedensten Kategorien von Geistern, Werwölfen und irrlichternden Seelen von Verstorbenen. Die Helden vergangener Epochen, Karl der Große neben den Helden von Troja, waren allgegenwärtig (vgl. Durant 1981: 158). An den Tafeln der familiaren Festessen, bei denen sich die Familienangehörigen nicht nur aus Blutsverwandten zusammensetzten, waren bis ins 16. Jahrhundert immer Plätze für die verstorbenen Ahnen mitgedeckt. Sie waren selbstverständlich und in einem unmittelbar räumlichen Sinne dabei (vgl. Zemon-Davis 1986). Eine Unterscheidung zwischen diesseitiger und jenseitig-außerweltlicher Welt, wie sie unser neuzeitliches Raum-Zeit-Bewußtsein trifft, zwischen einem weltgeschichtlich-historisch definierten Raum und einem außerweltlich-göttlich beschriebenen Raum, war dem mittelalterlichen Denken noch fremd. Deshalb brachte Adelard von Barth mit der entspiritualisierten und an die Beobachtung gebundenen Weise, wie er seine *Questions Naturalis* stellte, von den jüdischen und arabischen Gelehrten etwas Neues in den mitteleuropäischen Kulturraum (vgl. Misch 1974).

Die *Bindung von Naturerfahrung an Beobachtung* wird als ein Moment eines tiefergreifenden Perspektivenwechsels in der Weltwahrnehmung beschrieben, der zwischen dem 11. und dem 15. Jahrhundert stattfand und sich im 16. Jahrhundert unter anderem auch in einem neuen Zeitbewußtsein manifestierte. Dieses neue Zeitbewußtsein wird von Historikern häufig als ein Merkmal der Ökonomisierung der Versorgungsordnungen zu Beginn der Neuzeit interpretiert (vgl. Hohn 1984). Sich verändernde Naturvorstellungen, ein neues Zeitbewußtsein und die Ökonomisierung der Versorgungsordnungen gingen zu Beginn der Neuzeit also Hand in Hand. Vermittelt waren sie durch neue, nationalstaatlich-zivilisatorisch wirkende Strukturen des Politischen, dessen Entgrenzungen und Neuzusammensetzungen gegenwärtig anhand von wiederum fundamentalen Veränderungen im Raum-Zeit-Bewußtsein ansatzweise erkennbar werden.

Im Rolandslied (12. Jahrhundert), das zu Zeiten Adelards aufgeschrieben wurde, gibt es keinen Ausdruck für eine objektive, für alle Menschen gleichermaßen gültige Zeit. Richard Glasser hat in seiner sprachwissenschaftlichen Studie über Zeitvorstellungen im Altfranzösischen gezeigt, *daß Raum und Zeit nicht aufeinander bezogen waren* (vgl. Glasser 1936: 35). Es gab keine Auffassung von Zeit als etwas Einmaligem mit besonderem Erlebniswert. Die mittelalterliche Auffassung kannte auch nicht die für das neuzeitliche Denken zentrale Kategorie der *Erfahrung*, die eine individualisierende Wahrnehmungsform zum Ausdruck bringt. Das ist uns heute schlicht unvorstellbar. Das mittelalterliche Alltagsbewußtsein kannte noch nicht die unauflösliche Beziehung zwischen einer *objektiven Zeit*, die auf Weltgeschichte bezogen ist, und einer *subjektiven Zeit*, die sich auf eine individuelle Lebensgeschichte bezieht. So hat der Historiker Le Roy Ladurie das französische Dorf Montaillou in der Pyrenäengrafschaft Foix nach ausführlichen Quellen der Inquisitionsgerichtsbarkeit des 14. Jahrhunderts untersucht, die im Zeitraum von 1294 – 1324 viele Einwohnerinnen und Einwohner der Ketzerei (Katharerschaft) anklagte. Er fand von den Protokollanten der Inquisition exakte Datenangaben, z.B. 2. April 1320. Die Dorfbewohner gaben Zeitangaben jedoch nur in bezug auf erinnerte Ereignisse wieder (vgl. Le Roy Ladurie 1983: 299ff.). Die Inquisitoren und die Dorfbewohner erlebten sich in unterschiedlichen Zeit- und Weltordnungssystemen. Die Welt war noch nicht über einen gemeinsamen Bezug auf eine staatsgeschichtliche Weltzeit homogenisiert.

Zwischen dem 11. und dem 15. Jahrhundert kamen im Altfranzösischen eine Fülle neuer Zeitbegriffe auf, und die Ausdifferenzierung der Verben in neue grammatikalische Zeitformen begann. Für diese Verzeitlichung des frühneuzeitlichen Denkens, das sich schließlich im 16. Jahrhundert in einer neuen, perspektivischen Weltsicht manifestierte, gibt es einen Typus von Erklärung, der das Aufkommen des zeitzählenden Bewußtseins aus der aufkommenden Geld-Waren-Ökonomie erklärt. So interpretiert beispielsweise Hans-Willy Hohn in seiner Zeitstudie über den Beginn der Neuzeit die Übertragung von räumlichen Vorstellungen auf das Gebiet der Zeit aus dem sich mit Gründung der Städte verstärkenden Fernhandel (vgl. Hohn 1984). Der Begriff des *Zeitraums* und die *Vorstellung eines zeitlichen Abstands* würden eine neue Kompetenz der Fernhandel treibenden Bürger ausdrücken. Diese mußten lernen, über komplexe Zeithorizonte zu verfügen, die sie an der Länge der Schiffsfahrten abgebildet hätten. Die Schiffe, die die gehandelten Waren bringen sollten, mußten von den Kaufleuten für Fahrten, die zum Teil länger als ein Jahr dauerten, vorfinanziert und ausgerüstet werden. Deshalb entstand nach Hohn ein *kalkulatorisches, terminorientiertes Zeitbewußtsein* zuerst bei den Fernhandelskaufleuten.

Durchgesetzt und verallgemeinert hat sich nach Hohn dann dieses terminorientierte Zeitbewußtsein im Übergang von Stadtwirtschaften zur Staatswirtschaft durch das Verlagssystem, das vom Staat subventioniert wurde. Die Verleger schossen den Beschäftigten die zu verarbeitenden Materialien und Werkzeuge vor, und diese erhielten für die verarbeiteten Waren (z.B. Webwaren) den vorab ausgehandelten Lohn. Die Beschäftigten, unter ihnen vor allem Frauen und Kinder der Landbevölkerung, überlebten in ihren Familienverbänden jedoch nur, indem sie sich neben der Kontraktarbeit für den Verleger auch noch durch landwirtschaftliche Selbstversorgung (Eigenarbeit) ernährten. Neben dem traditionell vorsorge- und aufgabenorientierten Zeitbewußtsein, das sie an den Zyklen der landwirtschaftlich-hauswirtschaftlichen Versorgungsordnung ausgebildet hatten, mußten sie jetzt in dieser *Dualökonomie* auch noch ein terminorientiertes Zeitbewußtsein entwickeln.

So plausibel der zweite Teil dieser Analyse über die Verbreitung und Verallgemeinerung eines kalkulatorischen, terminorientierten Zeitbewußtseins bis in die Alltagswelt der ländlichen Gebiete hinein erscheint, die Erklärung seiner Entstehung aus dem Fernhandel wird von sprachwissenschaftlichen Untersuchungen nicht gestützt. Richard Glasser hält in der zitierten Arbeit über das Altfranzösische für die Entwicklung neuer Zeitformen weniger die Übertragung von räumlichen Strecken auf die Zeit (Zeiträume) für entscheidend, als vielmehr die Ausbildung eines Denkens in *Zeitpunkten*, das sich in der altfranzösischen Literatur beispielsweise in der plötzlich gehäuften Verwendung des Wörtchens *aujourd'hui* zeigt. Der Charakter dieses Wortes in den Schriften verweise nicht auf eine ökonomische Logik, sondern sei eindeutig amtlich und juristisch (vgl. Glasser 1936: 85). Wie schon die Protokolle der Inquisitoren von Montaillou zeigen, die weltgeschichtlich zählten, so weisen auch die Quellen des Altfranzösischen vor allem *die amtlichen Belange des neuzeitlichen Staates* als Ursache des sich breitmachenden Zeitzählens aus.

Das neue Zeitbewußtsein ist also nicht unmittelbar als Indiz für die Ökonomisierung der mittelalterlichen Versorgungsordnungen zu interpretieren, sondern vielmehr für ihre Erfassung und Tranformation durch den neuzeitlichen Staat, der wiederum die Rahmenbedingungen für die Ausbildung spezifischer ökonomischer Strukturen schuf. Das Entstehen eines neuzeitlichen Zeitbewußtseins ist dabei vor allem an die *zivilisatorische, die alltagsweltliche* Durchsetzung des neuzeitlichen Staates gebunden, dessen Wirkungsradius mehr als die Förderung des Handels und der Kontraktökonomie betraf. Wie die häufige Verwendung des Wörtchens *aujourd'hui* zeigt, war der sich breitmachende Zähldruck primär der staatlichen Erfassung seiner Bevölkerung geschuldet, die jetzt ihr Geburts- und Sterbedatum auf den amtlichen Dokumenten vermerken lassen mußte. Die ersten Zählexperimente eines William Petty, der mit dem Registrieren der auf dem Friedhof liegenden Verstorbenen als Erfinder der *Bevölkerungsstatistik* gilt, fallen ebenfalls in die Anfänge des neuzeitlichen Staates. Mit dem Staat kam nicht nur eine spezifische Form des Vertrags- und Handelsrechts in die Welt, sondern auch die *Bevölkerungspolitik als eine tragende Säule der immer mehr staatlich bestimmten Versorgungsordnungen.*

Die *Inquisition* muß in dieser Hinsicht als ein Element der in den Hoheitsbereich des Staates übergehenden *Familiengerichtsbarkeit* beschrieben werden. Diese beinhaltete nicht nur die Formulierung von Recht, sondern vor allem auch dessen Durchsetzung durch Strafgewalt. Staatskompetenz reiche so weit wie seine Strafkompetenz, so beschrieb Jean Bodin, Hofjurist des französischen Königs im 16. Jahrhundert und Begründer des Prinzips der staatlichen Souveränität, exakt den räumlichen Wirkungsradius des Staates (vgl. ausführlich dazu Schultz 1994: 133ff.).

Auf dem Hintergrund dieser Definition des *Staates als ein Raum, der durch Rechts- und Strafgewalt definiert ist*, wird erst die spezifische Form der Politisierung der Geschlechterdifferenz im 16. Jahrhundert verständlich, die mit der Unterstellung der kirchlichen Familiengerichtsbarkeit unter die Staatsgerichtsbarkeit verbunden war. Ein Novum war jetzt die Behandlung der Ketzerei als *crimen mixtum*, das den Schadenszauber

(Maleficium) als Sache des weltlichen Rechts unter Halsgerichtsbarkeit (also Todesstrafe) stellte, die gesinnungsmäßige Ketzerei jedoch im Hoheitsbereich der Kirche und damit außerhalb der allein dem Staat vorbehaltenen Strafgewalt beließ. Da es Aufgabe der weltlichen Herrscher war, Schaden von der Allgemeinheit abzuwenden, fiel die Verfolgung der *schadenserzeugenden* Ketzerei fortan unter die Strafgerichtsbarkeit des Staates (vgl. Segel 1988). Obwohl die gewaltinnehabenden Fürsten die von den Inquisitoren angestrengten Strafverfolgungen manchmal nur mit Widerwillen vollziehen ließen, ging (resultativ betrachtet) die Einverleibung des Kirchenrechts in Staatsrecht mit der Einengung des Straftatbestands des *Maleficium* auf die Teufelsbuhlschaft (sexuelle Vereinigung mit dem Teufel als Schadenszauber) einher. Diese sexistische Aufladung des Straftatbestands des Schadenszaubers bewirkte – im Unterschied zur Verfolgung der Katharer zwei Jahrhunderte zuvor – die Einengung der Ketzerei auf die Verfolgung von Frauen.

Diese historische Linie einer sexistischen Untermauerung der neuzeitlichen Staatsgewalt durch die Hexenprozesse und die beginnende Bevölkerungspolitik des Staates ist in der historischen Frauenforschung unter verschiedenen Perspektiven aufgezeigt worden. Bisher kaum analysiert wurde jedoch die damit verbundene Präformierung des westeuropäisch-neuzeitlichen Naturverständnisses, das, anders als bei Adelard von Barth, in dieser Perspektive ein rein politisch-moralisches war. Da das *Maleficium* sich in ernteverderbenden Hagelschauern genauso zeigen konnte wie im todbringenden Kindsfieber der Nachbarin, bildeten am Beginn der Neuzeit die äußere Natur und die innere Natur der Frauen, das Moralisch-Zweifelhafte der weiblichen Natur, und die Risiken der äußeren Natur einen unentwirrbaren Zusammenhang.

Diese letztlich religiös begründete *Natur* fungiert in unserer Kultur seitdem als projektive Folie für normativ-sittengesetzliche Letztbegründungen des Politischen (z.B. in der deutschen Abtreibungsregelung bis heute, vgl. Schultz 1987; z.B. im Ausschluß der Prostituierten aus dem Arbeitsrecht, vgl. Schultz 1998a). Über die moralphysiologische Ausbuchstabierung der Biologie der Frau in Medizin, Gynäkologie und Psychologie (im 19. Jahrhundert) ist diese sittenmoralische Naturkonzeption auch in viele naturwissenschaftliche Naturbeschreibungen eingelassen. Die Einführung einer *besonderen Natur der Frau,* die über die Strafpflicht des Staates sowohl weltlich als auch dahinterliegend noch einmal essentialistisch-religiös begründet wurde, legte die Grundlage für das westeuropäische, *doppelte Legitimationsmuster des Staates,* welches zugleich eine spezifisch sexistische Form der staatlich präformierten Versorgungsordnung legitimierte. Deshalb ist bei allen Versuchen, die Grundlinien einer existentiellen Versorgungsordnung über *Natur* begründen zu wollen, diese spezifisch westeuropäisch-sexistische Tradition der Verklammerung von äußerer und innerer Natur mitzureflektieren.

Mit der staatspolitischen Legitimierung der Hexenverfolgungen kam im 16. Jahrhundert *die subjektive Zeit* als *geschlechtsspezifisch verdoppelte und unterschiedlich moralisierte Lebenszeit von Frauen und Männern* in die französische Gesellschaft. Die scheinbar objektivste und neutralste aller Verbindungen – die von Zeit und Geld – enthält deshalb als vorausgesetzte *Naturdimension der Zeit* immer die neuzeitliche Geschichte der Moralisierung und potentiellen Kriminalisierung der Frauen. Dabei ist für das 16. Jahrhundert aber festzuhalten, daß noch viele Menschen des subjektiven Lebenszeitzählens nicht mächtig waren[2] und daß zwischen der Auffassung Bodins und der einiger Stadtbürger, wie beispielsweise des mit Bodin zeitgleich lebenden Michel Montaigne, noch Welten klafften. Erst die französische Revolution brachte den *inhaltsleeren Zeitbegriff* hervor, nach dem Zeit als eine leere Schachtel vorgestellt wird, in der so qualitativ Unterschiedliches wie Männerlebenszeit und Frauenlebenszeit drinstecken kann. Erst mit dem Artikel 4 der Erklärung der Menschenrechte vom 23. August 1789 entstand durch die Definition des Begriffs der Freiheit auch der Rechtsanspruch auf eine *eigene Zeit* und das Bewußtsein, daß Zeit zu einer natürlichen Grundausstattung des Menschen gehöre, die allen Menschen *gleichermaßen* zukommt (vgl. Glasser 1936: 232ff.).

In der feudalen Ordnung des 16. Jahrhunderts war die Lebenszeit der Menschen zwar schon der Staatsgewalt unterworfen, jedoch noch nicht als Rechtsanspruch gefaßt, den der Staat garantiert. Der Staat war zwar von Bodin ideell, jedoch noch nicht faktisch homogenisiert. Montaigne *politisierte* im Gegensatz zu Bodin nicht die Differenz zwischen Männern und Frauen. Er fand, daß Männer und Frauen „aus derselben Form gegossen sind, abgesehen von Erziehung und Brauch ist der Unterschied zwischen ihnen nicht groß" (zit.n. Greffrath 1985: 78). Montaigne kann als Beispiel eines aufgeklärten Bürgers einer sich in Richtung Vor-Aufklärung vorerst noch verdunkelnden Zeit zitiert werden, in welcher die Vererbungsgesetze noch nicht staatsrechtlich im Muster eines paternalistisch definierten Besitzindividualismus vereinheitlicht waren, das männliche Genealogie garantierte. Im 16. Jahrhundert herrschten in Frankreich vom Standpunkt der Versorgungsordnung aus betrachtet noch völlig unterschiedliche *Ökonomien*.

3. *Die Ewigkeit des Planeten Erde als naturales Fundament der neuzeitlich-westeuropäischen Konzeption von Zeit und Raum – Verdauerhaftigung des Planeten Erde als erste Bedingung für die Zukunftsfähigkeit einer Weltgesellschaft*

In Montaignes Essays spiegelt sich das Weltlichwerden der Versorgungsordnungen und damit der beginnende Prozeß der Säkularisierung der Welt als Reflexion über *das Diesseitigwerden der Zeit* wider: „Der Tod ist ein diesseitiges, ein irdisches Geschehen. Und wenn ihr einen Tag gelebt habt, so habt ihr alles gesehen. Ein Tag ist gleich allen Tagen. Es gibt kein anderes Licht und keine andere Nacht. Diese Sonne, dieser Mond, diese Sterne, dieses Weltgebäude, ist dasselbe, das eure Ahnen genossen haben und das eure Enkel erheitern wird" (zit.n. Greffrath 1985: 55f.). Montaignes Auffassung von der objektiven, sich gleichbleibenden diesseitigen Zeit, in welche Frauen und Männer ihre subjektive Lebenszeit als Intensivierung des diesseitigen Lebens eintragen, ist an die Beobachtung der Sonne und der Sterne, an eine von Gott abgekoppelte

---

2 So fand der historische Anthropologe Keith Thomas erst im 16. Jahrhundert Spuren eines biografischen Zeitbewußtseins in England. Für die Ausstellung von Geburts- und Sterbeurkunden, Testamenten usw. wurde mit Durchsetzung des neuzeitlichen Staates die Angabe eines Alters verlangt. Wer nicht bis 20 zählen konnte, galt im Süden Englands ab dem 16. Jahrhundert amtlich registriert als Idiot. „Der größte Druck, das eigene Alter zu wissen, übten die Anwälte und die Gesetzesgeber und Bürokraten auf die Leute aus" (Thomas 1988: 139).

Beobachtung der Planeten gebunden. Diese Dimension des Ewigen, die mit der Existenz der Erde als Stern im Weltgebäude garantiert wurde, konnte das sich modernisierende Denken im Ausgang des 18. und am beginnenden 19. Jahrhundert dann in seiner Auffassung von der *Welt als Entwicklung der Arten* voraussetzen. Der Glaube an das Ewig-Fortdauern des Unendlichkeitsprozesses der Moderne hat in dieser Sicht auf die Unerschütterlichkeit des planetarischen Weltgebäudes ihren festen Grund.
Der Abschied von den in die wirkliche Welt integrierten Jenseitsvorstellungen zeigte sich im 16. Jahrhundert in der Verzeitlichung der Welt und in der Ausbildung einer perspektivischen Sicht, die schließlich von einem *Selbst* ausgeht, das sich nicht mehr auf Gott (als die ewig-ruhende Zeit) bezieht, sondern selbst in den Mittelpunkt der Welt stellt. Das 16. Jahrhundert brachte mit der mechanischen Uhr eine Revolutionierung der täglichen Zeitmessung. Kalender waren die am meisten verbreiteten Druckerzeugnisse (vgl. Wendorff 1980). Mit dem großen Interesse an Kalendern war auch ein neu aufkommendes Interesse an der Deutung der Sterne verbunden, an Astronomie und Kartenlegen. Damit kam die Metapher vom *Schicksal als Dame Fortuna* auf. Das Bild von der Zukunft, die in den Sternen liegt, drückte die Reproduktions- und Existenzperspektive von Menschen aus, die aus der feudalen Versorgungsordnung entlassen waren, aber noch kein neues System der Zukunftssicherung im Rücken hatten. Die mittelalterliche Versorgungsordnung baute auf feudalen Unterschieden auf, welche die Vorstellung, daß alle Menschen *gleich* seien, von den Denkmöglichkeiten ausschloß. Es beinhaltete für die Ritter ein System der *Milde*, das verarmte Adlige sozial und existentiell auffing. Erst die Erosion dieses Versorgungssystems brachte nach Norbert Elias viele verarmte Ritter dazu, sich an den Kreuzzügen zu beteiligen. Und auch die Versorgung der nichtadligen Verarmten, der Kranken oder Verrückten, lag nach der Versorgungslogik der noch primär feudal-religiös definierten Gemeinwesen in deren Verantwortung. Die Städte und der neuzeitliche Staat verkehrten dann jedoch das mittelalterliche Existenzsicherungssystem in ein System der *Verfolgung und Vertreibung der Armen*. Franz Irsigler und Arnold Lassotta haben die Geschichte dieser Ausschlußpraktiken gegen arme Fremde, Außenseiter und Prostituierte in der Stadt Köln für die Zeit von 1300 bis 1600 beschrieben. Es ist die Geschichte eines städtisch-ordnungsrechtlichen Systems der Schließung der Tore und der Vertreibung (vgl. Irsigler/Lassotta 1989).
Deshalb erzählen viele Volkserzählungen des 15. und 16. Jahrhunderts wie beispielhaft die des *Fortunatus* in der gleichnamigen Erzählung (15. Jahrhundert) von der zusammenbrechenden Versorgungsordnung (vgl. Bachorsky 1983). Der *Fortunatus* begegnete dem Glück, als er, unschuldig verarmt, durch den finsteren Wald einer sich auf Gelderwerb umstellenden Zeit irrte, wo er mangels der ökonomischen Kompetenz, sein Leben *selbst* zu gestalten, unweigerlich umgekommen wäre, wenn ihm nicht *Frau Fortuna* mit ihrem sich nie erschöpfenden Geldsäckel begegnet wäre. Fortuna – das unberechenbare Glück – beschenkte den Fortunatus, während sie andere, die nicht weniger unschuldig verarmt waren, im undurchschaubaren Wald der zukunftsentsicherten Zeit elendig zugrundegehen ließ. Fortunatus' Geschichte zeigt, daß die soziale Identität nicht (mehr) von der Geburt bis zum Tod garantiert ist und daß die Volksbuchhelden versuchen, „sich durch eigene Aktivität einer sozialen Identität zu vergewissern" (Bachorsky 1983: 34). Diese neue, auf Gelderwerb ausgerichtete handlungs- und aktivitätsbezogene Sicht auf *sich selbst* kann als die identitätsmäßige Innenaus-

stattung der neuen perspektivischen Weltsicht und des subjektiven Lebenszeitzählens interpretiert werden.
Die damit einhergehende *Individualisierung* der Menschen des 16. Jahrhunderts ist jedoch nicht als die Besitzindividualisierung eines modern männlich gedachten Selbst mißzuverstehen, sondern als die aufdämmernde Perspektive eines *Familienindividualismus* (vgl. Zemon-Davis 1986), der weg von der feudal-religiösen Ausrichtung auf Gott sich hin auf die hierarchisierende Staatsperspektive richtete und zuletzt mit dieser identifizierte. In der historischen Frauenforschung wird dieser Prozeß als *Staats-Familienform-Identifizierung* analysiert, der deutlich in den Transformationsprozessen des 16. Jahrhunderts erkennbar ist (vgl. Kelly-Gadol 1987). Zu Zeiten des *Fortunatus* war die Vorstellung einer *eigenen* Zeit eines jeden Menschen, die durch die pure Teilhabe der menschlichen Lebenszeit an der Gattungsgeschichte ein Anrecht auf das Grundrecht zu leben garantierte, noch lange nicht in Sicht.
Schließe ich hier mit meinen Rückblicken auf den Beginn der Neuzeit, dann wird unter der Perspektive der Veränderung des Zeitbewußtseins die große Verschiebung in der gegenwärtigen Zeitauffassung deutlich, die mit der Abkehr von der Vorstellung der *Ewigkeit* einer Existenz des Planeten Erde verknüpft ist. Das naturale Fundament des neuzeitlichen Zeitbewußtseins, die Unerschütterlichkeit des planetarischen Weltgebäudes, kommt heute als ein prekäres ins Bewußtsein. Der Abschied von der modernen, westeuropäisch-sozialstaatlichen Versorgungsordnung zeigt ähnliche Symptome der existentiellen Verunsicherung wie in den Transformationsprozessen am Beginn der Neuzeit. Der von einem *Selbst* ausgehende moderne Blick auf die (seit Newton) sich in die Unendlichkeit des planetarischen Universums schraubende Zeit ist abgelöst worden durch den *extraterrestrischen, planetarischen Blick auf den Globus*. Damit einher geht eine neue Form der *Verräumlichung der Welterfahrung* (vgl. Schultz 1998b). Der aus der Position eines Satelliten auf die Erde gerichtete Blick stellt heute fest, daß die Fortdauer des Planeten in alle Zukunft hinein nicht mehr gesichert ist. Die bereits vollzogene Entwicklung – das bestätigt auch das neuere Naturverständnis, wie es im zweiten Satz der Thermodynamik ausgedrückt wird – läßt den Planeten nicht unberührt. Das naturwissenschaftlich formulierte Naturverständnis heute (wie es zum Beispiel von Prigogine und Stenger formuliert wird, vgl. Prigogine/Stenger 1986) geht von der *Unumkehrbarkeit des Zeitpfeils* aus. Von der Erfahrungsposition der möglichen Vernichtung des Planeten Erde her betrachtet zeigt sich die Krise gesellschaftlicher Naturverhältnisse als Umweltkrise planetarisch-globalen Ausmaßes. Das vom Satelliten erstellte *Bild vom Globus* als ein durch Abgase verdunkelter blauer Planet ist weltweit ein fester Bestandteil der auch alltäglichen Welt- und Wirklichkeitswahrnehmung geworden (vgl. Schultz 1997).

4. Positiv-Szenario: einige Strukturelemente einer Zivil- und Weltgesellschaft aus feministischer Sicht

War die Aufgabe des neuzeitlichen Staates im historischen Rückblick dadurch definiert, erstens eine neue Versorgungsordnung herbeizuführen und zweitens aus dem Dauerzustand sich bekriegender Territorialfürsten herauszuführen (vgl. Elias 1976), so kommt in Analogie gesprochen für eine *Weltgesellschaft* heute die existenzgarantierende

Verdauerhaftigung des Planeten Erde als dritte Aufgabe hinzu. Ob die Komplexität der drei Aufgaben angemessen antizipierbar ist, kann ich hier nicht beurteilen. Einige Strukturelemente, die sich aus den dargestellten historischen Rückblicken extrapolieren lassen und welche eine positive Vision im Hinblick auf eine Entschärfung der Krise der Geschlechterverhältnisse untermauern würden, möchte ich jedoch herausstellen:

- Eine Vollendung der unvollendeten Moderne im Sinne einer globalen Zivilisierung würde die Durchsetzung von konstitutionellen Verfassungen mit ausgewiesenen *Frauenrechten* im Rahmen einer konsequenten Menschenrechtspolitik bedeuten. Dies würde für unser Grundgesetz eine konsequente *Säkularisierung* und *Entfeminisierung* des Sittlichkeitsgebots (Sittengesetz) beinhalten. Angesichts der massiven Fundamentalisierungstendenzen in islamischen Religionsgemeinschaften, deren Muster eines *Outcastings* gegen Frauen, die auf Selbstbestimmung über ihre reproduktiven Fortpflanzungspotenzen bestehen (vgl. Hélie-Lucas 1992), auch in christlich-fundamentalistischen Gemeinschaften zu beobachten ist, wäre darüber hinausgehend eine zivilgesellschaftliche Auseinandersetzung mit frauenfeindlichen Gemeinschaftsstrukturen (communities) notwendig, die sich religiös legitimieren. Die anhand von Montaignes Denken veranschaulichte *Abkoppelung der gesellschaftlichen Moral- und Naturvorstellungen von einer Wesensbeschreibung einer männlichen oder weiblichen Natur* würde politisch durch ein säkularisiertes, intersubjektiv legitimiertes und reflexiv auf Naturgestaltung bezogenes politisches Ordnungsverständnis untermauert. Dies würde zum einen eine strikte Trennung der politischen Ordnungen von religiösen Vorstellungen und staatlich verordneten Alltagsritualen bedeuten, also eine *rigorose Entkoppelung von Staat und Religion*. Es würde zum anderen aber auch eine politische Förderung von nichtsexistischen Politik- und Produktionsformen beinhalten, z.B. eine konsequente strafgewaltliche und ökonomische Unterbindung des weltweiten Porno- und Sexsklavinnenmarkts, der sich als neuer, großer Arbeitsmarkt für verarmte Frauen anstelle der bisher staatlich subventionierten Sektoren der Frauenerwerbsarbeit im Bildungs-, Gesundheits- und Sozialbereich breitmacht.

- Als entscheidendes Moment einer positiven Vision einer globalen Zivilisierung käme die Vollendung der modern-aufklärerischen Perspektive über die an die Lebenszeit eines Menschen gebundenen Grundrechte hinaus auch als *Grundrechte, die sich auf (Lebens-)Raum eines jeden Menschen beziehen*, in den Blick. Eine solche Perspektive zeigt sich in der Ersten Welt punktuell in politischen Forderungen wie die nach einem *Grundrecht auf Wohnen*, einer Bindung der *Staatsbürgerschaft ans Territorialprinzip* statt an Blutsverwandtschaft oder in den direkt auf die *Bodennutzung* bezogenen politischen Forderungen, wie die nach einer an die Kommune zu entrichtenden Bodenabgabe für Baueigentümer und Immobilienhändler (gegen Boden- und Wohnraumspekulation). In den Ländern des Südens wird sie als Forderung nach einer *Erhaltung der Commons* (das heißt freie, nicht geldökonomisch versperrte Zugänge zur naturalen Umgebung und deren Nutzung) und nach *Landreformen* formuliert. In systematischer Hinsicht ist diese Vision am meisten in Konzepten einer *nachhaltigen Entwicklung* (sustainable development) dargelegt worden, welche das ethische Postulat einer Verteilungsgerechtigkeit, die implizit im Gleichheitsprimat beinhaltet ist, auch auf die Naturverbräuche in globaler Perspektive und auf die kommenden

Generationen ausgedehnt haben (zum Konzept: vgl. Becker 1997). So hat der holländische Umweltverband *Friends of the Earth* diese neue Gerechtigkeitsperspektive anhand einer Visualisierung der Naturverbräuche Hollands als prozentualem Anteil am *globalen Umweltraum* sichtbar gemacht und dadurch gezeigt, wie weit die Holländerinnen und Holländer über ihre Grenzen hinaus auf Kosten der Menschen in den Ländern des Südens leben (vgl. Institut für sozial-ökologische Forschung/ Friends of the Earth 1995). Der BUND (Bund für Umwelt und Naturschutz Deutschlands) hat zusammen mit der kirchlichen Entwicklungsorganisation MISEREOR dieses Konzept für Deutschland weiterentwickeln lassen (vgl. BUND/MISEREOR 1996).[3]

Darüber hinausgehende Visionen einer Versorgungsordnung, die sich auf die grundgesetzliche Garantie einer *eigenen* (das heißt von Versklavung und Leibeigenschaft befreiten) *Zeit* und eines grundgesetzlich garantierten *eigenen* (das heißt von feudaler oder geldökonomischer Verschließung befreiten) *(Lebens-)Raumes* stützen, sind in den Konzepten eines *Bioregionalismus* oder in feministischen Empowerment-Perspektiven zu finden, die sich auf die Erhaltung der *Versorgungsordnung in konkreten naturalen Kontexten* richten (vgl. Wichterich 1995: 119ff.). Die beobachtbare Erosion der Versorgungsordnungen in Ländern der ersten, der zweiten (und lange schon) der dritten und vierten Welt wird mit der Vision einer Re-Konkretisierung und Wiedereinbindung der in plural vorgestellten Versorgungsordnungen in die naturalen und historisch-kulturellen Besonderheiten globaler Teilräume begegnet.

- Als eine unabdingbare Voraussetzung für jede Zivilisierung erscheint heute wie zu Beginn der Neuzeit wiederum die Befriedung und Befreiung von Krieg. Elias beschreibt den Staatenbildungsprozeß Frankreichs als Durchsetzung des mächtigsten Territorialfürsten über seine fürstlichen Konkurrenten, mit denen er entsprechend der mittelalterlichen Logik von territorialen Familienclan-Politiken in ständige kriegerische Auseinandersetzungen verwickelt war. Die hierarchisch-hegemoniale Alleinherrschaft nach innen und außen erlangte der Souverän einerseits durch die Unterwerfung der fürstlichen Territorialherren und StadtbürgerInnen unter seine mit Ende des Rittertums zum angestellten Heer umstrukturierte Waffengewalt. Andererseits konnte sich dieses Gewaltmonopol nur durchsetzen, insofern der Souverän die Territorialfürsten auch alltagsweltlich entmachtete, indem er gezielt neue Institutionen, eine neue Bürokratie um sich aufbaute. Der französische König tat dies, indem er seine Höflinge und Bürokraten in den Adelsstand erhob (Noblesse de Robe). Elias bezeichnet diese spezifische Form der Staatssouveränisierung als *Königsmechanismus*.

  Eine positive Vision von den derzeit beobachtbaren Globalisierungsprozessen könnte in einer Analogie als Vision einer *globalen Befriedung* ausgemalt werden. Diese beinhaltete die weltweite Befreiung von waffengewaltlichen Auseinandersetzungen durch eine Umstrukturierung der nationalen und privaten Armeen in (zivile) An-

3 Aus feministischer Sicht sind diese Ansätze zwar bisher wegen ihrer Geschlechterblindheit kritisiert worden (vgl. Schultz 1996), eine konstruktive Kritik im Sinne einer feministischen Weiterentwicklung dieser auf *Umweltraum* bezogenen Gerechtigkeitsperspektive steht jedoch noch aus.

gestellte, die analog zur Umwandlung der Ritterheere in staatliche Armeen zu Beginn der Neuzeit heute jedoch mit neuen, globalbefriedenden Funktionen betraut werden müßten. Entscheidend in diesem Umwandlungsprozeß aber wäre die existentielle Versorgung der Menschen, die aus der alten, militärischen Versorgungslogik entlassen werden (die der Roten Armee genauso wie die der Mafia) und ihre Integration in eine neue Versorgungsordnung. Analog zum *Königsmechanismus* des sich konstituierenden französischen Staates wäre im Hinblick auf eine globale Zivilisierung darüber hinaus vor allem die institutionelle Verankerung eines *Globalbefriedungsmechanismus* notwendig. Darunter wäre die (relativierende) Entmachtung konkurrierender staatlicher, ethnischer, privatwirtschaftlicher, geheimbündlerischer oder sonstiger militärischer *Körperschaften* durch die Etablierung *globaler Institutionen* zu verstehen, also *die Transformation der Machteliten*, nicht die Abschaffung der Staaten oder die Abschaffung der Geld-Warenökonomie.

- Die neuen bürokratieähnlichen politischen Körperschaften müßten nicht nur die Interessen der existierenden politischen Machteliten neutralisieren oder integrieren, sie müßten auch – wie zu Beginn der Neuzeit – sich mit den Interessen der sogenannten Akteurinnen und Akteure des Alltags verbinden.
  Dies würde *neue Formen der Institutionalisierung von sozial-ökologischen Bündnissen* quer durch die bestehenden Institutionen und gegen ihre Eigenlogiken erfordern. Daß rudimentär solche *Netzwerke von Akteuren einer zukunftsfähigen Globalisierung* entstehen, zeigt das folgende Zitat von einer Tagung, auf der sich Wirtschaftsakteure mit Politikwissenschaftlern, Theologen und Philosophen trafen, um über Perspektiven der Globalisierung zu diskutieren:

  > „Wenn aber Markt und Staat als Verständigungs- und Steuerungsinstanzen nicht mehr ausreichen und der Rückweg in traditionale Gemeinschaften nicht zukunftsfähig ist, bleibt nur die Arbeit an neuen Strukturen und Bindungen, die über die partikularen Rationalitäten von Gemeinschaft, Staat und Markt hinausgehen, indem sie diese nutzen und auf neuartige Weise integrieren. Eine Hoffnungsformel dafür lautet 'Netzwerke'. Zur (Kempfenhausener) Vision zukunftsfähiger Globalisierung gehört die Vorstellung, daß Netzwerke sich – in Ergänzung und Verknüpfung von traditionalen Gemeinschaften, Markt und Staat – zu einer vierten gesellschaftlichen Gestaltungsmacht formieren können, und die Hoffnung, daß diese vierte Kraft gleichsam 'quer' zur funktionalen Differenzierung der Industriegesellschaft deren wirtschaftliche und gesellschaftliche Praxis einerseits in ihren (selbst-) destruktiven Tendenzen begrenzen und sie andererseits für eine neue 'Lebenskunst' und 'Ethik gesellschaftlicher Mitgestaltung' öffnen könnte" (Bayrische Hypotheken- und Wechel-Bank AG 1996: 121).

  Die angeführte Tagung verdeutlicht aber auch, daß solche Netzwerke, in denen Wirtschaftsakteure mit Ethik- und Politikexperten Perspektiven für die Zukunft entwerfen, bisher weitgehend männlich sind und die *Alltagsakteurinnen* darin fehlen. Angesichts einer weltweit bestimmenden geschlechtsspezifischen Arbeitsteilung zwischen den männerdominierten Domänen der Entwicklung von neuen Finanz-, Produktions-, Wissenschafts- und Technikmärkten einerseits und dem frauendominierten Bereich einer weitgehend davon entkoppelten Versorgung andererseits besteht die Gefahr, daß diese Netzwerke letztlich nur transnationale Diskurs-Koalitionen bilden, welche die erwünschte *Ethik gesellschaftlicher Mitgestaltung im globalöf-*

fentlichen Raum für einen universellen Mann-Menschen kommunizieren, während mehrheitlich den Frauen das Kunststück der alltagsweltlichen Aufrechterhaltung einer Versorgungsordnung aufgebürdet wird, deren Grundlagen immer mehr zerstört werden. Für eine positive Vision von Netzwerken müßte deshalb deren Funktion an *die Herstellung nicht-krisenhafter Versorgungsordnungen gebunden* werden, das heißt von Versorgungsordnungen, die weder durch eine Dauerkrise der Geschlechterbeziehungen, noch durch Umweltzerstörungen geprägt sind. Auf kategorialer Ebene hieße dies, die Perspektive eines an regionale Versorgungsordnungen zurückgebundenen *empowerment der Frauen* auf dem Stand der jeweils gegebenen Voraussetzungen weiterzuentwickeln. Dies würde eine weder durch äußere, noch durch innere Natur begründete Vision der Stärkung von Frauenrechten bedeuten.

5. *Die geldökonomischen Voraussetzungen für ein Negativ-Szenario der Weltgesellschaft: zur historischen Ausbildung und Verselbständigung einer eigenmächtigen Zirkulationssphäre*

Nach Elias hat sich der Königsmechanismus als eine den Staat tatsächlich homogenisierende Tendenz durch die Beteiligung der königlichen Höflinge am *staatlichen Steuermonopol* durchgesetzt. Das staatliche Steuermonopol stabilisierte die Unterwerfung der Kirchenmacht unter die Staatsmacht und führte im 17. Jahrhundert zur Ausbildung eines neuen Naturverständnisses.[4] Es legitimierte den Staat als Garant der geldwirtschaftlich transformierten Versorgungsordnung und führte zum Aufbau eines ökonomischen Unterbaus der nationalen Staaten. Andererseits trug das Steuermonopol aber auch in Überschreitung der nationalstaatlichen Grenzen zur Konsolidierung der unterworfenen Kolonien und zur Ausbildung einer eigenständigen finanzwirtschaftlichen Zirkulationssphäre bei, welche schon im 17. Jahrhundert an der Einrichtung von *international anerkannten Wechselkursen* erkennbar wurde. Und schließlich trug es damit auch zur Ausbildung eines eigenmächtig werdenden *Weltmarkts* und zur Ausbildung einer global wirksamen *Standortpolitik* bei, welche das Steuermonopol der Staaten inzwischen weitgehend ausgehöhlt hat. Mit dem finanzpolitisch begründeten Primat einer *Strukturanpassungslogik* untergräbt es letztlich auch die ökonomische Potenz der westeuropäischen Gesellschaften, die sich bis in die siebziger Jahre qua wirtschafts- und militärpolitisch legitimierter politischer Bündnisse eine weltmarktprivilegierende Vormachtstellung sicherten, die ihnen die Finanzierung eines aufwendigen innerstaatlichen Versorgungssystems erlaubten.

In historischer Perspektive ist dieser Prozeß wiederum entlang der Identifizierung von Zeit, Geld und Geschlecht und anhand von einigen fundamentalen Veränderungen im Naturverständnis zu rekonstruieren:

4 Erst die Ökonomisierung von Natur führte zu einem Naturverständnis, das Natur zum einen in die Unendlichkeit des planetarischen Kosmos hinein externalisierte und zum anderen in der Logik der experimentellen Technifizierung zum bloßen Material entnaturalisierte. Diese Technoökonomisierung des neuzeitlichen Naturverständnisses, das heißt seine Bindung an eine spezifische Form einer staatspolitisch fundierten Ökonomie, wird meines Erachtens in der Wissenssoziologie und in der feministischen Naturwissenschaftskritik zumeist ausgeblendet.

„1292 verlangt der König (von Frankreich, I.S.) eine Abgabe von 1 Denier pro Pfund vom Verkauf aller Waren, und zwar ist diese Abgabe sowohl vom Käufer wie vom Verkäufer zu zahlen" (Elias 1976: 284). Indem die Steuerfestsetzung nicht mehr an den Besitz von Boden gebunden wurde, sondern an den Warenhandel, ökonomisierte der Staat seine Basis und band seine souveränen Interessen an die Ausweitung und Dynamisierung des Warenhandels. Die Umrechnung von Gewichten in Geld – die Umrechnung des gemessenen und beeidigten Pfund Ware in das Pfund Sterling oder in Frankreich in Deniers – wurde die Grundlage des Steuersystems. Es lag jetzt im Interesse der staatlichen Bürokratie und der königlichen Beamten, der Höflinge mit ihrem Bedarf an Gehältern und Luxusentfaltung, daß die Maße und Gewichte stimmten, denn sie wurden als Zähleinheiten der Besteuerung zugrundegelegt.
Neben dem König von Frankreich übte im 16. Jahrhundert auch Kaiser Karl V. das Kontrollmonopol über die Maße und Gewichte aus, Römischer Kaiser von Gottes Gnaden in Germanien und zu Spanien, beider Sizilien, Jerusalem, Ungarn, Dalmatien, Kroatien und königlicher Erzherzog zu Österreich, Herzog zu Burgund und Graf zu Habsburg, Flandern und Tirol und damit Souverän über einen Großteil des heutigen Europas. In dem 1532 von ihm herausgegebenen Gesetzeswerk, das abkürzend als *Carolina* bezeichnet wird, werden die Maße und Gewichte, nicht aber das Geld, zu den *Kaufmannschaften* gezählt. Die Einhaltung des exakten Messens und Wiegens wird dort unter schärfere Strafe gestellt als die Geldfälscherei (vgl. Die peinliche Gerichtsordnung Kaiser Karl V. von 1532, Repr. 1984: 78ff.). Das Pfund, das unter besonderem Staatsschutz stand, ist das Pfund Silber, das im Jahre 789 n. Chr. durch eine Geldreform an die Autorität des karolingischen Königs gebunden wurde.[5] Im 12. Jahrhundert bekam es in dem zu versteuernden Pfund der Waren ein zugleich materiell bindendes wie ideelles politisches Pendant. Was in der Logik der staatlichen Steuereintreibung interessierte, waren nicht die konkreten Waren, sondern ihre Meßbarkeit und ihre Umrechenbarkeit in die Zähllogik des Geldes: Viele *pound* an zu versteuernden Waren brachten schließlich auch viele *pound* an Geld, von dem die Höflinge und Günstlinge lebten. Diese von qualitativen Natureigenschaften der Waren und des Geldes abstrahierende In-Beziehung-Setzung von Gewicht und Zahl (physikalischer und ökonomischer Messung) fand schließlich im 17. Jahrhundert seinen generalisierenden Ausdruck in dem von *Newton formulierten neuen Naturverständnis.*
Newtons Leistungen bestanden vor allem darin, daß er die Untersuchung von Naturerscheinungen in der experimentellen Anordnung auf diejenigen einschränkte, die eine experimentelle Bestätigung möglich machen. Nicht Naturbeobachtung begründet jetzt das Naturverständnis, wie Adelard von Barth darlegte, sondern die Meßanordnung in der messenden, experimentellen Methode. Dies formulierte Newton im *Satz vom experimentellen Gesetz*. Dafür machte er die Mathematik zu einer Methode der Darstellung, vorher galt Mathematik als ein immanentes Prinzip der Natur. Newton unterschied zur mathematischen Definition des Trägheitsgesetzes zwischen Masse und Gewicht und setzte dafür ein *Enertialsystem* als Voraussetzung. Das Enertialsystem „ist das gesetzte Anfangssystem, durch das die Bewegungen der Körper relativ zu-

5 Das Pfund war 200 Solidi und diese wiederum 12 Dinarii wert. Im 9. Jahrhundert übernahmen die angelsächsischen Herrscher dieses System, auf welches das heutige englische *Pfund* zurückgeht.

einander und zur Bewegungsänderung objektiv gemessen werden können, dadurch daß es einen absoluten gültigen Maßstab in der objektiven Zeit angibt, in der die Einzelerscheinungen, ob auf dem Mond, in Afrika oder Europa, einen gemeinsamen Bezugspunkt haben" (Woesler 1978: 108). Dabei ist zu bedenken, daß eine einheitliche Zeit für Afrika und Europa erst 1885, also rund 200 Jahre später, mit der Festlegung einer Weltzeit (ausgehend von Greenwich) entstand.

Entscheidend an Newtons Anordnung von Wirklichkeit im messenden Experiment war, daß er beim Messen nicht von der Geschwindigkeit ausging, sondern von der *Änderung der Geschwindigkeit*. Dies bedeutet, daß im Experiment die Phänomene nach Vorgabe der Meßbarkeit der Geschwindigkeit angeordnet werden. Das Messen schiebt sich damit als mathematische Operation und als Apparatur zwischen den Beobachter/die Beobachterin und die Naturphänomene. Das Messen ermöglicht die messende Etablierung von Naturgesetzen durch technische Reproduktion von Natur. „Nicht die Menschen mit ihren Sinnen und ihrem Verstand messen die Dinge, auch benutzen die Menschen die Apparatur nicht als Instrumente, es ist vielmehr so: Dinge messen Dinge" (Woesler 1987: 110). Die *Naturfragen* stellten sich jetzt nicht mehr wie bei Adelard von Barth nach Maßgabe der Beobachtung von Natur, sondern nach den Vorgaben des Experiments, dessen Meßregeln Natur zu dequalifizierten Größen, die sich auf Zeit (Geschwindigkeit) beziehen lassen, abstrahierte.

Die Besonderheit der modernen europäischen Gesellschaften, daß sie sich ihr Selbstverständnis *an der Natur* und nicht an der Intersubjektivität und den Beziehungsstrukturen ihrer Mitglieder bildete (wie beispielsweise die klassische attische Polis), bekam damit eine *verobjektivierende*, von naturalen Qualitäten abstrahierende Dimension. Verallgemeinert hat sich dieses *Dinge-messen-Dinge-Muster* jedoch nicht in der äquivalenten Gleichsetzung von *a pound = a pound*,[6] sondern in dem Bezug des gehandelten und besteuerten Pfund Ware auf eine staatlich und ökonomisch fundierte *Zeit*, die das Prinzip der *Einsparung von Zeit (Geschwindigkeit)* zum Modell ihres Kalenders machte. Erst im Bezug auf das Prinzip der Einsparung von Zeit ging das Geld seine unauflösliche Verbindung mit der Zeit ein. Das Modell für diese Identifizierung war nicht die Fragmentierung der tageszeitlichen Zeit im Modell der Uhr, also das Arbeitszeitmodell, sondern die Ökonomisierung des Kalenders im Modell der Jahresbilanzen, die ihre Gewinne oder Verluste in den *Wechselkursen einer eigenen Finanzsphäre* anzeigen.

Dieser Identifizierungsprozeß nahm von der Besteuerung der internationalen Handelsmessen ihren Ausgang. Die großen Messen des 16./17. Jahrhunderts – das waren im späteren Deutschland die in Frankfurt und Leipzig – durften nur zu eingeschränkten Zeiten im Jahr stattfinden. „Für diese Zeit waren die im Interesse von 'Ordnung und guten Sitten' vorhandenen Beschränkungen des Handels ungültig" (Kulischer 1976: 290). Da die großen Messen für den Staat am einträglichsten waren, trafen sich die Interessen der Staatsbürokraten mit denen der Fern- und Großhandel treibenden Kauf-

6 Diese Fragerichtung verfolgt die Marxsche Kapitalanalyse, wenn sie den Warentausch unter dem Gesichtspunkt der Abstraktion von den naturalen Qualitäten der Waren im Warentausch betrachtet und fragt, wie 12 Ellen Leinwand gleich ein Rock gesetzt werden können. Das Beispiel suggeriert eine Entwicklung der Geldwirtschaft aus vielen solcher einzelnen Tauschtransaktionen. Die fundierende Rolle des Staates mit seinem Monopol auf die Maße und Gewichte und dem Steuermonopol bei Ausbildung einer Geldwirtschaft (im Gegensatz zum antiken Geldverkehr) bleibt damit außerhalb der Betrachtung.

leute darin, die Messen aufs ganze Jahr auszudehnen. Dieses Interesse bezog sich auch auf die Tätigung von Geldgeschäften. Schon auf der größten Messe Europas, der in Genua (genauer in Piacenza, 1550 bis 1620) fanden vor allem Geldgeschäfte statt. Die Genueser Kaufleute waren Kreditspezialisten und führten auf ihren Messen das Einlösen von *Wechseln* ein, die aus ganz Europa stammten. Es fand bereits ein regelrechtes Clearing statt (vgl. Braudel 1985: 488). Die Genueser Kaufleute waren die Bankiers von Kaiser Karl V. und auch die Geldgeber des französischen Königs. Sie gewährten ihnen für die Finanzierung ihrer Kriege (gegeneinander) die notwendigen Kredite. Das Kreditnehmen kam also als *Staatsschulden* in die neuzeitliche Welt (vgl. Parker 1979). Auch kleinere und größere Kaufleute, die zu einer bestimmten Zeit im Jahr Geld zur Verfügung haben mußten, bedienten sich ab dem 16. Jahrhundert immer mehr dieses Systems des Geld-Borgens. Es entstand ein regelrechtes *Kreditsystem*.
Wird der Kredit an eine andere Person abgegeben und dergestalt verlängert, ist er ein Wechsel. Wechsel wurden aufgenommen, um sie *zum günstigsten Zeitpunkt* wiederum weiterzugeben. „Die Geschäftsleute lasssen ihn nun von einem Handelsplatz zum anderen und von Messe zu Messe laufen, ein Vorgang, den die Italiener ricorsa bezeichnen" (Braudel 1985: 516). Diese Wechselspekulationen konnten jedoch nur während der beschränkten Zeit der Messen getätigt weden. Erst die Einrichtung von Wechselbörsen, in denen die zeitliche Begrenzung für Geldgeschäfte aufgehoben war, erlaubte ein Rundlaufen des *ricorsa* (Kurs) über das ganze Jahr lang. Im 17. Jahrhundet wurden feste Orte für diese Geldgeschäfte geschaffen, die damit *allzeitmöglich* wurden: erst Börsen, lonja, loggia oder bourse, dann staatlich fundierte Banken (1605 die Banco del Spirito in Rom, 1609 die Wisselbank in Amsterdam, 1616 und 1621 in Delft und in Nürnberg und 1656 in Stockholm derselbe Typ). Indem die Geldgeschäfte jetzt jederzeit möglich waren, wurde der Kalender durch den *Börsenkurs* überschrieben. Mit der Gründung der Bank von England 1694 wurde dann der Geldhandel als ein Einlage- und Kreditsystem möglich, das den Geldumlauf der Münzen auf pure Rechenvorgänge reduziert. Erstmals durfte die Menge an Papiergeld die Münzen- und Edelmetallbarren überschreiten.
Der Staat hatte jetzt die Garantie auf das Silberäquivalent im Pfund Sterling übernommen. Die Zahl auf den Münzen konnte sich damit von ihrer naturalen Gebundenheit lösen und ein Eigenleben entfalten. Die einzelnen Waren sind jetzt auf ein *politisch garantiertes Universelles bezogen: auf die Zirkulationssphäre*. Mit der Jahresbilanzierung wurde das Geld als eigenständige Zirkulationsbewegung in seiner zeitlichen Dynamik erfaßt, getrennt von den naturalen Zwecken. Durch das Ablesen von Gewinnen und Verlusten pro jahreszeitlichem Umlauf wurde so exakt die Geldbewegung des Kapitals rechnerisch ablesbar und in Zahlen ausgedrückt. Es ist die Identifizierung von Zeit und Geld als Innovationslogik: Umlaufgeschwindigkeit des Kapitals bezogen auf Kalenderzeit.[7]

7 Doch bis ins 18. Jahrhundert bestimmte diese Logik nicht die Versorgungsordnung der Mehrzahl der Menschen in Deutschland. Noch bis ins 18. Jahrhundert herrschte in Europa *eine staatlich gestützte Versorgungsordnung*, die das Pfund des Brotes zum Maßstab existenzsichernder Tauschgeschäfte machte. Brot wurde als ein Existenzmittel begriffen, für dessen Fehlen die staatliche oder städtische Administration verantwortlich gemacht wurde. Von dieser auf den Staat gerichteten Logik der Existenzsicherung zeugen die vielen Brotaufstände, in denen sich ein noch konkret auf Existenzsicherung bezogenes Warenverständnis entlud (vgl. Braudel 1985: 146).

Die Staaten respektierten wechselseitig diesen neuen, durch Börsenkurse beschriebenen Kalender, ob in Stockholm, Nürnberg oder Rom, als das ihnen gemeinsame Universum, das ihnen ihren ökonomischen Untergrund garantierte. Das Kreditsystem Europas war von Anfang an international. Der Kampf um die Vorherrschaft im Handel wurde hauptsächlich auf den überseeischen, kolonialen Schauplätzen ausgefochten. Kaufleute schlossen sich zusammen, um für gemeinsame Rechnung Schiffe auszurüsten (joint stock, seit 1617). Kapgilden bildeten Aktiengesellschaften, die Aktien in den Börsen anboten.

6. *Negativ-Szenario: Verelendung und Re-Feudalisierung durch das Primat einer spekulationswirtschaftlichen Geldökonomie*

Das Negativ-Szenario kann nun auf dem Hintergrund dieser angedeuteten Strukturverbindung von Zeit und Geld ebenfalls als Vollendung der unvollendeten Moderne entworfen werden. Der strukturelle Ansatzpunkt dafür ist das Dominantwerden und die Verselbständigung der Zirkulationssphäre gegenüber dem Warenverkehr, die unter dem Stichwort der *Globalisierung* unter verschiedenen Gesichtswinkeln beschrieben wird:

- Für das Eigenmächtigwerden der Zirkulationssphäre sind die Visualisierungsmöglichkeiten der Computertechnologie eine systematische Voraussetzung, die eine *Einsparung von Zeit* im Kapital-Warenumlauf durch *neue Formen der Politisierung des Raums* (Standortpolitik) ermöglicht. In der Computerlogik verschmelzen Produktions-, Transport- und Zirkulationsprozesse zu finanzpolitisch definierten *Fließprozessen,* aus denen alle *Stockungen* und *Leerzeiten* eliminiert werden. Diese Logik zeigt sich zum einen in der Ersetzung von Erwerbsarbeitszeit, wenn sie im Sinne von Finanzfließprozessen als *Leerzeit* erscheint, das heißt, wenn sie durch Rationalisierung (Technik) oder billigere Arbeitskraft an einem anderen Ort auf dem Globus eingespart werden kann. Zum anderen zeigt sie sich in einer Durchkapitalisierungstendenz, die nur Weltmarktproduktion als *Fließprozesse* anerkennt, Subsistenzproduktion oder Hausarbeit (Eigenarbeit) hingegen als deren Voraussetzung betrachtet. Dies führt zu einer weltweiten Verbreitung von Kontraktproduktion und *Dualökonomie,* wie sie Hohn am Beispiel des Verlagssystems zu Beginn der Neuzeit gut beschrieben hat. Und drittens zeigt sie sich in der rasanten Beschleunigung und Globalisierung der Stoff- und Warenströme, die im Lebenslauf der Herstellung beispielsweise eines T-Shirts ein paarmal rund um den Globus führen (vgl. Weller 1993). Schließlich steht auch *der Mensch* nicht mehr wie seit Beginn der Neuzeit im Mittelpunkt der Welt, sondern in ironischer Gleichsetzung mit der zum Material abstrahierten Natur werden die Menschen jetzt wie die Materialien in globaler Durchrasung des Raums auf den ruhenden Pol einer finanztechnisch definierten Zeit bezogen, deren innerste Logik die des Zeit-Sparens ist. Das damit verbundene Horrorszenario zeigt die Vision von *entwurzelten Menschenströmen,* die auf der Flucht vor der Unwirtlichkeit ihrer Heimat und auf der Suche nach einer Möglichkeit der existentiellen Versorgung immer massenhafter auf dem Globus immer größere Räume durchqueren, ohne jedoch die Chance zu haben, einen Ort zu finden, an dem sie in Menschenwürde und gemäß definierter Menschenrechte in die dort herrschenden Versorgungsordnungen integriert werden.

- Die Orientierung an globalen Fließprozessen hat sich in einem veränderten Verständnis von Entwicklung niedergeschlagen (ausführlich dazu Schultz 1997). Entwicklung wird nicht mehr als Aufbauprozeß, sondern als optimales Ressourcenmanagement gesehen. Nicht mehr Geld und Kapital als Investitionsmittel, sondern Geld und Kapital als Regulationsmittel bestimmen diesen Entwicklungsbegriff. Auf der politischen Ebene haben der Internationale Währungsfonds (IWF) und die Weltbank diese Umorientierung in der Kapitallogik aufgenommen und als Programmatik der *Strukturanpassung* vertreten. Unter diesem Begriff haben sie in den achtziger Jahren für die schuldenabhängigen Länder der Dritten Welt eine Programmatik der Kürzung des Konsums, mit dem Ziel, zusätzliche Ressourcen für Investitionen freizusetzen, durchgesetzt (vgl. Braunmühl 1989). Zentrales Element der Strukturanpassungspolitik ist die Umorientierung der Wirtschaft des von IWF und Weltbank mit Krediten unterstützten Landes auf den Export hin und die Kürzung der Staatsausgaben. Aber auch für Deutschland mit seiner hohen Staatsverschuldung ist beim G7-Treffen im Frühjahr 1997 offensiv eine Strukturanpassungspolitik gefordert worden. In ihren Auswirkungen trifft diese Politik, die vor allem die Einsparung staatlicher Finanzmittel bedeutet, immer dieselben staatlichen Bereiche: die Sozialeinrichtungen, den Gesundheitssektor und die Bildung.
  Elke Siwory hat am Beispiel der USA unter der Reaganregierung im einzelnen aufgezeigt, wie das Zusammenwirken von finanztechnisch dominierter Kapitallogik und Umstrukturierung des Staatshaushalts nur scheinbar geschlechtsneutrale Auswirkungen zeigt. Neben der direkten Betroffenheit durch den Verlust ihrer Arbeitsplätze im öffentlichen Dienst sind Frauen durch die Einsparung der öffentlichen Ausgaben für den Sozial-, Bildungs- und Gesundheitsbereich als Versorgungsarbeiterinnen stärker betroffen als Männer. Zudem zeigten sich die finanztechnischen Eliminierungsmaßnahmen „in einer spezifischen Verarmung von Frauen und Kindern, insbesondere alleinerziehender Frauen, schwarzer Frauen, Frauen aus anderen ethnischen Minderheiten (z.B. Chicanas) sowie Rentnerinnen" (Siwory 1987: 79).

- Die Verschmelzung von Produktions- und Distributionslogik zu einem reibungslosen Fließprozeß, der finanztechnisch auf Computern ablesbar ist, machte in den achtziger Jahren eine Abspaltung der *Spekulationstätigkeit* von der Zirkulationssphäre möglich, die zu einer neuen Form von Reichtum als *schnelles Geld* führte. Ein Typus neuer Finanzspekulanten entstand, die mit den Techniken der computergestützten Börsenspekulation Geld machten. Diese *Firmenpiraten*, im englischen *raider* genannt (d.h. Plünderer/Räuber), kauften quer über den Globus mit geliehenem Geld ganze Produktionsgesellschaften auf, um sie – in willkürliche Einheiten zerteilt – mit Spekulationsgewinn wieder zu verkaufen. Voraussetzung ihres Agierens ist das durch Computertechnik berechenbar gewordene, mobile Geld, das – wie bei der Wechselreiterei – auf den günstigsten Zeitpunkt der Veräußerung der jetzt schnell einsehbar gewordenen, globalen Zeit der Wechselkurse spekuliert (vgl. Sampson 1990). Die Entkoppelung der Finanzspekulation von Kapitalreinvestition in Produktionszusammenhänge hat zu einer Destabilisierung des Währungssystems geführt, zu Finanzzusammenbrüchen von Banken und Unternehmen aufgrund von Börsenspekulationen und letztlich immer zur Vernichtung von Massenarbeitsplätzen. Mit dem willkürlichen Zerhacken von gewachsenen Produktionszusammenhängen werden auch gewachsene Zusammenarbeitsstrukturen, soziales und technisches Knowhow, Maschinenwerte und Produktions- und Transportlogistiken in immensen Ausmaßen vernichtet.

- Die *finanztechnische Politisierung des Raums* zeigt sich insgesamt als tendenzielle Entledigung des Kapitals von sozialer Verantwortung. In den Gesellschaften des Nordens mußte es diese Verantwortung in Form der staatlich festgesetzten Steuerbeiträge wahrnehmen. Globalisierung bedeutet unter diesem Blickwinkel betrachtet die Spekulation auf die niedrigste Steuerentrichtung durch die reale oder virtuelle Verlegung des Hauptsitzes einer Kapitalgesellschaft/eines Unternehmens in ein Land, das wenig Steuern verlangt. (In Europa ist das aufgrund einer rigiden Deregulationspolitik u.a. England.) So kann beispielsweise ein Unternehmen zwar faktisch in Deutschland die größten Gewinne realisieren, indem es aber alle finanztechnischen Abwicklungen der global verstreuten Tochtergesellschaften nach England transferiert und dort ausführen läßt, kann es sich für diese Finanztransaktionen so große Rechnungen ausstellen lassen, daß es letztlich so gut wie keine Steuern in Deutschland entrichten muß. Deshalb sind die aus Unternehmensgewinnen erzielten Steueraufkommen in den letzten zehn Jahren so immens gefallen.
  Dieser *Steuerschwund* geht mit einer strukturellen Umschichtung der Einnahmen zuungunsten der Kommunen einher, welche gemäß dem sozialstaatlichen Ordnungsverständnis die Finanzierung der Sozialbedürftigen tragen. Den Steuerschwund versuchen viele Kommunen wiederum durch Einsparungen bei den Gehältern im öffentlichen Sektor auszugleichen, in dem überproportional viele Frauen erwerbsarbeitsmäßig beschäftigt sind, die dadurch ihre Erwerbsarbeitsplätze verlieren. Einzelne französische Kommunen reagieren auch – wie zu Beginn der Neuzeit – mit der „Schließung der Tore" gegen Bettler und Arme. *Frau Fortuna* und die Zukunftsdeuterei aus dem Kartenlesen haben dementsprechend heute wieder Hochkonjunktur.

- Fasse ich die in diesem Negativ-Szenario beschriebenen Elemente auf einer politischen Ebene, dann fehlt vor allem ein politischer Gestaltungswille in den westlichen Ländern (der G7-Staaten), der ernsthaft den ökonomischen Unterbau des als Sozialstaat bezeichneten staatlichen Versorgungssystems sichern wollte. Dies erforderte eine grundlegende Reformierung der Steuergesetze nicht nur im jeweils eigenen Land, etwa als sozial-ökologische Steuerreform, sondern auch eine Reformierung des internationalen Finanz- und Devisenverkehrs hinsichtlich einer Begrenzung der Finanzspekulationen, etwa durch eine internationale Kapitalverkehrssteuer. Dieser mangelnde *Politikwille* der herrschenden Machteliten ist zudem mit einem ebenfalls zu konstatierenden Unwillen in der Wahrnehmung von essentiellen Menschen- und Frauenrechten verbunden. Ob im Iran, China oder Pakistan: Die Politik der westlichen Staaten verfolgt kaum Frauenrechtsgesichtspunkte, wenn neue ökonomische Märkte, der ökonomische Zugang zu wichtigen Naturressourcen oder entscheidende Bündnispolitik-Gesichtspunkte verfolgt werden. Das global-flexibilisierte und nach wie vor staatspolitisch gelenkte Kapital ist offensichtlich nicht an demokratische oder geschlechtergerechte Formen der Versorgungsordnung gebunden. Flexokapitalisierung und Re-Feudalisierung können Hand in Hand gehen.

Für eine Vielzahl an Frauen kann die angedeutete Vision dieser *Weltgesellschaft* nur als eine Vision des Schreckens bezeichnet werden. Die Erosion der staatlichen Versorgungsordnung in den westeuropäischen Ländern kann auf dem Hintergrund globaler Verelendungsprozesse als Tendenz zur *Feminisierung der Armut* bei gleichzeitiger Enttraditionalisierung und Entsicherung der Familienformen beschrieben werden. In den Ländern des Südens ist dieser Enttraditionalisierungsprozeß als Krise der traditionell großfamiliaren Lebensformen aufgezeigt worden. Viele Männer gehen auf der Suche nach Gelderwerb, viele Frauen als Heiratsemigrantinnen in die Städte und ins Ausland. Die Frauen, die zu hause bleiben, werden zunehmend gezwungen, traditionell „männliche Verantwortungen" zu übernehmen. Sie werden mit der Verantwortung für die gesamte Versorgung überlastet. In den Ländern des Nordens hat dieser Prozeß des Arbeitsplatzvagabundierens mit zunehmenden Weltmarktarbeitsplätzen in den letzten Jahren ebenfalls eingesetzt. Er verschärft die Krise der Geschlechterbeziehungen und die *Krise der menschlichen Reproduktion.* Vor allem die alleinerziehenden Frauen werden zunehmend gezwungen, auf retraditionalisierende Formen der Familienversorgung zurückzugreifen, die – wie in vielen Ländern der Dritten Welt – durch die weibliche Linie der Großmutter- (und Tanten-)Unterstützung aufrechterhalten wird. Dabei ist ein Zusammentreffen von ökonomischer und ökologischer Depravierung zu beobachten: Die armen Frauen und ihre Familien, arme Alte, Flüchtlingsfamilien und kinderreiche Familien wohnen zunehmend in den städtischen Quartieren, die durch Abgase, Verkehrslärm und Bodenverseuchungen überproportional stark betroffen sind. Zur existentiellen Versorgung kommen hier die Gesundheits- und Reparaturarbeiten einer verseuchten Umwelt hinzu. Die ökologische Krise „ist nur ein Eckpfeiler eines Krisenkonglomerats. Es ist das Zusammentreffen der ökologischen Krise mit einer verschärften Wirtschaftskrise und der sozio-kulturellen Krise, das die Handlungsrationalität der Frauen bestimmt" (Wichterich 1993: 27).

7. Ausblick

Statt die beiden Szenarien nun im einzelnen zu gewichten und zu bewerten, möchte ich abschließend nur die beiden Grundlinien verdeutlichen, die mir für eine Klärung politikwissenschaftlicher Basiskategorien wichtig erscheinen:
Es wäre ein Mißverständnis meiner Darlegungen, den Zusammenhang von Zeit, Geld und Geschlecht dahingehend zusammenzufassen, daß Frauen – aufgrund einer *besonders moralisierten Lebenszeit,* die zur Grundlage einer demokratischen Vorstellung von Zivilisierung und Leben in Menschenwürde wurde – historisch „vom Geld ausgeschlossen" waren. Dies stimmt in dieser Pauschalität nicht. So gab es beispielsweise im 17. Jahrhundert auch Aktienbesitzer*innen.* Meine zugespitzten historischen Exkurse sollten vielmehr die untrennbare Vermittlung von ökonomischen und politischen, von normativ-rechtlichen und naturwissenschaftlich-technischen Strukturen und ihre Verwobenheit in naturale Strukturen zeigen. Sie sollen Veränderungen in den Formen

der Verklammerung von Politik und Ökonomie sowie der In-Verhältnis-Setzung von Natur und Gesellschaft zeigen, die insgesamt als ein *Abstraktionsprozeß* der politischen Ökonomie von basalen Vermittlungsstrukturen der gesellschaftlichen Naturverhältnisse interpretiert werden können. Diese zeigen sich im weltweiten Prekärwerden der existentiellen Versorgung von immer mehr Menschen.

Politische Strategien, welche den Anspruch einer zivilen Weltgesellschaft ernstnehmen, können nun weder kurzschlüssig ausschließlich in Hinblick auf „mehr Frauenrechte" noch ausschließlich in Hinblick auf eine „Antilogik" gegen die Weltmarktdominanz der finanzwirtschaftlichen Spekulation entwickelt werden.

Das Positiv-Szenario kann als eine weit ausgelegte Vision für eine Politik der nachhaltigen Entwicklung verstanden werden, die bisher durch die Umweltkonferenz in Rio de Janeiro 1992 angestoßen wurde. Das Negativ-Szenario kann demgegenüber als die von Versorgung abstrahierende Logik der international vorherrschenden Globalisierungs- und Standortpolitik aufgefaßt werden, der die herrschenden Staatsregierungen in unterschiedlicher Bereitwilligkeit folgen. Betonen möchte ich aber, daß Elemente von beiden Szenarien – freilich in unterschiedlichen Mischungen – von denselben Staatsregierungen, Ländern, Kommunen, Gewerkschaften, Netzwerken, Parteien bis hin zum Internationalen Währungsfonds auf einmal und zugleich vertreten werden.

Als Optimistin halte ich es für sinnvoll, auf das Positiv-Szenario hinzuwirken. Frauenpolitische Perspektiven werden bisher in den *Rio-Prozeß* jedoch kaum eingebracht. Dafür fehlen in der feministischen Theorie auch zentrale kategoriale Voraussetzungen. Eine *Theoretisierung gesellschaftlicher Naturverhältnisse mit Bezug auf die politische Sicherung der Versorgung* kann meines Erachtens ein Zugang dafür sein.

Eine Konsequenz auf der kategorialen Ebene feministischer Theorienbildung möchte ich abschließend noch verdeutlichen: Mit der Begründung einer frauenrechtlichen Perspektive für die Entwicklung von Regionalisierungs- und Netzwerk-Ansätzen (Politikstrategien einer nachhaltigen Entwicklung) würde das vorherrschende Muster von Ein-Punkt-Begründungen verlassen. Regionalisierung wäre nicht ohne die globale Perspektive eines frauenspezifisch konkretisierten Menschenrechtsverständnisses zu konzeptualisieren und *Empowerment*, die zentrale Kategorie der Frauenmacht, wäre in regionalen Kontextbezügen, das heißt in *konkreten* gesellschaftlichen Naturverhältnissen, geerdet („situiert"). Nicht die Perspektive eines global management würde damit eröffnet, sondern Perspektiven der Konkretisierung und der Anerkennung von Differenzen, die nicht als Unendlichkeitsspirale eines nur noch auf sich selbst bezogenen Gender-Post-Gender-Diskurses rotieren, sondern in Raum und Zeit zurückgebunden und begrenzt sind. Etwa so wie die Nahuatl in Mexiko die Welt denken: nicht allein cantos (Lieder), nicht allein Flores (Blumen), sondern immer beides als Unterschiedenes und dennoch unentflechtbar aufeinander bezogenes Verhältnis von Gesellschaft und Natur: *cantos y flores*.

Literaturverzeichnis

Bachorsky, Hans Jürgen, 1983: Geld und soziale Identität im „Fortunatus". Göppingen.

Bayrische Hypotheken- und Wechsel-Bank AG (Hrsg.), 1996: Globalisierung der Wirtschaft und gesellschaftlicher Strukturwandel: Chancen und Risiken für Deutschland und Europa, Dokumentation der Kempfenhausener Gespräche, 11.-13. Oktober 1996. München.

Beck, Ulrich, 1996: Weltrisikogesellschaft, Weltöffentlichkeit und globale Subpolitik. Ökologische Fragen im Bezugsrahmen fabrizierter Unsicherheiten, in: *Andreas Diekmann/Carlo C. Jaeger* (Hrsg.), Umweltsoziologie, Sonderheft 36 der Kölner Zeitschrift für Soziologie und Sozialpsychologie, 119-147.

Becker, Egon, 1997: Risiko Gesellschaft. Ökologische Wachstumsbegrenzung oder gesellschaftliche Entwicklung? in: *ders.*, Jahrbuch für sozial-ökologische Forschung 3, 17-36.

Braudel, Fernand, 1985: Sozialgeschichte des 15.-18. Jahrhunderts. Der Alltag. München.

Braunmühl, Claudia von, 1988: Strukturanpassung mit Familienaugen gesehen. Was die Politik des Internationalen Währungsfonds (IWF) und der Weltbank für Frauen in Jamaica bedeutet, in: beiträge zur feministischen theorie und praxis 11(23), 53ff.

Durant, Will, 1981: Kulturgeschichte der Menscheit, Bd. II, Das hohe Mittelalter und die Frührenaissance. Frankfurt a.M./Berlin/Wien.

Elias, Norbert, 1976: Über den Prozeß der Zivilisation, 2 Bde. Frankfurt a.M.

Glasser, Richard, 1936: Studien zur Geschichte des französichen Zeitbegriffs. München.

Greffrath, Matthias, 1985: Vom Schaukeln der Dinge. Montaignes Versuche. Berlin.

Hélie-Lucas, Marie-Aimée, 1992: Frauen im Zentrum fundamentalistischer Politik, in: beiträge zur feministischen theorie und praxis 15(32), 29-36.

Hohn, Hans-Willy, 1984: Die Zerstörung der Zeit. Frankfurt a.M.

Institut für sozial-ökologische Forschung/Milieudefensie-Friends of the Earth, 1994: Sustainable Netherlands. Aktionsplan für eine nachhaltige Entwicklung der Niederlande. Frankfurt a.M.

Irsigler, Franz/Lassotta, Arnold, 1989: Bettler und Gaukler, Dirnen und Henker. Außenseiter in einer mittelalterlichen Stadt, Köln 1300-1600. München.

Jahn, Thomas, 1991: Das Problemverständnis sozial-ökologischer Forschung. Umrisse einer Theorie gesellschaftlicher Naturverhältnisse, in: *Egon Becker* (Hrsg.), Jahrbuch für sozial-ökologische Forschung 1, 15-41.

Kelly-Gadol, Jean, 1987: Did Women have a Renaissance?, in: *Renate Bridenthal/Claudia Koonz/Susan Stuard* (Hrsg.), Becoming Visible. Women in European History. 2. Aufl., Boston/Dallas/Geneva.

Kulischer, Josef, 1976: Allgemeine Wirtschaftsgeschichte des Mittelalters und der Neuzeit, Bd. II: Die Neuzeit, 5. unv. Aufl. München/Wien.

Le Roy Ladurie, Emmanuel, 1983: Montaillou. Ein Dorf vor dem Inquisitor (1294-1324). Frankfurt a.M.

Misch, Manfred, 1974: Apis est animal – Apis est Ecclesia. Ein Beitrag zum Verhältnis von Naturkunde und Theologie in spätantiker und mittelalterlicher Literatur. Frankfurt a.M.

Parker, Geoffrey, 1979: Die Entstehung des modernen Geld- und Finanzwesens in Europa 155-1730, in: *Carlo Cipolla* (Hrsg.), Europäische Wirtschaftsgeschichte, Bd. II: 16. und 17. Jahrhundert. Stuttgart/New York.

Prigogine, Ilya/Isabelle Stengers, 1986: Dialog mit der Natur. Neue Wege naturwissenschaftlichen Denkens. München.

Rocheleau, Dianne/Barbara Thomas-Slayter/Esther Wangari (Hrsg.), 1996: Feminist political ecology. Global issues and local experiences. London/New York.

Sampson, Anthony, 1990: Globalmacht Geld. Der neue Reichtum in West und Fernost. Hamburg.

Scheich, Elvira/Irmgard Schultz, 1986: Feministische Stimme in sozialer Ökologie. Frankfurt a.M.

Schultz, Irmgard, 1987: „Im Namen des Lebens". Zur aktuellen Auseinandersetzung um den § 218, in: beiträge zur feministischen theorie und praxis 20, 51ff.

Schultz, Irmgard, 1994: Der erregende Mythos vom Geld. Die neue Verbindung von Zeit, Geld und Geschlecht im Ökologiezeitalter. Frankfurt a.M./New York.

Schultz, Irmgard, 1996: Die Liebe der Männer zu nachhaltigen Zahlen. Eine Betrachtung der Studie „Zukunftsfähiges Deutschland" aus feministischer Sicht, in: Wechselwirkung, April, 59ff.

Schultz, Irmgard, 1997: Zukunftsantizipation am Bild des Planeten Erde. Zu den Ansatzpunkten und Grenzen einer wissenschaftlichen Bestimmung nachhaltiger Entwicklung, in: *Egon Becker* (Hrsg.), Jahrbuch für sozial-ökologische Forschung 3, 37-62.

Schultz, Irmgard, 1998a: Nitribitt heute oder Die soziale Geschlechtlichkeit der Zeit in ihrer Bindung ans Geld, in: *Sabine Hofmeister/Meike Spitzner* (Hrsg.), Zeitlandschaften. Sozial-ökologische Zeitpolitik, nachhaltige Raumentwicklung und Geschlechterverhältnis. Opladen (im Erscheinen).

Schultz, Irmgard, 1998b: Veränderungen im Denken von Raum und Zeit – Nachhaltige Entwicklung als neue Form der Politisierung des Raumes, in: FreiRäume 10 (im Erscheinen).

Segel, Peter, 1988: Der Hexenhammer. Entstehung und Umfeld des Malleus maleficarium von 1487. Köln/Wien.

Siwory, Elke, 1987: Frauen und Kinder. Armut in den USA, in: Entwicklungspolitische Korrespondenz 3, 1987.

Thomas, Keith, 1988: Vergangenheit, Zukunft, Lebensalter. Zeitvorstellungen im England der frühen Neuzeit. Berlin.

Weller, Ines, 1993: Textile Stoffströme: Globalisierung und Chemisierung am Beispiel von Baumwolle und Gore Tex, in: *Irmgard Schultz* (Hrsg.), GlobalHaushalt. Globalisierung von Stoffströmen – Feminisierung von Verantwortung. Frankfurt a.M., 37-64.

Wendorff, Rudolf, 1980: Zeit und Kultur. Geschichte des Zeitbewußtseins in Europa. 2. Aufl. Wiesbaden/Opladen.

Wichterich, Christa, 1993: Die globalen Haushälterinnen, in: *Irmgard Schultz* (Hrsg.), GlobalHaushalt. Globalisierung von Stoffströmen – Feminisierung von Verantwortung. Frankfurt a.M., 25-35.

Wichterich, Christa, 1995: Die Rückkehr der weisen Frauen, in: *Irmgard Schultz/Ines Weller* (Hrsg.), Gender & Environment, a.a.O., 106-130.

Woesler, Christine, 1978: Für eine be-greifende Praxis der Natur. Gießen.

Zemon-Davis, Natalie, 1986: Frauen und Gesellschaft am Beginn der Neuzeit. Berlin.

Stadtlandschaften und GeschlechterGeographien. Aspekte einer geschlechterbezogenen Stadt- und Raumforschung

Susanne Frank

Sowohl die Geschlechterforschung als auch die Stadt- und Raumforschung erleben einen seit geraumer Zeit anhaltenden Boom. Beide strahlen interdisziplinär auf andere Fächer, aber bisher noch kaum aufeinander aus: Die Geschlechterforschung hat sich vom „Räumeln" (Weichhart 1993) in den Sozialwissenschaften noch wenig anstecken lassen, und umgekehrt zeigt sich die Stadt- und Raumforschung weitestgehend geschlechterblind. Dabei könnten eine geschlechtersensible Raumforschung bzw. eine raumbezogene Geschlechterforschung einen bedeutsamen Beitrag zum Verständnis des ökonomischen, politischen, sozialen und kulturellen Wandels leisten, in dem (nicht nur) die westlichen Industriegesellschaften derzeit begriffen sind. Diese These soll hier in gebotener Kürze und mit den damit verbundenen Risiken am Beispiel des Konzepts der „GeschlechterGeographien", das ich in die hiesige Debatte einführen und zu einer Kategorie der Analyse des aktuellen Wandels sowohl der sozialräumlichen Verhältnisse als auch der Geschlechterarrangements schärfen möchte, erläutert werden. Der Begriff der GeschlechterGeographien reflektiert die Erkenntnis, daß sozialräumliche Umwelten alles andere als geschlechterneutral konstruiert sind. Annahmen über die Geschlechter und deren Rollen gehen in ihre Gestaltung ein, werden buchstäblich versteinert oder betoniert und machen sich wiederum als Voraussetzungen, unter denen Geschlechterbeziehungen ausgehandelt werden, geltend. Der Terminus soll sich dabei aber nicht nur auf die unterschiedliche Verteilung von Frauen und Männern in distinkten physisch-materiellen Sozialräumen beziehen, sondern auch auf deren symbolisch-geschlechtliche Codierungen, etwa die Imagination von Räumen als „männlich" oder „weiblich".[1]

1 Wie der Begriff der Geschlechter, so sollen auch die Adjektive „männlich" und „weiblich" hier und im folgenden nicht als essentialistische, sondern als plurale, dynamische, in und nach verschiedenen sozialen Kontexten wie Klasse, Ethnizität und Sexualität relational konstruierte Kategorien von Identitäts- und Differenzbehauptungen verstanden werden. Der nachfolgende Text befaßt sich aus Platzgründen allerdings nur mit den „klassischen" Differenzen. So wurde z.B. die Entwicklung sogenannter „sexual geographies", wie sie etwa aus den unterschiedlichen Raumaktivitäten von Lesben und Schwulen hervorgegangen sind (vgl. Castells 1983; Adler/Brenner 1992; Bell/Valentine 1995), ebenso außer acht gelassen wie die im Kontext der Theoriebildung der postcolonial studies sich entwickelnde Debatte um das Verhältnis von gender, space/place und difference (vgl. McDowell 1993; Soja/Hooper 1993).

1. Industrielle GeschlechterGeographien

1.1 Androzentrismus in Stadt- und Raumplanung: theoretische und empirische Bestandsaufnahmen

„Bisherige Stadtplanung orientierte sich weitgehend an erwachsenen, erwerbstätigen und motorisierten Männern" (Bundesbauminister Klaus Töpfer, zit. n. Bernack 1996: ZB 5).

Daß eine solche Einsicht sich heute bis in die Chefetagen der Politik herumgesprochen hat, kann sich eine erste Generation frauenbewegter Architektinnen und Stadt-, Regional- oder Verkehrsplanerinnen als späten Erfolg anrechnen. Nicht zufällig kamen die Pionierinnen, die Ende der siebziger und Anfang der achtziger Jahre die grundsätzliche Frage nach dem wechselseitigen Verhältnis von Gender und sozialräumlicher Umwelt auf die feministische und frauenpolitische Tagesordnung setzten, ganz überwiegend aus den praxisorientierten bzw. anwendungsbezogenen Sparten der Raumplanung. Aus fast allen Texten jener Zeit, in denen der „baulich-räumlichen HERRschaft" (Terlinden 1980) der Kampf angesagt wird, spricht eine dreifache Sensibilisierung der Fachfrauen für den Androzentrismus ihrer Disziplinen: Erstens als Außenseiterinnen in „Männerdomänen" beruflich marginalisiert, sind sie zweitens an der Basis und dort persönlich mit jenen „männlichen Prinzipien"[2] des Bauens und Planens konfrontiert, nach denen die Umwelt „verstümmelt" wird. Drittens sind sie schließlich als Nutzerinnen gezwungen, solchermaßen „verplante" und „eingeschränkte" Räume alltäglich zu „erleiden".[3]

Charakteristikum der theoretischen und praktischen Kritik an der formalen und inhaltlichen Gestaltung bebauter und unbebauter Räume ist denn auch der um jene Dekadenwende so verbreitete Gestus der persönlichen und kollektiven *Betroffenheit*: Frauen mußten entdecken, „daß nichts von all dem, was um uns aufgetürmt und gestaltet ist, von uns kommt. Als Fremde gingen wir von da an durch die Städte, durch unsere eigene Stadt und durch die eigene Wohnung" (Pitzen 1979: 1321).[4] Im akademischeren Stil der neunziger Jahre ausgedrückt: Frauen sind in das Denken der Wohnungs- und Städtearchitektur „weder als Aktive (Planerinnen) noch als Passive (Nutzerinnen) einbezogen" (Dörhöfer 1990: 14).

---

2 Als Merkmale des „eher weiblichen" gegenüber dem „eher männlichen Prinzip" in der Architektur werden u.a. genannt: Frauen planen und gestalten eher ergonomisch als monumental, eher funktional als formal, eher veränderbar als festgeschrieben, eher organisch als abstrakt, eher holistisch/komplex als spezialisiert/eindimensional, eher sozial als profitorientiert, eher langsam wachsend als schnell konstruiert (vgl. Kennedy 1979: 1280). In bezug auf die Formensprache: Frauen bauen rund, elliptisch, gewölbt, labyrinthisch, was auf die matriarchalen Urformen Kreis, Ei, Spirale verweisen soll. Männer hingegen tendieren zu Geraden, Quadraten, rechten Winkeln (vgl. Rentmeister 1979). Zu solch essentialisierender Mythenbildung von einer ursprünglichen weiblichen Formensprache hat Marianne Rodenstein lakonisch angemerkt, daß die Forderung nach deren Wiederaneignung wohl „kaum als adäquate Antwort auf eine mehrtausendjährige von Männern dominierte Architekturtheorie und -geschichte gelten" könne (1990: 216).

3 Vgl. exemplarisch das Editorial der beiträge 4 (1980).

4 Die Topoi der „Fremdheit" und der „Ortlosigkeit" der Frau durchziehen den Großteil der Publikationen jener Zeit, so z.B. Bauwelt 31/32 (1979), beiträge 4 (1980), Arch+ 60 (1981). Sie sind seither fester Bestandteil des orts- und raumbezogenen feministischen Diskurses (vgl. auch Günter 1996).

Dieser Ausgangslage entsprechend, konzentrierten sich die meisten Beiträge zu einer feministischen Stadt- und Regionalforschung, die Marianne Rodenstein in einer ersten Bilanzierung des Feldes als „Situationsanalysen“ (1990: 209) bezeichnet hat, auf die Darstellung und Anklage der strukturellen Nicht(be)achtung der „weiblichen Prinzipien“ in der Architektur und der frauenspezifischen Lebensbedingungen und Alltagsbedürfnisse im Wohnungs- und Städtebau.
Diese frühen Texte, die häufig empirisch-pragmatisch auf eine Verbesserung der angeprangerten Mißstände abzielten, haben eine Vielzahl von Informationen bereitgestellt, welche die mannigfachen Belastungen und Benachteiligungen von Frauen in den und durch die städtischen Strukturen belegen. Ein besonders gut beforschter Bereich ist dabei die Analyse von Mobilitätsstrukturen und Verkehrspolitik: Frauen sind weniger mobil als Männer. Sie besitzen seltener einen Führerschein und haben seltener einen PKW zur Verfügung. Frauen sind Fußgängerinnen, Radfahrerinnen und Nutzerinnen des öffentlichen Personennahverkehrs, aber weder Fuß- noch Radwege und schon gar nicht die öffentlichen Verkehrsmittel sind strukturell und ausstattungsmäßig auf ihre Bedürfnisse zugeschnitten. Auch wenn Frauen (meist teilzeit-)erwerbstätig sind, auch wenn sie sogar über ein Auto verfügen, sind ihre Wegeketten völlig andere als die von Männern. Frauen bringen Kinder auf dem Weg zur Arbeit in die Schule und kaufen auf dem Rückweg im Supermarkt ein. Nachmittags chauffieren sie die Kinder zu deren zahlreichen Freizeitaktivitäten. Insofern sind sie auch in puncto Arbeitsplatzwahl eingeschränkt: Männer suchen sich ihre Arbeitsstellen nach Qualitäts-, Frauen nach Erreichbarkeitskriterien aus (vgl. Rau 1987; Pickup 1988; Buschkühl 1989; Spitthöver 1989; Bauhardt 1995; Bernack 1996).
Solche Untersuchungen bilden den Grundstock einer theoretisch fundierten feministischen Kritik an bestehenden sozialwissenschaftlichen Stadtmodellen. Diese bezieht sich auf die in der Stadtforschung gängige Sichtweise, welche die räumliche Organisation westlich-moderner Städte mit ihrer charakteristischen funktionalen Zonierung („Arbeiten“, „Wohnen“, „Freizeit/Erholung“, „Fortbewegung/Verkehr“)[5] allein auf industriekapitalistische Strukturprinzipien zurückführt. Dagegen konnte die feministische Kritik zeigen, daß in die baulich-räumliche Ausdifferenzierung der Stadt von Anfang an die sattsam bekannte geschlechtsspezifische Verteilung der gesellschaftlich notwendigen Arbeit eingelassen ist, welche den Bereich der nicht entlohnten Reproduktionsarbeit (im umfassenden Sinne von Sorge und Versorgung) an Frauen delegiert, in die „Privatsphäre“ der Wohnviertel einschließt („Haus-Frau“) und damit auch räumlich auslagert. Der gesellschaftlichen Privilegierung der „produktiven“ Erwerbsarbeit entspricht die wohnungs- und städtebauliche Orientierung an der männlichen Norm des individuell motorisierten Familienernährers als dem Nutzer der städtischen Strukturen. Forschungsergebnisse haben vielfach belegt, daß die bestehenden baulichen und sozialräumlichen Strukturen maßgeblich zur Erschwerung des Alltagslebens von Frauen und zur Befestigung geschlechtsspezifischer Rollenzuweisungen beitragen. Räumliche Segregation bewirkt demnach weit mehr als bloße physische Distanzierung.

5 Als klassisches Manifest der räumlichen Trennung dieser städtischen Grundfunktionen gilt vielen feministischen Planerinnen die von Le Corbusier (erst 1943 anonym) veröffentlichte „Charta von Athen“ (Abschlußerklärung des 4. Kongresses der CIAM, Congrès Internationaux d'Architecture Moderne, 1928; vgl. Hilpert 1984). Der Androzentrismus dieses Stadtmodells ist von Feministinnen vielfach kritisiert worden (vgl. etwa Rau 1991: 36ff.).

Sie entfernt Frauen real und symbolisch von und aus der Stadt und der Öffentlichkeit, beschneidet ihre Wahl- und Aktionsmöglichkeiten und damit auch die Chancen der Veränderung ihres gesellschaftlichen Status (vgl. Spain 1992: XI; Borst 1990: 237). Frauen haben seither zahlreiche Versuche gestartet, auf die bauliche und soziale Gestaltung des städtischen Raumes Einfluß zu nehmen und Fraueninteressen insbesondere in der kommunalen Planung zu institutionalisieren. Vielerorts schlossen sich feministische Stadtplanerinnen und Architektinnen in (autonomen) Projektgruppen und/oder mit städtischen Gleichstellungsbeauftragten zusammen, um „Frauen(t)räume" (Bock u.a. 1989; Zimmermann 1995) und „FrauenPläne" (Martwich 1991) zu entwickeln, umzusetzen und sich dadurch städtische öffentliche „Frei-Räume"[6] (zurück) zu erobern (vgl. Spitthöver 1989). Eine Antwort auf die immer und überall vorhandene Bedrohung der Sicherheit von Frauen in der städtischen Öffentlichkeit (Stadt als „Angst-Raum") stellen die seit den siebziger Jahren betriebenen Frauenzentren, -cafés, -kneipen etc. oder die Einrichtung von Frauen-Nachttaxis (vgl. Dackweiler 1990; Steg/Jesinghaus 1987) dar.[7]

Daß die älteren politischen, ökonomischen oder soziologischen Theorien über Stadt und Raum die raumprägende Kraft der Geschlechterverhältnisse systematisch ausgeblendet haben, wird zu großen Teilen auf die generelle Vernachlässigung der Reproduktionsseite bei der Analyse städtischer Prozesse zurückgeführt (vgl. Markusen 1980; Mackenzie/Rose 1982: 155-160; WGSG 1984: 45; Borst 1990: 235; McDowell 1991b: 78). Diese Kritik trifft aber auch den in der aktuellen Stadtforschung vorherrschenden sogenannten Regulationsansatz, der die Veränderungen der Produktionsstrukturen, insbesondere die Veränderungen der Arbeits- und Lohnverhältnisse und den Wandel staatlicher Regulierungsformen ins Zentrum des Forschungsinteresses stellt. Damit, so der Vorwurf, übersehe auch dieser die Bedeutung der Reproduktionsweisen sozialer Gruppen und Schichten (vgl. Borst 1990: 236f.; McDowell 1991a), deren Last nach wie vor dominant auf den Schultern von Frauen liegt.

Aber auch neuere Arbeiten (zumeist von Frauen), die ihr Augenmerk in der Stadt- und Raumforschung gerade auf frauenspezifische Belange richten, bleiben undifferenziert, wenn sie sich überwiegend auf das Lebensmodell der Hausfrau und Mutter fixieren, obgleich es bekannt sein dürfte, daß es dieses – vor allem in den Städten! – weder als einheitliches noch als dominantes biographisches Muster seit Jahren nicht mehr gibt. Die Stadtforscherin Monika Alisch hat in diesem Zusammenhang kritisiert, daß die Gruppe der höher gebildeten, beruflich qualifizierten und gut verdienenden Frauen, deren Anwachsen zu Umstrukturierungen im städtischen Raum maßgeblich beiträgt, auch in der feministischen Debatte offenbar „leichtfertig den Männern zugeschlagen" und somit die Entgegensetzung „Hausfrauen und Mütter" versus die „Produzenten", die „Erwerbstätigen" festgeschrieben wird (Alisch 1993: 19f.). In ihrer

6 So auch der Titel der seit 1983 erscheinenden „Streitschrift der feministischen Organisationen von Planerinnen und Architektinnen", FOPA e.V., dem 1981 gegründeten Dachverband der Stadt- und Regionalgruppen.

7 Der Erfolg von bald zwanzig Jahren theoretischer und praktischer Planungskritik wurde kürzlich als zwiespältig eingeschätzt. Die „feministischen Dauerläufe durch die Unebenheiten des Forschungsgeländes und das Dickicht männlicher Planungspraxis" erinnerten zwar „angesichts der Umsetzungsmöglichkeiten an 'die Maus im Laufrad'", die kontinuierlichen Bemühungen konnten aber als „produktive Wegweiser zu einer 'nicht-sexistischen Stadt' bewertet werden" (Hannemann/Hillmann 1996: 149).

Arbeit über den Einfluß von Frauen auf die Konkurrenz um den gentrifizierten innerstädtischen Wohnraum hat Alisch (1993) gezeigt, daß und wie gerade die berufs- und karriereorientierten Lebensentwürfe einer zunehmenden Zahl von Frauen sich auf die soziale Nutzung und Zusammensetzung des städtischen Raumes prägend auswirken (vgl. auch Borst 1990: 255ff.).[8]
Aus derselben theoretischen Fixierung auf die traditionelle Frauenrolle mag sich ein anderer blinder Fleck feministischer Stadt- und Raumforschung am entgegengesetzten Ende der sozialen Hierarchie erklären. Von Arbeitslosigkeit, Armut oder/und Obdachlosigkeit gefährdete Frauen sammeln sich in den kontinentaleuropäischen Städten zumeist an deren Rändern, nämlich in den Großsiedlungen des sozialen Wohnungsbaus (vgl. Borst 1990: 253ff.). Hier entstehen Ballungsräume v.a. jüngerer alleinerziehender Mütter und älterer Frauen über sechzig (vgl. ebd.: 253). Von beiden Entwicklungen wird noch die Rede sein.

1.2 Die angloamerikanischen „Gender & Urban Studies"

Solche und andere Verbindungen von Raum- und Geschlechterlagen lassen auf einen beiderseitigen Zusammenhang der Veränderung, Heterogenisierung und Ausdifferenzierung der Lebenssituationen von Frauen und den Entwicklungsmustern des städtischen Raumes schließen. Solche Wechselbeziehungen werden hierzulande noch kaum beforscht. Hier empfiehlt sich dringend ein Blick auf die interdisziplinär arbeitende angloamerikanische Stadt- und Raumforschung. Diese hat schon in den siebziger (und nicht erst, wie hier, in den neunziger) Jahren mit der Frage eingesetzt, in welcher Weise sich der allgemeine sozialstrukturelle Wandel und die damit verbundenen Transformationen der Geschlechterverhältnisse in sozialräumlicher Hinsicht wechselseitig bedingen und aufeinander auswirken.
Als Bezugspunkt der breit gefächerten und kritischen Auseinandersetzung dient den angloamerikanischen Forscherinnen sehr häufig das angloamerikanische Phänomen der *Suburbanisierung* und dessen Formenwandel (vgl. Saegert 1980; Wekerle 1980; Mackenzie/Rose 1982; WGSG 1984: 43-66; Mackenzie 1988; Borst 1990). Am Suburbanisierungsprozeß können die sozialen Prozesse der Verteilung der Geschlechter im Raum bzw. der geschlechtlichen Codierung städtischer Räume exemplarisch aufgezeigt werden, weshalb ich an ihm die materielle und symbolische Konstruktion von GeschlechterGeographien beispielhaft illustrieren möchte. Da die Suburbanisierung zugleich einige grundsätzliche Aspekte des komplexen gesellschaftlichen Verhältnisses von „Frauen und Stadt" beleuchten kann, soll zunächst schlaglichtartig auf die Entstehungsgeschichte der Suburbs im Verlauf des 19. Jahrhunderts eingegangen werden.

8 Als Gentrifikation wird die systematische „Aufwertung innenstadtnaher Wohngebiete durch Reinvestitionen in die Gebäudesubstanz" bei gleichzeitigem „sukzessivem Austausch einer statusniedrigeren Bevölkerung gegen jüngere, gut ausgebildete, meist kinderlose Haushalte einer mittleren oder oberen sozialen Schicht" bezeichnet (Alisch 1993: 7).

1.3 Suburbanisierung als sozialräumlicher Prozeß und als kulturelles Symbol

Suburbanisierung bezeichnet die extensiven Wohn- und Siedlungsmuster, wie sie insbesondere für den angloamerikanischen Raum charakteristisch sind: räumlich, funktional, sozial und überwiegend auch ethnisch segregierte, homogene, großflächige Einfamilienhaussiedlungen geringer Bebauungsdichte. Der typische Suburb ist zwar mit allen zur Versorgung der Familie nötigen Einrichtungen ausgestattet, aber weder mit öffentlichen Dienstleistungen versehen, noch über kommunale Transport- und Verkehrsmittel an die bunte Welt städtischer Heterogenität angeschlossen.
Suburbanisierung bedeutet die Schaffung und Abgrenzung reiner *Reproduktionsräume* und beruht auf der Durchsetzung des typischen Lebensmodells der bürgerlichen Kleinfamilie mit vollerwerbstätigem männlichem Haushaltsvorstand einerseits und Vollzeit-Hausfrau und Mutter andererseits. Deshalb steht der Begriff „Suburbia" in der feministischen Stadtforschung auch für jenen sozialen Raum, der in seiner inneren Konstruktion wie kein anderer den dichotomischen Strukturen folgt, die die kulturelle Logik des westlichen patriarchalen Industriekapitalismus ausmachen. Diese Logik schließt in einer langen Folge materieller und symbolischer Klassifikationen „männlich" mit lohnförmiger Erwerbstätigkeit – Öffentlichkeit – Cities und „weiblich" mit nicht entlohnter Hausarbeit – Privatheit – Suburbs zu polaren Oppositionen zusammen, weshalb der Suburb seine raison d'être auch und gerade aus der Entgegensetzung zur City bezieht (vgl. Schwartz 1976: 333ff.; Saegert 1980: 96ff.).
Die Bedeutsamkeit der Geschlechtersymbolik im Suburbanisierungsprozeß und ihr bis heute andauerndes Fortwirken erschließen sich in ihrer ganzen Tiefe aber erst, wenn man sich vor Augen führt, daß diese bis heute in Großstädten dominierende Wohn- und Siedlungsform schon in ihrer Entstehung maßgeblich auch eine Reaktion auf die Bedrohung der „natürlichen" Geschlechterordnung in der sich formierenden industriekapitalistischen Stadt des 19. Jahrhunderts darstellte: Die Großstadt bzw. das innerstädtische Treiben eröffnete Frauen zwar nach Alter, Herkunft und Klasse unterschiedliche, aber doch immer wieder vielfältige Chancen, aus der ihnen gesellschaftlich zugedachten Rolle der sorgenden und versorgenden Hausfrau und Mutter auszubrechen. Frauen entdeckten und nutzten die Stadt als *Emanzipationsraum*.
Im Zuge der Industrialisierung boten sich für Frauen zunehmend Möglichkeiten, erwerbstätig und damit vom männlichen Ernährer unabhängiger zu werden. Unternehmer fragten billige weibliche Arbeitskraft nach, und gerade junge Frauen aus der Arbeiterklasse zogen die relative Freiheit der Büro- oder Fabrikarbeit der stark isolierten und sozial kontrollierten Arbeit als Hausangestellte vor (vgl. WGSG 1984: 55). Manche Zweige der neu entstehenden Konsumgüterindustrie wurden bald zahlenmäßig von Arbeiterinnen dominiert. Mittelklasse-Frauen eroberten den entstehenden Bildungs- und Gesundheitssektor und verdrängten ebenfalls männliche Angestellte (vgl. Mackenzie 1988: 19). Die zunehmende Frauenerwerbstätigkeit wurde aber nicht allein als Bedrohung von Männern durch Konkurrenz am Arbeitsplatz wahrgenommen. Die Teilhabe von Frauen an der korrupten und korrumpierenden Welt der Arbeit (vgl. Fishman 1990: 412) erschien darüber hinaus als Gefährdung sowohl der physischen und moralischen Reproduktion der Arbeitskraft in der Arbeiter-Familie als auch des bürgerlichen Familienideals und somit insgesamt als Gefahr für die Institution Familie als der Keimzelle des bürgerlichen Staates (vgl. Mackenzie 1988: 19). Während

nämlich Heirats- und Geburtenziffern sanken, wuchs das Selbstbewußtsein der Frauen in den Städten. So verlangte etwa die sich um die Jahrhundertwende formierende erste Frauenbewegung das Wahlrecht und bessere Bildungschancen für Frauen und meldete damit ihre weitgehenden Ansprüche auf sozio-politische Teilhabe im öffentlichen Raum an.

Die gesellschaftliche Konstruktion des Problems „Frauen in der Stadt" weist nicht nur eine politisch-ökonomische Seite der Gefährdung der Geschlechterordnung in der und durch die Stadt auf. Sie zeichnet sich auch durch ebenso bedeutsame kulturelle Aspekte aus. Diese nehmen ihren Ausgang in der Erfahrung der Ambivalenz, die die Wahrnehmung der modernen Großstadt seit jeher kennzeichnet. Die Großstadt galt aufgrund der Dichte, Intensität und Heterogenität ihres Treibens immer schon als Sitz und Quelle sowohl höchster kultureller Leistungen als auch tiefster moralischer Bedrohungen, als eine Welt von absoluter Gefahr (Tod) und unwiderstehlicher Verlockung (Eros). An der Basis dieser Ambivalenz steht vom 19. Jahrhundert an die ebenso faszinierende wie beängstigende Erfahrung von Masse sowie Massen-, Waren- und Konsumkultur. Als Träger der bürgerlichen Ordnung schreibt der Mann dem Massenphänomen all das zu, was seine so mühsam aufgebauten, aber letztendlich fragilen Ich-Grenzen bedroht: Macht-, Kontroll- und Identitätsverlust durch Verführung und Begierde, Emotionalität und Passivität, Naturgewalt und Revolution usw., d.h. all jene Kräfte, die als weiblich imaginiert und sexualisiert werden (vgl. Bergius 1986; Huyssen 1986; Weigel 1987; Wilson 1991; Swanson 1995).

Zum Sinnbild der Entgrenzung des Sexuellen und des Verschwimmens der Scheidelinien von Öffentlichem und Privatem wurde *die Frau in der städtischen Menge*, die *„public woman"* stilisiert: Nicht nur die unberechenbare Masse allein, sondern gerade auch die Präsenz von Frauen in dieser Masse wurde als Ausdruck einer „Pathologie des Urbanen" gedeutet (Swanson 1995: 80). Die Vorstellung von Frauen in der Öffentlichkeit war eng mit der von „Schande" verknüpft (Sennett 1983: 38). Beide Sichtweisen kulminieren in der Konstruktion der *Hure* als Symbol des großstädtischen Systems der Verführung (vgl. Bergius 1986). Als Motiv von Kunst und Literatur wie als reale gesellschaftliche „Problem"figur beschäftigte die Hure die westliche Großstadtwahrnehmung geradezu obsessiv bis weit ins 20. Jahrhundert hinein. Dem rigiden bürgerlichen Denken gelang es nicht, das Phänomen der „gefallenen Frau" auf die behauptete sexuelle Promiskuität v.a. junger Frauen aus der Arbeiterklasse zurückzuführen, um das soziale Problem so auf eine „Risikogruppe" zu begrenzen und damit überschaubar und lösbar zu machen.[9] Aufgrund seiner dichotomischen Struktur mußte das bürger-

9 Im letzten Drittel des 19. Jahrhunderts hatte sich in vielen industriell geprägten Großstädten unter jungen Frauen der weißen Arbeiterklasse ein subkulturelles Vergnügungsmilieu herausgebildet, dessen Kern das städtische Konsumangebot bildete. Es zeichnet sich durch einen flexiblen, pragmatischen und insgesamt unkonventionellen Umgang mit Sexualität aus. Da der karge Fabriklohn allein nicht ausreichte, ermöglichten sich Arbeiterinnen die Teilhabe an den Freizeit- und Zerstreuungsmöglichkeiten, indem sie vielfältig abgestufte Beziehungen zu Männern eingingen, die die herrschenden Moralvorstellungen von „Ehebett oder Bordell" (Meyerowitz 1990: 282) unterliefen. Diese konnten auch die Form gelegentlicher Prostitution annehmen, in den meisten Fällen ging es jedoch v.a. darum, zum Tanz, ins Kabarett, Kino oder Restaurant eingeladen zu werden oder kleine Geschenke zu erhalten (vgl. Peiss 1983; Meyerowitz 1990). Zwischen 1880 und 1930 produzierte die gesellschaftliche Wahrnehmung eine ganze Reihe von Stereotypen über die vergleichsweise freizügige Sexualität der Arbeiterinnen in den Mietskasernen der Stadt, deren inhaltlichen

liche Denken auf einer viel grundsätzlicheren Ebene dazu gelangen, *jede* Frau in der Öffentlichkeit als „öffentliche Frau" wahrzunehmen: „The prostitute was a 'public woman', but the problem in nineteenth-century urban life was whether every woman in the new, disordered world of the city – the public sphere of pavements, cafés and theatres – was not a public woman and thus a prostitue" (Wilson 1995: 61; vgl. Schulte 1979: 26f.; Schlör 1994: 162ff.).

Frauen in der Stadt wurden also in ihrer Gesamtheit zu einer Störung der Ordnung des öffentlichen Lebens, zum Sinnbild für die Ambiguität des städtischen Treibens. So liegt die Schlußfolgerung nahe, daß, wer die Masse fürchtet und unter Kontrolle bringen will, die Frauen kontrollieren muß (vgl. Wilson 1991: 1-11). Elizabeth Wilson behauptet in diesem Zusammenhang sogar die Möglichkeit, die Geschichte der im 19. Jahrhundert entstehenden Stadtplanung als „organized campaign to exclude women and children, along with other disruptive elements – the working class, the poor, and minorities – from this infernal urban space altogether" (1991: 6) zu beschreiben. Auch die frühe feministische Stadtforschung hat die funktionale Zonierung des städtischen Raumes schon als wirkungsvollstes Macht- und Kontrollmittel über die soziale Zusammensetzung, den Gebrauch und die Nutzung des städtischen Raumes in der Hand der Stadtplanung analysiert (vgl. Hapgood/Getzels 1974; Wekerle 1980: 202).

Man muß keinen von Männern strategisch ausgeheckten und durchgeführten Plan unterstellen, um konstatieren zu können, daß sich die Suburbanisierung aus dieser zweifach motivierten Problemsicht als ideale Lösung präsentiert. Sie trug maßgeblich dazu bei, Frauen von der Stadt als der Welt der Verlockung durch Lohnarbeit einerseits und kultureller Heterogenität sowie sexueller Freizügigkeit andererseits, also vom „Abenteuer Stadt" fernzuhalten. Suburbanisierung beinhaltete, die politisch, ökonomisch und kulturell aus den Fugen geratene Verteilung der Geschlechter im öffentlichen und privaten städtischen Raum als „separate spheres" von City und Suburb zu rekonstituieren, gleichzeitig die „gefährlichen Energien" der Frauen zu domestizieren und dadurch letztendlich die bürgerliche Geschlechterordnung zu (re-)stabilisieren.

Spätestens nach dem Ersten Weltkrieg folgte dann die baulich-räumliche Gestaltung von Stadtlandschaften in allen westlichen Industriegesellschaften dem Raummuster der Zonierung städtischer Funktionen und bis in die Grundrisse der Wohnungen hinein dem Leitbild der bürgerlichen Kleinfamilie. Auf diese Weise wurde die soziale Rolle der (suburbanen) Vollzeit-Hausfrau durch die baulich-räumliche Gestaltung der Umwelt untermauert und alternative Organisationsformen der alltäglichen Reproduktionserfordernisse extrem erschwert. Den höchsten Verfestigungsgrad erreichte diese industriekapitalistisch-patriarchale Verteilung der Geschlechter im Raum im Nordamerika der fünfziger und sechziger Jahre: „Walls (were) built where there had been fences of sexual segregation" (Mozingo 1981: 40), als im Zuge einer Explosion der Suburbanisierung und der gleichzeitigen „Manhattanisierung" der innerstädtischen

---

Verschiebungen jeweils auf Veränderungen in der Bewertung des „Problem"komplexes Stadt-Geschlecht-Sexualität hindeuten. Diese Bilder reichen von besagter Diabolisierung der Frauen als Huren über ihre Viktimisierung als Opfer der Unbarmherzigkeit der Stadt hin zur Heroisierung als Pionierinnen einer neuen, selbstbestimmteren weiblichen Sexualität (vgl. Meyerowitz 1990: 282ff.).

Business Districts auch noch die letzte Enklave der Frauen im städtischen öffentlichen Raum, das Warenhaus, in die Shopping Malls der Suburbs ausgelagert wurde.[10]

2. *Nachindustrielle GeschlechterGeographien: die neue Dienstleistungsstadt*

2.1 Geschlechter- und Raumordnungen im Umbruch

Der feministischen Stadtkritik gilt das vorstädtische Eigenheim nicht umsonst als das herausragende Symbol der räumlichen und geschlechtsspezifischen Teilung der Arbeit und der abgeschotteten, engen und restringierten Arbeits- und Lebenswelt der Hausfrauen und Mütter, in der jener „Weiblichkeitswahn" regiert, den Betty Friedan (1963) und auch Marilyn French in ihrem Roman „Frauen" (1977) so beklemmend beschrieben haben. Dem dominanten städte- und innenarchitektonischen Gestaltungsprizip „A woman's place is in the home" (Hayden 1980: 179; Mackenzie/Rose 1982: 170) setzte die frauenbezogene Stadt- und Raumforschung entschieden ein programmatisches „A Woman's Place is in the City" (Wekerle 1984: 11; Antipode 1984) entgegen.
Ausgangspunkt der in den siebziger Jahren einsetzenden feministischen angloamerikanischen Stadtkritik[11] sind die Ausdifferenzierung der Lebensverhältnisse von Frauen in den Städten und der drastische Anstieg der Frauenerwerbstätigkeit, die die städtische Raumordnung dysfunktional werden lassen: „While the lives of women have changed radically, the urban environment in which they live has not" (Wekerle 1984: 11). Diese Feststellung kann als repräsentativ für den Tenor der Forschungsarbeiten der siebziger und achtziger Jahre aus Großbritannien und Nordamerika angesehen werden. Allerdings gehört sie aus heutiger Sicht schon wieder relativiert. Neuere Forschungsergebnisse zeigen, daß und wie sich unter der Oberfläche von Beharrungsvermögen und relativer Beständigkeit die räumlichen Strukturen ebenso verändern wie der Gebrauch und die soziale Zusammensetzung verschiedener städtischer, aber gerade auch vorstädtischer und ländlicher Räume. Die Entstehung neuer, heterogener und kleinräumiger GeschlechterGeographien zeichnet sich ab.
Die Umbrüche der Geschlechter- und Raumordnungen müssen im Zusammenhang des umfassenden gesellschaftlichen Wandels begriffen werden, der die westlichen Industriegesellschaften seit den siebziger Jahren tiefgreifend verändert. Dieser Transformationsprozeß wird vielfach entweder im Anschluß an Modernisierungstheorien als „Globalisierung" (vgl. Robertson 1990; Waters 1995; Schwengel 1997) konzeptualisiert oder im Kontext der Regulationstheorie als Übergang von einer „fordistischen"

10 Um Mißverständnissen vorzubeugen: Die Verallgemeinerung des industriekapitalistisch-bürgerlichen Geschlechterarrangements resultiert natürlich nicht aus isolierten Aktivitäten von Stadt- und Raumplanern. Sie wäre nicht möglich gewesen ohne staatliche Regulierung und massiven symbolischen Über- und materiellen Unterbau („Ernährerehe" mit „Familieneinkommen", Verbesserung der Beschäftigungs- und Einkommenssituation von Arbeiterhaushalten durch Regulierung der Lohnverhältnisse) und schon gar nicht, wenn Frauen den „suburban dream" nicht auch selber mitgeträumt hätten. Noch 1980 identifizieren sich laut einer Studie von Saegert (1980) Frauen in Suburbs durchaus mit der entsprechenden Geschlechterrollenverteilung.

11 Als „Initialzündung" gilt die Kontroverse zwischen Pat Burnett (1973) und Irene Bruegel (1973) in der Zeitschrift Antipode.

zu einer „postfordistischen" Formation kapitalistischer Gesellschaften (vgl. Hirsch/Roth 1986; Borst u.a. 1990; Demirovic u.a. 1992; Bruch/Krebs 1996) beschrieben. Trotz unterschiedlicher (soziokultureller oder politökonomischer) Akzentuierung stimmen die verschiedenen Analysen der globalen Restrukturierung, wie Linda McDowell (1991b: 81) herausgearbeitet hat, in der Betonung von drei Entwicklungsprozessen überein, die für den hier verhandelten Kontext bedeutsam sind.

In den westlichen Industriegesellschaften, so die erste Diagnose, schlage sich der ökonomische und technologische Strukturwandel als Beschleunigung bzw. qualitativer Sprung im Übergang zu Informations- oder Dienstleistungsgesellschaften (vgl. Häußermann/Siebel 1995) bzw. „neuen Dienstleistungsstädten" (Noller/Ronneberger 1995) nieder. Zweitens bedeute die zunehmende Tertiärisierung indes nicht, daß der industrielle Fertigungsbereich im Verschwinden begriffen sei. Vielmehr werde der sekundäre Sektor im Zuge von De-, Re- und Neoindustrialisierungsprozessen (vgl. Mayer 1995: 103f.) technologisch und arbeitsorganisatorisch grundlegend restrukturiert.[12]

Selten jedoch, so muß an dieser Stelle eingeschoben werden, geht in die makroökonomischen Analysen die Rolle der Frauenerwerbstätigkeit als weltweit wirksamer und zentraler Bestandteil der Globalisierungsprozesse ein (vgl. Christopherson 1995; Wichterich 1996). Dabei kommt der (Erwerbs-)Arbeit von Frauen nicht nur quantitativ (wachsende Frauenerwerbstätigkeit, Feminisierung der Erwerbsbevölkerung) große Relevanz zu. Noch wichtiger erscheint der qualitative Aspekt der Verbreitung und Verallgemeinerung spezifisch „weiblicher" Muster der Arbeitsbedingungen (Feminisierung der Beschäftigungsverhältnisse) im Produktions- und Dienstleistungssektor (vgl. Jenson u.a. 1988; Stubbs/Wheelock 1990; Ward 1990; McDowell 1991a; Schmidt 1993; Kobayashi 1994).[13] Als soziale Folge dieser Prozesse zeichnet sich eine Prekarisierung der Lebensverhältnisse von Frauen *und* Männern ab (vgl. McDowell 1991a). Frauen werden allerdings aufgrund ihrer strukturell fragileren Position in der Gesellschaft von den allgemeinen Tendenzen der Heterogenisierung, Pluralisierung und Differenzierung der Arbeits- und Lebensverhältnisse, wie sie die Dienstleistungsgesellschaften kennzeichnen, insgesamt stärker getroffen. Während sich eine wachsende Zahl qualifizierter Frauen Zugang zu den hoch dotierten Berufspositionen im tertiären Sektor verschaffen konnte, findet sich der Großteil der weiblichen Erwerbstätigen in jenen marginalen, informellen, peripheren bis illegalen Beschäftigungsverhältnissen wieder, die der postindustrielle Arbeitsmarkt unter Ausdünnung der mittleren Einkommen hervorbringt.

---

12 Die Stichworte hier lauten: Ersetzung der tayloristischen Fließband-Massenproduktion für den standardisierten Massenkonsum durch „functional flexibility, just-in-time ordering systems, multipurpose equipment, team working and Japanese-style quality circles" für die individuelle Nachfrage (McDowell 1991b: 81; vgl. Möller 1993).

13 Noch 1980 haben Piore und Sabel behauptet, „the migrants (foreign and domestic), the rural workers and the women are attractive precisely because they belong to another socio-economic structure and view industrial employment as a secondary adjunct to their primary roles" (zit. n. McDowell 1991a: 404f.). Heute gibt es einigen Anlaß, diese einstigen marginalen Arbeitsbedingungen von Frauen als die künftige Norm zu erachten: „Women, who have always been at the margin of the labor force, now might even replace men as the 'model worker' in a situation where employers frequently seek to base their employment strategies precisely in such marginal categories" (Hagen/Jenson 1988: 11).

Drittens sind sich die gesellschaftstheoretischen Analysen über die zentrale Bedeutung der Transformation der industriegesellschaftlichen Raumordnungen einig. Der sozialräumliche Wandel, so der Tenor, vollziehe sich im Kontext einer allgemeinen Neubestimmung des Verhältnisses von Raum und Zeit, die als „time-space distanciation" (Giddens 1990: 17-21) oder „time-space compression" (Harvey 1990: 201ff.) beschrieben wurde. Die v.a. technologisch bedingte tendenzielle Aufhebung des Raumes in seiner Bedeutung als Zeit- und Kostenfaktor verflüssigt die überkommenen industriegesellschaftlichen Arrangements von Funktionalität und Territorialität und setzt die Bildung neuer, heterogener, sich überlagernder und konkurrierender Raummuster von „Lokalen Staaten", „Metropolitanen Regionen", „World Cities" usw. in Gang (vgl. Harvey 1990; Jessop 1992; Sassen 1996a; Thrift 1996; Schwengel 1997). Die neuen Raumordnungen zeichnen sich durch eine neue „geography of production" aus, die Linda McDowell beschreibt als „new regional economies or new industrial spaces characterized by a network of flexible firms in contradistinction to old patterns of concentration and dominance by a single large firm or sector in the old industrial heartlands of the Fordist era" (McDowell 1991b: 81; vgl. Scott 1988).

In diesem Kontext ist die von Paul Virilio 1983 prognostizierte Tendenz des „Zerfalls der historischen Stadt und des traditionellen Städtewesens" (1983:16) nicht ganz von der Hand zu weisen. Die Grenzen zwischen Stadt, Umland und ländlicher Peripherie verschwimmen zunehmend zugunsten von regionalisierten StadtLandschaften mit fließenden Übergängen. Dennoch kommt es im Zuge der „postindustriellen Entstädterung" (ebd.) durch Telekommunikation gerade nicht zur Entstehung einer grenzenlosen elektronischen Peripherie. Im Gegenteil bilden sich im weltweiten „space of flows" von Geld, Informationen und Menschen (vgl. Appadurai 1990) immer wieder hierarchisch geordnete Knotenpunkte innerhalb und zwischen den Stadtregionen aus, in denen Macht-, Steuerungs- und Kontrollfunktionen unterschiedlicher (globaler, nationaler oder regionaler) Reichweite strategisch gebündelt werden (vgl. Sassen 1996a). Die Bedeutung dieser „urbanen Direktionszentren" (Krätke 1995: 41) steigt.

In den entstehenden Stadtregionen prägen sich bei aller lokal spezifischen Unterschiedlichkeit sozialräumliche Strukturen aus, die sich auch und gerade im Hinblick auf die Verteilung und Wahrnehmung der Geschlechter im Raum von denjenigen der alten, industriellen Zentren deutlich unterscheiden. Im Zuge der Herausbildung nachindustrieller Geschlechter- und Raumordnungen werden die industriegesellschaftlichen GeschlechterGeographien, die ich als materiellen und symbolischen Ausdruck einer historisch geronnenen Konstellation geschlechtsspezifischer und sozialräumlicher Arbeitsteilungen beschrieben habe, dynamisiert. In einem komplexen Ursachen- und Wirkungsgefüge gehen die GeschlechterGeographien in den Transformationsprozeß ein, werden dabei selber verändert und wirken als veränderte wiederum auf die sie konstituierenden gesellschaftlichen Prozesse zurück. Sie können deshalb als „medium through which social relations are produced and reproduced" (Gregory/ Urry 1985: 3) bzw. als „mitreagierender Katalysator" (Pohl 1993: 263, Anm.13) bezeichnet werden (vgl. Wood 1996: 58).[14] Nachindustrielle GeschlechterGeographien entste-

14 Diese Konzeptualisierungen entnehme ich dem Kontext der angelsächsischen „New Regional Geography" (vgl. Wood 1996).

hen. Auf einige der sich abzeichnenden Muster möchte ich im folgenden näher eingehen.

2.2 GeschlechterGeographien als „Standortfaktoren"

2.2.1 Suburbs

Zu den hervorstechendsten Kennzeichen des sozialräumlichen Wandels gehört der in allen kapitalistischen Staaten verzeichnete Prozeß der Dezentralisierung von Unternehmen und die damit verbundene Abwanderung von Arbeitsplätzen aus den städtischen Kernzonen an die Stadtränder, ins städtische Umland, in ländliche Regionen oder auch in die sogenannten Niedriglohnländer der Dritten Welt. Diese Tendenz wurde auf der Basis produktions-, informations- und kommunikationstechnischer Innovationen möglich und kennzeichnet den Fertigungs- wie den Dienstleistungssektor gleichermaßen. Im angloamerikanischen Raum setzte die Dezentralisierung von Fabriken schon bald nach dem 2. Weltkrieg ein. In den siebziger Jahren wurden die Unternehmen dann aufgrund von technologischen Entwicklungsschüben im Telekommunikationsbereich zunehmend unabhängiger in ihrer Standortwahl, so daß die Rede von der „footloose industry" aufkam (Floeting/Golm 1991: 151). In der vormaligen suburbanen Peripherie entstanden ganze High Tech-Cluster, von denen das kalifornische Silicon Valley sicherlich das bekannteste ist.[15] Zeitgleich teilten große Unternehmen ihre Verwaltungen in front- und back offices und lagerten die nachgeordneten Bürotätigkeiten ebenfalls in die Suburbs aus (vgl. Nelson 1986; Fishman 1987; Floeting/Golm 1991). Mittlerweile hat das ungebremste Wachstum der Suburbs weitere spezialisierte Dienstleister für Dienstleister angezogen, so daß die Suburbs als „neue Zentren" die alten industriellen Entwicklungspole ablösen, nämlich als „decentralized environment that nevertheless possesses all economic and technological dynamism we associate with the city. This phenomenon ... is not suburbanization but a new city" (Fishman 1987: 485).
In der Regel geht mit der Dezentralisierung von Produktions- und Dienstleistungsunternehmen auch die Feminisierung der Belegschaft und der Beschäftigungsverhältnisse einher. Vollzeit-Arbeitsplätze (meist von Männern) werden dequalifiziert und in flexibilisierte Teilzeit-Arbeitsplätze für Frauen umgewandelt (vgl. Mackenzie/Rose 1982: 176ff.; Pearson 1986; Massey 1992). Dieser Strukturwandel hat zur Folge, daß eine im Suburb lebende Frau heute mit höherer Wahrscheinlichkeit erwerbstätig ist als eine Innenstadtbewohnerin (vgl. Hanson/Pratt 1995: 95). Damit zeichnet sich am Ende des 20. Jahrhunderts eine grundlegende Umkehrung des Verhältnisses von City und Suburb in bezug auf die Erwerbs- und Lebenslagen von Frauen ab. Diese Entwicklung ist zugleich Resultat und Katalysator der wachsenden Differenzierung und Polarisierung der Erwerbs- und Lebenslagen von Frauen nach Klasse und Ethnizität, aber auch und gerade nach Wohnort (Inner City, Stadt(teil), Suburb, Land). Diese

15 Solche High Tech-Areale bringen ihrerseits wiederum ganz eigene (post)industrielle GeschlechterGeographien hervor, auf die hier nicht näher eingegangen werden kann (vgl. Hossfeld 1990; Stacey 1992).

immer kleinräumiger segregierte soziale Polarisierung wird, wie nun zu zeigen ist, bei Standortentscheidungen von Unternehmern als profitable Ressource genutzt und dadurch noch verstärkt.

In ihrer mittlerweile klassischen Studie hat Kristin Nelson (1986) den aus Gründen der Kostenersparnis erfolgenden Prozeß der Verlegung sogenannter nachgeordneter Büro- und Verwaltungstätigkeiten aus den Cities in die Suburbs am Beispiel der San Francisco Bay Area untersucht. Mit der Verlagerung der Betriebsfunktionen ging hier nicht nur die massenhafte Umwandlung von Vollzeit- in flexibilisierte Teilzeitarbeitsplätze einher. Sie kann auch als gezielte Erschließung eines begehrten Reservoirs an weiblichen Arbeitskräften beschrieben werden, das bisher aufgrund seiner sozialräumlichen Isolation nicht verfügbar war: Im Zuge der Auslagerung von Betriebsteilen wurde systematisch die sozial problematisch erscheinende Gruppe der in den Innenstädten konzentrierten statusniedrigen, häufig alleinerziehenden, häufig ethnischen Minderheiten angehörenden Frauen durch die ebenfalls weibliche, aber unproblematisch erscheinende Belegschaft weißer, mittelklassesozialisierter Suburb-Frauen ersetzt.

Mit dem Einsatz von Computer- und Kommunikationstechnologien, die den Betriebsablauf in vielfältiger Weise störanfällig machten, wuchsen sowohl die Ansprüche an die Ausübung speziellster Arbeitstätigkeiten, welche aber als gering qualifiziert eingestuft und damit schlecht bezahlt wurden, als auch die Ansprüche an die soziale Angepaßtheit der Angestellten, die sich mit schlechten Arbeitsbedingungen zufrieden geben sollten. Ihre oftmals prekäre soziale Situation verunmöglicht es Frauen in den Innenstädten aber sehr häufig, sich mit diesen Arbeitsbedingungen abzufinden. Sie werden aufgrund von realem oder nur antizipiertem Widerstand zu gut organisierten, gar militanten Arbeitskämpferinnen stilisiert. Im Suburb hingegen meinen die Firmen jene gewünschten, höchst widersprüchlichen Eigenschaften der idealen Arbeitskraft vorzufinden, und zwar bei den gut ausgebildeten Mittelklasse-Frauen, die sich in Zeiten sinkender Realeinkommen zunehmend veranlaßt sehen, zum Erhalt des kostspieligen vorstädtischen Lebensstandards einen „Zuverdienst" (!) zu erwirtschaften. Doch nicht die Frauen in den suburbanen Einfamilienhäusern sind mobiler geworden, sondern die Arbeitgeber, die sich heute dort zu plazieren vermögen, wo die begehrten weiblichen Arbeitskräfte situiert sind. Die verschiedenen biographischen Muster und Lebenssituationen der Suburb- und der Innenstadtfrauen gehören heute somit zu den markantesten Differenzierungsfaktoren in der Standortkonkurrenz. Die (männlichen) Firmenleiter spielen dabei die Lebenslagen der City- und der Suburb-Bewohnerinnen gezielt gegeneinander aus: „We get a lot of women who get married, and then work here because of the opportunity to work close to home. Most of them have worked before, and most have some college experience. They have families and own homes, so they tend to be more stable workers, with a stronger work ethic. ... When we moved out here, we tapped the beautiful source of suburban womanhood!" (zit. n. Nelson 1986: 154)

Mit der beschriebenen wirtschafts- und sozialräumlichen Entwicklung verändert sich gleichfalls die Symbolik, die dem suburbanen Leben (gerade auch im feministischen Diskurs) zugeschrieben wurde. Das suburbane Einfamilienhaus, das die Architektin Dolores Hayden zu Beginn der frauenbezogenen Stadt- und Raumforschung als „commodity *par excellence*: a spur for male paid labor and a container for female unpaid labor" gegeißelt hatte (1980: 172), wird pragmatisch zur „convenient base from which both spouses can rapidly reach their jobs" (Fishman 1987: 489) umdefiniert: Weit von ihrer vormaligen Bedeutung, Mittelklasse-Frauen vom städtischen Erwerbsleben zu isolieren und auf eine „neighborhood"-orientierte Häuslichkeit festzulegen, entfernt, werden nun ausgerechnet die Suburbs zum Setting für die Reintegration besagter Frauen in die Erwerbsbevölkerung der Dienstleistungsgesellschaft, gerade weil es sich bei den Arbeitsverhältnissen größtenteils um jene schlecht bezahlten, flexiblen und ungesicherten Teilzeitjobs handelt, die eben keine langen Anfahrtswege zum Arbeitsplatz rechtfertigen. Robert Fishman geht sogar so weit, der sozialräumlichen Struktur postindustrieller StadtLandschaften emanzipatorische Wirkung zu attestieren: „The economic and spatial structure of the new city tends to equalize gender roles" (1990: 412). Gegen solchen Optimismus muß jedoch einschränkend vermerkt werden, daß die steigende Beteiligung von Frauen an der Erwerbstätigkeit zum einen noch nichts über eine gerechtere Verteilung und Bezahlung der notwendigen Arbeit aussagt. Zum anderen zeitigt die Blüte der Suburbs direkte und indirekte Folgen für die sozialräumliche und soziostrukturelle Entwicklung der Innenstädte, in denen die Mittelklasse ausdünnt. Die Abwanderung der Jobs artikuliert sich gerade hier als zunehmende soziale und räumliche Polarisierung und Segregation.

2.2.2 Ländliche Peripherien

Der Prozeß der Restrukturierung des industriellen Fertigungsbereiches bei gleichzeitiger Dezentralisierung wurde vor allem für das Beispiel Großbritannien gründlich untersucht. Hier haben feministische Geographinnen mit ihrer Frage nach der Rolle der Geschlechterverhältnisse bei Standortentscheidungen maßgeblich zum Verständnis der sich ausbildenden neuen Raummuster beigetragen (vgl. Massey 1992). In Großbritannien äußerten sich De-, Re- und Neoindustrialisierung seit den siebziger Jahren als Verlagerung der Erwerbsarbeit aus den industriellen Zentren in die ehemaligen Peripherien der nördlichen Regionen sowie nach Schottland und Wales. Wie Massey im Hinblick auf Großbritannien geschildert hat, waren sich die traditionelle Industriegeographie und -soziologie der Bedeutung der lokal spezifischen GeschlechterGeographien in diesem Zusammenhang lange nicht bewußt. Sie erklärten die Dezentralisierung in erster Linie als Erfolg regionaler Anreizpolitiken. Darüber hinaus aber achteten die Unternehmer bei ihrer Standortwahl ganz offensichtlich auf die Verfügbarkeit billiger und flexibler, also insbesondere weiblicher Arbeitskraft.[16] Die regionalpolitische und die frauen(arbeits)zentrierte Erklärung reichten aber immer noch nicht aus, um zu verstehen, warum Regionen mit traditionell männlich geprägten lokalen Kulturen und eher rigiden Geschlechterrollenverteilungen (z.B. Bergbau) ge-

16 „Aberdeen is a booming town with high wages and only 2% unemployment ... Here, there is cheap labor and a very large pool of female labour." Oder ein anderer Unternehmer: „We are predominantly female labour oriented ... the work is more suited to women, it's very boring, I suppose we're old-fashioned and still consider it as women's work ... the men aren't interested ... we changed from full-time to part-time women ... because two part-timers are cheaper than one full-timer ... we don't have to pay national insurance if they earn less than £ 27.00 a week, and the women don't have to pay the stamp ... the hours we offer suit their social lives" (beide Unternehmer zit. n. Mackenzie/Rose 1982: 182).

genüber Gebieten mit einer starken lokalen Tradition der organisierten Frauenerwerbstätigkeit (z.B. Baumwolle) von Unternehmern stark bevorzugt wurden (vgl. McDowell/Massey 1984). Als dritter Erklärungsfaktor mußten somit die lokalen *Geschlechterverhältnisse* herangezogen werden (vgl. Massey 1992:188): Die gesuchte weibliche Arbeitskraft sollte für bestimmte Grundeinstellungen und soziale Eigenschaften garantieren. Es geht auch hier folglich um willige, anpassungsbereite, kooperative, nicht der Renitenz verdächtige Arbeiterinnen. Lokale androzentrische Kulturen schienen den Unternehmern noch am ehesten für diese „weiblichen" Eigenschaften zu bürgen. Wie im Suburbanisierungsprozeß, so wurden also auch hier historisch gewachsene GeschlechterGeographien und damit verbundene Bilder und Vorstellungen von Maskulinität und Femininität als bedeutende Ausstattungsmerkmale von Industriestandorten in Wert gesetzt und als profitverheißende Ressource genutzt.

2.2.3 Inner Cities: die gentrifizierte Stadt und die Stadt der informellen Arbeit

In direktem und indirektem Zusammenhang mit der Dezentralisierung gerade derjenigen Unternehmen, die Arbeitsplätze mit mittleren bis niedrigen, aber geregelten Einkommen bieten, ist die soziostrukturelle und sozialräumliche Entwicklung der Innenstädte zu sehen.[17] Hier sind (Wohn-)Viertel, die von Aufwertung bzw. Degradation betroffen sind, häufig unmittelbar benachbart. Funktional aufeinander bezogen und interdependent in der Entwicklung (vgl. Sassen 1996b), sind sie doch durch sichtbare und unsichtbare Mauern markiert und Welten voneinander entfernt (vgl. Marcuse 1993).[18] In diesen innerstädtischen Bereichen ist „Life without father and Ford" (McDowell 1991a) besonders ausgeprägt. Die veränderte gesellschaftliche Situation und die Polarisierungen in den Erwerbs- und Lebenslagen von Frauen artikulieren sich in der kleinräumigen Segregation der Innenstädte am sichtbarsten.
Gerade Frauen (aber natürlich auch Männer) in sozial prekären Situationen zieht es notgedrungen in die Innenstädte, wo Sozialwohnungen noch verfügbar, Mieten günstiger und städtische Angebote vom Kinderhort bis zum Nahverkehrsmittel eher vorhanden sind (vgl. Wekerle 1984: 15). Dies gilt besonders für alleinerziehende Mütter, deren Zahl sich beständig erhöht hat. Zudem bietet sich in den Stadtzentren, in denen die großen Unternehmen und ihre wohlsituierten Angestellten lokalisiert sind, auch am ehesten die Möglichkeit, im (informellen) Dienstleistungssektor eine Beschäftigung zu finden. Da die soziale Segregation meist von ethnischen Zugehörigkeiten überlagert wird, ist die Welt der „New Urban Poor" sehr häufig eine der ethnischen Minderheiten (vgl. Wilson 1996). Hier wirkt sich jener von Kristin Nelson analysierte Teufelskreis der Suburbanisierung von „back office jobs" gerade für sozial schwache Frauen ethnischer Minderheiten verheerend aus. Für sie (und natürlich auch für Männer) kann der innerstädtische Raum somit zur „Falle" werden (Borst 1990: 254; Wilson 1996).

17 Ilse Helbrecht hat darauf hingewiesen, daß der angloamerikanische Begriff „Inner City" im Gegensatz zur deutschen „Innenstadt" auch die innenstadtnahen Wohngebiete einschließt. Ich schließe mich ihrer aus Vereinfachungsgründen getroffenen Sprachregelung an, nach der „Innenstadt" diese Randgebiete umfaßt (vgl. Helbrecht 1996: 1, Anm. 1).

18 Peter Marcuse (1993) spricht von einer vier- bzw. fünfgeteilten Stadt. Er unterscheidet (1) die internationale, räumlich nicht gebundene Luxusstadt der mächtigen Eliten, (2) die gentrifizierte Stadt, (3) Suburbia, (4) die Stadt der Mietwohnungen (Arbeiterklasse) und (5) die aufgegebene Stadt des Elends.

Auf der anderen Seite der sozialen Hierarchie wird das Phänomen der Aufwertung der Innenstädte durch Gentrifikation maßgeblich auf die wachsende Anzahl von Frauen zurückgeführt, die sich Zugang zu den qualifizierten, gut bezahlten Arbeitsplätzen der tertiären Ökonomie verschafft haben. Diese Frauen, unter ihnen besonders viele Akademikerinnen, sind als zahlungskräftige Nachfragerinnen nach innenstadtnahem Wohnraum überproportional aktiv (vgl. Alisch 1993). Sie leben überwiegend mit einem/einer ebenfalls erwerbstätigen PartnerIn in kinderlosen Haushalten mit zwei Gehältern zusammen. Dieser Haushaltstyp der DINKs (double income no kids) gilt als Resultat der zunehmenden Frauenerwerbstätigkeit (vgl. Borst 1990: 259). In der sozialwissenschaftlichen Stadtforschung wird der Gruppe der gentrifier darüber hinaus ein Lebensstil zugeschrieben, für den „individualistisch-materialistische Verhaltensweisen" als typisch gelten: Berufs- und Karriereorientierung, hedonistische Freizeit- und Konsummuster und vor allem die „Ablehnung eines kleinfamilialen Lebensmodells tradierten Musters" (ebd.: 256). Um ein effizientes Zeit- und Geldmanagement bei der Organisation von Transport und Reproduktion bemüht, bevorzugen gerade die wohlsituierten Berufstätigen-Haushalte zentral gelegene Wohngegenden mit guten Einkaufsmöglichkeiten, kurzen Wegen und einem vielfältigen Angebot an privaten Dienstleistungen. Insbesondere Reproduktionstätigkeiten werden dabei häufig direkt oder im Rahmen von kommerziellen Dienstleistungsfirmen in der Mehrzahl an Frauen ethnischer Minderheiten bzw. einkommensschwacher Schichten delegiert.[19] Die klassische geschlechtsspezifische Arbeitsteilung zwischen Männern und Frauen, die in den gentrifier-Haushalten zu erodieren scheint, kehrt als klassenspezifische bzw. ethnisch differenzierte Arbeitsteilung zwischen Frauen wieder. Die Sparte der „neuen Hausangestellten", deren Tätigkeit zu den schlechtbezahltesten und am wenigsten abgesicherten des neuen informellen Arbeitsmarktes gehört, ist nur ein Beispiel dafür, wie sich der Zusammenhang von Geschlecht und instabiler sozialer Situation noch mit anderen sozialen Schichtungskategorien postindustrieller Gesellschaften hierarchisierend verbindet. Dieses Muster läßt sich auf andere „Frauenarbeits"bereiche übertragen:

„Die Formen traditionell als weiblich definierter Arbeiten und Tätigkeiten, die Frauen in hochindustrialisierten Gesellschaften teilweise verweigern, jedenfalls aber nicht mehr in ausreichendem Maße übernehmen, werden weder abgeschafft noch zwischen Männern und Frauen geteilt. Sie werden den Frauen anderer Kontinente und Kulturen zugewiesen. Das gilt für die Fließband- und Putzarbeit ebenso wie für die Prostitution und das Gebären und Aufziehen von Kindern sowie die Reproduktion der Arbeitskraft" (Potts 1993: 87).

In den gentrifizierten Vierteln der Besserverdienenden zeigt sich also in Ansätzen (vgl. Floeting/Golm 1991: 156) eine Reintegration von Wohnen und Arbeiten, die besonders

---

19 Felicitas Hillmann hat in ihrer Untersuchung über die Migrationsstrategien von Frauen aus der sogenannten Dritten Welt nach Europa (hier: nach Mailand) eine geschlechtsspezifische Verteilung der MigrantInnen im städtischen Raum festgestellt: Vor allem Immigrantinnen leben in den zentralen, „besseren" Wohngebieten; männliche Einwanderer hingegen finden sich eher an den Stadträndern. Dieses Muster erklärt sich aus der geschlechtsspezifischen Integration in den städtischen Arbeitsmarkt: Immigrantinnen werden – ungeachtet ihrer Qualifikationen – fast ausschließlich als Hausangestellte in den Dienstleistungssektor eingegliedert. Als 24-Stunden-Hausarbeiterinnen wohnen sie zumeist bei ihren Arbeitgebern (vgl. Hillmann 1996: 103f.).

erwerbstätigen Frauen zugutekommt. Zugleich werden hier aber auch Tendenzen der erneuten „Entmischung" durch die Verdrängung sozial Schwächerer deutlich (vgl. ebd.).[20]

Verschiedene Autorinnen haben im Kontext der Diskussion um die „Feminisierung der Armut" (Goldberg/Kremen 1990) darauf hingewiesen, daß die Folgen der Verdrängung durch Gentrifikation alles andere als geschlechterneutral seien: „Women are over-represented among the urban poor, who, directly or indirectly, suffer negative effects as a result of gentrification" (Bondi 1991a: 114). Hier schließt sich zum wiederholten Male der Kreis, der die Stadt für viele zum „Ort und zur Ursache von Armut und sozialer Ausgrenzung" (Dangschat 1995) macht.

3. *Ausblick*

Aufgrund der Tatsache, daß in gentrifier-Haushalten weit seltener die typischen geschlechtsspezifischen Arbeitsteilungen praktiziert werden als in traditionellen Haushaltstypen, wurde die Gentrifikation im angloamerikanischen Kontext auch als sozialräumlicher Ausdruck einer sukzessiven Aufweichung traditioneller Geschlechterrollen interpretiert.[21] An solche Überlegungen anschließend hat Bondi den Vorschlag gemacht, Gentrifikation nicht nur als Prozeß der Klassenbildung, sondern auch als Prozeß der Dynamisierung von Geschlechterverhältnissen und Geschlechteridentitäten zu analysieren: „The issue is whether gentrification is a process through which changes in gender identities are constructed and expressed" (1991a: 121). Genauso wie der industriegesellschaftliche Suburbanisierungsprozeß untrennbar mit bestimmten, aus heutiger Sicht konventionellen Geschlechterrollen und Vorstellungen von Femininität und Maskulinität verbunden war, zeuge Gentrifikation von deren Veränderung und müsse in bezug auf die Produktion neuer Geschlechterrollen und neuer Bilder von Weiblichkeit und Männlichkeit analysiert werden. So schließe beispielsweise die Vorstellung von Femininität eine Karriereorientierung zumindest unter „gentrifiern" nicht mehr aus.

Diese von Bondi im Kontext der Gentrifikation nur angedeutete Analyserichtung, die ich hier insbesondere am Beispiel des industriegesellschaftlichen Suburbanisierungsprozesses umzusetzen versucht habe, möchte ich zukünftig auch auf die oben skizzierten neuen sozialräumlichen Muster wie Suburbs, ländliche Regionen, die Stadt der informellen Arbeit übertragen.

Mit Hilfe des Konzepts der GeschlechterGeographien, das physisch-materielle und kulturell-symbolische Aspekte sozialräumlicher Geschlechterarrangements in den Blick nimmt, konnte u.a. gezeigt werden, daß für „traditionell" gehaltene Geschlech-

---

20 Gegen die unkritische Rede von der „Revitalisierung der Innenstädte" wendet auch Liz Bondi ein, daß es sich bei den gentrifizierten Gebieten ja vorher nicht um soziales oder kulturelles Brachland gehandelt habe. Lebendige Wohnviertel der Arbeiterklasse würden zerstört: „Thus, profit-making for some is impoverishment for others; the 'lifestyle choices' of some deny those of others" (Bondi 1991b: 191).

21 Ann Markusen hat schon 1980 die Fachwelt mit ihrer feministisch-euphorischen Interpretation provoziert, nach der die innerstädtischen Gentrifikationsprozesse in weiten Teilen als ein Resultat des Zusammenbruchs des patriarchalen Haushalts anzusehen seien (1980: 35); zur Kritik s. Alisch (1993: 116f.)

ter*verhältnisse* heute ein begehrtes Ausstattungskriterium von Standorten in der Standortkonkurrenz darstellen. Diese glaubt man eindeutig lokalisieren zu können: in den Suburbs und in bestimmten (!) ländlichen Regionen. Indem das Klischee von sozial konformen und leicht steuerbaren suburbanen Mittelklasse- und Landfrauen (re)produziert wird, wird zugleich dasjenige von unangepaßten, renitenten und schwarzen Innenstadtbewohnerinnen verfestigt. Solche diskursiven und symbolischen Konstruktionen sind ihrerseits wiederum realitätsmächtig: Sie machen es möglich, unterschiedliche Bilder von Weiblichkeit gegeneinander auszuspielen. Die darauf basierende Abwanderung von Jobs kann ein Resultat sein, das seinerseits massive soziale Folgewirkungen zeitigt. Zugleich führen solche Verschiebungen auf dem Land, in den Suburbs, in den Städten und zwischen diesen zu neuen Codierungen und Dynamisierungen der Beziehungen zwischen Frauen und Männern sowie unter Frauen und unter Männern.

Aufgrund historisch unterschiedlich gewachsener Stadt- und Raummuster, unterschiedlicher industrieller GeschlechterGeographien, unterschiedlicher Pfade zur Dienstleistungsgesellschaft, unterschiedlicher politischer, sozialer und kultureller Traditionen u.v.m. sind die hier auf der Basis angloamerikanischer Forschungen dargestellten neuen GeschlechterGeographien *empirisch* nur bedingt auf deutsche bzw. kontinentaleuropäische Verhältnisse übertragbar. Die an der Rezeption der angloamerikanischen Debatte gewonnenen *theoretischen* Annahmen über die Interaktion von Geschlechterbeziehungen und Raumentwicklungen und das auf diesen Annahmen basierende Konzept der GeschlechterGeographien können allerdings für den hiesigen Kontext fruchtbar gemacht werden, um die enge Beziehung bzw. das komplexe Zusammenspiel der Restrukturierungen des (städtischen) Raumes und der Veränderung von Geschlechterbeziehungen und Geschlechterrollen weitergehender zu untersuchen, als dies bisher erfolgt ist.

Literaturverzeichnis

Adler, Sy/Brenner, Johanna, 1992: Gender and Space: Lesbians and Gays in the City, in: International Journal of Urban and Regional Research 16, 24-34.

Alisch, Monika, 1993: Frauen und Gentrification. Der Einfluß von Frauen auf die Konkurrenz um den innerstädtischen Wohnraum. Wiesbaden.

Antipode. A Journal of Radical Geography, 1984: Special Issue on „Women and the built environment", Vol. 16, Nr. 3.

Appadurai, Arjun, 1990: Disjuncture and Difference in the Global Cultural Economy, in: *Mike Featherstone* (Hrsg.), Global Culture. Nationalism, globalization and modernity. London/Newbury Park/New Delhi, 295-310.

Arch+, 1981: Kein Ort, nirgends – Auf der Suche nach Frauenräumen, Nr. 60. Aachen.

Bauhardt, Christine, 1995: Stadtentwicklung und Verkehrspolitik. Eine Analyse aus feministischer Sicht. Basel.

Bauwelt, 1979: Frauen in der Architektur –: Frauenarchitektur?, 70. Jg., Nr. 31/32, August.

beiträge zur feministischen theorie und praxis, 1980: Frauen Räume Architektur Umwelt, H. 4. München.

Bell, David/Valentine, Gill, 1995: Mapping Desire. Geographies of Sexualities. London/New York.

Bergius, Hanne, 1986: Berlin als Hure Babylon, in: *Jochen Boberg/Tilman Fichter/Eckhard Gillen* (Hrsg.), Die Metropole: Industriekultur in Berlin im 20. Jahrhundert. Berlin, 102-119.

Bernack, Jenny, 1996: Vermißt wird der Kaufladen um die Ecke. Zeitgemäße Stadtplanung orientiert sich an der Lebensgestaltung, in: Frankfurter Rundschau vom 1.6.1996, ZB 5.
Bock, Stephanie/Hünlein, Ute/Klamp, Heike/Treske, Monika (Hrsg.), 1989: Frauen(t)räume in der Geographie. Beiträge zur feministischen Geographie, Urbs et Regio 52. Kassel.
Bondi, Liz, 1991a: Women, Gender Relations and *The Inner City*, in: *Michael Keith/Alisdair Rogers* (Hrsg.), Hollow Promises? Rhetoric and Reality in the Inner City, 110-126.
Bondi, Liz, 1991b: Gender Divisions and Gentrification: a Critique, in: Transactions of the Institute of British Geographers, N.S. 16, 190-198.
Borst, Renate u.a. (Hrsg.), 1990: Das neue Gesicht der Städte: Theoretische Ansätze und empirische Befunde aus der internationalen Debatte. Basel.
Borst, Renate, 1990: Die zweite Hälfte der Stadt. Suburbanisierung, Gentrifizierung und frauenspezifische Lebenswelten, in: *Dies. u.a.* (Hrsg.), Das neue Gesicht der Städte. Theoretische Ansätze und empirische Befunde aus der internationalen Debatte. Basel, 235-268.
Bruch, Michael/Krebs, Hans Peter (Hrsg.), 1996: Unternehmen Globus: Facetten nachfordistischer Regulation, Münster.
Bruegel, Irene, 1973: Cities, women and social class: a comment to Pat Burnett, in: Antipode, Nr. 3, Vol. 5, 62-63.
Burnett, Pat, 1973: Social change, the status of women and models of city form and development, in: Antipode, Nr. 3, Vol. 5, 57-62.
Buschkühl, Angelika, 1989: Frauen in der Stadt: Räumliche Trennung der Lebensbereiche, veränderte Planung mit Frauen, in: *Stephanie Bock u.a.* (Hrsg.), Frauen(t)räume in der Geographie. Beiträge zur feministischen Geographie, Urbs et Regio 52. Kassel, 101-115.
Castells, Manuel, 1983: Cultural Identity, Sexual Liberation and Urban Structure. The Gay Community in San Francisco, in: *Ders.*, The City and the Grassroots. Berkeley, 138-170.
Christopherson, Susan, 1995: Changing Women's Status in a Global Economy, in: *R.J. Johnston u.a.* (Hrsg.), Geographies of Global Change. Remapping the World in the Late Twentieth Century. Oxford UK/Cambridge MA, 191-205.
Dackweiler, Regina, 1990: Nicht die Hälfte des Himmels, sondern die ganze Stadt, Frankfurter autonome Frauenbewegung gegen sexuelle Gewalt im öffentlichen Raum, in: Forschungsjournal NSB, 3. Jg., H. 4, 45-54.
Dangschat, Jens S., 1995: „Stadt" als Ort und als Ursache von Armut und sozialer Ausgrenzung, in: Aus Politik und Zeitgeschichte B31-32, 50-62.
Demirovic, Alex u.a. (Hrsg.), 1992: Hegemonie und Staat. Kapitalistische Regulation als Projekt und Prozeß, Münster.
Dörhöfer, Kerstin (Hrsg.), 1990: Stadt – Land – Frau. Soziologische Analysen und feministische Planungsansätze, Forum Frauenforschung Bd. 4. Freiburg.
Dörhöfer, Kerstin/Terlinden, Ulla (Hrsg.), 1985: Verbaute Räume. Auswirkungen von Architektur und Stadtplanung auf das Leben von Frauen. Köln.
Fishman, Robert, 1987: Beyond Suburbia. The Rise of the Technoburb, in: *Richard T. LeGates/Fredric Stout* (Hrsg.), 1996: The City Reader. London/New York, 485-492.
Fishman, Robert, 1990: Megalopolis Unbound, in: *Philip Kasinitz* (Hrsg.), 1995: Metropolis. Centre and Symbol of our Times. Houndmills/Basingstoke/Hampshire/London, 395-417.
Floeting, Holger/Golm, Stefan, 1991: San Francisco Bay Area – Strukturwandel einer Stadtregion. Qualitative Umstrukturierung im Dienstleistungsbereich und ihre räumlichen Folgen, in: Die Erde 122, 145-160.
French, Marilyn, 1977: The Women's Room. New York (dt. Übersetzung: Frauen. Roman. Reinbek 1978).
Friedan, Betty, 1963: The Feminine Mystique. New York.
Giddens, Anthony, 1990: The Consequences of Modernity. Cambridge.
Goldberg, Gertrude Schaffner/Kremen, Eleanor, 1990: The Feminization of Poverty – Only in America? New York/Westport, Connecticut/London.
Gregory, Derek/Urry, John, 1985: Introduction, in: *Dies.* (Hrsg.), Social Relations and Spatial Structures. Houndmills u.a., 1-8.
Günter, Andrea, 1996: Ort(s)Politik. Über die frauenbewegte Rede vom Ort und vom Raum, in: Freiburger FrauenStudien, H.1, 109-122.
Häußermann, Hartmut/Siebel, Walter, 1995: Dienstleistungsgesellschaft. Frankfurt a.M./New York.

Hagen, Elisabeth/Jenson, Jane, 1988: Paradoxes and Premises. Work and Politics in the Postwar Years, in: *Dies./Ceallaigh Reddy* (Hrsg.), Feminization of the Labor Force. Paradoxes and Premises. Cambridge and Oxford, 3-16.

Hannemann, Christine/Hillmann, Felicitas, 1996: Die Maus im Laufrad oder Dauerläufe des feministischen Blicks auf Stadt und Raum: Wohnen und Mobilität, in: Feministische Studien Nr. 2, 149-156.

Hanson, Susan/Pratt, Geraldine, 1995: Gender, Work and Space. London/New York.

Hapgood. Karen/Getzels, Judith (Hrsg.), 1974: Women, Planning and Change. Chicago.

Harvey, David, 1990: The Condition of Postmodernity. Cambridge, Ma./Oxford, UK.

Hayden, Dolores, 1980: The grand domestic revolution. Cambridge.

Helbrecht, Ilse, 1996: Die Wiederkehr der Innenstädte. Zur Rolle von Kultur, Kapital und Konsum in der Gentrification, in: Geographische Zeitschrift, Nr. 1, 1-15.

Hillmann, Felicitas, 1996: Jenseits der Kontinente. Migrationsstrategien von Frauen nach Europa. Pfaffenweiler.

Hilpert, Thilo (Hrsg.), 1984: Le Corbusiers „Charta von Athen". Texte und Dokumente. Kritische Neuausgabe. Braunschweig.

Hirsch, Joachim/Roth, Roland, 1986: Das neue Gesicht des Kapitalismus. Vom Fordismus zum Postfordismus. Hamburg.

Hossfeld, Karen J., 1990: „Their logic against them": Contradictions in sex, race and class in Silicon Valley, in: *Kathryn Ward* (Hrsg.), Women Workers and Global Restructuring. Ithaca, 149-178.

Huyssen, Andreas, 1986: Mass Culture as Woman: Modernism's Other, in: *Ders.*, After the Great Divide. Modernism, Mass Culture, Postmodernism. Bloomington/Indianapolis, 44-62.

Jenson, Jane/Hagen, Elizabeth/Reddy, Ceallaigh (Hrsg.), 1988: Feminization of the Labor Force. Paradoxes and Premises. Cambridge/Oxford.

Jessop, Bob, 1992: Regulation und Politik, in: *Alex Demirovic* u.a. (Hrsg.), Hegemonie und Staat. Kapitalistische Regulation als Projekt und Prozeß. Münster, 232-262.

Kennedy, Margrit, 1979: Zur Wiederentdeckung weiblicher Prinzipien in der Architektur, in: Bauwelt 31/32, 1279-1284.

Kobayashi, Audrey (Hrsg.), 1994: Women, Work and Place. Montreal.

Krätke, Stefan, 1995: Stadt-Raum-Ökonomie. Einführung in aktuelle Problemfelder der Stadtökonomie und Wirtschaftsgeographie. Basel/Boston/Berlin.

Mackenzie, Suzanne/Rose, Damaris, 1982: Industrial Change, the Domestic Economy, and Home Life, in: *James Anderson/Simon Duncan* (Hrsg.), Redundant Spaces in Cities and Regions? London, 155-200.

Mackenzie, Suzanne, 1988: Building Women, Building Cities: Toward Gender Sensitive Theory in the Environmental Disciplines, in: *Caroline Andrew/Beth Moore Milroy* (Hrsg.), Life Spaces. Gender, Household, Employment. Vancouver, 13-30.

Marcuse, Peter, 1993: Not Chaos, but Walls: Postmodernism and the Partitioned City, in: *Sophie Watson/Katherine Gibson* (Hrsg.), Postmodern Cities and Spaces. Cambridge/Oxford UK, 243-253.

Markusen, Ann R., 1980: City Spacial Structure, Women's Household Work, and National Urban Policy, in: Women and the American City, Special Issue of Signs, Vol. 5, No. 3, 23-44.

Martwich, Barbara (Hrsg.), 1991: FrauenPläne: Stadtumbau, sozialer Wandel und Fraueninteressen. Darmstadt.

Massey, Doreen, 1992: Space, Place and Gender, in: *Dies.*, 1994: Space, Place and Gender. Cambridge/Oxford UK, 185-190.

Mayer, Margit, 1995: Los Angeles und Berlin im Vergleich, in: *Frank Sträter* (Hrsg.), Los Angeles – Berlin. Stadt der Zukunft – Zukunft der Stadt. Stuttgart, 98-111.

McDowell, Linda, 1991a: Life without father and Ford: the new gender order of post-Fordism, in: Transactions of the Institute of British Geographers N.S. 16, 400-419.

McDowell, Linda, 1991b: Restructuring production and reproduction: some theoretical and empirical issues, relating to gender, or women in Britain, in: *Mark Gottdiener/Chris Pickvance* (Hrsg.): Urban life in transition (Urban Affairs Annual Review 39). Newbury Park, Ca., 77-105.

McDowell, Linda, 1993: Space, place and gender relations: Part II. Identity, difference, feminist geometries and geographies, in: Progress in Human Geography 17,3: 305-318.

McDowell, Linda/Massey, Doreen, 1984: A woman's place?, in: *Doreen Massey/Allen J. Scott* (Hrsg.), Geography matters! A reader. Cambridge, 128-147.

Meyerowitz, Joanne, 1990: Sexual Geography and Gender Economy: The Furnished Room Districts of Chicago, 1890-1930, in: Gender & History, Vol. 2, No. 3, 273-296.

Möller, Carola, 1993: „Lean production" – japanischer Joker für europäische Arbeitgeber, in: beiträge zur feministischen theorie und praxis, Nr. 34. Köln, 85-92.

Mozingo, Louise, 1981: Women and Downtown Open Spaces, in: Places 6(1), 38-47.

Nelson, Kristin, 1986: Labor demand, labor supply and the suburbanization of low-wage office work, in: *Allen J. Scott/Michael Storper* (Hrsg.): Production, Work, Territory. The geographical anatomy of industrial capitalism. Winchester, Ma., 149-171.

Noller, Peter/Ronneberger, Klaus, 1995: Die neue Dienstleistungsstadt. Berufsmilieus in Frankfurt am Main. Frankfurt a.M./New York.

Pearson, Ruth, 1986: Female Workers in the First and Third Worlds: the „Greening" of Women's Labour, in: *Kate Purcell u.a.* (Hrsg.), The Changing Experience of Employment. Restructuring and Recession. Houndmills u.a., 75-94.

Peiss, Kathy, 1983: „Charity Girls" and City Pleasures: Historical Notes on Working-Class Sexuality, 1880-1920, in: *Ann Snitow/Christine Stansell/Sharon Thompson* (Hrsg.), Powers of Desire. The Politics of Sexuality. New York, 74-87.

Pickup, Laurie, 1988: Hard to get around: a study of women's travel mobility, in: *Jo Little/Linda Peake/Pat Richardson* (Hrsg.), Women in Cities. Gender and the Urban Environment. London, 98-116.

Pitzen, Marianne, 1979: Frauen formen ihre Stadt, in: bauwelt, Nr. 31/32, 1321-1323.

Pohl, Jürgen, 1993: Kann es eine Geographie ohne Raum geben? Zum Verhältnis von Theoriediskussion und Disziplinpolitik, in: Erdkunde Bd. 47, 255-266.

Potts, Lydia, 1993: Migrantinnen im Weltmarkt für Arbeitskraft, in: *Arbeitsgruppe 501* (Hrsg.), Heute hier – morgen fort. Migration, Rassismus und die (Un)Ordnung des Weltmarkts. Freiburg, 84-87.

Rau, Petra, 1987: Stadtplaner sind autofahrende Männer. Die Gewalt der Stadt gegen Frauen am Beispiel Verkehr, in: *Elke Steg/Inga Jesinghaus* (Hrsg.), Die Zukunft der Stadt ist weiblich. Frauenpolitik in der Kommune. Bielefeld, 116-121.

Rau, Petra, 1991: Der Alltag als Maßstab für Infrastrukturplanung. Strukturelle Gewalt durch Planung, eine vorläufig letzte Zustandbeschreibung. Berlin (= Arbeitsberichte des Verkehrswesenseminars der TU Berlin, Bd. 4).

Rentmeister, Cillie, 1979: Die Quadratur des Kreises, in: Bauwelt 31/32, 1292-1296.

Robertson, Roland, 1990: Mapping the Global Condition: Globalization as the Central Concept, in: *Mike Featherstone* (Hrsg.), Global Culture. Nationalism, globalization and modernity. London/Newbury Park/New Delhi, 15-30.

Rodenstein, Marianne, 1990: Feministische Stadt- und Regionalforschung – Ein Überblick über Stand, aktuelle Probleme und Entwicklungsmöglichkeiten, in: *Kerstin Dörhöfer* (Hrsg.), Stadt – Land – Frau. Soziologische Analysen und feministische Planungsansätze, Forum Frauenforschung, Bd. 4. Freiburg, 199-228.

Saegert, Susan, 1980: Masculine Cities and Feminine Suburbs: Polarized Ideas, Contradictory Realities, in: Signs, Vol. 5, Nr. 3 (= Supplement: Women and the American City). Chicago, 96-111.

Sassen, Saskia, 1996a: Metropolen des Weltmarkts. Die neue Rolle der Global Cities. Frankfurt a.M./New York.

Sassen, Saskia, 1996b: Rebuilding the Global City: Economy, Ethnicity and Space, in: *Anthony D. King* (Hrsg.), Re-Presenting the City. Ethnicity, Capital and Culture in the Twenty-First Century Metropolis. Houndmills u.a., 23-42.

Schlör, Joachim, 1994: Nachts in der großen Stadt. Paris, Berlin, London. 1840-1930. München.

Schmidt, Manfred G., 1993: Erwerbsbeteiligung von Frauen und Männern im Industrieländervergleich. Opladen.

Schulte, Regina, 1979: Sperrbezirke. Tugendhaftigkeit und Prostitution in der bürgerlichen Welt. Frankfurt a.M.

Schwartz, Barry, 1976: Images of Suburbia: Some Revisionist Commentary and Conclusions, in: *Ders.* (Hrsg.), The Changing Face of the Suburbs. Chicago/London, 325-340.

Scott, Allen J., 1988: New Industrial Spaces. Flexible Production Organisation and Regional Development in North America and Western Europe. London.

Schwengel, Hermann, 1997: Vor und nach dem Medienspiel. Globalisierung als kulturelle Verfassung der Moderne, in: *Stefan Hradil* (Hrsg.), Differenz und Integration. Verhandlungen des 28. Kongresses der Deutschen Gesellschaft für Soziologie in Dresden 1996. Frankfurt a.M./New York (im Erscheinen).

Sennett, Richard, 1983: Verfall und Ende des öffentlichen Lebens. Die Tyrannei der Intimität. Frankfurt a.M.

Signs: Journal of Women in Culture and Society, 1980: Vol. 5, Nr. 3 (= Supplement: Women and the American City). Chicago.

Soja, Edward/Hooper, Barbara, 1993: The Spaces that Difference Makes. Some Notes on the Geographical Margins of the New Cultural Politics, in: *Michael Keith/Steve Pile* (Hrsg.), Place and the Politics of Identity. London/New York, 183-205.

Spain, Daphne, 1992: Gendered Spaces. Chapel Hill/London.

Spitthöver, Maria, 1989: Frauen in städtischen Freiräumen. Köln.

Stacey, Judith, 1992: Sexism by a Subtler Name? Postindustrial Conditions and Postfeminist Consciousness in the Silicon Valley, in: *Dorothy O. Helly/Susan M. Reverby* (Hrsg.), Gendered Domains. Rethinking Public and Private in Women's History. Ithaca/London, 322-338.

Steg, Elke/Jesinghaus, Inga (Hrsg.), 1987: Die Zukunft der Stadt ist weiblich. Frauenpolitik in der Kommune. Bielefeld.

Stubbs, Cherrie/Wheelock, Jane, 1990: A Woman's Work in the Changing Local Economy. Aldershot.

Swanson, Gillian, 1995: „Drunk with the Glitter": Consuming Spaces and Sexual Geographies, in: *Sophie Watson/Katherine Gibson* (Hrsg.), Postmodern Cities and Spaces. Cambridge/Oxford UK, 80-98.

Terlinden, Ulla, 1980: Baulich-räumliche HERRschaft. Bedingungen und Veränderungen, in: beiträge zur feministischen theorie und praxis 4, 48-62.

Thrift, Nigel, 1996: A Phantom State? International Money, Electronic Networks and Global Cities, in: *Ders.*, Spatial Formations. London, 213-255.

Virilio, Paul, 1983: Der kritische Raum, in: Tumult Nr. 7, 16-27.

Ward, Kathryn (Hrsg.), 1990: Women Workers and Global Restructuring. Ithaca.

Waters, Malcolm, 1995: Globalization. London/New York.

Weichhart, Peter, 1993: Vom „Räumeln" in der Geographie und anderen Disziplinen. Einige Thesen zum Raumaspekt sozialer Phänomene, in: *Jörg Mayer* (Hrsg.), Die aufgeräumte Welt. Raumbilder und Raumkonzepte im Zeitalter globaler Marktwirtschaft (= Loccumer Protokolle 74/92). Rehburg-Loccum, 225-239.

Weigel, Sigrid, 1987: „Die Städte sind weiblich und nur dem Sieger hold". Die Funktion des Weiblichen in Gründungsmythen und Städtedarstellungen, in: *Sigrun Anselm/Barbara Beck* (Hrsg.), Triumph und Scheitern in der Metropole. Berlin, 207-227.

Wekerle, Gerda R., 1980: Women in the Urban Environment, in: Signs, Vol. 5, Nr. 3 (= Supplement: Women and the American City). Chicago, 188-214.

Wekerle, Gerda R., 1984: A Woman's Place is in the City, in: Antipode Vol. 6, Nr. 3, 11-19.

WGSG (= Women and Geography Study Group of the Institute of British Geographers), 1984: Urban Spatial Structure, in: Geography and Gender. An introduction to feminist geography. London/Melbourne/Sydney/Auckland/Johannesburg, 43-66.

Wichterich, Christa, 1996: Von der „Feminisierung" der Beschäftigung. Frauen auf dem globalen Erwerbsarbeitsmarkt, in: Frankfurter Rundschau vom 18.05.1996, ZB 5.

Wilson, Elizabeth, 1991: The Sphinx in the City: Urban Life, the Control of Disorder, and Women. Berkeley.

Wilson, Elizabeth, 1995: The Invisible *Flaneur*, in: *Sophie Watson/Katherine Gibson* (Hrsg.), Postmodern Cities and Spaces. Cambridge and Oxford, 59-79.

Wilson, William Julius, 1996: When Work Disappears. The World of the New Urban Poor. New York.

Wood, Gerald, 1996: Regionale Geographie im Umbruch? Ansätze einer sozialwissenschaftlichen „New Regional Geography" im angelsächsischen Sprachraum, in: Berichte zur deutschen Landeskunde, Bd. 70, H. 1, 55-72.

Zimmermann, Barbara, 1995: Wie Frauenräume in der Stadt entstehen, oder Von der Kuschelecke zum Millionenprojekt. Frauen bauen, nicht nur für Frauen, in: Freiburger FrauenStudien Nr. 2, 9-18.

Vater Staat und „seine" Mütter? Über Entwicklungen und Verwicklungen in der Mutterschutzpolitik

Silvia Kontos

1. Politische Einbindung statt Ausgrenzung

Zur Mutterschaft scheint politisch nun wirklich alles gesagt zu sein. Nicht nur die lange Tradition bürgerlicher Gesellschaften, Frauen durch die Bindung an ihre „natürliche Bestimmung" als politische Subjekte zu disqualifizieren, sondern auch die unvermittelten Rückgriffe der Frauenbewegung auf einen positiven Entwurf von Weiblichkeit als Mütterlichkeit, wie sie gegen Ende des letzten Jahrhunderts und zuletzt wieder in der Mütterpolitik der achtziger Jahre zu finden sind, legen es nahe, die gesamte Mütterpolitik als konservativen Restbestand ad acta zu legen und sich „moderneren" Themen wie der Dekonstruktion des Körpers oder der Demokratisierung des Geschlechterverhältnisses zuzuwenden. Allerdings regen zumindest drei Beobachtungen zur Vorsicht gegenüber einem vorschnellen Konsens über den eingebauten Traditionalismus des Themas „Mutterschaft" an:

- Die eigenartige *Persistenz* des Themas legt nahe, daß wir es eher mit einem unabgeschlossenen Konflikt im Geschlechterverhältnis zu tun haben, als mit einer phasenweise wiederkehrenden regressiven Wiederbelebung vergangener Kontroversen.
- Auch die bemerkenswerte *Zurückhaltung* des konstruktivistischen Ansatzes gegenüber dem Thema „Mutterschaft" weist in eine ähnliche Richtung. Deutlicher noch als bei der Sexualität stößt die Dekonstruktion als feministische Strategie bei der Mutterschaft auf das Eigengewicht einer Körpergeschichte, die tief in den Konfliktlinien und Konfliktkonstellationen unserer Gesellschaft verankert ist.
- Und schließlich erhält das Thema in den gesellschaftlichen Auseinandersetzungen um die Reproduktionstechnologie gewissermaßen *„von außen" neue Aktualität*, denn hier geht es um nichts weniger als um die Abschaffung der Mutterschaft überhaupt.

Ich möchte deshalb mit den folgenden Kommentaren zur Mutterschutzpolitik in Deutschland zeigen, daß diese weit davon entfernt war, den politischen Konflikt um die Mutterschaft zu „lösen", sondern sich als ein ausgesprochen „sperriges" politisches Projekt mit einer Fülle von Widersprüchen erwiesen hat, die sich bis in die gegenwärtige Reorganisation des Geschlechterverhältnisses hinein fortsetzen. Ich möchte die These vertreten, daß die Transformation des Politischen im Sinne einer Entgrenzung politischer Konflikte, Strategien und Kategorien keineswegs so neu ist, wie es scheint, sondern in einem so klassischen frauenpolitischen Topos wie dem des Mutterschutzes bereits angelegt ist und historisch eine Art Eigenlogik entwickelt. Ein staatlicher Schutz der Frau als Mutter durchbricht partiell die sich auf die Familienfassung gründende politische Nachrangigkeit der Frau und konstituiert ein unmittelbares Verhältnis zwischen Frauen und Staat, das ihrer familialen Einhegung zuwiderläuft und bis heute ein Feld politischer Widersprüche und Konflikte im Geschlechterverhältnis abgibt. Er impliziert einen politischen Status eigener Art, der mit seiner paternalistischen Dualität von Schutz und Kontrolle ganz offensichtlich nicht dem von Männern entspricht, aber auch im Objektstatus von Unmündigen nicht aufgeht.

Eine solche Schwerpunktsetzung steht in einem gewissen Widerspruch zum bisherigen Mainstream der feministischen Auseinandersetzung mit dem Staat, die sich auf den „Ausschluß" von Frauen konzentriert hat und den vielfältigen Modi nachgegangen ist, mit denen Frauen Menschen- und Bürgerrechte sowie Zugang zu Bildung, Beruf und Eigentum und vor allem politische Repräsentation verwehrt wurde. Demgegenüber geht die Diskussion davon aus (vgl. Kulawik/Sauer 1996), daß Frauen mit der Konstitution der bürgerlichen Gesellschaft und des bürgerlichen Staates zwar von entscheidenden Quellen von Macht und Herrschaft ausgeschlossen wurden und daß dieser Ausschluß sich bis heute in vieldimensionalen Disparitäten, Asymmetrien und Hierarchien fortsetzt, daß sich aber unterhalb, neben und zwischen der gesellschaftlichen und politischen Ausgrenzung von Frauen vielfältige Formen ihrer *Einbindung* nachweisen lassen.

Bei genauerem Hinschauen durchmischen sich beständig Dimensionen weiblicher Macht und Ohnmacht, verflechten sich Strategien der Ausgrenzung und Eingemeindung, der Abwehr und Durchsetzung in einer Weise, daß von eindeutigen Ausgrenzungsphänomenen nur unter einem stark isolierenden Blickwinkel gesprochen werden kann. Gerade weil die Metapher des „Ausschlusses" klare Grenzziehungen voraussetzt, ist sie weniger geeignet, der Mehrdimensionalität, Widersprüchlichkeit und Beweglichkeit des Geschlechterverhältnisses gerecht zu werden – nicht einmal dort, wo Frauen wie in der Mutterschutzgesetzgebung scheinbar eindeutig als Objekte staatlicher Schutzpolitik in Erscheinung traten.

Neben komplexeren Macht- und Herrschaftsbegriffen verlangt ein solcher Perspektivenwechsel auch eine inhaltliche Verschiebung der Diskussion, die diese aus der Fixierung auf die Verweigerung des Bürgerstatus löst und auch die der öffentlichen Politik abgewandten Seiten des Geschlechterverhältnisses einbezieht. Eine Perspektive, die also nicht nur auf das Wahlrecht und die Verfügung über Arbeitskraft und Eigentum schaut, sondern gleichermaßen auf die Politik des „Vorpolitischen", von der Sexualität über Verhütung und Abtreibung bis hin zur Prostitution, Pornographie und Kunst und von der Frauenmedizin über den Mutterschutz bis zur Familienpolitik. Die staatliche „Ordnung der Familie" (Donzelot) interessiert unter diesem Gesichtspunkt nicht als eine Form der Trennung von Öffentlichkeit und Privatheit, sondern als eine Form der Einbindung des „Privaten" in ein politisches Regime, das die Trennung zum Dogma erhebt, mithin als eine spezifische Form der politischen Regulierung des Privaten, die sich beständig selbst dementiert.

Erst wenn der fiktive Gehalt von „Trennung" und „Ausschluß" mitdiskutiert wird, werden Familie und Mutterschaft als ein bewegliches Feld von Konfliktlinien erkennbar, in dem sich Strategien und Diskurse bündeln, kreuzen und überlagern und das nicht nur Objekt von Regulationsverfahren ist, sondern gleichermaßen Ort der „Produktion" von Politik und Gesellschaft. Carole Pateman spricht vom Paradoxon des politischen Status von Frauen und bezeichnet in diesem Zusammenhang die Mutterschaft als den Hauptmechanismus der politischen Integration von Frauen:

„Die Einbeziehung von Frauen in die politische Ordnung bedarf besonderer Betonung, da oft unterstellt wird, daß die problematische Rolle der Frau als Staatsbürgerin aus ihrer Ausgrenzung resultiere. Ein Hauptgrund für die Komplexität des politischen Status von Frauen liegt darin, daß er niemals eine Angelegenheit des bloßen Ausschlusses gewesen ist. Der politische Stellenwert der Frauen beruht auf einem grundlegenden Paradoxon: sie sind aus- und eingeschlossen worden aufgrund genau derselben Fähigkeiten und Eigenschaften. ... Aber wenn 'Mutterschaft' all das repräsentiert, wodurch Frauen vom Staatsbürgerrecht ausgegrenzt wurden, so ist Mutterschaft andererseits auch als politischer Status konzipiert worden. Mutterschaft, das haben die Feministinnen schon vor sehr langer Zeit begriffen, funktioniert als ein Hauptmechanismus, durch den Frauen in die moderne politische Ordnung einbezogen worden sind. Dienst und Pflicht der Frauen gegenüber dem Staat sind weithin im Zusammenhang mit der Mutterschaft gesehen worden" (Pateman 1992: 56).

Unklar bleibt dabei erst einmal, wie dieser Integrations„mechanismus" funktioniert und ob er als „Mechanismus" überhaupt sinnvoll gedacht werden kann. Deutlich wird an Patemans Analyse des US-amerikanischen „Mütterfeminismus" nur, daß der Bedeutungsgehalt von Mutterschaft im Hinblick auf den politischen Status von Frauen äußerst vielschichtig ist und daß der Versuch, die Mutterschaft als eine dem Militärdienst analoge Dienstpflicht von Frauen zu konstruieren – eine dem Alltagsverstand ebenso wie Kriegsministern durchaus geläufige Analogie – und daraus die Anerkennung der Frauen als Staatsbürgerinnen abzuleiten, ebenso gescheitert ist wie die gemäßigtere Variante, ihre Anerkennung auf die Arbeit und die sozialen Leistungen von Müttern zu gründen (vgl. ebd.).

2. *Ablösung vom Paradigma der Arbeit*

In der feministischen Auseinandersetzung über den „Geschlechtscharakter" moderner Sozialstaaten sind die Umrisse eines komplexen Modells der politischen Integration von Frauen für mich am ehesten erkennbar.[1] Lange Zeit ging es auch auf diesem Politikfeld vor allem darum, die patriarchale Struktur des Sozialstaats herauszuarbeiten, seine Ausrichtung auf die Absicherung von Lohnarbeitsrisiken, die entsprechende Dominanz der Sozialversicherungssysteme, die geschlechtsspezifische Spaltung des Sozialstaats in Arbeiter- und Armenpolitik, die sukzessive Freisetzung der Frauen aus der Familie und den Ausbau sozialstaatlicher Dienstleistungen vor allem in den sechziger und siebziger Jahren nicht schon als Emanzipation zu verstehen, sondern als eine Art „Formwandel des Patriarchats" von einer familial zu einer staatlich vermittelten Organisationsform (vgl. Kickbusch/Riedmüller 1984; Gerhard u.a. 1988; Borchorst/Siim 1987). Aber Kulawik weist in ihrer Darstellung zurecht darauf hin, daß damit zwar eine *feministische Erweiterung* „neomarxistischer" Sozialstaatsanalysen vorgenommen wurde, die „Systemimperative" umfassen nun auch die Stabilisierung eines funktional auf das Kapitalverhältnis bezogenen Geschlechterverhältnisses, aber diese Ansätze teilen die hermetisch-zirkuläre Struktur linker (Sozial-)Staatstheorie

1 Vgl. dazu den ausgezeichneten Überblick von Teresa Kulawik (1996).

(vgl. Kulawik 1996: 60). Und das ändert sich auch noch nicht dadurch, daß AkteurInnen in die Szenerie eingeführt werden, solange diese nicht in ihrer Widersprüchlichkeit erfaßt werden:

> „Der politische Einfluß von Frauen auf wohlfahrtsstaatliche Politik läßt sich nicht einfach, wie Hernes das tut, als eine lineare Entwicklung von Ausschluß zu immer mehr Teilhabe erfassen, sondern als Diskontinuität, deren 'Wie' und 'Warum' noch zu untersuchen wäre" (Kulawik 1996: 62).

Einen Schritt weiter führt eine vergleichende Perspektive, die aus der Kritik an der Androzentrizität und der Übergeneralisierung der komparativen Forschung zu unterschiedlichen Sozialstaats-Regimes (vgl. Esping-Andersen 1990) das Konzept eines „Geschlechterregimes" einführt, das etwa bei Jane Lewis und Ilona Ostner als ein dem jeweiligen Sozialstaatsregime zugrundeliegendes Familienmodell konzipiert wird, das sich auf der Dimension eines mehr oder weniger ausgeprägten Ernährermodells differenziert (vgl. Lewis/Ostner 1994) und zur Erklärung einiger der „Wies" und „Warums" in Anspruch genommen werden kann: „The prevalence of the idea of the male breadwinner model cuts across the established typologies of welfare regimes and destroys ideologies and some precocious hopes" (Lewis/Ostner 1994: 18). Allerdings erscheint mir ihre Konzentration auf das Problem der Verteilung von Arbeit und die Anerkennung sozialer Ansprüche qua Arbeit (bezahlte/unbezahlte) das Konzept eines Geschlechterregimes unnötig zu beschränken. Gerade im Hinblick auf die Mutterschaft geht es politisch immer um mehr und auch um anderes als um die Umsetzung von Arbeit in gesellschaftliche Anerkennung.

Anders als bei der Konstruktion des Bürgers als Eigentümer und Arbeitskraft, die die Komplementarität von Frauen stillschweigend voraussetzt, wird das Geschlechterverhältnis beim Thema „Mutterschaft" umfassender thematisiert, d.h. nicht nur im Hinblick auf seine Funktion bei der Regulierung des Arbeitsmarktes (Reservearmee oder gespaltener Arbeitsmarkt) und auch nicht nur im Hinblick auf die Regulierung des Verhältnisses von bezahlter und unbezahlter Arbeit, sondern auch hinsichtlich des gesellschaftlichen Verhältnisses zu Körperlichkeit und „Natur" sowie als kulturelle Ressource für gesellschaftliche Integration und Kontinuität. Mütter sind in spätbürgerlichen Gesellschaften nicht nur „Schmutzkonkurrentinnen" oder Grenzgängerinnen auf dem Arbeitsmarkt und unbezahlte Arbeitskräfte, sondern sie repräsentieren auch das gesellschaftlich Ausgegrenzte, die politische Unterströmung, in deren Kontext es um den Körper, seine Bedürftigkeit und Grenzen sowie um Sexualität, Krankheit, Geburt und Tod geht, aber auch um ein Gegengewicht gegen die unausweichlich erscheinende Entwicklungsperspektive der „Arbeitsmonade" (Eckart), gegen die Erosion der Erfahrungen von Gemeinschaft und Zugehörigkeit und gegen die Angst vor dem Verlust gesellschaftlicher Integration. Es ist allzu einfach, dieses *symbolische Kapital der Mutterschaft* als ideologisches Schmankerl abzutun, wie das in der Diskussion um die Mutterschutzpolitik immer noch geschieht. Ergiebiger erscheint mir vor dem Hintergrund des o.g. Perspektivenwechsels und der Suche nach Einschlußmechanismen, den gesellschaftlichen Auseinandersetzungen um Mutterschaft eine eigenständige Bedeutung zu verleihen und die Mutterschaft als ein Feld von Auseinandersetzungen zu diskutieren, in denen es sowohl um die Verteilung von Arbeit wie um die Verteilung anderer Ressourcen geht und nicht zuletzt um die gesellschaftliche Repräsentanz von

Frauen, die hier, unterhalb, neben und in den Zwischenräumen von Staatsbürgerschaft, Eigentum und Arbeitskraft um gesellschaftliche Anerkennung kämpfen. Ich behaupte damit gerade nicht, daß Frauen als Mütter der „Natur" und dem „Körper" näher seien, sondern daß sie gesellschaftlich dafür in Anspruch genommen werden und sich darüber ein politisches Feld eröffnet, in dem es um gesellschaftliche Dimensionen von Versorgung, Fürsorglichkeit, Schutz und Liebe, aber auch um die Herrschaft in Nah-Beziehungen geht.

Daß die Mutterschaft immer wieder politisch vereinnahmt und dazu benutzt wurde, Frauen von der politischen Bühne und vom Normalarbeitsverhältnis fernzuhalten, sollte nicht dazu verleiten, hinter der Mutterschaft nach der „eigentlichen" Politik zu suchen, sondern dazu anregen, den Dimensionen des Themas nachzugehen, die über die gängigen Raster und bekannten Konfliktlinien von Politik hinausweisen.

Gerade in seinem fiktiven und hoch projektiven Gehalt war der bürgerliche Entwurf von Mutterschaft und Mütterlichkeit offenbar durchaus geeignet, „unbürgerliche" Elemente von Politik zu transportieren. Und dabei ist dieses „Wenden der Macht gegen sich selbst" (Butler 1995: 318) nicht als strategische Subversion zu verstehen, die „hinter dem Rücken" der gegnerischen Subjekte die eigenen politischen Ziele durchsetzt, sondern als „Verwickeltsein", nicht „reine Opposition, eine 'Transzendenz' derzeitiger Machtbeziehungen, sondern ein schwieriges Abmühen beim Schmieden einer Zukunft, aus Ressourcen, die unweigerlich unrein sind" (ebd.).

Diese strukturelle „Verwickeltheit" und Unabgeschlossenheit feministischer Politik auch dort, wo sie eigene Ziele und neue Modalitäten von Macht zur Geltung bringen will, und nicht die defensive Anpassung an die politischen Vorgaben eines patriarchalen Entwurfs von Frauen als Mütter, ist m.E. der Grund für die anhaltende politische Brisanz des Themas „Mutterschaft", für die lange Tradition eines „feministischen Maternalismus" (Bock/Thane 1991), wie auch für die vielfältigen Widersprüche einer Mutterschutzpolitik.

Meinen Vorschlag, die Mutterschaft als eigenständige Dimension der Geschlechterpolitik zu analysieren und sie aus der strikten Abhängigkeit von der Dimension „Arbeit und Arbeitsteilung" zu entlassen, möchte ich an der widerspruchsvollen Geschichte der deutschen Mutterschutzpolitik plausibel machen. Um über die Eindimensionalität eines staatlichen Oktroi im Bereich der Mutterschutzpolitik hinauszukommen, werde ich mich dabei nicht auf die Entwicklung der Mutterschutzgesetzgebung beschränken, sondern diese mit der aus der Frauenbewegung kommenden Forderung nach einer Mutterschaftsversicherung konfrontieren.

Ich stütze mich bei der Darstellung der Mutterschutzgesetzgebung vor allem auf die schon ältere Studie von Heinrich Braun über Mutterschutz in der Bundesrepublik (Braun 1960) sowie auf die neuere Untersuchung von Ute Edel über die Entwicklung des Mutterschutzrechts in Deutschland (Edel 1993). Beide sind jedoch in ihren theoretischen Vorgaben unterkomplex. Während Braun pragmatisch auf eine Modernisierung des Mutterschutzes in Gesetzgebung und Praxis zielt, geht Edel in ihrer Analyse von einem „Spannungsverhältnis von Erwerbstätigkeit und dem Wunsch sowie dem volkswirtschaftlichen Erfordernis, Kinder zu gebären und aufzuziehen" aus (ebd.), das die Mutterschaft als „Wunsch" und „volkswirtschaftliches Erfordernis" einfach voraussetzt, ohne sie vor dem Hintergrund der Entwicklung des Geschlechterverhältnisses selbst noch einmal zu hinterfragen. Dementsprechend steht für sie die Frage nach der Diskrepanz von Gesetz und Gesetzeswirklichkeit im Vordergrund (vgl. ebd.) und im Ergebnis folgt die Dynamik des Mutterschutzes strikt der der Frauenerwerbsarbeit. Aus den anderen Dimensionen des Geschlechterverhältnisses entspringende Ambivalenzen, Widersprüche und Brüche in der Entwicklung können so nicht mehr erfaßt werden (vgl. dazu bereits meine Kritik in Kontos 1996).

Anders der von Gisela Bock und Pat Thane herausgegebene Sammelband „Maternity and Gender Policies" (Bock/Thane 1991), der den Beitrag der europäischen Frauenbewegungen zur Entwicklung der Wohlfahrtsstaaten zwischen 1880 und den fünfziger Jahren zum Thema hat und gerade aufgrund seines komparativen Zugangs die „visions of gender", die diesem Prozeß zugrundeliegen, zum Thema macht. Allerdings diskutieren sie diese „Visionen" im Referenzrahmen von „Gleichheit" und „Differenz". Damit folgen sie zwar ihren historischen Akteurinnen, und sie weisen gegen den eilig erhobenen Vorwurf des „Traditionalismus" oder „Biologismus" (heute würde es lauten des „Essentialismus") zurecht darauf hin, daß die erste Welle des Feminismus

> „did not formulate these differences in terms of 'biology', but in social and cultural terms, and they proposed that these differences be recognized and valued socially and culturally for the benefit of women and society at large. Nor did they usually view them as more or less eternal or unchanging, but as the existing situation from which any program for change had realistically to start" (ebd.: 14)..

Dennoch kommt in diesem Raster der Prozeß der Herausbildung einer maternalistischen Vision des Geschlechterverhältnisses zu kurz, und die Behauptung, „they ensured that women's needs were incorporated into policymaking" (ebd.: 15), läßt die Maternalisierung dieser „needs" undiskutiert und die Art der „Inkorporierung" offen. Für Kathrin Braun kommt Maternalisierung über einen klassenübergreifenden politischen Kompromiß zwischen Männern zustande, der aufgrund der antagonistischen Struktur der Gesellschaft notwendig und über den Staat vermittelt wird (vgl. Braun 1994: 33). Frauen sind einerseits Objekt der punktuellen Allianzen unter Männern zur Reorganisation der Geschlechterhierarchie, aber auch „Zeichen" für anderes, nämlich

> „je nachdem für den sozialen Frieden, die Ehre der Arbeiter, Verelendung, Wohlstand oder Revolution. Und diese Bilder wiederum fungieren als Mittel zur Verständigung zwischen politischen Kräften: sie beschwören Einigkeit, sie fordern zu Bündnissen auf. Und diese Aufforderung wird angenommen; der Frauenarbeitsschutz ist ein Kompromiß zwischen allgemeinen Arbeitszeitregulierungen, dem Verbot der industriellen Frauenarbeit und den ökonomischen Interessen nationaler Kapitale, ein Kompromiß, der durch eine partielle männliche Allianz möglich wurde" (Braun 1994: 40; vgl. auch Braun 1993).

Damit geht sie zwar über die Fixierung des Topos „Frauenschutz" auf Probleme der Arbeit und Arbeitsteilung hinaus, verliert aber wiederum die Einsicht in die Verwicklung der Frauen und der Frauenbewegung in den Prozeß der Konstruktion der schutzbedürftigen Frau und damit entsteht erneut die Gefahr einer funktionalistischen Verkürzung von „Mutterschutz" auf die Frage der generativen Reproduktion. Zwar geht es ihr natürlich nicht um „generative Bestandssicherung" als solche, sondern um die „Sicherung der unter kapitalistischen Verhältnissen strukturell problematisch gewordenen generativen Reproduktion" (Braun 1994: 41), und auch der „Staat" ist für sie nicht „Gesamtpatriarch", sondern vermittelt und stützt partielle Lösungen, hier die

Reorganisation des Geschlechterverhältnisses durch die Institutionalisierung der proletarisch-partriarchalen Familie als einer „sekundär-patriarchalen" (ebd.), und doch scheint es, als sei die „generative Reproduktion" eine funktionale Selbstverständlichkeit und nicht ein komplexes Feld von Bedeutungen und Konflikten, auf dem sehr unterschiedliche Dimensionen des Geschlechterverhältnisses und der gesellschaftlichen Integration, vom Umgang mit dem Körper bis zum „Gefühl" gesamtgesellschaftlicher Bedrohung, zum Tragen kommen.

Demgegenüber geht Sabine Schmitt in ihrer detaillierten Studie über den Arbeiterinnenschutz im deutschen Kaiserreich vielversprechend von einem Set von Paradoxien aus, die als Ausdruck einer Vielzahl unterschiedlicher und widerstreitender Interessen und Motive die politische Genese der Arbeiterinnenschutzgesetze am Ende des 19. Jahrhunderts durchziehen (vgl. Schmitt 1995: 12). Statt als „logische Antwort" des frühen Wohlfahrtsstaats auf die durch die Industrialisierung hervorgerufenen sozialen Verwerfungen und Gefährdungen müßten sie selbst als Bestandteil des Problems gesehen werden, nämlich als Element der Konstruktion und Reifizierung zweier Geschlechter, von denen das eine des Schutzes durch das andere bedarf.

Leider wird die damit vorgenommene Ausweitung der Geltung der Schutzmetapher auf die Gesamtkonstruktion von „Geschlecht" aber dann doch wieder funktional auf die Verteilung von Arbeit bezogen:

> „Ich vertrete die These, daß die Schutzgesetze im Kaiserreich nicht die Antwort auf ein bestehendes Problem der weiblichen Industriearbeit waren, sondern daß sie erst die Wahrnehmung von Frauen als – im Unterschied zu Männern – 'schutzbedürftigen' Arbeitskräften hervorbrachte. In den Forderungen nach frauenspezifischen Schutzgesetzen, in ihrer gesetzlichen Verankerung und in ihrer Durchführung wurde die Notwendigkeit, Haus- und Erwerbsarbeit zu vereinbaren, zu einem Geschlechtsmerkmal aller Arbeiterinnen gemacht. Das Konstrukt der 'schutzbedürftigen Arbeiterin' legitimierte damit die bestehenden Verhältnisse geschlechtsspezifischer Arbeitsteilung und wirkte normativ" (ebd.: 16).

Das ist sicherlich richtig, geht m.E. aber nicht weit genug. Vielmehr kondensieren sich, so meine These, in der Metapher des „Mutterschutzes" mit ihrem außerordentlich breiten und in die psychische „Tiefe" reichenden Assoziationshorizont die Ambivalenzen des bürgerlichen Geschlechterentwurfs, der in der Mutterschaft einerseits eine Quelle von Zivilität und gesellschaftlicher Integration sieht und in ihr alle die Dimensionen des gesellschaftlichen Verkehrs aufheben will, die in der destruktiven Dynamik kapitalistischen Wirtschaftens offensichtlich nicht unterzubringen sind, der andererseits die Mutterschaft in jeder Hinsicht zu einer Quelle der Schwäche macht, die durch männlichen Schutz kompensiert, einer fast unmenschlichen Bürde, die durch männliche Hilfe erleichtert werden muß, um Frauen überhaupt die Teilnahme am gesellschaftlichen Prozeß zu ermöglichen.

Zwar war Mutterschutz durchaus ein „konsensfähiges Symbol" für die Beschränkung der Aufgaben des Sozialstaats im Rahmen bürgerlicher Gesellschaften (ebd.: 17), aber durch die aktive Beteiligung der Frauenbewegung an der Konstruktion der schutzbedürftigen Arbeiterin war er auch mehr als das, nämlich der Versuch politisch handelnder Frauen, die patriarchalen Vorgaben und Beschränkungen von Frauenpolitik gewissermaßen „gegen sich selbst" zu wenden, „durch sie hindurch" andere politische Dimensionen von Mutterschaft zu entwickeln, nicht als strategische Subversion, die immer schon weiß, was sie hinter dem Rücken des Gegners durchsetzen will, sondern als eine politische Position, die in den Stoff, aus dem die patriarchalen Geschichten sind, tief verwoben ist und über weite Strecken nur einzelne alternative „Fäden" verfolgen kann.

Diese überschüssigen Dimensionen sind m.E. der Grund für die Widerständigkeit und Sperrigkeit der Mutterschutzpolitik, die ich deshalb auch nicht vorschnell auf einen hinter den Ereignissen und Regulierungen liegenden Sinn zurückführen möchte.

3. Naturalisierung und Maternalisierung der Frau

Bei meinen Interpretationen konzentriere ich mich zunächst auf die entsprechenden rechtlichen Regelungen, die erst seit 1942 den Namen „Mutterschutz" im Titel führen (vgl. Edel 1993: 18) und für die Zeit vor dem ersten Weltkrieg von Schmitt unter der Bezeichnung „Arbeiterinnenschutz" zusammengefaßt werden. Dabei gehe ich davon aus, daß der im 19. Jahrhundert beobachtbare Prozeß der Naturalisierung und Maternalisierung der Frau (vgl. Honegger 1991) in der Entwicklung der Schutzgesetze einen spezifischen historischen Ausdruck findet, denn es ist der „mütterliche Organismus", der den Anforderungen der Industriearbeit nicht gewachsen ist, und ein *besonderes Protektionsverhältnis* zum Staat begründet, das sich erst mit der Personalisierung des Fötus in den siebziger Jahren dieses Jahrhunderts auflöst. Unter Mutterschutzgesetzgebung verstehe ich dann im Anschluß an Schmitt alle gesetzlichen Regelungen, die in die Arbeitsverhältnisse weiblicher Arbeitskräfte im Namen der Mutterschaft eingreifen (vgl. Schmitt 1995: 11), in der Form von *Arbeitsverboten* (in bestimmten Industrien und mit bestimmten Werkstoffen), von *Arbeitszeitbeschränkungen* (Nachtarbeit, Normalarbeitstag, Pausen) sowie von *Beschäftigungsbeschränkungen* vor und nach der Geburt. Allerdings möchte ich diese Gesetze, wie Edel, um die *Krankenversicherungsregelungen* ergänzen, weil sich in den Auseinandersetzungen über die Umlage der Kosten für den Mutterschutz die Frage der gesamtgesellschaftlichen Verantwortung für Mutterschaft und Generativität niederschlägt. Außerdem werde ich den untersuchten Zeitraum bis in die Gegenwart ausdehnen, weil seit der Jahrhundertwende wichtige Veränderungen im Topos der „schutzbedürftigen Frau als Mutter" festzustellen sind, die langfristig auf seine Erosion hinauslaufen, und mich dafür auf Anmerkungen zu den einzelnen Entwicklungen in der Mutterschaftspolitik beschränken.

Schmitt spricht im Zusammenhang mit der Institutionalisierung des Arbeiterinnenschutzes von vier Paradoxien. Erstens galt der gesetzliche Arbeiterinnenschutz bei seiner Einführung ausschließlich Fabrikarbeiterinnen, obwohl diese nur eine Minderheit unter den erwerbstätigen Frauen darstellten und der Schwerpunkt der Frauenerwerbstätigkeit in der Landwirtschaft und den häuslichen Diensten lag (vgl. ebd.: 12). D.h. der Schutz war als Schutz der Frauen vor einer bestimmten Arbeitsform konzipiert, die als *Arbeitstypus* Schaden im Geschlechterverhältnis anrichten konnte, weil die Industriearbeit der Frau dem bürgerlichen Weiblichkeitsentwurf widersprach und damit einer Befriedung der Gesellschaft „von innen", d.h. über die Ausdehnung der bürgerlichen Familienform auf das Proletariat, im Wege stand.

Das *zweite Paradox* besteht für Schmitt darin, daß sich der besondere Arbeiterinnenschutz auf *alle* Industriearbeiterinnen bezieht, unabhängig davon, ob sie Hausfrauen und Mütter waren oder nicht, daß also *die Schutzbedürftigkeit an das Geschlecht gebunden wurde* und nicht an die tatsächliche Belastung durch Haushalt und Kinder. Das Paradox löst sie durch die These, daß die Ablösung der Schutzbedürftigkeit von der konkreten Arbeit und ihre Generalisierung zu einem Geschlechtsmerkmal, auf die sich letztlich alle drei beteiligten sozialen Bewegungen, die bürgerlichen Reformer, die Arbeiterbewegung und die Frauenbewegung geeinigt haben, die geschlechtsspezifische Arbeitsteilung legitimiert (vgl. ebd.: 16).

Das *dritte Paradox* ist die Tatsache, daß die zu schützenden Arbeiterinnen an der Formulierung der Arbeiterinnenschutzpolitik selbst *nicht beteiligt* waren, die Schutzgesetze deshalb keineswegs immer ihren Interessen entsprachen, z.T. sogar von ihnen abgelehnt und oft genug unterlaufen wurden.

Und *viertens* schließlich legt die geringe Wirksamkeit der Arbeiterinnenschutzgesetzgebung durch die vielen Ausnahmeregelungen und die geringen Kontrollen nahe, daß der Schutz *eher symbolische Bedeutung* gehabt hat, eher der „Inszenierung" des Geschlechterverhältnisses diente als der effektiven Kontrolle der Arbeitsbedingungen der Fabrikarbeiterinnen (vgl. ebd.: 128ff.).

Um aber die These von der Naturalisierung und Maternalisierung zu konkretisieren und die Institutionalisierung eines staatlichen Protektionismus gegenüber Frauen weiter zu verfolgen, müßten diese Widersprüche ergänzt und erweitert werden; zum einen um die Behandlung der unehelichen Mutterschaft, die einen Widerspruch zwischen der „Natur" der Mutterschaft und ihrer familialen Organisation zum Ausdruck bringt, zum anderen um die historische Dimension, die erkennen läßt, daß sich die Metapher des Mutterschutzes zunehmend vom Körper der Mutter löst und als Kompensation für ihre Erziehungsleistungen gedacht wird.

Insgesamt scheint mir, daß sich langfristig die Verknüpfung von Schutzbedürftigkeit mit Weiblichkeit deutlicher, als dies bei Schmitt erkennbar ist, als ein Prozeß zunächst der *Ver*körperung und später auch wieder der *Ent*körperung darstellt. Die Eigendynamik und Prozeßhaftigkeit, die Schmitt vor allem in der Ausweitung des Geltungsbereiches und in der sukzessiven Verschärfung der gesetzlichen Bestimmungen sieht (ebd.: 126), müßte m.E. dahingehend erweitert werden, daß die Schutzbedürftigkeit nicht nur zur Geschlechtseigenschaft generalisiert, sondern auch in die Körpererfahrung und Körperwahrnehmung abgesenkt wird. Dann aber rückt ein weiterer Konfliktstoff in Sicht, nämlich die Frage, ob die Mutterschaft als Krankheit gewertet wird und als solche in die Systematik der Versicherungssysteme eingebaut wird oder nicht. Darüber hinaus taucht im Zusammenhang mit dem Prozeß der Verkörperung/Entkörperung aber auch ein weiterer Akteur auf der Bühne des Arbeiterinnen- bzw. Mutterschutzes auf, die Ärzteschaft, die als (natur-)wissenschaftliche Experten für den Frauenkörper maßgeblichen Einfluß auf den Ausbau des Mutterschutzes genommen haben und mit ihrer professionsspezifischen Strategie der Naturalisierung sozialer Probleme in der Fraktion der bürgerlichen Reformer nicht aufgehen. Vielmehr läßt sich ihr Paradigma einer „sozialen Hygiene" bewegungsübergreifend wiederfinden, und vor allem die Arbeiterbewegung mit ihrem Glauben an den naturwissenschaftlich gestützten sozialen Fortschritt ist dem „hygienischen Denken" hinsichtlich der Mutterschaft tief verpflichtet.

Ohne meine Vorschläge hier auch gleich einlösen zu können, möchte ich mit diesen

Erweiterungen dafür plädieren, den funktionalen Bezug zwischen dem Geschlechterverhältnis und der gesellschaftlichen Arbeitsteilung zu lockern, nicht immer nur darauf zu schauen, wie mit Hilfe einer ontologisierten Geschlechterdifferenz den Frauen die unbezahlte Arbeit aufgehalst wird, sondern den Blick dafür frei zu machen, was außer „Arbeit" und „Arbeitsprodukten" denn zwischen den Geschlechtern sonst noch getauscht wird; und welche Herrschaftsprozesse schon voraufgegangen sein müssen, damit ausschließlich Arbeit und ihr Ertrag als gesellschaftlicher „Reichtum" gelten können?

4. Verkörperung und Entkörperung des Mutterschutzes

Obwohl es bereits vor der Reichsgründung Ansätze zu einer Mutterschutzpolitik gegeben hat, die sich aus frühen Forderungen nach einem Arbeitsschutz sowie aus den bevölkerungspolitischen Erwägungen einer merkantilistisch inspirierten Wirtschaftspolitik ergaben, scheint es sinnvoll, die Diskussion der Mutterschutzpolitik 1871 einsetzen zu lassen, weil mit der Reichsgründung nicht nur eine Neufassung der Gewerbeordnung anstand, sondern weil in den nun notwendig werdenden Debatten der Mutterschutz zu einem Kristallisationspunkt für die Reorganisation des Geschlechterverhältnisses wurde. Durch die Ausdehnung des „bürgerlichen" Entwurfs von Weiblichkeit als Schwäche und Schutzbedürftigkeit wurden die widerständigen Elemente proletarischen Frauenlebens eingeebnet und die proletarische Lebensform insgesamt stabilisiert.

Was sich dabei unterderhand auch verschiebt, ist das Leitbild des Mutterschutzgedankens. Galt die Hauptsorge der absolutistischen Peuplierungspolitiker der ledigen Mutter, die davon abgehalten werden sollte, ihr Kind auszusetzen oder zu töten, so verschiebt sich die Sorge der bürgerlichen Gesellschaft auf die „Frau in ihrer schweren Stunde", also auf die Zeit rund um die Geburt und auf die Frage, ob der mütterliche Organismus der Schwangerschaft und Geburt gewachsen ist. Diese Frage stellt sich natürlich für Frauen des Bürgertums und für Arbeiterinnen unterschiedlich. Selbstverständlich ist der Klassenkörper proletarischer Frauen unempfindlicher und belastbarer; gleichwohl haben auch sie gegenüber dem Mann den „schwächeren Organismus", der auf die Belastungen der Fabrikarbeit und den Umgang mit gefährlichen Stoffen empfindlicher reagiert und der als eine Art sozialem Kapital nicht allein der individuellen Verantwortung der Frauen überlassen werden darf. Kernstück der Novellierung von 1878 – weil als einzige als Muß-Vorschrift formuliert – war die dreiwöchige Schutzfrist für Wöchnerinnen, zu der Zeit ein Beschäftigungsverbot ohne finanziellen Ausgleich und damit für die geschützten Fabrikarbeiterinnen von zweifelhaftem Wert.

Mit der Frage der finanziellen Gegenleistung stand aber die systematische Verortung von Schwangerschaft, Geburt und Wochenbett im Rahmen des sich entwickelnden deutschen Sozialstaats auf der Tagesordnung. Sollte die Mutterschaft als gesamtgesellschaftliche Leistung nach dem Versorgungsprinzip oder als individuelles Risiko im Rahmen des Versicherungssystems kompensiert und im zweiten Fall als „Risiko" sui generis über eine eigenständige Versicherung abgedeckt oder in die entstehende Krankenversicherung integriert werden?

Im Zuge der Einengung der Mutterschaft auf Schwangerschaft und Geburt und im Kontext der Bismarckschen Sozialversicherungspolitik waren die Chancen für eine „weite" Definition der Mutterschaft jedoch gering: Mit dem Krankenversicherungsgesetz von 1883 wurde die Schwangerschaft dem Krankheitsrisiko gleichgestellt (vgl. Edel 1993: 32). Damit wurde zwar die widersinnige Konstruktion eines Beschäftigungsverbots ohne Lohnausgleich korrigiert, gleichzeitig war damit aber auch eine Vorentscheidung über die sozialpolitische Logik des Mutterschutzgedankens erfolgt, die kaum noch rückgängig zu machen war. Mutterschaft galt primär als individuelles Lohnarbeitsrisiko weiblicher Arbeitskräfte. So wurden sukzessive die Schutzfristen verlängert und auch auf die Schwangerschaft ausgedehnt, die Kostenübernahme ausgebaut und der Kreis der Versicherten ausgeweitet, das Wochengeld auf die Höhe des Krankengeldes angehoben und schließlich 1927 der Kündigungsschutz durchgesetzt.[2]

Allerdings gingen die widersprüchlichen und „überschüssigen" Elemente der Mutterschutzpolitik in dieser Logik doch nicht auf. Das begann schon bei der Ausdehnung der Mutterschaftsleistungen auf die nicht selbst versicherten Ehefrauen, die als Kann-Leistung der Krankenkassen bereits im Krankenversicherungsgesetz von 1883 vorgesehen war.

Zwar läßt sich die Arbeitslogik zur Not so weit dehnen, daß die Schwangerschaft der Frau als „Lohnarbeitsrisiko" des Mannes erscheint, aber damit sind die gesellschaftlichen Dimensionen der Mutterschutzthematik nicht abgedeckt und in Zeiten von Krieg und Krise treten von der Lohnarbeiterexistenz abgelöste sozialintegrative Bedeutungen der Mutterschaft in den Vordergrund. So hat die bevölkerungspolitische Katastrophenstimmung der Jahrhundertwende die Idee einer allgemeinen Mutterschaftsversicherung beflügelt (davon unten mehr), und die gesellschaftliche Krisenerfahrung des ersten Weltkriegs hat mit der Reichswochenhilfe eine gesamtgesellschaftliche Umlage der Kosten für Geburt und Wochenbett institutionalisiert. Ihre Grundsätze wurden auch nach dem Krieg beibehalten und bildeten „die Grundlage für die weitere Entwicklung der Wochenhilfe in der Weimarer Republik" (Braun 1960: 15). Das Reich trat gewissermaßen an die Stelle des versicherten Familienvaters (Braun 1960: 16; Edel 1993: 58).

Ebenfalls in Richtung auf eine gesamtgesellschaftliche Verantwortung für die Mutterschaft zielte die Verankerung des Mutterschutzes im Reichsjugendwohlfahrtsgesetz von 1922, das den Jugendämtern zur Aufgabe machte, Mütterberatungsstellen, Mütterschutzheime und Mütterschulen einzurichten oder zu fördern, also den Mutterschutz über Einrichtungen und Beratungsangebote über finanzielle Hilfen hinaus auszubauen und damit auch Einfluß auf die Ausübung der Mutterschaft zu nehmen. Ein weiterer Hinweis darauf, daß die Mutterschutzpolitik in der Logik des Arbeitsschutzes nicht aufging, aber ihre überschüssigen Elemente auch nicht in eine umfassende Regelung umgesetzt wurden, ist ihre Verankerung in unterschiedlichen Rechtssystemen. Bereits bei der Einführung des Mutterschutzes 1891 wurde darüber geklagt, daß mit den Schutzfristen für Arbeiterinnen keine finanziellen Entschädigungen ver-

2 Novelle zur Gewerbeordnung 1891, 1900; Krankenkassengesetz von 1903; Novelle zur Gewerbeordnung von 1908; Reichsversicherungsordnung von 1911; 2. Änderungsgesetz zur RVO 1926; Mutterschutzgesetz 1927; Gesetz über Wochenhilfe von 1929 (vgl. Edel 1993: 31ff.; Schmitt 1995: 80ff.; Braun 1960: 4ff.).

knüpft waren, über die dann erst zu einem späteren Zeitpunkt in den Krankenversicherungsnovellierungen entschieden wurde, so daß die beiden Bestandteile des Mutterschutzes nicht nur zeitlich auseinanderfielen, sondern auch vom Kreis der Betroffenen her, je nachdem, wie weit oder eng die Versicherungsgrenzen gezogen waren. Und über das Mutterschutzgesetz von 1927 sagt Edel wiederum, „daß der von ihm verfolgte Zweck, die Schwangere vor einer übermäßigen körperlichen und seelischen Belastung zu schützen, nicht erreicht wurde. Dies wurde insbesondere durch die mangelnde Abstimmung von arbeitsrechtlichen Schutzvorschriften und Wochenhilfeleistungen bedingt" (Edel 1993: 66).
Und noch über das Mutterschutzgesetz von 1952, das den Geltungsbereich des Gesetzes erheblich ausweitete, es gilt nun für *alle* in einem Arbeitsverhältnis stehenden Frauen, heißt es:

„In der gesetzlichen Krankenversicherung pflichtversicherte Frauen erhalten Wochen- und Stillgeld sowohl nach den Vorschriften der RVO wie nach den Bestimmungen des Mutterschutzgesetzes. Jedoch sind diese Leistungen, wie aus obiger Darstellung hervorgeht, der Dauer und der Höhe nach verschieden. Dieses Nebeneinander gleichartiger Leistungen ... hat bisher noch niemand als ideale Lösung gepriesen" (Braun 1960: 61).

Dem sozialpolitischen Kuddelmuddel entsprachen komplizierte Transferzahlungen zwischen Sozialversicherungsträgern und Staat, der den Krankenkassen einen Teil der entstehenden Kosten erstattete.[3] Das Gesetz über die Gewährung von Erziehungsgeld/Erziehungsurlaub von 1985 fügte der Teilsubventionierung der Mutterschaft aus Steuermitteln eine weitere Variante hinzu. Zwar kam es endlich dem im GG Art. 6 Absatz 4 ausgesprochenen Grundsatz nach, nach dem *jede* Mutter, also auch die nicht erwerbstätige, Anspruch auf den Schutz und die Fürsorge der Gemeinschaft hat, aber das Nebeneinander verschiedenartiger Ansprüche, Bestimmungen und Finanzierungsformen zum Schutz und zur Fürsorge der Gemeinschaft für die Mutter hat das Gesetz eher verstärkt.

5. Mutterschutz im Kontext einer sozialen Hygiene

Ein einheitliches „Gesetz zum Schutz von Mutter und Kind", wie es unter Berufung auf den entsprechenden Grundgesetzartikel Braun und Bulla Ende der fünfziger Jahre noch gefordert haben (vgl. Braun 1960: 134), scheint in den achtziger und neunziger Jahren nicht mehr auf der Tagesordnung zu stehen. Das hängt m.E. vor allem mit dem Prozeß zusammen, den ich als eine langfristige Tendenz zur Entkörperung der Mutterschaft bezeichnet habe.
Läßt sich im letzten Drittel des 19. Jahrhunderts ein Prozeß der Verkörperung bzw. Naturalisierung der Mutterschaft beobachten, der in der Mutterschutzpolitik dazu führte, daß mit Hilfe der Ärzteschaft versucht wurde, die physiologische Normalität von Schwangerschaft, Geburt und Wochenbett zu bestimmen, um daraus die Grenzen der Belastbarkeit des weiblichen Organismus sowie seinen Bedarf an Schonung und Pflege abzuleiten, so sind ungefähr seit dem ersten Weltkrieg andere Tendenzen er-

3 Vgl. dazu auch die Auseinandersetzungen um die Finanzierung des Mutterschaftsgeldes im Zusammenhang mit dem Mutterschutzgesetz 1968 (vgl. Edel 1993: 109).

kennbar. Waren es während des Krieges noch kurzfristige Interessen am Arbeitseinsatz der Frauen in der Rüstungsindustrie im Verein mit der symbolischen Ressource „Mutterschaft" in Kriegszeiten, die zu dem widerprüchlichen Ergebnis geführt haben, daß einerseits die Arbeitsschutzbestimmungen für Mütter rabiat abgebaut wurden (vgl. Edel 1993: 51ff.), andererseits die gesamtgesellschaftliche Verantwortung für die Mutterschaft in der Reichswochenhilfe gestärkt wurde, so zeigt sich vor allem unter der Ägide der Sozialdemokratie nach dem Krieg eine längerfristige Tendenz, die Mutterschaft „vernünftig" zu gestalten und das Schutzbedürfnis des mütterlichen Organismus mit einer vernünftigen Organisation der Arbeits- und Lebensbedingungen zu verknüpfen.

Diese *Perspektive einer sozialen Hygiene* läßt die Imperative der „weiblichen Natur" nicht einfach hinter sich, aber sie versucht, sie in vernünftige Bahnen zu lenken und sozial zu gestalten. Im Vordergrund stand dabei zwar die „soziale Hebung des Arbeiterstandes" durch Arbeitszeitverkürzung und Lohnerhöhungen, die Frauen nicht mehr zwingen würde, ihren Körper zu überfordern. Gleichzeitig entwickelt das Hygienedispositiv allerdings auch neue Formen der gesellschaftlichen Verantwortung für die Mutterschaft. So enthielt das Mutterschutzgesetz von 1927 erstmals einen Passus, der die Kassen bei Zahlung des Stillgeldes verpflichtete, auf den Wert der „regelmäßigen Inanspruchnahme von Mütterberatungsstellen, Säuglingsfürsorgestellen oder gleichartiger Einrichtungen" hinzuweisen (ebd.: 64). Und es sollten genau diese neuen Elemente einer sozialen Gestaltung der Mutterschaft sein, die von der nationalsozialistischen Mutterschaftspolitik aufgegriffen und im Kontext der Rassenpolitik mit fatalen Folgen reformuliert wurden.

Gisela Bock hat überzeugend dargestellt, daß die nationalsozialistische Mütterpolitik nicht irgendeiner „weiblichen Natur" verpflichtet war, sondern diese in extremer Weise der politischen Steuerung unterwarf (vgl. Bock 1986). Zwar wurden Frauen lauter als zuvor auf die Mutterschaft verpflichtet, aber eben nur deutsche Frauen, und die Mutterschaft wurde mehr als je zuvor zu einer öffentlichen Angelegenheit und in den übergeordneten politischen Rahmen eingespannt. Im Hinblick auf den Arbeitsschutz hieß das – wie im ersten Weltkrieg – die Aufhebung von Arbeitszeitbeschränkungen und Schutzvorschriften mit dem massiven Einsatz der Frauen in der Kriegsindustrie (vgl. Edel 1993: 77). Die widersprüchliche Haltung des Nationalsozialismus zur Mutterschaft fand ihren Niederschlag in den Auseinandersetzungen um das Mutterschutzgesetz von 1942, das einerseits im Rahmen eines „zukünftigen Sozialwerks" einen umfassenden Schutz der Mutterschaft unabhängig von der Erwerbstätigkeit der Mutter durchsetzen wollte (Ley an Scholtz-Klink, zitiert bei Edel 1993: 80), sich andererseits aufgrund der kriegswirtschaftlichen Zwänge aber doch wieder auf die erwerbstätigen Mütter beschränken mußte und hier die schon bekannten Elemente des Mutterschutzes weiter ausbaute – nur für deutsche Arbeiterinnen, versteht sich.

Die eigentlich neuen Elemente nationalsozialistischer Mutterschutzpolitik waren ihre Integration in die Rassenpolitik und die Indienstnahme der Mutterschaft als „Leistung für die Volksgemeinschaft", die als „Leistung" dann auch für direkte Kontrollen zugänglich wurde. So wurde bereits 1934 durch das „Gesetz zur Vereinheitlichung des Gesundheitswesens" die Mütterberatung den Gesundheitsämtern übertragen, und sie gewann über das „Gesetz zur Verhütung erbkranken Nachwuchses" vom Juli 1933 Zwangscharakter von einem Ausmaß, das die Mütterberatung staatlicher Gesundheitsämter eigentlich nachhaltig hätte diskreditieren müssen. Statt dessen scheinen die Jugend- und Gesundheitsämter nach dem Krieg – wenn auch in einem veränderten politischen Kontext – durchaus an ihre gesellschaftlichen „Überwachungsaufgaben" angeknüpft zu haben, nun allerdings eingeschränkt auf die Überwachung des Gesundheitszustands unehelicher Mütter und Säuglinge (vgl. Braun 1960: 19 und 71). Einen deutlichen Bruch mit der Mutterschutzpolitik des Nationalsozialismus, aber auch mit der etatistisch orientierten Mütterpolitik der Zwischenkriegszeit markiert die Einrichtung des Müttergenesungswerks (MGW) in der Bundesrepublik 1950, das sich als Zusammenschluß freier Träger auf die völlig unverfänglichen und „unpolitischen" Zielsetzungen der Müttergenesung und Müttererholung konzentrierte. Auch wenn die Aktivitäten des Müttergenesungswerks neben den weiteren Ausbau der traditionellen Mutterschutzgesetze[4] treten, sind sie doch Hinweis auf einen deutlichen Wandel in der Mütterpolitik: weg von einem staatlichen Protektionismus gegenüber dem „schwächeren Organismus" der Frau hin zu mütterlichen Individuen, die nach Krieg und Überarbeit in der Nachkriegszeit zwar erholungsbedürftig sind, aber nicht auf ihren geschwächten Organismus reduziert sondern zunehmend als Personen gesehen werden, die u.a. auch Mütter sind.[5] Auch das Gesetz zur Einführung eines *Mutterschafts*urlaubs von 1979 weist in diese Richtung, obwohl die Bezeichnung „Urlaub" für Liebe und Arbeit von Müttern nicht gerade von übermäßiger Einsicht in die Probleme der Mutterschaft zeugt. Mit den seit 1985 folgenden, von einer konservativen Regierung verabschiedeten Gesetzen zum *Erziehungs*geld / *Erziehungs*urlaub ist schließlich die Ablösung von der Person der Mutter vollzogen, ohne daß die gesellschaftliche Realität dem bislang gefolgt wäre. Gleichwohl schlägt sich in diesem normativen Bruch eine „säkulare" Entwicklung nieder, die die Frau von der Mutterschaft und diese vom Körper der Frau trennt.

6. Mutterschutz und Frauenbewegung

Daß die traditionellen politischen Grenzziehungen sich im Bereich der Mutter(schutz)-politik verwischen, sich Befreiungsbewegungen grade hier in „konservative" Paradigmen verstricken und dennoch vorfindliche Widersprüche weitertreiben, möchte ich abschließend am Beispiel der Mutterschaftsversicherung verdeutlichen. Bislang habe ich auf solcherart Verwicklungen nur bei der Arbeiterbewegung hingewiesen, die die Konstruktion der schutzbedürftigen Frau und des schwächeren weiblichen Organismus übernahm und über einen Kompromiß mit bürgerlichen Reformern, wissenschaftlichen Experten und dem christlichen Reformflügel hat sie versucht, *den Arbeiterinnenschutz als strategischen Hebel* zur Durchsetzung allgemeiner Forderungen einzusetzen und hat mit dem Rekurs auf das Paradigma der „sozialen Hygiene" die Verkörperung der Frau auf einer neuen Ebene reproduziert.
Zwar kann die Frauenbewegung *in diesem Punkt* durchaus als Gegenspielerin der

4 Mutterschutzgesetz von 1952, Mutterschutzänderungsgesetz von 1965, Mutterschutzgesetz von 1968.
5 Dem entspricht übrigens auch die Entwicklung im MGW selbst, das zunehmend Vorsorge und psychosoziale Entlastungsprogramme anbietet (vgl. Braun 1960: 76 und neuerdings Simmel-Joachim / Appel 1996).

Arbeiterbewegung gesehen werden, denn sie hat Ende des 19. und Anfang des 20. Jahrhunderts in vielfältiger Form versucht, die Mutterschaft zur Quelle von Subjektivität und gesellschaftlicher Partizipation von Frauen zu machen. Allerdings war auch sie bei diesem Unterfangen tief in den naturalisierenden Geschlechterdiskurs sowie in die sozial- und rassehygienischen Bestrebungen der Zeit verstrickt, und das ruhmlose Ende der ersten deutschen Frauenbewegung im Mai 1933 macht deutlich, daß auch die Frauenbewegung diese Begründungszusammenhänge nicht einfach strategisch „benutzt" hat, sondern daß ihr maternalistischer Feminismus aus politischen Ressourcen geschöpft hat, die tief mit patriarchalen Elementen durchtränkt waren.
Um so wichtiger erscheint es für das Bewußtsein historischer Zusammenhänge, politischer Kontinuitäten und Brüche, sich die widerständigen Elemente dieser Politik genauer anzuschauen. Als ein solches widerständiges Moment verstehe ich die Forderung nach einer *Mutterschaftsversicherung*, wie sie um die Jahrhundertwende innerhalb der Frauenbewegung entwickelt wurde. Im Gegensatz zum Ausbau des an die Erwerbsarbeit geknüpften Mutterschutzes und dem am Fürsorgemodell orientierten Ausbau von Mütter- und Säuglingsfürsorge- und Mütterberatungsstellen knüpfte die Idee einer Mutterschaftsversicherung direkt an das in Deutschland favorisierte und entstehende System der Sozialversicherung an, das die sozialen Risiken der Lohnarbeit so absichern sollte, daß die Grenze zur Armut erkennbar war. Eine Erweiterung des Katalogs der Sozialversicherungen um eine Mutterschaftsversicherung lag insofern nahe, als Kinder„reichtum" für weite Bevölkerungskreise ein drastisches Verarmungsrisiko bedeutete und Verhütungsmittel ebenso wie die Abtreibung im Rahmen des bevölkerungspolitischen Diskurses der Jahrhundertwende politisch diskreditiert wurden (vgl. Bergmann 1992).
Sowohl von der Logik der Sozialversicherung wie von der allgemeinen politischen Situation her, in der der beginnende Geburtenrückgang als Bedrohung der politischen Stabilität des Kaiserreiches wahrgenommen und zur Angst vor dem „Aussterben der Deutschen" generalisiert wurde, hatte das Projekt also durchaus einige Plausibilität und konnte mit politischer Unterstützung weit über die bürgerliche Frauenbewegung hinaus rechnen. Allerdings enthielt die Mutterschaftsversicherung eben auch Elemente einer eigenständigen sozialen Sicherung von Frauen *als Müttern*, die nicht nur der Familienorientierung aller an der Ausgestaltung des Sozialversicherungssystems beteiligten politischen Gruppierungen diametral entgegenstand, sondern die Frauen auch einer „fürsorglichen Belagerung" entzogen hätten.
Das Konzept der Mutterschaftsversicherung ging von drei Grundsätzen aus:

- daß die Mutterschaft eine gesellschaftliche Funktion, ihr Schutz und ihre ökonomische und soziale Sicherung deshalb Aufgabe des Staates sei.[6]
- daß die Mutterschaft statt als Grund für den Ausschluß der Frau aus den Staatsbürgerrechten zu gelten, die Grundlage *für* die Staatsbürgerschaft der Frau sei. So etwa Marie Stritt[7] über „die Mutter als Staatsbürgerin" in Adele Schreibers Sammelband zur Mutterschaft von 1912:

6 Vgl. Braun (1901/1979: 547); zur Übersicht über die einzelnen Schriften zur Propagierung einer Mutterschaftsversicherung um die Jahrhundertwende vgl. Fürth (1912: 285) sowie Braun (1960: 7ff.).

7 Marie Stritt ist eher der Seite der „Radikalen" in der deutschen Frauenbewegung zuzurechnen (vgl. Gerhard u.a. 1991: 176.)

„Wer den Gedanken der Frauenemanzipation zu Ende denken, alle seine Konsequenzen zu ziehen imstande ist, muß (im Gegenteil) zu dem Resultat gelangen, daß wohl jede Frau als selbständige Persönlichkeit das Recht und die Pflicht hat, an der Selbstregierung des Volkes teilzunehmen; daß der jeder Frau innewohnende mütterliche Trieb die Kulturentwicklung auch durch die alleinstehende (Frau) ... beeinflussen wird, daß aber die Ehefrau und Mutter für diese Entwicklung doch zweifellos der wichtigere Faktor ist. ... weil ihr im allgemeinen erst durch Ehe und Mutterschaft die richtige Kenntnis des Lebens, seiner elementaren Grundlagen, seiner Höhen und Tiefen, seiner innigsten Beglückungen und schwersten Leiden erschlossen wird, und weil durch sie gerade jene Seiten ihres Wesens voll entwickelt werden und zur Bestätigung gelangen, die sie generell vom Mann unterscheiden, und sie vor allem befähigen, seine Betätigung im öffentlichen Leben in der richtigen, naturgemäßen Weise zu ergänzen, eben das zu leisten, was er auf diesem Gebiet aus seiner männlichen Eigenart heraus nicht leisten kann" (Stritt 1912: 703).

– und daß schließlich die Mutterschaft keine Krankheit ist, auch kein Defizit, sondern eine gesellschaftliche Leistung, die anerkannt und honoriert und nicht als „Schaden" kompensiert werden sollte.

Die Mutterschaftsversicherung sollte alle in den verschiedenen Bereichen der Sozialpolitik verstreuten Leistungen und Angebote zusammenfassen und in einigen Punkten ergänzen: Dazu gehörten neben einer finanziellen Unterstützung in voller Lohnhöhe die ärztliche Versorgung, Medikamente und Wochenpflege einschließlich der Säuglingspflege und einer Haushaltshilfe sowie die Einrichtung von stationären Angeboten (Entbindungsanstalten, Schwangeren- und Wöchnerinnenheime) für Frauen, die, aus welchen Gründen auch immer, nicht zu Hause entbinden wollen (vgl. Braun 1903, 1906, 1901) sowie ein umfassendes Angebot an Kinderkrippen und Kindergärten.
Interessanter als die Einzelforderungen, die aus der Debatte um den Ausbau des Mutterschutzes weitgehend bekannt waren, war jedoch ihre Integration in eine einheitliche Versicherung und damit verknüpft die Frage des Geltungsbereichs dieser Versicherung sowie ihre Finanzierung, denn hier mußte sich zeigen, ob eine „Mutterschaftsversicherung" den bestehenden Zweigen der Sozialversicherung einfach „angefügt" werden konnte oder ob sie als allgemeine Volksversicherung den Rahmen des deutschen Sozialversicherungssystems sprengen würde.
Lily Braun spricht ausschließlich von den „bedürftigen" Müttern, denen die beste Pflege vom Staat zugesichert werden müßte, und auch die Orientierung der finanziellen Absicherung am bisherigen Durchschnittslohn (vgl. Braun 1901: 547) spricht dafür, daß die Mutterschaftsversicherung hier eher als Erweiterung der Sicherung gegen „Lohnarbeitsrisiken" gedacht war. Demgegenüber liegt der politische Schwerpunkt der Mutterschutzpolitik des Bundes für Mutterschutz, der auch eine allgemeine Mutterschaftsversicherung in seinem Programm führte (vgl. Mutterschutz 1905), eher auf dem gesellschaftlichen Schutz der unehelichen Mütter, der sich auf dem Hintergrund der ehe- und sexualreformerischen Programmatik des Bundes tendenziell von den „bedürftigen Müttern" ablöste und die gesellschaftliche Anerkennung und Absicherung der *Mutterschaft*, unabhängig von Ehe und Familie, im Blick hatte. Es ist dieser radikale Umgang mit der Mutterschaft (und vorgängig der weiblichen Sexualität), der den Bund für Mutterschutz dem Mainstream der bürgerlichen Frauenbewegung im Bund deutscher Frauenvereine unannehmbar machte (vgl. Gerhard 1991 u.a.: 274). Auch die heftigen Auseinandersetzungen im Bund für Mutterschutz selbst, von der schnellen Ausgrenzung der mutterrechtlichen Phantasien Ruth Brés bis zu den

„Schlammschlachten" zwischen Adele Schreiber und Helene Stocker (vgl. Fürth 1912: 287ff.; Wickert 1991: 70ff.), müssen jenseits aller Differenzen zwischen einem „theoretischen" und einem „praktischen" Zugang zum Mutterschutz und auch jenseits aller persönlichen Rivalitäten und Idiosynkrasien auch als politischer Konflikt um den gesellschaftlichen Stellenwert der Mutterschaft gesehen werden, als Auseinandersetzung mit den „überschüssigen" Elementen der Mutterschutzpolitik, die in den historischen politischen Angeboten nicht aufgingen. „Überschüssig" heißt hier nicht etwa in einem linearen Sinn „ihrer Zeit voraus", sondern eher „unpassend". Denn wie das Beispiel Ruth Brés und ihre Forderungen nach staatlich finanzierten mutterrechtlichen Landkommunen zeigt, konnten sich „progressive" Ideen einer gesellschaftlichen Anerkennung der Mutterschaft mühelos mit „regressiven" Projektionen über eine „Rückkehr zur mutterrechtlichen Familiengemeinschaft" auf dem Land, mit „dem Weib als Wurzel, welche den Baum der Menschheit trägt", verbinden (Bré 1904). Und auch die individualisierende Sexualreform von Stoecker und Lischnewska war aus der Perspektive der Frauenbewegung nicht einfach ein politischer Vorgriff, für den die Zeit noch nicht reif war, sondern sie hat, worauf Irene Stoehr hingewiesen hat, nicht unwesentlich dazu beigetragen, die Idee einer idealen Geschlechtergemeinschaft zu institutionalisieren (vgl. Stoehr 1986: 185).

Demgegenüber war das Konzept der Mutterschaftsversicherung mit seiner Anlehnung an die Sozialversicherung durchaus auf der Höhe seiner Zeit. Hinsichtlich ihrer Finanzierung gab es Übereinstimmung dahingehend, daß die umfänglichen Mittel einerseits aus Beiträgen der Versicherten bestritten werden sollten, die allerdings durch Zahlungen Unverheirateteter bzw. kinderloser Ehepaare aufgestockt und/oder aus Steuermitteln ergänzt werden sollten (vgl. Braun 1901: 547).

Am Geltungsbereich, an der Finanzierung und an ihren Umverteilungswirkungen mußte sich entscheiden, welche Art von Versicherung die Mutterschaftsversicherung eigentlich sein und welchen gesellschaftlichen Charakter die Mutterschaft haben sollte, die versichert werden sollte. Weitreichende Umverteilung durch die Heranziehung aller Bürger bzw. durch Steuerfinanzierung sowie die Einbeziehung aller Mütter würde den gesellschaftlichen Charakter der Mutterschaft erhöhen, ihre Begrenzung auf die „Bedürftigen" und auf den Solidarausgleich unter den Lohnabhängigen sie auf ein Lohnarbeitsrisiko reduzieren und als Kernstück einer eigenständigen frauenpolitischen Initiative entwerten.

7. Mutterschaft als Krankheitsrisiko

Und genau das ist mit dem Konzept der Mutterschaftsversicherung geschehen: Auf der Grundlage eines hegemonialen Verständnisses von Mutterschaft als Schwäche und Krankheit wurden die Forderungen nach einer eigenständigen Versicherung noch vor dem ersten Weltkrieg aufgegeben und die Versicherungselemente in die Krankenversicherung zurückgenommen, während die Elemente der Beratung und infrastrukturellen Versorgung im Ausbau der Mütter- und Säuglingsfürsorge während des ersten Weltkriegs und in der Weimarer Republik aufgehoben wurden. Die sozialpolitische Hybridschöpfung „Mutterschaftsversicherung" war damit auf die sozialpolitischen Vorgaben des Bismarckschen Sozialstaats zurückgeschnitten und der für die Idee der

Mutterschaftsversicherung zentrale Gedanke einer von der Erwerbsarbeit abgekoppelten Subventionierung der Mutterschaft bis zum Erziehungsgeldgesetz von 1985 vertagt.

Zwar hatte Henriette Fürth in einem Überblicksartikel über Mutterschaftskassen auf Selbsthilfebasis noch optimistisch gemeint: „Der Gedanke der Mutterschaftsversicherung marschiert" (Fürth 1912: 317), doch angesichts des schrittweisen Einbaus von Teilstücken in die Krankenversicherung erodierte das Gesamtkonzept und der Weg zu seiner Demontage führte nicht allein über die Realitätstüchtigkeit seiner BefürworterInnen,[8] die um die Jahrhundertwende keine Chancen mehr für eine Erweiterung der Sozialversicherung in ihrem Sinne sahen, sondern auch über ihre Einbindung in die Konstruktion der Mutterschaft als Natur- und Körpervorgang, der den Weg in die Krankenkassen ebnete.

Bereits die von Professor Mayet ausgearbeiteten Petitionen des Bundes für Mutterschutz von 1907 und 1909 sprachen von einer „Angliederung" der Mutterschaftsversicherung an die Krankenversicherung (vgl. Fischer 1912: 307), und auch in zwei eigenen Publikationen „Säuglingsschutz, Mutterschutz, Mutterschaftsversicherung" von 1908 und „Der Schutz von Mutter und Kind durch die reichsgesetzliche Mutterschafts- und Familienversicherung" von 1911 forderte er die Aufnahme der Mutterschaftsversicherung in die Krankenversicherung (vgl. Braun 1960: 10). In der Beratung der beiden Petitionen des Bundes für Mutterschutz wurden diese dann kühl mit der Begründung abgelehnt, daß ihre Kosten den Etat der Krankenversicherungen überlasten würden (vgl. Fischer 1912: 308) und weit über das hinausgingen, „was der Arbeiterversicherung als Ziel und Zweck gesetzt ist" (Fischer 1909: 421).[9] Angesichts dieser geringen Chance, ein erweitertes Verständnis von Mutterschaft im Krankenversicherungssystem durchzusetzen, war es dann auch nicht weiter verwunderlich, daß ihre weitergehenden Elemente in die klassische Fürsorge abgedrängt wurden. So heißt es in dem unter Alice Salomons Einfluß entwickelten „Reformprogramm zum Schutze der Mütter" des Deutschen Vereins für Armenpflege und Wohltätigkeit von 1908: „Bis zur völligen Durchführung der obigen Forderungen (nach Ausbau der Krankenversicherung, der Schutzgesetze sowie der Haus- und Heimpflege und Mütterberatung, S.K.) habe die öffentliche Armenpflege die Aufgabe, Schwangere und Wöchnerinnen die zur Wiederherstellung ihrer Gesundheit notwendigen Unterstützungen an Geld, ärztlichem und geburtshilflichem Beistand, Hauspflege, Heim- und Asylpflege zu gewährleisten, ohne daß diese Hilfe die mit anderen Unterstützungen verbundenen öffentlich-rechtlichen Folgen nach sich ziehe" (zitiert bei Braun 1960: 12).

Die *„Rück"nahme* des der Mutterschaftsversicherung zugrundeliegenden Verständnisses von Mutterschaft als gesellschaftlichen „Beitrag" in Krankheit, Bedürftigkeit und Abweichung ist jedoch *nicht als linearer Rück„schritt"* zu verstehen, vielmehr integriert sie die Mutterschaft über diese Rücknahme in das „moderne" Paradigma einer sozialen Hygiene, die die sozialen Bedingungen für Krankheit in den Vordergrund stellte und die Vermeidung von Krankheit, Elend und „Degeneration" als Zielvorgabe sozialpolitischer Intervention bestimmte. Daß dieses Paradigma sowohl für sozialdemokrati-

8 Zur Propagierung von Mutterschaftskassen auf Selbsthilfebasis siehe auch Eisenstadt (1909) und Fischer (1909).

9 Mit denselben Argumenten wurde die Mutterschaftsversicherung bei der Verabschiedung der RVO 1911 erneut abgelehnt (vgl. Braun 1960: 13).

sche wie für rassehygienische Optionen offen war, ist bereits mehrfach herausgearbeitet worden (vgl. Byer 1988; Weingart/Kroll/Bayertz 1988; Reyer 1991; Bergmann 1992; Usborne 1994).

Aber auch die Frauenbewegung hatte Frauen im Zuge einer „autoritären Lösung des Emanzipationskonflikts" (Prokop 1979) auf die Verantwortung vor Staat und Gesellschaft verpflichtet (vgl. Taylor-Allen 1991) und sich damit gegenüber sozialhygienischen und rassehygienischen Bestrebungen geöffnet, die auf Frauen als Medium einer hygienischen Programmatik rekurrierten. Nicht nur der Bund für Mutterschutz war das Ergebnis einer Koalition mit den Sozial- und Rassehygienikern (Marcuse, Ploetz, Grotjahn, A. Fischer), auch die feministischen Autorinnen formulierten ihre Forderungen nach einer stärkeren gesamtgesellschaftlichen Verantwortung für die Mutterschaft von einem „hygienischen Standpunkt" (Fischer) aus. Als „hygienisch denkende und sozial empfindende Frauen" (Fischer 1912: 304) haben sie nicht nur ihre Publikationen den Sozial- und Rassehygienikern geöffnet, sondern auch versucht, die individualisierenden Momente des Feminismus mit dem Machtdispositiv von „Rasse", „Volk" oder „Nation" zu versöhnen. So Marie Stritt bereits 1912:

„Da aber das körperliche und geistige Wohl und Gedeihen des einzelnen unter der Voraussetzung einer allgemeinen Gesittung und erhöhten Kultur fraglos am besten gewahrt wird, so wird die vollständig durchgeführte politische Emanzipation der Frauen schon aus diesem Grunde das Wohl und Gedeihen der Rasse besser zu fördern geeignet sein als irgendeine andere soziale oder politische Reform. Der Selbstschutz der Mutter auf Grund ihrer staatsbürgerlichen Rechte ist zugleich der sicherste, ja einzige sichere Schutz für die Rasse" (Stritt 1912: 702).

Und überhaupt nicht mehr „taktisch" argumentiert Maria v. Stach in Adele Schreibers Sammelband „Mutterschaft":

„Wie wird sich die neue Frau zur Mutterschaft stellen? Wird sie fruchtbar sein wollen? Und vor allem: wird sie ausreichend fruchtbar sein wollen? ... Nur ein sehr starkes Frauengeschlecht wird dieser Aufgabe gewachsen sein können. Nur ein Frauengeschlecht von großer ethischer und politischer Reife! Denn die Mutterschaftsleistung *dieser* Frauen ist als *individualistische* verloren. Sie kann nur bestehen, wenn sie als ethische, wenn sie als nationale Leistung begriffen und dargebracht wird, mit jener religiösen Inbrunst, die auch die Kräfte des eigenen Blutes in den Dienst des Ganzen stellt und das Ganze als das eigene Blut begreift." Die Staatsbürgerrechte sind für v. Stach nicht Ziel, sondern Mittel, „damit sie (die Frau, S.K.) im Besitze dieser Rechte tauglich werde für ihre vaterländische Aufgabe als Mutter" (vgl. Stach 1912: 200; Hervorhebungen im Original).

Schon diese beiden Zitate machen deutlich, daß es eine erhebliche Variationsbreite innerhalb des damaligen maternalistischen Feminismus gab, und es liegt mir fern, ihm pauschal politische Regression zu unterstellen, vielmehr sehe ich ihn – wie eingangs angekündigt – als ein Feld politischer Auseinandersetzungen mit wechselnden Koalitionen und fließenden Fronten. Aber der politische Bezugsrahmen, in dem diese Auseinandersetzungen ausgetragen wurden, ist von den Intentionen der AkteurInnen nicht zu trennen. Dieser Bezugsrahmen war um die Jahrhundertwende, als die Mutterschaftsversicherung diskutiert wurde, gerade für die Reformfraktion des Bürgertums insgesamt von einem hygienischen Gesellschafts- und Politikmodell geprägt, das den alten wilhelminischen Autoritarismus modernisieren sollte. Und deshalb lassen sich die „individualistischen" und die „rassehygienischen" Bestandteile der Mut-

terschutzpolitik auch nicht geschlechtsspezifisch auseinanderdividieren (vgl. Gerhard u.a. 1991: 271).
Die Verwendung des Rassenbegriffs durch Feministinnen in dieser Phase der Frauenbewegung ist mehr als „irritierend" (ebd.), es ist die politische Konsequenz eines Emanzipationskonzepts, das Emanzipation nur als Bewegung hin zur Teilhabe an einem „größeren Ganzen" sehen konnte, das der einzelnen vor- und übergeordnet war. In der gesellschaftlichen Krisensituation des ausgehenden 19. Jahrhunderts wurde dieses „Ganze" fast durchgängig in organizistischen oder Körpermetaphern gefaßt, so daß nicht nur die Ärzteschaft und die Sozialdemokraten zu „Ärzten am Volkskörper" aufsteigen konnten (Byer 1988), sondern auch die Frauen als Mütter „die Schlüssel des Lebens" (v. Stach 1912) in ihren Händen wähnten. Diese Machtphantasie sollte sich in der weiteren Entwicklung als grobes Mißverständnis politischer Metaphern erweisen und dem heutigen Feminismus eine Lehre sein, daß das „Wenden der Macht gegen sich selbst" (Butler) als politische Strategie die politischen Vorgaben weder einfach übernehmen noch sie rechts (oder links) liegenlassen kann, sondern sich mit den vorhandenen politischen Ressourcen, auch denen eines maternalistischen Feminismus, weiter wird abmühen müssen.

8. Entgrenzung von Politik?

Das Thema Mutterschaft steht nicht nur für ein Politikfeld, das, wie ich zu zeigen versucht habe, die gängigen politischen Kategorien von links/rechts, privat/öffentlich, aber auch von Risiko und Leistung sprengt und damit auf eine geschlechtsspezifische Substruktur von Politik verweist, sondern es zeigt sich hier auch umgekehrt die Abhängigkeit feministischer Politik von ihrer eigenen Geschichte und von den historischen Entwürfen von Politik, Gesellschaft und Staat. Die Mutterschaft ist ein traditionsreiches und ungelöstes Problem des Geschlechterverhältnisses, das tief in den Selbstentwurf moderner Subjektivität und Politik hineinreicht, aber die konkreten Möglichkeiten zur Politisierung dieses Konflikts sind eng in die politischen Erfahrungen sowie in die Rahmenbedingungen und politischen Konstellationen verwoben und nur aus diesem Kontext heraus zu entwickeln. Und zu diesem politischen Kontext gehören – und auch das läßt sich am Thema Mutterschaft exemplarisch verfolgen – nicht nur die Auseinandersetzungen um Recht und finanzielle Ressourcen, sondern gleichermaßen der Kampf um die hegemoniale Definition der Mutterschaft als Schwäche, Krankheit, Dienst am Volksganzen oder Quelle sozialer Macht, der in den vorpolitischen Arenen von Kultur und Wissenschaft, in der Halböffentlichkeit und Öffentlichkeit von politischen Gruppen und Bewegungen, von Verbänden, wissenschaftlichen Vereinigungen und Kommissionen strukturiert wird, bevor er in Parteien und Parlamenten zur Entscheidung steht.
Und so ist der Vorschlag von Arbeitsminister Blüms Rentenreformkommission, eine aus Steuern finanzierte Familienkasse einzurichten, der die alte Idee der Mutterschaftsversicherung hinsichtlich des Finanzierungsmodus noch maternalistisch überholt, auch nur sehr vordergründig als späte Einlösung einer alten feministischen Forderung zu verstehen, denn der politische und gesellschaftliche Kontext hat sich deutlich verschoben. Heute geht es nicht mehr um den Ausbau sozialer Sicherungssysteme, sondern

um die Bedrohung gesellschaftlicher Integrationsfähigkeit angesichts einer massiven Erosion des Sozialstaatskompromisses. Die große Geste einer steuerfinanzierten Familienkasse verrät da eher die verspätete Sorge um die verlorene Integrationskraft von Familie und Mutterschaft als die um die soziale Position von Frauen als Müttern. Um nun die staatliche Protektion für die Zarten und Schwachen nicht völlig brach liegen zu lassen, könnte sich der Bundesarbeitsminister vielleicht in den Nachbarressorts umtun, denn mit dem Fötus des reformierten § 218 und dem Embryo des Embryonenschutzgesetzes sind dem staatlichen Schutzbedürfnis neue Objekte entstanden, die den großen Vorteil haben, daß sie gegen ihren Schutz nie werden rebellieren können und die der alten Geschichte vom „Vater Staat" eine überraschend neue Wende geben könnten.

Literaturverzeichnis

Bergmann, Anna, 1992: Die verhütete Sexualität. Hamburg.

Bock, Gisela, 1986: Zwangssterilisation im Nationalsozialismus. Opladen.

Bock, Gisela, 1991: Antinatalism, Maternity and Paternity in National Socialist racism, in: *Gisela Bock/Pat Thane,* Maternity and Gender Politics. London/New York, 233-255.

Borchorst, Anette/Siim, Birte, 1987: Women and the Welfare State, a new Form of a Patriarchal Power, in: *Anne Showstack-Sassoon* (Hrsg.), Women and the State. London.

Braun, Heinrich, 1960: Mutterschutz in der Bundesrepublik, Deutscher Verein für öffentliche und private Fürsorge. Frankfurt a.M.

Braun, Kathrin, 1993: Gewerbeordnung und Geschlechtertrennung. Klasse, Geschlecht und Staat in der frühen Arbeiterschutzgesetzgebung. Baden-Baden.

Braun, Kathrin, 1994: Schutz für die Unmündigen, die Frauen ... Politische Interaktion und Reorganisation des Geschlechterverhältnisses in der frühen Arbeiterschutzgesetzgebung, in: Feministische Studien 12, 33-43.

Braun, Lily, 1901: Die Frauenfrage. Nachdruck Berlin/Bonn 1979.

Braun, Lily, 1903: Mutterschaftsversicherung und Krankenkasse. Berlin.

Braun, Lily, 1906: Die Mutterschaftsversicherung. Berlin.

Bré, Ruth, 1904: Staatskinder ohne Mutterrecht?, in: *Marie-Luise Janssen-Jurreit* (Hrsg.), Frauen und Sexualmoral. Frankfurt a.M., 95-100.

Butler, Judith, 1995: Körper von Gewicht. Berlin.

Byer, Doris, 1988: Rassenhygiene und Wohlfahrtspflege. Frankfurt a.M./New York.

Edel, Ute, 1993: Die Entwicklung des Mutterschutzrechts in Deutschland. Baden-Baden.

Eisenstadt, H.L., 1909: Konfessionelle Mutterschutzgenossenschaften, in: Sexualprobleme 1, 39-51.

Esping-Andersen, Gøsta, 1990: The Three Worlds of Welfare Capitalism. Cambridge.

Fischer, Alfons, 1909: Mutterschutzgenossenschaften, in: Sexualprobleme 1, 418-425.

Fischer, Alfons, 1912: Staatliche Mutterschaftsversicherung, in: *Adele Schreiber* (Hrsg.), Mutterschaft. Ein Sammelwerk für die Probleme des Weibes als Mutter. München, 299-310.

Fürth, Henriette, 1912: Die Sicherung des Mutterschutzes durch Mutterschaftskassen, in: *Adele Schreiber* (Hrsg.), Mutterschaft. Ein Sammelwerk für die Probleme des Weibes als Mutter. München.

Fürth, Henriette, 1911: Die Mutterschaftsversicherung. Jena.

Gerhard, Ute u.a., 1988: Auf Kosten der Frauen. Frauenrechte im Sozialstaat. Weinheim.

Gerhard, Ute u.a., 1991: Unerhört. Die Geschichte der deutschen Frauenbewegung. Reinbek.

Honnegger, Claudia, 1991: Die Ordnung der Geschlechter. Frankfurt a.M./New York.

Kickbusch, Ilona/Riedmüller, Barbara (Hrsg.), 1984: Die armen Frauen. Frauen und Sozialpolitik. Frankfurt a.M.

Kontos, Silvia, 1996: Körperpolitik – eine feministische Perspektive, in: *Teresa Kulawik/Birgit Sauer* (Hrsg.), Der halbierte Staat. Frankfurt a.M./New York, 137-157.

Kulawik, Teresa, 1996: Modern bis maternalistisch: Theorien des Wohlfahrtsstaats, in: *Teresa Kulawik/Birgit Sauer* (Hrsg.), Der halbierte Staat. Frankfurt a.M./New York, 47-81.
Kulawik, Teresa/Sauer, Birgit (Hrsg.), 1996: Der halbierte Staat. Grundlagen feministischer Politikwissenschaft. Frankfurt a.M./New York.
Lewis, Jane/Ostner, Ilona, 1994: Gender and the Evolution of European Social Policies, ZeS Arbeitspapier. Bremen.
Mutterschutz, 1905: Zeitschrift des Bundes für Mutterschutz und Sexualreform 1.
Pateman, Carole, 1992: Gleichheit, Differenz, Unterordnung. Die Mutterschaftspolitik und die Frauen in ihrer Rolle als Staatsbürgerinnen, in: Feministische Studien, 54-69.
Prokop, Ulrike, 1979: Die Sehnsucht nach der Volkseinheit. Zum Konservativismus der bürgerlichen Frauenbewegung, in: *Gabriele, Dietze* (Hrsg.), Überwindung der Sprachlosigkeit. Darmstadt/Neuwied.
Reyer, Jürgen, 1991: Alte Eugenik und Wohlfahrtspflege. Freiburg.
Schmitt, Sabine, 1995: Der Arbeiterinnenschutz im deutschen Kaiserreich. Stuttgart.
Schreiber, Adele (Hrsg.), 1912: Mutterschaft. Ein Sammelwerk für die Probleme des Weibes als Mutter. München.
Simmel-Joachim, Monika/Appel, Christa, 1996: Anforderungen an mütterspezifische Gesundheitsvorsorge und Rehabilitation. Wiesbaden.
Stoehr, Irene, 1986: Fraueneinfluß oder Geschlechterversöhnung? Zur Sexualitätsdebatte in der deutschen Frauenbewegung um 1900, in: *Geyer-Kordesch/Kuhn* (Hrsg.), Frauenkörper, Medizin, Sexualität. Düsseldorf, 159-190.
Stritt, Marie, 1912: Die Mutter als Staatsbürgerin, in: *Adele Schreiber* (Hrsg.), Mutterschaft. Ein Sammelwerk für die Probleme des Weibes als Mutter. München, 688-690.
Taylor-Allen, Anne, 1991: Feminismus und Eugenik im historischen Kontext, in: Feministische Studien 1, 46-68.
Usborne, Cornelie, 1994: Frauenkörper Volkskörper, Geburtenkontrolle und Bevölkerungspolitik in der Weimarer Republik. Münster.
v. Stach, Maria, 1912: Mutterschaft und Bevölkerungsfrage, in: *Adele Schreiber* (Hrsg.), Mutterschaft. Ein Sammelwerk für die Probleme des Weibes als Mutter. München.
Weingart/Kroll/Bayertz, 1988: Rasse, Blut und Gene. Geschichte der Eugenik und Rassenhygiene in Deutschland. Frankfurt a.M.
Wickert, Christl, 1991: Helene Stöcker, Frauenrechtlerin, Sexualreformerin, Pazifistin. Bonn.

Die Frauenbewegungen im Blickfeld feministischer Politikwissenschaft

Regina Dackweiler

1. *A Lady vanishes*

In dem für Studierende konzipierten Einführungswerk „Soziologie", mit welchem der englische Sozialtheoretiker Anthony Giddens (1995) zugleich zentrale Bereiche und Fragestellungen seines akademischen Faches neu zu formulieren sucht, markiert er ein doppeltes disziplinäres Interesse am Untersuchungsgegenstand „soziale Bewegungen": Sie gewährten empirische Substanz und ermöglichten dem wissenschaftlichen Betrachter einen selbstreflexiven Perspektivenwechsel. Das Argument vertiefend, verweist Giddens auf die Frauenbewegung, die für sein Fach nicht nur deswegen relevant sei, „weil sie Forschungsmaterial liefert, sondern sie hat eine Schwäche in den etablierten Rahmenbedingungen des soziologischen Denkens zutage gefördert und Konzepte entwickelt (wie jenes des Patriarchats), die uns die Themen Geschlecht und Macht zu verstehen helfen" (Giddens 1995: 685). Die solchermaßen an exponierter Stelle angesiedelte gesellschafts- und wissenschaftstheoretische sowie methodologische Bedeutung einer Auseinandersetzung mit der sozialen Bewegung von Frauen sucht in der bundesdeutschen Politikwissenschaft vergeblich ihresgleichen. In politologischen Lexika, beispielhaft jenes zu „Staat und Politik" (Nohlen 1995), wird sie eines eigenen Artikels nicht für gewichtig genug erachtet. Umsonst sucht man hier die „proletarische" Frauenbewegung unter dem Stichwort „Arbeiterbewegung", um dann im Beitrag über „soziale Bewegungen" en passant auf die „Frauen-Bewegung" zu stoßen – als unkommentiert letztgenannte in der Reihe der sogenannten „Neuen", einem „Sammelbegriff für die im Gefolge der Studentenbewegung aufgetretenen sozialen Bewegungen" (Gerdes 1995: 680).

Dieses im Kontrast zur programmatischen Einschätzung von Giddens stehende, exemplarische Schweigen über die transformative Politik der internationalen historischen wie zeitgenössischen Frauenbewegungen in einem Nachschlagewerk, das den zum Kanon geronnenen Wissensbestand der Zunft widerspiegelt, kann nicht einfach als ein unausgeleuchteter Fleck neben anderen auf der sozialwissenschaftlichen Landkarte verbucht werden. Vielmehr läßt sich die fehlende Rede über die seit Beginn der bürgerlichen Moderne kollektiv organisierten Versuche des „zweiten Geschlechts", die herrschaftsförmige Geschlechterordnung zu skandalieren und aufzuzeigen, warum und wie die transhistorisch und transkulturell auffindbare soziale, politische und ökonomische Ungleichstellung von Frauen zu beenden ist, mit dem Ethnopsychoanalytiker Mario Erdheim als „gesellschaftliche Produktion von Unbewußtheit" (Erdheim

1982) interpretieren.[1] Vor dem Hintergrund der seit über 200 Jahren unternommenen facettenreichen Aktionen und Projekte, weitreichenden Programme und Utopien der feministischen Bewegungen – zunächst vor allem in Europa und Nordamerika – wird offensichtlich, daß nicht nur einzelne Wissenschaftler, so etwa Lorenz von Stein (von Stein 1850) im 19. Jahrhundert und Rudolf Heberle (1967) im gegenwärtigen, das vorhandene und mögliche Wissen über die soziale Bewegung der Frauen verdrängen, verleugnen, isolieren und diese somit ungesehen und ungeschehen zu machen suchen. An den Leerstellen im Kanon zeigt sich die institutionelle Abstützung dieser „Abwehrmechanismen", welche die sich zunächst unfreiwillig außerhalb etablierter politischer Parteien kollektiv organisierenden Frauen und ihre Aktionen vor den Augen aller zum Verschwinden bringen – ganz wie Hitchcock die alte Dame im fahrenden Zug. Erkennbar wird, daß die Exklusion der kollektiven Praxen und Diskurse von Frauen aus der sozialwissenschaftlichen Darstellung und Analyse sozialer Bewegungen konstitutives Element für die akademische Disziplin Politologie und ihrer androzentrisch geprägten Denkformen ist. Durch das Ver-Schweigen der feministischen Kämpfe um die Reorganisation der hierarchischen Geschlechterverhältnisse, durch die Ausklammerung aus dem „Reigen der Emanzipationsbewegungen" (von Beyme 1991)[2] und die Eingemeindung der Frauenbewegungen in die „Neuen sozialen Bewegungen" schottet sich die männerdominierte Disziplin anhaltend gegen das sie herausfordernde und offenbar mehr Risiken denn Chancen bergende Potential dieser Sozialbewegung ab, nämlich eine Neufassung theoretischer Konzepte und Kategorien voranzutreiben, welche in letzter Konsequenz auch eine sukzessive „Reformulierung" der Politikwissenschaft bewirken könnte (Kreisky 1994).

Daher genügt es nicht, Frauen als kollektiv politisch Handelnde in einem additiv-kompensatorischen oder kontributorischen Akt ein Seitenfach in den politikwissenschaftlichen Regalen einzuräumen. Sondern es ist grundsätzlich zu fragen, wo und mit welchen Effekten explizite wie implizite Geschlechterannahmen in der Disziplin bestehen, wie die an Raum und Zeit gebundenen Vorstellungen der Geschlechteridentitäten realitätsbildende und -gestaltende und somit auch diese Wissenschaft formende Bedeutung haben. Den verdeckten Anteil von Frauen an der Historizität von Gesellschaft einerseits, sowie Geschlechtszugehörigkeit als umfassende soziale Platzanweiserin für Lebens- und Teilhabechancen, für die Verteilung von Mühen, Lasten und Freuden andererseits zu decouvrieren, ist daher anhaltend erklärtes Ziel der feministischen Bewegungen und der sich hier verortenden Forscherinnen. Für eine politikwissenschaftliche Analyse der Frauenbewegung bedeutet dies, Geschlecht nicht

1 Erdheim sieht im Unbewußtmachen ein Instrument der Herrschaft, welches versucht, die zu Veränderung Treibenden und an den Voraussetzung von Herrschaft und ihren Widersprüchen Rüttelnden zu neutralisieren: „Die gesellschaftliche Produktion von Unbewußtheit im Verhältnis zwischen Männern und Frauen kann geradezu als Modell für die Funktion des Unbewußten im Dienste der Herrschaft betrachtet werden" (Erdheim 1982: 229).

2 Beispielhaft für diese Exklusionsstrategie ist Klaus von Beymes' Argumentation, warum die Frauenbewegung nicht mit den großen sozialen Bewegungen „auf eine Stufe" zu stellen ist: Sie sei zum einen „nicht mehrheitsfähig" und erstrebte daher nur „Machtteilhabe" und nicht „Machtergreifung"; zum anderen seien Frauen nicht „organisierbar", da ständigen „Gegeneinflüssen" durch die „Gegner" ausgesetzt, mit welchen sie in „Intimgruppen" lebten, was ihre Konfliktbereitschaft schwäche und zuletzt aufgrund ihrer „Mißerfolge", welche „trotz des nur geringen Widerstands der Gegengruppe" zu „postmoderner Fragmentierung und Isolation" der Frauenbewegung führe (von Beyme 1991: 208ff.).

länger als askriptives Merkmal, sondern als eine „soziale Strukturkategorie" (Beer 1990) zu begründen und systematisch in die spezifischen Problemstellungen und die Gegenstandskonstitution, den Fragenhorizont sowie die Kategorienbildung einzulassen. Denn erst mit einer konsequenten Geschlechterperspektive öffnet sich der Blick für eine zentrale Konfliktlinie der Moderne: die Widersprüche der gesellschaftlich organisierten Geschlechterverhältnisse im Rahmen industriekapitalistischer und patriarchalischer Vergesellschaftung. Diese „doppelte Vergesellschaftung" (Becker-Schmidt 1987) treibt sowohl quer zur Gesellschaft der Ungleichen durch Klassenlage als auch kumulativ zu dieser Geschlechterasymmetrie hervor *und* bildet den Ausgangspunkt der Frauenbewegungen als soziale Bewegungen. Sodann wird eine soziale Bewegung sichtbar, welche – wie zuletzt auf der Weltfrauenkonferenz in Beijing – international verknüpft, und zugleich innerhalb der jeweiligen nationalen Kontexte, geschlechterhierarchische Arbeitsteilung in Produktion und Reproduktion, die Regulierung weiblicher Prokreativität, die Verteilung von Macht und Ressourcen, aber auch kulturelle Normen, symbolische Ordnungen und Deutungssysteme entlang der Achsen der Geschlechterdifferenz fundamental in Frage stellt (vgl. Ruf 1996).
Zugleich erlaubt es eine politikwissenschaftlich fruchtbar zu machende Geschlechterperspektive, mit der die unterschiedlichen Standpunkte der „Frauen der Welt" (Wichterich 1995) als Akteurinnen und Objekte von nationalstaatlichen wie transnationalen Politiken innerhalb des Interdepenzgefüges von kapitalistischem Weltmarkt und ubiquitärer „männlicher Kulturhegemonie" (Cockburn 1993: 245) in den Blick genommen werden können. Denn es gilt, die Frauenbewegungen im Bezugsrahmen von Herrschafts- und Ausbeutungszusammenhängen zu analysieren, welche mit dem Ende der osteuropäischen sozialistischen Systeme eine ungeahnte Dynamisierung erfahren und hierbei nicht nur die Rahmenbedingungen feministischer Politik von „Nord-" wie „Südfrauen" transformieren, sondern zugleich die sozialen, kulturellen sowie politischen Differenzen unter Frauen lokal wie global reproduzieren, verschieben und vertiefen. Jenseits polemischer Parolen vom „Tod der Frauenbewegung" angesichts von Frauenministerien und „mainstreaming" internationaler feministischer Lobbyistinnen in Rio, Wien, Stockholm und Kairo lassen sich von hier aus die Konstellationen und Motive dafür aufsuchen, wie und warum Protagonistinnen, Orte, Strategien und Organisationsformen feministischer Praxen und Diskurse sich so offensichtlich verändern. Und dies stellt eine zentrale Voraussetzung für die Weiterentwicklung der politischen Theorie sozialer Bewegungen von Frauen dar.
Aus dieser Perspektive heraus gilt das Interesse meines Beitrages zunächst einer ebenso kursorischen wie kritisch zugespitzten Re-Vision der bundesdeutschen politologischen „Bewegungsforschung" und ihrer Aussagen über Frauenbewegungen, welche in dieser akademischen Disziplin allererst und anhaltend im Kontext der Theorien der „Neuen sozialen Bewegungen" ins Blickfeld geraten. Im Mittelpunkt steht hierbei die Frage nach dem „Preis" für diese bereits früh nicht nur von Feministinnen in Frage gestellte Subsumtion (vgl. Stöss 1984; Greven 1988), d.h. nach den Erkenntnisgrenzen dieses mittlerweile etablierten Zugangs. In einem zweiten Schritt skizziere ich die Entwicklung innerhalb feministischer Politikwissenschaft hin zu einem geschlechterperspektivischen Bezugsrahmen für die Analyse der Frauenbewegungen, welcher es erlaubt, Konfliktkonstellationen, aber auch kollektiv formulierte Einsprüche von Frauen als Effekte der Widersprüche der modernen Geschlechterordnung zu reflektieren. Ab-

schließend soll ein Schlaglicht geworfen werden auf aktuelle politische Diskussionen innerhalb der Frauenbewegung einerseits sowie auf die Weiterentwicklung feministisch-politikwissenschaftlicher Analysen und Theorien andererseits. Denn feministische Strategiedebatten wie methodologische Reflexionen können als interaktive Antwort auf die Transformationen des Politischen und der hier zu verortenden Geschlechterverhältnisse entziffert werden.

2. Retusche und Schere

Bis Ende der siebziger Jahre bestand innerhalb der bundesdeutschen Politologie Zurückhaltung gegenüber dem Forschungsgegenstand „soziale Bewegungen". Durch ihre nationalsozialistische Gestalt diskreditiert, wurden sie in die Nähe von irrationalem Tumult und Aufruhr jenseits der demokratisch legitimierten Institutionen politischer Willensbildungsprozesse situiert. Soziale Bewegungen als Reaktion auf gesamtgesellschaftliche Krisen interpretierend, setzte Otthein Rammstedt (1978) demgegenüber mit seiner Veröffentlichung zu den Verlaufsformen[3] dieses „fait social" einen deutlichen Kontrapunkt nicht nur zum bis dahin dominierenden Verständnis der Politikwissenschaft von der Arbeiter- als *der* definitiven Sozialbewegung, sondern auch zum latenten Faschismus-Verdacht seiner Fachkollegen gegenüber diesem Phänomen nach 1945. Dabei spricht Rammstedt ganz selbstverständlich von der Arbeiter-, Frauen- und Jugendbewegung als soziale Bewegungen, daran gemahnend, daß sie alle die Gesellschaft teilweise auf der Oberfläche, teilweise in ihren „Tiefenstrukturen geprägt haben" (Rammstedt 1978: 7). Und feministische Androzentrismuskritik, bezogen auf das Schweigen über die soziale Bewegung von Frauen, antizipierend, formuliert er: „Die Folgen sozialer Bewegungen lassen sich in der Gesellschaft nicht wegwischen, mag man auch deren Ursache, die Bewegung, konspirativ verschweigen oder mag die Bewegung selbst ins Vergessen gedrängt worden sein" (ebd.). Rammstedt bezog mit seiner als Beitrag zur politischen Psychologie konzipierten Publikation eine singuläre Position, doch sprach er das künftige Dauerthema der Bewegungsforschung, zumal derjenigen zu den Neuen sozialen Bewegungen, an: Die kursierenden widersprüchlichen und somit uneindeutigen Bedeutungsvarianten des wissenschaftlichen Begriffs sozialer Bewegung, sperrig gegenüber einer Abgrenzung zur Alltagsverwendung und nicht einem der gängigen Paradigmata einfügbar.

Auf die Sprünge geholfen durch Bürgerinitiativen und Anti-Atomkraft-Bewegung, so der Autor des wegweisenden historisch-systematischen Grundrisses sozialer Bewegungen Joachim Raschke (und auch er eskamotiert hiermit die jüngsten Aktivitäten der Frauenbewegungen aus dem zeitgeschichtlichen Bild), entwickelte sich erst in den achtziger Jahre allmählich eine eigenständige „Bewegungsanalyse" (Raschke 1991), die sich anhaltend um vier zentrale Fragestellungen gruppiert: Was sind „soziale Bewegungen", was ist das Neue an den „Neuen sozialen Bewegungen", welche Ursachen können für deren Entstehung und Entwicklung identifiziert werden und wel-

3 Rammstedt, ähnlich wie bereits Anfang des Jahrhunderts die österreichische politische Essayistin Rosa Mayreder in ihrer Studie zum „typischen Verlauf sozialer Bewegungen" (vgl. Wobbe 1993), spricht von einem „Bewegungszyklus", der notwendig mit der Institutionalisierung abschließt (Rammstedt 1978: 167ff.).

ches Potential kommt ihnen innerhalb gesamtgesellschaftlicher Transformationsprozesse zu (vgl. Brand et al. 1983; Grottian/Nelles 1983; Hartwich 1983; Brand 1985; Wasmuth 1989; Roth/Rucht 1991; Rucht 1994)? Soziale Bewegungen aus einer strukturtheoretischen Perspektive als „Produkt und Produzent sozialen Wandels" interpretierend, formuliert Raschke eine inklusive Begriffsdefinition des „fluiden" und „weichen Gegenstands", die in der Disziplin als durchgesetzt betrachtet werden kann: „Soziale Bewegung ist ein mobilisierender kollektiver Akteur, der mit einer gewissen Kontinuität auf der Grundlage hoher symbolischer Integration und geringer Rollenspezifikation mittels variabler Organisations- und Aktionsformen das Ziel verfolgt, grundlegenderen sozialen Wandel herbeizuführen, zu verhindern oder rückgängig zu machen" (Raschke 1985: 77).

Die „Neuen sozialen Bewegungen",[4] worunter so unterschiedliche AkteurInnen und deren Ziele wie Bürgerinitiativen, Anti-Atomkraft- und Aufrüstungsproteste, Häuser- und Jugendhäuserkämpfe, Alten-, Homosexuellen- und Bürgerrechtsinitiativen, „alternative Betriebe", Ökologie- und Selbsthilfegruppen sowie die „neue" Frauenbewegung verstanden werden, grenzt die Bewegungsforschung erneut im Rückgriff auf den „Prototyp" Arbeiterbewegung sowohl von den sozialen Bewegungen der industriellen Gesellschaft des 19. als auch von den vorindustriell-modernisierenden des 18. Jahrhunderts ab. Vor der Folie *der* „alten" werden die Neuen entlang der Frage nach Organisations- und Aktionsformen, Trägerschichten, Zielen und politisch-ideologischen Orientierungen charakterisiert: Den autonomen, gleichwohl stark „vernetzten Teilbewegungen"[5] fehle eine einheitliche sowie konsistente Ideologie, es dominierten thematische Vielfalt und rascher Issuewechsel, sie bedienten sich verschiedenster Handlungsformen mit Betonung direkter Aktionen, wiesen einen geringen Organisationsgrad und „Führerfeindlichkeit" auf. Ausgestattet mit „amöbenhaften Konturen" und von „ideologischer Diffusität", verfügten die Neuen – so der einhellige Befund – weder „über ein bestimmtes Anliegen" noch über einen „hegemonialen organisatorischen Kern" (Roth/Rucht 1991: 19f.).

Die „Krise der Modernität" bzw. der „industriellen-technokratischen Wachstumsgesellschaft" (Brand et al. 1986) gilt als der gemeinsame zivilisationskritische Bezugs- und Angriffspunkt der Neuen und als deren „einigendes Band", was die Subsumtion der Ungleichartigen unter den Sammelbegriff hinreichend legitimiere. Ihr Widerstand richte sich gegen systembedingte Dimensionen der Monetarisierung, Bürokratisierung, Verrechtlichung und Zentralisierung, gegen Großtechnologien sowie die Geltung abstrakter und formaler Wertsurrogate. Neue Krisenerfahrungen – die ökologische, die Sicherheits-, die Lebenswelt- und Sinn- sowie die Nord-Süd-Problematik – überlagerten alte Problemlagen und disponierten zugleich zwei Bevölkerungsgruppen, Protestbereitschaft zu entwickeln: unmittelbar Betroffene und besonders Sensibilisierte im Sinne

4 Der Sammelbegriff „Neue soziale Bewegungen", mehr aus „Verlegenheit" geboren, denn aus konzeptioneller Reflektion heraus entstanden, begründete sich zunächst über die „Ahnung, daß alle diese Strömungen und Einzelbewegungen Teile eines größeren Ganzen sein könnten" (Roth/Rucht 1991: 13).

5 Friedhelm Neidhardts Definitionsvorschlag sozialer Bewegungen als „mobilisierte Netzwerke von Netzwerken" fokussiert gänzlich auf die Netzwerk-Dimension, denn erst wenn „Erfahrungen und Gefühle" über „Gruppen- und Netzwerkzusammenhänge aggregiert, kollektiviert und dann auch sozial bearbeitet werden können", entstünden soziale Bewegungen (Neidhardt 1985: 197f.).

von „hochqualifizierten Postmaterialisten" aus dem Humandienstleistungssektor.[6] Die Neuen läuteten so zugleich einen „politischen Paradigmenwechsel in den westlichen Demokratien" (Raschke 1980) ein, indem sie sich vom Herrschafts- und Verteilungsab- und einem „Lebensweiseparadigma" zuwendeten. Nicht mehr Staat und Wirtschaft, an welchen sich die Hauptbewegungen des Bürgertums und der Arbeiterklasse abgearbeitet hätten, seien die Adressaten ihrer Politik, sondern im Mittelpunkt stünden nun Umorientierung und Neuorganisation der soziokulturellen, d.h. der Reproduktionssphäre, die Forderung nach und die gelebte Praxis von veränderten Identitäten, Lebensformen und Lebensstilen. Daher komme den jeweiligen konkreten politischen Issues und Inhalten weniger substantielle als „symbolische Bedeutung" zu, was sie dann prinzipiell austauschbar mache (Nelles 1984).

Die spezifische Problemstruktur „postindustrieller" als „industrielle Dienstleistungsgesellschaften" bringe diesen neuen „Mobilisierungs-" bzw. „Bewegungstyp" und dessen veränderten politischen Zielbereich hervor: Die Neuen sozialen Bewegungen seien im Unterschied zu den Vorgängerbewegungen nicht mehr „machtorientiert" auf das politisch-sozioökonomische Subsystem ausgerichtet, sondern mit ihrem deutlichen Gefälle zur soziokulturellen Sphäre an der Schnittstelle von „Kultur- und Machtorientierung" angesiedelt, von wo aus sie die Veränderung der Individuen, sozialer Beziehungen, der Lebensgestaltung und Sinngebung intendierten. Unmittelbare Begründungen aus dem ökonomischen oder politischen Herrschaftssystem unter Aspekten wie Gleichheit und Gerechtigkeit träten hierbei zugunsten des „Schlüsselwerts" der „Brüderlichkeit" (Raschke 1985: 421) zurück. Nicht Statusprobleme, Verteilungs- und Herrschaftsfragen stehen nach den Analysen der Bewegungsforschung im Vordergrund der Neuen sozialen Bewegungen, sondern Entfremdungserfahrungen und moralische Kritik, Fragen der Lebensweise, der Lebensqualität und des Überlebens (vgl. Brand 1989).

Bereits ein oberflächlicher Blick auf die Geschichte der Frauenbewegungen, auf deren Diskurse und Praxen entlang der Konfliktkonstellationen des weiblichen Lebenszusammenhangs macht die Unangemessenheit ihrer Subsumtion unter dieses Konzept und dessen um die Widersprüche des gesellschaftlich organisierten Geschlechterverhältnisses verkürzten modernisierungstheoretischen Zugang unübersehbar (vgl. Kontos 1986; Metz-Göckel 1987; Riedmüller 1988; Clemens 1989; Wiener 1992; Dackweiler 1995). Doch auch Bewegungsforscher haben Mühe, die umstandslose Eingemeindung zu begründen, an der jedoch trotz aller empirischen Paßformprobleme festgehalten wird.[7] Beispielhaft hierfür kann der von Roland Roth erstellte Steckbrief der Neuen

---

6 Mit dem Begriff „Postmaterialisten" bezieht sich die politologische Bewegungsforschung auf das Ende der siebziger Jahre ausgearbeitete „Wertewandel"-Theorem von Ronald Inglehart, der auf Grundlage internationaler empirischer Daten von einer langfristigen Einstellungsänderung – einer „silent revolution" – der in einer langen Wohlstands- und Friedensphase westlicher Industrieländer sozialisierten Generationen nach 1945 spricht und weitreichende Auswirkungen auf die politische Konfliktstruktur und das individuelle Verhalten zu beobachten meint: eine schwindende Bedeutung von Klassenkonflikten, abnehmende Legitimität traditioneller Institutionen, verstärkte Infragestellung von Eliteherrschaft, steigende Bereitschaft zu direktem politischen Handeln sowie eine höhere Bewertung von immateriellen Aspekte, z.B. Lebensqualität (vgl. Inglehart 1979).

7 Zwar können Bewegungsforscher, nehmen sie die kritischen Argumente gegen eine Subsumtion zur Kenntnis, diese nicht entkräften, insistieren jedoch auf der Eingemeindung und betrachten das Konzept der Neuen sozialen Bewegungen nicht ernsthaft in Frage gestellt

Frauenbewegung vor dem Hintergrund der von ihm als neue Politikform der siebziger gekennzeichneten Bürgerinitiativen gelten: Zunächst räumt Roth ein, daß dieses Formprinzip für die Neue Frauenbewegung nicht zutreffe. Obwohl er dieser eine dezentrale, lokale und regional koordinierte Infrastruktur als Basis des „feministischen Gegenmilieus" attestiert, welche dichter und vielschichtiger sei, als das der anderen Neuen sozialen Bewegungen, obwohl er die „herausragende Stellung" der Neuen Frauenbewegung bezogen auf ihre „Veralltäglichung" konstatiert und als deren Zielstruktur die „gesamtgesellschaftliche Umwälzung im Sinne der Überwindung patriarchalischer Strukturen" markiert, obwohl er ihr das „großes Verdienst" zugesteht, die im Privaten wie in öffentlichen Institutionen bestehenden Gewaltverhältnisse zwischen den Geschlechtern sichtbar gemacht zu haben, finden alle seine Aussagen keinen systematischen Niederschlag für eine Begründung der Inklusion der Frauenbewegungen in das Konzept und die Theorien Neuer sozialer Bewegungen (vgl. Roth 1985 und 1994). Die „feministische Herausforderung", welche nicht nur „das gesellschaftliche Normengefüge" in Frage stelle, sondern die Aufhebung von Geschlechtertrennung und -unterordnung, die Emanzipation „von allen Formen von Hierarchie und Herrschaft" intendiere, verbleibt für die Bewegungsforschung „Revolte im Reproduktionsbereich" (Roth 1987: 498f.).

Deutlich wird gleichwohl, daß der umfassende herrschaftskritische Horizont dieser sozialen Bewegung nicht nur die im Kontext der Theorien Neuer sozialer Bewegungen getroffenen empirischen Kernaussagen der Inkonsistenz überführen, sondern darüber hinaus deren Prämissen und ihren analytischen Fokus. So erweist sich die Feststellung der thematischen und strategischen Beschränkung der Neuen sozialen Bewegungen auf den Reproduktionsbereich, auf Lebensstil und Lebensweisen sowie der symbolischen Bedeutung ihrer Issues für die Frauenbewegung als unzutreffend, wenn die Dimensionen ihrer „Verteilungskämpfe" an der Schnittstelle kapitalistischer und patriarchalischer Herrschaftsformen berücksichtigt werden: Feministisch orientierte Analysen der Frauenarbeit in Produktion und Reproduktion konnten seit dem letzten Jahrhundert die Interdependenz beider Bereiche aufzeigen. Systematisch unbegriffen bleibt im Horizont dieses Konzepts die radikale Infragestellung der Zweiteilung und Grenzziehungen von öffentlich-politischem und privat-unpolitischem Bereich, u.a. entlang der feministischen „Körper-" und „Sexualpolitik" und der hier angesiedelten Kämpfe um sexuelle und reproduktive Selbstbestimmung, welche die Dichotomisierung als ideologisches Konstitutionsmoment der bürgerlich-patriarchalischen Gesellschaft und – nicht zuletzt – der Politikwissenschaft sichtbar machen. Ignoriert bleibt in den Theorien Neuer sozialer Bewegungen der offensichtliche Widerspruch zwischen dem von der Bewegungsforschung identifizierten Widerstand gegen Monetarisierungs-, Verrechtlichungs- und Bürokratisierungsprozesse als Ausdruck der Krise der Moderne einerseits und den an Sozialstaat und Privatwirtschaft adressierten Forderungen der Frauenbewegungen im Rahmen von Geschlechteregalität nach „Lohn-für-Hausarbeit", Strafbarkeit ehelicher Vergewaltigung, Frauenfördermaßnahmen oder Quotierung.

(Roth/Rucht 1991). Oder sie verweisen darauf, daß es auch andere Stimmen gebe: „Still other women researchers, outspoken feminists and *more moderate* social scientists do not have any problems at all in interpreting the women's movement as a constitutive part of the broader sector of new social movements" (Rucht 1991: 191, Hervorhebung R.D.).

In den diagnostizierten neuen Problemlagen und Krisenerfahrungen sind die „alten" der asymmetrischen Geschlechterordnung und der hierin eingelassenen Konfliktkonstellationen gar nicht erst vorgesehen, und es ist somit auch kein Raum vorhanden, die Widerspruchserfahrungen und Widerstandspotentiale für die von Geschlechtertrennung und Geschlechterherrschaft „Betroffenen" und „Sensibilisierten" aufzusuchen. Unreflektiert bleibt der Geltungsanspruch des „einigenden Bands" zwischen den heterogenen Einzelphänomenen der „Neuen sozialen Bewegungen" – die Zivilisationskritik – vor dem Problemhorizont der Frauenbewegungen, welche als einzige soziale Bewegung die patriarchalischen Fundamente, den „fraternal contract" (Pateman 1988) dieser modernen, bürgerlichen Zivilisation, der sie anhaltend nur in diskriminierter Form zugehören, in den politischen Fokus rückt. Und die Trennlinie entlang der Dimension von Macht- und Kulturorientierung, wobei die Neue dieser und die historische Frauenbewegung jener zugeschlagen wird, verfehlt die von Beginn an doppelte Strategie dieser Sozialbewegung: Denn bis heute formulieren die Frauenbewegungen reproduktions- und produktionsbezogene Forderungen, welche strukturelle ebenso wie individuelle (Selbst-)Veränderungen[8] implizieren und sich gleichermaßen an einen frauendiskriminierenden Rechts- und Sozialstaat, an die – horizontale und vertikale geschlechtsspezifische Arbeitsmarktsegmentierungen reproduzierende – Privatwirtschaft und an die „Partner" innerhalb der „eigenen vier Wände" richten. Diese Sozialbewegung reklamiert gleichen Staatsbürgerstatus in seinen sozialen, politischen und kulturellen Dimensionen für alle Frauen, um doch zugleich eine Angleichung an die bestehenden patriarchalischen Normen und Werte zurückzuweisen. Schlüsselwert der Frauenbewegungen, so läßt sich resumieren, ist eben nicht „Brüderlichkeit", sondern die umfassende Anerkennung von „Differenz in der Gleichheit" sowie „Gerechtigkeit" für beide Geschlechter (vgl. Nagl-Docekal/Pauer-Studer 1996).

Nicht zuletzt die bislang unterbliebene Rezeption des von historisch orientierten feministischen Sozialwissenschaftlerinnen generierten Wissens über die spezifischen modernen Problemlagen von Frauen innerhalb sozio-ökonomischer und -kultureller sowie politischer Transformationsprozesse und die hierauf bezogenen Diskurse und Praxen der bürgerlich-interkonfessionellen, radikalen und proletarischen Frauenbewegungen (vgl. Gerhard 1978, 1995; Kaplan 1981; Richebächer 1982; Bussemer 1985; Clemens 1988; Wobbe 1989a; Baumann 1992) überführt die umstandslose Subsumtion dieser sozialen Bewegung unter die „Neuen" neben der Hilflosigkeit auch der „Arroganz" (Clemens 1989). Denn diesen Forschungsarbeiten gelingt es, die Kontinuität der politischen Bezugnahme auf die Widersprüche der modernen Geschlechterverhältnisse zu rekonstruieren: Verweigerte (Staats-)Bürgerinnenrechte und Sexual- als „Doppelmoral" ebenso wie diskriminierte Integration von Frauen in die Erwerbsarbeit bei gleichzeitiger Zuweisung der Familien- als unbezahlter Mehrarbeit, was als anhaltende Voraussetzung der klassenübergreifend verbindlichen männlichen Normal-

8 Die seit Anfang der siebziger Jahre organisierten „consciousness-raising"-Gruppen, welche als spezifische Methode einer weiblichen Politisierung und als Produktionsprozeß feministischer Öffentlichkeit gelten können, sind der privilegierte Ort kollektiver Erfahrungs- und Wissensproduktion über den „weiblichen Lebenszusammenhang" (Prokop 1976), von dem aus erneut, wie schon bei den historischen Vorgängerinnen, diese doppelten Strategien entwickelt wurden (vgl. Dackweiler/Holland-Cunz 1991).

biographie analysisiert werden kann.[9] Die von Bewegungsforschern vorgenommene Eingemeindung durch Abgleichung gelingt daher nur mit Hilfe von Retusche und Schere: Während jene das Profil und das Transformationspotential dieser Sozialbewegung verdeckt, kappt diese die historischen Traditionslinien. Durch die Subsumtion der Ungleichen verstellt sich die Bewegungsforschung somit aber die Möglichkeit, die politischen Kämpfe der sozialen Bewegungen von Frauen als kontinuierliche radikale Analyse und Kritik der Strukturprinzipien der bürgerlich-industriekapitalistischen Moderne zu entziffern.

3. Historische Traditionslinien internationaler Verknüpfungen

Darüber hinaus enthebt sich die Bewegungsforschung im Zuschnitt der Frauenbewegungen als Neue soziale Bewegung eines Zugangs, der in der Lage wäre, die seit Ende des 19. Jahrhunderts bestehenden transkontinentalen Vernetzungen und Kooperationen, d.h. die Internationalität der Frauenbewegungen und die damit einhergehenden gegenseitigen Einflüsse und Wechselwirkungen aufzusuchen. Demgegenüber würde es sich m.E. aber als fruchtbar erweisen, die Anlässe, Prozesse und Korridore des internationalen Transfers feministischer Issues zu rekonstruieren: so etwa für die „Frauenstimmrechtsbewegung", welche sich 1904 in Berlin – parallel zum Kongreß des „International Council of Women" – zum internationalen „Weltbund für Frauenstimmrecht" organisierte (vgl. Gerhard 1990) und das Verständnis der „Frauenfrage" nicht nur als soziale, sondern als Menschenrechtsfrage voranzutreiben vermochte; so auch die „Frauenhausbewegung", die u.a. zentrale Impulse durch die 1976 in Brüssel organisierte internationale Frauenkonferenz zu „Verbrechen gegen Frauen" (Russell et al. 1976) erhielt. Für eine Analyse der spezifischen Rezeptionen und Bearbeitungen von Themen und Konflikten innerhalb charakteristischer nationaler und lokaler Bedingungskonstellationen ließe sich der Bezugsrahmen der „political opportunity structures" des US-amerikanischen Politologen Sidney Tarrow fruchtbar machen (Tarrow 1991). In Anlehnung an dessen „Variablen-Cluster" (Tarrow 1988) gälte es für die Frauenbewegungen die spezifischen Verhinderungs- und Ermöglichungsrahmen der differenten politischen Systeme, der Wohlfahrts- und Rechtsstaatsregime sowie kultureller Koordinaten zu rekonstruieren.[10] Dieses Feld sollte auf Interdepenzen, aber

---

9 So richtete etwa Käthe Schirmacher um die Jahrhundertwende ihren Blick auf die klassenübergreifende Mehr- bzw. Doppelarbeit aller Frauen – Ehefrauen, Mütter und Töchter – in Form der Hausarbeit neben der außerhäuslichen Erwerbsarbeit. Hierbei brachte sie – analog zur feministischen Diskussion über „Lohn-für-Hausarbeit" der siebziger Jahre – die gesellschaftliche Nicht-Bewertung dieser Arbeit in Zusammenhang mit der gesellschaftlichen Ausschlußposition von Frauen und fragte darüber hinaus nach der Berechtigung von Nationalökonomen, dieser Frauenarbeit keinen volkswirtschaftlichen Stellenwert zuzumessen, zumal sie als Bedingung und Voraussetzung für marktvermittelte männliche Lohnarbeit zu betrachten ist (vgl. Wobbe 1989b).

10 Friedhelm Neidhardt und Dieter Rucht entwerfen vor dem Hintergrund des Konzepts der „political opportunity structures" ein etwas anders zugeschnittenes Tableau von „reference groups", innerhalb derer „sozio-politische" Bewegungen agieren. Sie markieren hierfür fünf Gruppen, bestehend aus a) Parteien und Interessengruppen, b) Medien, c) politisch-administrativem System, d) Kontrollagenturen, e) Öffentlichkeit und als deren Untergruppen Aktivisten und Sympathisanten der Bewegungen, „bystanders" und Gegenbewegungen (Neidhardt/Rucht 1991: 457).

auch auf die in institutioneller Gestalt eingelassenen Heterogenitäten von Interessengruppen sowie strukturellen Widersprüchen und der hieraus resultierenden Dynamiken untersucht werden, um Antworten auf die Frage zu erhalten, was die öffentliche Thematisierung, das Durchsetzen von Zielen, den Erfolg oder das Scheitern von Strategien auf der Grundlage von Aktions- und Organisationsformen entscheidend prägt. Die Aufmerksamkeit fokussiert sich dann in einem zugleich struktur- und handlungsorientierten Rahmen auf die unterschiedliche Zugänglichkeit etwa von staatlichen Institutionen und deren Responsivität für die Frauenbewegungen einerseits sowie auf die Interessen und Aktivitäten bestehender und potentieller BündnispartnerInnen, UnterstützerInnen und GegnerInnen andererseits. Von hier aus lassen sich nicht nur die Effekte der politischen Chancenstrukturen auf Problemdefinitionen, -bearbeitungen und Lösungsstrategien in den Blick nehmen, sondern auch Voraussetzungen für die Umsetzung feministischer Ziele ausleuchten. Referenzbewegung der feministischen Bewegung – und dies kann so empirisch rekonstruiert werden – ist eben nicht die Arbeiter-, sondern die internationale Frauenbewegung.

Den Nachweis der Produktivität und Reichweite einer Analyse der internationalen Frauenbewegungen erbringt beispielhaft die komparatistische Studie von Joyce Gelb (1989) zu den Frauenbewegungen in den USA, Großbritanien und Schweden, ohne jedoch die Dimensionen der Wechselwirkungen zwischen den nationalen Bewegungen zu befragen. Gelb identifiziert als zentrale Variablen für das Entstehen und die Aktivitäten nationaler Frauenbewegungen das Ausmaß „korporatistisch-pluralistischer Strukturen" sowie des „politischen Zentralismus". Diese Chancenstrukturen ermöglichen ihren Forschungsergebnissen nach – trotz der von allen drei untersuchten nationalen Bewegungen geteilten „objectives" – die Ausprägung dreier unterschiedlicher Typen von Feminismus und damit verknüpft spezifischer Problemdefinitionen und -bearbeitungen: einen „interest-group-feminism" im relativ offenen politischen System der USA; einen „ideological or left-wing-feminism" im stark von Gewerkschaftspolitik und Labour-Partei geprägten Großbritanien und einen „state equality-feminism" in Schweden, dessen Wohlfahrtsstaat frauenpolitische Interessen in den Bereichen Sozial- und Familienpolitik implementierte und „Bewegungspolitik" obsolet zu machen scheint (vgl. Gelb 1989 und 1990). Während feministisch orientierte Politikwissenschaftlerinnen anderer Länder diese Forschungsperspektive seit einigen Jahren fruchtbar machen (Hellmann 1987; Katzenstein/Mueller 1987; Dahlerup 1990; Saltzmann 1990; Morris et al. 1992; Margolis 1993), konzentrieren sich Studien in der BRD auf Versuche, einen gesellschaftstheoretisch orientierten Analyserahmen der Frauenbewegungen an den Schnittstellen von Klasse und Geschlecht – und, so ist zu ergänzen: mehr und mehr auch unter Berücksichtigung rassistischer und ethnisierender Diskriminierungen (vgl. Fischer et al. 1996) – zu entwickeln. Weniger das Wie als das *Warum* Frauen sich kollektiv organisieren, um „Geschichte zu machen", sowie die Frage nach den Ursachen für Geschlechtertrennung und -differenz stehen im Mittelpunkt feministisch orientierter Forschungsarbeiten, deren Autorinnen innerhalb dieses Kontextes die Ausarbeitung eines analytischen Patriarchatsbegriffs vorantreiben, um so die bestehende politikwissenschaftliche Lücke nicht nur für eine Analyse der Frauenbewegungen zu schließen.

4. Reibungsflächen und Funken

Neben einer Vielzahl von dichten Beschreibungen der Ereignis- und Verlaufsgeschichte sowohl seit Mitte des 19. Jahrhunderts (vgl. Brandt et al. 1973; Hervé 1982; Schenk 1983; Gerhard 1990) als auch in der Einschränkung auf die Frauenbewegungen nach 1945 (vgl. Linnhoff 1974; Doormann 1979; Wiggershaus 1979; Nave-Herz 1987; Karras 1989; Knafla/Kulke 1991; Wischermann et al. 1993) wurden in den vergangenen Jahren grundlegende Analysen der politischen Theorien feministischer Bewegungen erstellt. Mit Hilfe von Idealtypologien richtet sich die Aufmerksamkeit auf konkurrierende „Stränge", „Flügel", „Fraktionen" oder „Strömungen", wobei – in Anlehnung an anglo-amerikanische Unterscheidungen (Ferree/Hess 1985) – Einteilungen in „liberalen", „sozialistischen" und „radikalen" Feminismus vorgenommen werden (Baxmann 1984; Knäpper 1984; Beer/Rode 1986; Haug 1988; Riedmüller 1988). Das Erkenntnisinteresse dieser Arbeiten gilt einer Rekonstruktion der jeweiligen Erklärungen von Ursachen, Funktionsweisen und Orte der hierarchischen Geschlechterordnung sowie der Darstellung feministischer Organisationsformen, Strategien und Ziele, welche den spezifischen Politikkonzeptionen aufruhen.[11] Im Zentrum der Differenzen zwischen den verschiedenen „Strängen" – so das Ergebnis dieser Forschungsarbeiten – steht hierbei die Frage, was jeweils als der Ausgangspunkt von Frauendiskriminierung interpretiert wird: ein historisch überlebter Widerspruch des bürgerlichen Liberalismus, seiner Marktgesetzlichkeit, Rechts- und Gleichheitsnormen oder eine besondere Form der Ausbeutung innerhalb kapitalistischer Klassenverhältnisse, welche der unbezahlten Reproduktion der Arbeitskraft durch Frauen sowie dieser als Reservearmee bedürfen, oder Frauenunterdrückung als eigenständiger Unterdrückungs- und Ausbeutungszusammenhang – das Patriarchat, das historisch zwar hinter industriekapitalistische Produktionsverhältnisse zurückreicht, jedoch nicht reduzierbar auf vormoderne ideologische Relikte ist und seinen Ursprung in der Aneignung, Verfügung und Kontrolle weiblicher Sexualität und Prokreativität hat, oder alle diese Dimensionen als interdepentes Bedingungsgefüge der Geschlechterherrschaft.

Die empirischen Studien zur politischen Theorie und den Strategien der Frauenbewegungen belegen eindrücklich, daß es für deren systematische Analyse einer theoriegeleiteten Forschungsperspektive bedarf, welche die doppelte Unterdrückung von Frauen innerhalb der Koordinaten von kapitalistischer und patriarchaler Vergesellschaftung aufzusuchen vermag. Feministische Politikwissenschaftlerinnen greifen hierfür zum einen auf die in den siebziger Jahren in den USA vorangetriebenen, interdisziplinären Diskussionen um ein „Sex-Gender-System" (Rubin 1975) zurück, mit welchem einerseits der Unterschied von biologischem Geschlecht (sex) und dessen kultureller Überformung (gender) markiert werden soll[12] und andererseits die Ge-

11 Ferree und Hess unterscheiden zwischen Mitteln und Zielen der verschiedenen „strands" der Frauenbewegungen: „Whether the means to produce change is individual transformation or socio political struggle ... whether the goal of change is individual freedom or the creation of new societal structures" (Ferree/Hess 1985: 41ff.).

12 Vor dem Hintergrund jüngster feministischer Diskussionen über die soziale Konstruiertheit des geschlechtlichen Körpers läßt sich die politische Funktion der sex-gender-Unterscheidung präzise bestimmen: Sie war in den siebziger und achtziger Jahren nützlich, um den prävalenten biologischen Determinismus zu bekämpfen, der Mädchen und Frauen Zugangsschranken zu den meisten gesellschaftlichen Räumen auferlegte, doch hatte die „tak-

schlechterbeziehungen als ein *System* gesellschaftlicher und somit politisch veränderbarer Herrschaftsbeziehungen ausformuliert wird – ein System gesellschaftlicher Strukturen und Praxen, in welchen Frauen von Männern beherrscht, unterdrückt und ausgebeutet werden (vgl. Walby 1990). Vor dem Hintergrund des feministischen Materialismuspostulats rekurrieren sie zum anderen auf den Arbeitsbegriff der historisch-materialistischen Theorietradition, welcher Arbeit als zentrale Vergesellschaftungsdimension zu Grunde legt. Hierbei kritisieren sie die auch hier vorgenommene Naturalisierung der geschlechtsspezifischen Arbeitsteilung – Marx und Engels sprechen von der „Teilung der Arbeit im Geschlechtsakt" als „Ursprung der Arbeitsteilung" (Marx/Engels 1983: 31) – und verweisen auf die Notwendigkeit, die Haus- und Familienarbeit von Frauen in ihrer Interdependenz zur Erwerbsarbeit konsequent in Geschichte und Gesellschaft zu situieren, um so allererst die anhaltenden geschlechterhierarchischen Ausschließungs- und Verteilungskämpfe der industriekapitalistischen und patriarchalischen Moderne analysieren zu können. Frauen sind innerhalb dieses Bezugsrahmens als doppelt Vergesellschaftete erkennbar: Im Bereich der „Familienarbeit" im Sinne von Haus- und Beziehungsarbeit sowie Sexualität und Gebärfähigkeit einerseits und im Bereich kapitalistischer Warenproduktion andererseits (vgl. Osterland 1983). Zugleich eröffnet sich die Forschungsperspektive auf den „Grenzgängerinnenstatus" von Frauen zwischen beiden Sphären, ihr Oszillieren zwischen Öffentlichkeit und Privatheit und die ihnen abverlangten Rollen und Tätigkeiten, aber auch die Möglichkeit, beide Bereiche zusammenzuhalten, welche ihnen Widerspruchserfahrungen sowie Ambivalenzen zumutet. So entstehen an den Schnittstellen von Produktions- und Reproduktionsanforderungen „Reibungsflächen, die den Frauen alltägliche Bewältigungsstrategien abverlangen, entstehen Funken, an denen eine kollektive politische Frauenbewegung sich entzünden kann" (Eckhart 1986: 179).
Diese Dialektik von Herrschaft innerhalb gesellschaftlich organisierter Geschlechterverhältnisse, die sowohl Unterdrückung und Ausbeutung als auch Subjekt- und Widerstandspotentiale bergen und die – trotz aller Kontinuitäten der sozialen Ungleichheit zwischen den Geschlechtern – innerhalb gesamtgesellschaftlicher Transformationsprozesse des 19. und 20. Jahrhunderts zu situieren ist, haben bislang Regina Becker-Schmidt und Gudrun-Axeli Knapp, gleichwohl ohne einen unmittelbaren Bezug auf die Frauenbewegungen, in ihrem Forschungsprogramm zur „doppelten und widersprüchlichen Vergesellschaftung von Frauen" (Becker-Schmidt 1987; Knapp 1990) am systematischsten ausgearbeitet. Sie kommen der Forderung nach einer konsequenten Geschlechterperspektive für eine Analyse von Frauenbewegegungen und deren politischen Kämpfen in der Berücksichtigung von Struktur- und Handlungsdimensionen der an allen gesellschaftlichen Orten immer erneut zu reproduzierenden Geschlechterordnung am nächsten. Dem Hegelschen dialektischen Denken des Kritischen Materialismus verpflichet, suchen sie das Erkenntnispotential psychoanalytischer Gesellschaftstheorie für ein Verständnis gesellschaftlicher und subjektiver Dimensionen konflikthafter, weil widersprüchlicher Vergesellschaftung fruchtbar zu machen (vgl. Wolde 1995). In kritisch-feministischer Bezugsweise intendieren sie, die androzentrischen Antinomien, Verzerrungen und Begrenzungen des erkenntnistheoretischen und

---

tische Brauchbarkeit" zur Konsequenz, daß feministische Theorien im Bezug auf diese Differenz an dieses Paradigma gebunden blieben: „Der Fehler bestand darin, 'gender' nicht als durch und durch historische Kategorie zu begreifen" (Haraway 1987: 27).

methodologischen Kernbestands Kritischer Theorie von Theodor W. Adorno und Max Horkheimer – Historizitätsbewußtsein, Konzeption von Gesellschaft als struktureller Widerspruchszusammenhang, Herrschaftskritik und emanzipatorisches Erkenntnisinteresse – durch Einnehmen einer geschlechterdifferenten Blickrichtung zu überschreiten. Programmatisch stehen für sie die Fragen nach dem Zusammenhang gesellschaftlicher Totalität und herrschaftsförmiger Geschlechterverhältnisse, den geschlechtsspezifischen Ausformungen von Individuation und Vergesellschaftung, den ideologischen Formen von Geschlechterherrschaft, der gewaltförmigen Identitätslogik der Geschlechterdifferenz und nach dem Nicht-Identischen sowie den Subjektpotentialen der geschlechterspezifischen Individuations- und Vergesellschaftungsprozesse im Mittelpunkt. Die von ihnen anvisierte „Theorie gesamtgesellschaftlicher Reproduktionsverhältnisse" (Knapp 1992a), welche über sozial-ökonomische Tauschprozesse hinausweist, nimmt sowohl eine strukturelle, makrologische Perspektive auf den funktionalen Zusammenhang und die Formbestimmtheit der verschiedenen Sphären der gesamtgesellschaftlichen Reproduktion ein als auch eine handlungstheoretische, mikrologische Blickrichtung, die auf Interaktionsformen und -inhalte, d.h. auf die Mikrophysik sozialer Praxen orientiert ist. Von dort aus fragen Becker-Schmidt und Knapp danach, wie dieser Zusammenhang zum Geschlechterverhältnis hin vermittelt ist und was dieses für jenen bedeutet. Die Vergesellschaftungsformen von Arbeit, Generativität und Sexualität, die symbolischen Ordnungen und Repräsentationen des Geschlechterverhältnisses bzw. der Geschlechterdifferenz sowie Institutionen ökonomischer und politischer Macht rücken sie ins Zentrum ihres Forschungsprogramms (Knapp 1992b).

Entgegen eines dichotomisierenden und Substanzaussagen treffenden Verständnisses von Geschlecht, wie die Rollen- und Funktionstheorien des „weiblichen Arbeitsvermögens" oder des „weiblichen Sozialcharakters", vermag dieses gesellschaftstheoretisch orientierte Instrumentarium die Brüche, Widersprüche und Ambivalenzen, aber auch den Prozeßcharakter sowie die Kontextgebundenheit von Geschlecht zu berücksichtigen, da die Aufmerksamkeit auf der nie abgeschlossenen und immer wieder zu reproduzierenden Aneignung von Geschlecht als Vergeschlechtlichung liegt. Somit vermeidet diese Forschungsstrategie den Fehler, *das* Weibliche als strukturierendes Moment sozialer Differenzierung dingfest zu machen und als Ursprungsort der Geschlechterhierarchie zu setzen (vgl. Gildemeister/Wetterer 1992). Und sie eröffnet die Möglichkeit, die politischen Handlungsmöglichkeiten von Frauen zu fokussieren: „Auf der Suche nach den weiblichen Emanzipationspotentialen ist vor allem das Nicht-Identische, Widerständige der weiblichen Subjektivität von Interesse, das was angesichts der Verhältnisse nicht in Übereinstimmung zu bringen ist und somit auf die Veränderung gesellschaftlicher Strukturen verweist" (Brück 1992: 68). Am Beispiel der feministischen Kämpfe der siebziger Jahre um das Selbstbestimmungsrecht von Frauen über ihre Prokreativität, d.h. über ihren Körper und ihre Sexualität, welches auch der bundesdeutsche Staat durch den § 218 StGB im Fall einer ungewollten Schwangerschaft anhaltend verweigert, soll an dieser Stelle noch einmal schlaglichtartig der Problemhorizont und das Transformationspotential der Frauenbewegungen ausgeleuchtet und die analytische Reichweite des Konzepts „doppelter Vergesellschaftung" aufgezeigt werden.

5. Feministische Körper- als Gesellschaftspolitik

Von Beginn an entfaltete die Neue Frauenbewegung ihre Aktivitäten für straffreie, krankenkassenfinanzierte und gesundheitsschonende Schwangerschaftsunterbrechungen sowohl im expliziten Rekurs auf das bereits von der internationalen historischen Frauenbewegung in ihren facettenreichen Debatten über die Entkriminalisierung der Abtreibung geforderte „Selbstbestimmungsrecht" als auch im Horizont der Widersprüche doppelter Vergesellschaftung von Frauen. So reichen ihre Argumentationsweisen weit über die Skandalierung der gesellschaftlichen Kontrolle der individuellen Gebärfähigkeit von Frauen hinaus: Die Autonomie über diesen Aspekt weiblicher Existenz markieren sie zwar als notwendige, jedoch nicht hinreichende Voraussetzung für eine Emanzipation von Frauen. Hierfür forderte die Frauenbewegung vielmehr eine Neukonzeption des gesellschaftlichen Naturverhältnisses und einen umfassenden Wandel der gesellschaftlich organisierten Sphären von Produktion und Reproduktion, von Öffentlichkeit und Privatheit, in welchen sich Frauen qua Geschlecht systematisch benachteiligt sehen. Im Kontext ihrer Diskurse zur ersatzlosen Streichung des § 218 kennzeichnete diese soziale Bewegung die Orte der Verschränkung von Strukturprinzipien sozialer Trennung und Differenz an den Schnittstellen vergesellschafteter Körperlichkeit, Gesundheit, Sexualität und Generativität:
Sie verwiesen auf gesellschaftlich organisierte, geschlechterhierarchische Arbeitsteilung als materielle Grundlage der Geschlechterherrschaft, auf die Rolle des Staates und dessen Ehe-, Familie-, Frauen-, Gesundheits- und Sozialpolitik zur Reproduktion der Geschlechterasymmetrie, auf das an der männlichen Normalbiographie vermessene, geschlechterhierarchische Arbeitsteilung festschreibende Arbeitszeit- und Lebensarbeitszeitmodell der Gewerkschaften, welche die notwendige gleichwohl unbezahlte Frauen- als Familienarbeit unpolitisiert ließen, auf die geschlechtsspezifischen Effekte einer sowohl von kapitalistischen Imperativen als auch patriarchalischen Interessen geleiteten Pharmaindustrie, auf die Kommodifizierung und Vergegenständlichung weiblicher Körperlichkeit und Sexualität in der Kultur- und Werbeindustrie mit ihrer Platzanweiserinnenfunktion in der symbolischen Ordnung der Geschlechter, auf die Funktion bürgerlicher Medien-Öffentlichkeit und deren Definitionsmonopol bei der Reproduktion der Klassen- und Geschlechterverhältnisse legitimierenden kulturellen Hegemonie, auf den gesellschaftlichen Einfluß und die Macht der an Mutterschaftsideologie und Geschlechterdifferenz wie -hierarchie ausgerichteten Kirchen, auf die Reproduktion von Leitbildern und Normen zur geschlechtsspezifischen Arbeitsteilung und zum Geschlechterrollenverständnis der Parteien sowie auf den Einfluß der von Profitinteressen und von Geschlechterideologien geleiteten, berufsständischen Organisationen der Ärzte und Juristen auf staatliche Gesundheits-, Sozial- und Rechtspolitik. Neben der kollektiv organisierten politischen Einflußnahme auf den parlamentarischen Entscheidungsprozeß zur Reform des § 218 entwickelten die Frauenbewegungen politische Strategien wie Selbstuntersuchungs- und Selbsterfahrungsgruppen, Ärztekarteien und Frauengesundheitszentren, welche im Kampf um das körperliche Selbstbestimmungsrecht das akademisierte und industrialisierte medizinische Wissens- und Definitionsmonopol über Körperprozesse und -erleben, Schwangerschaft, Geburt und Empfängnisverhütung sowie die Normierung sexueller Identität

und Praxen aufzubrechen suchen und an diesen Orten aufzuzeigen vermögen, wie Körper- und Sexualpolitik im umfassenden Sinne Gesellschaftspolitik ist.
Die Diskurse und Praxen der Frauenbewegungen zu diesem Schlüsselkonflikt reflektieren wie in einem Brennspiegel, daß Geschlecht den gesamtgesellschaftlichen Reproduktionszusammenhang strukturiert und zugleich daß und wie diese soziale Bewegung seit annähernd 200 Jahren die systematisch in Wirtschaft, Staat, bürgerlicher Öffentlichkeit und Familie eingelassenen herrschaftsförmigen Geschlechterverhältnisse skandaliert. Vor dem Hintergrund wachsender soziopolitischer und kultureller Differenzen zwischen Frauen in einer globalisierten Welt, welche die Bedingungen und Möglichkeiten für transnationales kollektives Handeln von Frauen für Frauen über alle Grenzen und Unterschiede hinweg neu bestimmen, müssen sich die Bemühungen um politikwissenschaftliche Theorien des Herrschaftsgefüges von Geschlecht und Klasse sowie der zunehmenden Ungleichstellung qua ethnischer Zugehörigkeit bzw. Zuordnung von dieser Sozialbewegung weiterhin informieren lassen. Ihr herausforderndes Potential gilt es in bezug auf die bisherigen disziplinären Blindstellen ernstzunehmen.

6. Gruppendifferenz und Gruppenbündnisse

Um Blindstellen zentrieren sich gerade auch die hochkontrovers geführten Diskussionen innerhalb der Frauenbewegung sowie innerhalb der methodologischen und sozialtheoretischen Auseinandersetzungen feministischer Forscherinnen. Nicht mehr nur in den USA bewegen sich seit einigen Jahren die Aktivistinnen dieser Debatten zwischen „Blockaden" gegenüber einer notwendigen Selbst-Reflexion einerseits und „Bewußtwerdung" des Rassismus und der Klassendiskriminierung in den eigenen Reihen andererseits (vgl. Lenz 1996: 208). Gesucht wird an den verschiedenen Orten feministischer Praxis nach Strategien, mit welchen ein fundamentaler Widerspruch der Frauenbewegung aufzuheben wäre: zum einen die propagierte „kollektive Identität" – bislang zentraler Mobilisierungsfaktor im Horizont der Prämisse, daß „Frauen in einem globalen Patriarchat als Opfer gleich unterdrückt seien" (ebd.: 204) – und zum anderen die wachsende „Pluralität der Lebenslagen" von Frauen. Denn empirische Frauenforschung belegt nachdrücklich sowohl das transhistorisch und transkulturell durchgängige Prinzip der Geschlechtertrennung, -plazierung und -hierachisierung als auch die Differenzen unter Frauen entlang der Linien von Klassenzugehörigkeit und Ethnizität.[13]
So fordern eben nicht nur philosophisch orientierte und häufig vorschnell des Akademismus geziehene feministische Theoretikerinnen wie Judith Butler (vgl. Benhabib

13 So etwa Untersuchungen zur „neuen internationalen Arbeitsteilung zwischen Frauen" am Beispiel osteuropäischer Migrantinnen, die als Putzhilfen in westdeutschen „Mittelschichtshaushalten" arbeiten. Somit ermöglichen sie nicht nur die Freisetzung von Hausarbeit und damit die Karrieren der „Anderen", sondern darüber hinaus helfen sie, ein „neues politisch-kulturelles Arrangement zwischen Männern und Frauen der gleichen Bildungsschicht" abzusichern, denn nicht Umverteilung gesellschaftlich notwendiger Arbeit zwischen beiden Geschlechtern wird hier zur Grundlage von Geschlechtersymmetrie, sondern die hierarchische Delegation dieser Arbeit zwischen Frauen (vgl. Friese 1995).

et al. 1993) mit ihrem poststrukturalistischen Angriff gegen den Wahrheitsanspruch der großen Erzählungen sowie gegen das diesen zugrundegelegte einheitliche Subjekt die bis in die achtziger Jahre verbindlich scheinende Grundlage der Bewegung der Frauen *als Frauen* heraus: Indem Philosophinnen wie Butler (1991) den Primat des Frauseins als Fundament politischer Identität bzw. als Subjekt des Feminismus dekonstruieren, weil sie die Notwendigkeit sehen, „eben diese Kategorie 'Frau' abzuschaffen und ihrer allzu konkreten Geschichte zu entkleiden" (Snitow 1990: 9), indem sie auf die Nicht-Identität, d.h. auf die Differenzen zwischen Frauen entlang der Achsen von Klasse, „Rasse", Ethnie, sexuelle Orientierung und Behinderung insistieren und somit jeglichen Totalitäts- bzw. Universalitätsanspruch politischer Identifikation eines essentialistisch bestimmten weiblichen Subjekts zurückweisen (vgl. Ramazanoglu 1989), treffen sie sich mit denjenigen Aktivistinnen der internationalen Frauenbewegungen, die seit den siebziger Jahren versuchen, Aufmerksamkeit gegenüber Mittelschichtsbias und Homophobie sowie Rassismus innerhalb der Bewegung zu erzeugen und den universalisierten Geltungsanspruch spezifischer Strategien und Ziele zurückzuweisen. Eine homogene Bewegung kann es unter Berücksichtigung der facettenreichen Gruppen-Standpunkte nicht geben – so wie die sozialtheoretisch intendierte „Schichtung" von Unterdrückungsverhältnissen im Sinne von „tripple"-Theorien deren Zusammenhang nicht zu erhellen vermag.

Doch auch eine Politik der Identitäten im Sinne der „Gruppendifferenz" (Young 1993) birgt die Gefahr der Separation und Fragmentierung aufgrund erneuter Hierarchisierungen und Prioritäten: Schwarze gegen weiße, heterosexuelle gegen lesbische, Karriere- gegen Gewerkschaftsfeministinnen, Nord- gegen Südfrauen, aber auch Schwarze gegen Frauen aus ethnischen Minderheiten oder behinderte Frauen gegen alle anderen, welche sie ihrer Nichtachtung anklagen. Demgegenüber basiert das nicht zufällig von der US-amerikanischen disziplinären Grenzgängerin Donna Haraway vorgeschlagene Konzept der strategischen „Gruppenbündnisse" auf der Anerkennung von Pluralität der Standpunkte sowie deren Grundlage von Besonderheiten und Differenzen (Haraway 1995). Hierfür bedarf es darüber hinaus jedoch der (Weiter-)Entwicklung feministisch-politischer Machttheorien, welche das Gewebe der Macht und die spezifische Situierung von Individuen und Gruppen entlang der Koordinaten hierarchisierter Differenz zu erklären und politische Orientierungen zu geben vermögen.

Literaturverzeichnis

Baumann, Ursula, 1992: Protestantismus und Frauenemanzipation in Deutschland 1850 bis 1920. Frankfurt a.M./New York.

Baxmann, Inge, 1984: Frauenbewegung zwischem Kaltem Krieg und neuer Eiszeit, in: *Dies./Edith Laudowic/Annette Menze,* Texte-Taten-Träume. Wie weiter mit der Frauenbewegung? Köln, 11-71.

Becker-Schmidt, Regina, 1987: Die doppelte Vergesellschaftung – die doppelte Unterdrückung. Besonderheiten der Frauenforschung in den Sozialwissenschaften, in: *Lilo Unterkirchner/Ina Wagner* (Hrsg.), Die andere Hälfte der Gesellschaft. Österreichischer Soziologietag 1985. Wien, 10-25.

Beer, Ursula, 1990: Geschlecht, Struktur, Geschichte. Zur sozialen Konstitution von Geschlecht. Frankfurt a.M./New York.

Beer, Ursula/Rode, Hildegard, 1986: Kontroverse Politikstrategien der Frauenbewegung. Institutionelle Einbindung versus Autonomie, unveröffentl. Abschlußbericht, Universität Bielefeld.
Benhabib, Seyla/Butler, Judith/Cornell, Drucilla/Fraser, Nancy, 1993: Der Streit um Differenz. Feminismus und Postmoderne in der Gegenwart. Frankfurt a.M.
Beyme, Klaus von, 1991: Feministische Theorie der Politik. Zwischen Moderne und Postmoderne, in: Leviathan 2, 208-228.
Brand, Karl-Werner, 1989: Neue soziale Bewegungen – Ein neoromantischer Protest? Thesen zur historischen Kontinuität und Diskontinuität der „neuen sozialen Bewegungen", in: *Ulrike C. Wasmuth* (Hrsg.), Alternativen zur alten Politik. Neue Soziale Bewegungen in der Diskussion. Darmstadt, 125-139.
Brand, Karl-Werner et al. (Hrsg.), 1983: Aufbruch in eine andere Gesellschaft. Neue soziale Bewegungen in der Bundesrepublik, Frankfurt a.M./New York.
Brand, Karl-Werner et al. (Hrsg.), 1985: Neue soziale Bewegungen in Westeuropa und den USA. Ein internationaler Vergleich. Frankfurt a.M./New York.
Brandt, Gisela/Kootz, Johanna/Steppke, Gisela, 1973: Zur Frauenfrage im Kapitalismus. Frankfurt a.M.
Brück, Brigitte et al. 1992: Feministische Soziologie. Eine Einführung. Frankfurt a.M.
Bussemer, Herrad Ulrike, 1985: Frauenemanzipation und Bildungsbürgertum. Sozialgeschichte der Frauenbewegung in der Reichsgründerzeit. Weinheim/Basel.
Butler, Judith, 1991: Das Unbehagen der Geschlechter, Frankfurt a.M.
Clemens, Bärbel, 1988: „Menschenrechte haben kein Geschlecht". Zum Politikverständnis der bürgerlichen Frauenbewegung. Pfaffenweiler.
Clemens, Bärbel, 1989: Der „männliche" Blick auf die Frauenbewegung, in: Neue Gesellschaft/Frankfurter Hefte 3, 249-258.
Dackweiler, Regina, 1995: Ausgegrenzt und eingemeindet. Die Neue Frauenbewegung im Blick der Sozialwissenschaften. Münster.
Dackweiler, Regina/Holland-Cunz, Barbara, 1991: Strukturwandel feministischer Öffentlichkeit, in: beiträge zur feministischen theorie und praxis 30/31, 105-122.
Dahlerup, Drude (Hrsg.), 1990: The new women's movement. Feminism and political power in Europe and USA. London.
Doormann, Lottemi (Hrsg.), 1979: Keiner schiebt uns weg. Zwischenbilanz der Frauenbewegung in der BRD. Weinheim/Basel.
Eckhart, Christel, 1986: Wie die Arbeit der Frauen die Frauen bewegt, in: *Lesben- und Frauenreferat der J. W. Goethe-Universität* (Hrsg.), Dokumentation zum Frankfurter Lehrstuhl. Frankfurt a.M., 173-187.
Erdheim, Mario, 1982: Die gesellschaftliche Produktion von Unbewußtheit. Eine Einführung in den ethnopsychoanalytischen Prozeß. Frankfurt a.M.
Ferree, Myra Marx/Hess, Beth, 1985: Controversy and coalition. The new feminist movement. Boston.
Fischer, Ute Luise/Kampfshoff, Marita/Keil, Susanne/Schmitt, Mathilde (Hrsg.), 1996: Kategorie Geschlecht. Empirische Analysen und feministische Theorien. Opladen.
Friese, Marianne, 1995: Die osteuropäische Akademikerin, die im westeuropäischen Haushalt dient. Neue soziale Ungleichheiten und Arbeitsteilung zwischen Frauen, in: *Ilse Modelmog/Ulrike Gräßel* (Hrsg.), Konkurrenz & Kooperation: Frauen im Zwiespalt? Münster, 171-194.
Gelb, Joyce, 1989: Feminism and politics: A comparative perspective. Berkeley.
Gelb, Joyce, 1990: Feminism and political action, in: *Russell J. Dalton/Manfred Kuechler* (Hrsg.), Challenging the political order. New social movements in western democracies. New York, 137-155.
Gerdes, Dirk, 1995: Soziale Bewegungen, in: *Dieter Nohlen* (Hrsg.), Wörterbuch Staat und Politik. München/Zürich, 680-682.
Gerhard, Ute, 1978: Verhältnisse und Verhinderungen. Frankfurt a.M.
Gerhard, Ute, 1990: Unerhört. Die Geschichte der deutschen Frauenbewegung. Reinbek.
Gerhard, Ute, 1995: Die „langen Wellen" der Frauenbewegung – Traditionslinien und unerledigte Anliegen, in: *Regina Becker-Schmidt/Gudrun-Axeli Knapp* (Hrsg.), Das Geschlechterverhältnis als Gegenstand der Sozialwissenschaften. Frankfurt a.M./New York, 247-278.
Giddens, Anthony, 1995: Soziologie, hrsg. v. *Christian Fleck/Hans-Georg Zilian.* Graz/Wien.

Gildemeister, Regina/Wetterer, Angelika, 1992: Wie Geschlechter gemacht werden. Die soziale Konstruktion der Zweigeschlechtlichkeit und ihre Reifizierung in der Frauenforschung, in: *Gudrun-Axeli Knapp/Angelika Wetterer* (Hrsg.), TraditionenBrüche. Freiburg, 201-254.

Greven, Michael Th., 1988: Zur Kritik der Bewegungswissenschaft, in: Forschungsjournal Neue soziale Bewegungen 1(4), 51-60.

Grottian, Peter/Nelles, Winfried (Hrsg.), 1983: Großstadt und neue soziale Bewegungen. Basel/Boston/Stuttgart.

Haraway, Donna, 1987: Geschlecht, Gender, Genre. Sexualpolitik eines Wortes, in: *Kornelia Hauser* (Hrsg.), Viele Orte. Überall? Feminismus in Bewegung. Festschrift für Frigga Haug. Berlin/Hamburg, 22-41.

Haraway, Donna, 1988: Situated knowledges: the science questions in feminism and the privilege of partial perspective, in: Feminist Studies 14(3), 573-591.

Haraway, Donna, 1995: Situiertes Wissen. Die Wissenschaftsfrage im Feminismus und das Privileg einer partialen Perspektive, in: *Dies.* Die Neuerfindung der Natur. Primaten, Cyborgs und Frauen. Frankfurt a.M., 19-32.

Hartwich, Hans-Hermann (Hrsg.), 1983: Gesellschaftliche Probleme als Anstoß und Folge von Politik. Opladen.

Haug, Frigga, 1988: Perspektiven eines sozialistischen Feminismus – 20 Jahre Frauenbewegung in Westdeutschland und West-Berlin, in: *Autonome Frauenredaktion* (Hrsg.), Frauenbewegung in der Welt, Bd. 1. Berlin, 25-53.

Heberle, Rudolf, 1967: Hauptprobleme der politischen Soziologie. Stuttgart.

Hellmann, Judith Adler, 1987: Journeys among women. Feminism in 5 italian cities. Cambridge.

Hervé, Florence (Hrsg.), 1982: Geschichte der deutschen Frauenbewegung. Köln.

Inglehart, Ronald, 1979: The Silent Revolution. Princeton.

Kaplan, Marion, 1981: Die jüdische Frauenbewegung in Deutschland. Organisationen und Ziele des Jüdischen Frauenbundes 1904-1938. Hamburg.

Karras, Christa, 1989: Die neue Frauenbewegung im lokalen politischen Kräftefeld. Untersuchung zum Wandel des Politikverständnisses und der politischen Praxis. Pfaffenweiler.

Katzenstein, Mary Feinsod/Mueller, Carol McClurg (Hrsg.), 1987: The women's movement of the USA and Western Europe. Consciousness, political opportunity, and public policy. Philadelphia.

Knafla Leonore/Kulke, Christine, 1991: 20 Jahre neue Frauenbewegung. Und sie bewegt sich noch! – Ein Rückblick, in: *Roland Roth/Dieter Rucht* (Hrsg.), Neue soziale Bewegungen in der Bundesrepublik. Bonn, 91-115.

Knapp, Gudrun-Axeli, 1990: Zur widersprüchlichen Vergesellschaftung von Frauen, in: *Ernst Hoff* (Hrsg.), Die doppelte Sozialisation Erwachsener. Weinheim/München, 17-53.

Knapp, Gudrun-Axeli, 1992a: Macht und Geschlecht. Neuere Entwicklungen in der feministischen Macht- und Herrschaftsdiskussion, in: *Dies./Angelika Wetterer* (Hrsg.), TraditionenBrüche. Freiburg, 287-325.

Knapp, Gudrun-Axeli, 1992b: Neue Entwicklungen in der feministischen Machtdiskussion, in: *Elke Biester* et al. (Hrsg.), Staat aus feministischer Sicht. Berlin, 19-36.

Knäpper, Marie-Therese, 1984: Feminismus-Autonomie-Subjektivität. Tendenzen und Widersprüche in der neuen Frauenbewegung. Bochum.

Kontos, Silvia, 1986: Modernisierung der Subsumtionspolitik. Die Frauenbewegung in den Theorien neuer sozialer Bewegungen, in: Feministische Studien 2, 34-49.

Kreisky, Eva, 1994: Aspekte der Dialektik von Politik und Geschlecht, in: *Erna Appelt/Gerda Neyer* (Hrsg.), Feministische Politikwissenschaft. Wien, 13-35.

Lenz, Ilse, 1996: Grenzziehungen und Öffnungen. Zum Verhältns von Geschlecht und Ethnizität zu Zeiten der Globalisierung, in: *Ilse Lenz/Andrea Germer* (Hrsg.), Wechselnde Blicke. Frauenforschung in internationaler Perspektive. Opladen, 200-228.

Linnhoff, Ursula, 1974: Die neue Frauenbewegung. USA-Europa seit 1968. Köln.

Margolis, Diana Rothbard, 1993: Women's movements around the world: cross-cultural comparisons, in: Gender & Society 7, 379-399.

Marx, Karl/Engels, Friedrich, 1983 (1845): Die deutsche Ideologie, I. Band, in: *Dies.*, Werke Bd. 3. Berlin (Ost), 13-80.

Metz-Göckel, Sigrid, 1987: Die zwei (un-)geliebten Schwestern. Zum Verhältnis von Frauenbewegung und Frauenforschung im Diskurs der neuen sozialen Bewegungen, in: *Ursula Beer* (Hrsg.), Klasse Geschlecht. Feministische Gesellschaftsanalyse und Wissenschaftskritik. Bielefeld, 25-57.

Morris, Aldon D./Mueller, Carol McClurg (Hrsg.), 1992: Frontiers in Social Movement Theory. New Haven.

Nagl-Docekal, Herta/Pauer-Studer, Herlinde (Hrsg.), 1996: Politische Theorie. Differenz und Lebensqualität. Frankfurt a.M.

Nave-Herz, Rosemarie, 1987: Geschichte der Frauenbewegung in Deutschland. 2., völlig überarbeitete und ergänzte Auflage, Mainz.

Neidhardt, Friedhelm, 1985: Einige Ideen zu einer allgemeinen Theorie sozialer Bewegungen, in: *Stefan Hradil* (Hrsg.), Sozialstruktur im Umbruch. Opladen, 193-204.

Neidhardt, Friedhelm/Rucht, Dieter, 1991: The analysis of social movements: The state of the art and some perspectives for further research, in: *Dieter Rucht* (Hrsg.), Research on social movements. The State of the Art in Western Europe and the USA. Frankfurt a.M., 421-464.

Nelles, Wilfried, 1984: Kollektive Identität und politisches Handeln in neuen sozialen Bewegungen, in: Politische Vierteljahresschrift 4, 425-440.

Nohlen, Dieter (Hrsg.), 1995: Wörterbuch Staat und Politik, völlig überarbeitete Neuausgabe. München/Zürich.

Osterland, Astrid, 1983: Konservative Tendenzen in der Frauenbewegung I, in: *Winfried Schäfer* (Hrsg.), Neue soziale Bewegungen: Konservativer Aufbruch im bunten Gewand? Frankfurt a.M., 72-79.

Pateman, Carol, 1988: The sexual contract. Stanford.

Prokop, Ulrike, 1976: Weiblicher Lebenszusammenhang. Von der Beschränktheit der Strategien und der Unangemessenheit der Wünsche. Frankfurt a.M.

Ramazanoglu, Caroline, 1989: Feminism and the contradictions of oppression. London.

Rammstedt, Otthein, 1978: Soziale Bewegungen. Frankfurt a.M.

Raschke, Joachim, 1991: Zum Begriff der sozialen Bewegung, in: *Roland Roth/Dieter Rucht* (Hrsg.), Neue soziale Bewegungen in der Bundesrepublik Deutschland. 2., überarbeitete und erweiterte Auflage, Bonn, 31-39.

Raschke, Joachim, 1985: Soziale Bewegungen. Ein historisch-systematischer Grundriß. Frankfurt a.M./New York.

Raschke, Joachim, 1980: Politischer Paradigmenwechsel in den westlichen Demokratien, in: *Thomas Ellwein* (Hrsg.), Politikfeld-Analysen. Opladen, 184-229.

Richebächer, Sabine, 1982: Uns fehlt nur eine Kleinigkeit. Deutsche proletarische Frauenbewegung 1890-1914. Frankfurt a.M.

Riedmüller, Barbara, 1988: Das Neue an der neuen Frauenbewegung. Versuch einer Wirkungsanalyse der neuen Frauenbewegung, in: *Uta Gerhard/Yvonne Schütze* (Hrsg.), Frauensituation. Veränderung in den letzten zwanzig Jahren. Frankfurt a.M., 15-41.

Roth, Roland, 1985: Neue soziale Bewegungen in der politischen Kultur der Bundesrepublik – eine vorläufige Skizze, in: *Karl-Werner Brand* (Hrsg.), Neue soziale Bewegungen in Westeuropa und den USA. Ein internationaler Vergleich. Frankfurt a.M./New York, 20-82.

Roth, Roland, 1987: Neue soziale Bewegungen, in: *Iring Fetscher/Herfried Münkler* (Hrsg.), Pipers Handbuch der politischen Ideen, Bd. 5. München, 496-507.

Roth, Roland, 1994: Demokratie von unten. Neue soziale Bewegungen auf dem Wege zur politischen Institution. Köln.

Roth, Roland/Rucht, Dieter, 1991: Die Veralltäglichung des Protests. Einleitende Bemerkungen zur Wahrnehmung der neuen sozialen Bewegungen in Öffentlichkeit, Politik und Wissenschaft, in: *Dies.* (Hrsg.), Neue soziale Bewegungen in der Bundesrepublik. 2., überarbeitete und erweiterte Auflage, Bonn, 11-28.

Rubin, Gayle, 1975: The traffic in women. Notes on the „political economy" of sex, in: *Rayna R. Reiter* (Hrsg.), Toward an anthropology of women. New York, 132-164.

Rucht, Dieter, 1994: Modernisierung und neue soziale Bewegungen. Frankfurt a.M./New York.

Rucht, Dieter (Hrsg.), 1991: Research on social movements. The state of the art in Western Europe and the USA. Frankfurt a.M.

Ruf, Anja, 1996: Westwärts Schwestern. Von der Weltfrauenkonferenz in die globale Zukunft. Bonn.

Russell, Deborah R./Van de Ven, Nora, 1976: Proceedings of the international tribunal on crimes against women. California.
Saltzmann, Chafetz Janet, 1990: Social change and social activism: First-wave women's movement around the world, in: *Guida West/Rhoda Luis Blumenberg* (Hrsg.), Women and social protest. New York, 301-383.
Schenk, Herrad, 1983: Die feministische Herausforderung. 150 Jahre Frauenbewegung in Deutschland. München.
Snitow, Ann, 1990: A gender diary, in: *Marianne Hirsch/Evelyn Fox Keller* (Hrsg.), Conflicts in feminism. London/New York, 8-23.
Stein, Lorenz von, 1972 (1850): Geschichte der sozialen Bewegung in Frankreich von 1789 bis auf unsere Tage. Darmstadt.
Stöss, Richard, 1984: Zum Mythos der „neuen sozialen Bewegungen", in: *Jürgen Falter/Christian Fenner/Michael Th. Greven* (Hrsg.), Politische Willensbildung und Interessenvermittlung. Opladen, 548-559.
Tarrow, Sidney, 1991: Kollektives Handeln und politische Gelegenheitsstruktur in Mobilisierungswellen. Theoretische Perspektiven, in: Kölner Zeitschrift für Soziologie und Sozialpsychologie 4, 647-670.
Tarrow, Sidney, 1988: National politics and collective action: recent theory and research in western Europe and the United States, in: Annual Review of Sociology 14, 421-440.
Walby, Silvia, 1990: Theorizing Patriarchy, Oxford.
Wichterich, Christa, 1995: Frauen der Welt. Vom Fortschritt der Ungleichheit. Göttingen.
Wasmuth, Ulrike C., 1989: Alternative zur alten Politik. Neue soziale Bewegungen in der Diskussion. Darmstadt.
Wiener, Antje, 1992: Wider den theoretischen „Kessel". Ideen zur Sprengung der binären Logik in der NSB-Forschung, in: Forschungsjournal Neue soziale Bewegungen 2, 34-43.
Wiggershaus, Renate, 1979: Geschichte der Frauen und der Frauenbewegung in der BRD und DDR nach 1945. Wuppertal.
Wischermann, Ulla et al., 1993: Staatsbürgerinnen zwischen Partei und Bewegung. Frauenpolitik in Hessen 1945 bis 1955. Frankfurt a.M.
Wobbe, Theresa, 1989a: Gleichheit und Differenz. Politische Strategien von Frauenrechtlerinnen um die Jahrhundertwende. Frankfurt a.M./New York.
Wobbe, Theresa 1989b: Hausarbeit und Beruf um die Jahrhundertwende. Die Debatte der Frauenbewegungen im Deutschen Kaiserreich, in: *Marion Klewitz/Ulrike Schildmann/Theresa Wobbe* (Hrsg.), Frauenberufe – hausarbeitsnah? Pfaffenweiler, 25-57.
Wobbe, Theresa, 1993: Rosa Mayreder. Zum typischen Verlauf sozialer Bewegungen, in: Forschungsjournal Neue Soziale Bewegungen 2, 98-105.
Wolde, Anja, 1995: Geschlechterverhältnis und gesellschaftliche Transformationsprozesse, in: *Regina Becker-Schmidt/Gudrun-Axeli Knapp* (Hrsg.), Das Geschlechterverhältnis als Gegenstand der Sozialwissenschaften. Frankfurt a.M./New York, 279-308.
Young, Iris, 1993: Das politische Gemeinwesen und die Gruppendifferenz. Eine Kritik am Ideal des universalen Staatsbürgerstatus, in: *Herta Nagl-Docekal/Herlinde Pauer-Studer* (Hrsg.), Jenseits der Geschlechtermoral. Beiträge zur feministischen Ethik. Frankfurt a.M., 267-304.

Zwischen Networking und Verbandspolitik. Gleichstellungspolitik in der bundesdeutschen Politikwissenschaft*

Gabriele Abels / Brigitte Geißel / Birgit Seemann / Stefanie Sifft / Angelika von Wahl

Die Politikwissenschaft – und hier insbesondere die deutschsprachige – war lange Zeit gegenüber Versuchen einer feministischen Transformation eine „besonders widerständige Disziplin" (Kreisky 1994 und 1995; vgl. auch Ebbecke-Nohlen/Nohlen 1994: 133f.). Während es in anderen sozial- und kulturwissenschaftlichen Nachbardisziplinen (z.B. in der Soziologie und Geschichte) und seit 1969 auch in der US-amerikanischen Politikwissenschaft (vgl. Lang/Sauer 1994) Zusammenschlüsse feministisch orientierter Forscherinnen gab, war die Politikwissenschaft in Deutschland eine männerbündische und androzentrische Enklave. Nicht nur die Politik, sondern auch die Politikwissenschaft galt als „Männersache"; über die Ursachen hierfür sind vielfach Überlegungen angestellt worden.[1]

Erst seit Anfang der neunziger Jahre werden von feministischen Politologinnen auch in Deutschland verstärkt Gleichstellungsforderungen formuliert, die von Anfang an auf zwei Ebenen angesiedelt sind: Sie zielen zum einen darauf ab, die männerbündischen Ausschlußbarrieren für Frauen durchlässiger zu machen und mittelfristig abzubauen. Zum anderen wird der Ausschluß von Frauen und von Geschlechterverhältnissen aus der politikwissenschaftlichen Erkenntnisproduktion sowie die androzentrische Setzung männlicher Erfahrungen als universale kritisiert (vgl. Lang/Sauer 1997; Kreisky/Sauer 1997).

In diesem Beitrag soll Gleichstellungspolitik anhand der Genese und Institutionalisierung feministisch-politologischer Forschungs- und Arbeitsnetzwerke in der BRD nachgezeichnet werden. Chancen und Grenzen sowie interne und externe Voraussetzungen der Institutionalisierung von Gleichstellungspolitik werden im folgenden am Beispiel des *Arbeitskreises Politik und Geschlecht* (AK) in der Deutschen Vereinigung für Politische Wissenschaft (DVPW) und des *Netzwerks politikwissenschaftlich und politisch arbeitender Frauen* (Netzwerk) analysiert. Die Geschichte ihrer Institutionalisierung läßt sich teils als Erfolg, teils als Mißerfolg feministischer Interessenpolitik lesen.

Für die Analyse von Gleichstellungspolitik steht kein elaboriertes Analyseinstrumentarium zur Verfügung, Ansatzpunkte bieten lediglich einige theoretische Perspektiven. Allgemein sind im Hinblick auf die Erforschung feministischer Organisationen, Netz-

---

* Wir danken Christine Bauhardt, Petra Schäfter und Uta Ruppert für die kritische Durchsicht des Manuskripts.

1 Eine skeptische Einschätzung für die USA findet sich bei Hartsock (1990 und 1995), Jaquette (1992), Jones (Bulmash) (1989). Für eine Bestandsaufnahme im deutschsprachigen Raum s. Ebbecke-Nohlen/Nohlen (1994), Kreisky (1994 und 1995).

werke und Bündnisse nur Forschungsdesiderate zu konstatieren. Sowohl die Interessenverbändeforschung als auch die Organisationssoziologie haben feministische Organisationen bisher vernachlässigt (vgl. Ferree/Martin 1995: 9). Lediglich in der Bewegungsforschung ist die Frauenbewegung neben anderen Neuen Sozialen Bewegungen breiter untersucht worden. Daran knüpfen wir im folgenden an, um Organisationsgeschichte und Erfolg sowie Mißerfolge der gleichstellungspolitischen Arbeit von *AK* und *Netzwerk* zu untersuchen.

Patricia Yancey Martin bezeichnet feministische Organisationen als besondere Form von Organisationen der Neuen Sozialen Bewegungen (vgl. Martin 1990: 186). Von besonderem Interesse für die Analyse von *AK* und *Netzwerk* ist ihre Beobachtung, daß die Gründungsumstände (founding circumstances), d.h. der Zusammenhang mit der Frauenbewegung als sozialer und politischer Bewegung, nicht nur die Ursprünge feministischer Organisationen prägen, sondern auch langfristig Charakter und Praktiken (vgl. ebd.: 194).

Barbara Holland-Cunz (1996a) hat verschiedene Kriterien erarbeitet, nach denen sich feministische Bündnispolitiken unterscheiden lassen und die zugleich Erfolgschancen eines Bündnisses beeinflussen.[2] In Abgrenzung zu Bündnissen und Koalitionen bezeichnet sie Netzwerke als Verbündungsformen, „die erstens primär nach innen und/ oder monokulturell organisiert sind, und die zeitlich unbefristet auf ein spezifisches Thema bezogen sind" (Holland-Cunz 1996a: 12); ihre Erfolgschancen liegen zwischen denen von Bündnissen und Koalitionen.

Der Ansatz der „political opportunity structure", der ursprünglich aus der US-amerikanischen Sozialen Bewegungsforschung stammt, verweist auf spezifische Faktoren, mittels derer die Genese und Konsolidierung von Neuen Sozialen Bewegungen und ihren Organisationen erklärt werden können. Er betont die Bedeutung „politischer Chancenstrukturen" (Brand 1985; Kitschelt 1986) oder „Kontextstrukturen" (Rucht 1994) zur Entstehung und Entwicklung sozialer Bewegungen. Es wird unterstellt, daß das politische System als Kontext Rahmenbedingungen vorgibt, die wie ein Regelwerk von Filtern und Schleusen auf soziale Bewegungen einwirken. Bestimmte institutionelle und politische Variablen unterstützen die Entfaltung sozialer Bewegungen, während andere Variablen als Barrieren funktionieren. Analog dazu läßt sich die Entwicklung des *AKs* und des *Netzwerks* analysieren, wobei allerdings die Rahmenbedingungen in einem professions- und verbandspolitischen Kontext stehen.

1. Rahmenbedingungen

Die DVPW ist eine relativ offene Organisation, in der Geschlecht kein formales Ausschlußkriterium darstellt. Die Mitgliedschaft ist laut Statut aber auf WissenschaftlerInnen mit politikwissenschaftlichem Studienabschluß beschränkt. Verbandliche Füh-

2 Ihre Unterscheidungskriterien sind: Organisierung nach innen (bewegungsbezogen) – Organisierung nach außen (gesellschaftsbezogen); zeitlich befristet – zeitlich unbefristet; ziel-/themenspezifisch – ziel-/themenunspezifisch; Organisierung von „Gleichen" (monokulturell, berufsbezogen) – Organisierung von „Ungleichen" (interkulturell, politikbezogen) und schließlich geringe geographische Reichweite (lokal, regional) – hohe geographische Reichweite (national, international) (vgl. Holland-Cunz 1996a: 11f.).

rungspositionen werden nicht statusparitätisch, sondern ausschließlich von habilitierten und promovierten Mitgliedern besetzt. Eine derartige Einschränkung der Mitgliedschaft schließt alle „late comers" und noch wenig professionalisierte InteressentInnen tendenziell davon aus, sich an der Standesvertretung zu beteiligen oder sie mitzugestalten. 1991 wurde der Schließungsmechanismus noch weiter verschärft; seither ist zum Beitritt in die DVPW auch eine „politikwissenschaftlich relevante Publikation" erforderlich. Das könnte feministische Politologinnen deshalb benachteiligen, weil diese hauptsächlich junge Nachwuchswissenschaftlerinnen sind, die an ihrer Dissertation arbeiten, wissenschaftliche Mitarbeiterinnenstellen innehaben oder noch studieren, kurzum: gerade diejenigen, die ihre „erste(n) Gehversuche auf dem männlichen Parkett hehrer Politikwissenschaft" machen (Sauer 1992: 10f.).
Als weiterer Faktor für die Gründung von *AK* und *Netzwerk* kam hinzu, daß es weder innerhalb der DVPW noch in einschlägigen Fachzeitschriften ein Forum für Diskussionen im Bereich politikwissenschaftlicher Frauen- und Geschlechterforschung gab.[3] Das machte es für Wissenschaftlerinnen schwierig, ihre feministisch-politikwissenschaftlichen Theorien und Forschungsergebnisse überhaupt zu veröffentlichen. In den achtziger Jahren war unter Studentinnen gleichwohl reges Interesse an feministisch-politologischer Forschung entstanden. Dies spiegelt sich in einer großen Anzahl von Dissertationen, Diplom- und Magistraarbeiten sowie in den Diskussionen der fachwissenschaftlichen Öffentlichkeit (vgl. Kreisky/Sauer 1995: 10). Mit dem steigenden Anteil an Studentinnen und qualifizierten Wissenschaftlerinnen in der Politikwissenschaft haben Feministinnen auch mehr Zugang zur DVPW als professionspolitischer Organisation erwartet, und sie artikulierten gleichstellungspolitische Forderungen.

2. *Gründungsphase*

Eine entscheidende Ressource, um zum ersten Mal in der deutschen Politikwissenschaft eine feministische Vernetzung, Organisierung und Institutionalisierung in größerem Umfang und auf Dauer initiieren zu können, bot die personelle Konstellation am Otto-Suhr-Institut der Freien Universität Berlin, dem größten politikwissenschaftlichen Institut Deutschlands. Ende der achtziger/Anfang der neunziger Jahre waren dort zahlreiche feministische Wissenschaftlerinnen im Mittelbau und viele Studentinnen aktiv. Diese waren sowohl mit dem Stand der feministisch-politologischen Lehre und Forschung als auch mit dem Status von Politologinnen an bundesdeutschen Universitäten und in der DVPW als Standesvertretung unzufrieden.
Für feministische Wissenschaft war ein interdependentes Verhältnis von Theorie und Praxis – auch in anderen Disziplinen – historisch und aktuell stets Ausgangspunkt und Anspruch der Organisierung, wenngleich es für feministische Politikwissenschaft unterschiedliche Positionen im Hinblick auf das „Bewegungsprimat", d.h. auf die Enge der Anbindung und Breite der Organisierung gab (vgl. Ruf/Holland-Cunz 1992). Das galt auch für Politologinnen am Otto-Suhr-Institut. Ihre Idee, Formen der Orga-

3 Eine Bestandsaufnahme der Beiträge zur Frauen-und Geschlechterforschung in deutschsprachigen fachwissenschaftlichen Zeitschriften findet sich bei Ebbecke-Nohlen/Nohlen (1994: 134) und Scheele (1996).

nisierung und Vernetzung feministischer Politologinnen zu etablieren, war beeinflußt von der kritischen Analyse bisheriger Institutionalisierungs- bzw. Autonomieerfahrungen innerhalb der deutschen Frauenbewegung: Dieser Gründungsumstand beeinflußt bis heute Strukturen und konkrete Praktiken der Organisation und schlägt sich zum Beispiel in den basisdemokratischen Strukturen nieder, nach denen *AK* und *Netzwerk* organisiert sind.[4] Die Akteurinnen der geplanten Organisierung und Vernetzung wollten einerseits die Vorteile einer Professionalisierung und Integration feministischer Zusammenhänge in bestehende Institutionen nutzen, andererseits forcierten sie auch die Einbindung in einen (frauen-)bewegungsbezogenen Kontext. Dies sollte die gleichstellungspolitischen Forderungen auf eine breite Mitgliederbasis stellen und deren Durchsetzungschancen verbessern. Außerdem sollte der Gefahr einer Akademisierung und Vereinnahmung durch den Anschluß an die DVPW begegnet werden. Im Zusammenhang mit dem 18. Wissenschaftlichen Kongreß der DVPW 1991 in Hannover zum Thema „Staat und Demokratie in Europa" organisierte eine Gruppe Berliner Politologinnen den Workshop „Staat aus feministischer Sicht". Damit sollte auf dem Kongreß erstmals eine Präsenz für feministisch-politologische Themen geschaffen und der Einstieg in eine kontinuierliche Debatte initiiert werden. Des weiteren rief die Berliner Gruppe – nach einigen Hindernissen von Seiten des damaligen DVPW-Vorstandes (vgl. Sauer 1992: 9) – in Verbindung mit dem Workshop zur Gründung einer zweiteiligen Organisationsstruktur auf. Zum einen wurde eine *ad hoc-Gruppe Politik und Geschlecht* in der DVPW initiiert, zum anderen ein *Netzwerk politikwissenschaftlich und politisch arbeitender Frauen*. Die Gründerinnen wollten damit „Frauen in Politik und Politikwissenschaft durch Vernetzung" stärken und das „randständige Dasein" feministisch-politologischer Forschung und Praxis beenden (Aufruf, zit. n. Biester et al. 1992: 151). Dabei wurden für die *ad hoc-Gruppe*, die bereits im Dezember 1991 den Status eines ständigen Arbeitskreises (AK) innerhalb der DVPW erhielt,[5] und für das *Netzwerk* zwar unterschiedliche Arbeitsschwerpunkte gesetzt, beide Organisationen sollten jedoch den Doppelaspekt der Gleichstellungspolitik vorantreiben. Die *ad hoc-Gruppe* bzw. der *AK* sollte vor allem Informations- und Anlaufstelle sowie Diskussionsforum innerhalb der DVPW sein. Das *Netzwerk* sollte hingegen breiter angelegt „für alle Frauen mit einem analytischen Blick auf Politik" offen sein und auf dezentralen Regionalgruppen basieren (Ruf 1992: 8). Es wurde als allgemeine Kontaktstelle konzipiert, die insbesondere den Austausch zwischen Wissenschaftlerinnen innerhalb und außerhalb der Hochschulen sowie mit Frauen aus der politischen Praxis fördern sollte. Die große Resonanz auf den Workshop und den Aufruf der Berliner Politologinnen beim DVPW-Kongreß signalisierte, daß es neben der weitverbreiteten Unzufriedenheit

---

4 Binnendemokratie stellt einen zentralen Wert feministischer Organisationen überhaupt dar (vgl. Martin 1990: 192).

5 Es gab auch Stimmen, die perspektivisch einen Sektionsstatus befürworteten. Während eine Sektion laut Statuten der DVPW der wissenschaftlichen Kommunikation in Querschnittsbereichen vorbehalten ist, dienen Arbeitskreise der „themen-, gegenstands- oder problembezogenen Kommunikation in und zu Politikbereichen". Vom Selbstverständnis feministischer Politikwissenschaft her ist eine Sektion der angemessenere Status. Die Befürworterinnen der Umwandlung des *AK* in eine Sektion argumentierten außerdem, daß hierdurch ein wissenschaftspolitisches Signal gesetzt werden könnte. Weil damit aber auch eine Hierarchisierung zwischen den Mitgliedern verbunden gewesen und StudentInnen der Zugang erheblich erschwert worden wäre, wurde der Status als *AK* beibehalten.

mit dem Status quo tatsächlich auch den dringenden Wunsch nach einer disziplinären Vernetzung gab. Impulse dafür kamen aus den angrenzenden Disziplinen und/oder anderen Ländern, wo die Kritik am Androzentrismus der (Politik-)Wissenschaft bereits zu Vernetzungen feministischer Wissenschaftlerinnen geführt hatte.
Es mag nun auf den ersten Blick verwundern, daß die DVPW der Einrichtung eines feministischen *AKs* zustimmte. Doch zum einen war und ist die Gründung von Arbeitskreisen im allgemeinen relativ unproblematisch. Zum anderen war es auch in anderen wissenschaftlichen Organisationen und Institutionen mittlerweile gängige Praxis, gleichstellungspolitischen Forderungen mit dem Zugeständnis einer „feministischen Nische" zu begegnen, so daß die DVPW für deren Unterbindung im Gegenzug erhebliche Legitimationsleistungen hätte erbringen müssen. Insofern läßt sich die Einrichtung des *AKs* auch als „nachholende Modernisierung" der Politikwissenschaft beschreiben.

3. Entwicklung des Arbeitskreises und des Netzwerks

Die wichtigsten verbandspolitischen Aktivitäten des *AK* geben Aufschluß über Barrieren und Integrationsmöglichkeiten von Gleichstellungspolitik in der DVPW und der Politikwissenschaft im allgemein. Dieses läßt sich exemplarisch an der Geschichte der Antidiskriminierungsrichtlinien als Versuch der Kodifizierung gleichstellungspolitischer Forderungen aufzeigen. Die Formulierung der „Richtlinien zur Gleichstellung von Frauen und Männern" (Arbeitskreis „Politik und Geschlecht" 1994: 8f.) und der Versuch, sie auf die Agenda der DVPW zu setzen, gehörte zu den wichtigsten Tätigkeiten der ersten zwei Sprecherinnenräte (1991-1993 und 1993-1996). Ziele der Richtlinien waren wiederum auf zwei Ebenen angesiedelt, d.h. der Abbau von Diskriminierung gegen Wissenschaftlerinnen und Studentinnen (inklusive Maßnahmen gegen sexuelle Belästigung und Gewalt), die gezielte Förderung von Frauen in der Politikwissenschaft sowie auch die Förderung von Ansätzen zur Frauen- und Geschlechterforschung in der Disziplin.
Die Mitgliederversammlung auf dem DVPW-Kongreß in Potsdam (August 1994) lehnte den Entwurf einer Richtlinie ab, da einerseits ein wissenschaftlicher Arbeitskreis prinzipiell keine Interessenvertretungspolitik betreiben sollte und andererseits der DVPW-Vorstand ohnehin bereits geschlechterparitätisch besetzt sei.[6] Allerdings wurde der Vorschlag zur weiteren Beratung an Vorstand und Beirat der DVPW überwiesen, die Anfang 1995 die Einrichtung des weitgehend status- und geschlechterparitätischen *Ständigen Ausschusses für Fragen der Frauenförderung* (StAFF) beschlossen, dessen Aufgabe die Erarbeitung von gleichstellungspolitischen Vorschlägen auf der Grundlage einer Evaluation zur Situation von Frauen in der DVPW ist (vgl. Ruppert 1994; Sauer 1995; Langer 1996 und 1997). Mit dem StAFF wurde zumindest ein Teil des Aufgabenbereichs des *AKs* in den Verbandsorganen der DVPW institutionalisiert. Ob dieses langfristig eine Marginalisierung der Forderungen bedeutet, wird sich noch erweisen müssen.

6 Zur Zeit (1996/97) ist der Vorstand mit sechs Männern und drei Frauen, der Beirat mit vier Männern und zwei Frauen besetzt.

Analytisch verweist die Ablehnung des Entwurfs der Richtlinien auf Hindernisse in der Chancenstruktur der DVPW: Auf dem Spiel standen tradierte, männlich dominierte Bewertungen sozialer Interaktionen. Diskriminierung wurde in Folge jahrelang praktizierter „Geschlechtsblindheit" innerhalb der Disziplin entweder als allgemeingültig abgehandelt bzw. ignoriert, oder man(n) bezog sich auf bisherige Leistungen. Eine weitergehende Sensibilisierung und Veränderung der Sichtweisen und Regeln zugunsten von Frauen und Geschlechterverhältnissen, wie sie die Richtlinien implizierten, stellte potentiell die persönliche, fachliche und verbandliche Integrität in Frage. Der StAFF ist ein Kompromiß, ohne daß damit ein Automatismus zur positiven Diskriminierung von Frauen implementiert worden wäre.
Holland-Cunz (1996b) weist in einem Beitrag über Gleichstellungspolitik auf weitere policy-analytische Faktoren hin, die zur Erklärung des Mißerfolgs herangezogen werden können. Demnach stellte die Antidiskriminierungsrichtlinie eine sehr breite und nur bedingt zielgerichtete Policy dar. Wie Erfahrungen in anderen Bereichen zeigen, sind deren Chancen, auf die Agenda zu gelangen, generell geringer. Auch die Implementation solch redistributiver und regulativer Policies wirft grundsätzliche Probleme auf, so daß die Ablehnung nicht alleine einem „Antifeminismus" der Politikwissenschaft und ihrer Fachvertreter geschuldet ist. Trotz des Scheiterns der Antidiskriminierungsrichtlinie war der Kongreß in Potsdam für den *AK* insofern bedeutsam, als erstmals Gleichstellungspolitik auf der Tagesordnung stand sowie ferner eine *AK*-Vertreterin in den Beirat der DVPW gewählt wurde.[7]
Daneben lag ein wichtiger Schwerpunkt des *AKs* auf der Schaffung von Diskussionsorten in Form von Tagungen[8] und Publikationsmöglichkeiten zur Weiterentwicklung der feministischen Politikwissenschaft in Deutschland. Auch hier wurde mehrgleisig verfahren. Zum einen wurde eine eigene Zeitschrift gegründet sowie eine Buchreihe „Politik der Geschlechterverhältnisse" (Campus Verlag) mitinitiiert; zum anderen wurde versucht, die bestehenden Fachzeitschriften (v.a. die Verbandszeitschrift) für Frauen- und Geschlechterforschung zu sensibilisieren.
Die Herausgabe der Zeitschrift *Politologinnen-Rundbrief*[9] war von Anfang an das wichtigste gemeinsame Projekt des *AKs* und *Netzwerks*, denn dadurch sind beide Organisationen personell und organisatorisch eng verkoppelt. Der *Rundbrief* trug durch die Möglichkeit der internen Verständigung und Identitätsbildung entscheidend zur Konsolidierung der Vernetzung bei, und es wurde so ein Auseinanderfallen in *AK* als professions- und verbandspolitischer Organisation und *Netzwerk* als bewegungsori-

7 Außerdem fand direkt vor dem DVPW-Kongreß die Tagung der *International Political Science Association* (IPSA) statt. In diesem Rahmen knüpfte der *AK* Kontakte zu Politologinnen und ihren Zusammenschlüssen in anderen Staaten, was zu ersten Vernetzungen zwischen den verschiedenen feministisch-politologischen Netzwerken und Organisationen führte. Eine gefestigte Basis dafür fehlt bislang jedoch. Trotz monokultureller, d.h. disziplinärer Orientierung, muß mit Holland-Cunz (1996a) auch bezweifelt werden, ob eine dauerhafte internationale Vernetzung gelingen kann.

8 Seit 1991 wurden acht Workshops und Tagungen, teils im Rahmen von DVPW-Kongressen, zu folgenden Themen organisiert: Staat aus feministischer Sicht (1991), Gleichstellungspolitik (1992), Europa (1993), Demokratie oder Androkratie (1993), Transformationsprozesse in Osteuropa (1994), Frauen-Macht (1995), Internationale Beziehungen (1996) und Kategorie Geschlecht (1997).

9 Seit 1997 erscheint der Rundbrief unter dem Titel *femina politica: Zeitschrift für feministische Politik-Wissenschaft.*

entierter Organisation verhindert. Hierdurch gelang es, gleichzeitig und gleichberechtigt Bewegungspolitik *und* Verbandspolitik jenseits der – v.a. in den siebziger und achtziger Jahren wiederholt scharf diskutierten – innerfeministischen „Grenzziehung" von „Institutionalisierung *oder* Autonomie" zu ermöglichen.[10]
Auf die interne Konsolidierung hat sich ferner der Umstand günstig ausgewirkt, daß in den neunziger Jahren diese lähmende und polarisierende Grenzziehung in der deutschen Frauenbewegung insgesamt brüchig geworden war und es galt, diese durch neue Kooperationsmodelle zu überwinden.[11]
Ein zentraler Knoten im feministisch-politologischen Netz ist die Berliner Regionalgruppe. Neben der Redaktionsarbeit für die Zeitschrift hat die Gruppe erstmalig eine umfassende personelle und institutionelle Bestandsaufnahme feministisch-politologischer Forschung gemacht. Während 1992 eine Erhebung unter Politologinnen durchgeführt wurde (vgl. Schäfter 1993a/b), wurde 1993 der Stand feministisch-politologischer Lehre und Forschung an bundesdeutschen Universitäten zu erheben gesucht (Geißel 1993). Letztere Umfrage bestätigte die Hypothese, daß eine institutionelle Verankerung feministisch-politologischer Inhalte sowie Professuren, die explizit als Frauen- oder Geschlechterforschung denominiert sind, Ausnahmen bilden. Damit waren erste empirische Hinweise auf den Stand feministischer Politikwissenschaft und die Integration feministischer Politologinnen und ihrer Ansätze in der BRD erhoben worden, die als Grundlage für die gleichstellungspolitischen Forderungen des *AK* und *Netzwerks* dienten.[12]
Anfang 1995 wurde mit der Gründung einer Hamburger Regionalgruppe die bestehende Struktur dezentralisiert. Die Stärkung der beiden Regionalgruppen und die Gründung weiterer Gruppen könnten professionelle Kommunikationsformen unter oft vereinzelten feministischen Politologinnen herstellen bzw. vertiefen. Mit der Gründung einer Sektion „Politik und Geschlecht" in der Österreichischen Gesellschaft für Politikwissenschaft (ÖGPW) im Sommer 1996 und durch die Zusammenarbeit der beiden Organisationen wiederum primär über die Zeitschrift wurde die Vernetzung stabilisiert.[13]

4. Zusammenfassung und Ausblick

Den Akteurinnen von *AK* und *Netzwerk* ist es innerhalb relativ kurzer Zeit gelungen, eine ausdifferenzierte Struktur der Vernetzung feministisch-politologischer For-

10 Appelt verweist auf die Unschärfen und Widersprüche dieser Dichotomie und schlägt vor, statt dessen von „autonomer" und „heteronomer Institutionalisierung" zu sprechen, da auch die autonome Frauenbewegung immer auf Formen der Institutionalisierung zur Sicherung ihrer eigenen Kontinuität angelegt war (vgl. Appelt 1991).

11 Diese zweiteilige Organisationsstruktur findet sich auch in der inhaltlichen Konzeption des *Politologinnen-Rundbriefes* bzw. der *femina politica* wieder.

12 Weitere Ergebnisse sind von der vom StAFF in Auftrag gegebenen Untersuchung „Die Vertretung und Situation von Politikwissenschaftlerinnen in der organisatorischen Struktur und inhaltlichen Arbeit der DVPW" zu erwarten, deren Ergebnisse auf dem DVPW-Kongreß im Oktober 1997 vorgestellt werden.

13 In der ÖGPW existierte bereits von 1985 bis 1988 eine Sektion Frauenforschung (vgl. Kreisky 1995: 52, Anmerkung 6).

schungs- und Arbeitszusammenhänge mit hohem Maß an Stabilität aufzubauen und erste Teilerfolge, wie z.B. die Einrichtung des StAFF, Tagungen und eine Vielzahl von Publikationen, zu erzielen.
Der *AK* hat in der herrschaftskritischen Tradition der Frauenbewegung einen kreativen Umgang mit den hierarchischen Strukturen der Verbandspolitik versucht, mittels derer die DVPW nach dem Standes-/Senioritätsprinzip geschlechterspezifische Besitzstände wahrt. Dadurch gelang es dem *AK*, eine breite Basis von aktiven, auch verbandskritischen Mitgliedern zu gewinnen.[14] Die internen Zusammenhänge im *AK* wurden demokratisch gestaltet. Im dritten Sprecherinnenrat des *AKs* (1996-1998) ist erstmals auch eine kooptierte Studentin mit intern gleichen Rechten und Pflichten vertreten.[15] Ferner hat sich die Mitfrauenversammlung mehrfach gegen den innerinstitutionellen „Aufstieg" des *AKs* in eine Sektion ausgesprochen, weil damit eine unerwünschte Hierarchisierung einher ginge und es wiederum Studentinnen erschwert würde, gleichberechtigt im *AK* mitzuarbeiten. Und schließlich werden bei der Auswahl von Referentinnen für Tagungen junge Wissenschaftlerinnen verstärkt berücksichtigt.
Resümierend betrachtet ermöglichte der Aufbau von zwei Organisationen und deren Vernetzung die praktische Zusammenarbeit von feministischen Politologinnen auf allen Hierarchieebenen. Dies war die Basis, um gleichzeitig eine wirksame Interessenvertretungspolitik und einen Ort für feministische Debatten in der bundesdeutschen Politikwissenschaft zu etablieren. In dieser doppelten Aufgabenstellung unterscheidet sich der *AK Politik und Geschlecht* grundsätzlich von den anderen Arbeitskreisen und Sektionen in der DVPW.
Eine *Wirkungsanalyse* der Institutionalisierung von *Netzwerk* und *AK* kann hier nur in vorläufiger Form geleistet werden. Die soziale Bewegungsforschung hat sich zwar intensiv mit der Entstehung und Entwicklung Neuer Sozialer Bewegungen befaßt, aber ihre Wirkungen vernachlässigt. So stellen Kriesi et al. fest: „the literature on this subject has largely neglected the consequences of social movements' action" (Kriesi et al. 1985: 207). Methodologisch läßt der Ansatz der „political opportunity structure" in der Wirkungsanalyse viele Fragen offen, u.a. so wichtige Aspekte wie Definition

14 An den Tagungen des *AKs* nehmen regelmäßig zwischen 60 bis 80 Frauen teil; das *Netzwerk* zählt derzeit ca. 200 Mitfrauen. Ferner hat sich der Anteil der weiblichen Mitglieder in der DVPW seit Gründung des *AKs* im Jahr 1991 bis Anfang 1997 nahezu verdoppelt. Dabei ist der Anteil von Frauen an den Mitgliedern, die nicht promoviert sind, erheblich niedriger als bei den Männern; vermutlich befinden sich hierunter besonders viele AK-Mitglieder.

Mitgliederstruktur in der DVPW

	Frauen		*Männer*		*Summe*	
	absolut	%	absolut	%	absolut	%
DVPW-Mitglieder	*208*	*18,34*	*926*	*81,66*	*1 134*	*100,00*
politikwiss. Abschluß	73	35,10	186	20,09	259	22,84
promoviert	135	64,90	740	79,91	875	77,16
davon Professorinnen	41	19,71	379	40,93	420	37,04

Quelle: Geschäftsstelle der DVPW; eigene Berechnungen (Stand: Januar 1997).

15 Zwar kann es laut DVPW-Statuten offiziell keine studentische Repräsentantin geben, da diese aber eine wichtige Statusgruppe darstellen, wurde beschlossen, daß eine Mitarbeit im Sprecherinnenrat wünschenswert ist.

und Meßbarkeit des „Erfolges" der Mobilisierung. Unterschieden werden können aber „subjektive" und „objektive" Erfolgskriterien und Wirkungen.
Zu den subjektiven Erfolgskriterien zählt als eines der wichtigsten die Herstellung einer verbindenden politischen Identität. Die stabilen Mitgliedszahlen, eine hohe Beteiligung an den Tagungen, geringe ideologische Polarisierung und persönliche Vernetzung sind Indikatoren dafür, daß dem *AK* nach innen aufgrund der monokulturellen, disziplinären Verbündung gemeinschaftsbildende Bedeutung zukommt. Hierdurch wurden die Chancen für eine erfolgreiche Gründung und Konsolidierung entscheidend verbessert. Allerdings ging die Binnenorientierung auf Kosten der ebenfalls angestrebten und von Anfang an als potentiell spannungsreich gesehenen „politischen Breite" (Biester et al. 1992: 152). Sowohl politisch arbeitende Frauen als auch Politologinnen aus den neuen Bundesländern sind im *AK* und *Netzwerk* unterrepräsentiert.[16] Die Identitätsstiftung ist hier bisher offenbar nicht gelungen.
Ein objektives Erfolgskriterium ist die Herstellung einer ausdifferenzierten, wachsenden und zugleich stabilen Organisationsform, die „autonome" und „institutionalisierte" Strukturen kombiniert.
Für den Fall, daß dem *AK* nur eine berufsständische Vernetzung gelänge, wurde von den ersten Sprecherinnen als weiteres mögliches Erfolgskriterium die „Irritation in der eigenen Disziplin" genannt (Biester et al. 1992: 152). Dies zielt auf den genannten zweiten Aspekt der Gleichstellungsforderungen ab, nämlich damit zu beginnen, die zentralen Kategorien, Ansätze und Theorien der Disziplin aus feministischer Perspektive neu zu konzipieren. Hier kann sicherlich von einem zaghaften Teilerfolg gesprochen werden. Eva Kreisky und Birgit Sauer weisen anhand der Inkorporierung von feministischen Kategorien in einschlägigen politikwissenschaftlichen Lexika nach, daß seit Beginn der neunziger Jahre ein Wandel in der Disziplin dergestalt feststellbar ist, daß Frauenpolitik als ein marginales Politikfeld aufgegriffen wird. Allerdings hängt die Rezeption feministischer Ansätze im Main/Malestream von der Offenheit einzelner FachvertreterInnen ab (vgl. Kreisky/Sauer 1997: 17). Von einer breiten Reformulierung der Paradigmen der Politikwissenschaft und der Inklusion feministischer Erkenntnisse in den Kanon jenseits einiger Nischen kann bisher kaum die Rede sein.
Dennoch ist eine größere – wenn auch stets prekäre – Offenheit in der DVPW gegenüber Geschlechterdisparitäten spürbar. Diese Sensibilisierung stellt einen Erfolg auf kultureller Ebene dar. Sie hat außerdem zu prozeduralen und substantiellen Verbesserungen für Politikwissenschaftlerinnen in der DVPW geführt, was sowohl in der Einrichtung des StAFF seinen institutionalisierten Ausdruck findet als auch in der Beteiligung von *AK*-Frauen in den Gremien der verbandlichen Willensbildung (StAFF, Beirat).
Dagegen sind strukturelle Verbesserungen für Politologinnen weitaus schwieriger zu erzielen. Zum einen untergräbt die Unterfinanzierung der Universitäten, durch die der Stellenmarkt immer enger wird, generell Integration und Förderung benachteiligter Gruppen und Etablierung neuer Lehrangebote. Zum anderen ist dies auch eine Folge der Orientierung von Organisationen am Status quo. In diesem Zusammenhang muß auch das Scheitern der Antidiskriminierungsrichtlinien gesehen werden, wodurch es

16 Einschränkend sei hier angemerkt, daß viele *AK*- und *Netzwerk*frauen auch in Projekten der Frauenbewegung engagiert sind. Die Unterrepräsentation trifft stärker auf Frauen zu, die in etablierten politischen Institutionen arbeiten.

dem *AK* nicht gelungen ist, gezielte Förderung von Frauen in der Politikwissenschaft durchzusetzen.
Ob die deutschsprachige Politikwissenschaft reif dafür ist, neben dem numerischen Aspekt der Frauenförderung in der Disziplin und der DVPW auch die tradierten androzentrischen Paradigmen der Politikwissenschaft in Frage zu stellen, entscheidet sich letztlich an zwei Faktoren: einerseits an der Kreativität und der weiteren Vernetzung feministischer Politologinnen im deutschsprachigen Raum und andererseits am Mut der HüterInnen des Grals in die Einsicht, „daß die Analysefähigkeit politikwissenschaftlicher Ansätze defizitär bleibt, wenn das Geschlechterverhältnis als struktureller Bestandteil politischer Prozesse ausgeblendet wird" (Kreisky/Sauer 1995: 18).

Literaturverzeichnis

Appelt, Erna, 1991: „Autonomie" und „Institutionalisierung": Zwei konkurrierende politische Strategien, in: Österreichische Zeitschrift für Politikwissenschaft 20, 131-142.

Arbeitskreis „Politik und Geschlecht", 1994: Richtlinien zur Gleichstellung von Frauen und Männern, in: Politologinnen-Rundbrief 3(5), 8-9.

Biester, Elke et al., 1992: Die Politikwissenschaftlerinnen organisieren sich, in: Feministische Studien 10(1), 151-153.

Brand, Karl-Werner (Hrsg.), 1985: Neue soziale Bewegungen in Westeuropa und den USA. Ein internationaler Vergleich. Frankfurt a.M.

Ebbecke-Nohlen, Andrea/Nohlen, Dieter, 1994: Feministische Ansätze, in: *Dieter Nohlen* (Hrsg.), Lexikon der Politik, Bd. 2. München, 130-137.

Ferree, Myra Marx/Martin, Patricia Yancey, 1995: Doing the Work of the Movement: Feminist Organizations, in: *Myra Marx Ferree/Patricia Yancey Martin* (Hrsg.), Feminist Organizations. Harvest of the New Women's Movement. Philadelphia, PA, 3-23.

Geißel, Brigitte, 1993: Feministisch-politologische Lehre und Forschung an bundesdeutschen Universitäten – Ergebnisse einer schriftlichen Umfrage, in: Politologinnen-Rundbrief 2(3), 41-44.

Hartsock, Nancy, 1990: Political Science as Malestream Discourse: Can This Discipline be Saved?, in: Österreichische Zeitschrift für Politikwissenschaft 19, 151-159.

Hartsock, Nancy, 1995: Feministische Forschung und Politikwissenschaft in den USA, in: *Eva Kreisky/Birgit Sauer* (Hrsg.), Feministische Standpunkte in der Politikwissenschaft. Eine Einführung. Frankfurt a.M./New York, 63-80.

Holland-Cunz, Barbara, 1996a: Demokratietheorie und feministische Bündnispolitik, in: *Verein Niedersächsischer Bildungsinitiativen Osnabrück* (Hrsg.), Handlungsfähig trotz wenn und aber: Frauen als Gleiche – Frauen als Verschiedene. Perspektiven feministischer Bündnispolitik, Dokumentation des Frauenkongresses am 20./21. März 1996 in Hannover. Osnabrück, 6-15.

Holland-Cunz, Barbara, 1996b: Komplexe Netze, konfliktreiche Prozesse, in: *Teresa Kulawik/Birgit Sauer* (Hrsg.), Der halbierte Staat. Grundlagen feministischer Politikwissenschaft. Frankfurt a.M./New York, 158-175.

Jaquette, Jane S., 1992: Political Science – Whose Common Good?, in: *Cherise Kramarae/Dale Spender* (Hrsg.), The Knowledge Explosion. Generations of Feminist Scholarship. New York/London, 141-153 (Nachdruck in: Politologinnen-Rundbrief 3(6/1994), 40-52).

Jones (Bulmash), Kathleen, 1989: Der Tanz um den Lindenbaum. Eine feministische Kritik der traditionellen politischen Wissenschaft, in: *Barbara Schaeffer-Hegel/Barbara Watson-Franke* (Hrsg.), Männer Mythos Wissenschaft. Grundlagentexte zur feministischen Wissenschaftskritik. Pfaffenweiler, 99-116.

Kitschelt, Herbert, 1986: Political Opportunity Structure and Political Protest: Anti-Nuclear Movements in Four Democracies, in: British Journal of Political Science 16, 57-85.

Kreisky, Eva, 1994: Aspekte der Dialektik von Politik und Geschlecht. Plädoyer gegen „geschlechtshalbierte Wahrheiten und Blickrichtungen" in der Politikwissenschaft, in: *Erna Appelt/Gerda Neyer* (Hrsg.), Feministische Politikwissenschaft. Wien, 13-35.

Kreisky, Eva, 1995: Gegen „geschlechtshalbierte Wahrheiten". Feministische Kritik an der Politikwissenschaft im deutschsprachigen Raum, in: *Eva Kreisky/Birgit Sauer* (Hrsg.), Feministische Standpunkte in der Politikwissenschaft. Eine Einführung. Frankfurt a.M. / New York, 27-62.

Kreisky, Eva/Sauer, Birgit, 1995: Die Politik der Männer – die Wissenschaft der Männer? Hoffnung auf ein Ende des Schulterschlusses, in: *Eva Kreisky/Birgit Sauer* (Hrsg.), Feministische Standpunkte in der Politikwissenschaft. Eine Einführung. Frankfurt a.M. / New York, 9-24.

Kreisky, Eva/Sauer, Birgit, 1997: Heimlichkeit und Kanonisierung. Einführende Bemerkungen zur Begriffsbildung in der Politikwissenschaft, in: *Eva Kreisky/Birgit Sauer* (Hrsg.), Das geheime Glossar der Politikwissenschaft. Geschlechtskritische Inspektion der Kategorien einer Disziplin. Frankfurt a.M. / New York, 7-45.

Kriesi, Hanspeter/Koopmans, Ruud/Dyvendak, Jan Willem/Giugni, Marco G., 1985: New social movements in Western Europe. A comparative analysis. Minneapolis, MN.

Lang, Sabine/Sauer, Birgit, 1994: Politikwissenschaftlerinnen in der American Political Science Association (APSA), in: Politologinnen-Rundbrief 3(6), 37-39.

Lang, Sabine/Sauer, Birgit, 1997: Gleichstellungspolitische Wendezeit, in: *Sabine Lang/Birgit Sauer* (Hrsg.), Wissenschaft als Arbeit – Arbeit als Wissenschaftlerin. Frankfurt a.M. / New York, 12-28.

Langer, Ingrid, 1996: Ständiger Ausschuß für Fragen der Frauenförderung, in: DVPW-Rundbrief 115, 8-9.

Langer, Ingrid, 1997: Bericht des Ständigen Ausschuß für Fragen der Frauenförderung, in: femina politica. Zeitschrift für feministische Politik-Wissenschaft 6(1), 27-29.

Martin, Patricia Yancey, 1990: Rethinking Feminist Organizations, in: Gender & Society 4, 182-206.

Rucht, Dieter, 1994: Modernisierung und neue soziale Bewegungen. Deutschland, Frankreich und USA im Vergleich. Frankfurt a.M.

Ruf, Anja, 1992: Wie aus dem Schneeball eine Lawine zu werden droht, in: Politologinnen-Rundbrief 1(2), 7-9.

Ruf, Anja/Holland-Cunz, Barbara, 1992: Zum Verhältnis von feministischer Politikwissenschaft und Frauenbewegung: Stellungnahmen, in: Politologinnen-Rundbrief 1(1), 28-30.

Ruppert, Uta, 1994: Zwei Schritte vor und nur einer zurück: Die DVPW-Geschichte der Antidiskriminierungsrichtlinien des Arbeitskreises „Politik und Geschlecht", in: Politologinnen-Rundbrief 3(6), 7-9.

Sauer, Birgit, 1992: Feministische Vorhölle? – Die Deutsche Vereinigung für Politische Wissenschaft, in: Politologinnen-Rundbrief 1(1), 9-11.

Sauer, Birgit, 1994: Bleibt die Männerquote in der DVPW unangetastet? Anmerkungen zum Stand der Antidiskriminierungsrichtlinien, in: Politologinnen-Rundbrief 4(7), 9-10.

Schäfter, Petra, 1993a: Die Arbeit der Berliner Regionalgruppe, in: Politologinnen-Rundbrief 2(3), 15-16.

Schäfter, Petra, 1993b: Zur Auswertung der bisher eingegangenen Fragebögen, in: Politologinnen-Rundbrief 2(3), 12-14.

Scheele, Alexandra, 1996: Von Männern für Männer? Patriarchale Hegemonialkonstellationen in der Politikwissenschaft, in: Das Argument 214, 275-282.

IV. Jenseits der Grenzen: Geschlechterforschung und internationale Politik

Meine Stimme ein Vogellaut.
Sprachkritik, Empathie und internationale Geschlechterregime

Christine Sylvester / Roland Bleiker

Es herrscht Nostalgie in der späten Neuzeit, schreibt der amerikanische Politologe William Connolly, Sehnsucht nach einer „Zeit, in der es noch möglich war, sich eine klar verständliche Politik des 'Ortes' als eine realistische Zukunftsmöglichkeit vorzustellen" (Connolly 1991: 463).[1] Von einem feministischen Standpunkt betrachtet erscheint diese Sehnsucht eher als ein Bedürfnis nach Rückkehr in ein goldenes Zeitalter, in dem Frauen ihren zugewiesenen Ort im Haushalt und der Nation noch stillschweigend akzeptierten.

Auch in der heutigen, zunehmend internationalisierten Welt bleibt der Wirkungsort vieler Frauen auf häusliche und, im weiteren Sinne des Wortes, dienende Aufgaben beschränkt. In zahlreichen Teilen der Erde sehen wir Frauen beim Kochen und Kinderbetreuen oder beim Holz- und Wassertragen. Viele dieser Tätigkeiten, vor allem diejenigen, die sich in Haus und Hof abspielen, finden keinen Niederschlag in dem zum Wohlstandsbarometer erkorenen Bruttosozialprodukt. Und doch bilden diese statistisch belanglosen Aktivitäten einen wichtigen Pfeiler der globalen Wirtschaftsordnung, ein Pfeiler, ohne den jede Gesellschaft wie ein Kartenhaus in sich zusammenbräche. Frauen tragen die überwiegende Arbeitslast auf den Äckern der Agrarstaaten und an den Fließbändern der sich industrialisierenden Nationen. Sie betätigen sich an der Weltpolitik, ohne von deren führenden Theoretikern je beachtet zu werden: als sexuelle Dienerinnen für Touristen und ausländische Soldaten oder als illegale Gastarbeiterinnen, die sich scheinbar mühelos, jedoch nicht ohne Einwanderungsbehörden Schwierigkeiten zu verursachen, zwischen verschiedenen politischen und kulturellen Sphären hin und her bewegen (vgl. Mies 1986; Enloe 1989; Koffman/Youngs 1996; Sylvester 1996). Andere Frauen dienen an besser geschützten internationalen Orten. Es sind dies die „schönen Seelen" der liberalen Industrienationen, im Haushalt tätige Frauen, deren tägliche Arbeit es den führenden Männern ermöglicht, sich als Protagonisten der internationalen Politik im Rampenlicht der Welt zu profilieren (vgl. Elshtain 1987; Stiehm 1983; Enloe 1993).

Viele dieser in internationalen Sphären tätigen Frauen sind unsichtbar, der Nostalgie geopfert und heimatlos in den durch männliche und angelsächsische Werte gekennzeichneten Texten, die das Internationale und seine Beziehungen als Studienobjekt betrachten. Ein zwischen Männern funktionierendes Regime kooperativer Autonomie sorgt dafür, daß Frauen weiterhin von den Führungsrollen in der Weltpolitik ausgeschlossen bleiben. Ein internationales Regime besteht, nach Stephen Krasners ein-

1 Alle Übersetzungen englischer Zitate sind von Roland Bleiker. Die AutorInnen danken Birgit Sauer für die sprachliche Überarbeitung des Manuskripts.

flußreicher Definition, aus „Prinzipien, Normen, Regeln und Entscheidungsprozeduren, die es in einem spezifischen Interessenbereich ermöglichen, Erwartungen verschiedener Akteure zu konvergieren" (Krasner 1982: 186). In einem „regime of cooperative autonomy from women", wie wir dies nannten, konvergieren Interessen männlicher Akteure so, daß Frauen als subjektlose Gegenstände in die vorherrschende Theorie und Praxis gegenwärtiger internationaler Beziehungen absorbiert werden. Daraus entsteht eine Geschlechternostalgie, deren politischer Einfluß die internationale Sphäre weiterhin als männlich konstituiert beläßt.

Obwohl die von männlichen Werten durchtränkte internationale Politik als geschlechtsneutral dargestellt wird, können Frauen diese Sphäre nur kurz, als Besucherinnen, betreten. Ihr Wirkungskreis ist größtenteils auf das Dienen, wie zum Beispiel als Sekretärinnen der Internationalen Organisationen und Außenministerien, beschränkt. Frauen, so lehren uns vorherrschende internationale Diskurse, sind anderswo zu Hause. Nur die als männlich designierten Personen haben eine „klar verständliche Politik des 'Ortes'" im Bereich des Internationalen. Nur sie besitzen die Autonomie von den zur Aufrechterhaltung des Wirtschaftssystems notwendigen Frauen, um die Weichen der Weltpolitik richtig stellen zu können.

Der vorliegende Aufsatz problematisiert diese internationalen Geschlechterregime. Spezielle Aufmerksamkeit wird dabei der Sprache gewidmet. Die durch männliche Werte gekennzeichnete vorherrschende Theorie und Praxis der Internationalen Beziehungen kann sich nur mit Hilfe sprachlich begründeter Herrschaftsmechanismen als geschlechtsneutral darstellen. Grammatikalisch und syntaktisch verwurzelte soziale Rollenverteilungen schließen Frauen und ihre traditionellen Aktivitäten von der internationalen Sphäre aus. Die Führungsrolle der Männer in der Weltpolitik wird hingegen sprachlich als Normalsituation konstituiert.

Die politische Dimension der Sprache hat jedoch nicht nur dominierende und einschränkende Funktionen, sondern öffnet zugleich Möglichkeiten, die Theorie und Praxis der Internationalen Beziehungen in einer emanzipierenden Weise zu durchdenken. Sprachkritik und Empathie werden in diesem Aufsatz als Strategien zur Problematisierung der vorherrschenden internationalen Geschlechterregime dargestellt.

1. *Die sprachliche Normalisierung männlicher Herrschaft*

Die Sprache ist ein fundamentaler Teil des Lebens und des menschlichen Wesens. Die Sprache ist überall. Ohne sie sind soziale Beziehungen und Gesellschaftssysteme nicht möglich. „Wir sprechen im Wachen und im Traum", erinnert uns Martin Heidegger: „Wir sprechen stets; auch dann, wenn wir kein Wort verlauten lassen" (Heidegger 1959: 11). Doch Sprache ist nie neutral. Sie reflektiert spezifische soziale Werte, Ideen, ganze Lebensformen. Sprache ist immer Politik, auch wenn das auf den ersten Blick nicht so erscheinen mag.

Jede Sprache drängt ihren Benutzern gewisse Werte auf, tut dies jedoch auf eine so subtile Weise, daß uns die entsprechenden Ausschließungssysteme als normal und natürlich vorkommen. Eine kurze Berufung auf die Sprachphilosophie des späten Wittgensteins ermöglicht es, die weitreichenden Konsequenzen dieses Phänomens für die Funktion internationaler Geschlechterregime zu erkennen. Das Sprechen der Sprache ist für Wittgenstein in erster Linie nicht Kommunikation oder Darstellung der Welt, sondern „Teil einer Tätigkeit oder einer Lebensform" (Wittgenstein 1993: 250). Diese Einsicht zwingt uns, die Beziehung zwischen Sprache und Politik grundlegend zu durchdenken. Hanna Pitkin zum Beispiel zeigt, wie wichtig es ist zu fragen, wie wir über das menschliche Handeln sprechen, wie die Sprache Ideen im Bereich der Praxis implementiert. Die Sprache wird daher selbst zum Handeln, weil „wir die Sprache nicht nur benützen, um über das Handeln zu sprechen, sondern auch, um zu handeln – um Tätigkeiten auszuführen, zu erklären, zu planen oder um bereits ausgeführte Tätigkeiten zu untersuchen und allfällige Fehler zu korrigieren" (Pitkin 1972: 164).

Durch Wittgenstein wird die Sprache als Träger sozialer Normen entlarvt. Feministische AutorInnen haben schon seit langem auf diesen Aspekt der Gesellschaftsordnung hingewiesen. Dale Spender bringt uns direkt ins Zentrum dieser Problematik, und dies obwohl ihre Ausführungen über Sprache und Politik vom heutigen Standpunkt aus betrachtet weitgehend als simplistisch und veraltet bezeichnet werden müssen. Spender sieht die Sprache als Bestandteil einer umfassenderen Dynamik von kulturellen Herstellungsakten, deren stillschweigende Aufgabe es ist, Ordnung zu schaffen und soziale Möglichkeiten einzugrenzen. Die englische Sprache sei von männlichen Werten durchtränkt und stehe daher weitgehend unter Kontrolle der Männer. Dies schaffe Sprach- und Gedankenraster, welche männliche Werte als soziale Norm und weibliche als Abweichungen davon erscheinen lassen. Als Beispiel führt Spender an, daß die Ausdrücke „man" und „he" zur Bezeichnung der gesamten Bevölkerung, männlich wie weiblich, benutzt werden. Diese Usance, so argumentiert Spender, sei Teil einer bewußten Politik, deren Hauptzweck es ist, „den Vorrang des Männlichen als soziale Kategorie zu fördern" (Spender 1985: 150). Entsprechende Gegenstücke sind auch in der deutschen Sprache einfach zu finden, man denke zum Beispiel an den soeben benutzen Ausdruck „man denke" oder an die weitläufige Praxis, Bezeichnungen wie Autoren, Besitzer und Direktoren auch dann zu verwenden, wenn Frauen sich unter den Angesprochenen befinden.

Der Einfluß der Sprache auf die internationale Geschlechterpolitik ist nicht ganz so geradlinig, wie dies Spender vorgibt. Das Hauptproblem, gesehen mit dem späten Wittgenstein, liegt nicht bei den männlichen Begriffen selbst, sondern bei den Sprachspielen, durch die diese Begriffe in patriarchale Gesellschaftsstrukturen eingebettet werden. Dies ist so, weil es keine authentische Beziehung zwischen Wörtern und deren Bedeutung gibt. So basiert die Beziehung zwischen Männern und männlichen Werten oder zwischen Frauen und weiblichen Werten nicht auf natürlichen Gegebenheiten, sondern auf einem diskursiv operierenden Geschlechterregime, welches ein entsprechendes Wertesystem im Interesse einer patriarchalen Rollenverteilung aufrechterhält. Postmoderne Beiträge zur feministischen Theorie, wie zum Beispiel jene von Judith Butler, betrachten daher die Klassifizierung in zwei Geschlechter als das Ergebnis eines kulturellen Herstellungsaktes. Geschlecht ist dann nicht Teil eines natürlichen Prozesses, sondern ein diskursives Konstrukt (vgl. Butler 1991; Thürmer-Rohr 1995; List 1993: 22-39). Diese Position blieb natürlich nicht unbestritten, sondern gab Anlaß zu verschiedenen Gegenreaktionen, die vor allem auf die Gefahren einer „Abschaffung" des Geschlechterbegriffes hinweisen (vgl. Haug 1993: 889f.; Landweer/Rumpf 1993: 3-9).

Ohne hier auf die Einzelheiten dieser Debatte einzugehen, kann trotz dieser und anderer Meinungsverschiedenheiten über die diskursiven Aspekte der Geschlechterpolitik angenommen werden, daß die Sprache ein integraler Teil vorherrschender internationaler Geschlechterregime darstellt. Sprachlich eingebettete Wertsysteme erklären, warum misogyne Einstellungen auch dort weiterhin vorhanden sind, wo sexistische Praktiken offiziell weitgehend als ausgerottet dargestellt werden. Ausschließungssysteme wirken oft unbemerkt und implizit, wie dies Elisabeth List betont, sie wirken „auf verschiedenen Ebenen des Diskurses, in der Sprache, in der Metaphorik des wissenschaftlichen Vokabulars, in einem Bereich von Bedeutungen, die konnotativ, informell, unbewußt oder als selbstverständlich vorausgesetzt werden" (List 1993: 8). Sprachlich verankerte internationale Geschlechterregime sind in den verschiedensten Bereichen zu finden. Sie sind wichtige Bestandteile der vorherrschenden Theorie und Praxis der internationalen Beziehungen, welche größtenteils von westlichen und angelsächsischen Werten gekennzeichnet ist.[2] So untersuchte Carol Cohn auf überzeugende Weise die (englische) Sprache der an verteidigungspolitischen Diskussionen teilhabenden Intellektuellen. Deren spezifischer Wortgebrauch schafft die Möglichkeit für eine distanzierte Beziehung zur „Realität" eines möglichen Atomkrieges. Zudem verunmöglicht diese männliche und abstrakte Sprache die Übermittlung von gewissen, normalerweise als weiblich, emotionell und subjektiv konstituierten Anliegen, die mit Gefühlen, moralischen Werten oder ganz einfach mit Frieden zu tun haben. So zumindest empfand es Cohn (vgl. Cohn 1989). Die Folgen dieses Phänomens gehen jedoch weit über Cohns persönliche Erfahrungen hinweg, vor allem weil die männliche und militarisierte Sprache der Verteidigungsexperten beinahe zum einzigen legitimen Kommunikationsmittel der Diskussion nationaler und internationaler sicherheitspolitischer Fragen erkoren wurde. Und dies ist natürlich nicht nur in der englischen Sprache oder im Bereich der Sicherheitspolitik der Fall. Geschlechterspezifische und sprachlich wirkende Ausschlußmechanismen können in unzähligen Fachgebieten und Sprachräumen beobachtet werden.

2. Das entwicklungspolitische Regime als Beispiel männlicher Herrschaft

So finden wir ein internationales Regime, das die Finanzierung der Entwicklungspolitik wie auch das Leben der Menschen in den Entwicklungsländern tiefgreifend beeinflußt. M. P. Cowen und R. W. Shenton bezeichnen die Konvergenz gewisser Normen und Prinzipien in diesem Entwicklungsregime als „Doctrines of Development" (Cowen/ Shenton 1996). Die Schriften Arturo Escobars lassen ein Regime vermuten, dessen Ursprung in einer globalen Anwendung des „amerikanischen Traumes vom Frieden und materiellen Überfluß" zu finden ist (Escobar 1995: 4). Doch dieser Traum, der in den Analysen vieler führenden Wirtschaftswissenschaftler, Politologen, Anthropologen und Soziologen wiederzufinden ist, entwickelte sich langsam zu einem Alptraum, nicht ungleich demjenigen, den Cohn in der Sicherheitspolitik zu entlarven versucht. Escobar stellt fest, daß in den Entwicklungsländern an Stelle des von den Politikern

2 Für eine Diskussion ethnozentrischer Werte in der vorherrschenden Theorie der Internationalen Beziehungen siehe Roland Bleiker (1993).

und Theoretikern der fünfziger Jahre versprochenen Königreiches materiellen Überflusses so ziemlich das Gegenteil eingetroffen ist, nämlich „massive Unterentwicklung und Verarmung, unausgesprochene Ausbeutung und Unterdrückung" (ebd.). Doch trotz dieser Mißerfolge konnte sich das vorherrschende Entwicklungsregime durch ständige Anpassung aufrechterhalten: Die Modernisierungstheorie der fünfziger Jahre verwandelte sich Schritt für Schritt in die Wirtschaftsdoktrinen der Weltbank und des Internationalen Währungsfonds sowie in die politische Praxis der „Stukturanpassung" und marktwirtschaftlichen Liberalisierung.

Seit Jahren bleiben Frauen in diesem enttäuschenden, aber dennoch dominierenden Entwicklungsregime marginalisiert. Anfänglich waren Frauen vollständig von der herrschenden Theorie und Praxis ausgeschlossen. Die sich auf die Modernisierungstheorie berufende Entwicklungspolitik der industrialisierten Länder nützte, wenn überhaupt, vor allem den Männern der Dritten Welt, da deren privilegierte gesellschaftliche Stellung es ihnen ermöglichte, die entsprechenden Hilfeleistungen für sich in Anspruch zu nehmen. So ging zum Beispiel ein großer Teil der für die Landwirtschaft im subsaharen Afrika bestimmten Hilfeleistungen an Männer, und dies sogar dort, wo landwirtschaftliche Arbeiten in erster Linie von Frauen ausgeübt werden und Männer nur als „Gastarbeiter" in Städten und Minen tätig sind. Kathleen Staudt schätzt, daß 1979 nur gerade zwei Prozent des Budgets der US-amerikanischen „Agency for International Development" (AID) für Frauen bestimmt waren. Entsprechende Statistiken der UNO in den achtziger Jahren liegen bei rund 3,5 Prozent. Die Bürokratien der sich mit Entwicklungspolitik abgebenden Länder und internationalen Organisationen, argumentiert Staudt, waren gleich Militärbürokratien geschlechtlich so ausgerichtet, daß Männer privilegiert und Frauen untergeordnet wurden (vgl. Staudt 1990: 11).

Seit den siebziger Jahren haben feministische AutorInnen diese androzentrische Theorie und Praxis vorherrschender Entwicklungsregime kritisiert. Es wurde verlangt, daß Frauen entweder in Entwicklungsprojekte hineingebracht werden oder daß die wichtigen, bereits bestehenden Arbeiten der Frauen besser entlohnt werden. Diese Vorschläge sind dementsprechend durch die sogenannten WID- (women in development) und WAD- (women and development) Initiativen vertreten. Aufgrund von WID wurden sich viele Entwicklungshilfe-Organisationen wie die UNDP[3] und USAID[4] bewußt, daß frauenspezifische Elemente in die bestehenden Projekte integriert werden müssen. WAD-Befürworter warnen vor einer solchen Integration von Frauen in Entwicklungsprojekte, die größtenteils auf Männer ausgerichtet sind. Statt dessen wird vorgeschlagen, daß Frauen für ihre traditionellen Tätigkeiten wie Haus- und Landwirtschaftsarbeiten besser entlohnt werden. Es sei vorzuziehen, so wurde argumentiert, weibliche Tätigkeiten zu berücksichtigen und aufzuwerten (empowerment), als Frauen irgendwo am Rand von männlichen Projekten einzuordnen. Solche WAD-Initiativen trugen dazu bei, daß viele nationale und internationale Entwicklungsorganisationen spezifische Frauenprojekte vor allem zur Einkommensförderung einführten.

WID wie auch WAD sind jedoch Grenzen gesetzt, teilweise weil beide Initiativen sich weitgehend auf die herkömmliche Sprache der Entwicklungspolitik berufen. Diese

3 United Nations Development Program
4 United States Agency for International Development

Sprachpraxis bleibt nicht ohne Konsequenzen. So kommt zum Beispiel das Wort „Frau" in den meisten Sprachen vor. Die als Frauen bezeichneten Menschen präsentieren sich normalerweise als weiblich und gehen Aktivitäten nach, die als weiblich gelten. WID- und WAD-Initiativen nehmen daher an, zumindest auf implizite Weise, daß „Frau" eine authentische und leicht erkennbare soziale Kategorie darstellt. Die sich seit neuestem profilierenden sogenannten GAD- (gender and development) Initiativen schlagen vor, mehr Aufmerksamkeit der sozialen Konstitution des weiblichen Subjektes zu schenken. Der Begriff „Frau" ist dann Teil einer Verknüpfung von Sprache, Wissen und Macht, durch die verhältnismäßig kleine biologische Differenzen zu einem Hauptkriterium sozialer Beziehungen werden. Weiblichkeit erscheint nicht mehr als authentisches biologisches Faktum, sondern als „das Produkt eines permanenten sich reproduzierenden Prozesses der symbolischen Vergegenwärtigung – durch den Geschlechtsidentität und Geschlechterdifferenz hergestellt werden" (List 1993: 39).

Durch eine Problematisierung der „Frau" als diskursiv konstituierte soziale Kategorie wird auch die Erfassung menschlicher Bedürfnisse um einiges komplizierter, als dies die vorherrschende Theorie and Praxis der Entwicklungshilfe wahrhaben will. Diskursiv verankerte und verdinglichte Geschlechterdifferenzen verflechten sich mit verschiedenen anderen Kategorien, die zur Aufrechterhaltung der bestehenden internationalen Ordnung notwendig sind – wie Klasse, Hautfarbe, Alter oder sexuelle Präferenz. Diese komplizierte, auf Differenz beruhende Ordnung scheint genauso tief verwurzelt zu sein, wie dies das entwicklungspolitische Predigen über die Gewißheit des linearen Fortschritts ist.

Verschiedene Spannungen und transformierende Bewegungen kennzeichnen diese internationale Ordnung und ihre entsprechenden Geschlechterregime. Frauen und Männer sind jedoch unbestimmte und anpassungsfähige Subjekte, deren Erscheinungen, Erwartungen und Arbeitstätigkeiten sich nicht immer mit Entwicklungsdogmen decken. Auch das eigentliche Konzept der Entwicklung bedeutet dann mehr als nur „Integration von Frauen" (WID) oder „Einkommensförderung durch Frauenprojekte" (WAD), es bedeutet mehr als ein logistisches Problem, das die Weltbank und der Internationale Währungsfonds weiterhin durch die zunehmend bizzare Auflage struktureller Bedingungen zu lösen versuchen. Die Hauptaufgabe der Entwicklungsproblematik ist dann eine kritische Neubewertung der Normen, Prinzipien und Entscheidungsprozeduren, die im internationalen Entwicklungsregime konvergieren. Dadurch werden die in den letzten Jahren angebrachten Verbesserungen nicht negiert. Es muß jedoch anerkannt werden, daß diese oft erfolgreichen Versuche immer noch auf einer Gewißheit über die Erwartungen der zu „entwickelnden" Menschen beruhen – angenommene Erwartungen, die weitgehend philosophisch und empirisch ungeprüft bleiben (vgl. Marchand/Parpart 1995).

Trotz dieser Probleme haben feministische Ansätze zur Entwicklungsfrage, sei dies WID, WAD oder GAD, zweifelsohne zur Enthüllung eines einflußreichen geschlechterspezifischen internationalen Entwicklungsregimes beigetragen. Ein solches Regime kann sich nur mit Hilfe einer entsprechenden „Entwicklungssprache" aufrechterhalten. Diese Sprache beeinflußt politische und soziale Möglichkeiten, erzeugt das Fachwissen der Entwicklungsexperten und entscheidet, welche Menschen als entwicklungspädagogische Rollenmodelle gelten sollen. Zahlreiche Aspekte dieses internationalen Regimes wurden duch feministische und andere Kritik enthüllt. Daß das Regime trotzdem noch immer die Theorie und Praxis der Entwicklungspolitik dominiert, hat vor allem damit zu tun, daß Regime durch ihre tiefe Verwurzelung in der Sprache nicht so einfach beiseite geschoben werden können. Doch Kritik ließ dieses internationale Regime und die entsprechende Verknüpfung von Wissen und Macht leerer denn je erscheinen und schuf Möglichkeiten zur Entfaltung von neuen, mannigfaltigen Darstellungen, Einsichten und Visionen. Arturo Escobar beschreibt dieses Phänomen wie folgt:

„In the rhizomic layout that results from the micropolitics of the social field, there might emerge (in fact, there are always emerging) multiple articulations of statements and visibilities that differ from those dreamed of by bureaucrats at the World Bank and planning officers over the world" (Escobar 1995: 191f.).[5]

3. *Sprachkritik als feministische Subjektkritik*

Wo können eingefleischte internationale Geschlechterregime am erfolgreichsten herausgefordert und kritisiert werden? Wie können die verdinglichte weibliche Subjektivität und die entsprechenden sozialen Ausschlußmechanismen überwunden und beseitigt werden? Wie können Frauen vom Rand der Internationalen Politik in deren Mitte gebracht werden? Klare Antworten sind auf diese schwierigen Fragen nicht zu finden. Möglichkeiten sind hingegen sichtbar und vorhanden. In den Worten Elisabeth Lists, die sich auf Judith Butler beruft, „kann einer Verdinglichung von Geschlecht und Geschlechtsidentität nur durch eine Politik entgegengetreten werden, die die veränderlichen Konstruktionen von Identität als methodische und normative Voraussetzung begreift" (List 1993: 37f.). So müßte feministische Kritik, nach List, essentialistische Neigungen vermeiden und sich als genealogische Kritik entfalten. Diese führe zu einer Dekonstruktion derjenigen Identitätskategorien, die durch verschiedene sprachliche und diskursive Faktoren erzeugt, naturalisiert und verdinglicht worden sind. Die daraus resultierende feministische Theorie und Politik der Subjektivität würde daher an Stelle einer Vereinigung weiblicher Subjektpositionen eine Strategie der Diversität verfolgen (vgl. ebd.: 36).
Sprachkritik ist der erste Schritt in Richtung einer Politik zur Öffnung und Entfaltung der durch internationale Geschlechterregime verdinglichten weiblichen Subjektivität. Kritische Gedanken lassen sich nicht einfach durch die Verwendung herkömmlicher Redeweisen ausdrücken. Nach Theodor Adorno modelliert die Sprache den Gedanken so, „daß er dem Ziel von Unterwerfung sich anbequemt, selbst dort, wo er ihm zu widerstehen meint" (Adorno 1964: 8). Diese Problematik zeigt sich besonders akut in der Kritik von Geschlechterregimen. Sigrid Weigel zum Beispiel weist auf die Schwierigkeiten vieler Frauen hin, ihre Erfahrungen und Probleme mittels der geläufigen Sprache auszudrücken. Machtbeziehungen kommen schon mit den ersten Worten zum Vorschein. Wenn Frauen versuchen, „das, was aus den herrschenden Redeweisen und Überlieferungen ausgeschlossen ist, zu beschreiben, dann müssen sie den Ort, von dem aus gesprochen wird, einnehmen; und dort sind sie immer schon die *Be*schrie-

5 Für Beispiele solcher „multiple articulations of statements and visibilities that differ" siehe Sylvester (1995).

benen" (Weigel 1989: 8). Jayne-Ann Igel[6] drückt diese Problematik auf überzeugende Weise in lyrischer Form aus:

> „war ich endgültig gefangen, als ich ihre sprache lernte, meine
> stimme ein vogellaut, der mich ihnen bewahrte; sie hielten
> mich am hause gleich dem rebstock, dessen triebe sie be
> schnitten, daß er die zimmer nicht verdunkele
>
> und dicht bei der mauer des hauses spielte ich, unterm lichte
> trocknender laken, die finger durchlöcherten den putz, nicht
> missen mochte ich den leibhaftigen klang meines namens, der
> nach urin roch; die meinen namen in ihrem munde führten,
> hielten mich mit den zähnen fest am genick" (Igel 1992: 158).

Auch im Bereich der Weltpolitik werden Frauenstimmen als Vogelgezwitscher abgetan, beißen die scharfen Zähne vorherrschender Sprachspiele sich tiefer und tiefer in das Fleisch derjenigen, die sich gegen die etablierte Ordnung zu wehren versuchen. Auch dort sind Frauen, die sich kritisch über internationale Geschlechterregime äußern wollen, immer schon die *Be*schriebenen. Weil diese Regime das Weibliche bereits als Abweichung von der männlichen Norm sprachlich konstruieren und verdinglicht haben, werden Frauen zwangsweise zu machtlosen Objekten degradiert.

Es gilt daher, Rede- und Schreibweisen zu finden, die es Frauen ermöglichen, durch die Stille und Antwortlosigkeit der Sprache hindurchzudringen. Dieser Vorgang muß nicht zu einer vollständigen Desexualisierung der Sprache führen, sondern sollte, wie Luce Irigaray dies betont, darauf ausgerichtet sein, die Sprache so weit zu dehnen, daß Frauen sich als handelnde Subjekte situieren können (vgl. Irigaray 1990: 35ff.). Sprachkritik ist daher eine Grundvoraussetzung für eine erfolgreiche Kritik internationaler Geschlechterregime. Um die vorherrschende, männliche Sphäre der internationalen Politik durchdringen zu können, um Platz für alternative Visionen zu schaffen, muß feministische Kritik sich gegen herkömmliche Redeweisen stellen. Nur so kann vermieden werden, daß diese Kritik wirkungslos im Sog herrschender männlicher Diskurse untergeht. Verschiedene Arten der Sprachkritik stehen zur Verfügung, wie zum Beispiel stilistisch subversive Schreibweisen oder eine Verfremdung von weitläufigen Begriffen und Redewendungen, die männliche Werte zur internationalen Alltagsordnung sichtbar machen.[7]

Sprachkritik kann grundlegende politische Veränderungen nur durch eine allmähliche Umwandlung von gesellschaftlichen Werten ermöglichen. Doch diese Langwierigkeit ist keinesfalls mit dem Ausbleiben einer Wirkung gleichzusetzen. Nietzsche betonte dies schon vor langer Zeit: „Nicht um die Erfinder von neuem Lärme: um die Erfinder von neuen Werten dreht sich die Welt; *unhörbar* dreht sie sich" (Nietzsche 1985: 109). Um dieses unhörbare Drehen in Schwung zu bringen, müssen jedoch einige wichtige Punkte beachtet werden. So besteht die Gefahr, daß sich der Glaube an die befreiende Wirkung neuer Wörter allmählich in einen Sprachoptimismus verwandelt, dessen idealistische Tendenzen von zahlreichen feministischen AutorInnen eingehend kritisiert wurde (vgl. Weigel 1989: 104f.). Auch muß beachtet werden, daß sprachkritisch

6 Jayne-Ann (vormals Bernd) Igel

7 Für eine detaillierte Besprechung sprachkritischer Methoden im Bereich der Internationalen Beziehungen siehe Bleiker (1997).

bewußte Rede- und Schreibweisen nicht zur Unverständlichkeit entarten. Sprachkritik gleicht einer Gratwanderung: Ein Schritt zuviel nach rechts, und der kritische Gedanke wird erbarmungslos in den Sog des machthabenden Diskurses hineingezogen; ein Schritt zuviel nach links, und die Hoffnung auf eine gerechtere Gesellschaftsordnung verschwindet sang- und klanglos im Abgrund eines politisch belanglosen und unverständlichen Sprachoptimismus.

Es gilt, die Einsicht des späten Wittgensteins in Erinnerung zu behalten und Wörter nicht ziellos aus ihrem sozialen Umfeld herauszureißen. Wenn feministische Sprachkritik einen einflußreichen politischen Wirkungsraum herstellen und aufrechterhalten will, dann dürfen die äußeren Grenzen der bestehenden Sprachspiele nur so weit gedehnt werden, daß die kritisch abgefaßte Alternative zur bestehenden Ordnung für einen wesentlichen Teil der Bevölkerung noch sprachlich erfaßbar bleibt. Es versteht sich von selbst, daß solche Versuche verschiedene Hindernisse zu überwinden haben und nur über längere Zeit hinweg politischen Einfluß ausüben können. Mit einigen dieser Schwierigkeiten, vor allem denjenigen, die mit der Artikulation einer kritischen Geschlechterpolitik über unterschiedliche nationale Sprachen hinweg zu tun haben, waren wir bei der gemeinsamen Abfassung dieses Aufsatzes direkt konfrontiert.

4. Empathie, Interpretation, Übersetzung

Wie können die durch Sprachkritik gewonnenen Einsichten benutzt werden, um einflußreichen internationalen Geschlechterregimen ein Ende zu bereiten? Wie können verschiedene, gleichzeitig existierende weibliche Identitäten, vor allem diejenigen, die einschränkende männliche Normen sprengen, sichtbar gemacht und gefördert werden? Feministische Kritik hat in vielzähligen Initiativen verlangt, daß Sicherheits- und Entwicklungsexperten den „Stimmen" der als weiblich erkannten und sich zu erkennen gebenden Menschen mehr Aufmerksamkeit geschenkt wird. Sprachkritische Untersuchungen zeigen, warum es bei diesen Stimmen um mehr als nur erkennbare Töne, Wörter und Aussprüche geht. Diesen Stimmen zuzuhören, ist jedoch nicht unproblematisch. „Stimmen" bestehen aus persönlichen Rede- und Schreibstilen, Metaphern, Wortspielen, Witz und anderen Sprachgebräuchen, die dem zuhörenden Experten schwer zugänglich oder gar gänzlich fremd sein können. Entsprechende Fehlinterpretationen sind daher leicht denkbar. Anthropologen haben dieses Problem schon seit langem erkannt und keinen Aufwand gescheut, der zum Verständnis einer lokalen Sprache vonnöten ist.

Beobachter der internationalen Beziehungen können sich jedoch nicht alle Sprachen dieser Welt aneignen. So begnügen sich die meisten Experten mit der international weitgehend als Lingua Franca anerkannten englischen Sprache. Die einen oder anderen fügen noch Zweit- oder Drittsprachen hinzu. Das Hauptproblem bleibt aber ungelöst und oft unbenannt. Dieses Hauptproblem ist es wahrzunehmen, daß das Sprechen und Hören von verschiedenen Stimmen ein kompliziertes linguistisches Phänomen darstellt. So muß gefragt werden, ob vergessene und untergeordnete Stimmen überhaupt je gehört werden können oder ob sie zwangsweise im Sturm der vorherrschenden weltpolitischen Sprachspiele untergehen müssen. Gayatri Spivak nahm sich dieses Problems schon vor Jahren an und fragte, ob westliche Intellektuelle, die den unter-

worfenen Stimmen zuhören, lediglich für sich selbst sprechen – auch dann, wenn sie meinen, die weniger Privilegierten vertreten zu können (vgl. Spivak 1988).
Bei der gemeinsamen Abfassung dieses Aufsatzes mußten wir uns mit der Problematik der „Stimme" direkt auseinandersetzen. Vor allem das ständige Hin- und Herdenken zwischen englischen und deutschen Schreibweisen gab Anlaß zu verschiedenen Schwierigkeiten. Roland Bleiker ist in Zürich aufgewachsen, erwarb seine Deutschkenntnisse duch den Filter schweizer Mundart und verbrachte die letzten vierzehn Jahre ausschließlich in französisch-, koreanisch- und englischsprachigen Gebieten. Christine Sylvester, deren Muttersprache Englisch ist, erwarb Sprachkenntnisse – Französisch und Shona[8] –, die in diesem Projekt nicht direkt zur Anwendung kamen. Unsere Zusammenarbeit am vorliegenden Artikel führte durch ein kompliziertes Stimmengewirr und ein entsprechend reges Hin- und Herhören. Sylvester schrieb ihren Beitrag auf Englisch, den Bleiker dann auf Deutsch übersetzte und mit seinen Ausführungen ergänzte. Trotz ständigen Konsultierens und Verhandelns zwischen den AutorInnen konnten viele Schwierigkeiten des Schreib- und Übersetzungsprozesses nicht vollständig behoben werden. Für den Übersetzer galt es, Verantwortung für die Interpretation des Inhaltes wie auch für die Amalgamierung der Schreibstile beider VerfasserInnen zu übernehmen. Für die zu übersetzende Mitautorin gab es vor allem die Frustration, Kontrolle über die Verfassung des Textes zu verlieren:

„I know that aspects of my voice have been Germanized out of recognition. The technical term 'cooperative autonomy from women', for example, has no ready counterpart in German and, perhaps, no full correspondence in meaning. My inclination to use somewhat playful or literary modes of expression when writing serious social science has been buried in more earnest German – words like shape-shift, to refer to the indeterminacy of the status of 'women', have been translated, in a rather loose manner, as 'unbestimmt und anpassungsfähig'. Bleiker is surely not insensitive to these matters of voice. Not at all. It is not his fault. Rather, we have faced together the problematique of translation as a process that brings voice to audiences that have not heard one's views before and, simultaneously, closes off or distorts important elements of self-expression. Learning a language is a great assistance in understanding voice. But it is not everything. Translation is a separate issue."

Gerade die Schwierigkeiten, die mit der gemeinsamen Verfassung dieses Aufsatzes verbunden waren, betonen die Notwendigkeit, Konversationen über verschiedene Sprachspiele hinweg auszutragen. Natürlich ziehen Sprachen imaginäre soziale Grenzlinien, die auch mit den kühnsten Übersetzungsversuchen nicht übersprungen werden können. Es darf jedoch nicht vergessen werden, daß Übersetzen im weiteren Sinne der Tätigkeit ein fundamentaler Aspekt des menschlichen Lebens ist. Nach Michael Bakhtin sind Menschen ständig dabei, Sprachgrenzen zu überschreiten, nicht nur zwischen verschiedenen Nationalsprachen, sondern vor allem zwischen Sprachspielen, die gleichzeitig innerhalb eines einzigen Kulturraums, einer Sprachgemeinschaft existieren (vgl. Emerson 1993: xxxi; Bakhtin 1981).
Das Überbrücken von Sprachgrenzen, auch wenn dies noch so schwierig ist, schafft die Möglichkeit zur Entfaltung von feministischen Vorgängen, die als „einfühlende Zusammenarbeit" oder „empathetic cooperation" gesehen werden können.[9] Empathie

8 Shona wird in Zimbabwe gesprochen.
9 Zum Begriff „empathetic cooperation" siehe Sylvester (1994a und 1994b).

ist die Fähigkeit und Bereitschaft, sich in den Geist und Sinn des anderen, in die Differenz, hineinzufühlen und sich dadurch vielleicht sogar teilweise verändern zu lassen. Im Bereich der internationalen Beziehungen stellt dies die Fähigkeit und Bereitschaft dar, geschlechtsspezifischen Fragen so nachzugehen, daß normalerweise unbeachtete Identitäten, Darstellungen und Handlungsorte erkannt und geschätzt werden können. Im Bereich der spezifischen Thematik dieses Aufsatzes ist Empathie die Fähigkeit, anerkennen zu können, daß gewisse Fragestellungen und entsprechende Lösungsversuche nicht problemlos von einer Sprache in eine andere übertragen werden können. Und dennoch kann ein Teil dieser Frage- und Lösungsthematik auch in der Seltsamkeit einer Fremdsprache noch zu praktischer Anwendung gelangen – so hoffen wir zumindest.
Einfühlende Zusammenarbeit kann erfolgreich angewandt werden, wenn wir „mit streitsüchtigen anderen respektvoll verhandeln" (Ferguson 1993: 154) und deren Meinungsverschiedenheiten nicht einfach isolieren, debattieren oder in eine liberale Kompromißstrategie hineinzwängen. Empathie strebt Kommunikatives und Öffnendes an, jedoch ohne anzunehmen, daß dadurch alle kommunikativen Hindernisse überbrückt werden können. Versuche, ein gemeinsames Verständnis über verschiedene Sprachspiele hinweg zu finden, können Wörtern und Ausdrücken keine authentische Bedeutung abgewinnen. Auch können sie keine kommunikativen Voraussetzungen schaffen, die frei von Machteinflüssen sind. Sich mit einfühlender Zusammenarbeit abgeben heißt, sich damit abzufinden, daß auch nach respektvollen Verhandlungen noch Zweideutigkeiten, Uneinigkeiten und Spannungen übrig bleiben. Dies verlangt eine ständige theoretische Konfrontation mit sprachlich gesetzten Werten und Bedeutungen wie auch mit verschiedenen Arten der menschlichen Subjektivität, die alle nicht als fest und vorbestimmt, sondern als beweglich angesehen werden sollten. Es ist nicht weiter erstaunlich, daß durch dieses ständige Problematisieren die gewohnten alten Plätze, diejenigen, die emotionale Sicherheit boten, aber auch viele soziale Möglichkeiten einschränkten, auf einmal etwas fremd erscheinen. Eine Entschädigung für das sich daraus ergebende Gefühl der Heimatlosigkeit bietet uns ein einfühlendes Eindringen in die Differenz und die Andersartigkeit sowie die Möglichkeit, „verschiedene Welten und uns darin" zu sehen (Lugones 1990: 396). Für die von der vorherrschenden Sicherheits- und Entwicklungspolitik an den Rand gedrängten Frauen können sich dadurch Welten öffnen, die zuvor kaum gesehen werden konnten.

5. Und dieses Vogelgezwitscher ...

Zeitgenössische Internationale Politik bewegt sich im Rahmen eines Regimes kooperativer Autonomie, dessen Zusammenarbeitsstrategien zwischen Männern es ermöglicht, Frauen und ihre Anliegen weiterhin von den internationalen Sphären auszuschließen. Obwohl Frauen in allen Erdteilen einen wichtigen Beitrag zur Aufrechterhaltung ganz unterschiedlicher sozialer und wirtschaftlicher Systeme leisten, werden deren Aktivitäten weitgehend als marginal dargestellt. Frauen können daher die als männlich konstituierte internationale Sphären nur als dienende Besucherinnen betreten. Ihr zugewiesener Platz ist weit entfernt von den Entscheidungsgremien der Weltpolitik, nämlich in Haus und Hof, auf den Äckern der Agrarstaaten, an den Fließbändern der sich industrialisierenden Nationen und in vielen anderen dienenden Bereichen. Die entsprechenden internationalen Geschlechterregime basieren auf sprachlich und diskursiv eingebetteten *Herr*schaftsmechanismen, die die bestehende Ordnung verdinglicht und naturalisiert haben. Das von männlichen Werten durchtränkte Ausschließungssystem wird daher weitgehend als natürlich und geschlechterneutral angesehen.

Dieser Aufsatz galt der Problematisierung dieser verdinglichten internationalen Geschlechterregime. Wir haben uns vor allem zwei miteinander verbundenen Strategien gewidmet, nämlich der Sprachkritik und der einfühlenden Zusammenarbeit. Existierende Redewendungen sind für eine feministische Kritik an vorherrschenden Geschlechterregimen untauglich. Die Theorie und Praxis der Internationalen Beziehungen hat, durch verschiedene sprachliche und diskursive Mittel, das Männliche bereits als Norm konstituiert. Alles Weibliche ist lediglich eine Abweichung von dieser als natürlich präsentierten Norm. Frauen werden daher in der internationalen Sphäre kaum beachtet, und wenn, dann höchstens als machtlose Objekte, die steuerlos dem Sog weltpolitischer Ströme ausgesetzt sind.

Mit einer Anerkennung der Mobilität, die duch Sprachkritik und Empathie erreicht werden kann, wird auch sichtbar wie „Frauen" zwischen verschiedenen Identitäten und Orten hin und her gleiten. So können Frauen Aspekte männlicher Regime umgehen, die geschlechtsspezifischen Rollenverteilungen in der internationalen Sphäre als scheinbar unveränderlich konstituiert haben. Gestärkt durch diese Einsicht können Frauen sich auf geistige Reisen begeben, aus eng geschnürten Identitätskorsetten hinausschlüpfen und den immer noch vorherrschenden Darstellungen entgehen, die auf arrogante Weise Frauenwelten als abwesende Welten definieren und behandeln. Zumindest zwei Wege zeichnen sich hier ab. Erstens können die maßgebenden Texte über Internationale Politik mittels feministischen Interpretations- und Übersetzungsstrategien gelesen und wiedergelesen werden, so daß wir uns als kritische LeserInnen und Subjekte wie auch das Internationale und seine Beziehungen verwandeln und anpassen können. Diese transformierende Tätigkeit, dieses „shape-shifting" ermöglicht eine Konfrontation mit denen, „die uns am hause halten gleich dem rebstock, dessen triebe sie beschnitten". So kann nun über Orte gesprochen werden, die bis dahin den vornehmen Herren der Internationalen Politik als zu erbärmlich und unwürdig vorkamen: Fabriken, Bauernhöfe, Bordelle, häusliche Gemeinschaften, kurzum Orte, an denen sogenannte Frauen oft zu Hause sind. Zweitens kann erkannt werden, daß internationale Sphären, in die wir durch Sprachkritik und Empathie eindringen, sich nicht nur von Geschlechternostalgien lösen, sondern sich auch uns annähern und allmählich anpassen. Minrose Gwins Konzept des räumlichen Reisens (space travel) kann hier etwas Klarheit schaffen. Solches Reisen ist ein räumliches Übergreifen zwischen den Welten feministischer LeserInnen und ÜbersetzerInnen und den Welten der gelesenen und übersetzten Texte, die in der Internationalen Politik maßgebend sind. So hängt für Gwin räumliches Reisen davon ab, „daß eine Leserin während des Lesens, Verstehens und Festlegens eines Textes auch bereit ist, selbst gelesen, verstanden und verschoben zu werden" (Gwin 1996: 882).[10]

---

10 Es muß bemerkt werden, daß wir Gwin hier verhältnismäßig großzügig interpretieren. So beschreibt sie die Subjekte des räumlichen Reisens als „weibliche feministische Leserinnen, weibliche Prosa-Autorinnen und Erzählungen über das Leben der Frauen, die entweder

Neue Darstellungen und Erzählungen, die sich aus den einfühlenden Bemühungen des räumlichen Reisens ergeben, erzeugen weitere Lese- und Reisemöglichkeiten. So üben diese Darstellungen und Erzählungen selbst gewisse Einflüsse aus, die weit über das Niederschreiben von unbeachteten Erfahrungen hinausgehen. Dieses Übergreifen, Interpretieren und Übersetzen, dieses einfühlende räumliche Reisen kann Vogellaute in etwas anderes versetzen – etwas, das noch keine Form und keinen Namen hat, aber kaum zu ignorieren sein wird.

Literaturverzeichnis

Bakhtin, Michail, 1981: The Dialogical Imagination. Four Essays, übersetzt von Gary Emerson/Michael Holquist. Austin.

Bleiker, Roland, 1993: Neorealist Claims in Light of Ancient Chinese Philosophy, in: Millennium. Journal of International Studies 22(3), Winter, 401-421.

Bleiker, Roland, 1997: Forget IR Theory, in: Alternatives 22(1), 57-85.

Butler, Judith, 1991: Das Unbehagen der Geschlechter. Frankfurt a.M. (Übersetzungen von: Gender Trouble. Feminism and the Subversion of Identity. New York, 1990).

Butler, Judith, 1993: Bodies That Matter. On the Discursive Limitations of „Sex". London.

Cohn, Carol, 1989: Sex and Death in the Rational World of Defense Intellectuals, in: *Linda Forcey* (Hrsg.), Peace. Meanings, Politics, Strategies. New York, 39-71.

Connolly, William, 1991: Democracy and Territoriality, in: Millennium. Journal of International Studies 20(3), 463-484.

Cowen, Michael/Shenton, Robert, 1996: Doctrines of Development. London.

Elshtain, Jean Bethke, 1987: Women and War. New York.

Emerson, Caryl, 1993: Editor's Preface to Bakhtin's Problem of Dostoevsky's Poetics. Minneapolis.

Enloe, Cynthia, 1989: Bananas, Beaches and Bases. Making Sense of International Politics. London.

Enloe, Cynthia, 1993: The Morning After. Sexual Politics in the Post-Cold War Era. Berkeley.

Escobar, Arturo, 1995: Encountering Development. The Making and Unmaking of The Third World. Princeton.

Ferguson, Kathy, 1993: The Man Question in Feminism. Visions of Subjectivity in Feminist Theory. Berkeley.

Haug, Frigga, 1993: Anmerkung zur Diskussion um die Kategorie „Geschlecht", in: Das Argument 202(35/6), Nov./Dez.

Heidegger, Martin, 1959: Unterwegs zur Sprache. Stuttgart.

Igel, Jayne-Ann, 1992: Der Zögling, in: *Theo Elm* (Hrsg.), Kristallisationen. Deutsche Gedichte der achtziger Jahre. Stuttgart, 158.

Irigaray, Luce, 1990: Je tu nous. Pour une culture de la différence. Paris.

Koffman, Elenor/Youngs, Gillian (Hrsg.), 1996: Globalization. Theory and Practice. London.

Krasner, Stephen, 1982: Structural Causes and Regime Consequences. Regimes as Intervening Variables, in: International Organization 36, 185-206.

Landweer, Hilge/Rumpf, Mechthild, 1993: Einleitung zu: Kritik der Kategorie „Geschlecht", in: Feministische Studien II(2), Nov., 3-9.

List, Elisabeth, 1993: Die Präsenz des Anderen. Theorie und Geschlechterpolitik. Frankfurt a.M.

---

erdichtet, autobiographisch oder, wie so oft, eine Verbindung von beiden sind" (Gwin 1996: 871). Vielleicht etwas weniger essentialistisch gesehen beinhaltet räumliches Reisen im Bereich der Internationalen Politik feministische LeserInnen, AutorInnen und Erzählungen über Frauen, die in den herkömmlichen Beschreibungen des Internationalen fehlen. Gerade wegen dieser Absenz von „Frauen" können solche Beschreibungen jedoch mittels verschiedener Interpretationen durchdrungen und geöffnet werden.

Lugones, Maria, 1990: Playfulness, „World"-Travelling and Loving Perception, in: *Gloria Anzalduna* (Hrsg.), Making Face, Making Soul – Haciendo Caras. Creative and Critical Perspectives by Women of Color. San Francisco, 390-402.
Marchand, Marianne/Parpart, Jane (Hrsg.), 1995: Feminism / Postmodernism / Development. London.
Mies, Maria, 1986: Patriarchy and Accumulation on a World Scale. Women and the International Division of Labour. London.
Nietzsche, Friedrich, 1985: Also sprach Zarathustra. Ein Buch für Alle und Keinen. München.
Pitkin, Hanna Fennichel, 1972: Wittgenstein and Justice. On the Significance of Ludwig Wittgenstein for Social and Political Thought. Berkeley.
Spender, Dale, 1985/1980: Man Made Language. London.
Spivak, Gayatri Chatrovorty, 1988: Can the Subaltern Speak, in: *Cary Nelson/Lawrence Grossberg* (Hrsg.), Marxism and the Interpretation of Culture. Chicago, 271-313.
Staudt, Kathleen, 1990: Introduction, in: *Dies.* (Hrsg.), Women, International Development and Politics. The Bureaucratic Mire. Philadelphia.
Stiehm, Judith, 1983: The Protected, the Protector, the Defender, in: *Dies.* (Hrsg.), Women and Men's Wars. Oxford.
Sylvester, Christine, 1994a: Empathetic Cooperation. A Feminist Method for IR, in: Millennium. Journal of International Studies 21(2), 315-336.
Sylvester, Christine, 1994b: Feminist Theory and International Relations in a Postmodern Era. Cambridge.
Sylvester, Christine, 1995: Women in Rural Producer Groups and the Diverse Politics of Truth on Zimbabwe, in: *Marianne Marchand/Jane Parpart* (Hrsg.), Feminism / Postmodernism / Development. London, 182-203.
Sylvester, Christine, 1996: The White Paper Trailing, in: *Graeme Cheesman/Robert Bruce* (Hrsg.), Discourses of Danger and Dread Frontiers. Australian Defence and Security Thinking After the Cold War. Sydney, 134-149.
Thürmer-Rohr, Christina, 1995: Denken der Differenz. Feminismus und Postmoderne, in: beiträge zur feministischen theorie und praxis 18(39), 87-97.
Wittgenstein, Ludwig, 1993: Philosophische Untersuchungen, in: Werkausgabe Band 1. Frankfurt a.M., 225-580.
Zur Dekonstruktion der Kategorie Geschlecht, 1995, in: FRAZ: Frauezitig 1, 22-25.

Internationale Politik – geschlechtsneutrale Paradigmen?

Birgit Locher-Dodge

Die dramatischen Ereignisse der Weltpolitik in den achtziger Jahren mit dem Ende des Kalten Krieges haben die internationale Arena in einen komplexen und konfliktreichen Schauplatz verwandelt. Die Auflösung der bipolaren Weltordnung zugunsten einer neuen Unübersichtlichkeit politischer Verhältnisse spiegelt sich wider in der zunehmenden theoretischen Diffusion in der Teildisziplin der Internationalen Beziehungen. So haben die unvorhergesehenen Umwälzungen in der internationalen Ordnung erhebliche Zweifel an der Erklärungskraft der bislang dominanten utilitaristischen Theorien[1] ausgelöst und ihren Geltungsanspruch massiv in Frage gestellt (vgl. Bowker/Brown 1993; Risse-Kappen/Lebow 1995). In einer Zeit, in der widersprüchliche Tendenzen wie Globalisierung einerseits, nationalistische Fragmentierung andererseits, die Suche nach einer „neuen Weltordnung" schwierig machen, werden daher zunehmend theoretisch innovative Wege beschritten, die eine Befreiung von der intellektuellen Zwangsjacke traditioneller Konzepte und Kategorien anstreben.
Zu den neuen post-positivistischen Theorien,[2] deren Kritik die Internationalen Beziehungen aufgemischt hat, gehört auch der Feminismus.[3] Feministische Forschung tritt mit einem zunehmend selbstbewußteren Relevanzanspruch in der Teildisziplin der Internationalen Beziehungen auf. Dieser stützt sich auf die Einsicht, daß *gender*[4] nicht nur individuelle Geschlechtsidentität bestimmt, sondern als strukturelles Konzept in alle Bereiche gesellschaftlichen, politischen und damit auch internationalen Handelns hineinwirkt. Trotz der in den letzten Jahren beachtlich angewachsenen Literatur zur Geschlechterforschung hat die Teildisziplin der Internationalen Beziehungen die feministische Herausforderung bislang kaum wahr-, geschweige denn ernstgenommen.

---

1 Der Terminus *Utilitarismus* dient als Oberbegriff für (Neo-)Realismus und Institutionalismus. Er leitet sich von der Tatsache ab, daß diese Theorien vom Nutzenmaximierungsprinzip rationaler Akteure als handlungstheoretischer Prämisse ausgehen. Jene Theorien werden daher auch als *rationalistisch* bzw. als *rational-choice*-Ansätze bezeichnet (vgl. Zangl/Zürn 1994: 82).

2 Post-Positivismus soll an dieser Stelle allgemein definiert sein als epistemologisches Konzept, welches in Opposition zur objektivistischen Metaphysik mit ihrem Anspruch auf Neutralität steht. Post-positivistische Theorien betrachten Wissen(schaft) als Bestandteil und Produkt der sozialen Welt und damit – im Gegensatz zu positivistischen Positionen – als zwangsläufig intersubjektiv konstruiert. Zu den post-positivistischen Ansätzen gehören zum Beispiel Diskursanalyse, Poststrukturalismus, Kritische Theorie und Konstruktivismus (vgl. Meyers 1990; Risse-Kappen 1995).

3 Der Kollektivbegriff „Feminismus" bezeichnet eine Vielfalt ausdifferenzierter theoretischer Ansätze, deren gemeinsame normative Zielsetzung in der Gleichberechtigung von Frauen besteht (vgl. Thürmer-Rohr 1987: 142; Batscheider 1993: 108).

4 *Gender* wird im Deutschen am besten wiedergegeben mit dem Begriff „Geschlechterverhältnisse", welcher die Mehrdimensionalität des Konzepts erfaßt (vgl. Krell 1996: 150).

Angesichts dessen stellt sich die dringliche Aufgabe, die Bedeutung und Leistungsfähigkeit feministischer Einmischungen in die Internationalen Beziehungen darzulegen. Als erstes muß dabei nach den Ursachen für die vergleichsweise späte Zusammenkunft der beiden Forschungsbereiche gefragt werden. Eine solche Fragestellung zieht unweigerlich eine kritische Bestandsaufnahme der Teildisziplin der Internationalen Beziehungen sowie die Offenlegung ihrer inhärenten Androzentrismen nach sich. Während männliche Parteilichkeit in utilitaristischen Ansätzen leicht zu greifen ist, besitzt sie in den neuen post-positivistischen Theorien subtilere Qualität, die sich in der Ignoranz gegenüber dem Geschlechterverhältnis ausdrückt. Obwohl die neuen Theorien der *Dritten Debatte* interessante Parallelen und Überschneidungen zu feministischen Ansätzen aufweisen, muß der Feminismus daher auf seinem spezifischen Beitrag bestehen. Wenn *gender* jedoch mehr sein soll als eine zu addierende Variable oder eine zusätzliche Kategorie, dann hat eine feministische Perspektivierung der Internationalen Beziehungen notwendigerweise radikale theoretische Konsequenzen, die bis zur Neudefinition des Gegenstandsbereichs der Teildisziplin reichen.
Über die Kritik an traditionellen Theorien hinaus muß jedoch auch das rekonstruktive, empirische Potential einer feministischen Herangehensweise gezeigt werden. Wenn – so die feministische These – internationale Politik nicht ohne den Beitrag von Frauen auskommt bzw. die Internationalen Beziehungen auf die ihr zuträglichen Geschlechterarrangements angewiesen sind, dann findet durch feministische Betrachtungsweisen eine wichtige Erweiterung des Blickwinkels statt. Wie sieht eine solche Perspektivierung jedoch aus? Was können feministische Ansätze konkret bieten im Zeitalter des politischen Wandels? Anhand des facettenreichen Beispiels „Globalisierung der Wirtschaft" soll herausgearbeitet werden, welchen spezifischen Beitrag feministische Ansätze zu einer adäquateren Beschreibung einer veränderten internationalen Realität und damit letztendlich zur Transformation der Teildisziplin leisten können.

1. Feminismus und Internationale Beziehungen: verspätetes Zusammentreffen

Während die Neue Frauenbewegung der sechziger und siebziger Jahre nahezu alle traditionellen akademischen Disziplinen zu Reflexionen bezüglich ihrer vermeintlichen Geschlechtsneutralität bewog, war man in den Internationalen Beziehungen lange der Überzeugung, daß Fragen nach dem Geschlechterverhältnis für die Analyse internationaler Phänomene keinerlei Relevanz besitzen (vgl. Grant/Newland 1991: 3; Zalewski 1993: 115).
Die Gründe für den späten Versuch feministischer Einmischungen und die noch immer andauernde Marginalisierung feministischer Ansätze sind vielschichtig und reichen bis in die Anfangsjahre der Teildisziplin zurück. Die institutionalisierte Forschung in den Internationalen Beziehungen entwickelte sich in den zwanziger Jahren aus dem Bedürfnis heraus, Diplomatie nicht mehr allein Politikern zu überlassen, sondern mit wissenschaftlichem Rat einzugreifen, um Katastrophen wie den Ersten Weltkrieg in Zukunft zu verhindern. Diese enge Verbindung von Politik und Wissenschaft bewirkte eine Schwerpunktsetzung auf den Gebieten der Sicherheits- und Militärpolitik – also in den *high-politics* Bereichen, die von jeher männliche Domänen waren (vgl. Whitworth 1994: 1 und Tickner 1991: 27).

Die anfangs entworfenen Vorstellungen der Internationalen Beziehungen zogen zudem eine kategorische Trennlinie zwischen Außen- und Innenpolitik, was mit einer extrem eingeschränkten Auffassung von internationaler Politik als Summe des Außenverhaltens von Staaten einherging. Eine solch enge Definition ließ so gut wie keinen Raum, um das Geschlechterverhältnis zu thematisieren (vgl. Locher 1997: 6). Hinzu kommt, daß in der traditionellen, männlich dominierten Auffassung von internationaler Politik Subjekte – Männer und Frauen – keine Rolle spielen, während unpersönliche Akteure sowie Strukturen und Prozesse als Haupttriebkräfte im politischen Geschehen präsentiert werden (vgl. Sylvester 1992b: 230). Durch diese vom Bereich menschlicher Interaktion enthobenen Konzeptualisierung der Internationalen Beziehungen wurde der Zusammenhang von feministischem Anliegen und internationaler Politik lange verdeckt und die Bedeutung von *gender* trivialisiert. Die Internationalen Beziehungen setzen zudem eine Definition des Politischen voraus, die an Vorstellungen von Öffentlichkeit und Macht geknüpft ist, die durchweg männlich konnotiert sind. Die traditionelle Zuweisung von Frauen in die private Sphäre legitimierte ihren Ausschluß aus der „männlichen" öffentlichen Sphäre und damit auch aus der internationalen Politik (vgl. Peterson 1992a: 18).

Neben inhärenten inhaltlichen Widerständen liegt ein weiterer Grund für die späte Formulierung feministischer Perspektiven in den Internationalen Beziehungen in der personellen Dominanz von Männern begründet, was sowohl für die politische Praxis als auch für die akademische Forschung gilt. Die bisherigen Versuche feministischer Analysen – sei es für konkrete Policy-Projekte oder im universitären Bereich – sind bis auf wenige Ausnahmen von Frauen vorangetrieben worden. Eine solch geschlechtsspezifische Themenpräferenz vermindert jedoch bei einem geringen Frauenanteil rapide die Möglichkeiten für feministische Einmischungen (vgl. Whitworth 1994: ix).

Die *Dritte Debatte*: Chance für den Feminismus?

In den Internationalen Beziehungen hat feministische Forschung erst sehr spät ihren Einzug gehalten – in den USA Mitte der achtziger Jahre, im deutschsprachigen Raum seit den neunziger Jahren.[5] Das Aufkommen feministischer Ansätze fällt zusammen mit einer generellen Neuorientierung in der politologischen Teildisziplin der Internationalen Beziehungen. Diese findet ihren Ausdruck in der sogenannten *Dritten Debatte*, die seit den achtziger Jahren einen dramatischen Wandel in den Internationalen Beziehungen in Gang gesetzt hat (vgl. Lapid 1989b: 239).[6] Diese allgemeine Phase der

---

5 In Teilbereichen wie der Friedensforschung oder der Entwicklungspolitik gibt es bereits eine längere Tradition feministischer Theoriebildung.

6 Die *Dritte Debatte* wurde zunächst in den USA begonnen, hat jedoch mit einiger Verzögerung auch im deutschsprachigen Kontext Form angenommen. Während in den USA der Realismus inzwischen wieder die Diskussion dominiert, findet der argumentative Austausch in Deutschland hauptsächlich zwischen neoliberalen Institutionalisten und Sozialkonstruktivisten statt. Die deutsche Diskussion unterscheidet sich auch von der US-amerikanischen in bezug auf epistemologische Fragen: In der hiesigen Auseinandersetzung spielen wissenschaftstheoretische Aspekte kaum eine Rolle, während in den USA epistemologische Positionen wesentlich umstrittener sind (vgl. Risse-Kappen 1995: 1). Dies hängt damit zusammen, daß – im Gegensatz zur deutschen Tradition – positivistische Wissenschaftsauffassungen in den USA nach wie vor Prominenz besitzen.

Umstrukturierung und Selbstreflexion mit ihrer neuen theoretischen und methodischen Offenheit hat ein Klima geschaffen, das die Formulierung feministischer Perspektiven eher erlaubt als es bislang unter der unangefochtenen Dominanz des Utilitarismus der Fall war, die das Feld rigoros nach außen abschottete (vgl. Whitworth 1994: 115; Sylvester 1994a: 8f.).

Bahnbrechend für den Beginn der feministischen Forschung in den Internationalen Beziehungen war eine Sonderausgabe der britischen Zeitschrift *Millennium* von 1988 mit dem Titel *Women and International Relations*. Zwei Jahre später erschien Cynthia Enloes Buch *Bananas, Bases & Beaches: Making feminist sense of International Politics*, das heute schon fast ein Klassiker ist. Seit den neunziger Jahren haben die Veröffentlichungen sprunghaft zugenommen, als Autorinnen und Herausgeberinnen wichtiger Monographien haben sich dabei Grant/Newland (1991), Tickner (1992), Peterson (1992a), Peterson/Runyan (1993), Sylvester (1994a), Whitworth (1994), D'Amico/Beckman (1994, 1995) und Pettman (1996a) hervorgetan. Feministische Beiträge sind darüber hinaus in progressiveren Journalen wie *Millennium* und *Alternatives* erschienen, während die führenden Zeitschriften der Teildisziplin bislang feministischen Beiträgen kaum Beachtung geschenkt haben. *International Organization* hat jedoch 1996 dieses Tabu gebrochen und mit einem Überblicksaufsatz zu Feminismus und Internationale Beziehungen Neuland betreten (Murphy 1996).[7] Im deutschsprachigen Raum ist bislang keine einzige Monographie zum Thema erschienen,[8] allerdings werden feministische Beiträge aus dem Bereich der Internationalen Beziehungen zunehmend in Sammelbänden aufgenommen.[9] Ebenfalls 1996 wurde zudem in der *Zeitschrift für Internationale Beziehungen* mit Gerd Krells Beitrag der Versuch unternommen, das Thema in die deutsche Debatte zu integrieren (Krell 1996).

Die anwachsende Zahl neuer Veröffentlichungen weist auf das allmählich günstigere Klima für feministische Ansätze in den Internationalen Beziehungen – vorschneller Optimismus ist jedoch nicht angebracht. Zwar sind die neuen theoretischen Auseinandersetzungen in der Teildisziplin den feministisch inspirierten Ansätzen generell zuträglich, die potentiell positive Wirkung jener Umstrukturierungsprozesse für den Feminismus bedeutet jedoch nicht, daß die *Dritte Debatte* aktiv einen feministischen Zugang förderte. Im Gegenteil, wie Sylvester (1994a: 8) feststellt, finden feministische Ansätze bei Lapid und George, den prominentesten Kommentatoren der Diskussion, nicht einmal Erwähnung (vgl. George 1989; Lapid 1989a, 1989b). Auch wurde feministischen Ansätzen in der Spezialausgabe von *International Studies Quarterly*, die sich mit den neuen „Dissidententheorien" in den Internationalen Beziehungen befaßt, kein eigener Artikel gewidmet (vgl. Ashley/Walker 1990). Wie Sylvester (1993: 87) dazu bemerkt: „It seems like women are beyond studied dissidence and enjoy instead earnest, but nonetheless passing nods in the alternative international relations literature."

7 Interessanterweise sind die wenigen Veröffentlichungen in prestigereichen *mainstream*-Zeitschriften meist von Männern verfaßt.

8 Davon ausgenommen ist Batscheider (1993). Zwar ist ihre Dissertation in der Friedensforschung angesiedelt, doch enthält sie zugleich einen hervorragenden Überblick über feministische Ansätze in den Internationalen Beziehungen.

9 Zum Beispiel in Kreisky/Sauer (1995) und Becker-Schmidt/Knapp (1995).

2. Von Frauen- zu Geschlechterforschung: „Gender" statt „Woman"

Feministische Forschung in den Internationalen Beziehungen muß in Zusammenhang mit und als Produkt aus der lebhaften Debatte in der feministischen Theorie und ihrer kontinuierlichen Weiterentwicklung gesehen werden. Charakteristikum und zugleich Stärke jener feministischen Diskussionen liegt in ihrer Heterogenität und Pluralität mit der Folge einer intensiven Ausdifferenzierung theoretischer Ansätze (vgl. Rössler 1996: 268). Analog bedeutet dies für die Internationalen Beziehungen, daß es nicht nur einen feministischen Ansatz gibt, sondern eine ganze Reihe verschiedener feministischer Zugangsweisen geltend gemacht werden. Diese unterscheiden sich von anderen theoretischen Herangehensweisen durch ihr explizit normatives Grundanliegen, welches in der Emanzipation der Geschlechter liegt.

Die Anfänge feministischer Einmischungen in die Internationalen Beziehungen waren gekennzeichnet von dem Bedürfnis, die vergessene Kategorie *Frau* in die Teildisziplin einzuführen. Im Zentrum des liberalen Feminismus stand daher zunächst die Kritik an der eklatanten Unterrepräsentanz von Frauen in Positionen der internationalen Politik. In einem zweiten Schritt zielte der liberale Feminismus auf die Entwicklung pragmatischer Strategien, um Frauen in gleicher Anzahl wie Männer in das öffentliche und internationale Leben zu integrieren. Liberal-feministische Arbeiten weisen zudem darauf hin, daß Frauen auch in den traditionellen *high-politics* Bereichen bereits eine wichtige Rolle gespielt haben, was jedoch aufgrund des androzentrischen Blickwinkels in den Internationalen Beziehungen kaum wahrgenommen wurde (vgl. Whitworth 1994: 12).[10] Während liberale Feministinnen auf Gleichheit der Geschlechter zielten, betonten radikale Feministinnen in einer Oppositionsreaktion die Differenzen zwischen Männern und Frauen. Die Wiederbelebung des Geschlechterdualismus erfolgte jedoch unter der Prämisse der moralischen Überlegenheit „weiblicher" Werte wie Friedfertigkeit, Emotionalität und Empathie. Führten „männliche" Werte und männliche Dominanz zu Krieg und Rüstungswettlauf – so das Argument – besäßen „weibliche" Werte das Potential, die internationale Politik zum Besseren zu verändern (vgl. Batscheider 1993: 91f.).[11] Beide Ansätze haben sich jedoch als problematisch erwiesen: Der liberale Feminismus, weil er die gegebenen internationalen Strukturen und Verhältnisse unkritisch übernimmt und in der Integration von Frauen in Positionen der internationalen Politik die Lösung aller geschlechtsspezifischen Problematik sieht; der radikale Feminismus, weil er im Grunde patriarchalische Geschlechterstereotype perpetuiert und Differenzen zwischen Mann und Frau statisch festschreibt, während gleichzeitig Unterschiede und Varianten innerhalb der Kategorie Frau ausgeblendet werden. Die inhärente Problematik jener Ansätze war jedoch nicht nur in den Internationalen Beziehungen offenkundig, sondern auch in anderen Disziplinen und führte zu einer signifikanten theoretischen Fortentwicklung.

---

10 Zur theoretischen Grundlegung des liberalen Feminismus vergleiche Eisenstein (1981) und Jaggar (1983). Eine detaillierte Diskussion der liberal-feministischen Implikationen für die Internationalen Beziehungen findet sich bei Sylvester (1994a), Zalewski (1993) und Krell (1996).

11 Viele Arbeiten, die aus dieser theoretischen Perspektive stammen, sind auf dem Gebiet der Militarismus- und Friedensforschung angesiedelt, so zum Beispiel Brock-Utne (1985), McAllister (1982) und Morgan (1982). Einen Überblick bietet Segal (1987).

Hatten sich der liberale und radikale Feminismus bislang ausschließlich auf die Kategorie *Frau* konzentriert, so wurde nun mit der Einführung des wesentlich komplexeren Konzepts von *gender* eine neue theoretische Richtung eingeschlagen, welche die Geschlechterbeziehungen zu thematisieren sucht. Damit weitet sich die Perspektive auch auf Männer sowie das Verhältnis der Geschlechter zueinander aus. *Gender* bezieht sich jedoch nicht nur auf individuelle, sozial konstruierte Geschlechtsidentitäten, sondern schließt sowohl eine strukturelle als auch eine symbolische Ebene mit ein (vgl. Harding 1986: 17f.). Dies bedeutet, daß das Geschlechterverhältnis als konstitutiv betrachtet wird für die Organisation sozialer Aktivitäten und die Definition dessen, was in einem spezifischen zeitlichen, geographischen und kulturellen Kontext als „weiblich" bzw. „männlich" gilt.

Damit genügt es jedoch nicht mehr, allein die Kategorie *Frau* in additiver Weise den etablierten akademischen Disziplinen hinzuzufügen, als bloße Ergänzung oder weitere Variable, ohne daß an den Grundfesten gerüttelt werden müßte. Geschlechterforschung zielt im Gegensatz zur Frauenforschung auf ein von Grund auf revidiertes Gesamtbild traditioneller Bereiche und fordert somit eine radikale und profunde Rekonzeptualisierung traditioneller Disziplinen (vgl. Frevert 1995: 10). Dies hat zur Folge, daß ein so verstandener Ansatz etablierte Geschlechterordnungen auf ihre „Entstehungsbedingungen und Reproduktionsmuster" zu befragen hat (Batscheider 1993: 125). Ein solches Vorgehen erlaubt jedoch nicht nur einen kritischen Blick auf bestehende Geschlechterhierarchien, sondern zielt zugleich auf Verwirklichung des normativen Anspruchs feministischer Forschung.

Durch das allgemein verspätete Aufkommen feministischer Fragestellungen in den Internationalen Beziehungen hat ein solcher Perspektivenwechsel dort erst vor einigen Jahren stattgefunden. Die Einführung der Kategorie *gender* als Ausgangspunkt und Fragerichtung fügt sich jedoch nicht mehr so einfach in die disziplinäre Tradition ein, sondern beansprucht ein neues Verständnis der Internationalen Beziehungen zu erschließen. Ein solch provokanter Anspruch hat jedoch Konsequenzen, die von der Neuformulierung theoretischer Kategorien und Konzepte bis zur dramatischen Ausweitung des empirischen Terrains reichen.

3. Theorie: „The Master's Tools?"[12]

Ein erster Ansatzpunkt feministischer Forschung in den Internationalen Beziehungen besteht notwendigerweise in der Untersuchung etablierter Konzeptualisierungen internationaler Politik mit dem Ziel der Aufdeckung androzentrischer Parteilichkeit. In einem zweiten Schritt soll erörtert werden, welche theoretischen Reformulierungen eine feministische Perspektivierung der Internationalen Beziehungen nach sich zieht.

12 Dies ist natürlich eine Anspielung auf Audre Lordes Aufsatztitel von 1983: *„The master's tools will never dismantle the master's house."*

3.1 Dekonstruktion: Internationale Beziehungen und feministische Kritik

Realismus: androzentrische Weltsicht?

Feministische Kritik in den Internationalen Beziehungen setzt sich dasselbe Ziel wie in anderen (Sub-)Disziplinen, nämlich den Anspruch traditioneller Theorien auf Neutralität und Objektivität als illegitim zu entlarven. Da Wissenschaft bislang in der Regel männliches Terrain war, daß heißt nahezu ausschließlich von Männern betrieben wurde, stellt sich die Frage, ob die bisherige Zeichnung der Disziplinen, darunter auch die der Internationalen Beziehungen, nicht nur eine partielle ist und daher deren Allgemeingültigkeit und Unparteilichkeit angezweifelt werden muß (vgl. Batscheider 1993: 104 und 126ff.; vgl. auch Klinger 1986; List 1991). Im Mittelpunkt feministischer Kritik stand dabei zunächst der Realismus,[13] der das Studium der Internationalen Beziehungen begründete und es – zumindest in den USA – in Form des Neorealismus noch immer dominiert.

Feministinnen zeigen auf, wie die realistische Version der Internationalen Beziehungen geprägt ist von der Zeichnung stereotyper Geschlechterporträts: Charakteristika, die mit Männlichkeit assoziiert sind, wie Stärke, Aggressivität und instrumentelle Rationalität, werden auf das Verhalten von Staaten projiziert, deren Erfolg als Akteure vom Besitz und der Nutzung jener männlichen Eigenschaften abhängt (vgl. Grant 1991; Peterson 1992a; Tickner 1992; Sylvester 1994a; Whitworth 1994). Deutliches Beispiel für jene männliche Aufgeladenheit ist sowohl die realistische Konzeption von Macht, die sich durch die männlich konnotierten Attribute von Dominanz, Kontrolle und Zwang auszeichnet, als auch die Betonung der Notwendigkeit von Autonomie.[14] Der Akteurskonstruktion realistischer Theorien liegt eine Sichtweise der internationalen Arena als einem anarchischen Selbsthilfesystem zugrunde – „states in the world are like individuals in the state of nature" (Waltz 1954: 163) – in dem „männliche" Qualitäten gefordert sind, um bestehen zu können. Carole Pateman (1988: 41) stellt heraus, daß in den ursprünglichen Naturzustandsmodellen der Philosophie die Differenz zwischen den Geschlechtern ignoriert und statt dessen ein männlicher Archetypus als universelles Individuum kreiert wurde – eine patriarchalische Simplifizierung, die sich im realistischen Analogiekonstrukt der internationalen Arena mit ihren „männlichen" Staaten fortsetzt.

Ein weiteres Erbe aus der westlichen Philosophie ist die Trennung von öffentlich und privat, wie sie sich in den Grundlagentexten der Teildisziplin wiederfindet, so z.B. bei Morgenthau (1948), der die öffentlich-internationale Sphäre in ihrer Amoralität vom privaten Bereich rigide trennt. Tickner (1991: 31) argumentiert, daß die Unabhängigkeit der öffentlichen Sphäre von ethischen Aspekten auf der männlichen Identifizierung mit dem Bereich des Öffentlichen beruht, die ihrerseits aus der expliziten Unterscheidung von öffentlich und privat resultiert. Frauen sind in diesem dualisti-

---

13 Die feministische Kritik hat sich dabei vor allem auf dessen prominenteste Vertreter konzentriert – Morgenthau (1948) und Walz (1954). Siehe z.B. Grant (1991), Hartsock (1983), Tickner (1991) und Sylvester (1992a).

14 Vgl. Hirschmann (1989, 1992) und Sylvester (1992a: 161, 1994b: 320f.). Siehe dazu auch Krell (1996: 167ff.), der eine differenziertere Lesart des Realismus fordert.

schen Konzept in den privaten Bereich abgedrängt, der dem Bereich des Öffentlichen untergeordnet ist (vgl. auch Peterson 1992b: 193).
Realistische Ansprüche auf objektive und universale Theoriebildung in den Internationalen Beziehungen gründen letztenendes in Annahmen über menschliche Natur, die durch die Generalisierung einer exklusiven Vorstellung von Männlichkeit zustandegekommen sind. Die analoge Charakterisierung von Staatsverhalten mit Schlüsselwörtern wie Selbsthilfe, Autonomie und Machtstreben erscheint damit nur als logische Fortsetzung einer solchen einseitigen Sichtweise.[15] Wie Elshtain (1979: 232) betont, ist jedoch aufgrund des hohen Abstraktionsniveaus in den Theorien der Internationalen Beziehungen diese Parteilichkeit zunächst nicht unmittelbar offenkundig und daher bislang auch so gut wie nie einer Selbstreflexion unterzogen worden.
Radikalfeministische Ansätze haben den „männlichen" Konzepten der Internationalen Beziehungen in dualistischer Weise „weibliche" Varianten entgegengesetzt: So wurde beispielsweise Hannah Arendts Definition von Macht („the power to act in concert") als weibliche Alternative zum Machtbegriff des Realismus präsentiert (vgl. Hartsock 1983; Tickner 1991). Anstelle von Autonomie betonte man „weibliche" Werte wie Interdependenz, Zusammengehörigkeit und moralische Verpflichtung (vgl. Peterson/Runyan 1993: 45).[16] Mit dem Wechsel zur Geschlechterforschung wurde jedoch die stereotypisierende Oppositionsstrategie des Radikalfeminismus kritisch hinterfragt. Statt weiblicher Alternativformulierungen ging die Forderung nun in Richtung einer grundsätzlichen Erweiterung vorhandener Konzepte. Ziel eines solchen Vorgehens ist die Einbeziehung eines breiteren Repertoires menschlichen bzw. staatlichen Verhaltens, ohne die jeweiligen Attribute fortwährend mit Geschlechtsmarkern zu versehen und damit stereotype Ideen von „Männlichkeit" und „Weiblichkeit" kontinuierlich zu bestärken und festzuschreiben.
Eine so verstandene feministische Kritik verleugnet nicht die Existenz von Macht im Sinne von Dominanz sowie Aggression und Autonomiestreben, betont jedoch, daß die Ausschließlichkeit dieser männlichen Charakteristika die Multidimensionalität sozialer, politischer und internationaler Realität mißinterpretiert. Die Einseitigkeit dieser Repräsentation führt außerdem zur kontinuierlichen Reproduktion jener männlichen Eigenschaften und unterdrückt alternative Konzepte, die zu einer vollständigeren und damit adäquateren Beschreibung internationaler Politik beitragen können.

Post-Positivismus: Raum für gender?

Die Theorien der *Dritten Debatte* haben sich weit entfernt von der realistischen Zeichnung internationaler Politik. Trotz der Bandbreite der Ansätze, die sich hinter dem Terminus *Post-Positivismus* verbergen, können bestimmte Merkmale ausgemacht wer-

---

15 Bei Morgenthau führt dies zu einer einseitigen Konzeptualisierung von *political man*, jenem Analogiekonstrukt, welches es erlaubt, Staatsverhalten aus der menschlichen (männlichen) Natur abzuleiten. Im Walzschen Neorealismus ist die männliche Norm als Repräsentation für menschliches Verhalten allgemein als systemische Parteilichkeit virulent.

16 Für eine detaillierte Diskussion von Autonomie als männlichem Konzept siehe Sylvester (1992a) und Hirschmann (1989, 1992). Vergleiche bezüglich Hirschmanns psychoanalytischer Begründung der geschlechtsspezifischen Differenz von Autonomiestreben auch Chodorow (1978).

den, die alle Theorien gleichermaßen auszeichnen (vgl. Reus-Smit 1996: 2f.): Auf der Ebene der Epistemologie wenden sie sich gegen positivistische Ansätze und verneinen die Möglichkeit objektiver *Wahrheit* und universaler Theoriebildung. Im Gegenzug wird auf eine Offenlegung von Parteilichkeiten und Dominanzstrukturen bestanden. In methodischer Sicht fordern post-positivistische Ansätze die Anerkennung multipler Verfahren zur Wissensgewinnung unter Privilegierung interpretativer Strategien. Auf ontologischer Ebene wurden realistische Vorstellungen von menschlicher Natur bzw. Staatscharakter aufgegeben zugunsten einer Anerkennung der sozialen Konstruiertheit von Akteuren. Dies geht einher mit einem neuen Interesse an sozialen Kräften, kulturellen Praktiken, Werten und Normen, die nicht aus utilitaristischer Interessenskalkulation ableitbar sind. Identitäten und Interessen werden innerhalb der neuen Theorien der *Dritten Debatte* als endogen formiert betrachtet, d.h. als kontextabhängig und damit letztendlich als flexibel, womit intersubjektiven, kollektiven Bedeutungsgehalten eine zentrale Rolle zukommt (vgl. Schaber/Ulbert 1994: 152; Wendt 1992: 397). Ausgehend von ihrer Basisprämisse der sozialen Konstruktion von Wirklichkeit betonen post-positivistische Ansätze den permissiven Charakter von Anarchie, der zwar die Möglichkeiten eines konfliktreichen internationalen Selbsthilfesystems nicht bestreitet, jedoch auch für die Existenz potentieller alternativer Organisationsformen Raum läßt (vgl. Wendt 1992).

Diese grobe Skizzierung der Grundannahmen post-positivistischer Theorien deutet zunächst auf große Affinität zum Feminismus. Die Ausgangsbasis jener neuen Theorien – sowohl in epistemologischer als auch ontologischer Hinsicht – bietet einen vielversprechenden Ansatzpunkt für eine *gender*-sensitive Perspektivierung. Und in der Tat haben neueste feministische Arbeiten sich mit großem Interesse post-positivistischen Ansätzen zugewandt, um auf der Suche nach Allianzpartnern in der Teildisziplin deren Offenheit gegenüber dem Geschlechterverhältnis zu überprüfen. Whitworth hat sich dabei mit kritischer Theorie der Coxschen Tradition (1986, 1987) auseinandergesetzt. Dazu stellt sie einen Katalog von notwendigen theoretischen Bedingungen auf, die ein Ansatz aufweisen muß, um *gender* integrieren zu können. Als konstitutiv erachtet Whitworth dabei die Fähigkeit, soziale Konstruktion und historische Variabilität theoretisch zu fassen, sowie die Existenz eines multidimensionalen Verständnisses von Macht.[17] Mit dem Ziel, theoretische Zwischenräume und potentielle Anknüpfpunkte ausfindig zu machen, greift sie Cox' Konzept der *historical structures* auf und zeigt, wie dessen konstitutive Elemente (Ideen, materielle Bedingungen und Institutionen) prädestiniert sind für eine feministische Perspektivierung der Internationalen Beziehungen. Eine andere Arbeit untersucht die institutionentheoretische, kritische Variante des Konstruktivismus Wendtscher Prägung (1987, 1992, 1994, 1995) auf sein Potential, *gender* als Kategorie und Analyseeinheit zu fassen (vgl. Locher 1996a). Batscheider (1993) weist auf Integrationsmöglichkeiten für *gender* in der Kritischen Theorie der Frankfurter Schule hin, indem sie die kritische Friedensforschung auf den Ebenen des Gegenstandsbereichs, der Praxisorientierung und des Erkenntnisinteresses auf die Berücksichtigung des Geschlechterverhältnisses überprüft.

---

17 Dies bedeutet, daß Macht über die bloße, explizite Demonstration von materieller Kapazität hinaus erweitert werden muß hin zu einem Verständnis, mit Hilfe dessen es möglich ist, Macht auch als die Fähigkeit zu definieren, Ideen und Bedeutungsgehalte zu dominieren und ihnen hegemonialen Status zu verleihen.

Alle drei Arbeiten kommen zu dem Ergebnis, daß, obwohl in den jeweils untersuchten Ansätzen die theoretischen Voraussetzungen für eine Integration von *gender* gegeben sind, das Geschlechterverhältnis bislang in keiner der Theorien explizit und systematisch Berücksichtigung gefunden hat. Diese Feststellung verstärkt den Eindruck, daß die *Dritte Debatte* nahezu völlig unbeeinflußt von den feministischen Diskussionen in den Internationalen Beziehungen geblieben ist bzw. deren Existenz gar nicht wahrgenommen hat. Angesichts des nachgewiesenen Potentials post-positivistischer Theorien besitzt deren fortwährende Ignoranz gegenüber dem Geschlechterverhältnis jedoch eine besondere Signifikanz (vgl. Whitworth 1989: 265; vgl. auch Sylvester 1994a: 8ff. und Peterson 1997).[18] Wenn die Kritische Theorie der Frankfurter Schule oder jene Coxscher Prägung sowie die kritische Variante des Konstruktivismus sich nicht bereit zeigen, das Geschlechterverhältnis in ihre Analysen einzuschließen, dann wird jedoch auch ihr Anspruch als kritische Theorien fragwürdig (vgl. Batscheider 1993: 187). Darüber hinaus führt die Ignoranz post-positivistischer Ansätze gegenüber der Kategorie *gender* in letzter Konsequenz zur Wiederholung männlicher Parteilichkeit, wie sie traditionelle Theorien exponieren. Ein solcher Befund macht deutlich, daß der Feminismus auf seinem spezifischen Beitrag für die Internationalen Beziehungen insistieren muß.
Die „Auslassung" des Geschlechterverhältnisses weist auch auf die Interdependenz von Wissensansprüchen, Konstruktion sozialer Realität und Identität der Forschenden, ein Zusammenhang, der – wie Pettman (1997: 2) feststellt – nicht ohne die Frage nach Macht auskommt: „The dominant group ... has the power to name others while remaining unnamed; so gender is often seen as referring to 'women' leaving 'men' and masculinity unremarked upon."

3.2 Rekonstruktion: „Feminist Tools?"

Welche Konsequenzen hat jedoch eine systematische Einbeziehung des Geschlechterverhältnisses auf der Ebene der Theorie? Oder anders gewendet, welche theoretischen Modifizierungen müssen vorgenommen werden, wenn *gender* mehr sein soll als eine Variable? Wenn *gender* alle Sphären gesellschaftlichen und politischen Handelns durchdringt, dies in den Internationalen Beziehungen bislang jedoch unbeachtet blieb, so resultiert aus dieser Einsicht die Notwendigkeit, die Teildisziplin mit einem neuen Raster zu versehen, das die bisherige disziplinäre Ordnung radikal verändert: „(T)he reconstructionist project in particular searches far beyond the discipline's boundaries" (Pettman 1996a: ix). Dazu müssen jedoch die gegebenen theoretischen Gemeinplätze ihrer scheinbaren „Natürlichkeit" enthoben werden. Denn wie Brown (1988: 470) warnt: „The danger in attempts to reconcile international relations and feminism ... lies in the uncritical acceptance by feminists of objects, methods, and concepts which presuppose the subordination of women."[19]

18 Bezeichnenderweise rührt Keohane (1991) die Werbetrommel für eine Verbindung von Institutionalismus und Feminismus, anstatt daß ein solcher Vorschlag aus dem konstruktivistischen Lager kommen würde, das wesentlich mehr Potential für die Verbindung von Geschlechterforschung und Internationale Beziehungen besitzt.

19 Nicht alle Feministinnen sind der Ansicht, daß ein solches rekonstruktives Projekt über-

Um die Geschlechterverhältnisse berücksichtigen zu können, müssen zunächst die Grenzen zwischen Außen- und Innenpolitik, Staat und Gesellschaft aufgehoben werden. Diese Forderung ist nicht neu: Sie wurde schon früh von der nicht-feministischen Literatur im deutschsprachigen Kontext erhoben (vgl. Czempiel 1969) und manifestiert sich deutlich im Revival des *second image* sowie der neuen Popularität der *domestic-structure*-Ansätze – die *gender*-Dimension blieb dabei jedoch bis auf wenige Ausnahmen unbeachtet (vgl. Krell 1996: 166). Es scheint also mehr im Spiel zu sein: Es geht um die disziplinäre Bestimmung dessen, was als relevant und irrelevant, was als politisch und unpolitisch gilt in den Internationalen Beziehungen. Ein solch hierarchischer Dualismus manifestiert sich zum Beispiel mit der Differenzierung von öffentlich und privat. Internationale Politik wird allein auf den öffentlichen Raum bezogen und erscheint damit vollkommen losgelöst von der Sphäre des Privaten. Aus feministischer Sicht wird jedoch eine solche Trennung der Bereiche kritisch hinterfragt, sind doch internationale Regelungen (z.B. die internationale Struktur der Erwerbsarbeit) konstitutiv für die private Sphäre und soziale Arrangements im Privaten wiederum Voraussetzung für eine spezifische Konstruktion von Öffentlichkeit (vgl. Rössler 1996: 275). Enloe (1989: 196f.) hat den Zusammenhang von öffentlich und privat für die Internationalen Beziehungen in die provokante These gefaßt, daß das internationale System durch eine spezifische Konstruktion und fortwährende Reproduktion der Bedeutungsgehalte von „Männlichkeit" und „Weiblichkeit" aufrecht erhalten wird. Feministische Forschung ist daher vorrangig daran interessiert, die Wechselbeziehungen von öffentlich und privat aufzudecken, um Einblick in das komplexe Abhängigkeitsverhältnis von internationaler Politik und Geschlechterarrangements im Privaten zu erhalten. Aus Enloes Sicht ist das Persönliche nicht nur politisch, wie ein Slogan der Frauenbewegung lautete, sondern auch international – und umgekehrt.

Aus einer solchen Betrachtungsweise resultiert notwendigerweise auch die Aufgabe der klassischen Ebeneneinteilung,[20] die aus feministischer Sicht als Artefakt betrachtet wird, welches der Komplexität internationaler Realität nicht gerecht wird. Im Zentrum feministischer Betrachtungen steht statt dessen die Interdependenz von individueller, innenpolitischer (staatlicher) und internationaler Ebene. Auch andere, nicht-feministische Ansätze haben auf die Verschränkung der Sphären hingewiesen, eine *gender*-sensitive Perspektive stellt jedoch noch weitergehende Forderungen: Zum einen ist für eine adäquate Beschreibung der Interaktion der verschiedenen Ebenen wiederum die Einbeziehung der privaten Sphäre unerläßlich. Zum anderen wird auf der individuellen Ebene von feministischer Seite auch auf der Bedeutung der Perspektive „von unten" bestanden, wie sie sich entlang von Kategorien wie Geschlecht, Rasse und

---

haupt möglich ist. Eine solche Skepsis ist angebracht, geht man von der traditionellen Konzeptualisierung der Teildisziplin aus. Eine feministische Perspektive ist in der Tat erst nach einer profunden Umstrukturierung auf theoretischer Ebene möglich. Postmoderne Feministinnen setzen mit ihrer Kritik allerdings noch tiefer an: Rekonstruktion ist ihrer Ansicht nach ein grundsätzlich fehlgeleiteter Versuch, der nur zur Reproduktion vorherrschender Dominanzstrukturen führt. Die Problematik postmoderner feministischer Ansätze für die Internationalen Beziehungen diskutieren u.a. Zalewski (1993: 136f.) und Whitworth (1994: 20ff.).

20 Ich beziehe mich hier auf die Dreiteilung individuelle, staatliche und systemisch-interstaatliche (internationale) Ebene, wie sie aus Waltz' Vorstellung der *three-image-perspective* abgeleitet wird (vgl. Onuf 1995).

Klasse manifestiert. Damit sind jedoch die ontologischen Ausgangspunkte radikal verändert. So besteht das Ziel einer feministischen Perspektive darin aufzuzeigen, „what women do, how women are involved, how women are manipulated (or not) and how women actively resist and create (or not) in the arena of international relations" (Zalewski 1994: 411). Enloes ungewöhnliche Fragen, die jenseits traditioneller Vorstellungen der legitimen Reichweite der Internationalen Beziehungen liegen, machen deutlich, was einen feministischen Ansatz von den herkömmlichen Theorien internationaler Politik unterscheidet: „The implication for IR (International Relations, B.L.-D.) here is that asking 'strange' questions and starting from 'strange' ontological places will result in a rather different picture of international politics than that which was previously available to us" (Zalewski 1994: 412). Solche Fragen führen auch in Bereiche, die aus konventioneller Sicht nicht zum Gegenstandsbereich der Internationalen Beziehungen gehören. Ziel einer feministischen Perspektivierung ist daher in erster Linie eine Erweiterung der Agenda. Dies führt jedoch nicht zur kategorischen Ablehnung traditioneller Themen der Internationalen Beziehungen, ein feministischer Ansatz hinterfragt allerdings kritisch „beliefs of what gets counted as the most useful starting points for figuring out exactly how politics works" (Enloe 1993: 162).

Die Entwicklung konstruktiver theoretischer Vorschläge wird auch in Zukunft ein Hauptanliegen feministischer Einmischungen in die Internationalen Beziehungen sein. Die bisherige Ignoranz gegenüber dem Geschlechterverhältnis hat nicht zuletzt seinen Ursprung in einer Tradition starrer, unflexibler und patriarchalisch geprägter Kategorien, über deren konzeptionelle Vorgaben die Perzeption und Konstruktion internationaler Realität erfolgte. Grundprämisse einer feministischen Perspektivierung der Internationalen Beziehungen ist daher zunächst die Reformulierung von Kategorien und Konzepten auf eine Weise, daß das Geschlechterverhältnis thematisierbar wird. Dies setzt eine Anerkennung der Lebenszusammenhänge von Frauen als integraler Teil internationaler Politik voraus, was auf analytisch-konzeptioneller Ebene seinen Niederschlag finden muß. Eine dergestalte Fortentwicklung der theoretischen Grundlegungen in der Teildisziplin strebt eine radikale Ausweitung des bislang stark verengten Blickwinkels der Internationalen Beziehungen an und birgt damit das Potential für ein vollständigeres, weniger verzerrtes Bild der internationalen Politik.[21]

4. *Empirie: „Gender makes the world go round"*[22]

Auf empirischer Ebene werden aus einer so verstandenen Reformulierung mehrere Strategien verfolgt: Die erste und naheliegendste zielt auf die Sichtbarmachung von Frauen in der internationalen Politik. Dabei sollen weibliche Partizipationsorte lokalisiert werden, auch jene, die abseits der traditionellen Reichweite der Internationalen Beziehungen liegen, um Frauen als aktiv Handelnde in einem internationalen Kontext verorten zu können. Eine andere Richtung konzentriert sich auf die Aufdeckung geschlechtsspezifischer Auswirkungen internationaler Politik. Da den Geschlechtern

21 Batscheider (1993: 188) kommt zu analogen Schlußfolgerungen in ihrer Kritik an der Friedensforschung (vgl. zu diesem Abschnitt auch Locher 1996: 386ff. und 1997: 12ff.).

22 Diese Überschrift ist Enloes Einleitungskapitel zu *Bananas, Beaches & Bases* (1989) entlehnt.

verschiedene Positionen im sozialen Gefüge zukommen, die mit spezifischen Rollenerwartungen verknüpft sind, liegt die Vermutung nahe, daß Männer und Frauen von internationalen Entwicklungen unterschiedlich betroffen sind bzw. daß die Rollenzuteilung in der internationalen Politik entlang dominanter Geschlechterstereotype erfolgt. Dabei handelt es sich jedoch nicht um zwei kategorisch getrennte Projekte: Die Sichtbarmachung von Frauen erfolgt im Kontext spezifischer politischer Prozesse und andersherum wird ein *gender*-sensitives Verständnis dieser Prozesse über die Verortung von Frauen in ihnen angestrebt. Welche Erkenntnisgewinne lassen sich aus einer solchen Perspektivierung für die dramatischen Veränderungen in der Weltpolitik der achtziger Jahre ableiten?

4.1 Sichtbarmachung von Frauen

Die Lebenszusammenhänge von Frauen sind bislang in den Internationalen Beziehungen so behandelt worden, als seien sie gänzlich irrelevant für die internationale Politik. Ein erster rekonstruktiver Weg feministischer Perspektivierung dient daher der Sichtbarmachung von Frauen und damit der Vervollständigung des Bildes der Internationalen Beziehungen.

Liberale Feministinnen bemühten sich dabei zunächst um einen Nachweis des Beitrags von Frauen in den konventionellen Bereichen der Internationalen Beziehungen: Als Arbeiterinnen in der Rüstungsindustrie, als Schwestern in Lazaretten oder gar als Soldatinnen. Feministinnen ging es darum aufzuzeigen, daß Frauen auch in die hohen Ränge der Politik (vereinzelt) Einlaß gefunden haben. Peterson/Runyan (1993) durchforsten Geschichte und Gegenwart nach Frauen in Schlüsselpositionen der internationalen Politik mit dem Ergebnis, daß weibliche „Spitzenpolitikerinnen" – angefangen von Kleopatra bis zu Golda Mair – als Minderheit durchaus eine Tradition besitzen. D'Amico/Beckman (1995) analysieren den Karriereverlauf führender Politikerinnen wie Indira Ghandi, Corazon Aquino oder Margaret Thatcher, indem sie nach den Schwerpunkten ihrer Politikprogramme sowie nach ihrem spezifischen Führungs- und Regierungsstil fragen. Der Fokus wieder anderer feministischer Arbeiten ist dem allgemeinen Trend in der Politikwissenschaft gefolgt und hat sich vom Staat als zentraler politischer Einheit wegbewegt, um den Einfluß und die Partizipation von Frauen in nicht-staatlichen Institutionen wie internationalen Organisationen und Regimen sowie internationalen Nicht-Regierungsorganisationen (INGOs) zu untersuchen (z.B. Stienstra 1994; Whitworth 1994). Weibliche Lobbyaktivität in spezifischen Politikfeldern wie etwa der Entwicklungs- oder Menschenrechtspolitik konnte dabei ein Umdenken in Gang setzen, dessen Resultate sich in den *WID*-Programmen[23] bzw. den Diskussionen über Frauenrechte als Menschenrechte niedergeschlagen haben (vgl. z.B. Kardam 1994; Galey 1994). Arbeiten, welche die Rolle von Frauen in der internationalen Politik zu beleuchten suchen, zielen darauf ab, das gängige Bild von Politik und Geschichte als ausschließliche Männerdomänen zu korrigieren.

23 Die Abkürzung *WID* steht für *Women in Development* und bezieht sich auf Entwicklungspolitiken und -programme, die auf Frauen und deren spezifische produktive und reproduktive Rollen in den Ländern des Südens abgestimmt sind (vgl. z.B. Kardam 1994).

Auch Enloe begann ihre Subversion der Internationalen Beziehungen mit der harmlosen, aber folgenschweren Frage „where are the women?" In ihrer ersten Monographie *Bananas, Beaches & Bases* (1989) führte der Versuch, sich der internationalen Politik aus der Sichtweise von Frauen in ihren unterschiedlichsten Lebenszusammenhängen zu nähern, zu einer äußerst unkonventionellen Perspektivierung, die von der Prostituierten an der Militärbasis in Südostasien über Carmen Miranda als United Fruit Logo bis zur Diplomatenehefrau reicht, die in ihrem Privathaus eine informelle Atmosphäre zu schaffen weiß, welche den diplomatischen Geschäften zuträglich ist. Genau dieselbe Frage hat Enloe (1993) auch am Ende des Kalten Krieges gestellt: Wo sind die Frauen am „morning after?"[24] Und wiederum geht ihre Suche dabei weit über die konventionellen Bereiche der internationalen Politik hinaus, um Frauen auch an ihren ungewöhnlichen Partizipationsorten zu lokalisieren – so zum Beispiel als sowjetische Mütter, die gegen die Härten des militärischen Drills der russischen Armee protestieren, der ihren Söhnen reihenweise das Leben kostet, als Ehefrauen, deren Männer aus den Stellvertreterkriegen in Kambodscha, El Salvador oder Afghanistan zurückkehren und ihre militarisierte Männlichkeit zuhause ausleben oder als russische Frauen, die sich in Moldavien gegen nationalistische rumänische Bestrebungen auflehnen (vgl. Enloe 1993: 10ff., 25ff. und 232). Die Rolle von Frauen in der internationalen Politik muß jedoch immer unter der Perspektive patriarchaler Geschlechterverhältnisse betrachtet werden, denn wie Enloe (1989: 11) betont „making women invisible hides the workings of both femininity and masculinity in international politics." Internationale Politik hängt maßgeblich von dem Erhalt dieser ungleichen Geschlechterbeziehungen ab – so Enloes These. Dies gilt sowohl für die internationale Ordnung vor dem Ende des Kalten Krieges als auch für die internationale Landschaft danach. Sicherheitspolitische Konzepte beruhen wie im Falle der Militärbasen auf dem Funktionieren spezifischer Geschlechterrollen. Dazu gehören bestimmte Vorstellungen von männlicher Sexualität und militarisierter Männlichkeit sowie stereotype Frauenrollen. Auch die Politik der Demilitarisierung nach dem Ende des Kalten Krieges beruht – so Enloe – auf einem hierarchischen Geschlechterverhältnis: „Like militarization, demilitarization is sexualized. Men returning from wars have sexual expectations ... In fact, the present morning, after the formal ending of the superpower rivalry, doesn't look like the dawning of a brand-new day in the ongoing evolution of sexual politics" (Enloe 1993: 24 und 253). Wenn die Internationalen Beziehungen mehr sind als *high-politics*, wenn der öffentliche, internationale Bereich auf den privaten bezogen und von ihm abhängig wahrgenommen wird, dann ergibt sich ein Bild, in dem Frauen ganz wesentliche Rollen bei der Etablierung und beim Erhalt internationaler Politik einnehmen. Wie Enloe bemerkt, „the real landscape of international politics is less exclusively male" (Enloe 1989: 1; vgl. auch Halliday 1991: 163).
Ein so verstandenes Projekt der Sichtbarmachung von Frauen ist mehr als ein *„adding in"* – es erfordert eine radikale Ausweitung des Verständnisses der Internationalen Beziehungen (vgl. Pettman 1997: 3). Nur so können die Rollen von Frauen im komplexen Drama internationaler Politik ausgemacht werden, das plötzlich im Gegensatz zur konventionellen Sichtweise alles andere als eine frauenlose Inszenierung darstellt

24 So lautet der Titel von Enloes 1993 erschienenem Buch: *The Morning After. Sexual Politics at the End of the Cold War.*

(vgl. Schwarzer 1994). Weil Frauen jedoch hier wie auch in anderen Zusammenhängen in der Regel lediglich ihren „natürlichen", d.h. untergeordneten und vermeintlich unbedeutenden Part besetzen, wurde ihr Beitrag bislang kaum als der Erwähnung wert befunden. Daß internationale Politik auf genau diese patriarchalischen Rollenzuweisungen angewiesen ist, blieb daher gleichermaßen unbeachtet (vgl. Enloe 1989: 4).

Eine solche geschlechtsspezifische Funktionsaufteilung bedeutet jedoch nicht, wie auch obige Beispiele deutlich machen, daß Frauen nur Opfer der internationalen Politik sind (vgl. Enloe 1989: 15ff. und 198). Frauen partizipieren an den Internationalen Beziehungen in einer Weise, daß – laut Enloe – internationale Politik von dem weiblichen Beitrag existentiell abhängig ist, wie am Beispiel der Diplomatenehefrau demonstriert werden kann: „An ambassador's wife's finely honed skills promote not only the evening-gown trade, but also sales of technology, weapons and financial services. A diplomat's wife has become part of an international strategy to reduce trade imbalances. By playing that part well, diplomatic wives also oil the wheels of international arms trade" (Enloe 1989: 100). Damit sind Frauen auch aktiv Beteiligte, *Mittäterinnen* im Sinne Thürmer-Rohrs (1987, 1989). Frauen sind nicht nur passiv ausgegrenzt, sondern auch aktiv an der Etablierung und Erhaltung internationaler Politik beteiligt. Mittäterschaft bezeichnet die Funktionalisierung von Geschlechtsstereotypen für die spezifische Organisation gesellschaftlich-politischer Aktivität. Allerdings, so zeigt auch das Beispiel der Prostitution, ist die freiwillige von der erzwungenen Zuarbeit nur schwer zu trennen. Die Grenzen zwischen Mittäterschaft und Opferrolle sind fließend.

4.2 Geschlechtsspezifische Auswirkungen internationaler Prozesse

Ein zweiter Weg empirischer Forschung besteht in der Untersuchung der geschlechtsspezifischen Auswirkungen internationaler Prozesse. Die Analyse der Effekte von internationalen Phänomenen und Prozessen auf Staaten und ihre gesellschaftlichen Umfelder ist ein Forschungsgebiet, das augenblicklich auch wieder von der etablierten Forschung in den Internationalen Beziehungen aufgegriffen wird. Standen bislang Auswirkungen materieller Faktoren im Zentrum der Betrachtung,[25] so widmen sich neuere Forschungsarbeiten auch den Effekten immaterieller Kräfte wie Normen und Ideen (vgl. Goldstein/Keohane 1993). Dazu wurde das analytische Instrumentarium aus den *domestic-structure*-Ansätzen fruchtbar gemacht sowie Erkenntnisse aus Forschungen über transnationale Beziehungen herangezogen. Bislang jedoch gibt es auch unter diesen neuen Forschungsansätzen kaum Analysen, die systematisch die geschlechtsspezifischen Auswirkungen internationaler Prozesse in den Mittelpunkt stellen. Diese Ignoranz gegenüber dem Geschlechterverhältnis beruht auf der Überzeugung, daß internationale Prozesse geschlechtsneutral sind. Feministische Ansätze haben Zweifel an dieser Annahme geäußert und im Gegenteil argumentiert, daß internationale Prozesse sich im Innern von Staaten auf Frauen und Männer unterschiedlich

25 So in den Studien zum *second image reversed* (vgl. z.B. Gourevitch 1978).

auswirken und zwar sowohl im ökonomischen und sozialen als auch im politischen Bereich (vgl. Halliday 1991: 159ff.; Peterson 1992c: 21; Murphy 1996: 532f.).

Globalisierung der Wirtschaft

Ein Aspekt der Umwandlungsprozesse, die seit den achtziger Jahren im Gange sind, stellt die intensivierte Globalisierung und die damit zusammenhängende Umstrukturierung der Weltwirtschaft dar. Zu den Charakteristika wirtschaftlicher Globalisierung gehören gesteigerte Kapitalmobilität, Ausdehnung und Fragmentierung des Produktionsprozesses sowie die Existenz eines internationalen Arbeitsmarktes als Folge der zunehmenden Flexibilität multinationaler Unternehmen (vgl. Pettman 1996a: 161). Das Phänomen *Globalisierung* ist insofern aufschlußreich, als es nicht nur *empirisches Ergebnis* einer transformierten internationalen Umwelt ist, sondern zugleich auch die Unzulänglichkeit traditioneller Theoriebildung deutlich macht und damit die Notwendigkeit und Fruchtbarkeit einer feministischen Perspektive in den Internationalen Beziehungen.

Die neue internationale Arbeitsteilung geht – so Peterson (1997: 7) – einher mit einer symbiotischen Wechselbeziehung zwischen Haushalten, Staaten und Weltökonomie als den wirtschaftlichen Grundebenen, die als ökonomische Pendants zu den politischen *levels of analysis* betrachtet werden können. Wie Peterson (1997: 7) weiter hervorhebt, stehen die drei Ebenen über die Verteilung produktiver und reproduktiver Aufgaben in einem engen Zusammenhang, der sich auch in ideologischer Hinsicht mittels Sozialisierung bzw. entsprechender Ausbildung individueller und kollektiver Identitäten manifestiert (vgl. auch Mies 1986). Die komplexen Interaktionen der verschiedenen Ebenen lassen eine klare Trennung zwischen öffentlich und privat kaum mehr aufrecht erhalten. Auch die Definition von „innen" und „außen" wird schwieriger, geht die globale ökonomische Umstrukturierung notwendigerweise mit gravierenden innenpolitischen Konsequenzen einher, die von Veränderungen sozialpolitischer Art über Wandel der politischen Kultur bis zur Transformation kollektiver Identitäten reichen. Die klassischen Analyseeinheiten der Politikwissenschaft – Staaten – sind damit im Zeitalter wirtschaftlicher Interdependenz dramatischen Veränderungen unterworfen: Prinzipien wie Souveränität und Autonomie erscheinen als zunehmend anachronistisch (vgl. Peterson 1996).

Multinationale Unternehmen, Sextourismus und Migration

Die Folgen wirtschaftlicher Globalisierung wie internationalisierte, arbeitsteilige Produktion und expansive Handelspolitik führen mehr und mehr zur Etablierung von Freihandels- und Exportproduktionszonen in den Ländern des Südens. Angesichts verschärfter internationaler Konkurrenz zielen multinationale Unternehmen auf eine Optimierung von Profiten und Arbeitseinsatz unter Senkung ihrer Lohnkosten. Daran angeschlossen ist eine Beschäftigungspolitik, die dominiert wird von der Suche nach kostengünstigen Arbeitskräften, wie die Billiglohnländer des Südens sie zur Verfügung stellen (vgl. Chowdry 1994: 159f.). Der internationale Arbeitsmarkt ist jedoch nicht allein entlang geographischer und rassischer Merkmale segregiert, sondern besitzt vor allem auch eine geschlechtsspezifische Dimension (vgl. Peterson 1997: 7). Es ist daher

kein Zufall, daß zu Zeiten, in denen multinationale Unternehmen auf der Suche nach billigen Arbeitskräften sind, eine vermehrte Integration von Frauen in den Arbeitsprozeß zu beobachten ist. Dies gilt besonders für jene Branchen, die unterbezahlt sind, schlechte Arbeitsbedingungen bieten und eine flexible, temporär verfügbare Arbeiterschaft erfordern. Stereotype Vorstellungen von Weiblichkeit werden aufgerufen, um bestimmte Arbeitsfelder der Leichtindustrie, die wesentlich geringere Löhne bieten als die männlich dominierte Schwerindustrie, zu „feminisieren" (vgl. Chowdhry 1994: 160). Einheimische Regierungen wissen um die Kapitalträchtigkeit ihrer weiblichen Arbeitskräfte. So preist zum Beispiel eine Broschüre der Malaysischen Regierung die „orientalische weibliche Geschicklichkeit" an, um ausländische Investoren, vor allem aus der Textil- und Elektronikbranche, anzuwerben (vgl. Lim 1979: 7). Aus Unternehmersicht sind weibliche Arbeitskräfte nicht nur ökonomisch interessant, sie sind auch am einfachsten zu handhaben, da sie in der Regel kaum gewerkschaftlich organisiert sind. Der Trend zur Integration von Frauen in den Arbeitsprozeß ist daher in den Exportproduktionszonen weniger Zeichen neuer Emanzipationsbestrebungen, sondern im Gegenteil, eine Funktionalisierung gängiger Stereotypisierungen, die einer spezifischen Beschäftigungspolitik multinationaler Unternehmen im Zeitalter wirtschaftlicher Globalisierung zuträglich ist (vgl. Chowdhry 1994: 161).
Frauen besetzen jedoch nicht nur an der „gobal assembly line" (Pettman 1997: 11) die vordersten Plätze. Ein weiterer spezifischer Bereich feminisierter Erwerbstätigkeit ist der Dienstleistungssektor. Vor allem in den ärmeren Ländern Asiens haben die Bars, Clubs, Massagesalons und Bordelle der „Unterhaltungsbranche" einen regelrechten Boom erlebt. Das Aufkommen jener Etablissements und deren zunehmende wirtschaftliche Bedeutung stehen in engem Zusammenhang mit der Attraktivität südostasiatischer Länder als Reiseorte. So ist das Geschäft mit dem „(Sex-)Tourismus" für viele Staaten inzwischen zu einem lukrativen Wirtschaftssektor geworden: Staatliche Broschüren und Werbeschriften von Reiseveranstaltern rekurrieren bewußt auf feminisierte Vorstellungen von Exotik, die sowohl für das Gastland als auch in sexualisierter Form für dessen Frauen gelten (vgl. Pettman 1996b: 4). Die Körper von Frauen (und Kindern) „feminisierter" Staaten werden zum devisenträchtigen Schachergut zwischenstaatlicher Beziehungen. Internationale Politik erhält damit plötzlich eine physische Qualität, die – so Pettman (1996a, 1996b) – den „körperlosen" Theorien in der Teildisziplin der Internationalen Beziehungen diametral gegenübersteht.
Einen weiteren Effekt der wirtschaftlichen Globalisierung stellt die Migration von Arbeitskräften dar. Schätzungen gehen davon aus, daß etwa 100 bis 125 Millionen Menschen außerhalb ihres Heimatlandes arbeiten und leben – gut die Hälfte davon sind Frauen (vgl. Pettman 1997: 10). Migration ist inzwischen angesichts eines sich ständig verändernden Modus internationaler Arbeitsteilung unerläßliche Prämisse für wirtschaftliche Flexibilität – ein Beispiel dafür ist die von Enloe (1989: 177ff.) beschriebene Internationalisierung des Hausmädchensektors. Die sozialen Härten der internationalen Schuldenpolitik und die Engpässe auf dem nationalen Arbeitsmarkt bewegen viele Frauen wirtschaftlich schwacher Länder dazu, ihre Angehörigen zu verlassen und im Ausland nach Arbeit zu suchen. Da mehr und mehr Familien auf das Einkommen von Frauen angewiesen sind – etwa ein Drittel aller Haushalte weltweit hat keinen männlichen Haushaltsvorstand (vgl. Pettman 1997: 11) – sind Frauen angesichts wandernder Arbeitsmärkte zu zunehmender Mobilität gezwungen. Eine riesige Be-

schäftigungssparte für Migrantinnen stellen dabei die Haushalte sozial gut situierter Familien dar, sei es in den westlichen Ländern, in den USA und Kanada oder in Singapur und Kuwait. Frauen ärmerer Länder kümmern sich dort als Köchinnen, Putzhilfen und Nannies um Haus und Nachwuchs ihrer emanzipierten Geschlechtsgenossinnen, während die eigenen Kinder von Verwandten aufgezogen werden. In der Regel besitzen jene ausländischen Haushaltshilfen weder Bürger- noch Arbeitsrechte, oft nicht einmal eine legale Arbeitsberechtigung, wodurch sie äußerst anfällig sind für Willkür und Ausbeutung – sei sie finanzieller oder sexueller Art. Die ökonomische Stabilität von Ländern wie Sri Lanka und den Philippinen hängt inzwischen in hohem Maße von der Arbeit ihrer Frauen im Ausland ab, die zum größten Teil als Hausmädchen beschäftigt sind (vgl. Enloe 1989: 186). Auch hier unterstützen die Heimatstaaten der Migrantinnen wiederum deren Tätigkeit im Ausland, erwirtschaften sie doch einen wichtigen Teil der so begehrten Devisen.

Globalisierung bedeutet auch aktive Integration der Länder des Südens in die (westlich dominierte) Weltwirtschaft. Voraussetzung dafür ist jedoch Konkurrenzfähigkeit. Die Schuldenkrise der Länder des Südens veranlaßte internationale Geldgeber wie Weltbank und Internationalen Währungsfond (IMF) in den achtziger Jahren zu einem zunehmend härteren wirtschaftspolitischen Kurs. Um dem langfristigen Ziel von Entwicklung näher zu kommen, welches in der Industrialisierung der Länder des Südens und deren Partizipation in der Weltwirtschaft gesehen wird, wurden sogenannte *Strukturanpassungsmaßnahmen* eingeführt. Zu ihnen gehören Liberalisierung und Deregulierung der Wirtschaft, Privatisierung staatlicher Unternehmen, Währungsabwertung sowie eine drastische Kürzung öffentlicher Ausgaben, was in den betroffenen Staaten vor allem mit gravierenden Einschnitten im sozialen Bereich einhergeht. Die Konsequenzen jener Strukturanpassungsmaßnahmen treffen daher vor allem sozial schwache Bevölkerungsgruppen, bevorzugt Frauen (vgl. Chowdhry 1994: 163). Frauen aus ärmeren Schichten bezahlen den Preis jener rigiden Maßnahmen mit den Folgen von feminisierter Armut, erschwertem Zugang zu Bildung und inadäquater Gesundheitsversorgung. Zu dem Forderungskatalog der Geberinstitutionen gehören auch bevölkerungspolitische Maßnahmen. Unter dem Gebot der Geburtenkontrolle finden in den Ländern des Südens Sterilisierungen von Frauen ohne adäquate gesundheitliche Nachsorge statt sowie Experimente mit dem Langzeitverhütungsmittel Net-Norplant, ohne daß vorher ausreichende Tests durchgeführt worden wären (vgl. Kaistha 1997: 12; vgl. hierzu Locher 1997: 16ff.).

Feminisierte Arbeitslosigkeit, Schönheitswettbewerbe und Playboy

Auch in Osteuropa hat sich mit der Öffnung der Märkte und dem Anschluß an die Weltwirtschaft die Situation für Frauen drastisch verändert. Nur wenige Frauen mit guter Ausbildung und ohne Familie haben von den Umwälzungsprozessen profitiert; für die große Mehrheit jedoch brachte der politische und wirtschaftliche Umschwung zunehmende Bürden und neue Probleme in der Erfüllung ihrer ökonomischen und häuslichen Aufgaben. Zusätzlich zu dem erhöhten Risiko von Arbeitslosigkeit für Frauen in allen von der Transformation betroffenen Ländern[26] sowie der größeren

26 Eine Ausnahme ist dabei Ungarn (vgl. Wolchik 1995).

Wahrscheinlichkeit in Armut zu leben, sind Frauen im Berufsleben nicht nur einer neuen Konkurrenz mit Männern ausgesetzt, sondern sehen sich auch erhöhten Leistungs- und Qualifikationsanforderungen gegenüber (vgl. Wolchik 1995: 3f.). Die Konsequenzen aus dem Rückgang der Produktion und die Verschlechterung des Lebensstandards in allen Ländern, die sich unmittelbar nach der Auflösung der kommunistischen Herrschaft einstellten und teilweise noch andauern, hat die Situation für Frauen und die Sorge um ihre Familien verkompliziert. Besonders die Abschaffung der frauenfreundlichen Sozialleistungen hat zu einer Verschärfung der Lage für Frauen beigetragen. Wie Wolchik resümiert: „The burden created by the increased cost of living and decreases in social welfare and social services has fallen disproportionately on women" (Wolchik 1995: 7; vgl. auch Molyneux 1994: 296). Hinzu kommt, daß der Transformationsprozeß traditionelle Geschlechterstereotype wiederbelebt hat, was sich sowohl am Arbeitsplatz als auch im Privatleben bemerkbar macht. Wie Wolchik (1994: 4 und 13) betont, brachten die ökonomischen Veränderungen keine größere Gleichheit zwischen Männern und Frauen; Privatisierung und Kapitalisierung führten im Gegenteil bislang zu einer Regression emanzipatorischer Bestrebungen. Darüber hinaus hat die politische Repräsentation von Frauen rapide abgenommen. Waren Frauen in den kommunistischen Legislativen noch mit 20 bis 30 Prozent vertreten, so ist ihr Anteil in den post-kommunistischen Parlamenten gerade noch zwischen 5 und 13 Prozent (vgl. United Nations 1995: 154). Wie Enloe (1993: 24) anmerkt: „While Eastern European nations' legislatures have been masculinized, their popular cultures have been sexualized. As women have filed out of the parliaments, they have walked into proliferating beauty contests, franchised brothels, free-enterprise escort services, and joint venture overseas marriage services." Die Sexualisierung von Frauen entlang männlicher Phantasievorstellungen nimmt dabei im Osten immer offenere Formen an. Die amerikanische Zeitschrift *Playboy* war wenige Tage nach dem Erscheinen ihrer ersten ungarischen Ausgabe ausverkauft, und die steigende Nachfrage nach „Unterhaltungsliteratur" für Männer läßt den Handel mit einschlägigen Zeitschriften und Videos zum neuen lukrativen Unternehmen werden (vgl. Zalewski 1993: 141).
Dieses Phänomen paßt in die generelle Feststellung einer Renaissance traditioneller Geschlechterrollen. In vielen osteuropäischen Ländern hat zudem eine regelrecht antiemanzipatorische Stimmung Einzug gehalten, mit Hilfe derer Forderungen nach Gleichheit der Geschlechter in Politik und Wirtschaft als Relikte kommunistischer Herrschaft präsentiert werden – eine Assoziation, die feministische Bestrebungen von vorneherein diskreditiert (vgl. Molyneux 1994: 302ff.).

Geschlechterverhältnis und Nationalismus

Parallel zu der Öffnung nationaler Märkte in Richtung wirtschaftliche Globalisierung haben die achtziger und neunziger Jahre eine zunehmende Fragmentierung nationalistischer Ausrichtung mit sich gebracht – sei es in Ländern des Südens wie Indien oder dem Senegal oder in den Ländern Osteuropas (vgl. Peterson 1992c: 1). Feministinnen haben darauf hingewiesen, daß es sich auch hierbei bei weitem um kein geschlechtsneutrales Phänomen handelt. Zwar liegt die existierende Literatur im Streit bezüglich der Effekte, die der Nationalismus auf Frauen ausübt, jedoch besteht die einigende Erkenntnis darin, „(that) the integration of women into modern 'nationhood',

epitomized by citizenship in a sovereign nation-state, somehow follows a different trajectory from that of men; ... the regulation of gender is central to the articulation of cultural identity and difference" (Kandiyoti 1991: 429 und 440).
Zum zentralen Merkmal des Nationalismus gehört sein ambivalenter Charakter: Zum einen tritt er als modernes Projekt auf, welches überkommene Traditionen zugunsten einer neuen Identität aufgibt, andererseits geht es jedoch gerade um die Wiederbelebung tradierter kultureller Werte und Normen aus der Tiefe einer einigenden Vergangenheit. Aus dieser Widersprüchlichkeit resultieren wechselnde Porträts von Frauen als Opfer kultureller Rückständigkeit, Ikonen der Moderne oder privilegierte Trägerinnen kultureller Authentizität. In welcher Zeichnung auch immer, die Rollen von Frauen erscheinen als bloße Instrumentalisierungen im Dienste einer nationalistischen Politik. Soziale oder politische Aktivitäten von Frauen werden daher weniger als Emanzipationsbestrebungen, denn als „natürliche" Ausweitung der weiblichen Natur interpretiert. Wie Kandiyoti deutlich macht: „Modernity was invested with different meanings for men, who were relatively free to adopt new styles of conduct, and women ... had to be modern-yet-modest" (Kandiyoti 1991: 432). Nationalistische Bewegungen pendeln zwischen Modernität und Tradition, was mit einer spezifischen gesellschaftlichen Rollenzuweisung für Frauen einhergeht, „enforcing conformity to values that are often male defined and make it possible to delegitimize alternative policies on the grounds that these are alien" (Halliday 1991: 164). Durch die verstärkte Betonung kollektiver Identitäten im Rahmen nationalistischer Diskurse wird Frauen ein besonderer symbolischer Status zuteil, der vor allem ihre Bedeutung für die Reproduktion der Gemeinschaft betont und sie in der nationalistischen Propaganda[31] zu Garantinnen des Überlebens der Nation macht, oft mit der Folge der Einschränkung ihrer reproduktiven Rechte, wie es z.B. in Osteuropa zu beobachten ist (vgl. Wolchik 1995).

Bilanz: „Genderierte" Effekte

Das Beispiel Globalisierung der Wirtschaft mit seinen verschiedensten Facetten macht deutlich, welch unterschiedliche Konsequenzen internationale Prozesse für Frauen und Männer haben. Diese „genderierten" Effekte können aber nur durch eine Perspektive wahrgenommen werden, die sich auch auf jene Bereiche erstreckt, welche von der traditionellen Agenda ausgeschlossen sind. Viele Aspekte und Phänomene wirtschaftlicher Globalisierung lassen sich nur erschließen, wenn *gender* als strukturierende Kategorie berücksichtigt wird. Ohne Rekurs auf die Geschlechterverhältnisse bleibt unklar, warum weibliche Arbeitskräfte mehr und mehr auf dem Vormarsch sind und warum Frauenarbeit plötzlich zu einem Schlüsselelement in der internationalen Arbeitsteilung geworden ist. Und warum sinkt der Anteil von Frauen in den Parlamenten Osteuropas, während Schönheitswettbewerbe Mode sind? Warum wird Sex-

27 Wie Molyneux berichtet, appelliert zum Beispiel die nationalistische Frauenunion in der Ukraine an die weibliche Bevölkerung, den Erhalt der ukrainischen Nation zu sichern. In Bulgarien, wo die Geburtenrate 1991 bei 1,01 Prozent lag, wurde die Furcht eines Aussterbens der Nation systematisch verstärkt mit dem Hinweis auf die fünfmal höhere Geburtenrate der türkischen Minderheit (vgl. Molyneux 1994: 309).

tourismus zum Wirtschaftsfaktor Nummer eins in Südostasien? Und wieso sind Frauen so zentral für die neuen nationalistischen Bewegungen?
Der Zusammenhang zwischen internationaler (Wirtschafts-)Politik und stereotypen Geschlechterrollen kann nur durch eine Betrachtungsweise erschlossen werden, die auch den Konsequenzen für den privaten, alltäglichen Bereich Rechnung trägt: Die Einschränkung der zugänglichen Mittel zur Geburtenkontrolle ist, genauso wie die Kürzung sozialer Leistungen, nicht unabhängig von internationaler Politik. Dieser Zusammenhang gilt auch in umgekehrter Abfolge: Eine spezifische Politik kommt nicht ohne die ihr zugehörigen und zuträglichen Frauenrollen aus, sei es die der patriotischen Mutter, deren Fruchtbarkeit den Erhalt und Fortbestand der neuen Nation sichert, oder die der Schönheitskönigin in der neu sexualisierten Kultur der osteuropäischen Länder. Um solche Kausalverbindungen herzustellen, müssen jedoch die Analyseebenen als aufeinander bezogen und voneinander abhängig wahrgenommen werden.

5. Ausblick

Die internationalen Verhältnisse sind in Bewegung. Der Hinweis auf die Rollen von Frauen in der internationalen Politik und das Beispiel wirtschaftlicher Globalisierung haben bereits angedeutet, wie die *empirische Realität* der internationalen Beziehungen nach dem Kalten Krieg mehr und mehr an Komplexität gewinnt. Auf der einen Seite führen Freihandels- und Exportproduktionszonen zu zunehmender wirtschaftlicher Integration, auf der anderen Seite bewirken nationalistische Bewegungen eine neue politische Fragmentierung. Widersprüchliche Tendenzen prägen die internationale Landschaft am Ende des zwanzigsten Jahrhunderts. Konventionelle Vorstellungen entlang traditioneller politikwissenschaftlicher Kategorien müssen angesichts solcher Veränderungen hinterfragt werden. Transnationale wirtschaftliche und politische Aktivitäten sowie neue kollektive Identitäten, die national-territoriale Bedeutungszusammenhänge überlagern, lassen traditionelle Vorstellungen von Staaten als mehr und mehr obsolet erscheinen (vgl. Peterson 1992c: 1). Mit der Instabilität und Durchlässigkeit vormals klar definierter Grenzen sowie der gleichzeitigen Existenz multipler Identitäten ist jedoch auch die Frage politischer Identität wesentlich komplexer geworden.
Versuche, dieser Komplexität internationaler Politik durch simple theoretische Modelle gerecht zu werden, sind von vorneherein zum Scheitern verurteilt, bleiben dabei notwendigerweise weite Bereiche und wichtige Kausalzusammenhänge unerfaßt. Die lange hochgehaltenen Prinzipien von *parsimony* und *rigorism* müssen angesichts der „neuen Unübersichtlichkeit" zumindest überdacht werden, soll ein erneutes theoretisches Desaster der Teildisziplin, wie es das Ende des Kalten Krieges mit sich brachte, in Zukunft vermieden werden.
Traditionelle Zugangsweisen zu den Internationalen Beziehungen haben bislang Frauen bzw. das Geschlechterverhältnis nicht berücksichtigt, zum einen, weil dieser Aspekt als irrelevant erschien, zum anderen, weil er mit dem gängigen theoretischen Instrumentarium gar nicht erfaßt werden konnte. Wenn jedoch – so die feministische These – der Beitrag von Frauen existentiell ist für die internationale Politik und die Interna-

tionalen Beziehungen andersherum die Funktionalität von *gender* voraussetzen, dann bietet eine feministische Betrachtungsweise nicht nur eine *realistischere*, d.h. weniger verzerrte Perspektive, sondern hat zugleich auch erklärungssteigernde Wirkung durch die Aufdeckung bislang unerkannter kausaler Zusammenhänge. Gerade für die dringende Frage politischer Identität sind *gender*-Ansätze prädestiniert, hat sich doch die feministische Theoriebildung lange schon mit Fragen konkurrierender Identitäten im Rahmen der Diskussion um Differenz und Egalität beschäftigt. Insbesondere die Verflechtung von individuellen und kollektiven Identitäten ist ein Thema, welches angesichts der neuen internationalen Verhältnisse an Brisanz gewinnt.
Im Zeitalter politischer Transformation müssen tradierte Konzepte und überkommene Vorstellungen internationaler Politik reformiert und aktualisiert werden, sollen Theorie und Empirie der Internationalen Beziehungen nicht meilenweit auseinanderklaffen. Feministische Ansätze mit *gender* als Gegenstand und Analysekategorie haben das Potential für einen solchen Brückenschlag.

Literaturverzeichnis

Ashley, Richard/Walker, R.B.J. (Hrsg.), 1990: Speaking the Language of Exile: Dissidence in International Studies, Special Edition of International Studies Quarterly 34, 3.
Batscheider, Tordis, 1993: Friedensforschung und Geschlechterverhältnis. Zur Begründung feministischer Fragestellungen in der kritischen Friedensforschung. Marburg.
Becker-Schmidt, Regina/Knapp, Gudrun-Axeli (Hrsg.), 1995: Das Geschlechterverhältnis als Gegenstand der Sozialwissenschaften. Frankfurt a.M./New York.
Bowker, Mike/Brown, Robin (Hrsg.), 1993: From Cold War to Collapse: Theory and World Politics in the 1980s. Cambridge, Mass.
Brock-Utne, Birgit, 1985: Educating for Peace. A Feminist Perspective. New York, NY.
Brown, Sarah, 1988: Feminism, International Theory and International Relations of Gender Inequality, in: Millennium 17(3), 461-475.
Chodorow, Nancy Julia, 1978: The Reproduction of Mothering. Berkeley, Cal.
Chowdhry, Geeta, 1994: Women and the International Political Economy, in: *D'Amico, Francine/Beckman, Peter R.* (Hrsg.), Women, Gender, and World Politics. Westport, Conn., 155-171.
Cox, Robert W., 1986: Social Forces, States, and World Orders: Beyond International Relations Theory, in: *Keohane, Robert O.* (Hrsg.), Neorealism and its Critics. New York, NY, 204-254.
Cox, Robert W., 1987: Production, Power, and World Order: Social Forces in the Making of History. New York, NY.
Czempiel, Ernst-Otto (Hrsg.), 1969: Die anachronistische Souveränität. Zum Verhältnis von Innen- und Außenpolitik, PVS-Sonderheft 1. Köln.
D'Amico, Francine/Beckman, Peter R. (Hrsg.), 1994: Women, Gender, and World Politics. Westport, Conn.
D'Amico, Francine/Beckman, Peter R. (Hrsg.), 1995: Women in World Politics: An Introduction. Westport, Conn.
Eisenstein, Zillah, 1981: The Radical Future of Liberal Feminism. New York, NY.
Elshtain, Jean Bethke, 1974: Moral Woman and Immoral Man: A Consideration of the Public-Private-Split and its Political Ramifications, in: Politics and Society 4(4), 453-473.
Elshtain, Jean Bethke, 1979: Methodological Sophistication and Conceptual Confusion, in: *Shermann, Julia/Torton Beck, Evelyn* (Hrsg.), The Prism of Sex. Essays in the Sociology of Knowledge. Madison, Wisc., 229-252.
Enloe, Cynthia, 1989: Bananas, Beaches & Bases. Making Feminist Sense of International Politics. London.
Enloe, Cynthia, 1992: The Gendered Gulf, in: *Peters, Cynthia* (Hrsg.), Collateral Damage. The New World Order at Home and Abroad. Boston, Mass., 93-110.

Enloe, Cynthia, 1993: The Morning After. Sexual Politics at the End of the Cold War. Berkeley, Cal.

Folbre, Nancy/Bermann, Barbara/Agarwal, Bina/Floro, Maria (Hrsg.), 1992: Women's Work in the World Economy. New York, N.Y.

Frevert, Ute, 1995: „Mann und Weib, und Weib und Mann": Geschlechterdifferenzen in der Moderne. München.

Galey, Margaret E., 1994: The United Nations and Women's Issues, in: *D'Amico, Francine/Beckman, Peter R.* (Hrsg.), Women, Gender, and World Politics. Westport, Conn., 131-140.

George, Jim, 1989: International Relations and the Search for Thinking Space: Another View of the Third Debate, in: International Studies Quarterly 33(3), 269-279.

Goldstein, Judith/Keohane, Robert O. (Hrsg.), 1993: Ideas and Foreign Policy. Ithaca, NY.

Gourevitch, Peter, 1978: The Second Image Reversed: The International Sources of Domestic Politics, in: International Organization 32(4), 881-911.

Grant, Rebecca, 1991: The Sources of Gender Bias in International Relations Theory, in: *Grant, Rebecca/Newland, Kathleen* (Hrsg.), Gender and International Relations. Bloomington, Ind., 8-26.

Grant, Rebecca/Newland, Kathleen (Hrsg.), 1991: Gender and International Relations. Bloomington, Ind.

Halliday, Fred, 1991: Hidden from International Relations: Women and the International Arena, in: *Grant, Rebecca/Newland, Kathleen* (Hrsg.), Gender and International Relations. Bloomington, Ind., 158-169.

Harding, Sandra, 1986: The Science Question in Feminism. Ithaca, NY.

Hartsock, Nancy, 1983: Money, Sex, and Power: Toward a Feminist Historical Materialism. New York, London.

Hirschmann, Nancy, 1989: Freedom, Recognition, and Obligation: A Feminist Approach to Political Theory, in: American Political Science Review 83(4), 1227-1244.

Hirschmann, Nancy, 1992: Rethinking Obligation: A Feminist Method for Political Theory. Ithaca, NY.

Jaggar, Alison M., 1983: Feminist Politics and Human Nature. Sussex, Totowa.

Kaistha, Sunita, 1997: Gender and Globalisation (Paper for the International Studies Association Convention). Toronto.

Kandiyoti, Deniz, 1991: Identity and its Discontents: Women and the Nation, in: Millennium 20(3), 429-443.

Kardam, Nüket, 1994: Women and Development, in: *D'Amico, Francine/Beckman, Peter R.* (Hrsg.), Women, Gender, and World Politics. Westport, Conn., 141-153.

Keohane, Robert O., 1991: International Relations Theory: Contributions of a Feminist Standpoint, in: *Grant, Rebecca/Newland, Kathleen* (Hrsg.), Gender and International Relations. Bloomington, Ind., 41-50.

Klinger, Cornelia, 1986: Das Bild der Frau in der Philosophie und die Reflexion von Frauen auf die Philosophie, in: *Hausen, Karin/Nowotny, Helga* (Hrsg.), Wie männlich ist die Wissenschaft. Frankfurt/M., 62-84.

Kreisky, Eva/Sauer, Birgit (Hrsg.), 1995: Feministische Standpunkte in der Politikwissenschaft. Frankfurt a.M./New York.

Krell, Gerd, 1996: Feminismus und Internationale Beziehungen. Zwischen Dekonstruktion und Essentialisierung, in: Zeitschrift für Internationale Beziehungen 3(1), 149-181.

Lapid, Yosef, 1989a: Quo Vadis International Relations? Further Reflections on the 'Next Stage' of International Theory, in: Millennium 18(1), 77-88.

Lapid, Yosef, 1989b: The Third Debate: On the Prospects of International Theory in a Post-Positivist Era, in: International Studies Quarterly 33(3), 235-254.

Lim, Linda Y.C., 1979: Women Workers in Multinational Corporations. East Lansing, MI.

List, Elisabeth, 1991: Feministisches Denken im Spektrum der Gegenwartsphilosophie, in: Deutsche Zeitschrift für Philosophie 39(5), 514-527.

Locher, Birgit, 1996a: Zur Relevanz von Geschlechterforschung in den Internationalen Beziehungen: Möglichkeiten und Wege eines interdisziplinären Ansatzes (Universität Konstanz, Magisterarbeit). Konstanz.

Locher, Birgit, 1996b: Feminismus ist mehr als „political correctness". Anmerkungen und Ergänzungen zu Gerd Krells Literaturbericht, in: Zeitschrift für Internationale Beziehungen 3(2), 381-397.

Locher, Birgit, 1997: Internationale Beziehungen aus der Geschlechterperspektive, in: Internationale Politik und Gesellschaft 1, 5-24.
Lorde, Audre, 1983: The Master's Tools Will Never Dismantle the Master's House, in: *Moraga, Cherríe/Anzaldúa, Gloria* (Hrsg.), This Bridge Called My Back: Writings by Radical Women of Color. New York, NY, 98-101.
MacKinnon, Catherine A., 1989: Toward a Feminist Theory of the State. Cambridge, Mass.
Mayhall, Stacey L., 1993: Gendered Nationalism and „New" Nation-States: „Democratic Progress" in Eastern Europe, in: Fletcher Forum 17(2), 91-99.
McAllister, Pam (Hrsg.), 1982: Reweaving the Web of Life: Feminism and Nonviolence. Philadelphia, PA.
Meyers, Reinhard, 1990: Metatheoretische und methodologische Betrachtungen zur Theorie der internationalen Beziehungen, in: PVS-Sonderheft 21, 48-68.
Mies, Maria, 1986: Patriarchy and Accumulation on a World Scale. Women in the International Division of Labour. London.
Moghadam, Valentine M., 1994: Identity Politics and Women: Cultural Reassertions and Feminism in International Perspective. Boulder, Col.
Molyneux, Maxine, 1994: Women's Rights and the International Context: Some Reflections on the Post-Communist States, in: Millennium 23(2), 287-313.
Morgan, Robin, 1982: The Anatomy of Freedom: Feminism, Physics and Global Politics. New York, NY.
Morgenthau, Hans, 1948: Politics Among Nations: The Struggle for Power and Peace. New York, NY.
Mosse, George L., 1985: Nationalism and Sexuality: Respectability and Abnormal Sexuality in Modern Europe. New York, NY.
Murphy, Craig N., 1996: Seeing Women, Recognizing Gender, Recasting International Relations, in: International Organization 50(3), 513-538.
Onuf, Nicholas, 1995: Levels, in: European Journal of International Relations 1(1), 35-58.
Pateman, Carole, 1988: The Sexual Contract. Cambridge, Oxford.
Peterson, Spike V., 1990: Whose Rights? A Critique of the „Givens" in Human Rights Discourse, in: Alternatives 15(3), 303-344.
Peterson, Spike V. (Hrsg.), 1992a: Gendered States: Feminist (Re)Visions of International Relations Theory. Boulder, Col.
Peterson, Spike V., 1992b: Transgressing Boundaries: Theories of Knowledge, Gender and International Relations, in: Millennium 21(2), 183-206.
Peterson, Spike V., 1992c: Seeking World Order Beyond the Gender Order of Contemporary States (Paper for the UNU Symposium on Theoretical Perspectives on Multilateralism and Images of World Order), European University Institute. Florenz.
Peterson, Spike V., 1993: The Politics of Identity in International Relations, in: Fletcher Forum 17(2), 1-12.
Peterson, Spike V., 1995: Political Identity, Emancipatory Politics and Global Dynamics (Paper for the International Studies Association Convention). Chicago, MI.
Peterson, Spike V., 1996: The Politics of Identification in the Context of Globalization, in: Women's Studies International Forum 19(1-2), 5-16.
Peterson, Spike V., 1997: Whose Crises? Early and Postmodern Masculinities (Paper for the International Studies Association Convention). Toronto.
Peterson, Spike V. /Runyan, Anne Sisson, 1991: The Radical Future of Realism: Feminist Subversions of International Relations Theory, in: Alternatives 16(1), 67-106.
Peterson, Spike V./Runyan, Anne Sisson, 1993: Global Gender Issues. Boulder, Co.
Pettman, Jan Jindy, 1996a: Worlding Women. A Feminist International Politics. Sydney, London.
Pettman, Jan Jindy, 1996b: Body/Boundary Politics: International Sex Tourism (Paper for the International Studies Association Convention). San Diego, Cal.
Pettman, Jan Jindy, 1997: Transcending National Identity. The Global Political Economy of Gender and Class (Paper for the International Studies Association Convention). Toronto.
Reus-Smit, Chris, 1996: The Constructivist Turn: Critical Theory After the Cold War (Working Paper No. 1996/4 Australian National University). Canberra.
Risse-Kappen, Thomas, 1995: Reden ist nicht billig. Zur Debatte um Kommunikation und Rationalität, in: Zeitschrift für Internationale Beziehungen 2(1), 171-184.

Risse-Kappen, Thomas/Lebow, Richard N. (Hrsg.), 1995: International Relations Theory and the End of the Cold War. New York, NY.
Rössler, Beate, 1996: Feministische Theorien der Politik, in: *von Beyme, Klaus/Offe, Claus* (Hrsg.), Politische Theorien in der Ära der Transformation. Opladen, 267-291.
Schaber, Thomas/Ulbert, Cornelia, 1994: Reflexivität in den Internationalen Beziehungen. Literaturbericht zum Beitrag kognitiver, reflexiver und interpretativer Ansätze zur dritten Theoriedebatte, in: Zeitschrift für Internationale Beziehungen 1(1), 139-169.
Schwarzer, Gudrun, 1994: Theorie und Praxis der internationalen Beziehungen aus feministischer Sicht (Diskussionspapier). Tübingen.
Segal, Lynne 1987: Is the Future Female? London.
Stienstra, Deborah, 1994: Women's Movements and International Organizations. New York, NY.
Sylvester, Christine, 1992a: Feminists and Realists View Autonomy and Obligation in International Relations, in: *Peterson, Spike V.* (Hrsg.), Gendered States: Feminist (Re)Visions of International Relations Theory. Boulder, Co., 155-177.
Sylvester, Christine, 1992b: The Emperors' Theories and Transformations: Looking at the Field through Feminist Lenses, in: *Sylvester, Christine/Pirages, Dennis C.* (Hrsg.), Transformations in the Global Political Economy. London, 230-253.
Sylvester, Christine, 1993: Homeless in International Relations? Women's Place in Canonical Texts and Feminist Reimaginings, in: *Ringrose, Marjorie/Lerner, Adam J.* (Hrsg.), Reimagining the Nation. Buckingham, Philadelphia, PA, 76-97.
Sylvester, Christine, 1994a: Feminist Theory and International Relations in a Postmodern Era. Cambridge, Mass.
Sylvester, Christine, 1994b: Empathetic Cooperation: A Feminist Method for IR, in: Millennium 23(2), 315-334.
Thürmer-Rohr, Christina, 1987: Vagabundinnen. Feministische Essays. Berlin.
Thürmer-Rohr, Christina, 1989: Mittäterschaft der Frau – Analyse zwischen Mitgefühl und Kälte, in: *Studienschwerpunkt „Frauenforschung" am Institut für Sozialpädagogik der TU Berlin* (Hrsg.), Mittäterschaft und Entdeckungslust, bearbeitet von Thürmer-Rohr, Christina/ Wildt, Carola/Emme, Martina/Flamm, Monika/Fritz, Vera/Voigt, Sigrid. Berlin.
Tickner, Ann J., 1991: Hans Morgenthau's Principles of Political Realism: A Feminist Reformulation, in: *Grant, Rebecca/Newland, Kathleen* (Hrsg.), Gender and International Relations. Bloomington, Ind., 27-40.
Tickner, Ann J., 1992: Gender in International Relations: Feminist Perspectives on Achieving Global Security. New York, N.Y.
United Nations, 1995: The World's Women 1995: Trends and Statistics. New York, NY.
Waltz, Kenneth N., 1954: Man, the State and War. A Theoretical Analysis. New York, NY.
Wendt, Alexander, 1987: The Agent-Structure Problem in International Relations Theory, in: International Organization 41(3), 335-370.
Wendt, Alexander, 1992: Anarchy is what States Make of it: The Social Construction of Power Politics, in: International Organization 46(2), 391-427.
Wendt, Alexander, 1994: Collective Identity Formation and the International State, in: American Political Science Review 88(2), 384-396.
Wendt, Alexander, 1995: Constructing International Politics, in: International Security 20(1), 71-81.
Whitworth, Sandra, 1989: Gender in the Inter-Paradigm Debate, in: Millennium 18(2), 265-272.
Whitworth, Sandra, 1994: Feminism and International Relations. Towards a Political Economy of Gender in Interstate and Non-Governmental Institutions. London.
Wolchik, Sharon L., 1995: Democratization in Central and Eastern Europe: Progress or Regression for Women (Diskussionspapier des US Atlantic Council).
Zalewski, Marysia, 1993: Feminist Theory and International Relations, in: *Bowker, Mike/Brown, Robin* (Hrsg.), From Cold War to Collapse: Theory and World Politics in the 1980s. Cambridge, Mass., 115-144.
Zalewski, Marysia, 1994: The Women/„Women" Question in International Relations, in: Millennium 23(2), 407-423.
Zangl, Bernhard/Zürn, Michael, 1994: Theorien des rationalen Handelns in den Internationalen Beziehungen, in: *Kunz, Volker/Druwe, Ulrich* (Hrsg.), Rational Choice in der Politikwissenschaft. Grundlagen und Anwendungen. Opladen, 81-111.

Die Geschlechterfrage und die Transformation in Ostmitteleuropa: Kann das Geschlechterparadigma zur „Transformation des Politischen" beitragen?

Vlasta Jalušič

Die vielen Veränderungen, die in der letzten Dekade in den heutigen „postsozialistischen" Ländern stattfanden, haben nicht nur das alltägliche Leben der Bevölkerung dieser Staaten, der Männer und Frauen tiefgreifend beeinflußt, sondern auch tiefgreifend einen allgemeinen politischen und sozialen Wandel zur Folge gehabt, der heute populär „Übergang" oder „Transformation" genannt wird. Diese Entwicklung hat bereits zahlreiche politische und sozialwissenschaftliche Überlegungen gezeitigt, die sich (wenigstens im „Osten") meistens mit der Frage befassen, „wie" dieser „Übergang" verläuft, und viel weniger mit der Frage, „was" dieser Prozeß eigentlich bedeutet und „wohin" er führt. Es handelt sich bei derartigen Überlegungen vor allem um die „allgemeine" Frage des „Wandels", wobei die „punktuellen" und kleinen Fragen dieser großen „Umstrukturierung", wenn sie nicht gerade unübersehbar und unmittelbar die „Allgemeinheit" berühren, nicht thematisiert werden. Paradox dabei ist allerdings, daß der sogenannte „Transformationsprozeß" der Gesellschaft trotz der Behauptung der Steuerung in eine gewisse Richtung, nämlich „Demokratisierung und Marktwirtschaft", eigentlich „nichts anderes bedeutet, als daß sich alles in Bewegung findet und das Ergebnis unklar ist" (Havelkova 1995: 150). Die Tatsache, daß die eventuelle Lösung aller besonderen neu entstandenen oder bereits existierenden Probleme in der allgemeinen Umstrukturierung und Konsolidierung vor allem in der Anpassung an ein „Modell" gesehen wird, zeigt die Dominanz einer (wieder entdeckten oder wiederholten) essenzialistischen Ideologie, die – letzten Endes – sehr an die vorher und noch immer scharf kritisierten Prämissen des „Staatssozialismus" erinnert. Auf diesem Hintergrund werde ich im folgenden Beitrag nicht von einem „allgemeinen" Standpunkt des Übergangs über die „großen Themen" nachdenken. Vielmehr werde ich meine Gedanken hinsichtlich „Transformation" einem scheinbar marginalen und marginalisierten Thema widmen und durch diese Optik die Frage der Politik und „des Politischen" anrühren. Mein Fokus liegt auf dem Verhältnis zwischen der sogenannten „Transformation" und der Rolle, die die „Geschlechterfrage" in den Veränderungen und in den Rezeptionen der Entwicklung in Ostmitteleuropa spielt, auf der Frage also, welche Rolle und Bedeutung die „Berücksichtigung" der Geschlechterfrage in der „Transformation" des Bereichs, den wir „politisch" nennen (der Bereich der Politik und des Politischen in Ostmitteleuropa[1]) spielen kann.

---

1 Der Terminus technicus „Ostmitteleuropa" dient in diesem Kontext nicht als geographische oder gar „meteorologische" Bezeichnung: Ich ziele damit auf diejenigen „ostmitteleuropäischen" Länder, in denen eine relativ friedliche Gründung des „neuen Systems" stattfand.

1. Transformation als „Neugründung": methodologischer Exkurs

Bevor ich meine Argumentation entfalte, möchte ich meine konzeptuellen Überlegungen skizzieren, also das, „was" von meinem Standpunkt aus die sogenannte „Transformation" des Politischen im zwanzigsten Jahrhundert überhaupt bedeuten kann. „Transformation" hat in der heutigen Politikwissenschaft bereits zahlreiche unterschiedliche Deutungen erfahren. Das Spektrum reicht von der Annahme der bewußten, geplanten Änderung bis zur spontanen, revolutionären Umwälzung. Wir können Transformation als eine „sinnvolle", geplante und progressive Änderung denken, als sozusagen wissenschaftlichen „Systemwechsel", der ein bestimmtes Ziel (z.B. Demokratie, Marktwirtschaft) verfolgt (was uns an das Hegel-Marxsche Konzept der Geschichte erinnern kann). Wir können auch eine „Umformung" vor Augen haben, eine Umformung in etwas Bekanntes, Altes, das jetzt in einer neuen Form wiederkehrt. Es mag aber auch um die Kreation immerwährender „Verschiedenheit" im Sinne der Postmoderne gehen. In der Tat können wir bereits jeden „Sozialwandel" als Transformation betrachten. Dennoch werde ich hier mit einem anderen, meinem Thema angemesseneren Zugang beginnen, der meines Erachtens auch die Berücksichtigung des Geschlechterparadigmas durch eine andere Optik ermöglicht. Ich werde versuchen, die „Transformation" des „Politischen" vor allem vom Standpunkt „des Neuen" aus zu betrachten. Vor den Augen habe ich dabei das Neue im Sinne des neuen Artikulationsraumes – für neue politische Themen und neue Akteure, die „zu Wort kommen" können. Die Transformation des Politischen wäre nach dieser Vorstellung dann zu beobachten, wenn es sich um die „Eröffnung" des „Raumes", um die Ausweitung der Akteursgruppen und um neue Artikulationen dessen, was Politik ist, handelt.[2]
Claus Leggewie (der gewissermaßen dem Gedankengang von Hannah Arendt folgt) hat in seinem Text über Kreativität und Neuem im Politischen vor allem die Dimension des ständig neuen Anfangens als das Grundelement der Änderung im Politischen hervorgehoben (vgl. Leggewie 1994).[3] Dabei ist wichtig zu betonen, daß ein solches „Wiederanfangen" nicht (nur) auf die berühmten Momente der Politik und des Politischen (wie Umwälzungen, mehr oder weniger blutige Revolutionen oder pompöses Entstehen neuer Staaten) zu reduzieren ist.

Damit sind auch Länder bezeichnet, in denen schon während des Sozialismus eine Opposition, ein Netz der neuen Machtbeziehungen existierte, das nach 1989 eine friedliche „Wende" ermöglichte.

2 Die Fälle solcher Transformation wären zum Beispiel die Ausdehnung des Wahlrechts auf breitere Schichten der Bevölkerung und auf Frauen, was in Europa Ende letzten und Anfang diesen Jahrhunderts geschah, oder die Gründungen von Staaten mit einem breiteren Verständnis des Bürgerstatus.

3 Er sieht vier hypothetische Dimensionen („Akteure") der „politischen Kreativität": Reformbürokratien, Charisma, soziale Bewegungen und Intellektuelle (vgl. Leggewie 1994: 7ff.). In der sogenannten Transitionszeit in Osteuropa konnten wir, wenn wir auch die Zeit der „Samtrevolutionen" und sogenannten zivilgesellschaftlichen Bewegungen tatsächlich berücksichtigen, alle diese Subjekte der Veränderung beobachten (mit ihrem großen oder kleinen Einfluß in verschiedenen Staaten). Aber in der Zeit der sogenannten „Konsolidierung" blieben zwei Dimensionen außen vor: (neue) soziale Bewegungen und Intellektuelle. Zugleich sind in mehreren ostmitteleuropäischen Staaten gerade diese zwei „nicht mehr besetzten" Dimensionen zum Kern der populistisch-nationalistischen Artikulationsräume geworden. Was gewissermaßen „stabilisiert" und weiter am Leben erhalten wurde, sind Reformbürokratien und charismatische Persönlichkeiten.

Dies wird oft vom Großteil auf bestimmte Traditionen beharrender politischer Theoretiker getan, indem sie in den neuen Gründungen vor allem eine Gewaltandrohung mit blutigen Revolutionen sehen. Ich möchte hier demgegenüber eine bestimmte Dimension hervorheben, die auch bei Arendts Vorstellung des Neuen im Politischen angelegt ist. In ihrer Schilderung der neuen (politischen) Anfänge legt Arendt die Betonung auf die Notwendigkeit der *ständigen* Erneuerung, der Möglichkeit einer politischen Innovation, die wegen der „existentiellen" Bedingtheit der Menschen notwendig ist (vgl. Arendt 1986: 14f.),[4] wegen der Änderungen, die wir als „Geborene", in der Welt „Fremde" und deshalb auch potentiell politische Wesen, verursachen. Es handelt sich dabei sowohl um den Generationswechsel als auch um den sonstigen „Zufluß" neuer Menschen in „die Welt", derjenigen also, die entweder neu geboren wurden oder gekommen sind. Die wichtigste Frage des politisch Neuen dabei ist, ob diese „neuen Menschen" im politischen Raum, der dadurch auch anders artikuliert wird, „zugelassen" oder nicht zugelassen werden. Durch ein solches Verständnis des Neuen im Politischen können wir auch zu einer anderen Einsicht darüber, was in einem Umfeld „transformiert" wird oder bereits transformiert wurde, kommen. Dadurch ist auch das Erkennen der Probleme möglich, die, wenn sie nicht wahrgenommen werden, verhängnisvoll für die Existenz, Nichtexistenz und wirkliche Transformation eines „politischen Raumes" sein können. Wenn solche Neugründungen, das „(Wieder-)Finden" des Neuen im Politischen durch die Zulassung und Neudefinition der Akteure nicht stattfindet bzw. wenn der „Zufluß" nicht ermöglicht und das Bedürfnis danach nicht reflektiert wird, dann werden nicht nur keine wirklichen Transformationen aufbrechen, sondern „das Alte" wird betoniert und die Politik bedroht, damit werden aber auch die existenten politischen Netze, Systeme und „Räume" gefährdet.[5] In diesem Lichte betrachtet ist es klar, daß hier eine andere Sicht von Transformation eingeführt wird, die sich gründlich von dem nach der „Wende" vorherrschenden Verständnis der demokratischen Transformation oder Transition unterscheidet. Letzteres versteht die Transformation des Politischen nicht als (ständig) neuen Anfang und neue Zulassung des Neuen im obigen Sinne, sondern vor allem als Systemtrans-

---

4 Auch die Geschlechterdifferenz zählt zu dieser Bedingtheit, die durch Pluralität und Gebürtigkeit gekennzeichnet ist (vgl. Arendt 1986: 14f.).

5 Hannah Arendt hat in ihrem Werk mehrere Beispiele solcher „Stabilisierung" analysiert. Eines der bekanntesten ist das Beispiel der amerikanischen Revolution, die ihres Erachtens ihre „aktive Seite", die Handlungskomponente und somit die Möglichkeit des ständig Neuen als die Möglichkeit der Erhaltung aktivistischer revolutionärer Tradition (der ständigen Zulassung neuer Akteure) blockiert hat. Zunächst hat sie die schwarze Bevölkerung und die „Eingeborenen" aus dem Grundkonsens ausgeschlossen. Dann hat sie ihre „Zulassung" ins Unabsehbare verschoben und damit auch das Potential des politisch Neuen, das sie als „neue Gründung" und „neue Demokratie" in sich verbarg. Damit leugnete sie die politische „Innovation" als ihre eigentliche Quelle (vgl. Arendt 1994: 298ff.). Im Gegensatz zur überwiegenden Überzeugung traditioneller politischer Theorie, daß revolutionäre Potentiale und begeisterte neue Akteure etwas sind, was eine erfolgreiche Gründung möglichst schnell „stabilisieren" und beseitigen muß, setzte sich Arendt für die Beibehaltung dieses subjektiven, aktivistischen und bei den „Stabilisierungskräften" so unbeliebten Potentials ein – auch in der postrevolutionären Zeit. Niederdrückung, Ausschließung, Marginalisierung des Neuen, der neuen Akteure und damit der neuen Politikartikulation ist ihrer Meinung nach der größte Feind der politischen Möglichkeiten und eine Art der „Stabilisierung", die irgendwann in der Zukunft den Untergang der Institutionen und Gewalt provozieren kann (vgl. ebd.).

formation, „Stabilisierung", „Konsolidierung" bzw. Wiederholen eines „antiquierten" Modells (vgl. dazu Kreisky 1996: 9f.; Beck 1993: 17) und vor allem als Stillegung des eventuellen Aktivismus. All das sollte die Gefahr des Krieges und der Gewalt, die nach dieser Überzeugung mit jedem neuen Anfang oder mit jeder Änderung des Bestehenden droht, minimalisieren (vgl. Jalušič 1992 und 1994). Daher wurde der Aktivismus von oppositionellen Bewegungen im Sozialismus und während der Samtrevolutionen von vielen Transformationstheorien als etwas „Vorpolitisches" oder als „Nichtrevolution" interpretiert.[6] Oppositionelle zivilgesellschaftliche Aktivitäten (mancherorts auch als „Antipolitik" bezeichnet) wurden vor allem als Vorbereitung auf die Situation, in der es erst ernst wird, verstanden, als Vorbereitung auf das tatsächlich Neue, auf die „wirkliche" Demokratisierung, die endgültige Gestaltung der demokratischen Institutionen. Aber was hat das mit der Geschlechterfrage zu tun? Das Unterscheiden oder Nichtunterscheiden zwischen dem ersten und dem zweiten Verständnis von Transformation kann uns meines Erachtens entweder unterstützen oder uns dabei hindern, das Geschlecht in der Transformation des Politischen zu berücksichtigen.

2. *Die Abwesenheit des Geschlechts am Ort des Politischen*

Es gibt zahlreiche feministische Studien der Transitionsperiode, die auf die Tatsache der „Abwesenheit" von Frauen im Bereich der Politik hingewiesen haben, vor allem auf ihre Abwesenheit in Parlamenten, Parteien, Führungen der Staatsapparate und Regierungen (vgl. Einhorn 1993: 148-181; Havelkova 1995 und 1996; Kreisky 1996: 7-15). In den meisten Parlamenten der ostmitteleuropäischen Staaten gibt es nur 10% Frauen. Die Forschungen berichten über die starke politische „Abstinenz" von Frauen. Es existiert zugleich auch das Phänomen der verbreiteten „Allergie auf Feminismus" (vgl. Einhorn 1993: 182-215). Die Autorinnen, die diese Phänomene analysiert haben, behaupten, daß dies durch verschiedene Elemente bedingt wird: z.B. durch die unveränderte Verantwortlichkeit der Frauen für das Alltagsleben, die nach 1989 ganz neue Dimensionen angenommen hat. Auf der anderen Seite spielt auch die Geschichte eine gewisse Rolle, die sozialistische Vergangenheit, die mit der einseitigen „Emanzipation" der Frauen durch die Erwerbsarbeit in der verstaatlichten Industrie, mit der uniformierten, grauen gesellschaftlichen Gleichheit und mancherorts auch obligatorischen Partizipation in den Institutionen des Systems eine Abscheu gegen Mitarbeit „an der Macht" hervorgerufen hat. Auch die Ideologie, Wahrnehmung und die Realität des neuen Systems haben die geringe Popularität von Politik beeinflußt. Die „Dominanz der politischen Politik" (Dölling 1991: 10)[7] und die „obligatorische Teilnahme"

---

6 Es gibt z.B. die Behauptung, daß man innerhalb des Sozialismus von „keiner Opposition" sprechen kann, weil sie nicht institutionalisiert wurde. Im Klartext: Es ist keine richtige Politik, weil die Aktivitäten nicht innerhalb des „richtigen" Systems verlaufen (vgl. Bernik 1994; Linz/Stepan 1991; Szabo 1994).

7 Irene Dölling behauptet in dieser frühen Studie über die Übergangsperiode, daß der Staatssozialismus „a form of modern society characterized by the dominance of political policy over all other systemic structures" war. Das heißt, daß das politische System „the representation of all other systems" beanspruchte (Dölling 1991: 10).

wurden durch eine neue Situation ersetzt, in der die Politik, das vermeintliche Zwangsband des alten Systems, nicht interessant und anziehend sein und daher gar nicht als möglicher Raum relativer Freiheit funktionieren kann. Frauen und Männer haben die Freiheit im Postsozialismus zunächst als Befreiung von einstiger „Hyperpolitisierung" verstanden. Anstatt „Angleichung" als Gleichheit und Arbeit in der (verstaatlichten) Ökonomie wollen sie jetzt, in der Demokratie, vor allem Differenzen. Der Wunsch nach Differenzierung ist bei Frauen vor allem in der Form der Individualisierung und im Streben nach neuen, anderen und den alten entgegengesetzten Identitäten besonders stark. Stellen die Abwesenheit in politischen Institutionen und die Uninteressiertheit an der Politik eine Seite dieser „Identität" dar, dann zeigt die allgegenwärtige öffentliche Gestalt der sexualisierten Frau und Hausfrau die andere Seite derselben Münze. Die Frauen in Ostmitteleuropa setzen sich im allgemeinen a priori dem Feminismus entgegen: Sie sehen ihn als eine importierte, dogmatische und „graue" Ideologie der Gleichheit, die in der diversifizierten, freien und demokratischen Gesellschaft nichts zu suchen hat.[8] Das Verhältnis zwischen Feminismus und Demokratie stellt sich als umgekehrt proportional dar: Jeder Mensch wünscht sich Demokratie, Demokratie wird hoch gewertet. Zugleich gibt es aber sehr wenige, die sich mit Feminismus identifizieren wollen und ihn als einen Wert betrachteten, der mit der Demokratie verbunden ist. Das geht einher sowohl mit der Entlegitimierung der Gleichheit im Postsozialismus als auch mit der Vorstellung und dem Vorurteil, Feminismus sei ein eindeutiges Einsetzen für eine absolute und vollkommene – karikiert gesehen sogar physische – Gleichheit der Frauen mit den Männern. Der Kampf um die (politische) Gleichheit von Frauen, der demgegenüber elementarer Zug des Feminismus ist (vgl. Brown 1993), gilt in diesem Teil Europas vor allem als totalitärer Rest und wird deshalb auf ein Nebengleis der aktuellen politischen Themen gesetzt. Nicht nur die ehemaligen männlichen Oppositionellen, sondern auch einige Dissidentinnen in Ostmitteleuropa sind der Auffassung, daß die Einführung der Demokratie sozusagen von selber (auch) zur politischen Partizipation der Frauen – oder wenigstens in eine solche Richtung – führt.[9]

Barbara Einhorn schreibt, daß die Transition der oppositionellen Bewegungen im Sozialismus, von der sogenannten „Antipolitik" in die demokratische „Normalisierung" gekennzeichnet ist „by a tendency to oust women" (Einhorn 1993: 148). Diese „Ausweisung" sollte aber als relativ verstanden werden: Jemand kann nur von einem Ort verwiesen werden, an dem er oder sie schon war. In diesem Sinne ist es schwierig, wie auch Einhorn selbst bemerkt, von der „Ausweisung" der Frauen zu sprechen. Im Sozialismus waren Frauen eigentlich gar nicht politisch tätig. Wenn wir die „Transition" nicht als einen direkten „Wechsel" vom Totalitarismus zur Demokratie, also vor allem als eine Systemtransformation, verstehen, sondern den Blick auf die Zwischeninstanz der „oppositionellen" Handlungen als eine relevante „Phase" werfen, dann können

8 Vgl. den provokanten Text mit dem Titel „Lieber Hure als Feministin" von Larissa Lissjutkina (1992).

9 Aus Gesprächen mit einigen jüngeren Feministinnen aus Ostmitteleuropa habe ich erfahren, daß diese Haltung gleich nach der sogenannten Wende sehr oft bei Frauen aus den ehemaligen Dissidentenkreisen zu beobachten war. Sie waren der Überzeugung: Zunächst müssen wir die Demokratie einführen, dann werden die Frauen schon je nach Wunsch aktiv sein. Diese Haltung ist typisch für alle Essenzialismen.

wir auch über ein neues weibliches „Politischsein" sprechen (vgl. Einhorn 1993; Kreisky 1996), und der Übergang bekommt andere Konturen. Wie waren nun die politischen „Positionen" von Frauen, wie war ihr politischer Status im Sozialismus? Welche Positionen hatten sie in den Samtrevolutionen und welche in der sogenannten „Normalisierung" inne? Bereits in der oppositionellen Tätigkeit im Sozialismus war es nämlich zu einem Strukturwandel gekommen, zu einer Transformation, in der die Frauen in einer größeren Zahl als üblich partizipierten – auch als politische Aktivistinnen (trotz der antipolitischen Bezeichnung dieser Aktivitäten). Diese Transformation bedeutete einen Strukturwandel vor allem im Verhältnis zwischen Öffentlichem und Privatem. Das Private war zu einem Raum relativer Freiheit und gewisser oppositioneller politischer Artikulation geworden und hatte dadurch eine direkte politische Bedeutung angenommen.[10] Der Schritt von der sogenannten „Antipolitik" in die „demokratische Normalisierung" bedeutete nicht so sehr die „Ausweisung" der Frauen, als den „Abgang" der Männer aus den „antipolitischen" Räumen, aus der zivilen Gesellschaft. Auf der Grundlage hier entstandener politischer Kommunikation und Machtnetze haben Männer dann den neuen Staat virtuell „konstruiert", gemacht, kreiert. In topografischen Metaphern gesprochen (vgl. Greven 1993b) wurden die Räume, die vorher die Quelle des Politischen waren, die „Küchentischbewegungen" (Kreisky 1996: 8), durch Stabilisierung und Normalisierung depolitisiert. Die Männer sind „in die Politik" gegangen, an den „Ort der Macht", die Frauen sind draußen geblieben, irgendwo im (halb)öffentlichen Sozialen. Die oft verwendeten Metaphern „in die Politik gehen" und „außerhalb der Politik bleiben" zeigen uns diese „Operation" und auch die dahinterstehende Wahrnehmung der Politik und des Politischen deutlich.

Allerdings bleibt die Tatsache, daß die so „gemachten" neue Demokratien in den Gremien politischer Repräsentation „ohne Frauen" sind, daß die „Demokratisierung" Ostmitteleuropas die gleichzeitige „Maskulinisierung" der Politik (vgl. Kreisky 1996: 12ff.) bzw. demokratischer Institutionen ist, unbeachtet. Damit wird auf eine spezifische Weise die These bestätigt, die einige Jahre zuvor Carole Pateman in die Diskussion brachte, daß nämlich Demokratie als Regierungsform meistens nicht als ein System verstanden wird, das tatsächlich die Gleichheit der Geschlechter garantiert (vgl. Pateman 1985). Gleich zu wievielen legitimen Teilungen zwischen links und rechts, konservativ und liberal es innerhalb der modernen politischen Verfassung gekommen ist – Teilungen, ohne die es keine „Normalität" im Politischen gibt –, der politische Standpunkt des Feminismus konnte gegenüber den offenbar „legitimen" Gegenpositionen, die sich „in praxi" der Gleichstellung der Frauen alltäglich entgegenstellen, weder eine ähnliche Legitimität noch eine gleichwertige normative Bestätigung gewinnen. Der Transfer des demokratischen Konzeptes nach Ostmitteleuropa hat das eigentlich nur wiederholt:[11] Keine „östliche Demokratie" legitimierte sich bei der

10 Frauen nahmen an diesem „Handeln" teil, obwohl auch das wieder als relativ zu betrachten ist: „Women were involved ... at the grassroots or rank-and-file level in both opposition and official political organizations prior to 1989, but never at commensurable level in leadership posts" (Einhorn 1993: 160).

11 Wenngleich sich die feministische Position als politische Position teilweise im Bewußtsein von Frauen und auch Männern verankert hat, ist es ihr nie gelungen, an den Begriff der Demokratie selbst anzuknüpfen. Zugleich ist es symptomatisch, daß dieses Demokratiekonzept nicht viel mehr als das Schumpetersche Verständnis der Demokratie beinhaltete, also einen engen normativen Standpunkt, der sich auf die „demokratische Methode" als Kon-

Gründung mit Frauenrechten. Im Gegenteil: Es gab mancherorts Versuche, die Frauen in diesen Prozessen sogar eines Teils der relativen Autonomie zu berauben, des Anteils, den sie im Sozialismus, als „animal laborans" befreit (Arendt 1987), genossen. Dazu zählen die Versuche der ideologischen Wiederherstellung der traditionellen Teilung zwischen öffentlichem Mann und privater Frau, Versuche, die legale Schwangerschaftsabtreibung abzuschaffen, die obendrein noch „demokratisch", mit der parlamentarischen Mehrheit, legitimiert wurden.

3. *Die Geschlechtsblindheit der sozialwissenschaftlichen Transitionsforschung*

Aber – und da liegt der Hase im Pfeffer – für Ostmitteleuropa ist heute nicht nur die faktische Abwesenheit von Frauen vom vermeintlichen „Ort" des Politischen charakteristisch. Noch symptomatischer und möglicherweise der eigentliche Ausgangspunkt für eine Auseinandersetzung mit der Frage der Geschlechterverhältnisse ist die Abwesenheit der Thematisierung der Geschlechterproblematik und der Politiken, alltäglichen Handlungen, Diskurse, Maßnahmen, Institutionen und Teilungen, die auf der Geschlechterdifferenz beruhen bzw. sie bedingen, in der Transformationstheorie. Wie kann man diese auf den ersten Blick zufällige Marginalisierung der Geschlechterthematik erklären? Wie kann man die Tatsache erklären, daß die Transition zur Demokratie meistens als ein Prozeß betrachtet wird, in dem die Kategorie Geschlecht keine Rolle spielt? Nehmen wir an, daß das politische Denken einen Reflex der Realität darstellt – was viele realistische akademische politische Theorien immer noch tun –, so kann dieser Mangel als Widerspiegelung der „politischen Realität" interpretiert werden: Keine Frauen in der Politik bedeutet dann auch keine Thematisierung dieser Frage in der Politikwissenschaft.

Es ist nun nicht zu leugnen, daß das politische Denken vor allem mit der realen Erfahrung verbunden und von der Erfahrung abhängig ist; die „reale Erfahrung" ist in das politische Denken notwendigerweise eingeschrieben. Das heißt aber noch nicht, daß das Denken automatisch positiv mit dieser Erfahrung korrespondiert und mit ihr im Einklang ist. Das kann nur bedingt der Fall sein, wenn die Erfahrung, auch im negativen Sinne, immer aufs Neue als Quelle und Anregung funktioniert, als etwas, was man denken und „immer aufs Neue" durchdenken muß. Darum kann das Denken, die Theorie, nie „unschuldig" hinsichtlich der Auswahl der Themen sein. In diesem Sinne wird die Marginalisierung des Geschlechterparadigmas in den Transitionstheorien mit einer ganz bestimmten Vorstellung von Politik und vom Politischen verbunden, die nur scheinbar einer „realen" Erfahrung entspricht; tatsächlich wird „die reale Erfahrung" ausgeschlossen. Man kann sogar bezweifeln, ob sich die Rezeption der Politik und des Politischen trotz aller Veränderungen, die in den letzten Jahren im postsozialistischen Europa stattfanden, überhaupt geändert hat.

Gerade aus diesem Grunde wäre aber selbst das bloße Beifügen der Geschlechterper-

---

kurrenzkampf im repräsentativen System beschränkt (vgl. Schumpeter 1950). Siehe auch Pateman (1996), Münkler (1994) und Ramet (1997) (Der letzte Text ist ein Beispiel, das in der politikwissenschaftlichen Methodologie eher als eine Ausnahme bezeichnet werden kann und in dem die Autorin am Beispiel Sloweniens versucht, die „Demokratieentwicklungsstufen" an der Partizipation von Frauen zu messen).

spektive zum Nachdenken über Politik, Politisches und Transformation in Ostmitteleuropa problematisch. Unsere Einschätzung der „Transformation" ist immer vom Blick bzw. vom konzeptuellen Standpunkt, von dem wir die sogenannte Transformation beobachten, abhänging. Das „In-Betracht-Nehmen" des Geschlechterparadigmas ändert diesen Blick, den konzeptuellen Standpunkt: Hier geht es nicht nur um die „Wahl" des theoretischen Standpunktes, sondern zugleich auch um eine immanent politische Wahl. Die Frage, ob wir unter Politik Staat, Institutionen, Strukturen bzw. das System und/oder Prozeß und Handeln oder Ereignisse verstehen, ist von entscheidender Bedeutung dafür, was wir Transformation des Politischen nennen, und auch dafür, welche Rolle in unserer Analyse die Kategorie Geschlecht spielt. Wenn ich Joan Kelly paraphrasiere, die auf einer Änderung des Blickes auf die Geschichte unter Geschlechterperspektive beharrt (vgl. Kelly 1984: 1), dann geht es um zwei Ziele derselben „Operation" in der Politik: zum einen um das „Einschreiben" des Geschlechtes als relevante Kategorie in die Politik, zum zweiten um die „Änderung" des Blickes auf die Politik selbst, damit „Geschlecht" in der Analyse überhaupt zählen kann. Darüber hinaus ist nicht unwichtig, in welchem Kontext wir uns befinden – ob wir „von außen" oder „von innen" auf diese Frage blicken. Unsere Einschätzung und Analyse ist – wie immer unvoreingenommen wir sein wollen – auch von der Erfahrung, von unserer Biographie abhängig. Daher ist das Nachdenken darüber, was Politik und das Politische in diesem Teil der Welt – Ostmitteleuropa – bedeutet, im alltäglichen Gebrauch wie auch in der Politik und in den Sozialwissenschaften von entscheidener Bedeutung.

4. Transformationsblockade: die herrschende Politikvorstellung

Das allgemeine Merkmal der Politik in „posttotalitären Systemen" ist nicht nur der augenscheinliche Trend zu einer apolitischen Haltung und einem Besitzindividualismus, der sich erfolgreich als Bedarf nach „Entpolitisierung" des Alltagslebens legitimiert, sondern auch die verbreitete Überzeugen der politischen und sozialwissenschaftlichen Elite, daß Politik radikal marginalisiert sein sollte nach dem Motto: je weniger Staat und je weniger Institutionen um so besser. In einem soziologisch-politologischen Jargon ausgedrückt soll Politik zu einem Subsystem werden, das in der differenzierten Moderne oder in ihrer Fortsetzung, der Postmoderne, nur einen beschränkten Einfluß und Zugriff haben darf. Die Rolle der Politik kann am Anfang der Transitionszeit – in der Zeit der Reformeinführung – wegen der Bedeutung des neuen Gesetzesrahmens und der Systemänderungen zwar größer sein, doch sollte sie sich reduzieren und einschränken. Diese Denkrichtung speist sich vor allem aus zwei Quellen: Die erste ist die Erfahrung mit dem, was im sozialistischen System als die Rolle der „Politik" aufgefaßt wurde bzw. was die vorherrschende Vorstellung von Politik war. Die andere Quelle ist eine mit dieser Erfahrung verbundene soziologisierte post/moderne Thematisierung von Politik als sozusagen automatisch „totalitärer" und totalisierender Aktivität, die mit dem Staat und seinen potentiell vampirisierten Institutionen verbunden ist. Die „Gesellschaft" sollte mit ihrer autopoietischen Fähigkeit ständig dagegengesetzt werden. Beide Vorstellungen werden gleichzeitig mit der allgegenwärtigen Ideologie des Liberalismus erfolgreich verbunden.

Die Überzeugung, daß die Freiheit nicht in der Politik wohnt, sondern außerhalb dieses Bereiches, ist allerdings nichts Neues. Sie gründet, wenn wir uns wieder Hannah Arendt anschließen, die diese Vorstellung unter Denkern dieses Jahrhunderts erfolgreich kritisiert hat, in vielen realen Erfahrungen der Menschen mit den Institutionen und mit totalisierten Staaten. Das zwanzigste Jahrhundert hat diese Überzeugung wahrscheinlich noch gestärkt, besonders in den heutigen posttotalitären Staaten. Dennoch liegt die „Sinngebung" der Politik als freiheitsberaubend auch in der Thematisierung von Politik und vom Politischen als der Macht, die mit Gewalt – entweder mit direkter oder mit struktureller Gewalt – verbunden ist, begründet. Hier handelt es sich um ein Konzept, das auf der neuzeitlichen Theorie der Volkssouveränität als der Grundlage des modernen Staates bzw. auf der technologischen Vision des „Politikmachens" als Technik des Regierens fußt und im Prinzip des Hobbesschen Tausches von Gehorchen gegen Sicherheit realisiert wird (siehe vor allem Arendt 1991: 241ff. und Arendt 1987: 69ff.). Diese allumfassende und allmächtige Vorstellung von Politik als gewaltsam oder durch Konsens „produzierte" Macht, als Disziplinierung wurde im zwanzigsten Jahrhundert von Michel Foucault in seinen Schriften ausgearbeitet, erfolgreich „dezentriert" und desubjektiviert. Dennoch hat diese Bloßstellung nicht sehr viel geändert, da Macht und auch Politik in der postmodernen Bearbeitung Foucaults auf dieselbe Weise verstanden wurden, vor allem als eine „komplexe strategische Situation", also noch immer in militärischen Kategorien (vgl. von Beyme 1991: 189f.). Bei Foucault „totalisiert" Macht immer automatisch, und die Politik stellt nur eine Wiederholung der Clausewitzschen „Fortsetzung des Krieges mit andern Mitteln" dar. Der leere „Ort der Macht" ruft nach Kampf und Besetzung, und diese Grundlage ist im Einklang mit der paradoxen Tatsache, die am Anfang dieses Jahrhunderts einer der problematischsten Kritiker der Demokratie, Carl Schmitt, hervorgehoben hat, daß nämlich der moderne Staat und sein politisches System vor allem auf der Grundlage einer „Gründung" beruhen, die als „Zulassung" durch Ausschließen stattfindet. Staaten schließen nur diejenigen ein, für die vorausgesetzt wird, daß sie „unsere" sind und somit zur Einheit gehören, und sie schließen diejenigen aus, die als „störende Faktoren" definiert werden. Somit wird der Feind tatsächlich zur konstituierenden politischen Kategorie. Der moderne demokratische Staat ist – im Gegensatz zur vorwiegenden Vorstellung – keine Schaffung von Pluralität, sondern zunächst ihr Ausschließen, damit dann (nach dem anfänglichen Ausschluß) die Pluralität des massendemokratischen Konkurrenzkampfes eingeführt wird. Auch wenn ein Staat auf der Grundlage einer „komplexen strategischen Situation" hergestellt wird, wird er vor allem als Techno-Macht-Zwangsmaschine verstanden, die – zumindest angesichts ihrer Gründung – als „ein Mann", mit einem einheitlichen Willen funktionieren und die Differenzen eliminieren soll, damit die Technologie der „Machtproduktion" um so erfolgreicher wirkt. Staat und Politik stellen in diesem Konzept vor allem Gewalt und Zwangsapparat mit einem Machtmonopol dar, das mit der Gewaltandrohung Sicherheit garantieren soll. Die Hauptvoraussetzung des Handelns sind in der Regel Mehrheitsentscheidungen, Referenden oder Zwang, der somit sozusagen zum einzig relevanten Moment in der Politik wird.

Abgesehen von den Einzelheiten und Besonderheiten könnten wir behaupten, daß wir in Ostmitteleuropa nach dem Bruchjahr 1989 mit einer Art Schmittianischem

Modell der Gründung moderner Staaten als politische Einheiten konfrontiert waren[12] – genau das war der bereits erwähnte „Austritt" der Männer aus der zivilen Gesellschaft „in die Macht". Ich spreche natürlich von der Neugründung nach 1989, nach der sogenannten Wende und nicht von den oppositionellen Aktivitäten, die einer solchen Herstellung der ostmitteleuropäischen Staaten vorausgingen. Diese oppositionellen Aktivitäten haben nämlich – weshalb sie einen anderen Charakter als die spätere „Einführung der Demokratie" hatten – eine Hoffnung geweckt, daß in Ostmitteleuropa ein anderes, ein „citizenship"-Modell des Staates eingeführt werden könnte. Aber der Übergang zur Demokratie hat die Wiedereinführung des Modells des Nationalstaates und der Massendemokratie bedeutet, eines zwar „antiquierten", aber tatsächlich auch funktionierenden Modells mit allen seinen Paradoxien. So erklärt sich auch die anfänglich unglaubliche Produktion von Feinden in den neuen Demokratien des postsozialistischen Ostmitteleuropas: der Fremden, Anderen und Anderssprechenden, aber auch der Ideologien des gefährlichen „anderen" Geschlechts, das die politische Einheit bedroht, wenn es die autonome Kontrolle über die Reproduktion ausübt und mit anderen Ethnien kopuliert. Hauptunterschiede zwischen den Transitionsstaaten liegen bei dieser Art von Gründung vor allem im Umfang der Subjektivität und der erlaubten Differenz, die die maskulinisierten Transitionseliten verwendeten bzw. zu tolerieren bereit waren, sowie im Ausmaß der tatsächlichen Gewalt, die dabei „freigesetzt" wurde.[13] Das war die Frage der mehr oder weniger liberalen oder populistisch-ethnischen Orientierung, des Friedens und des Krieges, die aber in diesem Fall wieder vor allem von der ethnischen Homogenität der entstehenden politischen Räume abhing.[14]

In diesem Sinne hat die „Transition" in diesem Teil Europas tatsächlich eine gewisse „verspätete" Modernisierung, wie das heute populär genannt wird, bedeutet. Das zeigt sich nicht nur am Mehrheitswunsch nach dem Einholen der westeuropäischen Haushalte, sondern auch an der betont modernistischen Wahrnehmung von Politik als Institution, Ort und erfolgreiche Maschine für möglichst homogenes Entscheiden über das ökonomische System und an einer Technologie des Regierens.[15]

---

12 Auch die Transformationstheoretiker bestehen darauf, daß der demokratisch legitimierte Staat eine wichtige, wenn nicht die Hauptrolle in der „Transition" spielt (vgl. Offe 1991: 881). Ohne den bereits existenten Staat kann es keine Transformation, keinen Übergang in die Demokratie geben, obgleich einige Theoretiker bereits betonen, daß es nicht unwichtig ist, auf welche Weise die Gründung selbst stattfindet: „Democracy is a form of governance of a state. Thus, no modern polity can become democratically consolidated *unless it is first a state*. Therefore the inexistence of a state or such intense lack of identification with the state ... raises fundamental and often unsolvable problems" (Linz/Stepan 1996: 7 und 17, Hervorhebungen V. J.).

13 Durch die Demokratisierung haben in Ostmitteleuropa Tausende von Menschen nicht nur Bürgerrechte, sondern das Recht auf Wohnsitz verloren, nicht nur in den krisenhaften und dem Krieg ausgesetzten Regionen. Das Beispiel der Roma in Tschechien, in der Slovakei und in Ungarn sowie der 40 000 Einwohner aus Ex-Yugoslavien, denen der ständige Wohnsitz in Slovenien einfach genommen wurde, sind „zivilisierte" Beispiele, wie diese Staaten entstanden. Die schrecklichste Gestalt hat dieVerbindung von Rassenhaß und die „Herstellungsideologie" des Nationalstaates durch die kollektive Gewalt des „Einen" in den Massenvergewaltigungen in Bosnien angenommen (vgl. Jalušič 1996: 146).

14 Die stabilsten Transformationsländer sind zugleich die homogenisiertesten (vgl. Jalušič 1992).

15 Somit unterscheidet sich die Wahrnehmung von Politik, die mit der Einführung dieses

Angesichts unseres Themas und im Lichte unserer anfänglichen Skizze der Transformationsvorstellung ist das Paradox solcher Modernisierung und dieser Art der politischen „Gründung", daß dadurch eigentlich keine Transformation des Politischen stattfinden kann. Wenn sie aber bereits stattfand oder irgendwo stattfindet, dann ist sie nicht nur im normativen, sondern auch im theoretischen Sinne und im Sinne der Rechtfertigung sozusagen blockiert oder wenigstens nicht sichtbar. Und darin liegt auch das Hauptproblem der postsozialistischen „Politiksituation" – nämlich in einer gewissen Transformationsblockade. Was ist der Grund dafür? Warum wurde der einmal begonnene Prozeß, sagen wir einer bedingten tatsächlichen Transformation, auf eine Weise eingefroren und dann im Normativen und in einer Systemsituation eingestellt, die eigentlich „regressiv" im Vergleich zum Begonnenen sind?
Mittels zweier Hypothesen, die meines Erachtens entscheidend für das Verstehen dieser „Blockaden" der Transformation des Politischen in Ostmitteleuropa sind, möchte ich versuchen, eine Antwort auf diese Frage zu geben. Erstens ging es in Ostmitteleuropa in den sogenannten Samtrevolutionen um ausdrücklich politische Revolutionen im Sinne der „Wiedererfindung des Politischen". Zweitens wurde ihre Selbstreflexion bzw. das Denken dieser Revolutionen durch Theorien und Konzepte gekennzeichnet, die sich gegen eine politische Deutung der Ereignisse im Sinne des Neuen einsetzen. Beides zusammen hat entscheidend auch die heutige Politikvorstellung beeinflußt, zum Ausschluß der Geschlechterfrage und des alltäglichen politischen Lebens und Handelns aus der politischenTheorie beigetragen.

Hypothese 1: die Wiedererfindung der Politik und des Politischen

Die These, daß es bei den „Samtrevolutionen" um eine Wiedererfindung von Politik ging, steht im Widerspruch zu der Annahme, daß es bei diesen Veränderungen um einen „Übergang" in die Demokratie ging. Transition bedeutet nämlich, daß es sich um einen Übergang von einem Zustand des Politischen in einen anderen handelt, um das „Ersetzen" des einen (politischen) Systems durch das andere. Die Erfindung des Politischen bzw. politische Innovation bedeutet demgegenüber, daß eine Transformation vom Zustand, in dem es (fast) keine Politik gab, in einen neuen politischen Zustand stattfand. Dabei entstand noch innerhalb des ehemaligen sozialistischen Sy-

Modells auch normativ und theoretisch gestaltet wird, keinesfalls von der Wahrnehmung von Politik im Sozialismus noch von ihrer zeitlich früheren westlichen Vorläuferin. Die Politikvorstellung war nämlich bereits im Sozialismus *vollkommen*, wenn schon nicht „total" modernisiert. Gerade das war ein Grund für Impulse der Samtrevolutionen. Zivilgesellschaftlicher Widerstand gegen das „Modernisierungsprojekt" war eine gewisse „Postmoderne" innerhalb des Sozialismus. Daher waren diese Aktivitäten auch in antipolitischen Kategorien ausgedrückt. Ihre Argumentation stützte sich vor allem auf die These von der „Allgegenwart" der Politik im Totalitarismus und war eine gewisse Parallele zur linken Theorie des Totalitarismus im Westen. Wie könnten wir sonst erklären, daß diese Bewegungen solchen Widerhall und solche Wunschphantasien bei westlichen Intellektuellen hervorriefen? Es scheint, als ob Ostmitteleuropa im „gesellschaftlichen" Sinne imstande gewesen wäre, Westeuropa vorzugreifen und die „differenzierte Moderne" ohne Zentrum und eine Entwicklung, in der Politik, wenn überhaupt, einen ganz anderen Sinn besitzt, einzuführen. Der erste, der gesellschaftliche Teil der prophezeiten Geschichte wird verwirklicht, nicht aber der zweite, der politische Teil.

stems etwas audrücklich Neues und Anderes: Ich meine damit die Oppositionsbewegungen und Prozesse der Samtrevolutionen, die die Wende auf den Weg brachten. Erst danach ist es zur Transition in ein anderes System gekommen. Dieses Neue bedeutete sowohl neue Kommunikationsmodi als auch die Neuerfindung des Handelns sowie die Verschiebung des Schwerpunkts von den ehemaligen Zentren an die Peripherie, die dann neues Zentrum für die (gewaltfreie) Revolution geworden ist. Unsere Einschätzung des Neuen hängt freilich davon ab, wie wir das ehemalige kommunistische/sozialistische System bewerten, ob wir es als ein „politisches System" im eigentlichen Sinne betrachten können, in dem die Menschen als gleich fungierten und auch Pluralität gewährleistet wurde, oder als ein politisches „Funktionssystem" mit staatlichem Gewaltmonopol – Militär, Polizei und außenpolitische Komponente –, aber ohne aktives Leben und Initiative. Meiner Einschätzung nach waren sozialistische Systeme im Sinne dieser Skizze keinesfalls politisch. Sie wurden aus einem gewissen Essenzialismus des Sozialen heraus legitimiert, auf das Phänomen der Arbeit und auf arbeitende Klassen reduziert, von dem aus keine Frage politischer Dimension artikuliert werden durfte. „Politisch" galten alle Probleme bereits als gelöst und durch das Entstehen des sozialistischen/proletarischen Staates auf Dauer gestellt. „Besondere Fragen" wie nationale Frage, Bauernfrage oder Frauenfrage galten als innerhalb des Prozesses der Lösung der Hauptfrage lösbar und durften als solche nicht politisch sein. Die „Emanzipation" des arbeitenden Volkes bedeutete das Einschließen in die Ersatz- und halböffentliche Sphäre der Arbeit. Frauen waren emanzipiert als „animal laborans" im „halböffentlichen Raum", nicht aber als politische Subjekte (vgl. Jalušič 1996a: 31). Es gab keine Öffentlichkeit im eigentlichen Sinne des Wortes: „Politik" funktionierte als Transmission des Partei- und Staatsaktivismus, weshalb alle diese Systeme einen höheren oder niedrigeren Grad von totalitären Elementen enthielten. Gerade wegen der Unmöglichkeit des Öffentlichen, des politischen Handelns und Artikulierens fand die Änderung dieser Systeme am Rand statt – in mehr oder weniger großer Nähe zur Privatheit, Verborgenheit, mit einer selbstorganisierten Aktivität der einzelnen in Familien- und Freundeskreisen. Diese Aktivitäten stellen im gewissen Sinne eine verborgene „Salontätigkeit" dar, weil die Akteure und Akteurinnen einen künstlichen Raum der Freiheit in politisch unfreier Umgebung kreierten. Die Differenziertheit der Akteure, verschiedene Gruppen und ihre Zusammensetzung, all das zeigt, daß Politik aus der Privatheit und aus den elementaren menschlichen Verbindungen „entstand" und eine potentielle Öffentlichkeit schuf, die die Grundlage für die Wende 1989 war.[16]

Diese These über die Erfindung des Politischen in der Zeit der Samtrevolutionen in Ostmitteleuropa ist allerdings nichts Neuartiges. Zahlreiche Autoren interpretierten die Samtrevolutionen auf diese Weise – als spontane, aufs Neue erfundene politische Formen im Arendtscher Sinne (vgl. Gottsegen 1994; Greven 1993a: 89; Leggewie 1994: 6f.). Die allgemeine Einschätzung der Ereignisse um 1989 war – trotz der ziemlich

16 Das Argument hier ist allgemein und abstrakt. Es gab natürlich viele Unterschiede zwischen den ostmitteleuropäischen Staaten: verschiedene Formen und Zeitpunkte der Bewegung, unterschiedliche Toleranz der sozialistischen politischen Elite. In sehr wenigen Fällen gab es z.B. separate Frauengruppen (DDR und Yugoslavien), und auch dann aus verschiedenen Gründen. Dennoch denke ich, daß alle diese Aktivitäten auf einen gemeinsamen Nenner gebracht werden können.

langen „Vorgeschichte" oppositioneller und dissidenter Aktivitäten –, daß sie „unerwartet" waren. Sozialwissenschaftler und Politologen aus dem Westen haben nicht einmal die Möglichkeit dieser Ereignisse vorausgesagt (vgl. Lukes 1991: 305f.; Linz/Stepan 1994: 244). Sie haben höchstens „reformierte" Sozialismen erwartet, so wie es der Gorbacovsche Reformweg andeutete. Das weist darauf hin, daß politische Veränderungen nicht auf theoretisch kontrollierbarem, wissenschaftlich geplantem und voraussehbarem Boden stattfinden, sondern umgekehrt, ohne große theoretische Überlegungen durchgeführt werden. Politische Pamphlete und essayistische Gedanken, wie diejenigen mit antipolitischem und zivilgesellschaftlichem Sentiment, waren in Ostmitteleuropa viel wichtiger: z.B. das einflußreiche Buch von György Konrád über die antipolitische und antistaatliche Haltung der zivilen Gesellschaft (Konrád 1984). In diesem Sinne könnte man behaupten, daß die zeitgenössische (westliche) politische Theorie hier keinen entscheidenden Einfluß hatte,[17] obgleich sie sich ab Anfang der achtziger Jahre bei einigen osteuropäischen Erfahrungsquellen stärkte (besonders die TheoretikerInnen der zivilen Gesellschaft und radikalen Demokratie wie C. Mouffe (1985), J. Keane (1988), A. Arato und J. Cohen (1992)) und obwohl der Ausdruck Antipolitik eigentlich aus der französischen „nouvelle philosophie" stammt. Diese Theorie hat aber für das postsozialistische Denken gleich nach anfänglichen Staatsveränderungen an Bedeutung gewonnen.

Hypothese 2: antipolitische Reflexion und die Folgen für die Politikvorstellung

Arendt und Tocqueville wunderten sich in ihren Analysen der amerikanischen Revolution, daß die politische Invention dort zu keiner neuen politischen Theorie geführt hat. Besonders Arendt, nach deren Auffassung die amerikanische Revolution *das* Beispiel der politischen Gründung war, hat die Tatsache unterstrichen, daß dieses Ereignis vor allem in Begriffen der europäischen Denker analysiert wurde bzw. daß solche Analysen diesen Kategorien und nicht ihrer eigenen Logik folgten. Genau deshalb, weil sie nicht „selbstkritisch" genug war, habe die amerikanische politische Tradition ihre eigene Quelle gewissermaßen vergessen und im Laufe der Zeit der Erklärung nachgegeben, nach der die Bedeutung der Handlungskomponente beim Entstehen demokratischer Institutionen vernachlässigt und (später) jede Revolution und jede politische Gründung vor allem als gewalttätige Aktivität interpretiert werden könne. Auf der anderen Seite hat gerade die Abwesenheit der verknöcherten europäischen politischen Theorie und Tradition es ermöglicht, daß die Revolution, das Entstehen neuer Staatlichkeit bzw. aktiven Handelns und Versammelns, der Institutionenbildung als politische Invention stattfand (vgl. Arendt 1994: 298ff.).
Auch wir könnten uns heute fragen, warum die Umbrüche in Ostmitteleuropa nicht zu einer „neuen politischen Theorie" geführt haben. Oder besser, wenn wir im Plural sprechen: Warum haben sie nicht zu neuen politischen Theorien geführt, sondern vor

---

17 Dieser Einfluß war wieder unterschiedlich: In Slovenien z.B. gab es bereits vor Mitte der achtziger Jahre Übersetzungen von G. Konrád und Vorträge von J. Keane (sein Buch über zivile Gesellschaft wurde übersetzt), C. Mouffe und E. Laclau (ihr Buch über sozialistische Strategie und radikale Demokratie wurde ebenfalls übersetzt).

allem die alten bestätigt. Eines der Charakteristika der ostmitteleuropäischen akademischen Politikwissenschaft nach 1989 ist nämlich die bemerkenswerte Abwesenheit neuer kritischer Konzepte, die Abwesenheit der Analyse der sozialistischen Vergangenheit und auch der Samtrevolution. Ich behaupte hier allerdings nicht, daß es keine Texte und Analysen gibt, die analysieren und „messen", was in den „Transitionsgesellschaften" vor sich geht, „wie weit" die Prozesse, die ausgelöst wurden, an die „Ziele" herangebracht wurden oder welche Konsequenzen sie haben. Die Transitionsliteratur „im Osten" hat auch hier einen ziemlich großen Umfang angenommen, und es handelt sich – obgleich sie nicht mit westlichen Bedingungen zu vergleichen ist – auch hier vor allem um empirische Analysen oder „Theorien mittlerer Reichweite".[18] Ich will hier nicht die Frage des Umfangs der existierenden Analysen in den Vordergrund stellen, sondern vor allem die Frage ihrer unterliegenden Konzepte stellen. Schon der flüchtige Blick zeigt uns, daß die Analysen der „Transition" vor allem in den Beschreibungen der Ereignisse in den postsozialistischen Ländern nach der „Samtrevolution" konvergieren und daß sie diese Ereignisse als mehr oder weniger erfolgreiche „nachholende Modernisierung" oder „Systemtransformation" und „Demokratiekonsolidierung" betrachten. Das Modell, das die Interpretationen übernehmen, ist primär ein Modell der empirischen Sozialwissenschaften. Seine Hauptquelle ist eine Sozialismus- und Kommunismuskritik, die das ehemalige System entweder als gewisses „vormodernes" Bestreben, die Gesellschaft als Ganze zu kontrollieren, oder als partielle und gewaltsame Modernisierung sieht. Dagegen setzt man die Notwendigkeit der sich differenzierenden und pluralen Gesellschaft, die der einzige Weg zur „richtigen", kompletten Moderne,[19] das Ziel der Transition und Transformation sein sollte. Es gibt vor allem drei Quellen, auf die diese Interpretationsmodelle der Transition und Transformation zurückzuführen sind: Modernisierungstheorie (Moderne als unvollendetes Projekt), Systemtheorie der Gesellschaft und normative Konzepte der Demokratie. Die meisten Ansätze vertreten die These einer „einholenden Modernisierung", die durch die These von der notwendigen „funktionalen Differenzierung" des Systems ergänzt wird.[20] Die Transformation in postsozialistischen Gesellschaften ist danach eine Bewegung in Richtung „moderne Gesellschaft" im Luhmannschen Sinne, eine Gesellschaft, die „emanzipiert" von der Patronage der Politik ist und in der „Politik" nur zu einem Subsystem wird.[21] Es gibt überwiegend kein Nachdenken über

---

18 In ihrer ausgezeichneten Studie der Transitionsliteratur im Westen stellt Birgit Sauer fest, daß der Umfang dieser Literatur fast unübersehbar geworden ist und daß die Mehrheit dieser Studien entweder empirische Analysen oder „Theorien mittlerer Reichweite" sind (vgl. Sauer 1996: 131).

19 Wie ein slovenischer Soziologe in seiner Habermas-Interpretation schreibt: „Modernity, as Habermas once stated, is still an incomplete project. There are still numerous potentialities hidden inside it which we are realising. It has still not penetrated numerous Third World countries, while socialist societies, as we have seen, have only partially been penetrated" (Tomc 1994: 32).

20 Man muß sich nur die Titel der Beiträge in einigen Büchern, die über die ostmitteleuropäische Transition berichten, anschauen: z.B. Tomc (1994) oder Pradetto (1994).

21 Das Ziel der postsozialistischen Modernisierung ist eine Gesellschaftsorganisation auf der Grundlage funktionaler Differenzierung, was einerseits die Autonomie und Spezialisierung der „selbstreferentiellen" Teilsysteme bedeutet, andererseits aber eine dezentrierte Gesellschaft voraussetzt, d.h. eine Gesellschaft ohne jegliches Steuerungszentrum. Die Realität zeigt aber ein anderes Bild. Das politische System ist sozusagen dazu verurteilt, noch

die Rolle der Politik in diesen Konzepten, das politische System kann nur eines der Teilsysteme werden, das mehr oder weniger offen ist für potentielle Akteure. Die Vorstellungen über das aktive Element in der Politik schwanken zwischen dem Aktivismus der Eliten[22] (als einzig erwartete und kalkulierbare Akteure) und der „Selbstregulierung des Systems". So stellen die Akteure und ihre Forderungen für das System eine größere oder kleinere Hemmung dar, auf die das System „Rücksicht" nehmen muß; gerade wegen des „größeren" Manövrierraums der Akteure kann das System nicht „von selbst", als „eine relativ nicht-kontingente Gegebenheit" funktionieren. Auf der einen Seite geht es darum, so ein Transformationsforscher, daß „wir es ... mit großen Erwartungen und *exzessiven* Forderungen seitens der verschiedenen sozialen Gruppen zu tun (haben), die unter demokratischen Bedingungen einen großen Spielraum für die politische Artikulation und für politischen Druck haben" (Adam 1994: 258, Hervorhebung V. J.). So „haben sich die anderen Teilsysteme noch nicht selbständig gemacht und von der Patronage der Politik 'emanzipiert'; teilweise wegen der noch nicht ausgebauten systemaren Rahmenbedingungen (z.B. ist der Privatisierungsprozeß noch nicht in Gang gesetzt), teilweise aus 'subjektiven' Gründen (ohne politische Patronage wären sie nicht überlebensfähig)" (ebd.).

Und nicht nur, daß es fast keine Gedanken über das Konzept und die Bedeutung von Politik gibt, das Nachdenken über Politik ist in sozialwissenschaftlichen Kreisen auch gar nicht erwünscht: Dies ist automatisch entweder des „Essenzialismus" oder der Neigung zur totalen Regulierung der Gesellschaft verdächtig und stellt somit einen Schritt zurück in die vermeintliche „Vormoderne" oder frühmoderne „Totalität" des Politischen dar. Die Politikwissenschaft, die aus dem alten System noch mehr Ballast als z.B. die empirische Soziologie mitgebracht hat, mündet dadurch zusammen mit der Soziologie und anderen Sozialwissenschaften in eine „allumfassende" Sozialwissenschaft[23] darüber, wie man modernisieren soll, wie man sich zwischen dem möglichen Chaos und rationeller Koordinierung bewegen soll. Politik wird als „policies" verstanden, die von den Eliteakteuren in verschiedenen Bereichen durchgeführt werden – möglicherweise mit Hilfe der akademischen Wissenschaft. Die Sozialwissenschaften bewegen sich so – mitsamt der Politikwissenschaft – auf dem Experimentniveau. Sie werden zu handelnden Wissenschaften – zu einer „sozialen Praxis"[24] sozusagen. Dies bedeutet aber keine „kritische Theorie", die sich von der „Praxis" notwendigerweise auch distanzieren kann, sondern umgekehrt: Sozialwissenschaften werden zur „Praxis" im Foucaultschen Sinne des „Machtherstellens", „ein gesellschaftli-

---

weiterhin die Rolle der sozialen Steuerung und des Modernisierungshauptakteurs zu spielen (vgl. Adam 1994: 253).

22 Das Erforschen der Stellungnahmen, Meinungen und Wertorientierungen der Eliten ist jedenfalls einer der größten Trends. Zu diesem Trend gehört auch das Begreifen der Politik vor allem als Beruf und „fachliche Arbeit".

23 Es handelt sich hier um den Kampf gegen den vermeintlichen „Primat von Politik" (von Beyme 1991: 91ff.; siehe dazu Greven 1993: 7).

24 Man sollte sich hier die berechtigte Kritik der neuzeitlichen Wissenschaft vor Augen führen, die Arendt im letzten Teil von „Vita activa" entwickelt, und in diesem Zusammenhang auch ihre Kritik der Politikwissenschaft. Birgit Sauer beschreibt „den Fall" westlicher Transformationswissenschaft mit folgenden Worten: „Ostmitteleuropa bietet der Politikwissenschaft das 'natürliche Experiment(ierfeld)', das Labor, nach dem sie sich sehnt, die Positivierung der ideengeschichtlichen Disziplin. Hier kann beobachtet, seziert und vermessen werden" (Sauer 1996: 156).

ches Bewußtsein ohne Transzendenz", ein eindimensionales Bewußtsein (vgl. Greven 1994: 46). Auf diese Weise gestaltet die sozialwissenschaftliche Elite in Ostmitteleuropa einen Teil der aktiven (üblicherweise auch hochprofessionalisierten und hochinformierten) Elite, die eigentlich von ihr erforscht wird, mit. Sozialwissenschaft wird dadurch das Subjekt par excellence, ohne dies überhaupt zu reflektieren.[25] Die meist kritische Haltung ist die Rekapitulierung der „Schwäche" der Modernisierung und das Einsetzen für die „sanfte" (kritische, „eklektische") Modernisierung.[26] Die Theorie ist dadurch nach innen epigonisch, nach außen (in Europa, „in der Welt") versucht sie aber akademisch zu wirken und zu gefallen.[27] Man kann in keinem Sinne von neuen Konzepten oder gar von kritischer Reflexion der Transition „im Osten" sprechen. Es gibt auch „im Osten nichts Neues" – um den Titel des Schlusses des schon erwähnten Textes über westeuropäische (vor allem deutsche) Transformationstheorien von Sauer aufzunehmen (vgl. Sauer 1996: 155). Eigentlich gibt es dort noch weniger Neues, denn zugleich gibt es auch weniger „Randstudien", die diesen Trend in Frage stellen, da auch ihre Existenz stark eingeschränkt ist.[28]

Wahrscheinlich ist gerade das der Zustand, aus dem einige Politologen und Soziologen den Schluß ziehen, daß die „Sozialwissenschaften ... seit 1989 erfreulicherweise nicht mehr in 'östliche' und 'westliche' eingeteilt zu werden brauchen" (Mackov/Wagner 1994: 9), und den Sauer „Immunisierungsstrategie" der westlichen Politologie (auch gegen die Geschlechterforschung) nennt (Sauer 1996: 158).

Diejenigen, die über die Notwendigkeit der Einschließung einer „aktiven Komponente"

25 Es gibt umgekehrt die Überzeugung, daß die Sozialwissenschaft „entpolitisiert" sein müsse und die Sozialwissenschaften im Kommunismus „politisiert" waren. Es ist natürlich berechtigt zu behaupten, daß sie tatsächlich „politisch" waren – aber gerade umgekehrt. Nur diejenigen Sozialwissenschaftler, die schon im vorigen System kritisch waren, kann man als „politisch" bezeichnen (die „antipolitischen" bzw. „zivilgesellschaftlichen" Theoretiker wie A. Michnik, A. Vajda, K. Wojcicki, I. Selenyi, J. Siklova). Das waren diejenigen, die schon in den achtziger Jahren zur kritischen Rezeption der Theorie der zivilen Gesellschaft in neuen sozialen Bewegungen beigetragen haben (vgl. Masnak 1986 und 1992). Auch ein Teil dieser Theoretiker hat sich bald nach der Wende etabliert und akademisiert. Darüber, wie die Sozialwissenschaftler über ihr „Unpolitischsein" hinwegtäuschen, zeugt am besten der antitheoretische Teil in den staatlich finanzierten sozialwissenschaftlichen Projekten der ostmitteleuropäischen Länder.

26 Einer der Autoren, die kritisch in diesem Sinne sind, hat die Rolle der Straßennetzmodernisierung in Slovenien (beschleunigter Bau von Autobahnen) analysiert. Er betont die populistische Rolle „des demonstrativen Effektes der westlichen Modernisierung im Osten", der die Mehrheit anfänglich völlig „blindgemacht" bzw. die kritische Distanz zur modernistischen Entwicklung verhindert hat (vgl. Kos 1995: 218). Dabei ist allerdings interessant zu erwähnen, daß es mancherorts in Ostmitteleuropa schon vor der sogenannten Wende Gruppen gab, die die „Errungenschaften" der Modernisierung im Sozialismus kritisierten (Ökologen, Friedensaktivisten, auch Feministinnen – z.B. in Yugoslavien), aber das Wissen darum ist im darauffolgenden Populismus und in der Euphorie untergegangen.

27 Einer der kritischeren Soziologen schrieb die folgenden Worte: „Das wenigste, was wir für das Fach Soziologie und unsere Umgebung tun können, ist, daß wir einerseits der internationalen Wissenschaftsgemeinschaft unsere Umgebung und Probleme in der Sprache, die sie versteht, darstellen (daß wir nicht nur eventuell interessantes Forschungsterrain sind, nur Objekte ihrer Forschung und die schon erwähnten Rohstofflieferer)" (Kersevan 1995: 48).

28 Beispiel für solche Studien, die die Lage in den Sozialwissenschaften stark kritisieren (vor allem in Verbindung mit der Rezeption des Krieges in Bosnien) ist „Das Kreieren der Antipolitik" von Tonci Kuzmanic (1996).

nachdenken, konstruieren meistens ein dichotomes topographisches Konzept von „ziviler Gesellschaft" versus „Staat". Die „zivile Gesellschaft" umfaßt dann buchstäblich alle Vereine, beispielsweise Jagdvereine, die nicht unmittelbar Partei- oder Staatsapparate sind. Im Einklang mit dem „Fenstersturz" von Politik ist auch ihre Rolle als un- oder vorpolitisch. Der Einfluß der „postmodernen" Differenzierung ist hier sozusagen „in praxi" zu erfahren: Gleichheit ist kein Thema mehr. Der Transfer gesellschaftskritischer oder „postmoderner" Theorien, der in einigen osteuropäischen Ländern bereits vor dem Umbruch stattfand,[29] kann die Situation nicht ändern, da die „Postmoderne" vor allem auf die Samtrevolution Einfluß nahm und besonders auf ihre antipolitische Selbstdefinition. Heutzutage wirkt diese Theorie vor allem im Sinne des Einsetzens für die „Unmöglichkeit des Politischen" bzw. für eine „ethische" Haltung, durch die sie sich über den vermeintlich immer essenzialistisch definierten „Sinn" der Politik erhebt.[30] Das schafft Raum für antipartizipatives Sentiment und auch für extremistisch-populistische Ansätze, die auf Blut-und-Boden-Ideen und rassistischen Konzepten gründen und mit dem Konzept des „Kulturhandelns" arbeiten. Die ganze Reihe der Ansätze postmoderner Theorie und poststrukturalistischer Analysen, die als Hilfe bei der Selbsterneuerung der zerstückelten Welt ohne Zentrum und ohne Konsens über Normen angeboten werden (vgl. Leggewie 1994: 13f.), wird gegen diesen „Kulturkampf" eher ohnmächtig bleiben: Es scheint nämlich so, daß sie vorwiegend ein Reflex dieser Welt ist.

Es gibt auch andere Ansätze – Alltagsforschung, persönliche Geschichten, Differenzen, Populismus, Rassismus –, die alte Konzepte aufs Neue kritisch zu lesen und zu interpretieren versuchen: z.B. Moderne/Postmoderne, Natur und die Bedeutung der Spaltung zwischen dem Öffentlichen und Privaten, die Differenz zwischen dem Sozialen und Politischen, Geschlechterkonzepte. Doch diese theoretischen Ansätze, die am Rande entstehen, an der Peripherie der Politikwissenschaft und Soziologie, sind doppelt marginalisiert: sowohl disziplinär als auch ihre Akteure/Akteurinnen. In Ostmitteleuropa sind derartige Studien (mitsamt der Geschlechterforschung) zwar mancherorts toleriert und auch institutionalisiert in akademischen Nischen. Sie sind aber nicht erwünscht, weil sie – wenn sie ernst genommen würden – das ganze sozialwissenschaftliche Gebäude in Frage stellen könnten. Deshalb bedeuten Geschlechterstudien und das Beharren auf einer Strukturkategorie Geschlecht in der Politikwissenschaft in Ostmitteleuropa ausgeprägt politische Fragen (vgl. Jalušič 1990).

5. *Die Übernahme von Großtheorien und Ansätze kritischen Denkens*

Hier stellt sich die Frage, ob die erwähnten Konzepte der Moderne/Postmoderne und der Systemtheorie, die Politik als Handeln und Denkweise sozusagen ablehnen, nur wegen der „westlichen Kolonisierung" transferiert wurden oder aber ob es bereits

29 In Slowenien sind hier die in den sechziger und siebziger Jahren entstandene „Praxis"-Schule in Kroatien oder die Entwicklung von mit Foucault untermauerten psychoanalytisch-Lacanianischen Ansätzen zu nennen (vgl. Zizek 1994; Salecl 1994).

30 Siehe dazu den aufschlußreichen Artikel von Frederick Dolan, der zwei verschiedene Resultate der Problematisierung der „Natur" der Politik in der „Postmoderne" vergleicht und darin auch die erwähnte theoretische Richtung schildert und kritisiert (vgl. Dolan 1995).

einen günstigen Boden, Umstände und Theorien gab, auf deren Grundlage die Konzepte übernommen und eingeführt werden konnten. Vom „westlichen Blick" aus könnte man zwar behaupten, daß einer der Gründe die privilegierte akademische Situation der westlichen Politikwissenschaft war: Zutritt zu den Quellen, Literatur und gute institutionelle und finanzielle Ausrüstung. Das könnte die These der Kolonialisierung unterstützen. Danach würden einige antiquierte Konzepte der Demokratie auf Ostmitteleuropa angewandt, was zur weiteren „Existenz" der unveränderten Konzepte westlicher Politikwissenschaft und Soziologie beitrüge und sie vor der großen Krise schütze (vgl. Sauer 1996). Wenn wir aber denselben Prozeß durch die östliche Brille beobachten, dann werden durch die „Kolonisierungsthese" die Berufsdenker im Osten ihrer Verantwortung enthoben. Die „Transferdenker" in Ostmitteleuropa gehen nämlich am liebsten von der These aus, daß diese Länder wegen des Kommunismus (Totalitarismus) ein dunkles Loch und damit auch ein weißes Blatt sind. So sehr es stimmt, daß ein großer Teil der akademischen Politikwissenschaft abgeschnitten von der Tradition des politischen Denkens war, so falsch ist es, daß es kein *politisches Denken* und keine politische Erfahrung in den letzten fünfzehn Jahren gab bzw. daß diese Erfahrung nicht relevant ist. Und die osteuropäische Sozial- und Politikwissenschaft geht gerade davon aus: Wenn sie über die eigene Rigidität und Unterentwicklung der akademischen politischen Theorie spricht, dann erklärt sie das mit „Abwesenheit" von Konzepten (Totalitarismus) und nicht mit der Abwesenheit der Artikulation der eigenen politischen Erfahrung, der Selbstreflexion und Kritik. Der Schlüssel zum einfachen Transfer der Konzepte der Politik und Demokratie war gerade die antipolitische Auffassung der politischen Ereignisse, die zu den Samtrevolutionen und zur späteren Entwicklung geführt hat.

6. Geschlechterforschung als Widerstand gegen den Transfer

Angesichts des Dargestellten ist es verständlich, daß dem Transfer am wenigsten die allgemeinen sozialwissenschaftlichen Richtungen widerstanden: besonders die Großtheorien – Demokratietheorie, Modernisierungs- und Systemtheorie – hatten schnell Akzeptanz gefunden in den Staaten, in denen empirische Forschung bis zu einem gewissen Grad entwickelt war und die einige empirische, systemsoziologische und auch philosophische Konzepte entworfen hatten.

Zugleich ist für unsere Überlegungen wichtig, daß der größte Widerstand gegen den Transfer in den marginalen und marginalisierten Bereichen wie z.B. den feministischen Studien stattfand. Der Grund war nicht nur der Widerstand der etablierten Politikwissenschaft und Soziologie, die durch ein „repariertes" Modernisierungskonzept zu Erben des alten Systems und zu Trägern des unveränderten Politikbegriffs wurden und die politisch-theoretische Kritik des feministischen Ansatzes spürten. Darüber hinaus ist auch eine kritische Rezeption des Transfers aufgetaucht, die einen viel stärker politischen Charakter hatte – die eigene Erfahrung. Sie leistete dem Transfer Widerstand in dem Sinne, daß sie Bewertung der eigenen Erfahrung und Geschichte und nicht das einfache Wegwischen dessen, was in den vielen Jahren des Kommunismus bzw. Sozialismus vor sich ging, forderte. Es scheint, daß wir gerade hier die

Bedeutung des „Geschlechterparadigmas“ und eines anderen Politikverständnisses in Ostmitteleuropa zu suchen haben.

7. Lieber Hure als Feministin oder: Welche Bedeutung hatte der „Feminismusstreit“?

Dieser Widerstand zeigt sich in den Diskussionen, die ich als „Feminismusstreit“ bezeichne. Ich wage hier eine kühne Behauptung: Der Feminismusstreit war eine der fruchtbarsten politisch-theoretischen Diskussionen zwischen dem „Westen“ und dem „Osten“. Die Diskussion bestätigte, daß die angenommene theoretische Einheit, d.h. die Nichtberücksichtigung unterschiedlicher westlicher und östlicher Erfahrung sowohl im Sinne des Denkens als auch politisch unproduktiv ist. Der ost-westliche Feminismusstreit, der sich zwischen „femmes de lettres“ entzündete, drückte sich in Diskussionen über die Angemessenheit und Unangemessenheit der Übertragung westeuropäischer feministischer Erfahrungen auf Ostmitteleuropa aus: Die „östliche“ Antwort auf den Feminismus reichte von der milden These, westliche Feministinnen „verstünden“ die ostmitteleuropäischen Frauen nicht (vgl. Siklova 1991), bis zur schärfsten Form im provokanten Titel „Lieber Hure als Feministin“ (Lissjutkina 1992). Die Diskussion ging von der anfänglichen Frage, woher der Antifeminismus im Osten rührt, hin zu der Frage, ob der Osten überhaupt einen Feminismus „brauche“ und wenn ja, was für ein Feminismus das sein sollte. Das war keinesfalls nur ein unproduktiver Streit: Erst hierdurch ist es zum Nachdenken darüber gekommen, welche politische Bedeutung Feminismus hat und mit welchen diversen Formen sich Frauen unter verschiedenen Umständen politisch, ökonomisch und sozial durchsetzen. Zugleich stellte sich die Frage, wie dieses Durchsetzen überhaupt legitimierbar ist und ob die Legitimation der Gleichheit und gleicher Möglichkeiten wirklich notwendig überall auf dieselbe Weise verläuft.

Einer der seltenen, wenn sogar nicht der einzige ost-westliche politisch-theoretische Austausch war somit ein äußerst produktiver Streit über die jeweiligen Denkvoraussetzungen und über die politische Erfahrung, die diese Voraussetzungen bedingt. Was hat dieser Streit, manchmal auch schmerzhafte Austausch mit viel Betroffenheit gebracht? Es gibt drei wichtige Punkte, in denen er sich vom politikwissenschaftlich-soziologischen Mainstream oder „Malestream“ (Sauer 1996: 132) unterscheidet:

1. Er beförderte die Einsicht, daß politische Erfahrung nicht schlechthin universalisierbar und „übertragungsbereit“ ist.
2. Er hat einige neue Ansätze an der Peripherie provoziert – Versuche, „aufs Neue zu denken“, gerade weil die Erfahrung nicht unmittelbar universalisierbar und daher auch nicht direkt durch normative Konzepte übertragbar ist. Diese Versuche können uns helfen zu verstehen, welche Ansätze des Neuen im Politischen es tatsächlich gibt und welche nicht.
3. Die unmittelbare Unübersetzbarkeit der Erfahrung zeigt sich auf gewisse Weise auch in dem Paradox des „Nichtverstehens“ und in den theoretischen Mißverständnissen zwischen östlichen und westlichen Theoretikerinnen.

Versuche, über die Situation „aufs Neue zu denken“, waren daher nicht so sehr einer Übernahme der politischen Kategorie des Feminismus zugeneigt. Die Kategorie „gender“, Geschlecht, schien viel annehmbarer (vgl. Siklova 1991): Feminismus als politische Erfahrung wurde als ziemlich homogenisiert dargestellt und auch verstanden, also nicht als eine plurale Erfahrung, wie das Eva Kreisky vorschlug. Dagegen spielte das „Geschlechterparadigma" eine gewisse „methodologische" Rolle: ein Denkverfahren, das kritisch sein konnte hinsichtlich des Transfers von Analysen und Theorien und das sich auf gewisse Weise für das Prinizip des Denkens der eigenen Erfahrung einsetzte. Hana Havelkova schrieb in diesem Zusammenhang: „There are many strong arguments, that women's experiences in post-totalitarian societies constitute the basis for a different practical-philosophical approach to the women's issue, one that differs considerably from the model of feminism derived from the political context of western societies" (Havelkova 1993: 63).[31] Daraus kann aber z.B. auch folgen, daß es notwendig wäre, die „alten Theorien", die Tradition, von der der Hauptteil Ostmitteleuropas isoliert war, „aufs Neue zu lesen" – gerade aus diesem neuen Kontext heraus. Vielleicht ist somit das, was sonst üblicherweise als Nachteil der osteuropäischen Theorie gesehen wird, im Lichte dieser Möglichkeit des Wiederlesens und -denkens sogar ein gewisser Vorteil: nämlich die Abwesenheit bestimmter Konzepte, die unter dem Kommunismus nicht durchsetzbar waren und daher fehlten.[32]

8. Schlußgedanken: die Bedeutung des Geschlechterparadigmas für das Verstehen der Transformation in Ostmitteleuropa

Das Geschlechterparadigma (in all seinen verschiedenen Bedeutungen) wurde in Nordamerika und Westeuropa in Anthropologie, Geschichte, Soziologie und politischer Theorie als Resultat verschiedener politischer und theoretischer Auseinandersetzungen eingeführt. In diesem Sinne besteht auch ein enger Zusammenhang zwischen der Existenz feministischer Initiativen und institutionalisierter „Geschlechterstudien". Oder anders gesagt: Das Einbringen von „gender issues" war das institutionalisierte Resultat politischer und theoretischer Überlegungen, die gezeigt haben, daß der „Gegenstand" Geschlecht ebenso relevant wie andere „gesellschaftliche Kategorien" ist. Als gesellschaftlich konstruierte Kategorie wurde „gender" dann auch politisch (als Frage von Gleichheit und Differenz) relevant. Diseser politische Zusammenhang heißt allerdings nicht, daß es eine lineare Verbindung zwischen „Bewegung" und „Theorie" gibt. In dieser Hinsicht ist mir die These von Rosalind Delmar nahe, die behauptet, daß manchmal auch Feminismus als intellektuelle Tendenz ohne Bewegung existieren kann (vgl. Delmar 1986: 15). Die Relevanz des Themas „Geschlecht" war nicht immer das Resultat politischer Aktivität, sondern sehr oft gerade Anregung für diese – man denke nur an „Das andere Geschlecht" von Simone de Beauvoir. Wenn wir unseren Blick durch diese Linse auf die Situation in Ostmitteleuropa richten, dann können wir

31 Dazu möchte ich auch erwähnen, daß jemand, der aus dem Osten für den Westen schreibt, es bereits gewohnt ist, daß die Texte nicht direkt für die westliche Leserschaft übertragbar sind. So muß man immer doppelte Fassungen verfassen. Hana Havelkova hat mir in einem Gespräch dasselbe bestätigt.

32 Einige wichtige Titel der politischen Theorie des 20. Jahrhunderts sind nämlich in manchen der ostmitteleuropäischen Länder noch gar nicht übersetzt. Im Fall Tschechiens nennt H. Havelkova Habermas und Arendt (vgl. Havelkova 1996: 64), die für das Verständnis der Beziehung zwischen öffentlich und privat besonders wichtig sind.

sagen, daß auch die ex-sozialistischen Staaten hier nicht ein ganz und gar weißes Blatt sind. Obgleich es viele Unterschiede gibt, gab es mancherorts schon im Sozialismus einige Ansätze und Fragmente von „Geschlechterstudien" – vor allem dort, wo die Grenzen durchlässig genug waren (vgl. Jalušič 1990).

Angesichts des Gesagten ist es verständlich, warum sich die ostmitteleuropäische „femmes de lettres" lieber als der Kategorie „Feminismus" dem Begriff „gender" verschrieben haben. Geschlechterstudien waren viel weniger ideologisch und vor allem weniger politisch belastet als der Begriff „Feminismus" und ermöglichten daher einen viel größeren Spielraum. Zugleich war die Kategorie „gender" – besonders weil es in den meisten slavischen Sprachen kein Äquivalent zum englischen Ausdruck „gender" gibt – nicht mit Bedeutung gefüllt und bot daher die Möglichkeit neuer Denkansätze in verschiedenen Bereichen. Das Anlehnen an „Geschlechterstudien" und nicht an Feminismus bedeutet in gewissem Sinne auch einen Vorrang des Denkens und nicht einen Vorrang des Handelns auf der Grundlage eines bereits ausgearbeiteten Modells. Das zeigt das Bedürfnis, darüber nachzudenken, was eigentlich vor sich geht, wodurch die neue Bedingtheit kommt, was eigentlich in der Vergangenheit passierte, und daraus Schlüsse für die Gegenwart und Zukunft zu ziehen. Das allgemeine ideologische Bild vom „Totalitarismus" und das Schwarz-Weiß-Malen des Verhältnisses zwischen dem ehemaligen System und der Demokratie wurde zur Grundlage für populistischen Modernismus oder Antimodernismus und hat den nüchternen Blick getrübt. Es war/ist notwendig, ein bißchen anzuhalten und nachzudenken: Was ist das „Alte" und sein Charakter, und was ist „das Neue"? Durch welche Erfahrung ist unsere Denkweise bedingt? Welchen „Null-Punkt", wenn überhaupt, bedeutet „die Wende"? Die Einsicht in die Geschlechtersituation in den ostmitteleuropäischen Ländern bestätigt die These, daß die Grundlage für den neuen „Transitionsstatus" von Frauen die bereits durchgeführte Modernisierung und die widersprüchliche Emanzipation im Sozialismus war, der die Frauen sozusagen „völlig" als animal laborans emanzipierte, was in den westlichen Ländern – trotz des Druckes des Feminismus als „Modernisierungskraft" – nicht völlig gelungen ist. Hana Havelkova spricht in diesem Zusammenhang über eine „Modernisierung ohne Feminismus" (Havelkova 1995) – ein sehr geglückter Ausdruck.[33] Das bedeutet, eine andere Ausgangslage, Denkweise und Organisation des Alltagslebens anzunehmen, als einige vereinfachte „allgemeine Totalitarismusanalysen" dies behaupten. Dasselbe gilt für die Transformation in den Beziehungen zwischen dem Privaten und Öffentlichen, die wiederum Einfluß auf die Vorstellung des Politischen nehmen.

Das Problem, das dabei allerdings zu erwähnen ist, ist die Tatsache, daß das Geschlechterparadigma vor allem als „kulturelles" Phänomen thematisiert wird. Was die existierende feministische Theorie (gender studies) im Osten am meisten interessiert, ist „die Thematisierung der Geschlechterdifferenz und weiblichen Erfahrungen" (Havel-

---

33 Interessant ist, daß sie von diesem Standpunkt aus die These der „Ungleichzeitigkeit" der Situationen im Osten und Westen relativieren kann: „Vielleicht wären die westlichen Feministinnen besser in der Lage, unseren Gesichtspunkt zu verstehen, wenn sie unsere Situation eher als postfeministisch denn als präfeministisch betrachteten" (Havelkova 1995: 156). Allerdings bin ich nicht völlig einverstanden, daß es keinen Feminismus in der Zeit des Sozialismus gab, denn es existierte (gleich wie problematisch) ein gewisser „Staatsfeminismus" in all diesen Systemen (vgl. die Argumentation in Jalušič 1996b: 46).

kova 1995: 146) als nichtpolitische Phänomene, also eine „kulturelle" und nicht eine „politische" Rezeption. Das, was nicht oder schlecht thematisiert wird, ist vor allem die Frage der Gleichheit, die Verhältnisse zwischen dem Öffentlichen und Privaten und die politische Rolle des Intimen, die Pluralität als Bedingung des Politischen, die Folgen der institutionellen Lösungen, die Problematik der „neuen Gründungen" und Rechtsdefinitionen der Subjekte, wie die Frage der Partizipation bzw. des Ausschließens von Frauen aus der Politik. Daß diese Thematik noch immer – trotz der vielversprechenden Entwicklung – schlecht repräsentiert ist, weist auch darauf hin, daß auch in den Geschlechterstudien ein bestimmter Reflex der allgemeinen „Blockade" der Transformation des Politischen vorhanden ist. Diese Blockade wird, wenn ich zum Schluß zusammenzufassen versuche, durch die folgenden Elemente bedingt:

1. das Gleichsetzen von Politik mit Herrschen und Gewalt, was zu einem Verständnis von Politik als Verhältnis zwischen Sicherheit und Gehorchen führt; die Gleichheit, die die Bedingung der Partizipation ist, wurde zu einem zweitrangigen Konzept im Vergleich zur negativ bestimmten Freiheit gemacht;
2. die Entstehungsweise der „neuen Demokratien", die die Souveränität des einheitlichen Volkes implizierte – das Volk wurde als „Bruderschaft" verstanden, als homogene nicht-plurale Gemeinschaft – und die Politikmachen als Männersache versteht;
3. das Einfrieren der anfänglichen Möglichkeiten der „Samtrevolutionen", die im Neuen, in der politischen Natalität lagen (neue Generationen, ihre Biographien): Dadurch entsteht eine starre Vorstellung des politischen Raumes, eine duale Struktur ziviler Gesellschaft (das „Vorpolitische") und Staat (die „Politik");
4. Vernachlässigung und Blockade der schon im Sozialismus existenten Strukturänderungen zwischen dem Privaten und Öffentlichen und dem Versuch, diese Veränderungen wieder zu verwischen (die Frage der Frauenerwerbsarbeit, der Familie, der Reproduktionsrechte);
5. die theoretische Marginalisierung dieser Thematik (die auch wieder politisch bedingt ist): Die Konzeptualisierung der Geschlechterverhältnisse impliziert die potentielle „Politisierung" und ist daher so unbeliebt.

Die Frage, die ich am Ende dieser Gedanken über die Bedeutung des Geschlechterparadigmas für das Verständnis der Transformation des Politischen in Ostmitteleuropa stellen möchte, verweist auf das Verhältnis zwischen Handeln und Denken. Es ist die Frage, ob und wie das Miteinbeziehen des Geschlechterparadigmas zum „Deblockieren" der Transformation des Politischen beitragen kann? Angesichts der Fruchtbarkeit des Feminismusstreits könnten wir hoffen, daß die unabhängige Analyse, die an den Rändern oder außerhalb der akademischen Sphäre stattfindet, spezifische Resultate in der Rekonzeptualisierung des politischen Denkens bringt. Eine andere Frage ist aber, ob dies auch unmittelbar politische „Effekte" im Sinne der Deblockade der politischen Transformation haben kann. Das ist freilich das Problem des akademischen Feminismus überhaupt, nicht nur im Osten. Bei der Transformation des Politischen, so wie ich sie am Anfang dieses Beitrags umrissen habe, kann das Denken auch die Rolle der Hegelschen „Eule der Minerva" spielen, die immer zu spät klug wird, wenngleich auch die politischen Potenzen des Denkens nicht außer Acht zu lassen sind. Es mag sein, daß der richtige Moment für das Einbauen der neuen „Mechanismen" für die ständige Erneuerung und neue Akteure im jetzt schon relativ „konsolidierten" System bereits vorbei ist.[34]

Literaturverzeichnis

Adam, Frane, 1994: Nationale Frage und postsozialistische Entwicklung: Slovenien im Kontext Ex-Jugoslaviens, in: *August Pradetto* (Hrsg.), Die Rekonstruktion Ostmitteleuropas. Politik, Wirtschaft und Gesellschaft im Umbruch. Opaden, 253-278.

Adam, Frane/Tomc, Gregor, 1994: Small Societies in Transition. Ljubljana.

Arendt, Hannah, 1986: Vita activa oder vom tätigen Leben. München.

Arendt, Hannah, 1987: Macht und Gewalt. München.

Arendt, Hannah, 1991: Elemente und Ursprünge totaler Herrschaft. München.

Arendt, Hannah, 1994: Über die Revolution. München.

Beck, Ulrich, 1993: Die Erfindung des Politischen. Frankfurt a.M.

Bernik, Ivan, 1994: Der Übergang von der heroischen in die prosaische Etappe: Slovenien, in: *August Pradetto* (Hrsg.), Die Rekonstruktion Ostmitteleuropas. Politik, Wirtschaft und Gesellschaft im Umbruch. Opladen, 121-142.

Beyme, Klaus von, 1991: Theorie der Politik im zwanzigsten Jahrhundert. Von der Moderne zur Postmoderne. Frankfurt a.M.

Brown Beverly, 1993: Feminism, in: *Richard Bellamy* (Hrsg.), Theories and Concepts of Politics. Manchester, 148-173.

Cohen, Jean/Arato, Andrew, 1992: Civil Society and Political Theory. Cambridge.

Delmar, Rosalind, 1986: What is Feminism?, in: *Juliet Mitchell/Ann Oakley* (Hrsg.), What is Feminism. Oxford, 9-33.

Dolan, Frederick, 1995: Political Action and the Unconscious. Arendt and Lacan on Decentering the Subject, in: Political Theory 23(2), 330-352.

Dölling, Irene, 1991: Between Hope and Helplessness. Women in the GDR after the Turning Point, in: Feminist Review 39, 3-15.

Einhorn, Barbara, 1993: Cindarella Goes to Market. Citizenship, Gender and Women's Movements in East Central Europe. New York.

Elshtain, Jean Bethke, Moral Woman and Immoral Man. A Consideration of the Public-Privat Split and its Political Ramifications, in: Politics & Society 4(4), 453-473.

Gottsegen, Michael G., 1994: The Political Thought of Hannah Arendt. Albany.

Greven, Michael Th., 1993a: Hannah Arendt – Pluralität und die Gründung der Freiheit, in: *Peter Kemper* (Hrsg.), Die Zukunft des Politischen. Ausblicke auf Hannah Arendt. Frankfurt a.M., 69-96.

Greven, Michael Th., 1993b: The Pluralization of Political Societies. Can Democracy Persist? Paper presented to the Conference on Civil Society, Political Society, Democracy. Bled, Slovenia.

Greven, Michael Th., 1994: Kritische Theorie und Historische Politik. Opladen.

Havelkova, Hana, 1993: A Few Prefeminist Thoughts, in: *Nanette Funk/Magda Müller* (Hrsg.), Gender Politics in Post-Communism. New York/London, 62-73.

Havelkova, Hana, 1995: Real existierender Feminismus, in: Transit. Europäische Revue 9, 146-158.

Havelkova, Hana, 1996: Ignored But Assumed: Family and Gender Between Public and Private Realm, in: Czech Sociological Review (IV)1, 63-79.

Jalušič, Vlasta, 1990: Noch ein langer Weg: Frauenforschung und postsozialistische Umstände, in: Frauenfragen/Questions au féminin/problemi al femminile. Bern, H. 3, 37-43.

Jalušič, Vlasta, 1992: Kriegsziel Demokratie, in: *Gaisbacher u.a.* (Hrsg.), Krieg in Europa. Analysen aus Ex-Jugoslawien. Frankfurt a.M./Linz, 84-98.

Jalušič, Vlasta, 1994: Friedensbewegung ist tot ..., in: Frankfurter Rundschau vom 29.12.1994.

34 Das mag rechtliche Lösungen und sogenannte „Mechanismen" für die Gleichstellungen der Frauen betreffen. Es scheint, daß das Einführen solcher Mechanismen in Ostmitteleuropa immer weniger realistisch ist. Sogar dort, wo sie schon existent sind, will man sie auflösen.

Jalušič, Vlasta, 1996a: Die Gewalt und das Politische bei Hannah Arendt, Wien (Dissertation am Institut für Politikwissenschaft).
Jalušič, Vlasta, 1996b: Schwierigkeiten mit der Demokratie. Das unabhängige Slowenien und die Frauen, in: *Eva Kreisky* (Hrsg.), Vom patriarchalen Staatssozialismus zur patriarchalen Demokratie. Wien, 23-52.
Keane, John (Hrsg.), 1988: Civil Society and the State: New European Perspectives. London.
Kelly, Joan, 1986: Women, History and Theory. Chicago.
Kersevan, Marko, 1995: Slovenska sociologija med socialnim okoljem in znanstveno skupnostjo (Slovenische Soziologie zwischen sozialer Umgebung und wissenschaftlicher Gemeinschaft), Zbornik ob tridesetletnici slovenskega socioloskega drustva (Sammelband anläßlich des dreißigsten Jahrestages der Slovenischen soziologischen Gesellschaft). Ljubljana.
Konrád, György, 1984: Antipolitics. London/Melbourne/New York.
Kos, Drago, 1995: Postsocialisticna obnova. Narava avtocestnega projekta (Die postsozialistische Erneuerung. Die Natur des Autobahnprojektes), in: Casopis za kritiko znanosti, Vol. XXII, 170-171.
Kreisky, Eva, 1996: Einleitung, in: *Dies.* (Hrsg.), Vom patriarchalen Staatssozialismus zur patriarchalen Demokratie. Wien, 7-22.
Kuzmanic, Tonci, 1996: Ustvarjanje Antipolitike. Elementi genealogije druzboslovja (Das Kreieren der Antipolitik. Die Elemente der Genealogie der Sozialwissenschaften). Ljubljana.
Laclau, Ernesto/Mouffe, Chantal, 1985: Hegemony and Socialist Strategy. Toward Radical Democratic Politics. London.
Leggewie, Claus (Hrsg.), 1994: Wozu Politikwissenschaft? Über das Neue in der Politik. Darmstadt.
Linz, Juan J./Stepan, Alfred, 1991: Problems of Democratic Transition and Consolidation. Baltimore/London.
Lissjutkina, Larissa, 1992: Lieber Hure als Feministin, in: Deutsches Allgemeines Sonntagsblatt, 8. Mai 1992.
Lukes, Stephan, 1991: Moral Conflict and Politics. Oxford.
Mackov, Jerzy/Wagner, Helmut, 1994: Einführung, in: *August Pradetto* (Hrsg.), Die Rekonstruktion Ostmitteleuropas. Politik, Wirtschaft und Gesellschaft im Umbruch. Opladen, 9-21.
Marody, Mira, 1990: Perception of Politics in Polish Society, in: Social Research 57(2), 254-274.
Mastnak, Tomaz (Hrsg.), 1986: Socialisticna civilna druzba (Sozialistische zivile Gesellschaft). Ljubljana.
Mastnak, Tomaz, 1992: Vzhodno od raja. Civilna druzba pod komunizmom in po njem (Östlich vom Paradies. Die zivile Gesellschaft im Kommunismus und danach). Ljubljana.
Münkler, Herfried, 1994: Moral der Politik, in: *Claus Leggewie* (Hrsg.), Wozu Politikwissenschaft? Über das Neue in der Politik. Darmstadt, 228-242.
Offe, Claus, 1991: Capitalism by Democratic Design? Democratic Theory Facing the Triple Transition in East Central Europe, in: Social Research 58(4).
Pateman, Carole, 1985: Feminism and Democracy, in: *Greame Duncam* (Hrsg.), Democratic Theory and Practice. Cambridge, 204-217.
Pateman, Carole, 1996: Democracy and Democratization, in: International Political Science Review 17(1), 8-12.
Pradetto, August (Hrsg.), 1994: Die Rekonstruktion Ostmitteleuropas. Politik, Wirtschaft und Gesellschaft im Umbruch. Opladen.
Ramet, Sabrina Petra, 1997: Democratization in Slovenia – the second stage, in: *Karen Danisha/Bruce Parrott* (Hrsg.), Democratization and Authoritarianism in Postcommunist Societies 2. Politics, Power and the Struggle for Democracy in South-East Europe. Cambridge, 189-225.
Salecl, Renata, 1994: The Spoils of Freedom. Psychoanalysis and Feminism After the Fall of Socialism. London/New York.
Sauer, Birgit, 1996: Transition zur Demokratie? Die Kategorie Geschlecht als Prüfstein für die Zuverlässigkeit von sozialwissenschaftlichen Transformationstheorien, in: *Eva Kreisky* (Hrsg.), Vom patriarchalen Staatssozialismus zur patriarchalen Demokratie. Wien, 131-170.
Schumpeter, Joseph A., 1987: Kapitalismus, Sozialismus und Demokratie. Tübingen.
Siklova, Jirina, 1991: Sind Frauen in Ostmitteleuropa konservativ?, in: Neue Gesellschaft/Frankfurter Hefte 11, 1016-1019.

Szabo, Mate, 1994: Vom kommunistischen „Reformwunder“ zur relativen Stabilität im Postkommunismus: Ungarn, in: *August Pradetto* (Hrsg.), Die Rekonstruktion Ostmitteleuropas. Politik, Wirtschaft und Gesellschaft im Umbruch. Opladen, 25-75.
Tomc, Gregor, 1994: Life in Transition. From Socialism to Post-Socialism and Beyond, in: *Frane Adam/Gregor Tomc* (Hrsg.), Small Societies in Transition. Ljubljana, 22-33.
Zizek, Slavoj, 1994: The Metastases of Enjoyment. London/New York.

Gender und Transformation. Nachdenkliches zu den Anstrengungen einer Beziehung*

Claudia von Braunmühl

Wenn im folgenden von Transformation die Rede ist, so wird dabei nicht so sehr Bezug genommen auf die seit 1989 unter dem topos Transformation in den Sozialwissenschaften geführte Diskussion um den ökonomischen, politischen und gesellschaftlichen Wandel in den sich ehedem sozialistisch verstehenden Ländern. In dieser Debatte wird Transformation als ein den postkommunistischen Gesellschaften spezifischer Vorgang verstanden, dessen „Entwicklungsziele prinzipiell bekannt sind – sie lauten Demokratie, Wachstum und Wohlfahrt. Sie werden zu erreichen versucht durch Übernahme bzw. Nacherfindung der Basisinstitutionen der Vorbildgesellschaften: durch Konkurrenzdemokratie, Marktwirtschaft, Wohlfahrtsstaat und Massenkonsum" (Zapf 1996: 67).

Hier erscheint der westliche Weg privatkapitalistisch marktvermittelter, in repräsentativen liberalen Demokratieformen politisch verfaßter Vergesellschaftung mit den ihm eigenen modernisierungstheoretischen Grundannahmen umstands- und alternativlos als Modell und Vorbild. Auf diesem Hintergrund versteht der Begriff Transformation sich als im wesentlichen analytische Kategorie, deren implizite normative Orientierung den DiskutantInnen durchaus nicht immer klar oder schlicht selbstverständlich zu sein scheint (z.B. auch Brzezinski 1993).

In der aus frauenpolitischer und feministischer Perspektive geführten Diskussion hingegen, wie sie insbesondere im Kontext des Nord-Süd-Spannungsfeldes und entwicklungspolitischer Debatten geführt werden, ist der Glaube in die Triftigkeit theoretisierter oder gelebter Modernisierung aus sozialen Erwägungen wie solchen des Geschlechterverhältnisses erheblich erschüttert. Wenn hier von Transformation die Rede ist, dann ist etwas radikal anderes gemeint als der gegenwärtige gesellschaftliche Status quo, wenngleich dies andere zunächst einmal sehr allgemein als „an alternative, more satisfactory set of arrangements to those which exist" (Molyneux 1985: 232) umschrieben wird. Der Begriff ist, wie auch der *des empowerment*, mit dem er im übrigens aufs engste verbunden ist, eine normative prozessuale Kategorie. Und es ist eine Kategorie, davon soll hier die Rede sein, die als Anspruch an die Durchführungsorganisationen der Entwicklungszusammenarbeit herangetragen wird.

Empowerment, also „Zugewinn an Gestaltungsmacht" (Schultz/Weller 1995: 9), hat die Aufhebung von Unterdrückung und Ungleichheit zum Thema. Das Endziel, die stra-

---

* Beim vorliegenden Text handelt es sich um die überarbeitete und erweiterte Fassung eines Artikels, der unter dem Titel „Mainstreaming Gender oder von den Grenzen, dieses zu tun" in der Festschrift für Renate Rott erschienen ist (*Marianne Braig/Ursula Ferdinand/Martha Zapata* (Hrsg.), 1997: Begegnungen und Einmischungen, Stuttgart, Akademie Verlag).

tegische Orientierung und die primären Austragungsorte von *empowerment* und Transformation werden – da spielen u.a. fachliche Herkunft und politische Orientierung eine Rolle – durchaus unterschiedlich definiert. In jedem Fall spielt die Kategorie Gender, also Geschlechterverhältnis, eine zentrale Rolle. Das tut sie mit dem ihr eigenen Doppelcharakter von Rollenzuschreibungen und Verteilungsgegebenheiten anzeigender Geschlechterdifferenzierung einerseits und Thematisierung des in den Fakten aufscheinenden Unterdrückungsverhältnisses andererseits.
Wie die Kategorie Gender in die entwicklungspolitische Diskussion Eingang gefunden hat und wie es ihr im Wechselverhältnis von institutionell vermittelter Praxis, sozialen AkteurInnen und theoretischer Diskussion ergangen ist, soll im folgenden eingehender untersucht werden. Im Zentrum steht dabei die Frage, ob der Diskurs, von dem hier die Rede ist, und die Praxis, auf die er Einfluß nehmen will, sich gegenseitig erreichen und ob die Begegnung eine beiden Seiten förderliche ist.

1. *Von Frauenfragen (women's issues) zu Fragen des Geschlechterverhältnisses (gender issues)*

Durch vielfältige Prozesse und Kämpfe sind in den letzten 25 Jahren frauenpolitische Positionen in die Entwicklungspolitik und die Entwicklungszusammenarbeit hineingetragen worden und wurden frauenpolitische Forderungen an deren organisatorische Träger gestellt. Dies führte zunächst zu einer Bewegung von der Frauenförderung als um die Mutterrolle herum angesiedelte Wohlfahrtsangelegenheit hin zu einer eher ökonomisch orientierten „Integration der Frau in die Entwicklung". Frauen wurden in ihrer ökonomischen Rolle „entdeckt" und avancierten zu einer eigenen in die entwicklungspolitische Diskussion aufgenommenen Zielgruppe. In die Institutionen der Entwicklungszusammenarbeit wurden sie allerdings erst nach heftigen, mit allen erdenklichen Abwehrstrategien konfrontierten Kämpfen hineingenommen (vgl. Rogers 1991).
Der Diskussion lag die Annahme zugrunde, daß zunächst einmal die im bisherigen Entwicklungsgeschehen „unsichtbare" Frau sichtbar gemacht werden müsse (vgl. Boserup 1970; Scott 1979). Das betraf ihre Belastungen, welche die der Männer bei weitem überflügeln, als auch den gänzlich unterschätzten Beitrag von Frauen zum gesellschaftlichen Produktionsprozeß. Während die frühen Projekte der Frauenförderung mehr als Ausgleich sozialer Nachteile zum Zwecke des gleichberechtigten Anschlusses an eine eher Männer privilegierende sozio-ökonomische Entwicklung konzipiert waren (*equity*), verlagerte sich der Schwerpunkt der Argumentation später auf den Schaden, den die Gesellschaften im allgemeinen und die Entwicklungsprojekte im besonderen erleiden, wenn sie an der faktischen Bedeutung der von Frauen geleisteten Arbeit weiterhin blind vorbeigehen (*efficiency*).
Innerhalb der Institutionen der Entwicklungszusammenarbeit wurden Analysen über die Frage erstellt, wie Projekte die Frauen „übersehen", sie aus nicht wenigen angestammten Tätigkeitsbereichen verdrängen und in anderen mehr belasten. Es wurde aufgezeigt, daß und wie die aus den familialen Rollenzuschreibungen den Frauen erwachsenen Verpflichtungen nicht berücksichtigt werden und darauf hingewiesen, daß die in Projekten gemachten Modernisierungsangebote sich im wesentlichen an Männer richten, obwohl es die Frauen sind, denen bei familialer Versorgung und

lokaler Nahrungsmittelproduktion eine zentrale Rolle an der Basis von Entwicklung oder auch nur der Überlebenssicherung zukommt.
Innerhalb der Entwicklungsorganisationen verschmolzen die beiden Ansätze relativ rasch zum Topos von der „Integration der Frau in die Entwicklung". Zunächst in den USA und Kanada, später auch in Europa, sehr spät in der BRD, richteten die Organisationen der Entwicklungszusammenarbeit sogenannte WID[1] desks, also Frauenförderabteilungen, ein. Während die entsprechenden Referate in den angelsächsischen Ländern sich als „advocacy administration", als Lobby und Interessenverwalter von Unterprivilegierten verstanden, die im Rahmen einer „redistributive policy" ihren Beitrag zu einer gerechteren Verteilung und angemesseneren Orientierung von Entwicklungsinterventionen leisten (vgl. Staudt 1985), fiel der Aufbau frauenbezogener Strukturen in der BRD schon in die neo-liberale Strukturanpassungspolitik der achtziger Jahre und tat sich von daher mit der Einbettung in einen weitergreifenden, emanzipatorische Elemente enthaltenden gesellschaftlichen Entwurf eher schwer (vgl. Bruchhaus et al. 1979; Lenz/Rott 1984).
Im Zentrum der Integrationsstrategie steht die „Entdeckung" der weiblichen Arbeitskraft als unterbezahlte und ausgebeutete menschliche Potenz und als entwicklungspolitische Ressource mit unausgeschöpftem Potential. Der Topos, obwohl in der Regel umstandlos so gebraucht, meint faktisch allerdings bescheidener und zutreffender Integration der Frauen in die Programme und Projekte der Entwicklungszusammenarbeit und dies mit einer Zielrichtung, die ihre aktive Beteiligung am Wirtschaftsprozeß sichert.
Dies geschah durch Hinzufügen frauenbezogener Projekttätigkeiten, die sogenannten Frauenkomponenten, in bestehende Projekte oder durch die Neukonzipierung von Projekten, die sich von vornherein speziell an Frauen richten. In jedem Fall sollte mit die Produktivität der Frauenarbeit und das Einkommen von Frauenarbeit erhöhenden Fördermaßnahmen weniger an der haushalts- und familienbezogenen Rolle der Frauen angeknüpft werden als an ihren direkt als ökonomisch relevant anerkannten Tätigkeiten.
Der WID-Ansatz erweiterte zweifelsohne die Anerkennung der von Frauen wahrgenommenen Rollen. Die von Caroline Moser und Linda Peake (1987) eingeführte Dreiteilung in produktive, reproduktive und gemeindebezogene Arbeit begann sich allgemein durchzusetzen. Damit einher ging die häufigere Einbeziehung von Analysen der sozio-kulturell jeweils vorherrschenden Arbeitsteilung zwischen Männern und Frauen. Zunehmend lauter auch wurden Anfragen an die Triftigkeit nationaler Statistiken gestellt, die weiterhin nur entlohnte Arbeit in Anschlag bringen.
Dem WID-Ansatz insgesamt wurde angelastet, daß er Frauen unzulässig homogenisiere und im wesentlichen als defizitäre Wesen begreife, denen es an Zugängen zu Ressourcen und an Fähigkeiten ermangele. Die Konzeptualisierung der gesellschaftlichen Situation von Frauen als *Frauen*fragen und *Frauen*probleme (*women's issues*) führe bestenfalls zu *equal-but-outside*-Strategien und entlasse die Gesellschaft im allgemeinen und die Männer im besonderen aus ihrer Verantwortung. Vor allem aber suggeriere der WID-Ansatz, die Benachteiligung von Frauen sei Ergebnis ihrer Nicht-

1 Women in Development

Integration in einen Entwicklungsprozeß, der im Prinzip ökonomischen und sozialen Fortschritt sichere.

In der Tat erwies die in der sogenannten Frauendekade (1975-1985) gemachte Erfahrung, daß die im Rahmen von WID veranschlagten Mittelzuweisungen vernachlässigenswert gering blieben. Zudem stellte sich die Vermutung, die Integration von Frauen in die Entwicklung im Wege der Förderung ihres – immer extrem bescheiden bleibenden – Einkommenserwerbs werde ohne weiteres von einer Verbesserung ihres gesellschaftlichen Status begleitet sein, als Irrtum heraus. Die entscheidende Entwicklungsbarriere, so lautete das Resumé, die gesellschaftliche Unterordnung und Unterdrükkung der Frauen, wurde vom WID-Ansatz nicht angesprochen. Aus dem Geschlechterverhältnis selber resultierende Problem- und Bedarfslagen blieben unthematisiert. Wie im übrigen auch die Frage, ob die vorherrschenden Entwicklungsstrategien überhaupt soziale und menschliche Entwicklung im Augen haben.

Während der Abschlußkonferenz der Frauendekade in Nairobi wurde dann über das im Süden entstandene Frauennetzwerk DAWN[2] ein Begriff, der des *empowerment*, in die Debatte geworfen, der in der frauenpolitischen entwicklungsbezogenen Diskussion neu war (vgl. Sen/Grown 1988). Statt in Einzelprojekten nachholende Entwicklung für Frauen organisieren zu wollen, solle in allen Projekten und darüber hinaus in allen Politikbereichen das Potential für eine gleichberechtigte Partnerschaft von Männern und Frauen eruiert und realisiert werden. Dem Begriff *empowerment* wurde von DAWN eine Neudefinition von Macht gegeben als „Verfügungsrecht über Ressourcen, Entscheidungs- und Gestaltungsrecht in verschiedensten gesellschaftlichen Bereichen, ohne daraus Herrschaft über andere abzuleiten" (Wichterich 1994: 33).

Empowerment formulierte eine Vision nicht nur individueller Autonomie, sondern erstreckte seinen Transformation einfordernden Anspruch auf die Innenarchitektur des Geschlechterverhältnisses. Mit dem Begriff *gender* war eine herrschaftskritische Kategorie eingeführt, die nicht bei der bloßen Konstatierung von geschlechtspezifischen Rollenzuweisungen stehen blieb, sondern auf der Anerkennung von im Geschlechterverhältnis eingelagerten Unterordnungs- und Unterdrückungsbeziehungen (*subordination*) und deren Aufhebung bestand. Aus diesem Anspruch heraus, so die Forderung, sind Ziele und Umsetzungsmodalitäten entwicklungspolitischer Interventionen und ist nicht zuletzt die Perspektive eines neu zu konturierenden Entwicklungsmodells zu entwerfen.

Das in frauenpolitischen Zusammenhängen des Südens formulierte Konzept fand über ihre frauenbezogenen Einheiten (*WID desks*) bald Eingang in die Organisationen auch der bilateralen und multilateralen Entwicklungszusammenarbeit. Es war nun nicht mehr die Rede von Frauenfragen (*women's issues*), sondern solchen des Geschlechterverhältnisses (*gender issues*), statt von Frauenproblemen von Ungleichgewichten zwischen den Geschlechtern (*gender disparities*) und im Geschlechterverhältnis angelegten Problemlagen (*gender concerns*).

In den Umsetzungsprozessen der Entwicklungszusammenarbeit verlagerte sich die analytische Anstrengung von der Situationsbestimmung von Frauen auf eine Analyse der Geschlechterverhältnisse (*gender analysis*). Die Zielbestimmung von *empowerment*, wenngleich nun überwiegend ökonomisch verengt und im Bereich der Armutsbe-

2 Development Alternatives for Women in a New Era

kämpfung im Wege jetzt gänzlich marktkonform umgesetzter Förderung einkommenschaffender Maßnahmen angesiedelt, wurde zum festen Bestandteil des entwicklungspolitischen rhetorischen Repertoires. Die Weltbank spricht von einer Revolution der Geschlechtergleichheit (vgl. World Bank 1995).
Alle Durchführungsorganisationen, staatliche wie nicht-staatliche, sind mittlerweile mit Politikmandaten ausgerüstet, die in den Dimensionen des Gender-Ansatzes formuliert wurden. Ihre WID/GAD[3]-Abteilungen haben z.T. entschieden ambitiöse Richtlinien, Handreichungen und check lists erarbeitet und entsprechende Fortbildung ihrer MitarbeiterInnen (*gender training*) installiert. Dabei stützen sich alle bei durchaus unterschiedlichen Zielgruppen, Partnerstrukturen, Verfahrensweisen und Interventionstiefen zur Bestimmung der Zielrichtung ihrer entwicklungspolitischen Interventionen auf dasselbe Differenzierungsinstrumentarium, den „Gender-Ansatz".
Bevor des weiteren das Schicksal des Gender-Ansatzes in den entwicklungspolitischen Durchführungsorganisationen verfolgt wird, soll zunächst anhand der Texte einiger prominent an der Debatte beteiligten Autorinnen ein Blick zurück auf Genese und Entfaltung dieses Instrumentariums geworfen werden.

2. Von Interessen zu „Bedarfen": praktische und strategische Bedürfnisse

Als die der sandinistischen Revolution in Nicaragua hoffnungsvoll zugewandte Feministin Maxine Molyneux nach dem frauenpolitischen Ertrag der ersten Jahre der Sandinista an der Macht fragte, erachtete sie die Kategorie „Fraueninteressen" (*women's interests*) für den Zweck ihrer Analyse für ungenügend. Der Begriff Fraueninteressen unterstelle Geschlecht als prinzipielle Determinante für die Interessen von Frauen und sehe die Konstitution der Subjektivität von Frauen als im wesentlichen auf im Geschlechterverhältnis begründete Faktoren (*gender effects*) basierend. Die Unterdrückung von Frauen hingegen, so Molyneux, ist multikausal und artikuliert sich vermittelt über in Zeit und Raum unterschiedliche Strukturen, Mechanismen und Ebenen (vgl. Molyneux 1985).
Molyneux schlägt vor, statt dessen von im Geschlechterverhältnis begründeten Interessen (*gender interests*) zu sprechen. „Gender interests are those that women (or men, for that matter) may develop by virtue of their social positioning through gender attributes" (ebd.: 232). Sie unterscheidet dabei zwischen *practical gender interests* und *strategic gender interests*. Praktische Gender-Interessen werden induktiv festgestellt und sind formuliert als Reaktion auf unmittelbar wahrgenommene Problem- und Interessenlagen, die sich aus gesellschaftlichen Konventionen von Arbeitsteilung und den darin den Frauen zugewiesenen Rollen begründen. Strategische Gender-Interessen hingegen werden deduktiv aus einer Analyse der Unterdrückung von Frauen abgeleitet und aus der im einzelnen noch zu formulierenden Überwindung repressiver Verhältnisse.
Die Artikulation praktischer Interessen, obwohl aus dem Geschlechterverhältnis erwachsend, stellt dies als solches nicht in Frage und ebensowenig tut es deren Befriedigung. Eine strategische Dimension ist laut Molyneux erst erreicht, wenn praktische

3 Gender and Development

Interessen befriedigt werden und es darüber hinaus im Prozeß ihrer Durchsetzung gelingt, sie zu politisieren und ihnen eine auf Transformation zielende Orientierung zu geben. Diese Bewegung ist aus Gründen der vielfacettigen Formbestimmtheit der von Frauen artikulierten Interessen, die sich in ihrer konkreten Ausprägung mit aus Klasse, Rasse, Ethnizität, Nationalität, sexueller Orientierung erwachsenden Interessenlagen vermischen, durchaus nicht auf der Hand liegend und muß explizit gewollt und gestaltet werden.

Im Bereich der Entwicklungszusammenarbeit nun begannen in der ersten Hälfte der achtziger Jahre feministische Sozialwissenschaftlerinnen mit der Erarbeitung eines Planungsinstrumentariums, das die Interessen auch von Frauen beherbergt. In der Regel wird in dem Zusammenhang zwischen drei Ansätzen unterschieden. Der sogenannte Harvard-Ansatz (vgl. Overholt et al. 1984) setzt stark auf die Integration von Gender-Analyse in gegebene Planungsverfahren. Der federführend von Caroline Moser vorgelegte Ansatz (vgl. Moser/Levy 1986; Moser/Peake 1987; Moser 1993) beansprucht die Entwicklung einer eigenen auf Transformationsprozesse zielenden Methodologie. Frauenorganisationen im Süden betonen mehr die Notwendigkeit von Planungsverfahren, die Mobilisierungsprozesse ermöglichen und fördern. Tatsächlich sind die Trennlinien im Laufe der Jahre undeutlich geworden und haben sich zumindest auf der Absichtsebene miteinander vermischt.

Am weitaus häufigsten zitiert ist der von Caroline Moser und anderen entwickelte Ansatz von Gender-Planung. Er überführt die im Bereich gesellschaftspolitischer Auseinandersetzungen entwickelten zentralen Kategorien praktische und strategische Gender-Interessen in das institutionelle Feld der Durchführungsorganisationen der Entwicklungszusammenarbeit und macht sie zum zentralen Bezugspunkt von Gender-Planung (*gender planning*). Dabei geschieht mit dem gesellschaftlichen Gehalt der Begriffe weit mehr und anderes, als ihr Siegeszug in das begriffliche Repertoire der GAD-Abteilungen und das institutionell etablierte Gender-Training vermuten läßt.

Das Ziel von Gender-Planung ist nach Moser „the emancipation of women and their release from subordination, with the aim of achieving gender equity, equality and empowerment through meeting practical and strategic needs" (Moser 1993: 87). „Gender planning, with its fundamental goal of emancipation, is by definition a more 'confrontational' approach. Based on the premise that the major issue is one of subordination and inequality, its purpose is that women through empowerment achieve equality and equity with men in society" (ebd.: 4). „The purpose of gender planning then ist to provide the means by which to operationalize this political concern, and to ensure that it becomes institutionalized practice" (ebd.: 87).

Im Gegensatz zum WID-Ansatz mit seiner Akzeptanz vorbefindlicher Systemstrukturen und seiner Konzentration auf im Umfeld von Frauenrolle und Zusatzverdienst verbleibenden frauenspezifische Maßnahmen, zielt Gender-Planung auf strukturelle Transformation. Sie will bei den Bedürfnissen der Frauen ansetzen, ohne dabei in den Grenzen gesellschaftlich zugeschriebener Rollen zu verbleiben. Die Ziele von Empowerment und Aufhebung von Unterdrückung vor Augen, „it utilizes practical gender needs as the basis on which to build a secure support base, and a means through which strategic needs may be reached" (ebd.: 77).

Gender-Planung ist also nicht lediglich um die Thematik des Geschlechterverhältnisses angereicherte Planung. Moser hält im Gegenteil vorhandene Planungsansätze und

-methoden als Vehikel für emanzipatorische Zielsetzungen für gänzlich ungeeignet. Sie sind letztendlich um einen Wertekern angesiedelt, den in Frage zu stellen sie nicht in der Lage sind, und bieten daher nur in dessen Umfeld verbleibende Rationalitätskriterien und Entscheidungsoptionen an. Gender-Planung, die im Sinne von Moser auf Emanzipationsprozesse zielende Planung sein will, muß sich indes über den technischen Gehalt von Planungsprozessen hinaus auch auf politische Dimensionen einlassen. Sie muß Konflikten um Grundorientierungen und Wertentscheidungen Raum geben, ja, als transformatorischer Prozeß selber der Raum für solche Konfliktaustragung sein. Gender-Planung ist „planning as debate" (ebd.: 88). Die Essenz von Gender-Planung liegt in Verhandlungsprozessen „through a process of negotiated debate about the redistribution of power and resources within the household, civil society and the state" (ebd.: 190). Sie geht nicht auf im bloßen Auffinden von technisch adäquaten Problemlösungen, sondern erfordert „a methodology in which the political dimension of negotiation is its central concern" (ebd.: 87).

Moser unterscheidet Gender-Planung scharf von gender-bewußter Planung. Letztere fügt sich mehr oder weniger bruchlos in den Rahmen bestehender Planungsmethoden ein, ist aber bestenfalls in der Lage, auf abrufbar artikulierte praktische Problemlagen von Frauen einzugehen. Solche Bereitschaft kann zwar einen hilfreichen institutionellen Planungskontext abgeben, aber erst durch den unerläßlichen Prozeß der Politisierung praktischer Bedürfnisse kann Planung an das Geschlechterverhältnis als Herrschaftsverhältnis rühren.

Den grundlegenden methodischen Unterschied zwischen herkömmlichen Planungsansätzen und Gender-Planung verortet Moser „in the need to disaggregate households and families on the basis of gender, when identifying planning needs" (ebd.: 15). Der klassische Annahmekatalog – Familie als um eine gemeinsame Versorgungsquelle gescharte soziale Einheit, männliches Familienoberhaupt, Chancen- und Versorgungsgleichheit der Haushaltsmitglieder –, der oft unbewußt die „black box" Haushalt fülle, sei außerstande, die soziale Realität und ihre Dynamik zu erfassen. Schwerwiegender noch, „it removes the possibility of exploring conditions of unequal exchange and exploitation between family members" (ebd.: 23). Hier nun muß Gender-Planung weiterreichende Instrumente, Verfahrensweisen und Planungspraktiken zur Verfügung stellen. In ihnen mögen zwar aus Operationalisierungsgründen komplexe Zusammenhänge und feministische Anliegen in vereinfachter Form abgebildet sein. Der entscheidende Gewinn indes liegt in der Perspektive von Empowerment und der Eröffnung gesellschaftlichen Transformationspotentials.

Moser verwandelt die von Molyneux aufgenommenen Begriffe praktische und strategische Gender-*Interessen* in praktische und strategische Gender-*Bedürfnisse*. Sie tut das durchaus bewußt. „Having identified the different interests of women" (praktische und strategische), „it is possible to translate them into planning needs; in other words, the means by which their concerns may be satisfied" (ebd.: 37). In dieser Form hat das Begriffspaar dann international Karriere gemacht. Um sich von dem Subjektivität und gesellschaftliche Einflußfaktoren konnotierenden Begriff Bedürfnis abzuheben ist in der institutionellen Planungssprache der deutschen Entwicklungszusammenarbeit der Begriff „Bedarfe" geprägt worden. Wenn er im Gender-Kontext auch nicht durchgängig verwandt wird, so ist doch davon eigentlich die Rede, von in gegebene Pla-

nungsprozesse einzubringende, in der Umsetzung von Projekten und Programmen zu befriedigende Bedarfslagen.
An diesem zentralen Punkt nun beläßt Moser den emanzipatorischen Planungsansatz merkwürdig unabgesichert. Der Übersetzungsprozeß von Interesse zu Bedürfnis wird den PlanerInnen in die Hand gegeben, aus Artikulation und Verhandlung wird Information. Zwar betont Moser: „In the last analysis gender planning also requires a political agenda – the subject of the concluding chapter of this book" (ebd.: 189). Dort findet sich dann eine interessante Diskussion zu Nicht-Regierungsorganisationen (NRO) im allgemeinen und Frauenorganisationen im besonderen. Es findet sich aber nicht eine Bestimmung von deren Rolle im Prozeß von Gender-Planung.
Ohne nun die Konsequenzen der Verlagerung zu reflektieren, stellt Moser im politischen Raum gewonnene Kategorien und Methoden in den mit Planungsmitteln zu gestaltenden Handlungsraum institutioneller Akteure. Mit dieser Verlagerung nun sind entscheidende Ausblendungen verbunden. Es wird suggeriert, die institutionellen Akteure der Entwicklungszusammenarbeit könnten im begrenzten Handlungsfeld von Projekten und Programmen gleichsam autonom und abgelöst von nationalen und globalen Politiken Transformationsprozesse realisieren. Es kommt auch nicht mehr zur Sprache, wie nationale und internationale Strukturen auf die institutionellen Akteure einwirken und deren Strategien bestimmen.
Des weiteren wird ausgeklammert, daß es sich bei den Institutionen der Entwicklungszusammenarbeit nicht anders als bei anderen bürokratisch verfaßten Institutionen um von Männern dominierte, hierarchisch organisierte Herrschaftsapparate handelt, die da aufgefordert werden, sich mit dem Geschlechterverhältnis als Herrschaftsverhältnis in Herrschaft aufhebender Absicht zu befassen. Intrainstitutionelle Verweigerung gegen die Aufnahme von Gender-Interessen erscheint dann nur mehr als subjektive patriarchale Engstirnigkeit. Das ist die notorische institutionelle Resistenz zweifelsohne auch, und sie macht sich als solche durchaus massiv geltend. Die Verbindung zur Diskussion des vorherrschenden Entwicklungsmodells und der von ihm bereitgestellten Chancen und Grenzen von *empowerment* indes ist ebenso systematisch zerrissen wie die zur Logik und zu den Eigengesetzlichkeiten von Bürokratien.
Während die Organisationen der entwicklungspolitischen Zusammenarbeit sich mit dem von Moser bereitgestellten begrifflichem Instrumentarium sehr viel mehr punktuell schmücken, als es in auch nur annähernd systematischer Form anzuwenden, ist Moser von feministischen Kritikerinnen Versagen, wenn nicht Verrat an dem im Gender-Begriff angelegten Transformationsanspruch vorgeworfen worden. Saskia Wieringa (1994) z.B. lastet ihr an, mit dem Begriffspaar praktische und strategische Bedürfnisse den komplexen, verwirrenden Prozeß von Frauenaufbrüchen in vereinfachende Kategorien zu pressen, die überdies theoretisch unhaltbar, empirisch unbrauchbar und hierarchisch konstruiert seien.
Nun sind, wie gezeigt, Moser tatsächlich Sprünge und Brüche nachzuweisen. Die von ihr entwickelte Gender-Planung steht, darauf macht sie durchaus aufmerksam, in deutlichem Gegensatz zu genderbewußter Planung. Es ist aber bestenfalls letztere, also der Einbezug der Dimension des Geschlechterverhältnisses in bestehende Planungs- und Umsetzungsprozesse, von dem in bezug auf die entwicklungspolitischen Organisationen die Rede sein kann. Insofern wäre der institutionelle Ort von Gender-Planung, der den für Transformationsprozesse unerläßlichen politischen Verhand-

lungsraum beherbergt und sichert, überhaupt erst zu finden. Das ist jedoch nicht, was Wierigna stört. Sie nimmt ihrerseits den Begriff Gender-Planung auf und überträgt ihn in das Handlungsfeld der institutionellen Träger von Entwicklungszusammenarbeit. Ihr fehlt es aber bei Moser an Radikalität im Festhalten an Differenzierungen und Ansprüchen an die bestehenden Organisationen.
„Unfortunately, the concerns of gender planners have not always centered around women's empowerment and the transformation of gender relations" (Wieringa 1994: 835). Mit einer Reihe von Definitionen und Postulaten sucht Wieringa nun diesem in bemerkenswertem Understatement beschriebenen Zustand entgegenzusteuern. „Transformation should be seen as a process, not as a fixed goal in the distant future" (ebd.: 842). „Gender planning must be best seen as as set of situated practices of feminist activity" (ebd.). „Gender planning, empowerment and transformation should be intricately linked, welded by a feminist-informed analysis" (ebd.: 843). Undsofort. Um dies nun in den gegebenen Organisationen durchzusetzen, „efforts should be made to stretch as far as possible the transformative potential of the staff of their gender desks" (ebd.: 845). Dafür seien doch die vom OECD DAC/WID[4]-Komitee entwickelten Kriterien oder die von Weltbank und Europäischer Union geförderten Einführungspublikationen ganz gute Anfänge.
Moser muß letztendlich den Transformationsanspruch in die Hände aufgeklärter PlanerInnen und in die nicht weiter durchbuchstabierte Interaktion zwischen Finanzierungsorganisation und lokalen Frauenorganisationen legen. Das ist kein sehr sicherer Boden. Eine sich radikal gebende feministische Kritik, deren Kenntnis und Instrumentarium sich vor den Toren der hierarchisch, bürokratisch und patriarchal strukturierten Umsetzungsorganisationen mit den PositionsinhaberInnenn ermutigend vor Augen gehaltenen Kriterienkatalogen begnügt, ist ihrerseits wenig geeignet, der Transformationsdimension im Gender-Ansatz zur Durchsetzung zu verhelfen.

3. *Mainstreaming Gender*

Der Übergang vom WID-Ansatz zum GAD-Ansatz verdankte sich zunächst der mit dem WID-Ansatz gemachten Erfahrung von Marginalisierung auf der Ebene der Ressourcen und des Zugangs zu Informationen und Entscheidungen in den Apparaten der Entwicklungszusammenarbeit und der Hoffnung, via GAD wirksamer auf vorhandene Ressourcen zugreifen und sie für Frauen nutzbar machen zu können (vgl. Rathgeber 1990; Razavi/Miller 1995). Die Übernahme der in frauenpolitischen Zusammenhängen entwickelten Kategorie Gender in das Repertoire der Institutionen der Entwicklungszusammenarbeit diente zunächst als Geschlechterdifferenzierung der technischen Aufschlüsselung vorbefindlicher, im Geschlechterverhältnis begründeter gesellschaftlicher Arbeitsteilung. Auf der Basis statistischer Beweisführung soll den Frauen Zugang zum *mainstream* der Ressourcen eröffnet werden. In dieser Argumentation spielt weiterhin das seit den Anfängen der Frauendiskussion in der Entwicklungszusammenarbeit umkämpfte Sichtbarmachen von Frauen eine tragende Rolle.

4 Das DAC/WID-Komitee ist der Unterausschuß „Women in Development" des „Development Assistance Committee".

Die Kategorie Gender wurde darüber hinaus und im Laufe der Zeit deutlicher artikuliert zum Vehikel des Anspruchs struktureller Transformationsprozesse zugunsten von Frauen (vgl. Osterhaus/Salzer 1995). Dabei spielte das von Moser in die Entwicklungszusammenarbeit eingeführte Begriffspaar praktische und strategische Gender-Bedürfnisse eine zentrale Rolle. Damit schien die entwicklungspolitische Diskussion erneut Anschluß zu gewinnen an die internationale frauenpolitische Diskussion, wie sie auch auf der 4. Weltfrauenkonferenz in Peking artikuliert wurde (vgl. Wichterich 1996; Freudenschuß-Reichl 1996). Tatsächlich präsentierten sich die meisten bilateralen und multilateralen Organisationen rechtzeitig zu dem Anlaß ausgestattet mit z.T weitreichenden Politikmandaten, die sich ökonomisches *empowerment* (vgl. European Commission 1995) und Gender-Gleichheit (vgl. World Bank 1995), zumindest aber die deutliche Verringerung von Geschlechterdisparitäten zum Ziel setzten. Die Notwendigkeit, mit Blick auf „Gleichberechtigung in Gender-Beziehungen" „Makroökonomie aus geschlechterdifferenzierter Sicht" (vgl. GTZ 1996a und 1996b) zu sehen, wurde programmatisch anerkannt. In einigen Regionen wurden sogar Programme eingeleitet, die sich explizit mit „incorporating gender analysis into economic policy reforms" (SAGA 1995: 5) befassen.
Die Anstrengungen des *mainstreaming* auf Projekt-, Programm- und gesamtpolitischer Ebene werden häufig ebenfalls als *Gender Planning* bezeichnet, obwohl es sich nach dem Moserschen Begriffsinstrumentarium eher um gender-bewußte Planung, d.h. um die Berücksichtigung des Geschlechterverhältnisses, handelt (vgl. Macdonald 1994). In der Regel wird *mainstreaming* als Doppelstrategie formuliert. Gender soll seinen transformatorischen Einzug in die makro-ökonomische und -politische Ebene und in die Ebene entwicklungspolitischer Programm- und Projektinterventionen halten. Zugleich sollen vorrangig Frauen betreffende Engpässe hinsichtlich des Zugangs und der Kontrolle von materiellen und immateriellen Ressourcen weiterhin durch frauenspezifische Maßnahmen bearbeitet werden.
Die Initiative für diese Bemühungen liegt nahezu ausschließlich bei den in der Regel verschwindend kleinen WID- oder GAD-Einheiten der entwicklungspolitischen Durchführungsorganisationen. Sie feilen unermüdlich und mit großem Engagement an den immer facettenreicher werdenden Umsetzungsinstrumenten. Ihre Suche gilt dabei vorrangig vielversprechenden institutionellen Ansatzpunkten für das Geschlechterverhältnis positiv re-arrangierende Strategien (vgl. Levy 1991). Seit der 4. Weltfrauenkonferenz wird dabei immer häufiger auch auf die Konvention zur Beseitigung jeglicher Diskriminierung von Frauen (CEDAW) und auf die Aktions-Plattform von Peking Bezug genommen.
Die Entwicklung des inner-institutionellen Gender-Instrumentariums hat mittlerweile eine erhebliche Raffinesse erreicht. Begriffsklärungen, Handreichungen und Umsetzungsrichtlinien für den Gender-Ansatz liegen schon des längeren in großer Fülle vor. In jüngster Zeit wurden sie ergänzt durch gender-orientierte gesamtwirtschaftliche und -politische Länder- und Sektorstrategien. Innerhalb der einzelnen Organisationen und seitens des OECD DAC/WID-Komitees wird an computergestützen Indikatorensystemen und Kriterienrastern gearbeitet, die der Erfassung und Steuerung der Umsetzung des GAD-Ansatzes dienen sollen. Zugleich haben weiterhin die kleinen GAD-Abteilungen keinen oder nur geringen institutionell gesicherten Zugriff auf programm- und projektpolitische Entscheidungen.

Zentrales Instrument zur Einführung des Gender-Ansatzes in die Praxis der Durchführungsorganisationen ist das Gender-Training, das mittlerweile in sich durchaus ähnlichen Varianten in allen Organisationen eingeführt ist. Gender-Training ist laut Moser ein „machtvolles Instrument" (Moser 1993: 177), um Informationen und Kenntnisse zu vermitteln, darüber hinaus aber auch verändernd auf Einstellungen, Verhaltensweisen und Motivationen einzuwirken. Gender-Training-Handbücher liegen in reichhaltiger Form vor. Zur umfassenden Absicherung von *mainstreaming* bemühen die Gender-Abteilungen sich in Zusammenarbeit mit den hierfür zuständigen Abteilungen um die Verankerung von Gender in den jeweiligen Planungsinstrumenten und Verfahrensabläufen.
Während der im Gender-Begriff begründete emanzipatorische Anspruch programmatisch in die Planungs- und Steuerungsinstrumente entwicklungspolitischer Organisationen hineingearbeitet wird, geraten die WID/GAD-Einheiten in eine von den dortigen Mitarbeiterinnen oft als zermürbend erlebte Kluft. In den Augen feministischer Mitstreiterinnen nehmen ihre Anstrengungen sich weichgespült und viel zu uneindeutig aus. Die MitarbeiterInnen der entwicklungspolitischen Institutionen hingegen sind nur extrem punktuell *gender responsive*. Allzu häufig, das zeigen hausinterne Erhebungen, tropft der Gender-Anspruch an Alltagsverständnis und alltäglichen Arbeitsanforderungen relativ spuren- und sanktionslos ab.
Mit einem deutlichen Unterton von Skepsis faßt die Frauenorganisation der Vereinten Nationen, UNIFEM, die Transformationsanforderungen auf den unterschiedlichen Ebenen zusammen: „Mainstreaming, understood as agenda-setting, highlighted the need for fundamental change in the development paradigm, in the structures of the institutions that are involved in development planning and programming, and in the actual strategies, processes and outcomes of development" (Anderson 1993: 10). Damit sind Systemzusammenhänge, Handlungsebenen und soziale Akteure angesprochen, die offensichtlich weit jenseits des Einflußbereichs der WID/GAD-Einheiten liegen.

4. *Der ökonomische mainstream als Grenze des mainstreaming*

Faktisch hat sich in den neunziger Jahren die nach Jahrzehnten in historisch selten erreichter Konzertierung der Mächtigen und mit erheblicher Gewalt und Pressionen durchgesetzte Strukturanpassung in einem System neo-liberal strukturierter Globalisierung konsolidiert. In diesem System mit seiner fortlaufenden Polarisierung in wenige immer Reichere und viele immer Ärmere werden ökonomische und soziale Entwicklung konsequent nicht mehr zusammengedacht. Noch weniger öffnet neo-liberale Politik sich den Bedürfnissen, Werten und Rechten von Frauen. Der feministische Appell, wirtschaftliches und politisches Handeln in ein kohärentes, Makro,- Meso- und Mikroebene verbindendes Gesamtkonzept einzubetten (vgl. Sen/Grown 1988; Palmer 1994; Elson 1991 und 1993; Baden 1996; Elson et al. 1996), verhallt unter diesen Bedingungen gänzlich ungehört.
Unter einem nur mehr marktförmig gefaßten Begriff von Nachhaltigkeit bestimmen mittlerweile rein ökonomische Argumente bis in jedes einzelne Projekt in erdrückendem Maße auch die Entwicklungszusammenarbeit. Der globale Kontext und die in ihm dominanten Politiken stellt nicht die „Opportunitätsstruktur" zur Verfügung (vgl.

Tarrow 1994), die eine praktisch folgenreiche Integration des Gender-Ansatzes notwendig erfordern würde. Die neo-liberale Logik markiert zunehmend die Denkgrenzen der EntwicklungsverwalterInnen. Sie bestimmt beklemmend die Atmosphäre fachlicher Diskussionen und führt zu einer gleichsam professionalisierten Verrohung. Die Marginalisierten, die immer mehr werden, sind eben die ökonomisch Untauglichen. Da bleiben nur mehr Kleinstmaßnahmen der Armutsbekämpfung, aber auch die sollen sich am Ende dann selber am Markt tragen. Im neo-liberalen Wörterbuch ist das der Sinn von *empowerment*, das erfolgreiche, also protestfreie Sich-Durchschlagen im vom ökonomischen *mainstream* abgespaltenen Überlebenssektor.

Damit sind die Grenzen für das *mainstreaming* der Ergebnisse einer Gender-Analyse sehr eng gesteckt. Es ist immer fragwürdiger, ob die Zielsetzungen eines Projekts, eines Programms, einer Sektorpolitik überhaupt im Interesse der Menschen eines Landes oder einer Region liegen, geschweige denn im Interesse von Frauen.

Was die im Gender-Ansatz begründete Doppelstrategie betrifft, so entgeht sie ebensowenig der vorherrschenden Marktlogik. Auch bei Projekten, die soziale Dimensionen im Prinzip durchaus aufnehmen, wird die Untersuchung der vorbefindlichen Geschlechterverhältnisse in der Regel ergeben, daß die Frauen gesellschaftlichen Lebenserfordernissen unterliegen, die sie an der vollen Teilhabe am Projektgeschehen blockieren. Müssen also frauenspezifische Zugänge organisiert werden und entstehen somit sozial begründete Zusatzkosten, so passen diese eben nicht in die ökonomische Logik und werden zunehmend von vornherein abgelehnt oder finden spätestens mit dem Auslaufen des Projekts ihr Ende. Selten können stützende Fördermaßnahmen sich am Markt tragen, und noch seltener gelingt es, sie in den Budgets deregulierter staatlicher oder dezentraler Hoheitsträger zu etablieren.

5. Entwicklungsbürokratien als Grenze von mainstreaming

Die Gefahr, daß mit dem Gender-Ansatz das anwaltschaftliche Element der WID-Einheiten verloren werden könnte, ohne daß dem entsprechende mainstreaming-Gewinne gegenüberstehen, sah schon Caroline Moser: „There is a very real danger that widespread proliferation of gender, rather than women and development may ironically result in women losing out again" (Moser 1993: 153). Studien zu den entwicklungspolitischen Durchführungsorgansiationen (vgl. Moser 1993; Bliss et al. 1994; Colombo 1994; Razavi/Miller 1995; Bread for the World Institute 1996) haben ausnahmslos festgestellt, daß selbst bescheidene, um Welten unterhalb des Transformationsanspruchs liegende organisationsintern verbindliche Instrumente der Geschlechterdifferenzierung eher selten angewandt werden. Die jeweiligen WID/GAD-Einheiten sind weder mit den entsprechenden personellen noch positioniellen Ressourcen ausgestattet, größere Verbindlichkeit durchzusetzen.

So wird das Gender-Anliegen selbst in seiner engeren technischen Dimension von Geschlechterdifferenzierung immer wieder abgefiltert. Es zeichnen sich im Gegenteil Tendenzen ab, Gender und *mainstreaming* „as a cover to avoid committing resources to WID/gender" (Razavi/Miller 1995: viii) zu nutzen. In dem Zusammenhang wird es dann auch möglich, mit Hinweis auf hinreichend erfolgtes Gender-Training und die Einlagerung von Geschlechterdifferenzierung in die organisationsinternen Verfah-

rensweisen die *advocacy posts* der WID/GAD-Einheiten selber aufzulösen bzw. mit anderen Querschnittsabteilungen zu verbinden und durchaus auch mit Männern zu besetzen. Die in diese Funktionen einrückenden Männer mögen durchaus aufgeschlossen sein und können hausintern als gleichsam unverdächtige Zeugen einen gewissen kommunikativen Vorsprung für sich verbuchen. Sie bringen jedoch weder biographisches Engagement, noch theoretische Kenntnisse und Diskurs-Erfahrungen mit, und sie sind mit keinerlei frauenpolitischem Kontaktfeld verbunden.
Die zum Zwecke des *mainstreaming* erarbeiteten Handreichungen mögen Transformationsansprüchen rhetorische Referenz erweisen, praktisch müssen sie sich in bestehende Planungsinstrumentarien und Politikhorizonte einfügen und damit ihre Reichweite a priori auf der Ebene praktischer Gender-Bedarfe ansiedeln. Die strategische Dimension von *empowerment* bleibt notwendigerweise bestenfalls ein ferner Bezugspunkt am intentionalen Horizont. Ebensowenig sind im Gender-Training der Entwicklungsorganisationen transformatorische Elemente angelegt. Es geht dort einzig um die Vermittlung der Notwendigkeit und der Techniken von Geschlechterdifferenzierung in der bestehenden Ordnung des Projektzyklus.
Selbst diese bescheidene Innovation und die mit ihr verbundenen Thematisierungen stoßen auf „continuing indifference, ambivalence and active resistance" (Moser 1993: 180). Eine vom Bundesministerium für wirtschaftliche Zusammenarbeit und Entwicklung (BMZ) in Auftrag gegebene internationale Vergleichsstudie resümiert: „Das Mainstreaming von Gender-Fragen in der Entwicklungspraxis steht auch nach zwanzig Jahren Frauenförderung noch am Anfang. Die Frauenförderungsmaßnahmen der Entwicklungsorganisationen haben bis heute einen marginalen Charakter als 'Anhängsel' behalten. WID/Gender-Fragen sind ein Spezialthema der WID/Gender-ExpertInnen geblieben" (Bliss et al. 1994: 2). Rounaq Jahan analysiert ihrerseits im Auftrag des OECD DAC/WID-Komitees eingehend Ablaufprozesse von Planung, Durchführung, Monitoring und Evaluieren und kommt ebenfalls zu dem Ergebnis, daß die periphere Ansiedlung und Handhabung von WID nie überwunden werden konnte und sich seit der Einführung des Gender-Ansatzes eher noch verschlechtert hat (vgl. Jahan 1994). Noch immer wird aber in den Institutionen der Entwicklungszusammenarbeit und erstaunlicherweise auch in außerinstitutionellen frauenpolitischen und feministischen Kreisen allzu unreflektiert an der Annahme festgehalten, bei politisch und wissenschaftlich zufriedenstellender konzeptioneller Klarheit sowie hinlänglich deutlicher und gewinnender Artikulation könne die Gender-Botschaft einschließlich ihrer Transformationsdimension durch gleichsam neutrale Kanäle unbeschadet in Projekt-, Programm- und Politikwirklichkeit ankommen.

6. Zum Austragungsort feministischer Transformationsansprüche

Radikale feministische Kritik hat schon immer sowohl der WID- als auch der Gender-Integrationsstrategie gravierende und ernstzunehmende Einwände entgegengebracht. Da war früh von der Nutzung der Ressource weiblicher Arbeitskraft, von der Modernisierung der Ungleichheit und vom vergifteten Kuchen die Rede, an dem Anteil zu haben kaum bekömmlich ist (vgl. Wichterich 1987). Für solche Wahrnehmung gibt es beklemmend viel empirische Evidenz, und entsprechende Positionen lassen sich ohne Zweifel theoretisch stringent argumentieren. Andererseits ist es nicht minder berechtigt, sich in feministischer Absicht auch an die Organisationen zu wenden, die über Mittel- und Realitätszugänge zu komplexen internationalen Zusammenhängen verfügen und ihr Einwirken auf gesellschaftliche Wirklichkeit beeinflussen zu wollen. Wenn also das Feld der institutionalisierten Entwicklungszusammenarbeit im Einzugsbereich feministischen Interesses bleibt, dann ist es dringend nötig, der Analyse der makro-ökonomischen Rahmenbedingungen eine Analyse des institutionellen Rahmens und seiner Eigendynamik an die Seite zu stellen. Beides wäre zu verbinden mit einer Neubestimmung des Verhältnisses frauenpolitischer Anstrengungen im Süden wie im Norden zu den in (Des-)Entwicklungsprozesse intervenierenden Institutionen. Es ist in der ganzen Debatte um den Gender-Ansatz, um Gender-Planung und *mainstreaming* zu wenig nach dem sozialen Akteur von Transformation gefragt worden. Ohne es weiter zu bedenken, ist mit immer weiter greifenden Ansprüchen der Fokus immer mehr auf die Entwicklungsfinanziers und ihre Verwaltungen eingeengt worden. In deren Hände wird ein Transformationsbedarf von der Ebenen- und Facettenvielfalt, wie Anderson (1993) sie beschreibt, schwerlich gelegt werden können.

Der bei Moser feststellbare Sprung bzw. der nicht weiter argumentierte Verweis auf Frauenorganisationen deutet in die richtige Richtung. Der soziale Akteur von *empowerment* können ja nur die Frauen selbst sein. Empowerment als Prozeß wird in jedem Fall Formen von Kollektivität und Organisation einschließen. Frauenorganisationen sind dem Kreis der unmittelbar relevanten sozialen Akteure hinzuzurechnen. Sollte mithin der Austragungsort feministischer Anstrengungen nicht vielmehr im Kontaktfeld von Frauenorganisationen (und anderen Organisationen mit ausformulierter Frauenpolitik) und Organisationen der Entwicklungszusammenarbeit liegen als bei letzteren selber?

Wenn dem so ist, dann ist es ganz und gar hinreichend, wenn die entwicklungspolitischen Durchführungsorganisationen sich mit der Befriedigung praktischer Bedarfe befassen und sich zu dem Zweck durchgehend durchaus technisch gehandhabter Geschlechterdifferenzierung bedienen. Würde dies nicht, wenn auch nur einigermaßen konsequent umgesetzt und mit den Organisationsprozessen von Frauen verbunden, eine Dynamik entfalten, die notwendigerweise über die bloße Subsumption von Gender in bestehende Herrschaftsverhältnisse hinausgeht?

Warum sollte es nicht möglich sein, die Eigengesetzlichkeit von bürokratisch vermittelten gesellschaftlichen Prozessen und die von sozialen Bewegungen besser zu kennen und anzuerkennen und von den jeweiligen Wirkungsorten aus Allianzen und Koalitionen zu bilden (vgl. Staudt 1985)? Die gesellschaftliche Formbestimmtheit von Institutionen, die das Element des Patriarchats einschließt, setzt dem aus sich selbst heraus zu generierenden Transformationspotential von Institutionen enge Grenzen. Statt notwendig rhetorisch verbleibende, praktisch uneinholbare intentionale Versicherungen zu erkämpfen, wären in den Institutionen, gleichsam feministisch guten Gewissens, innerhalb dieser Grenzen die Anknüpfungspunkte für Frauenzugänge und Empowerment-Politik bereitzustellen und offen zu halten. Mehr nicht – aber das wäre viel.

Zugleich ist an die außerinstitutionellen TheoretikerInnen die Aufforderung gerichtet, die Analysen zu patriarchaler Formbestimmtheit und Funktionsweise, die in den verschiedensten Bereichen (Staats-, Verwaltungs-, Managementtheorie etc.) durchaus vorliegen, mit dem Feld der Entwicklungszusammenarbeit zu verbinden. Schließlich wäre erneut nachzudenken und -zuforschen über die Zwieschlächtigkeit und die Gefährdungen von Autonomiegewinnungsprozessen, die auf externe Unterstützung unerläßlich angewiesen sind. In der Bearbeitung dieses Interaktionsfelds könnten sich nicht zuletzt entspannter und fruchtbarer institutionell vermittelte Erfahrungen und außerinstitutionelle theoretische und praktische Anstrengungen treffen.

Literaturverzeichnis

Anderson, Mary, 1993: Focussing on Women. UNIFEM's Experience in Mainstreaming. New York.

Baden, Sally, 1996: Gender Issues in Financial Liberalisation and Financial Sector Reform, BRIDGE briefings on development and gender.

Bliss, Frank et al., 1994: Ansätze der Frauenförderung im internationalen Vergleich. Köln.

Boserup, Ester, 1970: Women's Role in Economic Development. New York.

Bread For The World Institute, 1996: Gender Justice and the World Bank. Mapping out a Journey for Engendering Change at the World Bank. Silver Spring.

Bruchhaus, Eva-Maria et al., 1979: Frauen in Entwicklungsländern. Situationsanalyse und entwicklungspolitische Ansatzpunkte unter besonderer Berücksichtigung nicht-staatlicher Organisationen. Freiburg im Breisgau.

Brzezinski, Zbigniew, 1993: The Great Transformation, in: The National Interest, Fall, 3-13.

Colombo, Daniela, 1994: Assessment of WID/Gender policies of the community and its Member States and of their implementation by the different administrations. Report for the European Commission. Brüssel.

Elson, Diane, 1991: Male Bias in the Development Process. Manchester.

Elson, Diane, 1993: Feministische Ansätze in der Entwicklungsökonomie, in: Probleme des Klassenkampfs, Heft 93, 23(4), 529-550.

Elson, Diane/Evers, Barbara/Gideo, Jasmine, 1996: A Framework for Producing Gender Aware Country Strategy Papers. Ministry of Foreign Affairs, Netherlands.

European Commission, DG VIII, 1995: Council Resolution on Integration of Gender Issues in Development Cooperation. Brussels.

Freudenschuß-Reichl, Irene, 1996: Der Erfolg muß sich erst noch zeigen, in: Der Überblick, 32(3), 71-75.

Deutsche Gesellschaft für Technische Zusammenarbeit (GTZ), 1996a: Länderstrategien aus Gender-Perspektive. Auswertung von Erfahrungen und Hinweise zur Umsetzung. Eschborn.

Deutsche Gesellschaft für Technische Zusammenarbeit (GTZ), 1996b: Makroökonomie aus geschlechterdifferenzierter Sicht. Hinweise zur Gender-Orientierung. Eschborn.

GTZ/WID Project, o.D., Tool Book, Gender Analysis and Training. Cairo.

Jahan, Rounaq, 1994: The Elusive Agenda. Mainstreaming Women in Development. London.

Lenz, Ilse/Renate, Rott, 1984: Frauenarbeit im Entwicklungsprozeß. Saarbrücken/Fort Lauderdale.

Levy, Caren, 1991: Critical Issues in Translating Gender Concerns into Planning Competences in the 1990. Oxford.

Macdonald, Mandy (Hrsg.), 1994: Gender Planning in Development Agencies. Meeting the Challenge. Oxford.

Molyneux, Maxine, 1985: Mobilization without Emancipation? Women's Interests, the State, and Revolution in Nicaragua, in: Feminist Studies 11(2), 227-254.

Moser, Caroline O./Levy, Karen, 1986: A Theory and Methodology of Gender Planning: Meeting Women's Practical and Strategic Gender Needs, University College. London.

Moser, Caroline O./Peake, Linda (Hrsg.), 1987: Women, Human Settlements and Housing. London.

Moser, Caroline O., 1993: Gender Planning in Development. Theory, Practice and Training. London.

Osterhaus, Juliane/Salzer, Werner, 1995: Gender-Differenzierung im Projektzyklus. Hinweise zur Planung, Monitoring und Evaluierung. GTZ Eschborn.

Overholt, Catherine/Anderson, Mary/Cloud Kathleen, 1984: Gender Roles in Development. West Harford, Connecticut.
Palmer, Ingrid, 1994: Social and Gender Issues in Macro-economic Advice. GTZ Eschborn.
Rathgeber Eva M., 1990: WID, WAD, GAD: Trends in Research and Practice, in: The Journal of Developing Areas, July, 489-502.
Razavi, Shahrashoub/Miller, Carol, 1995: From WID to GAD. Conceptual Shifts in the Women and Development Disourse, UNRISD Occasional Paper 1, Feb.
Rogers, Barbara, 1991: The Domestication of Women. Discriminiation in Developing Societies. London.
SAGA, 1995: Structural Adjustment and Gender in Africa, Vol. 1, Nr. 1, May.
Schultz, Irmgard/Weller, Ines (Hrsg.), 1996: Gender & Environment. Ökologie und die Gestaltungsmacht von Frauen. Frankfurt a.M.
Scott, Gloria, 1979: Recognising the Invisible Woman in Development. The World Bank's Experience. Washington.
Sen, Gita/Grown, Caren, 1988: Development, Crisis and Alternative Visions. Third World Women's Perspectives. London.
Staudt, Kathleen, 1985: Women, Foreign Assistance and Advocacy Administration. New York.
Staudt, Kathleen, 1990: Women, International Development and Politics. Philadelphia.
Tarrow, Sidney, 1994: Power in Movement. New York.
Wichterich, Christa, 1994: Empowerment. Vom Widerspruch zum Widerstand der Frauen, in: EPD Entwicklungspolitik 14, 33-39.
Wichterich, Christa, 1996: Wir sind das Wunder, durch das wir überleben. Die 4. Weltfrauenkonferenz in Peking, Heinrich-Böll-Stiftung (Hrsg.). Köln.
Wieringa, Saskia, 1994: Women's Interests and Empowerment. Gender Planning Reconsidered, in: Development and change 25(4), Oct., 829-848.
World Bank, 1995: Advancing Gender Equality. From Concept to Action. Washington.
Zapf, Wolfgang, 1996: Die Modernisierungstheorie und unterschiedliche Pfade der gesellschaftlichen Entwicklung, in: Leviathan 1, 63-77.

Demokratisierung oder Modernisierung von Machtlosigkeit? Geschlechterverhältnisse in den Prozessen gesellschaftlicher Transition in Afrika*

Uta Ruppert

Politikwissenschaftliche Afrikaforschung in Deutschland unterschied sich in den letzten Jahren in einem entscheidenden Punkt von den prominenteren Feldern der Disziplin: Ihrem Gegenstand adäquat, behielt sie auch nach dem Ende des Systemantagonismus und dem damit einhergehenden Abgesang auf modernisierungs- und wachstumskritische Ansätze die (internationalen) *Verhältnisse* von Politik, Ökonomie, Ökologie und Gesellschaft im Fokus ihrer Analysen. Die drastische Zunahme der Massenarmut auf dem afrikanischen Kontinent unter dem Vorzeichen der „fast universelle(n) Ausbreitung des Paradigmas der Strukturanpassung als funktionales Äquivalent für 'Entwicklung'" (Tetzlaff 1996c: 65) und parallel dazu ein nahezu vollständiges Versagen nationalstaatlicher Politiken untersagten gleichsam die kategoriale Beschränkung der Forschungsdimensionen. In Anbetracht der (nicht nur) zum politologischen Allgemeinwissen zählenden Fakten, daß die weitaus überwiegende Mehrheit der absolut Armen auch auf dem afrikanischen Kontinent weiblich ist, daß der weitaus größte Teil der landwirtschaftlichen und sonstigen Überlebensarbeit in Afrika von Frauen geleistet wird und daß ein großer, wenn nicht ebenfalls überwiegender Teil der Prozesse gesellschaftlicher Entwicklung in afrikanischen Ländern von Frauen getragen wird, könnte daher durchaus davon ausgegangen werden, der neueren politikwissenschaftlichen Afrikaforschung sei Geschlecht als Untersuchungskategorie inhärent. Allein in ihrer resistenten Geschlechtsverdrängung zeichnen sich die einzelnen Felder deutscher Politikwissenschaft bekanntlich durch eine recht ungebrochene Übereinstimmung aus (vgl. exemplarisch hierzu Kreisky/Sauer 1995 und 1997; Kulawik/Sauer 1996). Im Sinne der scharfsichtigen Kritik von Birgit Sauer am „Beitrag der Transformationsforschung zum Erhalt geschlechtsblinder Paradigmata in der Politikwissenschaft" (Sauer 1997) scheint sich derzeit gar die Verdichtung jener Verdrängungen zu einem „Prozeß der 'Normalisierung' von Männlichkeit politikwissenschaftlicher Theoriebildung" (ebd.: 217) anzubahnen.
Auch die Afrikaforschung bleibt von solchen Tendenzen nicht verschont. In deren Hinwendung zur Beforschung systemischer Transition mittels vorwiegend akteursspezifischer Ansätze (vgl. z.B. S. Schmidt 1994; Tetzlaff 1994) droht den bislang wenigstens potentiell vorhandenen Anschlußstellen geschlechterkritischer Afrikafor-

* Für fruchtbare Diskussion und wichtige Anregungen danke ich Gottfried Erb und Barbara Holland-Cunz.

schung[1] der paradigmatische Verschluß. Wenn staatstragende und oppositionelle Eliten als zentrale Akteure der konflikthaften Verhandlungsprozesse um Demokratisierung in Afrika den kategorialen Kern theoretischer Ansätze bilden, wird die Geschlechterperspektive einmal mehr ausgeblendet.

Frauen treten in den Auseinandersetzungen um politische Erneuerung der Staaten Afrikas bisher wenig in Erscheinung (vgl. z.B. Künkel 1995: 212; Lachenmann 1992a: 76 und 1995: 10f.; Ruppert 1995a: 234ff.). Zur politischen Elite zählen sie bis auf ganz seltene Ausnahmen sicher nicht, in „den bisher neugewählten Parlamenten und vor allem auch Organen der lokalen Selbstverwaltung sind sie ... noch weniger vertreten als bisher" (Lachenmann 1995: 10). Öffentlich sichtbar ist mehr oder weniger ausschließlich „normale" Männlichkeit, und der „Normalwissenschaft" mag daher nichts näher liegen, als den Schein von Geschlechtsneutralität der politischen Prozesse wissenschaftlich zu reproduzieren: Erstens wird Demokratisierung in Afrika üblicherweise weder auf ihren Gehalt an gerechteren Formen der Bearbeitung von Geschlechterkonflikten, noch – umgekehrt betrachtet – auf die inneliegenden Risiken einer weiteren[2] „modernen" Akzentuierung politischer Machtasymmetrien zwischen den Geschlechtern hin befragt. Zweitens geraten in der Konzentration auf die formale Seite der Demokratisierung deren soziale und kulturelle Dimensionen und mit diesen die sozial-kulturellen Komponenten der Geschlechterverhältnisse an den Rand des Blickfeldes. Sowohl die Frage, wie die politische Transition auf die Gesamtheit von Konfliktlagen der politisch wenig involvierten Mehrheit der afrikanischen Landbevölkerung durchgreift, wird vernachlässigt als auch die (komplementäre) Frage, welche Bedeutung die Austragung und Bearbeitung von Konflikten an der sonst vielberufenen „Basis" für die Veränderung staatlicher Herrschaft hat. Drittens steht damit die theoretische Unterbewertung der Erkenntnis zu befürchten, daß die westlichen Muster der Gestaltung wie der (vermeintlichen) Trennung der Sphären von Öffentlichkeit und Privatheit auf die Realitäten afrikanischer Staaten nicht generell übertragbar sind. Aus europäischer Sichtweise differente Formen der Politisierung von Öffentlichkeit und Privatheit in Afrika verweisen in aller Deutlichkeit auf die (nicht nur) theoretische Herausforderung, „gesellschaftliche Inhalt(e) von Staatlichkeit" (Tetzlaff 1993a: 85) und politische Regulierung anders zu fassen, als es im politikwissenschaftlichen Malestream üblich ist. Die innovative Erhellung der Geschlechtsblindheiten politikwissenschaftlicher Afrikaforschung wäre dazu allerdings ebenso unabdingbare Voraussetzung, wie sie zur unvermeidlichen Folge würde. Feministisch-politologischen Analysen, die insbesondere im deutschsprachigen Raum in diesem Feld bisher kaum existieren, eröffnet sich hier ein ebenso weites wie nahezu unbetretenes Terrain. Einige Grundlinien der ausstehenden theoretischen Dikussionen aufzuzeigen, ist angesichts

1 Als erfreuliches Indiz für eine zunehmende Bewußtheit geschlechtsblinder Analysedefizite seitens der neueren Entwicklungstheorie oder zumindest einiger ihrer elaborierten Vertreter vgl. die Ausführungen von Rainer Tetzlaff (1996c: 81ff.) in seinem entwicklungstheoretischen Beitrag zum PVS-Sonderheft 26.

2 Die erste „Welle" der kolonialen und nachkolonialen Teilmodernisierung in afrikanischen Ländern erfaßte insbesondere die Verhältnisse von Produktion und Reproduktion. Daraus folgende „moderne" Polarisierungen im Geschlechterverhältnis sind zentriert um die Etablierung neuer Formen geschlechtshierarchischer Arbeitsteilung. Theoretisch konzeptualisiert wurden diese Prozesse in der feministischen Subsistenzdebatte der achtziger Jahre (vgl. den Überblick bei Hasenjürgen 1993).

der vielfältigen politischen, ökonomischen und sozial-kulturellen Unterschiede zwischen den einzelnen Ländern und Regionen Afrikas unweigerlich ein stark verallgemeinerndes Projekt, das fraglos der empirisch differenzierenden Konkretisierung bedarf.

1. Demokratie in Afrika?

Erschienen bis vor wenigen Jahren weiten Teilen der modernisierungstheoretisch inspirierten Entwicklungsdebatte Entwicklungsdiktaturen als Voraussetzung für erfolgreiche, weil staatlich gelenkte Entwicklung (vgl. Rüland/Werz 1985; Werz 1986), so gilt der neueren Entwicklungstheorie unterschiedlicher Provenienz Demokratisierung von Herrschaft „als konstitutiv für das Telos von Entwicklung" (Tetzlaff 1996c: 59). Auch wenn die Seriosität dieser normativen Übereinstimmung fraglich erscheint (vgl. Tetzlaff 1993a: 94), vermag sie als theoretische Reaktion auf die weltweiten politischen Auseinandersetzungen um die Beseitigung von Diktaturen und autoritär-repressiven Regimen wenig zu überraschen. Wird Demokratie in engem funktionalistischem Sinne verstanden „als politische Ordnung, in deren Rahmen zentrale politische Führungspositionen auf der Basis freier, allgemeiner, geheimer und gleicher Wahlen auf Zeit besetzt werden und in der das Regierungshandeln institutionellen Kontrollen unterworfen ist, ist (sie) Mitte der 90er Jahre in der Dritten Welt stärker verbreitet als je zuvor" (Fleischhacker/Krennerich/Thibaut 1996: 93). Nach den asiatischen Schwellenländern und den Staaten Lateinamerikas hat die globale Tendenz zur demokratischen Transition längst auch den afrikanischen Kontinent als dritte Weltregion sogenannter nachholender Entwicklung erfaßt. Die allermeisten Staaten Afrikas befinden sich in einem rapiden Veränderungsprozeß. Seit 1989/90 haben in 41 von 53 afrikanischen Staaten Mehrparteienwahlen stattgefunden, „die etwa zur Hälfte von internationalen Wahlbeobachtern als 'free and fair' deklariert werden konnten" (Tetzlaff 1996a: 328). In vierzehn Ländern wurden die alten Regierungen dabei abgelöst, in zahlreichen anderen Ländern konstituierten sich zumindest oppositionelle Parteien und verschiedenste Interessenverbände, Medienrestriktionen wurden entschieden gelockert oder gar Pressefreiheit gewährt.
Ob sich in diesen Prozessen aber tatsächlich eine (auf ideeller Ebene) universelle Gültigkeit von Demokratie als politischem Regulativ von Entwicklung (vgl. Tetzlaff 1996c: 84) abzeichnet, steht weiterhin in Zweifel. Zwar verweisen anhaltend massive Partizipationsforderungen differentester zivilgesellschaftlicher Gruppen in Afrika einerseits auf die objektive Tendenz zur Verallgemeinerung demokratischer Werte. Andererseits gehören „fortgesetzte schwere Menschenrechtsverletzungen", enorme „ökonomische und soziale Probleme", gravierende Destabilisierungseffekte „im Gefolge schleichenden Staatszerfalls" (Betz/Brüne 1996: 13) und antidemokratische Rückschläge wie z.B. in Niger und unlängst im Falle des bis dato demokratischen Musterbeispiels Benin ebenso zu den Kennzeichen der politischen Entwicklung des afrikanischen Kontinents. So werden denn auch nach dem „Demokratieindex" der US-amerikanischen Politologen Jaggers und Gurr für die Jahre 1993 und 1994 nur 9 afrikanische Staaten als wirklich demokratisch eingestuft, hingegen 30 Länder als autokratisch regiert (zit. nach Fleischhacker/Krennerich/Thibaut 1996: 95).

Wohin politische Transition in den afrikanischen Staaten daher letztlich führen wird – „zu mehr gesellschaftlicher Emanzipation und gesamtwirtschaftlicher Entwicklung ... oder aber zu anhaltender Destabilisierung und gewaltsamer staatlicher Neuordnung“ (Tetzlaff 1994: 352) – ist bislang höchst ungewiß, zumal die große Heterogenität der politischen, ökonomischen und sozial-kulturellen Probleme bzw. Konflikte auf dem Kontinent kaum allgemeingültige Prognosen erlaubt. „Genereller Demokratie-Optimismus ist also nicht berechtigt“ (Tetzlaff 1993a: 104; vgl. auch M. Schmidt 1996: 183f.), und das „Ende der Geschichte“ scheint – durchaus nicht nur in Afrika – noch lange nicht absehbar.

Dem Mainstream politikwissenschaftlicher Afrikaforschung stellen sich aus diesem ambivalenten Szenario von Fortschritt, Stagnation und Zerfall in der afrikanischen Staatenwelt nun zwei zentrale Fragen. Die erste betrifft die grundsätzlichen Möglichkeiten der Etablierung und Legitimierung demokratischer Herrschaftsstrukturen unter den Bedingungen desolater wirtschaftlicher Verhältnisse, extremer Außenabhängigkeit und kumulativer sozialer Desintegration bis hin zur Verelendung breiter Schichten der Bevölkerung. Die zweite Frage bezieht sich scheinbar bescheidener und konkreter auf die Chancen der Konsolidierung einmal in Gang gekommener Prozesse politischen Wandels unter o.g. Bedingungen. Mag die Befassung mit dem breit angelegten ersten Set von Problemstellungen neben der theoretischen und methodischen Überforderung (vgl. Diamond/Linz/Lipset 1988: XIVff.) weniger die „Seeds of Hope“ (Diamond 1988: 25) als vielmehr Frustration oder gar Bedrückung durch den Gegenstand hervorgebracht haben, so ist die verstärkte Hinwendung zum vergleichsweise faßbaren zweiten Komplex (vgl. z.B. Alao 1994; Schmidt 1994 und 1996; Schubert/Tezlaff/Vennewald 1994; Tetzlaff 1992, 1993 und 1994) jedoch schwerlich nur daraus zu begreifen. Konsolidierungsforschung eröffnet vor allem die Möglichkeit, einige der ungelösten und unlösbar scheinenden Fragen an die prinzipiellen Chancen der Demokratie in Afrika zunächst nachrangig zu behandeln.[3] Statt mit den grundsätzlichen Schwierigkeiten von Demokratisierung in Afrika befaßt sie sich mit der Kategorisierung der Transitionsprozesse. Zurückgestellt wird dabei vor allem das „Demokratieproblem“ als „Frage nach der *Kohäsionsfähigkeit*“ (Tetzlaff 1995: 11) einer Gesellschaft. Wie soll ein ressourcenarmer Staat „eine in sich fragmentierte Gesellschaft beruhigen, lenken, besteuern und 'entwickeln'“ (ebd.)? Oder, von der anderen Seite aus betrachtet, wie soll die überwiegende Mehrheit der nach ethnisch verschiedenen Mustern patriarchaler Gerontokratie organisierten, armen ländlichen Bevölkerung, die an den politischen Prozessen in den Hauptstädten überhaupt keinen Anteil hat, ein reziprokes Verhältnis zu „ihrem“ Staat entwickeln? Warum sollen sich Subsistenzbäuerinnen und -bauern fernab der Hauptstadt überhaupt zu einem „Staat der Hauptstadt“ (ebd.: 12) ohne (funktionierende) regionale und lokale Verwaltungsapparate, einem Staat, der weder als Sozialstaat noch als kulturelle Wertegemeinschaft erfahrbar ist, ins Verhältnis setzen? Solche Fragen nach den Zusammenhängen von „good governance“ (vgl. George 1994;

3 Darüber hinaus gibt hier der Befund, daß „die vergleichende politikwissenschaftliche Demokratieforschung für Afrika noch ganz am Anfang steht“ (Schmidt 1994: 236), einen bemerkenswerten Hinweis. In einer solchen Forschungssituation könnte die „ausstehende Typologisierung und Kategorisierung der Prozesse“ (ebd.) neben dem unzweifelhaften Erkenntnisgewinn, auch einen gewissen Anschluß an die prominente Konjunktur der Transitionsforschung bedeuten.

Tetzlaff 1996b), politischen Bearbeitungen sozialer Ungleichheit und Partizipation der Basis tauchen in der Top-down-Analyse der Handlungen politischer Eliten zunächst einmal unter. Mit ihnen versinkt freilich auch Geschlecht als Strukturmerkmal sozialer Prozesse und erst recht die Frage nach dem Potential geschlechterdemokratischer Ansätze für die fragliche Reziprozität zwischen Staat und BürgerInnen.

Nun kann politologischer Afrikaforschung sicher nicht generell die Vermeidung einer demokratietheoretischen Debatte und die restriktive Begrenzung der partizipativen Dimension auf ein formales Wahlrecht (vgl. Merkel 1996: 33) vorgeworfen werden.[4] Ebensowenig trifft sie in vollem Umfang die Kritik Birgit Sauers, daß Transformationstheorien u.a. durch die Tendenz zur Renaissance von Modernisierungstheorien und formalistischen Demokratiekonzeptionen mit systematischen Erkenntnisverlusten über herrschaftliche und gesellschaftliche Strukturen arbeiten (vgl. Sauer 1997: 218f.). Politikwissenschaftliche Afrikaforschung fühlt sich in der Regel „einer kritischen Theorie der Modernisierung" (Kößler/Schiel 1996) verpflichtet, die über die klassisch enge Definition von Modernisierung als „Aufholprozesse unterentwickelter Gesellschaften" mit den Zielen „Demokratie, Marktwirtschaft und Wohlstand der breiten Bevölkerung" (Zapf 1996: 169) hinausweist. Entsprechend werden Dependenztheorien und Weltsystem-Ansatz nicht mehr oder weniger in toto verworfen (vgl. Zapf 1996), sondern in ihrem rationellen Kern einbezogen. In angemessen differenzierter Form bleibt die Grundannahme eines „hierarchische(n) Zusammenhang(s) zwischen den unterschiedlichen Entwicklungsprozessen" (Kößler/Schiel 1996: 286) der einzelnen Weltregionen erhalten (vgl. auch Tetzlaff 1996c). In dem Maße, wie Demokratieforschung über Afrika in einer entwicklungstheoretischen Tradition verankert ist, deren Perspektive bis heute mit der Herstellung von mehr internationaler Gerechtigkeit verbunden ist (vgl. z.B. Nohlen/Nuscheler 1993; Nuscheler 1996; Tetzlaff 1996c), kann und wird sie sich den komplexen Problemen von Gleichheit und Gerechtigkeit auf nationaler Ebene letztlich nicht entziehen.[5] In Frage steht vielmehr, wie sie die Ergebnisse der Konsolidierungsdebatten mit ihren sonstigen Erkenntnissen ins Verhältnis zu setzen gedenkt und wann bzw. auf welche Weise das Ziel der Geschlechtergleichheit in diesen Zusammenhang aufgenommen wird.

2. Konzepte der Transition in Afrika

Transitionsforschung zu Afrika unterscheidet üblicherweise zwischen a) den Ursachen, b) den Verlaufsformen und c) den Konsolidierungschancen bzw. -hindernissen der politischen Prozesse.

---

4 So unterscheidet beispielsweise Tetzlaff (1993a: 94) in Referenz auf die Möglichkeit und Notwendigkeit der lebendigen Gestaltung des „Kunstprodukt(es) Demokratie" (Sartori 1992: 28) zwischen einer „kulturraumspezifischen" und einer „universellen" Dimension von Demokratie. Letztere umfaßt neben den formalen Minima zumindest die „regelmäßige Partizipation der Bevölkerung ... an allgemein wichtigen Sachfragen ... und die Anerkennung der Menschenrechte (der ersten und zweiten Generation)."

5 Schubert/Tetzlaff/Vennewald (1994: 5) betonen z.B. ausdrücklich die Notwendigkeit, das „Verhältnis zwischen politischer Struktur und wirtschaftlicher Basis einer Gesellschaft ebenso zu betrachten wie die Besonderheiten der politischen Kultur von Handlungskollektiven."

a) Entgegen den Thesen der klassischen Modernisierungstheorie (vgl. Lipset 1959) liegen die Ursachen für das Ende von Einparteisystemen und Diktaturen in Afrika sicher nicht in einer erfolgreichen wirtschaftlichen Entwicklung. Viel eher sind diese Prozesse als „alternativlose und insofern notwendige Verlegenheitsantwort auf den gescheiterten Notstandsstaat" (Schubert/Tetzlaff/Vennewald 1994: 12) zu betrachten. Demokratiebewegungen in Afrika gelten daher häufig als eine Art Protestbewegung zur Überwindung unerträglich gewordener wirtschaftlicher Mißstände. Solchen Zusammenschlüssen politischer Opposition geht es zunächst stärker um die „Negation der bestehenden Staatsordnung" (Tetzlaff 1993a: 97) als um die konkreten positiven Inhalte von Demokratie selbst. Sie reagieren auf typische Kumulationen des Staatsversagens aus ökonomischer Steuerungsunfähigkeit korrupter, klientelistischer Staatsapparate, völliger Abwesenheit des Staates im Sozialbereich und politischer Demobilisierung der Bevölkerung.
Gleichzeitig wirken eine Reihe exogener Faktoren, die allerdings eng mit den endogenen Ursachen verzahnt sind, auf die Demokratiebestrebungen. Ihre Bedeutung wird für Afrika in der Regel deutlich höher eingeschätzt „als bei Transitionen in anderen areas" (Schmidt 1994: 240). Hierzu gehören einmal die Effekte der (medienvermittelten) Globalisierung von Weltöffentlichkeit im Sinne einer „Durchsetzung von Minimalstandards der Rechtsstaatlichkeit" (Zürn 1996: 113), wobei direkte Auswirkungen der Ereignisse in Osteuropa auf die afrikanischen Demokratiebewegungen jedoch schwer zu quantifizieren sind. Deutlichere Impulse lassen sich dagegen aus dem Druck westlicher Staaten und der Bretton Woods-Institutionen auf die afrikanischen Regierungen ableiten. Zunehmende ökonomische und strategische Marginalisierung seit dem Ende des Ost-West-Konflikts ließen den afrikanischen Staaten kaum politischen Handlungsspielraum zum Widerstand gegen die neuen Geberkonzepte politischer Konditionalität im Sinne von Rechtsstaatlichkeit, Parteienpluralismus, Pressefreiheiten etc. (vgl. Hofmeier 1990).[6] Gleiches gilt für die Auflagen der Strukturanpassungsprogramme von IWF und Weltbank mit ihren äußerst ambivalenten Auswirkungen. Im günstigen Fall kann die auferlegte rigide Kontrolle der staatlichen Ausgaben zur Eindämmung von Klientelismus und Selbstbereicherung der herrschenden Eliten beitragen. Der Rückzug des Staates aus dem Wirtschaftsleben kann die Entstehung einer neuen Klasse mittelständischer UnternehmerInnen begünstigen und zum Teil politische Liberalisierungsmaßnahmen wie Presse- oder Gewerkschaftsfreiheiten als staatliche Ausgleichsangebote für ökonomische und soziale Restriktionen zur Folge haben (vgl. Chazan 1992; Hillebrand 1994; S. Schmidt 1995). Im ungünstigen (Regel-)Fall drohen jedoch die Destabilisierungspotentiale der von „oben" bzw. „außen" verordneten und eben nicht demokratisch ausgehandelten Strukturanpassungsmaßnahmen, wie etwa Entlassungen im öffentlichen Dienst, Mittelkürzungen im Sozialbereich oder Preissteigerungen, die positiven Effekte überzukompensieren.[7]

b) Zu den Verlaufsmustern von Demokratisierung in Afrika lassen sich idealtypisch drei verschiedene Phasen einteilen. Siegmar Schmidt (1994: 231) unterscheidet zwi-

6 Zur Ambivalenz und Halbherzigkeit der Konditionierung von Entwicklungshilfe vgl. z.B. die scharfe Kritik von Jean François Bayart (1991) an der französischen Afrikapolitik.
7 Zur Breite möglicher Destabilisierungseffekte vgl. z.B. Kappel (1992), Tetzlaff (1993b), Vashee (1994) Lachenmann (1995), S. Schmidt (1995).

schen der Anfangsphase der Massenproteste, die i.d.R. zu sehr „begrenzten Reformen" wie z.B. Kabinettsumbildungen führt, der zweiten Phase des anhaltenden Reformdrucks durch die Opposition und das Ausland mit „mehr oder minder umfassenden Liberalisierung(en)" (ebd.) als Ergebnis und der dritten Phase „wirklicher Demokratisierung" (ebd.: 232). Blieb die Entwicklung in einigen Staaten bereits am Übergang von der ersten zur zweiten Etappe stecken (z.B. Zaire und Togo), so erreichten die dritte Phase nur die allerwenigsten Länder. Als „Musterbeispiele" gelten hier Benin und Zambia, andere Staaten wie Kenia oder Elfenbeinküste gelten als Transitionsländer auf dem ungewissen, aber nicht völlig aussichtslosen Weg von der zweiten zur dritten Phase. Abweichend von dieser Einteilung existiert die (durch Militärregime) von oben gelenkte Einleitung einer formalen Demokratisierung.[8] In Ghana und Burkina Faso beispielsweise veränderten formale Wahlen ohne tatsächliche politische Alternativen zunächst gar nichts an den alten Machtverhältnissen. Nicht erfaßt sind in dieser Gliederung Bürgerkriegsstaaten wie Burundi oder Sudan.[9]

c) Noch facettenreicher als die Phasen des Übergangs von der Diktatur zur Demokratie sind die Bedingungen ihrer erfolgreichen Konsolidierung, wobei hier die „constraints" (Merkel 1994) die „seeds of hope" (Diamond 1988) bei weitem überwiegen. Denn die gesamte Komplexität der zum Teil höchst widersprüchlichen Problemlagen, die in der „Ursachenforschung" beschrieben werden, scheint in den Konsolidierungsfragen erneut auf. Unbeantwortet, wenngleich mit einer starken Skepsis belegt, bleibt daher die Grundsatzfrage, ob eine dauerhafte demokratische Entwicklung unter den gegebenen extrem miserablen wirtschaftlichen Bedingungen überhaupt möglich ist. Rasche und auf die Mehrheit der armen Bevölkerung durchgreifende Verbesserungen sind von den neuen Regierungen nicht zu erwarten, zumal sie keinerlei Einfluß auf weltwirtschaftliche Entwicklungen wie Rohstoffpreise und Terms of Trade ausüben. Im Gegenteil drohen durch wirtschaftliche Deregulierungspolitiken kurzfristig eher weitere Verschlechterungen und damit beträchtliche Legitimationsverluste demokratisch gewählter Regierungen sowohl gegenüber den verarmten Massen der Bevölkerung als auch gegenüber den städtischen Mittelschichten als wesentlichen Trägern von Transition.[10] Ein Ereignis wie die Wiederwahl des Ex-Diktators Kérékou im demokratischen Musterland Benin scheint die These vom Primat der Ökonomie in der Konso-

---

8 Dies entspricht dem Typus der „transformation" in der vielzitierten Einteilung der Transitionstypen von Samuel Huntington (1991: 583). Er unterscheidet weiterhin die Typen des von oppositionellen Gruppen gegen die Regierung in Gang gesetzten „replacement" und des zwischen herrschenden Eliten und Opposition ausgehandelten „transplacement" (ebd.).

9 Abweichend von dieser Dreiteilung gliedert Tetzlaff (1996a: 12f.) Afrikas gegenwärtige „politische Landkarte in vier Gruppen mit je unterschiedlichen Demokratieperspektiven": die erste Gruppe der zwanzig „Transitionsländer" mit gewissen Erfolgen im Prozeß formaler Demokratisierung, die zweite Gruppe der zehn „durch Bürgerkrieg vom Staatszerfall" bedrohten Länder, die dritte Gruppe der neun „reformunfähigen (Militär-)Diktaturen" und die vierte Gruppe der restlichen „politisch labile(n) Staaten" mit „gestörter oder gar blokkierter Demokratisierung".

10 Winrich Kühne (1992: 29) spricht in diesem Zusammenhang gar von einem „Demokratisierungsdilemma der städtischen Mittelklassen", die schnell in Widerspruch zu den neuen Regierungen stehen können, wenn sich ihre Forderungen nach wirtschaftlichen Verbesserungen nicht realisieren.

lidierungsphase afrikanischer Demokratien (gegenüber dem Primat der Politik in der ersten Demokratisierungsphase) zu stützen (vgl. S. Schmidt 1994: 262).

Ein anderes erhebliches Risiko für die Beständigkeit der neuen Systeme liegt in der Politisierung von vorher allenfalls latent vorhandenen ethnischen Spannungen. Tetzlaff (1996a: 331) hat diese Art ethnischer Konflikte zugespitzt als einen „Zwilling" der „Demokratisierung des vormodernen Staates" bezeichnet. Vor allem in Wahlkämpfen können an konkurrierenden Führungspersonen fixierte Funktionalisierungen ethnischer Identitäten entstehen, die zur Polarisierung oder gar militanten Eskalation ethnischer Rivalitäten erheblich beitragen (vgl. Mehler 1993: 380ff.; Kreile 1997: 15ff.). Bedroht sein können die jungen Demokratien ferner von erneuter militärischer Machtübernahme. Auch wenn die Zeit der Militärputsche als ultima ratio politischer Krisen in etlichen afrikanischen Ländern erst einmal abgelaufen zu sein scheint, stellen militärische Gewaltpotentiale in Verbindung mit den Gewohnheiten der Armeespitzen, ihre Eigeninteressen unkontrolliert zu bedienen, ein nicht zu unterschätzendes Risiko dar (vgl. Jacobeit 1996).
Gegenüber den realen Gefahren von Ausweitung der Wirtschaftskrise, Staatszerfall und Remilitarisierung konzentrieren sich die eher vagen Hoffnungen der Demokratisierung in Afrika im wesentlichen auf die Durchsetzungskraft und Überzeugung der gesellschaftlichen Gruppen, die die Prozesse angestoßen haben und/oder am Leben halten. Bei ihnen handelt es sich vor allem um „konfliktfähige" Gruppen (Schubert/Tetzlaff/Vennewald 1994) der urbanen Mittelschicht, hauptsächlich Studierende, Staatsangestellte, sogenannte Professionals, Intellektuelle und religiös motivierte Personen (vgl. Tetzlaff 1991b: 40ff.). Sie bilden die Basis von Menschenrechtsgruppen, neu entstehenden Interessenverbänden und zum Teil auch Parteien, deren Koalition entweder die neuen Regierungen stützt oder die politisch motivierte Opposition gegen die noch amtierenden autokratischen Machthaber verkörpert. Als allgemeine Voraussetzung für die Funktionsfähigkeit des von ihnen geforderten politischen Pluralismus gilt die „balance of power between governing and opposition forces" (Alao 1994: 227), die wiederum wesentlich von der Stärke und Geschlossenheit der Opposition abhängt (ebd.: 243). Inwieweit es gelingt, „Parteienwettbewerb zu institutionalisieren und die Existenz der politischen Opposition verfassungsmäßig wirksam abzusichern" (S. Schmidt 1994: 254), ist bestimmt von den formellen und informellen Arrangements politischer Regulierung zwischen Opposition und Regierung. Unterhändler dieser „Pakte ... über eine Neuverteilung der politischen Macht" (Bos 1994: 95) sind insbesondere die Funktionäre der Parteien. Gerade die große Zahl neu entstandener Parteien in Afrika scheint derzeit allerdings kaum in der Lage, demokratische Spielregeln so auszuhandeln, daß sie breiten Bevölkerungsschichten erstens wirklich zugute kommen und zweitens von diesen auch angenommen werden. „For the average citizen, the political overheating which the multiplication of parties symbolises has not increased their civil rights. Despite the advent of multi-partyism, public discourse is still unidimensional" (Monga 1994: 210).
Wesentliche Gründe für die Schwäche vieler Parteien liegen in ihren programmatischen Defiziten, stark personellen Zuschnitten und klientelistischen Interessenstrukturen (vgl. Molt 1993), schmaler Mitgliederbasis und mangelnden Ressourcen für eine effiziente Öffentlichkeitsarbeit (vgl. Hofmeier 1991). Zum Teil sind diese Charakteristika

als Ausdruck einer fehlenden demokratischen Kultur politischer Opposition zu verstehen. Schließlich hatten sich Einparteisysteme und quasi lebenslängliche Präsidentschaften über Jahrzehnte hinweg mit einer Mixtur aus Referenzen auf das antikoloniale Einheitsstreben und die religiös konnotierte Legitimation traditioneller Herrschaftsformen ideologisch gerechtfertigt. Politik wird darin zu einem personalisierten, existentiellen Machtkampf: „Der Gewinner gewinnt alles, der Verlierer verliert fast alles. Für kritische aber systemloyale Opposition ist kein Platz" (Tetzlaff 1996c: 79). Zu einem anderen Teil reflektieren die besonderen Schwächen von Parteien wie die allgemeine Schwäche von Opposition in afrikanischen Staaten indessen die skizzierten strukturellen Probleme um die Fragen gesellschaftlicher Kohäsion und den darin eingelassenen Bedingungen politischer Partizipation der Mehrheit der Bevölkerung. Unweigerlich kommt die politikwissenschaftliche Afrikaforschung über den „Umweg" der Konsolidierungsanalyse am Ende bei diesen ungelöst umgangenen Ausgangsfragen wieder an. Entgegen der akteurstheoretischen Prämisse der Demokratisierungsforschung, „daß es den Akteur 'Masse' oder 'Protestbewegung' nicht gibt" (Bos 1994: 89), ist die Einbeziehung eben jener Majorität „Masse" in die politischen Prozesse in Afrika ein entscheidener Faktor mittelfristiger Konsolidierungschancen. Rein funktionalistisch betrachtet, ist für die Stabilisierung der Demokratien in Afrika eine Verbreiterung ihrer gesellschaftlichen Basis auf Dauer unerläßlich.[11] Um die Interessen sowohl der Marginalisierten in den Städten als auch der bislang unbeteiligten Landbevölkerung zu erfassen und zu vertreten,[12] bedürfte es jedoch grundsätzlich neuer Formen der politischen Partizipation und Repräsentation. Diskutiert werden in diesem Zusammenhang vor allem der Aufbau föderaler Strukturen, Garantie von Minderheitenrechten und Rotationsverfahren für die Besetzung politischer Ämter (z.B. S. Schmidt 1994: 258f.). Daß solche Erneuerungen politischer Institutionen und Verfahren Geschlecht als strukturierenden Faktor dringend zu bearbeiten hätten, sollte sich in dieser Perspektive allein aus dem Erfordernis ergeben, die Mehrheit der Bevölkerung zu erreichen. Und diese ist nicht nur in Afrika mit über 50% bekanntlich weiblich.

3. Getrennte Zivilgesellschaften

Als Hoffnungsträger sowohl von politisch-sozialer Veränderung generell als auch von Konsolidierung politischer Entwicklungen in Afrika gilt (nicht nur) politikwissenschaftlicher Transitionsforschung die vielberufene, bisweilen schon fast beschworene Zivilgesellschaft. Diese begrifflich eher diffuse Sammelbezeichnung für die breite Palette autonomer gesellschaftlicher Organisationen bezeichnet in der Regel gleichermaßen Selbsthilfeorganisationen aller Art, soziale und ökonomische Netzwerke, Interessengruppen verschiedenster Ausrichtung und religiöse oder kulturelle Gemeinschaften. Zivilgesellschaft in Afrika ist, in den Worten von Célestin Monga (1994: 209)

11 So konzediert denn auch die elitenbezogene Akteursforschung, in der Konsolidierungsphase müsse „die Taktik der demokratischen Akteure" u.a. darin bestehen, „die neutralen Akteure zur Partizipation an den demokratischen Verfahren zu bewegen und die Zahl der wirklich überzeugten Demokraten zu erhöhen" (Bos 1994: 98).

12 Zur Relevanz des Zusammenhangs von Anerkennung der Legitimität politischer Systeme und angemessener Interessenvertretung der Bürger vgl. z.B. Merkel (1996: 53).

treffend ausgedrückt, „formed by all those who are able to manage and steer communal anger" und umfaßt das gesamte Spektrum jener Gruppen, die dort entstehen, wo der Staat versagt oder abwesend ist. Jenseits des Staates organisieren und vertreten sie in unterschiedlichsten Handlungsfeldern differierende Interessen und stellen damit letztlich grundlegende, auch materielle Voraussetzungen für eine effektive politische Partizipation her.

Die (zum Teil überproportional) starke Beteiligung von Frauen an diesen Gruppen ist unmittelbar einleuchtend. Sie sind „stärker von den existentiellen Auswirkungen der Krise betroffen, was deren ökonomische, gesellschaftliche und geistige Dimensionen anbelangt" (Lachenmann 1995: 10). Modernisierte oder, präziser formuliert, teilmodernisierte Formen traditioneller geschlechtlicher Arbeitsteilung haben die weibliche Zuständigkeit für die Sicherung des kollektiven Überlebens derart verallgemeinert (vgl. Ruppert 1995a: 101ff.), daß das hohe Engagement von Frauen in Kernbereichen staatlichen Versagens gleichsam selbstverständlich erscheint. Vor allem Frauen sind es, die neben ihren ohnehin extrem hohen Arbeitsbelastungen in Landwirtschaft, Hauswirtschaft und Handel unentgeltlich Schulen, Gesundheitsstationen, Bewässerungsanlagen oder Erosionsschutzwälle bauen. „The solidarity groups and organizations they envolved from their work still rank among the most important components of African civil society" (Snyder/Tadesse 1995: 24). Neben dieser vergeschlechtlichten Verpflichtung auf die Überlebenssicherung bedingen sozial-kulturelle Aspekte von Geschlechtsasymmetrien in Folge der kolonialen und nachkolonialen Modernisierung, wie beispielsweise die Beschränkung der Einflußbereiche und autonomen Handlungsräume von Frauen (vgl. Ruppert 1995a: 107ff.), die Entwicklung neuer Formen und Inhalte weiblicher Interessenvertretung. Und schließlich sind Frauen, insbesondere in Zeiten der Repression und/oder beginnender gesellschaftlicher Proteste, „ganz unmittelbar für die Staatsmacht weniger suspekt" (ebd.), weil vermeintlich weniger politisch und leichter beherrschbar.

Die stetig wachsende Zahl der sogenannten Basisgruppen in nahezu allen Ländern Afrikas ist also einerseits Ausdruck einer zunehmenden Komplexität von Sozialstrukturen (vgl. Monga 1994: 206), andererseits aber ebenso Beleg für die These, daß auch in formalpolitischen Demokratisierungsprozessen „der lokalen und regionalen Basis große Bedeutung zukommt ..., denn hier werden die Gruppen zunächst aktiv" (S. Schmidt 1994: 249). Basisgruppen in afrikanischen Ländern sind aber nicht einfach nur Ausgangspunkt weiterer Entwicklungen von Interessenpolitik, sie entwerfen und produzieren vielmehr das alltagspolitische Fundament formaler Politikprozesse. In dem Maßen, wie sie Gesellschaft grundlegend (neu) strukturieren, schaffen sie Raum für die Entwicklung und Aneignung von (Aus-)Handlungskapazitäten, die sich ebenso auf die Transformation des gesellschaftlichen Aufbaus selbst wie auf die Rolle des Staates beziehen lassen.[13]

Genau dieser zentrale Aspekt basispolitischer Fundierung von formaler Demokratisierung fehlt in der akteursspezifischen Transitionsforschung jedoch nahezu durchgängig. In ihrer Perspektive schrumpft zivile Gesellschaft auf die Gruppen, die mit ihrem Handeln (formal)politische Entscheidungen beeinflussen wollen (z.B. Chazan

13 Vgl. ausführlich dazu die gleichermaßen theoretisch wie empirisch reich fundierten Arbeiten von Gudrun Lachenmann (1991, 1992b und 1995) zu Zivilgesellschaft in Afrika.

1992), oder pointierter, die als „oppositionelle konfliktfähige Gruppen" (Schubert/Tetzlaff/Vennewald 1994) (formal)politischen Wandel gezielt vorantreiben. Die Zuspitzung auf die explizit politisch-institutionelle Orientierung mag im Kontrast zur Diffusität des Konzeptes quasi allumfassender Zivilgesellschaft analytisch einerseits sinnvoll sein. Andererseits birgt die, durch die Hintertür der Transitionsforschung eingeführte, konzeptionelle Trennung von Zivilgesellschaft in einen demokratierelevanten, politisch-öffentlichen und einen demokratisch scheinbar eher bedeutungslosen, sozial-privaten Zweig das Risiko gravierender, im afrikanischen Kontext geradezu elementarer Erkenntnisdefizite. Die empirische wie theoretische Reflexion der durchaus nicht „nur" geschlechtsrelevanten Fragen nach den gesamtgesellschaftlich erfahrbaren, gerechten Inhalten von Demokratisierung, nach dem Verhältnis der formalen, sozialen und kulturellen Dimensionen politischer Prozesse, nach den materiellen und kulturellen Bedingungen effektiver politischer Partizipation gerät zu kurz oder wird bis auf weiteres verschoben. Unklar bleibt damit nicht nur, wie denn die breiten Bevölkerungsmassen zur demokratisch überzeugten Beteiligung bewegt werden sollen (vgl. Bos 1994: 98), sondern auch, wie verhindert werden kann, daß sie, obwohl oder vielleicht gerade weil sie Teil jener formaldemokratisch vermeintlich irrelevanten „Unterseite" von Zivilgesellschaft sind, in noch größere Distanz zum Staat geraten als bisher.

Mitglieder als konfliktfähig geltender Gruppen in afrikanischen Ländern entstammen vornehmlich der gebildeten, urbanen, selbstredend männlichen Mittelschicht.[14] Die Mehrheit der „marginalen" Bevölkerungsgruppen in Afrika hingegen, die „dem informellen Sektor zugeordnet werden können (städtische Gelegenheitsarbeiter, Klein- und Kleinstgewerbetreibende, Squatter), (von Erosion) bedrohte Subsistenzbauern" (Schubert/Tetzlaff/Vennewald 1994: 96) spielen in dieser Sichtweise für politische Transition, wenn überhaupt, nur eine untergeordnete Rolle. Unter günstigen Umständen kann ihre aus zunehmender Armut erwachsene Unzufriedenheit als „Chaosmacht" von den wirklich konfliktfähigen Oppositionellen „genützt und aktiviert" werden (ebd.). Daß Geschlecht im klassenanalytisch, ethnisch-kulturell, sozio-strukturell und machthierarchisch ansonsten höchst ausdifferenzierten Modell der Bestimmungsmerkmale strategischer und konfliktfähiger Gruppen von Schubert, Tetzlaff und Vennewald (1994: 70ff.) erst gar nicht auftaucht, wundert daher wenig.

Frauen sind aus der politischen Öffentlichkeit in Afrika (spätestens) seit der Zeit der Unabhängigkeit strukturell ausgeschlossen. Sie gehören in der Regel weder der politischen Elite, noch den staatstragenden und umgekehrt vom Staat getragenen Klientelsystemen, noch den „richtigen", politisch konfliktfähigen Gruppen an. Frauen in ländlichen Regionen erfahren (institutionelle) Politik häufig als ihrer Lebenswelt völlig fremde und daher sowohl außerhalb ihrer eigenen Möglichkeiten als auch außerhalb ihrer Interessen liegende Männerangelegenheit. Gerade in Zeiten zugespitzter (Wirt-

---

14 Beispielsweise werden Professionals als eine der wichtigsten Stützen der Demokratisierung im Konzept der strategischen und konfliktfähigen Gruppen (Schubert/Tetzlaff/Vennewald 1994) mit Rekurs auf die Definition des „modern man" von Hans-Dieter Evers charakterisiert. Der Eindringlichkeit halber hier die Wiedergabe der kompletten Zitierung: „Modern man has faith in science and technology; he believes in man's domination of the environment ... he plans his life and is punctual, regular and orderly in organizing his affairs ... He is an individualist, reads his newspaper, prefers to live in urban areas and makes his way up the social ladder through own achievement, starting off with a good education" (Evers 1974: 4, zitiert nach Schubert/Tetzlaff/Vennewald 1994: 90).

schafts-)Krise sind sie der Überzeugung, Wichtigeres für die Zukunft ihrer Gesellschaften zu tun zu haben, als sich in offizielle Politikgeschäfte einzumischen. Frauen in vielen afrikanischen Ländern definieren sich selbst u.a. aufgrund ihrer personellen und thematischen Ausschlußerfahrungen häufig in skeptisch-kritischer Distanz zur (institutionellen) Politik (vgl. Chazan 1989: 189ff.; Parpart/Staudt 1996b: 10f.; Ruppert 1995a: 236ff.). Bezeichnend dafür ist „die Selbsteinschätzung führender Aktivistinnen der Frauenbewegungen in den Städten als 'unpolitisch'" (Ruppert 1995a: 237). Zwar verbessern sich mit der Demokratisierung einerseits die Bedingungen für politisches Engagement von städtischen Frauenverbänden schon allein dadurch, daß ihre Furcht vor staatlicher Repression oder Behinderung schwindet und ein expliziter Bezug von Frauen auf die politischen Versprechen der Demokratie möglich wird. Andererseits sind etwa Wahlkämpfe, die „Männlichkeit" inhaltlich wie personal inszenieren, indem weibliche Sichtweisen auf die Politik gänzlich ausgegrenzt und Frauen die aussichtsreichen Listenplätze der Oppositionsparteien verweigert werden,[15] nicht dazu angetan, die (im doppelten Wortsinne) politische Zurückhaltung von Frauen zu verringern. Frauenbewegungen, Frauenorganisationen und Frauengruppen erscheinen demnach insbesondere politikwissenschaftlicher Forschung nicht als politikrelevante Akteurinnen. Problemlos unausgesprochen werden Frauen ganz allgemein anscheinend der „marginalen Masse" zugeordnet und gelten kaum als „inalienable participant(s) in the project of building democracy", sondern eher als „tool to democracy, an instrument for the mobilisation of resources and rights to the male population" (Ogundipe-Leslie 1994: 6).

Demokratie und Prozesse der Demokratisierung im Gegensatz zu einer solch funktionalistisch verengten Sichtweise auf inhärente Machtverhältnisse zu befragen, ist den meisten avancierten Vertretern politikwissenschaftlicher Afrikaforschung wie hierzulande Rainer Tetzlaff, Siegmar Schmidt oder Ernst Hillebrand alles andere als fremd. Gleichwohl ist der geschlechter(un)demokratische Gehalt von Tansitionsprozessen in Afrika nicht zufällig ein, wenn nicht gar das Nicht-Thema anerkannter Afrikaforschung. Selbst in der Transitionsforschung allgemein längst nicht mehr unbekannte,[16] transitionsbedingte Rückschritte in der Frauenpolitik, wie die Verluste von Parlamentssitzen oder „die wieder stärkere Ausgliederung von frauenrelevanten Themen aus der Politik, insbesondere der Wirtschafts- und Agrarpolitik" (Lachenmann 1995: 10) bleiben unthematisiert. Dies dürfte vor allem daran liegen, daß den Ansätzen politikwissenschaftlicher Afrikaforschung nicht nur traditionelle Geschlechtskodierungen westlicher Konzepte von Staat und Demokratie eingeschrieben sind, sondern ebenso die geschlechtsasymmetrischen Realitäten (teil)modernisierter patriarchaler Verhältnisse afrikanischer Gesellschaften. Denn über alle immensen historischen, politisch-ökonomischen und sozio-kulturellen Unterschiede in den Bedingungen politischer Entwicklung in Europa und Afrika hinweg, lassen sich kontinentübergreifend grundlegende Parallelen in den Funktionalitäten der Ausschließungen von Frauen aus der öffentli-

15 Ein Beispiel dafür sind die Parlamentswahlen 1992 in Burkina Faso, wo zum Teil erfahrene Parteiaktivistinnen gezielt auf die hinteren Listenplätze verdrängt wurden (vgl. Ruppert 1995a: 239).

16 Für Osteuropa vgl. z.B. Einhorn (1993), Lemke/Penrose/Ruppert (1996), für Lateinamerika vgl. z.B. Jaquette (1989), Alvarez (1990) sowie die weltweit vergleichenden Beiträge in Nelson/Chowdhury (1994).

chen Sphäre aufzeigen.[17] Die südafrikanische Soziologin Patricia McFadden faßt dies folgendermaßen: „Gerade dort, wo die Kolonialisierung das Bedürfnis der Kolonialisierten nach Authentizität ins Übertriebene gesteigert hat, wird der Ausschluß der Frauen aus der Öffentlichkeit zu einer fast notwendigen Voraussetzung für das Überleben und die Identität eines Volkes erhoben" (McFadden 1996a). Männlichkeit ist Bedingung für „afrikanische Identität" von Männern, Mutterschaft (und nicht Weiblichkeit!) ist komplementär dazu gleichzeitig existentielle Verpflichtung und Kriterium der Unterordnung von Frauen. „Die patrilinearen und patriarchalen Systeme, die die afrikanische Authentizität definieren, gebrauchen Frauen als Medium, durch das echte Afrikaner entstehen. Wir Frauen aber können nie Teil dieser Authentizität sein, wir schaffen nur die Voraussetzungen dafür" (ebd.).
Was an diesem scharf kontrastierten Befund im Zusammenhang nachhaltiger, „gesellschaftsverträglicher" Demokratisierung besonders interessant erscheint, ist die abzuleitende Notwendigkeit von Transformation nicht nur der institutionellen, sondern ebenso der gesellschaftlichen Machtverhältnisse, der „Kultur als politische Angelegenheit" (Chigudu 1996: 21) oder auch schlicht dessen, was zur „Aufrechterhaltung von Männlichkeit" als „Tradition bezeichnet wird" (McFadden 1996b: 3), gleich, ob es sich dabei etwa um Redeverbote für Frauen in öffentlichen Versammlungen, um Zwangsverheiratungen junger Mädchen oder Witwen oder um die Verweigerung von Erb- und Besitzrechten für Frauen handelt. Traditionen quasi natürlicher, gleichsam heiliger Genealogien männlicher Dominanz, die als Begründung für die Einschränkung von weiblichen Partizipations- und Selbstbestimmungsmöglichkeiten herangezogen werden, taugen in der Regel gleichermaßen zur Legitimation personalisierter Herrschaft und bilden nicht selten das Fundament klientelistischer Verflechtungen. Damit verkörpern sie gerade jene Aspekte der „Privatisierung" von Staatlichkeit in Afrika, die zu den zentralen Angriffspunkten demokratischer Bewegungen zählen und deren entprivatisierende „Veröffentlichung" eines ihrer wesentlichen Ziele ausmacht. Mit der Anerkennung des inneren Zusammenhangs zwischen der von McFadden (1996a) beschriebenen generellen Unterordnung von Frauen, ihrem „fehlende(n) Recht auf Persönlichkeit und körperliche Unversehrtheit" (ebd.) und der bisweilen fast vollständigen ökonomischen, politischen und symbolischen Aneignung von Staatlichkeit in Afrika (vgl. Kößler/Melber 1993: 158) durch einige wenige männliche Autokraten oder Diktatoren, könnten Frauen allerdings kaum mehr als „tool to democracy" (Ogundupe-Leslie 1994: 6) betrachtet werden. Sie müßten dann tatsächlich als „inalienable participant(s)" (ebd.) und zentrale Akteurinnen der Transformation erachtet werden und als Bündnispartnerinnen von männlichen Demokratisierern geradezu umworben sein.
Gerade weil die gesellschaftlich wirksamen Ungleichzeitigkeiten der „Moderne" aus afrikanischen Traditionen, kolonialer Durchherrschung und neokolonialen Dependenzen fatale Effekte auf alle Dimensionen weiblicher Lebensverhältnisse haben, sind Frauen besonders deutlich an der Überwindung antidemokratischer Traditionsbindungen interessiert.[18] Und gerade weil sich in ihren vielschichtigen Konfliktlagen

17 So hat z.B. Margot Lovett (1989) in ihrer Untersuchung zum Zusammenhang von kolonialer Herrschaft und Geschlechter- sowie Klassenverhältnissen einen wichtigen Teil des ökonomisch fundierten gender bias von Staatswerdung in Afrika herausgearbeitet.
18 Ein eindrucksvoller Beleg dafür ist der erfolgreiche Widerstand des Rural Women's Move-

Staatsmisere, Wirtschaftsnot und Gesellschaftskrise gleichzeitig offenbaren, suchen sie verstärkt nach Wegen der Umgestaltung gesellschaftlicher Macht- und Herrschaftsverhältnisse, die eine sinnhafte Erhaltung der (sozio-ökonomisch) stabilisierenden Aspekte von Traditionen einschließen. „Neue Gesellschaftsvisionen werden oft durch Frauen repräsentiert. Sie sind – theoretisch gesehen – eher in der Lage, die Verbindung zwischen System und Lebenswelt herzustellen, zwischen 'traditioneller' Gesellschaft und moderner Welt" (Lachenmann 1995: 10). Handlungsstrategien von Frauengruppen in Afrika zielen daher häufig auf die Synthese von traditionsvermittelten Sicherheiten mit Handlungsfreiräumen, die aus den Prozessen der Modernisierung zu erschließen sind. So formulieren denn auch afrikanische Politiktheoretikerinnen, „that, conceptually, women occupy the interstices of political power in many African states" (Chazan 1989: 191). Im besten zivilgesellschaftlichen Sinne ist die Basisarbeit von Frauen dazu geeignet, (neue) politische Räume zu öffnen und zu füllen sowie Verbindungen zu stiften zwischen formalen und informellen Politikprozessen, zwischen Institutionen und der „Masse" der Bevölkerung.

Zivilgesellschaft insgesamt oder gar die unabhängigen Organisationen von Frauen als eine ihrer tragenden Säulen nun zum Allheilmittel umfassender Krisenlagen zu ernennen, wäre allerdings ein irriger Schluß aus dieser Debatte. Allzu oft schon wurde die unermüdliche Basisarbeit von Frauen, insbesondere in Afrika, mit Ansprüchen und Erwartungen überfrachtet, gleichsam als letzte Reserve in letzter Minute Chaosverhütung zu betreiben oder in Situationen der Unsicherheit Stabilität aufzubauen. Dabei sind es gerade die Lebensverhältnisse von Frauen, die besonders stark von Unsicherheit und Destabilisierung geprägt sind. Die Gleichzeitigkeit der Frauenkämpfe um die Sicherung des unmittelbar existentiellen Überlebens und um gesellschaftlichen Wandel sollte davor bewahren, das Befreiungs-, Politisierungs- und Mobilisierungspotential dieser Kämpfe jetzt statt zu verkennen, feministisch wohlwollend zu überschätzen (vgl. Ruppert 1995b: 193f.). Auch sollte die Gefahr der Vereinnahmung dieser Gruppen im Sinne der Instrumentalisierung unstrukturierter Chaosmacht im Modell von Schubert/Tetzlaff/Vennewald (1994) nicht zu gering erachtet werden. Zwar gibt es bislang kaum fundierte empirische Studien, die Politisierungsprozesse von Frauen oder Instrumentalisierung ihrer Bewegungen konkretisieren, doch nicht umsonst betonen afrikanische Wissenschaftlerinnen aus unterschiedlichster Perspektive immer wieder die dringende Notwendigkeit, Organisationsprozesse von Frauen zu stärken und zu verbreitern sowie ihre Partizipationschancen zu erhöhen (vgl. Mba 1989; Munachonga 1989; El-Sanousi/Ahmed El-Amin 1994; Okonjo 1994a und 1994b).

Frauengruppen und Frauenorganisationen in Afrika *sind* eine entscheidende Kraft im Prozeß gesellschaftlicher Erneuerung, der konstitutiv ist und sein muß für den Prozeß politischen Wandels respektive politischer Konsolidierung. Ihre objektive wie subjektive Distanz zur institutionalisierten Politik bleibt daneben (vorläufig?) bestehen oder droht sich im Prozeß formaler Demokratisierung sogar noch zu vergrößern.

---

ment in Südafrika gegen den Anspruch traditioneller Eliten auf eine Gleichstellung von Grundrechten und Gewohnheitsrechten in der neuen südafrikanischen Verfassung (vgl. Kemp/Madlala/Moodley/Salo 1995: 152f.)

4. Geteilte Perspektiven

„Malestream"-Konzeptionen von Demokratie in Afrika leiten aus der Entfernung von Frauen zu institutioneller Politik die unausgesprochene, aber implizite Kategorisierung ihrer Basispolitiken als demokratietheoretisch kaum relevante Unterseite von „wirklich" konflikt- und politikfähiger Zivilgesellschaft ab. Wie andere androzentrische Politiktheorien auch, bilden sie darin einen Teil der gegebenen Strukturen von Politik (in Afrika) ab und übergehen doch gleichzeitig einige ihrer wesentlichen Merkmale. Realitätsadäquat wird in den avancierten Entwürfen von Demokratisierungsprozessen vor allem folgendes erfaßt: Staat und Gesellschaft in Afrika sind tendenziell sehr stark voneinander getrennt, um nicht zu sagen großteils unverbunden. Stadt und Land, politische Führung und Sicherung der materiellen Lebensgrundlagen, demokratische Partizipationschancen und existentielle (Über-)Lebensmöglichkeiten erscheinen in der Regel eher als Gegensätze denn als sinnhaft zusammengehörige Teile eines Ganzen. Zivilgesellschaft unterscheidet sich daher in einen verhältnismäßig kleinen, hauptsächlich von gebildeten Männern der städtischen Mittelschicht geprägten, auf (formal-)politische Demokratie orientierten Zweig und in die vielfältigen Basisbewegungen der Landbevölkerungen, die primär an Überlebenssicherung orientiert sind. Hier ist der weitaus überwiegende Teil der zahlreichen Frauengruppen zu verorten. Ihr Interesse an der Gestaltung institutioneller Politik ist häufig ebenso gering wie ihre objektiven Chancen darauf, ihr Beitrag zur Herstellung und Erhaltung der existentiellen Lebensgrundlagen dagegen überproportional hoch.

Übergangen bzw. als zweitrangig erachtet werden in herkömmlichen Tansitionskonzepten dagegen folgende Aspekte: Basisgruppen (von Frauen) bilden nicht nur den Ausgangspunkt politischer Prozesse und schaffen die materiellen Voraussetzungen politischer Partizipation, sie initiieren und kreieren gleichzeitig gesellschaftlichen Wandel im Sinne von gesellschaftlicher Erneuerung. Erstens stellen sie in den alltäglichen Lebenszusammenhängen, in denen sie agieren, demokratische Praxis her, sei es durch die Wahl ihrer Gruppenvorstände, den Aufbau von Entscheidungsstrukturen und -verfahren oder die Vernetzung einzelner Gruppen untereinander. Dies ist an sich demokratietheoretisch bereits höchst relevant. Wo, wenn nicht in diesen Basisstrukturen, sollten sich sonst Anknüpfungspunkte für die, nicht nur aus der Sicht der Konsolidierungsforschung, dringend erforderliche Entwicklung von demokratischen Institutionen auf regionaler und lokaler Ebene finden? Zweitens ist der damit verbundene Prozeß sozialen Wandels sowohl Bedingung als auch wesentlicher Teil der Transformation politischer Systeme. Und zwar unabhängig davon, ob es dabei um die Neuverteilung von (geschlechtsasymmetrischen) Entscheidungsrechten durch die Intervention von (Frauen-)Gruppen in Dorfstrukturen oder die Umverteilung von Besitz durch die (weibliche) Aneignung von Ressourcenkontrolle oder die Begrenzung patriarchaler Gewaltmonopole durch soziale Kontrolle familialer Organisation handelt. Wo, wenn nicht in diesen Prozessen, sollten sonst die Impulse für die notwendige Erneuerung und Entfaltung politischer Kultur und die Politisierung von Traditionen liegen?

Zurecht geht Afrikaforschung davon aus, daß Staat und Gesellschaft in Afrika u.a. deshalb so weit voneinander entfernt sind, weil der Staat seinen zentralen Entwicklungsaufgaben nicht gerecht wird. Dies wiederum liegt u.a. daran, daß einer idealtypisch notwendigen Trennung von öffentlicher und privater Sphäre häufig die Privatisierung von Staatlichkeit in Form von persönlicher Ressourcen- und Machtaneignung einiger weniger Staatsmänner entgegensteht. Und diese wird schließlich u.a. legitimiert durch die Verknüpfung von (unhaltbar gewordenen) Modernisierungsversprechen mit (teilweise erfundenen oder stark verformten) Traditionen unteilbarer Macht (vgl. Kößler/Schiel 1996: 157ff.). Vor einem solchen Hintergrund fallen die Bedingungen der Konsolidierung von Demokratie (zumindest teilweise) mit den Voraussetzungen demokratischer Erneuerung zusammen: Ohne gesamtgesellschaftlich erfahrbaren Inhalt gerechter(er) Entwicklung, d.h. ohne soziale Dimensionen von Demokratisierung, und ohne sinnstiftende Vermittlung demokratischer Werte, d.h. ohne die Entwicklung einer demokratischen politischen Kultur, wird sich Demokratie kaum breitenwirksam verankern. Sie steht dann als zwar gerechtere Form politischer Regulierung immer noch in der Kontinuität politischer Verfahren als Überbau ohne breite gesellschaftliche Basis. „Demokratisierung von Machtlosigkeit" ist der treffende Terminus, den Claude Aké für diese Form „einer wesentlich entleerten" (Aké 1994: 73) Demokratie in Afrika geprägt hat. Umgekehrt, von den Voraussetzungen nachhaltiger Demokratisierung aus betrachtet, fehlt ohne die gesellschaftliche Auflehnung gegen höchst unsoziale und ineffiziente Formen staatlicher Ressourcensteuerung sowie gegen unterdrückerische, „moderne" Verformungen oder sogar Erfindungen von Tradition dem demokratischen Projekt in Afrika ein wesentlicher Antrieb. Ohne diesen Protest wäre für die politische Entwicklung des Kontinents kaum mehr zu erwarten als die Fortschreibung seiner jüngeren Geschichte in undemokratischer (Teil-)Modernisierung von Machtlosigkeit.

Wenn also der Zusammenhang zwischen Bedingungen demokratischer Konsolidierung und Voraussetzungen demokratischer Erneuerung in afrikanischen Staaten zentral ist, dann ist die Politik von Basisgruppen und insbesondere von Basisgruppen von Frauen in Afrika demokratietheoretisch nicht zweitrangig, sondern wesentlich. Aus funktionalistischer Perspektive ebenso wie unter normativen Gesichtspunkten sind Frauen keine Akteurinnen auf demokratischen „Nebenschauplätzen", sondern gleichsam die nächsten Verbündeten von Demokratisierung. Sie füllen den Begriff der Demokratie in sozialer, politischer und kultureller Hinsicht mit emanzipatorischem Inhalt: Mit ihrer Arbeit für die Sicherung des materiellen Überlebens entwickeln sie (zum Teil durchaus verallgemeinerbare) Freiheitsstrategien im Sinne der „Befreiung von menschenunwürdigen Lebensbedingungen" (Nuscheler 1994: 234); mit ihrer basisdemokratischen Praxis entwickeln sie lebbare Organisations- und Partizipationsmodelle; mit ihren Kämpfen um mehr Gerechtigkeit zwischen den Geschlechtern sind sie in der Lage, dysfunktionale und unterdrückerische Aspekte von Tradition in einer Grundsätzlichkeit wie kaum eine andere gesellschaftliche Bewegung zu politisieren. Soll Demokratie in Afrika nicht auf eine *Form* politischer Modernisierung reduziert werden, die nahezu alle Frauen (und die meisten Männer) der Gesellschaft *inhaltlich* ausschließt, dann ist es an der Zeit, darüber nachzudenken, wie sich das Projekt politischer Demokratisierung mit seinen Verbündeten so verbinden kann, daß beide Seiten darin eine Verstärkung erfahren.

Wichtige Anknüpfungspunkte für solche Entwürfe sind zunächst in den (bislang recht vagen) Konsolidierungsdebatten um „neue institutionelle Formen" und „neuartige Partizipationsformen" (S. Schmidt 1994: 258) enthalten. Insbesondere die erforderliche

Entwicklung föderaler Strukturen bietet die einmalige Chance, die Erprobung geschlechtergerechter Konzepte von Partizipation und Repräsentation mit dem Prozeß des institutionellen Neuaufbaus zu verknüpfen. Demokratische Verwirklichung normativer Gleichheitsgebote und „fairer" Repräsentation (vgl. Phillips 1995) der spezifischen Interessen von Frauen hätte sich darin zu verbinden mit dem Ziel der An- bzw. Rückbindung der „breiten Masse" von Frauen an den politischen Prozeß. Eine Möglichkeit dazu könnte in der „sexual division of political representation" liegen, wie sie für afrikanische „local and national government(s)" von Kamene Okonjo (1994a: 296; vgl. auch Okonjo 1996b: 523) bereits mehrfach vorgeschlagen wurde. Mit dem Verweis auf traditionelle Formen geschlechtssegregierter Gesellschaftsorganisation in Afrika entwickelt sie ihr zentrales Argument, daß „sexually segregated representation would ... encourage an ongoing political dialogue and ensure a political synthesis of imported and indigineous forms of political expression" (Okonjo 1994a: 296). Positive Erfahrungen mit geschlechtlich getrennter Vertretung in gemischtgeschlechtlichen Basisbewegungen (vgl. Ruppert 1995a: 201ff.; Lachenmann 1992a: 88) scheinen zudem ihre These der Reduktion von „sex stratification and role biases in current political arrangements" (Okonjo 1994a: 296) zu bestätigen. Frauen können in solchen Organisationen nicht nur an sozialem und politischem Handlungsraum gewinnen, sondern darüber hinaus auch Männer auf die Auseinandersetzung mit „ihren" Themen und Inhalten verpflichten (vgl. Ruppert 1995a: 202). Allerdings besteht dabei das Risiko, daß Frauen nur bis zur vorletzten Hierarchiestufe aufsteigen und gleichsam als Schattenkabinett die (immer noch) ausschlaggebende Entscheidungsmacht der Männer letztlich legitimieren (vgl. Lachenmann 1992a: 88).

Ob „sexually segregated representation" allein ausreicht, um (zumindest) repräsentative Geschlechterdemokratie zu gewährleisten, bleibt demzufolge fraglich. Zu diskutieren wäre hier beispielsweise, in welchem Verhältnis dieses Konzept zu Quotierungsmodellen steht (vgl. z.B. Abuja Declaration on participatory development 1995), inwieweit es Ungleichheitslagen zwischen Frauen zu reflektieren vermag oder auch welche Wirkungen es auf die Institutionenstruktur hätte. So unabgeschlossen diese Debatte also ist, so offensichtlich wird darin vor allem eines: Westliche Theorien über und Konzepte von Demokratie sind nicht bruchlos auf den afrikanischen Kontext zu übertragen. Die sehr kontroversen Diskussionen der westlichen feministischen Theorie um Pro und Contra Gruppenrepräsentation (vgl. Young 1993) etwa, erfassen bestenfalls einen Teil der Lebensrealität von Frauen in Afrika. Das androzentrische Modell liberaler Demokratie ist kein universalisierbares Vorbild für politische Transformation in Afrika. Im Gegenteil kann diese „zugedachte Vorbildfunktion ... sogar die kreative Suche nach alternativen Organisationsmodellen von Partizipation behindern" (Nuscheler 1994: 235). Die Grenzen der Übertragbarkeit müssen also mindestens ebenso scharf gedacht werden, wie die Möglichkeiten dazu. Wenn es aus westlich feministischer Sicht im Kontext von Transformation und Demokratie (nicht nur) in Afrika überhaupt eine wissenschaftlich legitime Verallgemeinerung gibt, dann beschränkt sie sich auf das, was Barbara Holland-Cunz (1997) als die Notwendigkeiten des Politischen an sich pointiert hat: „Politische Rationalität ohne den Kampf gegen die Herrschaft über Frauen und ohne die Vision einer radikalen Demokratie ist keine politische Vernunft im emphatischen Sinne ... Vernünftige Politik ist keine instrumentelle, sondern immer eine gemeinsinnige politische Praxis, wie alle feministischen Strategien, Visionen und

Utopien belegen ... Ohne integrative, inklusive Kräfte können Gesellschaften in Zeiten der Transformation nicht bestehen."

Literaturverzeichnis

Abuja Declaration on participatory development: the role of women in the 1990s, in: *Margaret C. Snyder/Mary Tadesse*, African Women and Development. A History. London/New Jersey, Annexe 21, 229-230.

Aké, Claude, 1994: Die Demokratisierung der Machtlosigkeit in Afrika, in: *Jochen Hippler* (Hrsg.), Demokratisierung der Machtlosigkeit. Politische Herrschaft in der Dritten Welt. Hamburg, 59-82.

Alao, Sadikou Ayo, 1994: The Role of Elections and Electoral Systems in the Process of Democratization in Africa, in: *Stefan Brüne/Joachim Betz/Winrich Kühne* (Hrsg.), Africa and Europe. Relations of Two Continents in Transition. Münster/Hamburg, 225-247.

Alvarez, Sonja E., 1990: Engendering Democracy in Brazil. Women's Movements in Transition Politics. Princeton.

Bayart, Jean François, 1991: La Problématique de la Democratie en Afrique noire. „La Baule et puis après?", in: Politique Africaine 11, 5-21.

Betz, Joachim/Brüne, Stefan, 1996: Die Dritte Welt im Überblick (1995/96), in: *Joachim Betz/Stefan Brüne* (Hrsg.), Jahrbuch Dritte Welt 1997. München, 9-34.

Bos, Ellen, 1994: Die Rolle von Eliten und kollektiven Akteuren in Transitionsprozessen, in: *Wolfgang Merkel* (Hrsg.), Systemwechsel 1. Theorien, Ansätze und Konzeptionen. Opladen, 81-109.

Chazan, Naomi, 1989: Gender Perspectives on African States, in: *Jane L. Parpart/Kathleen A. Staudt* (Hrsg.), Women and the State in Africa. London, 185-201.

Chazan, Naomi, 1992: Africa's Democratic Challenge – Strengthening Civil Society and the State, in: World Policy Journal, Spring, 279-309.

Chigudu, Hope, 1996, Hope Chigudu's Stimme. Interviews mit Frauen aus Zimbabwe, hrsg. von *Ciru Gelecta/Jasmin Chipika*, in: Forum entwicklungspolitischer Aktionsgruppen 206/208, Frauen und Politik in Afrika, 19-22.

Diamond, Larry/Linz, Juan J./Lipset, Seymour Martin (Hrsg.), 1988: Democracy in Developing Countries, Volume Two, Africa. Boulder/London.

Diamond, Larry, 1988: Introduction. Roots of Failure, Seeds of Hope, in: *Larry Diamond/Juan J. Linz/Seymour Martin Lipset* (Hrsg.), Democracy in Developing Countries, Volume Two, Africa. Boulder/London, 1-32.

Einhorn, Barbara, 1993: Cinderella goes to Market. Citizenship, Gender and Women's Movements in East Central Europe. London/New York.

El-Sanousi, Magda M./Ahmed El-Amin, Nafisa, 1994: Sudan. The Women's Movement, Displaced Women, and Rural Women in Sudan, in: *Barbara J. Nelson/Najma Chowdhury* (Hrsg.), Women and Politics Worldwide. New Haven/London, 674-689.

Fleischhacker, Helga/Krennerich, Michael/Thibaut, Bernhard, 1996: Demokratie und Wahlen in Afrika und Lateinamerika: Bilanz der neunziger Jahre, in: *Joachim Betz/Stefan Brüne* (Hrsg.), Jahrbuch Dritte Welt 1997. München, 93-107.

George, Susan, 1994: Die Weltbank und ihr Konzept von good governance, in: *Jochen Hippler* (Hrsg.), Demokratisierung der Machtlosigkeit. Politische Herrschaft in der Dritten Welt. Hamburg, 206-211.

Hasenjürgen, Brigitte, 1993: Von der „Subsistenzdebatte" zur „Geschlechterforschung" – Frauen und Arbeit im Diskurs der westdeutschen Frauenforschung, in: *Brigitte Hasenjürgen/Sabine Preuß* (Hrsg.), Frauenarbeit – Frauenpolitik. Internationale Diskussionen. Münster, 11-32.

Hillebrand, Ernst, 1994: Zivilgesellschaft und Demokratie in Afrika, in: Internationale Politik und Gesellschaft 1, 57-72.

Hofmeier, Rolf, 1990: Politische Konditionierung von Entwicklungshilfe in Afrika, in: Afrika-Spektrum 25, 167-177.

Hofmeier, Rolf, 1991: Die Rolle und Funktion von Opposition in Afrika, in: Afrika-Spektrum 26, 262-273.

Holland-Cunz, Barbara, 1997: Die Vergeschlechtlichung des Politischen. Etappen, Dimensionen und Perspektiven einer Theorieinnovation, in: *Michael Th. Greven/Rainer Schmalz-Bruns* (Hrsg.), Politische Theorie heute. Baden-Baden (im Erscheinen).

Huntington, Samuel P., 1991: How Countries Democratize, in: Political Science Quarterly 106, 579-616.

Jacobeit, Cord, 1996: Militärs und Demokraten. Der Einfluß des Militärs auf Demokratisierungsprozesse und Staatszerfallsprozesse, in: *Institut für Afrika-Kunde/Rolf Hofmeier* (Hrsg.), Afrika-Jahrbuch 1995. Politik, Wirtschaft und Gesellschaft in Afrika südlich der Sahara. Opladen, 62-72.

Jaquette, Jane (Hrsg.), 1989: The Women's Movement in Latin America. Feminism and Transition to Democracy. London.

Kappel, Robert, 1992: Strukturanpassungsmaßnahmen und die sozialen Dimensionen der Entwicklung in Afrika, in: *Institut für Afrikakunde/Rolf Hofmeier* (Hrsg.), Afrika-Jahrbuch 1991. Politik, Wirtschaft und Gesellschaft in Afrika südlich der Sahara. Opladen, 47-55.

Kemp, Amanda/Madlala, Nozizwe/Moodley, Asha/Salo, Elaine, 1995: The Dawn of a New Day: Redefining South African Feminism, in: *Basu Amrita* (Hrsg.), The Challenge of Local Feminism. Women's Movement in Global Perspective. Boulder, 131-162.

Kößler, Reinhart/Melber, Henning, 1993: Chancen internationaler Zivilgesellschaft. Frankfurt a.M.

Kößler, Reinhart/Schiel, Tilman, 1996: Auf dem Weg zu einer kritischen Theorie der Modernisierung. Frankfurt a.M.

Kreile, Renate, 1997: Politisierung von Ethnizität in Afrika, in: Aus Politik und Zeitgeschichte, B9, 12-18.

Kreisky Eva/Sauer, Birgit (Hrsg.), 1995: Feministische Standpunkte in der Politikwissenschaft. Eine Einführung. Frankfurt a.M./New York.

Kreisky, Eva/Sauer, Birgit (Hrsg.), 1997: Das geheime Glossar der Politikwissenschaft. Geschlechtskritische Inspektion der Kategorien einer Disziplin. Frankfurt a.M./New York.

Kühne, Winrich, 1992: Demokratisierung in Vielvölkerstaaten unter schlechten wirtschaftlichen Bedingungen – Das Beispiel Afrikas, in: *Institut für Afrikakunde/Rolf Hofmeier* (Hrsg.), Afrika-Jahrbuch 1991. Politik, Wirtschaft und Gesellschaft in Afrika südlich der Sahara. Opladen, 27-36.

Kulawik, Teresa/Sauer, Birgit (Hrsg.), 1996: Der halbierte Staat. Grundlagen feministischer Politikwissenschaft. Frankfurt a.M./New York.

Künkel, Petra, 1995: Die Mühen der Differenz. Frauenforschung in Afrika südlich der Sahara. Saarbrücken.

Lachenmann, Gudrun, 1991: Soziale Bewegungen als gesellschaftliche Kraft im Demokratisierungsprozeß in Afrika? Bauernorganisationen in Senegal angesichts des Rückzugs des Staates und der Strukturanpassung, in: Afrika Spektrum 26, 73-98.

Lachenmann, Gudrun, 1992a: Frauen als gesellschaftliche Kraft im sozialen Wandel in Afrika, in: Peripherie 47/48, 74-93.

Lachenmann, Gudrun, 1992b: Social movements and civil society in West Africa. Deutsches Institut für Entwicklungspolitik, Berlin.

Lachenmann, Gudrun, 1995: Zivilgesellschaft und Entwicklung, Working Paper No. 221, Forschungsschwerpunkt Entwicklungssoziologie. Universität Bielefeld, Bielefeld.

Lemke, Christiane/Penrose, Virginia/Ruppert, Uta (Hrsg.), 1996: Frauenbewegung und Frauenpolitik in Osteuropa. Frankfurt a.M./New York.

Lipset, Seymour M., 1959: Some Social Requisites of Democracy: Economic Development and Political Legitimation, in: American Political Science Review 53, 69-105.

Lovett, Margot, 1989: Gender Relations, Class Formation, and the Colonial State in Africa, in: *Jane L. Parpart/Kathleen A. Staudt* (Hrsg.), Women and the State in Africa. London, 23-46.

Mba, Nina, 1989: Kaba and Khaki. Women and the Militarized State in Nigeria, in: *Jane L. Parpart/Kathleen A. Staudt* (Hrsg.), Women and the State in Africa. London, 69-90.

McFadden, Patricia, 1996a: Die Farbe unserer Haut wurde zur Farbe unserer Geschichte. Der Kampf der afrikanischen Frauen um Bürgerrechte und Teilhabe an der Demokratie, in: Frankfurter Rundschau vom 13.7, Dokumentation.

McFadden, Patricia, 1996b: Keine Lust auf „authentisch". Frauen und Zivilgesellschaft in Afrika, in: Forum entwicklungspolitischer Aktionsgruppen 206/208, Frauen und Politik in Afrika, 3-6.

Mehler, Andreas, 1993: Kamerun in der Ära Biya. Bedingungen, erste Schritte und Blockaden einer demokratischen Transition. Hamburg.

Merkel, Wolfgang, 1994: Struktur oder Akteur, System oder Handlung. Gibt es einen Königsweg in der sozialwissenschaftlichen Transformationsforschung?, in: *Ders.* (Hrsg.), Systemwechsel 1. Theorien, Ansätze und Konzeptionen. Opladen, 303-331.

Merkel, Wolfgang, 1996: Theorien der Transformation. Die demokratische Konsolidierung postautoritärer Gesellschaften, in: *Klaus von Beyme/Claus Offe* (Hrsg.), Politische Theorien in der Ära der Transformation, PVS- Sonderheft 26. Opladen, 30-58.

Molt, Peter, 1993: Chancen und Voraussetzungen der Demokratisierung in Afrika, in: Aus Politik und Zeitgeschichte B 12/13, 12-21.

Monga, Célestin, 1994: Elements for an Anthropology of Anger. Civil Society and Democracy in Sub-Saharan Africa, in: *Stefan Brüne/Joachim Betz/Winrich Kühne* (Hrsg.), Africa and Europe. Relations of Two Continents in Transition. Münster/Hamburg, 205-223.

Munachonga, Monica L., 1989: Women and the State. Zambia's Development Policies and Their Impact on Women, in: *Jane L. Parpart/Kathleen A. Staudt* (Hrsg.), Women and the State in Africa. London, 130-142.

Nelson, Barbara J./Chowdhury, Najma (Hrsg.), 1994: Women and Politics Worldwide. New Haven/London.

Nohlen, Dieter/Nuscheler, Franz, 1993: Begriffliche Grundlegungen – Entwicklungsindikatoren, in: *Dieter Nohlen/Franz Nuscheler* (Hrsg.), Handbuch der Dritten Welt, Bd. 1. Grundprobleme, Theorien, Strategien. Bonn, 14-108.

Nuscheler, Franz, 1994: Demokratie, ein fragiler Exportartikel, in: *Jochen Hippler* (Hrsg.), Demokratisierung der Machtlosigkeit. Politische Herrschaft in der Dritten Welt. Hamburg, 223-236.

Nuscheler, Franz, 1996: Gegen den entwicklungspolitischen Pessimismus, in: Aus Politik und Zeitgeschichte B 12, 3-10.

Ogundipe-Leslie, Molara, 1994: Invite Tyrants to Commit Suicide. Gender Violence, Human Rights, and African Women in Contemporary African Nation States, in: *Center for Women's Global Leadership* (Hrsg.), Gender Violence and Women's Human Rights in Africa. New Jersey, 1-14.

Okonjo, Kamene, 1994a: Ghana. Women and the Evolution of a Ghanaian Political Synthesis, in: *Barbara J. Nelson/Najma Chowdhury* (Hrsg.), Women and Politics Worldwide. New Haven/London, 285-297.

Okonjo, Kamene, 1994b: Nigeria. Reversing the Marginalization of the Invisible and Silent Majority. Women in Politics in Nigeria, in: *Barbara J. Nelson/Najma Chowdhury* (Hrsg.), Women and Politics Worldwide. New Haven/London, 512-526.

Parpart, Jane L./Staudt, Kathleen A. (Hrsg.), 1989a: Women and the State in Africa. London.

Parpart, Jane L./Staudt, Kathleen A., 1989b: Women and the State in Africa, in: *Jane L. Parpart/Kathleen A. Staudt* (Hrsg.), Women and the State in Africa. London, 1-19.

Phillips, Anne, 1995: Geschlecht und Demokratie. Hamburg.

Rüland, Jürgen/Werz, Nikolaus, 1985: Von der Entwicklungsdiktatur zu den Diktaturen ohne Entwicklung – Staat und Herrschaft in der politikwissenschaftlichen Dritte Welt-Forschung, in: *Franz Nuscheler* (Hrsg.), Dritte Welt-Forschung. Entwicklungstheorie und Entwicklungspolitiken, PVS-Sonderheft 16. Opladen, 211-232.

Ruppert, Uta, 1995a: Gegenwarten verbinden. Frauenarbeit und Frauenpolitik im Entwicklungsprozeß Burkina Fasos. Münster.

Ruppert, Uta, 1995b: Fortschritt – Rückschritt – Wechselschritt. Internationale Frauenpolitik zwischen Backlash und Empowerment, in: *Mechtild M. Jansen/Sirgid Baringhorst/Martina Ritter* (Hrsg.), Frauen in der Defensive? Zur backlash-Debatte in Deutschland. Münster, 182-198.

Sartori, Giovanni, 1992: Demokratietheorie. Darmstadt.

Sauer, Birgit, 1997: „Normale" Männlichkeit. Der Beitrag der Transformationsforschung zum Erhalt geschlechtsblinder Paradigmata in der Politikwissenschaft, in: *Eva Kreisky/Birgit Sauer* (Hrsg.), Das geheime Glossar der Politikwissenschaft. Geschlechtskritische Inspektion der Kategorien einer Disziplin. Frankfurt a.M./New York, 214-253.

Schmidt, Manfred G., 1996: Der Januskopf der Transformationsperiode. Kontinuität und Wandel der Demokratietheorien, in: *Klaus von Beyme/Claus Offe* (Hrsg.) Politische Theorien in der Ära der Transformation, PVS-Sonderheft 26. Opladen, 182-210.

Schmidt, Siegmar, 1994: Demokratisierung in Afrika. Fragestellungen, Ansätze und Analysen, in: *Wolfgang Merkel* (Hrsg.), Systemwechsel 1. Theorien, Ansätze und Konzeptionen. Opladen, 271-299.

Schmidt, Siegmar, 1995: Strukturanpassung und Transitionsprozesse in Afrika, in: *Joachim Betz* (Hrsg.), Politische Restriktionen der Strukturanpassung in Entwicklungsländern. Schriften des Deutschen Übersee-Institutes 30. Hamburg, 123-156.

Schmidt, Siegmar, 1996: Südafrika. Demokratisierung als Verfassungsgebungsprozeß, in: *Wolfgang Merkel/Eberhard Sandschneider/Dieter Segert* (Hrsg.), Systemwechsel 2. Die Institutionalisierung der Demokratie. Opladen, 341-380.

Schubert, Gunter/Tetzlaff, Rainer/Vennewald, Werner (Hrsg.), 1994: Demokratisierung und politischer Wandel. Theorie und Anwendung des Konzeptes der strategischen und konfliktfähigen Gruppen. Münster/Hamburg.

Snyder, Margaret C./Tadesse, Mary, 1995: African Women and Development. A History. London/New Jersey.

Tetzlaff, Rainer, 1991a: Demokratie in der Dritten Welt. Zwischen normativer Zustimmung und praktischen Realisierungsproblemen, in: Jahrbuch Dritte Welt 1992, hrsg. vom Deutschen Übersee-Institut. München, 33-48.

Tetzlaff, Rainer, 1991b: Demokratisierung von Herrschaft und gesellschaftlicher Wandel in Afrika: Perspektiven der 90er Jahre, hrsg. von der Friedrich-Ebert-Stiftung, Referat Afrika. Bonn.

Tetzlaff, Rainer (Hrsg.), 1992: Perspektiven der Demokratisierung in Entwicklungsländern, Schriften des Deutschen Übersee-Instituts, Bd. 13. Hamburg.

Tetzlaff, Rainer, 1993a: Demokratie und Entwicklung als universell gültige Normen? Chancen und Risiken der Demokratisierung in der außereuropäischen Welt nach dem Ende des Ost-West-Konflikts, in: *Carl Böhret/Göttrik Wewer* (Hrsg.), Regieren im 21. Jahrhundert – zwischen Globalisierung und Regionalisierung. Opladen, 79-108.

Tetzlaff, Rainer, 1993b: Strukturanpassung – das kontroverse entwicklungspolitische Paradigma in den Nord-Süd-Beziehungen, in: *Dieter Nohlen/Franz Nuscheler* (Hrsg.), Handbuch der Dritten Welt, Bd. 1, Grundprobleme, Theorien, Strategien. Bonn, 420-445.

Tetzlaff, Rainer, 1994: Demokratisierung unter Bedingungen von Armut und Unterentwicklung. Probleme und Perspektiven der demokratischen Transition in Afrika. Das Beispiel Äthiopien – das erzwungene Experiment einer verfrühten Demokratie, in: *Gunter Schubert/Rainer Tetzlaff/Werner Vennewald* (Hrsg.), Demokratisierung und politischer Wandel. Theorie und Anwendung des Konzeptes der strategischen und konfliktfähigen Gruppen. Münster/Hamburg, 351-408.

Tetzlaff, Rainer, 1995: Afrika zwischen Staatsversagen und Demokratiehoffnung, in: Aus Politik und Zeitgeschichte B 44/45, 3-13.

Tetzlaff, Rainer, 1996a: Demokratische Transition und Marktorientierung. Elemente einer universellen Theorie der Entwicklung, in: E+Z. Entwicklung und Zusammenarbeit 2, 36-39.

Tetlzaff, Rainer, 1996b: Demokratisierung in Afrika. Fortschritte und Abstürze auf einem langen, schwierigen Weg, in: E+Z. Entwicklung und Zusammenarbeit 12, 328-331.

Tetzlaff, Rainer, 1996c: Theorien der Entwicklung der Dritten Welt nach dem Ende der Zweiten (sozialistischen Welt), in: *Klaus von Beyme/Claus Offe* (Hrsg.), Politische Theorien in der Ära der Transformation, PVS-Sonderheft 26. Opladen, 59-93.

Vashee, Basker, 1994: Demokratie und Entwicklung in den neunziger Jahren, in: *Jochen Hippler* (Hrsg.), Demokratisierung der Machtlosigkeit. Politische Herrschaft in der Dritten Welt. Hamburg, 194-205.

Werz, Nikolaus, 1986: Erst Modernisierung – dann Demokratie?, in: *Dieter Oberndörfer/Theodor Hanf* (Hrsg.), Entwicklungspolitik. Stuttgart, 153-176.

Young, Iris Marion, 1993: Das politische Gemeinwesen und die Gruppendifferenz. Eine Kritik am Ideal des universalen Staatsbürgerstatus, in: *Herta Nagl-Docekal/Herlinde Pauer-Studer* (Hrsg.), Jenseits der Geschlechtermoral. Beiträge zur feministischen Ethik. Frankfurt a.M., 267-304.

Zapf, Wolfgang, 1996: Modernisierungstheorien in der Transformationsforschung, in: *Klaus von Beyme/Claus Offe* (Hrsg.), Politische Theorien in der Ära der Transformation, PVS-Sonderheft 26. Opladen, 169-181.

Zürn, Michael, 1996: Konfliktlinien nach dem Ende des Ost-West-Gegensatzes – global handeln, lokal kämpfen, in: *Klaus von Beyme/Claus Offe* (Hrsg.), Politische Theorien in der Ära der Transformation, PVS-Sonderheft 26. Opladen, 94-130.

Die Autorinnen und Autoren

Abels, Gabriele, Wissenschaftszentrum Berlin, Abt. Organisation und Technikgenese, Reichpietschufer 50, D-10785 Berlin

Benhabib Seyla, Harvard University, 27 Kirkland Street, Cambrige, MA 02138, USA

Bleiker, Roland, The Australian National University, National Center for Development Studies, Political Science/Faculties, Canberra, ACT 0200, Australia

Braunmühl, Claudia von, Flotowstraße 6, D-10555 Berlin

Dackweiler, Regina, Universität Fribourg, Lehrstuhl für Sozialarbeit, Rte. des Bonnes-fontaines 11, CH-1700 Fribourg

Demirovic, Alex, Institut für Sozialforschung, Senckenberganlage 26, D-60325 Frankfurt/M.

Frank, Susanne, Bauhaus-Universität Weimar, Fachgebiet Soziologie und Sozialgeschichte der Stadt, Marienstr. 5, D-99423 Weimar

Geißel, Brigitte, Technische Universität Berlin, Institut für Sozialwissenschaften, Politikwissenschaft, TEL 8-1, Ernst-Reuter-Platz 7, D-10587 Berlin

Holland-Cunz, Barbara, Universität Gießen, Fachbereich Gesellschaftswissenschaften, Institut für Politikwissenschaft, Karl-Glöckner-Straße 21E, D-35394 Gießen

Jalušič, Vlasta, Peace Institute, Hotimirova 19, 1000 Ljubljana, Slovenia

Jessop, Bob, Department of Sociology, University of Lancaster, Cartmell College, Lancaster LA 14YL, Great Britain

Kontos, Silvia, Eschersheimer Landstraße 99, D-60322 Frankfurt/M.

Klinger, Cornelia, Institut für die Wissenschaften vom Menschen, Spittelauer Lände 3, A-1090 Wien

Kreisky, Eva, Universität Wien, Institut für Politikwissenschaft, Währinger Straße 17, A-1090 Wien

Kulawik, Teresa, FU Berlin, Fachbereich Politische Wissenschaft, Ihnestr. 22, D-14195 Berlin

Lang, Sabine, FU Berlin, John F. Kennedy-Institut, Lahnsstraße 7-9, D-14195 Berlin

Locher-Dodge, Birgit, Institut für Politikwissenschaft, Universität Bremen, Bibliothekstr., D-28359 Bremen

Maihofer, Andrea, Jungstraße 9, D-60486 Frankfurt/M.

Matjan, Gregor, Universität Wien, Institut für Politikwissenschaft, Währinger Straße 17, A-1090 Wien

Pühl, Katharina, Technische Hochschule Darmstadt, Institut für Politikwissenschaft, Residenzschloß, Marktplatz 15, D-64283 Darmstadt

Rosenberger, Sieglinde Katharina, Universität Innsbruck, Institut für Politikwissenschaft, Christoph-Probst-Platz, A-6020 Innsbruck

Ruppert, Uta, FB Gesellschaftswissenschaften, Institut für Politikwissenschaft, Justus-Liebig-Universität Gießen, Karl-Glöckner-Straße 21E, D-35394 Gießen

Sauer, Birgit, Universität Wien, Institut für Politikwissenschaft, Währinger Straße 17, A-1090 Wien

Schirmer, Dietmar, Pallasstraße 8-9, D-10781 Berlin

Schultz, Irmgard, Institut für sozial-ökologische Forschung, Hamburger Allee 45, D-60486 Frankfurt/M.

Schwan, Gesine, Fachbereich Politische Wissenschaft, FU Berlin, Ihnestraße 21, D-14195 Berlin

Seemann, Birgit, Strandpromenade 26, D-63110 Rodgau

Sifft, Stefanie, Hansaplatz 2, D-20099 Hamburg

Sylvester, Christine, The Australian National University, National Center for Development Studies, Political Science/Faculties, Canberra, ACT 0200, Australia

Young, Brigitte, Fachbereich Politische Wissenschaft, FU Berlin, Ihnestraße 21, D-14195 Berlin

Wahl, Angelika von, University of North Carolina, Chapel Hill, Department of Sociology, USA-Chapel Hill, NC 27599-3210